España & Portugal

la guía MICHELIN 2016

HOTELES & RESTAURANTES

Estimado lector,

La guía MICHELIN, siempre al día de la actualidad en materia de buena mesa y de alojamiento de calidad, le propone su nueva edición, enriquecida y actualizada. Por nuestra parte, queremos seguir siendo fieles al compromiso adquirido hace más de un siglo, de ayudarle todo lo posible a la hora de hacer su elección.

•

Los "inspectores MICHELIN", que se pasan el año en la carretera, buscan con pasión las direcciones de mayor calidad (hoteles, casa rurales, restaurantes y bares de tapas), procurando abarcar siempre todas las categorías de confort y precio.

Se come maravillosamente en todos los restaurantes recomendados; sin embargo, son nuestras famosas estrellas ✿ – una, dos y tres – las que distinguen la excelencia en las cocinas con independencia de cuál sea su estilo, que puede ir desde la casera o la tradicional a la más creativa y transgresora. La calidad y temporalidad de los productos, los conocimientos técnicos del chef, la originalidad de las recetas, el gusto plasmado en las presentaciones… ¡Aquí detallamos donde se halla el auténtico placer para un gastrónomo!

•

Y si quiere darse un homenaje sin que se resienta su bolsillo, la opción ideal para comidas familiares o de amigos, siempre debe acudir al símbolo del Bib Gourmand ☺, que indica las mesas con mejor relación calidad/precio.

•

Queremos finalmente resaltar la importancia que para nosotros tienen los comentarios enviados por nuestros lectores, pues sus opiniones siempre nos resultan útiles a la hora de mantener viva la selección.

¡Somos un compañero fiel y fiable en sus desplazamientos!

Caro leitor,

Sempre a propósito da actualidade em matéria de boas mesas e alojamentos de qualidade, o guia MICHELIN apresenta-lhe a sua nova edição, enriquecida e actualizada. Queremos seguir sendo fiéis ao compromisso adquirido há mais de um século, de ajudar-lhe o máximo possível na hora da sua eleição.

Os "inspectores MICHELIN" passam o ano inteiro pelas estradas à procura, com paixão, das direcções de maior qualidade (hotéis, casas rurais, restaurante e "bares de tapas") procurando abranger todas as categorias de conforto e preço.

Come-se maravilhosamente em todos os restaurantes recomendados; no entanto, são as nossas famosas estrelas ✿ – uma, duas e três – que diferenciam a excelência nas cozinhas, independentemente do estilo que possuam, sejam de comida caseira e tradicional ou criativa e transgressora. A qualidade e a sazonalidade dos produtos, os conhecimentos técnicos do chef, a originalidade das receitas, o bom gosto nas apresentações... Aqui enumeramos com detalhe, os lugares onde poderá encontrar o autêntico prazer para um gastrónomo!

Mas se a sua intenção é comer bem sem gastar muito, seja em refeições familiares ou entre amigos, deve procurar o símbolo do Bib Gourmand ☺, que indica as mesas com melhor relação qualidade/preço.

Finalmente queremos ressaltar o importante que são para nós, os comentários enviados pelos nossos leitores, pois suas opiniões nos ajudam a progredir e a melhorar constantemente a nossa selecção.

Somos um companheiro fiel e confiável nos seus deslocamentos!

FoodCollection / Photononstop

Sumario Sumário

Contents

España
Espanha

EL PALMARÉS 2016

ESPAÑA EN 25 MAPAS

LOCALIDADES de A a Z 82

DISTINCIONES 2016

Portugal
Portugal

O PALMARÉS 2016

PORTUGAL EM 9 MAPAS

LOCALIDADES de A a Z 818

DISTINÇÕES 2016

Los compromisos de la guía MICHELIN

La experiencia al servicio de la calidad

Ya sea Japón, Estados Unidos, China o Europa, el inspector de la guía MICHELIN respeta exactamente los mismos criterios para evaluar la calidad de una mesa o de un establecimiento hotelero y aplica las mismas reglas en sus visitas. Porque si la guía goza hoy de un reconocimiento mundial, se debe a la constancia de su compromiso con respecto a sus lectores. Un compromiso del que queremos reafirmar aquí los principios fundamentales:

LA VISITA ANÓNIMA

Primera regla de oro. Los inspectores testan de manera anónima y habitual mesas y habitaciones, para apreciar plenamente el nivel de prestaciones ofrecidas a todos los clientes. Pagan la cuenta y, después, pueden revelar su identidad si quieren obtener algún tipo de información complementaria. El correo de los lectores nos proporciona, por otra parte, valiosos testimonios y toda una serie de información que se tendrá en cuenta para la elaboración de nuestros itinerarios de visitas.

LA INDEPENDENCIA

Para poder mantener un punto de vista totalmente objetivo – siempre buscando el interés del lector – la selección de establecimientos se realiza con total independencia, y la inscripción de los establecimientos en la guía es totalmente gratuita. Los inspectores y el redactor jefe adoptan las decisiones de manera colegiada y las distinciones más altas se debaten a escala europea.

LA ELECCIÓN DE LO MEJOR

La guía, lejos de ser un listín de direcciones, se concentra en una selección de los mejores hoteles y restaurantes, en todas las categorías de confort y precio. Una elección que es el resultado de la aplicación rigurosa de un mismo método por parte de todos los inspectores, independientemente del país en el que actúen.

LA ACTUALIZACIÓN ANUAL

Cada año se revisa y actualiza toda la información práctica, todas las clasificaciones y distinciones para poder ofrecer la información más fiable.

LA HOMOGENEIDAD DE LA SELECCIÓN

Los criterios de clasificación son idénticos para todos los países que cubre la guía MICHELIN. A cada cultura, su cocina, pero la calidad tiene que seguir siendo un principio universal...

PORQUE NUESTRO ÚNICO OBJETIVO es poner todo lo posible de nuestra parte para ayudarle en cada uno de sus viajes, para que siempre sean placenteros y seguros. "La ayuda a la movilidad": es la misión que se ha propuesto Michelin

→ Os compromissos do guia MICHELIN

A experiência ao serviço da qualidade

Quer seja no Japão, nos Estados Unidos, na China ou na Europa, o inspector do guia MICHELIN respeita exactamente os mesmos critérios para avaliar a qualidade de uma mesa ou de um estabelecimento hoteleiro e aplica as mesmas regras durante as suas visitas. Se o guia goza hoje de reconhecimento mundial, é graças à constância do seu compromisso para com os seus leitores. Um compromisso cujos princípios ratificamos a seguir:

- *A VISITA ANÓNIMA* • *Primeira regra de ouro. Os inspectores testam de forma anónima e regular mesas e quartos, com o intuito de apreciar plenamente o nível dos serviços oferecidos aos clientes. Também pagam as suas contas, podendo depois revelar a sua identidade para obterem informações adicionais. O correio dos leitores fornece-nos, por outra parte, preciosos testemunhos e muitas informações que são tidas em conta no momento da elaboração dos nossos itinerários de visitas.*
- *A INDEPENDÊNCIA* • *Para manter um ponto de vista perfeitamente objectivo, para interesse exclusivo do leitor, a selecção dos estabelecimentos realiza-se com total independência e a inscrição dos estabelecimentos no guia é totalmente gratuita. As decisões são discutidas de forma colegial pelos inspectores e o redactor-chefe, e as distinções mais altas são objecto de um debate a nível europeu.*
- *A ESCOLHA DO MELHOR* • *Longe de ser uma lista de endereços, o guia concentra-se numa selecção dos melhores hotéis e restaurantes, em todas as categorias de conforto e preços. Uma escolha que resulta da aplicação rigorosa de um mesmo método por parte de todos os inspectores, seja qual for o país onde actuam.*
- *A ACTUALIZAÇÃO ANUAL* • *Todas as informações práticas, todas as classificações e distinções são revistas e actualizadas anualmente, com o objectivo de oferecermos uma informação confiável.*
- *A HOMOGENEIDADE DA SELECÇÃO*
  Os critérios de classificação são idênticos para todos os países cobertos pelo guia MICHELIN. A cada cultura, sua cozinha, mas a qualidade deve permanecer como um princípio universal...
- *O NOSSO ÚNICO DESEJO é disponibilizar todos os meios possíveis para o ajudar em cada um dos seus deslocamentos, para que todos se realizem sob o signo do prazer e da segurança. "A ajuda a mobilidade": é a missão à qual se dedica a Michelin.*

Modo de empleo

INFORMACIÓN PRÁCTICA

Distancias desde las poblaciones principales, Referencia del mapa de carreteras Michelin en el que se encuentra la localidad...

HOTELES

De 🏨 a 🏠: categorías de confort.
🏡 : otros tipos de alojamiento.
En rojo : los más agradables.

RESTAURANTES

De XXXXX a X: categorías de confort.
🍷 : bar de tapas
En rojo: los más agradables.

NUEVO ESTABLECIMIENTO RECOMENDADO

LAS ESTRELLAS DE BUENA MESA

✿✿✿ Justifica el viaje.
✿✿ Vale la pena desviarse.
✿ Compensa pararse.

☺ BIB GOURMAND

La mejor relación calidad-precio.

LOCALIZAR LA LOCALIDAD

Emplazamiento de la localidad en el mapa regional (número del mapa y coordenadas).

LOCALIZAR EL ESTABLECIMIENTO

Localización en el plano de la ciudad (coordenadas e índice).

DESCRIPCIÓN DEL ESTABLECIMIENTO

INSTALACIONES Y SERVICIOS

PRECIOS

Categorías y Distinciones

LAS CATEGORÍAS DE CONFORT

La guía MICHELIN incluye en su selección los mejores establecimientos en cada categoría de confort y de precio. Los establecimientos están clasificados según su confort y se citan por orden de preferencia dentro de cada categoría.

🏨🏨🏨🏨🏨	XXXXX	Gran lujo y tradición
🏨🏨🏨🏨	XXXX	Gran confort
🏨🏨🏨	XXX	Muy confortable
🏨🏨	XX	Confortable
🏨	X	Sencillo pero confortable
	🍷/	Bar de tapas
🏠		Otros tipos de alojamiento recomendados (Turismo Rural, Turismo de Habitação, Agroturismo)

EL ROJO : NUESTROS ESTABLECIMIENTOS MÁS AGRADABLES

Los más bonitos, los de mayor encanto, los inolvidables : ¡nuestros establecimientos más agradables!

🏠, 🏨 o 🏨🏨🏨🏨🏨 **Alojamientos agradables**

🍷/, X o XXXXX **Restaurantes agradables**

LAS MENCIONES PARTICULARES

Además de las distinciones concedidas a los establecimientos, los inspectores de Michelin también tienen en cuenta otros criterios con frecuencia importantes cuando se elige un establecimiento.

LA SITUACIÓN

Los establecimientos tranquilos o con vistas aparecen señalados con los símbolos:

🐦	**En calma**
⋞	**Bonita vista**

LA CARTA DE VINOS

Los restaurantes con una carta de vinos especialmente interesante aparecen señalados con el símbolo:

🍇 **Carta de vinos particularmente atractiva**

Pero no compare la carta que presenta el sumiller de un restaurante de lujo y tradición con la de un establecimiento más sencillo cuyo propietario sienta predilección por los vinos de la zona.

Ⓝ **Nuevo establecimiento recomendado**

LAS DISTINCIONES

Para ayudarle a hacer la mejor selección, algunos establecimientos especialmente interesantes han recibido este año una distinción. Éstos se identifican por llevar al margen ✿ o ☺.

LAS ESTRELLAS: LAS MEJORES MESAS

Las estrellas distinguen a los establecimientos, cualquiera que sea el tipo de cocina, que ofrecen la mejor calidad culinaria de acuerdo con los siguientes criterios: selección de los productos, creatividad, dominio del punto de cocción y de los sabores, relación calidad/precio y regularidad.

Cada restaurante con estrellas va acompañado de tres especialidades representativas de su cocina. A veces, no están disponibles: suelen sustituirse por otras sabrosas recetas inspiradas en los productos de temporada. ¡No dude en descubrirlas!

✿✿✿

Tres estrellas Michelin: una cocina única. ¡Justifica el viaje!
¡La firma de un gran chef! productos de excepción, sabores puros y marcados, equilibrio en las composiciones: aquí la cocina está al nivel de arte. Los platos, perfectamente acabados se transforman a menudo en clásicos. ¡Justifica el viaje!

✿✿

Dos estrellas Michelin: una cocina excepcional. ¡Merece la pena desviarse!
Los mejores productos, se realzan gracias a la experiencia y la inspiración de un chef con talento, que firma con su equipo platos sutiles, impactantes y, en ocasiones, muy originales. ¡Merece la pena desviarse!

✿

Una estrella Michelin: una cocina de gran fineza. ¡Compensa pararse!
Productos de primera calidad, una evidente fineza en la elaboración, sabores marcados y una notable regularidad en la confección de los platos. ¡Compensa pararse!

EL BIB GOURMAND: LA MEJOR RELACIÓN CALIDAD-PRECIO

☺

Un momento de placer gastronómico por menos de 35 € (España y Andorra) y a menos de 30 € (Portugal) – precio de una comida sin la bebida. Productos de calidad, precios contenidos: una cocina con una excelente relación calidad-precio!

Consulte la guía MICHELIN en : www.ViaMichelin.es
y escríbanos a : laguiamichelin-esport@es.michelin.com

Instalaciones y servicios

- El hotel dispone de restaurante
- El restaurante dispone de habitaciones
- Ascensor
- A/C — Aire acondicionado
- Instalaciones adaptadas para personas con movilidad reducida
- Comidas servidas en el jardín o en la terraza
- Gimnasio
- Piscina al aire libre o cubierta
- Spa — Espacio acondicionado para el bienestar y la relajación a través del agua
- Parque o jardín
- Cancha de tenis
- Golf
- Salas de reuniones
- Salones privados en los restaurantes
- No se admiten perros
- P — Aparcamiento reservado a los clientes
- Garaje (generalmente de pago)
- No se aceptan tarjetas de crédito
- ✉ 28012 — Código postal
- ✉ 7800-430 Beja — Código postal y oficina de correos distribuidora
- M — Estación de metro más próxima
- *mayo-octubre* *maio-outubro* — Periodo de apertura comunicado por el hotelero

Precios

LAS ARRAS

Algunos hoteleros piden una señal al hacer la reserva. Se trata de un depósito-garantía que compromete tanto al hotelero como al cliente. Pida al hotelero confirmación escrita de las condiciones de estancia así como de todos los detalles útiles.

HABITACIONES

(desayuno) – (1 persona) 40/70 €	Precio de una habitación individual mínimo/máximo, desayuno incluido
(2 personas) 70/100 €	Precio de una habitación doble mínimo/máximo
(desayuno) 9 €	Precio del desayuno

RESTAURANTE Y BAR DE TAPAS

	Menú a precio fijo
Menú 20/38 € Menu 15/27 €	Precio minimo/maximo del menú, en almuerzo o cena servido a las horas habituales
	Comida a la carta
Carta 20/60 € Lista 15/40 €	El primer precio corresponde a una comida normal que comprende: entrada, plato fuerte del día y postre. El 2° precio se refiere a una comida más completa (con especialidad de la casa) que comprende: dos platos y postre
Tapa 4 €	Precio de una tapa
Ración aprox. 10 €	Precio de una ración

Informaciones sobre las localidades

24 000 h.	Población
Alt. 175	Altitud de la localidad
Norte, Sur-Sul, Este, Oeste	El lugar de interés está situado: al norte, al sur, al este, al oeste
6 km	Distancia en kilómetros

Leyenda de los planos

Hoteles •
Restaurantes • Bares de tapas •

CURIOSIDADES

Edificio interesante
Edificio religioso interesante

VÍAS DE CIRCULACIÓN

Autopista • autovía
Número del acceso : completo-parcial
Vía importante de circulación
Sentido único • Calle impracticable, de uso restringido
Calle peatonal • Tranvía
Aparcamiento
Túnel
Estación y línea férrea
Funicular • Tren de cremallera
Teleférico, telecabina

SIGNOS DIVERSOS

Oficina de Información de Turismo
Mezquita • Sinagoga
Torre • Ruinas • Molino de viento
Jardín, parque, bosque • Cementerio
Estadio • Golf • Hipódromo
Piscina al aire libre, cubierta
Vista • Panorama
Monumento • Fuente • Faro
Puerto deportivo • Estación de autobuses
Aeropuerto • Boca de metro
Transporte por barco :
pasajeros y vehículos • pasajeros solamente
Oficina central de lista de correos
Hospital • Mercado cubierto
Edificio público localizado con letra :
D M T Diputación • Museo • Teatro
G Delegación del Gobierno (España) / Gobierno del distrito (Portugal)
Ayuntamiento • Universidad, Escuela superior
POL Policía (en las grandes ciudades: Jefatura)
Guardia Civil (España)
GNR Guarda Nacional Republicana (Portugal)

Legenda das plantas

Hotéis •
Restaurantes- bares de tapas •

CURIOSIDADES

Edifício interessante
Edifício religioso interessante

VIAS DE CIRCULAÇÃO

Auto-estrada • estrada com faixas de rodagem separadas
Número do nó de acesso : completo-parcial
Grande via de circulação
Sentido único • Rua impraticável, regulamentada
Via reservada aos peões • Eléctrico
Parque de estacionamento
Túnel
Estação e via férrea
Funicular • Trem de cremalheira
Teleférico, telecabine

SIGNOS DIVERSOS

Posto de Turismo
Mesquita • Sinagoga
Torre • Ruínas • Moinho de vento
Jardim, parque, bosque • Cemitério
Estádio • Golfe • Hipódromo
Piscina ao ar livre, coberta
Vista • Panorama
Monumento • Fonte • Farol
Porto desportivo • Estação de autocarros
Aeroporto • Estação de metro
Transporte por barco :
passageiros e automóveis, só de passageiros
Correio principal com posta-restante
Hospital • Mercado coberto
Edifício público indicado por letra :
D M T — Conselho provincial • Museu • Teatro
G — Delegação do Governo (Espanha), Governo civil (Portugal)
Câmara municipal • Universidade, Grande Escola
POL — Polícia (nas cidades principais : esquadra central)
Guardia Civil (Espanha)
GNR — Guarda Nacional Republicana (Portugal)

Modo d'emprego

INFORMAÇÕES PRÁTICAS

Distâncias desde as cidades principais,
Referência do mapa das estradas
Michelin em que está
a localidade...

OS HOTÉIS

De 🏠🏠🏠🏠🏠 a 🏠 :
categoria de conforto.
🏠 : outros tipos de
alojamento recomendados.
Os mais agradáveis:
a vermelho.

OS RESTAURANTES

De XXXXX a X : categoria
de conforto.
🍷: bar de tapas.
Os mais agradáveis: a vermelho.

NOVO ESTABELECIMENTO RECOMENDADO

AS MESAS COM ESTRELLAS

✿✿✿ Justifica a viagem.
✿✿ Vale um desvio.
✿ Merece a pena parar.

☺ BIB GOURMAND

Refeições cuidadas a preços moderados.

LOCALIZAÇÃO DA LOCALIDADE

Situação da localidade no mapa regional situado ao final do guia (n° do mapa e coordenadas).

LOCALIZAÇÃO DO ESTABELECIMENTO

Localização na planta da cidade (coordenadas e índice).

DESCRIÇÃO DO ESTABELECIMENTO

INSTALAÇÕES E SERVIÇOS

PREÇOS

Categorias e Distinções

AS CATEGORIAS DE CONFORTO

O guia MICHELIN inclui na sua selecção os melhores estabelecimentos em cada categoria de conforto e de preço. Os estabelecimentos estão classificados de acordo com o seu conforto e apresentam-se por ordem de preferência dentro de cada categoria.

🏨🏨🏨🏨🏨	XXXXX	Grande luxo e tradição
🏨🏨🏨🏨	XXXX	Grande conforto
🏨🏨🏨	XXX	Muito confortável
🏨🏨	XX	Confortável
🏨	X	Simples mas confortável
	🍷/	Bar de tapas
🏠		Outros tipos de alojamento recomendados (Turismo Rural, Turismo de Habitação, Agroturismo)

A COR VERMELHA: OS NOSSOS ESTABELECIMENTOS MAIS AGRADÁVEIS

Os mais bonitos, os mais charmosos, os inesquecíveis : os nossos estabelecimentos mais agradáveis!

🏠, 🏨 o 🏨🏨🏨🏨🏨 **Alojamentos agradáveis**

🍷/, X o XXXXX **Restaurantes agradáveis**

AS MENÇÕES PARTICULARES

Para além das distinções concedidas aos estabelecimentos, os inspectores da Michelin também têm em conta outros critérios frequentemente importantes quando se escolhe um estabelecimento.

A SITUAÇÃO

Os estabelecimentos tranquilos ou com vistas aparecem assinalados com os símbolos:

- **Em calma**
- < **Bela vista**

A CARTA DE VINHOS

Os restaurantes com uma carta de vinhos especialmente interessante aparecem assinalados com o símbolo:

🍇 **Carta de vinhos particularmente atractiva**

Mas não compare a carta apresentada pelo escanção de um restaurante de luxo e tradição com a de um estabelecimento mais simples cujo proprietário sinta predilecção pelos vinhos da região.

Novo estabelecimento recomendado

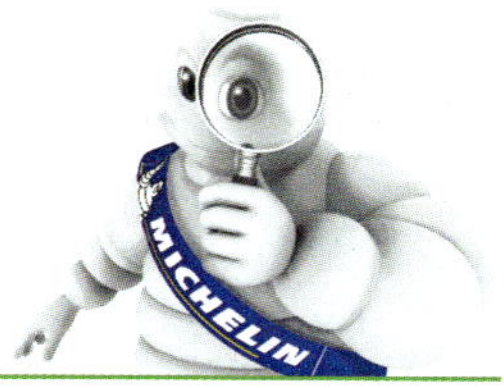

AS DISTINÇÕES

Para o ajudar a fazer a melhor selecção, alguns estabelecimentos especialmente interessantes receberam este ano uma distinção marcada com ✿ o ☺ na margem .

AS ESTRELAS: AS MELHORES MESAS

As estrelas distinguem os estabelecimentos que, com qualquer tipo de cozinha, oferecem a melhor qualidade culinária de acordo com os seguintes critérios: selecção dos produtos, criatividade, domínio do ponto de cozedura e dos sabores, relação qualidade/preço e regularidade.
Cada restaurante com estrelas aparece acompanhado de três especialidades representativas da sua cozinha. Às vezes acontece que estas não podem ser servidas : são substituídas frequentemente em favor de outras receitas muito saborosas inspiradas pela estação. Não hesite, descubra-as!

✿✿✿

Três estrelas Michelin: uma cozinha única. Justifica a viagem!
A assinatura de um grande chef! produtos excepcionais, sabores puros e marcados, composições equilibradas: aqui a cozinha está ao nível de arte. Os pratos, perfeitamente acabados muitas vezes se tornam clássicos. Justifica a viagem!

✿✿

Duas estrelas Michelin: uma cozinha excecional. Vale um desvio!
Os melhores produtos, realçados pela experiência e pela inspiração de um chefe com talento, que assina com a sua equipa pratos sutis, impactantes e em certas ocasiões muito originais. Vale um desvio!

✿

Uma estrela Michelin: uma cozinha de grande fineza. Merece a pena parar!
Produtos de primeira qualidade, uma evidente finura na execução dos pratos, sabores acentuados, constância na realização dos pratos. Merece a pena parar!

O BIB GOURMAND: A MELHOR RELAÇÃO QUALIDADE-PREÇO

☺

Um momento de prazer gastronómico por menos de 35 € (Espanha e Andorra) e menos de 30 € (Portugal) – preço de uma refeição sem a bebida. Produtos de qualidade, uma conta moderada: uma cozinha com uma excelente relação qualidade-preço!

Consulte o guia MICHELIN: www.ViaMichelin.es
e escreva para: laguiamichelin-esport@es.michelin.com

Instalações e serviços

	Hotel com serviço de restaurante
	Restaurante com quartos
	Elevador
	Ar condicionado
	Instalações adaptadas para pessoas com mobilidade reduzida
	Refeições servidas no jardim ou na esplanada
	Ginásio
	Piscina ao ar livre ou coberta
Spa	Espaço condicionado para o bem estar e relaxamento através da água
	Parque ou jardim
	Campo de ténis
	Golfe
	Salas de reuniões
	Salões privados nos restaurantes
	Não se admitem cães
	Garagem (normalmente deve ser paga)
P	Estacionamento reservado aos clientes
	Não são aceites cartões de crédito
✉ 28012	Código postal
✉ 7800-430 Beja	Código postal e nome do centro de distribuição postal
M	Estação de metro mais próxima
mayo-octubre *maio-outubro*	Período de abertura indicado pelo hoteleiro

Preços

O SINAL

Alguns hoteleiros pedem um sinal ao fazer a reserva. Trata-se de um depósito-garantia que compromete tanto o hoteleiro como o cliente. Peça ao hoteleiro confirmação escrita das condições da estádia, assim como de todos os detalhes úteis.

QUARTOS

– 40/70 €	Preço do quarto individual mínimo/máximo, pequeno almoço incluido
70/100 €	Preço do quarto duplo mínimo/máximo
9 €	Preço do pequeno almoço

RESTAURANTE E BAR DE TAPAS

	Preco fixo
Menú 20/38 € Menu 15/27 €	Preço mínimo/máximo, do menú, ao almoço ou ao jantar servido às horas normais.
	Refeições à lista
Carta 20/60 €	O primeiro preço corresponde a uma refeição simples, mas esmerada, compreendendo : entrada, prato do dia guarnecido e sobremesa. O segundo preço, refere-se a uma refeição mais completa (com especialidade), compreendendo : dois pratos e sobremesa.
Tapa 4 €	Preço de uma tapa
Ración aprox. 10 €	Preço de uma porção

Informações sobre as localidades

24 000 h.	População
Alt. 175	Altitude da localidade
Norte, Sur-Sul, Este, Oeste	O local de interesse está situado: a Norte, a Sul, a Este, a Oeste
6 km	Distância em quilómetros

The MICHELIN guide's commitments

Experienced in quality

Whether it is in Japan, the USA, China or Europe our inspectors use the same criteria to judge the quality of the hotels and restaurants and use the same methods of visiting. The guide can only boast this worldwide reputation thanks to its commitment to the readers and we would like to stress these here.

→ ANONYMOUS INSPECTION • *Our inspectors make regular and anonymous visits to hotels and restaurants to gauge the quality of products and services offered to an ordinary customer. They settle their own bill and may then introduce themselves and ask for more information about the establishment. Our readers' comments are also a valuable source of information, which we can follow up with a visit of our own.*

→ INDEPENDENCE • *To remain totally objective for our readers, the selection is made with complete independence. Entry into the guide is free. All decisions are discussed with the Editor and our highest awards are considered at a European level.*

→ THE BEST CHOICE • *The guide offers a selection of the best hotels and restaurants in every category of comfort and price. This is only possible because all the inspectors rigorously apply the same methods.*

→ ANNUAL UPDATES • *All the practical information, classifications and awards are revised and updated every year to give the most reliable information possible.*

→ CONSISTENCY • *The criteria for the classifications are the same in every country covered by the MICHELIN guide.*

... THE SOLE INTENTION OF MICHELIN *is to make your travels both safe and enjoyable.*

Dear reader

Having kept up-to-date with the latest developments in the hotel and restaurant scenes, we are pleased to present this new, improved and updated edition of the MICHELIN Guide. This is because our commitment, made over a century ago, is to help you make the best choice.

The Michelin inspectors spent their year on the road, passionately seeking top quality establishments across all categories of comfort and price, from intimate hotels to country houses, tapas bars to celebrated restaurants.

You will eat well in all of our recommended restaurants, however, our famous stars – ✿, ✿✿, ✿✿✿ – are used to distinguish excellence. These are awarded across all styles of cuisine, from the homely and traditional to the modern and creative. We take into account the quality and seasonality of the ingredients, the expertise of the chef, the originality of the recipes, the clarity of the flavours and the manner of presentation... here is where the real pleasure lies for foodies!

Look out too for the Bib Gourmand symbol ☺, which highlights restaurants offering the best quality to price ratio – they make a great night out for family and friends.

Comments from our readers are extremely important in keeping the selection alive, so please send us your opinions on establishments that you like or dislike and places that you feel could be of interest for next year's guide.

Whether business traveller or leisure guest, we are your faithful and reliable companion on the go!

Consult the MICHELIN Guide at: www.ViaMichelin.es
and write to us at: laguiamichelin-esport@es.michelin.com

How to use this guide

PRACTICAL INFORMATION

References for the Michelin map which cover the area. Distances from the main towns, references of the Michelin Road map (map number and coordinates)...

HOTELS

From ⌂⌂⌂⌂⌂ to ⌂: categories of comfort.

⌂ : other types of accommodation.

In red: our most delightful places.

RESTAURANTS

From ✕✕✕✕✕ to ✕: categories of comfort.

♀/ : Tapas bar

In red: our most delightful places.

NEW ESTABLISHMENT IN THE GUIDE

STARS

✿✿✿ Worth a special journey.

✿✿ Worth a detour.

✿ Worth a stop.

☺ BIB GOURMAND

Good food at moderate prices.

LOCATING THE TOWN

Location of the town on the regional map at the end of the guide (map number and coordinates).

LOCATING THE ESTABLISHMENT

Located on the town plan (coordinates and letters giving the location).

DESCRIPTION OF THE ESTABLISHMENT

FACILITIES & SERVICES

PRICES

Classification and awards

CATEGORIES OF COMFORT

The MICHELIN guide selection lists the best hotels and restaurants in each category of comfort and price. The establishments we choose are classified according to their levels of comfort and, within each category, are listed in order of preference.

Luxury in the traditional style

Top class comfort

Very comfortable

Comfortable

Quite comfortable

Tapas bar

Other recommended accommodation
(Turismo Rural, Turismo de Habitação, Agroturismo)

RED: OUR MOST DELIGHTFUL PLACES

Charming, characterful establishments offering something a little special.

, to **Pleasant accomodations**

, to **Pleasant restaurants**

OTHER SPECIAL FEATURES

As well as the categories and awards given to the establishment, Michelin inspectors also make special note of other criteria which can be important when choosing an establishment.

LOCATION

If you are looking for a particularly restful establishment, or one with a special view, look out for the following symbols:

Peaceful hotel

Great view

WINE LIST

If you are looking for an establishment with a particularly interesting wine list, look out for the following symbol:

Particularly interesting wine list
This symbol might cover the list presented by a sommelier in a luxury restaurant or that of a simple inn where the owner has a passion for wine. The two lists will offer something exceptional but very different, so beware of comparing them by each other's standards.

New establishment in the guide

THE AWARDS

To help you make the best choice, some exceptional establishments have been given an award in this year's guide. They are marked ✿ or ☺.

STARS: THE BEST CUISINE

Michelin stars are awarded to establishments serving cuisine, of whatever style, which is of the highest quality. The cuisine is judged on the quality of ingredients, the skill in their preparation, the combination of flavours, the levels of creativity, the value for money and the consistency of culinary standards.

For every restaurant awarded a star we include 3 specialities that are typical of their cooking style. These specific dishes may not always be available.

✿✿✿

Three Stars: Exceptional cuisine, worth a special journey!
Our highest award is given for the superlative cooking of chefs at the peak of their profession. The ingredients are exemplary, the cooking is elevated to an art form and their dishes are often destined to become classics.

✿✿

Two Stars: Excellent cooking, worth a detour!
The personality and talent of the chef and their team is evident in the expertly crafted dishes, which are refined, inspired and sometimes original.

✿

One Star: High quality cooking, worth a stop!
Using top quality ingredients, dishes with distinct flavours are carefully prepared to a consistently high standard.

BIB GOURMAND: GOOD QUALITY, GOOD VALUE COOKING

☺

'Bibs' are awarded for simple yet skilful cooking for under €35 (Spain and Andorra) or under €30 (Portugal). Price of a meal, not including drinks.

Facilities & services

	This hotel has service of restaurant
	This restaurant also affers accommodation
	Lift (elevator)
A/C	Air conditioning
	Establishment adapted for persons with restricted mobility
	Meals served in garden or on terrace
	Gym
	Swimming pool: outdoor or indoor
Spa	An extensive facility for relaxation and well-being
	Garden
	Tennis court
	Golf course
	Equipped conference hall
	Private dining rooms
	Dogs are excluded
	Garage (additional charge in most cases)
P	Car park for customers only
	Credit cards not accepted
✉ 28012	Postal number
✉ 7800-430 Beja	Postal number and name of the post office serving the town
M	Nearest metro station
mayo-octubre maio-outubro	Dates when open, as indicated by the hotelier – precise dates not available.

Prices

DEPOSITS

Some hotels will require a deposit, which confirms the commitment of customer and hotelier alike. Make sure the terms of the agreement are clear.

ROOMS

– 40/70 €	Lowest/highest price for a single room, Price includes breakfast
70/100 €	Lowest/highest price for a double room
9 €	Price of breakfast

RESTAURANT AND TAPAS BAR

	Set meals
Menú 20/38 € Menu 15/27 €	Lowest/highest price for set meal served at normal hours
	A la carte meals
Carta 20/60 € Lista 15/40€	The first figure is for a plain meal and includes hors d'œuvre, main dish of the day with vegetables and dessert. The second figure is for a fuller meal (with speciality) and includes 2 main courses and dessert.
Tapa 4 €	Price for a tapa
Ración aprox. 10 €	Price for a portion

Information on localities

24 000 h.	Population
Alt. 175	Altitude (in metres)
Norte, Sur-Sul, Este, Oeste	In the surrounding area: to the north, south, east or west of the town
6 km	Distance in kilometres.

Plan key

Hotels •
Restaurants • Tapas bars •

SIGHTS

Place of interest
Interesting place of worship

ROADS

Motorway • Dual carriageway
Junction complete: limited • number
Major thoroughfare
One-way street
Pedestrian street • Tramway
Car park
Tunnel
Station and railway
Funicular • Rack railway
Cablecar

VARIOUS SIGNS

Tourist Information Centre
Mosque • Synagogue
Tower • Ruins • Windmill
Garden, park, wood • Cemetery
Stadium • Golf course • Racecourse
Outdoor or indoor swimming pool
View • Panorama
Monument • Fountain • Lighthouse
Pleasure boat harbour • Coach station
Airport • Underground station
Ferry services :
Passengers and cars, passengers only • Passengers only
Main post office
Hospital • Mercado cubierto
Public buildings located by letter:
D M T Provincial Government Office • Museum • Theatre
G Central Government Representation (Spain) / District Government Office (Portugal)
Town Hall • University, College
POL Police (in large towns police headquarters)
Guardia Civil (Spain)
GNR Guarda Nacional Republicana (Portugal)

White Star/Gumm/imageBROKER/age fotostock • M. Galan/age fotostock • B. Rieger/hemis.fr

Mel Stuart/Westend61/Photonostop

España

El palmarés 2016
→ O palmarés

✿ Las nuevas estrellas
→ As novas estrelas

Humanes de Madrid *(Comunidad de Madrid)*	Coque	✿✿
Mallorca / Es Capdellà *(Islas Baleares)*	Zaranda	✿✿
Barcelona *(Cataluña)*	Disfrutar	✿
Barcelona *(Cataluña)*	Hoja Santa	✿
Benavente *(Castilla y León)*	El Ermitaño	✿
Bilbao *(País Vasco)*	Zarate	✿
Casares *(Andalucía)*	Kabuki Raw	✿
Castelló d'Empúries *(Cataluña)*	Emporium	✿
Fuengirola *(Andalucía)*	Sollo	✿
Huelva *(Andalucía)*	Acanthum	✿
Madrid *(Comunidad de Madrid)*	Lúa	✿
Marbella *(Andalucía)*	Messina	✿
El Masnou *(Cataluña)*	Tresmacarrons	✿
Santiago de Compostela *(Galicia)*	Casa Marcelo	✿
Segovia *(Castilla y León)*	Villena	✿
Tenerife / Los Gigantes *(Islas Canarias)*	El Rincón de Juan Carlos	✿

ESPAÑA

Además podrá encontrar todas las estrellas y todos los Bib Gourmand al final de la guía, página 753.

→ Você também pode encontrar todas as estrelas e os Bib Gourmand no final do guia, página 753.

España
Espanha

Los nuevos Bib Gourmand
→ Os novos Bib Gourmand

Agua Amarga *(Andalucía)*	Asador La Chumbera
Alcalá de Henares *(Comunidad de Madrid)*	Ambigú
Anglès *(Cataluña)*	L'Aliança d'Anglès
Benisanó *(Comunidad Valenciana)*	Rioja
Boqueixón / Codeso *(Galicia)*	O Balado
Cazorla *(Andalucía)*	Mesón Leandro
Córdoba *(Andalucía)*	La Lonja
Elx *(Comunidad Valenciana)*	Frisone
Empuriabrava *(Cataluña)*	Noray
L'Escala / Cinc Claus *(Cataluña)*	Mas Concas Víctor Català
Ferrol *(Galicia)*	O Camiño do Inglés
Fuengirola *(Andalucía)*	Girol
Fuerteventura /Villaverde *(Islas Canarias)*	Casa Marcos
Gandia *(Comunidad Valenciana)*	Telero
Granollers *(Cataluña)*	Fonda Europa
Lanzarote / Arrecife *(Islas Canarias)*	Lilium
Madrid *(Comunidad de Madrid)*	La Castela
Madrid *(Comunidad de Madrid)*	Desencaja
Marbella *(Andalucía)*	Bibo
Murcia *(Región de Murcia)*	Keki
Palamós *(Cataluña)*	La Salinera
Puerto Real *(Andalucía)*	La Curiosidad de Mauro Barreiro
Santiago de Compostela *(Galicia)*	A Tafona
Sigüenza *(Castilla-La Mancha)*	Nöla
Tenerife / Chimiche *(Islas Canarias)*	Casa Fito
Tenerife / San Andrés *(Islas Canarias)*	La Posada del Pez
Úbeda *(Andalucía)*	Zeitúm
València *(Comunidad Valenciana)*	Q de Barella
València *(Comunidad Valenciana)*	Saiti
Valladolid *(Castilla y León)*	Chuchi Martín
Valladolid / Pinar de Antequera *(Castilla y León)*	Llantén
Vera *(Andalucía)*	Juan Moreno
La Vid *(Castilla y León)*	La Casona de La Vid

Las estrellas de buena mesa 2016

El color está de acuerdo con el establecimiento de mayor número de estrellas de la localidad.
LASARTE La localidad posee como mínimo un restaurante 3 estrellas.
Barcelona La localidad posee como mínimo un restaurante 2 estrellas.
Sevilla La localidad posee como mínimo un restaurante 1 estrella.
LASARTE
LARRABETZU
DONOSTIA-SAN SEBASTIÁN
Bilbao
Errenteria o Rentería
Hondarribia
Boroa
Oiartzun
Axpe
Getaria o Guetaria
Vitoria-Gasteiz
Urdaitz o Urdániz
Iruña/Pamplona
Elciego
Galdakao
Daroca de Rioja
ANDORRA
La Vall de Bianya
Castelló d'Empúries
Olot
Llançà
Sort
Platja de Canyelles Petites
Gombrèn
Huesca
Cercs
Sagàs
Olost
Corça
Calldetenes
GIRONA
Llafranc
Arbúcies
Llagostera
Zaragoza
Sant Fruitós de Bages
Tossa de Mar
Gimenells
Terrassa o Tarrasa
SANT POL DE MAR
El Masnou
Barcelona
Santa Coloma de Gramenet
Cambrils
Xerta
Ulldecona
Tramacastilla
Vall d'Alba
Menorca
Mallorca
Port d'Alcúdia o Puerto de Alcudia
Deiá
Capdepera
es Capdellà
Sa Coma
Las Pedroñeras
Palmanova
Palma
Valencia
Almansa
Ibiza
Daimús
Ondara
DÉNIA
Illes Balears o Islas Baleares
Xàbia o Jávea
Sant Ferran de ses Roques
Cocentaina
Formentera
Elx o Elche
Alacant o Alicante
El Palmar
La Palma
Tenerife
Lanzarote
Los Gigantes
Santa Cruz de Tenerife
La Gomera
Guía de Isora
El Hierro
Gran Canaria
Fuerteventura
ISLAS CANARIAS

A Coruña
Ferrol
Fene
Laxe
Oleiros
Cánduas
Negreira
Santiago de Compostela
Codeso
Esteiro
Padrón
Ponte Ulla o Puente Ulla
Cambados
Canedo
Arcade
Hío
Redondela
Baiona
Vigo
A Guarda
Monforte de Lemos
Puebla de Sanabria
Verdicio
Posada de Llanera
Astorga
Valencia de Don Juan
Morales de Rey
Puente Arce
Santander
Puente San Miguel
Noja
Ruente
Borleña
Espinosa de los Monteros
Villanueva de Argaño
Palencia
Covarrubias
Lerma
Navaleno
Valladolid
Pinar de Antequera
Tudela de Duero
Puente Duero
La Vid
El Perdigón
Boceguillas
Salamanca
Vecinos
San Miguel de Valero
Guadarrama
Moralzarzal
Madrid
Alcalá de Henares
Griñón
Titulcia
Ocaña
Hervás
Jerte
Arroyomolinos de la Vera
Pedroso de Acim
Cáceres
Mérida
Badajoz
Porto
Coimbra
PORTUGAL
LISBOA
Faro
Cazalla de la Sierra
Linares de la Sierra
Córdoba
Almodóvar del Río
Linares
Úbeda
Cazorla
Sevilla
Los Palacios y Villafranca
Puente-Genil
Priego de Córdoba
Montellano
Monachil
Sanlúcar de Barrameda
Jerez de la Frontera
Puerto Real
Cádiz
Medina-Sidonia
Málaga
Almuñécar
Marbella
Fuengirola
Ceuta
Melilla
• Localidades que poseen como mínimo un establecimiento Bib Gourmand.

Los Bib Gourmand 2016

España, miscelánea de sabores

La guía MICHELIN desea acompañarle, como viene haciendo desde hace más de 100 años, en un viaje gastronómico y sensorial que le ayudará a descubrir una de las cocinas más interesantes, sorprendentes y atractivas del mundo. Si la actual cocina española está reconocida internacionalmente por la creatividad y la pericia técnica de sus chefs, algunos de ellos considerados auténticos iconos a nivel mundial, no menos importante es el valor de la tradición familiar, el prolífico mestizaje cultural acaecido durante siglos y, por fortuna, la existencia de unas materias primas autóctonas de extraordinaria calidad; a este respecto, debemos destacar que España es uno de los países con mayor litoral pesquero de Europa, poseyendo además numerosas carnes avaladas por los sellos de calidad de las Denominaciones de Origen y una huerta que, año tras año, sigue tomando un papel protagonista a la hora de valorar el pulso económico de nuestras exportaciones.

G. Bouchet/Photononstop

La española es una cocina de mar y montaña, cinegética, isleña, rica en cereales, verduras, hortalizas, frutas... una de las mayores defensoras de la ya universal Dieta Mediterránea, la cuna de la internacional Paella y, tal vez, la máxima difusora de conceptos culinarios como el "KM.0", que valora especialmente la utilización de los productos autóctonos de proximidad, o de la cada vez más valorada "Cocina en miniatura", una maravillosa propuesta gastronómica que está conquistando el mundo a través de nuestras tapas y raciones.

FoodCollection/Photononstop

Aceite de oliva, jamón, paella… y buen vino

Podemos decir, sin ánimo a equivocarnos, que estos platos o productos son los que mejor definen nuestra gastronomía a nivel internacional. España es el máximo productor mundial de aceite de oliva, por lo que esta será la indiscutible base tanto de nuestro recetario tradicional como de la saludable Dieta Mediterránea; de hecho, la historia, variedad y calidad de este producto, cultivado aquí desde hace 3000 años y hasta con 32 Denominaciones de Origen Protegidas (D.O.P), ha hecho que en nuestro país sea conocido popularmente como el "oro líquido". En cuanto al jamón, serrano o ibérico, debemos aceptar que siendo tal vez la máxima expresión de nuestra tradición culinaria representa, sin duda, una de las sorpresas gastronómicas más relevantes para todo aquél que nos visita.

El jamón español por antonomasia es el "jamón ibérico" y la calidad del mismo siempre va a ir intrínsecamente asociada a una serie de valores como la pureza del cerdo (de raza ibérica), las características de su cría en libertad por extensas dehesas arboladas, la proporción de bellotas que toman en su alimentación y, finalmente, el proceso de curación del mismo. Si echamos un vistazo a nuestros platos más internacionales parece claro que el puesto de honor se lo llevaría la "Paella"… eso sí, en un constante mano a mano con la popular, cotidiana y sabrosa Tortilla de patata (Tortilla española), que a lo largo y ancho de nuestra geografía se puede ver presentada con múltiples variantes (con cebolla o sin ella, con chorizo, con pimientos, paisana...). En lo que se refiere al vino debemos señalar que este es un sector de extraordinaria relevancia social y económica para nuestro país, pues el reconocido crédito internacional está siendo acompañado por un momento de gran creatividad, notable expansión y una sorprendente modernización de las bodegas; de hecho, ya son muchas las que por sí mismas se presentan como un foco de atracción turística (enoturismo) gracias tanto al planteamiento de un nuevo diálogo cultural, mediante la cata, como al maravillosos reclamo de un diseño arquitectónico diferenciador. Siendo La Rioja y Ribera de Duero las Denominaciones de Origen más conocidas, lo cierto es que en España existen cientos de cepas diferentes: algunas muy comunes (Tempranillo, Cabernet sauvignon, Merlot, Chardonnay...) y otras solo plantadas en regiones muy concretas, como es el caso de las uvas Verdejo (de Rueda), Airén (de La Mancha) o Albariño en Las Rías Bajas.

¿Carne o pescado?

La valía gastronómica de la cocina española se debe, en gran medida, a la extraordinaria riqueza culinaria de sus regiones, normalmente muy protectoras con el recetario heredado de sus ancestros. Teniendo en cuenta esta pluralidad de gustos e interpretaciones debemos indicar que aquí nos servirán unos pescados y carnes de contrastada calidad. Un dato muy significativo sobre España, con casi 8000 km de costas entre la península y las islas, es el hecho de ser uno de los países con mayor litoral pesquero de Europa, lo que va a redundar en una variedad

A. Tessi/Tips/Photononstop

impresionante de pescados y mariscos; en este apartado debemos resaltar la extraordinaria calidad de los mariscos gallegos (vieiras, mejillones, percebes, almejas, navajas, gambas, cigalas, centollos...), pues esa región se presenta como un auténtico paraíso para el gastrónomo gracias a su peculiar orografía, la temperatura de sus aguas y, porque no decirlo, a la riqueza de sus zonas marisqueras. En lo que concierne a las carnes la oferta es igualmente espectacular, pues entre ternera, cordero y pollo se suman hasta 16 Denominaciones de Origen de producto controlado. Dos grandes clásicos de la cabaña española son la Ternera gallega y el Lechazo de Castilla y León.

Muriot/SoFood/Photononstop

Postres y quesos

La variedad de los postres españoles es un fiel reflejo de su idiosincrasia regional, no sujeta a fronteras por el amor al dulce y salvaguardada de los tiempos gracias, en muchos casos, a la labor de la repostería monacal. Crema catalana, Arroz con leche, Torrijas... las especialidades son innumerables, sin embargo en España estos dulces pueden verse postergados ante dos frutas muy representativas de nuestro país, la omnipresente Naranja y el sabrosísimo Plátano de Canarias. Mención aparte merecen nuestros quesos, pues reconociendo que el queso español más internacional es el Manchego debemos reseñar que disfrutamos de hasta 26 Denominaciones de Origen Protegidas y una comunidad, el Principado de Asturias, con 42 variedades diferentes dentro de su territorio, lo que la convierten en la mayor "mancha quesera de Europa". Si tiene oportunidad no deje de probar el universal queso Manchego, los sorprendentes quesos azules de Cabrales o Gamonedo, el típico queso gallego de Tetilla, la cremosa Torta del Casar, alguno de los quesos isleños (Mahón, Flor de Guía, Majorero, Palmero), el inconfundible Idiazábal...

Espanha, mistura de sabores

A guia MICHELIN deseja acompanhar-lhe, como tem feito desde há mais de 100 anos, numa viagem gastronómica e sensorial, onde ajudar-lhe-á a descobrir uma das cozinhas mais interessantes, surpreendentes e atractivas do mundo. Se a actual cozinha espanhola está internacionalmente reconhecida pela sua criatividade e pela perícia técnica dos seus chefs, alguns deles considerados autênticos ícones a nível mundial. Não menos importante é o valor da tradição familiar, a prolífica mestiçagem cultural que ocorreu durante séculos e, por fortuna, a existência dumas matérias-primas autóctones de extraordinária qualidade. A este respeito, devemos ressaltar que Espanha é um dos países com maior litoral pesqueiro da Europa, possuindo além disso numerosas carnes avaladas pelos selos de qualidade das Denominações de Origem e uma horta que, ano após ano, continua a ter um papel protagonista na valorização do pulso económico das nossas exportações.

A espanhola é uma cozinha de mar e montanha, cinegética, islenha, rica em cereais, legumes, hortaliças, frutas..., uma das maiores defensoras da universal Dieta Mediterrânea, o berço da internacional Paella e, tal vez, a máxima difusora de conceitos culinários como o "KM. 0" que valoriza especialmente a utilização dos produtos autóctones de proximidade, ou da cada vez mais valorizada "Cozinha em miniatura", uma maravilhosa proposta gastronómica que está a conquistar o mundo a través das nossas tapas e raciones.

Azeite, presunto, paella... e bom vinho

Podemos dizer, sem perigo de enganar-nos, que estes pratos ou produtos são os que melhor definem a nossa gastronomia a nível internacional. Espanha é o máximo produtor mundial de azeite, pelo que será a indiscutível base tanto da nossa culinária tradicional como da saudável Dieta Mediterrânea; de facto, a história, variedade e qualidade deste produto, cultivado aqui desde há 3000 anos e com 32 Denominações de Origem

Protegidas (D.OU.P), faz que no nosso país seja conhecido popularmente como o "ouro líquido". Enquanto ao presunto, serrano ou ibérico, devemos aceitar que sendo tal vez a máxima expressão da nossa tradição culinária representa, sem dúvida, uma das surpresas gastronómicas mais relevantes para todo aquele que nos visita.

O presunto espanhol por antonomásia é o "presunto ibérico" e a qualidade do mesmo sempre irá intrinsecamente associada a uma série de valores como a pureza do porco (de raça ibérica), as características do seu crescimento em liberdade por extensas pastagens arborizadas, a proporção das bolotas que tomam na sua alimentação e, finalmente, o processo de cura do mesmo. Se damos uma vista de olhos aos nossos pratos mais internacionais parece claro que o posto de honra é para a "Paella"... embora de mão dada com a popular, cotidiana e saborosa Tortilha de batata (Tortilha espanhola), que por toda a nossa geografia pode ver-se apresentada com diversas variantes (com cebola ou sem ela, com chouriço, com pimentos, saloia...). No referente ao vinho devemos ressaltar que é um sector de extraordinária relevância social e económica para o nosso país, o reconhecido crédito internacional está a ser acompanhado por um momento de grande criatividade, notável expansão e uma surpreendente modernização das adegas. De facto, já são muitas as que por si mesmas se apresentam como um foco de atracção turística (enoturismo) em parte, tanto à planificação de um novo diálogo cultural mediante a cata, como ao maravilhoso reclame de um desenho arquitectónico diferenciador. Sendo "La Rioja" e "Ribera de Duero" as Denominações de Origem mais conhecidas, o que é certo é que em Espanha existem centos de cepas diferentes: algumas muito comuns (Tempranillo, Cabernet sauvignon, Merlot, Chardonnay...) e outras só plantadas em regiões muito concretas, como são as uvas Verdejo (de Rueda), Airén (da Mancha) ou Albariño nas Rias Bajas.

FoodCollection/Photononstop

Carne ou peixe?

A valia gastronómica da cozinha espanhola deve-se, em grande medida, à extraordinária riqueza culinária das suas regiões, normalmente muito protectoras com a culinária herdada de tempos ancestrais. Tendo em conta esta pluralidade de gostos e interpretações devemos indicar que aqui servir-nos-ão um peixe e uma carne de contrastada qualidade. Um dado muito significativo sobre Espanha, com quase 8000 km de costas entre a península e as ilhas, é de facto um dos países com maior litoral pesqueiro da Europa, o que redunda numa variedade impressionante de peixe e mariscos; neste ponto devemos ressaltar a extraordinária qualidade dos mariscos galegos (vieiras, mexilhões, percebes, ameijoas, navalhas, camarões, lagostim, santolas...), essa região apresenta-se como um autêntico paraíso para o gastrónomo em parte; à sua peculiar orografia, a temperatura das suas águas e porque não, à riqueza das suas zonas marisqueiras. No referente às carnes a oferta é igualmente espectacular, pois entre a vitela, o cordeiro e o frango acrescentam-se até 16 Denominações de Origem de produto controlado. Dois grandes clássicos do gado espanhol são a Vitela galega e o Leitão de Castilla e León.

Sobremesas e queijos

A variedade das sobremesas espanholas é um fiel reflexo da sua idiossincrasia regional, não sujeita a fronteiras pelo amor ao doce e salvaguardada dos tempos, graças, em muitas ocasiões, à pastelaria conventual. Crema catalana, Arroz doce, Rabanadas..., as especialidades são inumeráveis, porem em Espanha estes doces podem ser relegados para um segundo plano por duas frutas muito representativas do nosso país, a omnipresente Laranja e a saborosíssima Banana de Canarias. Menção aparte merecem os nossos queijos, reconhecendo que o queijo espanhol mais internacional é o Manchego devemos ressaltar que disfrutamos de 26 Denominações de Origem Protegidas e uma comunidade, o Principado de Astúrias, com 42 variedades diferentes dentro do seu território, o que o converte no maior "lugar queijeiro da Europa". Se tem oportunidade não deixe de experimentar o universal queijo Manchego, os surpreendentes queijos azuis de Cabrales ou Gamonedo, o típico queijo galego de Tetilla, a cremosa Torta do Casar, algum dos queijos islenhos (Mahón, Flor de Guia, Majorero, Palmero), ou o inconfundível Idiazábal...

Vinos...

→ Vinhos → *Vinhos*

ESPAÑA

1 *y* 2 Rías Baixas, Ribeiro
3 *al* 5 Valdeorras, Monterrei, Ribeira Sacra
6 *al* 13 Bierzo, Tierra de León, Arribes, Tierra del Vino de Zamora, Rueda, Toro, Cigales, Arlanza
14 Ribera del Duero
15 Rioja
16 Txakolí de Álava, de Bizkaia y de Getaria
17 Navarra
18 *al* 21 Campo de Borja, Calatayud, Cariñena, Somontano
22 *al* 28 Terra Alta, Montsant, Costers del Segre, Priorato, Conca de Barberá, Tarragona, Penedès
29 *y* 31 Alella, Pla de Vages, Cataluña
32 Empordá

33 *al* 35 Méntrida, Vinos de Madrid, Mondéjar
36 *al* 40 Valdepeñas, La Mancha, Ribera del Júcar, Uclés, Manchuela
41 Ribera del Guadiana
42 *al* 48 Utiel - Requena, Almansa, Jumilla, Valencia, Yecla, Alicante, Bullas
49 Banissalem, Pla i Llevant
50 *al* 54 Condado de Huelva, Málaga, Sierras de Málaga, Jerez - Xérès - Sherry, Montilla - Moriles, Manzanilla - Sanlúcar de Barrameda
55 Tacoronte - Acentejo, Valle de la Orotava, Ycoden - Daute - Isora, Abona, Valle de Güimar
56 *al* 60 Lanzarote, La Palma, El Hierro, La Gomera, Gran Canaria

CAVA 15, 18, 20, 27 *al* 32, 42

... y especialidades regionales

En el mapa indicamos las Denominaciones de Origen que la legislación española controla y protege.

Regiones y localización en el mapa	Características de los vinos	Especialidades regionales
ANDALUCÍA 50 al 54	**Blancos** *afrutados* **Amontillados** *secos, avellanados* **Finos** *secos, punzantes* **Olorosos** *abocados, aromáticos*	*Jamón, Gazpacho, Fritura de pescados*
ARAGÓN 18 al 21	**Tintos** *robustos* **Blancos** *afrutados* **Rosados** *afrutados, sabrosos* **Cava** *espumoso (método champenoise)*	*Jamón de Teruel, Ternasco, Magras*
MADRID, CASTILLA Y LEÓN, CASTILLA-LA MANCHA, EXTREMADURA 6 al 14 y 33 al 41	**Tintos** *aromáticos, muy afrutados* **Blancos** *aromáticos, equilibrados* **Rosados** *refrescantes*	*Asados, Embutidos, Queso Manchego, Migas, Cocido madrileño, Pisto*
CATALUÑA 22 al 32	**Tintos** *francos, robustos, redondos, equilibrados* **Blancos** *recios, amplios, afrutados, de aguja* **Rosados** *finos, elegantes* **Dulces y mistelas** *(postres)* **Cava** *espumoso (método champenoise)*	*Butifarra, Embutidos, Romesco (salsa), Escudella, Escalivada, Esqueixada, Crema catalana*
GALICIA, ASTURIAS, CANTABRIA 1 al 5	**Tintos** *de mucha capa, elevada acidez* **Blancos** *muy aromáticos, amplios, persistentes (Albariño)*	*Pescados, Mariscos, Fabada, Queso Tetilla, Queso Cabrales, Empanada, Lacón con grelos, Filloas, Olla podrida, Sidra, Orujo*
ISLAS BALEARES 49	**Tintos** *jugosos, elegantes* **Blancos y rosados** *ligeros*	*Sobrasada, Queso de Mahón, Caldereta de langosta*
ISLAS CANARIAS 55 al 60	**Tintos** *jóvenes, aromáticos* **Blancos y rosados** *ligeros*	*Pescados, Papas arrugadas*
VALENCIA, MURCIA 42 al 48	**Tintos** *robustos, de gran extracto* **Blancos** *aromáticos, frescos, afrutados*	*Arroces, Turrón, Verduras, Hortalizas, Horchata*
NAVARRA 17	**Tintos** *sabrosos, con plenitud, muy aromáticos* **Rosados** *suaves, afrutados* **Cava** *espumoso (método champenoise)*	*Verduras, Hortalizas, Pochas, Espárragos, Queso Roncal*
PAÍS VASCO 16	**Blancos** *frescos, aromáticos, ácidos* **Tintos** *fragantes*	*Changurro, Cocochas, Porrusalda, Marmitako, Pantxineta, Queso Idiazábal*
LA RIOJA (ALTA, BAJA, ALAVESA) 15	**Tintos** *de gran nivel, equilibrados, francos, aromáticos, poco ácidos* **Blancos** *secos* **Cava** *esp umoso (método champenoise)*	*Pimientos, Chilindrón*

→ Vinhos e especialidades regionais

Indicamos no mapa as Denominações de Origem (Denominaciones de Origen) que são controladas e protegidas pela legislação.

ESPAÑA

Regiões e localização no mapa	Características dos vinhos	Especialidades regionais
ANDALUCÍA 50 a 54	**Brancos** *frutados* **Amontillados** *secos, avelanados* **Finos** *secos, pungentes* **Olorosos** *com bouquet, aromáticos*	*Presunto, Gazpacho (Sopa fria de tomate), Fritada de peixe*
ARAGÓN 18 a 21	**Tintos** *robustos* **Brancos** *frutados* **Rosés** *frutados, saborosos* **Cava** *espumante (método champenoise)*	*Presunto de Teruel, Ternasco (Borrego), Magras (Fatias de fiambre)*
MADRID, CASTILLA Y LEÓN, CASTILLA-LA MANCHA, EXTREMADURA 6 a 14 e 33 a 41	**Tintos** *aromáticos, muito frutados* **Brancos** *aromáticos, equilibrados* **Rosés** *refrescantes*	*Assados, Enchidos, Queijo Manchego, Migas, Cozido madrilense, Pisto (Caldeirada de legumes)*
CATALUÑA 22 a 32	**Tintos** *francos, robustos, redondos, equilibrados* **Brancos** *secos, amplos, frutados, « perlants »* **Rosés** *finos, elegantes* **Doces e « mistelas «** *(sobremesas)* **Cava** *espumante (método champenoise)*	*Butifarra (Linguiça catalana), Enchidos, Romesco (molho), Escudella (Cozido), Escalivada (Pimentos e beringelas no forno), Esqueixada (Salada de ba calhau cru), Crema catalana (Leite creme)*
GALICIA, ASTURIAS, CANTABRIA 1 a 5	**Tintos** *espessos, elevada acidêz* **Brancos** *muito aromáticos, amplos, persistentes (Albariño)*	*Peixes, Mariscos, Fabada (Feijoada), Queijo Tetilla, Queijo Cabrales, Empanada (Empada), Lacón con grelos (Pernil de porco com grelos), Filloas (Crêpes), Olla podrida (Cozido), Sidra, Aguardente*
ISLAS BALEARES 49	**Tintos** *com bouquet, elegantes* **Brancos e rosés** *ligeiros*	*Sobrasada (Embuchado de porco), Queijo de Mahón, Caldeirada de lagosta*
ISLAS CANARIAS 55 a 60	**Tintos** *novos, aromáticos* **Brancos e rosés** *ligeiros*	*Peixes, Papas arrugadas (Batatas)*
VALENCIA, MURCIA 42 a 48	**Tintos** *robustos, de grande extracto* **Brancos** *aromáticos, frescos, frutados*	*Arroz, Nogado, Legumes, Hortaliças, Horchata (Orchata)*
NAVARRA 17	**Tintos** *saborosos, encorpados, muito aromáticos* **Rosés** *suaves, frutados* **Cava** *Espumante (método champenoise)*	*Legumes, Hortaliças, Pochas (Feijão branco), Espargos, Queijo Roncal*
PAÍS VASCO 16	**Brancos** *frescos, aromáticos, acídulos* **Tintos** *perfumados*	*Changurro (Santola), Cocochas (Glândulas de peixe), Porrusalda (Sopa de bacalhau), Marmitako (Guisado de atum), Pantxineta (Folhado de amêndoas), Queijo Idiazábal*
LA RIOJA (ALTA, BAJA, ALAVESA) 15	**Tintos** *de grande nível, equilibrados, francos, aromáticos, de pouca acidêz* **Brancos** *secos* **Cava** *espumante (método champenoise)*	*Pimentos, Chilindrón (Guisado de galinha ou borrego)*

→ *Wines and regional specialities*

The map shows the official wine regions (Denominaciones de Origen) which are controlled and protected by Spanish law.

Regions and location on the map	Wine's characteristics	Regional Specialities
ANDALUCÍA 50 to 54	*Fruity* **whites** **Amontillados** *medium dry and nutty* **Finos** *very dry and piquant* **Olorosos** *smooth and aromatic*	*Gazpacho (Cold tomato soup), Fritura de pescados (Fried Fish)*
ARAGÓN 18 to 21	*Robust* **reds** *Fruity* **whites** *Pleasant, fruity* **rosés** **Sparkling wines** *(méthode champenoise)*	*Teruel ham, Ternasco (Roast Lamb), Magras (Aragonese Ham Platter)*
MADRID, CASTILLA Y LEÓN, CASTILLA-LA MANCHA, EXTREMADURA 6 to 14 and 33 to 41	*Aromatic and very fruity* **reds** *Aromatic and well balanced* **whites** *Refreshing* **rosés**	*Roast, Sausages, Manchego Cheese, Migas (fried breadcrumbs), Madrid stew, Pisto (Ratatouille)*
Cataluña 22 to 32	*Open, robust, rounded and well balanced* **reds** *Strong, full bodied and fruity* **whites** *Fine, elegant* **rosés** **Sweet, subtle** *dessert wines* **Sparking wines** *(méthode champenoise)*	*Butifarra (Catalan sausage), « Romesco » (sauce),» Escudella (Stew), Escalivada (Mixed boiled vegetables), Esqueixada (Raw Cod Salad), Crema catalana (Crème brûlée)*
GALICIA, ASTURIAS, CANTABRIA 1 to 5	*Complex, highly acidic* **reds** *Very aromatic and full bodied* **whites** *(Albariño)*	*Fish and seafood, Fabada (pork and bean stew), Tetilla Cheese, Cabrales Cheese, Empanada (Savoury tart), Lacón con grelos (Salted shoulder of Pork with sprouting turnip tops), Filloas (Crêpes), Olla podrida (Hot Pot), Cider, Orujo (distilled grape skins and pips)*
ISLAS BALEARES 49	*Meaty, elegant* **reds** *Light* **whites and rosés**	*Sobrasada (Sausage spiced with pimento), Mahón Cheese, Lobster ragout*
ISLAS CANARIAS 55 to 60	*Young, aromatic* **reds** *Light* **whites and rosés**	*Fish, Papas arrugadas (Potatoes)*
VALENCIA, MURCIA 42 to 48	*Robust reds* *Fresh, fruity and aromatic* **whites**	*Rice dishes, Nougat, Market garden produce, Horchata (Tiger Nut Summer Drink)*
NAVARRA 17	*Pleasant, full bodied and highly aromatic* **reds** *Smooth and fruity* **rosés** **Sparkling wines** *(méthode champenoise)*	*Green vegetables, Market garden produce, Pochas (Haricot Beans), Asparagus, Roncal Cheese*
PAÍS VASCO 16	*Fresh, aromatic and acidic* **whites** *Fragrant* **reds**	*Changurro (Spider Crab), Cocochas (Hake jaws), Porrusalda (Cod soup), Marmitako (Tuna & Potato stew), Pantxineta (Almond Pastry), Idiazábal Cheese*
LA RIOJA (ALTA, BAJA, ALAVESA) 15	*High quality, well balanced, open and aromatic* **reds** *with little acidity* *Dry* **whites** **Sparkling wines** *(méthode champenoise)*	*Peppers, Chilindrón (Chicken/Lamb in a spicy tomato & pepper sauce)*

ESPAÑA

→ LOCALIDAD QUE POSEE COMO MÍNIMO...

- ● un hotel o un restaurante
- ✿ una de las mejores mesas del año
- ☺ un restaurante « Bib Gourmand »
- XX un restaurante particularmente agradable
- 🏠 un hotel o una casa rural particularmente agradable

→ LOCALIDADE QUE POSSUI COMO MÍNIMO...

- ● um hotel ou um restaurante
- ✿ uma das melhores mesas do ano
- ☺ um restaurante « Bib Gourmand »
- XX um restaurante particularmente agradável
- 🏠 Um hotel ou uma casa rural particularmente agradável

España en 25 mapas

Mapas regionales de las localidades citadas

→ Espanha em 25 mapas

Mapas regionais das localidades citadas

→ *Regional maps*

Regional maps
of showing listed towns

→ *PLACE WITH AT LEAST...*

- ● *one hotel or a restaurant*
- ✿ *one starred establishment*
- ☺ *one Bib Gourmand restaurant*
- ✕✕ *one particularly pleasant restaurant or pub*
- ⌂ *one particularly pleasant hotel or guesthouse*

MAR CANTÁBRICO
A Coruña
Gijón
Oviedo
Cantabria
6
3
Asturias
Lugo
Galicia
13
Pontevedra
León
Ourense
Burgos
Porto
Valladolid
Castilla-
y-León
8
Salamanca
PORTUGAL
Coimbra
Madrid
15
LISBOA
Badajoz
Extremadura
12
Córdoba
Sevilla
Faro
Andalucía
1
Granada
Cádiz
Málaga
Gibraltar
Tanger
Ceuta
MAROC
Melilla
España

FRANCE
Biarritz
Toulouse
Pau
Perpignan
Bilbao
País Vasco
18
Pamplona
Navarra
17
a Rioja
14
Andorra
Cataluña
9
10
Zaragoza
Barcelona
Aragón
2
Castilla-
la-Mancha
7
Comunidad
Valenciana
11
València
Palma
de Mallorca
Baleares
4
Alacant/Alicante
Murcia
16
Murcia
MAR
MEDITERRÁNEO
OCÉANO ATLÁNTICO
Sta Cruz
de Tenerife
Las Palmas
Canarias
5
MAROC

1 Andalucía, Ceuta, Melilla

C
D
CASTILLA-LA MANCHA
(plano 7)
Ciudad Real
Albacete
1
B
Víznar
La Alhambra
Granada
Cenes de la Vega
La Calahorra
La Zubia
Monachil
Sierra Nevada
Dílar
Huétor-Vega
Lanjarón
Mecina Fondales
Órgiva
Santa Elena
Segura de la Sierra
Vilches
Montoro
Linares
Baeza
Úbeda
MURCIA
(plano 16)
Sierra de Cazorla
Cazorla
Jaén
Lorca
Cabra
Lucena
Priego de Córdoba
Baza
2
El Adelantado
Benalúa de Guadix
Iznájar
Loja
Granada
Vera
Villanueva de Tapia
Garrucha
Mojácar
Carboneras
Comares
Vélez-Málaga
Frigiliana
Agua Amarga
Aguadulce
Las Negras
Almería
Rodalquilar
Rincón de la Victoria
Nerja
El Ejido
Roquetas de Mar
San José
Málaga
Torre del Mar
Almuñécar
La Herradura
Localidad que posee como mínimo :
un hotel o un restaurante
un restaurante con estrella
un restaurante "Bib Gourmand"
un restaurante agradable
un alojamiento especialmente agradable
3
Melilla
C
D

2 Aragón

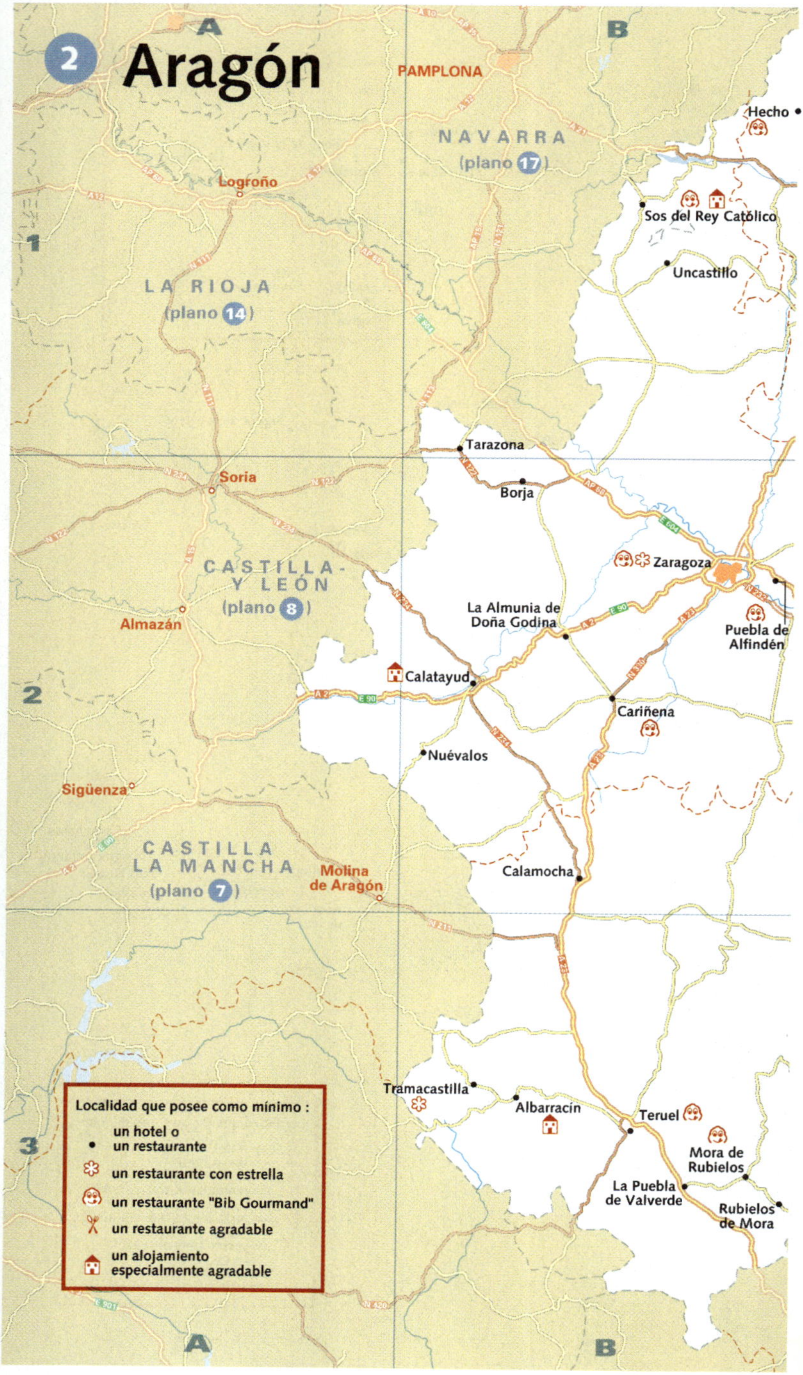
A
B
1
2
3
PAMPLONA
NAVARRA
(plano 17)
Logroño
LA RIOJA
(plano 14)
Soria
CASTILLA-Y LEÓN
(plano 8)
Almazán
Sigüenza
CASTILLA LA MANCHA
(plano 7)
Molina de Aragón
Hecho
Sos del Rey Católico
Uncastillo
Tarazona
Borja
Zaragoza
La Almunia de Doña Godina
Puebla de Alfindén
Calatayud
Cariñena
Nuévalos
Calamocha
Tramacastilla
Albarracín
Teruel
Mora de Rubielos
La Puebla de Valverde
Rubielos de Mora
A 10
AP 15
A 12
A 21
AP 68
N 111
A 15
N 121
E 804
N 113
N 234
N 122
AP 68
E 804
N 232
A 2
E 90
A 23
N 330
N 211
E 901
N 420
Localidad que posee como mínimo :
un hotel o un restaurante
un restaurante con estrella
un restaurante "Bib Gourmand"
un restaurante agradable
un alojamiento especialmente agradable

C
D
FRANCE
Sallent de Gállego
El Formigal
Lanuza
Sandiniés
Panticosa
Tramacastilla de Tena
Vielha
Jaca
Biescas
Torla
Bielsa
Benasque
Broto
Sarvisé
Sabiñánigo
Senegüé
Fiscal
Chía
Castejón de Sos
ANDORRA
Boltaña
Labuerda
Ainsa
Campo
1
Loarre
La Seu d'Urgell
Abizanda
Roda de Isábena
Esquedas
Alquézar
Huesca
El Grado
Buera
Tremp
Barbastro
Tamarite de Litera
Monzón
Ponts
Lleida
Fraga
2
CATALUÑA ANDORRA
(planos 9 10)
Tarragona
Alcañiz
Calaceite
Valjunquera
La Fresneda
Valderrobres
Ráfales
Castellote
Monroyo
Beceite
Tortosa
Fuentespalda
Las Cuevas de Cañart
Peñarroya de Tastavins
Cantavieja
Benicarló
3
COMUNIDAD VALENCIANA
(plano 11)
Castelló de la Plana
C
D

3
A
B
C
1
2
Asturias
Tapia de Casariego
Castropol
Navia
Puerto de Vega
Tox
Luarca
Cadavedo
Soto de Luiña
Cudillero
Verdicio
Salinas
Avilés
Candás
Prendes
Cabueñes
Gijón
Pravia
Malleza
Camuño
Salas
Posada de Llanera
Santullano
Argüelles
Oviedo
Noreña
Las Caldas
Valdesoto
La Felguera
Mieres
Moreda de Aller
Taramundi
Santa Eulalia de Oscos
Tineo
Cangas del Narcea
Pola de Somiedo
Villablino
Villaviciosa
Luces
Lastres
La Vega
Ribadesella
Junco
Arriondas
Villamayor
Cereceda
Cangas de Onís
Soto de Cangas
Covadonga
Vibaño
Pancar
Llanes
La Pereda
Alles
Alevia
Arenas de Cabrales
Tresgrandas
Panes
Riaño
GALICIA (plano 13)
CASTILLA Y LEÓN (plano 8)
CANTABRIA (plano 6)

Baleares

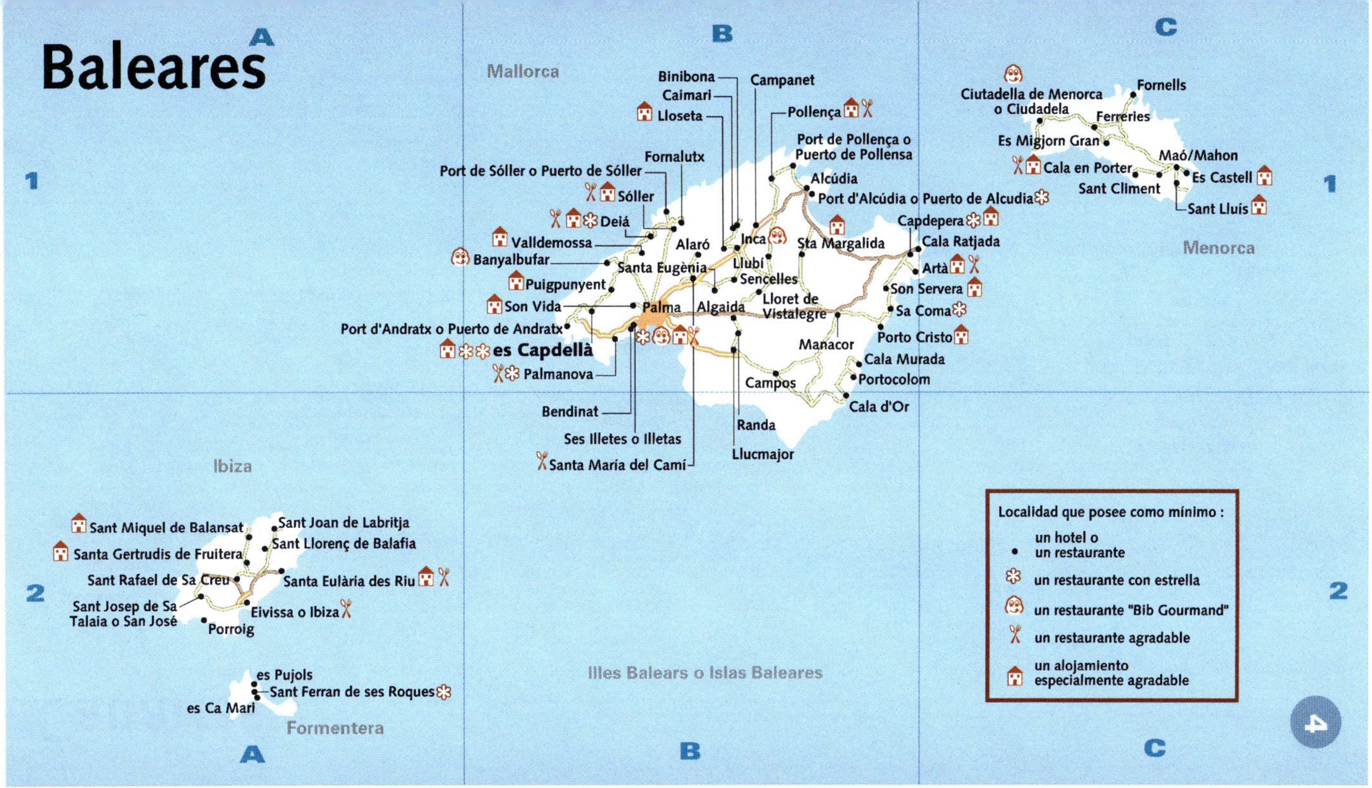

4
Mallorca
Menorca
Ibiza
Formentera
Illes Balears o Islas Baleares
Binibona
Caimari
Lloseta
Campanet
Pollença
Port de Pollença o Puerto de Pollensa
Alcúdia
Port d'Alcúdia o Puerto de Alcudia
Fornalutx
Port de Sóller o Puerto de Sóller
Sóller
Deiá
Valldemossa
Banyalbufar
Puigpunyent
Son Vida
Port d'Andratx o Puerto de Andratx
es Capdellà
Palmanova
Bendinat
Ses Illetes o Illetas
Santa María del Camí
Alaró
Santa Eugènia
Palma
Inca
Llubí
Sencelles
Algaida
Lloret de Vistalegre
Sta Margalida
Capdepera
Cala Ratjada
Artà
Son Servera
Sa Coma
Porto Cristo
Manacor
Cala Murada
Portocolom
Cala d'Or
Campos
Randa
Llucmajor
Ciutadella de Menorca o Ciudadela
Fornells
Ferreries
Es Migjorn Gran
Maó/Mahon
Cala en Porter
Sant Climent
Es Castell
Sant Lluís
Sant Miquel de Balansat
Sant Joan de Labritja
Santa Gertrudis de Fruitera
Sant Llorenç de Balafia
Sant Rafael de Sa Creu
Santa Eulària des Riu
Sant Josep de Sa Talaia o San José
Eivissa o Ibiza
Porroig
es Pujols
Sant Ferran de ses Roques
es Ca Marí
Localidad que posee como mínimo :
un hotel o un restaurante
un restaurante con estrella
un restaurante "Bib Gourmand"
un restaurante agradable
un alojamiento especialmente agradable

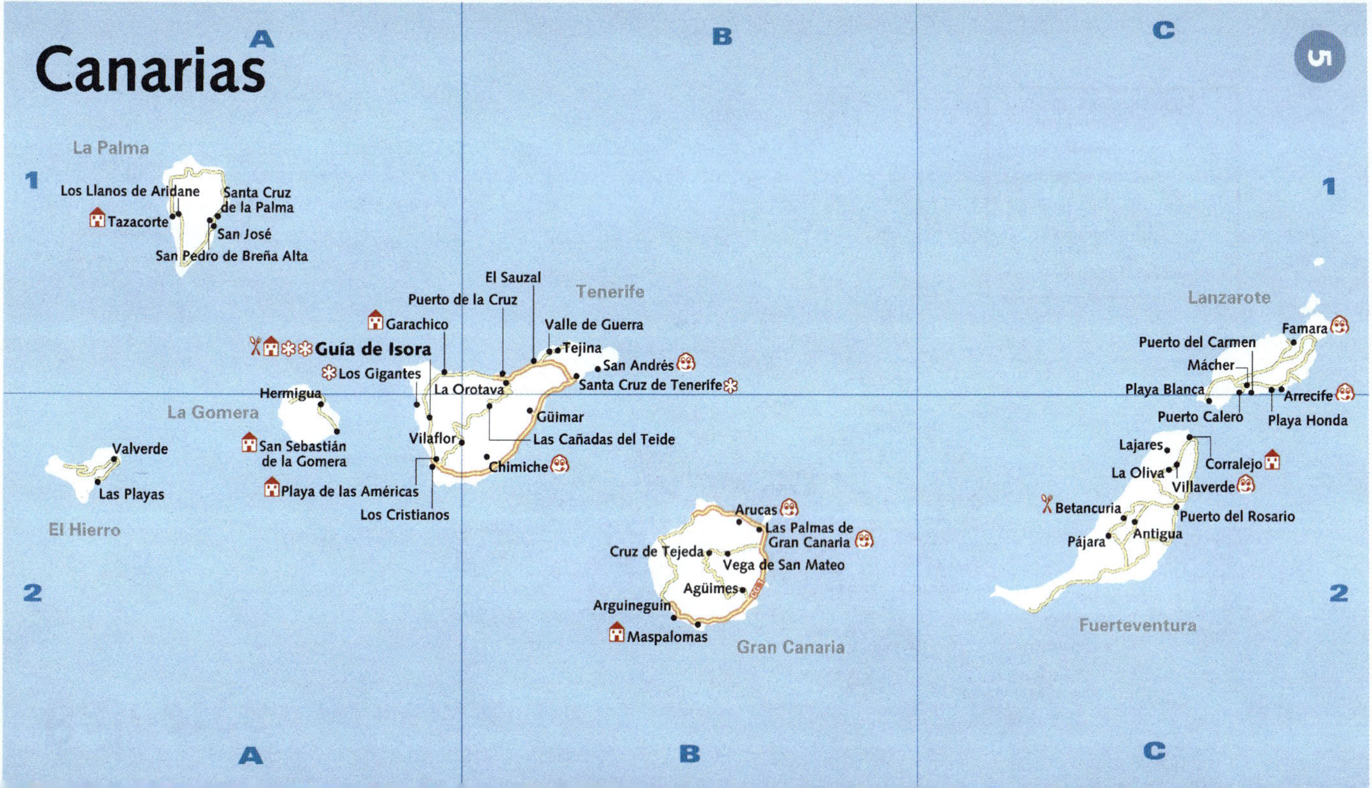
Canarias
5
A
B
C
1
2
La Palma
Los Llanos de Aridane
Santa Cruz de la Palma
Tazacorte
San José
San Pedro de Breña Alta
El Hierro
Valverde
Las Playas
La Gomera
Hermigua
San Sebastián de la Gomera
Playa de las Américas
Los Cristianos
Tenerife
Garachico
Guía de Isora
Los Gigantes
Puerto de la Cruz
El Sauzal
Valle de Guerra
Tejina
San Andrés
Santa Cruz de Tenerife
La Orotava
Güimar
Las Cañadas del Teide
Vilaflor
Chimiche
Gran Canaria
Arucas
Las Palmas de Gran Canaria
Cruz de Tejeda
Vega de San Mateo
Agüimes
Arguineguín
Maspalomas
Lanzarote
Famara
Puerto del Carmen
Mácher
Playa Blanca
Arrecife
Puerto Calero
Playa Honda
Fuerteventura
Lajares
Corralejo
La Oliva
Villaverde
Betancuria
Puerto del Rosario
Pájara
Antigua

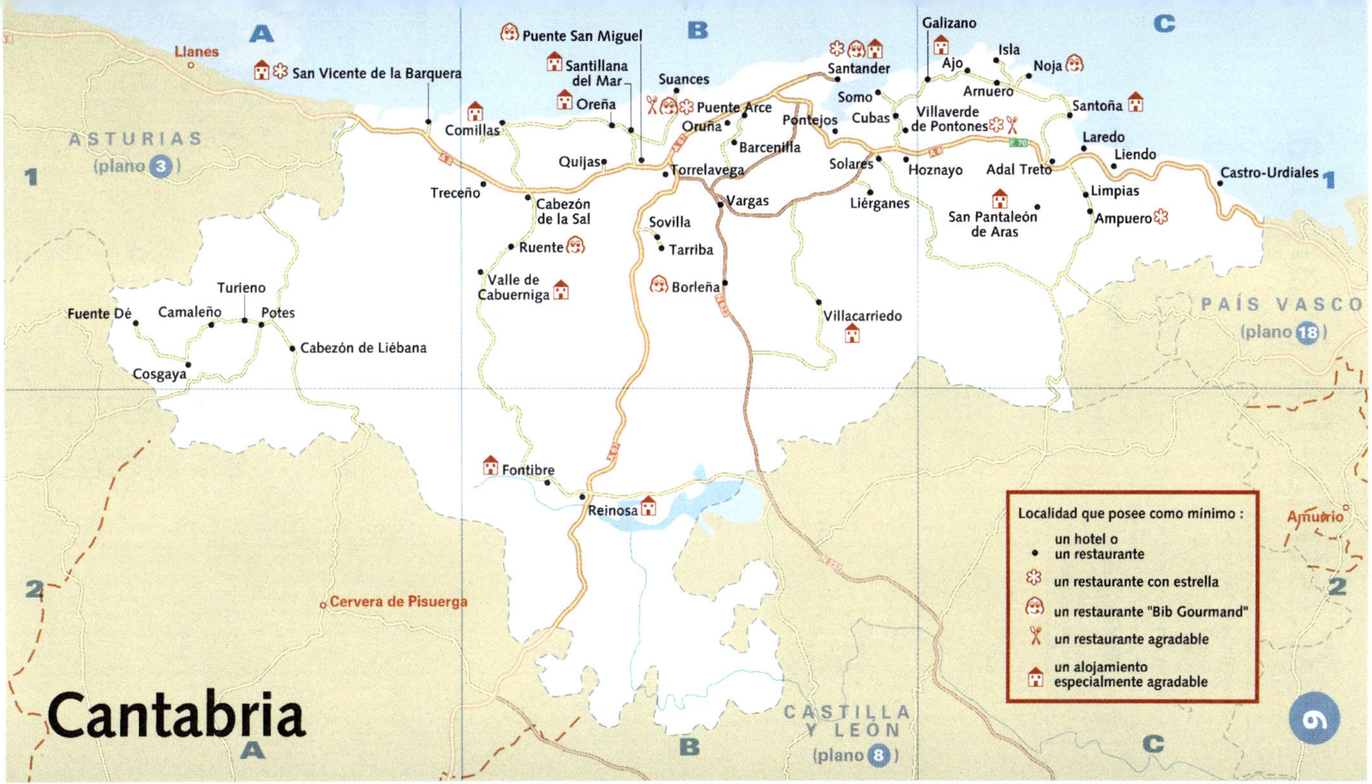

Cantabria
6
Localidad que posee como mínimo :
un hotel o un restaurante
un restaurante con estrella
un restaurante "Bib Gourmand"
un restaurante agradable
un alojamiento especialmente agradable
ASTURIAS (plano 3)
PAÍS VASCO (plano 18)
CASTILLA Y LEÓN (plano 8)
Llanes
San Vicente de la Barquera
Puente San Miguel
Santillana del Mar
Oreña
Comillas
Suances
Puente Arce
Oruña
Quijas
Treceño
Cabezón de la Sal
Torrelavega
Barcenilla
Pontejos
Santander
Somo
Cubas
Solares
Liérganes
Vargas
Sovilla
Tarriba
Borleña
Ruente
Valle de Cabuerniga
Villacarriedo
Galizano
Ajo
Isla
Noja
Arnuero
Santoña
Villaverde de Pontones
Hoznayo
Adal Treto
Laredo
Liendo
Limpias
Ampuero
San Pantaleón de Aras
Castro-Urdiales
Turieno
Fuente Dé
Camaleño
Potes
Cabezón de Liébana
Cosgaya
Fontibre
Reinosa
Cervera de Pisuerga
Amurrio
A 8
A 67
E 70
N 623

7 Castilla-La Mancha

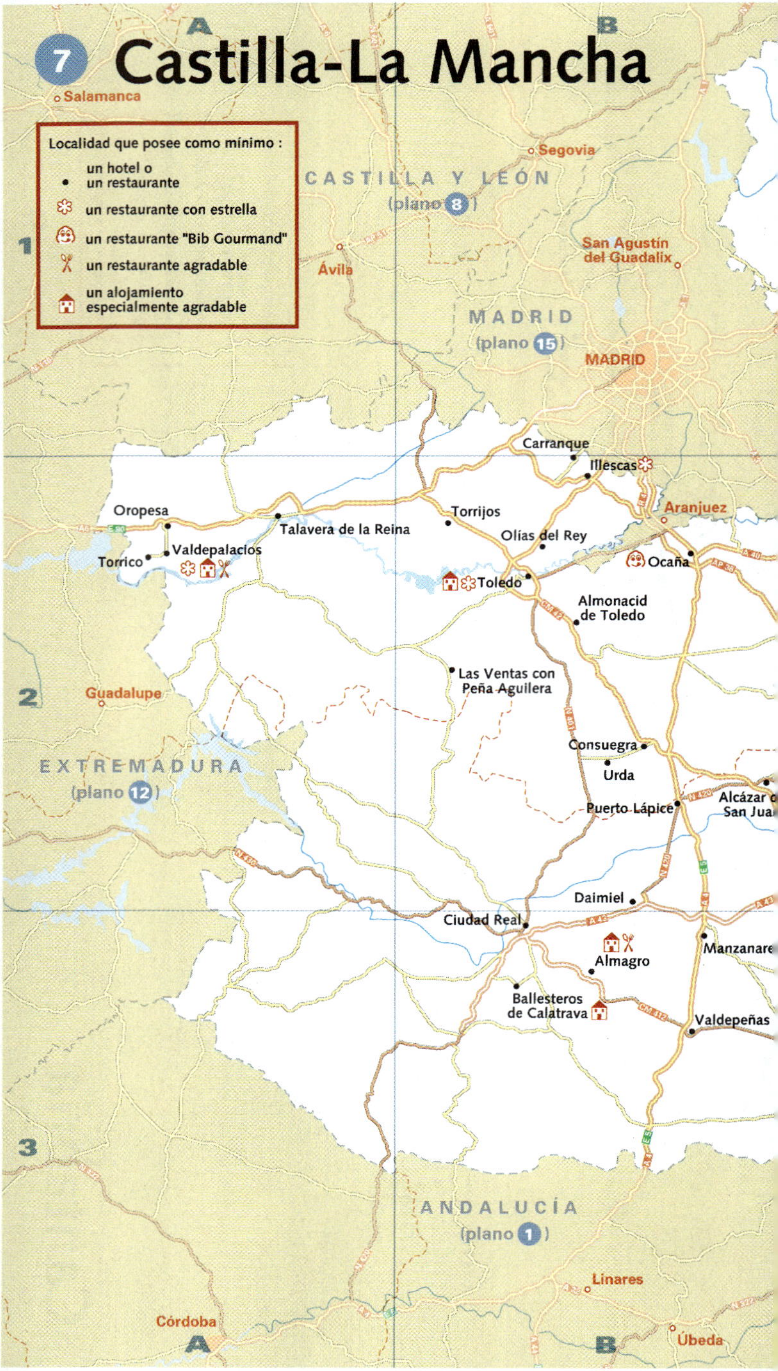

C
D
Calatayud
Imón
Carabias
Alcuneza
Sigüenza
Brihuega
Guadalajara
Sacedón
Mondéjar
Puente de Vadillos
Villalba de la Sierra
Jábaga
Chillarón de Cuenca
Cuenca
Ballesteros
Tarancón
Cañete
Teruel
ARAGÓN
(plano 2)
1
2
3
Quintanar de la Orden
El Toboso
Alarcón
Las Pedroñeras
San Clemente
Campo de Criptana
Villarrobledo
La Roda
Requena
COMUNIDAD VALENCIA
(plano 11)
Albacete
Almansa
Villanueva de los Infantes
Yecla
Riópar
Hellín
Elda
Elx/Elche
Caravaca de la Cruz
MURCIA
(plano 16)

8 Castilla y León

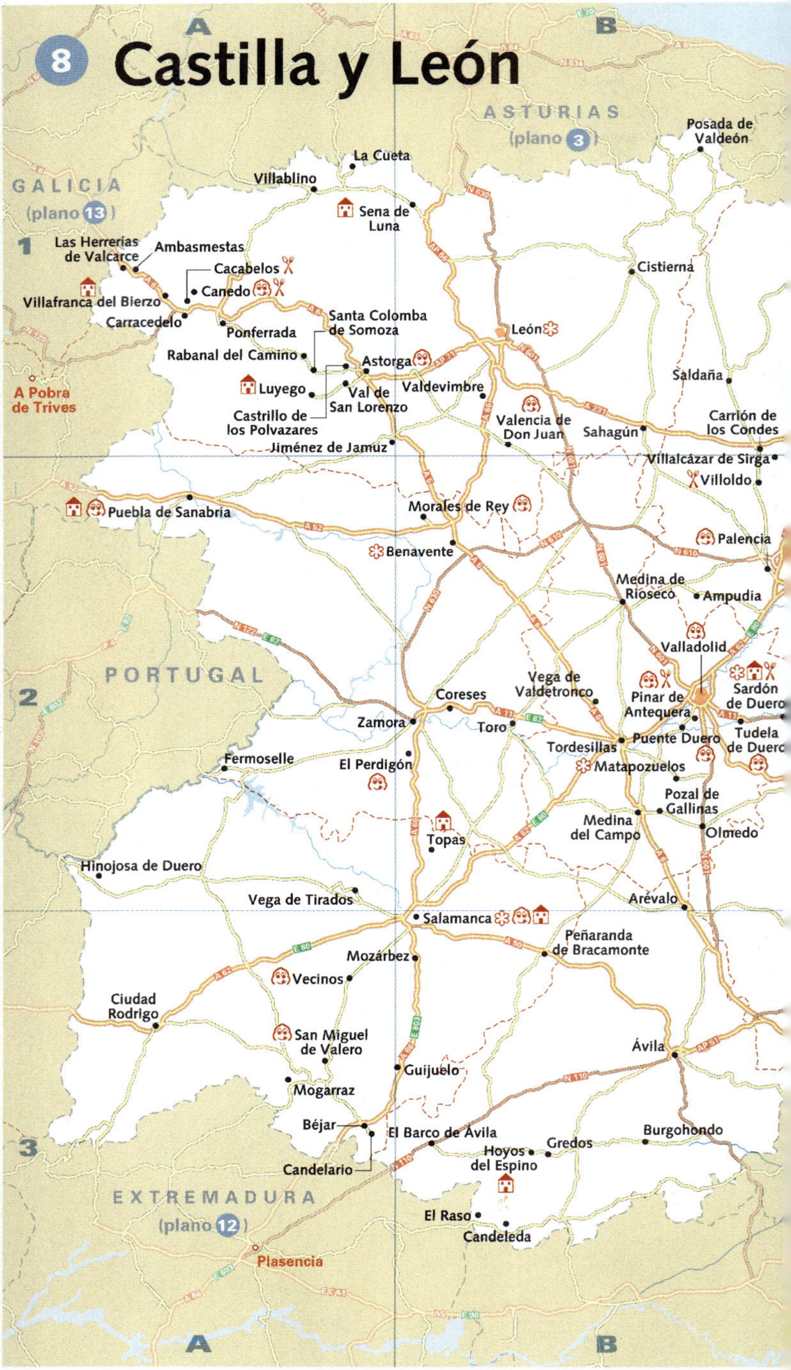

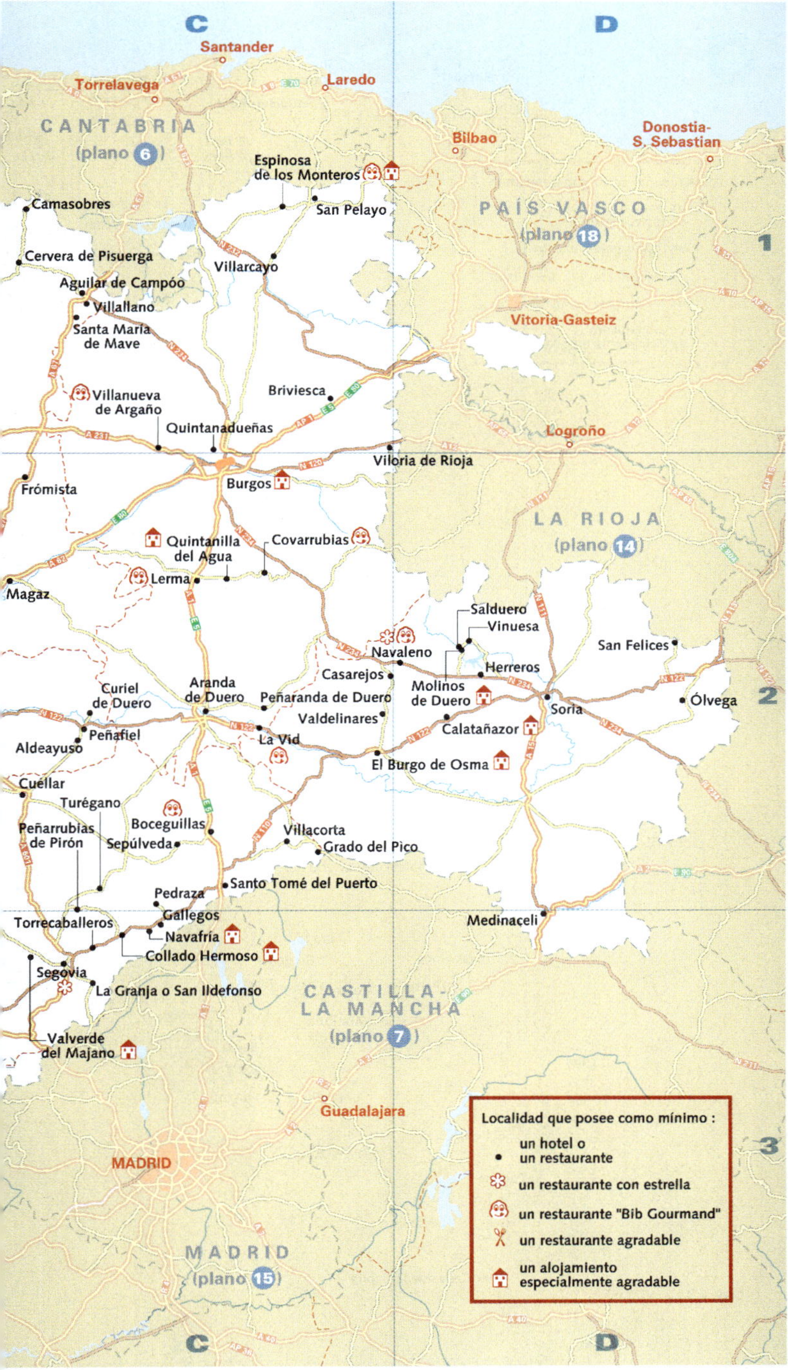
C
D
Santander
Torrelavega
Laredo
CANTABRIA
(plano 6)
Bilbao
Donostia-S. Sebastian
Espinosa de los Monteros
San Pelayo
Camasobres
PAÍS VASCO
(plano 18)
1
Cervera de Pisuerga
Villarcayo
Aguilar de Campóo
Villallano
Santa María de Mave
Vitoria-Gasteiz
Villanueva de Argaño
Briviesca
Quintanadueñas
Logroño
Viloria de Rioja
Burgos
Frómista
LA RIOJA
(plano 14)
Quintanilla del Agua
Covarrubias
Lerma
Magaz
Salduero
Vinuesa
San Felices
Navaleno
Herreros
Casarejos
Curiel de Duero
Aranda de Duero
Peñaranda de Duero
Molinos de Duero
Soria
Ólvega
2
Valdelinares
Peñafiel
Aldeayuso
La Vid
Calatañazor
El Burgo de Osma
Cuéllar
Turégano
Boceguillas
Peñarrubias de Pirón
Sepúlveda
Villacorta
Grado del Pico
Santo Tomé del Puerto
Pedraza
Gallegos
Torrecaballeros
Medinaceli
Navafría
Collado Hermoso
Segovia
La Granja o San Ildefonso
CASTILLA-LA MANCHA
(plano 7)
Valverde del Majano
Guadalajara
MADRID
MADRID
(plano 15)
3
C
D
Localidad que posee como mínimo :
un hotel o un restaurante
un restaurante con estrella
un restaurante "Bib Gourmand"
un restaurante agradable
un alojamiento especialmente agradable

9
A
B
1
2
3
Localidad que posee como mínimo :
un hotel o un restaurante
un restaurante con estrella
un restaurante "Bib Gourmand"
un restaurante agradable
un alojamiento especialmente agradable
Les
Bossòst
Escunhau
Salardú
Baqueira-Beret
Vielha o Viella
Arties
Escaldes-Engordany
Meritxell
Canillo
Ordino
Soldeu
Esterri d'Àneu
València d'Àneu
Espot
Boí
Taüll
Llavorsí
La Massana
Andorra-la-Vella
Encamp
ANDORRA
Sant-Julià-de-Lòria
Llesp
Sort
El Pont de Bar
Anserall
La Seu d'Urgell o Seo de Urgell
Arsèguel
Lles de Cerdanya
La Coma i La Pedra
Peramola
Barbastro
ARAGÓN
(plano 2)
Ponts
Cardona
Torà
Balaguer
Linyola
Gimenells
Vilagrassa
Lleida
Sudanell
Les Borges Blanques
Santa Coloma de Queralt
Solivella
L'Espluga de Francolí
Santes Creus (Monasterio de)
Poblet (Monasterio de)
Valls
Siurana
Gratallops
Riudoms
Falset
Botarell
Reus
Calafell
Altafulla
Tarragona
Montbrió del Camp
La Canonja
Pratdip
Salou
Cambrils
Bot
L'Hospitalet de l'Infant
Xerta
El Perelló
L'Ametlla de Mar
Tortosa
Deltebre
Sant Carles de la Ràpita
(plano 11)
Ulldecona
Alcanar
COMUNIDAD VALENCIANA
N 230
N 260
A 22
C 14
C 26
C 13
A 2
N 240
E 90
AP 2
AP 7
E 15
C 25

Cataluña, Andorra

10 Cataluña, Andorra

Comunidad Valenciana 11
A
B
1
2
3
Localidad que posee como mínimo :
un hotel o un restaurante
un restaurante con estrella
un restaurante "Bib Gourmand"
un restaurante agradable
un alojamiento especialmente agradable
ARAGÓN (plano 2)
CASTILLA-LA MANCHA (plano 7)
MURCIA (plano 16)
Morella
Cinctorres
Vinarós
Benicarló
Peñíscola
Alcossebre o Alcocéber
Vall d'Alba
Vilafamés
L'Alcora
Benicàssim
Castelló de la Plana
Vila-Real o Villarreal
Segorbe
La Vall d'Uixó
Sagunt o Sagunto
Utiel
Benisanó
Bétera
Puçol
la Pobla de Farnals
Meliana
Requena
Chiva
Aldaia
Valencia
Albal
El Saler
Benifaió
Cullera
Alzira
Ayora
Gandia
Daimús
Piles
Ondara
Dénia
Ontinyent u Onteniente
Alfafara
Agres
Bocairent
Benimaurell
Xàbia o Jávea
Cocentaina
Castell de Castells
Benissa
Moraira
Alcoi
Benimantell
Villena
Ibi
El Castell de Guadalest
Calp o Calpe
Altea
Elda
Petrer
la Nucia
Benidorm
Xinorlet
El Pinós o Pinoso
El Campello
La Vila Joiosa o Villajoyosa
La Romana
Torrellano
Sant Joan d'Alacant o San Juan de Alicante
Sant Vicent del Raspeig o San Vicente del Raspeig
Alacant o Alicante
Platja de Sant Joan o Playa de San Juan
Elx o Elche
Santa Pola
Almoradí
Murcia
Dehesa de Campoamor

12 Extremadura

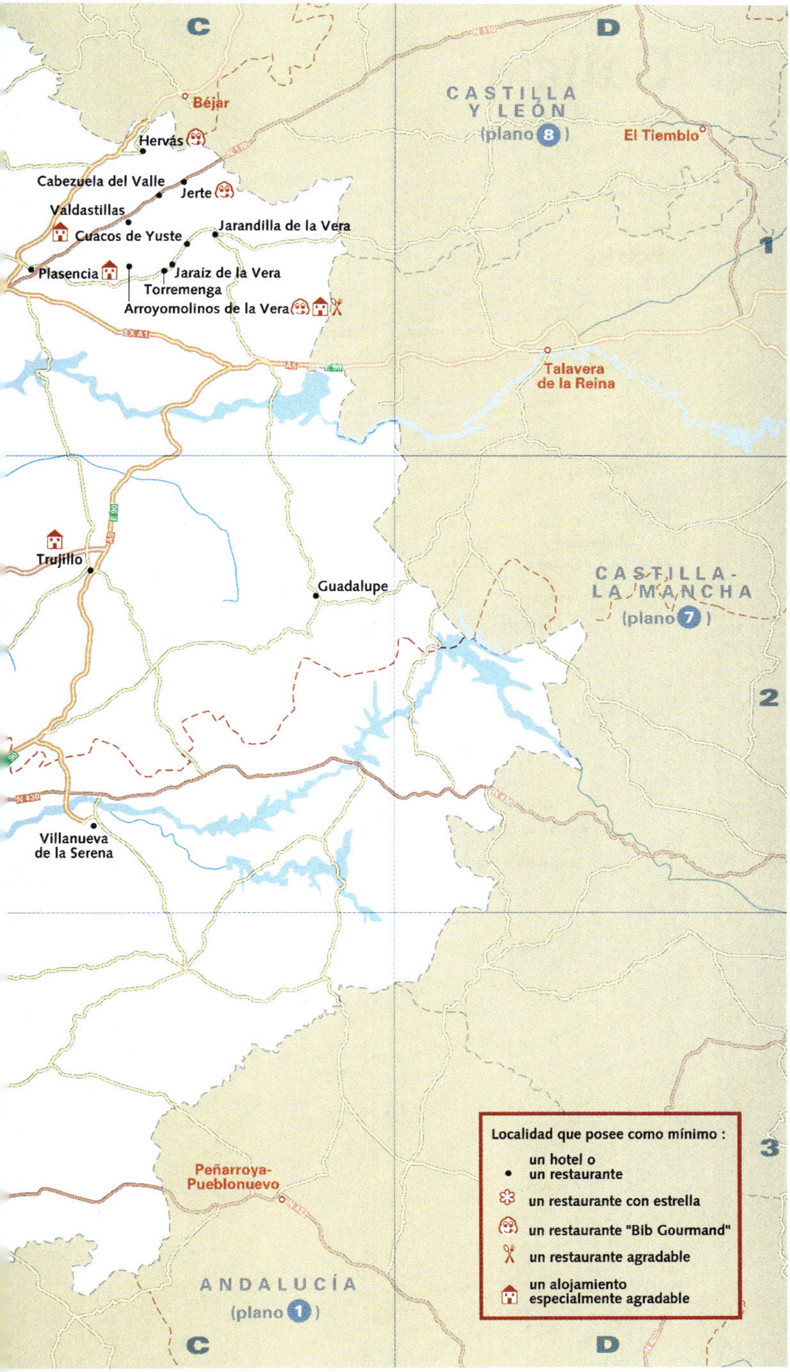
C
D
CASTILLA Y LEÓN
(plano 8)
Béjar
Hervás
El Tiemblo
Cabezuela del Valle
Jerte
Valdastillas
Cuacos de Yuste
Jarandilla de la Vera
Plasencia
Jaraíz de la Vera
Torremenga
Arroyomolinos de la Vera
1
Talavera de la Reina
Trujillo
Guadalupe
CASTILLA-LA MANCHA
(plano 7)
2
Villanueva de la Serena
Peñarroya-Pueblonuevo
3
ANDALUCÍA
(plano 1)
Localidad que posee como mínimo :
un hotel o
un restaurante
un restaurante con estrella
un restaurante "Bib Gourmand"
un restaurante agradable
un alojamiento
especialmente agradable
C
D

13 Galicia

A
B
1
2
3
Castelo de Andrade
Ferrol
Fene
Pontedeume
Puentedeume
Malpica de Bergantiños
A Coruña
Barizo
Oleiros
Arteixo
Laxe
Cambre
Cánduas
Sísamo
Carballo
Muxía
Santa Comba
Corcubión
Santiago de Compostela
Fisterra o Finisterre
Negreira
Caldebarcos
Serra de Outes
Os Ánxeles o Los Ángeles
Arzúa
Carnota
Urdilde
Lavacolla
Touro
Esteiro
Noia
Boqueijon
Codeso
Rois
Vedra
Vila de Cruces
Ponte Ulla o Puente Ulla
Padrón
Carril
Caldas de Reis
Lalín
Cambados
Combarro
O Grove
Illa da Toxa
Reboredo
Samieira
San Salvador de Poio
San Vicente do Mar
Meaño
Sanxenxo o Sangenjo
Pontevedra
Raxo
Ponte Caldelas
Boborás
Portonovo
Vilaboa
Bueu
Arcade
Leiro
Moaña
Hío
Redondela
Fofe
Vigo
San Andrés de Camporredondo
Canido
Covelo
Baiona
Ponteareas o Puenteareas
Tui
A Guarda
PORTUGAL
Viana do Castelo

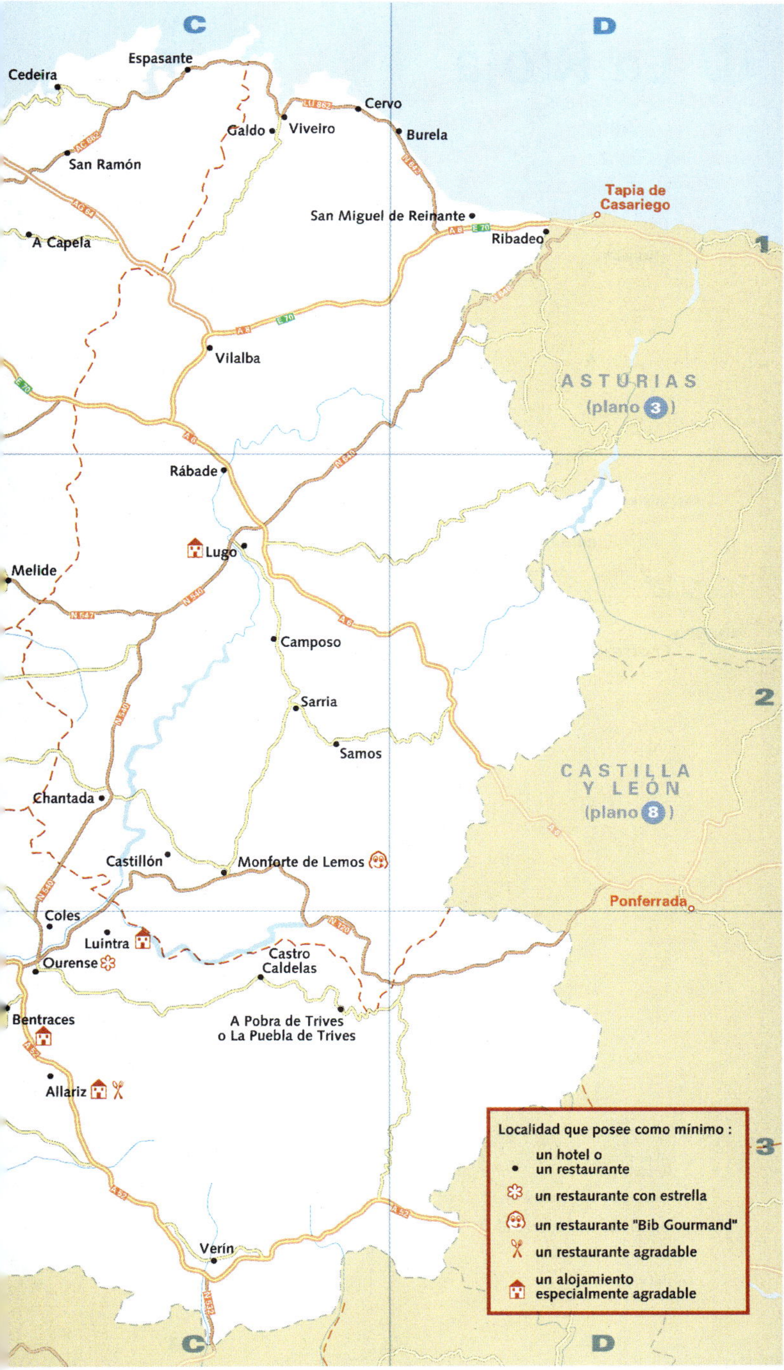

Localidad que posee como mínimo :

- un hotel o un restaurante
- un restaurante con estrella
- un restaurante "Bib Gourmand"
- un restaurante agradable
- un alojamiento especialmente agradable

14 La Rioja

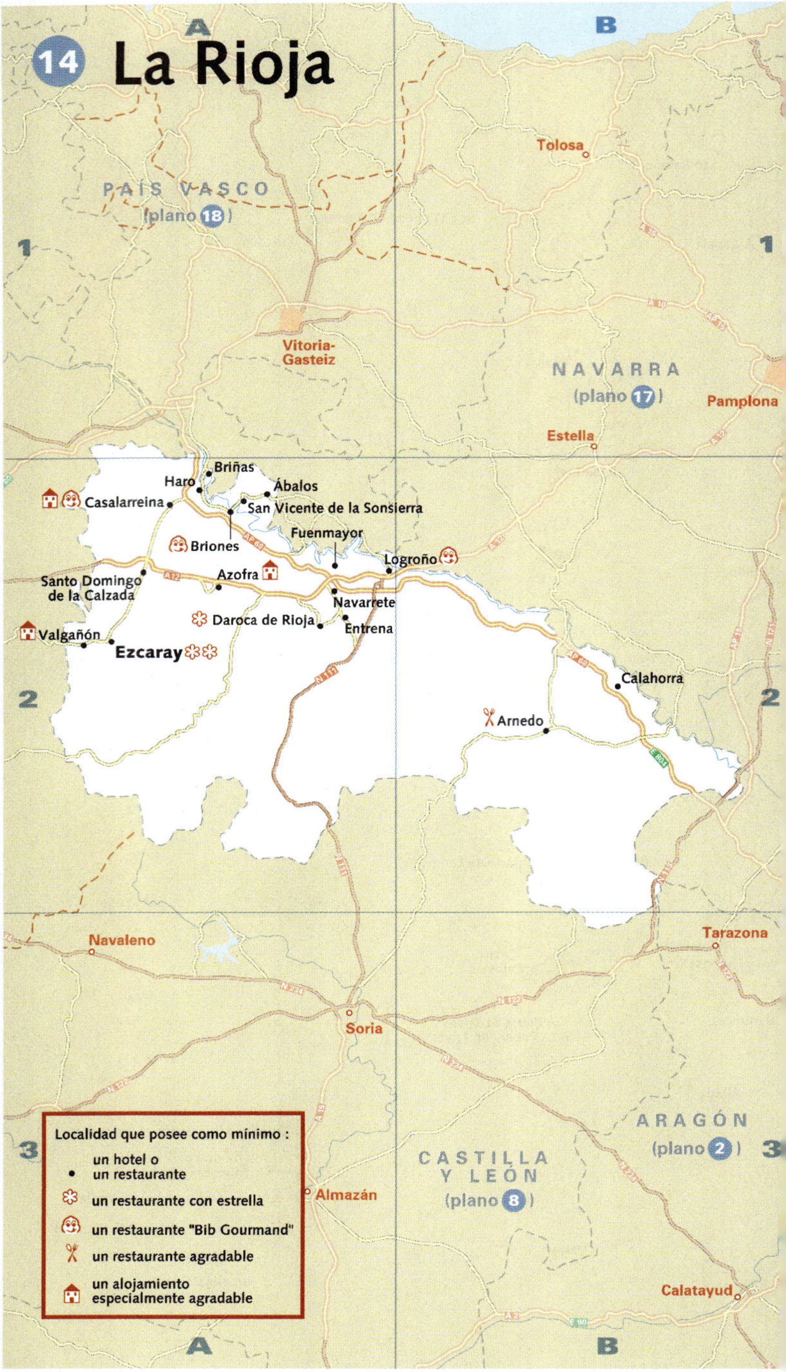

A
B
1
2
3
PAIS VASCO
(plano 18)
Tolosa
Vitoria-Gasteiz
NAVARRA
(plano 17)
Pamplona
Estella
Briñas
Haro
Ábalos
Casalarreina
San Vicente de la Sonsierra
Fuenmayor
Briones
Logroño
Azofra
Santo Domingo de la Calzada
Navarrete
Daroca de Rioja
Entrena
Valgañón
Ezcaray
Calahorra
Arnedo
Navaleno
Tarazona
Soria
ARAGÓN
(plano 2)
CASTILLA Y LEÓN
(plano 8)
Almazán
Calatayud
A 12
AP 68
N 111
E 804
N 234
N 122
N 113
A 15
A 2
Localidad que posee como mínimo :
un hotel o un restaurante
un restaurante con estrella
un restaurante "Bib Gourmand"
un restaurante agradable
un alojamiento especialmente agradable

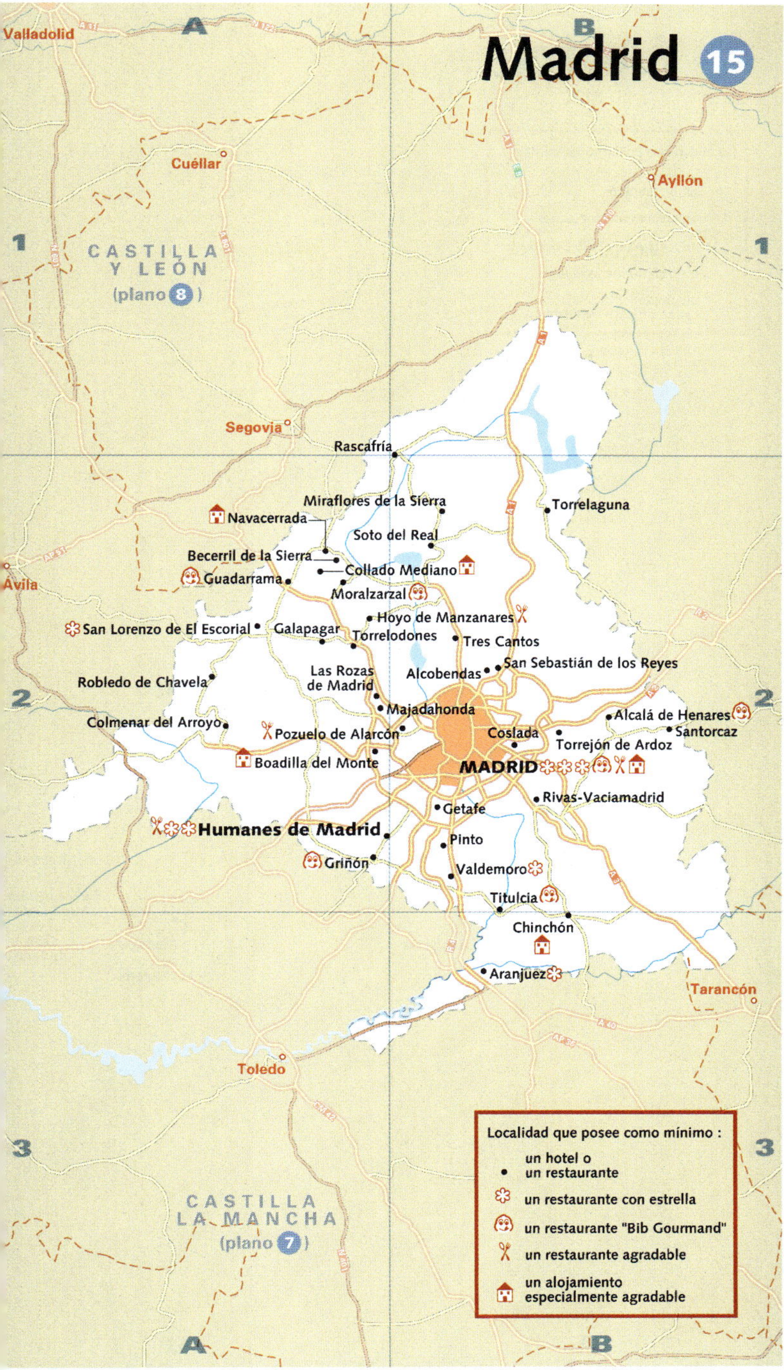
Madrid 15
Valladolid
A
B
Cuéllar
Aylón
1
CASTILLA
Y LEÓN
(plano 8)
Segovia
Rascafría
Miraflores de la Sierra
Torrelaguna
Navacerrada
Soto del Real
Becerril de la Sierra
Collado Mediano
Guadarrama
Ávila
Moralzarzal
Hoyo de Manzanares
San Lorenzo de El Escorial
Galapagar
Torrelodones
Tres Cantos
San Sebastián de los Reyes
Alcobendas
Las Rozas
de Madrid
Robledo de Chavela
2
Majadahonda
Alcalá de Henares
Santorcaz
Colmenar del Arroyo
Pozuelo de Alarcón
Coslada
Torrejón de Ardoz
Boadilla del Monte
MADRID
Rivas-Vaciamadrid
Getafe
Humanes de Madrid
Pinto
Griñón
Valdemoro
Titulcia
Chinchón
Aranjuez
Tarancón
Toledo
3
CASTILLA
LA MANCHA
(plano 7)
Localidad que posee como mínimo :
un hotel o
un restaurante
un restaurante con estrella
un restaurante "Bib Gourmand"
un restaurante agradable
un alojamiento
especialmente agradable

16
Murcia
Localidad que posee como mínimo :
un hotel o un restaurante
un restaurante con estrella
un restaurante "Bib Gourmand"
un restaurante agradable
un alojamiento especialmente agradable
A
B
1
2
3
Alcalá del Júcar
Jalance
CASTILLA LA MANCHA
(plano 7)
COMUNIDAD VALENCIA
(plano 11)
Almansa
Yecla
Hellín
Elda
Elx o Elche
Moratalla
Ricote
Archena
Ceutí
Molina de Segura
Murcia
El Palmar
San Pedro del Pinatar
Alhama de Murcia
Los Alcázares
La Manga del Mar Menor
Cabo de Palos
Lorca
Puerto Lumbreras
Cartagena
Los Dolores
ANDALUCÍA
(plano 1)
Mojácar
Sorbas
Las Negras

A
B
Navarra
17
FRANCE
Biarritz
1
Donostia-
San Sebastián
Urdazubi o Urdax
Lesaka
Azpeitia
Erratzu
Legasa
Tolosa
Donamaria
Elizondo
PAÍS VASCO
(plano 18)
Lekunberri
Puerto
de Belate
Mugiro
Orreaga o Roncesvalles
Zubiri
Olave
Urdaitz
o Urdániz
Iruña/Pamplona
Agoitz o Aoiz
Lizarra o Estella
Monasterio de Leyre
2
Viana
Tafalla
Javier
Erriberri u Olite
Puente la
Reina de Jaca
Logroño
Lodosa
Murillo
el Fruto
LA RIOJA
(plano 14)
Marcilla
ARAGÓN
(plano 2)
Arnedo
Tudela
Tarazona
Soria
3
CASTILLA
Y LEÓN
(plano 8)
Morón de
Almazán
Calatayud
Localidad que posee como mínimo :
un hotel o
un restaurante
un restaurante con estrella
un restaurante "Bib Gourmand"
un restaurante agradable
un alojamiento
especialmente agradable

País Vasco 18

España

Hoteles & restaurantes

Ciudades de A a Z

→ Hotéis & restaurantes

Cidades de A a Z

→ *Hotels & restaurants*

Towns from A to Z

ÁBALOS

La Rioja – 348 h. – Alt. 589 m – Ver mapa regional n° **14**-A2
Madrid 342 km – Logroño 31 km – Bilbao 106 km – Iruña/Pamplona 119 km
Mapa de carreteras Michelin n° 573-E21

Villa de Ábalos

pl. Fermín Gurbindo 2 ✉ 26339 – ✆ 941 33 43 02 – www.hotelvilladeabalos.com
12 hab – 65/85 € 85/100 €
Casa señorial de finales del s. XVI dotada con gruesos muros en piedra y confortables habitaciones de línea neorrústica, todas dispuestas en torno a un patio con lucernario.

ABIZANDA

Huesca – 143 h. – Ver mapa regional n° **2**-C1
Madrid 474 km – Zaragoza 161 km – Huesca 85 km – Lleida 100 km
Mapa de carreteras Michelin n° 574-F30

La Demba

Afueras, carret. A 138 - Este : 1.5 km ✉ 22392 – ✆ 974 94 25 00 – www.lademba.com
10 hab – 89/129 €, 10 €
Atractiva casa de piedra que sorprende por su interior, pues aquí conviven la modernidad, la rusticidad y el diseño. Ofrece habitaciones personalizadas, una biblioteca, una antigua bodega y un restaurante polivalente que propone cocina tradicional actualizada.

ADAL TRETO

Cantabria – Ver mapa regional n° **6**-C1
Madrid 378 km – Santander 41 km – Bilbao 63 km
Mapa de carreteras Michelin n° 572-B19

Las Ruedas

barrio La Maza, (carret. N 634) ✉ 39760 – ✆ 942 67 44 22 – www.hotel-lasruedas.com – cerrado 20 diciembre-8 enero
19 hab – 43/67 € 51/77 €
Un negocio cuya fachada conjuga la tradición montañesa con el modernismo de principios del s. XX. Presenta un reducido hall-recepción y unas habitaciones algo pequeñas pero bien equipadas en su categoría. Acogedor restaurante a modo de mesón, con columnas en ladrillo visto y la viguería en madera.

El ADELANTADO → Ver Iznájar

Córdoba

AGE

Girona – 113 h. – Ver mapa regional n° **9**-C1
Madrid 641 km – Andorra la Vella 66 km – Lleida/Lérida 183 km
Mapa de carreteras Michelin n° 574-E35

Cal Marrufès

Ripoll 3 ✉ 17529 – ✆ 972 14 11 74 – www.calmarrufes.cat
14 hab – 50/60 € 70/90 €
Masía familiar del s. XVIII emplazada en un pueblo con encanto. Tras sus altos muros en piedra sorprende encontrar un gran patio con pajar, carro, guarda esquís... Ofrecen habitaciones de ambiente rústico, las superiores algo más amplias.

AGOITZ (AOIZ)

Navarra – 2 684 h. – Alt. 504 m – Ver mapa regional n° **17**-B2
Madrid 486 km – Iruña/Pamplona 28 km – Donostia/San Sebastián 119 km
Mapa de carreteras Michelin n° 573-D25

Beti Jai

Santa Águeda 2 ✉ 31430 – ✆ 948 33 60 52 – www.beti-jai.com
Menú 12/45 € – Carta 33/50 € – *(cerrado domingo noche)*
17 hab – 28/39 € 50/61 €, 3 €
Negocio instalado en dos casas típicas del centro del pueblo. Dispone de un bar público, dos salas en la 1ª planta y una completa carta de cocina tradicional navarra. También posee habitaciones, las nuevas de línea actual y las antiguas algo más modestas.

ESPAÑA

AGRES

Alicante – 565 h. – Alt. 722 m – Ver mapa regional n° **11-A2**
Madrid 394 km – València 103 km – Alacant/Alicante 74 km
Mapa de carreteras Michelin n° 577-P28

Mariola

San Antonio 4 ✉ 03837 – ✆ 965 51 00 17 – www.restaurant-mariola.es – cerrado 15 junio-9 julio y 28 septiembre-7 octubre
Menú 15 € – Carta 20/30 € – *(cerrado domingo noche y lunes salvo verano y festivos)*
12 hab – 28/30 € 45/49 € – 6 apartamentos
Este restaurante, distribuido en dos plantas, disfruta de un cuidado estilo rústico, con aperos agrícolas en la decoración y chimenea. Carta amplia de comida casera. Como complemento también posee unas sencillas habitaciones y amplios apartamentos en un anexo.

AGUA AMARGA

Almería – 318 h. – Ver mapa regional n° **1-D2**
Madrid 568 km – Almería 62 km – Mojácar 33 km – Níjar 32 km
Mapa de carreteras Michelin n° 578-V24

El Tío Kiko

Embarque 12 ✉ 04149 – ✆ 950 13 80 80 – www.eltiokiko.com – 15 marzo-3 noviembre
27 hab – 80/110 € 110/250 €
Escalonado, en la parte alta del pueblo y asomado al mar desde la mayoría de sus habitaciones, todas de estética colonial y con terraza. ¡La zona social da a la piscina!

ESPAÑA

Mikasa

carret. de Carboneras 20 ✉ 04149 – ✆ 950 13 80 73 – www.mikasasuites.com
18 hab – 79/120 € 110/165 €
Villa mediterránea formada por tres edificios, encalados y comunicados entre sí. Encontrará agradables zonas sociales, habitaciones bien personalizadas y un completo SPA. El restaurante, de explotación independiente, ofrece una cocina tradicional actualizada.

Senderos

Pueblecico 1 ✉ 04149 – ✆ 950 13 80 87 – www.hotelsenderos.com
10 hab – 55/80 € 65/125 €
Conjunto de línea moderna y equipamiento actual dominado por los tonos blancos. Aquí lo más atractivo es el entorno, pues se halla en el Parque Natural del Cabo de Gata-Níjar.

Asador La Chumbera N

paraje Los Ventorrillos, en la carretera de Carboneras : Noreste 1.2 km ✉ 04100 – ✆ 950 16 83 21
Carta 25/35 €
Un restaurante apartado, tranquilo y muy especial, pues la atractiva construcción de aire rústico se completa con una coqueta terraza para disfrutar del Parque Natural. Cocina tradicional de calidad y a buen precio, con algunas influencias árabes y orientales.

por la carretera de Fernán Pérez Oeste : 5,3 km y desvío a la izquierda 0,5 km

La Almendra y El Gitano

camino Cala del Plomo ✉ 04149 Agua Amarga – ✆ 678 50 29 11 – www.laalmendrayelgitano.com
7 hab – 100/115 € 115/130 €
Casa rural de gran tipismo emplazada en un entorno solitario y aislado. Todas sus habitaciones ofrecen una decoración personalizada, con su propia terraza y vistas al campo.

AGUADULCE
Almería – 9 558 h. – Ver mapa regional n° **1**-D2
Madrid 562 km – Sevilla 404 km – Almería 18 km – Granada 158 km
Mapa de carreteras Michelin n° 578-V22

Bacus
camino de los Parrales 330 ✉ 04720 – ✆ 950 34 13 54 – www.bacus.eu – cerrado 15 enero-1 febrero, domingo mediodía y lunes mediodía en agosto y domingo resto del año
Tapa 4 € – Ración aprox. 12 €
Ubicado en una nueva zona residencial. Este gastrobar de estética moderna se presenta con una barra a la entrada, una zona de mesas al fondo y un reservado. Tapas creativas.

AGUILAR DE CAMPÓO
Palencia – 7 160 h. – Alt. 895 m – Ver mapa regional n° **8**-C1
Madrid 323 km – Palencia 97 km – Santander 104 km
Mapa de carreteras Michelin n° 575-D17

en Olleros de Pisuerga Sur : 8 km

Cildá
av. Aguilar de Campóo ✉ 34815 Aguilar de Campóo – ✆ 626 19 24 37 – www.hotelcilda.com
6 hab – 40 € 60 €
Hotel de estilo rústico-actual y excelente aspecto ubicado junto a la carretera que cruza la localidad. Posee unas atractivas zonas comunes y habitaciones decoradas con gusto.

ESPAÑA

AIGUABLAVA → Ver Begur
Girona

AIGUADOLÇ (Puerto de) → Ver Sitges
Barcelona

AINSA
Huesca – 2 250 h. – Alt. 589 m – Ver mapa regional n° **2**-C1
Madrid 510 km – Huesca 120 km – Lleida/Lérida 136 km – Iruña/Pamplona 204 km
Mapa de carreteras Michelin n° 574-E30

Los Arcos
pl. Mayor 23 ✉ 22330 – ✆ 974 50 00 16 – www.hotellosarcosainsa.com
6 hab – 65/80 € 90/118 €
Se encuentra en pleno casco antiguo, instalado en una casa de piedra bien rehabilitada y con el acceso por unos soportales. Aquí encontrará unas habitaciones de buen confort, con los suelos en madera e hidromasaje en los baños.

Callizo
pl. Mayor ✉ 22330 – ✆ 974 50 03 85 – cerrado 9 diciembre-15 marzo, domingo noche y lunes salvo Semana Santa, 15 julio-agosto
Menú 33/50 € – *(solo almuerzo salvo viernes y sábado en invierno) (solo menú)*
Acogedor, de aire rústico e instalado en una casona de piedra. Aquí la cocina supone todo un derroche imaginativo, tanto en la elaboración como en sus presentaciones. La oferta se basa en dos sugerentes menús, uno denominado "Tierra" y otro de degustación.

Bodegón de Mallacán y Posada Real
pl. Mayor 6 ✉ 22330 – ✆ 974 50 09 77 – www.posadareal.com
Menú 18/24 € – Carta 27/47 € **6 hab** – 40/60 € 60/90 €, 6 €
Sorprende por la originalidad de sus salas, pues tienen varias mesas azulejadas. Al otro lado de la plaza encontrará un hotelito con habitaciones rústicas, destacando las que poseen camas con dosel. Cocina tradicional y pirenaica rica en carnes, setas, caza...

AJO

Cantabria – 2 021 h. – Ver mapa regional n° **6-C1**
Madrid 416 km – Bilbao 86 km – Santander 34 km
Mapa de carreteras Michelin n° 572-B19

Palacio de la Peña

De la Peña 26 ✉ 39170 – ✆ 942 67 05 67 – www.hotelpalacio.es
8 hab – 260/280 €, 30 €
Resulta íntimo y rezuma nobleza por los cuatro costados, ya que ocupa una casa-palacio del s. XVII bien restaurada. Ofrece exquisitas habitaciones, todas con mobiliario de época, un bello entorno ajardinado y un restaurante de excelente montaje, este último instalado en lo que fueron las caballerizas.

ALACANT (ALICANTE)

335 052 h. – Ver mapa regional n° **11-A3**
Madrid 417 km – Albacete 168 km – Cartagena 110 km – Murcia 81 km
Mapa de carreteras Michelin n° 577-Q28

Amérigo

Rafael Altamira 7 ✉ 03002 – ✆ 965 14 65 70 – www.hospes.com Plano : C2**v**
81 hab – 140/600 €, 18 €
Ocupa un antiguo convento distribuido en dos edificios y presenta un interior de estética actual, con varias obras de arte y unas espaciosas habitaciones definidas por su diseño. ¡Agradable terraza de verano en la azotea!

SPA Porta Maris & Suites del Mar

pl. Puerta del Mar 3 ✉ 03002 – ✆ 965 14 70 21 – www.hotelspaportamaris.com Plano : C2**d**
180 hab – 70/150 € 70/180 €
Destaca por su excelente situación frente al mar, lo que permite disfrutar de unas magníficas vistas. Este establecimiento posee dos unidades bien diferenciadas: por un lado las suites, con instalaciones y servicios exclusivos, y por otro las habitaciones, de línea actual, funcionales y bien equipadas.

AC Alicante

av. de Elche 3 ✉ 03008 – ✆ 965 12 01 78 – www.hotelacalicante.com Plano : A3**a**
187 hab – 65/140 €, 12 €
Está bien emplazado y enfocado al hombre de negocios, con las características de confort y modernidad habituales en esta cadena. Habitaciones vestidas con detalles de diseño. El restaurante, actual y polivalente, tiene la cafetería ubicada en el mismo espacio.

Les Monges Palace

San Agustín 4 ✉ 03002 – ✆ 965 21 50 46 – www.lesmonges.es Plano : C2**c**
28 hab – 35/45 € 60/70 €, 6 €
Instalado en una casa ya centenaria del casco histórico. Sorprende por sus encantadoras habitaciones, muchas de ellas con suelos y mobiliario de época. ¡Solárium en la azotea!

Monastrell (María José San Román)

Rafael Altamira 7 (previsto traslado a av. Julio Guillén Tato 1) ✉ 03002 – ✆ 965 20 03 63 – www.monastrell.com – cerrado enero, domingo y lunes Plano : C2**v**
Menú 79 € – Carta 48/65 €
Una casa con merecido prestigio e inequívoca personalidad. Presenta un acogedor interior de línea moderna-minimalista y una carta actual de excelente nivel, acostumbrada a exaltar los productos de temporada y bien compensada por sus menús. ¡El azafrán, el aceite y los arroces son sus señas de identidad!
➜ Guacamole de guisantes con bogavante, vinagreta de su coral y mostaza. Salmonete con acelgas, salsa bearnesa de aceite de oliva virgen extra arbequina y migas de azafrán. Fresón y merengue con helado de limón y verbena.

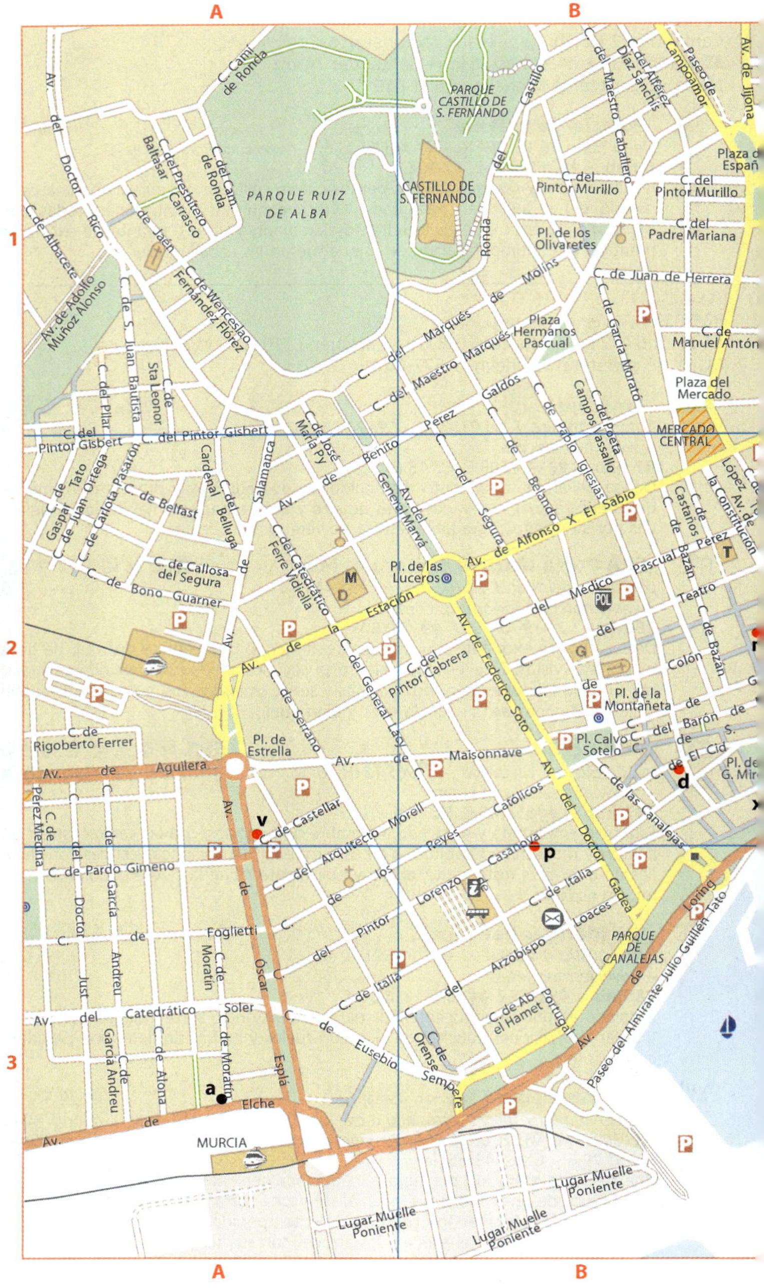
A
B
1
2
3
PARQUE RUIZ DE ALBA
PARQUE CASTILLO DE S. FERNANDO
CASTILLO DE S. FERNANDO
C. Cami de Ronda
C. del Cam. de Ronda
C. del Presbitero Carrasco
Baltasar
C. de Jaén
Av. del Doctor Rico
C. de Albacete
Av. de Adolfo Muñoz Alonso
C. de Wenceslao Fernández Flórez
C. de S. Juan Bautista
C. del Pilar
Sta Leonor
C. de
Ronda del Castillo
C. del Maestro Caballero
C. del Alférez Díaz Sanchís
Paseo de Campoamor
Av. de Jijona
Plaza de España
C. del Pintor Murillo
C. del Padre Mariana
Pl. de los Olivaretes
C. de Juan de Herrera
C. del Marqués de Molins
C. del Maestro Marqués
Plaza Hermanos Pascual
C. de Manuel Antón
C. de García Morató
Plaza del Mercado
MERCADO CENTRAL
C. del Pintor Gisbert
C. de Gaspar Tato
C. de Juan Ortega
C. de Carlota Pasarón
C. de Belfast
Cardenal Belluga
C. del
Salamanca
C. de José María Py
Av. de Benito Pérez Galdós
C. de Segura
C. de Belando
C. de Pablo Iglesias
Campos Vassallo
C. del Poeta
C. de Castaños
C. de Bazán
López Torregrosa
Av. de la Constitución
Av. de Alfonso X El Sabio
Av. del General Marvá
Pl. de los Luceros
C. de Callosa del Segura
C. de Bono Guarner
C. del Catedrático Ferre Vidiella
Av. de la Estación
C. del General Lacy
C. del Pintor Cabrera
Av. de Federico Soto
C. del Médico Pascual Pérez
Teatro
C. de Colón
Pl. de la Montañeta
C. del Barón de
C. de El Cid
Pl. Calvo Sotelo
Pl. de G. Miró
C. de Rigoberto Ferrer
Av. de Aguilera
Pl. de Estrella
C. de Serrano
Av. de Maisonnave
C. de Castellar
C. del Arquitecto Morell
C. de los Reyes Católicos
C. de Casanova
C. de las Canalejas
Av. del Doctor Gadea
C. de Pérez Medina
C. de Pardo Gimeno
C. del Doctor Just
C. de García Andreu
C. de Foglietti
C. de Moratín
Av. de Óscar Esplá
C. del Pintor Lorenzo Casanova
C. de Italia
C. de Loaces
C. del Arzobispo Loaces
C. de Ab el Hamet
Portugal
PARQUE DE CANALEJAS
Loring
Paseo del Almirante Julio Guillén Tato
Av. de Loring
Av. del Catedrático Soler
C. de Eusebio Sempere
C. de Orense
C. de Altona
C. de García Andreu
Av. de Elche
MURCIA
Lugar Muelle Poniente
v
p
d
a
M
D
G
T
POL

ALACANT/
ALICANTE
0
240 m
C
D
1
2
3
C. de Espronceda
C. de S. Carlos
MARQ
C. del Doctor Sapena
C. Palacio Valdés
C. de Turina
Av. de Jaime II
C. de Manuel Penalva
C. de Adolfo Blanch
Plaza Sta Teresa
PARQUE DE ERETA
Castillo de Sta Bárbara
MUSA
ASCENSOR
C. de la Huerta
Av. de Jaime II
C. Nueva Alta
C. Nueva Baja
C. de Trafalgar
C. del Socorro
C. de Sta Ana
C. de la Virgen
C. de Madrid
C. de Alvarez
Pl. del Carmen
C. de Toledo
Casa de la Asegurada
C. de la Balseta
C. de la Villavieja
C. de Maldonado
Sta María
S. Nicolás de Bari
MUBAG
Ayuntamiento
Pl. del Ayuntamiento
Av. de Juan Bautista Lafora
Paseo de Gomiz
Platja del Postiguet
Pl. Puerta del Mar
Muelle de Levante
Pl. del Puerto
Explanada de España
C. Méndez Núñez
PUERTO DEPORTIVO
h
d
c
v
b
g

XX **La Ereta**

parque de la Ereta ✉ 03001 – ✆ 965 14 32 50 Plano : C1**d**
– www.laereta.es – cerrado 15 días en enero, Semana Santa, martes noche y miércoles noche en invierno, martes mediodía y miércoles mediodía en verano, domingo y lunes
Menú 39/59 € – *(solo menú)*
Original construcción de línea moderna ubicada en la subida al castillo de Santa Bárbara. Proponen unos menús muy creativos, uno como homenaje a los mejores platos de la casa.

XX **Nou Manolín**

Villegas 3 ✉ 03001 – ✆ 965 20 03 68 Plano : B2**m**
– www.noumanolin.com
Carta 30/54 €
Restaurante de larga trayectoria y prestigio en la ciudad. Posee varios privados y un gran comedor rústico-actual que sorprende por su precioso techo de diseño en madera. Completa carta tradicional con arroces, pescados, mariscos...

XX **Els Vents**

Muelle de Levante, planta 1ª - local 1 ✉ 03001 Plano : C3**g**
– ✆ 965 21 52 26 – www.elsvents.es – cerrado lunes
Menú 32/65 € – Carta 33/54 € – *(solo almuerzo salvo jueves, viernes y sábado y solo cena en verano)*
Destaca por su emplazamiento en el puerto deportivo, con buenas vistas y una agradable terraza. En su sala, de línea actual, le ofrecerán una cocina creativa de base regional.

ESPAÑA

XX **Piripi**

Oscar Esplá 30 ✉ 03003 – ✆ 965 22 79 40 – www.piripi.com Plano : A2**v**
Carta 30/54 €
Se halla en una zona comercial, con un bar de tapas en la planta baja y las salas en el piso superior. Proponen una completa carta con mariscos, pescados y carnes, aunque la especialidad de la casa, con hasta 15 variantes, son los arroces.

X **César Anca** N

Cid 11 ✉ 03001 – ✆ 965 20 15 80 Plano : B2**d**
– www.grupocesaranca.com – cerrado domingo noche y lunes noche
Menú 35 € – Carta 33/43 €
Aquí encontrará un único comedor de montaje actual con las paredes en piedra, una cocina tradicional actualizada y dos menús, uno llamado Estrecho y otro denominado Largo.

X **Govana**

pl. Dr. Gómez Ulla 4 ✉ 03013 – ✆ 965 21 82 50 Plano : D1**h**
– www.govana.es – cerrado julio-septiembre y lunes
Menú 25 € – Carta 23/41 € – *(solo almuerzo)*
Restaurante íntegramente familiar distribuido en dos plantas y dotado con dos coquetos comedores. Ofrecen una completa carta de cocina tradicional especializada en arroces, con hasta 15 tipos diferentes, y dos interesantes menús.

El Portal

Bilbao 2 ✉ 03001 – ✆ 965 14 32 69 Plano : C2**c**
– www.elportaltaberna.com
Tapa 5 € – Ración aprox. 18 €
Moderno gastrobar dotado con una buena barra y varias mesas. Su amplia oferta contempla mariscos, platos del día, tapas, ibéricos, quesos, arroces... ¡Cocktails y afterworks!

La Taberna del Gourmet

San Fernando 10 ✉ 03002 – ✆ 965 20 42 33 Plano : C2**b**
– www.latabernadelgourmet.com
Tapa 6 € – Ración aprox. 12 €
Se podría definir como... ¡un delicatessen del tapeo! Presenta una amplísima variedad de tapas, raciones, mariscos, pescados, carnes y arroces, todo con productos de excelente calidad y apoyado por una gran selección de vinos.

Nou Manolín

Villegas 3 ✉ 03001 – ☎ 965 20 03 68 – www.noumanolin.com Plano : B2**m**
Tapa 3,50 € – Ración aprox. 15 €
Local de aire rústico que atesoran una carta muy completa para tapear, con raciones, arroces, ostras, gambas rojas... ¡Los Calamares a la romana siguen la receta de la abuela!

Piripi

Oscar Esplá 30 ✉ 03003 – ☎ 965 22 79 40 – www.piripi.com Plano : A2**v**
Tapa 3,50 € – Ración aprox. 15 €
Se encuentra en la planta baja del restaurante que le da nombre, destacando por su excelente barra pública en madera. Sugerente, extensa y atractiva variedad de pinchos, todos elaborados con materias primas de excelente calidad.

El Cantó

Alemania 26 ✉ 03003 – ☎ 965 92 56 50 – cerrado 22 agosto-11 septiembre y domingo Plano : B2-3**p**
Tapa 3 € – Ración aprox. 12 €
Bar de tapas con profusión de madera que emana cierto aroma a taberna-cervecería. Trabaja con productos de calidad, ofreciendo una buena carta de pinchos, raciones, revueltos y cazuelitas.

La Barra de César Anca

Ojeda 1 ✉ 03001 – ☎ 965 20 15 80 – www.grupocesaranca.com Plano : BC2**x**
Tapa 5 € – Ración aprox. 10 €
Disfruta de grandes cristaleras y destaca por su dinamismo. Les funcionan muy bien las sartencitas y tienen un llamativo apartado de "I+D" con sus innovaciones culinarias.

por la av. de Dénia D1

Maestral

Andalucía 18 (Vistahermosa) ✉ 03016 – ☎ 965 26 25 85 – www.maestral.es – cerrado domingo noche
Menú 30/50 € – Carta 35/45 €
Ubicado en una bonita villa, rodeada de jardines y con una terraza para cenas estivales. En su elegante interior proponen una completa carta de cocina tradicional actualizada.

ALARCÓN

Cuenca – 159 h. – Alt. 845 m – Ver mapa regional n° **7-C2**
Madrid 189 km – Albacete 94 km – Cuenca 85 km – València 163 km
Mapa de carreteras Michelin n° 576-N23

Parador de Alarcón

av. Amigos de los Castillos 3 ✉ 16214 – ☎ 969 33 03 15 – www.parador.es
14 hab – 105/265 €
Fortaleza árabe-medieval del s. VIII emplazada sobre un peñón rocoso, dominando el Júcar y toda la localidad. Las habitaciones saben combinar lo rústico y lo actual. En su restaurante, con altos techos en piedra, descubrirá la esencia del recetario regional.

ALBACETE

172 693 h. – Alt. 686 m – Ver mapa regional n° **7-D3**
Madrid 249 km – Córdoba 358 km – Granada 350 km – Murcia 147 km
Mapa de carreteras Michelin n° 576-O24/-P24

Santa Isabel

av. Gregorio Arcos, Noroeste : 2,5 km ✉ 02007 – ☎ 967 26 46 80 – www.hotelsantaisabelalbacete.com
36 hab – 61/71 € 80/90 €, 10 € – 3 suites
Gran edificio de estilo Luis XV construido a las afueras de la ciudad. Presenta una organización de carácter familiar, con numerosos salones y espaciosas habitaciones de línea clásica. Su restaurante trabaja con precios ajustados y una carta de gusto regional.

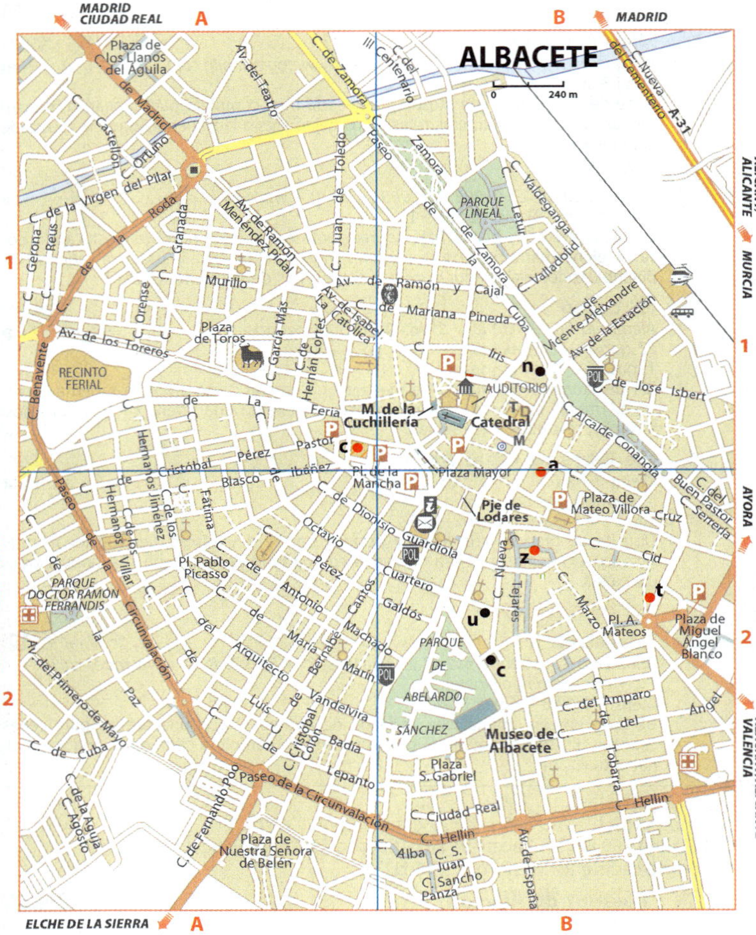

Los Llanos

av. de España 9 ✉ 02002 – ✆ 967 22 37 50 Plano : B2**c**
– www.hotelloslanos.es
79 hab – 🛉60/188 € 🛉🛉60/235 €, ☕ 11 €
Situado frente al parque de Abelardo Sánchez. Tiene una línea clásica-actual y habitaciones bien equipadas, todas con los suelos en tarima y la mayoría dotadas de balcón.

San José

San José de Calasanz 12 ✉ 02002 – ✆ 967 50 74 02 Plano : B2**u**
– www.hotelsanjose-albacete.es
45 hab – 🛉50/107 € 🛉🛉50/140 €, ☕ 7 €
Disfrute de una estancia céntrica y tranquila en un hotel de gestión familiar. Ofrecen habitaciones con cocina, colocando el menaje según su demanda. ¡Servicio de té gratuito!

Universidad
av. de España 71, por av. de España B2 ✉ 02008 – ☎ 967 50 88 95 – www.hoteluniversidad.com
80 hab – 40/65 € 44/95 €, ☕ 6 €
Actual-funcional, junto al estadio de fútbol Carlos Belmonte e interesante para el cliente de empresa, pues explota bien sus salas de reuniones con comerciales y expositores.

Castilla
paseo de la Cuba 3 ✉ 02001 – ☎ 967 21 42 88 – www.hotel-castilla.es Plano : B1**n**
60 hab – 38/115 €, ☕ 4 €
Cálido y confortable dentro de su sencillez, con habitaciones muy funcionales, el mobiliario en pino y unos correctos aseos. Poco a poco están actualizando sus instalaciones.

Don Gil
Baños 2 ✉ 02004 – ☎ 967 23 97 85 – www.restaurantedongil.com – cerrado 15 días en agosto, domingo noche y lunes Plano : A1**c**
Menú 30/43 € – Carta 21/31 €
Un restaurante de carácter polivalente, pues completa la zona de tapeo y los comedores de línea clásica-regional con un moderno lounge-bar para eventos en el piso superior. Tapas elaboradas, platos tradicionales-actuales, un apartado de arroces y varios menús.

El Callejón
Guzmán el Bueno 18 ✉ 02002 – ☎ 967 21 11 38 – www.restauranteelcallejon.com – cerrado 24 julio-24 agosto, domingo noche y lunes Plano : B2**z**
Menú 35/75 € – Carta 31/46 €
He aquí un restaurante rústico con personalidad y encanto, pues está repleto de rincones que tienen en el mundo taurino su eje temático. Tienda gourmet y cocina tradicional.

Nuestro Bar
Alcalde Conangla 102 ✉ 02002 – ☎ 967 24 33 73 – www.nuestrobar.es – cerrado julio y domingo noche Plano : B2**t**
Menú 16/50 € – Carta 25/50 €
Su sabrosa cocina de corte local lo mantiene en la cima del éxito. Presenta un marco con cierto tipismo, un buen servicio de mesa y una carta de tinte regional que se completa, acertadamente, con varios menús. ¡Concurrido bar de tapas!

Caldereros
Caldereros 13 ✉ 02002 – ☎ 967 61 02 17 – www.caldereros.es – cerrado agosto y domingo Plano : B1-2**a**
Menú 25/45 € – Carta 28/47 €
En una animada calle peatonal. Posee una zona de bar y dos pequeños comedores, ambos con preciosos suelos hidráulicos. Cocina tradicional con platos de cuchara y de mercado.

al Sureste 5 km

Parador de Albacete
✉ 02080 Albacete – ☎ 967 01 05 00 – www.parador.es – marzo-noviembre
68 hab – 65/130 €, ☕ 15 €
Construcción que imita lo que fueron las quintas manchegas. Posee unas espaciosas instalaciones de ambiente regional, un patio interior ajardinado y confortables habitaciones. En su comedor podrá descubrir los platos más representativos de esta tierra.

ALBAL

Valencia – 15 893 h. – Ver mapa regional n° **11**-B2
Madrid 362 km – Valencia 10 km – Castelló de la Plana/Castellón de la Plana 92 km
Mapa de carreteras Michelin n° 577-N28

Mediterráneo
carret. Real de Madrid ✉ 46470 – ☎ 961 27 49 01 – www.mediterraneoeventos.com – cerrado Semana Santa, agosto y domingo
Menú 18/25 € – *(solo almuerzo salvo viernes y sábado) (solo menú)*
Consta de dos partes bien diferenciadas, por un lado el restaurante y por otro la zona de banquetes. En su elegante comedor ofrecen una cocina tradicional con algunos arroces.

ESPAÑA

ALBARRACÍN

Teruel – 1 093 h. – Alt. 1 200 m – Ver mapa regional n° **2**-B3
Madrid 268 km – Cuenca 105 km – Teruel 38 km – Zaragoza 191 km
Mapa de carreteras Michelin n° 574-K25

Caserón de la Fuente

Carrerahuertos ✉ 44100 – ✆ 978 71 03 30 – www.caserondelafuente.es – cerrado del 12 al 18 de septiembre
14 hab – 62 € 77 €
Ocupa un edificio que en otro tiempo funcionó como molino y fábrica de lanas. Hoy ofrece un interior rústico-regional, con amplias habitaciones y una coqueta cafetería que sorprende por su suelo, acristalado para ver pasar el agua del río.

Casa de Santiago

Subida a las Torres 11 ✉ 44100 – ✆ 978 70 03 16 – www.casadesantiago.es – cerrado 21 días en febrero y del 13 al 17 de septiembre
9 hab – 48/54 € 64/70 €, 6 €
Está en el casco viejo y aloja recuerdos de un pasado exquisito, pues ocupa una antigua casona que invita al reposo. Disfruta de agradables salones sociales y pequeñas habitaciones... eso sí, todas con un estilo rústico sumamente detallista. En su comedor le propondrán una carta de corte casero-tradicional.

La Casona del Ajimez

San Juan 2 ✉ 44100 – ✆ 978 71 03 21 – www.casonadelajimez.com – cerrado del 23 al 26 de diciembre y del 13 al 18 de septiembre
6 hab – 60 € 76 €, 5 €
¡Al pie de la Alcazaba! Con su nombre ensalza una curiosa parte de su fachada, pues el término Ajimez se refiere a los antiguos balcones volados de inspiración musulmana. Ofrece unas habitaciones muy acogedoras, todas bien personalizadas.

ESPAÑA

Doña Blanca

Llano del Arrabal 10 ✉ 44100 – ✆ 978 71 00 01 – www.albarracindonablanca.com – cerrado 19 diciembre-9 enero
20 hab – 55/90 €, 9 €
No dispone de zona social, pequeño detalle que compensan con buenas atenciones y unas habitaciones muy bien reformadas, todas con terraza. ¡El desayuno se sirve siempre en las habitaciones!

Arabia

Bernardo Zapater 2 ✉ 44100 – ✆ 978 71 02 12 – www.hotelarabia.es
24 hab – 45/60 € 55/78 €, 4,50 € – 15 apartamentos
Recio edificio en piedra vista ubicado en un antiguo convento-seminario del s. XVII. Ofrece una distribución algo compleja, con habitaciones y apartamentos de gran amplitud. La cafetería, donde sirven los desayunos, centra la zona social.

Tiempo de Ensueño

Palacios 1 B ✉ 44100 – ✆ 978 70 60 70 – www.tiempodeensuenyo.com – cerrado enero, febrero, del 13 al 17 de septiembre, lunes y martes
Menú 33/43 € – Carta 30/40 € – *(solo almuerzo salvo fines de semana)*
Está emplazado en una casa de piedra del casco antiguo y sorprende por su interior, pues sabe combinar los detalles estructurales de línea rústica con un mobiliario bastante actual. Cocina tradicional actualizada con detalles creativos.

ALCALÁ DE GUADAIRA

Sevilla – 73 876 h. – Alt. 92 m – Ver mapa regional n° **1**-B2
Madrid 529 km – Cádiz 117 km – Córdoba 131 km – Málaga 193 km
Mapa de carreteras Michelin n° 578-T12

La Cochera

Profesora Francisca Laguna 6 ✉ 41500 – ✆ 955 33 48 92 – cerrado agosto, domingo noche y lunes
Tapa 3 € – Ración aprox. 12 €
Negocio de ambiente neorrústico y taurino. Presenta una carta de tapas amplia e interesante, con sabrosos guisos caseros y unas deliciosas carnes de vacuno a la plancha.

ALCALÁ DE HENARES

Madrid – 204 823 h. – Alt. 588 m – Ver mapa regional n° **15**-B2
▶ Madrid 34 km – Toledo 106 km – Guadalajara 30 km – Segovia 130 km
Mapa de carreteras Michelin n° 576 y 575-K19

Parador de Alcalá de Henares

Colegios 8 ✉ *28801* – ✆ *918 88 03 30* – *www.parador.es* Plano : B2**c**
128 hab – 👥95/220 €, ☕ 18 € – 1 suite
Rest *Hostería del Estudiante* – ver selección restaurantes
Conjuga diversas partes de lo que fue el histórico colegio-convento de Santo Tomás (s. XVII) con varios elementos de equilibrado diseño actual y vanguardista. Amplia zona social, habitaciones modernas y buen confort general. En el comedor, de montaje actual, encontrará la típica carta regional de Paradores.

XX **Miguel de Cervantes**

Imagen 12 ✉ 28801 – ✆ 918 83 12 77 – www.hcervantes.es Plano : B2**r**

Menú 22/35 € – Carta 32/56 € **13 hab** – 55 € 60 €, 6 €

Instalado en un edificio del s. XVII. Disfruta de un comedor acristalado en torno a un patio central, este último cubierto por una carpa. Elaboraciones de tinte tradicional. También ofrece unas habitaciones de estilo clásico-actual repartidas en dos plantas.

XX **Hostería del Estudiante** – Parador de Alcalá de Henares

Colegios 3 ✉ 28801 – ✆ 918 88 03 30 – www.parador.es Plano : B2**b**

– cerrado 15 julio-30 septiembre, lunes y martes

Menú 25/55 € – Carta 37/47 €

Un restaurante que destaca por sus magníficas vistas al famoso Triángulo o Patio Trilingüe de la Universidad, llamado así porque allí impartían las clases en latín, griego y hebreo. Cocina autóctona de calidad y regional elaborada.

X **Ambigú** N

Cervantes 7 ✉ 28801 – ✆ 910 13 84 32 Plano : B2**a**

– www.ambigualcala.com

Menú 12/42 € – Carta 25/35 €

Se encuentra junto al Teatro Cervantes y destaca por su filosofía, pues aúna una propuesta joven, fresca y desenfadada tanto desde la cocina como en su diseño interior. El servicio parece más de cafetería... sin embargo, resulta sorprendentemente profesional.

ESPAÑA

ALCANAR

Tarragona – 10 389 h. – Alt. 72 m – Ver mapa regional n° **9-A3**

Madrid 507 km – Castelló de la Plana/Castellón de la Plana 85 km – Tarragona 101 km – Tortosa 37 km

Mapa de carreteras Michelin n° 574-K31

en la carretera N 340 Este : 3,5 km y por camino 0,5 km

Tancat de Codorniu

✉ 43530 Alcanar – ✆ 977 73 71 94 – www.tancatdecodorniu.com

7 hab – 135/170 €, 14 € – 5 suites

Tiene gran encanto y sorprende por sus atractivos rincones, con un extenso entorno arbolado. Habitaciones amplias, de llamativo diseño y excelente equipamiento. El restaurante, acristalado y de carácter polivalente, elabora una cocina de tinte tradicional.

ALCAÑIZ

Teruel – 16 384 h. – Alt. 338 m – Ver mapa regional n° **2-C2**

Madrid 397 km – Teruel 156 km – Tortosa 102 km – Zaragoza 103 km

Mapa de carreteras Michelin n° 574-I29

Parador de Alcañiz

Castillo de Calatravos ✉ 44600 – ✆ 978 83 04 00 – www.parador.es – cerrado 3 enero-12 febrero

37 hab – 90/170 €, 16 €

Ocupa un castillo-convento medieval que destaca por sus fantásticas vistas, tanto al valle como a las colinas. Acogedora zona noble y cálidas estancias donde reina la decoración castellana. En su amplio restaurante podrá descubrir platos regionales tan típicos como las Migas de Teruel.

X **Empeltre**

Ramón J. Sender 8 ✉ 44600 – ✆ 978 83 88 84 – www.empeltrerestaurante.com – cerrado del 1 al 5 de enero, del 9 al 13 de septiembre, domingo noche y lunes salvo festivos

Menú 13/52 € – Carta 20/44 €

Se encuentra en una zona residencial, resulta actual y está bien llevado entre dos jóvenes socios, uno en la sala y el otro atento a los fogones. Cocina de base tradicional puesta al día con técnicas actuales y cuidadas presentaciones.

ALCÁZAR DE SAN JUAN

Ciudad Real – 31 973 h. – Alt. 651 m – Ver mapa regional n° **7-B2**

Madrid 149 km – Albacete 147 km – Aranjuez 102 km – Ciudad Real 87 km

Mapa de carreteras Michelin n° 576-N20

Casa Vicente

Juan Carlos I 5 ✉ 13600 – ✆ 926 54 10 13 – www.restaurantecasavicente.es – cerrado domingo noche en invierno y lunes

Menú 30/55 € – Carta 27/49 €

El propietario se muestra muy pendiente de los detalles, algo que se nota tanto en la sala, de aire clásico-marinero, como en el privado, este último a modo de camarote. Carta tradicional completa, con la especialidad en arroces y asados.

Los ALCÁZARES

Murcia – 16 568 h. – Ver mapa regional n° **16-B2**

Madrid 444 km – Alacant/Alicante 85 km – Cartagena 25 km – Murcia 54 km

Mapa de carreteras Michelin n° 577-S27

525

Río Borines 58 - Los Narejos ✉ 30710 – ✆ 968 57 47 60 – www.525.es – cerrado 23 diciembre-7 enero

107 hab – 65/450 € 70/450 €, 14 € – 2 suites

Algo alejado de la playa pero con unas magníficas instalaciones de estilo clásico-actual. Ofrece completísimas habitaciones, una piscina de chorros y un solárium en la azotea.

Cristina

La Base 4 ✉ 30710 – ✆ 968 17 11 10 – www.cristinahotel.net – cerrado 16 diciembre-10 enero

36 hab – 43/75 € 62/100 €, 7 €

¡A unos 100 metros del puerto y de la playa! He aquí un hotelito familiar que en general cuida mucho los detalles, presentando unas habitaciones de línea funcional-actual.

ALCOBENDAS

Madrid – 112 196 h. – Alt. 670 m – Ver mapa regional n° **15-B2**

Madrid 20 km – Guadalajara 55 km – Segovia 101 km – Toledo 95 km

Mapa de carreteras Michelin n° 576-K19 y 575-K19

en La Moraleja Sur : 4 km

99 sushi bar (N)

Estafeta 2 ✉ 28109 Alcobendas – ✆ 916 50 31 59 – www.99sushibar.com – cerrado domingo noche

Menú 80 € – Carta 50/70 €

Este moderno restaurante japonés llamará su atención tanto por la barra, donde se ve trabajar al sushiman, como por la cortina-cascada de agua que hay tras él. Cocina nipona.

ALCOCÉBER

→ Ver Alcossebre

Castellón

ALCOI

Alicante – 60 105 h. – Alt. 545 m – Ver mapa regional n° **11-A3**

Madrid 405 km – Albacete 156 km – Alacant/Alicante 55 km – Murcia 136 km

Mapa de carreteras Michelin n° 577-P28

AC Ciutat d'Alcoi

Colón 1 ✉ 03802 – ✆ 965 33 36 06 – www.ac-hotels.com

82 hab – 55/75 € 60/80 €, 10 € – 2 suites

Se encuentra junto a un centro comercial y está formado por tres edificios, donde se combinan el diseño y el confort. Disfruta de una atractiva zona social y varios tipos de habitaciones.

ESPAÑA

por la carretera de la Font Roja Suroeste : 8 km y desvío a la derecha 1 km

Masía la Mota

carret. de la Font Roja ✉ 03801 Alcoi – ✆ 966 54 03 70 – www.masialamota.com – cerrado del 20 al 28 de diciembre y del 8 al 25 de agosto

12 hab – 88/98 € 118/140 €

Data del s. XVII y lo encontrará en pleno parque natural, por lo que atesora unas magníficas vistas a la Font Roja y a la sierra de Mariola desde sus terrazas, piscinas y habitaciones. El restaurante, en la antigua almazara, apuesta por la cocina tradicional.

L'ALCORA

Castellón – 10 797 h. – Ver mapa regional n° **11-B1**

Madrid 407 km – Castelló de la Plana/Castellón de la Plana 19 km – Teruel 130 km – València 94 km

Mapa de carreteras Michelin n° 577-L29

Sant Francesc

av. Castelló 19 ✉ 12110 – ✆ 964 36 09 24 – www.restaurantsantfrancesc.es – cerrado del 1 al 26 de agosto y sábado

Menú 18/30 € – Carta 20/30 € – *(solo almuerzo)*

Este negocio familiar debe su nombre al barrio donde se ubica. Dispone de un amplio salón clásico, con profusión de madera, así como tres privados panelables. Cocina tradicional, de corte casero, rica en guisos y pescados del Mediterráneo.

ALCOSSEBRE (ALCOCÉBER)

Castellón – 934 h. – Ver mapa regional n° **11-B1**

Madrid 468 km – Castelló de la Plana/Castellón de la Plana 51 km – Tarragona 149 km – València 122 km

Mapa de carreteras Michelin n° 577-L30

en la playa

Can Roig

Playa Manyetes, Sur : 3 km ✉ 12579 Alcossebre – ✆ 964 41 25 15 – www.canroig.es – 4 marzo-15 octubre

Menú 25/40 € – Carta 31/53 € – *(cerrado domingo noche y lunes salvo verano)* (es necesario reservar para cenar)

Frente al mar, disfrutando de una coqueta terraza arbolada y un comedor clásico. Amplia carta de platos tradicionales y marineros, siempre con producto fresco de la zona.

en la urbanización El Pinar Norte : 4 km

El Pinar

Islas Mancolibre 4-A ✉ 12579 Alcossebre – ✆ 964 41 22 66 – www.restaurantemontemar.com – cerrado 7 enero-15 marzo y lunes salvo verano

Menú 18 € – Carta 23/35 €

En lo alto de una montaña y con excelentes vistas al mar. Ofrece una cocina tradicional y un buen apartado de arroces, así como una carta de tapas en temporada baja.

ALCUNEZA → Ver Sigüenza

Guadalajara

ALDAIA

Valencia – 31 028 h. – Ver mapa regional n° **11-B2**

Madrid 349 km – Valencia 9 km – Castelló de la Plana / Castellón de la Plana 91 km

Mapa de carreteras Michelin n° 577-N28

Venere

Iglesia 45 ✉ 46960 – ✆ 961 29 18 18 – www.restaurantevenere.es – cerrado Semana Santa, 20 días en agosto y domingo

Menú 14/32 € – *(solo almuerzo salvo jueves, viernes y sábado) (solo menú)*

Resulta sencillo y ocupa lo que fue un antiguo bar, del que aún conservan la barra. Su propuesta se basa en varios menús, todos de tinte tradicional pero con toques actuales.

ESPAÑA

ALDEAYUSO

Valladolid – 20 h. – Ver mapa regional n° 8-C2

Madrid 180 km – Valladolid 61 km – Segovia 84 km – Palencia 112 km

Mapa de carreteras Michelin n° 575-H17

LaVida

pl. Mayor 1 ✉ 47313 – ✆ 983 88 15 59 – www.lavida.es – cerrado 15 días en enero

17 hab – 47/109 € 52/125 €, 6 €

Hotel rural estrechamente vinculado al enoturismo. Posee un lagar que data de 1768, una sala de catas, un SPA especializado en tratamientos con vino y amplias habitaciones, todas de ambiente rústico-actual. El restaurante, de línea actual y con un horno de leña, propone una carta tradicional de temporada.

ALEVIA → Ver Panes

Asturias

ALFAFARA

Alicante – 415 h. – Ver mapa regional n° 11-A2

Madrid 393 km – Valencia 97 km – Alacant / Alicante 86 km – Murcia 146 km

Mapa de carreteras Michelin n° 577-P28

Casa el Tio David

Bancal del Clot 2 ✉ 03838 – ✆ 965 51 01 42 – www.casaeltiodavid.com – cerrado 1ª quincena de julio y martes

Menú 34/44 € – Carta 32/44 € – *(solo almuerzo salvo viernes y sábado)*

Llevado con acierto entre el propietario y su esposa. En el comedor, de ambiente rústico-regional, le propondrán una carta de tinte regional bien complementada por dos menús.

ESPAÑA

ALGAR

Cádiz – 1 478 h. – Alt. 204 m – Ver mapa regional n° 1-B2

Madrid 664 km – Sevilla 141 km – Cádiz 90 km – Gibraltar 163 km

Mapa de carreteras Michelin n° 578-W13

Villa de Algar

camino Arroyo Vinateros ✉ 11639 – ✆ 956 71 02 75 – www.tugasa.com

20 hab – 35 € 44/73 €

Ideal para los amantes de la naturaleza, pues está en plena serranía gaditana. En sus sencillas habitaciones, todas con terraza, disfrutará de la tranquilidad que ansía. En el restaurante, rústico y con chimenea, elaboran platos de sabor tradicional.

ALGECIRAS

Cádiz – 114 277 h. – Ver mapa regional n° 1-B3

Madrid 681 km – Cádiz 124 km – Jerez de la Frontera 141 km – Málaga 133 km

Mapa de carreteras Michelin n° 578-X13

Playas en El Rinconcillo y Getares

AC Algeciras

carret. del Rinconcillo ✉ 11200 – ✆ 956 63 50 60 – www.ac-hotels.com

108 hab – 50/99 € 55/110 €, 10 €

Ofrece las características habituales de la cadena AC, combinando el diseño y el confort. Habitaciones de completo equipamiento, en las últimas plantas con buenas vistas.

en la autovía A 7

Alborán

Los Álamos, Norte : 4 km ✉ 11205 Algeciras – ✆ 956 63 28 70 – www.hotelesalboran.com

79 hab – 49/100 € 49/120 €, 9 €

Agradable establecimiento orientado al cliente de negocios. Dispone de una completa zona social, con un bonito patio andaluz, y unas habitaciones de correcto confort. Restaurante sencillo y funcional.

ALHAMA DE MURCIA

Murcia – 21 182 h. – Alt. 180 m – Ver mapa regional n° **16**-B2

Madrid 426 km – Alacant / Alicante 109 km – Albacete 175 km – Murcia 38 km

Mapa de carreteras Michelin n° 577-S25

en El Berro Noroeste : 14 km

Bajo el Cejo

El Paso ✉ 30848 El Berro – ✆ 968 66 80 32 – www.bajoelcejo.com

12 hab – 88/116 € 105/132 €

En un pueblo de montaña de acusada pendiente, por lo que sus instalaciones son escalonadas y ofrece magníficas vistas a los bancales de almendros, cítricos, olivos... Agradable zona social, comedor privado bajo reserva, buenas terrazas y cuidadas habitaciones.

La ALHAMBRA → Ver Granada

Granada

ALICANTE → Ver Alacant

Alicante

ALLARIZ

Ourense – 6 056 h. – Alt. 470 m – Ver mapa regional n° **13**-C3

Madrid 484 km – Santiago de Compostela 124 km – Ourense 24 km – Viana do Castelo 181 km

Mapa de carreteras Michelin n° 571-F6

ESPAÑA

AC Vila de Allariz

paseo do Arnado 1 ✉ 32660 – ✆ 988 55 40 40 – www.ac-hotels.com

38 hab – 65/100 €, 12 € – 1 suite

Ubicado en una idílico entorno natural, junto al río Arnoia. Posee tres edificios: el principal con las habitaciones, amplias y actuales, y los otros para distintos servicios.

O Portelo

Portelo 20 ✉ 32660 – ✆ 988 44 07 40 – www.hoteloportelorural.com

13 hab – 42/45 € 50/55 €, 5 € – 1 suite

¡En el casco histórico! Presenta una acogedora zona social, con obras de Agustín Ibarrola, y coquetas habitaciones, la mayoría con las paredes en piedra y las vigas de madera.

Casa Tino Fandiño

Carcere 7 ✉ 32660 – ✆ 988 44 22 16 – www.casafandinho.com – cerrado lunes noche y martes

Menú 13 € – Carta 20/38 €

Instalado en un viejo horno de pan, donde ofrecen un bar público y varias salas de línea rústica-actual. Cocina gallega tradicional, con muchas empanadas y caza en temporada.

Portovello

Parque Porto Vello ✉ 32660 – ✆ 988 44 23 29 – cerrado martes noche de abril-junio

Menú 15/17 € – Carta 21/34 € – *(solo almuerzo salvo fines de semana de enero-marzo)*

La belleza del entorno, en un parque junto al río, define esta antigua fábrica de curtidos de aire rústico. Balcón-terraza con hermosas vistas y cocina de sabor tradicional.

en Vilaboa Este : 1,2 km y desvío a la derecha

Vilaboa

Vilaboa 101 ✉ 32667 Vilaboa – ✆ 988 44 24 24 – www.casaruralvilaboa.com – cerrado 22 diciembre-22 de enero

7 hab – 55 € 85 €

Ocupa una vieja fábrica de curtidos que ha sido recuperada como casa rural, con los muros en piedra y un interior actual. Decoración sobria y mobiliario restaurado. Espacioso restaurante de cocina tradicional, con las paredes en piedra y los techos en madera.

ALLES → Ver Panes
Asturias

La ALMADRABA (Playa de) → Ver Roses
Girona

ALMAGRO
Ciudad Real – 9 100 h. – Alt. 643 m – Ver mapa regional n° 7-B3
Madrid 189 km – Albacete 204 km – Ciudad Real 23 km – Córdoba 230 km
Mapa de carreteras Michelin n° 576-P18

Parador de Almagro
Ronda de San Francisco 31 ✉ 13270 – ☎ 926 86 01 00 – www.parador.es
54 hab – 80/165 €, 15 € – 3 suites
Instalado parcialmente en un convento franciscano del s. XVI. Ofrece unos patios de extraordinaria tranquilidad, varios espacios sociales y habitaciones de buen confort, sorprendiendo todas por sus detalles regionales. El elegante comedor se complementa con un salón de desayunos en el refectorio.

La Casa del Rector
Pedro Oviedo 8 ✉ 13270 – ☎ 926 26 12 59 – www.lacasadelrector.com
28 hab – 75/105 € 80/135 €, 11 € – 2 suites
En esta preciosa casa solariega encontrará unas habitaciones totalmente personalizadas, unas de atractivo ambiente rústico, otras modernas y, finalmente, las de diseño. ¡Hermoso patio regional y pequeño SPA con tratamientos de cromoterapia!

Retiro del Maestre
San Bartolomé 5 ✉ 13270 – ☎ 926 26 11 85 – www.retirodelmaestre.com
26 hab – 50/100 € 70/130 €
Ocupa una céntrica casa-palacio del s. XVI dotada con dos patios, una coqueta zona noble de aire regional y habitaciones de línea funcional. En general combinan con gusto el mobiliario en madera y forja.

Casa Grande Almagro
Federico Relimpio 10 ✉ 13270 – ☎ 671 49 62 88 – www.casagrandealmagro.com – cerrado 24 diciembre-20 enero
18 hab – 55/75 € 65/120 €
¡Un recurso apetecible! Esta casa solariega se presenta con un bello patio central, donde ofrecen los desayunos, varios espacios sociales y habitaciones de buen confort, todas muy bien personalizadas y con ducha de hidromasaje en los baños.

Hostería de Almagro Valdeolivo
Dominicas 17 ✉ 13270 – ☎ 926 26 13 66 – www.valdeolivo.com – cerrado 15 enero-15 febrero
8 hab – 67/82 €, 8,50 €
Hotelito de organización plenamente familiar. Ofrece un salón social con chimenea, dos patios y confortables habitaciones, la mayoría de ellas con ducha de obra en los baños. En el restaurante, de línea clásica-actual, le propondrán una cocina tradicional.

El Corregidor
Jerónimo Cevallos 2 ✉ 13270 – ☎ 926 86 06 48 – www.elcorregidor.com – cerrado del 25 al 31 de julio, lunes ,martes noche y miércoles noche
Carta 28/48 €
Está formado por varias casas antiguas que comparten un patio central, donde montan la terraza, así como un curioso bar con el suelo empedrado (s. XI) y distintas salas de ambiente rústico-regional. Cocina regional y tradicional elaborada.

Abrasador de Almagro
San Agustín 18 ✉ 13270 – ☎ 926 88 26 56 – www.abrasador.com – cerrado del 7 al 26 de enero y domingo noche
Menú 12/40 € – Carta 24/42 €
Restaurante de ambiente rústico ubicado en la zona monumental. Elaboran platos propios de la cocina manchega y unas buenas carnes a la brasa, su especialidad, no en vano la ternera y el cerdo ibérico proceden de un suministrador exclusivo.

ALMANSA

Albacete – 25 279 h. – Alt. 685 m – Ver mapa regional n° **7-D3**

Madrid 325 km – Albacete 76 km – Alacant/Alicante 96 km – Murcia 131 km

Mapa de carreteras Michelin n° 576-P26

Blu

av. de Ayora 35 ✉ 02640 – ✆ 967 34 00 09 – www.hotelblu.es

69 hab – 66/110 € 66/125 € – 1 suite

Hotel de línea moderna que sorprende por sus detalles de diseño, en tonos negros. Posee unas habitaciones bastante completas, una pequeña zona SPA y una cafetería, donde le servirán tanto el menú del día como una carta tradicional.

Maralba (Fran Martínez)

Violeta Parra 5 ✉ 02640 – ✆ 967 31 23 26 – www.maralbarestaurante.es – cerrado 5 días en febrero, 10 días en septiembre y martes

Menú 44/63 € – Carta 37/46 € – *(solo almuerzo salvo jueves, viernes y sábado)*

Una casa de estética actual que no deja indiferente... de hecho, muestran una manera de tratar el producto digna de elogio. Aquí la cocina creativa, plasmada en una pequeña carta y varios menús, toma como base para sus reinterpretaciones tanto los pescados de Levante como los ingredientes de la gastronomía manchega.

→ Gazpacho manchego con trufa y su jugo aromatizado con hierbas del entorno. Salmonete de roca con "raïm de pastor" y parfait de sus hígados. Esponja de cítricos, miel, naranja, calabaza, sopa de semillas y eneldo.

ESPAÑA

Mesón de Pincelín

Las Norias 10 ✉ 02640 – ✆ 967 34 00 07 – www.pincelin.com – cerrado 7 días en enero, 15 días en agosto, domingo noche y lunes

Menú 39/60 € – Carta 35/55 €

Disfruta de un bar, con mesas altas para tapear, varias salas y tres privados, siendo unos espacios actuales y otros de línea clásica-regional. Su extensa carta tradicional se enriquece con un apartado de guisos y arroces. Completa bodega.

ALMENDRALEJO

Badajoz – 35 101 h. – Alt. 336 m – Ver mapa regional n° **12-B3**

Madrid 368 km – Badajoz 56 km – Mérida 25 km – Sevilla 172 km

Mapa de carreteras Michelin n° 576-P10

Acosta Centro

pl. Extremadura ✉ 06200 – ✆ 924 66 61 11 – www.hotelacostacentro.com

110 hab – 50/100 € 120/180 €, 8 € – 5 suites

Hotel de línea actual e interior funcional. Dispone de un gran hall circular y unas habitaciones bastante cómodas, con sencillo mobiliario y modernos aseos. El restaurante, amplio y con una carta tradicional actualizada, se complementa con una agradable terraza y una buena cafetería pública.

ALMERÍA

193 351 h. – Ver mapa regional n° **1-D2**

Madrid 550 km – Cartagena 240 km – Granada 171 km – Jaén 232 km

Mapa de carreteras Michelin n° 578-V22

AC Almería

pl. Flores 5 ✉ 04001 – ✆ 950 23 49 99 – www.ac-hotels.com Plano : B1**e**

96 hab – 50/150 € 55/180 €, 13 € – 1 suite Doppel 80.– Gar. 16.–

Rest ***El Asador*** – ver selección restaurantes

Ocupa dos edificios unidos interiormente y que han sido totalmente reformados para presentarse con una estética más moderna. Sus habitaciones poseen un buen confort. Cuenta con dos restaurantes, uno polivalente y otro, El Asador, con cierta fama en la ciudad.

ALMERÍA
170 m
MURCIA
MOTRIL, MÁLAGA
MELILLA
ESPAÑA
FUENTECICA
LA HOYA
Alcazaba
CERRO DE S. CRISTÓBAL
BARRIO ALTO
S. ISIDRO
Museo Arqueológico de Almería
Biblioteca Villaespesa
Estación
PUERTO COMERCIAL
Parque de Nicolás Salmerón
Puerta de Purchena
Paseo de Almería
Santiago
Las Claras
S. Pedro
Pl. de la Constitución
Las Puras
Pl. de la Catedral
Catedral
PAL. EPISCOPAL
Hospital Real
S. Juan
N.S. del Mar
Pl. M. de Heredia
Plaza de Gloria Fuertes
Pl. de Barcelona
Pl. de la Estación
Plaza S. Sebastián
C. de Ronda
Av. de Federico García Lorca
Av. de la Estación
Av. de Vilches
C. de Nicolás Salmerón
Av. del Mar
C. Real
Av. de Blas Infante
C. de Juan Lirola
C. Javier Sanz
C. Juan Leal
C. Méndez Núñez
C. Marqués de Comillas
C. de Rafael Alberti
C. de Juan Pérez Pérez
C. Gerona
C. Azorín
C. Padre Méndez
C. de Gil Vicente
C. Castro
C. Santiago
C. Madrid
C. Lima
C. Ferrocarril
C. Burgos
C. de Jaén
C. Chile
C. Andalucía
C. América
C. Marina
C. Elio Antonio de Nebrija
Av. de Sierra Alhamilla
C. Doctor Barraquer
C. del Cardenal Herrera Oria
C. Altamira
C. del Padre Juan Aguilar
C. García
C. Leonardo
C. Granada
C. Sicardo
C. S. Lorenzo
C. Fernández Caballero
C. Mercurio
C. Sor Policarpa
C. Miguel Rúa
Av. de Sta Isabel
C. Haza de Acosta
C. S. Isidro
C. de la Dama
C. Nuestra Señora del Mar
C. Sta Marta
C. Perú
C. Jerónima Belber
C. de Pérez Galdós
C. Pío Baroja
C. Poeta Cienfuegos
C. Ángel Ochotorena
C. Juan Bosco
C. Real del Barrio Alto
C. Lorca
C. Murcia
C. Restoy
C. Doctor Paco Pérez
C. de las Cruces
C. Jesús de Perceval
C. Ramos
Av. de Pablo Iglesias
C. Regocijos
C. de Juan del Olmo
C. Memorias
C. de Federico de Castro
C. de la Fuentecica
C. de las Negras
C. de Ceuta
C. de Chamberí
C. S. Joaquín
C. del Barranco
C. de Palomas
C. Valdivia
C. Ruano
C. Remo
C. Juan Goytisolo
C. Rosario
C. Socorro
C. Port Orán
C. S. Juan
C. de las Cruces Bajas
C. S. Ildefonso
C. Reducto
C. Fernández
C. Teriza
C. Calzada de la

Plaza Vieja

pl. de la Constitución 4 ✉ 04003 – ✆ 950 28 20 96 – www.plazaviejahl.com — Plano : B1**a**

10 hab – 70/110 € 90/130 €, ☕ 10 €

Se halla en la plaza del Ayuntamiento, donde se presenta con una agradable terracita en unos soportales y una decoración de contrastes que combina detalles árabes y actuales. ¡No se pierda el interesante gastrobar y, sobre todo, sus relajantes baños árabes!

Nuevo Torreluz

pl. Flores 10 ✉ 04001 – ✆ 950 23 43 99 – www.torreluz.es — Plano : B1**v**

98 hab – 50/150 € 50/220 €, ☕ 8 €

Rest *Saboreo* – ver selección restaurantes

Céntrico y acogedor, por lo que es una buena opción tanto para el cliente de empresa como para el vacacional. Ofrece una taberna rústica a la entrada, destacando esta por su agradable terraza sobre la plaza, y unas habitaciones de línea moderna-funcional.

Costasol

paseo de Almería 58 ✉ 04001 – ✆ 950 23 40 11 – www.hotelcostasol.com — Plano : B2**f**

55 hab – 50/95 €, ☕ 8 €

Destaca por su emplazamiento en pleno centro. Ofrece un luminoso hall y habitaciones bien actualizadas, todas con los suelos en tarima y mobiliario clásico-funcional.

ESPAÑA

El Asador – Hotel AC Almería

Fructuoso Pérez 14 ✉ 04001 – ✆ 950 23 45 45 – www.ac-hotels.com – cerrado 15 días en enero, domingo y lunes noche — Plano : B1**e**

Menú 15/55 € – Carta 25/56 €

En este restaurante encontrará varias salas de cuidado ambiente castellano, todas con profusión de madera y atractivos detalles. Cocina de base tradicional bien actualizada.

Saboreo – Hotel Nuevo Torreluz

pl. Flores 1 ✉ 04001 – ✆ 950 28 14 25 – www.torreluz.es – cerrado domingo y lunes noche — Plano : B1**e**

Menú 25/55 € – Carta 30/48 €

Cuenta con una zona de mesas altas denominada "La Barra" y una sala de mejor montaje en dos alturas. Su carta de tinte tradicional atesora un apartado de cocina en miniatura.

Valentín

Tenor Iribarne 19 ✉ 04001 – ✆ 950 26 44 75 – www.restaurantevalentin.es – cerrado lunes — Plano : B1**n**

Menú 30/50 € – Carta 30/47 €

Un negocio que, tras su transformación, ha sabido ganar clientes tanto para el tapeo como para la carta. Cocina tradicional con pescados, mariscos y buen apartado de arroces.

La Encina

Marín 16 ✉ 04003 – ✆ 950 27 34 29 – www.restaurantelaencina.net – cerrado domingo en julio, domingo noche y lunes resto del año — Plano : B1**b**

Menú 25/38 € – Carta 27/41 €

Casa de gestión familiar dotada con un bar de tapas, donde veremos un antiguo pozo árabe, y un agradable comedor clásico-actual. Cocina tradicional con algún plato elaborado.

Salmantice

Costa Balear 16, por carret. Níjar-Los Molinos ✉ 04009 – ✆ 950 62 55 00 – www.restaurantesalmantice.es – cerrado julio, agosto y domingo

Menú 50 € – Carta 30/55 €

Se accede directamente a la sala, que tiene un estilo funcional-actual y la cocina a la vista. Recetario castellano tradicional, carnes abulenses y... ¡algún plato asiático!

Joseba Añorga N – Hotel Plaza Vieja
pl. de la Constitución 4 ✉ 04003 Plano : B1-2**a**
– ✆ 950 26 86 23 – www.tabernavasca.es
– cerrado del 15 al 31 de enero, domingo noche y lunes
Tapa 4 € – Ración aprox. 15 €
Gastrobar de ambiente rústico-actual ubicado en la misma plaza del Ayuntamiento, bajo unos soportales. Cocina de autor elaborada con productos de calidad y hecha al momento.

Casa Puga
Jovellanos 7 ✉ 04003 – ✆ 950 23 15 30 Plano : B1**u**
– www.barcasapuga.es – cerrado 30 agosto-13 septiembre
Tapa 1,20 € – Ración aprox. 13 €
¡Un local realmente emblemático! Se halla en el casco histórico y atesora una larga trayectoria, pues abrió sus puertas en 1870. Tipismo, cocina tradicional y completa bodega.

Casa Joaquín
Real 111 ✉ 04002 – ✆ 950 26 43 59 Plano : B2**m**
– cerrado septiembre, sábado noche y domingo
Tapa 3 € – Ración aprox. 18 €
Casi un siglo de historia avala el buen hacer de esta pequeña casa, singular por su fisonomía tipo bodega-almacén. Productos frescos de calidad, la mayoría vendidos al peso.

ESPAÑA

ALMERIMAR → Ver El Ejido
Almería

ALMODÓVAR DEL RÍO
Córdoba – 7 997 h. – Alt. 123 m – Ver mapa regional n° **1-B2**
Madrid 418 km – Córdoba 27 km – Sevilla 115 km
Mapa de carreteras Michelin n° 578-S14

La Taberna
Antonio Machado 24 ✉ 14720 – ✆ 957 71 36 84
– www.latabernadealmodovardelrio.com
– cerrado agosto, domingo noche en octubre-marzo y lunes
Menú 15 € – Carta 25/36 €
Croquetas de "Almodóvar", Rabo de toro, Mazamorra (Salmorejo blanco de almendras), caza en temporada... Disfrute de la auténtica cocina regional y casera en esta casa de tradición familiar, dotada con un bar y varias salas de línea clásica.

ALMONACID DE TOLEDO
Toledo – 856 h. – Ver mapa regional n° **7-B2**
Madrid 94 km – Toledo 25 km – Ciudad Real 101 km
Mapa de carreteras Michelin n° 576-M18

en la carretera de Chueca Oeste : 4 km

Villa Nazules
carret. Almonacid a Chueca ✉ 45190 Nambroca – ✆ 925 59 03 80
– www.villanazules.com
30 hab – †68/138 € ††75/138 €, ☕ 13 €
¡Con encanto y en pleno campo! Presenta un interior muy detallista, con un buen SPA y habitaciones actuales de excelente nivel, la mayoría con terraza o balcón. Su restaurante propone una carta actual. La propiedad disfruta de una yeguada, por lo que muchos clientes acuden para recibir clases de equitación.

ALMORADÍ

Alicante – 19 788 h. – Alt. 9 m – Ver mapa regional n° **11-A3**
Madrid 436 km – València 199 km – Alacant/Alicante 52 km – Murcia 56 km
Mapa de carreteras Michelin n° 577-R27

El Buey

La Reina 94 ✉ 03160 – ✆ 966 78 15 93 – cerrado lunes
Menú 35 € – Carta 23/34 € – *(solo almuerzo salvo viernes)*
En su origen trabajó mucho el vacuno mayor, de ahí su nombre... con el tiempo, el chef-propietario evolucionó su propuesta para explotar mucho más las materias primas de la huerta y de temporada. Su producto talismán es la Alcachofa de la Vega Baja del Segura.

La ALMUNIA DE DOÑA GODINA

Zaragoza – 7 766 h. – Alt. 366 m – Ver mapa regional n° **2-B2**
Madrid 262 km – Zaragoza 54 km – Huesca 127 km – Teruel 146 km
Mapa de carreteras Michelin n° 574-H25

El Patio

av. de Madrid 6 ✉ 50100 – ✆ 976 60 10 37 – www.hotelelpatio.es
41 hab – †40/48 € ††55/64 €, ☕ 6 €
Rest *El Patio de Goya* – ver selección restaurantes
Resulta céntrico y se oculta tras una fachada que no hace justicia al buen confort de sus habitaciones, todas cuidadas y de línea actual. El restaurante, con una gran sala panelable apta para banquetes, basa la mayor parte de su trabajo en el menú del día.

El Patio de Goya – Hotel El Patio

av. de Madrid 6 ✉ 50100 – ✆ 976 60 10 37 – www.hotelelpatio.es
Menú 30/42 € – Carta 25/45 € – *(solo almuerzo salvo viernes y sábado)*
Bajando unas escaleras se accede a un comedor de ambiente rústico-actual, con las paredes en ladrillo visto y una cuidada iluminación. Su chef propone una carta actual y dos sugerentes menús, el denominado "goyesco" y otro de degustación.

ALMUÑA → Ver Luarca

Asturias

ALMUÑÉCAR

Granada – 27 195 h. – Alt. 24 m – Ver mapa regional n° **1-C2**
Madrid 516 km – Almería 136 km – Granada 85 km – Málaga 85 km
Mapa de carreteras Michelin n° 578-V18

Casablanca

pl. San Cristóbal 4 ✉ 18690 – ✆ 958 63 55 75 – www.hotelcasablancaalmunecar.com
39 hab – †39/60 € ††42/76 €, ☕ 5 €
Con su nombre evoca el edificio de estilo árabe en el que se emplaza. Ofrece habitaciones acogedoras y bien equipadas, destacando las que poseen terraza. En su comedor, que fue el origen del negocio, podrá degustar sabrosas carnes y pescados a la brasa.

El Chaleco

av. Costa del Sol 37 ✉ 18690 – ✆ 958 63 24 02 – www.elchaleco.com – cerrado del 2 al 31 de enero, domingo noche y lunes salvo verano
Menú 23/28 € – Carta aprox. 30 € – *(solo cena en julio-agosto)*
Bien llevado por sus propietarios, con ella en la sala y él al frente de los fogones. En su coqueto comedor, repartido en dos espacios, le propondrán una cocina francesa con una pequeña carta a precio fijo y la posibilidad de suplemento en algunos platos.

ALP

Girona – 1 712 h. – Alt. 1 158 m – Ver mapa regional n° **9-C1**

Madrid 633 km – Barcelona 148 km – Girona 144 km

Mapa de carreteras Michelin n° 574-E35

Casa Patxi

Orient 23 ✉ 17538 – ✆ 972 89 01 82 – www.casapatxi.com – cerrado 15 días en noviembre, 15 días en junio y miércoles salvo agosto y festivos

Menú 22/28 € – Carta 24/35 €

Antigua casa de payés construida en piedra. Presenta un buen comedor rústico, donde ofrecen guisos regionales y carnes de caza, así como l'Era Casa Patxi, un espacio más informal para tomar raciones y tostas fieles a la filosofía "Km 0".

ALQUÉZAR

Huesca – 298 h. – Alt. 660 m – Ver mapa regional n° **2-C1**

Madrid 434 km – Huesca 48 km – Lleida/Lérida 105 km

Mapa de carreteras Michelin n° 574-F30

Villa de Alquézar

Pedro Arnal Cavero 12 ✉ 22145 – ✆ 974 31 84 16 – www.villadealquezar.com – cerrado 24 diciembre-21 enero

31 hab – 65/68 € 72/90 €

Ocupa parcialmente la casa que alojó al rey Sancho Ramírez durante la Reconquista. Las habitaciones de la última planta, abuhardilladas y con balcón, destacan por sus vistas.

Castillo

Pedro Arnal Cavero 11 ✉ 22145 – ✆ 974 94 25 65 – www.hotelcastilloalquezar.com

8 hab – 77/102 €, 6 €

¡En pleno casco antiguo de la villa medieval! Presenta un acogedor salón social y habitaciones de línea romántica-actual, personalizadas y la mayoría con encantadoras vistas.

Santa María de Alquézar

paseo San Hipólito ✉ 22145 – ✆ 974 31 84 36 – www.hotel-santamaria.com – marzo-9 diciembre

21 hab – 69/89 € 85/99 €

Una buena opción para alojarse si desea hacer barranquismo, pues Alquézar es un referente europeo para practicarlo. Ofrece unas estancias actuales, con profusión de madera y ducha de obra en los baños. ¡Pida las habitaciones con vistas!

ALTAFULLA

Tarragona – 4 928 h. – Ver mapa regional n° **9-B3**

Madrid 581 km – Barcelona 88 km – Tarragona 15 km

Mapa de carreteras Michelin n° 574-I34

Gran Claustre

Cup 2 ✉ 43893 – ✆ 977 65 15 57 – www.granclaustre.com

39 hab – 90/130 € 105/160 €

Rest *Bruixes de Burriac* – ver selección restaurantes

Debe acceder por un pasadizo, pues forma parte de un bellísimo casco histórico. El hotel se reparte entre dos edificios, el más antiguo recuperado tras servir como residencia de monjas. Confort y modernidad se conjugan para su descanso.

Bruixes de Burriac – Hotel Gran Claustre

Cup 2 ✉ 43893 – ✆ 977 65 15 57 – www.granclaustre.com – cerrado domingo noche y lunes

Menú 32 € – Carta 41/65 €

Un restaurante que, en contraste con el entorno, emana elegancia y modernidad. Ofrece dos salas muy cuidadas, la principal con la cocina a la vista. Cocina de corte regional.

ESPAÑA

ALTEA

Alicante – 24 333 h. – Ver mapa regional n° **11-B3**
Madrid 469 km – Alacant / Alicante 53 km – Murcia 135 km – València 133 km
Mapa de carreteras Michelin n° 577-Q29

Tossal d'Altea

Partida Plà del Castell 96, Norte: 1 km ✉ 03590 – ✆ 966 88 31 83 – www.hoteltossalaltea.com
21 hab – 55/85 € 85/115 € – 1 suite
¡Ideal para quien busque tranquilidad! Posee habitaciones de buen confort, unas con el mobiliario en madera, otras en forja y varias abuhardilladas con terraza. El restaurante, decorado con objetos de la antigua almazara, ofrece una carta de cocina clásica-regional.

Oustau de Altea

Mayor 5 (casco antiguo) ✉ 03590 – ✆ 965 84 20 78 – www.oustau.com – cerrado 15 enero-15 marzo y lunes salvo julio-septiembre
Carta 24/36 € – *(solo cena)*
En la parte más bonita del casco viejo. Este restaurante presenta una refrescante terraza y una distribución interior en tres espacios, con un ambiente de elegante aire rústico y detalles de diseño. Cocina internacional a precios reducidos.

La Capella

San Pablo 1 ✉ 03590 – ✆ 966 88 04 84 – www.lacapella-altea.com – cerrado 2ª quincena de febrero, 1ª quincena de noviembre y miércoles
Carta 32/50 €
Un negocio de contrastes que no le dejará indiferente. Esta casa familiar, en pleno casco viejo y con más de tres siglos de historia, disfruta de una coqueta terraza y dos salas de aire rústico. Cocina tradicional mediterránea y de arroces.

ESPAÑA

por la carretera de València

SH Villa Gadea

partida de Villa Gadea, Noreste : 3,5 km ✉ 03599 Altea – ✆ 966 81 71 00 – www.sh-hoteles.com
202 hab – 100/160 € 110/175 €, 16 € – 15 suites
Frente a la playa y con terraza en todas las habitaciones. Destaca tanto por los exteriores como por su SPA, con un centro de talasoterapia. Atesora tres restaurantes, el de la planta baja dedicado al buffet y los otros a la cocina tradicional e internacional.

ALZIRA

Valencia – 44 788 h. – Alt. 24 m – Ver mapa regional n° **11-B2**
Madrid 386 km – Valencia 44 km – Alacant / Alicante 155 km
Mapa de carreteras Michelin n° 577-O28

Cami-Vell

Colón 51 ✉ 46600 – ✆ 962 41 25 21 – www.camivell.com – cerrado Semana Santa y domingo
Menú 15/45 € – Carta aprox. 35 €
Casa de gestión familiar y ambiente rústico que ha tomado impulso con la incorporación al negocio de las nuevas generaciones. De sus fogones surge una cocina muy interesante, pues combina en su justa medida la tradición con la vanguardia.

Cami-Vell

Colón 51 ✉ 46600 – ✆ 962 41 25 21 – www.camivell.com – cerrado Semana Santa y domingo
Tapa 2,50 € – Ración aprox. 5 €
Aunque funciona como la zona de acceso al restaurante Cami Vell merece una mención independiente, pues muestra su propia carta de tapas y aperitivos... ¡incluso menús!

AMBASMESTAS

León – Ver mapa regional n° **8-A1**

Madrid 446 km – Valladolid 293 km – León 169 km – Lugo 77 km

Mapa de carreteras Michelin n° 575-D9/-E9

Ambasmestas

24524 – 987 54 32 47 – www.ctrambasmestas.com

23 hab – 30 € 45 €, 7 €

Acogedor hotel rural ubicado en pleno Camino de Santiago, por lo que tienen una importante clientela de peregrinos. Posee un salón social con chimenea, habitaciones de aire rústico y un comedor con las paredes en piedra, donde ofrecen platos de tinte regional.

L'AMETLLA DE MAR

Tarragona – 7 704 h. – Alt. 20 m – Ver mapa regional n° **9-A3**

Madrid 509 km – Castelló de la Plana/Castellón de la Plana 132 km – Tarragona 50 km – Tortosa 33 km

Mapa de carreteras Michelin n° 574-J32

L'Alguer

Mar 20 43860 – 977 49 33 72 – www.hotelalguer.net – 28 mayo-septiembre

37 hab – 36/47 € 56/82 €

Hotel de línea clásica-funcional situado en el centro de la localidad. Dispone de unas correctas zonas sociales y habitaciones de suficiente confort, con los baños completos.

L'Alguer

Trafalgar 21 43860 – 977 45 61 24 – www.restaurantalguer.com – cerrado 15 diciembre-15 enero y lunes

Menú 17/33 € – Carta 23/45 € – *(solo almuerzo de octubre a marzo)*

¡En 1ª línea de playa! Presenta una sencilla terraza y un interior clásico, con dos salas acristaladas. Cocina marinera rica en arroces, pescados y mariscos de la zona.

La Llotja

Sant Roc 23 43860 – 977 45 73 61 – www.restaurantllallotja.com – cerrado 21 días en diciembre, 7 días en septiembre, martes (15 septiembre-15 junio) y lunes

Menú 23 € – Carta 40/63 €

Pequeño, acogedor y de aire rústico, aunque complementan la sala interior con una atractiva terraza techada a la entrada. De sus fogones surge una cocina tradicional de base marinera, con detalles actuales y cuidadas presentaciones.

L'AMETLLA DEL VALLÈS

Barcelona – 8 227 h. – Alt. 312 m – Ver mapa regional n° **10-B2**

Madrid 648 km – Barcelona 38 km – Girona 83 km

Mapa de carreteras Michelin n° 574-G36

La Masía

passeig Torregassa 77 08480 – 938 43 00 02 – www.lamasiadelametlla.com – cerrado domingo noche

Menú 16 € – Carta 22/42 €

Goza de gran tradición familiar y ocupa una masía de principios del s. XX. Posee un luminoso comedor, dos salas de banquetes y un privado, todo de aire clásico-antiguo. ¡Una de sus especialidades es el "Filet de vedella a l'estil roca"!

AMOREBIETA-ETXANO

Vizcaya – 18 650 h. – Alt. 70 m – Ver mapa regional n° **18-A3**

Madrid 415 km – Bilbao 21 km – Donostia-San Sebastián 79 km – Vitoria-Gasteiz 51 km

Mapa de carreteras Michelin n° 573-C21

ESPAÑA

en Boroa Noroeste : 3,6 km – Ver mapa regional n° **18**-A3

XX **Boroa**

Caserío Garai 11 ✉ 48340 Amorebieta-Etxano – ✆ 946 73 47 47 – www.boroa.com – cerrado 25 enero-7 febrero, del 15 al 21 de agosto y domingo noche

Menú 38/88 € – Carta 44/70 €

Cocina tradicional de corte actual y alto valor gastronómico... salvo las noches de lunes a jueves, cuando su carta es algo más sencilla. Caserío vasco del s. XV ubicado en pleno campo, con una taberna típica y varias salas de aire rústico.

➜ Puntas de espárragos sobre su crema cuajada, trufas de patata y yema fluida. Presa ibérica en asado breve, lámina de calabaza y vainilla con salteado de frutas. Kukicha, limón y citronela.

AMPUDIA

Palencia – 622 h. – Alt. 790 m – Ver mapa regional n° **8-B2**

Madrid 243 km – León 115 km – Palencia 25 km – Valladolid 35 km

Mapa de carreteras Michelin n° 575-G15

Posada de la Casa del Abad de Ampudia

pl. Francisco Martín Gromaz 12 ✉ 34191 – ✆ 979 76 80 08 – www.casadelabad.com – abril-octubre y fines de semana resto del año

24 hab – †55/200 € ††70/240 €, ☕ 12 €

Ocupa un edificio del s. XVII que, entre otros usos, sirvió de casa al abad. La mayoría de habitaciones son de aire rústico-antiguo... sin embargo, también posee algunas modernas. El restaurante, ubicado en el lagar, ofrece una cocina tradicional actualizada.

ESPAÑA

AMPUERO

Cantabria – 4 255 h. – Alt. 11 m – Ver mapa regional n° **6-C1**

Madrid 457 km – Santander 51 km – Vitoria/Gasteiz 127 km – Bilbao 69 km

Mapa de carreteras Michelin n° 572-B19

en La Bien Aparecida Suroeste : 5 km

XXX **Solana** (Ignacio Solana)

La Bien Aparecida 11 ✉ 39849 Ampuero – ✆ 942 67 67 18 – www.restaurantesolana.com – cerrado 18 enero-4 febrero, lunes noche en verano y lunes resto del año

Menú 60 € – Carta 40/70 € – *(solo almuerzo salvo fines de semana y verano)*

Se encuentra junto al Santuario de la Bien Aparecida, patrona de Cantabria, y destaca por las amplias vistas que ofrece su comedor. Encontrará una cocina actual de buen nivel, con platos tradicionales, y una atractiva bodega visitable.

➜ Nuestra versión de la purrusalda. Salmonete con meunière de sus cabezas y ñoquis de tupinambo. Tiramisú en paisaje.

AMURRIO

Álava – 10 139 h. – Alt. 219 m – Ver mapa regional n° **18-A2**

Madrid 372 km – Bilbao 37 km – Burgos 138 km – Vitoria-Gasteiz 45 km

Mapa de carreteras Michelin n° 573-C21

al Oeste 2 km

XX **El Refor**

Maskuribai 21 ✉ 01470 Amurrio – ✆ 945 39 33 14 – www.elrefor.com

Menú 11/70 € – Carta 29/50 € – *(solo almuerzo salvo viernes y sábado)*

Ocupa parte de un antiguo edificio en piedra, con una terraza, un bar y una sala en la que separan, mediante biombos, la zona a la carta de la del menú. Cocina tradicional.

Los ÁNGELES ➜ Ver Os Ánxeles
A Coruña

ANGLÈS

Girona – 5 662 h. – Alt. 181 m – Ver mapa regional n° **10-A1**
Madrid 669 km – Barcelona 106 km – Girona 19 km – Perpignan 112 km
Mapa de carreteras Michelin n° 574-G37

L'Aliança d'Anglès

Jacint Verdaguer 3 ✉ 17160 – ✆ 972 42 01 56 – www.alianca1919.com – cerrado Navidades, 15 días en agosto, domingo noche, lunes, martes noche y miércoles noche
Menú 22/45 € – Carta 20/35 €
Instalado en un elegante edificio de 1919 que funcionó como casino y club social. La sala principal se presenta a modo de bistrot, con mesas de mármol, sillas en mimbre y los bellos suelos de la época. Cocina actual y buen apartado de tapas para el vermut.

ANSERALL

Lleida – 879 h. – Ver mapa regional n° **9-B1**
Madrid 602 km – Lleida/Lérida 142 km – Andorra la Vella 18 km – Barcelona 171 km
Mapa de carreteras Michelin n° 574-E34

al Norte 2,5 km

Masia d'en Valentí

carret. N 145 ✉ 25798 Anserall – ✆ 973 35 31 40 – www.masvalenti.com – cerrado del 1 al 15 de julio y miércoles
Menú 15/30 € – Carta 24/36 € **8 hab** – 55/70 € 75/90 €
¡Muy próximo a la frontera con Andorra! Presenta un interior rústico y una completa carta regional en la que reinan los productos locales y las carnes rojas de la zona. También posee habitaciones, todas de aire rústico-actual y con hidromasaje en los baños.

ESPAÑA

ANTEQUERA

Málaga – 41 430 h. – Alt. 512 m – Ver mapa regional n° **1-B2**
Madrid 521 km – Córdoba 125 km – Granada 99 km – Jaén 185 km
Mapa de carreteras Michelin n° 578-U16

Parador de Antequera

paseo García del Olmo 2 ✉ 29200 – ✆ 952 84 02 61 – www.parador.es
57 hab – 80/145 €, 15 €
Un Parador de línea actual emplazado junto a un parque, de ambiente moderno y con predominio de los tonos blancos. Presenta unas confortables habitaciones de línea actual-funcional y un luminoso restaurante, este con cocina de tinte regional y buenas vistas.

Finca Eslava

carret. A-7281, km 4 - Norte : 2 km ✉ 29200 – ✆ 952 84 49 34 – www.hotelfincaeslava.com
30 hab – 50/70 € 70/90 €
Emplazado en un atractivo cortijo del s. XVIII. Disfruta de un bonito patio central, espaciosas habitaciones, todas de línea clásica, y un centro deportivo bastante completo. El restaurante se complementa con una cafetería rústica y un gran salón de banquetes.

Plaza de Toros

paseo de María Cristina ✉ 29200 – ✆ 951 46 93 33 – www.restauranteplazadetoros.es
Menú 18/24 € – Carta 30/50 €
Resulta atractivo y singular, pues se encuentra bajo los tendidos de la mismísima plaza de toros. Su carta de cocina andaluza se enriquece con diversos platos antequeranos.

por la carretera N 331 Norte : 18 km

Caserío de San Benito
cruce carret. de Alameda (salida 86) ✉ 29200 Antequera – ✆ 952 11 11 03 – www.caseriodesanbenito.com
Menú 12 € – Carta 24/49 € – *(solo almuerzo salvo viernes, sábado y verano)*
Se halla en el campo y ocupa un edificio de aire andaluz, con instalaciones rústicas y un anexo, tipo ermita, para eventos. Cocina tradicional-casera de platos copiosos.

Os ÁNXELES (Los ÁNGELES)

A Coruña – Ver mapa regional n° **13-B2**
Madrid 613 km – Santiago de Compostela 14 km – A Coruña 92 km – Pontevedra 59 km
Mapa de carreteras Michelin n° 571-D3

Balneario de Compostela
carret. C-543, km 9 ✉ 15280 – ✆ 981 55 90 00 – www.hbcompostela.com
55 hab – 50/60 € 60/83 €, 9 € – 4 suites
Confortables habitaciones y mobiliario funcional. El balneario anexo, que data de 1813, ofrece unas completísimas instalaciones, con aguas minero-medicinales, gimnasio y un circuito termal. En su restaurante encontrará platos fieles a la tradición gallega.

Casa Rosalía
Soigrexa 19 ✉ 15280 – ✆ 981 88 75 80 – www.hotelcasarosalia.com – abril-2 noviembre y fines de semana resto del año
29 hab – 45/55 € 50/65 €
¡Casa típica construida en piedra! Ofrece correctas habitaciones: unas clásicas y otras, en el anexo, de línea actual-funcional. El restaurante, de ambiente rústico, combina su carta regional con diversas jornadas dedicadas a la caza, el bacalao, la lamprea...

ESPAÑA

AOIZ → Ver Agoitz

Navarra

ARACENA

Huelva – 7 900 h. – Alt. 682 m – Ver mapa regional n° **1-A2**
Madrid 514 km – Beja 132 km – Cáceres 243 km – Huelva 108 km
Mapa de carreteras Michelin n° 578-S10

Convento Aracena N
Jesus y Maria 19 ✉ 21200 – ✆ 959 12 68 99 – www.hotelconventoaracena.es
57 hab – 75/116 € 94/145 €, 12 €
Un hotel vinculado a la historia... no en vano, recupera un convento dominico que hunde sus raíces hasta el s. XVII. Las habitaciones, repartidas entre el claustro y un patio, aúnan la estética actual con el marco original. Restaurante funcional y polivalente.

Molino del Bombo N
Ancha 4-A ✉ 21200 – ✆ 689 47 16 75 – www.molinodelbombo.com
11 hab – 34/40 € 50/64 €, 2,50 €
Una casa de carácter serrano que, con la conservación de alguno de sus muros, aún recuerda su uso como posta de caballos entre Sevilla y Portugal. Habitaciones personalizadas.

Montecruz
pl. San Pedro 36 ✉ 21200 – ✆ 959 12 60 13 – www.restaurantemontecruz.com – cerrado del 1 al 20 de julio y miércoles
Menú 12/45 € – Carta 25/41 €
¡Una referencia en la zona! Su carta, tradicional, serrana y basada en los productos ibéricos, se enriquece con un apartado de setas, varios arroces, jornadas cinegéticas...

José Vicente
av. Andalucía 53 ✉ 21200 – ✆ 959 12 84 55
Menú 25 € – Carta 20/43 € – *(solo almuerzo salvo viernes, sábado y verano)*
Está repartido en dos partes, pues posee un bar de tapas decorado con objetos antiguos y luego el restaurante. Sencilla carta de tinte casero, rica en setas e ibéricos.

ARANDA DE DUERO
Burgos – 33 257 h. – Alt. 798 m – Ver mapa regional n° **8-C2**
Madrid 156 km – Burgos 83 km – Segovia 115 km – Soria 114 km
Mapa de carreteras Michelin n° 575-G18

Villa de Aranda
San Francisco 1 ✉ 09400 – ✆ 947 54 66 74 – www.hotelvilladearanda.com
27 hab – 85/300 €, 8 €
Instalado en un edificio de fachada modernista que data de principios del s. XX. Ofrece una pequeña zona social y habitaciones bien equipadas, todas de línea actual-funcional.

Alisi
av. Castilla 25 ✉ 09400 – ✆ 947 04 80 58 – www.hotel-alisi.com – cerrado del 1 al 6 de enero
37 hab – 47 € 65 €
Se encuentra a la entrada de la ciudad y destaca por su impecable mantenimiento, con habitaciones clásicas de buen confort general, suelos en tarima y los baños en mármol.

ESPAÑA

El Lagar de Isilla
Isilla 18 ✉ 09400 – ✆ 947 51 06 83 – www.lagarisilla.es – cerrado domingo noche
Menú 35/44 € – Carta 25/50 €
Ofrece un buen bar de tapas, dos salas de aire castellano, con el horno de leña a la vista, y una bodega visitable que data del s. XV. Asados, pescados y carnes a la brasa.

Mesón El Pastor
pl. de la Virgencilla 11 ✉ 09400 – ✆ 947 50 04 28 – www.meson-elpastor.com – cerrado martes noche
Menú 30/50 € – Carta 35/45 €
Casa de gestión familiar llevada con cercanía y buen hacer. Ofrece varias salas de ambiente castellano y una carta regional en la que el Lechazo asado es el gran protagonista.

Casa Florencio
Isilla 14 ✉ 09400 – ✆ 947 50 02 30 – www.casaflorencio.com
Menú 29/47 € – Carta 21/45 € – *(solo almuerzo salvo viernes y sábado)*
Se presenta con un bar de estética actual que deja el horno de leña a la vista y varios comedores de ambiente rústico, destacando el del piso superior. Cocina regional.

en la antigua carretera N I

Tudanca Aranda
salida 153 autovía, Sur : 6,5 km ✉ 09400 Aranda de Duero – ✆ 947 50 60 11 – www.tudanca-aranda.com
38 hab – 58/190 € 58/260 €, 10 € – 2 suites
Hotel de carretera rodeado de viñedos, con un gran hall y cómodas habitaciones dotadas de mobiliario clásico-castellano. También ofrece estancias más modernas y sencillas, tipo motel. El restaurante, de estética tradicional castellana, se halla en un anexo.

por la carretera N 122 Oeste : 5,5 km y desvío a la izquierda 2 km

Torremilanos

Finca Torremilanos ✉ 09400 Aranda de Duero – ✆ 947 51 28 52 – www.torremilanos.com – cerrado 24 diciembre-1 enero

37 hab – 83/99 € 99/149 €

Edificio en piedra ubicado en una extensa finca de viñedos. Ofrece unas zonas nobles polivalentes y habitaciones de buen confort general, las más nuevas de línea moderna. El restaurante disfruta de un estilo clásico y cuenta con varias salas para banquetes.

ARANJUEZ

Madrid – 57 728 h. – Alt. 489 m – Ver mapa regional n° **15**-B3

Madrid 49 km – Toledo 47 km – Ávila 161 km – Cuenca 145 km

Mapa de carreteras Michelin n° 576 y 575-L19

Casa José (Fernando del Cerro)

carrera de Andalucía 17 (esq. Abastos 32) ✉ 28300 Plano : A2**r**

– ✆ 918 91 14 88 – www.casajose.es – cerrado del 4 al 10 de enero y domingo noche

Menú 75 € – Carta 47/68 €

Casa familiar de larga trayectoria. La sala principal se encuentra en el 1er piso y destaca por su hermoso techo en madera. Su chef propone una cocina tradicional actualizada, trabajando mucho con las verduras y hortalizas de la zona.

→ Falso risotto de coliflor, queso y coco. Mero confitado con albahaca y emulsión de calabaza. Tierras de chocolate.

Casa Pablo

Almíbar 42 ✉ 28300 – ✆ 918 91 14 51 – www.casapablo.net Plano : B2**b**

– cerrado del 1 al 15 de agosto

Carta 35/55 €

Acogedor, tanto por la profusión de madera como por su decoración con detalles taurinos. Posee un bar público muy popular y tres salas de buen montaje, donde podrá descubrir las elaboraciones tradicionales y los grandes clásicos de la casa.

al Norte 3,5 km

Barceló Aranjuez

pl. de la Unesco 2 (barrio de la Montaña) ✉ 28300 Aranjuez – ✆ 918 09 93 99 – www.barceloaranjuez.com

168 hab – 68/199 €, 13 €

Frente al Gran Casino de Aranjuez y junto a un campo de golf. Aquí encontrará amplias zonas nobles de línea moderna, una buena oferta en salas de reuniones y habitaciones de completo equipamiento. El restaurante propone una carta tradicional bien elaborada. ¡Está muy orientado a las convenciones de empresa!

ARANTZAZU

Guipúzcoa – 123 h. – Alt. 800 m – Ver mapa regional n° **18**-B2

Madrid 410 km – Donostia-San Sebastián 83 km – Vitoria-Gasteiz 54 km

Mapa de carreteras Michelin n° 573-D22

Zelai Zabal

carret. de Oñate, Noroeste : 1 km ✉ 20567 – ✆ 943 78 13 06 – www.zelaizabal.com – cerrado 23 diciembre-15 febrero, domingo noche y lunes

Menú 40 € – Carta 35/55 € – *(solo almuerzo salvo fines de semana)*

Un restaurante de tradición familiar con solera y prestigio, no en vano abrió sus puertas en 1898 como hostal y casa de comidas. Cocina clásica vasca con detalles actuales.

ARANJUEZ
0
120 m
A
B
1
2
3
MADRID
CHINCHÓN
CASA DEL LABRADOR
TOLEDO
VALDEPEÑAS, ALBACETE
Jardín de la Isla
Jardín del Príncipe
Río Tajo
C. de Madrid Nacional IV
C. de Madrid a Aranjuez
C. de Madrid
C. de la Reina
Pl. la Elíptica
Palacio Real
Jardín del Parterre
Av. de Palacio
Av. del Príncipe
Av. de las Infantas
Jardín de Isabel II
Pl. de S. Antonio
C. Palacio Silvela
C. del Lucero
C. de la Florida
C. de S. Antonio
C. Real
C. de la Gobernación
C. Stuart
C. de Almíbar
C. Gómez
C. Castrillón
C. del Foso
T
b
r
Plaza Constitución
Pl. Abastos
Centro Cultural Isabel de Farnesio
C. del Gobernador
C. de Abastos
C. de Santiago Rusiñol
C. Verderón
C. de Gorrión
C. de Valeras
Antigua C. de Andalucía
C. de Postas
C. del Rey
C. de S. Pascual
C. de Guardia de Corps
C. de la Rosa
C. de la Naranja
C. del Capitán
C. del Angosto
Pl. de S. Pascual
C. de la Calandria
Av. de Loyola
C. del Río Jarama
C. del Río Tajo
Av. de la Plaza de Toros
C. del Sol
C. del Calvario
C. de Don Andrés Martínez
Carretas
Cam. de las Cruces
Paseo del Deleite
Polígono Plaza Toros
C. de Ontígola
C. Montecillo
C. de Goya
C. Pintor Sorolla
C. de Murillo
C. de Rusiñol
C. de Zurbarán
Plaza de Navarrete
P
POL
PCL

ARBÚCIES

Girona – 6 527 h. – Alt. 291 m – Ver mapa regional n° **10-A1**
Madrid 651 km – Barcelona 83 km – Girona 49 km – Lleida 193 km
Mapa de carreteras Michelin n° 574-G37

Les Magnòlies

passeig Mossèn Anton Serres 7 ✉ 17401 – ✆ 972 86 08 79 – www.lesmagnolies.com – cerrado enero, lunes y martes
Menú 56/79 € – Carta 55/70 € – *(solo almuerzo salvo viernes y sábado)*
Casa señorial del s. XIX que debe su nombre a los tres magnolios centenarios que rodean el edificio. En su elegante interior, de línea clásica-actual, le propondrán una pequeña carta de autor, con dos menús degustación, donde se alían de manera acertada la creatividad, la técnica y una gran puesta en escena.
→ Huevo de corral y panceta. Magret "el pato 5 aglans" con arroz. Granizado de albahaca y ginebra, helado de pasión, pepino y espuma de pisco.

ARCADE

Pontevedra – 3 723 h. – Ver mapa regional n° **13-B3**
Madrid 612 km – Ourense 113 km – Pontevedra 12 km – Vigo 22 km
Mapa de carreteras Michelin n° 571-E4

Arcadia

av. Castelao 25-A ✉ 36690 – ✆ 986 70 00 37 – www.restaurantearcadia.com – cerrado 15 octubre-15 noviembre, domingo noche y lunes
Menú 12 € – Carta 21/35 €
Casa familiar dotada con una amplia sala de línea clásica-funcional, otra más actual junto a la cafetería y un privado. Carta tradicional especializada en pescados y mariscos. ¡Pruebe la Empanada de zamburiñas o su Rape con almejas!

ESPAÑA

ARCHENA

Murcia – 18 369 h. – Alt. 100 m – Ver mapa regional n° **16-B2**
Madrid 382 km – Murcia 28 km – Alacant / Alicante 93 km – Albacete 131 km
Mapa de carreteras Michelin n° 577-R26

Hyltor

carret. del Balneario 12-14 ✉ 30600 – ✆ 968 68 82 05 – www.hotelhyltor.com
30 hab – 33/60 € 44/90 €
Presenta una estética urbana y actual definida por el dominio de las líneas rectas, con unas habitaciones modernas y detalles de diseño. También ofrecen algunos servicios propios de SPA y sirven comidas en su cafetería.

ARCOS DE LA FRONTERA

Cádiz – 31 410 h. – Alt. 187 m – Ver mapa regional n° **1-B2**
Madrid 586 km – Sevilla 94 km – Cádiz 66 km – Gibraltar 117 km
Mapa de carreteras Michelin n° 578-V12

Parador de Arcos de la Frontera

pl. del Cabildo ✉ 11630 – ✆ 956 70 05 00 – www.parador.es
24 hab – 90/170 €, 16 €
En pleno casco histórico y en un enclave elevado, por lo que disfruta de unas magníficas vistas. Ofrece un precioso patio típico y habitaciones de completo equipamiento. Su restaurante supone una gran oportunidad para conocer los sabores de la cocina gaditana.

Los Olivos

paseo de Boliches 30 ✉ 11630 – ✆ 956 70 08 11 – www.hotel-losolivos.es
19 hab – 50/68 € 65/97 €
Está bien situado y refleja las características estéticas más representativas de la arquitectura andaluza. Posee un salón social bastante hogareño, un agradable patio con plantas y unas espaciosas habitaciones, todas de línea clásica.

El Convento
Maldonado 2 ✉ 11630 – ✆ 956 70 23 33 – www.hotelelconvento.es – marzo-octubre
13 hab – 40 € 65/97 €, 6 €
Instalado parcialmente en el convento de las monjas Mercedarias. El mobiliario regional y la sobriedad decorativa evocan su pasado histórico... aunque el confort es actual.

AREA (Playa de) → Ver Viveiro
Lugo

El ARENAL (Playa de) → Ver Xàbia
Alicante

ARENAS DE CABRALES
Asturias – 2 249 h. – Ver mapa regional n° **3-C2**
Madrid 458 km – Oviedo 100 km – Santander 106 km
Mapa de carreteras Michelin n° 572-C15

Picos de Europa
Mayor ✉ 33554 – ✆ 985 84 64 91 – www.hotelpicosdeuropa.com – Semana Santa-13 octubre
35 hab – 40/70 € 50/99 €, 8,50 €
Presenta unas habitaciones de buen confort que destacan por la profusión de madera. Piscina con solárium, salón social con chimenea y una terraza ubicada bajo un hórreo, al borde del río. El cálido restaurante, equipado con mobiliario de mimbre, propone un menú y una reducida carta tradicional.

Villa de Cabrales
carret. General ✉ 33554 – ✆ 985 84 67 19 – www.hotelcabrales.com
24 apartamentos – 60/100 €, 5 € – 23 hab
Antigua casona de aire rústico-actual. Sus confortables habitaciones, con los suelos en losetas de barro, alternan el mobiliario en madera con el hierro forjado. En un anexo también ofrecen unos apartamentos, con dormitorio y salón-cocina.

ESPAÑA

Les ARENES → Ver València (playa de Levante)
Valencia

ARÉVALO
Ávila – 8 203 h. – Alt. 827 m – Ver mapa regional n° **8-B2**
Madrid 121 km – Ávila 55 km – Salamanca 95 km – Valladolid 78 km
Mapa de carreteras Michelin n° 575-I15

Posada los V Linajes
pl. del Tello 5 ✉ 05200 – ✆ 920 30 25 70 – www.loscincolinajes.com
14 hab – 75/90 €, 7 €
Instalado en un céntrico edificio señorial. Tras su elegante fachada hallará un patio interior porticado y unas cuidadas habitaciones, las del 1er piso de marcado carácter palaciego. El restaurante, especializado en el típico Tostón asado, ocupa la antigua bodega de la casa con una estética rústica-actual.

Las Cubas
Figones 11 ✉ 05200 – ✆ 920 30 01 25 – www.asadorlascubas.com – cerrado 23 diciembre-2 enero
Carta 30/44 € – *(solo almuerzo)*
Ofrece un salón principal de sencillo montaje rústico y en otro edificio, cruzando la calle, dos comedores más de superior montaje. Carta regional especializada en asados.

Asador Casa Felipe
pl del Arrabal 3 ✉ 05200 – ✆ 920 30 03 27 – www.desiree-casafelipe.com
Menú 12/59 € – Carta 25/35 €
Atesora rusticidad, tiene el acceso por unos soportales y propone una cocina de marcadas raíces castellanas. ¡El Cochinillo asado en horno de leña es su plato estrella!

ARGENTONA

Barcelona – 11 920 h. – Alt. 75 m – Ver mapa regional n° **10-B3**
Madrid 657 km – Barcelona 29 km – Mataró 4 km
Mapa de carreteras Michelin n° 574-H37

El Celler d'Argentona

Bernat de Riudemeya 6 ✉ 08310 – ✆ 937 97 02 69 – www.cellerargentona.com – cerrado 2ª quincena de agosto, domingo noche, lunes y martes noche
Menú 25 € – Carta 30/50 €
¡Rusticidad y autenticidad! Esta antigua masía destaca por su atmósfera, pues atesora recio mobiliario catalán, vigas centenarias, dos prensas originales, azulejos cerámicos... Cocina tradicional especializada en platos de caza y bacalao.

ARGÓMANIZ

Álava – 25 h. – Alt. 614 m – Ver mapa regional n° **18-B2**
Madrid 374 km – Vitoria-Gasteiz 17 km – Logroño 110 km – Iruña/Pamplona 87 km
Mapa de carreteras Michelin n° 573-D22

Parador de Argómaniz

Parador 14 ✉ 01192 – ✆ 945 29 32 00 – www.parador.es
52 hab – 75/170 €, 15 € – 1 suite
Edificio en piedra de sobria construcción. Presenta un interior clásico-actual, con varios salones polivalentes y habitaciones de línea moderna, todas muy luminosas. El restaurante, ubicado en la última planta, propone una cocina fiel al recetario regional.

ESPAÑA

ARGÜELLES

Asturias – 405 h. – Ver mapa regional n° **3-B1**
Madrid 455 km – Oviedo 14 km – León 137 km
Mapa de carreteras Michelin n° 572-B12

El Asador de Abel

La Revuelta del Coche ✉ 33188 – ✆ 985 74 09 13 – www.elasadordeabel.com – cerrado 20 días en agosto
Menú 20/70 € – Carta 34/54 € – *(solo almuerzo salvo jueves, viernes y sábado)*
¡Con el propietario al frente! Dispone de un amplio bar que utilizan cada vez más como comedor, una sala para la carta de línea actual y un gran salón de banquetes. Cocina tradicional con platos de cuchara, carnes y pescados a la parrilla.

ARLABÁN (Puerto de) → Ver Leintz-Gatzaga

Guipúzcoa

ARNEDO

La Rioja – 14 559 h. – Alt. 550 m – Ver mapa regional n° **14-B2**
Madrid 306 km – Calahorra 14 km – Logroño 49 km – Soria 80 km
Mapa de carreteras Michelin n° 573-F23

Sopitas

Carrera 4 ✉ 26580 – ✆ 941 38 02 66 – www.sopitas.es – cerrado martes
Menú 21/50 € – Carta 30/45 € – *(solo almuerzo salvo viernes y sábado)*
Ocupa una antigua bodega actualizada con mucho acierto. Podrá degustar su sabrosa cocina regional tanto en la coqueta sala central como en los lagares laterales, usados como privados. ¡La gran especialidad de la casa es el Cabrito asado!

ARNUERO

Cantabria – 2 122 h. – Alt. 45 m – Ver mapa regional n° **6-C1**
Madrid 451 km – Bilbao 81 km – Burgos 179 km – Santander 37 km
Mapa de carreteras Michelin n° 572-B19

Hostería de Arnuero

barrio Palacio 17 ✉ 39195 – ✆ 942 67 71 21 – www.hosteriadearnuero.es – abril-octubre
12 hab – 38 € 59/69 €, 5 €
Casona colonial en la que conviven la piedra y la madera. Ofrece unas coquetas habitaciones de aire rústico, algunas abuhardilladas y en general bastante espaciosas. El restaurante, repartido en dos salas, basa su oferta en un único menú, aunque en verano este se completa con una pequeña carta de raciones.

La ARQUERA → Ver Llanes
Asturias

ARRIONDAS
Asturias – 5 615 h. – Alt. 39 m – Ver mapa regional n° **3-C1**
Madrid 426 km – Gijón 62 km – Oviedo 66 km – Ribadesella 18 km
Mapa de carreteras Michelin n° 572-B14

El Corral del Indianu (José A. Campoviejo)
av. de Europa 14 ✉ 33540 – ✆ 985 84 10 72 – www.elcorraldelindianu.com – cerrado Navidades, 10 días en enero, domingo noche, miércoles noche y jueves salvo julio-agosto
Menú 55/80 € – Carta 40/65 €
Disfruta de una sala interior rústica-actual y otra acristalada, más luminosa y moderna, con vistas a un patio-jardín. Reducida carta y completo menú degustación, con platos creativos que toman como base el recetario asturiano tradicional.
→ Los dos ahumados: el Gamonéu del Puerto y la anguila, chutney de tomate y cardamomo. Calamar asado y guisado, infusión de sus interiores. Tarta de manzana, croqueta melosa de canela y helado de romero.

en la carretera AS 342

Posada del Valle
Collía, Norte : 2,5 km ✉ 33549 Collía – ✆ 985 84 11 57 – www.posadadelvalle.com – abril-octubre
12 hab – 53/64 € 66/79 €, 9 €
Casona de piedra situada en el campo, entre ovejas y bonitos asturcones. Aquí encontrará atractivas vistas al valle y dos tipos de habitaciones, unas rústicas y las otras más actuales. El restaurante centra su oferta en el trabajo con productos ecológicos.

Casa Marcial (Nacho Manzano)
La Salgar 10, Norte : 4 km ✉ 33549 La Salgar – ✆ 985 84 09 91 – www.casamarcial.com – cerrado 10 noviembre-10 marzo, domingo noche, lunes y martes
Menú 65/120 € – *(solo almuerzo salvo viernes y sábado de marzo-15 mayo) (solo menú)*
¡El emblema gastronómico de la región! La casa, en apariencia sencilla y ubicada en pleno campo, da paso a un agradable interior de ambiente rústico-actual. El chef se expresa con solvencia a través de tres menús, siempre ensalzando las raíces asturianas y dando la opción de probar los platos como si fueran a la carta.
→ Revuelto de la casa sobre torta de maíz. Pitu de caleya al estilo de mi madre con ravioli de sus menudillos. La sidra en el llagar.

ARROYOMOLINOS DE LA VERA
Cáceres – 485 h. – Alt. 617 m – Ver mapa regional n° **12-C1**
Madrid 238 km – Ávila 151 km – Cáceres 111 km – Plasencia 26 km
Mapa de carreteras Michelin n° 576-L12

Peña del Alba
Camino de la Gargüera, Suroeste : 1,8 km ✉ 10410 – ✆ 927 17 75 16 – www.pdelalba.com – cerrado 7 enero-21 febrero
18 hab – 65/100 € 78/122 €, 8 €
Rest *La Era de mi Abuelo* – ver selección restaurantes
¡Construcción en piedra de atractivos exteriores! La zona social está presidida por una chimenea circular, en ladrillo visto, y ofrece unas habitaciones rústicas repletas de detalles, alguna tipo duplex y otras en casitas independientes.

La Era de mi Abuelo – Hotel Peña del Alba
Camino de la Gargüera, Suroeste : 1,8 km ✉ 10410 – ✆ 927 17 75 16 – www.pdelalba.com – cerrado 7 enero-11 febrero
Carta 28/46 €
Un restaurante cálido y acogedor. Su chef apuesta por una cocina tradicional de calidad, sin dejar de lado su capacidad de evolución pero respetando también los platos típicos y los productos autóctonos, en muchos casos de su propia huerta.

ARSÈGUEL

Lleida – 84 h. – Ver mapa regional n° **9-B1**

Madrid 605 km – Barcelona 169 km – Lleida/Lérida 147 km

Mapa de carreteras Michelin n° 574-E34

Font del Genil

Doctor Llangort 5 ✉ 25722 – ✆ 973 38 41 46 – www.fontdelgenil.com

6 hab – 50 € 75/90 €

Se halla en un pintoresco pueblo de montaña, famoso por su tradicional encuentro de acordeonistas a finales de Julio. Encontrará un coqueto patio a la entrada, recios muros de piedra y unas habitaciones de ambiente rústico-actual, cada una con el nombre de una ruta de la zona. Cocina tradicional actualizada.

ARTEIXO

A Coruña – 26 272 h. – Alt. 32 m – Ver mapa regional n° **13-B1**

Madrid 615 km – A Coruña 12 km – Santiago de Compostela 78 km

Mapa de carreteras Michelin n° 571-C4

Florida

av. de Finisterre 19, Noreste : 1,7 km ✉ 15142 – ✆ 981 63 30 84 – www.hotelfloridaarteixo.com

29 hab – 39/49 € 49/58 €, 6 € – 1 apartamento

Hotel de línea actual-funcional enfocado al cliente de empresa del polígono industrial de Arteixo. Presenta una moderna cafetería, correctas habitaciones y un restaurante con cierto nombre en la zona, siendo la especialidad de la casa las carnes a la piedra.

Europa

av. de Finisterre 31, Noreste : 1,5 km ✉ 15142 – ✆ 981 64 04 44 – www.hoteleuropaarteixo.com

31 hab – 33/40 € 44/55 €, 5 €

Negocio familiar ubicado a las afueras del pueblo y habituado a trabajar con clientes del polígono. Ofrece habitaciones de aspecto actual, la mayoría con dos camas.

ARTIES

Lleida – Alt. 1 143 m – Ver mapa regional n° **9-B1**

Madrid 625 km – Barcelona 285 km – Lleida 168 km – Girona 318 km

Mapa de carreteras Michelin n° 574-D32

Parador de Arties

carret. de Baqueira Beret ✉ 25599 – ✆ 973 64 08 01 – www.parador.es – cerrado 6 abril-16 mayo

57 hab – 85/165 €, 18 € – 3 suites

Sólido edificio, con curiosas raíces históricas, donde la piedra y la madera conviven para reivindicar los valores de la arquitectura pirenaica. Posee cálidas zonas sociales, piscinas comunicadas y habitaciones bien equipadas, ocho tipo dúplex. Su restaurante se complementa en verano con una agradable terraza.

Casa Irene

Major 22 ✉ 25599 – ✆ 973 64 43 64 – www.hotelcasairene.com – cerrado 3 abril-15 julio y 25 septiembre-noviembre

22 hab – 112/170 € 117/178 €

Rest *Casa Irene* – ver selección restaurantes

Se encuentra en el centro del pueblo y toma su nombre del restaurante, donde se originó el negocio. Posee una cálida zona social con chimenea y cálidas habitaciones de ambiente montañés, destacando las abuhardilladas y las dos tipo dúplex.

Besiberri

Deth Fort 4 ✉ 25599 – ✆ 973 64 08 29 – www.hotelbesiberri.com – cerrado mayo, junio y 15 octubre-noviembre

17 hab – 60/100 € 75/130 €

Con su nombre rinde un homenaje a la montaña más alta del valle. Ocupa una casa que data de 1897, donde hay una acogedora zona social con chimenea, una sala de desayunos y habitaciones de correcto confort, todas con profusión de madera.

Casa Irene – Hotel Casa Irene

Major 22 ✉ 25599 – ✆ 973 64 43 64 – www.hotelcasairene.com – cerrado 3 abril-15 julio y 25 septiembre-noviembre

Menú 69/76 € – Carta 47/73 € – *(solo cena salvo fines de semana, Navidades, Semana Santa y agosto)*

Acogedor restaurante dotado con un comedor principal de estilo montañés. Encontrará una cocina regional y tradicional con platos actualizados, así como dos menús degustación.

ARTZENTALES

Vizcaya – 760 h. – Alt. 400 m – Ver mapa regional n° **18-A2**

Madrid 406 km – Bilbao 34 km – Santander 80 km – Vitoria-Gasteiz 78 km

Mapa de carreteras Michelin n° 573-C20

Amalurra

La Reneja 35 ✉ 48879 – ✆ 946 10 95 40 – www.amalurra.com – cerrado 21 diciembre-8 enero

17 hab – 46/49 € 58/68 €, 8 €

Se encuentra en plena naturaleza y resulta ideal para ir en grupo o con niños. Presenta unas habitaciones luminosas y funcionales, cada una con un color diferente pero todas con los muebles en blanco. El restaurante, alegre, actual y con una carta de tinte tradicional, está ubicado en un edificio anexo.

ARZÚA

A Coruña – 6 276 h. – Alt. 385 m – Ver mapa regional n° **13-B2**

Madrid 585 km – Santiago de Compostela 39 km – A Coruña 69 km – Lugo 70 km

Mapa de carreteras Michelin n° 571-D5

al Suroeste 10 km

Casa Brandariz

Dombodán ✉ 15819 Dombodán – ✆ 981 50 80 90 – www.casabrandariz.com – cerrado 22 diciembre-6 enero

8 hab – 42/49 € 49/56 €, 7 €

Rest *Casa Brandariz* – ver selección restaurantes

Antigua casa de labranza construida en piedra. Ofrece un interior rústico de gran tipismo, un bello pórtico y habitaciones de correcto confort, con los baños sencillos.

Casa Brandariz – Hotel Casa Brandariz

Dombodán ✉ 15819 Dombodán – ✆ 981 50 80 90 – www.casabrandariz.com – cerrado 22 diciembre-6 enero y domingo noche

Carta 22/35 €

Queso de Arzúa, ternera gallega, miel... son solo algunos de los productos autóctonos gallegos potenciados en este restaurante, definido tanto por su rusticidad como por su evidente encanto, pues ocupa las antiguas cuadras de la casa.

ASTORGA

León – 11 690 h. – Alt. 869 m – Ver mapa regional n° **8-A1**

Madrid 320 km – León 47 km – Lugo 184 km – Ourense 232 km

Mapa de carreteras Michelin n° 575-E11

Ciudad de Astorga

Los Sitios 7 ✉ 24700 – ✆ 987 60 30 01 – www.hotelciudaddeastorga.com

33 hab – 50/70 € 60/100 €, 8,50 €

¡Próximo a la Catedral y al genial palacio de Gaudí! Se accede por un patio-terraza interior y posee dos edificios adosados, uno para el hotel y el otro, modernista, para el restaurante. Hall actual salpicado con antigüedades y habitaciones de buen confort.

Casa de Tepa

Santiago 2 ✉ 24700 – ✆ 987 60 32 99 – www.casadetepa.com

10 hab – 72/82 € 82/108 €, 11 €

Casa señorial dotada con varias zonas nobles de gusto clásico-elegante, una luminosa galería y habitaciones amplias personalizadas en su decoración. ¡Encantador patio-jardín!

ESPAÑA

XX **Serrano**

Portería 2 ✉ 24700 – ✆ 987 61 78 66 – www.restauranteserrano.es
– cerrado del 20 al 31 de enero, 23 junio-3 julio y lunes salvo festivos o vísperas
Menú 14 € – Carta 26/57 €
Los primeros pasos los dieron como parrilla, sin embargo en este negocio familiar hoy veremos una carta de buen nivel, con guisos, setas, carnes, caza en temporada... Presenta un interior neorrústico y un privado a modo de aula de cocina.

X **Las Termas**

Santiago 1 ✉ 24700 – ✆ 987 60 22 12 – www.restaurantelastermas.com
– cerrado del 15 al 29 de febrero, del 15 al 30 de junio y lunes
Menú 13/21 € – Carta 20/35 € – *(solo almuerzo)*
Una parada obligada para los peregrinos que van camino de Santiago, ya que ofrece platos típicos de la región y especialidades, como el Cocido maragato, a buen precio.

ÁVILA

59 258 h. – Alt. 1 131 m – Ver mapa regional n° **8-B3**
Madrid 107 km – Cáceres 235 km – Salamanca 98 km – Segovia 67 km
Mapa de carreteras Michelin n° 575-K15

Parador de Ávila

Marqués Canales de Chozas 2 ✉ 05001 – ✆ 920 21 13 40 Plano : B1**x**
– www.parador.es
59 hab – 75/165 €, 15 € – 2 suites
En el casco antiguo y al pie de las murallas. Este bello palacio del s. XVI ofrece unas dependencias muy cuidadas pero algo sobrias en su decoración. El comedor, de ambiente castellano y con vistas al jardín, es una gran opción para descubrir la cocina típica y regional. ¡Pruebe el famoso Chuletón de Ávila!

Reina Isabel

paseo de la Estación 17, al Este ✉ 05001 – ✆ 920 25 10 22
– www.reinaisabel.com
60 hab – 55/66 €, 10 €
El elegante hall-recepción, que define un poco el estilo de todo el hotel, da paso a unas confortables habitaciones de línea clásica, destacando las cinco abuhardilladas por tener terraza privada. Amplio salón para banquetes y reuniones.

Las Moradas

Alemania 5 ✉ 05001 – ✆ 920 22 24 88 Plano : B2**c**
– www.hotellasmoradas.com
53 hab – 40/70 € 50/90 €, 6 €
El hotel, que ocupa dos edificios comunicados entre sí, se presenta con una correcta zona social, dos salones y habitaciones funcionales de buena amplitud. Solicite las estancias con vistas a la Catedral, ubicada a escasos metros.

Las Leyendas

Francisco Gallego 3 ✉ 05002 – ✆ 920 35 20 42 Plano : B2**e**
– www.lasleyendas.es
19 hab – 35/59 € 46/79 €, 6 €
Casa del s. XVI ubicada al pie de las portentosas murallas de Ávila, emplazada extramuros y rehabilitada en un estilo rústico-actual. Su restaurante, también de ambiente rústico, apuesta por una carta de tinte internacional y regional con toques actuales.

Puerta del Alcázar

San Segundo 38 ✉ 05001 – ✆ 920 21 10 74 Plano : C2**s**
– www.puertadelalcazar.com – cerrado 20 diciembre-7 enero
27 hab – 28/43 € 42/65 €
Edificio situado frente a la puerta del Peso de la Harina, el acceso a la zona amurallada ubicado junto a la Catedral. Posee habitaciones funcionales con los suelos en tarima. El restaurante, que atesora varias columnas antiguas y una concurrida terraza, completa su carta tradicional con diferentes menús.

ESPAÑA

ÁVILA
0
100 m
MADRID
VALLADOLID
SALAMANCA
PLASENCIA
TOLEDO
REAL MONASTERIO DE SANTO TOMÁS
Río Adaja
MURALLAS
Catedral
S. Vicente
Parque de San Vicente
Museo de Ávila
Santo Tomé el Viejo
Convento de S. José (Las Madres)
Iglesia de San Pedro
Pl. de Santa Teresa
Plaza de Italia
Palacio de los Verdugos
Palacio de Valderrábanos
Palacio de los Dávila
Torre de Guzmán
Palacio de Polentinos
Convento de Sta Teresa
Plaza de la Santa
Palacio de Núñez Vela (Palacio de Justicia)
Plaza del Mercado Chico
Plaza de Santiago
Plaza Casa del Pueblo
Parque del Rastro
Parque del Recreo
Parque de S. Roque
Auditorio Municipal de San Francisco
Plaza San Francisco
Plaza S. Martín
Pl. de S. Andrés
Pasaje de Prado Sancho
Av. de Madrid
Madrid
C. de la Ronda Vieja
C. de Vasco de Quiroga
C. de Valladolid
C. de Solís
C. de Prado Sancho
C. de Palencia
C. del Padre Balbino
C. de Tordesillas
C. de Santander
C. de los Ajates
C. de Castilla
C. de las Moradas
C. de la Encarnación
C. de Cardeñosa
C. de Brieva
C. de López Núñez
C. de Bracamonte
C. de Ramón y Cajal
C. Jimena Blázquez
C. de Caballeros
C. Marqués de Santo Domingo
C. de Santo Domingo
C. del Pocillo
C. del Conde Don Ramón
C. del Médico Fernando Tomé
Av. Portugal
Av. Doctor Fleming
C. Eduardo Marquina
C. Juan José Martín
C. de Segundo
C. de Estrada
C. de S. Segundo
C. de Don Gerónimo
Rastro
C. de Gabriel y Galán
C. de Dean Castor Robledo
Bajada del Peregrino
C. Francisco Gallego
C. de Piedrahita
Paseo del Rastro
C. de la Cruz
C. de Don Ángel Torres
C. Empedrada
C. del Hospital Viejo
C. de los Hermanos Bécquer
C. de Abdalá El Rico
C. del Océano
C. del Teso
C. de Burgohondo
Av. Ávila-Toledo
Bajada de la Losa
A
B
C
1
2

XXX **El Almacén**
carret. de Salamanca 6 ✉ 05002 – ✆ 920 25 44 55 Plano : A1**e**
– cerrado septiembre, domingo noche y lunes
Carta 30/55 €
Negocio de línea moderna emplazado en un antiguo almacén, a orillas del río. Ofrece una cocina de gusto tradicional y una gran bodega acristalada. Solicite las mesas ubicadas junto a las ventanas, pues tienen buenas vistas a las murallas.

XX **Doña Guiomar**
Tomás Luis de Victoria 3 ✉ 05001 – ✆ 920 25 37 09 Plano : B2**d**
– cerrado domingo noche
Menú 25/50 € – Carta 30/45 €
Destaca por su emplazamiento en una céntrica calle peatonal. Presenta un bar de espera y un comedor actual, con los suelos en tarima, un buen servicio de mesa y bellos cuadros pintados por artistas abulenses. Cocina tradicional.

XX **Corral**
Rejero Lorenzo de Ávila 2, Este : 1,5 km ✉ 05004
– ✆ 920 21 19 51 – www.corralhosteleria.com
– cerrado 15 días en enero-febrero y martes
Menú 13/60 € – Carta 36/48 €
Ubicado a las afueras, con un bar de tapas y un comedor rústico-actual. Ofrece una carta tradicional y regional con especialidades de la zona. ¡Pruebe sus platos de cuchara!

ESPAÑA

XX **Las Cancelas**
Cruz Vieja 6 ✉ 05001 – ✆ 920 21 22 49 Plano : B2**n**
– www.lascancelas.com – cerrado 7 enero-3 febrero
Menú 25 € – Carta 26/54 € **14 hab** – 50/60 € 65/80 €, 6 €
Negocio familiar ubicado en una posada del s. XV. Encontrará un bar público, el comedor en un atractivo patio cubierto y una terraza de verano cruzando la calle. Cocina tradicional bien elaborada. Haciendo honor a la historia del edificio también ofrece habitaciones, amplias y con mobiliario rústico-actual.

por la carretera CL 505 Este : 3,6 km y desvío a la derecha 1,4 km

Fontecruz Ávila
carret. antigua de Cebreros ✉ 05196 Tornadizos de Ávila
– ✆ 920 35 92 00 – www.fontecruzhoteles.com
64 hab – 59/149 € 69/159 €, 16 € – 10 suites
Resulta excelente, se halla junto a un campo de golf y presenta unas instalaciones bastante espaciosas, con varias zonas sociales y elegantes habitaciones, en el piso superior abuhardilladas. El restaurante Zelai, que procura conjugar tradición y actualidad, enriquece su carta con un menú de temporada.

AVILÉS

Asturias – 82 568 h. – Alt. 13 m – Ver mapa regional n° **3-B1**
Madrid 466 km – Ferrol 280 km – Gijón 25 km – Oviedo 33 km
Mapa de carreteras Michelin n° 572-B12

NH Palacio de Avilés
pl. de España 9 ✉ 33400 – ✆ 985 12 90 80 Plano : B2**b**
– www.nh-hotels.com
74 hab – 73/580 €, 18,90 € – 4 suites
Se reparte entre un palacio del s. XVII y un anexo moderno, por eso las dependencias, dependiendo de su ubicación, pueden reflejar una estética antigua o actual. El restaurante basa su oferta en un menú tradicional. ¡No se pierda su precioso jardín francés!

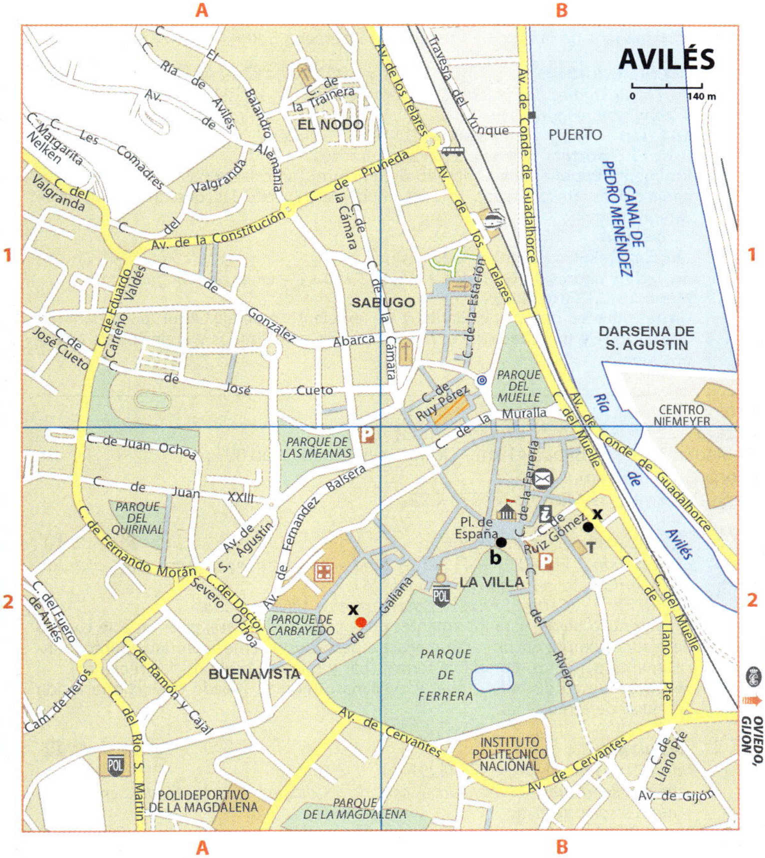

Palacio Valdés

Llano Ponte 4 ✉ *33402 – ✆ 984 11 21 11* Plano : B2**x**
– www.hotelpalaciovaldes.com
26 hab – 🚹45/75 € 🚹🚹50/100 €, ☕ 8 €
Instalado en un edificio de fachada protegida que se halla frente al Centro Niemeyer. Ofrece unas habitaciones de línea actual-funcional, destacando las que se asoman al complejo del arquitecto brasileño. Su restaurante propone una sencilla carta tradicional.

Llamber (N)

Galiana 30 ✉ *33402 – ✆ 984 83 23 48 – www.llamber.com* Plano : A2**x**
– cerrado lunes noche y martes
Tapa 3 € – Ración aprox. 10 €
Taberna gastronómica de ambiente informal en la que se apuesta por una interesante cocina de raíces asturianas... eso sí, puesta al día en técnicas, texturas y presentaciones.

al Sureste salida 3 de la autovía y desvío a la derecha 3 km

Zen Balagares
av. Los Balagares 34 ✉ 33404 Corvera de Asturias – ✆ 985 53 51 57 – www.zenbalagares.com
141 hab – †56/73 € ††62/80 €, ☕ 12 € – 6 suites
Rest *El Espartal* – ver selección restaurantes
Realmente imponente y en lo alto de un cerro. Tanto las zonas sociales como las habitaciones atesoran una estética moderna. ¡Solicite las que tienen vistas al campo de golf!

XXX **El Espartal** – Hotel Zen Balagares
av. Los Balagares 34 ✉ 33404 – ✆ 985 53 51 57 – www.zenbalagares.com
Menú 18 € – Carta 40/65 €
Un restaurante diáfano, elegante y de excelente montaje. Aquí le propondrán una cocina de tinte tradicional, con platos bien actualizados y la opción de cuidados menús.

AXPE

Vizcaya – 229 h. – Ver mapa regional n° **18-A2**
Madrid 399 km – Bilbao 41 km – Donostia-San Sebastián 80 km – Vitoria-Gasteiz 50 km
Mapa de carreteras Michelin n° 573-C22

XX **Etxebarri** (Víctor Arguinzoniz)
pl. San Juan 1 ✉ 48291 – ✆ 946 58 30 42 – www.asadoretxebarri.com – cerrado 24 diciembre-8 enero, agosto y lunes
Menú 130 € – Carta 65/95 € – *(solo almuerzo salvo sábado)*
Un auténtico placer para los amantes de la cocina a la brasa, pues en este caserío de piedra siempre encontrarán mariscos, pescados y carnes con unos puntos sencillamente perfectos. Agradable terraza, bar y salas de estilo rústico-regional.
➜ Queso fresco de búfala, miel y avellanas. Angulas. Helado de leche reducida con jugo de remolacha.

XX **Akebaso**
barrio San Juan de Axpe ✉ 48292 – ✆ 946 58 20 60 – www.akebasorestaurante.com – cerrado 15 días en febrero, 15 días en agosto y martes salvo festivos
Menú 29/45 € – Carta 35/47 € – *(solo almuerzo)*
Antiguo caserío emplazado a las afueras de Axpe. Ofrece un interior rústico, con las paredes en piedra, vigas de madera y chimenea, así como un curioso privado instalado en lo que fue la cocina original. Carta tradicional y amplia bodega.

AYAMONTE

Huelva – 20 406 h. – Alt. 84 m – Ver mapa regional n° **1-A2**
Madrid 680 km – Beja 125 km – Faro 53 km – Huelva 52 km
Mapa de carreteras Michelin n° 578-U7

X **Casa Luciano**
La Palma del Condado 1 ✉ 21400 – ✆ 959 47 10 71 – www.casaluciano.com – cerrado domingo salvo verano
Carta 30/55 €
Tras su discreta fachada de aire rústico encontrará un bar de tapas, con sugerentes expositores, y dos confortables salas. Carta regional de producto con sugerencias y guisos.

AYORA

Valencia – 5 457 h. – Alt. 552 m – Ver mapa regional n° **11-A2**
Madrid 341 km – Albacete 94 km – Alacant/Alicante 117 km – València 132 km
Mapa de carreteras Michelin n° 577-O26

77

Virgen del Rosario 64, carret. N 330 ✉ 46620 – ✆ 962 19 13 15 – www.restaurante77.com – cerrado 30 agosto-13 septiembre, domingo noche y martes

Menú 15 € – Carta 26/35 €

7 hab – 35/45 € 60/65 € – 4 apartamentos

Su discreta fachada esconde un restaurante de estilo clásico-regional, con detalles antiguos y un cuidado servicio de mesa. Cocina tradicional y de temporada, con platos de caza. Como complemento al negocio posee varios apartamentos y casas rurales.

AZKOITIA

Guipúzcoa – 11 463 h. – Alt. 113 m – Ver mapa regional n° **18**-B2

Madrid 417 km – Bilbao 67 km – Iruña/Pamplona 94 km – Donostia-San Sebastián 46 km

Mapa de carreteras Michelin n° 573-C23

Joseba

Aizkibel 10 ✉ 20720 – ✆ 943 85 34 12 – www.josebajatetxea.com – cerrado 24 diciembre-8 enero, Semana Santa, 19 agosto-1 septiembre, domingo noche, lunes y martes noche

Menú 17/25 € – Carta 22/56 €

Instalado en el antiguo palacio Floreaga, que data del s. XVI. En su rehabilitación se apostó por la sobriedad decorativa, dejando las paredes en piedra. Cocina tradicional con platos como el Panaché de verduras o el Bacalao club ranero.

AZOFRA

La Rioja – 225 h. – Alt. 559 m – Ver mapa regional n° **14**-A2

Madrid 348 km – Logroño 37 km – Vitoria-Gasteiz 75 km – Burgos 111 km

Mapa de carreteras Michelin n° 573-E21

Real Casona de las Amas

Mayor 5 ✉ 26323 – ✆ 941 41 61 03 – www.realcasonadelasamas.com – cerrado 30 diciembre-30 enero

15 hab – 99/159 € – 3 suites

Instalado en un palacete del s. XVII. Posee acogedoras estancias de aire rústico, habitaciones de gran confort y una pequeña pero agradable piscina con solárium. ¡Ideal si lo que busca es tranquilidad, paseos por el campo o jugar al golf!

BADAJOZ

150 621 h. – Alt. 183 m – Ver mapa regional n° **12**-A2

Madrid 409 km – Cáceres 91 km – Córdoba 278 km – Lisboa 247 km

Mapa de carreteras Michelin n° 576-P9

NH G.H. Casino Extremadura

Adolfo Díaz Ambrona 11 ✉ 06006 – ✆ 924 28 44 02 – www.nh-hotels.com Plano : A1**b**

52 hab – 66/335 €, 20 € – 6 suites

Disfruta de un espacioso y moderno hall, ya que el edificio destina una planta para Casino y otra para Bingo. Habitaciones actuales equipadas con todo tipo de detalles. En su restaurante-mirador, con hermosas vistas a la ciudad, elaboran una carta creativa.

Badajoz Center

av. Damián Téllez Lafuente 15, por av. Fernando Maestre Calzadilla B3 ✉ 06010 – ✆ 924 21 20 00 – www.hotelescenter.es

88 hab – 50/286 €, 14 €

Hotel de línea actual que destaca por la gran capacidad de sus salones, repartidos en dos plantas y panelables. Habitaciones espaciosas, modernas y bien equipadas. El restaurante, que disfruta de un cuidado montaje, está parcialmente unido a la cafetería.

ESPAÑA

A
B
1
2
3
LISBOA, ELVAS
OLIVENZA
Av. de Nuestra Señora de Botoa
Av. Nuestra Señora Botoa
Cam. Viejo de S. Vicente
Puente de la Autonomía
Av. de Augusto Vázquez
C. de Manuel Godoy
C. Adolfo Suárez
C. del Puente
b
C. de las Lavanderas
C. de las Moreras
Puente de la Universidad
Río Guadiana
Puente de Palmas
C. de la Circunvalación
Joaquín Sama
PUERTA DE PALMAS
Entrepuentes
Av. de Ramón y Cajal
C. de Prim
Menacho
AUDITORIO
PARQUE DE CASTELAR
C. de Gómez de Solís
POL
Paseo de S. Francisco
Paseo de S.
Paseo Fluvial
C. de Ponferrada
C. de Santarém
C. Luis Doncel
Av. República Dominicana
Av. Sta Marina
Av. de Colón
Pl. de la Libertad
C. Ronda Pilar
Av. de Huelva
C. de Adelardo Covarsi
C. de Antonio Ayuso Casco
Av. Sta Marina
G
Av. de Perú
Pasaje Los Glacis
a
C. de Enrique Segura Otaño
Villanueva
C. de Díaz Brito
C. Socorro
Plaza de los Conquistadores
Av. del Guadiana
C. de José Pérez Jiménez
C. del Padre Tomás
Av. de María Auxiliadora
C. de Francisco Luján
C. de Rafael Lucenqui
C. de Héroes de Cascorro
C. de Agustina de Aragón
Av. del Doctor Juan Pereda Pila

BADAJOZ
0
240 m
CÁCERES
MERIDA, MADRID
SEVILLA
ESPAÑA
Rivillas
PARQUE DE LA ALCAZABA
PARQUE DE LA LEGIÓN
Museo Arqueológico
Museo de Bellas Artes
Cathédral
Plaza de España
Plaza de la Soledad
Pl. de Sta María
PUERTA DE LA TRINIDAD
PALACIO DE CONGRESOS
M.E.I.A.C.
Pl. de Minayo
Pl. del Padre López
C. de la Circunvalación
Av. de Manuel Rojas Torres
Av. de Ricardo Carapeto Zambrano
C. de la Trinidad
C. Ronda Pilar
C. del Estadium
Av. de las Pardaleras
Av. de Juan Sebastián Elcano
C. de Sevilla
C. de Rosario
C. de la Canela
C. del Museo
C. de Manuel Alfaro Pereira
C. de Zaragoza
C. de Fuerte
C. del Molino
C. del Mimbrero
C. de Bonifacio Gil
C. de Sor Julia
C. de Vicente de Paul
C. de Otumba
C. de Albuera

San Marcos
Meléndez Valdés 53 ✉ 06002 – ✆ 924 22 95 18 Plano : C2**x**
– www.hotelsanmarcos.es
20 hab – 40/90 € 45/90 €, 8 €
Este pequeño hotel de organización familiar ofrece unas instalaciones actuales y habitaciones bastante bien equipadas en su categoría. El restaurante, dotado con dos salas a modo de privados, destaca tanto por su montaje como por la calidad de sus productos.

El Sigar
av. Luis Movilla Montero 12 (C.C. Huerta Rosales), por av. María Auxiliadora AB3 ✉ 06011 – ✆ 924 25 64 68 – www.elsigar.com – cerrado 7 días en febrero, 7 días en septiembre, domingo en julio-agosto y domingo noche resto del año
Menú 33 € – Carta 30/40 €
Se halla en un centro comercial y disfruta de un notable montaje, con una barra a la entrada, una sala de línea actual, un privado y una terraza en el piso superior, esta acondicionada para verano e invierno. Cocina actual de base tradicional.

Lugaris
av. Adolfo Díaz Ambrona 44, por av. de Adolfo Díaz Ambrona A1 ✉ 06006 – ✆ 924 27 45 40 – www.restaurantelugaris.es – cerrado 7 días en agosto y domingo noche
Menú 38 € – Carta 35/45 €
Tras la pequeña terraza-jardín de la entrada esta casita se presenta con dos salas de línea actual y cuidado montaje. Su chef propone una cocina tradicional bien actualizada, sincera y de precios ajustados.

ESPAÑA

Galaxia. Cocina Pepehillo
av. Villanueva 6 ✉ 06005 – ✆ 924 25 82 11 – cerrado 15 días en agosto y domingo Plano : B3**a**
Carta 35/50 €
Le sorprenderá en la estética, pues su impactante fachada da paso a un local dominado por la presencia del acero. Amplia carta tradicional y de producto, con buenos pescados y excelentes carnes. ¡La barra de la entrada suele estar llena!

en la autovía A 5 Oeste : 4 km

Las Bóvedas
área de servicio, km 405 ✉ 06006 Badajoz – ✆ 924 28 60 35 – www.lasbovedas.com
54 hab – 52/57 € 64/73 €
Hotel de línea actual, en forma de cubo, que sorprende por su emplazamiento en un área de servicio. Disfruta de un moderno interior, un patio y espaciosas habitaciones. El restaurante, clásico-castellano y con el techo abovedado, ofrece una carta tradicional.

BADALONA
Barcelona – 219 708 h. – Ver mapa regional n° **10-B3**
Madrid 629 km – Girona 93 km
Mapa de carreteras Michelin n° 574-H36

Olmosgourmet
Francesc Teixidó 7 ✉ 08918 – ✆ 933 20 55 42 – www.olmosrestaurant.com – cerrado agosto, domingo y festivos
Menú 25 € – Carta 26/40 € – *(solo almuerzo)*
Pese a encontrarse en un polígono industrial esta es una casa muy bien organizada, con una cafetería en la planta baja, donde sirven desayunos y menús, y un moderno restaurante a la carta en el piso superior. Cocina tradicional actualizada.

BAEZA
Jaén – 16 215 h. – Alt. 760 m – Ver mapa regional n° **1-C2**
Madrid 321 km – Sevilla 277 km – Jaén 48 km – Granada 138 km
Mapa de carreteras Michelin n° 578-S19

Puerta de la Luna
Canónigo Melgares Raya 7 ✉ 23440 – ✆ 953 74 70 19 – www.hotelpuertadelaluna.com – cerrado del 7 al 31 de enero
44 hab – 🚹66/145 € 🚹🚹66/169 €, ☕ 15 €
Instalado parcialmente en un hermoso edificio del s. XVI. Posee un patio central, las zonas sociales repartidas en varios rincones y unas habitaciones de completo equipamiento. El restaurante, asomado al jardín y apoyado por una agradable terraza de verano junto a la piscina, propone una carta tradicional.

Aznaitín N
Cabreros 2 ✉ 23440 – ✆ 953 74 07 88 – www.hostalaznaitin.com
22 hab – 🚹35/63 € 🚹🚹43/105 €, ☕ 5 €
Pequeño pero bien llevado entre hermanos. Ofrece habitaciones actuales, todas personalizadas con una gran foto-cabecero que alude a un personaje o hecho histórico de Baeza.

BAGÀ

Barcelona – 2 299 h. – Alt. 785 m – Ver mapa regional n° **9-C1**
Madrid 639 km – Andorra La Vella 68 km – Barcelona 121 km – Girona 115 km
Mapa de carreteras Michelin n° 574-F35

Ca L'Amagat
Clota 4 ✉ 08695 – ✆ 938 24 40 32 – www.hotelcalamagat.com – cerrado 24 diciembre-8 enero
18 hab ☕ – 🚹51/58 € 🚹🚹79/85 €
Algo pequeño pero de amable organización familiar. Posee un salón social con chimenea y sencillas habitaciones, todas en general con el mobiliario en pino. En el espacioso comedor, de techos altos y con la viguería de madera a la vista, ofrecen una carta tradicional y de temporada.

BAGERGUE → Ver Salardú

Lleida

BAIONA

Pontevedra – 12 035 h. – Ver mapa regional n° **13-A3**
Madrid 616 km – Ourense 117 km – Pontevedra 44 km – Vigo 21 km
Mapa de carreteras Michelin n° 571-F3

Parador de Baiona
Castelo Monterreal ✉ 36300 – ✆ 986 35 50 00 – www.parador.es
122 hab ☕ – 🚹🚹95/250 € – 5 suites
Pazo gallego reconstruido en un entorno amurallado que destaca tanto por sus exteriores como por sus vistas al mar. Amplia zona noble y habitaciones con mobiliario antiguo. El restaurante, que tiene un elegante montaje y la carta clásica de Paradores, se complementa con una buena terraza.

al Sur 2,5 km

Paco Durán
Iglesia Louzans 60 ✉ 36308 Baiña – ✆ 986 35 50 17 – www.pacoduran.com – cerrado lunes de octubre a mayo y domingo noche
Carta 30/48 €
Está en pleno monte y ofrece unas vistas increíbles, tanto a Baiona como a las rías. En su sala, totalmente acristalada, podrá degustar una cocina tradicional variada y bien elaborada, con pescados, mariscos y carnes a la parrilla.

en la carretera PO 552 Suroeste : 6 km

Talaso Atlántico
Faro Silleiro ✉ 36309 Santa María de Oia – ✆ 986 38 50 90 – www.talasoatlantico.com
70 hab – 🚹90/110 € 🚹🚹115/150 €, ☕ 14 € – 4 suites
Disfruta de una situación privilegiada frente al mar y en sus instalaciones cuenta con un moderno complejo de talasoterapia. Tanto el restaurante como su terraza gozan de excelentes vistas. Carta tradicional con arroces. ¡El aporte continuo de agua marina les permite mantener unos enormes viveros de marisco!

ESPAÑA

BAKIO

Vizcaya – 2 628 h. – Ver mapa regional n° **18-A3**
Madrid 425 km – Bilbao 32 km – Donostia-San Sebastián 118 km – Vitoria-Gasteiz 94 km
Mapa de carreteras Michelin n° 573-B21

Basarte

Urkitzaurrealde 4 ✉ 48130 – ☎ 605 02 61 15 – www.basarte.net – marzo-noviembre
5 hab – 66 € 88 €, 5 €
Caserío típico rodeado por una amplia finca repleta de viñedos. Ofrece un salón social con cocina y unas habitaciones bastante coloristas, todas confortables y bien equipadas.

Gotzon Jatetxea

Luzarragako Bidea 2 ✉ 48130 – ☎ 946 19 40 43 – www.gotzonjatetxea.com – cerrado 8 enero-febrero y lunes salvo julio-agosto
Menú 30/45 € – Carta 35/50 € – *(solo almuerzo salvo junio-octubre)*
Frente a la playa, llevado en familia y avalado por una larga trayectoria. Cocina vasca elaborada con productos de temporada, buenos pescados y carnes de confianza.

Zintziri Errota (N)

barrio Arzalde 5 ✉ 48130 – ☎ 946 19 32 23 – www.zintzirierrota.com – cerrado 23 diciembre-1 enero
Menú 31 € – Carta 38/54 € – *(solo almuerzo salvo jueves en julio y agosto, viernes y sábado)*
Instalado en un bucólico caserío de 1650 que primero funcionó como ferrería y después como molino harinero. Sorprende con un interior de hermosa rusticidad y una carta actual.

ESPAÑA

BALAGUER

Lleida – 16 665 h. – Alt. 233 m – Ver mapa regional n° **9-A2**
Madrid 496 km – Barcelona 149 km – Huesca 125 km – Lleida/Lérida 27 km
Mapa de carreteras Michelin n° 574-G32

Cal Xirricló

Doctor Fleming 53 ✉ 25600 – ☎ 973 44 50 11 – www.calxirriclo.com – cerrado domingo y martes noche
Menú 16/52 € – Carta 32/48 €
Llevado por la tercera generación de la misma familia. Ofrece un bar de tapas, donde también sirven el menú, y una sala de línea actual. Cocina elaborada de base tradicional.

BALEA → Ver O Grove

BALLESTEROS

Cuenca – Ver mapa regional n° **7-C2**
Madrid 181 km – Toledo 195 km – Cuenca 14 km – Guadalajara 147 km
Mapa de carreteras Michelin n° 576-L/M-23

Hospedería Ballesteros

Aldea de Ballesteros ✉ 16196 – ☎ 628 32 58 96 – www.hospederiaballesteros.com
10 hab – 44/66 € 72/99 €, 6 €
¡Una buena opción para desconectar! Conjunto formado por dos casas resguardadas tras un muro de piedra. Posee un salón social con chimenea, habitaciones muy detallistas e hidromasaje en la mayoría de los baños. En su comedor ofrecen una pequeña carta de cocina casera-tradicional.

BALLESTEROS DE CALATRAVA

Ciudad Real – 455 h. – Alt. 659 m – Ver mapa regional n° **7-B3**
Madrid 198 km – Alcázar de San Juan 82 km – Ciudad Real 21 km – Puertollano 34 km
Mapa de carreteras Michelin n° 576-P18

Palacio de la Serna

Cervantes 18 ✉ 13432 – ☎ 926 84 22 08 – www.hotelpalaciodelaserna.es
27 hab – 90 € 110 €, 14 €
Este palacio del s. XVIII combina, con acierto, los detalles de época y la decoración más vanguardista... no en vano, el propietario es un artista polifacético que muestra aquí muchas de sus obras. Comedor de buen montaje y cocina tradicional. ¡Visite sus museos, uno de coches clásicos y otro al aire libre!

BALNEARIO → Ver el nombre propio del balneario

BANYOLES

Girona – 19 119 h. – Alt. 172 m – Ver mapa regional n° **9-C3**
Madrid 702 km – Barcelona 118 km – Girona 20 km – Perpignan 90 km
Mapa de carreteras Michelin n° 574-F38

Ca l'Arpa

passeig Indústria 5 ✉ 17820 – ☎ 972 57 23 53 – www.calarpa.com
Menú 50/70 € – Carta 50/71 € – *(cerrado domingo noche, lunes y martes mediodía)*
8 hab – 85 € 99/115 €, 10 €
Bien situado en el centro de la localidad, donde se presenta con un pequeño hall y un comedor de buen montaje, luminoso y actual. Ofrecen una carta de cocina tradicional actualizada, varios menús y unas habitaciones de línea actual como complemento al negocio.

Quatre Estacions

av. de La Farga 5 ✉ 17820 – ☎ 972 57 33 00 – www.restaurantquatreestacions.com – cerrado 24 agosto-4 septiembre, domingo noche, festivos noche y lunes
Menú 18/30 € – Carta 27/40 € – *(solo almuerzo salvo fines de semana)* (es necesario reservar)
Este negocio, bien llevado entre dos matrimonios, disfruta de un cuidado comedor con profusión de madera y un semiprivado circular. Su carta presenta una cocina tradicional. ¡Pruebe su especialidad, los Erizos de mar rellenos y gratinados!

BAQUEIRA-BERET

Lleida – Alt. 1 500 m – Ver mapa regional n° **9-B1**
Madrid 581 km – Lleida/Lérida 174 km – Vielha/Viella 14 km
Mapa de carreteras Michelin n° 574-D32

Tuc Blanc

carret. de Bonaigua ✉ 25598 – ☎ 973 64 43 50 – www.hoteltucblanc.com – diciembre-abril
160 hab – 71/125 € 105/190 €
Establecimiento de montaña ubicado a pie de pistas y dotado con una amplia variedad de servicios. Ofrece unas habitaciones funcionales pero bien renovadas, todas con mobiliario clásico en madera. El comedor, espacioso, sencillo y con servicio "show cooking", se ve complementado por una buena cafetería.

BARBASTRO

Huesca – 17 210 h. – Alt. 215 m – Ver mapa regional n° **2-C1**
Madrid 442 km – Huesca 52 km – Lleida/Lérida 68 km
Mapa de carreteras Michelin n° 574-F30

San Ramón del Somontano

Academia Cerbuna 2 ✉ 22300 – ☎ 974 31 28 25 – www.hotelsanramonsomontano.com
17 hab – 75/95 € 90/144 € – 1 suite
Ocupa un hermoso edificio que funcionó durante años como hostal. Compensa su reducida zona social con una cafetería y unas habitaciones de muy buen confort, todas de estética moderna. En su restaurante, elegante y de esmerado montaje, encontrará una carta tradicional actualizada y dos menús.

ESPAÑA

G.H. Ciudad de Barbastro

pl. del Mercado 4 ✉ 22300 – ✆ 974 30 89 00 – www.ghbarbastro.com
41 hab – 55/90 € 80/90 €
Resulta confortable y bastante interesante, tanto para los clientes de empresa como para los turistas que recorren la Ruta del Vino Somontano. El restaurante, apoyado por un bar-cafetería, basa su oferta en un menú del día y un buen apartado de sugerencias.

Clemente

Corona de Aragón 5 ✉ 22300 – ✆ 974 31 01 86 – www.hotelclemente.com
32 hab – 43/49 € 61/68 €
Céntrico y con unas calidades que lo asemejan a un hotel de ciudad. Ofrece habitaciones funcionales de buen confort, con los suelos en tarima y los baños completos. El restaurante, en el sótano y de montaje clásico, elabora una cocina de tinte tradicional y dos menús, el del día y el especial.

Mi Casa en Barbastro

av. de los Pirineos 12 ✉ 22300 – ✆ 974 30 88 84 – www.hotelmicasaenbarbastro.com
36 hab – 40/60 € 60/80 €
Un hotel de sencilla pero amable organización familiar. Dispone de un salón polivalente y completas habitaciones de estilo funcional-actual, con los suelos en tarima. El comedor, que resulta bastante modesto, solo ofrece un menú del día de sabor casero... aunque trabajan mucho con él.

ESPAÑA

Flor

Goya 3 ✉ 22300 – ✆ 974 31 10 56 – www.restauranteflor.com – cerrado del 7 al 28 de enero, domingo noche y lunes
Menú 21/24 € – Carta 31/52 €
Restaurante de gran capacidad dotado con varios comedores y un espacioso salón para banquetes. Ofrece una carta de gusto actual, con detalles de autor y buenas ejecuciones.

Trasiego

pl. Universidad 1 ✉ 22300 – ✆ 974 31 27 00 – www.eltrasiego.com – cerrado 7 días en enero, 15 días en julio, 7 días en noviembre, domingo noche y lunes
Tapa 3 € – Ración aprox. 9 €
Presenta varios espacios de estética actual y, aunque ofrece una pequeña carta, ha alcanzado la fama por sus tapas y raciones de gusto tradicional con productos de temporada.

BARBATE

Cádiz – 22 921 h. – Alt. 16 m – Ver mapa regional n° **1-B3**
Madrid 697 km – Sevilla 170 km – Cádiz 66 km – Gibraltar 92 km
Mapa de carreteras Michelin n° 578-X12

El Campero

av. de la Constitución 5 ✉ 11160 – ✆ 956 43 23 00 – www.restauranteelcampero.es – cerrado 15 días en noviembre, 15 días en enero y lunes salvo agosto
Menú 58 € – Carta 39/65 €
Toda una referencia, pues aquí el producto estrella es el emblemático Atún rojo de almadraba. Posee un amplio bar de tapas y dos salas, donde podrá descubrir unas elaboraciones de tinte tradicional... con buenos detalles actuales y nipones.

BARCELONA

1 611 822 h. – Ver mapa regional n° **10-B3**
▶ Madrid 627 km – Bilbao 607 km – Lleida/Lérida 169 km – Perpignan 187 km
Mapa de carreteras Michelin n° 574-H36
Planos de la ciudad en páginas siguientes

grandhotelcentral.com

ESPAÑA

→ Lista alfabética de los hoteles
→ Lista alfabética dos hotéis
→ Index of hotels

ESPAÑA

→ Lista alfabética de los restaurantes
→ Lista alfabética dos restaurantes
→ Index of restaurants

ESPAÑA

→ Establecimientos con estrellas
→ Estabelecimentos com estrelas
→ Starred restaurants

✿✿2016		página
ABaC	XXXX	165
Enoteca	XXX	158
Lasarte	XXXX	157
Moments	XXXX	158

✿2016		página
Alkimia	XX	166
Angle	XXX	158
Caelis	XXXX	157
Cinc Sentits	XXX	159
Disfrutar **N**	X	162
Dos Cielos	XXX	158
Dos Palillos	Y/	153
Gaig	XXX	159
Hisop	XX	166
Hofmann	XXX	165
Hoja Santa **N**	X	161
Koy Shunka	XX	152
Lluerna	XX	168
Nectari	XX	160
Pakta	XX	160
Roca Moo	XXX	159
Saüc	XXX	152
Tickets	Y/	163
Via Veneto	XXXX	165

ESPAÑA

Bib Gourmand

→ Buenas comidas a precios moderados
→ Refeições cuidadas a preços moderados
→ Good food at moderate prices

		página
Ca n'Armengol	XX	168
Etapes	X	162
Fonda España	XX	153
Freixa Tradició	XXX	166
Senyor Parellada	XX	152
Silvestre	XX	167
La Taula	X	167
Vivanda	X	167

→ Restaurantes especializados
→ Restaurantes especializados
→ Restaurants by cuisine

Peruana

		página
Pakta	XX ✿	160

Pescados y mariscos

		página
Botafumeiro	XXX	166
Can Majó	XX	153
La Lubina	X	162
Els Pescadors	XX	160
Rías de Galicia	XXX	159
Suquet de l'Almirall	X	153

Regional

		página
Atapa-it	Y/	164
Freixa Tradició	XXX ☺	166
Lázaro	X	162
L'Olivé	XX	161
Petit Comitè	XXX	159
Roig Robí	XXX	166
Senyor Parellada	XX ☺	152

Vasca

		página
Gorría	XX	160

→ Restaurantes abiertos sábado y domingo
→ Restaurantes abertos sábado e domingo
→ Restaurants open on saturday and sunday

ABaC	XXXX ✿✿	165
Arola	XX	161
BistrEau	XX	161
Botafumeiro	XXX	166
Bravo 24	XXX	152
El Cercle	XX	152
Cervecería Catalana	Y/	163
City	X	153
Elx	XX	152
Fonda España	XX ☺	153
Lata-Berna de Juanjo	Y/	168
Mont Bar	Y/	163
Montjuïc el Xalet	XX	159
Oaxaca	X	153
Paco Meralgo	Y/	163
Els Pescadors	XX	160
Petit Comitè	XXX	159
Rías de Galicia	XXX	159
Saüc	XXX ✿	152
Segons Mercat	Y/	154
Segons Mercat	Y/	163
Senyor Parellada	XX ☺	152
Tanta	X	162
Tapas 24	Y/	164
Ten's	X	153

Ciutat Vella y La Barceloneta

W Barcelona
pl. de la Rosa dels Vents 1 (Moll De Llevant) ✉ 08039 Plano : 2C3**a**
– ✆ 932 95 28 00 – www.w-barcelona.com
473 hab – 190/900 €, ☕ 32 € – 67 suites
Rest *Bravo 24* – ver selección restaurantes
El hotel, diseñado por Ricardo Bofill, se encuentra en la zona del puerto y presenta dos edificios de cristal, uno en forma de cubo y el otro a modo de vela abierta al mar. Completo SPA, excelentes habitaciones, amplias salas de reuniones y sorprendente lounge-bar en la planta 26.

H1898
La Rambla 109 ✉ 08002 Ⓜ Catalunya – ✆ 935 52 95 52 Plano : 6M2**f**
– www.hotel1898.com
166 hab – 180/510 €, ☕ 24 € – 3 suites
Ocupa lo que fue la sede de Tabacos de Filipinas y presenta una estética clásica-actual. Zona SPA, habitaciones equipadas al más alto nivel y azotea-solárium con vistas. En el restaurante, de estilo colonial-actual, encontrará una carta de cocina mediterránea con un buen apartado de tapas.

Mercer H. Barcelona
Lledó 7 ✉ 08002 Ⓜ Jaume I – ✆ 933 10 74 80 Plano : 7N2**a**
– www.mercerbarcelona.com
27 hab – 350/600 €, ☕ 34 € – 1 suite
Un hotel con muchísima historia, pues ocupa un palacio remodelado por Rafael Moneo que aún atesora maravillosos vestigios... como la muralla romana de Barcino. Encontrará un jardín vertical, habitaciones de buen confort y un hermoso restaurante.

The Serras (N)
Passeig de Colom 9 ✉ 08002 Ⓜ Drassanes Plano : 7N2**b**
– ✆ 931 69 18 68 – www.hoteltheserrasbarcelona.com
28 hab – 200/400 €, ☕ 24 €
Lujo, practicidad y líneas puras frente a la gigantesca Gamba diseñada por Javier Mariscal. Encontrará habitaciones muy bien equipadas, una terraza-solárium en la azotea, con inmejorables vistas sobre la zona portuaria, y un restaurante de carácter informal.

Montecarlo
La Rambla 124 ✉ 08002 Ⓜ Catalunya – ✆ 934 12 04 04 Plano : 6M1**r**
– www.montecarlobcn.com
50 hab – 87/165 € 106/358 €, ☕ 14 € – 6 suites
Ubicado en un palacio del s. XIX, donde se combinan armónicamente los detalles de época y el confort actual. Ofrece habitaciones clásicas y otras renovadas más actuales.

Ohla H.
Vía Laietana 49 ✉ 08003 Ⓜ Urquinaona – ✆ 933 41 50 50 Plano : 6M1**b**
– www.ohlahotel.com
74 hab ☕ – 231/405 € 245/430 €
Rest *Saüc* ✿ – ver selección restaurantes
Tras su hermosa fachada encontrará un hotel moderno, con buenos detalles de diseño. Todas las habitaciones son actuales y la mitad sorprende con una ducha acristalada en medio de la misma. ¡También tiene una terraza chill out en la azotea!

Neri
Sant Sever 5 ✉ 08002 Ⓜ Liceu – ✆ 933 04 06 55 Plano : 7N2**c**
– www.hotelneri.com
21 hab – 250/1200 €, ☕ 20 € – 1 suite
Instalado en un palacete del s. XVIII que sorprende por su moderna estética interior. Sala-biblioteca, habitaciones donde prima el diseño y una terraza en el ático. En el comedor, que tiene dos arcos de piedra del s. XII, ofrecen una carta mediterránea-actual.

ESPAÑA

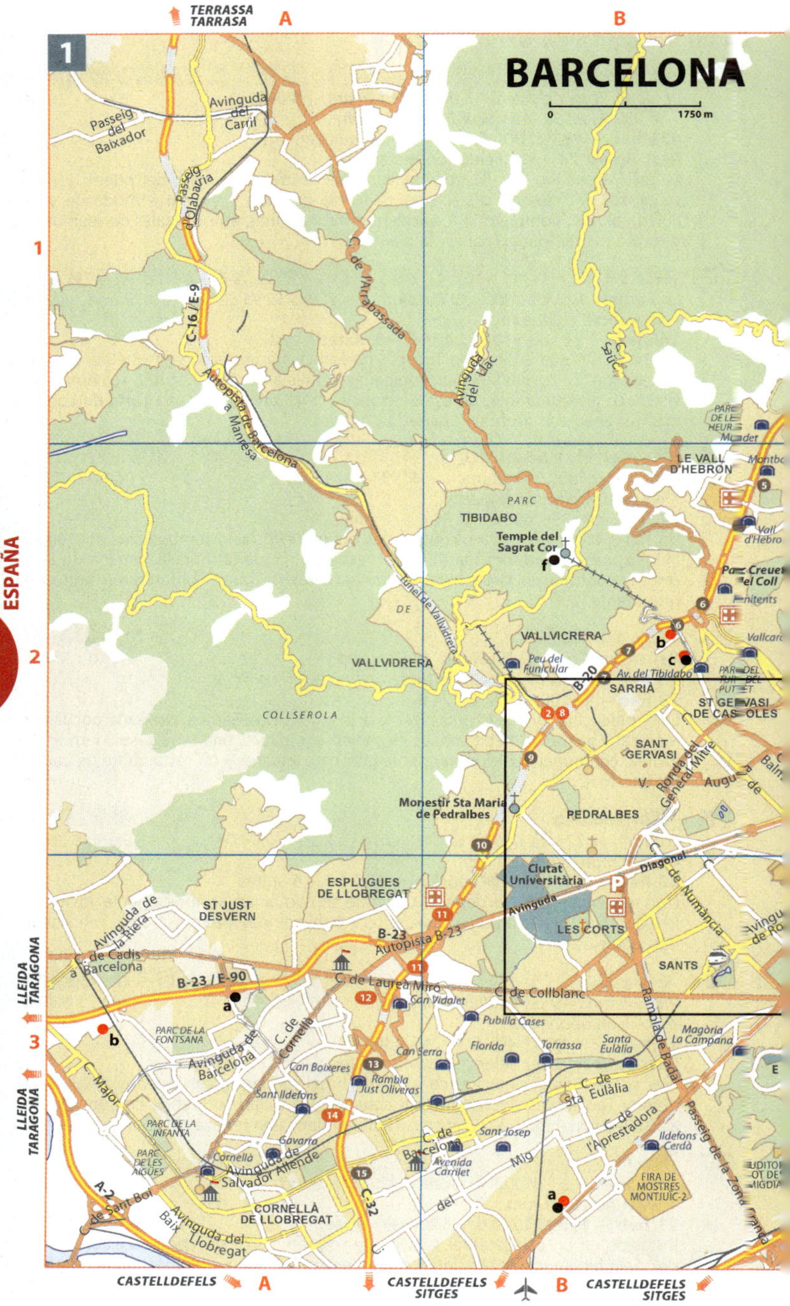
BARCELONA
0
1750 m
TERRASSA
TARRASA
A
B
1
2
3
ESPAÑA
LLEIDA
TARAGONA
CASTELLDEFELS
SITGES
Passeig del Baixador
Avinguda del Carril
Passeig d'Olabarria
C-16 / E-9
C. de l'Arrabassada
Avinguda del Llac
C. Sálic
Autopista de Barcelona a Manresa
PARC
TIBIDABO
Temple del Sagrat Cor
Túnel de Vallvidrera
DE
VALLVIDRERA
COLLSEROLA
VALLVICRERA
Peu del Funicular
B-20
Av. del Tibidabo
SARRIÀ
LE VALL D'HEBRON
SANT GERVASI
PEDRALBES
Monestir Sta Maria de Pedralbes
Ciutat Universitària
Diagonal
Avinguda
LES CORTS
SANTS
C. de Numància
Ronda del General Mitre
ESPLUGUES DE LLOBREGAT
ST JUST DESVERN
Avinguda de la Riera
C. de Cadis a Barcelona
B-23 / E-90
B-23
Autopista B-23
C. de Laurea Miró
C. de Collblanc
Can Vidalet
Pubilla Cases
Can Serra
Florida
Torrassa
Santa Eulàlia
Magòria La Campana
Rambla de Badal
PARC DE LA FONTSANA
Avinguda de Barcelona
C. de Cornellà
Can Boixeres
Rambla Just Oliveras
Sant Ildefons
C. Major
PARC DE LA INFANTA
PARC DE LES AIGÜES
Gavarra
Cornellà
Avinguda de Salvador Allende
C. de Barcelona
Avenida Carrilet
Sant Josep
Mig
del
C. de Sta Eulàlia
C. de l'Aprestadora
Ildefons Cerdà
Passeig de la Zona Franca
FIRA DE MOSTRES MONTJUÏC-2
A-2
C. de Sant Boi
Avinguda del Baix Llobregat
CORNELLÀ DE LLOBREGAT
C-32
Sta Maria
Vallcarca
Montbau
Vall d'Hebron
Penitents
Mundet

TERRASSA TARRASA
C
GIRONA
PUIGCERDÀ VIC
D
2
MATARÓ
1
2
3
C
BALEARES, GENOVA
D
PARC DE SANT MATEU
STA COLOMA DE GRAMENET
Can Culàs
VALLBONA
Ciutat Meridiana
Torre Baró Vallbona
Casa de l'Aigua
Trinitat Vella
NOU BARRIS
Trinitat Nova
Favència
C. de Ribes
Canyelles
V. Júlia
B-20
Passeig de Valldaura
Valldaura
Llucmajor
HORTA
PARC DE CAN DRAGÓ
Torras i Bages
Sant Andreu
SANT ANDREU
Autovia de l'Ametlla
C-58
C-33
C. de la Roca
Avinguda de la Pallaresa
Sta Coloma
El Besòs
B-10
C. de Liszt
PARC DE MONTIGALÀ
Avinguda dels Vents
C. de la Independència
PARC TURÓ CARITG
C-31
C. de Ramon Llull
Avinguda d'Alfons XIII
C. de Guifré
Pep Ventura
BADALONA
Gorg
Joan XXIII
Sant Roc
Fabra i Puig
Virrei Amat
Vilapicina
Horta
PARC DE LA PEGASO
Avinguda Meridiana
C. de Santander
Verneda
STA ADRIÀ DE BESÒS
La Pau
Maragall
Congrés
PARC DEL GUINARDÓ
Sagrera
Sant Martí
Bac de Roda
Besòs
Guinardó
Hospital de St Pau
Navas
Rambla de Guipúscoa
C. de Pere IV
Besòs Mar
Parc Güell
Alfons X
Camp de l'Arpa
Hospital de St Pau
Clot
El Maresme-Fòrum
Passeig de Dalt
EUROPOLIS
Encants
Gran V. de les Corts Catalanes
Selva de Mar
Travessera de Gràcia
SAGRADA FAMILIA
C. de València
C. d'Aragó
Glòries
C. de Pere IV
Poblenou
Avinguda Diagonal
Pas. de Sant Joan
C. de Zamora
C. de la Marina
Llacuna
C. del Taulat
VILLA OLÍMPICA
PG. de Gràcia
Gran Via de las Cortes Catalanas
Arc de Triomf
Catalunya
Muntaner
C. d'Aragó
Catedral Sta Eulalia
MAR MEDITERRÀNIA
Passeig de Colom
Avenida del Paralelo
M5
T1
M4
W
Moll de Ponent
Castell de Montjuïc
Palau Sant Jordi
Ronda Litoral
Estadi Olímpic Lluís Companys
Poble Espanyol . . . . E
Museu Nacional d'Art de Catalunya M4
Museu d'Arqueològia M5
Teatre Grec T1
Fundació Joan Miró . . . . W
Pavelló Mies van der Rohe . . . . Z

BARCELONA
3
0
500 m
Fundació Antoni Tàpies .... S
Casa Amatller .... Y
E
F
1
2
3
CENTRE TEKNON
Pl. de la Bonanova
SANT GERVASI
SARRIÀ
JARDINS DE CAN SENTMENAT
PARC DE JOAN REVENTÓS
Reina Elisenda
Sarrià
V. Augusta
C. Major de Sarrià
Ronda del General Mitre
Monestir Santa Maria de Pedralbes
Plaça Jardins Toquio
Plaça de Fra Eloi de Bianya
PEDRALBES
JARDINS DE LA VIL-LA AMÈLIA
Pavellons Güell
Plaça del Mirall de Pedralbes
Palau Reial
Plaça Pius XII
Plaça de la Reina Maria Cristina
Maria Cristina
Torres Trade
Avinguda Diagonal
Palau Reial
Ciutat Universitària
JARDINS DE LA MATERNITAT
LES CORTS
Camp Nou
Les Corts
Plaça del Centre
Avinguda de Madrid
Gran V. de Carles III
Travessera de les Corts
Collblanc
C. de Collblanc
Badal
C. de Sants
Plaça de Sants
Rambla de Brasil
Mercat Nou
Plaça de l'Olivareta
Avinguda de Sarrià
JARDINS DE PISCINES I ESPORTS
C. de Numància
Avinguda d'Esplugues
Travessera de Collblanc
E
F

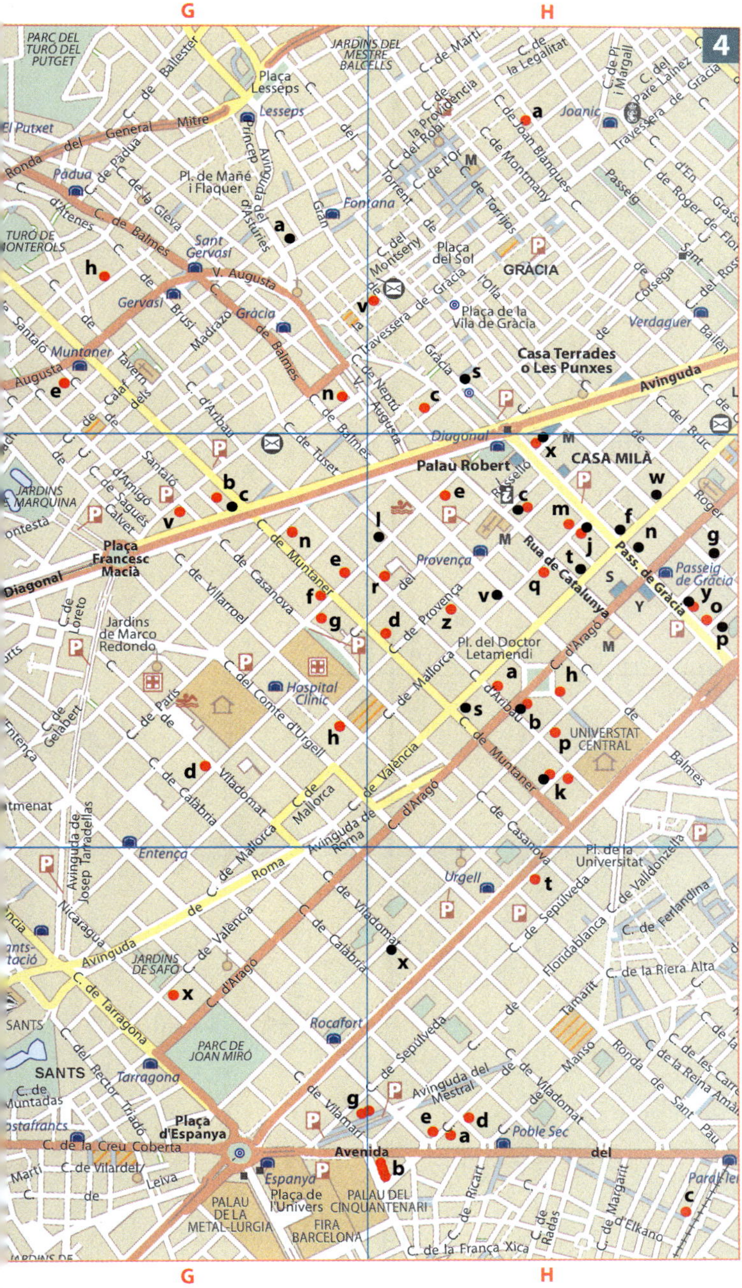
G
H
4
1
2
3
PARC DEL TURÓ DEL PUTGET
El Putxet
Ronda del General Mitre
Plaça Lesseps
Lesseps
JARDINS DEL MESTRE BALCELLS
C. de Martí
C. de la Legalitat
C. de Pi i Margall
C. del Pare Laínez
Travessera de Gràcia
Joanic
C. de Joan Blanques
C. de Montmany
C. de la Providència
C. del Robí
C. de l'Or
Torrent
Fontana
Gran
Pàdua
C. de Pàdua
C. de la Gleva
C. d'Atenes
C. de Balmes
Pl. de Mañé i Flaquer
Príncep d'Astúries
Avinguda del
TURÓ DE MONTEROLS
Sant Gervasi
V. Augusta
Gervasi
Brusi
Madrazo
Gràcia
Muntaner
Augusta
Santaló
Calaf
Tavern
dels
C. del Montseny
Plaça del Sol
GRÀCIA
C. de Torrijos
L'Olla
Passeig
C. de Roger de Flor
C. d'En Grassot
Sant
C. de Còrsega
C. del Rosselló
Verdaguer
Bailèn
Travessera de Gràcia
Plaça de la Vila de Gràcia
Casa Terrades o Les Punxes
Avinguda
C. de Neptú
C. d'Aribau
C. de Tuset
C. de Balmes
Diagonal
Palau Robert
CASA MILÀ
C. del Bruc
JARDINS MARQUINA
C. d'Amigó
C. de Saguès
Calvet
Plaça Francesc Macià
Diagonal
Rosselló
C. de Muntaner
C. de Casanova
C. de Villarroel
Provença
C. del
Rua de Catalunya
Pass. de Gràcia
Roger
Passeig de Gràcia
C. de Loreto
Jardins de Marco Redondo
C. de Provença
Pl. del Doctor Letamendi
C. d'Aragó
C. del Comte d'Urgell
Hospital Clínic
C. de Mallorca
C. d'Aribau
UNIVERSTAT CENTRAL
Balmes
C. de Gelabert
C. de París
Entença
C. de Calàbria
Viladomat
C. de Mallorca
C. de València
Avinguda de Roma
C. d'Aragó
C. de Casanova
Pl. de la Universitat
Entença
Avinguda de Josep Tarradellas
Nicaragua
Avinguda de Roma
C. de Mallorca
C. de Viladomat
C. de Calàbria
Urgell
C. de Sepúlveda
C. de Valldonzella
C. de Ferlandina
Floridablanca
C. de la Riera Alta
JARDINS DE SAFO
C. de València
C. d'Aragó
C. de Tarragona
Rocafort
Tamarit
Ronda de Sant Pau
C. de la Reina Amàlia
C. de les Carretes
SANTS
PARC DE JOAN MIRÓ
Tarragona
C. del Rector Triadó
C. de Muntadas
Hostafrancs
Plaça d'Espanya
C. de Sepúlveda
Avinguda del Mestral
C. de Vilamarí
C. de Viladomat
Manso
Poble Sec
C. de la Creu Coberta
Avenida
del
C. de Vilardell
Leiva
Espanya
Plaça de l'Univers
PALAU DEL CINQUANTENARI
FIRA BARCELONA
PALAU DE LA METAL·LURGIA
C. de Ricart
C. de Radas
C. de Margarit
C. d'Elkano
Paral·lel
C. de la França Xica
ESPAÑA

J K

J K

1 2 3

ESPAÑA

L M

6
L
M
1
2
3
JARDINS DE LA REINA VICTÒRIA
Passeig de Gràcia
C. de Casp
Plaça d'Urquinaona
Urquinaona
C. de Balmes
Gran Via de les Corts Catalanes
Catalunya
EL CORTE INGLÉS
JARDINS DE LA UNIVERSITAT
Plaça de Catalunya
C. de Fontanella
C. de les Moles
C. d'Estruc
Universitat
C. de Bergara
Sta Anna
C. de Pelai
Pl. de la Universitat
C. de Sta Anna
C. de la Canuda
C. dels Tallers
Pl. de Castella
C. de Sant Antoni
JARDINS DE VICTÒRIA DE LOS ÀNGELES
Pl. de Vicenç Martorell
LA RAMBLA
Pl. de la Vila de Madrid
JARDINS DE TORRES I CLAVÉ
CCCB
Plaça de Goya
Ronda de Sant Antoni
Pal. del Bisb.
C. de Valldonzella
MACBA
Passatge d'Elisabets
C. del Notariat
Palau Moja
Betlem
Pl. de St Josep Oriol
C. de Casanova
C. del Tigre
C. de Ferlandina
Pl. dels Àngels
C. dels Àngels
Pal. de la Virreina
Plaça del Pi
C. del Carme
Mercat de S. Josep (la Boquería)
Sta María del Pi
Plaça Pes de la Palla
C. de Sant Vicenç
Plaça d'Emili Vendrell
Antic Hospital de la Santa Creu
Liceu
Plana de la Boquería
C. de l'Hospital
C. de Villarroel
C. de Sant Gil
Placeta d'Aureli Capmany
Pl. del Canoge Colom
Gran Teatre del Liceu
Sant Antoni
C. de la Cendra
C. del Príncep de Viana
Placeta de Martina Castell
Pl. de Manuel Vázquez Montalbán
EL RAVAL
C. de Sant Antoni Abat
C. de la Cera
C. de Vistalegre
Rambla del Raval
Plaça de Salvador Sangui
Palau Güell
C. del Salvador
Ronda
JARDINS DE CÀNDIDA PÉREZ
C. de Sant Pacià
Pl. de Pieyre de Mandiargues
C. Nou de la Rambla
Centre d'Art Santa Mònica
C. del Parlament
C. del Comte Borrell
Plaça de Josep Maria Folch i Torres
C. de les Carretes
C. de Sta Elena
Riereta
Pl. de Pere Coromines
JARDINS DE LES VOLTES D'EN CIRES
JARDINS DELS HORTS DE SANT PAU
C. de les Tàpies
Sant Pau del Camp
C. de l'Om
C. de l'Arc del Teatre
C. de Viladomat
C. de Sant Pau
C. d'Aldana
Pl. de Raquel Meller
Avenida del Paralelo
Paral.lel
JARDINS DE LES TRES XEMENEIES
C. de Blasco de Garay
C. de Margarit
C. de Tapioles
C. de Salvà
C. del Roser
C. Nou de la Rambla
C. de Vila i Vilà
C. de Cabanes
C. de Palaudàries
C. d'Albareda
C. de Blai
a
b
c
d
e
f
g
h
r
x
P
T

L M

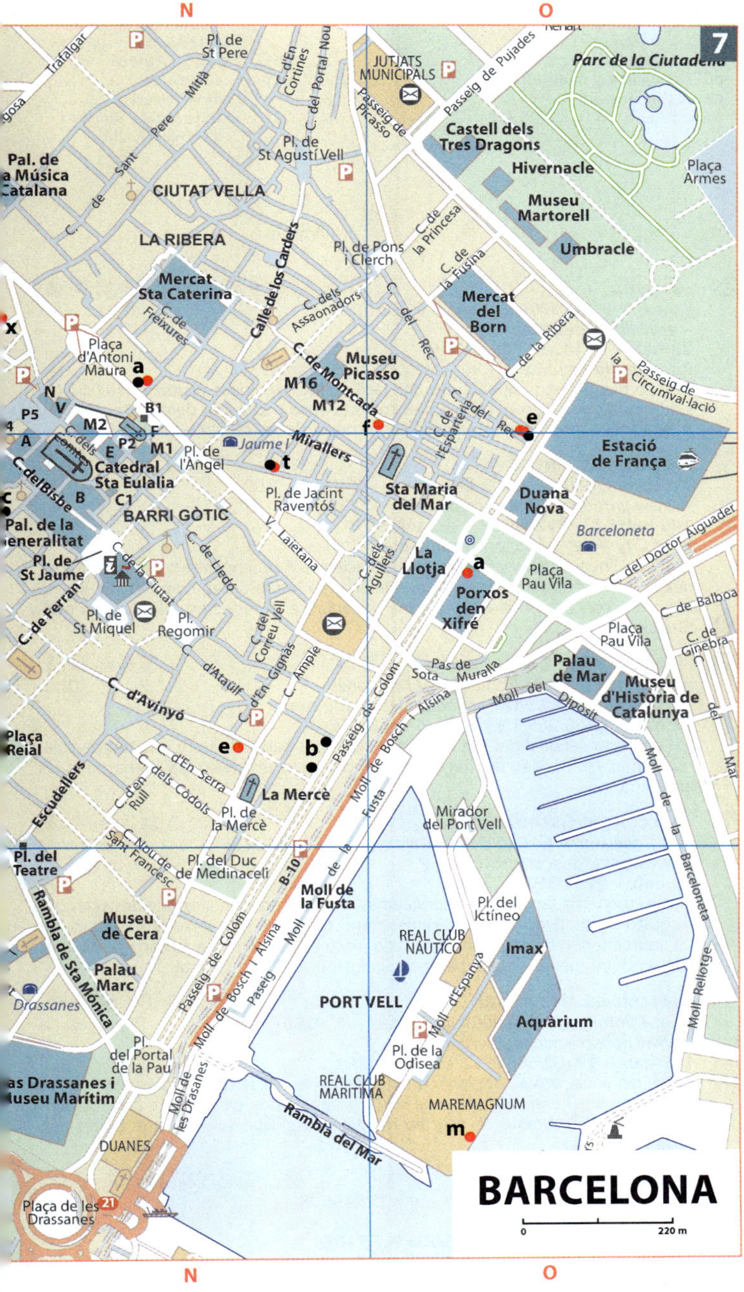
BARCELONA
0
220 m
7
N
O
1
2
3
Parc de la Ciutadella
Plaça Armes
JUTJATS MUNICIPALS
Passeig de Pujades
Passeig de Picasso
Castell dels Tres Dragons
Hivernacle
Museu Martorell
Umbracle
Pl. de St Pere
C. d'En Cortines
C. del Portal Nou
Trafalgar
Mitjà
Pere
C. de Sant
Pl. de St Agustí Vell
Pal. de la Música Catalana
CIUTAT VELLA
LA RIBERA
Calle de los Carders
Pl. de Pons i Clerch
C. de la Princesa
C. de la Fusina
C. dels Assaonadors
C. del Rec
Mercat del Born
C. de la Ribera
Passeig de Circumval·lació
Mercat Sta Caterina
C. de Freixures
Plaça d'Antoni Maura
C. de Montcada
Museu Picasso
M16
M12
M2
M1
P2
P5
B1
C1
Miralles
Jaume I
Pl. de l'Àngel
C. dels Comtes
C. del Bisbe
Catedral Sta Eulalia
BARRI GÒTIC
Pl. de Jacint Raventós
Sta Maria del Mar
C. de l'Espaseria
Estació de França
Duana Nova
Barceloneta
C. del Doctor Aiguader
Pal. de la Generalitat
Pl. de St Jaume
C. de la Ciutat
C. de Lledó
V. Laietana
C. dels Agullers
La Llotja
Porxos den Xifré
Plaça Pau Vila
C. de Balboa
C. de Ginebra
C. de Ferran
Pl. de St Miquel
Pl. Regomir
C. del Correu Vell
C. d'Ataülf
C. d'En Gignàs
C. Ample
Passeig de Colom
Pas de Sota Muralla
Palau de Mar
Museu d'Història de Catalunya
Moll del Dipòsit
C. d'Avinyó
Plaça Reial
Escudellers
C. d'En Serra
C. dels Còdols
C. d'en Rull
La Mercè
Pl. de la Mercè
Moll de Bosch i Alsina
Moll de la Fusta
Mirador del Port Vell
Moll de la Barceloneta
C. del Mar
Pl. del Teatre
C. Nou de Sant Francesc
Pl. del Duc de Medinaceli
B-10
Pl. del Ictíneo
REAL CLUB NÀUTICO
Imax
Rambla de Sta Mònica
Museu de Cera
Palau Marc
Drassanes
PORT VELL
Moll d'Espanya
Aquàrium
Moll Rellotge
Pl. del Portal de la Pau
Pl. de la Odisea
Les Drassanes i Museu Marítim
REAL CLUB MARITIMA
MAREMAGNUM
Moll de les Drassanes
Rambla del Mar
DUANES
Plaça de les Drassanes
21

BARCELONA:

Casa de l'Ardiaca	A	Palau del Lloctinent	
Plaça Berenguer el Gran	B1	Santa Àgata	
Centre Excursionista de Catalunya	C1	Museu d'Història de la Ciutat	
		Museu F. Màrès	
		Museu Barbier-Mueller d'Art Precolombi	

España

Sant Pau 9 ✉ 08001 Ⓜ Liceu – ✆ 935 50 00 00 – www.hotelesespanya.com — Plano : 6M f

83 hab – ††142/347 €, ☕ 17 €

Rest *Fonda España* – ver selección restaurantes

Está en pleno casco antiguo y resulta fácil de localizar, pues ocupa un edificio del s. XIX contiguo al Liceu. Ofrece una correcta zona social con detalles históricos y habitaciones no muy amplias pero confortables, todas de línea moderna.

Grand H. Central

Via Laietana 30 ✉ 08003 Ⓜ Jaume I – ✆ 932 95 79 00 – www.grandhotelcentral.com — Plano : 7N a

146 hab ☕ – ††210/751 € – 6 suites

Rest *City* – ver selección restaurantes

Hotel de línea actual y acogedoras instalaciones. Aquí encontrará unas habitaciones equipadas al detalle y espacios sumamente interesantes, como el Sky Bar de la azotea, con zona chill out y piscina panorámica, el moderno City Bar o la multifuncional The Gallery.

Duquesa de Cardona

passeig de Colom 12 ✉ 08002 Ⓜ Drassanes – ✆ 932 68 90 90 – www.hduquesadecardona.com — Plano : 7N b

52 hab – †180/265 € ††190/275 €, ☕ 18 €

¡En una casa señorial del s. XIX! Posee excelentes habitaciones y una terraza-solárium en la azotea, donde ofrecen una sencilla carta en invierno y barbacoa-tapas en verano.

Barcelona Catedral

Dels Capellans 4 ✉ 08002 Ⓜ Catalunya – ✆ 933 04 22 55 – www.barcelonacatedral.com — Plano : 6M c

80 hab – ††99/360 €, ☕ 19 €

Tras su moderna fachada encontrará unas instalaciones actuales que destacan por su gusto decorativo, con habitaciones muy completas y una excelente terraza en un patio interior. El restaurante, ubicado junto al bar, combina su carta tradicional con un buen menú. ¡Ofrece paseos guiados por el Barrio Gótico!

Barcelona Universal

av. del Paral.lel 80 ✉ 08001 Ⓜ Paral.lel – ✆ 935 67 74 47 – www.hotelbarcelonauniversal.com — Plano : 6L3

165 hab – ††100/500 €, ☕ 15 € – 2 suites

Hotel de línea actual dotado con habitaciones espaciosas y bien equipadas. Posee un bar integrado en la zona social y una piscina panorámica con solárium en el ático. Restaurante de sencillo montaje en el que solo se sirve buffet con carnes a la brasa.

Jazz

Pelai 3 ✉ 08001 Ⓜ Universitat – ✆ 935 52 96 96 – www.hoteljazz.com — Plano : 6L1

108 hab – †105/220 € ††105/253 €, ☕ 16 €

Disfruta de una estética moderna y una decoración que desvela su gusto por las líneas puras. Habitaciones de buen equipamiento y terraza en el ático, con piscina y solárium.

ESPAÑA

....	E	Palau del Marquès de Llió	M16
....	F	Pia Amloina	N
		Plaça del Rei	P2
....	M1	Plaça de Sant Felip Neri	P3
....	M2	Pl. de la Sau	P4
		Casa de la Canonja	V
....	M12		

Lleó

Pelai 22 ✉ 08001 Ⓜ Universitat – ☎ 933 18 13 12 – www.hotel-lleo.com Plano : 4L1**a**

92 hab – 🛉100/170 € 🛉🛉120/250 €, ☕ 15 €

Interesante, pues posee una elegante fachada, amplias zonas nobles y habitaciones de línea actual-funcional. Pequeña piscina en la azotea y cafetería, donde se puede comer.

Onix Liceo

Nou de la Rambla 36 ✉ 08001 Ⓜ Liceu – ☎ 934 81 64 41 – www.onixhotels.com Plano : 6M3**x**

45 hab – 🛉54/424 € 🛉🛉59/429 €, ☕ 9 €

Ocupa un edificio rehabilitado del s. XIX que conserva su fachada, el patio de luces y la escalera original en mármol. Zona social moderna y habitaciones de línea funcional.

Park H.

av. Marqués de l'Argentera 11 ✉ 08003 Ⓜ Barceloneta – ☎ 933 19 60 00 – www.parkhotelbarcelona.com Plano : 7O1-2**e**

91 hab – 🛉66/188 € 🛉🛉105/301 €, ☕ 12 €

Instalado en un edificio protegido que data de 1953. Tiene una preciosa escalera de caracol y la mayoría de las habitaciones bien actualizadas. ¡Visite su gastrobar Ten's!

Reding

Gravina 5-7 ✉ 08001 Ⓜ Universitat – ☎ 934 12 10 97 – www.hotelreding.com Plano : 6L1**d**

44 hab – 🛉70/350 € 🛉🛉75/355 €, ☕ 14 €

¡Próximo la plaça de Catalunya! Ofrece una recepción actual, un salón social, habitaciones de línea funcional y un correcto buffet durante el servicio de desayunos.

Banys Orientals

L'Argenteria 37 ✉ 08003 Ⓜ Jaume I – ☎ 932 68 84 60 – www.hotelbanysorientals.com Plano : 7N2**t**

43 hab – 🛉97/120 € 🛉🛉106/153 €, ☕ 14 €

Rest *Senyor Parellada* – ver selección restaurantes

Ofrece unas habitaciones muy confortables y de estética minimalista, con diseño a raudales, suelos en madera, estructura de dosel en las camas... sin embargo, no dispone de zona social.

Continental Barcelona

La Rambla 138-1º ✉ 08002 Ⓜ Catalunya – ☎ 933 01 25 70 – www.hotelcontinental.com Plano : 6M1**a**

35 hab ☕ – 🛉80/148 € 🛉🛉98/178 €

Un hotel clásico y de carácter centenario que nos transporta a tiempos pretéritos. Posee un espacio polivalente, habitaciones también clásicas y un buffet libre las 24 horas.

ESPAÑA

XXX **Torre d'Alta Mar**

passeig Joan de Borbó 88 ✉ 08039 Ⓜ Barceloneta – ✆ 932 21 00 07 – www.torredealtamar.com – cerrado del 24 al 28 de diciembre, domingo y lunes mediodía Plano : 5K3**a**

• COCINA MODERNA • Menú 39/100 € – Carta 69/91 €

Destaca por su original emplazamiento en lo alto de una torre metálica, a 75 metros de altura. Sala circular, actual y totalmente acristalada, con magníficas vistas al mar, al puerto y a la ciudad. Carta tradicional con detalles actuales.

XXX **Saüc** (Xavier Franco) – Hotel Ohla H.

Vía Laietana 49 (previsto traslado a Còrsega 289-291) ✉ 08003 Ⓜ Urquinaona – ✆ 933 21 01 89 – www.saucrestaurant.com Plano : 6M1**b**

• CREATIVA • Menú 82/112 € – Carta 73/86 € – *(solo cena)*

Un restaurante de referencia. Disfruta de un moderno gastrobar y una sala actual, casi minimalista, en el piso superior. Su chef propone una carta de autor, con varios menús degustación, en la que conviven platos tradicionales y actuales.

➜ Terrina de pies de cerdo con cigala, calabacín y clorofila. Pescado de costa a la ginebra, pepino, manzana y limón. Leche de oveja helada, rocío de hierbas y tomillo.

XXX **Bravo 24** – Hotel W Barcelona

pl. de la Rosa dels Vents 1 (Moll De Llevant) ✉ 08039 – ✆ 932 95 26 36 – www.carlesabellan.com Plano : 2C3**a**

• COCINA MODERNA • Carta 58/85 €

En la entreplanta del hotel W Barcelona, donde se presenta con una estética actual que da gran protagonismo a la madera y una coqueta terraza de verano. Cocina de base tradicional con toques actuales. ¡Las raciones suelen ser contundentes!

XX **Senyor Parellada** – Hotel Banys Orientals

L'Argenteria 37 ✉ 08003 Ⓜ Jaume I – ✆ 933 10 50 94 – www.senyorparellada.com Plano : 7N2**t**

• REGIONAL • Menú 36 € – Carta aprox. 35 €

Coqueto restaurante, de estilo clásico-colonial, dotado con varias salas en las que parece que el tiempo se hubiese detenido. Destaca tanto por su pequeño patio, con el techo acristalado, como por la autenticidad de su cocina catalana.

XX **El Cercle** Ⓝ

dels Arcs 5-1º ✉ 08002 Ⓜ Liceu – ✆ 936 24 48 10 – www.elcerclerestaurant.com Plano : 6M1**h**

• COCINA CLÁSICA • Menú 38 € – Carta 32/55 €

¡En el Reial Cercle Arstístic! Un espacio gastronómico que mezcla varios estilos de cocina en diferentes ambientes. ¿Qué le apetece, una carta japonesa o la actual-catalana?

XX **Elx**

Moll d'Espanya 5-Maremagnum, Local 9 ✉ 08039 Ⓜ Drassanes – ✆ 932 25 81 17 – www.elxrestaurant.com Plano : 7O3**m**

• COCINA TRADICIONAL • Carta 30/45 €

Establecimiento agraciado con vistas al puerto de pescadores. Presenta un comedor moderno y una agradable terraza, ofreciendo pescados y una buena selección de arroces.

XX **Koy Shunka** (Hideki Matsuhisa)

Copons 7 ✉ 08002 Ⓜ Urquinaona – ✆ 934 12 79 39 – www.koyshunka.com – cerrado Navidades, Semana Santa, agosto, domingo noche y lunes Plano : 7N1**x**

• JAPONESA • Menú 82/128 € – Carta 65/85 €

¿Quiere comer mientras preparan fantásticos Nigiris o Sushi ante sus ojos? Aquí puede hacerlo, pues una de sus salas, ambas actuales, tiene la cocina a la vista en el centro de la misma. Gastronomía japonesa con productos mediterráneos.

➜ Nigiri de anguila del Delta del Ebro. Tataki de bogavante. Tarta de crema de queso.

XX **Can Majó**

Almirall Aixada 23 ✉ 08003 Ⓜ Barceloneta Plano : 5K3**x**
– ✆ 932 21 54 55 – www.canmajo.es – cerrado domingo noche y lunes
• PESCADOS Y MARISCOS • Carta 30/52 €
Una casa de organización familiar y ambiente actual. Encontrará una carta especializada en productos del mar y arroces, así como un sugerente expositor de pescados y mariscos.

XX **Fonda España** – Hotel España

Sant Pau 9 ✉ 08001 Ⓜ Liceu – ✆ 935 50 00 00 Plano : 6M2**f**
– www.hotelesespanya.com
• COCINA TRADICIONAL • Menú 27/65 € – Carta 29/37 € – *(solo cena en agosto)*
Un local muy acogedor, y de techos altos, que destaca por su emplazamiento en un espacio protegido... no en vano, ocupa una sala modernista que fue decorada, con bellos mosaicos, por el arquitecto barcelonés Domènech i Montaner. Cocina tradicional actualizada.

X **Oaxaca** (N)

Pla del Palau 19 ✉ 08002 Ⓜ Barceloneta – ✆ 933 19 00 64 Plano : 7O1**a**
– www.oaxacacuinamexicana.com
• MEJICANA • Carta 40/61 €
Descubra los auténticos sabores de la gastronomía mejicana en un espacio que, dentro de un ambiente actual-informal, no huye de los tipismos. ¡Haga una pausa en su mezcalería!

X **City** – Hotel Grand H. Central

Pare Galifa 3 ✉ 08003 Ⓜ Jaume I – ✆ 932 95 79 05 Plano : 7N1**a**
• COCINA TRADICIONAL • Carta 30/40 € – *(solo cena)*
Atesora una estética moderna-urbana muy particular. Su carta resulta variada y desenfadada, por lo que encontrará varias ensaladas, arroces ecológicos, hamburguesas gourmet...

X **Pitarra**

Avinyó 56 ✉ 08002 Ⓜ Liceu – ✆ 933 01 16 47 Plano : 7N2**e**
– www.restaurantpitarra.cat – cerrado del 9 al 30 de agosto, domingo y festivos noche
• COCINA TRADICIONAL • Menú 14/55 € – Carta 27/50 €
En este local tuvo su relojería Frederic Soler, una figura del teatro catalán. Ofrece salas de ambiente antiguo, dos privados y un comedor de tertulias. Cocina tradicional.

X **Suquet de l'Almirall**

passeig Joan de Borbó 65 ✉ 08003 – ✆ 932 21 62 33 Plano : 5K3**z**
– www.suquetdelalmirall.com – cerrado domingo noche y lunes
• PESCADOS Y MARISCOS • Menú 38 € – Carta 34/52 €
Establecimiento salpicado con detalles marineros y una terraza exterior muy bien acondicionada. Completa carta de base tradicional, con un buen apartado de pescados y arroces.

X **Ten's** – Hotel Park H.

av. Marqués de l'Argentera 11 ✉ 08003 Ⓜ Barceloneta Plano : 7O1-2**e**
– ✆ 933 19 22 22 – www.parkhotelbarcelona.com
• COCINA MODERNA • Tapa 3,70 € – Ración aprox. 9 €
¡Un moderno gastrobar! Su carta, asesorada por el chef Jordi Cruz, presenta tapas y medios platos donde se combinan, con acierto, la cocina tradicional y la de vanguardia.

Dos Palillos

Elisabets 9 ✉ 08001 Ⓜ Catalunya – ✆ 933 04 05 13 Plano : 6LM2**c**
– www.dospalillos.com – cerrado 24 diciembre-2 enero, del 9 al 31 de agosto, domingo, lunes, martes mediodía y miércoles mediodía
• EUROASIÁTICA • Tapa 7 € – Menú 80 € – Carta 35/45 €
¡Los cocineros trabajan ante usted! Resulta sorprendente, tanto por la filosofía culinaria como por su oferta gastronómica, centrada en la fusión de la cocina oriental con los productos españoles. Carta de tapas e interesantes menús.
→ La sardina que quería ser anchoa. Papada de cerdo ibérico con buey de mar. Kakigori de piel de yuzu.

ESPAÑA

El Xampanyet
Montcada 22 ✉ 08003 Ⓜ Jaume I – ✆ 933 19 70 03 Plano : 7O f
– cerrado 15 días en enero, agosto, domingo noche y lunes
• COCINA TRADICIONAL • Tapa 6 € – Ración aprox. 12 €
Taberna de larga tradición familiar y decoración típica, a base de zócalos de azulejos. Ofrece una variada selección de tapas especializadas en conservas y salazones.

Segons Mercat
Balboa 16 ✉ 08003 Ⓜ Barceloneta – ✆ 933 10 78 80 Plano : 5K b
– www.segonsmercat.com
• COCINA TRADICIONAL • Tapa 6 € – Ración aprox. 12 €
Negocio de estética actual que destaca tanto por su barra, con un sorprendente expositor repleto de pescados y mariscos, como por sus salas. ¡Tapas, raciones y platos del día!

Sur Diagonal

Arts
Marina 19 ✉ 08005 Ⓜ Ciutadella-Vila Olímpica Plano : 2C r
– ✆ 932 21 10 00 – www.hotelartsbarcelona.com
397 hab – 295/485 €, 39 € – 86 suites – 28 apartamentos
Rest *Enoteca* ✿✿ • **Rest *Arola*** – ver selección restaurantes
¡Excelente en todos los sentidos! Ocupa una torre acristalada del Puerto Olímpico y destaca tanto por sus vistas como por su interior, con amplios espacios, diversas zonas sociales privadas y unas habitaciones detallistas de gran nivel. Inmensos salones decorados con obras de arte y exquisita oferta gastronómica.

Mandarin Oriental Barcelona
passeig de Gràcia 38-40 ✉ 08007 Ⓜ Passeig de Gràcia Plano : 4H2 y
– ✆ 931 51 88 88 – www.mandarinoriental.com
120 hab – 295/575 €, 39 € – 18 suites
Rest *Moments* ✿✿ • **Rest *BistrEau*** – ver selección restaurantes
¡Lujo, relax y placer! En su día sirvió como banco... sin embargo, hoy presenta un interior de diseño innovador y carácter cosmopolita. Atesora habitaciones de gran confort, una excelente oferta gastronómica en el lobby, una atractiva terraza-patio y una azotea de ambiente "cool" con buenas vistas sobre la ciudad.

El Palace
Gran Via de les Corts Catalanes 668 ✉ 08010 Plano : 5J2
Ⓜ Urquinaona – ✆ 935 10 11 30 – www.hotelpalacebarcelona.com
107 hab – 275/575 €, 28 € – 18 suites
Rest *Caelis* ✿ – ver selección restaurantes
¡Emblemático! Ocupa un antiguo edificio que ha sido restaurado para recuperar la esencia de los dorados años 20. Distinguidas zonas nobles y habitaciones de excelente equipamiento, la mayoría de elegante línea clásica y algunas ¡hasta con baños romanos!

Majestic
passeig de Gràcia 68 ✉ 08007 Ⓜ Passeig de Gràcia Plano : 4H2
– ✆ 934 88 17 17 – www.hotelmajestic.es
275 hab – 290/600 €, 34 € – 41 suites
Muy bien ubicado y con una destacable azotea, donde poseen un bar-snack dotado de agradables vistas. Combina la excelencia en el servicio con unas habitaciones clásicas de gran confort. El restaurante, más funcional, alterna el menú con una carta por la noche.

Hilton Diagonal Mar Barcelona
passeig del Taulat 262-264 ✉ 08019 Ⓜ El Maresme Fòrum Plano : 2D2
– ✆ 935 07 07 07 – www.hiltondiagonalmarbarcelonahotel.es
413 hab – 129/749 €, 25 € – 20 suites
Cerca del Fórum y orientado a la organización de congresos. Sus habitaciones presentan un diseño muy limpio, con mobiliario actual de excelente calidad y confort. El restaurante, de montaje funcional, combina el buffet de desayunos con una carta internacional.

Claris

Pau Claris 150 ✉ 08009 Ⓜ Passeig de Gràcia Plano : 4H2**w**
– *✆ 934 87 62 62 – www.hotelclaris.com*
84 hab – ††190/600 €, ☕ 23 € – 40 suites
Resulta señorial, ya que está ubicado en el antiguo palacio Vedruna, donde clasicismo y vanguardia se alían en armonía. Sorprende con una importante colección arqueológica repartida, mediante vitrinas, por la mayoría de las habitaciones. Cuenta con un restaurante completamente acristalado en la azotea.

Pullman Barcelona Skipper

av. del Litoral 10 ✉ 08005 Ⓜ Ciutadella-Vila Olímpica Plano : 2C3**c**
– *✆ 932 21 65 65 – www.pullman-barcelona-skipper.com*
241 hab ☕ – †130/350 € ††155/375 € – 6 suites
¡Próximo al puerto deportivo! Aquí se combinan el diseño y la tecnología con unos entornos de marcada calidez. Ofrece una variada zona social, habitaciones modernas de buen confort y una bonita azotea con piscina.

Meliá Barcelona Sky

Pere IV-272 ✉ 08005 Ⓜ Poblenou – ✆ 933 67 20 50 Plano : 2CD2**c**
– *www.meliahotels.com*
249 hab – †90/425 € ††112/447 €, ☕ 22 € – 9 suites
Rest *Dos Cielos* ✿ – ver selección restaurantes
Disfruta de un moderno hall con detalles de diseño, un lounge-bar y habitaciones actuales, en general con espléndidas vistas. Su buena oferta gastronómica se ve complementada en el lobby con un curioso restaurante en el que apuestan por una carta ligera y tradicional.

Cotton House (N)

Gran Vía de les Corts Catalanes 670 ✉ 08010 Plano : 5J2**a**
Ⓜ Urquinaona – ✆ 934 50 50 45 – www.hotelcottonhouse.com
80 hab – ††190/230 €, ☕ 29 € – 3 suites
Desprende personalidad... no en vano, su nombre recuerda que este imponente edificio, de finales del s. XIX, fue la sede de la Fundación Textil Algodonera. Habitaciones cuidadas, aunque algo pequeñas, y cocina creativa de bases tradicionales e internacionales.

Omm

Rosselló 265 ✉ 08008 Ⓜ Diagonal – ✆ 934 45 40 00 Plano : 4H2**x**
– *www.hotelomm.es*
87 hab – ††215/450 €, ☕ 26 € – 4 suites
Rest *Roca Moo* ✿ – ver selección restaurantes
Un hotel vanguardista y urbano que se ha puesto de moda, con una amplia zona social, modernas habitaciones y una sala polivalente abierta al passeig de Gràcia a través de grandes ventanales. ¡Club DJ llamado OmmSession en el sótano y zona de bar en la azotea!

Murmuri

Rambla de Catalunya 104 ✉ 08008 Ⓜ Diagonal Plano : 4H2**c**
– *✆ 935 50 06 00 – www.murmuri.com*
53 hab ☕ – ††210/500 € – 5 apartamentos
Destaca por su privilegiada ubicación, en plenas Ramblas. Aquí encontrará unas elegantes habitaciones de corte clásico, un restaurante que apuesta por la cocina mediterránea y... ¡una zona social, con cocktail bar, abierta al público no alojado por las noches!

St. Moritz

Diputació 264 ✉ 08007 Ⓜ Passeig de Gràcia Plano : 4H2**p**
– *✆ 934 12 15 00 – www.hcchotels.es*
91 hab – †143/260 € ††143/318 €, ☕ 22 €
Está en el centro, instalado en un edificio protegido que data de 1883 y emana clasicismo. Presenta un correcto hall-recepción, con una monumental escalera, y unas habitaciones de línea funcional-actual. El sencillo restaurante centra su oferta en un menú.

ESPAÑA

The Mirror Barcelona

Córsega 255 ✉ *08036* Ⓜ *Provença – ✆ 932 02 86 86 – www.themirrorbarcelona.com* Plano : 4H2**l**

63 hab – 113/328 € 236/611 €

Lo más llamativo de este hotel es su diseño... de hecho, podemos decir que está orientado a un público que gusta de él. Aquí todo está dominado por el color blanco, los espejos y el uso de unas líneas depuradas de carácter minimalista.

Condes de Barcelona

passeig de Gràcia 73-75 ✉ *08008* Ⓜ *Passeig de Gràcia – ✆ 934 45 00 00 – www.condesdebarcelona.com* Plano : 4H2**j**

124 hab – 142/347 €, 21 € – 2 suites

Rest *Loidi* – ver selección restaurantes

Instalado en un elegante edificio del s. XIX que destaca por su emplazamiento, en el corazón del passeig de Gràcia. Ofrece habitaciones de buen equipamiento y una atractiva terraza-solárium, esta última con una agradable zona de copas por las noches.

Barcelona Center

Balmes 103 ✉ *08008* Ⓜ *Diagonal – ✆ 932 73 00 00 – www.hotelescenter.es* Plano : 4H2**v**

129 hab – 88/550 €, 17 € – 3 suites

¡Cobijado tras una llamativa fachada! Ofrece una zona social con empaque, habitaciones de línea clásica con detalles actuales y una enorme terraza-solárium en la azotea. El restaurante, sencillo, clásico y con encanto, gira en torno a una gran columna central.

ESPAÑA

Cram

Aribau 54 ✉ *08011* Ⓜ *Universitat – ✆ 932 16 77 00 – www.hotelcram.com* Plano : 4H2**b**

67 hab – 121/265 € 139/283 €

Rest *Angle* ✿ – ver selección restaurantes

Las habitaciones resultan algo reducidas... un detalle que compensan con los diseños, las tecnologías y las dosis de creatividad demostradas por afamados interioristas. ¡Mini piscina con agradable zona solárium en la azotea, donde también sirven los desayunos!

Renaissance Barcelona H. Ⓝ

Pau Claris 122 ✉ *08009* Ⓜ *Passeig de Gràcia – ✆ 932 72 38 10 – www.renaissancebarcelonahotel.com* Plano : 4H2**g**

209 hab – 160/500 € – 2 suites

Junto al Passeig de Gràcia. Ofrece un moderno lobby, buenas zonas sociales y confortables habitaciones, aunque lo más destacable es la terraza chill out privada de la azotea.

Ako Suite

Diputació 195 ✉ *08011* Ⓜ *Universitat – ✆ 934 53 34 19 – www.akosuite.com* Plano : 4H2**k**

28 apartamentos – 99/499 €, 12 €

Una buena opción para familias y parejas. Se encuentra en la zona de L'Eixample y ofrece apartamentos de gran calidad, todos de línea moderna y con la cocina completamente equipada. ¡La mitad de los aseos poseen relajantes duchas de lluvia!

Indigo

Gran Via de les Corts Catalanes 629 ✉ *08010* Ⓜ *Passeig de Gràcia – ✆ 936 02 66 90 – www.indigobarcelona.com* Plano : 5J2**b**

77 hab – 109/327 € 124/372 €, 15 €

Su fachada clásica, tipo edificio de viviendas, da paso a un hotel de estética moderna con múltiples guiños a la obra de Gaudí. Atractiva zona social y habitaciones de carácter temático, todas personalizadas, actuales y con gusto por las líneas curvas. Menú del día tradicional y sencilla carta internacional.

Sixtytwo

Passeig de Gràcia 62 ✉ 08007 Ⓜ Passeig de Gràcia Plano : 4H2**n**
– ✆ 932 72 41 80 – www.sixtytwohotel.com – cerrado del 21 al 26 de febrero
45 hab – 🚹109/599 € 🚹🚹114/599 €, ☕ 20 €
Íntimo, con mucho diseño y en pleno paseo de Gràcia, por lo que es una fantástica opción si piensa ir de compras. Ofrece habitaciones algo reducidas pero muy bien equipadas.

Splendom Suites sin ☕

Valencia 194 ✉ 08011 Ⓜ Universitat – ✆ 934 52 10 30 Plano : 4H2**s**
– www.splendomsuites.com
11 apartamentos – 🚹🚹69/250 €
Ocupa un edificio catalogado y de fachada clásica-modernista que se encuentra en pleno Ensanche. Distribuye sus apartamentos en seis plantas, la mayoría de ellos con la cocina bien equipada, salón con sofá-cama y confortables dormitorios.

Regente

Rambla de Catalunya 76 ✉ 08008 Ⓜ Passeig de Gràcia Plano : 4H2**t**
– ✆ 934 87 59 89 – www.hcchotels.es
79 hab – 🚹132/246 € 🚹🚹132/297 €, ☕ 21 €
En un edificio de fachada modernista que destaca por la terraza-solárium de su azotea. Presenta un bar con hermosas vidrieras, una pequeña zona noble y habitaciones actuales.

Open

Diputació 100 ✉ 08015 Ⓜ Rocafort – ✆ 932 89 35 00 Plano : 4H3**x**
– www.hcchotels.es
100 hab – 🚹110/208 € 🚹🚹110/255 €, ☕ 18 €
Céntrico, actual, de carácter funcional y con una amable organización. Resulta práctico por su buen confort general, con habitaciones de completo equipamiento en su categoría.

ESPAÑA

Continental Palacete

Rambla de Catalunya 30 ✉ 08007 Ⓜ Catalunya Plano : 6L1**e**
– ✆ 934 45 76 57 – www.hotelcontinental.com
19 hab ☕ – 🚹98/153 € 🚹🚹122/229 €
Singular hotel instalado en un palacete restaurado y algo recargado en su decoración. Acogedoras habitaciones, salones de ambiente versallesco y buffet gratuito las 24 horas.

Lasarte

Mallorca 259 ✉ 08008 Ⓜ Passeig de Gràcia Plano : 4H2**m**
– ✆ 934 45 32 42 – www.restaurantlasarte.com – cerrado Semana Santa, 15 agosto-15 septiembre, domingo, lunes y festivos
• CREATIVA • Menú 145/180 € – Carta 99/114 €
Realmente impecable, de diseño moderno, en constante evolución... pero además, con el sello personal de Martín Berasategui y su grupo. Proponen una cocina sorprendente e imaginativa, con grandes elaboraciones de autor, siendo toda esta creatividad apreciable tanto a través de la carta como de sus menús degustación.
→ Gamba roja templada sobre un fondo marino, hinojo y mayonesa de su coral. Ventresca de atún a la brasa, cítrico de alcaparra, oliva negra y salsa ahumada. Sorbete de chocolate, crema montada de sésamo, yogur y yuzu.

Caelis (Romain Fornell) – Hotel El Palace

Gran Via de les Corts Catalanes 668 ✉ 08010 Plano : 5J2**a**
Ⓜ Urquinaona – ✆ 935 10 12 05 – www.caelis.com – cerrado domingo, lunes y martes mediodía
• CREATIVA • Menú 39/130 € – Carta 85/105 €
Le sorprenderá, tanto por la elegancia decimonónica como por su amplitud de espacios. Posee un acceso independiente respecto al hotel, un privado, una sala clásica-actual con indiscutible encanto y un atractivo bar-cocktelería que funciona por las noches. Cocina creativa de alto nivel y cuidadas presentaciones.
→ Macarrones en dos servicios, mar y montaña, celery y foie-gras. Solomillo de buey Rossini, cojín de foie-gras y chalota confitada. Canetón "à la presse" en dos servicios.

XXXX ✿✿

Moments – Hotel Mandarin Oriental Barcelona

passeig de Gràcia 38-40 ✉ 08007 Ⓜ Passeig de Gràcia Plano : 4H2**y**
– ✆ 931 51 87 81 – www.mandarinoriental.com – cerrado 10 agosto-10 septiembre, domingo y lunes
• CREATIVA • Menú 65/143 € – Carta 95/119 €

Se accede desde la recepción del hotel y destaca por su originalidad, con los fogones a la vista. Su chef propone una cocina creativa bien entendida, pues respeta los sabores, ensalza las texturas y atesora unas delicadas presentaciones.

➜ Caviar verde (invierno-primavera). Lomo de cordero lechal del Pirineo, velo crujiente de patata y zanahoria, y cremoso de queso. Nácar de coco, vainilla picante, mango y fruta de la pasión.

XXX ✿

Angle – Hotel Cram

Aragó 214 ✉ 08011 Ⓜ Universitat – ✆ 932 16 77 77 Plano : 4H2**b**
– www.restaurantangle.com – cerrado domingo y lunes
• COCINA MODERNA • Menú 80 € – Carta 58/86 €

Se halla en el 1er piso del hotel, con un buen espacio de estética minimalista donde imperan los tonos blancos. Aquí encontrará una cocina creativa de gran nivel técnico, siempre inspirada por los productos de mercado y de temporada.

➜ Canelones de jarrete asado con setas, foie, trufa y bechamel con leche de cabra. Rodaballo con tsukandani de shitake thai, vegetales crocantes con limón y aceite de oliva. Chocolate, café, aceituna negra y toffee.

XXX

Casa Calvet

Casp 48 ✉ 08010 Ⓜ Urquinaona – ✆ 934 12 40 12 Plano : 5J2**r**
– www.casacalvet.es – cerrado 7 días en agosto, lunes en verano, domingo y festivos
• COCINA TRADICIONAL • Menú 34/70 € – Carta 46/64 €

Ocupa un edificio modernista, diseñado por Gaudí, que hizo de fábrica textil y hoy tiene los antiguos despachos convertidos en privados. Carta clásica-catalana y buenos menús.

XXX ✿✿

Enoteca – Hotel Arts

Marina 19 ✉ 08005 Ⓜ Ciutadella-Vila Olímpica Plano : 2C3**r**
– ✆ 934 83 81 08 – www.hotelartsbarcelona.com – cerrado del 3 al 10 de febrero y domingo
• COCINA MODERNA • Menú 170 € – Carta 103/121 € – *(solo cena salvo lunes y martes)*

Disfruta de una sala muy luminosa, de estilo puramente mediterráneo y con atractivos botelleros decorativos. Proponen una cocina actual de perfecta elaboración y base tradicional, con productos de gran calidad y detalles de excelente nivel.

➜ Kokotxas a la brasa, tuétano y caviar. Mero con matices del Alt Empordà, huerta, mar y montaña. Selva Negra.

XXX

Racó d'en Cesc

Diputació 201 ✉ 08011 Ⓜ Universitat – ✆ 934 51 60 02 Plano : 4H2**k**
– www.elracodencesc.com – cerrado Semana Santa, agosto, domingo y festivos
• COCINA MODERNA • Menú 29/69 € – Carta 40/51 €

Posee una terracita, una sala tipo bistrot y un comedor clásico, proponiendo una carta catalana-creativa diferente para cada espacio. ¡Amplia oferta de cervezas artesanales!

XXX ✿

Dos Cielos (Sergio y Javier Torres) – Hotel Meliá Barcelona Sky

Pere IV-272 ✉ 08005 Ⓜ Poblenou – ✆ 933 67 20 70
– www.doscielos.com – cerrado enero-10 febrero, domingo y lunes Plano : 2CD2**c**
• COCINA MODERNA • Menú 85/110 € – Carta aprox. 82 € – *(solo cena julio-15 septiembre)*

Se halla en la planta 24 del hotel Meliá Barcelona Sky y sorprende por integrar su cocina en el comedor, con una barra de acero donde también se puede comer y una terraza. Cocina de autor en busca de nuevos sabores y... ¡excelentes vistas sobre la Barcelona menos fotografiada!

➜ Berenjenas blancas, cilantro, comino y verdolagas. Carabinero de Huelva, algas, pepino y estragón. Nuestra versión del gin tonic.

ESPAÑA

XXX ✿ **Gaig** (Carles Gaig)

Còrsega 200 ✉ 08036 Ⓜ Hospital Clinic – ✆ 934 29 10 17 Plano : 4G2**g**
– www.restaurantgaig.com – cerrado Semana Santa, 7 días en agosto, domingo noche, lunes y festivos noche
• COCINA MODERNA • Menú 65/115 € – Carta 50/90 €
Diáfano local en dos alturas donde se aúnan elegancia y actualidad. El chef propone una carta dividida en dos partes, la de los platos tradicionales y la de cocina actual. Interesantes menús, productos escogidos y excelentes presentaciones.
→ Canelones tradicionales con crema de trufa. Arroz de pichón y setas de Burdeos. Nuestra crema catalana.

XXX ✿ **Roca Moo** – Hotel Omm

Rosselló 265 ✉ 08008 Ⓜ Diagonal – ✆ 934 45 40 00 Plano : 4H2**x**
– www.hotelomm.es – cerrado 10 días en enero, 21 días en agosto, domingo y lunes
• CREATIVA • Menú 45/110 € – Carta 51/77 €
¡De ambiente cosmopolita! Muestra un gran espacio de carácter urbano e informal, una cocina vista donde vemos terminar los platos y un luminoso comedor con detalles de diseño. Cocina creativa de marcados sabores y originales presentaciones.
→ Ravioli de cola de buey con gambas de Palamós. Rodaballo salvaje con crema de lentejas amarillas. La pera limonera.

XXX **Windsor**

Còrsega 286 ✉ 08008 Ⓜ Diagonal – ✆ 932 37 75 88 Plano : 4H2**e**
– www.restaurantwindsor.com – cerrado del 1 al 10 de enero, Semana Santa, del 1 al 27 de agosto, domingo y festivos
• COCINA MODERNA • Menú 30/45 € – Carta 41/69 €
Elegante restaurante de corte clásico dotado con una sala principal acristalada, dos privados y una terraza de verano. Carta de cocina catalana con toques internacionales.

XXX ✿ **Cinc Sentits** (Jordi Artal)

Aribau 58 ✉ 08011 Ⓜ Universitat – ✆ 933 23 94 90 Plano : 4H2**a**
– www.cincsentits.com – cerrado 15 días en agosto, domingo, lunes y festivos
• CREATIVA • Menú 100/120 € – *(solo menú)*
Enriquece la categoría de su montaje con una estética minimalista bastante original, en general dominada por los tonos oscuros. Aquí no encontrará platos a la carta, pues su propuesta se centra en tres sugerentes menús que van cambiando con frecuencia. Elaboraciones inventivas a raíz de productos catalanes escogidos.
→ El huerto ecológico en texturas y temperaturas con yogur de hierbas. Pichón asado con croqueta y falso arroz de su hígado, pera al vino y fruta escabechada. Helado de leche a la parrilla con su crujiente, papel y salsa caliente.

XXX **Rías de Galicia**

Lleida 7 ✉ 08004 Ⓜ Espanya – ✆ 934 24 81 52 Plano : 4H3**b**
– www.riasdegalicia.com
• PESCADOS Y MARISCOS • Menú 65 € – Carta 70/90 €
Llevado entre hermanos y próximo al recinto ferial. Presenta un atractivo expositor a la entrada, un vivero y una cuidada sala de línea clásica-actual. Amplia carta especializada en pescados y mariscos gallegos, siempre de altísima calidad.

XXX **Petit Comitè**

passatge de la Concepció 13 ✉ 08007 Ⓜ Provença Plano : 4H2**c**
– ✆ 935 50 06 20 – www.petitcomite.cat
• REGIONAL • Menú 52 € – Carta 35/66 €
Un restaurante de línea actual decorado con loza y morteros. Apuestan por una cocina de proximidad, siempre con producto nacional y apetecibles sugerencias temáticas diarias.

XX **Montjuïc el Xalet**

av. Miramar 31 ✉ 08038 – ✆ 933 24 92 70 Plano : 2C3**b**
– www.gruptravi.com
• COCINA MODERNA • Menú 29/96 € – Carta 44/76 €
¡En la ladera del Montjuïc, con espectaculares vistas sobre la ciudad! Está distribuido en tres plantas, destacando por la sala que posee en el piso superior y por sus agradables terrazas. Cocina de base tradicional con toques actuales.

ESPAÑA

XX **El Asador de Aranda**

Londres 94 ✉ 08036 Ⓜ Hospital Clínic – ✆ 934 14 67 90 Plano : 4G2**n**
– www.asadordearanda.com – cerrado domingo noche
• CARNES • Menú 32/50 € – Carta 34/46 €
Disfruta de amplias instalaciones y una estética de ambiente castellano, dejando el horno de asar a la vista del cliente. Cocina tradicional especializada en asados.

XX **Gorría**

Diputació 421 ✉ 08013 Ⓜ Monumental – ✆ 932 45 11 64 Plano : 5J1**a**
– www.restaurantegorria.com – cerrado Semana Santa, agosto, domingo, lunes noche y festivos noche
• VASCA • Carta 40/65 €
Restaurante vasco de larga trayectoria dotado con un correcto montaje y una decoración de aire rústico. Su oferta gastronómica se complementa con una buena carta de vinos.

XX **Pakta**

Lleida 5 ✉ 08002 Ⓜ Espanya – ✆ 936 24 01 77 Plano : 4H3**b**
– www.pakta.es – cerrado Navidades, Semana Santa, 3 semanas en agosto, domingo y lunes
• PERUANA • Menú 95/130 € – *(solo cena salvo sábado)* (es necesario reservar) *(solo menú)*
Un local informal, actual y colorista que evoca la cultura peruana tanto con el nombre ("juntos" o "unión" en lengua quechua) como con la decoración; no en vano, visten sus techos y paredes con unos llamativos telares. Proponen una cocina nikkei que cuida técnicas y presentaciones. ¡Las reservas se hacen desde su Web!
➜ El ceviche de corvina con leche de tigre de almendra tierna. Lomo alto de vaca vieja con polvo parrillero. Picarones de boniato con miel de higos secos.

ESPAÑA

XX **Nectari** (Jordi Esteve)

València 28 ✉ 08015 Ⓜ Tarragona – ✆ 932 26 87 18 Plano : 4G3**x**
– www.nectari.es – cerrado 15 días en agosto y domingo
• COCINA MODERNA • Menú 35/70 € – Carta 43/67 €
Resulta coqueto y atesora una organización íntegramente familiar. Sus instalaciones se reducen a dos pequeñas salas de línea actual y un privado, donde su chef-propietario apuesta por una carta de marcadas raíces mediterráneas... eso sí, con agradables toques creativos y de autor.
➜ Raviolis de gamba con duxelle de setas y salsa de crustáceos. Pichón de Bresse con cuscús de verduritas y boniato. Coulant de chocolate con helado de naranja.

XX **Casa Darío**

Consell de Cent 256 ✉ 08011 Ⓜ Universitat Plano : 4H2**p**
– ✆ 934 53 31 35 – www.casadario.com – cerrado 21 días en agosto y domingo noche
• GALLEGA • Menú 25 € – Carta 35/65 €
Casa de larga trayectoria y buen nombre gracias a la calidad de sus materias primas. Posee un bar privado, tres salas y tres reservados, todo en general de ambiente clásico. Especialidades gallegas, frutos del mar y sugerencias del día.

XX **Monvínic**

Diputació 249 ✉ 08007 Ⓜ Catalunya – ✆ 932 72 61 87 Plano : 6L1**g**
– www.monvinic.com – cerrado agosto, sábado mediodía, domingo y lunes mediodía
• COCINA MODERNA • Menú 20/60 € – Carta 50/65 €
¡Muy original, vanguardista y con el mundo del vino como leitmotiv! Presenta un bar de tapas de diseño, una única sala con dos grandes mesas y un espacio reservado para catas. Cocina actualizada de base tradicional e impresionante bodega.

XX **Els Pescadors**

pl. Prim 1 ✉ 08005 Ⓜ Poblenou – ✆ 932 25 20 18 Plano : 2D2**e**
– www.elspescadors.com – cerrado 22 diciembre-4 enero
• PESCADOS Y MARISCOS • Carta 50/70 €
Posee una sala a modo de café de principios del s. XX y otras dos con una decoración más moderna. Generosa carta arraigada en la cocina marinera, con arroces y bacalao.

XX **L'Olivé**

Balmes 47 ✉ 08007 Ⓜ Passeig de Gràcia – ✆ 934 52 19 90 Plano : 4H2**h**
– www.restaurantlolive.com – cerrado domingo noche
• REGIONAL • Menú 48/62 € – Carta 35/61 €
Este restaurante posee un hall-recepción, con la cocina vista a lo largo de la entrada, un comedor dividido en dos ambientes y varios privados en el sótano. Cocina catalana.

XX **BistrEau** Ⓝ – Hotel Mandarin Oriental Barcelona

passeig de Gràcia 38-40 ✉ 08007 Ⓜ Passeig de Gràcia Plano : 4H2**y**
– ✆ 931 51 87 83 – www.restaurantbistreau.com
• COCINA TRADICIONAL • Menú 35/60 € – Carta 40/65 €
La sucursal de Ángel León, el "Chef del Mar", en esta ciudad. Encontrará platos de tinte tradicional y creativo con el sello del chef, así como un espacio gastronómico exclusivo para 12 comensales (La Mesa) donde sirven un menú fiel a la cocina de Aponiente.

XX **Arola** – Hotel Arts

Marina 19 ✉ 08005 Ⓜ Ciutadella-Vila Olímpica Plano : 2C3**r**
– ✆ 934 83 80 90 – www.hotelartsbarcelona.com – cerrado 2 enero-2 febrero, lunes y martes
• CREATIVA • Menú 62/89 € – Carta 65/98 €
Moderno, urbano, informal... y hasta con sesiones de música DJ. Podrá descubrir una carta creativa a basa de tapas y raciones tanto en la sala como en su terraza chill out.

XX **Loidi** – Hotel Condes de Barcelona

Mallorca 248 ✉ 08008 Ⓜ Passeig de Gràcia Plano : 4H2**j**
– ✆ 934 92 92 92 – www.loidi.com – cerrado agosto, domingo noche y festivos noche
• COCINA MODERNA • Menú 28/48 € – *(solo menú)*
Podemos ver este restaurante como la propuesta en sala de una cocina de autor económica, ligera y rápida. Ofertan varios menús, todos tutelados por el chef Martín Berasategui.

XX **Manairó**

Diputació 424 ✉ 08013 Ⓜ Monumental – ✆ 932 31 00 57 Plano : 5J1**c**
– www.manairo.com – cerrado del 1 al 7 de enero, domingo y festivos.
• CREATIVA • Menú 40/90 € – Carta 55/78 €
Resulta singular, tanto por la decoración de estética moderna como por el carácter intimista de su iluminación. Cocina actual de bases catalanas y cuidadas presentaciones.

X ✿ **Hoja Santa** Ⓝ

av. Mistral 54 ✉ 08015 Ⓜ Poble Sec – ✆ 933 48 21 94 Plano : 4GH3**g**
– www.hojasanta.es – cerrado 23 diciembre-4 enero, del 20 al 28 de marzo, del 7 al 29 de agosto, domingo y lunes
• MEJICANA • Menú 80/110 € – Carta 55/75 € – *(solo cena salvo sábado)*
¡Descubra la alta cocina mejicana! El local, que toma su nombre de un arbusto autóctono, recrea un ambiente desenfadado y actual con detalles tanto étnicos como coloniales.
➜ Ceviche bajo un estanque helado. Chichilo negro con pluma ibérica "Joselito". Margarita con nube de coco.

X **Gresca**

Provença 230 ✉ 08036 Ⓜ Diagonal – ✆ 934 51 61 93 Plano : 4H2**z**
– www.gresca.net – cerrado 7 días en Navidades, Semana Santa, 15 días en agosto, sábado mediodía y domingo
• COCINA MODERNA • Menú 19/70 € – Carta 31/55 €
Se habla mucho de él en Barcelona, tanto por el carácter desenfadado del local como por el trato familiar que aquí confieren. Cocina atractiva y actual, con sugerentes menús.

ESPAÑA

Disfrutar N

Villarroel 163 ✉ 08036 Ⓜ Hospital Clinic – ✆ 933 48 68 96 Plano : 4G2**h**
– www.disfrutarbarcelona.com – cerrado del 1 al 15 de agosto, domingo y lunes
• CREATIVA • Menú 68/98 € – *(solo menú)*
Creatividad, técnica, fantasía, buen gusto... Los tres chefs al frente plantean, en un sencillo espacio de estética actual donde la cocina vista toma el protagonismo, una experiencia gastronómica solo descifrable a través de sus menús degustación. Su propio nombre lo indica: un sitio para sorprenderse y... ¡Disfrutar!
→ Galleta de Idiazábal ahumado con manzana. Langostinos al ajillo unilateral. Pimientos de chocolate, aceite y sal.

Espai Kru

Lleida 7 ✉ 08002 Ⓜ Espanya – ✆ 934 23 45 70 Plano : 4H3**b**
– www.spaikru.com – cerrado 15 días en agosto, domingo noche y lunes
• INTERNACIONAL • Carta 30/50 €
Se halla en la 1ª planta del restaurante Rías de Galicia y resulta singular, pues presenta un espacio único. Carta internacional y de fusión, con productos crudos y cocinados.

Etapes

Enrique Granados 10 ✉ 08007 – ✆ 933 23 69 14 Plano : 4H2**h**
– www.restaurantetapes.com – cerrado Navidades, domingo noche en enero-febrero, sábado y domingo mediodía
• COCINA MODERNA • Menú 16/60 € – Carta 33/40 €
¡Una dirección a tener en cuenta! Este pequeño restaurante se presenta con una estética actual-informal y una sala alargada, donde combinan el hierro, la madera y el cristal. Cocina actual de cuidadas presentaciones y productos escogidos.

Da Paolo

av. de Madrid 63 ✉ 08028 Ⓜ Badal – ✆ 934 90 48 91 Plano : 3F3**f**
– www.dapaolo.es – cerrado 3 semanas en agosto y domingo
• ITALIANA • Menú 11/20 € – Carta 22/36 €
Restaurante italiano ubicado en las proximidades del estadio Nou Camp. Conjunto sencillo y cuidado, dotado con una sala bastante agradable y una carta bien elaborada.

Lázaro

Aribau 146 bis ✉ 08036 Ⓜ Diagonal – ✆ 932 18 74 18 Plano : 4H2**r**
– www.restaurantelazaro.com – cerrado agosto, domingo y festivos
• REGIONAL • Carta 27/38 €
Llevado entre dos hermanas. Posee una barra y un correcto comedor, con una cálida iluminación y parte de las paredes en piedra. Buena cocina casera de mercado y de temporada.

La Lubina

Viladomat 257 ✉ 08029 Ⓜ Hospital Clinic Plano : 4G2**d**
– ✆ 934 10 80 07 – www.lalubinarestaurant.com – cerrado agosto, domingo noche y lunes
• PESCADOS Y MARISCOS • Menú 20/41 € – Carta 32/55 €
Sencilla casa familiar con el propietario al frente del negocio. Su gran especialidad son los pescados y mariscos, con la Lubina (a la sal, al horno o al hinojo) como bandera.

Tanta

Còrsega 235 ✉ 08036 Ⓜ Hospital Clínic – ✆ 936 67 43 72 Plano : 4G2**e**
– www.tantabarcelona.com
• INTERNACIONAL • Menú 19/45 € – Carta 26/53 €
Amplio, informal y, sobre todo, con un concepto gastronómico muy fresco. Ofrecen una cocina actual y peruana-nikkei de gran autenticidad. ¡Coqueto patio con jardín vertical!

ESPAÑA

Rosal 34

Roser 34 ✉ 08004 Ⓜ Paral.lel – ✆ 933 24 90 46 Plano : 4H3**c**
– www.rosal34.com – cerrado del 1 al 15 de septiembre, domingo y lunes noche
• CREATIVA • Tapa 6 € – Ración aprox. 12 €
En una antigua bodega familiar, donde se combina la rusticidad de la piedra vista con una decoración actual. Ofrece platos elaborados al momento e interesantes tapas de autor.

Cervecería Catalana

Mallorca 236 ✉ 08008 Ⓜ Diagonal – ✆ 932 16 03 68 Plano : 4H2**q**
• COCINA TRADICIONAL • Tapa 4,50 € – Ración aprox. 7,50 €
Bar-cervecería muy popular en la zona. Está decorado con estanterías llenas de botellas y ofrece una nutrida selección de tapas elaboradas con productos escogidos.

Paco Meralgo

Muntaner 171 ✉ 08036 Ⓜ Hospital Clínic – ✆ 934 30 90 27 Plano : 4G2**f**
– www.restaurantpacomeralgo.com
• COCINA TRADICIONAL • Tapa 7 € – Ración aprox. 15 €
Ofrece dos barras y dos accesos independientes, pero sobre todo unos sugerentes expositores de marisco, con productos de calidad frescos y variados. También posee un privado.

Bodega 1900

Tamarit 91 ✉ 08015 Ⓜ Poble Sec – ✆ 933 25 26 59 Plano : 4H3**e**
– www.bodega1900.com – cerrado Navidades, Semana Santa, 3 semanas en agosto, domingo y lunes
• COCINA TRADICIONAL • Ración aprox. 7 €
¡Un negocio con el encanto de los antiguos colmados! Aquí proponen una pequeña carta con platos a la brasa, productos ibéricos y conservas caseras, todo de excelente calidad.

ESPAÑA

Tickets

av. del Paral.lel 164 ✉ 08015 Ⓜ Espanya Plano : 4H3**a**
– www.ticketsbar.es – cerrado Navidades, Semana Santa, 21 días en agosto, domingo y lunes
• CREATIVA • Tapa 6 € – Ración aprox. 15 € – *(solo cena salvo sábado)* (es necesario reservar)
Singular, colorista y con varias barras. Su cocina de autor, a base de tapas y elaborada ante los clientes, homenajea los míticos platos que un día vieron la luz en El Bulli. ¡Las reservas se hacen exclusivamente a través de su Web!
➜ Las oliva-S del Tickets. Vaca vieja de Burgos al Josper. Bola de coco nitro con fruta de la pasión y especies.

Mont Bar N

Diputació 220 ✉ 08011 Ⓜ Universitat – ✆ 933 23 95 90 Plano : 4H2**k**
– www.montbar.com – cerrado del 24 al 26 de diciembre y del 10 al 25 de enero
• COCINA TRADICIONAL • Tapa 7 € – Ración aprox. 17 €
Un gastrobar, con encanto, que huye de tipismos. Tratan con amabilidad, ofrecen un servicio profesional y proponen una cocina tradicional basada en la excelencia del producto.

Segons Mercat

Gran Via de les Corts Catalanes 552 ✉ 08011 Ⓜ Urgell Plano : 4H3**t**
– ✆ 934 51 16 98 – www.segonsmercat.com
• COCINA TRADICIONAL • Tapa 6 € – Ración aprox. 12 €
Amplio establecimiento de ambiente moderno e informal. Cuenta con un bar y una sala alargada, esta última vestida con fotografías y llamativos paneles. Cocina tradicional.

Cañota

Lleida 7 ✉ 08002 Ⓜ Plaza España – ✆ 933 25 91 71 Plano : 4H3**b**
– www.casadetapas.com – cerrado domingo noche y lunes
• COCINA TRADICIONAL • Tapa 4 € – Ración aprox. 10 €
Resulta simpático y tiene el apoyo de famosos cocineros. El local, que se presenta con dos salas de línea clásica-regional y una terraza, propone una cocina tradicional a base de tapas y raciones. ¡Casi todo se ha pensado para compartir!

Tapas 24

Diputació 269 ✉ 08007 Ⓜ Passeig de Gràcia Plano : 4H2**o**
– ✆ 934 88 09 77 – www.carlesabellan.com
• COCINA TRADICIONAL • Tapa 5 € – Ración aprox. 14 €
Está situado en un semisótano y recrea una atmósfera actual, con dos barras y las paredes vestidas de mosaicos. En su pequeña carta encontrará deliciosas tapas y raciones.

Lolita

Tamarit 104 ✉ 08015 Ⓜ Poble Sec – ✆ 934 24 52 31 Plano : 4H3**d**
– www.lolitataperia.com – cerrado diciembre, domingo y lunes
• COCINA TRADICIONAL • Tapa 6 € – *(solo cena salvo viernes y sábado)*
Cerca del Recinto Ferial. Este local destaca por su decoración, pues resulta, en cierto modo, personalizada. Tapas de cocina tradicional elaboradas con productos de calidad.

Atapa-it Ⓝ

Muntaner 146 ✉ 08036 Ⓜ Hospital Clínic – ✆ 934 52 07 82 Plano : 4H2**d**
– www.atapait.com – cerrado 15 dias en agosto y domingo
• REGIONAL • Tapa 2 € – Ración aprox. 10 €
Local de línea actual dotado con una pequeña barra y dos comedores, ambos de montaje informal. Elaboran tapas y platillos, de estilo moderno, que evolucionan según mercado.

ESPAÑA

Niño Viejo Ⓝ

av. Mistral 54 ✉ 08015 Ⓜ Poble Sec – ✆ 933 48 21 94 Plano : 4GH3**g**
– www.ninoviejo.es – cerrado 23 diciembre-4 enero, del 20 al 28 de marzo, del 7 al 29 de agosto, domingo y lunes
• MEJICANA • Tapa 4,80 € – Ración aprox. 12 €
Curiosa, bulliciosa, colorista, informal... En esta taquería de ambiente étnico encontrará sabrosos tacos artesanos, antojitos, potentes salsas... ¡Cocina mejicana de calidad!

Norte Diagonal

Casa Fuster

passeig de Gràcia 132 ✉ 08008 Ⓜ Diagonal Plano : 4H1**s**
– ✆ 932 55 30 00 – www.hotelescenter.es
85 hab – 176/600 €, 28 € – 20 suites
¡En un majestuoso edificio modernista! Atesora un atractivo salón-café, habitaciones al más alto nivel y un bar panorámico en la terraza-azotea. En su elegante restaurante proponen elaboraciones tradicionales e internacionales no exentas de cierta creatividad.

G.H. La Florida

carret. Vallvidrera al Tibidabo 83-93 ✉ 08035 Plano : 1B2**c**
– ✆ 932 59 30 00 – www.hotellaflorida.com
62 hab – 180/600 € 200/600 €, 28 € – 8 suites
Encanto y vanguardismo en la misma cima del Tibidabo, pues presenta estancias diseñadas por famosos interioristas y preciosas terrazas escalonadas. Sin duda lo mejor son las espectaculares vistas sobre la ciudad, tanto desde el hotel como desde su restaurante.

ABaC

av. del Tibidabo 1 ✉ 08022 Ⓜ Av. Tibidabo Plano : 1B2**c**
– ✆ 933 19 66 00 – www.abacbarcelona.com
15 hab – 225/625 € 275/800 €, 31 €
Rest *ABaC* ✿✿ – ver selección restaurantes
Aquí encontrará unas habitaciones realmente magníficas, todas de estética actual, con tecnología domótica y hasta cromoterapia en los baños. ¡Ofrecen algunos servicios de SPA!

Hesperia Presidente
av. Diagonal 570 ✉ 08021 Ⓜ Hospital Clínic Plano : 4G2**c**
– ✆ 932 00 21 11 – www.nh-hotels.com
151 hab – 118/418 € 137/437 € – 12 suites
Presenta una completa zona social y elegantes habitaciones de línea clásica, todas con los suelos en moqueta y baños actuales, la mayoría dotados de grandes duchas. En su restaurante, sencillo y funcional, apuestan por una carta tipo snack a buen precio.

Primero Primera
Doctor Carulla 25-29 ✉ 08017 Ⓜ Tres Torres Plano : 3F1**b**
– ✆ 934 17 56 00 – www.primeroprimera.com
25 hab – 155/320 € 165/330 € – 5 suites
Hotel con encanto al que se accede por un pasadizo que recuerda las antiguas entradas de carruajes. Ofrece unas habitaciones de estética actual, destacando las abuhardilladas.

Aparthotel Silver
Bretón de los Herreros 26 ✉ 08012 Ⓜ Fontana Plano : 4G1**a**
– ✆ 932 18 91 00 – www.hotelsilver.com
49 hab – 70/120 € 80/150 €, 10 €
¡Lo más destacado es la pulcritud y el agradable trato familiar! Presenta unas habitaciones no muy amplias pero de buen equipamiento general, todas bien actualizadas y con una pequeña cocina integrada.

Via Veneto
Ganduxer 10 ✉ 08021 Ⓜ Hospital Clínic Plano : 3F2**e**
– ✆ 932 00 72 44 – www.viavenetorestaurant.com
– cerrado agosto, sábado mediodía y domingo
• COCINA CLÁSICA • Menú 85/125 € – Carta 75/105 €
En esta emblemática casa recrean un hermoso marco al estilo Belle Époque, con la sala en varios niveles y numerosos privados. Carta de gusto clásico bien actualizada, con caza en temporada e interesantes menús degustación. Su bodega es una de las mejores de España, pues posee... ¡unas 1400 referencias!
→ Gamba roja en tartar y templada, con lima y zanahoria. Salmonetes de roca con "samfaina" y panceta adobada. Sorbete de frutos rojos del Maresme, crema fina Bellini y ensalada de fruta de temporada.

ABaC – Hotel ABaC
av. del Tibidabo 1 ✉ 08022 Ⓜ Av. Tibidabo Plano : 1B2**c**
– ✆ 933 19 66 00 – www.abacbarcelona.com
• CREATIVA • Menú 135/165 € – Carta 105/135 €
Una experiencia culinaria excepcional en la parte alta de Barcelona, donde se presenta con una terraza, un bar de diseño y una luminosa sala de línea actual. Su cocina de autor, impecable en la técnica, fascina al comensal por la creatividad y buen gusto a la hora de maridar los productos.
→ Ceviche de lulo con ostras y pisco sour. Ternera con salazones y chalotas de mar. Blanco del cacao con sabores asiáticos y tropicales.

Hofmann (Mey Hofmann)
La Granada del Penedès 14-16 ✉ 08006 Ⓜ Diagonal Plano : 4G1**n**
– ✆ 932 18 71 65 – www.hofmann-bcn.com
– cerrado Navidades, Semana Santa, agosto, domingo y festivos
• COCINA MODERNA • Menú 45/70 € – Carta 44/63 €
Refleja la filosofía gastronómica contemporánea, con varias salitas semiprivadas y un buen comedor principal asomado a la cocina a través de un amplio ventanal. Ofrece elaboraciones de carácter creativo y unos postres realmente exquisitos.
→ Canelón de ternera con foie, crema de queso y teja de parmesano. Bacalao al carbón, su ajoarriero y pil pil. La bola sorpresa.

XXX **Freixa Tradició**

Sant Elíes 22 ✉ 08006 Ⓜ Plaça Molina – ✆ 932 09 75 59 Plano : 4G1**h**
– www.freixatradicio.com – cerrado Semana Santa, 21 días en agosto, domingo noche y lunes
• REGIONAL • Menú 25/38 € – Carta aprox. 35 €
Está llevado por el matrimonio propietario y, con el paso de los años, se ha convertido en toda una institución para la ciudad. En su sala, de línea minimalista, podrá descubrir una cocina tradicional catalana bien elaborada y de calidad.

XXX **Roig Robí**

Sèneca 20 ✉ 08006 Ⓜ Diagonal – ✆ 932 18 92 22 Plano : 4H1**c**
– www.roigrobi.com – cerrado 7 días en enero, 21 días en agosto, sábado mediodía y domingo
• REGIONAL • Menú 33/59 € – Carta 40/76 €
Un agradable restaurante de ambiente clásico dotado con una sala tipo invernadero, alrededor de un patio-jardín. Carta de cocina tradicional catalana, menús y completa bodega.

XXX **Tram-Tram**

Major de Sarrià 121 ✉ 08017 Ⓜ Reina Elisenda Plano : 3E1**d**
– ✆ 932 04 85 18 – www.tram-tram.com – cerrado Semana Santa,15 días en agosto, domingo noche, lunes y festivos
• COCINA MODERNA • Menú 28 € – Carta 40/61 €
Casa de ambiente clásico distribuida en distintos espacios, con privados y un patio-terraza. Su carta de cocina tradicional e internacional actualizada contempla varios menús.

ESPAÑA

XXX **Botafumeiro**

Gran de Gràcia 81 ✉ 08012 Ⓜ Fontana – ✆ 932 18 42 30 Plano : 4GH1**v**
– www.botafumeiro.es
• PESCADOS Y MARISCOS • Carta 60/95 €
Posee un hall con viveros, una buena barra y varias salas de línea clásica. Trabajan con pescados y mariscos de gran calidad, siendo especialistas en ofrecer piezas grandes.

XX **El Asador de Aranda**

av. del Tibidabo 31 ✉ 08022 – ✆ 934 17 01 15 Plano : 1B2**b**
– www.asadordearanda.com – cerrado domingo noche
• CARNES • Menú 32/50 € – Carta 34/46 €
En el marco incomparable de la Casa Roviralta, edificio de estilo modernista también conocido como El Frare Blanc. Cocina típica castellana, donde el lechazo es la estrella.

XX **Alkimia** (Jordi Vilá)

Indústria 79 (previsto traslado a ronda de Sant Antoni 41-1º) Plano : 5J1**v**
✉ 08025 Ⓜ Sagrada Familia – ✆ 932 07 61 15 – www.alkimia.cat – cerrado Navidades, Semana Santa, domingo y lunes
• CREATIVA • Menú 39/130 € – Carta 48/88 €
En una zona bastante tranquila del Eixample, donde se presenta con una sala de estética minimalista. Aquí ofrecen una pequeña carta y varios menús degustación, unos de carácter innovador y otros de tinte más tradicional, pudiendo también extraer de ellos los platos que se quiera.
→ Tartar de pescado con caviar. Pichón curado con ciruelas. Mango con sorbete de leche de cabra.

XX **Hisop** (Oriol Ivern)

passatge de Marimon 9 ✉ 08021 Ⓜ Hospital Clínic Plano : 4G2**b**
– ✆ 932 41 32 33 – www.hisop.com – cerrado del 1 al 8 de enero, sábado mediodía, domingo y festivos
• CREATIVA • Menú 31/62 € – Carta 55/75 €
Dado su tamaño este es un restaurante que resulta, a la vez, íntimo y moderno. En su minimalista sala descubrirá unas elaboraciones creativas, frescas y de bases tradicionales, siempre con productos de la zona o de temporada. ¡Interesantes maridajes!
→ Colmenillas con curry y berberechos. Corzo con romesco de remolacha y calçots. Fresones con aceitunas negras y pimienta.

XX **Silvestre**

Santaló 101 ✉ 08021 Ⓜ Muntaner – ✆ 932 41 40 31 Plano : 4G1**e**
– www.restaurante-silvestre.com – cerrado Semana Santa, 21 días en agosto, sábado noche en julio-agosto, sábado mediodía, domingo y festivos
• COCINA TRADICIONAL • Menú 22 € – Carta aprox. 35 €
Coqueto, acogedor y con varios espacios independientes, lo que proporciona al cliente cierta intimidad. Cocina tradicional e internacional, con buenos menús y opción a medias raciones en todos sus platos. Pruebe los Pies de cerdo rellenos de setas, butifarra y salsa de Oporto... ¡están buenísimos!

XX **Mil921**

Casanova 211 ✉ 08021 Ⓜ Hospital Clinic – ✆ 934 14 34 94 Plano : 4G2**v**
– www.mil921.com – cerrado domingo y lunes noche
• COCINA MODERNA • Menú 21/45 € – Carta 37/55 €
En sus salas, ambas actuales, encontrará una cocina tradicional actualizada que toma como base los productos de mercado y de la zona. ¡También elaboran platos de sabor nipón!

X **Vivanda**

Major de Sarrià 134 ✉ 08017 Ⓜ Reina Elisenda Plano : 3E1**a**
– ✆ 932 03 19 18 – www.vivanda.cat – cerrado domingo noche y lunes
• COCINA TRADICIONAL • Carta 22/35 €
Singular, pues centra su oferta en muchos "Platillos" de medias raciones. Atractiva terraza arbolada y moderno interior, donde conviven las mesas bajas del restaurante con las altas de tapeo, todas montadas con el mismo mantel.

X **Caldeni**

València 452 ✉ 08013 Ⓜ Sagrada Familia – ✆ 932 32 58 11 Plano : 5J1**h**
– www.caldeni.com – cerrado 21 días en agosto, domingo y lunes
• COCINA MODERNA • Menú 27/65 € – Carta 40/60 €
Íntimo, de línea minimalista y con un pequeño gastrobar anexo. Ofrecen una carta de cocina actual especializada en carnes de bovino, un menú del día y otro tipo degustación.

X **Bonanova**

Sant Gervasi de Cassoles 103 ✉ 08022 Ⓜ El Putxet Plano : 3F1**a**
– ✆ 934 17 10 33 – www.restaurantebonanova.com – cerrado Semana Santa, 21 días en agosto, domingo noche y lunes
• COCINA TRADICIONAL • Menú 30 € – Carta 32/60 €
Curioso, pues este restaurante de tradición familiar ocupa un antiguo "casinet" modernista en Sant Gervasi. En su interior, con estética de café antiguo, encontrará una cocina tradicional sencilla pero sabrosa, variada y bien elaborada.

X **La Taula**

Sant Màrius 8-12 ✉ 08022 Ⓜ El Putxet – ✆ 934 17 28 48 Plano : 3F1**u**
– www.lataula.com – cerrado Semana Santa, agosto, sábado mediodía, domingo y festivos
• INTERNACIONAL • Menú 15/33 € – Carta 25/40 € – *(solo almuerzo salvo jueves y viernes)*
Singular, reducido y de ambiente clásico-actual. Aquí encontrará una carta de gusto internacional con elaboraciones caseras y algunos menús, estos a precios realmente interesantes. ¡Pregunte por su Malakoff crujiente de queso Gruyère!

Casa Pepe

pl. de la Bonanova 4 ✉ 08022 – ✆ 934 18 00 87 Plano : 3F1**n**
– www.casapepe.es – cerrado 21 días en agosto, domingo noche y lunes salvo festivos
• COCINA TRADICIONAL • Tapa 8 € – Ración aprox. 15 €
Casa de organización familiar bastante curiosa, ya que en ella se combina el servicio de comidas con una tienda gourmet. También preparan platos al momento para llevar.

ESPAÑA

Lata-Berna de Juanjo

Torrent de les Flors 53 ✉ 08024 – ✆ 931 93 02 88 Plano : 4H1**a**
– www.latabernadejuanjo.wordpress.com – cerrado lunes
• INTERNACIONAL • Tapa 8 € – Ración aprox. 10 €
Un negocio alegre y original en el que se juega con los detalles antiguos para crear un espacio personalizado. Amplia carta de tapas y raciones, la mayoría servidas en latas.

Alrededores

en Santa Coloma de Gramenet – Ver mapa regional n° 10-B3

Ca n'Armengol

Prat de La Riba 1 ✉ 08921 Santa Coloma de Gramenet Plano : 2D1**a**
Ⓜ Santa Coloma – ✆ 933 91 68 55 – www.canarmengol.net – cerrado Semana Santa, 2 semanas en agosto, domingo noche, lunes y martes noche
• COCINA TRADICIONAL • Menú 11/33 € – Carta 29/46 €
Casa de organización familiar y ambiente clásico dotada con dos entradas, una directa al antiguo bar, donde ofrecen el menú, y la otra tanto a las salas como al privado, reservados estos para la carta. Cocina de base tradicional con opción a medias raciones.

Lluerna (Víctor Quintillà)

Rafael Casanovas 31 ✉ 08921 Santa Coloma de Gramenet Plano : 2D1**n**
Ⓜ Santa Coloma – ✆ 933 91 08 20 – www.lluernarestaurant.com – cerrado Semana Santa, del 8 al 29 de agosto, domingo y lunes
• COCINA MODERNA • Menú 37/72 € – Carta 40/68 €
Resulta céntrico y está bien llevado por el matrimonio propietario. En su pequeño comedor de aire minimalista podrá descubrir una cocina actualizada de bases tradicionales, interpretable a través de sus menús degustación. ¡Buenos puntos de cocción, interesantes detalles y cuidadas presentaciones!
➜ Arroz de gambas de playa. Pichón de la familia Tatjé con anchoas y aceitunas negras. Coulant de avellana y fruta de la pasión.

ESPAÑA

en L'Hospitalet de Llobregat

Hesperia Tower

Gran Via 144 ✉ 08907 L'Hospitalet de Llobregat Plano : 1B3**a**
Ⓜ Hospital de Bellvitge – ✆ 934 13 50 00 – www.hesperia-tower.com
280 hab – 89/499 €, 25 € – 42 suites
Hotel de línea moderna instalado en una torre diseñada por el prestigioso arquitecto Richard Rogers. Posee amplias zonas nobles, un centro de convenciones y habitaciones de muy buen confort, todas actuales. En el restaurante, también moderno, ofrecen una carta de cocina tradicional con productos de temporada.

en Sant Joan Despí

Follia

Creu de Muntaner 17 ✉ 08970 Sant Joan Despí Plano : 1A3**b**
– ✆ 934 77 10 50 – www.follia.com – cerrado Semana Santa, 21 días en agosto y domingo noche
• CREATIVA • Menú 30/68 € – Carta 36/49 €
Casa en piedra de moderna decoración dotada con un huerto propio. Escoja entre su cocina creativa a base de medias raciones o el menú degustación, este con maridaje de vinos. También puede tapear o comer de forma más informal en el sótano.

en Sant Just Desvern

Hesperia Sant Just

Frederic Mompou 1 ✉ 08960 Sant Just Desvern Plano : 1A3**a**
– ✆ 934 73 25 17 – www.hesperia-santjust.com – cerrado agosto
138 hab – 62/340 € – 12 suites
¡En un entorno de oficinas a las afueras de la ciudad! Presenta un amplio hall-recepción, varios salones de conferencias y habitaciones funcionales de completo equipamiento. El restaurante, clásico pero con toques castellanos, propone una carta tradicional especializada en asados y carnes a la parrilla.

BARCENILLA

Cantabria – 349 h. – Ver mapa regional n° **6-B1**
Madrid 414 km – Santander 21 km – Bilbao 116 km
Mapa de carreteras Michelin n° 572-B18

Los Nogales

barrio La Portilla 7 ✉ 39477 – ✆ 942 58 92 22 – www.posadalosnogales.com – cerrado 20 diciembre-30 marzo
10 hab – 55/77 € 66/99 €, 9 €
Posada de cuidado exterior, al estilo cántabro tradicional, que contrasta con la estética contemporánea del interior. Las habitaciones combinan diseño y calidad, destacando las cuatro abuhardilladas de la última planta, tres con saloncito.

El BARCO DE ÁVILA

Ávila – 2 653 h. – Alt. 1 009 m – Ver mapa regional n° **8-B3**
Madrid 193 km – Valladolid 215 km – Ávila 82 km – Salamanca 92 km
Mapa de carreteras Michelin n° 575-K13

en la carretera de los Llanos de Tormes Sur : 2 km

Puerta de Gredos

✉ 05600 El Barco de Ávila – ✆ 920 34 51 71 – www.izanhoteles.es
46 hab – 55/175 €, 14 € – 4 suites
¡En un aislado paraje! El hotel, formado por cinco edificios, recupera un conjunto del s. XVIII que en su día funcionó como lavadero de lana. Ofrece un hall polivalente y modernas habitaciones, unas abuhardilladas y otras de tipo dúplex. Desde los fogones apuestan por una cocina tradicional y de temporada.

BARIZO → Ver Malpica de Bergantiños

A Coruña

BARÓS → Ver Jaca

Huesca

BARRO → Ver Llanes

Asturias

BAZA

Granada – 21 258 h. – Alt. 872 m – Ver mapa regional n° **1-D2**
Madrid 425 km – Granada 105 km – Murcia 178 km
Mapa de carreteras Michelin n° 578-T21

por la carretera de Murcia Noreste : 3,5 km y desvío a la derecha 4 km

Cuevas Al Jatib

Arroyo Cúrcal ✉ 18800 Baza – ✆ 958 34 22 48 – www.aljatib.com
6 apartamentos – 84/110 €, 8 € – 4 hab
Estas encantadoras casas-cueva, algo aisladas y típicas de la arquitectura popular, se presentan con unos relajantes baños árabes y acogedoras habitaciones. En su coqueto comedor podrá degustar platos propios de la gastronomía árabe, francesa y local.

BEASAIN

Guipúzcoa – 13 792 h. – Ver mapa regional n° **18-B2**
Madrid 427 km – Vitoria-Gasteiz 69 km – Donostia-San Sebastián 44 km – Iruña / Pamplona 76 km
Mapa de carreteras Michelin n° 573-C23

Dolarea

Nafarroa etorbidea 57 ✉ 20200 – ✆ 943 88 98 88 – www.dolareahotela.com
20 hab – 85/142 € 102/170 €
¡Ocupa un enorme caserío del s. XVII! Tanto la zona social como las habitaciones lucen una línea sorprendentemente actual, destacando las estancias de la 2ª planta por ser abuhardilladas y tener los techos en madera. En el restaurante, también moderno, apuestan por una cocina tradicional con toques actuales.

BECEITE

Teruel – 599 h. – Ver mapa regional n° **2-C3**
Madrid 471 km – Zaragoza 157 km – Teruel 195 km – Tarragona 134 km
Mapa de carreteras Michelin n° 574-J30

La Fábrica de Solfa

Arrabal del Puente 16 ✉ 44588 – ✆ 978 85 07 56 – www.fabricadesolfa.com – cerrado del 22 al 26 de diciembre
8 hab – 62/72 € 82/92 €
Hotel rural, de sencilla organización familiar, instalado en un molino papelero construido a finales del s. XVIII. Ofrece un buen salón social y cálidas habitaciones de aire rústico instaladas en lo que fueron los secaderos. En su coqueto restaurante elaboran una carta de tinte tradicional y un buen menú.

BECERRIL DE LA SIERRA

Madrid – 5 388 h. – Alt. 1 080 m – Ver mapa regional n° **15-A2**
Madrid 50 km – Segovia 42 km – Ávila 78 km – Cuenca 219 km
Mapa de carreteras Michelin n° 576 y 575-J18

El Zaguán

Peña Lisa 2 ✉ 28490 – ✆ 918 55 60 64 – cerrado del 15 al 30 de junio, del 1 al 15 de noviembre, lunes y martes salvo festivos
Menú 15/35 € – Carta 31/43 €
Sorprende por su emplazamiento en un viejo pajar de aire rústico, donde encontrará una carta tradicional enriquecida con algunos platos catalanes y creativas sugerencias.

ESPAÑA

BEGUR

Girona – 4 148 h. – Ver mapa regional n° **10-B1**
Madrid 730 km – Barcelona 132 km – Girona 50 km – Tarragona 222 km
Mapa de carreteras Michelin n° 574-G39

Rosa

Pi i Ralló 19 ✉ 17255 – ✆ 972 62 30 15 – www.hotel-rosa.com – marzo-octubre
21 hab – 61/97 € 88/126 €
Rest *Fonda Caner* – ver selección restaurantes
Está en pleno casco antiguo, ocupando dos casas que se comunican por un patio y ofrecen buenas vistas desde sus azoteas. Habitaciones con mobiliario moderno y baños actuales.

Aiguaclara

Sant Miquel 2 ✉ 17255 – ✆ 972 62 29 05 – www.hotelaiguaclara.com – cerrado 9 diciembre-9 febrero
10 hab – 80/170 €
Ocupa una casa de indiano que data de 1866, con un pequeño salón social, un patio y coquetas habitaciones, todas personalizadas. El restaurante, repartido en dos zonas y con una carta tradicional, tiene un espacio chill out para picar y un sencillo comedor.

Fonda Caner – Hotel Rosa

Pi i Ralló 10 ✉ 17255 – ✆ 972 62 23 91 – www.fondacaner.com – marzo-octubre
Menú 23/31 € – Carta 24/47 € – *(solo cena salvo Semana Santa, agosto y fines de semana)*
Restaurante de funcionamiento independiente muy centrado en los clientes del hotel. Proponen una cocina regional que procura trabajar con productos biológicos y de la zona.

en Aiguablava Sureste : 3,5 km

Aigua Blava

platja de Fornells ✉ 17255 Begur – ✆ 972 62 45 62 – www.hotelaiguablava.com – abril-15 octubre
84 hab – 145/215 € 185/285 € – 1 suite
Destaca por su privilegiado emplazamiento, pues se encuentra sobre una cala rodeada de zonas verdes. Ofrecen habitaciones de distintos estilos, la mayoría con terraza y vistas al mar. El restaurante, enfocado al cliente vacacional y también asomado al Mediterráneo, elabora una carta de tinte tradicional.

Parador de Aiguablava
platja d'Aigua Blava ✉ 17255 – ✆ 972 62 21 62 – www.parador.es – cerrado 6 enero-14 febrero
78 hab – 80/200 €, 18 €
Construido en lo alto de una cala, donde su blanca arquitectura se perfila contra al azul del mar y el verde de los pinos. ¡Todas sus habitaciones se asoman al Mediterráneo! El comedor combina sus hermosas vistas con una cocina fiel al recetario catalán.

por la carretera GIP 6531 Sur : 4 km y desvío a la izquierda 1 km

Mas Ses Vinyes
✉ 17255 Begur – ✆ 972 30 15 70 – www.massesvinyes.com – Semana Santa-4 noviembre
25 hab – 80/160 € 90/205 €
Se distribuye entre una bonita masía restaurada y cuatro anexos que rodean la piscina panorámica. Pequeño SPA, habitaciones clásicas y otras de línea más actual. El restaurante tiene un uso polivalente, ya que ofrece los desayunos y una carta mediterránea.

BÉJAR

Salamanca – 14 280 h. – Alt. 938 m – Ver mapa regional n° **8-A3**
Madrid 211 km – Ávila 105 km – Plasencia 63 km – Salamanca 72 km
Mapa de carreteras Michelin n° 575-K12

La Plata
Recreo 93 ✉ 37700 – ✆ 923 40 02 82 – www.restaurantelaplata.com – cerrado miércoles
Menú 10/36 € – Carta 20/41 €
Llevado entre hermanos. Posee un bar tipo mesón y dos comedores, orientando el pequeño a raciones y tapeo. Carta tradicional especializada en productos ibéricos, carnes de ternera Morucha y platos de la comarca, como el Calderillo bejarano.

ESPAÑA

BELATE (Puerto de) (VELATE)

Navarra – Alt. 847 m – Ver mapa regional n° **17-B2**
Madrid 432 km – Bayonne 85 km – Iruña/Pamplona 33 km – Donostia-San Sebastián 72 km
Mapa de carreteras Michelin n° 573-C25

en la carretera NA 1210 Sur : 2 km

Venta de Ulzama sin
✉ 31797 Arraitz – ✆ 948 30 51 38 – www.ventadeulzama.com – cerrado 20 diciembre-20 enero
14 hab – 55 € 60/70 €
Rest *Venta de Ulzama* – ver selección restaurantes
Esta venta se encuentra en un puerto de montaña y depende de la misma familia desde hace más de 100 años. Salón social con chimenea y habitaciones de estilo clásico-actual.

Venta de Ulzama – Hotel Venta de Ulzama
✉ 31797 Arraitz – ✆ 948 30 51 38 – www.ventadeulzama.com – cerrado enero y lunes
Menú 25/35 € – Carta aprox. 40 €
El comedor, muy luminoso, se reparte en dos salas de montaje clásico-regional, con varios cuadros costumbristas decorando sus paredes. Cocina tradicional y platos regionales.

BELLVER DE CERDANYA

Lleida – 2 185 h. – Alt. 1 061 m – Ver mapa regional n° **9-C1**
Madrid 634 km – Lleida/Lérida 165 km – La Seu d'Urgell/Seo de Urgel 32 km
Mapa de carreteras Michelin n° 574-E35

Bellavista
carret. de Puigcerdà 43 ✉ 25720 – ✆ 973 51 00 00 – www.bellavistabellver.cat
50 hab – 60/70 €
¡Llevado ya por la 3ª generación familiar! Aquí encontrará unas habitaciones sencillas pero de impecable limpieza y mantenimiento, las de la 1ª planta con terraza y las de la 2ª con balcón. El comedor, de ambiente rústico, propone una cocina regional catalana y algún que otro plato de caza... como el Civet.

BEMBRIVE → Ver Vigo
Pontevedra

BENAHAVÍS
Málaga – 6 380 h. – Alt. 185 m – Ver mapa regional n° **1**-A3
Madrid 610 km – Algeciras 78 km – Málaga 79 km – Marbella 17 km
Mapa de carreteras Michelin n° 578-W14

Amanhavis
del Pilar 3 ✉ 29679 – ✆ 952 85 60 26 – www.amanhavis.com
– cerrado 29 noviembre-18 diciembre y 7 enero-12 febrero
9 hab – ††99/139 €, ☕ 11 €
Una casa con encanto, pues aquí cuidan la decoración hasta el último detalle. Ofrece habitaciones temáticas y un tranquilo patio central, con plantas y una pequeña piscina. Su restaurante propone una carta-menú que toma como base el recetario internacional.

Los Abanicos
Málaga 15 ✉ 29679 – ✆ 952 85 50 22 – cerrado diciembre y martes
Carta 32/55 €
Un restaurante céntrico y de larga tradición familiar. Presenta una terraza, un bar público, con un acceso independiente, y dos salas de líneas clásicas. Cocina tradicional.

BENALMÁDENA
Málaga – 25 747 h. – Ver mapa regional n° **1**-B3
Madrid 551 km – Granada 149 km – Málaga 27 km – Sevilla 230 km
Mapa de carreteras Michelin n° 578-W16

La Fonda
Santo Domingo de Guzmán 7 ✉ 29639 – ✆ 952 56 90 47
– www.lafondabenalmadena.es
27 hab ☕ – †95/130 € ††125/180 €
Instalado en una casa diseñada por... ¡Cesar Manrique! Presenta un bello patio y tres tipos de habitaciones, unas con detalles andaluces, otras árabes y por último las que llaman griegas. En su restaurante elaboran una buena cocina tradicional e internacional.

BENALÚA DE GUADIX
Granada – 3 301 h. – Alt. 903 m – Ver mapa regional n° **1**-C2
Madrid 443 km – Sevilla 317 km – Granada 71 km – Jaén 115 km
Mapa de carreteras Michelin n° 578-T20

Cuevas La Granja
camino de la Granja, Norte : 0,5 km ✉ 18510 – ✆ 958 67 60 00
– www.cuevas.org
19 hab – ††65/80 €, ☕ 5 € – 2 suites – 11 apartamentos
Está a las afueras del pueblo, pues se trata de las típicas cuevas de la zona transformadas en apartamentos, unos de aire antiguo y otros más rústicos. El restaurante, que también tiene el comedor montado en una gruta, ofrece una carta tradicional andaluza.

BENALUP-CASAS VIEJAS
Cádiz – 6 991 h. – Ver mapa regional n° **1**-B3
Madrid 682 km – Sevilla 154 km – Cádiz 92 km – Gibraltar 62 km
Mapa de carreteras Michelin n° 578-W12

Utopía
Dr. Rafael Bernal 32 ✉ 11190 – ✆ 956 41 95 32 – www.hotelutopia.es
16 hab ☕ – ††89/199 €
Singular y original, ya que todas sus habitaciones están personalizadas siguiendo una temática diferente y cuenta con un pequeño museo dedicado a los años 30. El restaurante es como un café-teatro, por eso durante las cenas de los fines de semana suele amenizar las veladas con música en vivo.

BENAOJÁN

Málaga – 1 531 h. – Alt. 565 m – Ver mapa regional n° **1-A3**
Madrid 567 km – Algeciras 95 km – Cádiz 138 km – Marbella 81 km
Mapa de carreteras Michelin n° 578-V14

por la carretera de Ronda

Molino del Santo
barriada Estación, Suroeste : 2 km ✉ 29370 Benaoján – ☎ 952 16 71 51 – www.molinodelsanto.com – marzo-15 noviembre
18 hab – 75/85 € 107/127 €
Atractivo hotel de estilo regional ubicado en el nacimiento de un río, en un antiguo molino de aceite. Ofrece habitaciones amplias y bien decoradas, con mobiliario provenzal. El comedor, también de ambiente rústico, se complementa con una agradable terraza.

BENASQUE

Huesca – 2 195 h. – Alt. 1 138 m – Ver mapa regional n° **2-D1**
Madrid 538 km – Huesca 148 km – Lleida/Lérida 148 km
Mapa de carreteras Michelin n° 574-E31

Aneto
av. de Francia 4 ✉ 22440 – ☎ 974 55 10 61 – www.hotelesvalero.com – cerrado 15 abril-mayo y septiembre-15 diciembre
75 hab – 90/140 € 130/200 €
Un hotel con elementos de diseño, como la gran escultura que recibe al visitante. Posee habitaciones de línea actual... eso sí, todas con detalles rústicos, cuatro con chimenea y algunas abuhardilladas. El restaurante combina el menú con una carta tradicional.

Ciria
av. de Los Tilos ✉ 22440 – ☎ 974 55 16 12 – www.hotelciria.com – cerrado 15 días en mayo y 15 días en noviembre
36 hab – 77/89 € 94/118 € – 2 suites
Rest *El Fogaril* – ver selección restaurantes
En la calle principal de la localidad. Reparte sus habitaciones en tres plantas, en las dos primeras de línea actual-funcional y en el último piso, donde tienen alguna tipo dúplex para familias, más rústicas y abuhardilladas.

Aragüells
av. de Los Tilos 1 ✉ 22440 – ☎ 974 55 16 19 – www.hotelaraguells.com – cerrado noviembre y mayo
19 hab – 35/55 € 55/85 €
Destaca por su exterior de carácter montañés y por su nombre, pues hace referencia a un pico cercano con 3037 m. de altura. Ofrece habitaciones de línea funcional-actual salvo en la 3ª planta, ya que esas son rústicas y abuhardilladas.

El Fogaril – Hotel Ciria
av. de Los Tilos ✉ 22440 – ☎ 974 55 16 12 – www.hotelciria.com – cerrado 15 días en mayo y 15 días en noviembre
Menú 25/35 € – Carta 24/50 €
Con su nombre rememoran una cocina, en forma de círculo, típica de esta tierra. En su comedor, de aire rústico y con detalles cinegéticos, le ofrecerán una carta regional basada en guisos, platos de caza y deliciosas setas en temporada.

BENAVENTE

Zamora – 19 137 h. – Alt. 724 m – Ver mapa regional n° **8-B2**
Madrid 259 km – León 71 km – Ourense 242 km – Palencia 108 km
Mapa de carreteras Michelin n° 575-F12

Parador de Benavente
paseos de la Mota ✉ 49600 – ☎ 980 63 03 00 – www.parador.es
38 hab – 70/175 €, 15 €
¡Castillo-palacio renacentista que le cautivará por su espíritu medieval! Posee habitaciones de marcado ambiente castellano y un magnífico salón, con artesonado mudéjar, en la monumental Torre del Caracol. En su comedor se apuesta por la gastronomía regional.

Santiago
av. Maragatos 34 ✉ 49600 – ✆ 980 63 50 37 – www.grupohlt.com
29 hab – 48/70 € 59/90 €, 6 € – 1 suite
En este céntrico hotel encontrará un diáfano hall y habitaciones bien equipadas, no muy amplias pero personalizadas, con mobiliario clásico e hidromasaje en los baños.

por la carretera de León Noreste : 2,5 km y desvío a la derecha 0,5 km

El Ermitaño (Óscar Pérez)
✉ 49600 Benavente – ✆ 980 63 67 95 – www.elermitano.com – cerrado 31 diciembre-15 enero, domingo noche y lunes salvo festivos
Menú 18/75 € – Carta 36/56 €
Sorprende, pues ocupa una casa de campo señorial en la que hallaremos hasta una ermita del s. XVIII. Sus recios muros dan paso a un atractivo mesón, donde se inició el negocio, y varias salas de ambiente rústico en el piso superior. Su carta contempla dos apartados: los clásicos de la casa y los platos de temporada.
→ Las cocochas de bacalao con patata, queso de oveja, jamón ibérico y yema. El cochinillo crujiente con membrillo de tomate, flores, albahaca y ajos. Piña, coco, ron y té negro.

BENICARLÓ

Castellón – 26 491 h. – Alt. 27 m – Ver mapa regional n° **11-B1**
Madrid 492 km – Castelló de la Plana/Castellón de la Plana 69 km – Tarragona 116 km – Tortosa 55 km
Mapa de carreteras Michelin n° 577-K31

Parador de Benicarló
av. del Papa Luna 5 ✉ 12580 – ✆ 964 47 01 00 – www.parador.es
104 hab – 85/170 €, 15 €
Edificio de planta horizontal y aire mediterráneo emplazado frente al mar. Posee una extensa zona ajardinada y amplias habitaciones, todas con terraza. El restaurante, que ofrece una carta regional, tiene como especialidad el Suquet de rape y langostinos.

El Cortijo Hnos. Rico
av. Méndez Núñez 85 ✉ 12580 – ✆ 964 47 00 75 – www.elcortijobenicarlo.com – cerrado domingo noche
Carta 25/50 €
¡Todo un clásico en la zona! Completa su oferta con dos enormes salones de banquetes. Carta tradicional y local, con varios platos dedicados a las alcachofas y a los arroces.

Chuanet
av. Papa Luna ✉ 12580 – ✆ 964 47 17 72 – www.rincondechuanet.com – cerrado domingo noche y lunes salvo agosto y festivos
Menú 21/40 € – Carta 28/49 €
En un chalet de línea moderna y... ¡frente al mar! En sus comedores, ambos de estilo clásico-actual, le propondrán una carta marinera rica en arroces y pescados de la zona.

Pau
av. Marqués de Benicarló 11 ✉ 12580 – ✆ 964 47 05 46 – www.paurestaurant.com – cerrado 9 días en marzo, 9 días en junio, 9 días en noviembre, martes salvo febrero y verano, domingo noche y lunes
Menú 15/36 € – Carta 30/50 €
De estilo urbano y ubicado frente al puerto deportivo. Posee dos comedores, un salón de banquetes y una carta actual de base tradicional, con arroces, mariscos y varios menús.

Raúl Resino N
Alacant 2 ✉ 12580 – ✆ 964 86 55 05 – www.restauranteraulresino.com – cerrado del 15 al 30 de junio, domingo noche y lunes
Menú 35/42 € – (solo menú)
Basa su oferta gastronómica en un único e interesante menú degustación, de tinte actual, que se renueva cada 15 días. Las instalaciones son modernas y el personal muy atento.

ESPAÑA

BENICÀSSIM

Castellón – 18 989 h. – Ver mapa regional n° **11-B1**
Madrid 436 km – Castelló de la Plana/Castellón de la Plana 14 km – Tarragona 165 km – València 88 km
Mapa de carreteras Michelin n° 577-L30

en la zona de la playa

El Palasiet

Pontazgo 11 ✉ 12560 Benicàssim – ✆ 964 30 02 50 – www.palasiet.com – cerrado enero-marzo

68 hab – 131/201 € 178/356 € – 6 suites

Fue pionero por sus servicios de talasoterapia, con su propio centro de salud y belleza. Entorno ajardinado, habitaciones con terraza y buenas vistas. Su coqueto restaurante, tipo jardín de invierno, está especializado en cocina saludable y baja en calorías.

Voramar

paseo Pilar Coloma 1 (av. de Barcelona 117) ✉ 12560 Benicàssim – ✆ 964 30 01 50 – www.voramar.net

59 hab – 50/70 € 75/95 €

A pie de playa, de corte clásico-funcional y con muchos años de historia. Posee habitaciones de diferentes tamaños, casi todas con terraza, así como un comedor de carácter panorámico, donde ofrecen una completa carta tradicional rica en pescados y arroces.

Vista Alegre

av. de Barcelona 71 ✉ 12560 Benicàssim – ✆ 964 30 04 00 – www.hotelvistalegre.com – marzo-octubre

68 hab – 34/50 € 55/75 €, 6 €

En segunda línea de playa y con las características propias de un hotel vacacional. Posee dos tipos de habitaciones, las de mobiliario castellano y las renovadas, de línea más funcional-actual... eso sí, todas con terraza. El restaurante, bastante sencillo, centra su oferta en un correcto menú del día.

BENIDORM

Alicante – 73 768 h. – Ver mapa regional n° **11-B3**
Madrid 463 km – València 140 km – Alacant / Alicante 46 km
Mapa de carreteras Michelin n° 577-Q29

Villa Venecia

pl. Sant Jaume 1 ✉ 03501 – ✆ 965 85 54 66 – www.hotelvillavenecia.com

25 hab – 137/310 € 208/540 €

Elegante hotel emplazado en la zona alta de la ciudad, con unas excelentes vistas sobre el mar. Aquí todo es algo reducido... sin embargo, resulta muy acogedor. El restaurante, de marcado carácter panorámico y con una atractiva terraza exterior, ofrece una cocina tradicional actualizada y sabrosos arroces.

Bilbaino

av. Virgen del Sufragio 1 ✉ 03501 – ✆ 965 85 08 05 – www.hotelbilbaino.com – 15 marzo-15 noviembre

38 hab – 25/120 € 30/160 €, 7 €

Todo un clásico de Benidorm... ¡desde 1926! Se encuentra en pleno casco antiguo, ofreciendo correctas habitaciones con terraza sobre el mar, ambiente tranquilo y trato familiar. El comedor, sencillo en su montaje y orientado al cliente alojado, propone una cocina de tinte casero.

BENIFAIÓ

Valencia – 11 830 h. – Alt. 30 m – Ver mapa regional n° **11-B2**
Madrid 367 km – Alacant / Alicante 151 km – Murcia 211 km – València 25 km
Mapa de carreteras Michelin n° 577-O28

Juan Veintitrés

Papa Juan XXIII-8 ✉ 46450 – ✆ 961 78 45 75 – www.restaurantejuanxxiii.com – cerrado del 8 al 31 de agosto, domingo noche y lunes
Menú 30 € – Carta 33/45 €
Está bien llevado entre tres hermanos, con uno atento a los fogones y los otros a la sala. La carta, tradicional con toques creativos, se recita de palabra y vuelca todo el protagonismo tanto en los pescados frescos como en sus arroces.

BENIMANTELL

Alicante – 487 h. – Alt. 527 m – Ver mapa regional n° **11-B3**
Madrid 437 km – Alcoi 32 km – Alacant/Alicante 68 km – Gandía 85 km
Mapa de carreteras Michelin n° 577-P29

L'Obrer

carret. de Alcoy 27 ✉ 03516 – ✆ 965 88 50 88 – cerrado julio y domingo
Menú 23/30 € – Carta 25/35 € – *(solo almuerzo salvo viernes, sábado y agosto)*
Tras su discreta fachada encontrará un restaurante de amable organización familiar. Aquí ofrecen cocina casera de verdad, siempre con productos bien tratados y presentados.

BENIMAURELL

Alicante – 280 h. – Ver mapa regional n° **11-B3**
Madrid 445 km – Alacant/Alicante 93 km – Alcoi 59 km – València 106 km
Mapa de carreteras Michelin n° 577-P29

ESPAÑA

Alahuar

Partida El Tossalet ✉ 03791 – ✆ 965 58 33 97 – www.hotelalahuar.es
20 hab – 42/65 € 54/100 €
Está en la zona alta de Benimaurell, brindando magníficas vistas a las montañas, al valle y al mar. Ofrece unas habitaciones muy confortables, la mayoría tipo dúplex. El restaurante, con los techos abovedados, propone una carta regional con buenos guisos. ¡Agradable piscina en un jardín seco-mediterráneo!

BENISANÓ

Valencia – 2 281 h. – Alt. 70 m – Ver mapa regional n° **11-A2**
Madrid 349 km – València 27 km –
Castelló de la Plana / Castellón de la Plana 88 km – Alacant / Alicante 198 km
Mapa de carreteras Michelin n° 577-N28

Rioja

av. Verge del Fonament 37 ✉ 46181 – ✆ 962 79 21 58 – www.hotelrestauranterioja.com
46 hab – 44/87 € 55/100 €
Rest *Rioja* – ver selección restaurantes
Un negocio familiar con historia... no en vano, ya está llevado por la 4ª generación. Posee un acogedor salón social y habitaciones funcionales, resultando las de la 3ª planta las más actuales. ¡Dinamizan su actividad con una Aula del vino!

Rioja – Hotel Rioja

av. Verge del Fonament 37 ✉ 46181 – ✆ 962 79 21 58 – www.hotelrestauranterioja.com – cerrado domingo noche y festivos noche
Menú 15 € – Carta aprox. 35 €
Brinda un comedor clásico-actual, varios reservados y una cuidada bodega. Junto a sus platos tradicionales, siempre basados en la calidad de los productos locales, encontrará una buena carta de arroces. ¡No se marche sin probar su Paella valenciana a la leña!

BENISSA

Alicante – 13 932 h. – Alt. 274 m – Ver mapa regional n° **11-B3**
Madrid 458 km – Alacant/Alicante 71 km – València 110 km
Mapa de carreteras Michelin n° 577-P30

XX **Casa Cantó**

av. País Valencià 237 ✉ 03720 – ✆ 965 73 06 29 – www.casacanto.com – cerrado noviembre y domingo en verano

Menú 25/70 € – Carta 32/62 € – *(solo almuerzo salvo jueves, viernes y sábado de octubre a junio)*

Presenta varias salas, la principal con una bodega acristalada y vistas al peñón de Ifach. Su carta tradicional se enriquece con un apartado de arroces, pescados y mariscos.

BENTRACES

Ourense – Ver mapa regional n° **13-C3**

Madrid 495 km – Ourense 10 km – Pontevedra 104 km

Mapa de carreteras Michelin n° 571-F6

Palacio de Bentraces

do Eiro 9 (Barbadás) ✉ 32890 – ✆ 988 38 33 81 – www.pazodebentraces.com – cerrado 22 diciembre-22 febrero

6 hab – 95/105 € 100/110 €, 8 €

Ocupa un bello pazo señorial que en su origen, allá por el s. XV, sirvió como residencia episcopal. Posee un hermoso jardín, una zona social repleta de objetos de anticuario y encantadoras habitaciones, todas de línea clásica-elegante.

BERGA

Barcelona – 16 609 h. – Alt. 715 m – Ver mapa regional n° **9-C2**

Madrid 627 km – Barcelona 117 km – Lleida/Lérida 158 km

Mapa de carreteras Michelin n° 574-F35

XX **Sala**

passeig de la Pau 27 ✉ 08600 – ✆ 938 21 11 85 – www.restaurantsala.com – cerrado del 18 al 31 de agosto y sábado

Menú 22/48 € – Carta 31/58 € – *(solo almuerzo salvo jueves y viernes)*

Una casa de ambiente clásico-actual y larga tradición familiar. Aquí encontrará tanto cocina tradicional de montaña como de temporada, siendo su gran especialidad las setas.

BERGARA

Guipúzcoa – 14 763 h. – Alt. 155 m – Ver mapa regional n° **18-B2**

Madrid 399 km – Bilbao 61 km – Donostia-San Sebastián 62 km – Vitoria-Gasteiz 44 km

Mapa de carreteras Michelin n° 573-C22

XX **Lasa**

Zubiaurre 35 ✉ 20570 – ✆ 943 76 10 55 – www.restaurantelasa.es – cerrado 24 diciembre-3 enero, Semana Santa, del 4 al 21 de agosto, domingo noche y lunes

Menú 28/47 € – Carta 50/80 € – *(solo almuerzo salvo viernes y sábado)*

¡En el histórico Palacio de Ozaeta, declarado Monumento Nacional! Posee varios salones, alguno polivalente, ya que trabaja tanto la carta como el banquete. Cocina tradicional con toques actuales, destacando especialmente por sus ahumados.

BERMEO

Vizcaya – 17 159 h. – Ver mapa regional n° **18-A3**

Madrid 432 km – Bilbao 34 km – Donostia-San Sebastián 98 km

Mapa de carreteras Michelin n° 573-B21

X **Almiketxu**

Almike Auzoa 8, Sur : 1,5 km ✉ 48370 – ✆ 946 88 09 25 – www.almiketxu.es

Menú 18/33 € – Carta 25/45 € – *(solo almuerzo salvo viernes, sábado y domingo)*

Caserío típico ubicado a las afueras de la localidad, con dos salas de aire regional y una, más rústica, a la que llaman popularmente el "Txoco". Carnes y pescados a la brasa.

ESPAÑA

BERRIA (Playa de) → Ver Santoña
Cantabria

El BERRO → Ver Alhama de Murcia
Murcia

BESALÚ

Girona – 2 406 h. – Alt. 151 m – Ver mapa regional n° **9-C3**
Madrid 714 km – Barcelona 131 km – Girona 32 km – Perpignan 81 km
Mapa de carreteras Michelin n° 574-F38

Casa Marcial (N)

Tallaferro 15 ✉ 17850 – ✆ 608 02 94 27 – www.casa-marcial.com
12 hab – 80/90 € 95/110 €
Distribuido entre dos casas y encantador, pues su estética actual-minimalista contrasta con la fachada y los jardines, donde hallaremos el ábside de una colegiata del s. XII.

Pont Vell

Pont Vell 24 ✉ 17850 – ✆ 972 59 10 27 – www.restaurantpontvell.com – cerrado 20 diciembre-20 enero, del 1 al 7 de julio, domingo noche salvo julio-agosto, lunes noche y martes
Menú 22/53 € – Carta 30/55 € – *(solo almuerzo salvo viernes, sabado y Semana Santa-octubre)*
¡En pleno casco antiguo! Ofrece dos salas de aire rústico y una idílica terraza a la sombra de un níspero, todo con magníficas vistas al río. Cocina tradicional y regional, con especialidades como el Conejo agridulce o el Rabo de buey.

ESPAÑA

BÉTERA

Valencia – 21 566 h. – Alt. 125 m – Ver mapa regional n° **11-B2**
Madrid 360 km – València 20 km – Castelló de la Plana / Castellón de la Plana 72 km – Alacant / Alicante 190 km
Mapa de carreteras Michelin n° 577-N28

por la carretera de San Antonio de Benagéber Suroeste : 3,5 km

Ad Hoc Parque

Botxi 6-8 (urb. Torre en Conill) ✉ 46117 Bétera – ✆ 961 69 83 93 – www.adhochoteles.com
41 hab – 47/183 € 47/218 €, 13,50 €
Una buena opción para la celebración de eventos, pues se halla cerca de València y está rodeado de jardines. Ofrece habitaciones de correcto confort, algunas asomadas a un club de golf, y un acogedor restaurante de cocina tradicional con guiños creativos.

BIDEGOIAN

Guipúzcoa – 525 h. – Ver mapa regional n° **18-B2**
Madrid 451 km – Vitoria-Gasteiz 94 km – Donostia-San Sebastián 37 km – Iruña/Pamplona 86 km
Mapa de carreteras Michelin n° 573-C23

Iriarte Jauregia

Eliz Bailara 8 ✉ 20496 – ✆ 943 68 12 34 – www.iriartejauregia.com – cerrado 9 diciembre-25 febrero
19 hab – 86/120 € 136/166 €
Rest *Bailara* – ver selección restaurantes
Casa palaciega del s. XVII construida en piedra y rodeada por un hermoso jardín... ¡con árboles centenarios! Sus coquetas habitaciones combinan elementos antiguos y modernos.

Bailara – Hotel Iriarte Jauregia

Eliz Bailara 8 ✉ 20496 – ✆ 943 68 12 34 – www.bailara.com – cerrado 9 diciembre-25 febrero, martes y miércoles mediodía
Menú 55 € – Carta aprox. 58 €
Cocina bien actualizada. Su carta tiene la singularidad de que, salvo suplementos, muestra los grupos de alimentos (entrantes, pescados, carnes y postres) a un precio fijo.

BIEDES → Ver Santullano
Asturias

BIELSA
Huesca – 500 h. – Alt. 1 053 m – Ver mapa regional n° **2**-C1
Madrid 544 km – Huesca 154 km – Lleida/Lérida 170 km
Mapa de carreteras Michelin n° 574-E30

en el valle de Pineta Noroeste : 14 km – Ver mapa regional n° 2-C1

Parador de Bielsa
alt. 1350 ✉ 22350 Bielsa – ☎ 974 50 10 11 – www.parador.es – abril-15 enero
33 hab – ††85/175 €, ☕ 16 € – 6 suites
¡En un bello paraje natural! Disfruta de un emplazamiento privilegiado, pues ocupa un sólido edificio a modo de refugio montañés, con gran presencia de la madera y un buen nivel de confort. El restaurante, que tiene bonitas lámparas en forja, elabora platos típicos de la cocina belsetana y del Alto Aragón.

La BIEN APARECIDA → Ver Ampuero
Cantabria

BIESCAS
Huesca – 1 568 h. – Alt. 860 m – Ver mapa regional n° **2**-C1
Madrid 458 km – Huesca 68 km – Jaca 30 km
Mapa de carreteras Michelin n° 574-E29

Tierra de Biescas
paseo del Canal ✉ 22630 – ☎ 974 48 54 83 – www.hoteltierradebiescas.com
42 hab – †60/90 € ††93/138 €, ☕ 10 €
Hotel de línea actual formado por cuatro bloques unidos entre sí. Ofrece una correcta zona noble, confortables habitaciones y dos restaurantes, el principal orientado a las cenas y el otro, tipo sidrería, reservado para la temporada alta y los fines de semana.

Casa Ruba
Esperanza 18 ✉ 22630 – ☎ 974 48 50 01 – www.hotelcasaruba.com – cerrado 7 días en mayo y 15 octubre-noviembre
29 hab – †39/43 € ††62/75 €, ☕ 5 €
La atractiva fachada en piedra da paso a un hotel de carácter familiar. Encontrará unas habitaciones de línea funcional, la mayoría con los suelos en tarima y aseos de plato ducha. Concurrido bar de tapas y sencillo comedor, donde solo ofrecen un menú del día.

El Montañés
Escudial 1 ✉ 22630 – ☎ 974 48 52 16 – www.elmontanes.net – cerrado del 1 al 20 de junio, del 1 al 20 de noviembre, martes salvo julio-agosto y lunes
Menú 17/25 € – Carta 25/35 € – *(solo almuerzo salvo viernes y sábado)*
¡No luce su nombre en vano! Aquí recrean un espacio de marcado ambiente montañés, pues está dominado por la presencia de la madera y la piedra. Carta tradicional con toques actuales e interesantes menús, uno de ellos de degustación.

ESPAÑA

BILBAO

Vizcaya – 346 574 h. – Ver mapa regional n° **18-A3**
▶ Madrid 395 km – Barcelona 613 km – A Coruña 567 km – Lisboa 899 km
Mapa de carreteras Michelin n° 573-C20

P. Holmes / age fotostock

Alojamientos

ESPAÑA

Meliá Bilbao

Lehendakari Leizaola 29 ✉ *48001* Ⓜ *San Mamés* – ✆ *944 28 00 00* – *www.melia-bilbao.com* Plano : A1**b**
196 hab – ††80/279 €, ☕ 21 € – 15 suites
Rest *Aizian* – ver selección restaurantes
Construcción moderna y escalonada emplazada al lado de la ría. Posee un gran hall-lobby con ascensores panorámicos, varios salones y unas habitaciones muy bien equipadas, todas exteriores y algunas con su propia terraza. ¡Atractiva oferta gastronómica!

G.H. Domine Bilbao

Alameda Mazarredo 61 ✉ *48009* Ⓜ *Moyúa* – ✆ *944 25 33 00* – *www.granhoteldominebilbao.com* Plano : B1**a**
139 hab – †120/160 € ††130/170 €, ☕ 26 € – 6 suites
Muestra el inconfundible sello del diseñador Javier Mariscal, con detalles modernos por doquier y vistas al Museo Guggenheim desde muchas de sus habitaciones. El restaurante de la última planta, moderno y con grandes cristaleras, ofrece una carta en la que conviven los platos tradicionales y los de autor.

Carlton

pl. de Federico Moyúa 2 ✉ *48009* Ⓜ *Moyúa* – ✆ *944 16 22 00* – *www.hotelcarlton.es* Plano : B2**x**
141 hab – ††95/583 €, ☕ 22 € – 6 suites
Un hotel-monumento que atesora historia, elegancia y cierto abolengo. Ofrece atractivas zonas nobles y habitaciones espaciosas, la mayoría de estilo clásico. En su restaurante, también clásico, le propondrán una cocina de carácter tradicional e internacional.

NH Villa de Bilbao

Gran Vía de Don Diego López de Haro 87 ✉ *48011* Ⓜ *San Mamés* – ✆ *944 41 60 00* – *www.nh-hotels.com* Plano : A2**n**
142 hab – ††85/250 €, ☕ 14,90 € – 3 suites
Hotel de negocios que destaca tanto por su ubicación como por sus modernas instalaciones, decoradas en tonos blancos. Completas habitaciones y restaurante de ambiente desenfadado, donde ofrecen una cocina de mercado, saludable y de claras raíces vascas.

Miró
Plano : B2**b**
Alameda Mazarredo 77 ✉ 48009 Ⓜ Moyúa – ✆ 946 61 18 80 – www.mirohotelbilbao.com
50 hab – †85/185 € ††95/240 €, ☕ 17 €
Se halla junto al Guggenheim y sorprende por su interior, ya que responde a la creatividad del diseñador Antonio Miró. Buen confort y soluciones prácticas en el mobiliario.

Sercotel Coliseo
Plano : C2**k**
Alameda de Urquijo 13 ✉ 48008 Ⓜ Abando – ✆ 946 79 29 31 – www.hotelcoliseobilbao.com
97 hab – †72/253 € ††72/314 €, ☕ 15 €
Atractivo, céntrico y bastante curioso, pues ocupa lo que un día fue el teatro de la Ópera de Bilbao, del que aún conservan la fachada. Habitaciones amplias y de línea actual.

Sirimiri
Plano : D3**e**
pl. de la Encarnación 3 ✉ 48006 – ✆ 944 33 07 59 – www.hotelsirimiri.es
56 hab – †50/120 € ††55/140 €, ☕ 6 €
Se presenta con dos edificios independientes unidos interiormente. Buen confort general y cuidadas habitaciones, las del edificio nuevo algo más actuales y en tonos blancos.

Bilbao Jardines
Plano : C3**x**
Jardines 9 ✉ 48005 Ⓜ Casco Viejo – ✆ 944 79 42 10 – www.hotelbilbaojardines.com
32 hab – †45/75 € ††55/95 €, ☕ 5,50 €
De sencillas instalaciones pero bien situado, en la zona de tapeo del casco viejo. Ofrece unas habitaciones de línea funcional-actual, con los baños reducidos aunque modernos.

ESPAÑA

Restaurantes

Zortziko (Daniel García)
Plano : C2**e**
Alameda de Mazarredo 17 ✉ 48001 Ⓜ Abando – ✆ 944 23 97 43 – www.zortziko.es – cerrado domingo y lunes
Menú 60/95 € – Carta 59/80 €
¡Disfrute de un ambiente apacible y relajado! Presenta un comedor principal de elegante clasicismo, dos privados y una sala de uso polivalente que, entre otras funciones, se usa como aula de cocina. Elaboraciones de autor de bases clásicas.
➜ Atún, caldo de zancarrón y caviar de wasabi. Pollo de caserío crujiente, ñoquis de polenta y cremoso de coliflor. Gianduja de chocolate sobre culis de cítricos, roca de avellana, teja de cacao y naranja.

Nerua (Josean Alija)
Plano : B1**d**
av. de Abandoibarra 2 ✉ 48009 Ⓜ Moyúa – ✆ 944 00 04 30 – www.nerua.com – cerrado del 7 al 20 de enero, domingo noche, lunes y martes noche
Menú 70/140 € – Carta 60/90 €
Dentro del mismo Guggenheim... aunque con un acceso completamente independiente. Ya desde el hall se puede ver la cocina y presenta una sala de estética minimalista. Carta escueta pero innovadora, muy bien complementada por dos menús degustación.
➜ Ostras, espárrago blanco con jugo de cerveza, lima y guindilla. Salmonete a la brasa con fondo marino. Cabello de ángel, plátano y helado de limón.

Etxanobe (Fernando Canales)
Plano : A2**u**
av. de Abandoibarra 4-3° ✉ 48011 Ⓜ San Mamés – ✆ 944 42 10 71 – www.etxanobe.com – cerrado del 1 al 16 de enero y domingo
Menú 70/100 € – Carta 55/81 €
Se halla en el palacio Euskalduna y se accede por un ascensor panorámico. Encontrará una sala de estética moderna, con buenas vistas a la ría, así como un privado y una coqueta terraza. Su cocina combina con acierto tradición e innovación.
➜ Lasaña de anchoas. Merluza con jugo mojojones y azafrán. Costilla mascarada.

A B

1 2 3

C. Monte Ganekogorta
Araneko
Grupo Buenavista
Túnel de Artxanda-Ugasko
Túnel de la Salve-Ugasko
Cam. Ugascobi dea
DEUSTO
C. Luzarra
Av. Enekuri
Av. Lehendakari Aguirre
Pl. de S. Pedro
UNIVERSIDAD
Madariaga
Plaza S. Pío X
Puente de Deusto
C. Hermanos Aguirre
UNIVERSIDAD DE DEUSTO
Av. de las Universidades
C. Araba
C. de Burgos
C. de Luis Power
Rafaela Ybarra
C. de Blas de Otero
DEUSTO
Iruña
Ribera de Botica Vieja
Ribera de Botica Vieja
Puente Euskalduna
MUSEO GUGGENHEIM BILBAO
Av. de Abandoibarra
Iberdrola
EUSKALDUNA JAUREGIA
C. Lehendakari Leizaola
Pl. de Euskadi
Museo Marítimo Ría de Bilbao
Muelle Olabeaga
Pl. Sagrado Corazón
PARQUE DE DOÑA CASILDA DE ITURRIZAR
Pl. del Museo
Museo de Bellas Artes
Cam. Ventosa
Pedro Basterretxea Plaza
C. de Felipe Serrate
GOBIERNO VASCO
C. de Rodríguez Arias
C. Estraúntza
Arelitza
C. de Iparraguirre
Alameda Recalde
Palacio Chávarri
Casa Montero
Casas de Sota
Pl. Moyúa
CAMPO DE S. MAMÉS
Arana
Sabino
S. Mamés
Alameda
INDAUTXU
Emilio Campuzano Enparantza
Ercilla
C. Elcano
Moyúa
C. de la Diputación
C. Capuchinos de Basurto
C. de Pérez Galdós
Doctor
C. de Simón Bolívar
Indautxu
C. de Urquijo
Pl. Bizkaia
Pl. Arriquíbar
ABANDO
Alameda de Urquijo
Azkuna Zentroa AlhóndigaBilbao
Teatro Campo Elíseos
C. General Concha
Luis Briñas
Av. del Ferrocarril
C. General Eguía
Alameda
C. de Gordóniz
C. de Egaña
C. Zankoeta
C. Autonomía
Av. Pintor Lecuona
C. Novia Salcedo
C. Teilagorri
C. Pablo de Alzola
Pl. de la Casilla
Pl. Zabálburu
PABELLÓN DE DEPORTES
C. de Calixto Díez
C. Doctores Carmelo Gil
C. General Salazar
C. Dolores Ibárruri
C. Machín
C. Iralá
Pl. del Dr. Fleming
Museo Taurino
Ugalde
PARQUE AMETZOLA
AMETZOLA
C. Padre Larramendi
C. de Biarritz
C. Andrés Isasi
C. de Juan de Garay
Zuberoa
Urizar
C. Xenpelar
Av. Bergara
Tolosa
C. Altube
C. La Paz
A-8 / E-70
Jaén
C. Moncada
Eskurtze
Zabala
Mauricio
Hernani

A B

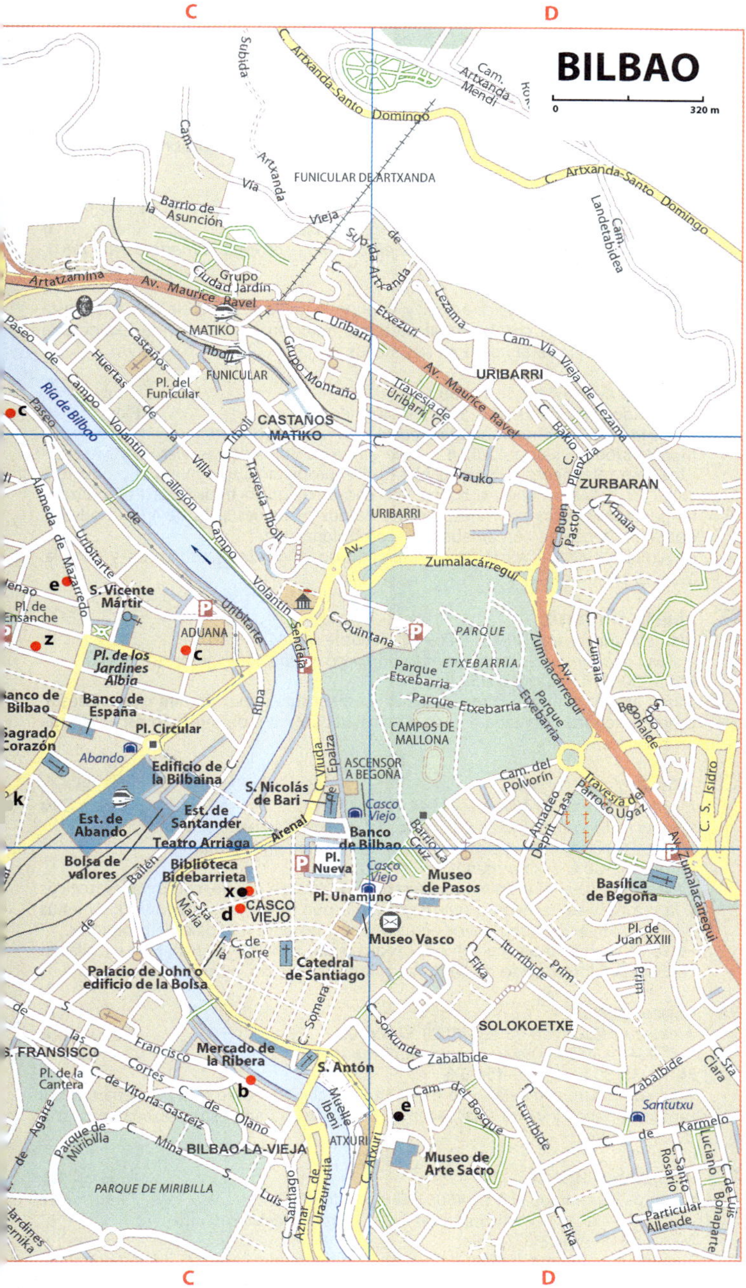
C
D
BILBAO
0
320 m
C. Artxanda-Santo Domingo
Cam. Artxanda Mendi
Subida
Cam.
Artxanda
Vía
FUNICULAR DE ARTXANDA
Vieja
Subida de Artxanda
Cam. Landetabidea
Barrio de la Asunción
Grupo Ciudad Jardín
C. Artatzamina
Av. Maurice Ravel
MATIKO
C. Tiboli
FUNICULAR
Pl. del Funicular
Castaños
Huertas
Paseo de Campo Volantín
Ría de Bilbao
Paseo
Grupo Montaño
C. Uribarri
Etxezuri
Lezama
Cam. Vía Vieja de Lezama
URIBARRI
Travesía de Uribarri
CASTAÑOS MATIKO
C. Bakio
C. Plentzia
ZURBARAN
Trauko
Travesía Tiboli
Callejón de la Villa
Campo Volantín
URIBARRI
C. Buen Pastor
C. Zumaia
Av. Zumalacárregui
Alameda de Mazarredo
Uribitarte
S. Vicente Mártir
Pl. de Ensanche
ADUANA
Pl. de los Jardines Albia
C. Quintana
Sendeja
PARQUE ETXEBARRIA
Parque Etxebarria
Av. Zumalacárregui
Parque Etxebarria
Begoñalde
Banco de Bilbao
Banco de España
Sagrado Corazón
Pl. Circular
Abando
Ripa
CAMPOS DE MALLONA
Viuda de Epalza
ASCENSOR A BEGOÑA
Cam. del Polvorín
Travesía del Parroco Ugaz
C. S. Isidro
Edificio de la Bilbaina
S. Nicolás de Bari
Casco Viejo
Est. de Abando
Est. de Santander
Arenal
Banco de Bilbao
Barrio La Cruz
C. Amadeo Deprit
Lasa
Teatro Arriaga
Bolsa de valores
Biblioteca Bidebarrieta
Pl. Nueva
Casco Viejo
Museo de Pasos
Basílica de Begoña
Av. Zumalacárregui
Bailén
C. Sta María
CASCO VIEJO
Pl. Unamuno
Museo Vasco
C. Iturribide
Prim
Pl. de Juan XXIII
C. de la Torre
Catedral de Santiago
C. Fika
Palacio de John o edificio de la Bolsa
C. Somera
C. Sorkunde
SOLOKOETXE
S. FRANSISCO
C. de las S. Francisco Cortes
Mercado de la Ribera
S. Antón
C. Zabalbide
C. Sta Clara
Pl. de la Cantera
C. de Vitoria-Gasteiz
C. de Olano
Muelle Ibeni
Cam. del Bosque
C. Zabalbide
Santutxu
C. de Karmelo
Parque de Miribilla
C. Mina
BILBAO-LA-VIEJA
ATXURI
C. Atxuri
Iturribide
Museo de Arte Sacro
C. Santo Rosario
Luciano
C. de Luis Bonaparte
PARQUE DE MIRIBILLA
S. Luis
C. Santiago Aznar
C. de Urazurrutia
C. Fika
Particular Allende
Jardines Gernika
1
2
3
c
e
z
c
k
x
d
b
e

XXX **Yandiola**
pl. Arrikibar 4 (Edificio Alhóndiga) ✉ 48010 Ⓜ Indautxu Plano : B2
– ✆ 944 13 36 36 – www.yandiola.com
Menú 45/59 € – Carta 46/70 €
En AlhóndigaBilbao, un edificio realmente seductor que presenta una estética neoyorquina y una atractiva terraza en la azotea. Cocina tradicional con detalles actuales.

XXX **Aizian** – Hotel Meliá Bilbao
Lehendakari Leizaola 29 ✉ 48001 Ⓜ San Mamés Plano : A1
– ✆ 944 28 00 39 – www.restaurante-aizian.com – cerrado Semana Santa, del al 15 de agosto y domingo
Menú 42/115 € – Carta 45/71 €
Amplio, de estética clásica-actual y con un notable servicio de mesa. En esta casa proponen una cocina actual de bases tradicionales, resultando reconocible tanto si pide a la carta como en sus menús.

XX ✿ **Zarate** (Sergio Ortiz de Zarate)
Licenciado Poza 65 ✉ 48013 Ⓜ San Mamés Plano : A2
– ✆ 944 41 65 21 – www.zaratejatetxea.com – cerrado lunes
Menú 43/60 € – Carta 42/62 € – *(solo almuerzo salvo jueves, viernes y sábado)*
¡Una casa totalmente recomendable! El chef-propietario, que mima el producto y cuida las presentaciones, propone una cocina de gusto tradicional especializada en pescados frescos y salvajes. Disfruta de dos pequeñas salas de línea moderna, donde le atenderán con amabilidad y profesionalidad.
➜ Almejas en salsa verde. Arroz ahumado de langostinos, chipirones y anguila. Merluza al horno.

XX **Baita Gaminiz**
Alameda Mazarredo 20 ✉ 48009 Ⓜ Moyúa – ✆ 944 24 22 67 Plano : C1
– www.baitagaminiz.com – cerrado domingo noche, lunes y martes noche
Menú 50/68 € – Carta 41/57 €
¡Junto al Guggenheim! Ofrece unas coquetas instalaciones de aire clásico, destacando la terraza orientada a la ría. Cocina tradicional y de mercado especializada en bacalaos.

XX ✿ **Mina** (Álvaro Garrido)
Muelle Marzana ✉ 48003 – ✆ 944 79 59 38 Plano : C3
– www.restaurantemina.es – cerrado del 7 al 14 de enero, Semana Santa, 29 agosto-11 septiembre, domingo noche, lunes y martes
Menú 55/100 € – *(solo menú)*
Llevado por su chef-propietario. Presenta una sala de diseño, con detalles rústicos y la cocina vista, así como una barra en la que podrá degustar sus dos menús degustación, ambos con platos actualizados y un gran maridaje de productos.
➜ Yema de huevo de oca con pencas al azafrán y Martini blanco. Foie en salazón con cigala, hinojo, caldo de verduras y lima. Tamarindo, perrins y toffee.

XX **Serantes III**
Alameda Mazarredo 75 ✉ 48009 Ⓜ Moyúa Plano : B2
– ✆ 944 24 80 04 – www.marisqueriaserantes.com
Menú 35/80 € – Carta 45/73 €
Aquí combinan, con acierto, lo moderno y lo clásico. Posee una pequeña terraza, un bar de tapas y varias salas, además de privados. Carta especializada en pescados y mariscos.

XX **Guetaria Asador**
Colón de Larreátegui 12 ✉ 48001 Ⓜ Abando Plano : C2
– ✆ 944 24 39 23 – www.guetaria.com – cerrado Semana Santa
Menú 46 € – Carta 37/46 €
Negocio plenamente familiar dotado con un bar público, tres privados y dos salas, ambas de línea clásica pero una con algunos detalles marineros. Carta tradicional con pescados y carnes de gran calidad, elaborados básicamente a la parrilla.

ESPAÑA

Serantes II
Alameda de Urquijo 51 ✉ 48011 Ⓜ Indautxu Plano : B2**u**
– ✆ 944 10 26 99 – www.marisqueriaserantes.com – cerrado 26 julio-4 agosto
Menú 35 € – Carta 40/65 €
Su fachada supone toda una invitación, pues tiene un sugerente expositor y un vivero. Buen bar de tapas y dos salas de aire clásico-marinero. La especialidad son los pescados y mariscos, aunque su carta posee un buen apartado de carnes.

Serantes
Licenciado Poza 16 ✉ 48011 Ⓜ Indautxu – ✆ 944 21 21 29 Plano : B2**z**
– www.marisqueriaserantes.com – cerrado del 1 al 10 de septiembre
Menú 35/80 € – Carta 40/73 €
Céntrico y con el acceso por un bar de tapas repleto de "pintxos". En el 1er piso dispone de dos salones de montaje clásico-actual. Elaboraciones basadas en productos del mar.

Bascook
Barroeta Aldamar 8 ✉ 48001 Ⓜ Abando – ✆ 944 00 99 77 Plano : C2**c**
– www.bascook.com – cerrado domingo
Menú 24 € – Carta 40/52 € – *(solo almuerzo salvo jueves, viernes y sábado)*
¡Un negocio moderno, distendido e informal! Su original carta desgrana una cocina de gusto actual con tres apartados: vegetariana, tradicional y de fusión con otras culturas.

La Viña del Ensanche
Diputación 10 ✉ 48008 Ⓜ Moyúa – ✆ 944 15 56 15 Plano : B2**a**
– www.lavinadelensanche.com – cerrado Semana Santa, 15 julio-15 agosto, domingo y festivos
Tapa 3,50 € – Ración aprox. 12 €
Una casa con solera y tradición, pues se fundó en 1927. Ofrecen deliciosas tapas y raciones, siendo su especialidad el Jamón ibérico, el Bacalao a la plancha y las Croquetas.

Colmado Ibérico
Alameda de Urquijo 20 ✉ 48008 Ⓜ Moyúa – ✆ 944 43 60 01 Plano : B2**c**
– www.colmadoiberico.com – cerrado domingo
Tapa 2 € – Ración aprox. 12 €
Este espacioso local se presenta con tres zonas muy bien diferenciadas, por eso encontrará un buen bar de tapas con algunas mesas, una charcutería y una tienda delicatessen. ¡Magníficos ibéricos, tanto en carnes como en embutidos!

Berton
Jardines 11 ✉ 48005 Ⓜ Casco Viejo – ✆ 944 16 70 35 Plano : C3**x**
– www.pintxozpintxo.com – cerrado lunes
Tapa 2,50 € – Ración aprox. 11 €
Se halla en el corazón del casco viejo y da la opción de esplendidos pinchos, fríos y calientes. ¡Pruebe su Medallón de solomillo con foie o la Brocheta de pulpo y langostino!

Sasibil
Jardines 8 ✉ 48005 Ⓜ Casco Viejo – ✆ 944 15 56 05 Plano : C3**d**
– www.pintxozpintxo.com – cerrado domingo noche y lunes
Tapa 2,50 € – Ración aprox. 10 €
En este bar de tapas, dotado con dos comedores, trabajan muchísimo la brasa, el bacalao y los mariscos... sin embargo, un plato que bordan es la Chuleta de ganado mayor.

El Globo
Diputación 8 ✉ 48008 Ⓜ Moyúa – ✆ 944 15 42 21 Plano : B2**t**
– www.barelglobo.com – cerrado 1 semana en febrero, 3 semanas en agosto y domingo
Tapa 2 € – Ración aprox. 10 €
Resulta céntrico y casi siempre está lleno. Ofrece una barra bien surtida de pinchos y raciones, todos de excelente aspecto. ¡No se marche sin probar su Txangurro gratinado!

La BISBAL D'EMPORDÀ

Girona – 10 793 h. – Alt. 39 m – Ver mapa regional n° **10-B1**
Madrid 723 km – Girona 33 km – Barcelona 123 km – Perpignan 99 km
Mapa de carreteras Michelin n° 574-G39

Castell d'Empordà

carret. del Castell, Norte : 1,5 km ✉ 17115 – ✆ 972 64 62 54 – www.castelldemporda.com – cerrado diciembre-febrero
38 hab – †144/209 € ††174/499 €
Castillo medieval rodeado por un hermoso bosque de 10 Ha. Ofrece unas depen-dencias decoradas con sumo gusto y cuenta con una singular maqueta, donde se reproduce una batalla napoleónica con soldaditos de plomo. En el restaurante, de línea rústica y con chimenea, apuestan por la cocina local y de producto.

Babo Tapas

Cavallers 22 ✉ 17100 – ✆ 972 64 36 69 – www.babotapas.com – solo fines de semana de enero-Semana Santa
Tapa 5 € – *(cerrado domingo noche)*
Físicamente resulta alargado y algo pequeño, sin embargo sorprende por tene una salita con chimenea y una terraza exterior al fondo. Su chef-propietari apuesta por las tapas tradicionales, en general elaboradas al momento.

BLANES

Girona – 39 660 h. – Ver mapa regional n° **10-A2**
Madrid 691 km – Barcelona 61 km – Girona 46 km
Mapa de carreteras Michelin n° 574-G38

ESPAÑA

Horitzó

passeig Marítim S'Abanell 11 ✉ 17300 – ✆ 972 33 04 00 – www.hotelhoritzo.com – abril-octubre
109 hab – †62/98 € ††90/165 €
¡Frente al mar! Presenta una zona social de ambiente moderno y habitaciones actuale de buen nivel, muchas asomadas al Mediterráneo y todas con balcón. El restaurante, d línea funcional y con una terraza frente a la playa, propone una cocina tradicional.

El Ventall

carret. de Blanes a Lloret, Noreste : 2 km ✉ 17300 – ✆ 972 35 07 81 – www.elventall.com
Menú 20/45 € – Carta 30/60 € – *(solo almuerzo salvo viernes, sábado y veranc*
Antigua masía emplazada a las afueras de Blanes, con agradables exteriores y terrazas. Pro ponen una cocina tradicional con toques actuales, dando la opción a medias raciones.

BOADELLA D'EMPORDÀ

Girona – 248 h. – Alt. 150 m – Ver mapa regional n° **9-C3**
Madrid 733 km – Barcelona 150 km – Girona 52 km – Perpignan 53 km
Mapa de carreteras Michelin n° 574-F38

El Trull d'en Francesc

Placeta de l'Oli 1 ✉ 17723 – ✆ 9 72 56 90 27 – www.trull-boadella.com – cerrado 11 enero-12 febrero, lunes y martes salvo festivos
Menú 23/40 € – Carta 25/48 €
Ocupa una casa de piedra que antiguamente funcionó como molino de aceite Encontrará un comedor de aire rústico en dos niveles y una amplia terraza acris talada, con vistas al río. Su carta regional y casera se completa con sugerencias.

BOADILLA DEL MONTE

Madrid – 47 587 h. – Alt. 689 m – Ver mapa regional n° **15-A2**
Madrid 26 km – Toledo 85 km – Segovia 86 km – Ávila 108 km
Mapa de carreteras Michelin n° 576 y 575-K18

El Antiguo Convento de Boadilla del Monte

de las Monjas ✉ 28660 – ✆ 916 32 22 20 – www.elconvento.net
16 hab – †140/198 € ††158/200 € – 1 suite
Convento del s. XVII dotado con un hermoso claustro y refectorio. Sorprende po sus magníficas instalaciones, vestidas con detalles antiguos, valiosos arcones bellas alfombras, espléndidas tapicerías... y hasta doseles sobre algunas camas.

BOBORÁS

Ourense – 2 737 h. – Alt. 42 m – Ver mapa regional n° **13-B2**
Madrid 529 km – Ourense 34 km – Pontevedra 61 km – Santiago de Compostela 79 km
Mapa de carreteras Michelin n° 571-E5

Pazo Almuzara

Almuzara, Este : 1 km ✉ 32514 – ✆ 988 40 21 75 – www.pazoalmuzara.com – cerrado 8 enero-7 febrero
19 hab – †35/55 € ††40/70 €, ☕ 6 €
Tradición y distinción se dan cita en este pazo del s. XIX. Disfruta de un bello jardín arbolado, una acogedora zona social y dos tipos de habitaciones: las de estilo antiguo, con mobiliario de época, y las de línea actual. Comedor de carácter polivalente.

BOCAIRENT

Valencia – 4 411 h. – Alt. 680 m – Ver mapa regional n° **11-A3**
Madrid 383 km – Albacete 134 km – Alacant/Alicante 84 km – València 93 km
Mapa de carreteras Michelin n° 577-P28

L'Estació

Parc de l'Estació ✉ 46880 – ✆ 962 35 00 00 – www.hotelestacio.com
14 hab – †81/99 € ††81/109 €, ☕ 9 €
Hotel con encanto instalado en la antigua estación de tren. Ofrece un salón social-cafetería y habitaciones detallistas. El restaurante, dotado con un correcto comedor y una sala algo más grande tipo invernadero, está especializado en hacer carnes a la piedra.

L'Àgora

Sor Piedad de la Cruz 3 ✉ 46880 – ✆ 962 35 50 39 – www.lagorahotel.com
8 hab – †58/70 € ††70/115 €, ☕ 4,50 €
Ocupa un edificio clásico-modernista, construido en 1921, donde se ha procurado conservar tanto los suelos como las barandillas, las maderas... Ofrece espaciosas habitaciones, todas muy bien personalizadas y cuatro de carácter temático.

ESPAÑA

BOCEGUILLAS

Segovia – 810 h. – Alt. 957 m – Ver mapa regional n° **8-C2**
Madrid 119 km – Burgos 124 km – Segovia 73 km – Soria 154 km
Mapa de carreteras Michelin n° 575-H19

Área de Boceguillas

autovía A 1, salidas 115 y 118 ✉ 40560 – ✆ 921 54 37 03
Carta 33/35 €
Muy bien llevado por la propietaria, siempre atenta a los detalles. Su amplia cafetería da paso a una sala circular con vistas a Somosierra. Carta regional y bodega visitable.

BOÍ

Lleida – 199 h. – Alt. 1 250 m – Ver mapa regional n° **9-B1**
Madrid 597 km – Barcelona 257 km – Lleida 140 km – Andorra la Vella 156 km
Mapa de carreteras Michelin n° 574-E32
Balneario en Caldes de Boí

La Cabana

carret. de Taüll 16 ✉ 25528 – ✆ 699 84 18 33 – www.lacabanadeboi.com – cerrado mayo, junio, 13 octubre-7 diciembre y lunes salvo verano
Menú 17/24 € – Carta 31/38 € – (es necesario reservar)
¡A pie de carretera! En su sala, actual y con la cocina a la vista, le ofrecerán unas elaboraciones de tinte tradicional y casero, siendo las carnes las grandes protagonistas.

BOLTAÑA

Huesca – 1 071 h. – Alt. 643 m – Ver mapa regional n° **2-C1**
Madrid 473 km – Huesca 90 km – Lleida/Lérida 143 km
Mapa de carreteras Michelin n° 574-E30

Monasterio de Boltaña

Afueras, Sur : 1 km ✉ 22340 – ✆ 974 50 80 00 – www.monasteriodeboltana.es
134 hab – ††70/300 €, ☕ 15 € – 2 suites
Conjunto formado por un monasterio del s. XVII, un anexo en piedra y una serie de villas, todas con salón. Atractiva zona social y habitaciones de estética colonial. En su restaurante, que tiene un uso polivalente, podrá degustar elaboraciones creativas.

BOLVIR DE CERDANYA

Girona – 373 h. – Alt. 1 145 m – Ver mapa regional n° **9-C1**

Madrid 657 km – Barcelona 172 km – Girona 156 km – Lleida/Lérida 188 km

Mapa de carreteras Michelin n° 574-E35

Torre del Remei

Camí del Remei 3, Noreste : 1 km ✉ 17539 – ✆ 972 14 01 82 – www.torredelremei.com – cerrado 15 días en noviembre

7 hab – 195/350 € – 4 suites

Rest *Torre del Remei* – ver selección restaurantes

Magnífico palacete modernista dotado con vistas a la sierra del Cadí y a los Pirineos. La elegancia arquitectónica encuentra su réplica en unas estancias de sumo confort.

Torre del Remei – Hotel Torre del Remei

Camí del Remei 3, Noreste : 1 km ✉ 17539 – ✆ 972 14 01 82 – www.torredelremei.com – cerrado 15 días en noviembre

Menú 68/89 € – Carta 55/81 €

Restaurante de gran nivel gastronómico, acorde al hotel en el que se encuentra y con un montaje de impecable clasicismo. Su carta combina el recetario clásico con el catalán, siempre apostando por los productos autóctonos de temporada.

BONMATÍ

Girona – 1 264 h. – Ver mapa regional n° **10-A1**

Madrid 673 km – Barcelona 110 km – Girona 16 km – Perpignan 109 km

Mapa de carreteras Michelin n° 574-G37

Duc de L'Obac N

Amer ✉ 17164 – ✆ 972 42 09 77 – www.restaurantducdelobac.cat – cerrado 15 días en agosto y martes

Menú 14/28 € – Carta 23/39 € – *(solo almuerzo salvo viernes y sábado)*

Descubra los sabores de la cocina catalana en una masía rústica, hoy reformada, con más de 200 años de historia. Buen menú diario, sugerencias de temporada y arroces para dos.

BOQUEIXÓN

A Coruña – Ver mapa regional n° **13-B2**

Madrid 591 km – A Coruña 90 km – Lugo 117 km – Pontevedra 74 km

Mapa de carreteras Michelin n° 571-D4

en Codeso Sureste : 3 km – Ver mapa regional n° **13**-B2

O Balado N

Ardesende 3 ✉ 15881 – ✆ 639 89 37 49 – www.obalado.com – cerrado 24 diciembre-6 enero

Menú 22/40 € – Carta 25/35 € – *(solo almuerzo salvo viernes y sábado)*

Singular, auténtico, diferente... sin duda, la pareja al frente ha plasmado aquí su filosofía vital. La discreta fachada de la casa esconde una sala de carácter ecléctico, presidiéndose esta por una típica "lareira". Cocina de calidad elaborada con cariño.

Les BORGES BLANQUES

Lleida – 6 103 h. – Alt. 310 m – Ver mapa regional n° **9-B2**

Madrid 478 km – Barcelona 148 km – Lleida/Lérida 25 km – Tarragona 69 km

Mapa de carreteras Michelin n° 574-H32

Hostal Benet

pl. Constitució 21-23 ✉ 25400 – ✆ 973 14 23 18 – www.hostalbenet.cat

17 hab – 42 € 55 €, 5 €

Rest *Hostal Benet* – ver selección restaurantes

Instalado en una céntrica casa del s. XV que, en su día, sirvió primero como ayuntamiento y después como molino de aceite. Ofrece unas habitaciones de línea funcional, todas personalizadas con multitud de cuadros y detalles cerámicos.

ESPAÑA

Hostal Benet - Hostal Benet

pl. Constitució 21-23 ✉ 25400 – ✆ 973 14 23 18 – www.hostalbenet.cat – cerrado del 1 al 6 de enero, del 20 al 26 de junio, del 12 al 18 de septiembre y lunes

Menú 15 € – Carta 24/48 € – *(solo almuerzo salvo viernes y sábado)*

Esta localidad es famosa mundialmente por su aceite de arbequina y, lógicamente, eso se refleja en su gastronomía. Su joven chef propone una cocina regional con detalles actuales en la que veremos platos como los Caracoles a la lata.

BORJA

Zaragoza – 4 915 h. – Alt. 448 m – Ver mapa regional n° **2-B2**

Madrid 309 km – Zaragoza 66 km – Huesca 137 km – Teruel 194 km

Mapa de carreteras Michelin n° 574-G25

La Bóveda del Mercado

pl. del Mercado 4 ✉ 50540 – ✆ 976 86 82 51 – cerrado del 7 al 31 de enero, domingo noche y lunes

Menú 18/45 € – Carta 26/42 €

Se halla en el centro de Borja y sorprende por su comedor, distribuido en tres espacios de lo que fue una antigua bodega. Cocina tradicional muy centrada en el menú del día.

BORLEÑA

Cantabria – Ver mapa regional n° **6-B1**

Madrid 360 km – Bilbao 111 km – Burgos 117 km – Santander 33 km

Mapa de carreteras Michelin n° 572-C18

De Borleña

carret. N 623 ✉ 39699 – ✆ 942 59 76 22 – www.hoteldeborlena.com – cerrado noviembre

10 hab – †39/55 € ††45/60 €

Rest *Mesón de Borleña* – ver selección restaurantes

La zona social es algo reducida... sin embargo, sus habitaciones, abuhardilladas en la planta superior, resultan confortables y poseen un estilo clásico muy cuidado. ¡Ambiente familiar y buenas opciones de turismo activo en el entorno!

Mesón de Borleña - Hotel De Borleña

carret. N 623 ✉ 39699 – ✆ 942 59 76 43 – www.hoteldeborlena.com – cerrado 3 noviembre-3 diciembre y lunes salvo verano

Menú 12/20 € – Carta 20/35 € – *(solo almuerzo salvo sábado y verano)*

Emplazado frente al hotel. Cuenta con un pequeño bar y un comedor clásico, algo recargado pero de impecable mantenimiento. Ofrecen un trato muy familiar y una carta tradicional rica en guisos, como sus sabrosas Alubias blancas con chorizo.

BOROA → Ver Amorebieta-Etxano

Vizcaya

BOSSÒST

Lleida – 1 187 h. – Alt. 710 m – Ver mapa regional n° **9-A1**

Madrid 632 km – Barcelona 333 km – Lleida/Lérida 179 km

Mapa de carreteras Michelin n° 574-D32

El Portalet

Sant Jaume 32 ✉ 25550 – ✆ 973 64 82 00 – cerrado del 15 al 30 de junio, domingo noche y lunes

Menú 28/42 € – *(solo almuerzo salvo Navidades, Semana Santa, 15 julio-15 septiembre, viernes y sábado) (solo menú)*

Restaurante familiar instalado en una casa de piedra que, en otro tiempo, sirvió como cuadra para la diligencia que viajaba a Francia. En su sala de ambiente rústico le darán a elegir entre dos menús, ambos interesantes y de cocina actual.

ESPAÑA

Er Occitan

Major 66 ✉ 25550 – ✆ 973 64 73 66 – www.eroccitan.com – cerrado 27 junio-8 julio y lunes salvo festivos

Menú 32/46 € – *(solo almuerzo salvo Navidades, Semana Santa, agosto, viernes y sábado)* (reserva aconsejable) *(solo menú)*

¡Ojo, pues se accede por una calle trasera! El negocio, muy conocido en el valle y con una única sala actual, ofrece un menú-carta a precio fijo y un curioso menú degustación, este último reservado a mesas completas compartiendo los platos.

BOT

Tarragona – 668 h. – Alt. 290 m – Ver mapa regional n° **9-A3**

Madrid 474 km – Lleida/Lérida 100 km – Tarragona 102 km – Tortosa 53 km

Mapa de carreteras Michelin n° 574-I31

Can Josep

av. Catalunya 34 ✉ 43785 – ✆ 977 42 82 40 – www.canjosep.com – cerrado Navidades

9 hab – 57 € 81/90 €

Hotelito de organización familiar emplazado en el corazón de la Terra Alta. Ofrece una zona social de línea rústica-actual, habitaciones funcionales y un restaurante de cocina regional que sorprende por su amplia cristalera, con vistas a la sierra de Pàndols.

BOTARELL

Tarragona – 1 113 h. – Ver mapa regional n° **9-B3**

Madrid 560 km – Barcelona 120 km – Tarragona 28 km

Mapa de carreteras Michelin n° 574-I32

Cal Barber

pl. de la Iglesia 2 ✉ 43772 – ✆ 977 82 69 50 – www.calbarber.net

10 hab – 95/130 €

Coqueto hotelito instalado en una casa antigua, donde se fusionan con acierto diseño y rusticidad. Ofrece unas habitaciones de buen confort y un completísimo SPA para parejas.

BRIHUEGA

Guadalajara – 2 673 h. – Alt. 897 m – Ver mapa regional n° **7-C1**

Madrid 92 km – Toledo 162 km – Guadalajara 36 km – Soria 153 km

Mapa de carreteras Michelin n° 576 y 575-J21

Niwa

paseo Jesús Ruíz Pastor 16 ✉ 19400 – ✆ 949 28 12 99 – www.hotelspaniwa.com

10 hab – 97/115 € 135/170 €

Moderno, exclusivo y con la propietaria volcada en el negocio, por lo que garantiza un trato personalizado. Presenta unas habitaciones de completo equipamiento y un coqueto SPA, especializado en tratamientos estéticos y masajes orientales.

Hospedería Princesa Elima

paseo de la Fábrica 15 ✉ 19400 – ✆ 949 34 00 05 – www.hospederiaprincesaelima.com

20 hab – 45 € 58/120 €

Su nombre ensalza a la princesa árabe Elima, pues según la leyenda se le apareció la Virgen en una cueva de la localidad. Hall con armaduras, espacios de inspiración morisca y cuidadas habitaciones, casi todas clásicas. El restaurante, de ambiente castellano, está especializado en asados y carnes a la brasa.

BRIÑAS

La Rioja – 225 h. – Alt. 454 m – Ver mapa regional n° **14-A2**

Madrid 328 km – Bilbao 99 km – Burgos 96 km – Logroño 49 km

Mapa de carreteras Michelin n° 573-E21

Hospedería Señorío de Briñas
Señorío de Briñas 5 ✉ 26290 – ✆ 941 30 42 24 – www.hotelesconencantodelarioja.com
20 hab – 65/90 € 75/95 €
Bello palacete del s. XVIII decorado con mobiliario de época. Todas las habitaciones son acogedoras... sin embargo, recomendamos las de la última planta por ser abuhardilladas y tener las vigas de madera a la vista.

BRIONES
La Rioja – 853 h. – Alt. 501 m – Ver mapa regional n° **14-A2**
Madrid 333 km – Burgos 99 km – Logroño 34 km – Vitoria-Gasteiz 54 km
Mapa de carreteras Michelin n° 573-E21

Casa El Mesón
travesía de la Estación 3 ✉ 26330 – ✆ 941 32 21 78 – www.elmesonbriones.es
8 hab – 40/45 € 50/55 €, 4 €
Agradable casa rural en piedra y ladrillo. Dispone de unas cálidas habitaciones con los techos en madera, mobiliario rústico y baños modernos. Amable organización familiar.

Los Calaos de Briones
San Juan 13 ✉ 26330 – ✆ 941 32 21 31 – www.loscalaosdebriones.com – cerrado 24 diciembre-15 de enero
Carta 25/35 € – *(cerrado lunes salvo festivos) (solo almuerzo salvo viernes, sábado y verano)*
4 hab – 40/50 € 55/65 €, 5,50 €
Está llevado en familia y posee dos salas abovedadas, ya que estas ocupan las antiguas bodegas de la casa. Aquí encontrará una carta tradicional con buenas sugerencias diarias, sin embargo la especialidad son los asados y los productos de temporada. ¡Las coquetas habitaciones sorprenden por sus detalles!

ESPAÑA

BRIVIESCA
Burgos – 7 539 h. – Alt. 725 m – Ver mapa regional n° **8-C1**
Madrid 285 km – Burgos 42 km – Vitoria-Gasteiz 78 km
Mapa de carreteras Michelin n° 575-E20

El Vallés
carret. Madrid-Irún, km 280 ✉ 09240 – ✆ 947 59 00 25 – www.hotelelvalles.com – cerrado 3 noviembre-15 marzo
47 hab – 40/60 € 50/70 €
Rest *El Vallés* – ver selección restaurantes
Lo encontrará junto a la carretera. Tras su frontal acristalado dispone de una correcta recepción con zona social, ascensores panorámicos y habitaciones de estilo actual.

Isabel
Santa María Encimera 21 ✉ 09240 – ✆ 947 59 29 59 – www.hotel-isabel.com
21 hab – 33/36 € 45/50 €, 4 €
Sencillo pero bien situado en el mismo centro de la localidad. Ofrece una correcta zona social y cuidadas habitaciones, todas con mobiliario funcional y baños actuales.

El Vallés – Hotel El Valles
carret. Madrid-Irún, km 280 ✉ 09240 – ✆ 947 59 00 25 – www.restauranteelvalles.es – cerrado 3 noviembre-15 marzo, domingo noche y lunes
Carta 25/34 €
Restaurante de montaje clásico dotado con dos salas, unas de ellas acristalada, y un buen salón de banquetes. De sus fogones surge una cocina tradicional actualizada.

El Concejo
pl. Mayor 14 ✉ 09240 – ✆ 947 59 16 86
Menú 14/20 € – Carta 27/35 €
Céntrico y atractivo restaurante dotado con dos salas rústicas, una con chimenea y otra, en el piso superior, con el techo abuhardillado. Amplia carta de sabor tradicional.

BROTO

Huesca – 533 h. – Alt. 905 m – Ver mapa regional n° **2-C1**
Madrid 481 km – Huesca 96 km – Zaragoza 165 km
Mapa de carreteras Michelin n° 574-E29

Pradas

av. de Ordesa 7 ✉ 22370 – ✆ 974 48 60 04 – www.hotelpradasordesa.com – marzo-octubre

16 hab – 30/50 € 50/75 €, 7 € – 8 suites

Esta construcción pirenaica presenta una cálida zona social con chimenea y habitaciones personalizadas, destacando las cuatro superiores con jacuzzi. Su restaurante ofrece una carta regional. ¡Si viaja en moto alójese, pues el propietario aplica descuentos!

El BRULL

Barcelona – 266 h. – Alt. 843 m – Ver mapa regional n° **9-C2**
Madrid 668 km – Barcelona 65 km – Burgos 652 km
Mapa de carreteras Michelin n° 574-G36

El Castell

✉ 08559 – ✆ 938 84 00 63 – www.elcastelldelbrull.com – cerrado del 7 al 25 de septiembre y miércoles

Menú 15/45 € – Carta 22/44 € – *(solo almuerzo salvo fines de semana y festivos)*

Emplazado en un promontorio. Ofrece un bar, donde montan mesas para el menú, el salón principal y una sala más rústica en el piso superior. Carta regional con especialidades catalanas y guisos de carne. ¡Pruebe sus Berenjenas rellenas!

en el Club de Golf Oeste : 3 km

L'Estanyol

✉ 08559 El Brull – ✆ 938 84 03 54 – www.restaurantestanyol.com – cerrado domingo noche y lunes noche en verano

Menú 14/47 € – Carta 26/56 € – *(solo almuerzo salvo viernes, sábado y verano)*

Antigua masía ubicada junto a un campo de golf. Posee un bar, donde sirven el menú, y varios comedores de línea rústica-elegante. Cocina tradicional, regional e internacional.

BUERA

Huesca – 100 h. – Alt. 522 m – Ver mapa regional n° **2-C1**
Madrid 432 km – Huesca 49 km – Lleida/Lérida 95 km
Mapa de carreteras Michelin n° 574-F30

La Posada de Lalola

La Fuente 14 ✉ 22146 – ✆ 619 22 51 02 – www.laposadadelalola.com – cerrado del 7 al 15 de enero

7 hab – 60/65 € 69/89 €

Rest ***Lalola*** – ver selección restaurantes

Una antigua casa de pueblo restaurada con muchísimo encanto. Tiene la recepción en el restaurante, posee un salón con chimenea y ofrece habitaciones de estilo rústico-actual.

Lalola – Hotel La Posada de Lalola

pl. Mayor ✉ 22146 – ✆ 619 22 51 02 – www.laposadadelalola.com – cerrado del 7 al 15 de enero y lunes no festivos

Carta 20/25 € – (es necesario reservar)

Se presenta a modo de casa particular y resulta singular, pues recrea un interior de aire bohemio. Cocina casera basada en productos de la zona.

BUEU

Pontevedra – 12 375 h. – Ver mapa regional n° **13-A3**
Madrid 621 km – Pontevedra 19 km – Vigo 32 km
Mapa de carreteras Michelin n° 571-F3

ESPAÑA

Loureiro

playa de Loureiro, 13, Noreste : 1 km ✉ 36930 – ✆ 986 32 07 19 – www.restauranteloureiro.com
Menú 15/35 € – Carta 20/37 € – *(cerrado domingo noche salvo verano)*
26 hab – 35/70 € 75/105 €
Bien situado, pues se haya frente a la playa de la que toma el nombre. En los comedores, que sorprenden por sus fantásticas vistas a la ría de Pontevedra, le propondrán una sabrosa cocina marinera a precios razonables. ¡También ofrecen cuidadas habitaciones!

O Souto Gastrobar

Alfonso Rodríguez Castelao 6 ✉ 36930 – ✆ 886 11 27 73 – www.osoutogastrobar.com – cerrado octubre, domingo noche salvo julio-agosto y lunes
Ración aprox. 8 €
Un gastrobar de ambiente actual-funcional donde se aprovecha mucho los espacios, pues combina mesas altas y bajas. Cocina actual pensada más para compartir que para tapear.

BURELA

Lugo – 9 672 h. – Ver mapa regional n° **13-D1**
Madrid 612 km – A Coruña 157 km – Lugo 108 km
Mapa de carreteras Michelin n° 571-B7

Palacio de Cristal

av. Arcadio Pardiñas 154 ✉ 27880 – ✆ 982 58 58 03 – www.hotelpalaciodecristal.es – cerrado 24 diciembre-7 enero
29 hab – 25/45 € 40/80 €
Rest *Parrillada Don Chuletón* – ver selección restaurantes
Una buena opción para alojarse en "La Mariña Central" de la costa lucense. Ha sabido ponerse al día, por lo que hoy ofrece unas habitaciones de estilo y confort actual.

Parrillada Don Chuletón – Hotel Palacio de Cristal

av. Arcadio Pardiñas 154 ✉ 27880 – ✆ 982 58 58 03 – www.hotelpalaciodecristal.es – cerrado 24 diciembre-7 enero
Menú 20/50 € – Carta 27/45 €
Presenta una estética rústica y tres espacios, destacando entre ellos el que cuenta con campanas de extracción sobre las mesas. Cocina tradicional, carnes gallegas y mariscos.

El BURGO DE OSMA

Soria – 5 163 h. – Alt. 895 m – Ver mapa regional n° **8-C2**
Madrid 183 km – Aranda de Duero 56 km – Soria 56 km
Mapa de carreteras Michelin n° 575-H20

Burgo de Osma

Universidad 5 ✉ 42300 – ✆ 975 34 14 19 – www.castillatermal.com
66 hab – 93/113 € 106/135 € – 4 suites
Instalado en un impresionante edificio, ya que ocupa lo que fue la Universidad de Santa Catalina, del s. XVI. Amplias zonas nobles, habitaciones detallistas y un hermoso balneario emplazado bajo el patio columnado. El restaurante completa su carta tradicional con un apartado vegetariano y otro para celíacos.

II Virrey

Mayor 2 ✉ 42300 – ✆ 975 34 13 11 – www.virreypalafox.com – cerrado 21 diciembre-8 enero
52 hab – 50/80 € 50/95 €
Rest *Virrey Palafox* – ver selección restaurantes
Se encuentra en la calle principal y destaca por ofrecer detalles de gran elegancia. Encontrará un impresionante hall, una lujosa zona social y habitaciones de buen nivel general, todas con el mobiliario torneado en madera o en forja.

ESPAÑA

Hospedería El Fielato

av. Juan Carlos I-1 ✉ 42300 – ✆ 975 36 82 36 – www.hospederiaelfielato.es – cerrado 20 diciembre-20 enero

21 hab – 35/40 € 45/55 €

Con su nombre rinde un homenaje al carácter histórico del edificio, ya que aquí se pagaban los tributos e impuestos. Ofrece habitaciones de línea clásica y correcto confort.

Posada del Canónigo

San Pedro de Osma 19 ✉ 42300 – ✆ 975 36 03 62 – www.posadadelcanonigo.es – cerrado 15 diciembre-enero

11 hab – 60/70 € 70/80 €

Está muy cerca de la Catedral, en un edificio del s. XVII que ha sido rehabilitado con gran acierto. Presenta una cálida zona social con chimenea y habitaciones de buen confort, todas con profusión de madera y muebles de anticuario.

Virrey Palafox – Hotel II Virrey

Universidad 7 ✉ 42300 – ✆ 975 34 02 22 – www.virreypalafox.com – cerrado 21 diciembre-8 enero, domingo noche y lunes

Menú 15 € – Carta 32/60 €

Negocio familiar con buen nombre en la zona. Posee varias salas de estilo castellano que destacan por sus atractivas vidrieras de colores. Su completa carta tradicional se enriquece con platos típicos de la zona, como las setas y la caza.

ESPAÑA

BURGOHONDO

Ávila – 1 255 h. – Alt. 846 m – Ver mapa regional n° **8**-B3

Madrid 156 km – Valladolid 183 km – Avila 43 km – Toledo 124 km

Mapa de carreteras Michelin n° 575-K15

El Linar del Zaire

carret. Avila-Casavieja 42 B ✉ 05113 – ✆ 920 28 40 91 – www.ellinardelzaire.com – cerrado del 7 al 31 de enero

17 hab – 44/66 € 88/110 €

Instalado en un edificio de granito que, en su día, sirvió como escuela. Presenta cuidados exteriores y habitaciones de línea rústica-actual, algunas con terraza privada. El restaurante, que se asoma a la piscina, ofrece platos de tinte tradicional y regional.

BURGOS

179 097 h. – Alt. 856 m – Ver mapa regional n° **8**-C2

Madrid 239 km – Bilbao 156 km – Santander 154 km – Valladolid 125 km

Mapa de carreteras Michelin n° 575-E18/-E19

NH Palacio de Burgos

La Merced 13 ✉ 09002 – ✆ 947 47 99 00 – www.nh-hotels.com Plano : A2**b**

110 hab – 89/239 € 149/299 €, 17 € – 3 suites

Instalado en un antiguo convento de fines del s. XVI que conserva la fachada y el claustro, este último hoy cubierto por un techo acristalado. Ofrece unas habitaciones amplias y luminosas, así como un restaurante de montaje actual orientado al cliente alojado.

AC Burgos

paseo de la Audiencia 7 ✉ 09003 – ✆ 947 25 79 66 – www.hotelacburgos.com Plano : A2**z**

70 hab – 69/300 €, 12 €

Se halla en la ribera del Arlanzón, tras una fachada clásica que esconde un interior más vanguardista. Moderno patio-distribuidor y habitaciones de completo equipamiento.

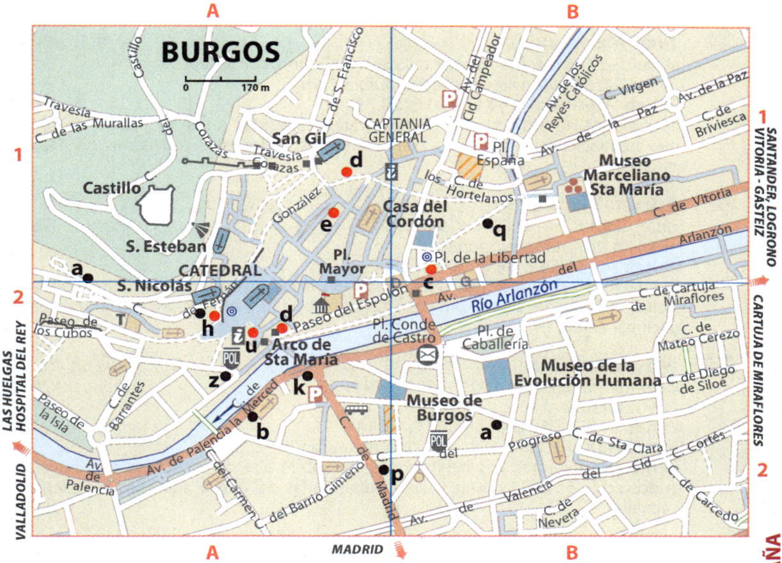

ESPAÑA

Abba Burgos

Fernán González 72 ✉ 09003 – ✆ 947 00 11 00 Plano : A1**a**
– www.abbaburgoshotel.com
114 hab – 👥60/140 €, ☕ 14 €
¡Magnífico y relativamente próximo a la Catedral! Encontrará habitaciones de gran amplitud y equipamiento, muchas con terraza y algunas con jardín. Su restaurante propone un interesante menú degustación que fusiona la cocina tradicional con la de autor.

Rice Reyes Católicos

av. de los Reyes Católicos 30, por av. de los Reyes Católicos ✉ 09005 – ✆ 947 22 23 00 – www.ricehotelesburgos.com
50 hab – 👤48/160 € 👥50/190 €, ☕ 10 €
La profusión de maderas nobles y el confort definen unos espacios de notable elegancia, con un espacio de lectura dotado de chimenea y habitaciones clásicas actualizadas. El comedor, luminoso y también actualizado, está precedido por un bar de ambiente inglés.

Corona de Castilla

Madrid 15 ✉ 09002 – ✆ 947 26 21 42 Plano : A2**p**
– www.hotelcoronadecastilla.com
87 hab – 👤45/130 € 👥50/180 €, ☕ 10 €
Muy próximo a la estación de autobuses. Dispone de confortables habitaciones con los suelos en parquet y mobiliario funcional en la mayoría de los casos. Aseos actuales. El restaurante, sencillo y de carácter polivalente, ofrece básicamente un amplísimo menú.

Azofra

Don Juan de Austria 22-24, por N 620 ✉ 09001 – ✆ 947 46 20 03 – www.hotelazofra.com
29 hab – 👥44/60 €, ☕ 5 €
Rest *Azofra* – ver selección restaurantes
Ubicado en la zona universitaria. Tiene acogedoras habitaciones con los suelos en tarima y mobiliario clásico, destacando las abuhardilladas y las que disponen de galería.

Rice María Luisa
av. del Cid Campeador 42, por av. del Cid Campeador ✉ 09005 – ☎ 947 22 80 00 – www.ricehotelesburgos.com
46 hab – 🚹40/130 € 🚹🚹45/160 €, ☕ 7 €
Instalaciones de estilo clásico elegante. Su escasa zona noble se compensa con unas habitaciones detallistas y bien equipadas, todas ellas con baños de línea actual.

Fórum Evolución
Santa Clara 8 ✉ 09002 – ☎ 947 25 60 32 – www.hotelforumevolucion.com Plano : B2**a**
19 hab – 🚹45/55 € 🚹🚹48/70 €, ☕ 6 €
Agradable hotel de estética urbana ubicado a escasos metros del Museo de la Evolución Humana. Ofrece unas habitaciones bastante espaciosas, todas de línea funcional-actual.

Mesón del Cid
pl. Santa María 8 ✉ 09003 – ☎ 947 20 87 15 – www.mesondelcid.es Plano : A2**h**
49 hab – 🚹55/250 € 🚹🚹55/300 €, ☕ 14 €
Rest *Mesón del Cid* – ver selección restaurantes
¡Frente a la Catedral! Las habitaciones, de sobrio aire castellano, se distribuyen en dos edificios de la misma calle, resultando las del anexo algo más completas y actuales.

ESPAÑA

La Puebla
La Puebla 20 ✉ 09004 – ☎ 947 20 00 11 – www.hotellapuebla.com Plano : B1**q**
19 hab – 🚹39/150 € 🚹🚹50/150 €, ☕ 6,60 €
Tiene la recepción en el 1er piso, junto a su zona social, y unas habitaciones que gozan de cierto encanto, no muy amplias pero bastante bien personalizadas en su decoración.

Vía Gótica
pl. de Vega 3 ✉ 09002 – ☎ 947 24 44 44 – www.hotelviagotica.com Plano : A2**k**
17 hab ☕ – 🚹50/200 € 🚹🚹65/250 €
¡Sencillo y funcional... pero con personalidad! Presenta unas instalaciones luminosas y de línea moderna, con vistas a la Catedral. Encontrará detalles de equipamiento que lo hacen diferente, como un Netbook de uso libre por habitación.

Casa Ojeda
Vitoria 5 ✉ 09004 – ☎ 947 20 90 52 – www.grupojeda.es – cerrado domingo noche Plano : B1**c**
Carta 32/53 €
Negocio ya centenario que da cabida a un bar-cafetería, una pastelería, una tienda de delicatessen y varios apartamentos. Posee dos salas de aire castellano y tres privados.

Puerta Real
pl. Rey San Fernando 9 ✉ 09003 – ☎ 947 26 52 00 – www.puertareal.es – cerrado domingo noche Plano : A2**u**
Menú 30/70 € – Carta 30/62 €
Destaca por su excelente ubicación en la plaza de la Catedral, con un bar de tapas a la entrada y una sala de montaje actual. Cocina actualizada y un menú fiel a la tradición.

Blue Gallery
paseo Comuneros de Castilla 19, por calle Vitoria ✉ 09006 – ☎ 947 05 74 51
Menú 19/45 € – (es necesario reservar) *(solo menú)*
Instalado en un cubo de cristal, donde se presenta con una pequeña barra y las mesas en la zona acristalada. Cocina de fusión con bases asiáticas y buen producto de mercado.

XX **Mesón del Cid** – Hotel Mesón del Cid
pl. de Santa María 8 ✉ 09003 – ☎ 947 20 87 15 – www.mesondelcid.es – cerrado domingo noche
Plano : A2**h**
Menú 30/45 € – Carta 25/59 €
¡Situado frente a la Catedral! Ocupa una casa del s. XV con historia, pues en su día cobijó una de las primeras imprentas de España. Ambiente y cocina típicos castellanos.

XX **L´Arruzz**
pl. Rey San Fernando ✉ 09003 – ☎ 947 27 80 00 – www.larruzz.com
Plano : A2**d**
Menú 14/38 € – Carta 25/52 €
Se puede acceder por dos calles, aunque la entrada más usada es la que da a la plaza de la Catedral, donde montan la terraza. Encontrará una carta de cocina tradicional y regional... con un buen apartado de arroces tradicionales y caldosos.

XX **Azofra** – Hotel Azofra
Juan de Austria 22-24, por N 620 ✉ 09001 – ☎ 947 46 10 50 – www.hotelazofra.com – cerrado domingo noche
Menú 33/53 € – Carta 29/59 €
Posee un bar con dos hornos de leña a la vista, un comedor castellano definido por la profusión de madera y una sala para banquetes. La especialidad es el cordero asado.

XX **Casa Avelino**
Emperador 58, por Paseo de los Cubos ✉ 09003 – ☎ 947 20 61 92 – www.restaurantecasaavelino.com – cerrado miércoles
Menú 20/45 € – Carta 21/42 €
Un restaurante familiar que emana los sabores y olores de siempre, pues tiene a la madre al frente de los fogones. Cocina tradicional con guisos, caza y platos de temporada.

La Favorita
Avellanos 8 ✉ 09003 – ☎ 947 20 59 49 – www.lafavoritaburgos.com
Plano : A1**d**
Tapa 2 € – Ración aprox. 12 €
Excelente bar-restaurante de aire rústico, pues aún conserva las paredes originales en ladrillo visto y piedra. Destaca por la calidad de sus pinchos y sus carnes a la brasa.

Royal
Huerto del Rey 25 ✉ 09003 – ☎ 947 20 26 11 – cerrado 15 días en noviembre
Plano : A1**e**
Tapa 2 € – Ración aprox. 8 €
Una opción actual e interesante, pues aquí complementan sus sorprendentes tapas y pinchos con algunos platos combinados, bocadillos muy elaborados y hamburguesas de calidad.

al Sur en la autovía A 1

Landa
3,5 Km ✉ 09001 Burgos – ☎ 947 25 77 77 – www.landa.as
36 hab – †101/244 € ††118/336 €, ☕ 18 € – 1 suite
Magnífico hotel ubicado, parcialmente, en un torreón del s. XIV. Atesora amplias zonas nobles y habitaciones bien personalizadas, la mitad con hidromasaje en los baños. Acogedor comedor clásico-regional para el almuerzo y salón de aire medieval para las cenas.

CABEZÓN DE LA SAL

Cantabria – 8 350 h. – Alt. 128 m – Ver mapa regional n° **6-B1**
Madrid 401 km – Burgos 158 km – Oviedo 161 km – Palencia 191 km
Mapa de carreteras Michelin n° 572-C17

El Jardín de Carrejo
Sur : 1,5 km ✉ 39509 – ☎ 942 70 15 16 – www.eljardindecarrejo.com
12 hab – †66/99 € ††66/122 €, ☕ 11 €
Casona en piedra rodeada por unos extensos jardines, con riachuelos, árboles catalogados, antiguas piscinas de piscifactorías... Sorprende la modernidad y armonía de su interior, combinando distintas maderas en unos diseños limpios y puros.

ESPAÑA

CABEZÓN DE LIÉBANA

Cantabria – 650 h. – Alt. 779 m – Ver mapa regional n° **6-A1**
Madrid 396 km – Bilbao 206 km – Palencia 162 km – Santander 110 km
Mapa de carreteras Michelin n° 572-C16

Casona Malvasia

Cabariezo, Noroeste : 1 km ✉ 39571 – ✆ 942 73 51 48 – www.hotelcasonamalvasia.com – abril-15 diciembre
8 hab – 80/86 € 86/100 €, ☕ 8 €
Hotel de aire montañés construido sobre una bodega visitable. Ofrece un salón social con chimenea y habitaciones de elegante ambiente rústico personalizadas en su decoración.

CABEZUELA DEL VALLE

Cáceres – 2 431 h. – Alt. 500 m – Ver mapa regional n° **12-C1**
Madrid 229 km – Mérida 187 km – Cáceres 119 km – Salamanca 116 km
Mapa de carreteras Michelin n° 576-L12

Tauro

Hondón 53-55 ✉ 10610 – ✆ 927 47 20 78 – www.apartamentostauro.es
8 apartamentos – 100/120 €, ☕ 2,50 €
Instalado en un atractivo edificio de aire rústico. Presenta la recepción en el bar de la planta baja y unos apartamentos bien equipados, todos con cocina y salón polivalente.

CABO

→ Ver a continuación y el nombre propio del cabo

CABO DE PALOS

Murcia – 889 h. – Ver mapa regional n° **16-B3**
Madrid 465 km – Alacant/Alicante 108 km – Cartagena 26 km – Murcia 75 km
Mapa de carreteras Michelin n° 577-T27

La Tana

paseo de la Barra 3 ✉ 30370 – ✆ 968 56 30 03 – www.la-tana.com – cerrado febrero
Menú 18/42 € – Carta 20/33 €
Negocio familiar ubicado en la zona del puerto, donde ofrecen unos comedores de correcto montaje y una carta rica en pescados, mariscos, arroces y calderos. Su atractiva terraza destaca por sus buenas vistas al mar.

CABRA

Córdoba – 20 835 h. – Alt. 350 m – Ver mapa regional n° **1-C2**
Madrid 419 km – Sevilla 200 km – Córdoba 82 km – Málaga 112 km
Mapa de carreteras Michelin n° 578-T16

San Martín

pl. España 14 ✉ 14940 – ✆ 957 52 51 31 – www.mesonsanmartin.com – cerrado del 15 al 30 de octubre y jueves
Menú 45 € – Carta 20/34 €
Este pequeño mesón cuenta con un bar a la entrada, un pasillo tipo patio y al fondo el comedor, lleno de cuadros, fotos y detalles rústicos. Cocina regional actualizada, con buenos pescados según mercado y derivados del cerdo ibérico.

CABRILS

Barcelona – 7 181 h. – Alt. 147 m – Ver mapa regional n° **10-B3**
Madrid 641 km – Barcelona 28 km – Girona 81 km – Tarragona 127 km
Mapa de carreteras Michelin n° 574-H37

Mas de Baix

passeig Tolrà 1 ✉ 08348 – ✆ 937 53 80 84 – www.hotelmasdebaix.com – cerrado del 1 al 20 de enero
9 hab – 80/105 € 99/160 €, ☕ 9 €
¡Alójese en una preciosa casona señorial del s. XVII! En este céntrico edificio encontrará zonas sociales de aire rústico y unas habitaciones muy cuidadas, todas bien personalizadas y con cierto aire colonial. Entorno con piscina y césped.

XX **Ca L'Estrany** N

camí Coll de Port 19 ✉ 08348 – ✆ 937 50 70 66 – www.calestrany.com – cerrado domingo noche y lunes salvo festivos
Menú 19/29 € – Carta 30/45 €
Esta casa, tipo masía pero de estética actual, está muy vinculada a La Cofradía de Pescadores de Arenys de Mar. Aquí lo mejor son las sugerencias y el pescado de temporada.

CABUEÑES → Ver Gijón
Asturias

CACABELOS
León – 5 459 h. – Ver mapa regional n° **8**-A1
Madrid 393 km – León 116 km – Lugo 108 km – Ponferrada 14 km
Mapa de carreteras Michelin n° 575-E9

X **La Moncloa de San Lázaro**

Cimadevilla 97 ✉ 24540 – ✆ 987 54 61 01 – www.moncloadesanlazaro.com
Menú 25/35 € – Carta 24/33 € – *(cerrado martes de marzo-octubre salvo festivos)*
8 hab – 50 € 75 €, 7 €
Bella casona construida sobre un hospital de peregrinos que data del s. XIII. Encontrará una tienda con productos del Bierzo, comedores de ambiente rústico, buena cocina de gusto regional y atractivas habitaciones, todas dominadas por una llamativa rusticidad.

en Canedo Noreste : 6,5 km – Ver mapa regional n° **8**-A1

XX **Palacio de Canedo**

La Iglesia ✉ 24546 Canedo – ✆ 987 56 33 66 – www.pradaatope.es
Menú 28 € – Carta 26/40 € – *(cerrado domingo noche y lunes de enero a marzo)*
14 hab – 83/92 € 124/138 €
Un palacio rural rodeado de viñedos, la sede de Prada a Tope. Disfruta de un cálido bar, una preciosa tienda, dos comedores de ambiente rústico-antiguo y unas habitaciones muy originales, todas con mobiliario rústico de diseño. Cocina regional y vinos propios.

ESPAÑA

CÁCERES
95 925 h. – Alt. 439 m – Ver mapa regional n° **12**-B2
Madrid 307 km – Coimbra 292 km – Córdoba 325 km – Salamanca 217 km
Mapa de carreteras Michelin n° 576-N10

Atrio

pl. San Mateo 1 ✉ 10003 – ✆ 927 24 29 28 – www.restauranteatrio.com Plano : B2**n**
14 hab – 291/550 €, 33 €
Rest *Atrio* ✿✿ – ver selección restaurantes
Se halla en el espectacular casco antiguo y ocupa un edificio excepcional, no en vano ha sido rehabilitado por los prestigiosos arquitectos Mansilla y Tuñón. Encontrará unas estancias y habitaciones de inmaculado diseño, jugando siempre con los espacios, las luces y la interpretación visual de cada cliente.

Parador de Cáceres

Ancha 6 ✉ 10003 – ✆ 927 21 17 59 – www.parador.es Plano : B2**b**
39 hab – 95/210 €, 18 €
Este atractivo Parador se encuentra en pleno centro histórico, ocupando el antiguo Palacio de Torreorgaz. Pese a ser un edificio del s. XIV hoy se presenta totalmente renovado, conservando reminiscencias del pasado pero ofreciendo también un confort muy actual. El restaurante destaca por su zona ajardinada.

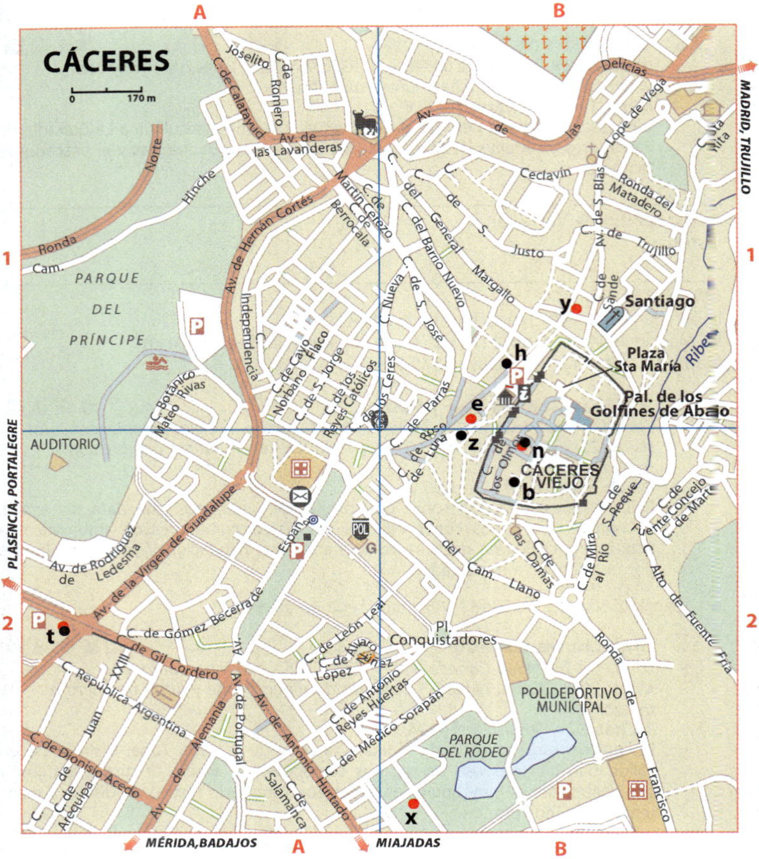

NH Palacio de Oquendo

pl. de San Juan 11 ✉ *10003* – ✆ *927 21 58 00* Plano : B2

– *www.nh-collection.com*

86 hab ☕ – 👥65/220 €

Casa-palacio del s. XVI vinculada a los Marqueses de Oquendo. Encontrará un bonito patio y unas habitaciones de estilo moderno, algunas con los techos abuhardillados. El restaurante, de reducida capacidad, se complementa con un buen bar-tapería y una terraza.

Extremadura

av. Virgen de Guadalupe 28 ✉ *10001* – ✆ *927 62 96 39* Plano : A2

– *www.extremadurahotel.com*

148 hab – 👤65/144 € 👥65/180 €, ☕ 12 € – 3 suites

Rest *Orellana* – ver selección restaurantes

A un paseo del centro... ¡pero sin los inconvenientes del mismo! Es un hotel amplio y moderno, con varias salas de reuniones, habitaciones bien equipadas y un cómodo parking.

Casa Don Fernando
pl. Mayor 30 ✉ 10003 – ✆ 927 21 42 79 Plano : B1**h**
– www.casadonfernando.com
36 hab – 🚹50/120 € 🚹🚹60/140 €, ☕ 10 €
Destaca por su emplazamiento, pues ocupa un edificio del s. XVI que tiene varias habitaciones con balcón asomadas a la Plaza Mayor. Encontrará un moderno lobby, estancias de línea actual y un bar que deja el antiguo aljibe a la vista.

Atrio (Toño Pérez) – Hotel Atrio
pl. San Mateo 1 ✉ 10003 – ✆ 927 24 29 28 Plano : B2**n**
– www.restauranteatrio.com
Menú 109/129 € – *(solo menú)*
Conjuga a la perfección historia y actualidad. Su chef crea una cocina innovadora con maridajes clásicos, logrando magníficas texturas y sabores de extraordinaria pureza. ¡La bodega, visitable al igual que la cocina, es la joya de la casa!
➜ Capuchino de hígado de pato con boletus y maíz. Careta de cerdo, cigala y jugo cremoso de ave. Torta del Casar en contraste con membrillo y aceite especiado.

Orellana – Hotel Extremadura
av. Virgen de Guadalupe 28 ✉ 10001 – ✆ 927 62 92 46 Plano : A2**t**
– www.extremadurahotel.com – cerrado domingo noche
Menú 18/48 € – Carta 32/55 €
Atesora personalidad propia respecto al hotel y destaca por su cuidado servicio de mesa. Proponen una carta tradicional actualizada que se ve enriquecida con diferentes menús.

Madruelo
Camberos 2 ✉ 10003 – ✆ 927 24 36 76 Plano : B1**y**
– www.madruelo.com – cerrado 15 días en enero,15 días en julio, domingo noche, lunes noche y martes noche
Menú 30/36 € – Carta 27/35 €
¡Procuran mimar a sus clientes! En este acogedor restaurante, ubicado en una casa antigua que sorprende por sus techos abovedados, encontrará una cocina de base tradicional bien actualizada, siempre con productos extremeños y de temporada.

Botein N
Madre Isabel de Larrañaga ✉ 10002 – ✆ 927 24 08 40 Plano : B2**x**
– www.botein.es – cerrado 15 días en agosto, domingo noche, lunes noche y martes noche
Menú 38/54 € – Carta 32/52 €
Restaurante de ambiente moderno dotado con un bar-tapería y un comedor de cuidado montaje. Cocina de corte actual basada en el producto local y menús pensados para compartir.

El Figón de Eustaquio
pl. de San Juan 12 ✉ 10003 – ✆ 927 24 43 62 Plano : B1**e**
– www.elfigondeeustaquio.com
Menú 19/26 € – Carta 22/40 €
Casa rústica considerada toda una institución en la ciudad. Posee cinco salas que poco a poco han sido renovadas en un estilo clásico, donde le ofrecerán una carta muy amplia de cocina tradicional y algunos platos extremeños.

al Suroeste en la carretera N 630 : 1,5 km

Barceló Cáceres V Centenario
Manuel Pacheco 4, Los Castellanos ✉ 10005 Cáceres – ✆ 927 23 22 00
– www.barcelo.com
129 hab – 🚹🚹68/178 €, ☕ 14 € – 9 suites
Destaca por su agradable entorno ajardinado y, debido a su emplazamiento, está más enfocado al cliente de empresa. Sus espaciosas habitaciones ofrecen una estética moderna con detalles clásicos. El restaurante, de cuidado montaje, se completa con un privado y en verano da servicio junto a la piscina.

ESPAÑA

CADAQUÉS

Girona – 2 938 h. – Ver mapa regional n° **9-D3**
Madrid 772 km – Barcelona 172 km – Girona 74 km – Perpignan 91 km
Mapa de carreteras Michelin n° 574-F39

Playa Sol

platja Pianc 3 ✉ 17488 – ☎ 972 25 81 00 – www.playasol.com – cerrado 13 noviembre-12 febrero

48 hab – 93/189 € 115/239 €, 14 €

Pese a ser todo un clásico, pues lleva más de 50 años llevado por la misma familia, hoy se muestra bien renovado y con baños actuales. La mayoría de sus habitaciones disfrutan de vistas al mar, lo que supone un suplemento.

Calma Blanca

av. Salvador Dalí 8 ✉ 17488 – ☎ 972 15 93 56 – www.calmablanca.es

7 hab – 370/720 €, 25 €

¡Ideal para huir del estrés! Presenta unas instalaciones bastante modernas, con habitaciones de diseño bien personalizadas, un pequeño SPA y bonitas vistas sobre Cadaqués.

Blaumar Cadaqués

Massa d'Or 21 ✉ 17488 – ☎ 972 15 90 20 – www.hotelblaumar.com – 18 marzo-octubre

27 hab – 72/124 € 82/147 €, 13 €

Negocio familiar de carácter vacacional ubicado en una tranquila zona residencial. Ofrece unas cómodas habitaciones de aire mediterráneo, muchas con vistas a la piscina, y una agradable terraza para desayunar.

Compartir

Riera Sant Vicenç ✉ 17488 – ☎ 972 25 84 82 – www.compartircadaques.com – cerrado 5 enero-4 febrero y lunes

Carta 35/68 € – *(solo fines de semana 4 febrero-abril)*

Posee un amplio patio-terraza y un agradable interior de ambiente rústico-mediterráneo, con fuerte presencia de la piedra y la madera. Su propuesta culinaria apunta hacia el plato completo, de gran calidad, pero todo ideado para compartir.

al Sureste 2 km

Sol Ixent

Sant Baldiri 10 (Paratge Els Caials) ✉ 17488 Cadaqués – ☎ 972 25 10 43 – www.hotelsolixent.com – cerrado noviembre-9 marzo

49 hab – 88/113 € 98/245 €

En un extremo del pueblo, próximo a la Casa-Museo Salvador Dalí. Ofrece unas habitaciones de línea clásica-funcional, la mayoría con terraza. El restaurante, tipo menú con suplemento en algunos platos, ocupa un moderno pabellón acristalado junto a la piscina.

CADAVEDO

Asturias – Ver mapa regional n° **3-A1**
Madrid 531 km – A Coruña 212 km – Gijón 74 km – Lugo 153 km
Mapa de carreteras Michelin n° 572-B10

Torre de Villademoros

Villademoros, Oeste : 1,5 km ✉ 33788 – ☎ 985 64 52 64 – www.torrevillademoros.com – marzo-octubre

10 hab – 63/79 € 86/124 €, 8,50 € – 1 suite

Casona solariega del s. XVIII, con porche y un cuidado jardín, emplazada junto a la torre medieval de la que toma su nombre. Posee amplias habitaciones de estética rústica-actual y un correcto comedor, para desayunos y cenas, orientado al cliente alojado.

CÁDIZ

121 739 h. – Ver mapa regional n° **1-A2**

Madrid 646 km – Algeciras 124 km – Córdoba 239 km – Granada 306 km

Mapa de carreteras Michelin n° 578-W11

Parador H. Atlántico

av. Duque de Nájera 9 ✉ 11002 – ✆ 956 22 69 05 Plano : A1**x**

– www.parador.es

124 hab – ††90/255 €

¡Vanguardismo orientado al océano! Este Parador atesora unas zonas sociales que tienen en el hierro a su gran protagonista, un buen salón de conferencias y modernas habitaciones, todas con terraza y vistas al mar. El restaurante, dotado con una bodega acristalada, propone una carta tradicional actualizada.

Tryp La Caleta N

av. Amílcar Barca 47, playa de la Victoria, por D3 ✉ 11009 – ✆ 956 27 94 11

– www.melia.com

141 hab – †85/290 € ††95/390 €, 14 € – 2 suites

¡En pleno paseo marítimo! Ofrece un luminoso hall, un salón de desayunos con vistas al mar y habitaciones de línea funcional-actual, las familiares con litera para los niños.

Argantonio

Argantonio 3 ✉ 11004 – ✆ 956 21 16 40 Plano : C2**s**

– www.hotelargantonio.com

17 hab – †60/95 € ††69/125 €

Edificio del s. XIX ubicado en una estrecha calle del casco antiguo. Sin duda posee cierto encanto, presentándose con un hall-patio, muchos detalles, suelos hidráulicos y unas habitaciones bastante bien personalizadas en su decoración.

ESPAÑA

Las Cortes de Cádiz

San Francisco 9 ✉ 11004 – ✆ 956 22 04 89 Plano : C2**c**

– www.hotellascortes.com

36 hab – †45/121 € ††50/135 €, 8,50 €

¡Alójese en la zona más comercial del casco viejo! En este hotel, instalado en un edificio señorial del s. XIX, encontrará un patio cubierto, bellas balaustradas y habitaciones clásicas muy bien equipadas... eso sí, algunas algo justas.

Cádiz Plaza

glorieta Ingeniero La Cierva 3, por CA 33 ✉ 11010 – ✆ 956 07 91 90

– www.hotelcadizplaza.com

48 hab – †65/190 € ††69/219 € – 13 apartamentos

De línea actual y a un paso de la playa de La Victoria. Presenta una pequeña cafetería, habitaciones de ambiente clásico-actual con mobiliario funcional, apartamentos con cocina y una suite-apartamento de gran confort.

Regio

av. Ana de Viya 11, por CA 33 ✉ 11009 – ✆ 956 27 93 31

– www.hotelregiocadiz.com

50 hab – †45/200 € ††50/300 €, 8 €

Ubicado en la avenida más importante de la ciudad, que aquí no está lejos de la playa. Dispone de unas habitaciones reducidas aunque bien equipadas, con mobiliario clásico-actual y baños modernos.

Patagonia Sur

Cobos 11 ✉ 11005 – ✆ 856 17 46 47 Plano : C2**a**

– www.hotelpatagoniasur.com

16 hab – †52/165 € ††59/170 €, 9 €

¡En el corazón del casco histórico! Posee un pequeño salón para desayunos que hace las veces de zona social y unas habitaciones funcionales, destacando las dos de la azotea por contar con buenas terrazas privadas y vistas a la Catedral.

A
B
1
2
3
Alameda M.de Comillas
Paseo de Carlos III
Ulla
Gómez
Doctor
del
C. Jesús Caído
Parque Genovés
Castillo de Sta Catalina
Av. de Duque de Nájera
Playa de la Caleta
C. de Fernando Quiñones
C. Gravina
C. Ustariz
Carmen
C. de S. Dimas
C. de Hércules
C. de Sta Rosalía
C. de Ceballos
Navas
C. de Cervantes
Plaza de S. Antonio
San Antonio
Pl. Falla
C. Benito Pérez Galdós
Gran Teatro Falla
C. Virgili
C. de Chile
C. Rafael
C. del Doctor Marañón
C. Matías
Arias
del Sacramento
Solano
S. Felipe Neri
del Hospital
Museo Iconográfico e Histórico de las Cortes y Sitio de Cádiz
C. Diego
C. de Jesús Nazareno
San Lorenzo
C. Barquillas de Lope
C. de la Rosa
C. de la Rosa
Hospital de Mujeres
C. de José Celestino Mutis
C. Patrocinio
C. Trinidad
C. de Belén
C. Martínez Campos
La Palma
C. S. Félix
C. de Pasquín
C. Sagasta
C. S. Vicente
C. del Ángel
C. de Paraguay
C. del Profesor Alcina Quesada
C. Doctores Meléndez
C. Arricruz
C. de Venezuela
C. Campo del Sur
C. Campo de Sur
OCÉANO
CÁDIZ
0
190 m

C
D
1
2
3
Baluarte de la Candelaria
Alameda Apocada
C. de Honduras
C. Nuevo Mundo
3mS
Alameda de Apodaca
C. de Fermín Salvochea
C. Zorrilla
C. del General Menacho
C. de Santiago Terry
C. de Buenos Aires
Castro
C. del Conde de O'Reilly
C. S. Germán
C. de Fernando 'El Católico'
C. Méjico
C. S. Carlos
Plaza de la Hispanidad
Plaza de Mina
Plaza de España
Museo de Cádiz
San Francisco
Plaza de San Francisco
C. Tinte
C. de S. Pedro
C. Beato Diego de Cádiz
Av. del Puerto
Av. del Generalísimo
Av. de Ramón de Carranza
C. Valverde
c
s
C. Argantonio
Santa Cueva
C. del Columela
C. Rosario
C. de S. Francisco
Cervantes
Ancha
C. de José del Toro
PUERTO
Torre Tavira
C. de S. Miguel
C. Barrié
C. Feduchy
C. del Montañés
Plaza Candelaria
Paseo Canalejas
Plaza de Topete
C. Doctor Dacarrete
Casa de las Cadenas
a
C. Cobos
Libertad
Mercado Central
C. Barrocal
C. Flamenco
Arboli
Santiago
Pl. de la Catedral
Fábrica de Tabacos
Av. del Puerto
Plaza de Sevilla
Pl. de S. Juan de Dios
C. Plocia
PALACIO DE CONGRESOS
x
C. S. Juan
Arco de la Rosa
C. del Puerto Chico
Catedral
Museo Catedralicio
Pl. Fray Félix
Arco de los Blancos
CENTRO CULTURAL
Santo Domingo
Casa del Obispo
Santa Cruz
C. Viento
C. de Sta María
Teatro Romano
Santa María
C. Santo Domingo
C. Concepción
C. de Arenal
Mirador
C. Sta Elena
C. S. Roque
Cádiz Virtual
ATLÁNTICO
Cárcel Real
POL
Plaza de la Constitució
Puerta de Tierra
ALGECIRAS, JEREZ DE LA F.

XX **El Faro**
San Félix 15 ✉ 11002 – ✆ 956 21 10 68 – www.elfarodecadiz.com Plano : A3**b**
Menú 35 € – Carta 33/45 €
Uno de los restaurantes más prestigiosos de Cádiz... no en vano, está avalado por medio siglo de éxitos e historia. Propone una completa carta de cocina regional, con predominio de pescados y mariscos, así como una excelente bodega.

X **Sopranis**
Sopranis 5 ✉ 11005 – ✆ 956 28 43 10 – www.sopranis.es – cerrado domingo noche, lunes noche y martes noche salvo verano y festivos Plano : D3**x**
Menú 25/35 € – Carta 29/40 €
¡En pleno barrio de Santa María! Se presenta con una pequeña barra de apoyo y dos salas, la principal decorada con fotos de modelos. Proponen una cocina de gusto actual muy interesante, con platos bien elaborados y de cuidada presentación.

El Faro
San Félix 15 ✉ 11002 – ✆ 956 21 10 68 – www.elfarodecadiz.com Plano : A3**b**
Tapa 3 € – Ración aprox. 12 €
Trabaja bastante y se presenta con un ambiente de estilo clásico-marinero. Le ofrecerán deliciosas tapas y raciones, aunque su especialidad son los pescaditos y las frituras.

ESPAÑA

Barrasie7e
av. Amílcar Barca 17, por CA 33 ✉ 11008 – ✆ 956 26 32 63 – www.barrasie7e.com
Tapa 3,50 € – Ración aprox. 12 €
Gastrobar de estética actual emplazado en 1ª línea de playa. Con su nombre hacen un guiño al número de dependencias del local y al total de hijos de los propietarios. Carta de tapas y raciones, con arroces individuales y conservas caseras.

en la playa de Cortadura Sur : 4,5 km

XX **Ventorrillo del Chato**
Vía Augusta Julia (carret. San Fernando) ✉ 11011 Cádiz – ✆ 956 25 00 25 – www.ventorrilloelchato.com – cerrado domingo noche salvo agosto
Menú 45/65 € – Carta 40/55 €
Venta de 1780 y entrañable rusticidad ubicada junto a las dunas de la playa. Aquí encontrará una completa carta de cocina tradicional actualizada, bien enriquecida con guisos típicos y diferentes arroces.

CALACEITE
Teruel – 1 106 h. – Alt. 511 m – Ver mapa regional n° **2-C2**
Madrid 411 km – Zaragoza 140 km – Teruel 180 km – Tarragona 105 km
Mapa de carreteras Michelin n° 574-I30

Hotel del Sitjar
pl. España 15 ✉ 44610 – ✆ 978 85 11 14 – www.hoteldelsitjar.com – cerrado 3 enero-3 marzo
15 hab – †69/89 € ††74/94 €
Lo mejor es su emplazamiento, pues ocupa una hermosa casa solariega del s. XVIII situada en la misma plaza Mayor. Presenta un interior con mucho encanto, cálido y confortable, dominado por los detalles decorativos, la piedra y la madera. El restaurante, de carácter polivalente, ofrece una carta tradicional.

CALAFELL
Tarragona – 24 563 h. – Ver mapa regional n° **9-B3**
Madrid 574 km – Barcelona 65 km – Tarragona 31 km
Mapa de carreteras Michelin n° 574-I34

en la playa

XX **Masia de la Platja**
Vilamar 67 ✉ 43820 Calafell – ☎ 977 69 13 41 – www.masiadelaplatja.com – cerrado del 7 al 14 de enero, del 2 al 25 de noviembre, martes noche y miércoles
Menú 37/80 € – Carta 45/65 €
Atesora una dilatada trayectoria familiar, pues ya cumplió el medio siglo de vida y está bien llevado por la 3ª generación. Presenta una carta basada en pescados y mariscos, con un buen apartado de arroces y sugerencias de temporada.

XX **Vell Papiol**
Vilamar 30 ✉ 43820 Calafell – ☎ 977 69 13 49 – www.vellpapiol.com – cerrado 22 diciembre-22 enero, lunes salvo agosto, domingo noche y martes noche en invierno
Menú 25/55 € – Carta 32/62 €
Ubicado en una calle peatonal repleta de comercios. Este negocio familiar propone una cocina de intenso sabor marinero, rica en pescados, mariscos y arroces. ¡Pruebe su Arroz de sepia y "espardenyes" o el típico "Arrossejat" de Calafell!

en la carretera C-31 Sureste : 2 km

XX **La Barca de Ca l'Ardet**
Marinada 1 - urb. Mas Mel ✉ 43820 Calafell – ☎ 977 69 15 59 – www.labarcadecalardet.com – cerrado enero y martes
Carta 41/55 €
Se encuentra a las afueras de la localidad, instalado en un chalet azul de una zona residencial. En sus salas podrá descubrir una carta tradicional, con claras influencias del mar y un buen apartado de arroces. ¡Amplia variedad de menús!

ESPAÑA

CALAHORRA

La Rioja – 24 509 h. – Alt. 350 m – Ver mapa regional n° **14**-B2
Madrid 320 km – Logroño 55 km – Soria 94 km – Zaragoza 128 km
Mapa de carreteras Michelin n° 573-F24

Parador de Calahorra
paseo Mercadal ✉ 26500 – ☎ 941 13 03 58 – www.parador.es
60 hab – 85/145 €, 15 €
Presenta una zona social sobria a la par que elegante y unas salas de reuniones bien equipadas. Sus confortables habitaciones poseen suelos en madera y mobiliario regional. En su comedor podrá degustar las especialidades propias de esta tierra, aunque también hay menús especiales para celíacos y vegetarianos.

Gala
av. de la Estación 7 ✉ 26500 – ☎ 941 14 55 15 – www.hostalgala.es
14 hab – 52 € 65 €
Hostal de fachada colorista y confort actual. Sus habitaciones gozan de buen equipamiento y baños con ducha, aunque todas dan a un patio interior. El restaurante, igualmente colorista y actual, presenta una carta tradicional y un correcto menú del día.

XX **Chef Nino**
Basconia 2 ✉ 26500 – ☎ 941 13 31 04 – www.chefnino.com – cerrado 20 diciembre-20 enero, domingo noche y lunes
Menú 15/45 € – Carta 30/49 €
Este céntrico restaurante de organización familiar está dotado con un elegante comedor clásico y un privado, este último de línea más moderna. Cocina tradicional y de temporada con platos actualizados.

La CALAHORRA

Granada – 754 h. – Alt. 1 300 m – Ver mapa regional n° **1-D1**
Madrid 459 km – Almería 100 km – Granada 72 km – Jaén 131 km
Mapa de carreteras Michelin n° 578-U20

Hospedería del Zenete

carret. de Guadix 14 ✉ 18512 – ☎ 958 67 71 92 – www.hospederiadelzenete.com
34 hab – 55/65 € 65/75 € – 1 apartamento
Instalado en un edificio de aire rústico que recuerda, con sus recios muros en piedra, al castillo existente en la localidad. Habitaciones personalizadas de buen confort. El restaurante, dotado con varias salas, ofrece una carta fiel al recetario tradicional.

CALAMOCHA

Teruel – 4 515 h. – Alt. 884 m – Ver mapa regional n° **2-B2**
Madrid 261 km – Soria 157 km – Teruel 72 km – Zaragoza 110 km
Mapa de carreteras Michelin n° 574-J26

Fidalgo

carret. N 234 ✉ 44200 – ☎ 978 73 02 77 – www.hotelfidalgo.es – cerrado Navidades
20 hab – 35 € 55 €, 3 €
Hotel de ambiente familiar dotado con un acogedor salón social, una cafetería-tienda y unas sencillas habitaciones de línea funcional-actual. El restaurante, de estilo castellano, se complementa con un gran salón de banquetes al que se accede por el jardín.

ESPAÑA

CALATAÑAZOR

Soria – 57 h. – Alt. 1 027 m – Ver mapa regional n° **8-D2**
Madrid 202 km – Burgos 120 km – Soria 33 km
Mapa de carreteras Michelin n° 575-G21

Casa del Cura

Real 25 ✉ 42193 – ☎ 975 18 36 42 – www.posadarealcasadelcura.com – cerrado del 7 al 30 de enero
6 hab – 45/60 € 65/80 €, 5 €
Tiene la categoría de Posada Real y se encuentra en un pueblo pintoresco, ocupando dos viejas casas que saben conciliar la estética neorrústica con los detalles de diseño. ¡Espléndidas habitaciones! En su precioso restaurante podrá degustar diversos platos tradicionales elaborados con productos de la zona.

El Mirador de Almanzor

Puerta vieja 4 ✉ 42193 – ☎ 975 18 36 42 – www.elmiradordealmanzor.com – cerrado del 7 al 31 de enero
10 hab – 40/50 € 50/70 €, 5 €
El origen árabe de la localidad aún se deja ver en esta casa, pues emana esencias bereberes y nazaríes por doquier... eso sí, bien combinadas con la rusticidad de la piedra y la madera dominantes en todo el edificio. ¡Tiene su encanto!

CALATAYUD

Zaragoza – 20 926 h. – Alt. 534 m – Ver mapa regional n° **2-B2**
Madrid 231 km – Zaragoza 86 km – Soria 91 km – Teruel 138 km
Mapa de carreteras Michelin n° 574-H25

Castillo de Ayud

av. Diputación 8 ✉ 50300 – ☎ 976 88 00 88 – www.hotelcastillodeayud.com
72 hab – 30/90 € 40/120 €
Se trata de dos hoteles, uno en un edificio moderno con estancias actuales, que es el Castillo de Ayud, y el otro en una casa conocida como el Chalet de los Sánchez, que funciona como un anexo y da cabida tanto al resto de habitaciones, estas de línea clásica, como al restaurante. ¡Pequeño pero completo SPA!

Hospedería Mesón de la Dolores
pl. Mesones 4 ✉ 50300 – ✆ 976 88 90 55
– www.mesonladolores.com
34 hab – 49/53 € 69/81 €, 7 €
Antigua posada decorada con detalles alusivos a la vida de la Dolores, una joven de la localidad ensalzada en una copla popular. Posee habitaciones de estilo regional distribuidas en torno a un patio cubierto. En su restaurante, de ambiente rústico, encontrará una carta tradicional con varios platos típicos.

Posada Arco de San Miguel
San Miguel 18 ✉ 50300 – ✆ 976 88 72 72
– www.arcodesanmiguel.com – cerrado 7 días en junio
Menú 9 € – Carta 25/45 € – *(cerrado domingo noche y lunes)*
7 hab – 35/60 € 40/120 €
Edificio ubicado junto a un pasadizo, con arco, del que toma su nombre. Está llevado en familia y presenta un interior de línea moderna en varios niveles. Carta tradicional. Como complemento al negocio también ofrece habitaciones, combinando en ellas antiguos detalles de aire rústico y elementos modernos.

Las CALDAS
Asturias – 120 h. – Alt. 125 m – Ver mapa regional n° **3-B1**
Madrid 452 km – Oviedo 10 km – León 132 km
Mapa de carreteras Michelin n° 572-C12

G.H. Las Caldas
✉ 33174 – ✆ 985 79 87 87 – www.lascaldas.com
78 hab – 114/174 € 124/184 € – 11 suites
¡Recargue las pilas en un magnífico complejo lúdico-termal! Las excelentes instalaciones del balneario se completan con un SPA y un Centro de medicina deportiva, siempre compartiendo servicios con el hotel Enclave. Bello entorno ajardinado y elegantes habitaciones de línea clásica, todas equipadas al detalle.

Enclave
✉ 33174 – ✆ 985 79 87 87 – www.lascaldasvillatermal.com
77 hab – 83/140 € 93/153 € – 11 suites
La Villa Termal de Las Caldas resulta realmente espectacular, por eso aquí vemos como se amplía la oferta hotelera con unas confortables habitaciones de estilo clásico-actual. ¡Todos los servicios están compartidos con el G.H. Las Caldas!

CALDAS DE REIS (CALDAS DE REYES)
Pontevedra – 10 019 h. – Alt. 22 m – Ver mapa regional n° **13-B2**
Madrid 638 km – Santiago de Compostela 47 km – Pontevedra 26 km – A Coruña 118 km
Mapa de carreteras Michelin n° 571-E4

Torre do Río
Baxe 1, carretera de Moraña - Este : 1.5 km ✉ 36650 – ✆ 986 54 05 13
– www.torredorio.es
12 hab – 75/90 € 100/120 €
¡Un espacio donde el tiempo parece haberse detenido! Ocupa un complejo textil del s. XVIII bien rehabilitado y emplazado en un entorno único, no en vano la finca fue declarada de Interés Paisajístico Nacional. Todas sus estancias denotan buen gusto. A los clientes se les ofrece un menú casero previa reserva.

CALDEBARCOS

A Coruña – 261 h. – Ver mapa regional n° **13-A2**
Madrid 704 km – Santiago de Compostela 68 km – A Coruña 115 km – Pontevedra 100 km
Mapa de carreteras Michelin n° 571-D2

Casa Manolo

carret. AC 550 ✉ 15294 – ✆ 981 76 03 06 – cerrado 15 septiembre-7 octubre y lunes salvo verano y festivos
Menú 20/50 € – Carta 30/45 €
Un negocio familiar de dilatada trayectoria. Posee un bar y un comedor clásico-funcional, donde sirven pescados y mariscos de la zona. ¡Pruebe su Caldeirada de pescado!

CALDERS

Barcelona – 953 h. – Alt. 552 m – Ver mapa regional n° **9-C2**
Madrid 593 km – Barcelona 71 km – Manresa 18 km – Vic 35 km
Mapa de carreteras Michelin n° 574-G35

en la carretera N 141 C Noreste : 2,5 km

Urbisol

✉ 08275 Calders – ✆ 938 30 91 53 – www.hotelurbisol.com – cerrado del 7 al 31 de enero
16 hab – 90 € 150 €
Rest *Urbisol* – ver selección restaurantes
Tranquila masía ubicada en pleno bosque, donde disfruta de agradables terrazas y un amplio espacio de ambiente chill out. Ofrece confortables habitaciones de línea actual, la mayoría personalizadas con la temática de flores y algunas con espléndidas vistas.

Urbisol – Hotel Urbisol

✉ 08275 Calders – ✆ 938 30 91 53 – www.hotelurbisol.com – cerrado del 7 al 31 de enero, domingo noche, lunes y martes
Carta 27/57 €
Emana personalidad propia respecto al hotel... no en vano, fue el origen del negocio. Amabilidad, confort, cuidada iluminación y cocina tradicional actualizada de buen nivel.

ESPAÑA

CALDES DE MONTBUI

Barcelona – 17 156 h. – Alt. 180 m – Ver mapa regional n° **10-B2**
Madrid 636 km – Barcelona 33 km – Manresa 57 km
Mapa de carreteras Michelin n° 574-H36

Vila de Caldes

pl. de l'Àngel 5 ✉ 08140 – ✆ 938 65 41 00 – www.grupbroquetas.com – cerrado 23 diciembre-8 enero
30 hab – 70/150 €
Este céntrico hotel cuenta con una atractiva entrada ajardinada, un buen hall-recepción y completas habitaciones de línea clásica-actual. Piscina y solárium en el ático. El restaurante, de montaje tipo cafetería, trabaja básicamente con dos menús, uno para los días laborales y otro para los fines de semana.

Balneario Broquetas

pl. Font del Lleó 1 ✉ 08140 – ✆ 938 65 01 00 – www.grupbroquetas.com
81 hab – 60/140 € – 4 suites – 8 apartamentos
Hotel-balneario de finales del s. XIX y ambiente familiar. Ofrece unas cuidadas dependencias y una destacable propuesta termal. El restaurante, que solo trabaja el menú, enriquece su oferta con un buffet los fines de semana. ¡No se pierda su original colección de búhos, pues atesora más de 6000 piezas!

XX **Mirko Carturan Cuiner**

av. Pi i Margall 75 ✉ 08140 – ☎ 938 65 41 60 – www.mirkocarturan.com – cerrado 10 días en agosto, sábado mediodía y domingo

Menú 30/45 € – Carta aprox. 35 € – *(solo almuerzo salvo viernes y sábado)*

Tener la cocina vista nada más entrar o el comedor decorado a base de libros gastronómicos son rasgos singulares derivados de la personalidad de un talentoso chef de origen piamontés. Cocina tradicional actualizada con toques creativos.

CALELLA

Barcelona – 18 469 h. – Ver mapa regional n° **10-A2**

Madrid 683 km – Barcelona 48 km – Girona 55 km

Mapa de carreteras Michelin n° 574-H37

XX **El Hogar Gallego**

Ànimes 73 ✉ 08370 – ☎ 937 66 20 27 – www.elhogargallego.cat – cerrado domingo noche y lunes

Menú 10/60 € – Carta 30/58 €

Este negocio familiar tiene un bar con mesas para raciones, un comedor principal de línea clásica y otros tres salones algo más actuales. Pescados y mariscos de gran calidad.

CALELLA DE PALAFRUGELL

Girona – Ver mapa regional n° **10-B1**

Madrid 726 km – Barcelona 127 km – Girona 56 km – Tarragona 217 km

Mapa de carreteras Michelin n° 574-G39

Sant Roc

pl. Atlàntic 2 (barri Sant Roc) ✉ 17210 – ☎ 972 61 42 50 – www.santroc.com – 25 marzo-octubre

45 hab – 87/139 € 119/269 €

Un hotel familiar que enamora por su ubicación, sobre un acantilado y dominando toda la costa. Encontrará unas cuidadas habitaciones, todas con balcón o terraza, y un buen restaurante asomado al Mediterráneo, donde proponen una carta tradicional elaborada.

Garbí

Baldomer Gili i Roig 20 ✉ 17210 – ☎ 972 61 40 40 – www.hotelgarbi.com – abril-octubre

52 hab – 77/99 € 102/165 €

¡En un tranquilo pinar! Disfruta de una amplia zona noble y acogedoras habitaciones, unas de línea funcional y las que hay en un pabellón contiguo algo más actuales. El restaurante, de correcto montaje, se complementa con una agradable terraza entre los pinos.

Mediterrani

Francesc Estrabau 40 ✉ 17210 – ☎ 972 61 45 00 – www.hotelmediterrani.com – mayo-octubre

43 hab – 80/140 € 85/174 €

¡De gran luminosidad! Aquí se combinan los detalles antiguos, que revelan la historia familiar, con los más actuales. Habitaciones modernas, 16 de ellas asomadas al mar.

Port-Bo

August Pi i Sunyer 6 ✉ 17210 – ☎ 972 61 49 62 – www.hotelportbo.net – abril-25 septiembre

43 hab – 70/113 € 95/145 € – 14 apartamentos

Sencillo hotel de gestión familiar. Posee diferentes espacios sociales, unas habitaciones de corte clásico y amplios apartamentos, todos de notable limpieza y mantenimiento.

X **Sa Jambina**

Boffil i Codina 21 ✉ 17210 – ☎ 972 61 46 13 – cerrado 15 diciembre-15 enero

Carta 40/60 € – *(solo almuerzo salvo fin de semana de octubre-mayo)*

Está cerca de las playas y se presenta con un único comedor, diáfano y acogedor. La carta, muy orientada a las sugerencias, toma como base los pescados y mariscos de la zona.

ESPAÑA

CALLDETENES

Barcelona – 2 479 h. – Alt. 489 m – Ver mapa regional n° **9-C2**
Madrid 673 km – Barcelona 72 km – Girona 64 km
Mapa de carreteras Michelin n° 574-G36

XXXX **Can Jubany** (Nandu Jubany)
carret. C 25 (salida 187), Este : 1,5 km ✉ 08506 – ✆ 938 89 10 23 – www.canjubany.com – cerrado del 1 al 14 de enero, 15 días en agosto, domingo y lunes
Menú 64/109 € – Carta 58/98 €
Esta hermosa masía posee varias salas de ambiente rústico-actual y una mesa en la propia cocina, acristalada y asomada al jardín. Sus platos, actuales de base tradicional, están siempre elaborados con productos autóctonos de gran calidad.
➜ Guisantes de nuestro huerto en su vaina a la brasa con butifarra de matanza y panceta. Pichón de sangre asado con su canapé y atadillo de col. Texturas de leche fresca de vaca con crema limón, toffee y nube de azúcar.

CALP (CALPE)

Alicante – 29 442 h. – Ver mapa regional n° **11-B3**
Madrid 463 km – Alacant / Alicante 64 km – Castelló de la Plana / Castellón de la Plana 204 km – València 122 km
Mapa de carreteras Michelin n° 577-Q30

G.H. Sol y Mar
Benidorm 3 ✉ 03710 – ✆ 965 87 50 55 – www.granhotelsolymar.com
330 hab – 79/209 € 99/261 € – 3 suites
Rest *Abiss* – ver selección restaurantes
En 1ª línea de playa y orientado a un cliente vacacional. Disfruta de amplias zonas sociales y habitaciones de estética moderna, la mayoría con terraza y más de la mitad con vistas tanto al mar como al peñón de Ifach. El restaurante del hotel presenta su menú o un buffet dependiendo del nivel de ocupación.

AR Diamante Beach N
Av. Juan Carlos I-48 ✉ 03710 – ✆ 965 87 56 09 – www.ar-hotels.com
283 hab – 75/184 € 86/271 € – 2 suites
Rest *Audrey's by Rafa Soler* – ver selección restaurantes
Bastante amplio, de estética actual y a escasos 200 metros de la playa. Ofrece un gran hall, numerosas salas de reuniones y unas cuidadas habitaciones, todas de estilo funcional-actual y con su propia terraza. También disfruta de un gran restaurante tipo buffet y otro de carácter gastronómico.

XXX **Abiss** – Hotel G.H. Sol y Mar
Benidorm 3 ✉ 03710 – ✆ 965 83 91 43 – www.restauranteabiss.com – cerrado lunes
Menú 30/48 € – Carta 30/51 € – *(solo almuerzo salvo viernes, sábado y 15 mayo-15 noviembre)* (reserva aconsejable)
Proponen una carta tradicional valenciana durante el almuerzo, con arroces, tapas y un menú marinero, así como una carta más actual en las veladas, esta con menú degustación.

XX **Audrey's by Rafa Soler** N – Hotel AR Diamante Beach
Av. Juan Carlos I-48 ✉ 03710 – ✆ 608 66 76 37 – www.audreys.es – cerrado 7 días en marzo, del 7 al 20 de noviembre, lunes y martes
Menú 30/55 € – Carta 35/55 €
Moderno restaurante con cuyo nombre hacen un guiño tanto al hotel como a la eterna actriz que protagonizó "Desayuno con diamantes". Cocina actual, elaborada y bien presentada.

X **El Bodegón**
Delfín 8 ✉ 03710 – ✆ 965 83 01 64 – www.bodegoncalpe.com – cerrado 22 diciembre-22 enero y domingo en invierno
Menú 20/35 € – Carta 25/37 €
Instalaciones bien cuidadas cuyo éxito radica en la sencillez. Encontrará una decoración rústica castellana y una cocina clásica, con platos tradicionales e internacionales.

por la carretera N 332 Norte : 2,5 km y desvío a la izquierda 1,2 km

XX **Casa del Maco**
Pou Roig 15 ✉ 03720 Benissa – ✆ 965 73 28 42 – www.casadelmaco.com – cerrado 23 noviembre-18 diciembre y 11 enero-9 febrero
Menú 24/68 € – Carta 58/78 € – *(cerrado lunes mediodía, martes y miércoles mediodía) (solo cena en verano salvo domingo)*
4 hab – †83/123 € ††110/125 €, ☕ 11 €
Casa de campo del s. XVIII y elegante rusticidad, con las salas distribuidas en dos niveles y una atractiva terraza. Cocina internacional actualizada con toques de autor. Como complemento también posee algunas habitaciones de inequívoco encanto.

CAMALEÑO

Cantabria – 1 000 h. – Ver mapa regional n° **6-A1**
Madrid 414 km – Santander 114 km – Oviedo 173 km – Palencia 174 km
Mapa de carreteras Michelin n° 572-C15

El Jisu
carret. de Fuente Dé, Oeste : 0,5 km ✉ 39587 – ✆ 942 73 30 38 – www.eljisu.com – cerrado enero y febrero
9 hab – †40/50 € ††51/60 €, ☕ 6 €
Este hotel tipo chalet se presenta, gracias a su entorno, como una buena opción para los amantes de la montaña. Salón social con chimenea y habitaciones de correcto confort. El restaurante resulta ideal para degustar los platos típicos de la comarca lebaniega.

CAMASOBRES

Palencia – Ver mapa regional n° **8-C1**
Madrid 372 km – Valladolid 177 km – Palencia 132 km – Santander 152 km
Mapa de carreteras Michelin n° 575-C16

Posada Fuentes Carrionas de la Pernía
Real ✉ 34849 – ✆ 979 06 69 10 – www.posadafuentescarrionas.com – cerrado febrero
17 hab ☕ – †50/60 € ††75/85 €
Casa solariega del s. XVIII emplazada en pleno Parque Natural de Fuentes Carrionas y Fuente Cobre. Posee una agradable zona ajardinada y habitaciones de aire rústico, las mejores con zona de salón. Restaurante de sencillo montaje y carácter polivalente.

CAMBADOS

Pontevedra – 13 544 h. – Ver mapa regional n° **13-A2**
Madrid 639 km – Pontevedra 28 km – Santiago de Compostela 61 km – A Coruña 133 km
Mapa de carreteras Michelin n° 571-E3

Parador de Cambados
paseo de la Calzada ✉ 36630 – ✆ 986 54 22 50 – www.parador.es
57 hab – ††75/170 €, ☕ 15 € – 1 suite
Elegante pazo del s. XVI ubicado en el centro de la localidad, rodeado de jardines y cerca de la ría. Amplia zona social y habitaciones con mobiliario neorrústico. El restaurante se presenta con un bello techo en madera y una completa carta de cocina gallega.

Casa Rosita
O Riveiro 8, Oeste : 1 km ✉ 36630 – ✆ 986 54 34 77 – www.hrosita.com
53 hab ☕ – †40/55 € ††60/87 €
De carácter familiar y... ¡habituado a trabajar con banquetes! Presenta unas habitaciones bastante espaciosas, todas de estética actual y las mejores con vistas a la ría. Su restaurante propone una cocina gallega especializada en pescados y mariscos.

ESPAÑA

Real Ribadomar

Real 8 ✉ 36630 – ✆ 986 52 44 04 – www.hotelrealribadomar.com – cerrado 21 diciembre-8 enero

7 hab – 50/65 € 70/125 €

¡Un hotel íntimo, cuidado y con mucho encanto! Limita su zona social al coqueto hall-recepción, detalle que compensan con unas habitaciones bastante acogedoras, todas con mobiliario de estilo antiguo y algunas con las paredes en piedra.

Pazo A Capitana

Sabugueiro 46 ✉ 36630 – ✆ 986 52 05 13 – www.pazoacapitana.com – cerrado 15 diciembre-enero

11 hab – 59/70 € 70/90 €

Un bellísimo pazo con el encanto de otros tiempos. Conserva los antiguos lagares, las cocinas y un precioso patio, todo en armonía con sus estancias. ¡Aquí elaboran Albariño!

Yayo Daporta

Hospital 7 ✉ 36630 – ✆ 986 52 60 62 – www.yayodaporta.com – cerrado del 9 al 19 de mayo, del 7 al 23 de noviembre, domingo noche y lunes salvo festivos

Menú 50/85 € – Carta aprox. 45 €

Está en la 1ª planta de una casona que en el s. XVIII funcionó como Hospital Real. En contraste con sus fachadas presenta un interior actual. Cocina creativa con interesantes combinaciones en una carta a precio fijo, así como varios menús.

→ Sardina ligeramente asada con su fondo de empanada. Jurel asado a la brasa, con el jugo de su asado y migas de pan de maíz. Texturas del queso de Arzúa, membrillo y reducción de licor de café.

ESPAÑA

Pandemonium

Albariño 16 ✉ 36630 – ✆ 986 54 36 38 – www.pandemonium.com.es – cerrado del 15 al 30 de octubre, domingo noche, lunes y martes noche

Menú 43 € – Carta 37/46 €

Céntrico restaurante dotado con un comedor actual y un coqueto rincón, este con los asientos corridos. Encontrará una reducida carta de tintes creativos y un menú degustación.

Posta do Sol

Ribeira de Fefiñans 22 ✉ 36630 – ✆ 986 54 22 85 – www.restaurantepostadosol.com

Menú 15 € – Carta 30/50 €

Instalado en un antiguo bar. El comedor posee antigüedades y detalles regionales, como los encajes de Camariñas. Su especialidad son la Empanada de vieiras y los mariscos.

Ribadomar

Valle Inclán 17 ✉ 36630 – ✆ 986 54 36 79 – www.ribadomar.es

Menú 22/29 € – Carta 24/35 € – *(solo almuerzo salvo viernes, sábado y verano)*

Buen negocio familiar con el dueño al frente de los fogones. Presenta un comedor de montaje clásico y una carta tradicional gallega especializada en pescados y mariscos.

CAMBRE

A Coruña – 23 999 h. – Ver mapa regional n° **13-B1**

Madrid 584 km – Santiago de Compostela 64 km – A Coruña 12 km – Lugo 85 km

Mapa de carreteras Michelin n° 571-C4

A Estación (Beatriz Sotelo y Juan M. Crujeiras)

carret. da Estación 51 ✉ 15660 – ✆ 981 67 69 11 – www.estaciondecambre.com – cerrado martes noche salvo verano, domingo noche y lunes salvo festivos

Menú 57/77 € – Carta 45/55 €

¡Llevado con ilusión y profesionalidad! Edificio tipo pabellón ubicado en un antiguo almacén, junto a la estación de tren. En las salas, que recrean un ambiente bastante acogedor, le propondrán una cocina fresca y actual, con los sabores marcados y mimo en las presentaciones.

→ Jurel de anzuelo, escabeche emulsionado, fresas y espinacas tiernas. Pescado del día, carabinero, parrillada de verduritas, almendras y sésamo. Albaricoque asado, praliné de avellanas y foie, y helado de merengue-vainilla.

CAMBRILS

Tarragona – 33 775 h. – Ver mapa regional n° **9-B3**
Madrid 554 km – Castelló de la Plana/Castellón de la Plana 165 km – Tarragona 18 km
Mapa de carreteras Michelin n° 574-I33

en el puerto

Mónica H.
Galcerán Marquet 1 ✉ 43850 Cambrils – ✆ 977 79 10 00 Plano : C2**b**
– www.hotelmonica.com – abril-octubre
104 hab – 68/148 € 100/210 €
Hotel de organización familiar que hoy atesora amplias zonas nobles y cuidadas habitaciones, destacando las cuatro con solárium de la azotea. Restaurante de línea moderna y sorprendente jardín, pues tiene muchas palmeras y hasta una zona de relax tipo jaima.

Tryp Port Cambrils
Rambla Regueral 11 ✉ 43850 Cambrils – ✆ 977 35 86 00 Plano : C1**e**
– www.melia.com – cerrado del 1 al 28 de diciembre y del 2 al 30 de enero
156 hab – 71/169 € 75/228 €
Orientado tanto al cliente vacacional como al de empresa, ya que cuenta con varias salas de reuniones. Habitaciones de aire moderno y funcional, todas con terraza. Si desea algún plato a la carta vaya al bar, pues en el comedor solo sirven el buffet y un menú.

Princep
Narcís Monturiol 2 ✉ 43850 Cambrils – ✆ 977 36 11 27 Plano : C2**c**
– www.hotelprincep.com – cerrado 20 diciembre-8 enero
27 hab – 45/110 € 60/140 €
Céntrico y de línea clásica-actual. Presenta una pequeña zona social y amplias habitaciones de correcto confort, la mayoría con una pequeña terraza. ¡Solicite las estancias de la última planta con vistas al mar, al puerto y al pueblo!

Can Solé
Ramón Llull 19 ✉ 43850 Cambrils – ✆ 977 36 02 36 Plano : C2**e**
– www.hotelcansole.com
26 hab – 31/43 € 43/62 €, 4,50 €
Asomado a dos céntricas calles, una de ellas peatonal. Ofrece unas cuidadas habitaciones, la mayoría con mobiliario funcional en pino y baños de plato ducha. En su confortable comedor, clásico con detalles náuticos, apuestan por la cocina tradicional marinera.

Can Bosch (Joan Bosch)
Rambla Jaume I-19 ✉ 43850 Cambrils – ✆ 977 36 00 19 Plano : C2**d**
– www.canbosch.com – cerrado 22 diciembre-enero, domingo noche y lunes
Menú 38/74 € – Carta 50/80 €
Céntrico y de sólida trayectoria familiar. Su chef-propietario propone una carta de cocina tradicional bastante completa y variada, con muchos pescados, mariscos y algunos arroces. ¡Interesantes menús, uno de ellos de degustación!
→ Tartar de cigalas, crema de espárragos, emulsión de naranja y caviar de soja. Rodaballo salvaje a la mantequilla Café de París y pil-pil de plancton marino. Avellana, algarroba y texturas de chocolate.

Rincón de Diego (Diego Campos)
Drassanes 19 ✉ 43850 Cambrils – ✆ 977 36 13 07 Plano : C2**v**
– www.rincondediego.com – cerrado 23 diciembre-enero, domingo noche y lunes
Menú 40/69 € – Carta 60/80 €
¡Con prestigio y a dos pasos del Club Náutico! En este restaurante, muy cuidado y actual, encontrará una cocina tradicional actualizada que, trabajando mucho con pescados y mariscos, destaca por la excelente calidad de sus materias primas.
→ Tartar de tomate con gamba de Tarragona y helado de su esencia. Potaje de bogavante deshuesado con garbanzos pedrosillanos. La pequeña degustación de nuestros postres.

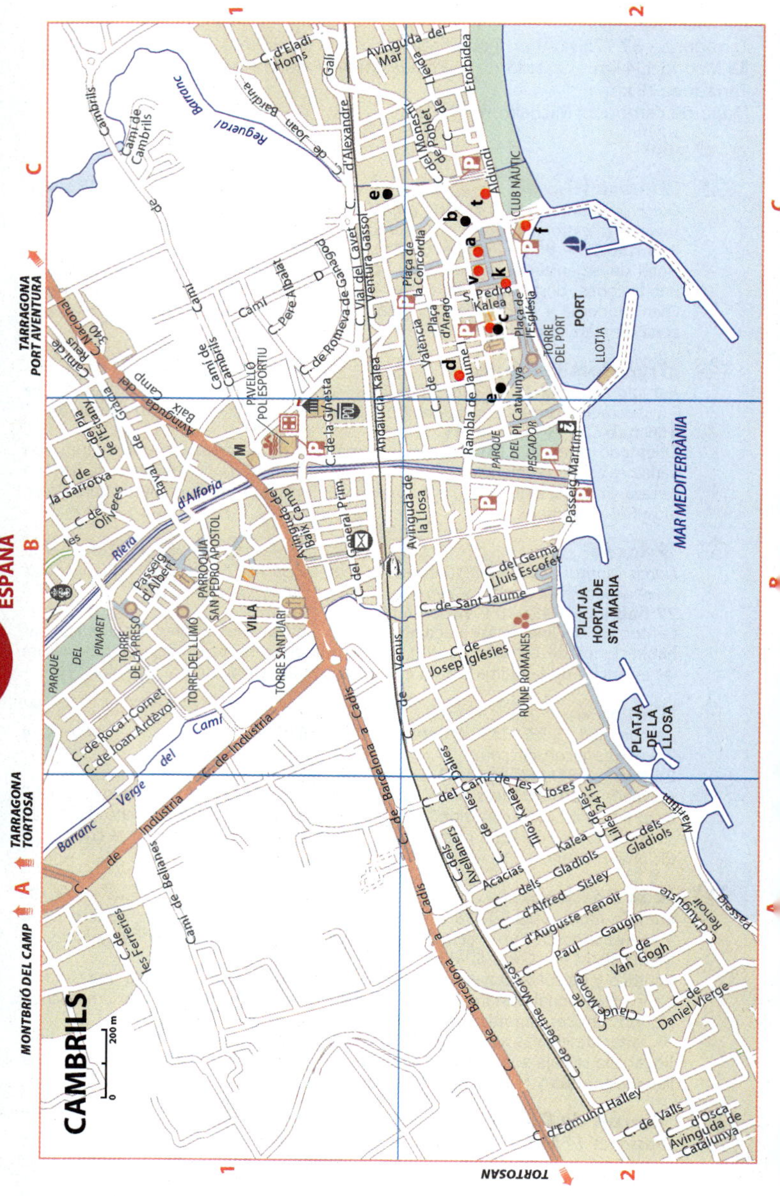
CAMBRILS
0
200 m
ESPAÑA
MONTBRIÓ DEL CAMP
TARRAGONA TORTOSA
TARRAGONA PORT AVENTURA
TORTOSAN
A
B
C
1
2
MAR MEDITERRÀNIA
PORT
LLOTJA
TORRE DEL PORT
CLUB NÀUTIC
PLATJA HORTA DE STA MARIA
PLATJA DE LA LLOSA
VILA
PARROQUIA SAN PEDRO APOSTOL
TORRE DEL LLIMÓ
TORRE DE LA PRESÓ
TORRE SANTUARI
RUÏNE ROMANES
PAVELLÓ POLIESPORTIU
PARQUE DEL PINARET
PARQUE DEL PESCADOR
Riera d'Alforja
Barranc Verge del Camí
Barranc Reguerál
C. d'Eladi Homs
C. de Joan Bardina
C. d'Alexandre Galí
Avinguda del Mar
C. del Monestir de Poblet
C. de Lleida
C. Aldundi
Etorbidea
Camí de Cambrils
Camí de Cambrils
Camí de Reus
C. Nacional 340
Avinguda del Baix Camp
Avinguda de Gràcia
C. del Pla de l'Estany
C. de la Garrotxa
C. de les Oliveres
Raval de
C. Pere Albalat
C. de Romeva de Ganagoda
C. Vial del Cavet
C. Ventura Gassol
Plaça de la Concòrdia
Plaça d'Aragó
C. de València
S. Pedro Kalea
Plaça de l'Església
Rambla de Jaume I
Pl. Catalunya
Andalucia Kalea
C. de la Ginesta
C. del General Prim
Avinguda de la Llosa
Passeig Marítim
Passeig d'Albert
C. del Germà Lluís Escofet
C. de Sant Jaume
C. de Josep Iglésies
C. de Venus
C. de Roca i Cornet
C. de Joan Ardèvol
C. de Indústria
C. de Barcelona a Cadis
C. de Beljanes
C. de les Ferreries
C. del Camí de les Lloses
C. de les Dalies
C. dels Avellaners
C. de Acacias
Tilos Kalea
C. dels Gladiols
C. de les Liles
Gladiols Kalea
C. d'Alfred Sisley
C. d'Auguste Renoir
C. Paul Gaugin
C. de Van Gogh
C. de Claude Monet
C. de Daniel Vierge
C. de Berthe Morisot
C. d'Edmund Halley
C. de Valls
C. d'Osca
Avinguda de Catalunya
Passeig Marítim
a
b
c
d
e
f
k
t
v
M

Casa Gallau
Pescadors 25 ✉ 43850 Cambrils – ✆ 977 36 02 61 Plano : C2**c**
– www.casagallau.com – cerrado del 11 al 21 de enero y jueves
Menú 28 € – Carta 29/50 € – *(solo almuerzo en invierno salvo viernes y sábado)*
¡Casa familiar con más de 50 años de historia! Tras su original acceso encontrará una sala decorada con maquetas de barcos, una terraza ajardinada y una sala para banquetes en el piso superior. Completa carta de cocina tradicional-marinera.

Miquel
av. Diputació 3 ✉ 43850 Cambrils – ✆ 977 36 03 57 Plano : C2**t**
– www.restaurantmiquel.com – cerrado 11 noviembre-3 diciembre, lunes noche salvo verano y martes
Menú 22/27 € – Carta 29/55 €
Negocio familiar ubicado frente a la playa, con una sala de línea clásica y una agradable terraza. Ofrece una carta tradicional marinera y un buen menú de temporada. ¡Pruebe los sabrosos pescados al horno o su ya clásico Arroz de galeras!

Club Nàutic
passeig Miramar 5 ✉ 43850 Cambrils – ✆ 977 79 50 02 Plano : C2**f**
– www.cncbrestaurant.com – cerrado 18 enero-febrero, domingo noche (salvo julio y agosto) y lunes
Menú 20/32 € – Carta 37/66 €
En pleno paseo marítimo. En su luminoso comedor acristalado, con vistas al puerto deportivo, podrá degustar una cocina tradicional-marinera muy detallista, siempre con pescados frescos de la zona. ¡Interesantes menús y coqueta terraza!

ESPAÑA

Bresca
travessia Àncora 21 (posible traslado a Doctor Fleming 4) Plano : C2**a**
✉ 43850 Cambrils – ✆ 977 36 95 12 – www.brescarestaurant.com
– cerrado 22 diciembre-22 enero, domingo noche y lunes
Menú 22 € – Carta 36/46 € – *(solo cena en verano)*
En una calle peatonal de la zona del puerto. Posee una sala en dos alturas, con la cocina acristalada y detalles tanto rústicos como actuales. Cocina tradicional actualizada.

Acuamar-Casa Matas
Consolat del Mar 66 ✉ 43850 Cambrils – ✆ 977 36 00 59 Plano : C2**k**
– www.acuamar.com – cerrado 23 diciembre-3 enero, 13 octubre-13 noviembre, domingo noche en invierno, miércoles noche (salvo julio-agosto) y jueves
Menú 23/33 € – Carta aprox. 35 €
Está frente al puerto, presenta un interior clásico-actual y trabaja bastante gracias a la buena relación calidad-precio de sus pescados y mariscos. ¡Tienen fama sus pescados al horno, los Pulpitos de Cambrils, la Paella de bogavante...!

CAMÓS

Girona – 692 h. – Ver mapa regional n° **9-C3**
Madrid 726 km – Barcelona 119 km – Girona 21 km – Perpignan 101 km
Mapa de carreteras Michelin n° 574-F38

La Sala de Camós
Rectoria de Sant Vicenç, Sur : 1 km ✉ 17834 – ✆ 972 57 22 82
– www.lasaladecamos.com – cerrado 4 enero-14 febrero
8 hab – 80/94 € 113/130 €
Esta masía fortificada se halla a las afueras de la localidad, en un entorno boscoso realmente privilegiado. Aquí encontrará un salón social con los techos abovedados, amplias habitaciones y una agradable piscina.

El CAMPELLO

Alicante – 28 184 h. – Ver mapa regional n° **11-B3**
Madrid 434 km – Valencia 169 km – Alacant / Alicante 13 km
Mapa de carreteras Michelin n° 577-Q28

XX **Andra-Mari**
av. Xixona 37 ✉ 03560 – ✆ 965 63 34 35 – www.restaurante-andramari.com – cerrado 8 días en junio, 19 días en noviembre, domingo noche, lunes noche y martes salvo festivos
Menú 25/45 € – Carta 28/45 €
Una oferta tradicional de auténtica cocina vasca en la costa mediterránea. Posee una terraza a la entrada, donde se puede comer o tapear, así como un bar con mesas altas y varios comedores de línea actual convertibles en privados.

XX **La Peña**
San Vicente 12 ✉ 03560 – ✆ 965 63 10 48 – www.lapeñarestaurante.es – cerrado domingo noche en verano
Menú 25/60 € – Carta 30/50 € – *(solo almuerzo salvo verano)*
Si desea comer en un ambiente marinero esta es la mejor opción, pues está en 1ª línea de playa y aquí todo ensalza la cultura del mar. Su carta, especializada en pescados, mariscos y calderos, contempla también un buen apartado de arroces.

X **Brel** N
San Vicente 91 ✉ 03560 – ✆ 965 63 07 01 – www.restaurantebrel.com – cerrado 7 días en noviembre, martes y miércoles salvo verano
Menú 35/60 € – Carta 25/40 €
Se halla frente al mar y toma su nombre del famoso cantante belga Jacques Brel, pues los propietarios hacen así un guiño a sus orígenes. Pastas, pizzas y platos más modernos.

ESPAÑA

CAMPILLOS

Málaga – 8 677 h. – Alt. 461 m – Ver mapa regional n° **1-B2**
Madrid 530 km – Sevilla 164 km – Málaga 90 km
Mapa de carreteras Michelin n° 578-U15

XX **Yerbagüena**
carret. de la estación ✉ 29320 – ✆ 952 72 23 20 – www.restauranteyerbaguena.com – cerrado lunes
Carta 26/49 €
Una opción interesante tanto si está de paso como si ha venido para visitar las famosas lagunas que rodean la localidad. Presenta una zona de bar y una sala rústica-actual distribuida en dos alturas. Cocina tradicional con toques actuales.

CAMPO

Huesca – 426 h. – Alt. 691 m – Ver mapa regional n° **2-C1**
Madrid 494 km – Zaragoza 183 km – Huesca 109 km – Andorra la Vella 190 km
Mapa de carreteras Michelin n° 574-E31

Cotiella
San Antonio ✉ 22450 – ✆ 974 55 03 03 – www.hotelcotiella.com
26 hab – 32/46 € 50/72 €, 4,50 €
Toma su nombre de un macizo del Pirineo aragonés próximo a los 3000 m.... ¡la cuna del rafting regional! Correctas zonas nobles y espaciosas habitaciones, la mitad de ellas con su propia terraza y en el piso superior abuhardilladas.

CAMPO DE CRIPTANA

Ciudad Real – 14 594 h. – Alt. 707 m – Ver mapa regional n° **7-C2**
Madrid 151 km – Albacete 137 km – Aranjuez 101 km – Ciudad Real 99 km
Mapa de carreteras Michelin n° 576-N20

La Casa de los Tres Cielos
Libertad 11 ✉ 13610 – ✆ 926 56 37 90 – www.casalos3cielos.com
7 hab – 30/35 € 60/70 € – 5 apartamentos
Tiene cierto encanto y está construido en varias alturas, con un patio-terraza y la zona de desayunos ubicada en unas cuevas. Ofrece estancias de ambiente rústico y excelentes vistas, tanto desde la terraza como desde alguna habitación.

Cueva La Martina

Rocinante 13 ✉ 13610 – ✆ 926 56 14 76 – www.cuevalamartina.com – cerrado del 15 al 31 de octubre y lunes noche
Menú 15/40 € – Carta 20/42 €
Una buena combinación de tipismo y gastronomía, pues ocupa una cueva con mirador ubicada sobre una loma, junto a los famosos molinos de viento contra los que luchó Don Quijote. Su carta combina la cocina manchega con platos más innovadores.

CAMPOSO

Lugo – 24 h. – Ver mapa regional n° **13-C2**
Madrid 496 km – Santiago de Compostela 106 km – Lugo 20 km – Ourense 97 km
Mapa de carreteras Michelin n° 571-D7

Casa Grande de Camposo

Camposo 7 ✉ 27163 – ✆ 982 54 38 00 – www.camposo.com – cerrado 20 diciembre-marzo
9 hab – 50/61 € 71/86 €
Se halla en una aldea, instalado en una casa típica que data del s. XVII. Encontrará atractivas zonas sociales y habitaciones de aire rústico, cada una con el nombre de un prado próximo. El comedor, repartido en dos espacios, ofrece auténtica cocina casera.

CAMPRODÓN

Girona – 2 466 h. – Alt. 950 m – Ver mapa regional n° **9-C1**
Madrid 699 km – Barcelona 127 km – Girona 80 km
Mapa de carreteras Michelin n° 574-F37

Maristany

av. Maristany 20 ✉ 17867 – ✆ 972 13 00 78 – www.hotelmaristany.com – cerrado 10 diciembre- 20 febrero
10 hab – 99 € 132 €
Rest *Maristany* – ver selección restaurantes
Instalado en una casa señorial tipo chalet, con una coqueta zona social, confortables habitaciones, las de la planta superior abuhardilladas, y un bello entorno ajardinado.

L'Hotelet Del Bac

Bac de Sant Antoni ✉ 17867 – ✆ 660 01 30 07 – www.hoteletdelbac.com – cerrado 6 enero-25 febrero
9 hab – 102 € 126 €
Se halla a unos 10 min. del centro de Camprodón, rodeado de naturaleza y junto a un pequeño campo de golf. Ofrece habitaciones de línea rústica-actual, cada una con el nombre de un pueblo próximo, y diversas actividades al aire libre: senderismo, BTT, esquí...

El Pont 9

camí Cerdanya 1 ✉ 17867 – ✆ 972 74 05 21 – www.restaurantelpont9.com – cerrado 27 junio-13 julio, del 7 al 17 de noviembre, domingo noche, lunes, martes y miércoles noche
Menú 20/30 € – Carta 27/46 €
Este restaurante familiar, ubicado junto a un precioso puente del s. XII, destaca por su estética actual y sus idílicas vistas al Ter desde el comedor principal. Ofrecen una cocina actual... eso sí, elaborada con el mejor producto local.

Maristany – Hotel Maristany

av. Maristany 20 ✉ 17867 – ✆ 972 13 00 78 – www.hotelmaristany.com – cerrado 10 diciembre-20 febrero y miércoles
Menú 25/45 € – Carta 35/55 € – (es necesario reservar)
Soprende por su ubicación, pues este coqueto restaurante ocupa la antigua cochera del hotel, ahora repartida en dos plantas muy agradables. Cocina tradicional actualizada.

al Noreste por la carretera C-38, 3,5 km y desvío a la derecha 3 km

Puig Francó
urb. Font Rubí ✉ 17867 Camprodón – ✆ 972 74 09 71 – www.puigfranco.es
10 hab – 80/100 € 95/120 €, 10 €
Rest *Mitic* – ver selección restaurantes
Disfrute del sosiego en esta bella masía restaurada. Encontrará un salón social con chimenea, habitaciones algo pequeñas pero acogedoras y un bar público que combina su actividad con el servicio de desayunos. ¡Buenas vistas e interesante oferta deportiva!

XX **Mitic** – Hotel Puig Francó
urb. Font Rubí ✉ 17867 Camprodón – ✆ 972 74 00 23
Menú 25/42 € – Carta 30/50 € – *(cerrado lunes, martes y miércoles)*
Se presenta con la cocina acristalada y dos espacios bien diferenciados, ambos dominados por la convivencia de la piedra y la madera. Buenas elaboraciones de tinte regional.

CAMUÑO

Asturias – Ver mapa regional n° **3-B1**
Madrid 492 km – Oviedo 50 km – León 172 km
Mapa de carreteras Michelin n° 572-B11

Quintana del Caleyo
Norte : 1 km ✉ 33867 – ✆ 985 83 03 47 – www.quintanadelcaleyo.com – Semana Santa-15 octubre
10 hab – 60/90 €, 8 €
Una casona-palacio con historia, ubicada junto al Camino de Santiago y donde se vuelcan con el cicloturista. Ofrece habitaciones con mobiliario antiguo, dos paneras, pajar...

ESPAÑA

CANDÁS

Asturias – Ver mapa regional n° **3-B1**
Madrid 480 km – Avilés 17 km – Gijón 14 km – Oviedo 35 km
Mapa de carreteras Michelin n° 572-B12

Marsol
Astilleros ✉ 33430 – ✆ 985 87 01 00 – www.celuisma.com
85 hab – 44/100 € 49/130 €, 8 €
Se encuentra frente al puerto, en una torre de 10 pisos que destaca por las magníficas vistas que ofrece desde las últimas plantas. Sus luminosas habitaciones resultan funcionales... eso sí, con equipamiento completo y mobiliario actual.

CANDELARIO

Salamanca – 989 h. – Alt. 1 126 m – Ver mapa regional n° **8-A3**
Madrid 217 km – Ávila 108 km – Béjar 5 km – Plasencia 61 km
Mapa de carreteras Michelin n° 575-K12

Casa de la Sal
Fuente de Perales 1 ✉ 37710 – ✆ 923 41 30 51 – www.casadelasal.com
8 hab – 59/69 €
Ocupa una fábrica de embutidos del s. XVIII ubicada en el centro del pueblo y presenta unas habitaciones de cuidado ambiente rústico-actual, todas con profusión de madera y bellas pinturas que ensalzan el mundo del caballo. El restaurante, de buen montaje, centra su oferta en una cocina de gusto tradicional.

Artesa
Mayor 57 ✉ 37710 – ✆ 923 41 31 11 – www.artesa.es – cerrado del 1 al 10 de julio
9 hab – 40 € 68 €
Centro de turismo rural dotado con una tienda de artesanía en la recepción, cálidas habitaciones de aire rústico y un taller textil. En el comedor, que sirve también para albergar exposiciones temporales, ofrecen cocina de tinte regional y tradicional.

CANDELEDA

Ávila – 5 177 h. – Alt. 428 m – Ver mapa regional n° **8**-B3
Madrid 186 km – Valladolid 240 km – Ávila 103 km – Salamanca 205 km
Mapa de carreteras Michelin n° 575-L14

por la carretera del Santuario de Chilla Noroeste : 6 km y desvío a la derecha 1 km

Nabia (N)

carret. del Santuario de Chilla ✉ 05480 Candeleda – ✆ 920 38 23 07 – www.hotelnabia.com
13 hab – 120/140 € 140/170 €
Aislado y tranquilo, pues se halla en una finca arbolada con excelentes vistas a las montañas y al valle del Tiétar. Agradable terraza, zona noble con chimenea y espaciosas habitaciones, la mejor en un edificio independiente. Oferta gastronómica tradicional.

en El Raso Oeste : 10 km – Ver mapa regional n° **8**-B3

La Sayuela

camino de Las Sayuelas, Norte : 1 km ✉ 05480 Candeleda – ✆ 629 38 06 89 – www.lasayuela.com
5 hab – 75/90 € 75/95 €, 6 € – 2 apartamentos
Se encuentra en un paraje conocido por sus higueras y atesora magníficas vistas, tanto al valle del Tiétar como a la sierra de Gredos. Coqueto salón social con chimenea y habitaciones personalizadas, todas con los cabeceros de las camas en forja. Mesa corrida para el desayuno y la comida... ¡previa reserva!

Chozos de Tejea

por la carret. de Madrigal de la Vera, 1,2 km (Finca La Cercona) ✉ 05480 Candeleda – ✆ 920 37 73 06 – www.chozosdetejea.com
6 hab – 65/75 €
Casa de ambiente rústico-regional ubicada en una gran finca. Presenta un salón-comedor de carácter polivalente con chimenea, donde sirven los desayunos y las cenas, así como unas habitaciones de suficiente confort, todas con el mobiliario en madera y forja.

CÁNDUAS

A Coruña – 49 h. – Ver mapa regional n° **13-A1**
Madrid 651 km – Santiago de Compostela 66 km – A Coruña 65 km
Mapa de carreteras Michelin n° 571-C3

XX Mar de Ardora

As Revoltas - carret. AC 430, Este : 2 km ✉ 15116 – ✆ 981 75 43 11 – www.mardeardora.com – cerrado del 7 al 30 de enero, domingo noche en verano y lunes
Menú 20/40 € – Carta 30/40 €
Instalado en una casita de piedra, donde destaca tanto por el confort del comedor, en dos ambientes, como por su terraza chill out. Cocina tradicional gallega puesta al día y música en directo los fines de semana.

CANEDO → Ver Cacabelos

León

CANET DE MAR

Barcelona – 14 124 h. – Ver mapa regional n° **10-A2**
Madrid 661 km – Barcelona 47 km – Girona 60 km
Mapa de carreteras Michelin n° 574-H37

X La Font

Rafael Masó 1-3, (acceso por vía Figuerola) ✉ 08360 – ✆ 937 94 36 73 – www.restaurantlafont.es – cerrado 7 días en febrero, 15 días en septiembre y martes
Menú 19/28 € – Carta 28/43 € – *(solo almuerzo salvo viernes y sábado)*
Moderno, muy luminoso, llevado entre hermanos y emplazado en la parta alta de la localidad. Proponen una cocina actual y de mercado con especialidades como los Canelones de buey de mar con crema de gambas o su sabroso Cochinillo confitado.

CANGAS DE ONÍS

Asturias – 6 784 h. – Alt. 63 m – Ver mapa regional n° **3**-C2
Madrid 419 km – Oviedo 74 km – Palencia 193 km – Santander 147 km
Mapa de carreteras Michelin n° 572-B14

Imperion

Puente Romano ✉ 33550 – ✆ 985 84 94 59 – www.hotelimperion.com – mayo-2 noviembre
18 hab – 40/100 € 50/100 €, 7 €
A la entrada de la localidad, destacando por su buenos niveles de limpieza y mantenimiento. Presenta una correcta zona social y habitaciones de línea clásica, con los suelos en tarima e hidromasaje en todos sus baños.

Puente Romano

Puente Romano ✉ 33550 – ✆ 985 84 93 39 – www.hotelimperion.com – mayo-2 noviembre
27 hab – 30/75 € 39/75 €, 4 €
Instalado en una villa señorial del s. XIX cuyas dependencias evocan el ambiente de antaño. Ofrece unas habitaciones de cuidado confort y línea clásica, las del último piso abuhardilladas.

Granda

Puente Romano 12 ✉ 33550 – ✆ 985 84 94 42 – www.hotelgranda.com – cerrado 12 diciembre-febrero
52 hab – 45/120 €, 6 €
Hotel de nueva construcción a modo de casona. Encontrará una cálida zona noble y habitaciones actuales, las del piso superior abuhardilladas y todas con los suelos radiantes.

Nochendi

Constantino González 4 ✉ 33550 – ✆ 985 84 95 13 – www.hotelnochendi.com – cerrado 20 diciembre-7 febrero
10 hab – 50/75 € 60/100 €, 6,50 €
Rest *El Molín de la Pedrera* – ver selección restaurantes
Toma su nombre de una collada cercana y resulta muy recomendable en su categoría. El hotel, que ocupa una única planta en un edificio de viviendas, presenta una reducida zona social y habitaciones funcionales, la mayoría asomadas al río y con buena lencería.

El Molín de la Pedrera – Hotel Nochendi

Río Güeña 2 ✉ 33550 – ✆ 985 84 91 09 – www.elmolin.com – cerrado 20 diciembre-7 febrero, martes noche y miércoles salvo agosto
Carta 26/43 €
Resulta popular y ofrece dos salas, una amplia para grupos y otra más íntima, con chimenea, de línea rústica-actual. Cocina regional actualizada rica en productos autóctonos.

El Campanu

Puente Romano 4 ✉ 33550 – ✆ 985 94 74 46 – www.elcampanu.com – cerrado 8 enero-13 marzo
Menú 45 € – Carta aprox. 35 €
Se halla en el centro, junto al puente romano, y su nombre recuerda al 1er salmón pescado en los ríos astures cada temporada. Completa carta de pescados, mariscos y arroces.

en la carretera de Arriondas

Parador de Cangas de Onís

Villanueva, Noroeste : 3 km ✉ 33550 Cangas de Onís – ✆ 985 84 94 02 – www.parador.es
64 hab – 85/170 €, 18 €
Parador de carácter histórico integrado en el monasterio de San Pedro de Villanueva, en plena naturaleza. Ofrece un bello patio central en el antiguo claustro, confortables habitaciones y un restaurante, donde ensalzan la cocina regional y los quesos locales.

ESPAÑA

CANGAS DEL NARCEA

Asturias – 13 878 h. – Alt. 376 m – Ver mapa regional n° **3**-A2
Madrid 478 km – Oviedo 90 km – Lugo 140 km – León 154 km
Mapa de carreteras Michelin n° 572-C10

en Corias Norte : 2 km

Parador de Corias

Monasterio de Corias ✉ 33800 Corias – ✆ 985 07 00 00 – www.parador.es – cerrado 3 enero-4 marzo
76 hab – 80/170 €, 16 €
Le llaman El Escorial asturiano y toma como base un monasterio del s. XI que hoy destaca por sus dos claustros, uno con un árbol centenario. Amplio salón social, salas polivalentes, habitaciones sobrias pero actuales y buen comedor en lo que fue el refectorio.

CANIDO

Pontevedra – Ver mapa regional n° **13**-A3
Madrid 612 km – Ourense 108 km – Vigo 10 km
Mapa de carreteras Michelin n° 571-F3

Durán

playa de Canido 129 ✉ 36390 – ✆ 986 49 08 37 – www.restauranteduran.com – cerrado 30 diciembre-20 enero, domingo noche y lunes
Menú 25/70 € – Carta 35/55 €
Buen restaurante de organización familiar. Ofrece dos salas de estilo clásico-actual, una pequeña terraza y una cocina tradicional especializada en pescados y mariscos.

La CANONJA

Tarragona – 5 741 h. – Alt. 60 m – Ver mapa regional n° **9**-B3
Madrid 544 km – Barcelona 102 km – Tarragona 8 km
Mapa de carreteras Michelin n° 574-I33

en la autovía T 11 Noroeste : 2 km

Mas La Boella

km 12 ✉ 43310 Canonja – ✆ 977 77 15 15 – www.laboella.com – cerrado enero-febrero
13 hab – 150/300 €
Rest *Espai Fortuny* – ver selección restaurantes
¡Un complejo oleoturístico definido por el sosiego! Reparte sus estancias entre dos edificios: uno de nueva construcción, donde están las habitaciones más modernas, y el otro fruto de recuperar una antigua masía rodeada de jardines, olivos y viñedos.

Espai Fortuny – Hotel Mas La Boella

km 12 ✉ 43310 Canonja – ✆ 977 77 15 15 – www.laboella.com – cerrado enero-febrero
Menú 25/45 € – Carta 40/60 €
El salón-biblioteca, un molino de aceite, comedores de elegante rusticidad... En este restaurante, realmente singular, elaboran una cocina tradicional con platos actualizados.

CANTAVIEJA

Teruel – 724 h. – Alt. 1 200 m – Ver mapa regional n° **2**-C3
Madrid 392 km – Teruel 91 km
Mapa de carreteras Michelin n° 574-K28

Balfagón

av. del Maestrazgo 20 ✉ 44140 – ✆ 964 18 50 76 – www.hotelbalfagon.com – cerrado 21 diciembre - 11 enero
46 hab – 47/79 € 63/105 €, 10 € – 3 apartamentos
Rest *Balfagón* – ver selección restaurantes
Le sorprenderá por sus detalles y por el nivel de sus instalaciones, totalmente reformadas. Estamos en la capital del Maestrazgo y esto se traduce en múltiples opciones de ocio, tanto para conocer la localidad como la comarca turolense.

ESPAÑA

XX **Balfagón** – Hotel Balfagón

av. del Maestrazgo 20 ✉ 44140 – ✆ 964 18 50 76 – www.hotelbalfagon.com – cerrado 21 diciembre-11 enero, domingo noche salvo verano y festivos
Menú 14/38 € – Carta 25/35 €
¡Uno de los restaurante más populares del Maestrazgo! Ofrece una cocina tradicional con detalles actuales, sin embargo también procura dinamizar la carta con sugerencias de temporada, platos para vegetarianos y alguna jornada gastronómica.

CANTERAS → Ver Cartagena
Murcia

CANTONIGRÒS
Barcelona – Ver mapa regional n° **9-C2**
Madrid 641 km – Barcelona 94 km – Figueres 84 km – Manresa 72 km
Mapa de carreteras Michelin n° 574-F37

XX **Ca l'Ignasi**

Major 4 ✉ 08569 – ✆ 938 52 51 24 – www.calignasi.com – cerrado 7 días en enero, 7 días en julio, 7 días en septiembre, lunes y martes
Menú 45/52 € – Carta 31/53 € – *(solo almuerzo salvo viernes y sábado)*
Posee tres comedores de aire rústico catalán y una sala, también rústica pero más informal y con acceso independiente, en la que se ofrece una carta sencilla y específica para las veladas. Cocina catalana fiel a los productos de proximidad.

CANYELLES PETITES (Playa de) → Ver Roses
Girona

CAÑETE
Cuenca – 831 h. – Alt. 1 105 m – Ver mapa regional n° **7-D2**
Madrid 237 km – Toledo 252 km – Cuenca 72 km
Mapa de carreteras Michelin n° 576-L25

X **La Muralla**

carret. Valdemeca 20 ✉ 16300 – ✆ 969 34 62 99 – www.hostallamuralla.com – cerrado 24 junio-10 julio y del 16 al 24 de septiembre
Menú 12/35 € – Carta 20/35 € – *(cerrado martes salvo verano)*
9 apartamentos – 45/60 €
Se encuentra frente a una muralla antigua y cuenta con un cálido comedor de ambiente rústico. Carta tradicional, varios menús y elaboraciones de setas durante la temporada. El negocio se complementa con unas sencillas habitaciones y coquetos apartamentos emplazados en un anexo, la mayoría con chimenea.

Los CAÑOS DE MECA
Cádiz – 284 h. – Ver mapa regional n° **1-A3**
Madrid 697 km – Sevilla 174 km – Cádiz 68 km – Gibraltar 107 km
Mapa de carreteras Michelin n° 578-X11

XX **La Breña**

av. Trafalgar 4 ✉ 11159 – ✆ 956 43 73 68 – www.hotelbrena.com – 15 marzo-15 octubre
Menú 20 € – Carta 26/44 € – *(cerrado miércoles salvo agosto)*
7 hab – 45/80 € 50/150 €, 5 €
Un negocio de sorprendente evolución, pues combina el tener un buen restaurante con el hecho de ofrecer unas agradables habitaciones de estilo rústico-actual. Proponen una carta de tinte actual, con elaboraciones creativas y gran presencia de pescados. Si hace bueno no lo dude y... ¡coma en su coqueto porche!

en Zahora Noroeste : 5 km

Arohaz
Carril del Pozo 25 ✉ 11160 Barbate – ✆ 956 43 70 05 – www.hotelarohaz.com – marzo-octubre
6 hab – 45/105 € 50/115 €, 5 €
Hotel de agradables instalaciones dotado con dos entradas, una por su recepción y la otra por el gastrobar. Las habitaciones, actuales y con tonos claros, disfrutan en general de unos baños modernos. Encontrará una oferta gastronómica de tinte creativo.

A CAPELA

A Coruña – 1 366 h. – Ver mapa regional n° **13-C1**
Madrid 582 km – Santiago de Compostela 90 km – A Coruña 48 km – Lugo 87 km
Mapa de carreteras Michelin n° 571-B5

Fraga do Eume
Estoxa 4, Oeste : 1 km ✉ 15613 A Capela – ✆ 981 49 24 06 – www.hotelfragadoeume.com – cerrado 23 diciembre-6 enero
26 hab – 65/80 € 110/135 €
Rest *Casa Peizás* – ver selección restaurantes
Familiar, confortable, con el entorno ajardinado y unas cuidadas habitaciones de línea clásica-elegante. Destaca por su emplazamiento junto al Parque Natural de las Fragas do Eume, uno de los últimos bosques atlánticos de Europa.

Casa Peizás – Hotel Fraga do Eume
Estoxa 4, Oeste : 1 km ✉ 15613 A Capela – ✆ 981 49 24 06 – www.hotelfragadoeume.com – cerrado 24 diciembre-5 enero
Menú 20/35 € – Carta 24/40 €
Está en un edificio independiente del Hotel Fraga do Eume, sin embargo fue la piedra angular de todo el complejo. Ofrece un buen comedor a la carta, numerosos salones para banquetes y una cocina tradicional especializada en mariscos.

ESPAÑA

CAPELLADES

Barcelona – 5 374 h. – Alt. 317 m – Ver mapa regional n° **10-A3**
Madrid 574 km – Barcelona 75 km – Lleida/Lérida 105 km – Manresa 39 km
Mapa de carreteras Michelin n° 574-H35

Tall de Conill
pl. Àngel Guimerà 11 ✉ 08786 – ✆ 938 01 01 30 – www.talldeconill.com – cerrado del 1 al 15 de febrero y 31 julio-14 agosto
Menú 25 € – Carta 46/68 € – *(cerrado domingo noche y viernes)*
13 hab – 48/55 € 75/85 €
¡Céntrico, centenario y de carácter familiar! Ofrece dos salas bien personalizadas, dos privados y un patio lleno de plantas que destaca por tener un espectacular tejo cobijando algunas mesas. Su carta tradicional se enriquece con un apartado de sugerencias y el negocio se completa con varias habitaciones.

CAPMANY

Girona – 608 h. – Alt. 107 m – Ver mapa regional n° **9-D3**
Madrid 756 km – Barcelona 156 km – Girona 58 km – Perpignan 48 km
Mapa de carreteras Michelin n° 574-E38

La Llar del Pagès
Alt 11 ✉ 17750 – ✆ 972 54 91 70 – www.lallardelpages.com – cerrado 21 diciembre-1 enero, lunes, martes, miércoles noche, jueves noche y festivos noche
Menú 30 € – Carta 26/39 € – (reserva aconsejable)
Ubicado en unas antiguas bodegas y con una carta de tinte actual. Presenta dos salas abovedadas donde se combinan el ambiente rústico y el mobiliario actual. ¡El local es algo pequeño, por lo que no es mala idea reservar!

CARABIAS

Guadalajara – 20 h. – Alt. 1 016 m – Ver mapa regional n° **7**-C1
Madrid 142 km – Toledo 212 km – Guadalajara 86 km – Soria 96 km
Mapa de carreteras Michelin n° 575 y 576-I21

Cardamomo

Cirueches 2 ✉ 19266 – ✆ 630 38 05 43 – www.cardamomosiguenza.com – abril-octubre y fines de semana resto del año
13 hab – 76/98 €, 14 €
Destaca por su personalísima decoración, pues ansía un estilismo de fusión donde se armonicen colores, influencias, diseño... Elegante salón social y confortables habitaciones, algunas abuhardilladas. La reducida oferta culinaria es de sabor tradicional.

CARBALLO

A Coruña – 31 366 h. – Alt. 106 m – Ver mapa regional n° **13**-B1
Madrid 622 km – Santiago de Compostela 45 km – A Coruña 38 km – Pontevedra 106 km
Mapa de carreteras Michelin n° 571-C3

Rio Sil N

Rio Sil 43 ✉ 15100 – ✆ 981 70 04 78 – www.hostalrestauranteriosil.com – cerrado sábado
Menú 15 € – Carta 26/50 €
¡Un templo carnívoro! Tienen fama por sus excepcionales carnes gallegas a la parrilla, de auténtico buey durante sus jornadas gastronómicas y de vacuno mayor el resto del año.

ESPAÑA

CARBONERAS

Almería – 8 035 h. – Alt. 18 m – Ver mapa regional n° **1**-D2
Madrid 566 km – Sevilla 458 km – Almería 68 km – Granada 212 km
Mapa de carreteras Michelin n° 578-V24

El Trébol N

av de Garrucha 19 ✉ 04140 – ✆ 950 13 09 05 – www.hoteleltrebol.es
25 hab – 55/83 € 77/110 €
Hotel de estética contemporánea y estilo urbano emplazado a escasos metros de la playa. Destaca por el confort de sus cuidadas habitaciones, todas amplias y de línea actual.

CARDONA

Barcelona – 5 006 h. – Alt. 750 m – Ver mapa regional n° **9**-B2
Madrid 596 km – Barcelona 99 km – Lleida/Lérida 127 km – Manresa 32 km
Mapa de carreteras Michelin n° 574-G35

Parador de Cardona

Castell de Cardona ✉ 08261 – ✆ 938 69 12 75 – www.parador.es
54 hab – 90/180 €
Parador-Museo instalado en una gran fortaleza medieval que domina el horizonte sobre un promontorio. Realizan interesantes rutas turísticas dentro del edificio y ofrecen sobrias habitaciones, destacando las que poseen camas con dosel. En su comedor podrá descubrir una cocina atenta al recetario regional.

Bremon

Cambres 15 ✉ 08261 – ✆ 938 68 49 02 – www.hotelbremon.com – cerrado enero
18 hab – 64/85 € 79/100 €, 10 €
Singular edificio del s. XIX que en su día funcionó como colegio de monjas. Posee un acogedor salón social, con chimenea y terraza panorámica, así como unas coquetas habitaciones. ¡Su cafetería ofrece un menú durante los fines de semana!

en La Coromina Este : 4 km

La Premsa
de l'Església 53 ✉ 08261 Cardona – ✆ 938 69 17 83 – www.lapremsahotelrural.com – cerrado del 1 al 15 de agosto
9 hab – 75/80 € 95/110 €
¡Singular y de trato muy familiar! Ocupa una antigua prensa de aceite que aún cobija entre sus recios muros de piedra los aperos, silos y utensilios propios de aquella actividad. Posee espaciosas habitaciones, todas personalizadas, y un restaurante especializado tanto en platos regionales como a la brasa.

CARIÑENA

Zaragoza – 3 537 h. – Alt. 591 m – Ver mapa regional n° **2**-B2
Madrid 284 km – Zaragoza 58 km – Teruel 126 km – Huesca 125 km
Mapa de carreteras Michelin n° 574-H26

La Rebotica
San José 3 ✉ 50400 – ✆ 976 62 05 56 – www.restaurantelarebotica.es – cerrado 25 diciembre-1 enero, 28 marzo-4 abril, 25 julio-10 agosto y lunes
Menú 15/35 € – Carta 26/37 € – *(solo almuerzo salvo sábado)*
Coqueto, familiar, de ambiente rústico y a tan solo unos metros de la hermosa iglesia de Nª Sra. de la Asunción. El restaurante, instalado en la que un día fue la casa del farmacéutico, propone una cocina regional bien presentada que ensalza tanto el recetario autóctono como los productos de Aragón.

CARMONA

Sevilla – 28 793 h. – Alt. 248 m – Ver mapa regional n° **1**-B2
Madrid 497 km – Córdoba 108 km – Málaga 185 km – Sevilla 38 km
Mapa de carreteras Michelin n° 578-T13

Parador de Carmona
Alcázar ✉ 41410 – ✆ 954 14 10 10 – www.parador.es Plano : B1**x**
63 hab – 100/190 €, 18 €
Ocupa el antiguo alcázar de Pedro I, por lo que disfruta de unas vistas que no dejan nunca de sorprender. Tiene el aparcamiento en el patio de armas y unas habitaciones muy bien actualizadas, tanto en los aseos como en la iluminación y la decoración. En su comedor podrá descubrir los sabores regionales.

El Rincón de las Descalzas
Descalzas 1 ✉ 41410 – ✆ 954 19 11 72 – www.elrincondelasdescalzas.com Plano : B1**a**
13 hab – 52/65 € 66/94 €
Instalado en una casona del s. XIX. Posee pequeños patios y múltiples rincones... sin embargo, lo más notable son sus habitaciones, todas diferentes y con mobiliario de época.

La Almazara de Carmona
Santa Ana 33 ✉ 41410 – ✆ 954 19 00 76 – www.alfar2.com Plano : A1**r**
Menú 25 € – Carta 25/37 €
Se halla en una vieja almazara de aceite, con un concurrido bar de tapas y un comedor clásico-actual. Su carta, de gusto tradicional, posee un apartado de platos más modernos.

La Yedra N
General Freire 6 ✉ 41410 – ✆ 954 14 45 25 – www.restaurantelayedra.es – cerrado del 1 al 15 de agosto, domingo noche y lunes en invierno, domingo y lunes mediodía en verano Plano : B1**b**
Menú 20/70 € – Carta 27/46 €
Almuerce o cene a escasos metros del Parador, en una casa encalada que sorprende con un patio a la entrada. Mónica, la chef-propietaria, actualiza el recetario tradicional.

ESPAÑA

CARNOTA

A Coruña – 4 504 h. – Ver mapa regional n° **13-A2**

Madrid 690 km – Santiago de Compostela 76 km – A Coruña 104 km – Pontevedra 131 km

Mapa de carreteras Michelin n° 571-D2

O Prouso

pl. San Gregorio 18 ✉ 15293 – ✆ 981 85 70 83 – www.oprousocarnota.com

12 hab – 50/70 €, 4,50 €

Tras su cuidada fachada encontrará un correcto hall, un bar público con las paredes en piedra y espaciosas habitaciones, todas con mobiliario de calidad en madera maciza.

CARRACEDELO

León – Alt. 476 m – Ver mapa regional n° **8-A1**

Madrid 408 km – León 126 km – Lugo 99 km – Ponferrada 12 km

Mapa de carreteras Michelin n° 575-E9

La Tronera

El Caño 1, Suroeste. 1,5 km (Villadepalos) ✉ 24565 – ✆ 616 18 26 19 – www.latronera.es – cerrado del 24 al 31 de diciembre, del 23 al 30 de junio

8 hab – 70/81 €

Casa de pueblo bien rehabilitada. Tiene un salón social con chimenea y habitaciones de aire rústico-actual, no muy amplias pero confortables. Aquí cuidan mucho la cocina, por eso en su restaurante conviven un menú de cocina moderna y una carta más tradicional.

CARRANQUE

Toledo – 4 551 h. – Ver mapa regional n° **7**-B2

Madrid 47 km – Toledo 50 km

Mapa de carreteras Michelin n° 576-L18

Comendador

Serranillos 32 ✉ 45216 – ✆ 925 52 95 66 – www.hotelcomendador.es

40 hab – ††45/77 €, ☕ 4,50 € – 4 suites

Con una organización familiar muy implicada en el negocio. Encontrará unas habitaciones bastante amplias, con mobiliario regional-funcional, y un moderno centro termal. El restaurante, de ambiente regional, se complementa con varios salones para banquetes.

CARRIL

Pontevedra – 1 453 h. – Ver mapa regional n° **13**-A2

Madrid 642 km – Pontevedra 31 km – Santiago de Compostela 54 km – A Coruña 126 km

Mapa de carreteras Michelin n° 571-E3

A Esmorga -Posada del Mar

Lucena 16 ✉ 36610 – ✆ 986 51 01 41 – www.aesmorga.es

7 hab ☕ – †60/80 € ††50/70 €

Está instalado en un edificio centenario que perteneció a la iglesia, sin embargo hoy se ve reformado con mucho gusto. Ofrece un bar-tapería en la planta baja y habitaciones personalizadas-actuales en los pisos superiores.

Casa Bóveda

La Marina 2 ✉ 36610 – ✆ 986 51 12 04 – www.restaurantecasaboveda.com – cerrado 31 diciembre-31 enero, domingo noche y lunes noche salvo agosto

Menú 25/55 € – Carta 49/71 €

Pequeño restaurante ubicado en la zona del puerto, con un comedor clásico y tres privados. Ofrece una cocina especializada en pescados, mariscos, arroces y guisos marineros. ¡Pruebe su Rape con verduras o el popular Guiso de escacho!

Loxe Mareiro N

Aduana 56 ✉ 36610 – ✆ 986 51 06 67 – www.abastosdouspuntocero.gl – cerrado 15 días en octubre, miércoles en verano y lunes en invierno

Menú 32/60 € – *(solo almuerzo salvo viernes, sábado y verano)*

Acogedor, de sencillo ambiente rústico-actual, al borde de la ría de Arousa y... ¡con la terraza prácticamente encima del agua! Cocina actual con detalles creativos.

CARRIÓN DE LOS CONDES

Palencia – 2 204 h. – Alt. 830 m – Ver mapa regional n° **8**-B1

Madrid 282 km – Burgos 82 km – Palencia 39 km

Mapa de carreteras Michelin n° 575-E16

Real Monasterio San Zoilo

Obispo Souto ✉ 34120 – ✆ 979 88 00 50 – www.sanzoilo.com – cerrado enero-15 febrero

48 hab – †45/65 € ††65/95 €, ☕ 12 € – 5 suites

Está instalado en el antiguo monasterio benedictino, por lo que alojarse aquí supone un reencuentro con la historia. Presenta sobrios espacios comunes y habitaciones detallistas. En el comedor, de ambiente rústico, encontrará una carta tradicional actualizada.

CARTAGENA

Murcia – 217 641 h. – Alt. 3 m – Ver mapa regional n° **16**-B3

Madrid 444 km – Alacant/Alicante 110 km – Almería 240 km – Murcia 49 km

Mapa de carreteras Michelin n° 577-T27

Alfonso XIII

paseo de Alfonso XIII-40 ✉ 30203 – ✆ 968 52 00 00 – www.hotelalfonsoxiii.com Plano : B1**e**

120 hab – ††65/120 €, ☕ 9 € – 4 suites

¡Orientado a una clientela de negocios! Conjunto clásico-actual que destaca por su buen emplazamiento y sus confortables habitaciones, todas con bañera de hidromasaje.

ESPAÑA

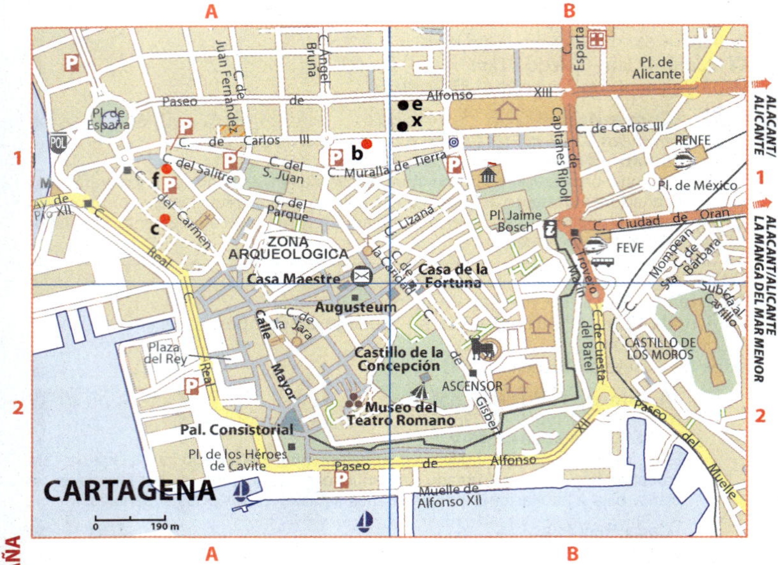

ESPAÑA

Carlos III

Carlos III-49 ✉ 30203 – ✆ 968 52 00 32 Plano : B1**x**
– www.carlosiiihotel.com
96 hab – 49/90 €, 9 €
Comparte espacios con el hotel Alfonso XIII, como la sala de desayunos, los salones de trabajo... sin embargo, este propone una estética más juvenil, colorista y funcional.

XX El Barrio de San Roque

Jabonerías 30 ✉ 30201 – ✆ 968 50 06 00 Plano : A1**c**
– www.elbarriodesanroque.es – cerrado del 6 al 18 de enero, 29 marzo-3 abril, del 4 al 12 de septiembre, 24 octubre-2 noviembre y domingo salvo diciembre, Semana Santa y festivos
Menú 15/55 € – Carta 30/45 €
Ocupa un antiguo almacén que ha cuidado mucho su decoración original y hoy se presenta con un montaje clásico-actual. Dentro de su carta tradicional merecen ser destacados los pescados de la zona, los arroces y sus sabrosos guisos del día.

XX Magoga (N)

pl. Doctor Vicente García Marcos 5 ✉ 30201 Plano : A1**b**
– ✆ 629 98 02 57 – www.restaurantemagoga.com – cerrado 7 días en enero, 7 días en abril, 15 días en agosto, domingo noche y lunes
Menú 15 € – Carta 32/48 €
Agradable, actual y llevado con ilusión. Su cocina, tradicional actualizada, procura tomar como base tanto los productos de temporada como los pescados y mariscos de la zona.

XX La Marquesita

pl. de Alcolea 6 ✉ 30201 – ✆ 968 50 77 47 Plano : A1**f**
– www.lamarquesita.net – cerrado del 16 al 31 de agosto, domingo en julio-agosto y lunes resto del año
Menú 20/40 € – Carta 30/50 €
En una plaza bastante céntrica. Su completa carta tradicional se enriquece con sabrosas especialidades, como el Rabo de toro, y por la noche dan la opción de medias raciones.

en Los Dolores Norte : 3,5 km

Casa Beltri
Mesina - Finca Huerto de las Bolas ✉ 30310 Cartagena – ✆ 968 10 30 55 – www.casabeltri.com – cerrado agosto
Menú 20 € – Carta 34/56 € – *(solo almuerzo salvo jueves, viernes y sábado)*
He aquí un restaurante singular, pues está rodeado de jardines y ocupa un palacete modernista de principios del s. XX. Cocina de tinte actual con varios platos japoneses.

La Cerdanya
Subida al Plan 5, por Alameda San Antón ✉ 30310 Los Dolores – ✆ 968 31 15 78 – www.elmundodelacerdanya.es.tl – cerrado del 15 al 30 de agosto, domingo en verano, y lunes
Menú 29 € – Carta 21/40 € – *(solo almuerzo salvo sábado) (cena solo con reserva)*
Una casa que destaca por la manera de elaborar sus guisos... muy lentamente, a la antigua, logrando una cocina tradicional y catalana con el máximo sabor. En su comedor, de ambiente rústico, verá aperos y ornamentos típicos de la Cerdanya.

en el parque empresarial Cabezo Beaza Noreste : 3,5 km

Posadas de España
av. de Luxemburgo ✉ 30353 Cartagena – ✆ 968 32 43 24 – www.posadasdeespana.com
97 hab – †50/150 € ††100/250 €, ☕ 8 € – 1 suite
Resulta ideal para comerciales y clientela de ocio, pues tiene unas instalaciones funcionales, un pequeño SPA y varios centros comerciales relativamente próximos. El comedor, luminoso a la par que sencillo, está unido a la cafetería.

en Canteras Oeste : 4 km

Sacromonte
Monte San Juan 1, por N 332 Mazarrón ✉ 30394 Canteras – ✆ 968 53 53 28 – www.restaurantesacromonte.com – cerrado martes salvo festivos
Menú 12/60 € – Carta 20/35 €
Casa familiar dotada con un mesón de tapas y raciones, dos salas rústicas y un comedor más clásico para la carta, este con dos privados. Su carta tradicional se ve refrendada por un excelente expositor de mariscos, pescados y carnes rojas.

CARTAYA

Huelva – 19 323 h. – Alt. 20 m – Ver mapa regional n° **1-A2**
Madrid 648 km – Faro 89 km – Huelva 27 km – Sevilla 116 km
Mapa de carreteras Michelin n° 578-U8

Plaza Chica
de la Plaza 29 ✉ 21450 – ✆ 959 39 03 30 – www.hotelplazachica.net
11 hab – †45/65 € ††65/80 €, ☕ 6 €
Destaca por su decoración, pues posee un bello patio repleto de plantas, todas las habitaciones personalizadas, atractivos muebles restaurados y muchos detalles curiosos.

Consolación
carret. Huelva-Ayamonte ✉ 21450 – ✆ 959 39 02 98 – www.restauranteconsolacion.es – cerrado 28 septiembre-2 octubre, domingo noche y lunes noche
Carta 25/39 €
Sencillo negocio familiar de 3ª generación. Goza de fama gracias a la calidad y el sabor de sus langostinos, pescados a "trasmallo" y con un incomparable punto de cocción.

ESPAÑA

CASALARREINA

La Rioja – 1 208 h. – Alt. 499 m – Ver mapa regional n° **14-A2**
Madrid 319 km – Bilbao 100 km – Burgos 88 km – Logroño 48 km
Mapa de carreteras Michelin n° 573-E21

Hospedería Señorío de Casalarreina

pl. Santo Domingo de Guzmán 6 ✉ 26230 – ✆ 941 32 47 30 – www.hscasalarreina.com
15 hab – 80/129 € 85/139 €
Estupendo hotel instalado en un ala del monasterio de la Piedad. Sus dependencias están decoradas con mucho gusto, cuidando los detalles y utilizando mobiliario antiguo restaurado. ¡La mayoría de los baños poseen bañera de hidromasaje!

La Vieja Bodega

av. de La Rioja 17 ✉ 26230 – ✆ 941 32 42 54 – www.viejabodega.com – cerrado 8 enero-25 febrero
Menú 27/45 € – Carta aprox. 35 € – *(solo almuerzo salvo viernes y sábado)*
No toma el nombre que tiene de forma banal, pues realmente ocupa una vieja bodega del s. XVII. La bondad de sus productos y una interesante carta de vinos lo han convertido en todo un clásico. Cocina tradicional de cuidadas presentaciones.

CASAR DE CÁCERES

Cáceres – 4 743 h. – Alt. 365 m – Ver mapa regional n° **12-B2**
Madrid 316 km – Cáceres 14 km – Plasencia 75 km – Salamanca 202 km
Mapa de carreteras Michelin n° 576-N10

La Encarnación

Camino de la Encarnación ✉ 10190 – ✆ 699 06 53 37 – www.casaruralencarnacion.com
5 hab – 60 € 75/119 €, 8,50 €
Cortijo extremeño ubicado en pleno campo, pero cerca de la ciudad. Sus cálidas habitaciones, una con chimenea, ocupan lo que fueron las vaquerías. ¡Conserva una antigua plaza de toros cuadrada que ahora se utiliza como zona verde multiusos!

CASAREJOS

Soria – 198 h. – Alt. 1 261 m – Ver mapa regional n° **8-C2**
Madrid 201 km – Burgos 97 km – Logroño 162 km – Soria 59 km
Mapa de carreteras Michelin n° 575-G20

Cabaña Real de Carreteros

Las Angustias 45 ✉ 42148 – ✆ 975 37 20 62 – www.posadacarreteros.com
15 hab – 45/49 € 59/63 €, 7 €
Casona de carreteros que remonta sus orígenes al s. XVIII. Disfruta de unas confortables habitaciones, algunas abuhardilladas, con los techos en madera y mobiliario de aire antiguo. En su restaurante, de ambiente rústico, encontrará una cocina tradicional casera elaborada con productos de la zona.

CASARES

Málaga – 5 754 h. – Alt. 435 m – Ver mapa regional n° **1-A3**
Madrid 641 km – Sevilla 227 km – Málaga 115 km – Gibraltar 46 km
Mapa de carreteras Michelin n° 578-W14

en la carretera MA 8300 Sureste : 11 km

Finca Cortesin

✉ 29690 Casares – ✆ 952 93 78 00 – www.fincacortesin.com – cerrado 10 enero-18 febrero
34 hab – 501/770 € – 33 suites
Rest *Kabuki Raw* – ver selección restaurantes
Magnífico hotel tipo hacienda emplazado en una gran finca. Presenta materiales de 1ª calidad, detalles de lujo y excelentes habitaciones, todas de línea clásica. Atractiva oferta gastronómica, pues mientras en el restaurante Kabuki Raw proponen cocina japonesa en El Jardín apuestan por los sabores mediterráneos.

ESPAÑA

XXX **Kabuki Raw** - Hotel Finca Cortesin

29690 Casares – *952 93 78 00 – www.fincacortesin.com – cerrado 10 enero-18 marzo, domingo y lunes*
Menú 124 € – Carta 80/105 € – *(solo cena)*
Atesora elegancia, distinción y las virtudes gastronómicas de los laureados restaurantes Kabuki de Madrid. Completa carta de cocina nipona fusionada con platos occidentales.
→ Sashimi de sepia. Navajas sobre carbón japonés. Usuzukuri de chocolate.

CASTEJÓN DE SOS

Huesca – 731 h. – Alt. 904 m – Ver mapa regional n° **2-D1**
Madrid 524 km – Huesca 134 km – Lleida/Lérida 134 km
Mapa de carreteras Michelin n° 574-E31

Plaza

pl. del Pilar 2 22466 – 974 55 30 50 – www.hotelplazapirineos.com – cerrado del 10 al 20 de mayo y del 10 al 30 de noviembre
16 hab – 35/60 € 52/65 € – 2 apartamentos
Coqueto hotel donde se cuidan mucho los detalles. Sus acogedoras habitaciones ofrecen una decoración personalizada y entre ellas destacan las del anexo, algo más amplias.

Diamó

Camino de Aransán 22466 – 974 55 39 90 – www.hoteldiamo.com – cerrado del 2 al 26 de noviembre
14 hab – 51/65 € 71/81 €
¡Antigua borda construida en madera y piedra! Ofrece un buen salón social con chimenea, un patio interior con porche y unas habitaciones de ambiente rústico-actual, las del piso superior abuhardilladas y todas con bañeras de hidromasaje.

ESPAÑA

CASTELL DE CASTELLS

Alicante – 483 h. – Alt. 630 m – Ver mapa regional n° **11-B3**
Madrid 434 km – Alacant/Alicante 78 km – Benidorm 35 km – València 129 km
Mapa de carreteras Michelin n° 577-P29

Casa Pilar

San José 2 03793 – 965 51 81 57 – www.casapilar.com – cerrado del 28 al 31 de diciembre y del 14 al 17 de agosto
6 hab – 50 € 70 €
Antigua casa de labranza dotada de cálidas habitaciones, todas bien personalizadas y con mobiliario restaurado. Agradable salón social tipo biblioteca y comedor privado, este último emplazado en lo que un día fueron los establos.

El CASTELL DE GUADALEST

Alicante – 236 h. – Alt. 995 m – Ver mapa regional n° **11-B3**
Madrid 441 km – Alcoi 36 km – Alacant/Alicante 65 km – València 145 km
Mapa de carreteras Michelin n° 577-P29

X **Nou Salat**

carret. de Callosa d'En Sarrià, Sureste 0,5 km 03517 – 965 88 50 19 – cerrado 20 días en enero-febrero, 10 días en junio-julio y miércoles
Menú 18/38 € – Carta 22/40 € – *(solo almuerzo salvo fines de semana)*
Ubicado a la entrada de la ciudad, en una casa con dependencias de línea clásica-funcional. De sus fogones surge una cocina tradicional-mediterránea con elaboraciones caseras. ¡Las salas acristaladas tienen buenas vistas a las montañas!

CASTELLADRAL

Barcelona – 51 h. – Ver mapa regional n° **9**-C2

Madrid 594 km – Barcelona 94 km – Sant Julià de Lòria 121 km – Escaldes 129 km

Mapa de carreteras Michelin n° 574-G35

por la carretera de Súria Suroeste : 4 km

Masia La Garriga

carret. de Súria a Castelladrall ✉ 08671 Castelladrall – ☎ 938 68 22 50 – www.masialagarriga.com – cerrado enero

8 hab – 110/290 € 132/330 €

Esta majestuosa masía, construida en piedra y con vistas a la montaña de Montserrat, arropa tras sus recios muros unos valores que ensalzan el sosiego, la tradición y el reencuentro con la naturaleza. Disfruta de cálidas zonas sociales, habitaciones de excelente confort y un buen comedor en el antiguo pajar.

CASTELLAR DEL VALLÈS

Barcelona – 23 455 h. – Ver mapa regional n° **10**-B2

Madrid 625 km – Barcelona 32 km – Sabadell 8 km

Mapa de carreteras Michelin n° 574-H36

por la carretera de Terrassa Suroeste : 5 km

Can Font

urb. Can Font ✉ 08211 Castellar del Vallés – ☎ 937 14 53 77 – www.boda-font.es – cerrado del 7 al 15 de enero, 21 días en agosto, lunes en enero-marzo y martes

Menú 25/60 € – Carta 29/56 € – *(solo almuerzo salvo viernes y sábado)*

Este impecable restaurante presenta una sala de estilo rústico catalán, un privado y tres salones de banquetes, ya que estos últimos constituyen el punto fuerte del negocio. Cocina de mercado con platos tradicionales e internacionales.

ESPAÑA

CASTELLBISBAL

Barcelona – 12 369 h. – Alt. 132 m – Ver mapa regional n° **10**-A3

Madrid 605 km – Barcelona 30 km – Manresa 40 km – Tarragona 84 km

Mapa de carreteras Michelin n° 574-H35

en la carretera de Martorell a Terrassa C 243c Oeste : 9 km

Ca l'Esteve

✉ 08755 – ☎ 937 75 56 90 – www.restaurantcalesteve.com – cerrado del 16 al 30 de agosto, domingo noche, lunes y martes noche

Menú 20 € – Carta 25/49 €

Negocio familiar de 4ª generación instalado en una gran casa de piedra, próxima a los viñedos de la finca. Su carta, clásica catalana, se enriquece con sugerencias diarias.

CASTELLCIUTAT → Ver La Seu d'Urgell

Lleida

CASTELLDEFELS

Barcelona – 63 077 h. – Ver mapa regional n° **10**-A3

Madrid 615 km – Barcelona 29 km – Tarragona 72 km

Mapa de carreteras Michelin n° 574-I35

en el barrio de la playa

Mediterráneo

passeig Marítim 294 ✉ 08860 Castelldefels – ☎ 936 65 21 00 – www.hmediterraneo.com

67 hab – 75/190 € 80/195 €, 13 €

Está repartido entre dos edificios que se unen por la terraza-piscina, resultando algo superiores y más actuales las habitaciones del anexo, al que denominan Plaza. Pequeña zona de relax, con sauna y jacuzzi. El restaurante ofrece una completa carta con platos tradicionales, internacionales y arroces.

XX **La Canasta**

passeig Marítim 197 ✉ 08860 Castelldefels – ✆ 936 65 68 57
– www.restaurantelacanasta.com
Menú 30/80 € – Carta 43/70 €
Goza de cierta reputación y atesora una larga trayectoria. En sus salas, de elegante estilo clásico-marinero, podrá descubrir una cocina especializada en arroces, fideos, pescados y mariscos. ¡No se pierda sus carros de quesos y tartas!

CASTELLÓ D'EMPÚRIES

Girona – 11 910 h. – Alt. 17 m – Ver mapa regional n° **9-D3**
Madrid 749 km – Barcelona 148 km – Girona 50 km – Perpignan 67 km
Mapa de carreteras Michelin n° 574-F39

De La Moneda

pl. de la Moneda 8-10 ✉ 17486 – ✆ 972 15 86 02
– www.hoteldelamoneda.com – cerrado 8 noviembre-3 marzo
11 hab – 88/165 € 99/165 €
Mansión del s. XVII emplazada en el centro de la localidad. Presenta unas habitaciones coloristas, amplias y de confort actual, las de la 1ª planta con los techos originales abovedados. ¡Tienen buenos detalles!

Canet

pl. Joc de la Pilota 2 ✉ 17486 – ✆ 972 25 03 40
– www.hotelcanet.com – cerrado 7 noviembre-7 diciembre y 7 enero-7 febrero
29 hab – 45/55 € 70/85 € – 3 apartamentos
Dirigido con entusiasmo por la 3ª generación familiar. Posee una elegante cafetería, una agradable terraza-solárium y cuidadas habitaciones, la mayoría bien renovadas. El restaurante, cubierto por amplias bóvedas, apuesta por la cocina tradicional catalana.

XX **Emporium** (Màrius y Joan Jordà)

Santa Clara 31 ✉ 17486 – ✆ 972 25 05 93
– www.emporiumhotel.com – cerrado 10 días en enero, 15 días en noviembre, domingo noche y lunes salvo verano
Menú 22/77 € – Carta 52/72 €
Este negocio familiar supone un magnífico ejemplo de honestidad, tanto por su conocimiento del producto autóctono como por su total dedicación. En el comedor, clásico pero con atractivos detalles de modernidad, le propondrán una cocina tradicional actualizada y diferentes menús. ¡Descubra los sabores del Alt Empordà!
→ Gambas rojas y calabaza con naranja, cabello de ángel y pipas. Mero con "cap i pota" de ternera, guisantes y puerros. Ensalada roja.

CASTELLÓ DE LA PLANA (CASTELLÓN DE LA PLANA)

Castellón – 180 185 h. – Alt. 28 m – Ver mapa regional n° **11-B1**
Madrid 426 km – Tarragona 183 km – Teruel 148 km – Tortosa 122 km
Mapa de carreteras Michelin n° 577-M29

Tryp Castellón Center

Ronda Mijares 86 ✉ 12002 – ✆ 964 34 27 77 Plano : A2**v**
– www.melia.com
76 hab – 54/250 €, 11 €
Su orientación al cliente de negocios, la oferta de salones y la amplitud de los espacios, tanto comunes como privados, son las señas de identidad de un hotel muy céntrico y con la comodidad garantizada. Su restaurante propone un menú de cocina tradicional.

ESPAÑA

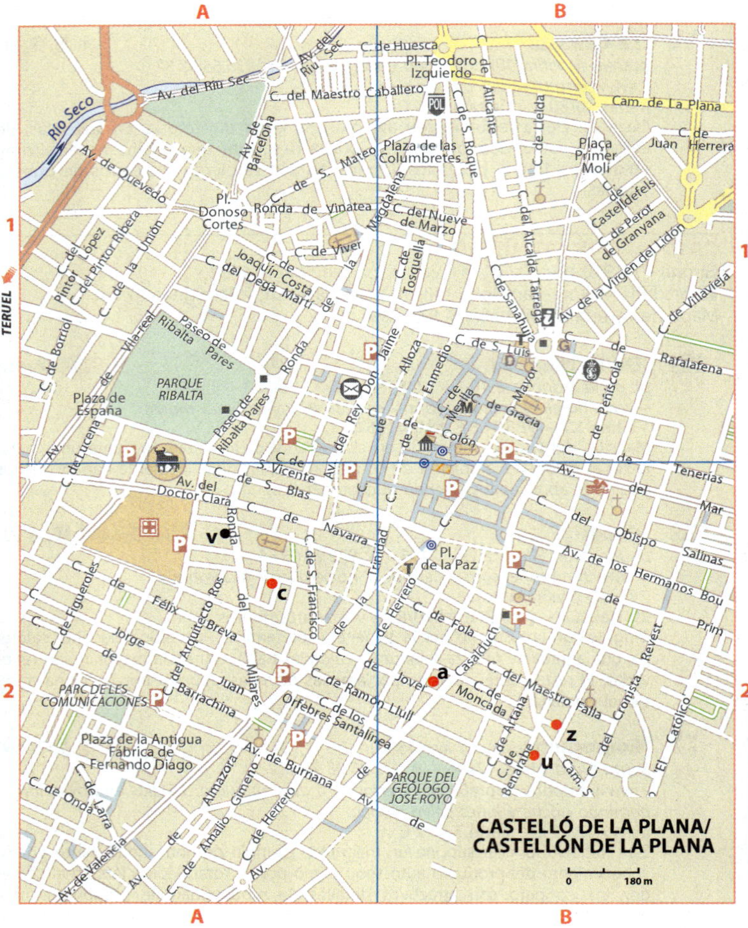

Luz Castellón

Pintor Oliet 3, por paseo Morella A1 ✉ 12006 – ☎ 964 20 10 10 – www.hotelluz.com

144 hab – 55/200 €, 12 €

Rest *Aqua* – ver selección restaurantes

Hotel de moderna fachada ubicado frente a la estación de autobuses. Recrea un interior de ambiente minimalista, con una gran zona social y habitaciones bastante amplias.

Pairal

Dr. Fleming 24 ✉ 12005 – ☎ 964 23 34 04 Plano : B2**z**

– www.restaurantepairal.com – cerrado Semana Santa, del 15 al 31 de agosto, domingo noche y lunes

Menú 25/35 € – Carta 34/48 €

Casa dotada con un buen comedor en dos niveles, con las paredes en ladrillo visto, y dos privados. En su carta, tradicional actualizada y de temporada, encontraremos un buen apartado de arroces y la opción de un menú degustación.

XX **Arropes**
Benárabe 5 ✉ 12005 – ✆ 964 23 76 58 – www.arropes.com Plano : B2**u**
– cerrado agosto, domingo noche y lunes
Menú 25/60 € – Carta 22/33 €
Se presenta con un hall-barra de espera, donde veremos una pequeña vitrina con el producto fresco, y una única sala de línea clásica-actual. Completa carta tradicional-mediterránea especializada en pescados, mariscos y, sobre todo, arroces.

XX **Arbequina**
Bartolomé Reus 35 ✉ 12002 – ✆ 964 26 93 01 Plano : B2**a**
– www.restaurantearbequina.com – cerrado 15 días en Semana Santa, 15 junio-30 octubre, domingo y lunes noche
Menú 32/44 € – Carta 33/47 €
Céntrico, actual y con dos reservados. Su chef propone una cocina de mercado de gusto actual, basada en los productos de cercanía y apoyada por varias jornadas gastronómicas.

XX **La Llenega**
Conde Noroña 27 ✉ 12002 – ✆ 964 05 68 26 Plano : A2**c**
– www.lallenega.com – cerrado agosto, domingo (mayo-octubre), lunes noche y martes noche
Menú 15/35 € – Carta 28/42 €
Local de línea moderna que debe su nombre a un tipo de seta. Aquí encontrará una cocina tradicional actualizada, dos menús, uno del día y otro de degustación, así como algún plato morellano, pues el joven chef es natural de esta localidad.

X **Aqua** – Hotel Luz Castellón
Pintor Oliet 3, por paseo Morella A1 ✉ 12006 – ✆ 964 20 10 10
– www.hotelluz.com
Menú 20/44 € – Carta 20/35 €
Se encuentra en el mismo lobby del hotel, donde se muestra como un espacio polivalente que ha logrado gran aceptación. Cocina actual con interesantes detalles creativos.

en el puerto (Grau) Este : 5 km

X **Tasca del Puerto**
av. del Puerto 13 ✉ 12100 El Grau – ✆ 964 28 44 81 – www.tascadelpuerto.com
– cerrado domingo noche y lunes salvo festivos
Menú 30/54 € – Carta 38/60 €
Está distribuido en dos casas y tras su remozada fachada presenta varias salas de reducida capacidad, todas con detalles típicos y buen montaje en su categoría. Carta tradicional y menús basados en arroces, pescado fresco y mariscos.

CASTELLOTE

Teruel – 782 h. – Alt. 774 m – Ver mapa regional n° **2-C3**
Madrid 417 km – Zaragoza 144 km – Teruel 146 km – Castelló de la Plana/Castellón de la Plana 154 km
Mapa de carreteras Michelin n° 574-J29

Castellote
paseo de la Mina 13 ✉ 44560 – ✆ 978 88 75 96 – www.hotelcastellote.com
– cerrado Navidades
38 hab – †38/48 € ††56/66 €, ☕ 6 €
Rest *Castellote* – ver selección restaurantes
Una buena opción si está visitando la histórica Comarca del Maestrazgo. Es sencillo pero disfruta de unas habitaciones bastante bien equipadas, destacando las que poseen terraza con vistas a la piscina. ¡Original colección de botijos!

X **Castellote** – Hotel Castellote
paseo de la Mina 13 ✉ 44560 – ✆ 978 88 75 96 – www.hostalcastellote.com
– cerrado Navidades y domingo noche
Menú 16/30 € – Carta 20/35 €
Ensalza los sabores tradicionales, cuida las presentaciones y disfruta de un comedor diáfano a la par que funcional, decorado con curiosísimos botijos. ¡Pruebe su Dulce de galletas con nata, un plato que lleva más de 40 años en la carta!

ESPAÑA

CASTELLVELL → Ver Reus
Tarragona

CASTELO DE ANDRADE → Ver Pontedeume
A Coruña

CASTILLO DE GORRAIZ (Urbanización) → Ver Iruña/Pamplona
Navarra

CASTILLÓN
Lugo – 109 h. – Ver mapa regional n° **13-C2**
Madrid 515 km – Santiago de Compostela 110 km – Lugo 84 km – Ourense 38 km
Mapa de carreteras Michelin n° 571-E7

Rectoral de Castillón
Santiago de Castillón 37 ✉ 27438 – ✆ 982 45 54 15 – www.rectoraldecastillon.com – cerrado 10 enero-3 febrero
8 hab – 50 € 57/67 €, ☕ 6 €
Buen turismo rural ubicado en una casa rectoral de grandes dimensiones, rodeada por jardines y bosques. Espaciosas habitaciones con los suelos en madera. El restaurante disfruta de dos acogedoras salas, donde ofrecen una carta tradicional a precios asequibles.

CASTRILLO DE LOS POLVAZARES
León – Alt. 907 m – Ver mapa regional n° **8-A1**
Madrid 339 km – León 48 km – Ponferrada 61 km – Zamora 132 km
Mapa de carreteras Michelin n° 575-E11

ESPAÑA

Cuca la Vaina
Jardín ✉ 24718 – ✆ 987 69 10 78 – www.cucalavaina.com – cerrado del 1 al 20 enero
Menú 14/19 € – Carta 20/32 € – *(cerrado lunes) (cena solo con reserva)*
7 hab ☕ – 50 € 70 €
Céntrica casona dotada con un hall-recepción, donde venden productos típicos, varios comedores de línea rústica-actual y una terraza acristalada. Aquí el plato estrella es el Cocido maragato... sin embargo, también ofrecen buenos embutidos, carnes y bacalaos.

Casa Coscolo
La Magdalena 1 ✉ 24718 – ✆ 987 69 19 84 – www.casacoscolo.com
Menú 17 € – Carta 23/34 € – *(solo almuerzo salvo verano, viernes y sábado)*
8 hab – 40/50 € 50/55 €, ☕ 4 €
Instalado en una bella casona de piedra, en plena sintonía con un pueblo de alto valor monumental. Ofrece un pequeño bar, dos salas de ambiente rústico, un patio-terraza y correctas habitaciones como complemento. ¡El Cocido maragato es el gran protagonista!

CASTRO CALDELAS
Ourense – 1 412 h. – Alt. 720 m – Ver mapa regional n° **13-C3**
Madrid 504 km – Lugo 88 km – Ourense 48 km – Santiago de Compostela 160 km
Mapa de carreteras Michelin n° 571-E7

Casa de Caldelas
pl. do Prado 5 ✉ 32760 – ✆ 988 20 31 97 – www.hotelcasadecaldelas.com
8 hab ☕ – 30/40 € 40/55 €
Resulta curioso, pues ocupa un edificio en piedra que sorprende al cobijar una gran tienda delicatessen en la planta baja. Ofrece habitaciones de línea funcional-actual, dos abuhardilladas y todas con modernos platos-ducha en los aseos.

Pousada Vicente Risco N
Grande 4 ✉ 32760 – ✆ 988 20 33 60 – www.pousadavicenterisco.com
8 hab ☕ – 38 € 48 €
La que antaño fue morada del ilustre escritor gallego es hoy una acogedora casa rural en piedra. Presenta unas habitaciones bastante detallistas, una cafetería con chimenea y un comedor en el piso superior, donde le ofrecerán un menú tradicional.

CASTRO URDIALES

Cantabria – 32 309 h. – Ver mapa regional n° **6-C1**
Madrid 430 km – Bilbao 36 km – Santander 73 km
Mapa de carreteras Michelin n° 572-B20

en la playa

Las Rocas
Flaviobriga 1 ✉ 39700 Castro Urdiales – ✆ 942 86 04 00 – www.lasrocashotel.com
66 hab – 73/116 € 73/146 €, 13 €
Cuida mucho los detalles y es una buena opción tanto para trabajar como para pasar las vacaciones. Presenta una moderna zona social y habitaciones de completo equipamiento, en general espaciosas y al menos la mitad con vistas a la playa. Su restaurante ofrece una carta variada basada en menús y sugerencias.

CASTROPOL

Asturias – 3 677 h. – Ver mapa regional n° **3-A1**
Madrid 589 km – A Coruña 173 km – Lugo 88 km – Oviedo 154 km
Mapa de carreteras Michelin n° 572-B8

Peña-Mar
carret. N 640 ✉ 33760 – ✆ 985 63 50 06 – www.complejopenamar.com – cerrado 15 enero-febrero y miércoles salvo Semana Santa y verano
Menú 20/35 € – Carta 37/57 €
Tiene un bar rústico, con llamativos relojes en la pared, y una sala a la carta de gran capacidad donde sirven platos gallegos y asturianos. ¡Trabajan mucho los banquetes!

El Risón de Peña Mar
El Muelle ✉ 33760 – ✆ 985 63 50 65 – www.complejopenamar.com – cerrado 7 enero-8 marzo y lunes salvo Semana Santa y verano
Menú 20/35 € – Carta 35/55 €
Disfruta de un ambiente marinero y destaca tanto por sus terrazas, asomadas al río Eo, como por su barbacoa exterior. Completa carta de pescados y mariscos, todos salvajes.

La CAVA

→ Ver Deltebre
Tarragona

CAZALLA DE LA SIERRA

Sevilla – 5 054 h. – Alt. 590 m – Ver mapa regional n° **1-B2**
Madrid 491 km – Sevilla 88 km – Córdoba 159 km – Badajoz 204 km
Mapa de carreteras Michelin n° 578-S12

Agustina
pl. del Concejo ✉ 41370 – ✆ 954 88 32 55 – www.agustinarestaurante.com – cerrado del 12 al 18 de enero y martes salvo festivos
Carta 27/35 €
El bar de tapas funciona como zona de iniciación para descubrir los platos servidos en el piso superior. Cocina agradable y actual, con pequeñas dosis de imaginación.

CAZORLA

Jaén – 7 929 h. – Alt. 790 m – Ver mapa regional n° **1-D2**
Madrid 374 km – Sevilla 333 km – Jaén 106 km – Granada 191 km
Mapa de carreteras Michelin n° 578-S20/-S21

Guadalquivir
Nueva 6 ✉ 23470 – ✆ 953 72 02 68 – www.hguadalquivir.com
12 hab – 40/42 € 53/57 €
Este hotelito familiar posee un pequeño salón social, donde sirven los desayunos, y habitaciones de impecable limpieza, todas con mobiliario en pino de línea provenzal.

ESPAÑA

Mesón Leandro
La Hoz 3 ✉ 23470 – ✆ 953 72 06 32 – www.mesonleandro.com – cerrado 25 junio-10 julio y martes
Menú 15 € – Carta 30/40 €
En pleno casco viejo y llevado por un matrimonio, con él en la sala y ella al frente de los fogones. Se presenta con una coqueta terraza y una sala de montaje rústico-actual, donde ofrecen una carta regional especializada en carnes rojas y de caza a la brasa.

en la Sierra de Cazorla – Ver mapa regional n° 1-D2

Parador de Cazorla
Lugar Sacejo, Este : 26 km - alt. 1 400 ✉ 23470 Cazorla – ✆ 953 72 70 75 – www.parador.es – cerrado 13 diciembre-enero
34 hab – ††70/155 €, ☕ 16 €
A su magnífica ubicación, en plena sierra de Cazorla, se le unen unas confortables instalaciones de aire regional, unos amplios exteriores ajardinados y una piscina dotada de excelentes vistas. En su restaurante podrá descubrir la cocina típica de la zona.

CEDEIRA
A Coruña – 7 246 h. – Ver mapa regional n° **13-C1**
Madrid 620 km – Santiago de Compostela 134 km – A Coruña 93 km – Lugo 125 km
Mapa de carreteras Michelin n° 571-B5

ESPAÑA

Herbeira
Cordobelas - carret. de Ferrol, Sur : 1 km ✉ 15350 – ✆ 981 49 21 67 – www.hotelherbeira.com – cerrado 22 diciembre-12 enero
16 hab – †55/100 € ††66/121 €, ☕ 8 €
¡Atesora magníficas vistas a la ría de Cedeira! Aquí encontrará una zona social de estética actual y confortables habitaciones, las del piso superior con las vigas a la vista.

CELEIRO → Ver Viveiro
Lugo

CENERA → Ver Mieres
Asturias

CENES DE LA VEGA
Granada – 7 958 h. – Alt. 741 m – Ver mapa regional n° **1-D1**
Madrid 430 km – Granada 7 km – Jaén 105 km – Sevilla 262 km
Mapa de carreteras Michelin n° 578-U19

Ruta del Veleta
carret. de Sierra Nevada 136 ✉ 18190 – ✆ 958 48 61 34 – www.rutadelveleta.com – cerrado domingo noche
Menú 50/95 € – Carta 43/70 €
Llevado con gran profesionalidad. Su interesante carta, la decoración típica y la ubicación en un lujoso edificio le otorgan el reconocimiento unánime. ¡Bodega visitable!

CERCS
Barcelona – Ver mapa regional n° **9-C1**
Madrid 636 km – Barcelona 116 km – Lleida/Lérida 162 km – Girona 129 km
Mapa de carreteras Michelin n° 574-F35

en el cruce de las carreteras C 16 y C 26 Sur : 4 km

Estany Clar (Josep Xandri)
carret. C 16, km 99,4 ✉ 08600 Berga – ✆ 628 20 67 80 – www.estanyclar.com – cerrado lunes
Menú 60/85 € – Carta 50/78 € – *(cena solo con reserva)*
En esta masía del s. XIV encontrará un agradable comedor, con los techos abovedados en piedra, así como un coqueto privado con chimenea. Carta de autor y menú degustación. En una masía cercana también ofrecen habitaciones y apartamentos.
→ Canelón de brandada de bacalao. Cabrito cocinado a baja temperatura y acabado en sartén con patata y perejil. Yogur-limón.

CERDANYOLA DEL VALLÈS

Barcelona – 57 642 h. – Ver mapa regional n° **10-B3**
Madrid 606 km – Barcelona 15 km – Mataró 39 km
Mapa de carreteras Michelin n° 574-H36

Tast & Gust
Sant Martì 92 ✉ 08290 – ✆ 935 91 00 00 – www.tastandgust.com – cerrado Semana Santa, del 4 al 26 de agosto, domingo noche y lunes
Carta 32/46 €
Este coqueto negocio combina su estética actual con una carta tradicional e internacional especializada en "Steak Tartar", ya que lo preparan hasta de seis maneras distintas.

CERECEDA

Asturias – Ver mapa regional n° **3-C1**
Madrid 505 km – Avilés 79 km – Gijón 63 km – Oviedo 57 km
Mapa de carreteras Michelin n° 572-B14

La Casa Nueva
✉ 33583 – ✆ 985 70 75 57 – www.lacasanuevaasturias.com
6 hab – ††55/70 €, ☕ 5 €
Esta casa de labranza familiar, que data de 1870, atesora una acogedora zona social y cuidadas habitaciones de aire rústico, algunas vestidas con atractivos objetos de época.

CERVELLÓ

Barcelona – 8 721 h. – Alt. 122 m – Ver mapa regional n° **10-A3**
Madrid 608 km – Barcelona 25 km – Manresa 62 km – Tarragona 82 km
Mapa de carreteras Michelin n° 574-H35

al Noroeste 4,5 km

Can Rafel
urb. Can Rafel ✉ 08758 Cervelló – ✆ 936 50 10 05 – www.canrafel.net – cerrado del 7 al 22 de enero
23 hab – †50/70 € ††70/90 €, ☕ 13,20 € – 1 suite
Rest *Can Rafel* – ver selección restaurantes
Está en una zona elevada, junto a un campo de golf con pequeños hoyos tipo Pitch & Putt. Zona social variada y habitaciones de línea clásica-regional, algunas con terraza. Si desea relajarse puede ser una buena opción, pues también ofrece un pequeño espacio con jacuzzi, sauna, sala de masajes...

Can Rafel – Hotel Can Rafel
urb. Can Rafel ✉ 08758 Cervelló – ✆ 936 50 10 05 – www.canrafel.net – cerrado del 7 al 24 de enero, domingo noche y martes
Menú 16/64 € – Carta 36/50 €
Se presenta con dos salas y dos privados, destacando la principal por su luminosidad, sus vistas al campo de golf y su chimenea. Interesantes elaboraciones de tinte actual y agradable terraza panorámica.

ESPAÑA

CERVERA DE PISUERGA

Palencia – 2 521 h. – Alt. 900 m – Ver mapa regional n° **8**-C1
Madrid 348 km – Burgos 118 km – Palencia 122 km – Santander 129 km
Mapa de carreteras Michelin n° 575-D16

Almirez sin

Almirez 14 ✉ 34840 – ✆ 979 87 06 48 – www.hotel-almirez.com
8 hab – 27/30 € 52/55 €
Un hotel sencillo pero confortable. Compensa su minúscula zona social con unas cuidadas habitaciones de línea clásica. ¡Interesante si está visitando el Románico Palentino!

Asador Gasolina

La Pontaneja 2 ✉ 34840 – ✆ 979 87 06 48
– cerrado 21 diciembre-21 enero y lunes salvo verano
Menú 11/35 € – Carta 25/45 €
Restaurante de ambiente rústico-regional emplazado en lo que fue un pajar. Su especialidad son las Carnes de Cervera y de la Montaña Palentina, al horno o a la parrilla.

en la carretera de Resoba Noroeste : 2,5 km

Parador de Cervera de Pisuerga

✉ 34840 Cervera de Pisuerga – ✆ 979 87 00 75 – www.parador.es
– 6 marzo-7 diciembre
80 hab – 70/135 €, 16 €
En un magnífico entorno, con vistas a las montañas y al pantano de Ruesga. Posee varios salones sociales y espaciosas habitaciones de ambiente rústico, todas con terraza. Su amplio comedor tiene un carácter polivalente, pues atiende los tres servicios del día.

ESPAÑA

CERVO

Lugo – 4 430 h. – Alt. 69 m – Ver mapa regional n° **13**-C1
Madrid 523 km – A Coruña 162 km – Lugo 128 km – Santiago de Compostela 185 km
Mapa de carreteras Michelin n° 571-A7

Casa do Mudo

Senra 25, Sur : 2 km ✉ 27891 – ✆ 982 55 76 89 – www.casadomudo.com
– cerrado 27 septiembre-8 octubre
6 hab – 55/69 € 66/82 €
Turismo rural instalado en una casa de labranza. Ofrece un jardín con hórreo, un porche y cálidas habitaciones, todas con mobiliario de aire antiguo y las paredes en piedra. El comedor, que ocupa la antigua cocina de la casa, está reservado al cliente alojado.

CEUTA

84 180 h. – Ver mapa regional n° **1**-B3
Mapa de carreteras Michelin n° 742 y 734-F15

Parador H. La Muralla

pl. Virgen de África 15 ✉ 51001 – ✆ 956 51 49 40 Plano : C1**h**
– www.parador.es
106 hab – 70/130 €, 15 € – 1 suite
Este atractivo parador está instalado en lo que fueron las Murallas Reales de Ceuta, con un hall clásico y unas habitaciones algo sobrias pero de buen confort. Presenta dos comedores en los que podrá descubrir su cocina tradicional y algún plato típico ceutí.

Tryp Ceuta

paseo Alcalde Sánchez Prados 3 ✉ 51001 – ✆ 956 51 12 00 Plano : C1**a**
– www.tryphotels.com
120 hab – 65/140 €
¡En pleno corazón turístico y administrativo! Disfruta de un luminoso hall-lobby con ascensores panorámicos y unas habitaciones bien equipadas, todas de línea actual-minimalista. El restaurante complementa su carta tradicional con un buen apartado de arroces.

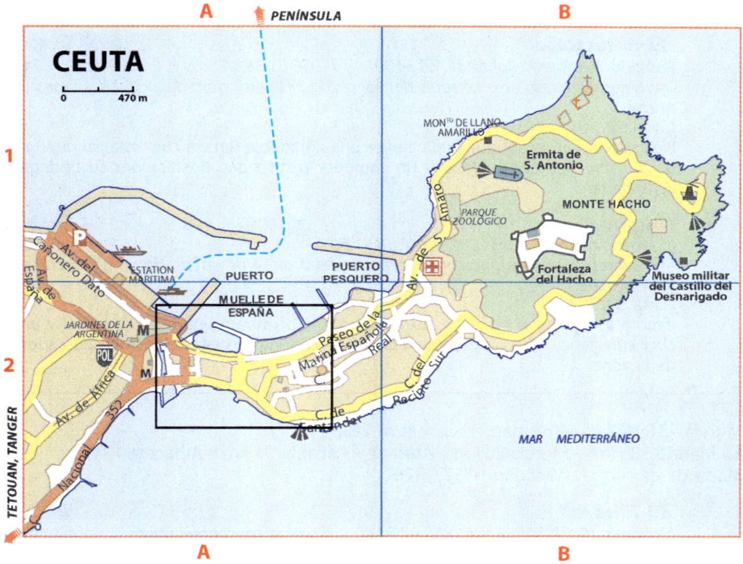
CEUTA
0
470 m
A
B
1
2
PENÍNSULA
MONTº DE LLANO AMARILLO
Ermita de S. Antonio
MONTE HACHO
PARQUE ZOOLÓGICO
Fortaleza del Hacho
Museo militar del Castillo del Desnarigado
PUERTO
PUERTO PESQUERO
ESTACION MARITIMA
MUELLE DE ESPAÑA
Av. del Cañonero Dato
Av. de España
JARDINES DE LA ARGENTINA
M
POL
Av. de África
Nacional 352
Paseo de la Marina Española
C. Real
C. del Recinto Sur
C. de Santander
Av. de S. Amaro
MAR MEDITERRÁNEO
TETOUAN, TANGER

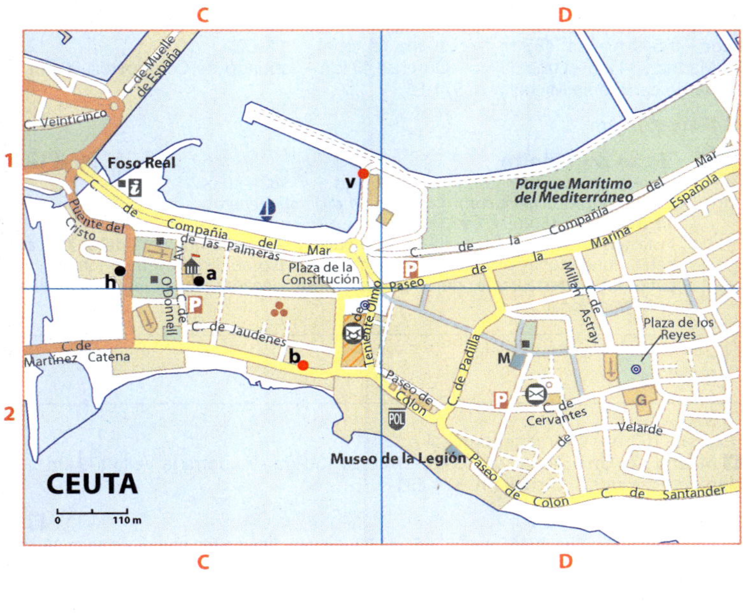
C
D
1
2
C. de Muelle de España
C. Veinticinco
Foso Real
Puente del Cristo
C. de Compañía del Mar
Av. de las Palmeras
Plaza de la Constitución
Av. C. de O'Donnell
C. de Jaudenes
C. de Martínez Catena
C. de Teniente Olmo
Parque Marítimo del Mediterráneo
C. de la Compañía del Mar
Paseo de la Marina Española
C. de Millán Astray
Plaza de los Reyes
C. de Padilla
Paseo de Colón
C. de Cervantes
C. de Velarde
C. de Santander
Museo de la Legión
CEUTA
0
110 m
v
a
b
h
M
P
POL
G

El Refectorio
Poblado Marinero - local 37 ✉ 51001 – ✆ 956 51 38 84 Plano : C1**v**
– www.elrefectorio.es – cerrado del 15 al 31 de enero, domingo noche y lunes noche
Carta 22/56 €
Bien situado en la antigua lonja. Posee una agradable terraza con vistas al puerto, un bar, un pequeño privado y un comedor rústico que destaca por su bodega acristalada.

Bugao
Independencia 15 ✉ 51001 – ✆ 956 51 50 47 Plano : C2**b**
– www.restaurantebugao.com – cerrado del 7 al 14 de enero, domingo noche y lunes noche
Carta 34/50 €
¡Frente a la popular playa de La Ribera! Aquí encontrará una estética actual y un chef con ganas, que propone una cocina tradicional actualizada rica en pescados de la zona.

CEUTÍ
Murcia – 10 967 h. – Ver mapa regional n° **16-B2**
Madrid 385 km – Murcia 26 km – Alacant / Alicante 91 km – Albacete 134 km
Mapa de carreteras Michelin n° 577-R26

El Albero
Mallorca 10 ✉ 30562 – ✆ 868 92 34 00 – www.restauranteelalbero.es – cerrado del 16 al 31 de agosto y lunes
Menú 12/42 € – Carta 21/34 €
Ha consolidado su propuesta: cocina tradicional actualizada con detalles orientales. Pruebe alguno de sus clásicos, como las Rocas de bacalao o el Ravioli de chato murciano.

ESPAÑA

CHANTADA
Lugo – 8 649 h. – Alt. 483 m – Ver mapa regional n° **13-C2**
Madrid 534 km – Lugo 55 km – Ourense 42 km – Santiago de Compostela 90 km
Mapa de carreteras Michelin n° 571-E6

al Noreste 4 km

Pazo do Piñeiro
Pesqueiras - Soilán 1 ✉ 27516 Pesqueiras – ✆ 982 44 06 42
– www.pazodopineiro.com – cerrado 24 diciembre-enero
11 hab – 🛉50/65 € 🛉🛉55/65 €
Instalado en pleno campo, en un recio edificio de piedra que data del s. XV. Las habitaciones, todas con mobiliario de estilo antiguo, se distribuyen en torno a un patio. En su restaurante, de ambiente rústico elegante, encontrará una buena carta tradicional.

CHAPELA → Ver Redondela
Pontevedra

CHÍA
Huesca – 100 h. – Ver mapa regional n° **2-D1**
Madrid 521 km – Zaragoza 205 km – Huesca 130 km – Andorra la Vella 179 km
Mapa de carreteras Michelin n° 574-E31

Chongastán
Fondevila 8 ✉ 22465 – ✆ 974 55 32 00 – www.chongastan.com – cerrado 15 días en mayo, 15 días en septiembre y lunes salvo festivos
Carta aprox. 35 € – *(solo almuerzo salvo verano, viernes y sábado)*
Un negocio familiar que abarca el funcionamiento del restaurante y la cría natural de ganado vacuno. Aquí la especialidad son los guisos caseros y, sobre todo, sus sabrosas carnes a la brasa, provenientes tanto de la caza como de sus reses.

CHICLANA DE LA FRONTERA

Cádiz – 82 212 h. – Alt. 17 m – Ver mapa regional n° **1-A3**

Madrid 646 km – Algeciras 102 km – Arcos de la Frontera 60 km – Cádiz 24 km

Mapa de carreteras Michelin n° 578-W11

Alborán Chiclana

pl. de Andalucía 1 ✉ 11130 – ✆ 956 40 39 06 – www.hotelesalboran.com – 16 marzo-octubre

67 hab – 49/100 € 49/120 €

Céntrico y funcional. En este hotel encontrará unas habitaciones confortables decoradas en distintas tonos según la planta, todas con los cabeceros de las camas en forja.

en la urbanización Novo Sancti Petri : Suroeste : 11,5 km – Ver mapa regional n° 1-A3

Meliá Sancti Petri

playa de La Barrosa ✉ 11139 Novo Sancti Petri – ✆ 956 49 12 00 – www.melia-sanctipetri.com – marzo-octubre

225 hab – 144/400 € 156/400 € – 3 suites

Lujo, confort, belleza... y un precioso patio porticado frente al mar, con agradables terrazas, fuentes y espacios verdes. En conjunto atesora unas excelentes habitaciones, todas actuales y con terraza. Su amplia oferta gastronómica permite viajar de los sabores internacionales a los más regionales y mediterráneos.

CHILLARÓN DE CUENCA

Cuenca – 569 h. – Alt. 915 m – Ver mapa regional n° **7-C2**

Madrid 166 km – Toledo 181 km – Cuenca 11 km – Guadalajara 127 km

Mapa de carreteras Michelin n° 576-L23

Midama sin

Real 1C, carret. N 320 ✉ 16190 – ✆ 969 27 31 61 – www.hotelmidama.com – cerrado 20 diciembre-10 enero

30 hab – 35/65 € 35/75 €

Un hotel de gestión familiar que toma su nombre de las iniciales de tres hermanos. Ofrece habitaciones de línea funcional-actual, todas económicas y con baños muy coloristas.

CHINCHÓN

Madrid – 5 428 h. – Alt. 753 m – Ver mapa regional n° **15-B3**

Madrid 47 km – Ávila 161 km – Segovia 142 km – Toledo 77 km

Mapa de carreteras Michelin n° 576 y 575-L19

Parador de Chinchón

Los Huertos 1 ✉ 28370 – ✆ 918 94 08 36 – www.parador.es

38 hab – 85/175 €, 18 €

Instalado en un convento del s. XVII que aún conservan el sosiego propio de su origen. Disfruta de un bello jardín y cuidadas habitaciones, todas de línea actual. El restaurante es famoso por ofrecer un único plato en temporada, el "Cocido completo de Taba".

La Casa del Convento

Zurita 7 ✉ 28370 – ✆ 918 94 09 36 – www.spalacasadelconvento.com – cerrado del 15 al 31 de agosto

5 hab – 95/135 € 95/150 €

¡Un hotel rural de gran nivel! Ocupa una casa del s. XVIII, completamente rehabilitada, en la que han sabido combinar detalles rústicos y actuales. También cuenta con un SPA y un restaurante, donde ofrecen platos tradicionales y regionales.

Condesa de Chinchón

Los Huertos 26 ✉ 28370 – ✆ 918 93 54 00 – www.condesadechinchon.com

35 hab – 55/99 €, 6 €

Disfruta de una cuidada fachada, un agradable patio y unas elegantes habitaciones de línea clásica, todas con bañera de hidromasaje y en la última planta abuhardilladas.

La Casa Rural
Sociedad de Cosecheros 5 ✉ 28370 – ✆ 918 94 11 77 – www.hotel-lacasarural.com
14 hab – 27/44 € 42/60 €, 6 € – 8 apartamentos
Reduce su zona social a un patio interior y presenta unas habitaciones de línea funcional. En un edificio independiente también hay apartamentos, más amplios y confortables.

La Graja
Paje 7 ✉ 28370 – ✆ 687 31 78 66 – www.lagraja.com
8 hab – 36/50 € 55/80 €
Cuenta con un agradable patio porticado, una pequeña sala de estar y acogedoras habitaciones de ambiente rústico, todas personalizadas. ¡Íntimo SPA a modo de cueva termal!

Casa de la Marquesa
Morata 9 ✉ 28370 – ✆ 918 94 11 71 – www.casadelamarquesa.com
5 hab – 55/85 €, 8 €
¡Próxima a la plaza Mayor! Lo más llamativo de esta casa son las obras pictóricas y de arte que constituyen su decoración. Amplio patio interior y habitaciones de línea actual, muy confortables para su categoría.

Café de la Iberia
pl. Mayor 17 ✉ 28370 – ✆ 918 94 08 47 – www.cafedelaiberia.com
Menú 18 € – Carta 30/45 €
En un antiguo café que data de 1879. Disfruta de tres cuidados comedores, uno en un patio, y una preciosa terraza-balcón que se asoma directamente a la plaza Mayor. Aquí la especialidad son los asados.

ESPAÑA

La Casa del Pregonero
pl. Mayor 4 ✉ 28370 – ✆ 918 94 06 96 – www.lacasadelpregonero.com – cerrado martes
Menú 23 € – Carta 24/45 €
Instalado en la casa del antiguo pregonero. Ofrece un bar, un patio rústico-actual que sirve de comedor y dos salas de aire moderno en el piso superior. Cocina tradicional.

por la carretera de Titulcia Oeste : 3 km

Nuevo Chinchón
urb. Nuevo Chinchón ✉ 28370 Chinchón – ✆ 918 94 05 44 – www.hotelnuevochinchon.com
17 hab – 74 € 83 €, 7 €
Este tranquilo hotel disfruta de unos cuidados exteriores, con piscina y jacuzzi, así como de suficientes zonas nobles y correctas habitaciones, algunas de ellas con terraza. El restaurante se presenta con un comedor tipo patio y varios salones para banquetes.

CHINORLET → Ver Xinorlet
Alicante

CHIVA
Valencia – 15 204 h. – Alt. 240 m – Ver mapa regional n° **11-A2**
Madrid 326 km – València 32 km – Alacant / Alicante 188 km – Castelló de la Plana / Castellón de la Plana 99 km
Mapa de carreteras Michelin n° 577-N27

La Orza de Ángel
av. Dr. Corachán ✉ 46370 – ✆ 962 52 21 94 – www.laorza.com – cerrado domingo
Menú 35 € – Carta 26/42 €
Su amplia carta tradicional le debe todo al horno de leña moruno, las especialidades a la brasa y los platos del día, estos con productos de temporada. ¡Servicio de catering!

CINC CLAUS → Ver L'Escala
Girona

CINCTORRES
Castellón – 459 h. – Ver mapa regional n° **11-B1**
Madrid 504 km – Valencia 169 km –
Castelló de la Plana / Castellón de la Plana 100 km – Teruel 124 km
Mapa de carreteras Michelin n° 577-K29

El Faixero
carret. Iglesuela 7 ✉ 12318 – ✆ 964 18 10 75 – www.elfaixero.net – cerrado del 22 al 26 de diciembre
25 hab – 25/40 € 50/75 €
Con su nombre rememora la historia del pueblo, pues aquí se dedicaban a la fabricación de fajas. Reparte sus habitaciones entre dos edificios: en el principal de aire rústico y en el nuevo, justo enfrente, más actuales. Su comedor propone una cocina regional.

CISTIERNA
León – 3 568 h. – Alt. 935 m – Ver mapa regional n° **8-B1**
Madrid 380 km – Valladolid 164 km – León 62 km – Oviedo 135 km
Mapa de carreteras Michelin n° 575-D14

Río Esla
Esteban Corral 5 ✉ 24800 – ✆ 987 70 10 25 – www.hotelrioesla.com
18 hab – 35/50 € 50/62 € – 1 suite
Ubicado en una calle próxima al centro de la localidad. Ofrece un luminoso salón social con chimenea, acogedoras habitaciones y algunos servicios propios de un SPA. En su sencillo restaurante encontrará una buena carta de tinte tradicional y un menú del día.

Los precios junto al símbolo corresponden al precio más bajo en temporada baja, después el precio más alto en temporada alta, para una habitación individual. El mismo principio con el símbolo , esta vez para una habitación doble.

CIUDAD REAL
74 872 h. – Alt. 635 m – Ver mapa regional n° **7-B3**
Madrid 204 km – Albacete 212 km – Badajoz 324 km – Córdoba 196 km
Mapa de carreteras Michelin n° 576-P18

Guadiana
Guadiana 36 ✉ 13002 – ✆ 926 22 33 13 – www.hotelguadiana.com Plano : A2**h**
108 hab – 50/150 €, 6 € – 6 suites
Se distingue tanto por su marcada línea clásica como por la calidad de los materiales utilizados. Encontrará amplias salas de trabajo, habitaciones de completo equipamiento y un buen restaurante, donde apuestan por una cocina tradicional con toques actuales.

Santa Cecilia
Tinte 3 ✉ 13001 – ✆ 926 22 85 45 – www.santacecilia.com Plano : A2**a**
70 hab – 47/120 € 54/140 €, 6 €
Combina sus cuidadas zonas nobles con unas habitaciones de línea actual-funcional, destacando las cinco superiores por ser más espaciosas. El restaurante completa su carta de tinte tradicional con un menú del día muy bien confeccionado.

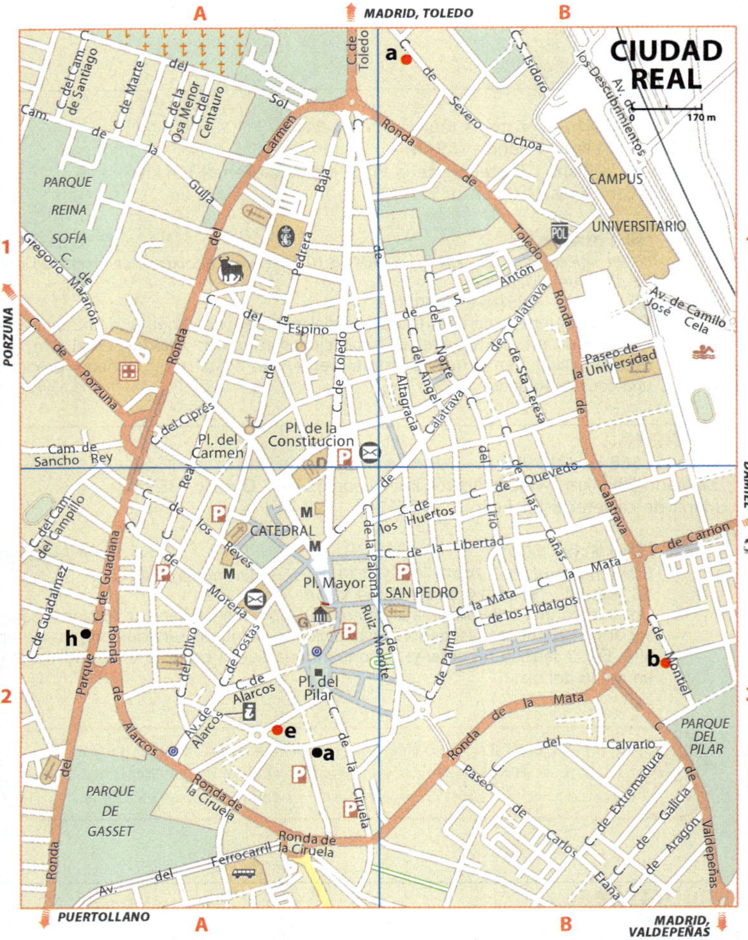

XX San Huberto

Montiel ✉ 13004 – ✆ 926 92 35 35 Plano : B2**b**

– www.asadorsanhuberto.es – cerrado domingo noche

Menú 25/70 € – Carta 30/50 €

Ubicado junto al Parque del Pilar, donde ofrecen una buena terraza de verano, dos salas acristaladas y un pequeño privado. Completa carta tradicional especializada en asados. ¡Suelen participar en las jornadas de la cocina Alfonsí!

XX Mesón Octavio

Severo Ochoa 6 ✉ 13005 – ✆ 926 25 60 50 Plano : B1**a**

– www.mesonoctavio.com – cerrado del 15 al 30 de agosto y domingo

Menú 12/40 € – Carta 25/40 €

Bien llevado entre hermanos y con un ambiente rústico-actual. Aquí apuestan claramente por la caza mayor y el venado, con lo que intentan recuperar los intensos sabores de los montes de Toledo. Carta de vinos regional presentada en iPad.

Miami Gastro

av Rey Santo 3 ✉ 13001 – ✆ 926 92 19 43 – www.miamigastro.es – cerrado domingo Plano : A2**e**

Tapa 3 € – Ración aprox. 14 €

Posee un bar de tapas en la planta calle y una sala en el piso superior, todo de línea actual. Proponen una carta muy variada de tapas, apetitosas raciones y algunos menús, intentando siempre ser fieles a una cocina tradicional actualizada.

CIUDAD RODRIGO

Salamanca – 13 503 h. – Alt. 650 m – Ver mapa regional n° **8-A3**

Madrid 294 km – Cáceres 160 km – Castelo Branco 164 km – Plasencia 131 km

Mapa de carreteras Michelin n° 575-K10

Parador de Ciudad Rodrigo

pl. del Castillo ✉ 37500 – ✆ 923 46 01 50 – www.parador.es

35 hab – ††85/170 €, 15 €

Castillo feudal del s. XIV construido en un marco excepcional, sobre la vega del río Águeda. Disfruta de una correcta zona social vestida con detalles medievales, cuidadas habitaciones de aire castellano y un jardín con vistas. En su comedor encontrará especialidades regionales y locales, como el Farinato.

Molino Del Águeda

bajada de Santa Cruz 37, Suroeste: 1,5 km ✉ 37500 – ✆ 923 46 00 72 – www.hotelmolinodelagueda.com

16 hab – †32/55 € ††42/75 €

Molino de harina del s. XVIII emplazado a orillas del Águeda. Posee una cafetería con el suelo acristalado, lo que permite ver la antigua maquinaria, y habitaciones bien personalizadas de línea clásica, algunas con vistas frontales al río.

CIZUR MENOR → Ver Iruña/Pamplona

Navarra

COCENTAINA

Alicante – 11 558 h. – Alt. 445 m – Ver mapa regional n° **11-A3**

Madrid 397 km – Alacant/Alicante 63 km – València 104 km

Mapa de carreteras Michelin n° 577-P28

Nou Hostalet

av. Xàtiva 4 ✉ 03820 – ✆ 902 82 08 60 – www.nouhostalet.com

26 hab – †29/38 € ††40/75 €, 5 €

Hotel de organización familiar y aspecto general bastante cuidado, con habitaciones funcionales de línea actual. Pequeña recepción y cafetería con acceso independiente.

El Laurel

Juan María Carbonell 3 ✉ 03820 – ✆ 965 59 17 38 – www.ellaurelrestaurante.com – cerrado del 8 al 15 de enero, del 15 al 31 de agosto y lunes

Menú 23/25 € – Carta 20/35 € – *(solo almuerzo salvo viernes y sábado)*

Posee una terraza y salones de elegante rusticidad, pues ocupa una casa del s. XVIII dominada por la piedra y la madera. Su carta tradicional contempla platos actualizados y de temporada... sin embargo, aquí la especialidad son los arroces y el Rabo de toro.

La Montaña N

Partida Els Algars 139, Sureste : 1 km ✉ 03820 – ✆ 965 59 08 32 – www.restaurantelamontana.es – cerrado agosto y martes

Carta 26/38 € – *(solo almuerzo)*

Este antiguo caserón posee su propia huerta y dos salas rústicas, la mejor con vistas a los bancales de almendros y olivos. Carta tradicional con buena oferta de menús.

ESPAÑA

por la carretera N 340 (km 803) Norte : 1,5 km y desvío a la izquierda 0,5 km

XXX **L'Escaleta** (Kiko Moya)

Pujada Estació del Nord 205 ✉ 03820 Cocentaina – ✆ 965 59 21 00 – www.lescaleta.com – cerrado febrero, miércoles noche salvo julio-agosto, jueves noche en invierno, domingo noche, lunes y martes noche

Menú 55/95 € – Carta 40/75 €

Instalado en un atractivo chalet a las afueras de la localidad. Ofrece una bella terraza, decorada con estatuas de un artista local, y un cuidado interior clásico-regional. Aquí apuestan por una cocina actualizada de base regional, muy atenta a los productos de temporada y a la consecución de sabores bien definidos.

→ Negra bañada por un caldo de "giraboix" y ajo negro. Arroz seco de anguila y pata de ternera. Leche de cabra.

CODESO → Ver Boqueixón

A Coruña

COLERA

Girona – 559 h. – Alt. 10 m – Ver mapa regional n° **9**-D3

Madrid 768 km – Barcelona 167 km – Girona 69 km – Perpignan 60 km

Mapa de carreteras Michelin n° 574-E39

en la carretera de Llançà Sur : 3 km

XX **Garbet**

✉ 17496 Colera – ✆ 972 38 90 02 – www.restaurantgarbet.es – mayo-septiembre

Carta 50/70 €

Un negocio familiar que destaca por su espectacular situación en una cala. Presenta un pequeño comedor y dos coquetas terrazas asomadas al mar. Excelentes pescados y mariscos.

COLES → Ver Ourense

Ourense

COLLADO HERMOSO

Segovia – 154 h. – Alt. 1 222 m – Ver mapa regional n° **8**-C3

Madrid 113 km – Valladolid 204 km – Segovia 21 km

Mapa de carreteras Michelin n° 575-I18

Posada Fuenteplateada

camino de las Rozas ✉ 40170 – ✆ 921 40 30 87 – www.fuenteplateada.net

11 hab – 69/75 € 85/100 €

Este turismo rural, decorado por su dueña con gran mimo, ofrece un salón social con biblioteca y unas magníficas habitaciones, todas amplias, con chimenea e hidromasaje.

COLLADO MEDIANO

Madrid – 6 746 h. – Alt. 1 030 m – Ver mapa regional n° **15**-A2

Madrid 47 km – Segovia 54 km – Ávila 74 km – Cuenca 216 km

Mapa de carreteras Michelin n° 576 y 575-J17

La Torre N

paseo de Rosales 48 ✉ 28450 – ✆ 918 55 85 58 – www.latorreboxarthotel.com

7 hab – 110/140 €

Rest *El Invernadero* – ver selección restaurantes

Instalado en una casa señorial que destaca por sus exteriores, su llamativo torreón y, sobre todo, por un gran salón polivalente a modo de cubo de cristal. Encontrará un moderno interior, luminosas habitaciones y una pequeña carta para los clientes alojados.

XX **El Invernadero** (N) – Hotel La Torre

paseo de Rosales 48 ✉ 28450 – ✆ 918 55 85 58 – www.elinvernadero-rdelacalle.com – cerrado Navidades, lunes, martes y miércoles

Menú 68/88 € – (es necesario reservar) *(solo menú)*

¡Talento, luz y creatividad! Rodrigo de la Calle vuelve a fascinar con un menú degustación fiel al mundo vegetal... eso sí, con opción a un plato de carne al final del mismo.

COLLOTO → Ver Oviedo

Asturias

COLMENAR DEL ARROYO

Madrid – 1 581 h. – Alt. 690 m – Ver mapa regional n° **15-A2**

Madrid 58 km – Ávila 82 km – Toledo 116 km – Segovia 82 km

Mapa de carreteras Michelin n° 576 y 575-K17

XX **El Mesón de Doña Filo** (N)

San Juan 3 ✉ 28213 – ✆ 918 65 14 71 – cerrado 21 días en agosto, lunes, martes y miércoles

Menú 50/60 €

Casa rústico-familiar fiel a los guisos y los platos de cuchara. Proponen menús degustación que varían semanalmente, pudiendo extraer de ellos los platos a modo de carta.

X **Chicote's**

General Franco 1 ✉ 28213 – ✆ 918 65 12 26 – www.restaurantechicotes.com – cerrado del 15 al 30 de septiembre y lunes

Menú 10 € – Carta 35/55 € – *(solo almuerzo salvo viernes y sábado de octubre-junio)*

Bien llevado entre hermanos y enfocado a la cocina tradicional. Posee un bar a la entrada, donde sirven el menú, y un cálido comedor a la carta de ambiente rústico-regional.

ESPAÑA

La COMA i La PEDRA

Lleida – 273 h. – Alt. 1 004 m – Ver mapa regional n° **9-B1**

Madrid 610 km – Berga 37 km – Font Romeu-Odeilo Vía 102 km – Lleida/Lérida 151 km

Mapa de carreteras Michelin n° 574-F34

Fonts del Cardener

carret. de Tuixén, Norte : 1 km ✉ 25284 – ✆ 973 49 23 77 – www.hotelfontsdelcardener.com – cerrado del 7 al 23 de enero, 18 mayo-5 junio y 16 noviembre-4 diciembre

13 hab – 68/80 €, 7 € – 4 apartamentos

Rest *Fonts del Cardener* – ver selección restaurantes

Establecimiento familiar emplazado en un pueblecito de montaña. Posee hogareñas habitaciones y apartamentos: las primeras personalizadas con el nombre de montañas e iglesias de la zona y los segundos dotados de cálidos salones con chimenea.

X **Fonts del Cardener** – Hotel Fonts del Cardener

carret. de Tuixén, Norte : 1 km ✉ 25284 – ✆ 973 49 23 77 – www.hotelfontsdelcardener.com – cerrado del 16 noviembre-4 diciembre, del 7 al 23 de enero, 18 mayo-5 junio, miércoles y jueves salvo Navidades, Semana Santa, verano y festivos

Menú 12/20 € – Carta 21/49 €

Un restaurante de línea clásica en el que encontrará una cocina catalana muy completa, pues se enriquece con guisos y platos a la brasa. ¡Pruebe alguna especialidad local!

por la carretera de Tuixén Norte : 5 km

Cal Joan del Batlle

✉ 25284 La Coma I La Pedra – ✆ 608 13 01 84 – www.caljoandelbatlle.cat – cerrado del 1 al 15 de junio
6 hab ☕ – 🚹75 € 🚹🚹100 €
Preciosa masía del s. XIX rodeada de frutales. Ofrece un buen salón social con chimenea y coquetas habitaciones de aire rústico repartidas por distintas dependencias del edificio... incluidas las antiguas cuadras. Su restaurante, con las paredes en piedra, propone una cocina tradicional actualizada.

COMARES

Málaga – 1 583 h. – Ver mapa regional n° **1-C2**
Madrid 524 km – Sevilla 221 km – Málaga 35 km
Mapa de carreteras Michelin n° 578-V17

Molino de los Abuelos

pl. Balcón de la Axarquia 2 ✉ 29195 – ✆ 952 50 93 09 –
Carta 22/34 € – *(cerrado lunes y martes)* **4 hab** ☕ – 🚹🚹45 € – 1 suite
Restaurante de aire rústico emplazado en una singular casa-molino que, allá por el año 1800, ya funcionaba como almazara de aceite. Cocina regional de sabor casero y cuidadas habitaciones como complemento, destacando la tipo dúplex y la que posee salón.

ESPAÑA

COMBARRO

Pontevedra – Ver mapa regional n° **13-B2**
Madrid 610 km – Pontevedra 6 km – Santiago de Compostela 63 km – Vigo 29 km
Mapa de carreteras Michelin n° 571-E3

Stella Maris

av. de Chancelas 7 (carret. de La Toja) ✉ 36993 – ✆ 986 77 03 66 – www.hotel-stellamaris.com – Semana Santa-octubre
35 hab ☕ – 🚹35/65 € 🚹🚹49/90 €
Este establecimiento destaca tanto por el emplazamiento, prácticamente colgado sobre el mar, como por las vistas que ofrece a la ría de Pontevedra desde algunas habitaciones. ¡Todo su mobiliario castellano se ha lacado en color blanco!

COMILLAS

Cantabria – 2 374 h. – Ver mapa regional n° **6-B1**
Madrid 412 km – Burgos 169 km – Oviedo 152 km – Santander 43 km
Mapa de carreteras Michelin n° 572-B17

Comillas

paseo de Solatorre 1 ✉ 39520 – ✆ 942 72 23 00 – www.hcomillas.com – abril-octubre
30 hab – 🚹55/106 € 🚹🚹70/132 €, ☕8 €
Apartado del bullicioso centro pero también próximo a él. Ofrece unas instalaciones actuales, con detalles regionales, un amplio entorno ajardinado y habitaciones funcionales.

Josein (N)

Manuel Noriega 35 ✉ 39520 – ✆ 942 72 02 25 – www.hoteljosein.com – Semana Santa-13 octubre
28 hab ☕ – 🚹55/120 € 🚹🚹65/150 €
¡Prácticamente sobre la misma playa de Comillas! Lo más destacable aquí son sus vistas al mar... sin embargo, dentro de sus habitaciones debemos destacar las ocho construidas en la antigua terraza. El restaurante combina su carta tradicional con un buen menú.

en Trasvía Oeste : 2 km

Dunas de Oyambre
barrio La Cotera 2 ✉ 39528 Trasvía – ✆ 942 72 24 00 – www.dunasdeoyambre.com – 15 marzo-15 octubre
21 hab ☕ – 🚹44/66 € 🚹🚹55/99 €
Casona de piedra construida en un alto. En líneas generales posee unas habitaciones sencillas, aunque algunas de ellas y el mirador gozan de relajantes vistas al valle. Amplio entorno con césped.

en El Tejo Suroeste : 3,5 km

Los Trastolillos
barrio Ceceño 46 ✉ 39528 El Tejo – ✆ 942 72 22 12 – www.lostrastolillos.com
10 hab ☕ – 🚹60/110 € 🚹🚹70/115 €
Casa rural, de corte actual, rodeada por un pequeño jardín con frutales. Su zona social consta de varias salitas y disfruta de unas habitaciones bastante luminosas, todas personalizadas y las de confort superior con vistas al mar.

CONIL DE LA FRONTERA

Cádiz – 22 116 h. – Ver mapa regional n° **1-A3**
Madrid 657 km – Algeciras 87 km – Cádiz 40 km – Sevilla 149 km
Mapa de carreteras Michelin n° 578-X11

Casa Alborada sin ☕
G. Gabino Aranda 5 ✉ 11140 – ✆ 956 44 39 11 – www.alboradaconil.com
11 hab – 🚹40/70 € 🚹🚹50/90 €
Bien situado, pues ocupa una antigua casa restaurada de una calle peatonal. Sorprende con dos bonitos patios, uno lleno de plantas, y unas cuidadas habitaciones de ambiente rústico-actual. ¡Suba a su azotea, pues tiene buenas vistas al mar!

al Noroeste 1 km

Diufain
av. Fuente del Gallo ✉ 11140 Conil de la Frontera – ✆ 956 44 25 51 – www.hoteldiufain.com – marzo-octubre
46 hab – 🚹40/60 € 🚹🚹55/143 €, ☕ 4 € – 16 apartamentos
Establecimiento familiar, tipo cortijo, distribuido en tres edificios, el principal con las estancias alrededor de un patio y los otros dos pensados para apartamentos. Sus sencillas habitaciones poseen mobiliario provenzal en pino.

CONSUEGRA

Toledo – 10 668 h. – Alt. 704 m – Ver mapa regional n° **7-B2**
Madrid 132 km – Toledo 65 km – Ciudad Real 90 km
Mapa de carreteras Michelin n° 576-N19

La Vida de Antes
Colón 2 ✉ 45700 – ✆ 925 48 06 09 – www.lavidadeantes.com
9 hab – 🚹30/50 € 🚹🚹60/75 €, ☕ 4 €
Casa manchega del s. XIX de acogedoras instalaciones. Ofrece un atractivo patio central, con lucernario, y habitaciones bien personalizadas, algunas de ellas tipo dúplex.

CORBERA DE LLOBREGAT

Barcelona – 14 315 h. – Alt. 342 m – Ver mapa regional n° **10-A3**
Madrid 592 km – Barcelona 27 km – Girona 116 km – Tarragona 87 km
Mapa de carreteras Michelin n° 574-H35

XX **Casa Nostra**
Federic Soler Pitarra ✉ 08757 – ✆ 936 50 06 52 – www.restaurantcasanostra.com – cerrado martes noche y miércoles noche en invierno, domingo noche y lunes
Menú 14/40 € – Carta 45/65 €
Ofrece una sala clásica, un privado y una zona de terraza, con piscina, que utilizan para el servicio al aire libre. Cocina actual, platos de temporada y una cuidada bodega.

ESPAÑA

CORÇÀ

Girona – 1 273 h. – Alt. 43 m – Ver mapa regional n° **10**-B1

Madrid 733 km – Barcelona 126 km – Girona 29 km – Perpignan 108 km

Mapa de carreteras Michelin n° 574-G39

en la carretera C 66 Sureste : 2 km

XX ✿ **Bo.Tic** (Albert Sastregener)

carret. Girona-Palamós, km 11,5 (posible traslado a av. Costa Brava 6)
⊠ 17121 Corçà – ✆ 972 63 08 69 – www.bo-tic.com – cerrado 18 enero-4 marzo, domingo noche y martes salvo verano, y lunes

Menú 46/85 € – Carta 60/90 €

Destaca tanto por su cocina como por su emplazamiento, pues ocupa un antiguo molino de harina. Patio-terraza de estética surrealista, luminosa sala de aire neorrústico e interesante carta de autor, con menús degustación y de temporada.

→ Sardinas, almendra cruda, albahaca y pan de tomate. Raya, salsa verde, berberechos y cítricos. Huevos de crema catalana.

CORCUBIÓN

A Coruña – 1 654 h. – Ver mapa regional n° **13**-A2

Madrid 676 km – Santiago de Compostela 76 km – A Coruña 99 km – Pontevedra 132 km

Mapa de carreteras Michelin n° 571-D2

Casa da Balea

Rafael Juan 44 ⊠ 15130 – ✆ 981 74 66 45 – www.casadabalea.com – cerrado 15 enero-abril

6 hab – 35/52 € 45/75 €, 5 €

Un hotelito rústico con encanto en el que todo gira, a nivel decorativo, en torno al mundo de las ballenas. Pequeño jardín con vistas a la ría y habitaciones personalizadas.

ESPAÑA

CÓRDOBA

Córdoba – 328 041 h. – Alt. 124 m – Ver mapa regional n° **1**-B2
Madrid 407 km – Badajoz 278 km – Granada 166 km – Málaga 175 km
Mapa de carreteras Michelin n° 578-S15
Planos de la ciudad en páginas siguientes

R. Mattes / hemis.fr

Alojamientos

Palacio del Bailío

Ramírez de las Casas Deza 10-12 ✉ 14001 – ☎ 957 49 89 93 – www.hospes.com Plano : D1**g**

53 hab – ††135/305 €, ☕ 22 €

Instalado en un palacio del casco viejo, donde se combinan a la perfección la belleza arquitectónica de los ss. XVI-XVII con la decoración minimalista más moderna. El restaurante, de cocina actual, se monta parcialmente en un patio con el suelo acristalado, lo que permite ver los restos arqueológicos romanos.

Planos páginas 256, 257, 258

NH Collection Amistad Córdoba

pl. de Maimónides 3 ✉ 14004 – ☎ 957 42 03 35 – www.nh-hotels.com Plano : D2**v**

108 hab – ††69/509 €, ☕ 25 €

Conjunto histórico ubicado junto a la muralla árabe. Disfruta de amplias zonas comunes, solárium, un bonito patio mudéjar y cuidadas habitaciones, estas repartidas entre dos edificios. El restaurante, ubicado en un patio cubierto, apuesta por la cocina actual.

Córdoba Center

av. de la Libertad 4 ✉ 14006 – ☎ 957 75 80 00 – www.hotelescenter.es Plano : D1**p**

196 hab – ††50/424 €, ☕ 13 € – 12 suites

Hotel de línea moderna que sorprende por su fachada, pues por la noche esta cambia constantemente de color. Ofrece amplias zonas sociales y habitaciones bien equipadas. El restaurante, clásico-actual, presenta una bodega acristalada y una carta tradicional. ¡Amplia terraza-solárium y piscina panorámica!

Maciá Alfaros

Alfaros 18 ✉ 14001 – ☎ 957 49 19 20 – www.maciahoteles.com Plano : D1**s**

140 hab – †60/190 € ††60/290 €, ☕ 11 € – 3 suites

Moderno hotel con arquitectura y diseño de raíces árabes. Posee una espaciosa zona social y habitaciones bien actualizadas, tanto en mobiliario como en decoración. La carta del restaurante es muy sencilla... de hecho, muchas veces ofrecen el servicio en la cafetería.

C
D
1
2
3
Torre de la Malmuerta
Pl. de Colón
Palacio de la Diputación
JARDINES DE LA MERCED
Av. de America
C. Rafael de la Hoz Arderius
C. de Doña Berenguela
C. Músico Infantas
Av. de la Libertad
C. Tartesos
Vía Augusta
JARDÍN DE LA AGRICULTURA
Av. de Cervantes
C. de Fernando de Córdoba
Av. del Gran Capitán
C. de los Reyes Católicos
C. de Adarve
Cristo de los Faroles
Pl. de los Capuchinos
C. Ángel Avilés
C. Arfe
Callejón de la Guardia Civil
C. de Garellano
C. de los Omeyas
C. Villa de Rota
C. de la Bodega
Paseo del Gran Capitán
San Miguel
C. Obispo Fitero
C. Góngora
Mausoleo Romano
Paseo de la Victoria
Av. de Medina Azahara
C. de la Morería
C. Conde de Gondomar
Pl. de las Tendillas
Templo Romano
C. Claudio Marcelo
C. del Alcalde Sanz Noguer
C. Albéniz
JARDINES DE LA VICTORIA
Av. de la República Argentina
San Nicolás de la Villa
C. de Eduardo Dato
C. Rodríguez Sánchez
La Trinidad
Sta Victoria
Museo Arqueológico Provincial
C. Antonio Maura
C. de Miguel Benzo
LA JUDERÍA
Pl. J. Páez
Cam. de los Sastres
C. de Juan Montiel Salinas
C. Marruecos
Puerta de Almodóvar
Calleja de las Flores
C. Rey Heredia
C. Osio
Museo Taurino
Sinagoga
Palacio de Congresos
MEZQUITA-CATEDRAL
C. de la Previsión
C. de Damasco
Av. del Aeropuerto
C. Virgen de la Salud
C. de Tomás de Aquino
Av. del Conde de Vallellano
C. del Doctor Álvarez García
C. de Judíos
Puerta del Puente
Ronda de Isasa
Puente Romano
Alcázar
S. BASILIO
JARDINES DEL ALCÁZAR
C. del Escritor Azorín
Av. de los Custodios
C. Puerta de Sevilla
C. de Postrera
MOLINOS ARABES
Torre de la Calahorra
Av. del Corregidor
PARQUE CRUZ CONDE
Av. de Linneo
C. de Fray Luis
C. de Braille
C. del Altillo
C. de Albino
Ronda de Isasa

ESPAÑA

E F

1
2
3
ESPAÑA

E F

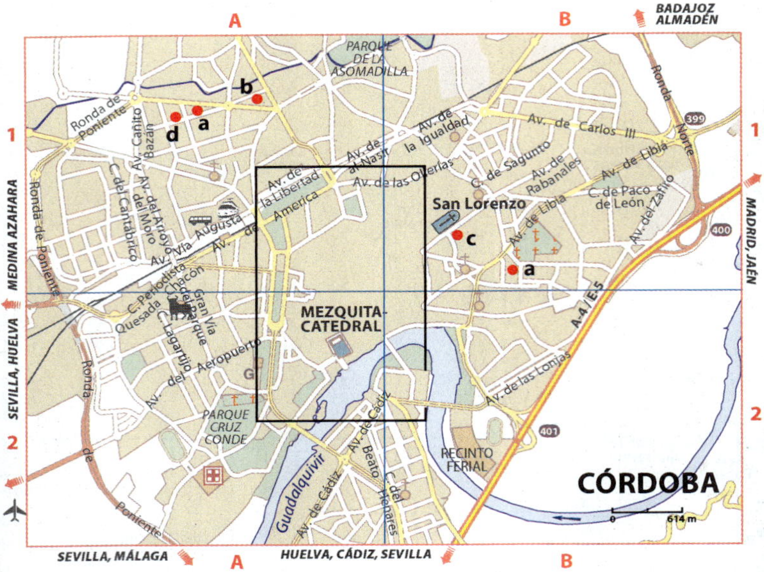

ESPAÑA

Balcón de Córdoba

Encarnación 8 ✉ 14002 – ✆ 957 49 84 78 Plano : D2**a**
– www.balcondecordoba.com
8 hab – 120/250 € – 2 suites
Ocupa una casa típica cordobesa que formó parte de la iglesia de la Encarnación, por lo que conserva algunos objetos relacionados y restos arqueológicos. Atesora tres patios y se presenta con unas habitaciones de sobria modernidad, todas distintas. ¡Suba a su azotea, pues ofrece unas inmejorables vistas!

La Hospedería de El Churrasco

Romero 38 ✉ 14003 – ✆ 957 29 48 08 Plano : D2**c**
– www.elchurrasco.com
9 hab – 75/156 € 75/178 €
Rest *El Churrasco* – ver selección restaurantes
Se encuentra en plena judería y está formada por tres casas, bien unidas entre sí a través de sus hermosos patios. Las habitaciones gozan de un equipamiento moderno, con los suelos en madera, mobiliario antiguo y baños detallistas.

Casa de los Azulejos

Fernando Colón 5 ✉ 14002 – ✆ 957 47 00 00 Plano : E2**a**
– www.casadelosazulejos.com
9 hab – 59/88 € 66/144 €
Atesora un encanto indudable, pues combina el estilo tradicional andaluz con los detalles coloniales. Posee bellos suelos hidráulicos, baños coloristas, un hermoso patio lleno de plantas... y habitaciones con aspectos originales de la casa.

Selu

Eduardo Dato 7 ✉ 14003 – ✆ 957 47 65 00 Plano : C2**s**
– www.hotelselu.com
104 hab – 40/105 € 60/176 €, 11 €
Céntrico, clásico y de organización profesional, bien situado junto a la zona comercial de la ciudad. Encontrará las zonas nobles a ambos lados de la recepción y unas habitaciones bastante cuidadas, todas de línea funcional.

Alberca sin ☕

Fernando Colón 15 ✉ 14002 – ☎ 957 39 11 01 Plano : E2**d**
– www.albercacordoba.com
7 apartamentos – ††70/130 €
Casa señorial del s. XIX diseñada en torno a un patio y ubicada en pleno centro. Presenta unas cuidadas habitaciones tipo apartamento, todas con cocina. ¡Ideal para familias!

Mezquita

pl. Santa Catalina 1 ✉ 14003 – ☎ 957 47 55 85 Plano : D2**w**
– www.hotelmezquita.com
31 hab – †30/65 € ††50/125 €, ☕ 7 €
Aunque parezca un reclamo turístico posee un nombre totalmente apropiado, pues esta antigua casa señorial se encuentra frente a la Mezquita-Catedral. Recepción comunicada con un patio interior y habitaciones amplias con baños actuales.

Los Omeyas

Encarnación 17 ✉ 14003 – ☎ 957 49 22 67 Plano : D2**t**
– www.hotel-losomeyas.com
36 hab – †35/80 € ††40/120 €, ☕ 4,50 €
Modesto pero muy bien situado, junto a la Mezquita-Catedral. Posee un típico patio cordobés, con columnas y suelos en mármol, así como amplias habitaciones de línea funcional.

Conde de Cárdenas N sin ☕

Conde de Cárdenas 9 ✉ 14002 – ☎ 957 94 03 90 Plano : D2**f**
– www.hotelcondedecardenas.com – cerrado 7 enero-13 febrero, julio y agosto
12 hab – †44/187 € ††55/198 €
Agradable hotelito instalado en una casa del s. XVIII. Presenta unas habitaciones muy variadas y coloristas, unas con los suelos hidráulicos originales y otras en mármol.

ESPAÑA

Restaurantes

XXX **El Caballo Rojo**

Cardenal Herrero 28 ✉ 14003 – ☎ 957 47 53 75 Plano : D2**r**
– www.elcaballorojo.com
Menú 26/60 € – Carta 35/55 €
Este emblemático restaurante cordobés cuenta con una gran cafetería, varios comedores de ambiente clásico y una coqueta terraza con vistas en el 2º piso. Cocina regional con especialidades andaluzas, mozárabes y sefardíes.

XXX ✿ **Choco** (Kisko García)

Compositor Serrano Lucena 14 ✉ 14010 – ☎ 957 26 48 63 Plano : B1**a**
– www.restaurantechoco.es – cerrado agosto, domingo noche y lunes
Menú 57/67 € – Carta 45/55 €
Presenta un cuidado interior de estética contemporánea en el que destacan las obras del artista cordobés Pablo Rubio. Su chef ejecuta, con brillantez y evidentes ansias de superación, una cocina actual-creativa que siempre busca sorprender al comensal. ¡Puede extraer platos a la carta desde sus menús degustación!
→ Huevo de ganso ibérico. Choco plancha, vinagreta de limón y cebollitas. Torrija amanecer de Córdoba.

XXX **Almudaina**

pl. Campo Santo de los Mártires 1 ✉ 14004 Plano : D3**c**
– ☎ 957 47 43 42 – www.restaurantealmudaina.com – cerrado domingo noche
Menú 21/50 € – Carta 36/55 €
Acogedor restaurante situado frente al alcázar, en una casa-palacio con historia. Su señorial interior se realza con detalles regionales y un agradable patio, este cubierto por una cúpula-vidriera. Carta tradicional con toques actuales.

XX **El Churrasco** – Hotel La Hospedería de El Churrasco
Romero 16 ✉ 14003 – ✆ 957 29 08 19 – www.elchurrasco.com Plano : D2**n**
Carta 30/55 €
Antiguas casas judías dotadas con un bar, múltiples salas repletas de obras de arte y dos acogedores patios. También tienen una bodega-museo en un anexo, junto a varios privados. Sus especialidades son el Salmorejo, el Churrasco y el Rabo.

XX **El Envero**
Teruel 21 ✉ 14011 – ✆ 957 20 31 74 – www.elenvero.com – cerrado domingo noche y lunes Plano : A1**b**
Menú 20/40 € – Carta 28/40 €
¡Su nombre hace referencia a la época de coloración de las uvas! Este moderno restaurante se presenta con un bar ideado para comidas informales, un comedor y un privado. Cocina actual y de temporada, con productos ecológicos y de almadraba.

XX **Casa Rubio**
Puerta Almodóvar 5 ✉ 14003 – ✆ 957 42 08 53 – www.restaurantecasarubio.com Plano : CD2**t**
Menú 25/45 € – Carta 28/51 €
Posee un bar de tapas, dos confortables comedores de estilo clásico-actual y una agradable terraza en la azotea, esta última dotada de vistas a las murallas. Cocina tradicional con especialidades, como el Rabo o las Berenjenas con miel.

XX **Los Berengueles**
Conde de Torres Cabrera 7 ✉ 14001 – ✆ 957 47 28 28 – www.losberengueles.com – cerrado agosto, domingo noche y lunes noche Plano : D1**b**
Menú 20/45 € – Carta 30/54 €
Instalado en la antigua casa de la Marquesa de Valdeloro, un edificio de raíces andaluzas que conserva su patio, los zócalos de azulejos y una belleza atemporal. Cocina tradicional rica en pescados, muchos procedentes del puerto de Motril.

ESPAÑA

XX **Tellus** N
María la Judía ✉ 14011 – ✆ 957 40 25 62 – www.tellus.es – cerrado domingo noche y lunes Plano : A1**a**
Carta 30/40 €
Disfruta de una estética actual y toma su nombre de la diosa que simboliza la tierra en la mitología romana. Cocina tradicional actualizada basada en productos de cercanía.

XX **El Blasón**
José Zorrilla 11 ✉ 14008 – ✆ 957 48 06 25 – www.elcaballorojo.com Plano : D2**g**
Menú 26/48 € – Carta 27/45 €
En una zona histórica y comercial. Encontrará un bar, con un patio cubierto para tapear, y dos cuidados comedores de diferente montaje en la 1ª planta. Cocina tradicional.

X **Taberna Casa Pepe de la Judería**
Romero 1 ✉ 14003 – ✆ 957 20 07 44 – www.casapepejuderia.com Plano : D2**s**
Menú 30/45 € – Carta 30/46 €
Está en plena judería y sorprende por su interior, con un patio andaluz, agradables comedores y una encantadora terraza en la azotea. Cocina regional con detalles actuales.

X **La Cuchara de San Lorenzo**
Arroyo de San Lorenzo 2 ✉ 14002 – ✆ 957 47 78 50 – www.lacucharadesanlorenzo.es – cerrado agosto, domingo noche y lunes salvo festivos Plano : B1**c**
Carta 20/41 €
Llevado entre dos hermanos y de sorprendente simplicidad. Aquí apuestan por una cocina actual de base tradicional, no exenta de platos típicos y con especialidades dignas de mención, como las Manitas de cerdo o el Parmentier de boletus.

La Lonja

María "La Judía" ✉ 14011 – ✆ 957 40 46 80 Plano : A1**d**
– www.lalonjacordoba.com – cerrado lunes
Carta 25/35 €
Un restaurante de ambiente rústico-marinero que emana, a partes iguales, sencillez y honestidad. Trabaja sobre todo con productos de la lonja, por eso en su amplia carta encontraremos muchos pescados salvajes, moluscos y pequeños mariscos. ¡Concurrida terraza!

Casa Rubio

Puerta Almodóvar 5 ✉ 14003 – ✆ 957 42 08 53 Plano : CD2**t**
– www.restaurantecasarubio.com
Tapa 3,60 € – Ración aprox. 12 €
Bar de tapas emplazado junto a la imponente Puerta de Almodóvar, en una casa antigua dotada con una barra a la entrada, una sala de aire rústico y un bellísimo patio sefardí.

Taberna Casa Pepe de la Judería

Romero 1 ✉ 14003 – ✆ 957 20 07 44 Plano : D2**s**
– www.restaurantecasapepedelajuderia.com
Tapa 3 € – Ración aprox. 10 €
Un clásico en la zona turística, pues sirve como lugar de encuentro habitual para la degustación de tapas y raciones de calidad. ¡Puede tomar raciones tanto en la barra como en las mesas del restaurante!

Taberna Salinas

Tundidores 3 ✉ 14002 – ✆ 957 48 01 35 Plano : E2**t**
– www.tabernasalinas.com – cerrado agosto y domingo
Ración aprox. 8 €
Esta taberna, llena de tipismo, distribuye sus salitas en torno a un patio cordobés. Aquí no hay tapas, solo raciones propias de la cocina regional como el Potaje de garbanzos con manitas, el Pisto o las Naranjas con cebolletas y bacalao.

ESPAÑA

El Nº 10

Romero 10 ✉ 14002 – ✆ 957 42 14 83 Plano : D2**e**
– www.tabernaelnumero10cordoba.com
Tapa 3 € – Ración aprox. 9 €
Se halla en plena judería y... ¡está dedicada al vino con la D.O. Montilla-Moriles! Sus tapas y raciones son un buen método para descubrir la cocina tradicional y regional.

Casa Tollín

Málaga 1 ✉ 14003 – ✆ 957 48 37 50 Plano : D2**k**
Tapa 1,75 € – Ración aprox. 6,50 €
Un negocio que ensalza las raíces norteñas de su chef-propietario, pues abundan la madera, los motivos marineros y las fotos del País Vasco. Tapas y platos tradicionales.

La Taberna del Río

Enrique Romero de Torres 7 ✉ 14002 – ✆ 957 47 85 19 Plano : E2**b**
– www.latabernadelrio.com
Tapa 4 € – Ración aprox. 10 € – Menú 23 €
Casa de ambiente rústico-actual donde combinan la cocina tradicional y la de gusto asiático. Aunque posee varias terrazas destaca la de la azotea, asomada al Guadalquivir.

por la av. del Brillante A1

Parador de Córdoba

av. de la Arruzafa 37, Norte : 3,5 km ✉ 14012 Córdoba – ✆ 957 27 59 00
– www.parador.es
88 hab – ††70/165 €, ☕ 16 € – 6 suites
Edificio de sobria arquitectura construido sobre el antiguo palacete de recreo de Abderramán I, con magníficos exteriores ajardinados y unas dependencias de gran confort. El restaurante, estrechamente ligado al recetario regional, se complementa con una terraza-bar que sorprende por sus excelentes vistas.

CORESES

Zamora – 1 099 h. – Alt. 646 m – Ver mapa regional n° **8-B2**
Madrid 247 km – Salamanca 78 km – Valladolid 88 km – Zamora 15 km
Mapa de carreteras Michelin n° 575-H13

Convento I

carret. de la Estación, Sur : 1,5 km ✉ 49530 – ✆ 980 50 04 22 – www.hotelconvento.es
70 hab – †49/68 € ††75/103 €, ☕ 12 € – 7 suites
¡Deslumbrante y con un hermoso SPA! De un paseo por el arte recorriendo las zonas nobles y disfrute con su decoración, pues el estilo cambia según las dependencias. Su acogedor comedor se completa con una cafetería y varios salones para banquetes, siendo el Cordero asado en horno de leña el gran protagonista.

CORIA DEL RÍO

Sevilla – 30 115 h. – Ver mapa regional n° **1-B2**
Madrid 539 km – Sevilla 16 km – Huelva 91 km – Cádiz 134 km
Mapa de carreteras Michelin n° 578-U11

Sevruga

av. de Andalucía 5 ✉ 41100 – ✆ 954 77 66 95 – www.sevruga.es – cerrado del 14 al 24 de septiembre, domingo noche salvo verano y lunes
Carta 22/42 €
Restaurante de moderna fachada e interior actual que destaca tanto por la agradable terraza a orillas del Guadalquivir como por su atractiva terraza-bar en la azotea. Cocina tradicional con toques actuales y agradables presentaciones.

ESPAÑA

Sevruga Cervecería (N)

pl. Manuel Ruiz Sosa 1 ✉ 41100 – ✆ 954 77 21 49 – www.sevruga.com – cerrado del 14 al 24 de septiembre, domingo noche y lunes
Tapa 3,50 € – Ración aprox. 7 €
Céntrico, moderno e informal, pues su decoración combina distinto motivos andaluces con antiguas fotos de la ciudad. ¿Qué encontrará? Chacinas, ibéricos, quesos, pescaitos...

CORIAS → Ver Cangas de Narcea

Asturias

La COROMINA → Ver Cardona

Barcelona

CORTADURA (Playa de) → Ver Cádiz

Cádiz

CORTEGANA

Huelva – 4 898 h. – Alt. 690 m – Ver mapa regional n° **1-A1**
Madrid 500 km – Sevilla 116 km – Huelva 110 km – Beja 103 km
Mapa de carreteras Michelin n° 578-S9

Sierra Luz

Jesús Nazareno ✉ 21230 – ✆ 959 62 31 00 – www.sierraluz.com
12 hab ☕ – †40/55 € ††50/80 € – 3 apartamentos
Se halla en la zona alta del pueblo, junto a una ermita, sorprendiendo por ser completamente accesible a las personas con movilidad reducida. Pequeño jardín con plantas aromáticas, habitaciones de línea funcional-actual y restaurante-mesón de ambiente rústico.

A CORUÑA

245 923 h. – Ver mapa regional n° **13-B1**
Madrid 603 km – Bilbao 622 km – Porto 305 km – Santiago de Compostela 73 km
Mapa de carreteras Michelin n° 571-B4

Hesperia Finisterre

paseo del Parrote 2 ✉ 15001 – ☎ 981 20 54 00 Plano : D2**c**
– www.eventosfinisterre.com

52 hab – 99/1200 €, 21 € – 40 suites

¡Espléndido, tanto por su confort como por sus vistas! Ofrece un amplio hall, varios salones para eventos y elegantes habitaciones, todas de línea clásica-actual. El restaurante, luminoso y de carácter panorámico, propone una cocina actualizada acorde a nuestros días.

Meliá María Pita

av. Pedro Barrié de la Maza 1 ✉ 15003 – ☎ 981 20 50 00 Plano : C1**a**
– www.melia.com

183 hab – 70/300 €

Destaca por su ubicación en 1ª línea de playa, con magníficas vistas tanto al mar como a la ciudad. Posee amplias zonas nobles, confortables habitaciones y un restaurante de ambiente clásico, ofreciendo aquí una carta internacional con muchos platos gallegos.

AC A Coruña

Enrique Mariñas 34 - Matogrande ✉ *15009 – ✆ 981 17 54 90 – www.hotelacacoruna.com* Plano : AB2**b**

114 hab – 50/140 €, 12 € – 2 suites

Instalaciones de línea moderna con detalles de diseño. Posee un salón polivalente, que funciona como zona social, bar y cafetería, así como unas habitaciones de buen confort.

Hesperia A Coruña

Juan Flórez 16 ✉ *15004 – ✆ 981 01 03 00 – www.nh-hotels.com* Plano : C2**c**

128 hab – 49/299 € 59/319 €, 14,90 €

Emplazado en una céntrica calle comercial. En este hotel debemos remarcar el confort de sus habitaciones, en general de ambiente actual y completo equipamiento... aunque destacan aún más las que poseen terraza.

Lois

Estrella 40 ✉ *15003 – ✆ 981 21 22 69 – www.loisestrella.com – cerrado 10 días en noviembre* Plano : C2**x**

10 hab – 40/55 € 50/65 €, 8 €

Céntrico hotelito de organización familiar. Ofrece unas habitaciones de estética minimalista, destacando la de la azotea tanto por su amplitud como por su terraza privada. El restaurante, de línea rústica-actual, propone una cocina fiel a los sabores caseros.

XXX ✿ **Alborada**

paseo Marítimo Alcalde Francisco Vázquez 25 ✉ 15002 Plano : D1**t**
– ✆ 981 92 92 01 – www.restaurante-alborada.com – cerrado domingo
Menú 50/75 € – Carta 50/68 € – *(solo almuerzo salvo jueves, viernes y sábado)*
Su moderna portada da paso a un restaurante sorprendente, con la cocina vista y dos salas de estilo urbano-actual. Las elaboraciones, actuales y de temporada, toman como base unas materias primas de incuestionable calidad. ¡Completa bodega!
➜ Vieiras de Galicia a la sal, crema de ramallo de mar y raíz de capuchina. Caballa asada y ahumada, zanahorias y emulsión de berza picante. Pera, sopa de limón y sorbete de merengue.

XXX ✿ **Árbore da Veira** (Luis Veira)

San Andrés 109 ✉ 15003 – ✆ 981 07 89 14 Plano : C2**b**
– www.arboredaveira.com – cerrado del 14 al 28 de febrero, jueves noche salvo julio y agosto, y domingo
Menú 46/59 € – *(solo almuerzo salvo viernes y sábado) (solo menú)*
La fachada, realmente discreta, esconde un restaurante de marcado aire moderno, con una zona de sofás, solo cuatro mesas y un reservado. Basan su oferta en dos menús degustación, ambos dominados por los productos del mar y de temporada.
➜ Pil-pil de médula de merluza y jugo de pimientos de Padrón. Steak tartar de vaca gallega con erizos, caldo dashi, jamón y germinado de guisante. Huevo roto.

XX **Mirador de San Pedro**

Monte de San Pedro ✉ 15011 – ✆ 981 10 08 23 Plano : A1**b**
– www.miradordesanpedro.es
Menú 35/55 € – Carta 35/60 € – *(solo almuerzo salvo viernes, sábado y vísperas de festivos)*
Tiene una ubicación difícil de mejorar, ya que se encuentra en lo alto del monte de San Pedro, con impresionantes vistas tanto al océano como a la ciudad. Cocina actual. ¡Los viernes y sábados ofrecen "Cenas Románticas" para parejas!

ESPAÑA

XX **Domus**

Ángel Rebollo (Domus-Casa del Hombre) ✉ 15002 Plano : A1**a**
– ✆ 981 20 11 36 – www.casapardo-domus.com – cerrado domingo noche, lunes y martes noche
Menú 20/38 € – Carta 30/45 €
Combina su moderna decoración con una pared en roca natural y disfruta de unas magníficas vistas a las playas. Cocina gallega con productos de temporada y detalles actuales.

XX **A la Brasa**

Juan Florez 38 ✉ 15004 – ✆ 981 27 07 27 – www.gasthof.es Plano : C2**f**
Menú 23/58 € – Carta 30/50 €
¡En pleno centro! Tiene una barra de apoyo a la entrada, con expositor y vivero, así como varias salas de ambiente clásico. Carta de cocina tradicional con marisco del día.

XX **Coral**

callejón de la Estacada 9 (av. de la Marina) ✉ 15001 Plano : C2**r**
– ✆ 981 20 05 69 – www.restaurantemarisqueriacoral.com – cerrado domingo noche salvo agosto
Carta 35/60 €
Llevado con dedicación entre dos hermanos. Encontrará una única sala de estilo clásico, con las paredes en piedra, y una carta de cocina gallega rica en pescados y mariscos.

XX **Asador Coruña**

Alcalde José Crespo López Mora 4 ✉ 15008 Plano : A2**a**
– ✆ 981 24 01 57 – www.asadorcoruna.com – cerrado domingo noche
Carta 25/45 €
Una casa en la que se respeta muchísimo el producto. Presenta una sala de corte clásico-tradicional con profusión de madera, detalles en piedra y la cocina a la vista. ¡Excelentes carnes gallegas en parrilla de leña... y buenos pescados!

XX **Artabria**
Fernando Macías 28 ✉ 15004 – ✆ 981 26 96 46 – www.restauranteartabria.com Plano : A1**r**
Menú 30/45 € – Carta 30/40 €
Próximo a la playa de Riazor. Posee un bar privado y una sala actual vestida con cuadros de autores gallegos. Cocina tradicional con algunas licencias actuales.

XX **Pé Franco**
pl. de la Constitución 4 ✉ 15001 – ✆ 881 12 05 80 – www.pefranco.com – cerrado domingo Plano : D2**e**
Carta 35/55 €
Aquí buscan los orígenes de la auténtica cocina coruñesa. Ofrecen carnes gallegas de excepcional calidad y pescados frescos, también en piezas de gran tamaño para compartir.

X **El de Alberto**
Ángel Rebollo 18 ✉ 15002 – ✆ 981 90 74 11 – cerrado domingo noche y lunes salvo vísperas de festivos Plano : C1**b**
Menú 25 € – Carta 20/35 €
¡Un local con personalidad! Posee una pequeña barra y un comedor de estilo rústico-actual, decorado con cuadros coloristas y objetos antiguos. Platos tradicionales y gallegos.

Comarea
Carlos Martínez Barbeito y Morás 4 ✉ 15009 – ✆ 981 13 26 58 – www.comarea.es – cerrado domingo Plano : AB2**b**
Ración aprox. 16 € – Menú 25 €
Negocio de tapas-vinoteca repartido entre dos locales anexos, ambos con la misma filosofía. ¿Quiere unas raciones? Pruebe sus mariscos, los ibéricos, el pulpo, los arroces...

Culuca
av. Arteixo 10 ✉ 15004 – ✆ 981 97 88 98 – www.culuca.com Plano : C2**a**
Tapa 2 € – Ración aprox. 7 €
Un gastrobar céntrico, amplio y actual, pero también de ambiente joven e informal. Aquí ofrecen tapas y raciones que mezclan las recetas clásicas con otras más creativas.

La Picotería
av. Arteixo 14 ✉ 15004 – ✆ 881 96 50 78 – www.lapicoteria.es Plano : C2**a**
Tapa 2,50 € – Ración aprox. 9 €
En este moderno gastrobar apuestan por una carta de tapas, raciones y platos propios de una cocina tradicional actualizada. ¡Su carta de vinos contempla casi todas las D.O.!

COSGAYA
Cantabria – 86 h. – Alt. 530 m – Ver mapa regional n° **6-A1**
Madrid 415 km – Oviedo 180 km – Palencia 181 km – Santander 121 km
Mapa de carreteras Michelin n° 572-C15

Del Oso
✉ 39582 – ✆ 942 73 30 18 – www.hoteldeloso.com – cerrado enero-15 febrero
49 hab – †60/69 € ††87 €, ☕ 11 €
Rest *Del Oso* – ver selección restaurantes
Bello hotel de línea tradicional constituido por dos edificios en piedra. Ofrece acogedores espacios sociales y habitaciones de ambiente rústico, algo más amplias en el anexo.

ESPAÑA

La Casona de Cosgaya
barrio Areños ✉ 39582 – ✆ 942 73 30 77 – www.casonadecosgaya.com – cerrado del 10 al 26 de diciembre
13 hab – ♦45/75 € ♦♦70/110 €, ☕ 13 €
Rest *El Urogallo* – ver selección restaurantes
Instalado en una casona rehabilitada del s. XVI que presenta sus fachadas en piedra. Posee un salón con chimenea, cálidas habitaciones de aire rústico-actual y un pequeño SPA.

Del Oso – Hotel Del Oso
✉ 39582 – ✆ 942 73 30 18 – www.hoteldeloso.com – cerrado enero-15 febrero
Menú 20 € – Carta 30/51 €
El restaurante, de marcado ambiente rústico, es muy conocido en la zona gracias tanto a la contundencia de sus platos como al sabor de su popular cocido lebaniego.

El Urogallo – Hotel La Casona de Cosgaya
barrio Areños ✉ 39582 – ✆ 942 73 30 77 – www.casonadecosgaya.com – cerrado del 10 al 26 de diciembre y martes
Menú 26/41 € – Carta 31/56 €
Una de las opciones gastronómicas más interesantes en Los Picos de Europa. El comedor, decorado con diversos trofeos de caza, se complementa con una galería acristalada. Carta tradicional con claro protagonismo de los platos cinegéticos.

COSLADA

Madrid – 91 425 h. – Alt. 621 m – Ver mapa regional n° **15-B2**
Madrid 17 km – Guadalajara 43 km
Mapa de carreteras Michelin n° 576 y 575-L20

La Ciaboga
av. del Plantío 5 ✉ 28821 – ✆ 916 73 59 18 – www.laciaboga.com – cerrado sábado noche y domingo
Menú 32/38 € – Carta 28/50 €
Está llevado por la familia propietaria con gran dedicación y profesionalidad. Ofrece un pequeño bar, una sala de ambiente clásico y una cocina fiel al recetario tradicional.

COSTA

→ Ver a continuación y el nombre propio de la costa

COVADONGA

Asturias – Alt. 260 m – Ver mapa regional n° **3-C2**
Madrid 429 km – Oviedo 84 km – Palencia 203 km – Santander 157 km
Mapa de carreteras Michelin n° 572-C14

G.H. Pelayo
Real Sitio de Covadonga ✉ 33589 – ✆ 985 84 60 61 – www.granhotelpelayo.com – cerrado 6 enero-6 marzo
52 hab – ♦55/120 € ♦♦55/150 €, ☕ 15 €
Edificio de fachada clásica y carácter centenario ubicado a pocos metros de la cueva de La Santina. Ofrece confortables habitaciones, la mayoría con vistas al valle o a la basílica. El restaurante, muy luminoso, combina su carta tradicional con varios menús.

en la carretera AS 262

Casa Asprón
Noroeste, 0,5 km ✉ 33589 – ✆ 985 84 60 92 – www.casaspron.com – cerrado 22 diciembre-15 enero
7 hab ☕ – ♦44/66 € ♦♦55/82 €
Casa de turismo rural comunicada con el santuario por un agradable sendero. Posee un salón social con chimenea y habitaciones funcionales, algunas de orientación familiar.

ESPAÑA

COVARRUBIAS

Burgos – 603 h. – Alt. 840 m – Ver mapa regional n° **8-C2**
Madrid 228 km – Burgos 39 km – Palencia 94 km – Soria 117 km
Mapa de carreteras Michelin n° 575-F19

Doña Sancha

av. Victor Barbadillo 31 ✉ 09346 – ✆ 947 40 64 00 – www.hoteldonasancha.com
14 hab – 🛉33/45 € 🛉🛉45/60 €, ☕ 4 €
Este hotelito disfruta de una agradable zona de césped con pérgola, un salón social con chimenea y coloristas habitaciones de aire rústico, todas con balcón y las del piso superior abuhardilladas. ¡Ofrecen bicicletas y organizan rutas!

De Galo

Monseñor Vargas 10 ✉ 09346 – ✆ 947 40 63 93 – www.degalo.com – cerrado del 10 al 20 de diciembre, febrero y miércoles
Menú 14/20 € – Carta 20/35 € – *(solo almuerzo salvo fines de semana en julio y agosto)*
Restaurante de estilo rústico instalado en una antigua posada. Presenta una bella cocina serrana en el hall y un buen comedor en lo que fueron las cuadras. ¡Su especialidad son las legumbres, las carnes a la brasa y el Cordero asado!

COVAS → Ver Viveiro

Lugo

COVELO

Pontevedra – 2 800 h. – Alt. 490 m – Ver mapa regional n° **13-B3**
Madrid 555 km – Ourense 62 km – Pontevedra 47 km – Vigo 49 km
Mapa de carreteras Michelin n° 571-F4

en Fofe Noreste : 8 km – Ver mapa regional n° **13-B3**

Rectoral de Fofe

Aldea de Arriba 13 ✉ 36873 Fofe – ✆ 986 66 87 50 – www.turismoruralrectoraldefofe.com
9 hab ☕ – 🛉40/55 € 🛉🛉50/99 €
Singular turismo rural aislado en plena naturaleza, con una decoración rústica y vistas al valle. Agradable piscina, coqueta terraza-porche y habitaciones de correcto confort. En su comedor podrá degustar un menú casero y algunos platos elaborados por encargo.

CUACOS DE YUSTE

Cáceres – 891 h. – Alt. 520 m – Ver mapa regional n° **12-C1**
Madrid 223 km – Ávila 153 km – Cáceres 130 km – Plasencia 45 km
Mapa de carreteras Michelin n° 576-L12

Moregón

av. de la Constitución 77 ✉ 10430 – ✆ 927 17 21 81 – www.moregon.com
16 hab ☕ – 🛉44 € 🛉🛉58 €
Pequeño negocio familiar emplazado muy cerca del monasterio de Yuste. Habitaciones de gran funcionalidad, todas con buenos niveles de mantenimiento y mobiliario provenzal. El restaurante, que basa su trabajo en el menú, ofrece una cocina de carácter regional.

en la carretera de Valfrío Sur : 4,5 km

La Casona de Valfrío

carret. de Valfrío ✉ 10430 Cuacos de Yuste – ✆ 927 19 42 22 – www.lacasonadevalfrio.com – cerrado 17 diciembre-enero
6 hab ☕ – 🛉92 € 🛉🛉100 €
Casa rústica levantada en un paraje de bellos exteriores, con la piscina rodeada de césped. Decoración rústica detallista y habitaciones abuhardilladas en el piso superior.

CUBAS

Cantabria – Ver mapa regional n° **6-B1**
Madrid 478 km – Santander 27 km – Bilbao 86 km
Mapa de carreteras Michelin n° 572-B18

Posada Río Cubas

Horna 12, Sureste : 1,5 km ✉ 39793 – ☎ 942 50 82 41 – www.posadariocubas.com – abril-septiembre
14 hab – 44/62 € 55/77 €, 6 €
Casa rural inmersa en un océano de prados verdes. Destaca por su tranquilidad, ofreciendo un salón social con chimenea y coquetas habitaciones, algunas abuhardilladas.

CUDILLERO

Asturias – 5 568 h. – Ver mapa regional n° **3-B1**
Madrid 505 km – Oviedo 58 km – Lugo 172 km – Santander 226 km
Mapa de carreteras Michelin n° 572-B11

Casona de la Paca

El Pito, Sureste : 1 km ✉ 33150 – ☎ 985 59 13 03 – www.casonadelapaca.com – cerrado 8 diciembre-14 febrero
19 hab – 62/90 € 81/107 €, 10 € – 8 apartamentos
Encantadora casona de indianos que aún emana la atmósfera de antaño. Bello jardín, elegante sala acristalada, habitaciones de aire colonial y apartamentos de línea más actual.

La Casona de Pío

Riofrío 3 ✉ 33150 – ☎ 985 59 15 12 – www.lacasonadepio.com – cerrado enero
11 hab – 46/74 € 59/93 €, 8 €
Se halla en pleno casco viejo y homenajea al Doctor Pío, el dueño de la antigua fábrica de salazones que ocupa. Habitaciones muy cuidadas, clásicas pero con detalles rústicos.

Casa Prendes

San José 4 ✉ 33150 – ☎ 985 59 15 00 – www.hotelcasaprendes.com – cerrado 10 dias en octubre
9 hab – 40/90 € 56/90 €, 7 €
Casa típica, en color azul, que toma su nombre del apellido familiar. Ofrece unas habitaciones de adecuado confort, algunas con las paredes en piedra y bañera de hidromasaje.

El Pescador

El Pito - Tolombreo de Arriba, Sureste : 1,5 km ✉ 33150 – ☎ 985 59 09 37 – www.hotelrestauranteelpescador.com – cerrado 21 diciembre-5 enero
Menú 42/75 € – Carta 40/61 € – *(cerrado lunes noche) (solo almuerzo en invierno salvo viernes y sabado)*
8 hab – 62/78 € 78/98 €
Restaurante de gestión familiar que ofrece una carta muy amplia, con diversos platos asturianos y, sobre todo, los pescados y mariscos locales (merluza, pixín, virrey...). Como complemento al negocio también tiene unas correctas habitaciones de línea clásica.

CUÉLLAR

Segovia – 9 671 h. – Alt. 857 m – Ver mapa regional n° **8-C2**
Madrid 147 km – Aranda de Duero 67 km – Salamanca 138 km – Segovia 60 km
Mapa de carreteras Michelin n° 575-I16

San Francisco

av. Camilo José Cela 2 ✉ 40200 – ☎ 921 14 20 67 – www.hmsanfrancisco.com
Menú 11/25 € – Carta 20/40 € – *(cerrado domingo noche)*
21 hab – 31/46 € 46/71 €, 6 €
Instalado en una antigua casa de piedra. En sus salones, de línea clásica-actual, proponen especialidades regionales o de temporada, como el guiso de Rabo de toro o sus sabrosas Setas. Por si desea alojarse también tienen habitaciones, la mayoría de estilo castellano. ¡Pruebe su vino de elaboración propia!

ESPAÑA

en la carretera CL 601 Sur : 3,5 km

XX **Florida**

km 57 (vía de servicio) ✉ 40200 – ✆ 921 14 02 75
– www.restaurantehotelflorida.es – cerrado Navidades y 15 días en noviembre
Menú 20 € – Carta 30/40 € – *(cerrado domingo noche y lunes)*
10 hab – 45/55 € 55/65 €, ☕ 5 €
Un establecimiento que, además del restaurante, posee un elegante salón de banquetes con acceso independiente. Cocina tradicional con ciertas dosis de actualidad y renombradas especialidades, como sus Chuletas de lechazo encebolladas. Completan su oferta con unas confortables habitaciones de línea clásica.

CUENCA

56 107 h. – Alt. 923 m – Ver mapa regional n° **7-C2**
Madrid 164 km – Albacete 145 km – Toledo 185 km – València 209 km
Mapa de carreteras Michelin n° 576-L23

Parador de Cuenca

subida a San Pablo ✉ 16001 – ✆ 969 23 23 20 Plano : B1**f**
– www.parador.es
62 hab – 100/210 €, ☕ 18 € – 1 suite
Instalado en un convento del s. XVI que atesora magníficas vistas a las Casas Colgadas. Posee confortables habitaciones de aire castellano, un hermoso claustro que usan para las cenas estivales y un buen comedor, este último volcado con el recetario manchego.

Convento del Giraldo

San Pedro 12 ✉ 16001 – ✆ 969 23 27 00 Plano : B1**a**
– www.hotelconventodelgiraldo.com
34 hab – 118/135 € 139/165 €, ☕ 12 €
Emana cierto encanto, pues está instalado en un convento del s. XVII que aún conserva una bonita escalera de la época. Presenta unas instalaciones bastante actuales, con correctas zonas sociales, cuidadas habitaciones y el restaurante sobre un antiguo aljibe.

Posada de San José

Julián Romero 4 ✉ 16001 – ✆ 969 21 13 00 Plano : B1**e**
– www.posadasanjose.com
22 hab – 30/64 € 42/103 €, ☕ 9 €
Seductor, pues ocupa un edificio del s. XVII. Atesora hermosos rincones, un pequeño jardín y aposentos de época, la mayoría con balcones asomados al Huécar. El restaurante, coqueto y con platos de sabor casero, monta una terraza panorámica sobre el jardín.

Cánovas sin ☕

Fray Luis de León 38-1° ✉ 16001 – ✆ 969 21 39 73 Plano : A1-2**h**
– www.hostalcanovas.com
17 hab – 28/40 € 45/60 €
Este céntrico hostal, construido en esquina y de fachada clásica, es uno de los más deseados para ver las procesiones de Semana Santa. Cuidadas habitaciones de línea clásica.

La Ribera del Júcar N

Paseo del Júcar 17 ✉ 16002 – ✆ 969 23 00 43 Plano : A1**b**
– www.hostallariberadeljucar.com
10 hab ☕ – 25/30 € 45/60 €
Ubicado junto al río, en la parte baja de Cuenca y en una zona donde resulta fácil aparcar. Encontrará habitaciones de línea funcional-actual, algunas de carácter familiar.

ESPAÑA

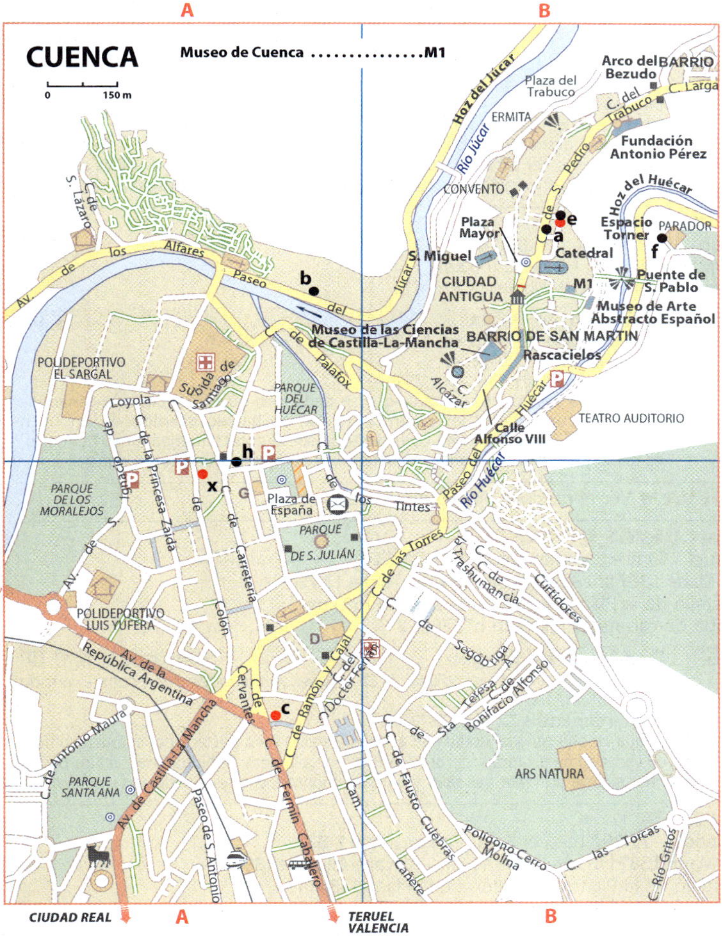

XX Figón del Huécar

Julián Romero 6 ✉ 16001 – ✆ 969 24 00 62 Plano : B1**e**
– www.figondelhuecar.es – cerrado enero y febrero salvo fines de semana, domingo noche y lunes
Menú 26/36 € – Carta 30/46 €
En una casa antigua, con vistas al Huécar, que perteneció al cantante José Luis Perales. Posee varios comedores, una bodega visitable y una maravillosa terraza panorámica. Carta tradicional bien complementada por un menú degustación.

XX Trivio (N)

Colón 25 ✉ 16002 – ✆ 969 03 05 93 Plano : A2**x**
– www.restaurantetrivio.com – cerrado 24 julio-3 agosto, del 17 al 21 de septiembre, domingo noche y lunes
Menú 36/55 € – Carta 30/45 €
¡Un restaurante con personalidad! Su cocina, pegada a la tradición pero vista con técnicas actuales, se completa con buenos arroces, sugerencias cantadas e interesantes menús.

Raff

Federico García Lorca 3 ✉ 16004 – ✆ 969 69 08 55 Plano : A2**c**
– www.restauranteraff.es – cerrado del 25 al 31 de enero, del 24 al 30 de junio, domingo, lunes noche y martes noche
Menú 25/50 € – Carta aprox. 35 €
Un concepto gastronómico distinto para Cuenca. Encontrará un gastrobar, donde sirven raciones y vinos por copas, así como una sala de línea actual-funcional vestida con grandes pizarras. Cocina tradicional actualizada de buen nivel y esmeradas presentaciones.

La CUETA

León – Ver mapa regional n° **8-A1**
Madrid 428 km – Oviedo 105 km
Mapa de carreteras Michelin n° 575-C11

El Rincón de Babia

barrio de Quejo, Sur : 2,5 km ✉ 24141 – ✆ 987 48 82 92
– www.elrincondebabia.com
12 hab – 47 € 57 €, 4,75 €
Esta atractiva casona de montaña, que se dedicó en otros tiempos a la ganadería y emana rusticidad por los cuatro costados, se ha reconvertido en un buen turismo rural. Disfruta de una correcta zona social con chimenea, unas habitaciones de suficiente confort y un coqueto comedor. ¡Precioso entorno natural!

CUEVA → Ver el nombre propio de la cueva

Las CUEVAS DE CAÑART

Teruel – 90 h. – Ver mapa regional n° **2-C3**
Madrid 367 km – Zaragoza 160 km – Teruel 136 km – Castelló de la Plana/Castellón de la Plana 159 km
Mapa de carreteras Michelin n° 578-J28

Don Iñigo de Aragón

pl. Mayor 9 ✉ 44562 – ✆ 978 88 74 86 – www.doninigodearagon.com – cerrado 22 diciembre-enero
19 apartamentos – 78/95 €
Antigua casona señorial dotada de amplias instalaciones. Destaca por su buen confort, con variedad de estancias, decoración rústica y columnas de hidromasaje en los baños. El restaurante presenta tres salas y un buen montaje, con las paredes en piedra vista.

CULLERA

Valencia – 22 292 h. – Ver mapa regional n° **11-B2**
Madrid 387 km – València 46 km – Alacant/Alicante 139 km – Castelló de la Plana / Castellón de la Plana 128 km
Mapa de carreteras Michelin n° 577-O29

Eliana Albiach

Peset Alexandre 2 ✉ 46400 – ✆ 961 73 22 29 – www.elianaalbiach.com
– cerrado 7 enero-12 febrero y lunes salvo festivos
Menú 25/60 € – Carta 30/45 €
Íntimo, de línea clásica-actual y emplazado a tan solo 20 m. de la playa. Su carta, mediterránea con detalles actuales, atesora un gran apartado de arroces tradicionales.

CURIEL DE DUERO

Valladolid – 125 h. – Ver mapa regional n° **8-C2**
Madrid 190 km – Valladolid 62 km – Segovia 94 km – Palencia 77 km
Mapa de carreteras Michelin n° 575-H17

Castillo de Curiel

Castillo de Curiel, Norte : 1 km ✉ 47316 – ✆ 983 88 04 01 – www.castillodecuriel.com
24 hab – 72/108 € 82/130 € – 1 suite
¡En lo alto de un cerro y con magníficas vistas! Este hotel se ha construido, al estilo medieval, sobre los cimientos de un castillo derruido del s. VII. Sorprende por la terraza de las almenas y sus elegantes habitaciones de línea clásica, todas personalizadas. El restaurante elabora una cocina tradicional.

DAIMIEL

Ciudad Real – 18 706 h. – Alt. 625 m – Ver mapa regional n° **7**-B2
Madrid 173 km – Toledo 121 km – Ciudad Real 34 km
Mapa de carreteras Michelin n° 576-019

XX **El Bodegón**
Luchana 20 ✉ 13250 – ✆ 926 85 26 52 – www.mesonbodegon.com – cerrado domingo noche, lunes noche y martes noche
Menú 62/72 € – Carta 40/67 €
Esta antigua bodega le sorprenderá tanto por sus salas, que combinan lo rústico y lo moderno, como por las curiosas mesitas metidas en tinajas. Cocina actual de base regional.

DAIMÚS

Valencia – 2 830 h. – Alt. 6 m – Ver mapa regional n° **11**-B2
Madrid 416 km – València 74 km – Alacant/Alicante 111 km – Castelló de la Plana / Castellón de la Plana 156 km
Mapa de carreteras Michelin n° 577-P29

en la playa Noreste : 1,5 km

XX **Casa Manolo** (Manuel Alonso)
paseo Marítimo 5 ✉ 46710 Daimús – ✆ 962 81 85 68 – www.restaurantemanolo.com – cerrado miércoles salvo verano
Menú 49/69 € – Carta 30/51 € – *(solo almuerzo salvo viernes, sábado, Semana Santa y verano)*
Una casa de asentada tradición familiar que destaca tanto por su magnífico emplazamiento, a pie de playa, como por la evolución que han experimentado sus fogones desde el primitivo chiringuito frente al mar. Cocina tradicional marinera ciertamente sabrosa, con detalles actuales y productos de gran calidad.
→ Ostra con jugo de hervido valenciano con verdura encurtida. Arroz cremoso de coliflor y sepia. Cremoso de limón, remolacha y naranja con fruta de la pasión helada.

DAROCA DE RIOJA

La Rioja – 58 h. – Alt. 726 m – Ver mapa regional n° **14**-A2
Madrid 346 km – Burgos 108 km – Logroño 20 km – Vitoria-Gasteiz 90 km
Mapa de carreteras Michelin n° 573-E22

XX **Venta Moncalvillo** (Ignacio Echapresto)
carret. de Medrano 6 ✉ 26373 – ✆ 941 44 48 32 – www.ventamoncalvillo.com – cerrado Navidades, 10 días en agosto y domingo
Menú 60/75 € – Carta 43/58 € – *(solo almuerzo salvo viernes y sábado)*
Esta sorprendente casa familiar se presenta con un bar, un elegante comedor de aire rústico y varios privados. Cocina tradicional actualizada que destaca tanto por sus esmeradas presentaciones como por el gran nivel de sus materias primas.
→ Verduras de nuestra huerta. Lomo de cordero con berenjena especiada y lecherillas crujientes. Torrija caramelizada, helado de nata con nueces.

DEBA

Guipúzcoa – 5 424 h. – Ver mapa regional n° **18**-B2
Madrid 459 km – Bilbao 66 km – Donostia-San Sebastián 41 km
Mapa de carreteras Michelin n° 573-C22

XX **Urgain**
Hondartza 5 ✉ 20820 – ✆ 943 19 11 01 – www.urgain.net – cerrado martes noche salvo verano
Menú 18/70 € – Carta 50/70 €
Resulta original, ya que combina su montaje actual con algunos detalles de inspiración rupestre en alusión a las cuevas de la zona. Carta de temporada con productos del mar.

DEHESA DE CAMPOAMOR

Alicante – 4 068 h. – Ver mapa regional n° **11**-A3

Madrid 458 km – Alacant/Alicante 60 km – Cartagena 46 km – Murcia 63 km

Mapa de carreteras Michelin n° 577-S27

XX **Casa Alfonso**

Garcilaso de la Vega 70 A ✉ 03189 – ✆ 965 32 27 17 – www.casaalfonso.es – cerrado 3 enero-3 febrero

Menú 40/85 € – *(cerrado lunes y martes salvo verano) (solo menú)*

Hermosa villa dotada con una terraza-jardín y una sala que hoy se viste con óleos de artistas consagrados. El chef, que busca sorprender, apuesta por varios menús no escritos en los que escoge los aperitivos y entrantes para dejar al cliente la elección sobre las carnes y pescados, todo en base a los productos mercado.

DELTEBRE

Tarragona – 12 158 h. – Alt. 26 m – Ver mapa regional n° **9**-A3

Madrid 541 km – Amposta 15 km – Castelló de la Plana/Castellón de la Plana 130 km – Tarragona 77 km

Mapa de carreteras Michelin n° 574-J32

en La Cava

Rull

av. Esportiva 155 ✉ 43580 Deltebre – ✆ 977 48 77 28 – www.hotelrull.com

47 hab – 🚹35/65 € 🚹🚹45/120 €

Este hotelito se presenta con varios salones de trabajo y unas habitaciones espaciosas, en general de línea funcional-actual. En su cafetería-restaurante sirven un buen menú diario y una carta regional que toma como base los productos del Delta del Ebro.

Delta H.

av. del Canal ✉ 43580 Deltebre – ✆ 977 48 00 46 – www.deltahotel.net – cerrado del 11 al 24 de enero y del 15 al 28 de febrero

24 hab – 🚹40/50 € 🚹🚹60/80 €, 8 €

Construcción horizontal rodeada de amplios espacios ajardinados. Ofrece habitaciones bien equipadas, todas con una estética que rememora las típicas barracas de la zona. Dispone de dos comedores, uno de ellos dotado con magníficas vistas sobre los arrozales.

X **Can Casanova**

av. del Canal ✉ 43580 Deltebre – ✆ 977 48 11 94 – www.restaurantecancasanova.es – cerrado 24 diciembre-4 enero

Menú 15/25 € – Carta 24/32 € – *(solo almuerzo)*

Sencillo restaurante de organización familiar emplazado junto a la carretera. Ofrece una carta regional especializada en productos del Delta, sobre todo arroces y mariscos.

DÉNIA

Alicante – 44 450 h. – Ver mapa regional n° **11**-B2

Madrid 448 km – Alacant/Alicante 92 km – Murcia 174 km – València 106 km

Mapa de carreteras Michelin n° 577-P30

La Posada del Mar

pl. de les Drassanes 2 ✉ 03700 – ✆ 966 43 29 66 – www.laposadadelmar.com

25 hab – 🚹112/168 € 🚹🚹133/184 €

Resulta emblemático, remonta sus orígenes al s. XIII y destaca por su emplazamiento, frente al puerto deportivo. ¡La mayoría de las habitaciones atesoran vistas a los veleros!

El Raset

Bellavista 1 ✉ 03700 – ✆ 965 78 65 64 – www.hotelelraset.com

20 hab – 🚹76/92 € 🚹🚹92/106 €

Rest *Ticino* – ver selección restaurantes

Muy bien situado frente al puerto deportivo, en lo que fue la escuela de los hijos de la cofradía de pescadores. Ofrece un interior actual-funcional y cuidadas habitaciones.

ESPAÑA

XX **El Raset**

Bellavista 7 ✉ 03700 – ✆ 965 78 50 40
– www.grupoelraset.com
Menú 26/31 € – Carta 31/49 €
Encontrará una terraza y dos salas, ambas con una decoración clásica-elegante marcada por los tonos blancos. Cocina tradicional actualizada, varios arroces y un completo menú.

XX **Peix & Brases**

pl. de Benidorm 16 ✉ 03700 – ✆ 965 78 50 83
– www.peixibrases.es – cerrado lunes salvo agosto
Menú 35/42 € – Carta 40/70 €
Presenta dos ambientes, el gastrobar en la planta baja y el gastronómico en el primer piso... con atractiva terraza en la azotea. Cocina mediterránea actualizada y de fusión.

X **La Barqueta**

Bellavista 10 ✉ 03700 – ✆ 966 42 16 26
– www.grupoelraset.com
Menú 14/19 € – Carta 23/38 €
Compuesto por dos terrazas y dos salas, desde la 2ª planta con vistas panorámicas al puerto. Ofrece una decoración rústica y una cocina tradicional especializada en arroces.

X **Ticino** – Hotel El Raset

Bellavista 1 ✉ 03700 – ✆ 965 78 91 03
– www.grupoelraset.com
Menú 13/15 € – Carta 20/34 €
Toma su nombre de un cantón suizo próximo a Italia y propone una carta transalpina bastante amplia. Descubra sus pizzas al horno de leña, pues... ¡las hay clásicas y actuales!

Es Tapa Ti

pl. de les Drassanes 2 ✉ 03700 – ✆ 965 78 36 45
– www.estapatidenia.com – cerrado martes en invierno
Tapa 3,50 € – Ración aprox. 10 €
Disfruta de una moderna terraza y un interior de línea actual, con una sugerente barra y varias mesas de sencillo montaje. Elaboran buenas tapas, tanto clásicas como de autor.

en la carretera de Las Marinas

Los Ángeles

Noroeste, 5 km ✉ 03700 Dénia – ✆ 965 78 04 58
– www.hotellosangelesdenia.com – cerrado noviembre-26 febrero
80 hab – 90/260 € 125/270 €
El mayor encanto radica en su emplazamiento... no en vano, tiene la playa a los pies y la mitad de las habitaciones asomadas al mar. Atesora un restaurante-galería, con vistas al Mediterráneo, y una carta tradicional que destaca por su apartado de arroces.

XXX **Quique Dacosta**

Rascassa 1 (urb. El Poblet), Noroeste : 3 km ✉ 03700 Dénia – ✆ 965 78 41 79
– www.quiquedacosta.es – cerrado diciembre-febrero, lunes y martes
Menú 185 € – *(solo menú)*
Instalado en una villa mediterránea que, en cierto modo, rompe moldes al contar con un vanguardista pabellón acristalado. Su genial chef presenta dos menús degustación que evidencian un inenarrable derroche imaginativo: uno dedicado a los platos ya consolidados y el otro con sus últimas propuestas culinarias.
→ Gamba roja de Denia hervida en agua de mar. Arroz meloso de sepia y guisantes. Flores raras.

ESPAÑA

en la carretera de Les Rotes Sureste : 4 km

Les Rotes

carret. del Barranc del Monyo 85 ✉ 03700 Dénia – ✆ 965 78 03 23 – www.hotellesrotesdenia.com

33 hab – 66/122 € 101/168 €

Tiene su encanto, pues se encuentra en una zona residencial... ¡próxima a una cala! Variada zona social y habitaciones de buen confort, destacando las 12 con vistas al mar. Su restaurante trabaja sobre una carta regional, con un buen apartado de arroces.

Palau Verd (N)

carret. Las Rotas 21 ✉ 03700 Dénia – ✆ 966 42 22 39 – www.hotelpalauverd.com – marzo-noviembre

16 hab – 57/97 € 67/114 €

Se halla en una zona residencial, atesora unos cuidados exteriores y llama la atención por su fachada, protegida por llamativos azulejos verdes. Encontrará unas cuidadas pero sobrias habitaciones, las mejores con terraza privada, y un comedor de aire colonial.

DESFILADERO

→ Ver el nombre propio del desfiladero

DÍLAR

ESPAÑA

Granada – 1 743 h. – Ver mapa regional n° **1-C1**

Madrid 432 km – Granada 16 km – Málaga 139 km – Sevilla 265 km

Mapa de carreteras Michelin n° 578-U19

Zerbinetta

Pago de La Laguna 3 ✉ 18152 – ✆ 958 59 52 02 – www.hotelzerbinetta.com

27 hab – 39/55 € 49/55 €

Integrado en el paisaje y emplazado en la parte alta del pueblo, junto a la ermita de Dílar. Ofrece habitaciones de línea rústica actual, la mayoría con excelentes vistas. En su restaurante, de carácter panorámico, encontrará una sencilla carta tradicional.

Los DOLORES

→ Ver Cartagena

Murcia

DONAMARIA

Navarra – 437 h. – Alt. 175 m – Ver mapa regional n° **17-A1**

Madrid 474 km – Vitoria-Gasteiz 120 km – Iruña/Pamplona 52 km – Donostia-San Sebastián 56 km

Mapa de carreteras Michelin n° 573-C24

Donamaria'ko Benta

barrio de la Venta 4, Oeste : 1 km ✉ 31750 – ✆ 948 45 07 08 – www.donamariako.com – cerrado 15 diciembre-4 enero

Menú 20/30 € – *(cerrado domingo noche y lunes) (solo menú)*

5 hab – 60 € 80 €

El restaurante centra la actividad de este negocio familiar, instalado en una venta del s. XIX de entrañable rusticidad. Su oferta gastronómica se basa en dos menús de tinte tradicional. Las habitaciones, también de ambiente rústico, se hallan en un anexo.

DONOSTIA-SAN SEBASTIÁN

Guipúzcoa – 186 126 h. – Ver mapa regional n° **18-B2**
Madrid 453 km – Bayonne 54 km – Bilbao 102 km – Iruña/Pamplona 79 km
Mapa de carreteras Michelin n° 573-C24

J.D. Sudres / hemis.fr

Centro

María Cristina

República Argentina 4 ✉ 20004 – ✆ 943 43 76 00 – www.hotel-mariacristina.com Plano : E1**h**

108 hab – ††280/615 €, ☐ 33 € – 28 suites

¡El buque insignia de la hostelería donostiarra! Este maravilloso edificio, de principios del s. XX y a pocos metros del Kursaal, atesora un interior sumamente elegante. En el restaurante Café Saigón elaboran una cocina oriental que, sin duda, le cautivará.

De Londres y de Inglaterra

Zubieta 2 ✉ 20007 – ✆ 943 44 07 70 – www.hlondres.com Plano : D2**z**

160 hab – †99/359 € ††149/479 €, ☐ 20 € – 7 suites

¡Excelentemente situado y de hermoso clasicismo! Si su cálido salón social nos brinda serenas vistas a la bahía de La Concha, las habitaciones nos sumergen en un entorno de elegancia y confort. En su restaurante podrá degustar una cocina de base tradicional.

Niza

Zubieta 56 ✉ 20007 – ✆ 943 42 66 63 – www.hotelniza.com Plano : D2**b**

40 hab – †58/69 € ††89/175 €, ☐ 11 €

Rest *Narru* – ver selección restaurantes

Un hotel con encanto, tanto por su emplazamiento en la misma playa de La Concha como por su decoración, rica en detalles antiguos. ¡Pida las habitaciones con vistas al mar!

Alemana

San Martín 53-1° ✉ 20007 – ✆ 943 46 25 44 – www.hostalalemana.com Plano : D2**d**

21 hab – †55/110 € ††65/130 €, ☐ 8 €

Su bella fachada clásica da paso a un hotel de impecable mantenimiento, con la recepción en la 1ª planta, correctas habitaciones y un personal realmente atento. ¡Buen recurso!

Kokotxa (Daniel López)

Campanario 11 ✉ 20003 – ✆ 943 42 19 04 – www.restaurantekokotxa.com – cerrado 14 febrero-2 marzo, 30 mayo-6 junio, del 13 al 29 de octubre, domingo y lunes Plano : D1**a**

Menú 55/82 € – Carta 59/71 €

Restaurante de estética actual ubicado en pleno casco viejo. Aquí, con un servicio especialmente amable a la par que profesional, le propondrán una cocina tradicional actualizada y varios menús, uno de mercado y otro tipo degustación.

➜ Bogavante en marmitako ahumado. Taco de vacuno mayor, cenizas crujientes y rojo picante. Esponja de frambuesa, menta, helado de yogur y fruta fresca.

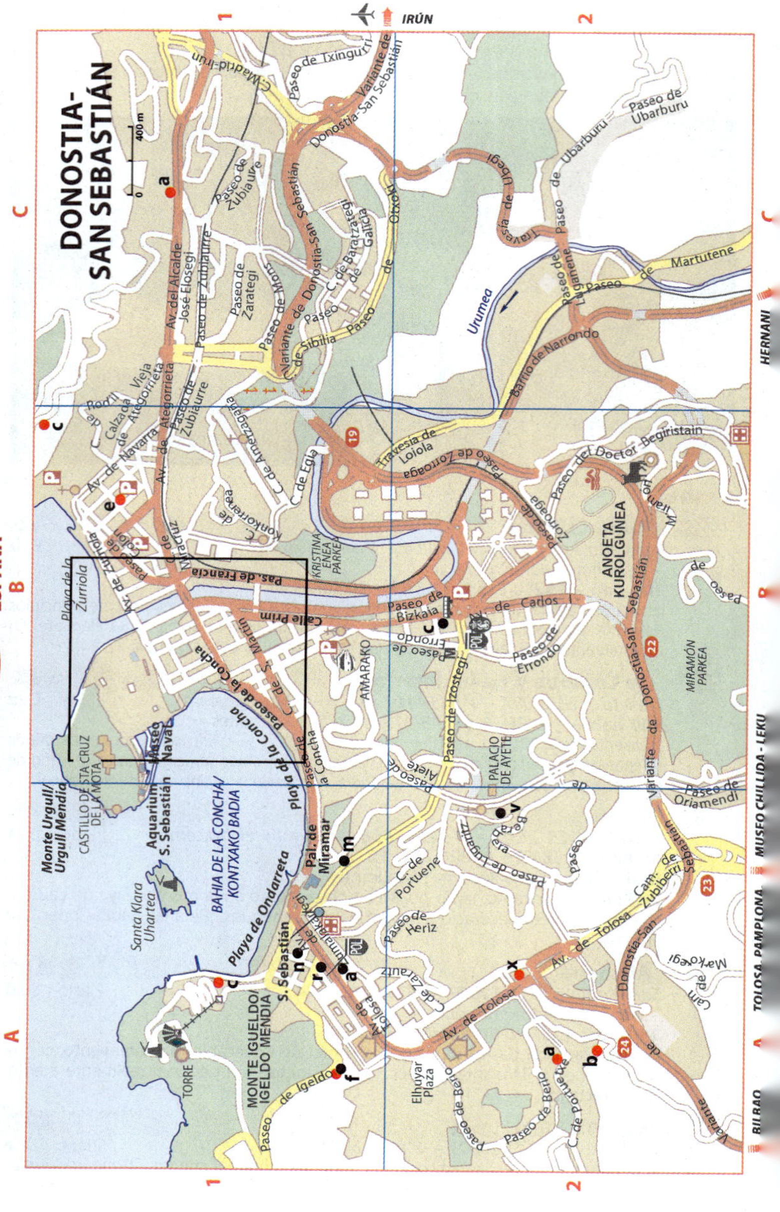
DONOSTIA-SAN SEBASTIÁN
ESPAÑA
IRÚN
HERNANI
BILBAO
TOLOSA, PAMPLONA
MUSEO CHILLIDA - LEKU
400 m
Monte Urgull/ Urgull Mendia
CASTILLO DE STA CRUZ DE LA MOTA
Museo Naval
Aquarium S. Sebastián
BAHIA DE LA CONCHA/ KONTXAKO BADIA
Santa Klara Uhartea
Playa de Ondarreta
Playa de la Concha
Paseo de la Concha
Playa de la Zurriola
Pal. de Miramar
MONTE IGUELDO IGELDO MENDIA
TORRE
Paseo de Igeldo
S. Sebastián
Av. de Tolosa
Elhuyar Plaza
Paseo de Berio
C. de Portuetxe
Paseo de Heriz
C. de Zarautz
C. de Portuene
Paseo de Lugaritz
Paseo de Aiete
PALACIO DE AYETE
Paseo de Izostegi
AMARAKO
Paseo de Errondo
Paseo de Bizkaia
Calle Prim
Pas. de Francia
C. de S. Martín
KRISTINA ENEA PARKEA
C. de Konkorrenea
C. de Egia
C. de Ametzagaña
Av. de Navarra
Calzada Vieja de Ategorrieta
Av. de Ategorrieta
Paseo de Zubiaurre
Av. del Alcalde José Elosegi
Paseo de Zaratei
Paseo de Mons
Variante de Donostia-San Sebastián
Paseo de Sibilia
C. de Baratzategi
C. de Galicia
Paseo de Otxoki
Paseo de Txingurri
C. Madrid-Irún
Travesía de Loiola
Paseo de Zorroaga
Barrio de Narrondo
Paseo de Martutene
Paseo de Lugaritz
Urumea
Travesía de Ubegi
Paseo de Ubarburu
Paseo del Doctor Begiristain
ANOETA KUROLGUNEA
MIRAMÓN PARKEA
Paseo de Oriamendi
Cam. de Zubiberri
Cam. de Markoegi
Paseo de Errondo
de Carlos I
Paseo de Zurriola
Paseo de Colón
Av. de Zurriola

XX Juanito Kojua

AC

Portu 14 ✉ *20003 – ✆ 943 42 01 80* Plano : D1**m**
– www.juanitokojua.com – cerrado domingo noche
Menú 33/65 € – Carta 28/59 €
Negocio familiar ubicado en una calle peatonal de la zona antigua. En sus salas, decoradas con detalles marineros, proponen una cocina vasca rica en productos de temporada.

X Bodegón Alejandro

AC

Fermín Calbetón 4 ✉ *20003 – ✆ 943 42 71 58* Plano : D1**u**
– www.bodegonalejandro.com – cerrado 21 enero-5 febrero, domingo noche y martes noche salvo verano
Menú 16/42 € – Carta 37/54 €
¿Busca un lugar que ensalce los valores vascos y recupere el recetario tradicional? Pues no indague más. Aquí, en pleno casco viejo, encontrará calidad, gran dedicación y una carta vasca con menú degustación.

X La Muralla

AC

Embeltrán 3 ✉ *20003 – ✆ 943 43 35 08* Plano : D1**t**
– www.restaurantelamuralla.com – cerrado domingo noche salvo verano
Menú 25/39 € – *(solo menú)*
En pleno casco antiguo, donde presentan unas sencillas instalaciones de línea actual. Trabajan en base a dos menús de tinte tradicional, ambos mejorados los fines de semana.

Narru – Hotel Niza
Zubieta 56 ✉ 20007 – ☎ 943 42 33 49 – www.narru.es Plano : D2**b**
– cerrado domingo noche y lunes
Menú 30 € – Carta 30/59 €
Un restaurante modesto y funcional... ¡aunque con un acceso directo desde la misma playa de La Concha! Cocina de tinte actual basada en el producto, sobre todo de temporada.

Ganbara
San Jerónimo 21 ✉ 20003 – ☎ 943 42 25 75 Plano : D1**x**
– www.ganbarajatetxea.com – cerrado 2ª quincena de junio, 2ª quincena de noviembre, domingo noche y lunes
Tapa 2,50 € – Ración aprox. 12 €
Con el devenir de los años se ha convertido en una referencia del casco viejo. Carta de asador, con productos de temporada, magníficos pinchos y una especialidad: las setas.

Martínez
Abutzuaren 31-13 ✉ 20003 – ☎ 943 42 49 65 Plano : D1**y**
– www.barmartinez.com – cerrado del 1 al 15 de febrero, 15 junio-3 julio, jueves y viernes mediodía
Tapa 2,50 € – Ración aprox. 12 €
Negocio de arraigada tradición familiar ubicado en pleno casco antiguo. La sugerente variedad de sus pinchos, tanto fríos como calientes, han hecho de él un auténtico clásico.

ESPAÑA

Atari Gastroteka
Mayor 18 ✉ 20003 – ☎ 943 44 07 92 Plano : D1**c**
– www.atarigastroteka.com
Tapa 2 € – Ración aprox. 10 €
Una etapa ineludible para los que han convertido el salir de tapas en un culto. Ofrecen sugerentes pinchos, raciones y elaboraciones calientes que se realizan al momento.

A Fuego Negro
Abutzuaren 31-31 ✉ 20003 – ☎ 650 13 53 73 Plano : D1**g**
– www.afuegonegro.com – cerrado del 15 al 29 de febrero y lunes
Tapa 4,50 € – Ración aprox. 16 €
También en el barrio antiguo pero distinto conceptualmente al resto de bares de la zona. La barra se complementa con varias mesas para degustar sus menús de pinchos creativos.

al Este

Arzak (Elena y Juan Mari Arzak)
av. Alcalde José Elosegi 273 (Alto de Miracruz) ✉ 20015 Plano : C1**a**
– ☎ 943 27 84 65 – www.arzak.es – cerrado 19 junio-6 julio, del 6 al 30 de noviembre, domingo y lunes
Menú 205 € – Carta 151/169 €
Descubra las excelencias de esta casa, una institución acostumbrada a vivir entre la historia y la más compleja modernidad. Padre e hija trabajan, como un perfecto tándem, para que nos maravillemos ante la bondad de sus materias primas; no en vano, aquí la creatividad solo se construye en base a los mejores productos.
→ Bogavante con polen de abeja. Kokotxas en bambú. Luna cuadrada.

Mirador de Ulía (Rubén Trincado)
paseo de Ulía 193 ✉ 20013 – ☎ 943 27 27 07 Plano : B1**c**
– www.miradordeulia.es – cerrado 20 diciembre-5 enero, domingo noche, lunes y martes
Menú 80 € – Carta 52/68 €
Destaca por su privilegiado emplazamiento en uno de los montes que rodean la ciudad, con fantásticas vistas a la bahía. Su cocina, actual con tintes creativos, refleja el maridaje perfecto entre la técnica y las materias primas de calidad.
→ Alcachofa confitada, deshojada y frita con pilpil de piñones. Chuletillas al chilindrón, patchoy y merengue de piquillo. Esferas crujientes de crema pastelera y rocas de cacao sobre una crema acidulada de frambuesas.

Bergara
General Arteche 8 (Gros) ✉ 20001 – ☏ 943 27 50 26 Plano : B1**e**
– www.pinchosbergara.es
Tapa 2,50 € – Ración aprox. 15 €
Un negocio que atesora varios premios de alta cocina en miniatura. En su excelente barra encontraremos tapas y pinchos como la Txalupa, un gratinado de setas con langostinos.

al Sur

Astoria7
Sagrada Familia 1 ✉ 20010 – ☏ 943 44 50 00 Plano : B2**c**
– www.astoria7hotel.com
102 hab – 68/211 € 79/249 €
Ocupa un antiguo cine, por eso este es el leitmotiv de su decoración... de hecho, cada habitación se dedica a un actor o director que ha pasado por el festival de la ciudad. El sencillo comedor, que basa su oferta en menús, se complementa con una cafetería.

Palacio de Aiete
Goiko Galtzara-Berri 27 ✉ 20009 – ☏ 943 21 00 71 Plano : A2**v**
– www.hotelpalaciodeaiete.com
75 hab – 60/215 € 60/275 €, 14 €
Ubicado en una tranquila zona residencial. Tiene la cafetería integrada en el hall, varias salas de reuniones y unas habitaciones de línea funcional, la mitad con terraza. En su restaurante encontrará una carta de cocina tradicional y la opción de menús.

ESPAÑA

al Oeste

Barceló Costa Vasca
Pío Baroja 15 ✉ 20008 – ☏ 943 31 79 50 Plano : A1**m**
– www.barcelo.com
196 hab – 70/150 € 70/270 €, 17 € – 7 suites
Posee una espaciosa zona social de ambiente moderno, con el bar integrado en la misma, y unas habitaciones de estilo actual, muchas de ellas con terraza. El restaurante, amplio y de carácter polivalente, propone una oferta gastronómica sencilla pero variada.

San Sebastián
Zumalakarregi 20 ✉ 20008 – ☏ 943 31 66 60 Plano : A1**r**
– www.hotelsansebastian.net
87 hab – 85/200 € 85/250 €, 17 € – 3 suites
¡Emplazado a unos 200 m de la playa de Ondarreta! Disfruta de una zona social bastante actual y unas habitaciones clásicas bien equipadas, todas con mobiliario de calidad. Su elegante cafetería cuenta con un pequeño comedor integrado de estilo náutico.

La Galería
Kristina Infantaren 1 ✉ 20008 – ☏ 943 21 60 77 Plano : A1**n**
– www.hotellagaleria.com
23 hab – 60/115 € 80/180 €, 8 €
Atractivo edificio de finales del s. XIX ubicado a un paso de la playa de Ondarreta. Las habitaciones, confortables y con muebles de época, homenajean a reconocidos pintores.

Codina
Zumalakarregi 21 ✉ 20008 – ☏ 943 21 22 00 Plano : A1**a**
– www.hotelcodina.es
65 hab – 60/160 € 65/200 €, 15 €
Presenta un aspecto moderno y actual, por lo que es una buena opción cerca de la playa. Correcta zona social, con cafetería pública, y habitaciones de completo equipamiento.

Avenida
Igeldo pasealekua 55 ✉ 20008 – ✆ 943 21 20 22 Plano : A1**f**
– www.hotelavenida.net – 7 marzo-7 diciembre
52 hab – 🛉60/140 € 🛉🛉65/150 €, ☕ 12 €
Resulta tranquilo y destaca por tener una situación dominante, con buenas vistas a la ciudad y una agradable zona de césped-piscina. Posee habitaciones de diferentes estilos.

XXXX ✿✿✿ **Akelaŕe** (Pedro Subijana)
paseo del Padre Orcolaga 56, (barrio de Igueldo), 7,5 km por Igeldo pasealekua ✉ 20008 – ✆ 943 31 12 09 – www.akelarre.net – cerrado febrero, del 11 al 28 de octubre, martes salvo julio-diciembre, domingo noche y lunes salvo festivos o vísperas
Menú 170 € – Carta 120/165 €
Casa de ambiente clásico dotada con hermosísimas vistas al mar. Su chef idea una propuesta gastronómica excepcional, de corte creativo pero sin negar las raíces tradicionales, siempre con los sabores bien marcados y las texturas definidas. ¡Puede tomar cualquier plato de sus menús a modo de carta!
➜ Las hojas y el foie bajo la lluvia. Rabo de buey con chufas. El tarro roto de yogur, gatzatua y frutos rojos.

XX **Rekondo**
paseo de Igueldo 57 ✉ 20008 – ✆ 943 21 29 07 Plano : A1**f**
– www.rekondo.com – cerrado 15 días en junio, 15 días en noviembre, martes noche (salvo julio-agosto) y miércoles
Carta 47/73 €
Bello caserío ubicado en la subida al monte Igueldo, donde ofrecen un bar-vinoteca, dos salas y dos privados. Cocina vasca con platos de corte más actual y excepcional bodega.

ESPAÑA

XX **Xarma**
av. de Tolosa 123 ✉ 20018 – ✆ 943 31 71 62 Plano : A2**x**
– www.xarmajatetxea.com – cerrado domingo noche, lunes y martes noche
Menú 26/65 € – Carta 50/69 €
Llevado por los propietarios, que como cocineros se ocupan de los fogones. Ofrece dos salas actuales, al igual que su cocina, con sabores y texturas bien combinados.

XX **Branka**
paseo Eduardo Chillida 13 ✉ 20008 – ✆ 943 31 70 96 Plano : A1**c**
– www.branka-tenis.com – cerrado Navidades, enero, febrero y domingo
Menú 36 € – Carta 40/66 €
Tiene un emplazamiento privilegiado, en la playa de Ondarreta y junto al Peine de los Vientos. Cocina actual y de temporada, con detalles de asador y pescados a la parrilla.

XX **Agorregi**
Portuetxe bidea 14 ✉ 20008 – ✆ 943 22 43 28 Plano : A2**a**
– www.agorregi.com – cerrado Navidades, Semana Santa, 15 días en agosto y domingo
Menú 21/45 € – Carta 28/40 € – *(solo almuerzo salvo lunes en verano, jueves, viernes y sábado)*
Encontrará una pequeña barra a la entrada, con algunas mesas para los menús, y al fondo el comedor, este de línea actual. Cocina vasca con detalles actuales y precios moderados. ¡Pruebe su Arroz negro de chipirón o el Pichón a la sartén!

X **eMe Be**
Camino de Igara 33 ✉ 20018 – ✆ 943 22 79 71 Plano : A2**b**
– www.emeberestaurante.com – cerrado 29 marzo-12 abril, 15 días en septiembre, domingo noche y lunes
Menú 33/61 € – Carta aprox. 45 €
Singular, pues recupera una antigua sidrería que hoy atesora una estética "euskandinava". Cocina tradicional y elaborada, con el sello de calidad de Martín Berasategui.

DOS HERMANAS

Sevilla – 129 719 h. – Alt. 42 m – Ver mapa regional n° **1**-B2
Madrid 547 km – Cádiz 108 km – Huelva 111 km – Sevilla 20 km
Mapa de carreteras Michelin n° 578-U12

XX **Los Baltazares** N

av. Cristóbal Colón 31 ✉ 41701 – ☎ 955 67 84 91 – www.losbaltazares.com – cerrado domingo
Menú 30 € – Carta 35/60 € – *(solo almuerzo salvo jueves, viernes y sábado)*
¡Una opción diferente! Posee un patio-terraza que hace funciones de cocktelería, un concurrido gastrobar y un moderno comedor. Carta actual, con mariscos y pescados al peso.

ÉCIJA

Sevilla – 40 880 h. – Alt. 101 m – Ver mapa regional n° **1**-B2
Madrid 444 km – Córdoba 55 km – Málaga 138 km – Sevilla 89 km
Mapa de carreteras Michelin n° 578-T14

Infanta Leonor

av de los Emigrantes 43 ✉ 41400 – ☎ 954 83 03 03 – www.hotelinfantaleonor.com
29 hab – 59/87 € 59/98 €, 7 €
Hotel de diseño actual y carácter urbano que sorprende en una ciudad como Écija. Entre sus estancias destacan las suites temáticas: Marrakech, New York, Balinesa, Versalles... Su restaurante, que está abierto al jardín, ofrece una carta de tinte tradicional.

EIBAR

Guipúzcoa – 27 439 h. – Alt. 120 m – Ver mapa regional n° **18**-B2
Madrid 439 km – Bilbao 46 km – Iruña/Pamplona 117 km – Donostia-San Sebastián 55 km
Mapa de carreteras Michelin n° 573-C22

XX **Chalcha**

Isasi 7 ✉ 20600 – ☎ 943 20 11 26 – www.restaurantechalcha.com – cerrado Semana Santa, 21 días en agosto, domingo noche y lunes
Menú 20 € – Carta 30/55 €
Restaurante de cocina vasca llevado directamente por su propietario, al frente de los fogones. Encontraremos un local clásico-regional, con un servicio de mesa acorde a su categoría y una cocina tradicional que delata toques actuales.

El EJIDO

Almería – 82 983 h. – Alt. 140 m – Ver mapa regional n° **1**-D2
Madrid 586 km – Almería 32 km – Granada 157 km – Málaga 189 km
Mapa de carreteras Michelin n° 578-V21

XXX **La Costa** (José Álvarez)

Bulevar 48 ✉ 04700 – ☎ 950 48 17 77 – www.restaurantelacosta.com – cerrado domingo
Menú 45/68 € – Carta 42/54 €
Presenta varios privados, sugerentes expositores y un comedor clásico-actual dominado por una atractiva bodega acristalada. Cocina de tinte tradicional basada en la excelente calidad de sus productos, especialmente los pescados y mariscos.
→ Lomo de salmonete y oxidaciones al Jerez. Cordero en salmuera, su jugo y mayonesa de ajo tostado. Cuco y sus aromas.

La Costa N

Bulevar 48 ✉ 04700 – ☎ 950 48 17 77 – www.restaurantelacosta.com – cerrado domingo
Tapa 3,50 € – Ración aprox. 14 € – Menú 25 €
Este gastrobar, que en su día fue el origen del negocio, se presenta hoy con un amplio interior de aire rústico. Sugerente cocina en miniatura y menú gastronómico de tapas.

ESPAÑA

en Almerimar Sur : 10 km

Golf Almerimar
av. Almerimar ✉ 04711 Almerimar – ✆ 950 49 70 50
– www.hotelgolfalmerimar.com
104 hab – 75/157 € 94/188 € – 11 suites
Un hotel de equipamiento moderno y altas calidades que aspira tanto al público de empresa como al vacacional. Ofrece unas habitaciones de gran confort, numerosos servicios complementarios y una correcta oferta gastronómica. ¡Bus propio hasta la playa!

ELCHE → Ver Elx
Alicante

ELCIEGO
Álava – 1 045 h. – Alt. 450 m – Ver mapa regional n° **18-A3**
Madrid 356 km – Vitoria-Gasteiz 77 km – Logroño 31 km – Iruña/Pamplona 115 km
Mapa de carreteras Michelin n° 573-E22

Marqués de Riscal
Torrea 1 - Bodegas Marqués de Riscal ✉ 01340 – ✆ 945 18 08 88
– www.hotel-marquesderiscal.com – cerrado 4 enero-5 febrero
43 hab – 275/350 €
Rest *Marqués de Riscal* – ver selección restaurantes
Forma parte del impresionante edificio creado por Frank O. Gehry para albergar las bodegas de las que toma su nombre, con habitaciones de lujoso diseño y un moderno SPA en un edificio anexo. También posee dos restaurantes, uno de carácter gastronómico y otro de gusto tradicional llamado Bistró 1860.

Marqués de Riscal – Hotel Marqués de Riscal
Torrea 1 - Bodegas Marqués de Riscal ✉ 01340 – ✆ 945 18 08 88
– www.hotel-marquesderiscal.com – cerrado 4 enero-5 febrero, domingo y lunes
Menú 70/90 € – Carta 48/68 €
¡Diseño, diseño, diseño...! Su magnífica sala de techos altos nos sumerge en un mundo mágico y rico en detalles, siendo aquí donde la cocina de autor aflora con constantes guiños a la tradición. Reducida carta y completo menú degustación.
→ Cigala asada con adobos en escabeche y siempre-vivas. Láminas de bacalao con un ligero gusto de parrilla y carbón. Tosta templada de queso de Cameros, manzana y helado de miel.

ELDA
Alicante – 54 056 h. – Alt. 395 m – Ver mapa regional n° **11-A3**
Madrid 381 km – Albacete 134 km – Alacant/Alicante 37 km – Murcia 80 km
Mapa de carreteras Michelin n° 577-Q27

AC Elda
av. Chapi 38 (pl. de la Ficia) ✉ 03600 – ✆ 966 98 12 21 – www.ac-hotels.com
88 hab – 55/75 €, 11 € – 2 suites
Combina perfectamente la actualidad y la funcionalidad, presentándose con una zona social de estética moderna y unas confortables habitaciones, todas al estilo de la cadena. El restaurante, actual y con mucha luz natural, ofrece una carta de corte tradicional.

Fayago
Colón 19 ✉ 03600 – ✆ 965 38 10 13 – www.fayago.es – cerrado 7 días en junio y lunes
Carta 25/40 € – *(solo almuerzo salvo jueves, viernes y sábado)*
Céntrico restaurante familiar de estética actual. Posee un vivero de marisco a la entrada y un comedor bastante diáfano. Carta de producto especializada en arroces y mariscos.

ESPAÑA

ELIZONDO

Navarra – Alt. 196 m – Ver mapa regional n° **17-B1**
Madrid 497 km – Iruña/Pamplona 51 km – Vitoria-Gasteiz 144 km – Logroño 146 km
Mapa de carreteras Michelin n° 573-C25

Santxotena

Pedro Axular ✉ 31700 – ✆ 948 58 02 97 – www.santxotena.es
– cerrado Navidades, del 1 al 15 de septiembre y lunes
Menú 13/20 € – Carta 25/40 € – *(solo almuerzo salvo sábado y verano)*
El esmerado servicio de mesa, la amable atención y el cálido ambiente familiar son valores en alza en este restaurante, donde encontrará una carta atenta al recetario tradicional y algún que otro plato típico del Valle del Baztán.

ELOSU

Álava – 100 h. – Ver mapa regional n° **18-A2**
Madrid 369 km – Vitoria-Gasteiz 22 km – Logroño 111 km – Bilbao 57 km
Mapa de carreteras Michelin n° 573-D21

Haritz Ondo

Elosu 20 ✉ 01170 – ✆ 945 45 52 70 – www.hotelharitzondo.es
14 hab – 40/60 € 50/79 €
Ocupa un caserío completamente restaurado y de ambiente acogedor, con la decoración rústica. Sus habitaciones poseen mobiliario antiguo y baños actuales. El restaurante, que disfruta de excelentes vistas al parque, ofrece una carta de gusto tradicional.

ELX (ELCHE)

Alicante – 230 224 h. – Alt. 90 m – Ver mapa regional n° **11-A3**
Madrid 415 km – Alacant/Alicante 26 km – Murcia 61 km – València 174 km
Mapa de carreteras Michelin n° 577-R27

Huerto del Cura

Porta de la Morera 14 ✉ 03203 – ✆ 966 61 00 11 Plano : B2**c**
– www.huertodelcura.com
77 hab – 72/190 €, 13 € – 5 suites
Rest *Els Capellans* – ver selección restaurantes
Se halla en un bellísimo palmeral, catalogado como Jardín Histórico Nacional, y destaca por sus habitaciones, todas distribuidas en bungalows y de estética actual-colonial.

Jardín Milenio

Prolongación de Curtidores ✉ 03203 – ✆ 966 61 20 33 Plano : B2**b**
– www.hotelmilenio.com
71 hab – 62/178 €, 10 € – 1 suite
Rest *La Taula del Milenio* – ver selección restaurantes
Su ubicación, en el magnífico palmeral, le brindará ese sosiego que su trabajo precisa. Ofrece habitaciones espaciosas y confortables, en general de línea funcional.

Els Capellans – Hotel Huerto del Cura

Porta de la Morera 14 ✉ 03203 – ✆ 966 61 00 11 Plano : B2**c**
– www.huertodelcura.com
Menú 35/50 € – Carta 25/52 €
Le sorprenderá, pues resulta urbano en el montaje y actual en la propuesta, viéndose bien apoyado por una agradable terraza nocturna. ¡El Arroz con costra es un clásico!

La Taula del Milenio – Hotel Jardín Milenio

Prolongación de Curtidores ✉ 03203 – ✆ 966 61 20 33 Plano : B2**b**
– www.hotelmilenio.com – cerrado 7 enero-7 febrero
Menú 25/65 € – Carta 26/78 €
Se encuentra en un pabellón independiente respecto al hotel, con amplias cristaleras para ver el soberbio palmeral. Carta de corte tradicional con buen apartado de arroces.

ESPAÑA

Frisone ⓝ

Ángel 31-2 ✉ 03203 – ✆ 965 45 11 97 Plano : B2**x**

– www.restaurantefrisone.com – cerrado 16 agosto-4 septiembre, domingo noche y lunes

Menú 32/44 € – Carta aprox. 35 €

Un restaurante de estética actual en el que encontraremos diferentes espacios, detalles de diseño y hasta un pequeño patio-jardín japonés. Cocina mediterránea bien diversificada, pues no se olvida de los arroces ni de los mariscos de la zona de Santa Pola.

Asador Ilicitano

Maestro Giner 9 ✉ 03201 – ✆ 965 43 58 64 Plano : A1**t**

– www.asadorilicitano.com – cerrado del 15 al 31 de agosto y domingo noche

Menú 18/50 € – Carta 33/52 €

Negocio de ambiente rústico y buen montaje, con una pequeña barra a la entrada y la sala repartida en dos espacios. Proponen tres menús y una carta de gusto tradicional, donde encontrará varios asados, pescados y arroces.

Mesón El Granaíno

Josep María Buch 40 ✉ 03201 – ✆ 966 66 40 80 Plano : A1**e**

– www.mesongranaino.com – cerrado del 16 al 31 de agosto y domingo

Menú 41/54 € – Carta 35/60 €

Una casa familiar con medio siglo de historia. Posee dos comedores de ambiente alpujarreño y dos salas más, tipo bodega, en el sótano. Cocina tradicional con toques actuales.

Mesón El Granaíno

Josep María Buch 40 ✉ 03201 – ✆ 966 66 40 80 Plano : A1**e**
– www.mesongranaino.com – cerrado del 16 al 31 de agosto y domingo
Tapa 6 € – Ración aprox. 15 €
Frituras, mariscos, tapas de cuchara, montaditos, canapés, platos con huevos de corral, entradas frías y calientes... Una gran opción si desea tomar tapas o raciones, pues siempre trabajan con productos de calidad procedentes de la zona.

en la carretera N 340 Este : 5 km

La Masía de Chencho

partida de Jubalcoy 1-9 ✉ 03295 Elx – ✆ 965 45 97 47
– www.lamasiadechencho.com – cerrado domingo noche
Carta 35/55 €
Negocio familiar instalado en una centenaria casona de campo, donde ofrecen varias salas de elegante línea rústica y numerosos privados. Aquí encontrará una cocina tradicional actualizada y algunos clásicos, como su exitoso Steak Tartar.

por la av. de Santa Pola B1-2 Sureste : 4,5 km y desvío a la derecha 1 km

La Finca (Susi Díaz)

partida de Perleta 1-7 ✉ 03295 Elx – ✆ 965 45 60 07 – www.lafinca.es
– cerrado del 1 al 15 de enero, Semana Santa, 7 días en noviembre, martes noche salvo en verano, domingo noche y lunes
Menú 69/89 € – Carta 60/82 €
Bonita casa de campo rodeada por una terraza ajardinada. Posee un moderno hall y un comedor rústico-actual definido por el atractivo uso decorativo de la piedra, la madera y los detalles en barro. Su chef propone una carta de base regional con toques de autor, fiel al producto local y con maridajes muy bien concebidos.
→ Carpaccio de atún rojo sobre virutas de foie y galleta crujiente. Sepieta plancha con arroz negro de galeras y guisantes. Brioche caramelizado al momento con azúcar de vainilla, helado de yogur griego y sopa de coco.

ESPAÑA

EMPURIABRAVA

Girona – 2 877 h. – Ver mapa regional n° **9-D3**
Madrid 737 km – Barcelona 154 km – Girona 56 km – Perpignan 72 km
Mapa de carreteras Michelin n° 574-F39

Port Salins

av. Fages de Climent 10-15 ✉ 17487 – ✆ 972 45 66 40 – www.hotelportsalins.com
41 hab – 66/165 € 92/225 €, 16 €
Rest *Noray* – ver selección restaurantes
Excelentemente ubicado, junto a uno de los canales del puerto deportivo y... ¡con amarres propios a disposición de los clientes! Zona social con ascensor panorámico, habitaciones muy cuidadas y agradable azotea, utilizada en verano para organizar barbacoas.

Noray – Hotel Port Salins

av. Fages de Climent 10-15 ✉ 17487 – ✆ 902 45 47 00 – www.hotelportsalins.com
– cerrado domingo noche y lunes de noviembre a marzo
Menú 21/40 € – Carta aprox. 35 €
Si por algo destaca sobre manera es por su singular emplazamiento, con una coqueta terraza junto a la piscina y vistas a los yates amarrados en el canal. La propuesta culinaria, de base mediterránea y tinte actual, sorprende por sus esmeradas presentaciones.

ENTRENA

La Rioja – 1 545 h. – Ver mapa regional n° **14-A2**
Madrid 366 km – Logroño 14 km – Vitoria-Gasteiz 86 km – Pamplona 97 km
Mapa de carreteras Michelin n° 573-E22

Finca de los Arandinos

carret. LR 137, km 4,6 ✉ 26375 – ✆ 941 44 61 26 – www.fincadelosarandinos.com
14 hab – 86/125 € 110/170 €
¡Enoturismo en estado puro! Este moderno hotel-bodega le sorprenderá, pues se encuentra rodeado de viñedos y muestra numerosos detalles de diseño... de hecho, muchas de sus habitaciones las ha vestido el polifacético creador David Delfín. En el restaurante ofrecen una carta regional y un menú degustación.

ERRATZU

Navarra – Ver mapa regional n° **17**-B1
Madrid 457 km – Donostia-San Sebastián 72 km – Iruña/Pamplona 58 km
Mapa de carreteras Michelin n° 573-C25

en la carretera de Pamplona Oeste : 1,5 km

Casa Kordoa

31714 Erratzu – 948 45 32 22 – www.kordoa.com
6 hab – 45/48 €, 4,50 €
Atractivo caserío del s. XVIII llevado por sus propietarios. Posee un coqueto salón social y correctas habitaciones, con mobiliario clásico, vigas vistas y baños completos.

ERRENTERIA (RENTERÍA)

Guipúzcoa – 39 178 h. – Alt. 11 m – Ver mapa regional n° **18**-B2
Madrid 463 km – Vitoria-Gasteiz 115 km – Donostia-San Sebastián 10 km – Iruña/Pamplona 90 km
Mapa de carreteras Michelin n° 573-C24

en el cruce de la carretera de Astigarraga a Oiartzun Sur : 4 km y desvío 1,5 km

Mugaritz (Andoni Luis Aduriz)

Aldura Aldea 20-Otzazulueta Baserria 20100 Errenteria – 943 52 24 55 – www.mugaritz.com – cerrado 15 diciembre-15 abril, domingo noche, lunes y martes mediodía
Menú 185 € – *(solo menú)*
Un enclave aislado y singular donde vivir una experiencia gastronómica. Su chef elabora una cocina meditada y tremendamente personal, definida por un dominio técnico absoluto y una admirable propuesta de carácter multidisciplinar. ¡Disfrute su constante juego con los colores, los contrastes y las texturas!
→ Ventresca de bonito, rabanito picante y fermentado de remolacha. Chuleta curada en azul. Dulce de leche y suero con miel, caramelo de toffe y requesón.

ESPAÑA

ERRIBERRI (OLITE)

Navarra – 3 886 h. – Alt. 380 m – Ver mapa regional n° **17**-A2
Madrid 370 km – Iruña/Pamplona 43 km – Soria 140 km – Zaragoza 140 km
Mapa de carreteras Michelin n° 573-E25

Parador de Olite

pl. de los Teobaldos 2 31390 – 948 74 00 00 – www.parador.es
43 hab – 85/170 €, 18 €
Instalado parcialmente en un ala del antiguo castillo de los reyes de Navarra. Ofrece elegantes dependencias donde conviven en armonía el pasado histórico y el confort actual. En su comedor podrá descubrir los platos más representativos del recetario regional.

El Juglar

Rúa Romana 39 31390 – 948 74 18 55 – www.hoteleljuglar.com
9 hab – 58/88 € 68/98 €, 9 €
Se encuentra fuera del casco antiguo pero muy cerca del centro, en una villa con cierto tipismo y las paredes en piedra. Hall-recepción con chimenea y habitaciones bien personalizadas en su decoración, todas amplias y confortables.

Merindad de Olite

Rúa de la Judería 11 31390 – 948 74 07 35 – www.hotelmerindaddeolite.com
10 hab – 43/68 € 53/78 €, 8 €
Este hotel familiar está construido sobre los restos de una antigua muralla romana y decorado con una cálida rusticidad. Sus habitaciones presentan mobiliario muy variado.

XX **Casa Zanito**

Rúa Mayor 10 ✉ 31390 – ☎ 948 74 00 02 – www.casazanito.com – cerrado 23 diciembre-23 enero
Menú 25 € – Carta 40/55 € – *(cerrado martes en septiembre-junio, domingo noche en julio-agosto y lunes)*
16 hab – 45/55 € 58/68 €, 6 €
Casa de esmerado montaje instalada en el casco antiguo de Olite. En su comedor, de ambiente clásico-elegante, podrá degustar una carta de claras raíces locales. Las habitaciones, dotadas con mobiliario de calidad, son un buen complemento para el restaurante.

L'ESCALA

Girona – 10 513 h. – Ver mapa regional n° **9-D3**
Madrid 725 km – Barcelona 141 km – Girona 43 km – Perpignan 84 km
Mapa de carreteras Michelin n° 574-F39

Empúries

platja del Portixol ✉ 17130 – ☎ 972 77 02 07 – www.hostalempuries.com
53 hab – 90/208 €, 17 €
Rest *Villa Teresita* – ver selección restaurantes
¡Junto a las ruinas de Empúries! Un magnífico ejemplo de arquitectura sostenible, pues parte del moderno hotel se asienta sobre un antiguo hostal ubicado frente a la playa. Escoja las habitaciones del edificio nuevo, mucho más amplias.

XX **El Molí de L'Escala** (N)

camí de les Corts ✉ 17130 – ☎ 972 77 47 27 – www.molidelescala.com – cerrado diciembre-febrero, domingo noche y lunes
Menú 20 € – Carta 35/57 € – *(solo almuerzo en invierno salvo viernes y sábado)*
Instalado en un antiquísimo molino-masía que pasó de explotar las harinas y arroces a, desde 1895, producir electricidad. Cocina actual fiel al producto local y de temporada.

XX **El Roser 2**

passeig Lluís Albert 1 ✉ 17130 – ☎ 972 77 11 02 – www.elroser2.com – cerrado domingo noche y miércoles
Menú 25/90 € – Carta 55/70 €
Bien llevado entre hermanos y con una sala que le sorprenderá por sus vistas al mar. Completa carta internacional en la que destacan un menú de degustación y otro de mariscos.

XX **Miryam**

Ronda del Pedró 4 ✉ 17130 – ☎ 972 77 02 87 – www.restaurantmiryam.com
Menú 20/44 € – Carta 50/72 € – *(cerrado domingo noche salvo julio-agosto)*
12 hab – 75/86 €, 12 €
Casa familiar que tiene en el restaurante su actividad principal. Posee un vivero, un bar, dos salas de aire rústico y una atractiva terraza interior. Carta basada en pescados y mariscos de la zona. Como complemento, también ofrece unas correctas habitaciones.

XX **Villa Teresita** – Hotel Empúries

platja del Portixol ✉ 17130 – ☎ 972 77 59 32 – www.hostalempuries.com
Menú 28 € – Carta 44/69 €
Su nombre rememora aquel que tuvo el hotel a principios del s. XX. En la sala, acristalada y asomada al mar, encontrará una cocina tradicional y marinera que mima el producto.

X **La Gruta**

Enric Serra 15 ✉ 17130 – ☎ 972 77 62 11 – www.restaurantlagruta.com – cerrado 15 días en Navidades, 22 junio-5 julio, lunes salvo enero-febrero, julio-agosto y domingo
Menú 17/42 € – Carta 37/48 €
Resulta céntrico y presenta un ambiente neorrústico, con los techos abovedados en piedra y grandes arcos. Cocina francesa actualizada y de autor... ¡a precios de Bib Gourmand!

ESPAÑA

en Cinc Claus Noroeste : 1 km – Ver mapa regional n° **9**-D1

XX **Mas Concas Víctor Català**

camí de Cinc Claus ✉ 17130 L'Escala – ✆ 972 77 51 58 – www.masconcas.com – cerrado enero, febrero y martes
Menú 15/30 € – Carta 30/35 € – *(solo almuerzo salvo viernes, sábado y domingo en invierno)*
Instalado en una bella masía no exenta de historia. En sus salones, de altísimos techos, descubrirá una cocina mediterránea-actual basada en las materias primas de la zona.

ESCUNHAU → Ver Vielha
Lleida

ESKUERNAGA (VILLABUENA DE ÁLAVA)

Álava – 310 h. – Alt. 487 m – Ver mapa regional n° **18-A2**
Madrid 356 km – Vitoria-Gasteiz 64 km – Logroño 37 km – Iruña/Pamplona 121 km
Mapa de carreteras Michelin n° 573-E21

Viura

Mayor ✉ 01307 – ✆ 945 60 90 00 – www.hotelviura.com – cerrado enero y febrero
33 hab – †110/190 € ††130/210 €
Muy moderno, vinculado a la cultura del vino y construido en forma de cubos. Ofrece habitaciones amplias y luminosas, con mucho diseño y los suelos en cemento pulido. El restaurante, diáfano, actual y tremendamente original por cubrir el techo con barricas, ofrece una cocina tradicional actualizada.

ESPAÑA

ESPASANTE

A Coruña – Ver mapa regional n° **13-C1**
Madrid 609 km – Santiago de Compostela 144 km – A Coruña 102 km – Lugo 113 km
Mapa de carreteras Michelin n° 571-A6

Viento del Norte

puerto, Norte : 1 km ✉ 15339 – ✆ 981 40 81 82 – www.vientodelnorte.com – cerrado enero
12 hab – †45/60 € ††60/85 €
Aparentemente es un hotel más de la zona del puerto... sin embargo, tiene mucho encanto y demuestra que aquí se cuidan los detalles. ¡Lo mejor son sus habitaciones!

X **Planeta**

puerto, Norte : 1 km ✉ 15339 – ✆ 981 40 83 66 – www.restauranteplaneta.es – cerrado 15 días en febrero-marzo y domingo noche
Menú 15 € – Carta 25/49 €
Un negocio que tiene buen nombre gracias a la calidad de sus pescados y mariscos. Ofrece un comedor clásico-funcional, destacando las cinco mesas con vistas a la playa.

ESPINAVESSA

Girona – Ver mapa regional n° **9-C3**
Madrid 715 km – Barcelona 132 km – Girona 34 km – Perpignan 80 km
Mapa de carreteras Michelin n° 574-F38

XX **La Rectoría**

La Font 15 ✉ 17747 – ✆ 972 55 37 66 – www.restaurantlarectoria.com – cerrado del 15 al 30 de noviembre, domingo noche y lunes
Menú 15/61 € – Carta 30/40 € – *(solo almuerzo en invierno salvo fines de semana)*
Sorprende en este pueblecito, pues combina las partes originales de la casa, como las bóvedas de ladrillo, con otras de diseño moderno. Cocina de mercado bien actualizada.

ESPINOSA DE LOS MONTEROS

Burgos – 1 935 h. – Ver mapa regional n° **8-C1**

Madrid 365 km – Valladolid 235 km – Burgos 118 km – Santander 109 km

Mapa de carreteras Michelin n° 575-C19

Posada Real Torre Berrueza

Nuño de Rasura 5 ✉ 09560 – ✆ 947 14 38 22 – www.torreberrueza.es

8 hab – 65 € 85 €

Rest *Posada Real Torre Berrueza* – ver selección restaurantes

Instalado en una torre del s. XII rehabilitada con gusto. Presenta un coqueto salón social con chimenea y habitaciones no exentas de carácter, todas coloristas y confortables.

Posada Real Torre Berrueza – Hotel Posada Real Torre Berrueza

Nuño de Rasura 5 ✉ 09560 – ✆ 947 14 38 22

Carta aprox. 35 € – (es necesario reservar)

Atractivo edificio de estética rústica emplazado junto al hotel. En su comedor, rústico-actual, le propondrán una cocina tradicional-personalizada que cuida mucho el producto.

en Quintana de los Prados Sureste : 3,5 km

El Cajigal

El Cajigal 69 ✉ 09569 Quintana de los Prados – ✆ 616 99 38 66 – www.elcajigal.com

5 hab – 41 € 55 €, 6 €

Un hotelito rural de suma tranquilidad. Posee una zona social con chimenea y sencillas habitaciones, todas vestidas con antiguo mobiliario familiar. ¡Cenas previa petición!

L'ESPLUGA DE FRANCOLÍ

Tarragona – 3 897 h. – Alt. 414 m – Ver mapa regional n° **9-B2**

Madrid 521 km – Barcelona 123 km – Lleida/Lérida 63 km – Tarragona 39 km

Mapa de carreteras Michelin n° 574-H33

L'Ocell Francolí

passeig Cañellas 2-3 ✉ 43440 – ✆ 977 87 12 16 – www.ocellfrancoli.com

12 hab – 43/55 € 69/79 €

Hotel rural emplazado en el centro de la localidad. Sus dependencias, sencillas pero acogedoras, combinan el mobiliario provenzal con el de forja. En el restaurante podrá degustar los platos más representativos del recetario tradicional catalán.

ESPONELLÀ

Girona – 447 h. – Alt. 142 m – Ver mapa regional n° **9-C3**

Madrid 727 km – Barcelona 127 km – Girona 27 km – Perpignan 81 km

Mapa de carreteras Michelin n° 574-F38

Can Roca

av. Carlos de Fortuny 1 ✉ 17832 – ✆ 972 59 70 12 – www.restaurantcanroca.cat – cerrado 1ª quincena de marzo, 2ª quincena de septiembre y martes

Menú 15/45 € – Carta 25/41 € – *(solo almuerzo en invierno salvo fines de semana)*

Negocio centenario y de carácter familiar, no en vano ya da trabajo a la 5ª generación. Platos locales y deliciosos guisos, estos elaborados aún en la antigua cocina de leña.

ESPOT

Lleida – 358 h. – Alt. 1 340 m – Ver mapa regional n° **9-B1**

Madrid 617 km – Barcelona 263 km – Lleida 158 km – Andorra la Vella 105 km

Mapa de carreteras Michelin n° 574-E33

Roca Blanca

Esglèsia ✉ 25597 – ✆ 973 62 41 56 – www.hotelrocablanca.com – cerrado 15 días en noviembre

16 hab – 61/75 € 77/99 €

Ideal si le gusta el turismo de montaña o esquiar, pues se encuentra a la entrada del Parque Nacional de Aigüestortes y tiene las pistas a solo 2 km. Interior de línea actual.

L'ESPUNYOLA
Barcelona – 265 h. – Ver mapa regional n° **9-C2**
Madrid 628 km – Barcelona 116 km – Sant Julià de Lòria 96 km – Escaldes 104 km
Mapa de carreteras Michelin n° 574-F35

Cal Majoral
carret. de Solsona, km 134 - Oeste : 2,5 km ✉ 08619 – ✆ 938 23 05 82 – www.calmajoral.com – cerrado del 11 al 28 de febrero y del 24 al 30 de junio
9 hab – 35/45 € 75/95 €
Instalado en una masía algo aislada y rodeada por una extensa zona de césped. Presenta una acogedora zona social con chimenea y unas habitaciones de impecable mantenimiento, todas personalizadas. El restaurante, que ofrece una cocina de tinte regional, complementa su sala con una terraza bajo los árboles.

ESQUEDAS
Huesca – 74 h. – Alt. 509 m – Ver mapa regional n° **2-C1**
Madrid 404 km – Huesca 14 km – Iruña/Pamplona 150 km
Mapa de carreteras Michelin n° 574-F28

Venta del Sotón
carret. A 132, km 14 ✉ 22810 – ✆ 974 27 02 41 – www.ventadelsoton.com – cerrado del 3 al 23 de noviembre, domingo noche, lunes, martes noche y miércoles noche
Menú 31 € – Carta 41/65 €
Casona de larga trayectoria a modo de venta aragonesa. Posee un buen bar de espera, con una chimenea circular, comedores de aire rústico-elegante y varias salas para banquetes. Carta tradicional con detalles actuales y diferentes menús.

ESPAÑA

L'ESTARTIT
Girona – 1 994 h. – Ver mapa regional n° **10-B1**
Madrid 723 km – Barcelona 141 km – Girona 43 km – Perpignan 97 km
Mapa de carreteras Michelin n° 574-F39

Bell.Aire
Església 39 ✉ 17258 – ✆ 972 75 13 02 – www.hotelbellaire.com – Semana Santa-octubre
70 hab – 36/51 € 62/92 €
Un hotel de línea clásica-funcional en el que se mima a los clientes, pues dan un trato familiar a la par que profesional. Si le gusta el submarinismo téngalo en cuenta, ya que organizan inmersiones por la zona. En su comedor ofrecen platos de sabor casero.

Cal Tet
Santa Anna 38 ✉ 17258 – ✆ 972 75 11 79 – www.caltet.com – cerrado 20 diciembre-enero
11 hab – 44/66 € 55/99 €
Se encuentra en una calle bastante céntrica y tiene la recepción en la barra de una marisquería, donde tuvo su origen el negocio. Habitaciones de estilo funcional-actual. El restaurante, de ambiente rústico, ofrece una carta típica de pescados y mariscos.

ESTEIRO
A Coruña – 72 h. – Ver mapa regional n° **13-A2**
Madrid 648 km – Santiago de Compostela 49 km – A Coruña 96 km – Pontevedra 80 km
Mapa de carreteras Michelin n° 571-D3

Punta Uia
carret. AC 550, Sureste : 1,5 km ✉ 15240 – ✆ 981 85 50 05 – www.hotelpuntauia.com – cerrado 20 diciembre-20 enero
10 hab – 62/93 € 81/108 €
Este hotel goza de gran encanto, ya que disfruta de bellos hórreos e idílicas vistas a la ría. Entre sus habitaciones, todas detallistas, destacan las tres con terraza. En su restaurante, bastante coqueto, podrá degustar una carta tradicional bien elaborada.

Muiño

Ribeira de Mayo, carret. AC 550 ✉ 15240 – ✆ 981 76 38 85 – www.restaurantemuino.com – cerrado del 9 al 27 de noviembre y lunes salvo verano
Menú 25 € – Carta 25/40 €
Una casa que despunta, claramente, por la calidad de sus productos. Aquí encontrará una cocina tradicional gallega rica en mariscos y carnes a la piedra, aunque la gran especialidad es, sin duda, su Bogavante con arroz.

ESTELLA → Ver Lizarra
Navarra

ESTEPONA
Málaga – 67 986 h. – Ver mapa regional n° **1-A3**
Madrid 614 km – Cádiz 170 km – Málaga 89 km – Sevilla 230 km
Mapa de carreteras Michelin n° 578-W14

El Palangre

Colón 20 ✉ 29680 – ✆ 952 80 58 57 – www.restauranteelpalangre.com – cerrado miércoles salvo agosto
Menú 25/40 € – Carta 24/44 €
Está en una zona alta de la ciudad, por lo que ofrece vistas parciales al mar. Agradable terraza, decoración marinera y una cocina especializada en pescados y mariscos.

por la autovía de Málaga

La Alcaría de Ramos

urb. El Paraíso, Noreste : 11,5 km y desvío 1,5 km ✉ 29688 Cancelada – ✆ 952 88 61 78 – www.laalcariaderamos.es – cerrado domingo
Carta 25/40 € – *(solo cena)*
El negocio, llevado con amabilidad entre dos hermanos, se presenta con un agradable comedor principal, donde esperan al comensal con la chimenea encendida. Carta tradicional.

ESTERRI D'ÀNEU
Lleida – 888 h. – Alt. 957 m – Ver mapa regional n° **9-B1**
Madrid 658 km – Lleida/Lérida 204 km – Barcelona 262 km
Mapa de carreteras Michelin n° 574-E33

La Creu

Major 3 ✉ 25580 – ✆ 973 62 64 37 – www.pensiolacreu.com – cerrado noviembre
21 hab – 26/29 € 48/52 €
Tomando como base esta pensión familiar tendrá muchas opciones de ocio-aventura en plena naturaleza. Correcta zona social y habitaciones funcionales, la mayoría adaptadas para minusválidos. ¡Pida las que dan al río, pues son las mejores!

Els Puis

av. Dr. Morelló 13 ✉ 25580 – ✆ 973 62 61 60 – www.hotelelspuis.com – cerrado mayo y 2ª quincena de octubre
Carta 20/41 € – *(cerrado domingo noche y lunes)*
6 hab – 31/40 € 38/50 €, 6 €
Resulta acogedor y está llevado por un amable matrimonio, con él en la sala y ella al frente de los fogones. En su comedor, de línea clásica, podrá degustar una cocina de mercado que se enriquece con diversos platos típicos de la zona. Las habitaciones, confortables en su sencillez, complementan el negocio.

EZCARAY
La Rioja – 2 031 h. – Alt. 813 m – Ver mapa regional n° **14-A2**
Madrid 316 km – Burgos 73 km – Logroño 61 km – Vitoria-Gasteiz 80 km
Mapa de carreteras Michelin n° 573-F20

Echaurren

Padre José García 19 ✉ 26280 – ✆ 941 35 40 47 – www.echaurren.com – cerrado del 11 al 31 de enero
24 hab – 74/120 € 90/210 €, 15 €
Rest *El Portal* ✿✿ • Rest *Echaurren* – ver selección restaurantes
Un hotel de larga tradición familiar y gran prestigio en la región. Se presenta con una zona social renovada, una moderna cafetería y habitaciones bien actualizadas, todas ellas amplias, modernas y de completo equipamiento.

Palacio Azcárate

Padre José García 17 ✉ 26280 – ✆ 941 42 72 82 – www.palacioazcarate.com – cerrado 2 semanas en noviembre y 1 semana en enero
25 hab – 66/110 € 82/140 € – 1 suite
Está formado por dos edificios de aire señorial. Sus habitaciones resultan muy confortables, con mobiliario de calidad y los suelos en tarima. Agradable terraza-jardín.

✿✿

El Portal (Francis Paniego) – Hotel Echaurren

Padre José García 19 ✉ 26280 – ✆ 941 35 40 47 – www.echaurren.com – cerrado 11 enero - 5 febrero, 27 junio-3 julio, martes salvo julio-octubre, domingo noche y lunes
Menú 80/125 € – Carta aprox. 68 €
En los bajos del hotel familiar, con un interior minimalista y muchos detalles de diseño. Su cocina fusiona, con gran maestría, lo tradicional y lo creativo. Ofrece varios menús degustación, pudiendo extraer de ellos los platos a la carta.
→ Adobos en escabeche, cigala asada y siempre vivas. Merluza asada sobre néctar de pimientos. Manzana.

ESPAÑA

Casa Masip

Academia Militar de Zaragoza 6 ✉ 26280 – ✆ 941 35 43 27 – www.casamasip.com – cerrado del 15 al 30 de noviembre
Menú 18/27 € – Carta 27/48 € – *(cerrado martes) (solo almuerzo salvo viernes, sábado, Semana Santa y verano)*
12 hab – 50/60 € 70/90 €
Instalado en una céntrica casa solariega con las paredes en piedra. En su comedor, rústico-actual y con la viguería de madera vista, podrá degustar una cocina tradicional especializada en verduras de temporada y platos de caza. Por si desea alojarse, disponen de un buen salón social y cuidadas habitaciones.

Echaurren – Hotel Echaurren

Padre José García 19 ✉ 26280 – ✆ 941 35 40 47 – www.echaurren.com – cerrado del 11 al 31 de enero y domingo noche salvo julio-agosto
Menú 20/65 € – Carta 40/60 €
Este restaurante, que fue la piedra angular del negocio, se presenta como el templo que guarda la memoria gastronómica de toda una vida dedicada a los fogones. Su chef propone una cocina tradicional bien elaborada y que cuida los detalles.

en Zaldierna Sur : 5 km

Río Zambullón

del Molino ✉ 26289 Zaldierna – ✆ 941 35 41 70 – www.riozambullon.com
6 hab – 60 € 70/80 €
Casa típica construida en piedra. Tiene un salón con chimenea y las habitaciones distribuidas en dos plantas, todas con una acogedora decoración rústica. ¡Ideal para descansar, ir a buscar setas en otoño o disfrutar de la nieve en invierno!

FALSET

Tarragona – 2 883 h. – Alt. 364 m – Ver mapa regional n° 9-A3
Madrid 518 km – Lleida/Lérida 96 km – Tarragona 43 km – Tortosa 66 km
Mapa de carreteras Michelin n° 574-I32

Sport
Miquel Barceló 6 ✉ 43730 – ✆ 977 83 00 78 – www.hotelpriorat-hostalsport.com
28 hab – 91 € 99 €
Hostal de ambiente neorrústico y larga tradición familiar dotado con un acogedor salón social y confortables habitaciones, en general espaciosas. El comedor enriquece su oferta culinaria con una carta de vinos que destaca por su selección de Prioratos.

El Celler de L'Aspic
Miquel Barceló 31 ✉ 43730 – ✆ 977 83 12 46 – www.cellerdelaspic.com
– cerrado Navidades, 15 días en julio y miércoles
Menú 30/60 € – Carta 27/45 € – *(solo almuerzo salvo jueves, viernes y sábado)*
Un restaurante de línea moderna que ensalza el mundo de la enología, con numerosas vitrinas y expositores como parte de su decoración. Aquí proponen una cocina tradicional actualizada e interesantes menús de degustación, uno de ellos con maridaje de vinos.

FANALS (Playa de) → Ver Lloret de Mar
Girona

La FELGUERA
Asturias – Ver mapa regional n° **3-B2**
Madrid 448 km – Gijón 40 km – Mieres 14 km – Oviedo 21 km
Mapa de carreteras Michelin n° 572-C13

LangrehOtel
Manuel Suárez García 6 ✉ 33930 – ✆ 985 67 56 75 – www.langrehotel.es
44 hab – 64/100 € 71/110 €, 10 € – 9 suites
Merece la pena por sus completas instalaciones, con una coqueta zona social y habitaciones de línea actual. El restaurante, también actual y bastante luminoso, propone una carta tradicional con arroces, platos de cuchara y un par de menús.

FENE
A Coruña – 13 639 h. – Alt. 30 m – Ver mapa regional n° **13-B1**
Madrid 609 km – A Coruña 58 km – Ferrol 6 km – Santiago de Compostela 86 km
Mapa de carreteras Michelin n° 571-B5

por la carretera N 651 Sur : 3 km y desvío a San Marcos 1 km

Muiño do Vento
Cadavás 4-Barrio de Magalofes ✉ 15509 Magalofes – ✆ 981 34 09 21
– cerrado 24 diciembre-2 enero, del 3 al 25 de septiembre, domingo noche y lunes
Carta 26/48 €
Casa familiar de larga trayectoria. Posee un bar típico, dos salas de correcto montaje y una gran bodega en el sótano, donde abarcan casi todas las Denominaciones de Origen. Su cocina gallega se enriquece con varias jornadas gastronómicas.

FERMOSELLE
Zamora – 1 356 h. – Ver mapa regional n° **8-A2**
Madrid 321 km – Valladolid 168 km – Zamora 65 km – Bragança 124 km
Mapa de carreteras Michelin n° 575-I10

Posada de Doña Urraca
Requejo 272 ✉ 49220 – ✆ 980 61 34 73 – www.posadadedonaurraca.com
19 hab – 46/66 € 58/72 €
¡Una buena opción para alojarse si está visitando Los Arribes! Ocupa un atractivo edificio en piedra que, en su día, sirvió como cuartel de la Guardia Civil. Encontrará unas acogedoras habitaciones, todas personalizadas, así como un comedor clásico-actual, donde combinan el servicio a la carta con el menú.

ESPAÑA

FERROL

A Coruña – 71 232 h. – Ver mapa regional n° **13-B1**
Madrid 608 km – A Coruña 61 km – Gijón 321 km – Oviedo 306 km
Mapa de carreteras Michelin n° 571-B5

Parador de Ferrol

pl. Contralmirante Azarola Gresillón ✉ 15401 – ✆ 981 35 67 20 – www.parador.es — Plano : B2**a**

38 hab – 70/145 €, 15 €

Esta mansión señorial combina su emplazamiento en el casco antiguo con unas buenas vistas, tanto al puerto como al mar. Ofrece unas confortables habitaciones de gusto clásico, destacando las asomadas al mar y las cuatro que tienen galería.

El Suizo

Dolores 67 ✉ 15402 – ✆ 981 30 04 00 – www.hotelsuizo.es — Plano : B2**b**

34 hab – 46/56 € 53/68 €, 7 €

En una céntrica calle peatonal, ocultando tras su bella fachada un interior de elegante funcionalidad. Las habitaciones, todas exteriores y algunas abuhardilladas, se presentan con los suelos en madera y unos buenos baños en mármol.

O Parrulo

av. Catabois 401, por estrada de Catabois ✉ 15405 – ✆ 981 31 86 53 – www.oparrulo.com – cerrado domingo y miércoles noche

Menú 17/26 € – Carta 16/59 €

Este negocio familiar debe su nombre al apodo cariñoso de su propietario, pato en gallego, por eso muestran también una curiosa colección de figuras dedicadas a este animal. Ofrecen cocina gallega y una especialidad, el Chuletón de ternera.

ESPAÑA

Medulio

lugar del Bosque 73 - Serantes, por estrada de Xoane ✉ 15405 – ✆ 981 33 00 89 – www.restaurantemedulio.com – cerrado domingo noche y lunes

Carta 25/53 €

Instalado en una tranquila casa a las afueras de Ferrol. Presenta un comedor principal bastante actual, con algunos muros en piedra, y una sala en el piso superior convertible en dos privados. Carta tradicional rica en pescados de la zona.

O Camiño do Inglés (N)

San Francisco 17 ✉ 15401 – ✆ 981 35 20 90 – www.ocaminodoingles.com – cerrado domingo noche, lunes y jueves noche — Plano : B2**c**

Carta 25/40 € – (reserva aconsejable)

Restaurante de línea actual y ambiente informal con cuyo nombre se hace un guiño a la variante del Camino de Santiago que parte desde Ferrol. Encontrará una cocina de tinte tradicional e internacional, rica en productos de mercado y pensada para compartir.

por estrada do Raposeiro B1 Noroeste : 4 km

A Gabeira

Balón 172 ✉ 15593 Ferrol – ✆ 981 31 68 81 – www.agabeira.com – cerrado 13 octubre-7 noviembre, domingo noche, lunes y martes noche

Menú 40 € – Carta 41/57 €

Negocio de tradición familiar que toma su nombre de una isla cercana. Ofrece un privado y dos salas, donde podrá descubrir una cocina de gusto tradicional con interesantes toques creativos. ¡Buen apartado de mariscos y clásicos de la casa!

FERROL
0
230 m
SANTIAGO DE COMPOSTELA
A CORUÑA
GIJON, OVIEDO, ORTIGUEIRA
ENSANCHE A
ENSANCHE B
RECIMIL
ESTEIRO
MAGDALENA
CANIDO
ARSENAL MILITAR
GRAN DÁRSENA
FERROL VELLO
CENTRO CULTURAL
PARQUE DE PABLO IGLESIAS
PARQUE RAINA SOFIA
PILAR
Plaza de España
Enseada da Malata
C. del Puerto a la Graña
Muelle de Fernández Ladreda
Muelle del Carbón
Acceso Norte
C. de Raposeiro
Av. del Rey
C. de Rubalcava
Av. de Esteiro
Av. de Vigo
Av. de Mac Mahón
Rúa Taxonera
C. de Caranza
C. de Sartaña
C. de Telleiras
C. de Viviendas Bazán 5
Av. de Vivero
Av. de las Pías
C. de Pontevedra
C. de Valdoviño
C. de Castilla
Venezuela
C. del Río Jubia
C. de la Trinchera
C. Nueva de Ponzos
C. de Villarrube
C. de Catabois
C. de Xoane
C. de Malata
C. de la Cabana
C. de Graña
C. del Poeta Pérez Parallé
C. de Insua
C. Celso Emilio Ferreiro
C. Alta del Puerto
C. de Estrela
C. de Espartero
C. de los Irmandiños
S. Xulián
C. de Iglesia
C. del Sol
C. Real
C. de Circunvalación
C. de Ramón y Cajal
C. del Pintor Pérez Villaamil
C. del Río Castro
C. de Fontemouria
C. del Río Jubia
Instituto
C. de las Cardosas
Lugar Loureiro
a
b
c
A
B
C
1
2

FIGUERES

Girona – 45 123 h. – Alt. 30 m – Ver mapa regional n° **9-D3**

Madrid 737 km – Barcelona 140 km – Girona 42 km – Perpignan 58 km

Mapa de carreteras Michelin n° 574-F38

Duràn

Lasauca 5 ✉ 17600 – ☎ 972 50 12 50 Plano : B2**c**

– www.hotelduran.com

65 hab – †54/104 € ††69/119 €, ☕ 11 €

Atesora cierto prestigio y una indudable solera... no en vano, ya es centenario y, por encima, está muy cerca del famoso Teatre-Museu Dalí. Ofrece unas habitaciones totalmente actualizadas y un restaurante de línea clásica, destacando aquí un privado al que llaman "Ca la Teta", lleno de recuerdos de famosos.

Pirineos

av. Salvador Dalí 68 ✉ 17600 – ☎ 972 50 03 12 Plano : B2**e**

– www.hotelpirineospelegri.com

56 hab – †59/82 € ††68/89 €, ☕ 10 €

Ideal para el viajero de paso, tanto por su céntrica situación como por poseer aparcamiento y garaje propios. Las zonas sociales y las habitaciones se presentan renovadas, mantienen algún mueble antiguo como complemento decorativo. El restaurante, de aire rústico, propone una cocina tradicional actualizada.

Ronda

av. Salvador Dalí 17, por av. Salvador Dalí B2 ✉ 17600 – ☎ 972 50 39 11

– www.hotelronda.com

63 hab – †49/79 € ††65/87 €, ☕ 7 €

Un hotel que se va renovando poco a poco. Presenta una correcta zona social y habitaciones de adecuado confort, todas con mobiliario funcional-actual. En su restaurante encontrará varios tipos de menús (dietéticos, celiacos, vegetarianos, veganos...) así como una carta tradicional especializada en bacalaos.

ESPAÑA

Rambla

Rambla 33 ✉ 17600 – ☎ 972 67 60 20 Plano : B1**x**

– www.hotelrambla.net

24 hab – †49/77 € ††55/85 €, ☕ 8,50 €

Una opción muy básica... sin embargo, resulta céntrico y tiene una cuidada fachada. Sorprende con varios ordenadores a modo de cibercafé en la recepción y ofrece habitaciones bastante funcionales, con mobiliario sencillo pero actual.

Coordenades N

Mestre Manuel de Falla 2 ✉ 17600 – ☎ 972 50 05 82 Plano : B2**b**

– www.coordenadesrestaurant.com – cerrado 7 días en agosto, domingo en verano, domingo noche, martes noche y miércoles noche en invierno y lunes

Menú 38/70 € – Carta 35/50 €

Resulta agradable y tiene una estética bastante moderna, con la luminosa sala asomada al jardín que en verano usan como zona de relax. Buenas elaboraciones y numerosos menús.

Antaviana

Llers 5-7 ✉ 17600 – ☎ 972 51 03 77 Plano : B1**a**

– www.restaurantantaviana.cat – cerrado del 14 al 23 de junio y del 15 al 30 de noviembre

Menú 16/54 € – Carta 26/47 €

Un local que tras su remodelación estética ha ganado muchos adeptos. Se presenta con un bar en la planta baja y el comedor en el piso superior, de sencillo montaje pero con buenos detalles. Cocina actual con toques de innovación.

Cap i Pota

Vilafant 35 ✉ 17600 – ☎ 972 50 34 73 Plano : B2**h**

– www.capipota-restaurant.com – cerrado martes mediodía en verano, martes noche y miércoles noche en invierno y lunes

Carta 20/34 €

Una casa a la que merece la pena ir, más por la calidad de sus fogones que por la decoración o el confort. Cocina tradicional y regional basada en el producto de mercado.

FIGUERES
0
120 m
ROSES/ROSAS
PORTBOU
PERPIGNAN
LA JONQUERA
CASTELL DE SANT FERRAN
OLOT, RIPOLL
L'ESCALA/LA ESCALA GIRONA/GERONA
Teatre-Museu Dalí
Torre Galatea
Museu de l'Empordà
Museu del Joguets
Sant Pere
la Rambla
Parc Bosc Municipal
Jardins J. Puig Pujades
Galligants
Pl. de l'Estació
Pl. del Presidente Tarradellas
Pl. Elíptica
Plaça de Catalunya
Pl. Josep Pla
Pl. Gala i S. Dalí
Pl. de les Patates
Plaça de Joan Tutau
Pl. de Paula Montal Beata
Pl. de la Palmera
Pl. del Gra
Pl. d'Ernest Vila
Pl. de l'Institut
Pl. Enric Morera
Pl. de Frederic Marès
Pl. de Fortià Sibil·la
Pl. 8 de Març
Pl. de la Nova Icaria
Pl. de la Botànica
Plaça dels Voluntaris
Pl. de Piux XII
Calzada de los Monjes
C. Ample
C. Nou
Avinguda Salvador Dalí i Domenech
Av. de Marignane
Av. de Salvador Dalí
C. del Aviador Collar
Ronda del Rector Aroles
Ronda del Parque
Ronda del Carril
Av. Vilallonga
C. de Vilabertran
C. de Requesens
C. del Faro
C. del Progrés
C. de Vilamalla
C. del Nord
C. de Colón
C. de Méndez Núñez
C. de Lázaro
C. de Muntaner
C. de Pedro III
C. de S. Pablo
C. de Olot
C. de la Concordia
C. del Ponent
Pasaje del Ponente
C. de Joan Reglà
C. de Arderius
C. de Migdia
C. de Rocaberti
C. de Víctor Català
C. de la Oliva
C. de Tallaferro
C. de Josep de Masdevall
Via Emporitana
C. del Ter
C. del Fluvià
C. del Doctor Ferràn
C. de Ramon y Cajal
C. del Doctor Fleming
C. de Calvet
C. de Manuel de Falla
Paseo Nuevo
C. del Empordà
C. de Balmes
C. de Peralada
C. de la Muralla
C. de Junquera
C. de Isabel II
C. de Cadaqués
C. del Riego
C. de Juli Garreta
C. de Agapit Torrent
C. de Cabanas
C. de Vilafant
C. de Sant Vicenç
C. de Sant Josep
C. del Colegio
C. de Terreras
C. del Castillo
C. de S. Fernando
C. de la Cruz
C. de Maria Pujolar
Paseo del Cementirio
C. de Monturiol
C. de Pi i Margall
C. de Caamaño
C. del Mar
C. de Lérida
PARC
SOL
a
b
c
e
h
x

en la antigua carretera N II

Empordà

av. Salvador Dalí 170, por av. Salvador Dalí AB1 : 1,5 km ✉ 17600 Figueres – ✆ 972 50 05 62 – www.hotelemporda.com
39 hab – 52/97 € 61/112 €, 13 € – 3 suites
Rest *El Motel* – ver selección restaurantes
Está considerado un clásico y no es de extrañar, pues sus habitaciones atesoran una estética moderna al estilo de los años 60; eso sí, con un equipamiento actual y buenos baños de diseño, pues todos poseen bañeras de hidromasaje.

El Motel – Hotel Empordà

av. Salvador Dalí 170, por av. Salvador Dalí AB1 : 1,5 km ✉ 17600 Figueres – ✆ 972 50 05 62 – www.hotelemporda.com
Menú 40/68 € – Carta 41/54 €
Goza de gran prestigio, de hecho está considerado como el precursor de la nueva gastronomía catalana. Su cocina se basa mucho en el producto local, normalmente de temporada y de mercado, con elaboraciones clásicas e internacionales.

FINCA LA BOBADILLA → Ver Loja

Granada

FINISTERRE → Ver Fisterra

A Coruña

FISCAL

ESPAÑA

Huesca – 374 h. – Alt. 768 m – Ver mapa regional n° **2-C1**
Madrid 534 km – Huesca 144 km – Lleida/Lérida 160 km
Mapa de carreteras Michelin n° 574-E29

por la carretera de Ainsa Sureste : 4 km y desvío a la derecha 5,5 km

Casa Arana

✉ 22371 Albella – ✆ 974 34 12 87 – www.casasarana.com – cerrado enero
7 hab – 58/64 € 60/64 €, 6 €
¡En una extensa finca con cultivos propios! Curiosa casona construida en piedra y dotada de llamativos balcones en color añil. Presenta un pequeño comedor privado y unas habitaciones de buen confort, todas con mobiliario rústico.

FISTERRA (FINISTERRE)

A Coruña – 4 907 h. – Ver mapa regional n° **13-A2**
Madrid 693 km – Santiago de Compostela 91 km – A Coruña 107 km – Pontevedra 144 km
Mapa de carreteras Michelin n° 571-D2

Playa Langosteira

Lugar de Escaselas - AC 445 ✉ 15155 – ✆ 981 70 68 30 – www.hotelplayalangosteira.com – marzo-octubre
28 hab – 35/60 € 50/80 €
Hotelito ubicado junto a la carretera y a pocos metros de la playa. Ofrece unas habitaciones funcionales pero bien montadas, algunas con terraza, así como un sencillo restaurante de cocina gallega instalado, parcialmente, en una galería acristalada.

O'Centolo

Bajada del Puerto ✉ 15155 – ✆ 981 74 04 52 – www.centolo.com – cerrado 23 diciembre-15 febrero
Menú 12/29 € – Carta 28/48 €
¡Frente a la zona del puerto! Posee una terraza, un bar de línea actual, un comedor acristalado en el 1er piso y un privado. Carta tradicional rica en pescados y mariscos.

FOFE → Ver Covelo

Pontevedra

FONTIBRE

Cantabria – 82 h. – Ver mapa regional n° **6-B2**
Madrid 352 km – Burgos 116 km – Bilbao 169 km – Vitoria-Gasteiz 178 km
Mapa de carreteras Michelin n° 572-C17

Posada Rural Fontibre

El Molino 23 ✉ 39212 – ✆ 942 77 96 55 – www.posadafontibre.com
6 hab – 🛉45/60 € 🛉🛉56/84 €, ☕ 6 €
Casona de labranza del s. XIX vestida con multitud de detalles. Su atractiva fachada en piedra da paso a un coqueto salón con chimenea y unas cálidas habitaciones, todas rústicas, confortables, de vivos colores y con mobiliario restaurado.

XX Fuentebro

San Félix ✉ 39212 – ✆ 942 77 97 72 – www.restaurantefuentebro.com – cerrado del 2 al 20 de noviembre
Menú 12/20 € – Carta 28/47 € – *(solo almuerzo salvo viernes, sábado, festivos y julio-agosto)*
Ofrece un bar, un saloncito con chimenea y un comedor rústico-elegante en el piso superior, este último con los techos en madera y una galería acristalada. Carta tradicional.

El FORMIGAL → Ver Sallent de Gállego

Huesca

La FOSCA → Ver Palamós

Girona

FRAGA

Huesca – 14 834 h. – Alt. 118 m – Ver mapa regional n° **2-C2**
Madrid 438 km – Zaragoza 122 km – Huesca 134 km – Tarragona 119 km
Mapa de carreteras Michelin n° 574-H31

XX +Billauba

av. de Aragón 41 ✉ 22520 – ✆ 974 47 41 67 – www.billauba.com – cerrado del 1 al 7 de enero, del 15 al 31 de agosto y domingo
Menú 19/40 € – Carta 36/49 € – *(solo almuerzo salvo viernes y sábado)*
En este restaurante encontrará un comedor clásico-actual, totalmente acristalado y con un altillo para comidas más privadas. Cocina tradicional actualizada y completa bodega.

La FRESNEDA

Teruel – 495 h. – Alt. 585 m – Ver mapa regional n° **2-C2**
Madrid 413 km – Teruel 181 km – Alcañiz 27 km – Lleida/Lérida 128 km
Mapa de carreteras Michelin n° 574-J30

El Convent 1613

El Convento 1 ✉ 44596 – ✆ 978 85 48 50 – www.hotelelconvent.com – cerrado del 20 al 26 de diciembre y 5 enero-5 febrero
20 hab ☕ – 🛉72/104 € 🛉🛉90/130 €
Este hotelito rural tiene muchísimo encanto y, sobre todo, destaca por sus exteriores, con un agradable jardín. Ofrece dos tipos de habitaciones, todas muy detallistas, las del edificio principal de estética rústica y las del anexo con una línea más actual. El restaurante se asoma a un coqueto patio central.

X Matarraña

pl. Nueva 5 ✉ 44596 – ✆ 978 85 45 03 – cerrado 10 días en septiembre y martes salvo festivos
Menú 18 € – Carta 17/39 €
Céntrica casa de piedra dotada con varias salas, todas de ambiente rústico y algunas con chimenea. Ofrecen una carta tradicional bien elaborada, aunque como la mayoría de sus clientes son de paso esta no suele variar mucho durante el año.

FRIGILIANA
Málaga – 3 395 h. – Alt. 311 m – Ver mapa regional n° **1**-C2
Madrid 555 km – Granada 111 km – Málaga 58 km
Mapa de carreteras Michelin n° 578-V18

por la carretera de Torrox Noroeste : 2,5 km

La Posada Morisca
Loma de la Cruz ✉ 29788 Frigiliana – ☎ 952 53 41 51 – www.laposadamorisca.com
12 hab – 👥55/99 €, ☕ 6 €
Tranquilo y con buenas vistas, ya que está colgado en la ladera de una montaña. Las habitaciones disfrutan de una decoración rústica, con algunos detalles actuales y terraza. En su restaurante podrá degustar una cocina propia del recetario tradicional.

en la carretera de Nerja Sur : 4 km

Almazara
Los Tablazos 197 ✉ 29788 Frigiliana – ☎ 952 53 42 00 – www.hotelruralalmazara.com
22 hab ☕ – 👤45/80 € 👥69/99 €
Hotel de estilo rural montañés, con profusión de madera y ladrillo en su decoración. Dispone de una acogedora zona social y habitaciones de buen confort, todas con terraza. El restaurante, de ambiente rústico, ofrece excelentes vistas desde su terraza-mirador.

FRÓMISTA
Palencia – 832 h. – Alt. 780 m – Ver mapa regional n° **8**-C2
Madrid 257 km – Burgos 78 km – Palencia 31 km – Santander 170 km
Mapa de carreteras Michelin n° 575-F16

Doña Mayor
Francesa 8 ✉ 34440 – ☎ 979 81 05 88 – www.hoteldonamayor.com – Semana Santa-octubre
12 hab – 👤60/70 € 👥70/80 €, ☕ 9 €
Conjunto de cuidadas instalaciones que trabaja mucho con peregrinos. Ofrece habitaciones actuales con diferentes estéticas, destacando las abuhardilladas. El restaurante propone un sencillo menú para el cliente alojado, aunque debe avisarles para las cenas.

San Martín
pl. San Martín 7 ✉ 34440 – ☎ 979 81 00 00 – www.hotelsanmartin.es – marzo-octubre
19 hab – 👤38 € 👥50 €, ☕ 6 €
Ubicado frente a la iglesia románica que le da nombre. Ofrece dos tipos de habitaciones: las de línea moderna de la planta baja y el resto, más clásicas, en el piso superior.

XX **Hostería de los Palmeros**
pl. San Telmo 4 ✉ 34440 – ☎ 979 81 00 67 – www.hosteriadelospalmeros.com – cerrado 7 enero-5 febrero y martes salvo Navidades, Semana Santa, verano y festivos
Menú 35/50 € – Carta 27/56 €
¡En un edificio que funcionó como hospital de peregrinos! Posee un hermoso bar, un salón con chimenea para tomar el café y un comedor a la carta en el piso superior. Cocina tradicional basada en el producto, tanto del mar como del mercado.

FUENGIROLA
Málaga – 77 397 h. – Ver mapa regional n° **1**-B3
Madrid 557 km – Granada 155 km – Málaga 33 km – Sevilla 236 km
Mapa de carreteras Michelin n° 578-W16

MÁLAGA
A
B
1
2
3
MARBELLA, ALGECIRAS
FUENGIROLA
0
140 m
LOS BOLICHES
RECINTO FERIAL
C. Recinto Ferial
C. Feria de Jerez
C. Romería del Rocío
C. de Rodrigo de Triana
Av. de Ramón y Cajal
C. S. José
C. Sta Bárbara
Cortés
Asturias
Hernán
C. Reyes Católicos
Paseo Marítimo Rey de España
Rey de España
CLUB NÁUTICO
Pl. López Yebra
PUERTO
C. Martínez Catena
C. del Capitán
C. Oviedo
C. Viñuela
Autovía del Mediterráneo
C. Isla Lanzarote
Isla Gomera
C. Tejar
Mallorca
C. Isla Formentera
C. Isla Cabrera
C. Isla Ibiza
Isla
C. Menorca
Valladolid
C. de Miguel Bueno
Av. del Alcalde Clemente Díaz Ruiz
Fuensanta
C. de Lucía
Puebla
Av. de Jesús Santos Rein
Pl. de S. Juan Bautista
C. Las Naranjas
C. Estrecha
C. Mijas
Av. de Mijas
C. del Boquetillo
C. de José Echegaray
C. Alfonso XIII
Av. de Jesús Santos Rein
C. S. Pancracio
C. Pintor Sorolla
C. de La Unión
Sevilla
C. Doctor Ochoa
C. Núñez de Balboa
C. Doctor Fleming
C. Huelva
C. de Casares
C. de Coín
C. de Cádiz
C. de Aragón
C. de la Virgen del Pilar
Cam.
b
PARQUE DEL SOL
PARQUE ZOOLÓGICO
C. de Camilo José Cela
C. S. Rafael
Marbella
Troncón
C. Palangreros
España
r
C. Jimena
C. de la Cuesta
C. del Castillo
Santiago
C. Molino de Viento
Cam. Condesa
C. Málaga
C. Blas de Lezo
C. Salvador Rodríguez Navas
Plaza Marinero
C. del Mar
C. de África
C. Madrid
Cam. Condesa
C. Doctor García Verdugo
C. de Burgos
Málaga
C. Héroes de Baler
Av. de Sta Amalia
Av. de Miramar
C. Méndez Núñez
Autovía del Mediterráneo
MAR MEDITERRÁNEO

IPV Beatriz Palace
Playa del Ejido 3, por autovía del Mediterráneo A3 ✉ 29640 – ✆ 952 92 20 00 – www.hotelesipv.com
279 hab – 60/180 € 75/220 € – 6 suites
Consta de tres edificios, con la fachada y las habitaciones mirando al mar. Gran hall con patio central, amplios salones y habitaciones de línea clásica-funcional. En sus restaurantes se oferta tanto buffet como una carta tradicional, esta con buenos arroces.

Los Marinos José N
paseo Marítimo Rey de España 161, por B1, 2,5 km ✉ 29640 – ✆ 952 66 10 12 – www.losmarinosjose.com
Carta 30/45 €
Un negocio familiar de buen montaje y ambiente marinero actualizado. Trabajan con los pescados y mariscos de la zona, comprados diariamente en la lonja y ofrecidos al peso.

Girol
av. de las Salinas 10, por av. del Alcalde Clemente Díaz Ruiz A1 ✉ 29640 – ✆ 952 66 02 68 – www.restaurantegirol.com – cerrado domingo y lunes mediodía
Menú 35/50 € – Carta 24/41 €
Casa de instalaciones actuales y organización familiar, con los padres pendientes de la sala y los hijos al frente de los fogones. Su carta de tinte actual, con bases tradicionales y toques creativos, se ve enriquecida con dos menús degustación.

ESPAÑA

Vinotinto N
pl. Reyes Católicos ✉ 29640 – ✆ 952 47 33 71 Plano : A2**b**
– www.vinotinto-online.com – cerrado 20 días en febrero, domingo en verano y domingo noche resto del año.
Menú 45/75 € – Carta 40/55 €
Bien montado y de aspecto moderno. El chef, tutelado muchos años por Martín Berasategui, plantea una cocina actual ajustada al gusto local, en general de gran nivel técnico.

Charolais
Larga 14-16 ✉ 29640 – ✆ 952 47 54 41 Plano : B2**r**
– www.bodegacharolais.com
Menú 30/40 € – Carta 30/56 €
Posee una terraza exterior, un bar y un comedor de aire rústico, este dividido en varios rincones. Completa carta de cocina tradicional en la que predominan los platos vascos.

Charolais Tapas
Larga 14-16 ✉ 29640 – ✆ 952 47 54 41 Plano : B2**r**
– www.bodegacharolais.com
Tapa 2 € – Ración aprox. 10 €
Anexo al restaurante homónimo pero con un acceso independiente. Este bar se presenta con una estética actual que juega con los colores y los espacios, pues ofrece mesas y taburetes a distintas alturas. Tapas creativas y vinos por copas.

en la urbanización Reserva del Higuerón

Sollo N (Diego Gallegos)
av. del Higuerón 48, por AB1 (AP-7, salida 217) ✉ 29640 Fuengirola – ✆ 951 38 56 22 – www.sollo.es – cerrado 1ª quincena de noviembre, 2ª quincena de enero y domingo
Menú 60 € – *(solo cena) (solo menú)*
Moderno y bastante singular. Aquí todo gira en torno a un único menú degustación que tiene en los peces de río, como el esturión, su razón de ser. ¡Coqueta terraza con vistas!
→ Macarrón de morcilla de sangre de esturión. Lomo de trucha con puré de chirivía y algas de río. Sopa de chocolate blanco, helado de chocolate negro y granizado de flor de Jamaica.

FUENMAYOR

La Rioja – 3 169 h. – Alt. 433 m – Ver mapa regional n° **14-A2**
Madrid 346 km – Logroño 13 km – Vitoria-Gasteiz 77 km
Mapa de carreteras Michelin n° 573-E22

Alameda

pl. Félix Azpilicueta 1 ✉ 26360 – ✆ 941 45 00 44 – www.restaurantealameda.com – cerrado Navidades, agosto, domingo noche y lunes
Menú 24 € – Carta 35/64 €
Esta casa familiar dispone de dos salas, una en la planta baja, con una gran parrilla vista, y otra más clásica en el piso superior. Cocina tradicional y excelente producto.

Chuchi

carret. de Vitoria 2 ✉ 26360 – ✆ 941 45 04 22 – www.mesonchuchi.com – cerrado miércoles noche
Menú 25/60 € – Carta 34/57 €
Posee un bar público y dos salas de elegante ambiente rústico, dejando la zona de asados y brasas a la vista del cliente. Gran vinoteca-tienda con todos los vinos a la venta.

FUENTE DÉ

Cantabria – Alt. 1 070 m – Ver mapa regional n° **6-A1**
Madrid 424 km – Palencia 198 km – Potes 25 km – Santander 140 km
Mapa de carreteras Michelin n° 572-C15

Parador de Fuente Dé

alt. 1 070 ✉ 39588 – ✆ 942 73 66 51 – www.parador.es – 7 marzo-7 diciembre
77 hab – 70/135 €, 16 €
Gran edificio en piedra recorrido por una amplia cristalera. Por su ubicación, al pie de los Picos de Europa, resulta el alojamiento idóneo para los amantes de la montaña. Posee dos comedores, uno para clientes y otro para grupos, ambos de estilo rústico.

ESPAÑA

FUENTERRABÍA → Ver Hondarribia

Guipúzcoa

FUENTESPALDA

Teruel – 308 h. – Alt. 712 m – Ver mapa regional n° **2-C3**
Madrid 446 km – Alcañiz 26 km – Lleida/Lérida 116 km – Teruel 182 km
Mapa de carreteras Michelin n° 574-J30

por la carretera de Valderrobres Noreste : 6,3 km y desvío a la izquierda 5,3 km

La Torre del Visco

✉ 44587 Fuentespalda – ✆ 978 76 90 15 – www.torredelvisco.com – cerrado 6 enero-11 febrero
13 hab – 165/180 € 195/230 € – 4 suites
Masía del s. XV ubicada en el campo, en una finca repleta de olivos y que cuenta con un huerto ecológico. Resulta ideal para desconectar, ofreciendo también rutas de senderismo, talleres de cocina, catas... Gastronomía de proximidad con productos de temporada.

GALAPAGAR

Madrid – 32 523 h. – Alt. 881 m – Ver mapa regional n° **15-A2**
Madrid 37 km – Ávila 79 km – Segovia 66 km – Toledo 105 km
Mapa de carreteras Michelin n° 576 y 575-K17

Garnacha

carret. Las Rozas-El Escorial 12, km 16 ✉ 28260 – ✆ 918 58 33 24 – www.restaurantegarnacha.com – cerrado 20 días en noviembre, domingo noche y lunes
Menú 38/48 € – Carta 38/51 €
Se presenta con un comedor algo reducido pero de buen montaje, decorado en piedra vista y con vigas de madera, así como un reservado y una coqueta bodega. Cocina tradicional.

GALDAKAO (GALDÁCANO)

Vizcaya – 29 219 h. – Alt. 60 m – Ver mapa regional n° **18-A3**
Madrid 403 km – Bilbao 11 km – Donostia/San Sebastián 91 km – Vitoria-Gasteiz 68 km
Mapa de carreteras Michelin n° 573-C21

Iraragorri

Txomin Egileor 28 ✉ 48960 – ✆ 944 36 36 01 – www.iraragorri.com
9 hab – 55/60 € 65/70 €, 8 €
Encantador hotelito familiar instalado en un caserío del s. XV. Ofrece unas habitaciones muy coquetas, todas con profusión de madera y mobiliario de época, así como un acogedor restaurante de ambiente rústico donde proponen una cocina tradicional actualizada.

Andra Mari

barrio Elexalde 22 ✉ 48960 – ✆ 944 56 00 05 – www.andra-mari.com – cerrado Semana Santa, del 1 al 26 de agosto y martes
Menú 38/59 € – Carta 36/67 € – *(solo almuerzo salvo fines de semana)*
Caserío vasco ubicado en lo alto del pueblo. Posee una zona de espera con bar, varias salas de ambiente rústico-regional y un bello espacio en el sótano dedicado tanto al vino como a la sidra. Cocina vasca tradicional con toques actuales.
→ Setas sobre patata y ravioli de huevo. Salmonetes con algas y salsa verde de berberechos. Esponja de aceitunas, su sorbete y tomate.

GALDO → Ver Viveiro

Lugo

GALIZANO

Cantabria – 666 h. – Ver mapa regional n° **6-C1**
Madrid 408 km – Santander 30 km – Bilbao 88 km
Mapa de carreteras Michelin n° 572-B18

Casona Las Cinco Calderas

barrio Linderrío 13, Este : 1.5 km ✉ 39160 – ✆ 942 50 50 89 – www.lascincocalderas.com – cerrado 15 diciembre-15 enero
12 hab – 70/100 € 82/110 €
Esta casona rural disfruta de un agradable jardín, un porche, un salón-biblioteca y unas habitaciones de línea actual, con profusión de maderas claras y algún que otro mueble restaurado. En la misma finca podrá disfrutar de varias actividades hípicas, como clases de equitación o excursiones a caballo.

GALLEGOS

Segovia – 90 h. – Ver mapa regional n° **8-C3**
Madrid 124 km – Valladolid 217 km – Segovia 34 km
Mapa de carreteras Michelin n° 575-I18

La Posada de Gallegos

camino de Matabuena ✉ 40162 – ✆ 921 50 90 70 – www.laposadadegallegos.com – cerrado 7 días en febrero
8 hab – 62/72 € 66/83 € – 1 suite
Excelente turismo rural ubicado a unos 200 m. del pueblo, en un edificio de piedra. Posee un salón social con chimenea y coquetas habitaciones, cuatro con terraza. Su atractivo restaurante se complementa, en el sótano, con un espacio a modo de asador vasco.

La Data

Lámpara 29 ✉ 40162 – ✆ 921 50 90 87 – www.ladata.es
11 hab – 45/55 € 55/70 €
Ocupa un edificio de nueva construcción y aire regional, donde encontrará un salón rústico-actual y cuidadas habitaciones, la mayoría abuhardilladas y cada una con el nombre de un prado cercano. El comedor, con chimenea, ofrece un correcto menú-carta regional.

GANDÍA

Valencia – 78 543 h. – Ver mapa regional n° **11-B2**
Madrid 416 km – Albacete 170 km – Alacant/Alicante 109 km – València 68 km
Mapa de carreteras Michelin n° 577-P29

Telero

Sant Ponç 7 ✉ 46702 – ☎ 962 86 73 18 – www.telero.es – cerrado 15 días en enero, 15 días en junio y domingo
Menú 20 € – Carta 20/35 €
Bien llevado por un matrimonio e instalado en una casa centenaria. En su comedor, no muy grande pero acogedor y con las paredes en piedra, le propondrán una cocina de base tradicional con toques creativos. ¡Esté atento a las sugerencias del día!

en el puerto (Grau) Noreste : 3 km

L'Ham

Germans Benlliure 22 ✉ 46730 Grau de Gandía – ☎ 962 84 60 06 – www.lham.es
Menú 36/60 € – Carta 30/58 € – *(solo almuerzo)*
Está en una calle poco transitada de la zona del puerto... sin embargo, goza de gran aceptación por su cocina, basada en arroces y mariscos. ¡En su azotea puede tomar copas!

en la zona de la playa Noreste : 4 km

RH Bayren

paseo de Neptuno 62 ✉ 46730 Playa de Gandía – ☎ 962 84 03 00 – www.hotelesrh.com
211 hab – 60/180 € 75/215 €
¡En 1ª línea de playa y con un agradable lounge bar en la azotea! Destaca tanto por sus salones como por sus habitaciones, todas actuales y con terraza. El restaurante, que en temporada alta basa su oferta en el buffet, ofrece varias mesas con vistas al mar.

Albatros

Clot de la Mota 11 ✉ 46730 Playa de Gandía – ☎ 962 84 56 00 – www.hotel-albatros.com – cerrado diciembre-febrero
46 hab – 38/100 € 50/140 €
Presenta una línea funcional y está muy enfocado al hombre de negocios. Aquí encontrará unas estancias sencillas pero bien equipadas, algunas con terraza. ¡Solicite las habitaciones de las plantas superiores, pues tienen mejores vistas!

GARRIGUELLA

Girona – 864 h. – Ver mapa regional n° **9-D3**
Madrid 737 km – Barcelona 154 km – Girona 56 km – Perpignan 65 km
Mapa de carreteras Michelin n° 574-E39

Vilamont

pl. de l'Església 5 ✉ 17780 – ☎ 972 53 17 57 – www.hotelspavilamont.com
11 hab – 95/130 € 105/195 €
Coqueto hotelito de organización familiar ubicado junto a la iglesia del pueblo. Disfruta de unas habitaciones muy cuidadas, una agradable tarraza-solárium y un pequeño SPA.

GARRUCHA

Almería – 8 663 h. – Alt. 24 m – Ver mapa regional n° **1-D2**
Madrid 536 km – Almería 100 km – Murcia 140 km
Mapa de carreteras Michelin n° 578-U24

Tikar

carret. Garrucha a Vera 17 ✉ 04630 – ☎ 950 61 71 31 – www.hoteltikar.com – abril-octubre
6 hab – 55/140 € 65/150 €
¡Íntimo, colorista y con personalidad! Ofrece unas habitaciones de línea funcional, todas con salón y los suelos de madera, destacando las dos asomadas al mar. El restaurante, también colorista, propone una cocina tradicional con influencias internacionales.

ESPAÑA

GAUTEGIZ-ARTEAGA

Vizcaya – 869 h. – Alt. 40 m – Ver mapa regional n° **18-B3**
Madrid 431 km – Bilbao 52 km – Donostia-San Sebastián 94 km – Vitoria-Gasteiz 98 km
Mapa de carreteras Michelin n° 573-B22

Castillo de Arteaga

Gaztelubide 7 ✉ 48314 – ✆ 946 24 00 12 – www.castillodearteaga.com – cerrado enero
13 hab – 130/165 € 165/198 €
Resulta singular, pues remonta sus orígenes al s. XVI y disfruta de excelentes vistas a la reserva de Urdaibai. Sus habitaciones poseen mobiliario de época y artesonados originales, destacando las de las torres. El restaurante, con dos salas de elegante clasicismo, ofrece una cocina de tinte tradicional.

en la carretera de Ibarrangelu

Txopebenta

barrio Zendokiz, Noreste : 3 km ✉ 48314 Gautegiz-Arteaga – ✆ 946 25 49 23 – www.casaruraltxopebenta.com
6 hab – 40 € 49/55 €, 5,50 €
Coqueta casa de turismo rural dotada con un pequeño porche. Aquí el ambiente hogareño se respira tanto en el salón, con chimenea, como en sus sencillas habitaciones.

Urresti

barrio Zendokiz, Noreste : 3,5 km ✉ 48314 Gautegiz-Arteaga – ✆ 946 25 18 43 – www.urresti.net
6 hab – 56/65 €, 5 € – 2 apartamentos
¿Le apetece hacer agroturismo? Esta casa está construida a modo de granja, en pleno campo y rodeada de animales. Posee unas sencillas habitaciones de línea provenzal y dos apartamentos mucho más amplios, tipo dúplex.

ESPAÑA

GAVÀ

Barcelona – 46 377 h. – Ver mapa regional n° **10-B3**
Madrid 608 km – Barcelona 21 km – Tarragona 77 km – Girona 122 km
Mapa de carreteras Michelin n° 574-I36

Major, Trentasis N

Major 36 ✉ 08850 – ✆ 936 62 66 52 – www.major36.com – cerrado Semana Santa, 21 días en agosto, domingo y lunes noche
Menú 15/25 € – Carta 27/48 €
Casa de larga trayectoria que toma el nombre de su dirección, en pleno centro. En sus comedores, de aire antiguo, apuestan por la cocina tradicional catalana de producto.

en la zona de la playa Sur : 5 km

Les Marines

Calafell 21 ✉ 08850 Gavà – ✆ 936 33 35 70 – www.lesmarines.com – cerrado 7 días en agosto, lunes salvo verano, domingo noche y festivos noche
Menú 35 € – Carta 34/57 €
Está emplazado en una finca arbolada próxima al mar, con una atractiva terraza y acogedoras salas de ambiente clásico. Cocina tradicional actualizada y sugerencias del día.

GER

Girona – 456 h. – Alt. 1 434 m – Ver mapa regional n° **9-C1**
Madrid 631 km – Barcelona 152 km – Girona 156 km
Mapa de carreteras Michelin n° 574-E35

Cal Reus

Major 4 ✉ 17539 – ✆ 972 89 40 02 – www.calreus.com
6 hab – 30/35 € 50/60 €
Una buena opción tanto para familias como para senderistas. Esta sencilla casa de gestión familiar presenta un amplio patio con barbacoa y modestas habitaciones de ambiente rústico, destacando las cuatro con terraza y las abuhardilladas.

GERNIKA-LUMO (GUERNICA Y LUNO)

Vizcaya – 16 797 h. – Alt. 10 m – Ver mapa regional n° **18**-A3
Madrid 429 km – Bilbao 33 km – Donostia-San Sebastián 84 km – Vitoria-Gasteiz 69 km
Mapa de carreteras Michelin n° 573-C21

Gernika

Carlos Gangoiti 17 ✉ 48300 – ✆ 946 25 03 50 – www.hotel-gernika.com – cerrado 19 diciembre-19 enero y del 22 al 30 de agosto
40 hab – 60/70 € 85/100 €, 6 €
Hotel de organización familiar dotado con un elegante bar, un salón social y habitaciones de adecuado confort. ¡No es raro encontrar aquí a peregrinos en ruta hacia Santiago!

Zallo Barri

Juan Calzada 79 ✉ 48300 – ✆ 946 25 18 00 – www.zallobarri.com
Menú 26 € – Carta 38/50 € – *(solo almuerzo salvo viernes y sábado)*
Moderno local de estilo minimalista dotado con varias salas panelables. Elaboran una cocina tradicional actualizada y hasta cuatro menús diferentes, basándose en estos últimos la mayor parte de su éxito.

GERONA

→ Ver Girona
Girona

GETAFE

Madrid – 172 526 h. – Alt. 623 m – Ver mapa regional n° **15**-B2
Madrid 14 km – Aranjuez 38 km – Toledo 56 km
Mapa de carreteras Michelin n° 576 y 575-L18

Casa de Pías

pl. Escuelas Pías 4 ✉ 28901 – ✆ 916 96 47 57 – www.casadepias.com – cerrado Semana Santa, agosto, domingo noche, lunes noche y martes noche
Carta 20/70 €
Este céntrico negocio presenta una estética de gusto contemporáneo, con cuadros actuales y un claro dominio de los tonos blancos. Cocina actual y reservado en la 1ª planta.

GETARIA (GUETARIA)

Guipúzcoa – 2 686 h. – Ver mapa regional n° **18**-B2
Madrid 487 km – Bilbao 77 km – Iruña/Pamplona 107 km – Donostia-San Sebastián 24 km
Mapa de carreteras Michelin n° 573-C23

Saiaz Getaria

Roke Deuna 25 ✉ 20808 – ✆ 943 14 01 43 – www.saiazgetaria.com – cerrado 8 diciembre-26 febrero
17 hab – 75/102 € 88/115 €, 9 €
Casa del s. XV donde aún se conservan algunos muros en piedra. Presenta una coqueta zona social, una luminosa cafetería y correctas habitaciones, la mayoría asomadas al mar.

Itxas-Gain

Roke Deuna 1 ✉ 20808 – ✆ 943 14 10 35 – www.hotelitxasgain.com – cerrado 24 diciembre-enero
16 hab – 50/75 € 65/85 €, 6 €
Su nombre significa "Sobre el mar" y atesora una terraza panorámica al borde mismo del acantilado, sirviendo allí los desayunos. Habitaciones modernas, algunas abuhardilladas.

XX ✿ **Elkano**

Herrerieta 2 ✉ 20808 – ✆ 943 14 00 24 – www.restauranteelkano.com – cerrado del 2 al 20 de noviembre, 29 marzo-15 abril, domingo noche, lunes noche y martes salvo 15 julio-agosto
Carta 55/85 €
Una casa familiar que demuestra un extraordinario conocimiento del producto, seleccionado diariamente en la lonja. Centran su propuesta en unos pescados y mariscos muy bien elaborados, normalmente de temporada y con unos puntos de parrilla realmente especiales. ¡Carta de vinos cuidada a la par que asequible!
➜ Cocochas en diferentes texturas. Rodaballo a la parrilla. Helado de queso.

XX **Kaia Kaipe**

General Arnao 4 ✉ 20808 – ✆ 943 14 05 00 – www.kaia-kaipe.com – cerrado 1ª quincena de marzo, 2ª quincena de octubre y lunes noche salvo verano
Carta 37/74 €
Se halla en el casco antiguo y cuenta con unos cuidados comedores, uno tipo terraza. Excelente bodega, vivero propio, vistas al puerto y la parrilla como gran protagonista.

X **Astillero**

Portua 1 ✉ 20808 – ✆ 943 14 04 12 – cerrado Navidades, enero, 20 días en febrero, domingo noche y martes noche
Carta 34/55 €
Asador vasco tradicional emplazado en el 2º piso de una antigua casa tipo nave, muy sencilla, familiar y con vistas a la bahía de Getaria. Ofrece unos excelentes pescados y mariscos. ¡Pruebe su Rodaballo salvaje a la parrilla!

ESPAÑA

GETXO

Vizcaya – 79 839 h. – Alt. 51 m – Ver mapa regional n° **18-A3**
Madrid 412 km – Vitoria-Gasteiz 81 km – Donostia-San Sebastián 110 km – Bilbao 16 km
Mapa de carreteras Michelin n° 573-B21

Igeretxe

Muelle de Ereaga 3 - playa de Ereaga ✉ 48992 – ✆ 944 91 00 09 – www.hotel-igeretxe.com
22 hab – †66/88 € ††106/120 €
Rest *Brasserie* – ver selección restaurantes
Un hotel con cierto encanto, pues se halla en plena playa de Ereaga y atesora unas magníficas terrazas con vistas. Ofrece correctos espacios sociales y amplias habitaciones, todas de línea actual-funcional y la mayoría asomadas al mar. Su oferta gastronómica viaja de la cocina japonesa a la más tradicional.

XX **Brasserie** – Hotel Igeretxe

Muelle de Ereaga 3 - playa de Ereaga ✉ 48992 – ✆ 944 91 00 09 – www.hotel-igeretxe.com – cerrado domingo noche y lunes en invierno
Menú 33/43 € – Carta 31/56 €
Presenta una sala luminosa y actual, así como una terraza frente al mar. Cocina tradicional especializada en pescados salvajes, que suelen elaborar con maestría a la brasa.

XX **Tamarises**

Muelle de Ereaga 4 - playa de Ereaga ✉ 48992 – ✆ 944 91 00 05 – www.tamarisesizarra.com – cerrado domingo noche
Menú 45 € – Carta 38/52 €
Un buen negocio, pues posee una gran cafetería en la planta baja y el comedor, clásico-actual, en el piso superior. Cocina tradicional y vasca muy atenta a los detalles.

GIBRALGALIA

Málaga – Ver mapa regional n° **1-B2**
Madrid 566 km – Sevilla 189 km – Málaga 38 km – Cádiz 223 km
Mapa de carreteras Michelin n° 578-V15

Posada los Cántaros
Don Ramón 17 ✉ 29569 – ✆ 952 42 35 63 – www.posadaloscantaros.com
6 hab ☕ – 👥79/109 €
Destaca tanto por sus vistas a la sierra de Gibralgalia como por sus curiosos detalles decorativos. Cálida zona social con chimenea y cuidadas habitaciones de aire rústico. El restaurante, que ofrece una carta internacional, se refuerza con una amplia terraza.

GIJÓN

Asturias – 275 274 h. – Ver mapa regional n° **3-B1**
Madrid 474 km – Bilbao 296 km – A Coruña 341 km – Oviedo 30 km
Mapa de carreteras Michelin n° 572-B12

NH Gijón
paseo del Doctor Fleming 71 ✉ 33203 – ✆ 985 19 57 55 Plano : B1**k**
– www.nh-hotels.com
64 hab – 👥69/199 €, ☕ 18 €
Se presenta con una correcta zona social, varios salones panelables y unas habitaciones actuales bien equipadas. Buen solárium panorámico en el ático, con piscina y terrazas. El restaurante, de montaje informal, combina el bar y el comedor ofreciendo tapas, raciones y una cocina tradicional actualizada.

Parador de Gijón Molino Viejo
parque de Isabel la Católica, por av. del Molinón ✉ 33203 – ✆ 985 37 05 11
– www.parador.es
40 hab – 👥75/170 €, ☕ 15 €
Con cierto encanto, instalado en un antiguo molino y ubicado en un parque, junto al estadio de fútbol de El Molinón. Sus luminosas dependencias brindan todas las comodidades y disfruta de un restaurante que apuesta por recuperar la "cocina de las guisanderas".

Tryp Rey Pelayo
av. Torcuato Fernández Miranda 26, por av. Torcuato Fernández Miranda
✉ 33203 – ✆ 985 19 98 00 – www.tryphotels.com
126 hab – 👥65/195 €, ☕ 15 € – 6 suites
Hotel de línea clásica-actual situado frente a un tranquilo parque. Ofrece buenas salas de reuniones y habitaciones bastante bien equipadas, todas con los suelos en tarima.

Santa Rosa
Santa Rosa 4 ✉ 33201 – ✆ 985 09 19 19 Plano : A1**b**
– www.bluehoteles.es
35 hab ☕ – 👥45/180 €
Ocupa un edificio centenario que esconde un interior bastante actual, con estancias modernas, alegres y luminosas. En su cafetería sirven un menú del día y platos combinados.

Marqués de San Esteban
Marqués de San Esteban 11 ✉ 33206 – ✆ 985 09 09 29 Plano : A1**x**
– www.bluehoteles.es
27 hab ☕ – 👥45/180 €
Sus habitaciones, no muy amplias pero bien equipadas, tienen una estética actual, con los suelos en tarima y en muchos casos balcón. Posee tres estancias abuhardilladas, destacando entre ellas las dos especiales... las mejores del hotel.

Pasaje
Marqués de San Esteban 3 ✉ 33206 – ✆ 985 34 24 00 Plano : A1**k**
– www.hotelpasaje.com
29 hab – 👤45/75 € 👥65/110 €, ☕ 6 €
Atesora una organización familiar y un buen emplazamiento, pues se halla frente al puerto deportivo. Ofrece una cafetería, un salón social y habitaciones de línea funcional.

ESPAÑA

⌂ **Castilla**

Corrida 50 ✉ 33206 – ✆ 985 34 62 00 Plano : A2**e**
– www.hotelcastillagijon.com
43 hab – 38/66 € 48/82 €, ☕ 5 €
Ubicado en una de las calles peatonales más céntricas y comerciales. En líneas generales presenta un estilo clásico, con la sala de desayunos como única zona social.

XXX ✿ **Auga** (Gonzalo Pañeda)

Claudio Alvargonzález ✉ 33201 – ✆ 985 16 81 86 Plano : A1**c**
– www.restauranteauga.com – cerrado 15 días en noviembre, domingo noche y lunes salvo en agosto
Menú 68 € – Carta 37/68 €
En pleno puerto de Gijón y con buenas vistas al mismo, especialmente desde su agradable terraza. En su sala, de estética actual aunque con los techos y los suelos en madera, podrá degustar una cocina tradicional actualizada.
➜ Langostino fresco con tocino ibérico y curry. Salmonete con algas, ajos tiernos y cítricos. Nuestro postre de chocolate, jengibre y albaricoque.

XXX **La Salgar** (Esther Manzano)

paseo Dr. Fleming 859, por av. del Molinón ✉ 33203 – ☎ 985 33 11 55 – www.lasalgar.es – cerrado 15 febrero-2 marzo, 20 junio-5 julio, domingo noche, lunes y martes noche

Menú 47/72 € – Carta 42/62 €

Restaurante de línea actual emplazado junto al Museo del Pueblo de Asturias, con los exteriores ajardinados. En su atractivo comedor descubrirá una carta de tinte tradicional, con un apartado creativo, así como dos menús degustación.

➜ Croquetas especiales de jamón. Pichón en dos cocciones con tosta de sus higaditos, aceituna kalamata y crema de sardinas. Galleta de naranja con crema inglesa, helado de mango, mango caramelizado y coulis de jengibre.

XX **Ciudadela**

Capua 7 ✉ 33202 – ☎ 985 34 77 32 Plano : A1**t**
– www.restauranteciudadela.com – cerrado domingo noche y lunes salvo festivos o vísperas

Menú 19 € – Carta 34/55 €

Cuenta con un concurrido bar de tapas y dos comedores, todo de cuidado ambiente rústico. En el sótano poseen otros cinco espacios más a modo de cuevas. Su completa carta alberga platos tradicionales, de cuchara, internacionales, de caza...

XX **V. Crespo**

Periodista Adeflor 3 ✉ 33205 – ☎ 985 34 75 34 Plano : A2**r**
– www.restaurantevcrespo.com – cerrado del 1 al 15 de julio, domingo noche y lunes

Menú 16/45 € – Carta 35/55 €

¡Un clásico de ambiente marinero! Su cocina tradicional y asturiana se enriquece con varias jornadas gastronómicas, como las del Cocido maragato o las del Bacalao en Cuaresma.

X **El Cencerro**

Decano Prendes Pando 24 ✉ 33208 – ☎ 984 39 15 67 Plano : A2**s**
– www.tabernaelcencerro.es – cerrado del 21 al 30 de septiembre, domingo y lunes mediodía

Menú 17/50 € – Carta 28/50 €

¡Una grata sorpresa! Propone una cocina de bases tradicionales y elaboraciones actuales, siendo su especialidad el bacalao y la carne de buey. Sus carnes son excelentes: ternera gallega, Frisona holandesa, buey de Kobe, buey de Angus...

en Somió por carretera de Villaviciosa B2

XX **La Pondala**

av. Dionisio Cifuentes 58, 3 km ✉ 33203 Gijón – ☎ 985 36 11 60 – www.lapondala.com – cerrado del 6 al 23 de junio y jueves

Carta 35/69 €

Una casa con historia, pues abrió sus puertas en 1891 y está llevada por la 4ª generación familiar. Ofrece acogedoras instalaciones de aire rústico y una cocina clásica-tradicional bien elaborada, con platos asturianos e internacionales.

en Cabueñes por carretera de Villaviciosa B2 – Ver mapa regional nº **3**-B1

Quinta Duro

camino de las Quintas 384, 5 km ✉ 33394 Cabueñes – ☎ 985 33 04 43 – www.hotelquintaduro.com – cerrado 9 diciembre-18 marzo

11 hab – †59/99 € ††72/103 €, ☕ 6,50 €

Atractiva casa señorial de finales del s. XIX rodeada por una extensa zona verde, con jardines y árboles centenarios. ¡Todo se viste con maderas nobles y mobiliario antiguo!

Casona de Cefontes

Camino de la Carbayera 564, 6 km ✉ 33394 Cabueñes – ☎ 985 33 81 29 – www.casonadecefontes.com

13 hab – †50/88 € ††55/125 €, ☕ 11 €

¡Hotelito familiar con encanto! Ocupa una casa de estética regional rodeada por una gran zona de césped y prados. Sala de desayunos con chimenea e impecables habitaciones, todas alegres, coloristas y actuales... pero con detalles rústicos.

ESPAÑA

en Santurio por carretera de Villaviciosa B2 : 7,5 km

XX **Los Nogales**
La Matona 118 ✉ 33394 Santurio – ✆ 985 33 63 34 – www.restaurantelosnogales.es – cerrado 24 diciembre-enero, lunes noche y martes
Carta 35/48 € – *(solo almuerzo en invierno salvo viernes y sábado)*
Le sorprenderá por la calidad de sus materias primas, no en vano se abastecen de su propia ganadería. Posee una terraza de verano, un buen porche acristalado precediendo al bar-sidrería y varias salas. ¡Pruebe sus deliciosas parrilladas!

GIMENELLS

Lleida – 1 141 h. – Ver mapa regional n° **9-A2**
Madrid 472 km – Barcelona 185 km – Lleida 26 km – Huesca 106 km
Mapa de carreteras Michelin n° 574-H31

XX **Malena** (Josep María Castaño)
carret. de Sucs (La Vaqueria) ✉ 25112 – ✆ 973 74 85 23 – www.malenagastronomia.com – cerrado del 2 al 6 de enero, del 1 al 7 de agosto y lunes
Menú 30/50 € – Carta 44/69 € – *(solo almuerzo salvo viernes y sábado)*
¡Todo un hallazgo! Este restaurante de línea clásica-actual está instalado en una antigua vaquería, donde se presenta con la cocina a la vista del cliente, dos comedores y un privado. El chef, que suele trabajar con productos autóctonos, elabora una carta de tinte actual y dos menús, uno de ellos de degustación.
→ Patatas y habas con caracoles al ali oli de menta. Bacalao al vapor de la brasa escaldado al "all granat". Carquinyolis ahogados en crema catalana.

ESPAÑA

GINES

Sevilla – 13 299 h. – Alt. 122 m – Ver mapa regional n° **1-B2**
Madrid 535 km – Huelva 84 km – Málaga 229 km – Sevilla 12 km
Mapa de carreteras Michelin n° 578-T11

Almansa Tapas
Arnilla 12 (carret. Espartinas) ✉ 41960 – ✆ 954 71 34 51 – www.restaurantealmansa.com – cerrado lunes
Tapa 3 € – Ración aprox. 9 €
Un local de ambiente clásico que toma un nuevo rumbo en su filosofía, pues se ha decantado por trabajar más con tapas y raciones. ¡La terraza es ahora la gran protagonista!

GIRONA (GERONA)

97 292 h. – Alt. 70 m – Ver mapa regional n° **10-A1**
Madrid 687 km – Barcelona 102 km – Lleida 229 km – Tarragona 192 km
Mapa de carreteras Michelin n° 574-G38

AC Palau de Bellavista
Pujada Polvorins 1 ✉ 17004 – ✆ 872 08 06 70 – www.ac-hotels.com Plano : B2**b**
74 hab – †70/120 € ††80/160 €, ☕ 14 €
Se encuentra en una zona residencial, rodeado de árboles y con bonitas vistas a la ciudad desde su amplio hall-terraza. Atesora unas habitaciones actuales, así como un restaurante que apuesta tanto por las carnes como por los productos locales y ecológicos.

Double Tree by Hilton Girona
Joan Pons 1, por passeig de la Devessa A1 ✉ 17004 – ✆ 972 41 46 00 – www.hotelurhgirona.com
110 hab – †58/130 € ††70/130 €, ☕ 12 € – 5 suites
Un hotel enfocado al cliente de negocios, no en vano está estratégicamente situado entre la Feria de Girona y la Audiencia Provincial. Ofrece unas habitaciones modernas, luminosas y bien equipadas, así como una pequeña piscina panorámica en la azotea. Restaurante de montaje informal y carácter polivalente.

Meliá Girona

Barcelona 112, por Ronda de Ferràn Puig A2 ✉ 17003 – ✆ 972 40 05 00
– www.meliagirona.com

108 hab – 70/140 €, 15 € – 3 suites

Resulta confortable, con una reducida zona social y varias salas de reuniones. Sus habitaciones gozan de un completo equipamiento, con mobiliario clásico de calidad. En el restaurante, también de ambiente clásico, encontrará una carta internacional.

Carlemany

pl. Miquel Santaló 1 ✉ 17002 – ✆ 972 21 12 12 Plano : A2**w**
– www.carlemany.es

89 hab – 80/160 € 84/190 €, 14,50 €

Rest *El Pati Verd* – ver selección restaurantes

Céntrico, actual y orientado al cliente de empresa. Posee una elegante zona noble, varios salones de reuniones y amplias habitaciones. Destaca por su oferta gastronómica, con un espacio para comidas informales y un restaurante circular tipo jardín de invierno.

Ciutat de Girona

Nord 2 ✉ 17001 – ✆ 972 48 30 38 Plano : A1**b**
– www.hotelciutatdegirona.com
44 hab – 80/150 € 90/160 €, 13 €
Compensa su escueta zona social con unas espléndidas habitaciones, todas luminosas, bien equipadas y de estética moderna. El restaurante sorprende por su fusión de cocinas de distintas culturas. Si le gusta el deporte baje al sótano, pues allí tienen una sala de spinning y una original piscina.

Nord 1901

Nord 7-9 ✉ 17001 – ✆ 972 41 15 22 – www.nord1901.com Plano : A1**a**
21 hab – 75/100 € 80/110 €, 12 € – 4 apartamentos
Instalado en un edificio familiar que ha sido recuperado. Lo más significativo es su amplia gama de habitaciones y apartamentos, distinguiéndose tanto por su tamaño como por sus vistas, a la calle o al encantador patio de la casa.

Llegendes de Girona Catedral

Portal de la Barca 4 ✉ 17004 – ✆ 972 22 09 05 Plano : B1**a**
– www.llegendeshotel.com
15 hab – 137 €, 12 €
Moderno y en pleno casco histórico. Tiene la zona social repartida por pequeños rincones y unas coquetas habitaciones, cada una con su leyenda y las superiores tipo dúplex.

Costabella

av. de Francia 61, por Pont de França A1 ✉ 17007 – ✆ 972 20 25 24
– www.hotelcostabella.com
45 hab – 42/52 € 49/100 €, 9,50 € – 2 suites
Piensan mucho en las familias y ofrecen unas coquetas habitaciones de línea funcional-actual. Suelen trabajar con equipos de baloncesto y ciclismo, no en vano para unos tienen camas extralargas de 220 cm. y para los otros su propio taller-garaje de bicicletas.

Massana (Pere Massana)

Bonastruc de Porta 10-12 ✉ 17001 – ✆ 972 21 38 20 Plano : A1**t**
– www.restaurantmassana.com – cerrado Navidades, 10 días en agosto, domingo y martes noche
Menú 99 € – Carta 59/72 €
Un negocio serio y bien llevado, pues el propietario siempre está atento al desarrollo de la comida. En su comedor, de línea clásica-actual, podrá descubrir una cocina innovadora que, lejos de conformarse, busca una constante evolución.
➜ Carpaccio de boletus, gamba, trufa y vinagreta de piñones. Paletilla de cabrito lacada al romero, esfera de Idiazábal y crema de ajo asado. Coco, guacamole de plátano, azúcar de caña y helado de piña colada.

Nu

Abeuradors 4 ✉ 17001 – ✆ 972 22 52 30 Plano : B2**x**
– www.nurestaurant.cat – cerrado 10 días en junio, 10 días en noviembre, lunes mediodía y domingo
Carta 33/44 €
El local, ubicado en esquina en una zona peatonal del casco antiguo, se presenta con un interior de estética minimalista. Tiene la barra frente a la cocina y sorprende al terminar muchos de sus platos ante el cliente. ¡Cocina actual con pinceladas orientales!

Vinomi

Sant Joan Bosco 59-61, por Ronda de Pedret B1 - Norte : 2,5 km ✉ 17007 – ✆ 972 20 72 18 – www.vinomi.es – cerrado 25 agosto-7 septiembre, del 24 al 31 de diciembre, domingo noche y lunes
Menú 21/45 € – Carta 28/42 €
Algo alejado del centro pero realmente original, tanto por la modernidad estética como por su tienda de vinos y licores. Cocina de bases tradicionales con platos actualizados.

XX **El Pati Verd** - Hotel Carlemany
pl. Miquel Santaló 1 ✉ 17002 – ✆ 972 21 12 12 Plano : A2**w**
– www.carlemany.es – cerrado agosto, sábado, domingo y festivos
Menú 27/55 € – Carta 35/55 € – *(solo almuerzo)*
Resulta singular, sin duda, pues ocupa una gran sala circular cubierta por un llamativo techo en madera. Vistas a la vegetación circundante y cocina tradicional actualizada.

X **Occi** N
Mercaders 3 ✉ 17004 – ✆ 972 22 71 54 Plano : B2**x**
– www.restaurantocci.com – cerrado del 1 al 15 de julio, del 7 al 15 de noviembre, domingo en verano, domingo noche en invierno y miércoles noche
Menú 19/28 € – Carta 34/47 €
Íntimo, de ambiente moderno y emplazado en una calle peatonal del casco antiguo. Su carta, de gusto tradicional pero con toques de actualidad, se complementa con dos menús.

al Noroeste por Pont de França A1, desvío a la izquierda dirección Sant Gregori y cruce desvío a Taialà : 2 km

XXXX **El Celler de Can Roca** (Joan y Jordi Roca)
✿✿✿
Can Sunyer 48 ✉ 17007 Girona – ✆ 972 22 21 57 – www.cellercanroca.com – cerrado Navidades, Semana Santa, agosto, domingo y lunes
Menú 165/195 € – Carta 95/130 € – (es necesario reservar)
La increíble evolución de esta casa familiar está vinculada al singular triángulo formado por los hermanos Roca, pues con la maestría demostrada en sus respectivos campos llevan la experiencia culinaria a niveles de excepción. Descubra texturas, matices, contrastes... y una sorprendente bodega con espacios sensoriales.
➜ Gamba marinada en vinagre de arroz, jugo de la cabeza, patas crujientes y velouté de algas. Raya confitada con aceite de mostaza, mantequilla noisette, miel y vinagre de chardonnay. Anarkia de chocolate.

ESPAÑA

GOMBRÈN

Girona – 199 h. – Alt. 919 m – Ver mapa regional n° **9-C1**
Madrid 661 km – Barcelona 117 km – Girona 98 km – Encamp 125 km
Mapa de carreteras Michelin n° 574-F36

XX **La Fonda Xesc** (Francesc Rovira)
✿
pl. Roser 1 ✉ 17531 – ✆ 972 73 04 04 – www.fondaxesc.com – cerrado del 19 al 29 de diciembre y 18 julio-1 agosto
Menú 39/79 € – Carta 49/74 € – *(cerrado lunes) (solo almuerzo salvo viernes, sábado y festivos)*
14 hab – †51 € ††83 €
Sorprendente casa familiar emplazada en una aldea de montaña. Posee varios espacios de ambiente acogedor, unos con gruesos arcos en piedra y otros con grandes ventanales abiertos al campo. Cocina creativa y menús gastronómicos. También ofrecen unas sencillas habitaciones vestidas con mobiliario provenzal.
➜ Apio, ostra, hinojo y jengibre. Cabrito del Ripollés, col, yogur y sésamo. Chocolate blanco, grosella y té ahumado.

GORGUJA ➜ Ver Llívia

Girona

El GRADO

Huesca – 448 h. – Alt. 467 m – Ver mapa regional n° **2-C1**
Madrid 460 km – Huesca 70 km – Lleida/Lérida 86 km
Mapa de carreteras Michelin n° 574-F30

X **Bodega del Somontano**
barrio del Cinca 11 (carret. de Barbastro) ✉ 22390 – ✆ 974 30 40 30
Menú 16/25 € – Carta 22/35 € – *(solo almuerzo salvo verano, viernes y sábado)*
Establecimiento de organización familiar emplazado en unas antiguas cuadras, a la entrada de la localidad. Posee dos salas de línea clásica-funcional, aunque donde sirven la carta hay una chimenea y resulta más rústica. Cocina tradicional.

GRADO DEL PICO

Segovia – 24 h. – Ver mapa regional n° **8-C2**
Madrid 157 km – Valladolid 196 km – Segovia 113 km – Soria 117 km
Mapa de carreteras Michelin n° 575-I20

La Senda de los Caracoles

Manadero, camino rural : 1,5 km ✉ 40512 – ✆ 921 12 51 19
– www.lasendadeloscaracoles.com – cerrado martes y miércoles salvo Semana Santa
16 hab – 52/75 € 79/119 €
Se halla en un entorno aislado y debe su nombre al apodo familiar. Ofrece un acogedor ambiente rústico, un salón con chimenea, una pequeña zona SPA y correctas habitaciones, en el piso superior abuhardilladas. El restaurante apuesta por la cocina tradicional.

ESPAÑA

GRANADA

Granada – 237 540 h. – Alt. 682 m – Ver mapa regional n° **1-C1**
Madrid 416 km – Málaga 124 km – Murcia 278 km – Sevilla 250 km
Mapa de carreteras Michelin n° 578-U19
Planos de la ciudad en páginas siguientes

P. Holmes / age fotostock

Alojamientos

ESPAÑA

AC Palacio de Santa Paula

Gran Vía de Colón 31 ✉ 18001 – ✆ 958 80 57 40 Plano : D2**a**
– www.hotelacpalaciodesantapaula.com
75 hab – 131/197 € 142/208 €, 20 € – 4 suites
Rest *El Claustro* – ver selección restaurantes
Está formado por un edificio del s. XIX, una casa morisca del XIV y el antiguo convento de Santa Paula, del s. XVI. Atesora unas instalaciones que rebosan encanto, con un precioso claustro y un salón social-bar en lo que fue la biblioteca.

Palacio de los Patos

Solarillo de Gracia 1 ✉ 18002 – ✆ 958 53 57 90 Plano : C3**b**
– www.hospes.com
38 hab – 180/470 €, 22 € – 4 suites
Conjunto del s. XIX donde conviven, en armonía, los elementos arquitectónicos clásicos y los detalles de vanguardia. Posee un edificio adyacente más actual y un restaurante que se completa con un patio-terraza, donde apuestan por la cocina local de producto.

Casa 1800

Benalúa 11 ✉ 18010 – ✆ 958 21 07 00 Plano : E2**f**
– www.hotelcasa1800.com
25 hab – 95/250 €, 12 € – 1 suite
Ocupa una típica casa granadina del s. XVII, de elegante aire regio y en pleno Albayzín. Traspasar su portalón y acceder al bellísimo patio es como... ¡viajar en el tiempo!

Meliá Granada

Ángel Ganivet 7 ✉ 18009 – ✆ 958 22 74 00 Plano : D3**n**
– www.melia.com
232 hab – 70/270 € – 1 suite
En una zona muy comercial y céntrica de la ciudad. Distribuye sus estancias en seis plantas, todas de línea clásica y con los niveles de confort habituales en esta cadena. El restaurante ofrece una carta tradicional enriquecida con un buen apartado de arroces.

C
D
1
2
3
Av. de la Constitución
C. Doctor Guirao Gea
C. Don Emilio Durán Durán
Av. de Madrid
C. Ancha de Capuchinos
Hospital Real
Universidad
Jardins del Triunfo
PARQUE UNIVERSITARIO DE FUENTE NUEVA
C. Doctor Jaime García Royo
C. Rector Marín Ocete
C. Doctor Severo Ochoa
C. Acera del Triunfo
Constitución
Cuesta de S. Antonio
C. Barrichuelo
C. Cartuja
C. Acera de S. Ildefonso
C. Baladas de S. Ildefonso
C. Veredillas de S. Cristóbal
C. de Murcia
Plaza de la Libertad
Puerta Elvira
Cuesta de
C. de Sta Bárbara
C. Fuente Nueva
C. de Natalio Rivas
C. Juan de Dios
Paseo del Profesor Juan Ossorio
Ventanilla
San Juan de Dios
C. Rector López Argueta
C. Navarrete
Gran Vía
C. de Elvira
Convento de Sta Isabel la Real
S. Miguel
Plaza S. Miguel Bajo
C. de Oidores
Av. de la Fuente Nueva
Plaza Soledad de S. Jerónimo
San Jerónimo
C. Profesor Motos Guirao
C. de Melchor Almagro
Antiguo Colegio de S. Bartolomé y Santiago
San Justo y Pastor
Gran Capitán
C. Alonso Cano
Universidad
POL
SAN AUGUSTIN
San José
C. de Elvira
Colón
Plaza Nueva
C. Pintor Velázquez
C. Gregorio Espín
Sol
C. Carril del Picón
C. Horno de Abad
Pl. de los Lobos
C. Duquesa
C. Trinidad
Catedral
Capilla Real
Católicos
Pl. I. la Católica
C. de Pedro Antonio de Alarcón
C. de Trajano
Sócrates
C. Tablas
C. Sta Teresa
C. de Buensuceso
C. de La Paz
Alhóndiga
Pl. Bib-Rambla
Zacatín
Reyes Católicos
Corral del Carbón
Matías
Cam. de Ronda
C. de Buensuceso
C. Jardines
Gracia
Puentezuelas
C. Parraga
Puerta Real
Navas
Cam. de Purchil
C. Moral de la Magdalena
C. de la Cruz
Águila
Ángel
Pl. de S. Antón
Recogidas
Pl. del Campillo
Pl. de Mariana Pineda
C. Arabial
C. Ángel Barrios
Azorín
C. de Pedro Antonio de Alarcón
C. General Narváez
Recogidas
C. de los Frailes
Plaza Miguel Ruíz del Castillo
PALACIO DE BIBATAUBI
Carrera de la Virgen
Huerta de S. Vicente, Casa Museo Frederico García Lorca
Virgen Blanca
C. Jerez
C. Neptuno
Cam. de Ronda
Tejeiro
C. Nueva de S. Antón
C. S. Diego
C. del Conde de Cifuentes
C. Martín Bohórquez
C. Pintor Zuloaga
Alhamar
Antón
C. Nueva de la Virgen
C. Acera del Darro
C. Rincón de Asís
a
b
d
x
a
j
n
s
N
a
b
p
C
D

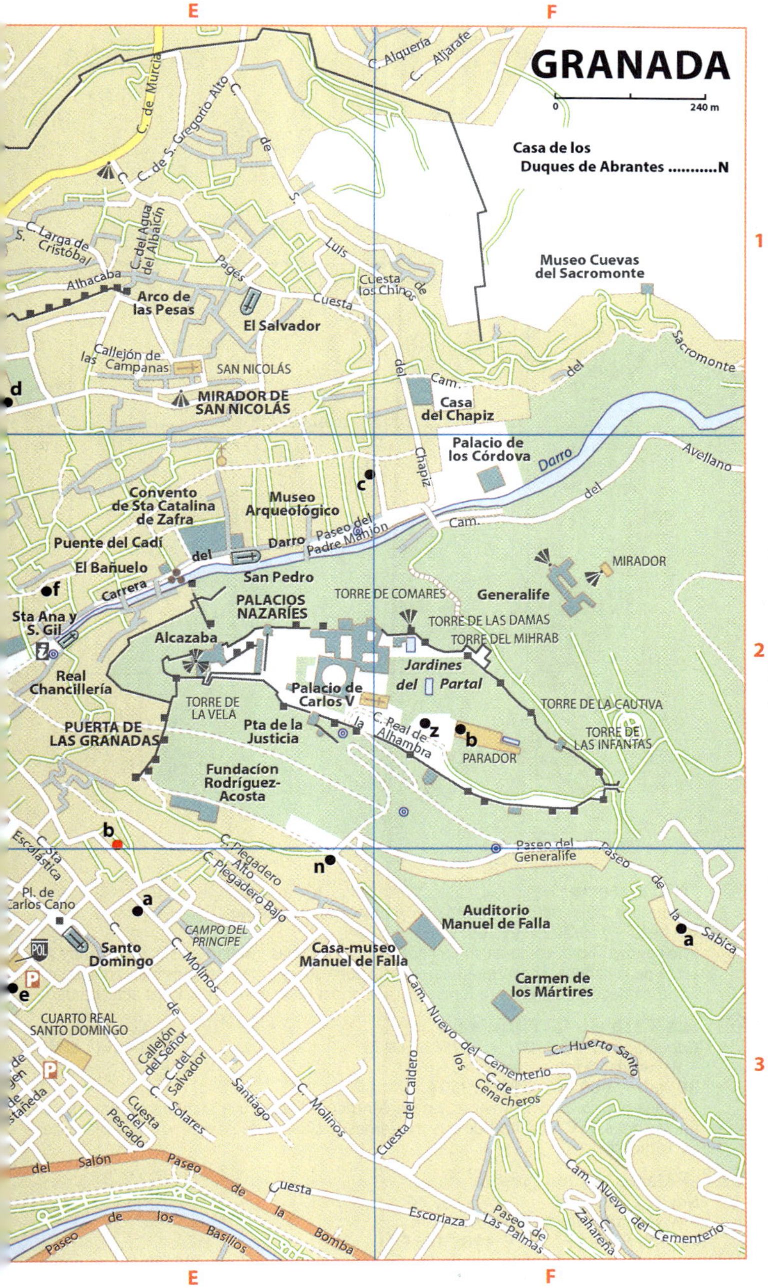
GRANADA
0
240 m
Casa de los Duques de Abrantes ....N
E
F
1
2
3
C. Alquería
C. Aljarafe
C. de Murcia
C. de S. Gregorio Alto
C. de S. Luis
C. Larga de S. Cristóbal
C. del Agua del Albaicín
Alhacaba
Pagés
Arco de las Pesas
El Salvador
Cuesta
Cuesta de los Chinos
Callejón de las Campanas
SAN NICOLÁS
MIRADOR DE SAN NICOLÁS
d
Cam. del Sacromonte
Museo Cuevas del Sacromonte
Casa del Chapiz
Palacio de los Córdova
Chapiz
Darro
Avellano
Cam. del Avellano
c
Convento de Sta Catalina de Zafra
Museo Arqueológico
Paseo del Padre Manjón
Puente del Cadí
Carrera del Darro
El Bañuelo
San Pedro
f
Sta Ana y S. Gil
PALACIOS NAZARÍES
TORRE DE COMARES
Generalife
MIRADOR
TORRE DE LAS DAMAS
TORRE DEL MIHRAB
Alcazaba
Jardines del Partal
Real Chancillería
Palacio de Carlos V
TORRE DE LA VELA
TORRE DE LA CAUTIVA
PUERTA DE LAS GRANADAS
Pta de la Justicia
C. Real de la Alhambra
z
b
PARADOR
TORRE DE LAS INFANTAS
Fundación Rodríguez-Acosta
b
Cuesta Escolástica
C. Plegadero Alto
C. Plegadero Bajo
n
Paseo del Generalife
Paseo de la Sabica
Pl. de Carlos Cano
a
CAMPO DEL PRINCIPE
Auditorio Manuel de Falla
a
POL
Santo Domingo
C. Molinos
Casa-museo Manuel de Falla
P
e
CUARTO REAL SANTO DOMINGO
Cam. Nuevo del Cementerio
Carmen de los Mártires
Callejón del Señor
C. del Salvador
C. Solares
Santiago
C. Molinos
Cuesta del Caldero
C. de los Cenacheros
C. Huerto Santo
Cuesta del Pescado
P
Paseo del Salón
Paseo de la Bomba
Cuesta Escoriaza
Paseo de Las Palmas
Cam. Nuevo del Cementerio
C. Zahareña
Paseo de los Basilios
E
F

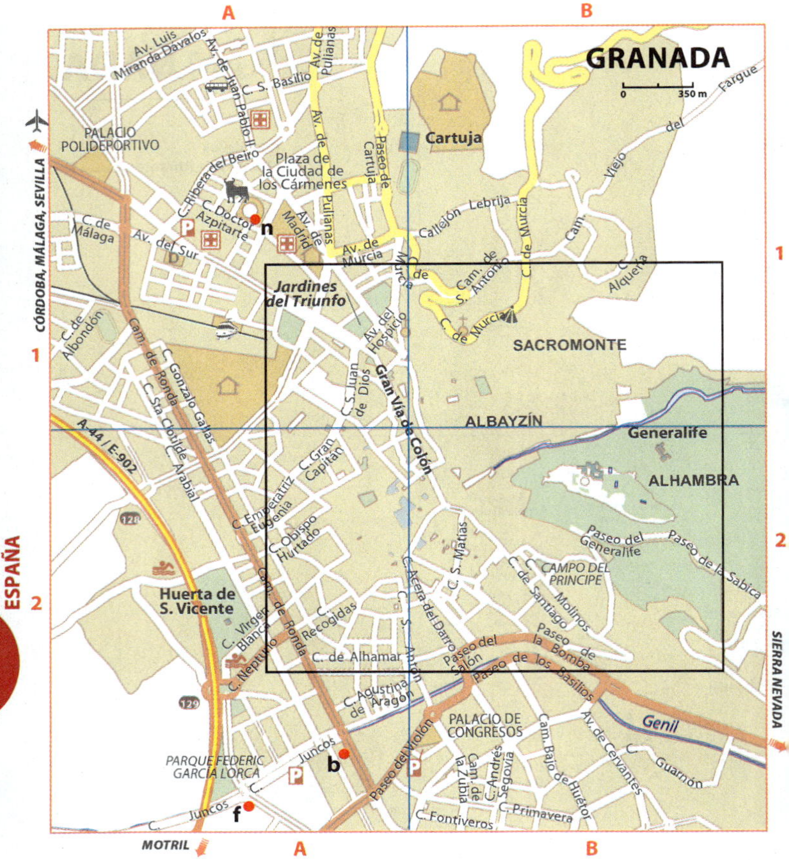

NH Victoria

Puerta Real 3 ✉ *18005 – ✆ 958 53 62 16 – www.nh-hotels.com* Plano : D3**a**

69 hab – 🚹90/302 € 🚹🚹109/324 €, ☕ 20 €

Este céntrico hotel combina su fachada clásica con unas instalaciones actuales, muy al estilo de la cadena. Encontrará una correcta zona social y habitaciones bien equipadas. En su comedor, de ambiente funcional, se elabora una cocina tradicional actualizada.

La Casa de la Trinidad

Capuchinas 2 ✉ *18001 – ✆ 958 53 60 33* Plano : D2**b**
– www.casadelatrinidad.com

36 hab – 🚹60/200 € 🚹🚹60/250 €, ☕ 14 €

Destaca por su emplazamiento, en un céntrico edificio cuya fachada se remonta a finales del s. XIX. La mitad de sus modernas habitaciones se asoman a la plaza de La Trinidad.

Palacio de los Navas

Navas 1 ✉ *18009 – ✆ 958 21 57 60* Plano : D3**s**
– www.hotelpalaciodelosnavas.com

19 hab ☕ – 🚹77/132 € 🚹🚹88/165 €

Instalado en la antigua casa de los Condes de Navas, del s. XVI. Tiene un patio típico que ejerce de zona social y confortables habitaciones, en el último piso abuhardilladas.

Casa Morisca
cuesta de la Victoria 9 ✉ 18010 – ✆ 958 22 11 00 – www.hotelcasamorisca.com Plano : EF2**c**
14 hab – 95/220 €, 12 €
¡Casa del s. XV que emana el sosiego de otros tiempos! Es todo un capricho, tanto por la belleza de sus habitaciones como por su patio porticado, con ruido de agua y plantas.

Santa Isabel la Real
Santa Isabel la Real 17 ✉ 18010 – ✆ 958 29 46 58 – www.hotelsantaisabellareal.com Plano : E1**d**
11 hab – 109/219 € 119/229 €
Casona del s. XVI ubicada en la zona alta del Albayzín, junto al convento del que toma su nombre. Agradable patio andaluz y sobrias habitaciones, una con vistas a La Alhambra.

Anacapri
Joaquín Costa 7 ✉ 18010 – ✆ 958 22 74 77 – www.hotelanacapri.com Plano : D2**d**
49 hab – 59/95 € 59/118 €, 11 €
Disfruta de un coqueto patio cubierto, usado como zona social, y cuidadas habitaciones: unas con el techo artesonado, otras tipo dúplex y la mayoría con mobiliario funcional.

Carlos V
pl. de los Campos 4 - 4° ✉ 18009 – ✆ 958 22 15 87 – www.hotelcarlosvgranada.com Plano : E3**e**
33 hab – 27/53 € 27/85 €, 6 €
Ubicado en el 4º piso de un céntrico edificio de viviendas. Ofrece unas habitaciones muy correctas, tres de ellas con balcón y todas con columna de hidromasaje en los baños.

Las Nieves
Alhóndiga 8 ✉ 18001 – ✆ 958 26 53 11 – www.hotellasnieves.com Plano : D3**x**
30 hab – 35/120 € 40/139 €, 4 €
Sencillo, de gran tradición y emplazado en una céntrica zona peatonal. Aquí encontrará habitaciones de línea moderna, con algo de diseño, y clásicas de carácter más familiar.

Molinos
Molinos 12 ✉ 18009 – ✆ 958 22 73 67 – www.hotelmolinos.es Plano : E3**a**
10 hab – 29/53 € 39/85 €, 5 €
¡El hotel más estrecho del mundo! Dadas las peculiares características del edificio no podemos esperar grandes espacios... sin embargo, ofrece un interior muy moderno y actual, con unas habitaciones bastante cuidadas, alegres y coloristas.

Restaurantes

El Claustro – Hotel AC Palacio de Santa Paula
Gran Vía de Colón 31 ✉ 18001 – ✆ 958 80 57 40 – www.hotelacpalaciodesantapaula.com Plano : D2**a**
Carta 44/58 €
Se distribuye en torno al claustro, donde montan la deliciosa terraza, y cuenta con un comedor interior en lo que fue el refectorio. Cocina actual de esmeradas presentaciones.

Arriaga
av. de la Ciencia 2 (Centro Cultural Memoria de Andalucía) ✉ 18006 – ✆ 958 13 26 19 – www.restaurantearriaga.com – cerrado domingo noche y lunes Plano : A2**f**
Menú 50 € – Carta 48/57 €
Singular, pues está en lo alto del Centro Cultural Memoria de Andalucía y atesora espectaculares vistas. Cocina tradicional puesta al día, siempre con productos de temporada.

ESPAÑA

XX **Damasqueros**

Damasqueros 3 ✉ 18009 – ✆ 958 21 05 50 Plano : E2**b**
– www.damasqueros.com – cerrado agosto, domingo noche y lunes
Menú 40 € – *(solo menú)*
En este restaurante, agradable y de línea moderna, apuestan por un menú degustación que se transforma con bastante frecuencia. Cocina actual, fresca y de espíritu innovador.

XX **Las Tinajas**

Martínez Campos 17 ✉ 18002 – ✆ 958 25 43 93 Plano : C3**p**
– www.restaurantelastinajas.com – cerrado 25 julio-20 agosto y martes
Menú 35/42 € – Carta 26/45 €
¡Un clásico granadino! Su completa carta presenta, además de dos menús degustación, un apartado de cocina andaluza y otro donde conviven platos nacionales e internacionales.

XX **Los Santanderinos** N

Albahaca 1 ✉ 18006 – ✆ 958 12 83 35 Plano : A2**b**
– www.lossantanderinos.com – cerrado del 8 al 21 de agosto y lunes
Menú 35/70 € – Carta 35/45 € – *(solo almuerzo salvo jueves, viernes y sábado)*
Atesora una larga trayectoria y una carta tradicional bastante variada, fiel tanto a los sabores del Cantábrico como a los platos de cuchara. ¡No se pierda su Cocido Montañés!

X **Alacena de las Monjas**

pl. Padre Suárez 5 ✉ 18009 – ✆ 958 22 95 19 Plano : D2**c**
– www.alacenadelasmonjas.com – cerrado del 1 al 15 de agosto, domingo noche y lunes
Carta 33/56 €
Céntrico y curioso, pues presenta un bar de tapas y un atractivo comedor en el sótano, instalado en un antiguo aljibe con los techos abovedados. Cocina actual y de temporada.

ESPAÑA

X **Puesto 43**

pl. de Gracia 3 ✉ 18002 – ✆ 958 08 29 48 Plano : C3**a**
– www.restaurantepuesto43.com – cerrado domingo noche y lunes
Carta 35/58 €
¡Un homenaje a la tradición pescadera! Este restaurante destaca por sus expositores... no en vano, compran diariamente todos los pescados y mariscos en la lonja de Motril.

Tendido 1

av. Doctor Olóriz 25 ✉ 18012 – ✆ 958 27 23 02 Plano : A1**n**
– www.tendido1.com
Ración aprox. 7 €
Encantador, rústico-actual y... ¡en los sorprendentes bajos de la plaza de toros! Su amplia oferta engloba picoteo, unas buenas raciones y la carta propia de un restaurante.

Alameda

Rector Morata 3, esquina Escudo del Carmen ✉ 18009 Plano : D3**j**
– ✆ 958 22 15 07 – www.alamedarestaurante.es
Tapa 6 € – Ración aprox. 13 € – Menú 35 €
Atractivo gastrobar de ambiente moderno y decoración vanguardista en el que se combina la cocina típica andaluza de elaboración actual con diversos platos de nueva creación.

en La Alhambra – Ver mapa regional n° 1-C1

Alhambra Palace

pl. Arquitecto García de Paredes 1 ✉ 18009 – ✆ 958 22 14 68 Plano : E3**n**
– www.h-alhambrapalace.es
115 hab – †129/323 € ††141/323 €, ☕ 28 € – 11 suites
Un hotel emblemático y ya centenario, pues fue inaugurado por el rey Alfonso XIII en 1910. Aquí se combinan por doquier los detalles palaciegos con los de influencia árabe e inspiración nazarí. El restaurante, suntuoso y con una terraza cubierta que destaca por sus vistas, propone una cocina de gusto internacional.

Parador de Granada

Real de la Alhambra ✉ 18009 – ✆ 958 22 14 40 – www.parador.es Plano : F2**b**

40 hab – ††200/340 €, ☕ 20 € – 5 suites

Encantador y con historia, pues ocupa un antiguo convento franciscano construido sobre los restos de un palacio nazarí. Atesora un claustro, bellos jardines, terrazas... y una oferta culinaria que combina la cocina andaluza con algunas especialidades nazaríes.

Guadalupe

paseo de la Sabica ✉ 18009 – ✆ 958 22 57 30 – www.hotelguadalupe.es Plano : F3**a**

42 hab – †50/85 € ††59/125 €, ☕ 11 €

¡Junto a La Alhambra! Presenta dos tipos de habitaciones, actuales y clásicas, destacando las del 4º piso por contar con bañeras de hidromasaje y balcón (dos con magnífica terraza). El sencillo comedor ofrece una carta tradicional, con un apartado de pizzas.

América

Real de la Alhambra 53 ✉ 18009 – ✆ 958 22 74 71 – www.hotelamericagranada.com – marzo-noviembre Plano : F2**z**

16 hab – †60/105 € ††80/145 €, ☕ 8,50 €

¡En la ciudadela de La Alhambra! Tiene un marcado carácter familiar y dos edificios que se unen por un patio-jardín. Entrañable zona social y habitaciones de ambiente rústico. En su comedor se pueden degustar diversos platos "granainos" y de sabor casero.

La GRANJA (SAN ILDEFONSO)

Segovia – 5 569 h. – Alt. 1 192 m – Ver mapa regional n° **8-C3**

Madrid 77 km – Segovia 13 km – Ávila 76 km – Valladolid 128 km

Mapa de carreteras Michelin n° 575-J17

Parador de La Granja

Infantes 3 ✉ 40100 – ✆ 921 01 07 50 – www.parador.es

102 hab – ††90/180 €, ☕ 18 € – 25 suites

Instalado en la impresionante Casa de los Infantes, del s. XVIII. Presenta un interior muy actual, hasta tres patios y espaciosas habitaciones. El restaurante, que tiene entrada propia, ofrece una carta de base tradicional con platos actualizados y dos menús.

Roma

Guardas 2 ✉ 40100 – ✆ 921 47 07 52 – www.hotelroma.org – cerrado del 20 al 28 de diciembre, del 15 al 25 de junio y del 15 al 30 de noviembre

16 hab ☕ – †35/45 € ††55/70 €

Edificio de finales del s. XIX ubicado junto al palacio y sus jardines. Aquí encontrará dos tipos de habitaciones, en una planta rústicas y en la otra un poco más clásicas.

Reina XIV

Reina 14 ✉ 40100 – ✆ 921 47 05 48 – www.reina14.com – cerrado 8 enero-8 febrero, lunes y martes

Carta 29/36 € – *(solo almuerzo salvo viernes y sábado)*

Fácil de localizar, pues se encuentra junto al parador. Posee una bonita bodega vista y dos comedores, el principal de ambiente clásico. Su cocina de tinte tradicional se enriquece con platos típicos, como los famosos Judiones de La Granja.

en la carretera del puerto de Navacerrada

El Jardín de la Hilaria

Valsain, Sur : 3 km ✉ 40109 Valsain – ✆ 921 47 80 42 – www.eljardindelahilaria.com

14 hab ☕ – †50 € ††70/90 €

Rest *Hilaria* – ver selección restaurantes

Atractivo edificio ubicado al borde de la carretera. Posee un acogedor salón social con chimenea y confortables habitaciones, unas con mobiliario actual y otras de estilo antiguo. ¡Solicite las abuhardilladas, pues son más amplias!

Hilaria – Hotel El Jardín de la Hilaria
Valsain, Sur : 3 km ✉ 40109 Valsain – ✆ 921 47 02 92
– www.eljardindehilaria.com – cerrado 10 días en junio, 10 días en noviembre y lunes salvo festivos
Menú 20/50 € – Carta 24/38 € – *(solo almuerzo salvo fines de semana y verano)*
Esta casa se presenta con una terraza acristalada, un bar público y las salas repartidas en dos plantas, ambas de ambiente clásico-regional. Cocina regional y platos típicos.

GRANOLLERS

Barcelona – 59 753 h. – Alt. 148 m – Ver mapa regional n° **10-B2**
Madrid 630 km – Barcelona 32 km – Girona 76 km – Tarragona 122 km
Mapa de carreteras Michelin n° 574-H36

Fonda Europa
Agustí Vinyamata 2 ✉ 08402 – ✆ 938 70 03 12 Plano : B2**f**
– www.fondaeuropa.eu
37 hab – 80 € 85 €, 8 €
Rest *Fonda Europa* – ver selección restaurantes
Se considera el hotel más antiguo de Cataluña y algunos detalles decorativos se atribuyen a... ¡discípulos de Gaudí! Encontrará unas habitaciones de buen nivel, funcionales, confortables y las más originales con unos baños muy coloristas.

Granollers
av. Francesc Macià 300 ✉ 08401 – ✆ 938 79 51 00 Plano : A3**n**
– www.hotelgranollers.com
72 hab – 45/80 € 55/110 €, 6 €
Hotel de carácter urbano situado a la salida de la ciudad, en una zona industrial, con amplias salas para reuniones y dependencias de adecuado confort. Dispone de dos restaurantes, uno de corte clásico y el otro enfocado más al buffet.

Iris
av. Sant Esteve 92 ✉ 08402 – ✆ 938 79 29 29 Plano : B2**k**
– www.hoteliris.com
54 hab – 45/65 € 50/80 €, 6 €
Próximo a la estación de cercanías. Posee un pequeño hall, con el bar integrado, y habitaciones funcionales de distintos tipos, destacando las renovadas por su mayor confort.

La Taverna d'en Grivé
Josep Maria Segarra 98 (carret. de Sant Celoni) ✉ 08400 Plano : B1**c**
– ✆ 938 49 57 83 – www.tavernagrive.cat – cerrado 15 días en agosto, domingo noche, lunes y miércoles noche
Menú 35/65 € – Carta 37/128 €
Restaurante familiar que sorprende, tras su discreta fachada, por su buen nivel de montaje, con tres salas de acogedora rusticidad. Buena carta de producto y de mercado.

El Trabuc
carret. de El Masnou, por avinguda de Francesc Macià A3 ✉ 08401
– ✆ 938 70 86 57 – www.eltrabuc.com – cerrado del 17 al 27 de agosto y domingo noche
Menú 35 € – Carta 22/54 €
Antigua masía dotada con varias salas de aire rústico y un porche acristalado. Su carta de cocina tradicional catalana trabaja mucho los caracoles, el bacalao y la brasa.

Fonda Europa – Hotel Fonda Europa
Agustí Vinyamata 2 ✉ 08402 – ✆ 938 70 03 12 Plano : B2**f**
– www.fondaeuropa.eu
Carta 23/34 €
¡Goza de gran tradición, pues abrió en 1771! Ofrece un bar público muy conocido por sus desayunos de "cuchillo y tenedor", dos salas de línea clásica-antigua y tres privados. Cocina catalana, platos del día, arroces y un apartado de brasa.

ESPAÑA

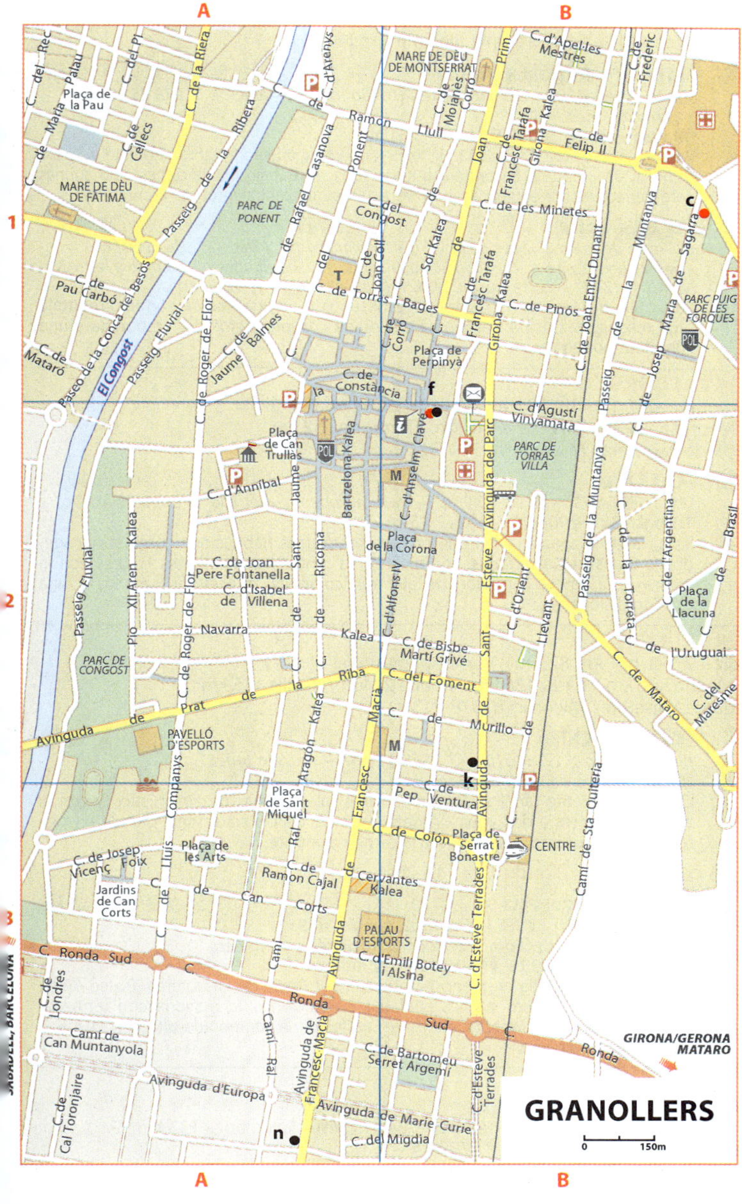
GRANOLLERS
0 150m
A
B
1
2
3
GIRONA/GERONA
MATARO
SABADELL, BARCELONA
MARE DE DÈU DE MONTSERRAT
MARE DE DÈU DE FATIMA
PARC DE PONENT
PARC PUIG DE LES FORQUES
PARC DE TORRAS VILLA
PARC DE CONGOST
PAVELLÓ D'ESPORTS
PALAU D'ESPORTS
CENTRE
El Congost
Plaça de la Pau
Plaça de Perpinyà
Plaça de Can Trullàs
Plaça de la Corona
Plaça de la Llacuna
Plaça de Sant Miquel
Plaça de les Arts
Plaça de Serrat i Bonastre
Jardins de Can Corts
C. de Maria Palau
C. del Pi
C. de la Riera
C. de Cellecs
C. d'Arenys
Passeig de la Ribera
C. de Rafael Casanova
C. de Ramon Llull
C. de Ponent
C. de Moianès
Corró
C. d'Apel·les Mestres
C. de Frederic
C. de Felip II
C. de Joan Prim
C. de Francesc Tarafa
Girona Kalea
C. de les Minetes
C. del Congost
Sol Kalea
C. de Joan Coll
C. de Torras i Bages
C. de Pinós
C. de Joan Enric Dunant
C. de Josep Maria de Sagarra
Passeig de la Muntanya
C. de Pau Carbó
Paseo de la Conca del Besòs
Passeig Fluvial
C. de Roger de Flor
C. de Jaume Balmes
C. de Mataró
C. de Corró
C. de Constància
C. d'Agustí Vinyamata
C. d'Anníbal
Bartzelona Kalea
C. d'Anselm Clavé
Avinguda del Parc
C. de Sant Jaume
C. de Ricoma
C. d'Alfons IV
C. de Joan Pere Fontanella
C. d'Isabel de Villena
Navarra Kalea
C. de Bisbe Martí Grivé
Pio XII Aren Kalea
C. d'Orient
Llevant
C. de la Torreta
C. de l'Argentina
C. de Brasil
C. de l'Uruguai
C. de Mataró
C. del Maresme
Avinguda de Prat de la Riba
C. del Foment
C. de Murillo
C. de Aragón Kalea
Avinguda de Francesc Macià
Avinguda de Sant Esteve
C. de Pep Ventura
C. de Colón
C. de Lluís Companys
Camí de Sta Quitèria
C. de Josep Vicenç Foix
C. de Ramon Cajal
Cervantes Kalea
C. de Can Corts
Camí Ral
C. d'Emili Botey i Alsina
C. d'Esteve Terrades
C. Ronda Sud
C. de Londres
Camí de Can Muntanyola
Avinguda d'Europa
C. de Cal Toronjaire
C. de Bartomeu Serret Argemí
Avinguda de Marie Curie
C. del Migdia
f
c
k
n

ESPAÑA

en Vilanova del Vallès por av. de Francesc Macià A3

Mercure Augusta Vallès

salida 13 AP-7, Sur : 4,5 km ✉ 08410 Vilanova del Vallès – ✆ 938 45 60 50 – www.accor.es
98 hab – ††70/360 €, ☕ 12 € – 2 suites
Próximo al circuito de Cataluña, de línea moderna y orientado tanto al cliente de paso como al de empresa. Encontrará buenas salas de trabajo, habitaciones algo sobrias pero perfectamente equipadas y un restaurante que centra su oferta en un menú.

El Bon Caliu

av. Verge de Nuria 26, Sur : 6 km ✉ 08410 Vilanova del Vallès – ✆ 938 45 60 68 – www.elboncaliu.com – cerrado Semana Santa, 15 días en agosto, domingo y festivos
Menú 16/24 € – Carta aprox. 30 € – *(solo almuerzo salvo viernes)*
Su amplio hall, con barra de apoyo, está seguido de una sala de correcto montaje y un reservado. Cocina tradicional elaborada con productos de temporada y una completa bodega.

GRATALLOPS

Tarragona – 250 h. – Alt. 301 m – Ver mapa regional n° **9-A3**
Madrid 512 km – Barcelona 146 km – Tarragona 52 km
Mapa de carreteras Michelin n° 574-I32

Cal Llop

Dalt 21 ✉ 43737 – ✆ 977 83 95 02 – www.cal-llop.com – cerrado 10 enero-20 febrero
10 hab ☕ – †90/125 € ††112/150 €
Se halla en la zona alta del pueblo y presenta unas habitaciones bastante acogedoras, todas personalizadas, combinando la pintura en diferentes colores con la piedra vista. En el comedor, de aire rústico-actual, ofrecen dos menús y una carta tradicional.

ESPAÑA

GRAZALEMA

Cádiz – 2 171 h. – Alt. 823 m – Ver mapa regional n° **1-B2**
Madrid 567 km – Cádiz 136 km – Ronda 27 km – Sevilla 135 km
Mapa de carreteras Michelin n° 578-V13

Cádiz el Chico

pl. de España 8 ✉ 11610 – ✆ 956 13 20 67 – cerrado lunes
Menú 12/45 € – Carta 16/38 €
Casa de ambiente familiar dotada con dos salas, ambas de aire rústico y con el techo en madera a dos aguas. Amplia carta de cocina tradicional basada en platos como el cordero, los asados y la carne de monte.

en la carretera de Ronda Este : 4,5 km

Fuerte Grazalema

carret. A-372, km 53 ✉ 11610 Grazalema – ✆ 956 13 30 00 – www.fuertehoteles.com – cerrado 3 noviembre-12 febrero
75 hab ☕ – †40/95 € ††50/115 € – 2 suites
Aislado, pues se halla en pleno Parque Natural Sierra de Grazalema. Posee diversos detalles ecológicos y unas cuidadas habitaciones, la mayoría con terraza y hermosas vistas. El comedor alterna el buffet de la temporada alta con el menú de la temporada baja.

GREDOS

Ávila – Ver mapa regional n° **8-B3**
Madrid 173 km – Valladolid 199 km – Ávila 61 km – Salamanca 133 km
Mapa de carreteras Michelin n° 575-K14

Parador de Gredos

carret. Av 941, km 42 (alt. 1 650) ✉ 05635 – ✆ 920 34 80 48 – www.parador.es
72 hab – ††70/140 €, ☕ 15 € – 2 suites
Edificio de piedra ubicado en un hermoso y aislado entorno natural. Fue el 1er parador de la cadena y es donde se reunieron los políticos que redactaron la Constitución española. En su comedor podrá descubrir los platos típicos de la región, como las famosas Judías del Barco o el Chuletón de ternera de Ávila.

GRIÑÓN

Madrid – 9 873 h. – Alt. 670 m – Ver mapa regional n° **15**-A2
Madrid 34 km – Toledo 50 km – Cuenca 180 km – Ávila 130 km
Mapa de carreteras Michelin n° 576 y 575-L18

El Bistró

av. Humanes 52 ✉ 28971 – ✆ 918 14 99 27 – www.laromanee.com – cerrado agosto y lunes
Carta 25/36 € – *(solo almuerzo salvo viernes y sábado)*
Instalado en un chalet que sorprende tanto por sus cuidados exteriores como por su interior, de línea clásica-actual. Amplia carta de cocina tradicional actualizada, con un interesante apartado para compartir y algunos grandes clásicos de la familia Sandoval.

O GROVE

Pontevedra – 11 096 h. – Ver mapa regional n° **13**-A2
Madrid 635 km – Pontevedra 31 km – Santiago de Compostela 74 km
Mapa de carreteras Michelin n° 571-E3

Maruxia

av. Luis Casais 14 ✉ 36980 – ✆ 986 73 27 95 – www.hotelmaruxia.com – cerrado 12 diciembre-15 marzo
57 hab – 40/90 € 50/105 € – 2 suites
¡Bien actualizado y llevado en familia! Cuenta con una correcta zona social y habitaciones de buen confort, todas con mobiliario clásico-funcional y algunas con sofá-cama adicional. Solárium con vistas en la azotea.

D'Berto

av. Teniente Domínguez 84 ✉ 36980 – ✆ 986 73 34 47 – www.dberto.com – cerrado del 18 al 31 de enero, del 16 al 31 de mayo, lunes noche y martes salvo julio-agosto
Carta 40/60 €
¡Los productos de la ría en su máxima expresión! Si es de los que piensa que el tamaño sí importa no dude en comer aquí pues, aparte de unos pescados y mariscos realmente sorprendentes, encontrará un buen servicio e inigualable calidad.

A Solaina

Cruceiro 8 ✉ 36980 – ✆ 986 73 34 04 – www.marisqueriassolaina.com – cerrado 17 enero-4 marzo y miércoles salvo verano y festivos
Carta 28/52 €
Nécoras, centollos, navajas, bogavantes... esta es una casa especializada en pescados y mariscos, gallegos y de excepcional calidad. Destaca tanto por la amabilidad como por su emplazamiento, en una calle peatonal de la zona del puerto.

Beiramar

av. Beiramar 30 ✉ 36980 – ✆ 986 73 10 81 – www.restaurantebeiramar.com – cerrado noviembre, domingo noche y lunes salvo verano
Carta 24/49 €
Restaurante de larga trayectoria familiar, y reducidas dimensiones, situado frente al puerto. Combina una estética actual con una carta especializada en pescados y mariscos.

Solaina

av. Beiramar ✉ 36980 – ✆ 986 73 29 69 – www.marisqueriassolaina.com – cerrado 21 diciembre-29 enero, domingo noche y martes salvo verano
Carta 26/43 €
Este sencillo restaurante-marisquería, que está llevado directamente por sus propietarios, trabaja mucho gracias a la calidad de sus productos. Cuenta con una terraza de verano y en la sala superior disfruta de buenas vistas al puerto.

en Reboredo Suroeste : 3 km

Mirador Ría de Arosa

Reboredo 110 ✉ 36988 Reboredo – ✆ 986 73 18 99 – www.miradorriadearosa.es – cerrado diciembre- febrero

32 hab – 30/45 € 45/85 €

Disfruta de buenas vistas a la ría, tanto desde las habitaciones como desde su zona social. Encontrará unas habitaciones de línea clásica, la mayoría de ellas con balcón-terraza, así como una cafetería y un sencillo comedor, este último con grandes ventanales panorámicos y una cocina de tinte regional.

Culler de Pau (Javier Olleros)

Reboredo 73 ✉ 36988 Reboredo – ✆ 986 73 22 75 – www.cullerdepau.com – cerrado 18 enero-febrero, lunes noche, jueves noche salvo julio-agosto y martes

Menú 48/90 € – Carta 55/75 €

Buenas ideas, aptitudes y... ¡unas hermosas vistas a la ría! En la sala, de aire minimalista y con grandes cristaleras, podrá elegir entre su menú degustación o una carta creativa que desvela tanto las raíces gallegas como una sutil influencia nipona.

→ Verduras naturales con fondo de queso del país. Merluza con su jugo, puerros jóvenes y acelgas. Frambuesas, aguacate e hibisco.

en la carretera de Pontevedra Sur : 4 km

Abeiras

Ensenada de O Bao ✉ 36980 O Grove – ✆ 986 73 51 34 – www.hotelabeiras.com – mayo-octubre

46 hab – 49/153 €

Está construido en piedra y disfruta de un entorno muy relajante, pues se encuentra en una finca repleta de pinos y eucaliptos. Ofrece un salón social con chimenea y habitaciones amplias de buen confort. El restaurante, que elabora una cocina de gusto tradicional, se ocupa de los tres servicios del día.

ESPAÑA

en Balea Suroeste : 5 km

Brasería Sansibar

Balea 20 B ✉ 36988 Balea – ✆ 986 73 85 13 – www.braseriasansibar.com – cerrado 22 diciembre-10 enero y miércoles salvo julio y agosto

Menú 49 € – Carta 34/60 € – *(solo almuerzo salvo viernes y sábado)* (es necesario reservar)

Si lo que busca son carnes a la parrilla esta es una gran opción... además, siempre vienen acompañadas por unos sabrosos entrantes de origen local. Sala alargada de correcto montaje y agradable porche-terraza en la parte trasera.

en San Vicente do Mar Suroeste : 8,5 km – Ver mapa regional n° 13-A2

Atlántico

✉ 36989 San Vicente del Mar – ✆ 986 73 80 61 – www.hotelspatlantico.com – 28 marzo-15 octubre

43 hab – 45/130 € 60/158 €

Resulta agradable tanto por su estilo, de cierta elegancia, como por sus cuidados exteriores... de hecho, cuenta con algunos árboles realmente sorprendentes. Completa oferta lúdica con tratamientos corporales, piscina ajardinada y SPA. En su restaurante podrá degustar diversos platos de tinte tradicional.

GUADALAJARA

84 504 h. – Alt. 679 m – Ver mapa regional n° 7-C1

Madrid 55 km – Aranda de Duero 159 km – Calatayud 179 km – Cuenca 156 km

Mapa de carreteras Michelin n° 576-K20

AC Guadalajara

av. del Ejército 6 ✉ 19004 – ✆ 949 24 83 70 – www.ac-hotels.com — Plano : A1t

101 hab – 56/65 €, 11 € – 2 suites

¡Al más puro estilo de la cadena! Edificio de línea moderna dotado con un buen hall-recepción, un salón polivalente y habitaciones actuales de completo equipamiento, las de la 4ª planta con terraza privada. El restaurante, muy luminoso y de montaje actual, ofrece una carta tradicional y un menú del día.

XXX **Amparito Roca**

Toledo 19 ✉ 19002 – ☎ 949 21 46 39 Plano : B2**b**
– www.amparitoroca.com – cerrado domingo noche
Menú 40/50 € – Carta 40/51 €
Un restaurante llevado con gran profesionalidad. Se halla en un chalet y se presenta con una pequeña terraza, un bar privado y una acogedora sala de línea clásica-actual. Su cocina tradicional actualizada se ve completada con varios menús.

XX **Lino**

Vizcondesa de Jorbalán 10 ✉ 19001 – ☎ 949 25 38 45 Plano : B1**c**
– www.grupolino.com
Menú 10/42 € – Carta 34/54 € – *(solo almuerzo salvo viernes y sábado)*
En el casco antiguo. Ofrece una amplia cafetería, un comedor clásico, con una cava acristalada, y una zona de banquetes transformable en cuatro privados. Su extensa carta tradicional, con detalles actuales, está apoyada por tres menús.

en Marchamalo por av. del Ejército A1 : 4 km

XX **Las Llaves**

pl. Mayor 16 ✉ 19180 Marchamalo – ☎ 949 25 04 85 – www.lasllaves.es – cerrado Semana Santa, 21 días en agosto, domingo noche y lunes en invierno

Menú 36/50 € – Carta 30/55 € – *(solo almuerzo en invierno salvo fines de semana)*

Palacete del s. XVI dotado con un patio-terraza, dos salas de elegante estilo clásico y un privado. Cocina clásica de buen nivel, con platos tradicionales e internacionales.

GUADALUPE

Cáceres – 2 004 h. – Alt. 640 m – Ver mapa regional n° **12-C2**

Madrid 245 km – Cáceres 124 km – Mérida 127 km

Mapa de carreteras Michelin n° 576-N14

Parador de Guadalupe

Marqués de la Romana 12 ✉ 10140 – ☎ 927 36 70 75 – www.parador.es

41 hab – 75/155 €, 16 €

Rodeado de hermosos parajes y levantado sobre lo que fue el Palacio del Marqués de la Romana, del s. XVI. Atesora unas habitaciones de noble ambiente castellano, bellísimos jardines, relajantes patios y agradables terrazas. Cocina de inspiración regional.

GUADARRAMA

Madrid – 15 712 h. – Alt. 965 m – Ver mapa regional n° **15-A2**

Madrid 50 km – Segovia 48 km – Ávila 71 km – Toledo 125 km

Mapa de carreteras Michelin n° 576 y 575-J17

ESPAÑA

X **La Calleja**

calleja del Potro 6 ✉ 28440 – ☎ 918 54 85 63 – www.restaurantelacalleja.com – cerrado del 1 al 15 de junio y lunes

Carta 30/47 € – *(solo almuerzo en invierno salvo viernes y sábado)*

Agradable establecimiento familiar dotado con un pequeño bar y un único comedor, rústico y con las paredes en ladrillo visto. ¡Lo más solicitado son sus carnes a la brasa!

GUALBA

Barcelona – 1 394 h. – Alt. 177 m – Ver mapa regional n° **10-A2**

Madrid 657 km – Girona 52 km – Barcelona 57 km

Mapa de carreteras Michelin n° 574-G37

al Sureste 3 km y desvío a la izquierda 1 km

Masferrer

✉ 08474 Gualba – ☎ 938 48 77 05 – www.hotelmasferrer.com – cerrado diciembre-enero

12 hab – 89/97 € 115/125 €

Antigua masía ubicada en plena naturaleza, con la sierra del Montseny al fondo. Sus habitaciones poseen mobiliario antiguo y bañera de hidromasaje en la mayoría de los baños. El restaurante, dotado con grandes ventanales, ofrece una cocina de raíces catalanas.

GUALTA

Girona – 368 h. – Alt. 15 m – Ver mapa regional n° **10-B1**

Madrid 732 km – Barcelona 130 km – Girona 32 km – Perpignan 99 km

Mapa de carreteras Michelin n° 574-F39

en la carretera C31 Este : 3,5 km

Double Tree by Hilton Empordà

carret. Torroella de Montgrí a Palafrugell ✉ 17257 Gualta – ☎ 972 78 20 30 – www.doubletree3.hilton.com

87 hab – 85/185 € 105/215 €

Hotel de líneas puras y sencillas ubicado dentro del complejo de golf, por lo que está rodeado por el césped. Presenta unas instalaciones diáfanas y modernas habitaciones, todas muy luminosas y en tonos blancos. El restaurante, funcional y de carácter polivalente, ofrece una carta tradicional actualizada.

A GUARDA (La GUARDIA)

Pontevedra – 10 438 h. – Alt. 40 m – Ver mapa regional n° **13-A3**
Madrid 628 km – Ourense 129 km – Pontevedra 72 km – Porto 148 km
Mapa de carreteras Michelin n° 571-G3

Convento de San Benito

pl. de San Benito ✉ 36780 – ☎ 986 61 11 66 – www.hotelsanbenito.es – cerrado enero
30 hab – 45/58 € 48/75 €, 6 €
Hotel con encanto instalado en un edificio histórico. Todas sus habitaciones poseen mobiliario de época, sin embargo las superiores también disfrutan de bellas paredes en piedra. ¡Exhibe una valiosa colección de azulejos hispano-árabes!

Marouco

Marouco 6, al Noreste : 1,7 km ✉ 36780 – ☎ 986 60 91 38 – www.aparthotelmarouco.com
16 hab – 45/70 € 55/75 €, 4 € – 13 apartamentos
Está a las afueras de la localidad y ocupa dos edificios de nueva construcción, el más moderno con la mayoría de los apartamentos. Sorprendentemente posee un prado con establos, donde tienen caballos a disposición de los clientes.

Trasmallo

Porto 59 ✉ 36780 – ☎ 986 61 04 73 – www.restaurantetrasmallo.es – cerrado del 13 al 29 de octubre, 14 días en febrero y miércoles en invierno
Menú 12/45 € – Carta 24/38 € – *(solo almuerzo en invierno salvo jueves, viernes y sábado)*
Aunque en este negocio también encontraremos arroces y carnes, los grandes protagonistas de la casa son los pescados y mariscos, de hecho cuentan con un gran vivero de langostas y bogavantes. Interior rústico y amable organización familiar.

La GUARDIA → Ver A Guarda

Pontevedra

GUERNICA Y LUNO → Ver Gernika-Lumo

Vizcaya

GUETARIA → Ver Getaria

Guipúzcoa

GUIJUELO

Salamanca – 5 939 h. – Alt. 1 010 m – Ver mapa regional n° **8-B3**
Madrid 206 km – Ávila 99 km – Plasencia 83 km – Salamanca 49 km
Mapa de carreteras Michelin n° 575-K12

Entredos

Encina 26 ✉ 37770 – ☎ 923 15 81 97 – www.hotelentredos.com
19 hab – 45/60 € 60/75 €
Ubicado a las afueras de la ciudad, junto a la línea de tren abandonada. Resulta coqueto y acogedor, con una estética actual y un evidente gusto por los detalles. Clientela habitual de empresarios y comerciales.

El Pernil Ibérico

Chinarral 62 ✉ 37770 – ☎ 923 58 14 02
Menú 25 € – Carta 23/38 €
Ofrece un bar-mesón, un rincón para la venta de productos ibéricos, con mesas de tapeo, y un comedor rústico-actual en el sótano. Carta tradicional rica en carnes y embutidos.

HARO

La Rioja – 11 713 h. – Alt. 479 m – Ver mapa regional n° **14-A2**
Madrid 330 km – Burgos 87 km – Logroño 49 km – Vitoria-Gasteiz 43 km
Mapa de carreteras Michelin n° 573-E21

Los Agustinos

San Agustín 2 ✉ 26200 – ☎ 941 31 13 08 – www.hotellosagustinos.com
62 hab – 73/102 € 84/135 €, 17 € – 2 suites
Se halla en un antiguo convento del s. XIV, dotado hoy con habitaciones clásicas y un majestuoso claustro cubierto que hace de zona polivalente. El restaurante ofrece tres salas, dos de ellas en los pasillos del claustro, y una cocina tradicional actualizada.

ESPAÑA

Arrope

Virgen de la Vega 31 ✉ 26200 – ✆ 941 30 40 25 – www.hotelarrope.com
21 hab – 🚹44/72 € 🚹🚹55/102 €, ☕ 8 €
En un edificio protegido del s. XIX, lo que le limita para hacer reformas pero le confiere un encanto especial. Bonita fachada en piedra con miradores, rincón-biblioteca y habitaciones de línea actual. El restaurante completa su pequeña carta con sugerencias.

HECHO

Huesca – 924 h. – Alt. 833 m – Ver mapa regional n° **2-B1**
▶ Madrid 497 km – Huesca 102 km – Jaca 49 km – Iruña/Pamplona 122 km
Mapa de carreteras Michelin n° 574-D27

Canteré

Aire 1 ✉ 22720 – ✆ 974 37 52 14 – www.cantere.es – cerrado febrero y miércoles
Menú 21/26 € – Carta aprox. 35 € – *(solo almuerzo de noviembre-marzo salvo viernes y sábado)*
Ocupa una hermosa casa "chesa" definida por la piedra, la madera y por una antigua viña que crece abrazada a su fachada. Su carta tradicional se enriquece con jugosas jornadas gastronómicas, unas micológicas y otras dedicadas a la matanza.

en la carretera de Selva de Oza Norte : 7 km

Usón

✉ 22720 Hecho – ✆ 974 37 53 58 – www.hoteluson.com – Semana Santa-15 octubre
8 hab – 🚹40/45 € 🚹🚹53/58 €, ☕ 6 € – 4 apartamentos
Se halla en plena naturaleza y debe su nombre a un tipo de seta. Se autoabastecen de energía, poseen un huerto ecológico, tienen cerveza de elaboración propia y ofrecen correctas habitaciones, todas de aire rústico. ¡Comedor exclusivo para el cliente alojado!

HELLÍN

Albacete – 31 029 h. – Alt. 566 m – Ver mapa regional n° **7-D3**
▶ Madrid 306 km – Albacete 59 km – Murcia 84 km – València 186 km
Mapa de carreteras Michelin n° 576-Q24

Emilio

carret. de Jaén 23 ✉ 02400 – ✆ 967 30 15 80 – www.hremilio.com
31 hab ☕ – 🚹45/55 € 🚹🚹66/85 €
Presenta dos entradas diferentes y unas habitaciones de buen confort, las renovadas de línea clásica. Su restaurante oferta una cocina de tinte tradicional, con opción a menús, una completa bodega y platos tan populares como el Arroz con conejo y caracoles.

La HERRADURA

Granada – Ver mapa regional n° **1-C2**
▶ Madrid 523 km – Almería 138 km – Granada 90 km – Málaga 66 km
Mapa de carreteras Michelin n° 578-V18

Almijara

acera del Pilar 6 ✉ 18697 – ✆ 958 61 80 53 – www.hotelalmijara.com – cerrado 8 diciembre-12 febrero
40 hab – 🚹53/86 € 🚹🚹66/107 €, ☕ 5 €
Hotel familiar situado a unos 50 m. de la playa. Disfruta de unas espaciosas habitaciones, todas con balcón o terraza y bien equipadas. El restaurante, centrado en el buffet, se complementa con un bar en la azotea donde sirven los desayunos en verano.

Las HERRERÍAS DE VALCARCE

León – Ver mapa regional n° **8-A1**
▶ Madrid 433 km – León 152 km – Lugo 76 km – Ponferrada 39 km
Mapa de carreteras Michelin n° 575-D9

Paraíso del Bierzo

✉ 24526 – ✆ 987 68 41 38 – www.paraisodelbierzo.com – cerrado enero
13 hab – 38 € 49 €, 7 €
Se halla en pleno Camino de Santiago y en su origen se construyó para ser una fábrica de mantequilla. Los detalles de época salpican su interior, recreando un ambiente rústico entrañable. En sus comedores, uno en un porche, le ofrecerán cocina de tinte casero.

El Capricho de Josana N

camino de Santiago ✉ 24520 – ✆ 987 11 93 00 – www.elcaprichodejosana.com – cerrado febrero
13 hab – 38 € 51 €, 7 €
Un agradable turismo rural en el que conviven la piedra y la madera. Ofrece habitaciones de atractivo ambiente rústico, todas personalizadas con alusiones al Camino de Santiago, así como un cálido restaurante que apuesta por la cocina tradicional y los menús.

HERREROS

Soria – 80 h. – Alt. 1 118 m – Ver mapa regional n° **8-D2**
Madrid 249 km – Valladolid 240 km – Soria 24 km – Logroño 127 km
Mapa de carreteras Michelin n° 575-G21

Casa del Cura

Estación ✉ 42145 – ✆ 975 27 04 64
12 hab – 65/75 € 75/85 €
Se encuentra en el centro del pueblo, en una antigua casa de piedra dotada con amplias zonas nobles. Las habitaciones, abuhardilladas en la planta superior, resultan coloristas y se visten con mobiliario de diferentes tendencias. En su íntimo comedor ofrecen cocina tradicional a los clientes alojados.

HERVÁS

Cáceres – 4 193 h. – Alt. 685 m – Ver mapa regional n° **12-C1**
Madrid 241 km – Mérida 192 km – Cáceres 124 km – Salamanca 97 km
Mapa de carreteras Michelin n° 576-L12

Hospedería Valle del Ambroz

pl. del Hospital ✉ 10700 – ✆ 927 47 48 28 – www.hospederiasdeextremadura.es
26 hab – 60/100 € 75/120 €
Instalado en un convento del s. XVII que destaca por su bello claustro. Habitaciones amplias y equipadas, la mayoría de línea clásica-actual y algunas de estética minimalista. El restaurante, que conserva el techo artesonado, propone una cocina tradicional.

El Jardín del Convento

pl. del Convento 22 ✉ 10700 – ✆ 927 48 11 61 – www.eljardindelconvento.com
7 hab – 50/65 € 75/100 € – 1 apartamento
Casona solariega de pueblo que sorprende por su tipismo. Ofrece habitaciones detallistas de gran autenticidad, con las paredes en piedra, los techos en madera y cuidado mobiliario antiguo. ¡Coqueta galería acristalada con vistas al jardín!

Nardi

Braulio Navas 19 ✉ 10700 – ✆ 927 48 13 23 – www.restaurantenardi.com – cerrado del 20 al 30 de enero, del 20 al 30 de junio y martes salvo festivos
Menú 20/37 € – Carta 27/45 €
Está llevado por un amable matrimonio y se encuentra en una calle peatonal, donde montan una pequeña terraza de verano. Posee un bar privado y una sala distribuida en dos ambientes. Cocina tradicional con detalles creativos.

ESPAÑA

El Almirez

Collado 19 ✉ 10700 – ✆ 927 47 34 59 – www.restauranteelalmirez.com – cerrado 8 días en junio, 8 días en septiembre, domingo noche y lunes salvo festivos
Menú 20 € – Carta 26/38 €
Disfruta de una acogedora terraza cruzando la calle y un reducido comedor en dos niveles, con mobiliario clásico y las paredes en tonos burdeos. Carta tradicional y de temporada, esta última especialmente volcada con las setas en otoño.

HINOJOSA DE DUERO

Salamanca – 730 h. – Alt. 601 m – Ver mapa regional n° **8-A2**
Madrid 331 km – Valladolid 242 km – Salamanca 122 km – Guarda 90 km
Mapa de carreteras Michelin n° 575-J9

en la carretera a Salto Saucelle Noroeste : 9 km

Quinta de la Concepción

✉ 37230 Hinojosa de Duero – ✆ 923 51 30 70 – www.quintadelaconcepcion.com – cerrado del 7 al 31 de enero
10 hab – 50/60 € 60/70 € – 1 suite
Ubicado en un paraje con hermosas vistas al Duero. Dispone de una completa zona social, un apartamento con cocina americana y confortables habitaciones, algunas con terraza. Comedor panorámico y... ¡buena oferta de actividades relacionadas con la naturaleza!

HÍO

Pontevedra – 2 885 h. – Ver mapa regional n° **13-A3**
Madrid 620 km – Santiago de Compostela 88 km – Pontevedra 29 km – Viana do Castelo 111 km
Mapa de carreteras Michelin n° 571-F3

Doade

bajada playa de Arneles 1 ✉ 36948 – ✆ 986 32 83 02 – www.hoteldoade.com – cerrado noviembre
Menú 12 € – Carta 21/44 € – *(cerrado lunes noche salvo julio-agosto)*
8 hab – 36/66 € 55/99 €
Una casa familiar en la que siempre encontrará pescado fresco, pues tienen un buen contacto en la lonja. Presenta un bar y dos salas de montaje clásico-actual, donde podrá degustar platos marineros y deliciosos pescados al horno. Como complemento también ofrecen habitaciones, todas de línea funcional-actual.

HONDARRIBIA (FUENTERRABÍA)

Guipúzcoa – 16 894 h. – Ver mapa regional n° **18-B2**
Madrid 470 km – Iruña/Pamplona 99 km – Donostia-San Sebastián 23 km – Vitoria-Gasteiz 120 km
Mapa de carreteras Michelin n° 573-B24

Parador de Hondarribia

pl. Arma 14 ✉ 20280 – ✆ 943 64 55 00 – www.parador.es Plano : A2**a**
36 hab – 110/215 €
Fortaleza de origen medieval que destaca por sus magníficas vistas al estuario del Bidasoa. Posee un patio cubierto que une la parte antigua con el anexo y unas habitaciones bien remodeladas, presentando ahora un estilo clásico-actual.

Jaizkibel

Baserritar Etorbidea 1, por Jaizkibel Etorbidea ✉ 20280 – ✆ 943 64 60 40 – www.hoteljaizkibel.com – cerrado enero y febrero
24 hab – 104/159 € 115/197 €, 13 €
De construcción moderna, con solárium y exteriores ajardinados. Sus habitaciones gozan de un estilo actual, con sobria decoración de aire minimalista y un buen equipamiento. El restaurante, luminoso y dotado de terraza, centra su oferta en un variado menú.

HONDARRIBIA
FRANCE
ESPAÑA
BAHÍA DE TXINGUDI
SANTA MARÍA MADALENA
S. Kristobal Plaza
Gipuzcoa Plaza
Santa Maria
San Juan de Dios Plaza
SAN SEBASTIÁN
DONOSTIA-SAN-SEBASTIÁN
IRÚN, DONOSTIA-SAN-SEBASTIÁN
Bd de la Mer
Plage Ouest
C. Foru
C. Pasaia
C. de Pedro Mourlane Mitxelena
Faro del
Marifelen Itsas Bidea
Paseo de Butrón
C. del Faro
C. de Matxin de Arzu
Barrio Arrantzale
C. de Zuloaga
C. de Donostia
C. Girizi
C. Soroeta
Bernart Etxepare
C. de Santiago
C. Harresilanda
Paseo de Bidasoa
C. de Sabin Arana Goiri
C. Ugarte
C. de Javier
C. de Juan Laborda
C. del General Leiba
C. de Haraтegi
C. Mayor
C. de Pampinot
C. de Murrua
C. Tximista
C. de Errebelli
C. de Biteri
C. Minasoroeta
C. Erribera Behera
C. Gabarrari
C. de Hendaia
C. de Gaskoin
C. de Nafarroa Behera
C. del Puerto
C. de Lapurdi
a b c e k n s
A B 1 2 3
0 90 m

Obispo
pl. del Obispo 1 ✉ 20280 – ✆ 943 64 54 00 – www.hotelobispo.com – cerrado 8 diciembre-13 marzo Plano : A3**c**
16 hab – 80/135 € 96/178 €
Instalado en un palacio del s. XIV con profusión de madera y piedra. Destaca tanto por su coqueta terraza junto a la muralla como por sus habitaciones, en general de ambiente rústico y con detalles del mobiliario en forja.

Jauregui
Zuloaga 5 ✉ 20280 – ✆ 943 64 14 00 – www.hoteljauregui.com Plano : A1**e**
42 hab – 60/119 € 65/199 €, 12 € – 11 apartamentos
Resulta céntrico, muestra una fachada con cierto tipismo y ofrece habitaciones de aire actual-funcional... así como unos correctos apartamentos, todos menos uno tipo dúplex. El restaurante, que con su nombre hace referencia a un viento de la bahía de Hondarribia, propone una cocina vasca tradicional.

Palacete
pl. de Gipuzkoa 5 ✉ 20280 – ✆ 943 64 08 13 – www.hotelpalacete.net Plano : A2**b**
9 hab – 50/105 € 61/116 €, 7 €
Edificio de aspecto medieval ubicado en una plaza típica del casco antiguo. Posee una correcta terraza y coloristas habitaciones de línea funcional, una de ellas con mirador.

Alameda (Gorka y Kepa Txapartegi)
Minasoroeta 1 ✉ 20280 – ✆ 943 64 27 89 – www.restaurantealameda.net – cerrado Navidades, Semana Santa, 27 junio-7 julio, domingo noche, lunes y martes noche Plano : A3**s**
Menú 38/80 € – Carta 40/66 €
Negocio familiar de 3ª generación instalado en una casa con solera, junto a una alameda. Ofrece un interior muy bien renovado, sugerentes menús y una cocina tradicional puesta al día en técnicas y presentaciones, siempre con productos de gran calidad.
→ Butakaku, papada glaseada con ensalada de lechuga de mar. Chipirones begi haundi, asados sobre compota de cebollas tiernas. Ravioli de aceite de oliva y chocolate blanco con frutos rojos y albahaca.

Sebastián
Mayor 11 ✉ 20280 – ✆ 943 64 01 67 – www.sebastianhondarribia.com – cerrado lunes y martes mediodía Plano : A3**k**
Menú 42 € – Carta 31/51 €
Este precioso restaurante, que ocupa una casa del s. XVI, posee una cálida decoración rústica a base de detalles antiguos, paredes policromadas y bellas vigas. Carta tradicional con toques actuales y dos menús, uno de ellos de degustación.

Zeria
San Pedro 23 ✉ 20280 – ✆ 943 64 27 80 – www.restaurantezeria.com – cerrado 21 días en febrero, 21 días en noviembre, domingo noche y jueves salvo en verano Plano : A2**n**
Menú 22 € – Carta 31/65 €
En una antigua casita de pescadores. El comedor se encuentra en la 1ª planta, con profusión de madera y un estilo rústico muy acogedor. Especializado en pescados y mariscos.

por Arana Goiri A3 2 km y desvío a la derecha 1 km

Maidanea
Arkoll ✉ 20280 Hondarribia – ✆ 943 64 08 55
6 hab – 48 € 60 €, 5 €
El matrimonio propietario dio su propio estilo a este caserío típico, que remonta sus raíces hasta 1578. Ofrece un salón-biblioteca, los desayunos en un atractivo porche acristalado y correctas habitaciones de corte clásico.

HORNA → Ver Villarcayo
Burgos

L'HOSPITALET DE L'INFANT (HOSPITALET DEL INFANTE)

Tarragona – 5 992 h. – Ver mapa regional n° **9-B3**

Madrid 579 km – Castelló de la Plana/Castellón de la Plana 151 km – Tarragona 37 km – Tortosa 52 km

Mapa de carreteras Michelin n° 574-J32

Pino Alto

urb. Pino Alto, Noreste : 1 km ✉ 43892 – ✆ 977 81 10 00 – www.hotelpinoalto.es – 27 mayo-26 septiembre

137 hab – †50/92 € ††66/150 €

Complejo hotelero de estructura semicircular construido en torno a una atractiva terraza, ajardinada y con piscina. Ofrece unas habitaciones de línea muy funcional, así como un sencillo restaurante centrado en el servicio de buffet.

Vistamar

del Mar 24 ✉ 43890 – ✆ 977 82 30 00 – www.hotelvistamar.es – 28 mayo-28 septiembre

72 hab – †48/82 € ††64/148 € – 9 apartamentos

Hotel de línea clásica emplazado en 1ª línea de playa. Tiene una piscina exterior junto al paseo marítimo y unas habitaciones bastante funcionales, todas con terraza.

Itxas-Begi

Puerto Deportivo, local 2 ✉ 43890 – ✆ 977 82 34 09 – cerrado 22 diciembre-7 febrero y lunes

Menú 17/25 € – Carta 25/48 €

Resulta agradable y destaca por su emplazamiento, ya que está en pleno puerto deportivo. Sala de ambiente actual, pequeña terraza acristalada y una cocina tradicional vasca.

L'HOSPITALET DE LLOBREGAT → Ver Barcelona : Alrededores

Barcelona

Els HOSTALETS D'EN BAS

Girona – 137 h. – Ver mapa regional n° **9-C2**

Madrid 654 km – Barcelona 107 km – Girona 49 km – Encamp 163 km

Mapa de carreteras Michelin n° 574-F37

L'Hostalet

Vic 18 ✉ 17177 – ✆ 972 69 00 06 – www.restaurantlhostalet.com – cerrado julio y martes

Menú 12/27 € – Carta 20/31 € – *(solo almuerzo salvo viernes y sábado)*

Establecimiento familiar y de ambiente neorrústico que destaca por los techos abovedados de su comedor principal. Cocina catalana y "volcánica", la típica de la Garrotxa.

L'HOSTALNOU DE BIANYA → Ver La Vall de Bianya

Girona

HOSTALRIC

Girona – 3 980 h. – Ver mapa regional n° **10-A1**

Madrid 666 km – Barcelona 67 km – Girona 41 km – Perpignan 130 km

Mapa de carreteras Michelin n° 574-G37

Quatre Vents 3.0 N

av. Coronel Estrada 122 ✉ 17450 – ✆ 972 86 56 90 – www.restaurantquatrevents.com – cerrado lunes

Menú 14/32 € – Carta 19/43 € – *(solo almuerzo salvo viernes y sabado)*

Luminoso, moderno y con vistas a la sierra del Montseny, tanto desde algunas mesas como desde la terraza. Su carta de cocina actual evoluciona con los productos de temporada.

HOYO DE MANZANARES

Madrid – 7 872 h. – Alt. 1 001 m – Ver mapa regional n° **15-A2**
Madrid 36 km – Segovia 66 km – Ávila 89 km – Toledo 111 km
Mapa de carreteras Michelin n° 576 y 575-K18

El Vagón de Beni

San Macario 6 ✉ 28240 – ✆ 918 56 68 12 – www.elvagondebeni.es – cerrado 15 días en noviembre, domingo noche y lunes
Menú 35/55 € – Carta 43/57 €
Evocador conjunto, a modo de pequeña estación, dotado con dos antiguos vagones de tren restaurados. Ofrece una coqueta terraza sobre el andén y una cocina actual bien elaborada. ¡También cuentan con un atractivo Club de fumadores!

HOYOS DEL ESPINO

Ávila – 397 h. – Ver mapa regional n° **8-B3**
Madrid 173 km – Valladolid 199 km – Ávila 61 km – Salamanca 127 km
Mapa de carreteras Michelin n° 575-K14

El Milano Real

Toleo 2 ✉ 05634 – ✆ 920 34 91 08 – www.elmilanoreal.com
21 hab – 61/87 € 66/118 €, 14 €
Atesora unas estancias definidas por la profusión de madera y el gusto por los detalles, destacando tanto la biblioteca como las habitaciones abuhardilladas. En el comedor, dotado de atractivas vistas, apuestan por la cocina moderna elaborada con productos locales. ¡No se pierda su observatorio astronómico!

Mira de Gredos

carret. de El Barco (Av 941) ✉ 05634 – ✆ 920 34 90 23 – www.lamiradegredos.com – cerrado del 11 al 26 de enero y 19 septiembre-4 octubre
Menú 15/45 € – Carta 30/50 € – *(cerrado lunes salvo Semana Santa, julio-agosto y festivos) (solo almuerzo salvo viernes y sábado)*
15 hab – 53/60 €
Resulta acogedor y disfruta de una gran sala acristalada, desde donde podrá contemplar la hermosa sierra de Gredos. Su chef apuesta por una cocina tradicional, con detalles actuales, y varios menús (temporada, degustación y tradicional). Agradables salones sociales y correctas habitaciones como complemento.

HOZNAYO

Cantabria – Ver mapa regional n° **6-B1**
Madrid 399 km – Bilbao 86 km – Burgos 156 km – Santander 22 km
Mapa de carreteras Michelin n° 572-B18

Villa Pasiega

Las Barreras 3, carret. N 634 ✉ 39716 – ✆ 942 52 59 62 – www.grupolospasiegos.com
87 hab – 40/60 € 75/85 €, 7,20 € – 27 apartamentos
Posee varios tipos de habitaciones, en general de gran amplitud, y unos apartamentos con funcionamiento hotelero que resultan ideales para familias o estancias prolongadas. El restaurante, que centra su oferta en el buffet, se ve apoyado por una cafetería. ¡Completo SPA con tratamientos de belleza y relax!

HUELVA

147 212 h. – Alt. 56 m – Ver mapa regional n° **1-A2**
Madrid 629 km – Badajoz 248 km – Faro 105 km – Mérida 282 km
Mapa de carreteras Michelin n° 578-U9

AC Huelva

av. de Andalucía B1 ✉ 21005 – ✆ 959 54 52 00 – www.hotelachuelva.com
65 hab – 55/110 €, 11 €
De línea actual y enfocado al cliente de negocios. Presenta unas zonas sociales polivalentes y las habitaciones características de esta cadena, confortables y bien equipadas.

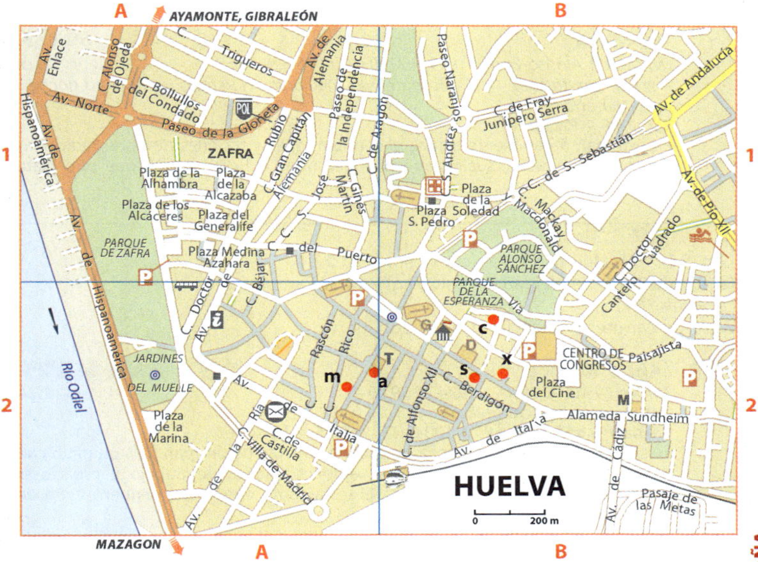

ESPAÑA

Acanthum (Xanty Elías)

San Salvador 17 ✉ 21003 – ✆ 959 24 51 35 Plano : B2**c**
– www.acanthum.com – cerrado del 15 al 30 de mayo, domingo noche y lunes
Menú 40/60 € – Carta 27/51 €

¡La mejor opción en la ciudad! Ofrece un bar de tapas y una sala de ambiente contemporáneo. Cocina actual que trata el producto con delicadeza y evoluciona según la temporada.

➜ Tartar de jarrete de jamón ibérico y mostaza helada. Guiso marinero de corvina y sus pieles. La torrija del "pobre".

Azabache

Vázquez López 22 ✉ 21001 – ✆ 959 25 75 28 Plano : A2**m**
– www.restauranteazabache.com – cerrado del 16 al 31 de agosto, sábado noche, domingo y festivos
Menú 36/59 € – Carta 31/68 €

Este céntrico restaurante se presenta con un concurrido bar a la entrada y un comedor de ambiente clásico. Elaboraciones sencillas pero bastante fieles al recetario regional.

Portichuelo

Vázquez López 15 ✉ 21003 – ✆ 959 24 57 68 Plano : A2**a**
– www.restauranteportichuelo.com – domingo noche en invierno y domingo resto del año
Menú 21/60 € – Carta 30/50 €

En una zona de animadas calles peatonales. Posee un bar público y un comedor clásico-actual dominado por el expositor de vinos del fondo. Sencilla cocina de corte regional.

Taberna El Condado

Sor Ángela de la Cruz 3 ✉ 21003 – ✆ 959 26 11 23 – cerrado domingo en verano y domingo noche resto del año Plano : B2**s**
Tapa 3 € – Ración aprox. 12 €

Un negocio bien renovado, pues tras su reforma se presenta con una agradable interior de estilo rústico-actual. El local es famoso por sus jamones ibéricos, bien complementados con tapas y raciones de salazones o carnes serranas a la brasa.

La Mirta
av. Martín Alonso Pinzón 13 ✉ 21003 – ✆ 959 28 36 57 – www.lamirta.com – cerrado domingo mediodía en verano y domingo noche resto del año Plano : B2**x**

Tapa 4 € – Ración aprox. 14 €

En este bar, de ambiente actual, encontrará tapas y raciones de tinte tradicional. Como complemento, suelen ofrecer sugerencias del día y algún que otro plato de cuchara.

HUESCA
52 418 h. – Alt. 466 m – Ver mapa regional n° **2-C1**

Madrid 392 km – Lleida/Lérida 123 km – Iruña/Pamplona 164 km – Zaragoza 76 km

Mapa de carreteras Michelin n° 574-F28

Abba Huesca
Tarbes 14 ✉ 22005 – ✆ 974 29 29 00 – www.abbahuescahotel.com Plano : B2**a**

84 hab – 🚹65/95 € 🚹🚹70/100 €, ☕ 12,50 € – 10 suites

Este hotel, actual y con filosofía de cadena, disfruta de un gran hall, un patio con lucernario, luminosas zonas sociales, amplios salones de trabajo y espaciosas habitaciones, todas bien equipadas. El restaurante ofrece una pequeña carta de tinte tradicional.

ESPAÑA

San Marcos
San Orencio 10 ✉ 22001 – ✆ 974 22 29 31 – www.hostalsanmarcos.es Plano : B2**f**

27 hab – 🚹30/39 € 🚹🚹45/59 €, ☕ 2,50 €

Pequeño, muy céntrico y próximo a la iglesia de San Lorenzo, la del patrón de la ciudad. Modesta zona social con TV y sencillas habitaciones de línea clásica, todas con mobiliario en pino. ¡Clientela habitual de viajantes!

Las Torres (Alberto Abadia)
María Auxiliadora 3 ✉ 22003 – ✆ 974 22 82 13 – www.lastorres-restaurante.com – cerrado del 1 al 10 de abril, del 16 al 31 de agosto, domingo y lunes noche Plano : A1**d**

Menú 40/66 € – Carta 40/64 €

Casa de ambiente clásico-moderno y excelente montaje que destaca por su original cocina, con las paredes de cristal opaco. Ofrece elaboraciones creativas de bases tradicionales y una buena oferta de menús, siempre con productos de calidad.

➜ Tomate rosa, caballa cítrica y pistachos. Solomillo, morros y chilindrón. Guayaba, oveja y algodón.

Lillas Pastia (Carmelo Bosque)
pl. de Navarra 4 ✉ 22002 – ✆ 974 21 16 91 – www.lillaspastia.es – cerrado domingo noche y lunes Plano : A2**k**

Menú 35/60 € – Carta 47/69 €

Elegante y distinguido, pues ocupa la planta baja del que fuera el casino oscense. En el comedor, modernista y de techos altos, podrá degustar una cocina actual de bases tradicionales. ¡La trufa siempre toma el protagonismo durante la temporada!

➜ Los espárragos naturales fritos con mantequilla negra y mollejas. Rape con royal de azafrán, alcaparras y ajo negro. Queso de bull con pistacho y pasión.

El Origen
pl. Justicia 4 ✉ 22001 – ✆ 974 22 97 45 – cerrado 7 días en septiembre, domingo noche y miércoles Plano : B2**c**

Menú 16/40 € – Carta 31/48 €

Cuando el río suena, agua lleva... y ese es el caso de este restaurante, que en poco tiempo ha puesto su nombre en boca de todos. Sus dos jóvenes chefs-propietarios apuestan por los platos regionales con detalles y presentaciones actuales.

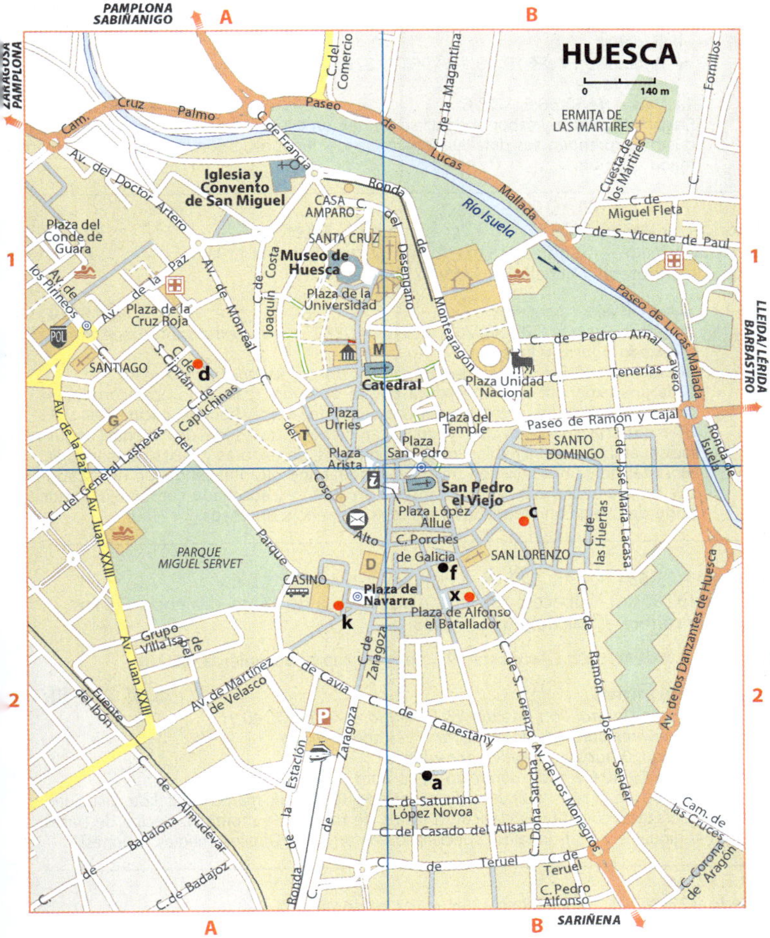

Tatau Bistro (Tonino Valiente)

Tatau Bistro (Tonino Valiente)

San Lorenzo 4 ✉ 22002 – ✆ 974 04 20 78 – www.tatau.es Plano : B2**x**
– cerrado del 21 al 27 de diciembre, del 7 al 15 de agosto, domingo y lunes
Tapa 4 € – Ración aprox. 10 €

Un gastrobar llevado con pasión, oficio e... ¡inequívoca personalidad! Presenta una bulliciosa zona de bar en tonos blancos, la cocina vista y un moderno saloncito al fondo. Imagine el menú degustación de un gran restaurante hecho a su gusto, en pequeño formato pero con elaboraciones actuales y un género de calidad.

➜ Steak tartare. Cochinillo meloso y crujiente. Crema catalana.

HUÉTOR VEGA

Granada – 11 805 h. – Alt. 685 m – Ver mapa regional n° **1-D1**

▶ Madrid 436 km – Granada 7 km – Málaga 133 km – Murcia 292 km

Mapa de carreteras Michelin n° 578-U19

Villa Sur

av. Andalucía 57 ✉ 18198 – ✆ 958 30 22 83 – www.hotelvillasur.com – abril-octubre

11 hab – ††50/56 €, ☕ 8 €

Elegancia, calidez y sabor andaluz se funden en esta villa, decorada con exquisito gusto. Sorprenden sus detalles hogareños y el luminoso salón de desayunos asomado al jardín.

HUMANES DE MADRID

Madrid – 19 248 h. – Alt. 677 m – Ver mapa regional n° **15-A2**

▶ Madrid 26 km – Aranjuez 41 km – Ávila 132 km – Segovia 119 km

Mapa de carreteras Michelin n° 576 y 575-L18

XXX ✿✿ **Coque** (Mario Sandoval)

Francisco Encinas 8 ✉ 28970 – ✆ 916 04 02 02 – www.restaurantecoque.com – cerrado agosto y lunes

Menú 100/140 € – *(solo almuerzo salvo viernes y sábado) (solo menú)*

Toda una experiencia gastronómica que se descubre realizando un recorrido, en cinco etapas, por las diferentes dependencias de la casa (bodega, cocina, sala...). El chef muestra su creatividad y quehacer diario a través de dos menús degustación, ambos con increíbles juegos cromáticos, de texturas y hasta de maridajes.

→ Tartar de gamba roja con miso y raíz de rábano picante. Lenguado en escabeche de uva albillo con enebro, mostaza y pichón escabechado con hinojo. Yogur ácido de oveja con arándanos y espuma de trebejo ahumada.

IBI

Alicante – 23 634 h. – Alt. 820 m – Ver mapa regional n° **11-A3**

▶ Madrid 390 km – Albacete 138 km – Alacant/Alicante 41 km – València 123 km

Mapa de carreteras Michelin n° 577-Q28

por la carretera de Alcoi Este : 2,5 km y desvío a la izquierda 0,5 km

XX **Serafines**

Parque Natural San Pascual ✉ 03440 Ibi – ✆ 966 55 40 91 – www.restauranteserafines.com – cerrado Semana Santa, 10 agosto-2 septiembre y lunes

Carta 19/40 € – *(solo almuerzo salvo fines de semana)*

Aislado en plena naturaleza. Este negocio recrea un marco de cálida rusticidad aderezado con toques clásicos, a modo de refugio de montaña. Cocina de bases regionales y tradicionales especializada en arroces. ¡Ofrecen medias raciones!

ILLESCAS

Toledo – 25 382 h. – Alt. 588 m – Ver mapa regional n° **7-B2**

▶ Madrid 37 km – Aranjuez 31 km – Ávila 144 km – Toledo 34 km

Mapa de carreteras Michelin n° 576-L18

XXX ✿ **El Bohío** (Pepe Rodríguez)

av. Castilla-La Mancha 81 ✉ 45200 – ✆ 925 51 11 26 – www.elbohio.net – cerrado agosto

Menú 40/100 € – *(solo almuerzo salvo jueves, viernes y sábado) (solo menú)*

Tradición y alta gastronomía hallan el equilibrio en este negocio familiar, llevado entre hermanos y con Pepe Rodríguez, su mediático chef, como máximo exponente del éxito. Elaboran una cocina tremendamente apegada a la tierra pero también con elevadas dosis de creatividad, siendo solo accesible a través de sus menús.

→ Ropa vieja con el caldo del cocido. Bacalao frito con un jugo de su adobo. Queso, miel y manzana verde.

IMÓN

Guadalajara – 30 h. – Alt. 955 m – Ver mapa regional n° **7-C1**

▶ Madrid 149 km – Aranda de Duero 117 km – Guadalajara 92 km – Soria 85 km

Mapa de carreteras Michelin n° 576-I21

La Botica
Cervantes 40 ✉ 19269 – ✆ 949 39 74 15 – www.laboticahotelrural.com
6 hab – 80/120 € 100/150 €
La antigua botica del pueblo ha sido transformada en una casa rural con encanto. Ofrece bellas habitaciones, personalizadas en su decoración, y una agradable terraza-porche. En su comedor encontrará una reducida carta de gusto tradicional.

IRÚN
Guipúzcoa – 61 113 h. – Alt. 20 m – Ver mapa regional n° **18-B2**
Madrid 470 km – Donostia-San Sebastián 21 km – Iruña/Pamplona 79 km – Vitoria-Gasteiz 121 km
Mapa de carreteras Michelin n° 573-C24

junto a la autopista A 8 (salida 2) Noroeste : 4,5 km

Atalaia
Aritz Ondo 69 (Centro Comercial Txingudi) ✉ 20305 Irún – ✆ 943 62 94 33 – www.hotelatalaia.com – cerrado 23 diciembre-12 enero
29 hab – 56/85 € 76/105 €, 8 €
Rest *Atalaia* – ver selección restaurantes
Llevado por un matrimonio que está totalmente volcado en el negocio. Ofrece habitaciones de línea funcional-actual, todas con los suelos en tarima y algunas tipo dúplex.

Atalaia – Hotel Atalaia
Aritz Ondo 69 (Centro Comercial Txingudi) ✉ 20305 Irún – ✆ 943 62 94 33 – www.hotelatalaia.com – cerrado Navidades
Menú 15/35 € – Carta 30/40 € – *(solo almuerzo salvo viernes y sábado)*
Disfruta de una agradable terraza con porche, un correcto privado y un comedor de estética actual, donde podrá degustar una carta vasca tradicional y un buen menú degustación.

ESPAÑA

IRUÑA (PAMPLONA)
Navarra – 196 166 h. – Alt. 415 m – Ver mapa regional n° **17-A2**
Madrid 449 km – Vitoria-Gasteiz 96 km – Logroño 87 km – Donostia-San Sebastián 82 km
Mapa de carreteras Michelin n° 573-D25

Muga de Beloso
Beloso Bajo 11 ✉ 31006 – ✆ 948 29 33 80 – www.almapamplona.com Plano : B1**d**
59 hab – 119/400 €, 16 € – 1 suite
Edificio de diseño moderno situado en la ribera del río, junto a un club deportivo. Aquí encontrará garaje gratuito y espaciosas habitaciones, todas minimalistas, algo parcas en mobiliario y con estores eléctricos. El restaurante, que propone una cocina tradicional actualizada, destaca por sus verduras.

Tres Reyes
Jardines de la Taconera ✉ 31001 – ✆ 948 22 66 00 – www.hotel3reyes.com Plano : C1**x**
159 hab – 77/180 €, 15 € – 8 suites
¡Un hotel que apuesta claramente por la sostenibilidad energética! Presenta una zona social clásica, un piano-bar, numerosas salas de reuniones y unas habitaciones de buen confort, siendo unas más actuales que otras. En su restaurante, también clásico, encontrará una cocina de gusto internacional.

G.H. La Perla
pl. del Castillo 1 ✉ 31001 – ✆ 948 22 30 00 – www.granhotellaperla.com Plano : D1**a**
43 hab – 154/319 € 165/319 €, 15 € – 1 suite
Todo un clásico que se reformó con acierto, presentando hoy un interior actual y las habitaciones dedicadas a sus clientes más ilustres. El restaurante, próximo al concepto de gastrobar, ofrece un buen menú degustación y una reducida carta de cocina actual.

Palacio Guendulain

Zapatería 53 ✉ *31001* – ✆ *948 22 55 22* Plano : CD1**s**
– *www.palacioguendulain.com*
25 hab – ♦♦137/171 €, ☕ 18 € – 2 suites
Le sorprenderá, pues decora su zona social con carruajes y objetos históricos. Bar inglés, biblioteca, salones de aire regio y confortables habitaciones, la mayoría clásicas. Su elegante restaurante propone una cocina elaborada y de tinte actual.

Blanca de Navarra

av. Pío XII-43 ✉ *31008* – ✆ *948 17 10 10* Plano : A2**e**
– *www.hotelblancadenavarra.com*
100 hab – ♦75/108 € ♦♦80/140 €, ☕ 15 € – 2 suites
El cuidado puesto en cada detalle es una de las características que mejor definen sus instalaciones. Algo parco en zonas comunes pero con habitaciones bien equipadas. En el restaurante, de ambiente clásico, ofrecen una correcta carta tradicional.

Maisonnave

Nueva 20 ✉ *31001* – ✆ *948 22 26 00* Plano : C1**a**
– *www.hotelmaisonnave.es*
147 hab – ♦69/120 € ♦♦77/130 €, ☕ 13 €
Ideal para el turismo y el negocio, pues está en el casco histórico. Presenta unas zonas nobles bastante cuidadas, aunque no muy amplias, y habitaciones de completo equipamiento. Su restaurante ofrece varios menús y la cafetería una buena selección de pinchos.

Albret

Ermitagaña 3 ✉ 31008 – ✆ 948 17 22 33 Plano : A2**v**
– www.hotelalbret.net

106 hab – 🚹68/150 € 🚹🚹130/275 €, ☕ 11 € – 2 suites

La zona social se reduce a su hall-recepción, sin embargo posee unas correctas habitaciones de línea funcional actualizada. Bar-cafetería con menús y buenos platos combinados.

Europa

Espoz y Mina 11-1º ✉ 31002 – ✆ 948 22 18 00 Plano : D1**r**
– www.hoteleuropapamplona.com

25 hab – 🚹59/80 € 🚹🚹72/120 €, ☕ 12 €

Rest *Europa* ✿ – ver selección restaurantes

Ofrece una correcta organización familiar, un céntrico emplazamiento y habitaciones pequeñas aunque bien equipadas, con los baños en mármol. Un recurso válido en su categoría.

Yoldi

av. de San Ignacio 11 ✉ 31002 – ✆ 948 22 48 00 Plano : D2**r**
– www.hotelyoldi.com

50 hab – 🚹61/250 € 🚹🚹77/390 €, ☕ 12 €

Destaca por su emplazamiento junto a la plaza del Castillo y por tener una línea actual-funcional. Las habitaciones, bien equipadas y con baños reformados, resultan luminosas. ¡Tienen toda una planta pensada para la clientela femenina!

XXX ✿

Rodero (Koldo Rodero)

Arrieta 3 ✉ 31002 – ✆ 948 22 80 35 Plano : D1**s**
– www.restauranterodero.com – cerrado 7 días en julio, domingo, lunes noche y martes noche
Menú 60/75 € – Carta 45/64 €
Casa de tradición familiar dotada con un comedor clásico-actual y dos privados. El chef elabora platos actuales con productos regionales de temporada, siempre combinando sabores y logrando buenas texturas. ¡Descubra sus menús degustación!
→ Alcachofas y berberechos con óleo miel de tomillo. Paletilla de cordero lechal con pan de hogaza y emulsión de ensalada. En busca de la trufa.

XXX

Enekorri

Tudela 14 ✉ 31003 – ✆ 948 23 07 98 – www.enekorri.com Plano : D2**x**
– cerrado Semana Santa, 2ª quincena de agosto y domingo
Carta 35/62 €
Restaurante de larga trayectoria. Presenta un hall de espera dominado por su bodega acristalada, una buena sala y dos privados. Cocina de base tradicional con toques actuales.

XXX

Alhambra

Francisco Bergamín 7 ✉ 31003 – ✆ 948 24 50 07 Plano : D2**e**
– www.restaurantealhambra.es – cerrado Semana Santa, del 2 al 18 de agosto, miércoles noche y domingo
Menú 45/60 € – Carta 48/65 €
Es un clásico renovado, por eso ahora se presenta con mejores detalles, una brigada profesional, una iluminación intimista y mayor privacidad entre las mesas. Cocina tradicional elaborada y lo que llaman la "carta del chef", a precio fijo.

ESPAÑA

XXX ✿

Europa (Pilar Idoate) – Hotel Europa

Espoz y Mina 11-1° ✉ 31002 – ✆ 948 22 18 00 Plano : D1**r**
– www.hreuropa.com – cerrado domingo
Menú 45/75 € – Carta 48/72 €
Muy bien llevado entre varios hermanos. Ofrece dos salas de línea clásica-actual, algunos privados y una nutrida carta de cocina actual elaborada con productos regionales. ¡Cuentan con otra carta a precio cerrado denominada "Del Chef"!
→ Carpaccio de trufa, parmentier de patata, huevo en costra de cereales y nube de macadamia. Rape ahumado al humo de té y canela, salsa de pimiento verde, cebolla caramelizada y teja. Torrija de brioche caramelizada con helado de leche de oveja.

XX

La Nuez

Taconera 4 ✉ 31001 – ✆ 948 22 81 30 Plano : C1**e**
– www.restaurantelanuez.com – cerrado 7 días en agosto, domingo y lunes
Menú 28/37 € – Carta 34/51 €
Presenta un portalón de madera a la entrada y una sala de línea clásica-actual. Su chef propone una cocina de carácter clásico-internacional con ligeras influencias francesas. ¡No se marche sin probar su famosa Tarta Tatin de manzana!

X

La Casona

Pueblo Viejo (Barañain) ✉ 31010 – ✆ 948 18 67 13 Plano : A2**g**
– www.asadorcasona.es
Menú 20/50 € – Carta 27/53 €
Casona tipo asador, con una sidrería a un lado y un comedor con parrilla a la vista al otro. Posee salones para banquetes y en su carta destacan los pescados a la brasa.

Bodegón Sarria

Estafeta 50-52 ✉ 31001 – ✆ 948 22 77 13 Plano : D1**c**
– www.bodegonsarria.com
Tapa 2,50 € – Ración aprox. 10 €
Se presenta con unos sugerentes jamones colgados de las vigas y curiosos vinilos en las paredes, estos últimos con los "encierros" como motivo principal. Pinchos tradicionales, fríos y calientes, buenas raciones y embutidos ibéricos.

Letyana

Travesía de Bayona 2 ✉ 31011 – ✆ 948 25 50 45 – cerrado del 15 al 31 de julio, domingo en verano y domingo noche resto del año Plano : A2**b**

Tapa 2,90 € – Ración aprox. 11,80 €

Bar de tapas decorado con numerosos premios y diplomas. Presenta una barra repleta de pinchos y un pequeño comedor en la entreplanta, donde ofrecen sus menús degustación.

Baserri

San Nicolás 32 ✉ 31001 – ✆ 948 22 20 21 – www.restaurantebaserri.com Plano : D1**b**

Tapa 2,50 € – Ración aprox. 7,50 €

Es muy popular y desde hace años se muestra volcado con la "cocina en miniatura". Posee un sencillo comedor al fondo para degustar un menú a base de tapas y pinchos creativos.

en la urbanización Castillo de Gorraiz por av. de la Baja Navarra D2 : 4 km

Castillo de Gorraiz

av. Egües 78 ✉ 31620 Gorraiz – ✆ 948 33 77 22 – www.cghotel.es

46 hab – 80/500 € 90/500 € – 1 suite

Rest *Palacio Castillo de Gorraiz* – ver selección restaurantes

Está ubicado en un edificio actual y destaca tanto por la calidad de sus materiales como por tener un acceso directo al campo de golf. Ofrecen habitaciones de distintos tipos según la amplitud, todas bien equipadas y de gran tranquilidad.

Palacio Castillo de Gorraiz – Hotel Castillo de Gorraiz

av. Egües 78 ✉ 31620 Gorraiz – ✆ 948 33 73 30 – www.cgrestaurante.es – cerrado 23 diciembre-10 enero y lunes

Menú 40/55 € – Carta 42/58 €

Se trata de un atractivo palacio del s. XVI, dotado con un comedor clásico-actual y gran variedad de salones para banquetes. Cocina tradicional actualizada y completa bodega.

en Cizur Menor por av. de Pío XII C2 : 5 km

Martintxo

Irunbidea 1 ✉ 31190 Cizur Menor – ✆ 948 18 00 20 – www.martintxo.com – cerrado domingo noche

Menú 35 € – Carta 40/48 €

Este negocio familiar cuenta con dos entradas bien diferenciadas, una a la sidrería y la otra para el asador, este último con varias salas de aire clásico. Carta tradicional de asador y sidrería, con verduras de su propia huerta.

ISLA

Cantabria – Ver mapa regional n° **6-C1**

Madrid 426 km – Bilbao 81 km – Santander 40 km

Mapa de carreteras Michelin n° 572-B19

en la playa de Quejo Este : 3 km

Estrella del Norte

av. Juan Hormaechea ✉ 39195 Isla – ✆ 942 65 99 70 – www.hotelestrelladelnorte.com – cerrado 10 enero-10 febrero

47 hab – 56/90 € 75/140 €

Posee ascensores panorámicos y un atractivo diseño exterior que combina la piedra y el vidrio. Las habitaciones disfrutan del confort más actual, con aseos completos. En su restaurante, panelable y con vistas a la piscina, encontrará una carta tradicional.

ESPAÑA

ISLA CRISTINA

Huelva – 21 443 h. – Ver mapa regional n° **1-A2**

Madrid 672 km – Beja 138 km – Faro 69 km – Huelva 56 km

Mapa de carreteras Michelin n° 578-U8

Paraíso Playa

av. de la Playa ✉ 21410 – ✆ 959 33 02 35 – www.hotelparaisoplaya.com – cerrado 15 diciembre-15 enero

39 hab – 40/75 € 60/120 € – 6 apartamentos

De carácter playero y atenta organización familiar. Poco a poco se está actualizando, por eso presenta unas habitaciones de estilo clásico y otras con mobiliario castellano. ¡En un edificio cercano también posee apartamentos!

en Islantilla Este : 7 km

Ama Andalucía

paseo de las Cumbres ✉ 21410 Islantilla – ✆ 959 87 32 00 – www.ama-hotels.com

42 hab – 72/107 € 89/209 €, 18 € – 26 apartamentos

Rest *¡OSTRAS!* – ver selección restaurantes

Buen complejo hotelero orientado a dar servicios de salud y bienestar. Se encuentra en una urbanización con campo de golf, posee dos piscinas exteriores con agua de mar y ofrece confortables habitaciones de línea moderna, todas con su propia terraza.

¡OSTRAS! – Hotel Ama Andalucía

paseo de las Cumbres ✉ 21410 Islantilla – ✆ 959 87 32 00 – cerrado lunes y martes

Menú 45/89 € – *(solo cena)* (es necesario reservar) *(solo menú)*

De línea moderna y dominado por los tonos blancos. El chef, que trata el producto con delicadeza, propone una cocina divertida y creativa, interpretable a través de dos menús.

ESPAÑA

IZNÁJAR

Córdoba – 4 725 h. – Alt. 345 m – Ver mapa regional n° **1-C2**

Madrid 426 km – Sevilla 212 km – Córdoba 104 km – Málaga 89 km

en El Adelantado Suroeste : 7 km – Ver mapa regional n° 1-C2

Cortijo La Haza

Adelantado 119 ✉ 14978 Iznájar – ✆ 957 33 40 51 – www.cortijolahaza.com

6 hab – 72 € 94 €

Este antiguo cortijo se encuentra en plena naturaleza y disfruta de un ambiente rústico bastante acogedor, con una zona ajardinada, un patio y cálidas habitaciones. Su restaurante propone una cocina internacional y un menú degustación que cambian a diario.

JÁBAGA

Cuenca – 589 h. – Alt. 971 m – Ver mapa regional n° **7-C2**

Madrid 155 km – Albacete 168 km – Cuenca 13 km – Toledo 174 km

Mapa de carreteras Michelin n° 576-L23

en la carretera N 400 Sur : 3,5 km

La Casita de Cabrejas

vía de servicio, km 169 ✉ 16194 Jábaga – ✆ 969 27 10 08 – www.lacasitadecabrejas.com – cerrado del 24 al 27 de diciembre

13 hab – 65/94 € 81/94 €

Destaca tanto por su elegante rusticidad como por sus exteriores, pues se halla en una preciosa finca repleta de pinares. Ofrece un salón social con chimenea, habitaciones de estilo antiguo y un coqueto restaurante. ¡Disfrute con sus actividades multiaventura!

JACA

Huesca – 13 221 h. – Alt. 820 m – Ver mapa regional n° **2-C1**
▶ Madrid 481 km – Huesca 91 km – Iruña/Pamplona 111 km
Mapa de carreteras Michelin n° 574-E28

Conde Aznar

paseo de la Constitución 3 ✉ 22700 – ✆ 974 36 10 50 Plano : A2**c**
– www.condeaznar.com – cerrado noviembre
34 hab – 🚹40/80 € 🚹🚹48/100 €, ☕ 8 €
Rest *La Cocina Aragonesa* – ver selección restaurantes
¡Un hotel con historia! Se encuentra en pleno centro, ocupando un bello edificio que, desde los años 50, ha pasado por varias ampliaciones... siempre intentando adecuar el confort actual a su ya algo anticuada estética personal.

A Boira

Valle de Ansó 3 ✉ 22700 – ✆ 974 36 35 28 Plano : B1**m**
– www.hotelaboira.com
30 hab – 🚹35/45 € 🚹🚹40/70 €, ☕ 7 €
Está junto al Palacio de Congresos y sorprende por su gestión, con hasta cinco miembros de la misma familia. Posee habitaciones de correcto confort, destacando las abuhardilladas de la última planta y las que tienen los baños actualizados.

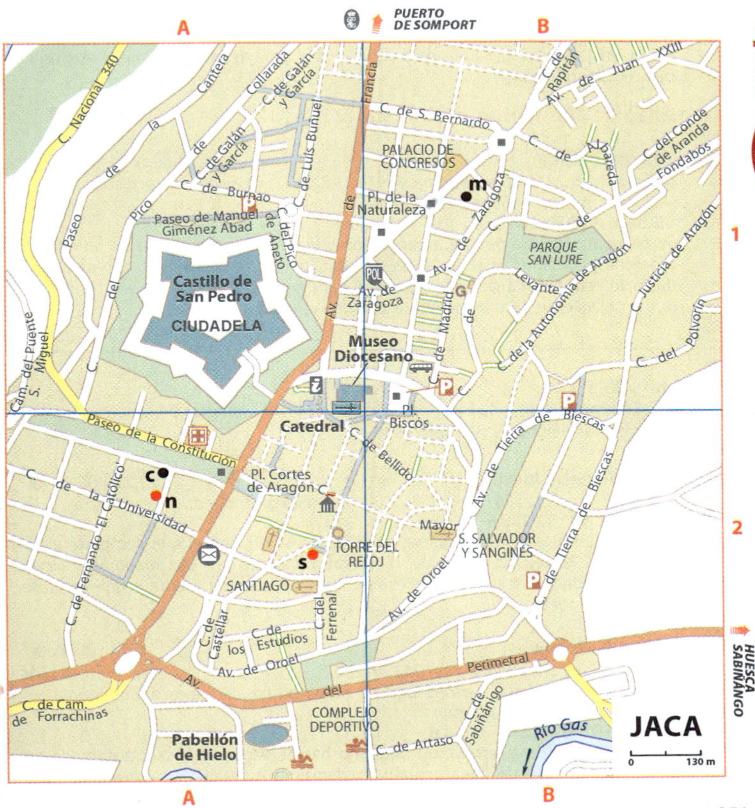

XX **La Cocina Aragonesa** - Hotel Conde Aznar

Cervantes 5 ✉ 22700 – ✆ 974 36 10 50 Plano : A2**n**
– www.condeaznar.com – cerrado 20 días en noviembre, 10 días en junio, domingo noche y lunes
Menú 14/58 € – Carta 32/63 €
Viste su comedor con detalles regionales y una gran chimenea en piedra. Encontrará una carta de tinte tradicional con detalles actuales y dos menús, uno tipo degustación. ¡Buen apartado de arroces y terraza durante la época estival!

XX **El Portón**

pl. Marqués de Lacadena 1 ✉ 22700 – ✆ 974 35 58 54 Plano : A2**s**
– cerrado del 1 al 15 de junio, del 1 al 21 de noviembre y miércoles
Menú 14/39 € – Carta 30/56 €
Céntrico establecimiento de línea clásica. Presenta unos comedores de cuidado montaje, la cocina semivista en la planta baja y una gastronomía actualizada de base tradicional.

en Barós Sur : 3 km

Barosse

Estiras 4 ✉ 22712 Barós – ✆ 974 36 05 82 – www.barosse.com – cerrado del 9 al 27 de junio
5 hab – 104 € 130/180 €
Piedra, madera, forja... estos son los elementos fundamentales para crear una casa rural con encanto. Ofrece habitaciones hermosas y claramente eclécticas, así como un jacuzzi con sauna que alquilan por parejas. ¡Hay un menú exclusivo para el cliente alojado!

ESPAÑA

en la urbanización Lomas de Bedaguás Este : 12 km

Barceló Jaca

Le Paul 2 ✉ 22714 Badaguas – ✆ 974 35 82 00 – www.barcelojaca.com – cerrado mayo, octubre y noviembre
65 hab – 50/200 €, 10 € – 9 suites
Se encuentra dentro de una urbanización y tiene la estética propia de un edificio montañés, con amplias zonas sociales, habitaciones de confort actual y una agradable terraza dotada de vistas, tanto al campo de golf como al valle. El restaurante, polivalente, se complementa con una cafetería y una terraza.

JAÉN

115 837 h. – Alt. 574 m – Ver mapa regional n° **1-C2**
Madrid 336 km – Almería 232 km – Córdoba 107 km – Granada 94 km
Mapa de carreteras Michelin n° 578-S18

Parador de Jaén

Oeste, 4,5 km ✉ 23001 – ✆ 953 23 00 00 – www.parador.es Plano : A3**h**
45 hab – 100/170 €, 18 €
Instalado junto al castillo-fortaleza de Jaén, del s. XIII, con el que comparte algunos muros. Recrea un ambiente medieval y destaca por sus magníficas vistas sobre la ciudad. El restaurante presenta altas bóvedas en piedra y una carta de carácter regional.

XXX **Casa Antonio**

Fermín Palma 3 ✉ 23008 – ✆ 953 27 02 62 Plano : C2**k**
– www.casantonio.es – cerrado agosto, domingo en julio-agosto, domingo noche resto del año y lunes
Menú 45/70 € – Carta 35/54 €
Se presenta con una terraza, un pequeño bar de espera y la sala distribuida en tres espacios, todo de línea actual y cuidadísimo montaje. Su interesante carta de cocina actual se suele ver enriquecida con diferentes jornadas gastronómicas.

Horno de Salvador
carret. al Castillo, Oeste : 3,5 km ✉ 23001 – ✆ 953 23 05 28 – www.hornodesalvador.com – cerrado 15 días en julio, domingo noche y lunes
Menú 30/60 € – Carta 27/44 €
Casa solariega emplazada en un paraje relativamente solitario. Cuenta con una agradable terraza arbolada y una sala de línea clásica-elegante, donde podrá descubrir una cocina tradicional rica en asados, carnes rojas y caza en temporada.

Yuma's
av. de Andalucía 74 ✉ 23006 – ✆ 953 22 82 73 – cerrado del 15 al 31 de agosto y domingo Plano : A1**a**
Menú 25 € – Carta 25/52 €
Uno de esos sitios de los que se suele salir contento, pues combina sus impecables instalaciones con una carta tradicional sencilla pero honesta. Pruebe su Ensalada de perdiz, el Revuelto de bacalao con aguacate o las Cocochas en Caldo.

Casa Vicente
Cristo Rey 3 ✉ 23002 – ✆ 953 23 22 22 – cerrado agosto, domingo noche y lunes noche Plano : B2**a**
Carta 34/48 €
Posee un bar de tapas a la entrada, así como una sala de ambiente taurino decorada con multitud de cuadros, fotografías y algunas cabezas de toro. Cocina de sabor regional.

JARAÍZ DE LA VERA

Cáceres – 6 591 h. – Ver mapa regional n° **12**-C1
Madrid 227 km – Mérida 172 km – Cáceres 115 km – Salamanca 164 km
Mapa de carreteras Michelin n° 576-L12

Villa Xarahiz
carret. EX 203, Norte : 0,5 km ✉ 10400 – ✆ 927 66 51 50 – www.villaxarahiz.com
21 hab – 40/70 € 60/70 € – 4 suites
Rest *La Finca* – ver selección restaurantes
Hotel rural de sencillo confort y organización familiar. Ofrece unas habitaciones de sobrio estilo regional, en general con baños funcionales y algunas con vistas al valle.

La Finca – Hotel Villa de Xarahiz
carret. EX 203, Norte : 0,5 km ✉ 10400 – ✆ 927 66 51 50 – www.villaxarahiz.com – cerrado domingo noche y lunes salvo agosto y festivos
Menú 12/100 € – Carta 25/48 €
El restaurante, que goza de gran aceptación y está precedido por una cafetería, propone una cocina de tinte regional. Agradable terraza, buenas vistas y precios ajustados.

JARANDILLA DE LA VERA

Cáceres – 3 050 h. – Alt. 660 m – Ver mapa regional n° **12**-C1
Madrid 222 km – Mérida 187 km – Cáceres 145 km – Salamanca 180 km
Mapa de carreteras Michelin n° 576-L12

Parador de Jarandilla de La Vera
av. García Prieto 1 ✉ 10450 – ✆ 927 56 01 17 – www.parador.es
52 hab – 75/170 €, 16 €
¡Sirvió como residencia al mismísimo emperador Carlos V! En este castillo feudal del s. XV, que aún conserva sus murallas, el patio interior y el entorno ajardinado, encontrará unas habitaciones algo sobrias pero de buen confort. La oferta gastronómica refleja un marcado carácter local y regional.

Ruta Imperial
Machoteral ✉ 10450 – ✆ 927 56 13 30 – www.hotelruralrutaimperial.com
17 hab – 70/110 € 87/165 €
Rest *Verso* – ver selección restaurantes
Estamos ante un hotel que se ha construido siguiendo la estética tradicional de la zona, por lo que sus amplias habitaciones, algunas con terrazas y vistas a la sierra de Gredos, disfrutan de un ambiente rústico bastante acogedor.

A
B
1
2
3
CORDÓBA
PEÑAMEFÉCIT
SANTA ISABEL
LA MAGDALENA
S. VICENTE DE PAÚL
SAN JUAN
SAN BARTOLOM
LA MERCED
S. SEBASITÁN
PALACIO DE CONGRESOS
Monasterio de Santa Úrsula
La Magdalena
Raudal
Real Monasterio de Santo Domingo
Palacio Villardompardo
S. Andrés
Real Monasterio de Santa Clara
Plaza de San Juan
San Juan
Pl. de San Agustín
S. Bartolom
ARCO DE S. LORENZO
Pl. de Santa María
Convento de Santa Teresa o de las Descalzas
PARADOR Castillo de Santa Catalina
C. Fuente de Buenora
C. Fuente de la Zarza
C. 28 de Febrero
C. del Escorial
Av. de Ariona
C. de Valencia
C. del Doctor Gómez Durán
C. Fuerte del Rey
Av. de Barcelona
C. de Murillo
C. Ávila
C. del País Vasco
C. de Extremadura
Paseo de Esp
C. Europa
C. de Sevilla
Av. de Andalucía
C. de la Unicef
C. Valdés Leal
C. Quijote
Goya
C. Enrique Ponce
C. del Pintor Miguel Á
Av. Eduardo García Maroto
C. de la Virgen del Pilar
C. Doce
C. de los Apóstoles
C. del Doctor Federico Castillo
C. de Sefarad
C. Sefarad
C. de Alfredo Kraus
C. de Cazorla
C. del Sagrado Corazón de Jesús
C. de Juan Pedro Gutiérrez Higueras
Av. del Ejército
C. de San Lucas
C. Santo Rostro
C. de la Granja
C. de Córdoba
C. de la Alberca
C. Juanito Valderrama
C. Puerta de Martos
C. Residencial Castillo de Jaén
C. de Circunvalación
C. del Rey Alí
C. Doctor Luzón
C. de Sedeño
C. Fernando IV
C. de Antonio Díaz
C. al Parador
C. al Castillo y el Neveral
C. de Buenavista
C. Almendros Aguilar
C. de los Almendros
C. de S. Sebastián
C. de Triana
C. Subida Tiro Nacional
C. del Tiro Nacional
C. Virgen de Montserrat
C. Senda de los Huertos
a
h

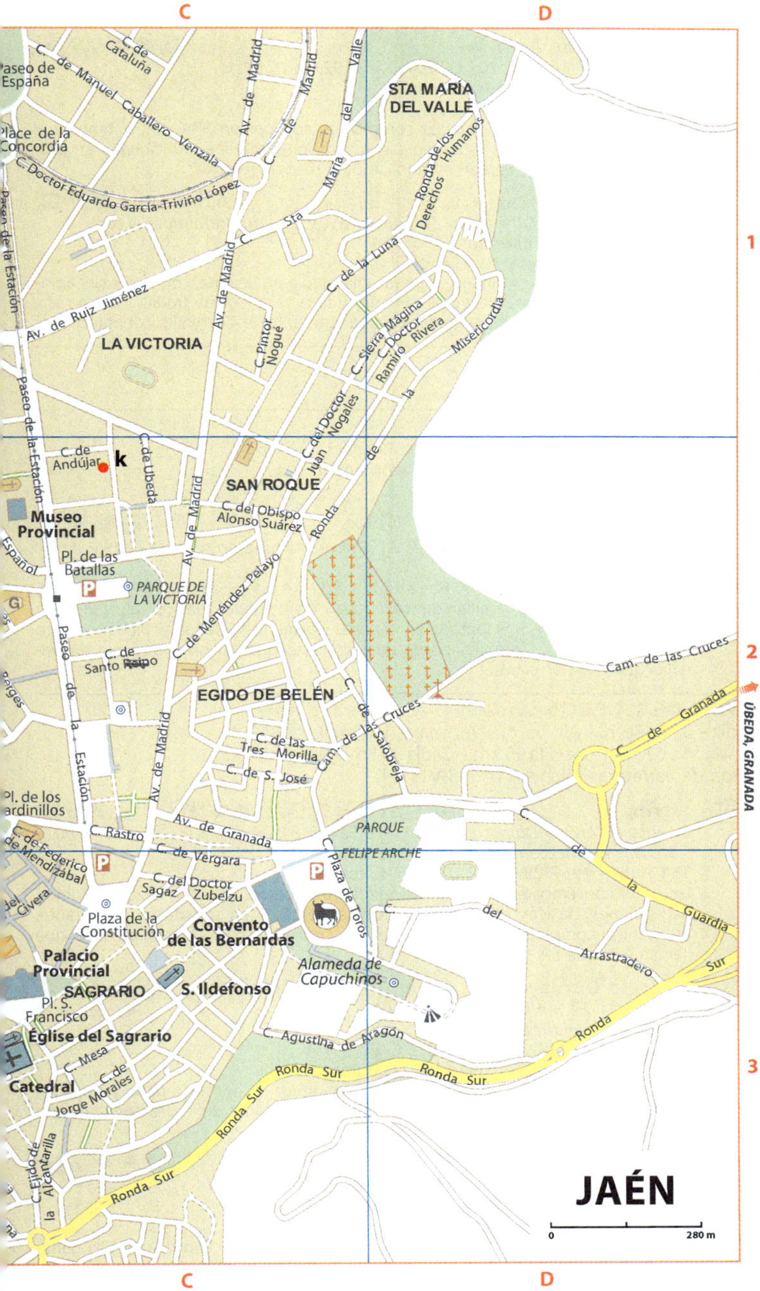
C
D
1
2
3
STA MARÍA DEL VALLE
LA VICTORIA
SAN ROQUE
EGIDO DE BELÉN
Museo Provincial
PARQUE DE LA VICTORIA
PARQUE FELIPE ARCHE
Convento de las Bernardas
Palacio Provincial
SAGRARIO
S. Ildefonso
Église del Sagrario
Catedral
Plaza de la Constitución
Alameda de Capuchinos
Pl. S. Francisco
Pl. de las Batallas
Pl. de los Jardinillos
Paseo de España
Place de la Concordia
Paseo de la Estación
Av. de Madrid
C. de Madrid
C. de Cataluña
C. de Manuel Caballero Venzala
C. Doctor Eduardo García-Triviño López
C. Sta María del Valle
Ronda de los Derechos Humanos
C. de la Luna
C. Sierra Mágina
C. Doctor Ramiro Rivera
Misericordia
Ronda de la Misericordia
C. Pintor Nogué
Av. de Ruiz Jiménez
C. del Doctor Juan Nogales
C. de Andújar
C. de Úbeda
C. del Obispo Alonso Suárez
C. de Menéndez Pelayo
C. de Santo Reino
C. de las Tres Morilla
C. de S. José
Cam. de las Cruces
C. de Salobreja
C. de Granada
ÚBEDA, GRANADA
Av. de Granada
C. Rastro
C. de Vergara
C. del Doctor Sagaz Zubelzu
C. de Federico de Mendizábal
C. del Civera
C. Plaza de Toros
C. de la Guardia
C. del Arrastradero
C. Agustina de Aragón
Ronda Sur
C. Mesa
C. de Jorge Morales
C. Ejido de la Alcantarilla
JAÉN
0
280 m

Don Juan de Austria
av. Soledad Vega Ortíz 101 ✉ 10450 – ✆ 927 56 02 06 – wwwhoteldonjuandeaustria.com
26 hab – 50 € 60/80 €
Negocio de organización familiar complementado por un SPA, este último muy reducido pero cuidado y moderno. Las habitaciones, de línea funcional y en proceso de renovación, alternan el mobiliario en madera y forja.

Verso – Hotel Ruta Imperial
Machoteral ✉ 10450 – ✆ 927 56 13 30 – www.hotelruralrutaimperial.com – cerrado lunes en invierno
Menú 17/45 € – Carta 30/45 €
Destaca tanto por su montaje, superior a la media en la zona, como por sus agradables vistas a la sierra desde el comedor y la terraza. Cocina tradicional sabrosa, elaborada y muy bien presentada. ¡Pruebe su excelente Cochinillo confitado!

JÁVEA → Ver Xàbia
Alicante

JAVIER
Navarra – 115 h. – Alt. 475 m – Ver mapa regional n° **17**-B2
Madrid 411 km – Jaca 68 km – Iruña/Pamplona 51 km
Mapa de carreteras Michelin n° 573-E26

El Mesón
Explanada ✉ 31411 – ✆ 948 88 40 35 – www.hotelmeson.com – cerrado 15 diciembre-15 febrero
Menú 19/50 € – Carta 25/40 € **8 hab** – 39/44 € 55/61 €, 7 €
Este sencillo negocio familiar ofrece un bar, un comedor clásico salpicado con detalles actuales y una agradable terraza. Cocina tradicional y Pichón casero como especialidad. También posee unas correctas habitaciones de línea funcional-actual en la 1ª planta.

ESPAÑA

JEREZ DE LA FRONTERA
Cádiz – 212 226 h. – Alt. 55 m – Ver mapa regional n° **1**-A2
Madrid 620 km – Sevilla 95 km – Cádiz 35 km – Gibraltar 113 km
Mapa de carreteras Michelin n° 578-V11

Jerez
av. Alcalde Álvaro Domecq 35, por calle Sevilla B1 ✉ 11405 – ✆ 956 30 06 00 – www.jerezhotel.com
131 hab – 57/289 €, 10 € – 9 suites
Un hotel con empaque y hermosos exteriores. Atesora espaciosas zonas nobles, habitaciones clásicas de completo equipamiento y un agradable restaurante, este último complementado durante el estío por un espacio más informal al que llaman Patio de los naranjos.

Palacio Garvey
Tornería 24 ✉ 11403 – ✆ 956 32 67 00 – www.hotelpalaciogarvey.com Plano : AB1**t**
16 hab – 51/220 € 61/275 €
Rest *La Condesa* – ver selección restaurantes
En este magnífico palacete del s. XIX encontraremos un hermoso patio y cuidadas habitaciones, las superiores con mayor espacio pero todas definidas por su diseño y confort.

Sherry Park H.
av. Alcalde Álvaro Domecq 11 bis ✉ 11405 – ✆ 956 31 76 14 – www.hipotels.com Plano : B1**a**
174 hab – 50/65 € 60/100 €, 11 €
En pleno centro urbano, rodeado por un frondoso jardín y con una amplia gama de servicios. Está distribuido por bloques y ofrece unas habitaciones de línea clásica-actual, la mayoría de ellas con terraza. El restaurante, de montaje clásico, propone una carta de gusto tradicional con toques actuales.

Villa Jerez

av. de la Cruz Roja 7, por calle Sevilla B1 ✉ 11407 – ✆ 956 15 31 00 – www.villajerez.com

18 hab – 🚹90/329 € 🚹🚹98/365 €, ☕ 13 €

Elegante casa señorial rodeada de jardines y decorada con detalles de sumo gusto. Pone a su disposición una acogedora zona noble y habitaciones de excelente equipamiento. El restaurante apuesta por una cocina que ensalza los sabores típicos y tradicionales.

Los Jándalos Jerez

Nuño de Cañas 1 ✉ 11402 – ✆ 956 32 72 30 – www.jandalos.com Plano : B1**b**

59 hab – 🚹50/140 € 🚹🚹120/240 €, ☕ 12 €

Céntrico hotel situado en unas antiguas bodegas. Dispone de una reducida zona social y acogedoras habitaciones de ambiente clásico-actual, las más llamativas de tipo dúplex. ¡En su cafetería podrá tomar un correcto menú!

Casa Grande

pl. de las Angustias 3 ✉ 11402 – ✆ 956 34 50 70 – www.hotelcasagrande.eu Plano : B2**c**

15 hab – 🚹🚹105/345 €, ☕ 12 €

Hermosa casa señorial vertebrada en torno a un agradable patio central. Ofrece una atractiva zona social con biblioteca, una amplia terraza-solárium con mirador y habitaciones de línea clásica-elegante, muchas con mobiliario de época.

XX **La Condesa** – Hotel Palacio Garvey

Tornería 24 ✉ 11403 – ✆ 956 32 67 00 Plano : AB1**t**
– www.sferahoteles.com
Menú 14/29 € – Carta 21/35 €
Un restaurante de línea actual que sorprende por lo asequible de su carta, elaborada en función de los productos de temporada. ¡Coqueta terracita junto a las viejas murallas!

X **La Carboná**

San Francisco de Paula 2 ✉ 11401 – ✆ 956 34 74 75 Plano : B2**d**
– www.lacarbona.com – cerrado julio y martes
Menú 35 € – Carta 31/50 €
Instalado en una antigua nave-bodega del centro de Jerez, con el techo a dos aguas y chimenea. Cocina tradicional andaluza elaborada con productos de gran calidad, siempre apostando por una mínima intervención. ¡Su especialidad son las carnes de Cantabria!

Reinodeleón

Latorre 8 ✉ 11403 – ✆ 956 32 29 15 Plano : A2**e**
– www.reinodeleongastrobar.com – cerrado del 8 al 30 de enero, sábado mediodía y domingo mediodía en verano
Tapa 4 € – Ración aprox. 10 €
En este atractivo gastrobar podrá degustar tanto tapas creativas como tostas variadas, siempre de cuidada presentación; no obstante, también ofrecen platos tradicionales, como las carnes a la piedra que se preparan directamente en la mesa.

ESPAÑA

Albalá

av. Duque de Abrantes ✉ 11403 – ✆ 956 34 64 88 Plano : A1**a**
– www.restaurantealbala.com
Tapa 3,50 € – Ración aprox. 12 €
Tapas y raciones de elaboración actual... ¡al lado mismo de la Real Escuela Andaluza del Arte Ecuestre! En conjunto resulta acogedor y cuenta con una sala de moderno montaje.

Juanito

Pescadería Vieja 8-10 ✉ 11403 – ✆ 956 33 48 38 Plano : A2**s**
– www.bar-juanito.com – cerrado domingo en julio-agosto
Tapa 2 € – Ración aprox. 10 €
De ambiente regional y en pleno casco viejo. En conjunto posee una estética informal, sorprendiendo con la curiosa terraza de acceso cubierta por toldos y un agradable patio interior. ¡No se puede ir sin probar sus famosísimas Alcachofas!

La Espartería N

Paraíso 74, por calle Sevilla B1 ✉ 11403 – ✆ 956 03 07 20 – cerrado 15 días en junio, domingo en verano y domingo noche resto del año
Tapa 4 € – Ración aprox. 11 €
Sencillo pero exitoso, tanto por lo gastronómico como por lo variado de su oferta. Sus tapas de corte tradicional se complementan con sugerencias según mercado.

JERTE

Cáceres – 1 320 h. – Alt. 613 m – Ver mapa regional n° **12-C1**
Madrid 220 km – Ávila 110 km – Cáceres 125 km – Plasencia 40 km
Mapa de carreteras Michelin n° 576-L12

El Cerezal de los Sotos

camino de las Vegas, Sureste : 1 km ✉ 10612 – ✆ 927 47 04 29
– www.elcerezaldelossotos.net – cerrado diciembre-febrero
7 hab – 60/69 € 75/87 €
Esta casa serrana disfruta de un salón-comedor privado, con chimenea, y habitaciones detallistas, todas abuhardilladas, con la viguería vista y las camas en madera o forja.

Valle del Jerte la Sotorriza

Gargantilla 16 ✉ 10612 – ✆ 927 47 00 52 – www.donbellota.com – cerrado del 5 al 23 de septiembre y lunes salvo festivos

Menú 30 € – Carta 16/45 €

Casa de gestión familiar dotada con dos salas de aire rústico y una estupenda bodega, no en vano ofrecen casi 500 referencias. Basan el éxito de su cocina regional en dos pilares: la honestidad y la calidad de las materias primas.

JIMÉNEZ DE JAMUZ

León – 980 h. – Alt. 770 m – Ver mapa regional n° **8-A1**

Madrid 309 km – Valladolid 155 km – León 76 km – Zamora 112 km

Mapa de carreteras Michelin n° 575-F12

El Capricho

Paraje de la Vega – ✆ 987 66 42 24 – www.bodegaelcapricho.com – cerrado del 7 al 22 de enero, lunes noche y miércoles noche salvo festivos y verano

Menú 30 € – Carta 30/75 €

¡Un paraíso para los amantes de la auténtica carne de buey! Atesora ganadería propia y está instalado en una antigua cueva-bodega. Cocina tradicional y carnes a la parrilla.

JOANETES

Girona – 299 h. – Ver mapa regional n° **9-C1**

Madrid 648 km – Barcelona 107 km – Girona 51 km – Encamp 162 km

Mapa de carreteras Michelin n° 574-F37

Mas Les Comelles

Sur : 1,5 km ✉ 17176 – ✆ 628 61 77 59 – www.maslescomelles.com

9 hab – 120 € 150/210 €

Masía del s. XIV emplazada en la ladera de una montaña, con vistas al valle y una preciosa piscina. Ofrece un salón social con chimenea, confortables habitaciones, un coqueto restaurante y un pabellón, tipo aula de cocina, donde sirven su menú degustación.

El Ferrés

Mas El Ferrés, Sur : 1 km ✉ 17176 – ✆ 972 69 00 29 – www.elferres.com

7 hab – 40 € 80 €

Acogedora casa de aire rústico rodeada por extensos campos con ganado. Encontrará un interior sumamente pulcro, correctas habitaciones dotadas con mobiliario provenzal y un espacio polivalente, con chimenea, para dar desayunos y cenas a los clientes alojados.

JUNCO → Ver Ribadesella

Asturias

KEXAA (QUEJANA)

Álava – Ver mapa regional n° **18-A2**

Madrid 377 km – Bilbao 32 km – Burgos 148 km – Vitoria-Gasteiz 50 km

Mapa de carreteras Michelin n° 573-C20

Los Arcos de Quejana

carret. Beotegi ✉ 01478 – ✆ 945 39 93 20 – www.arcosdequejana.com – cerrado 20 diciembre-20 enero

16 hab – 54/75 € 59/80 €, 12 €

Rest *Los Arcos de Quejana* – ver selección restaurantes

Antiguo palacio medieval enclavado en pleno Valle de Ayala. Posee un anexo de nueva construcción donde se albergan las habitaciones, cuidadas aunque de escasa amplitud.

Los Arcos de Quejana – Hotel Los Arcos de Quejana

carret. Beotegi ✉ 01478 – ✆ 945 39 93 20 – www.arcosdequejana.com – cerrado 20 diciembre-20 enero y domingo noche

Menú 16/40 € – Carta 30/58 € – *(solo almuerzo salvo fines de semana)*

¡Se accede por el bar del hotel, en la 1ª planta! Ofrece una moderna bodega visitable, varias salas panelables y un salón para banquetes abuhardillado en el último piso, este con el acceso por un ascensor panorámico. Cocina tradicional.

LABUERDA

Huesca – 156 h. – Alt. 569 m – Ver mapa regional n° **2-C1**
Madrid 496 km – Huesca 109 km – Lleida/Lérida 128 km
Mapa de carreteras Michelin n° 574-E30

en la carretera A 138 Sur : 2 km

Peña Montañesa

22360 Labuerda – 974 51 00 51 – www.hotelpenamontanesa.com – cerrado enero y febrero
49 hab – 50/65 € 60/100 €
Se encuentra junto a la carretera, tiene un marcado carácter vacacional y está orientado al cliente familiar. Posee habitaciones espaciosas y de buen confort, muchas tipo apartamento y casi todas con terraza. El restaurante, que ofrece dos salas de aire rústico y buenas vistas, propone una carta tradicional.

LAGUARDIA

Álava – 1 518 h. – Alt. 635 m – Ver mapa regional n° **18-A2**
Madrid 348 km – Logroño 17 km – Vitoria-Gasteiz 66 km
Mapa de carreteras Michelin n° 573-E22

ESPAÑA

Villa de Laguardia

paseo de San Raimundo 15 01300 – 945 60 05 60 – www.hotelvilladelaguardia.com
69 hab – 83/125 €, 14 € – 4 suites
Hotel vinculado a un centro temático del vino, constituyendo esta una de sus mejores ofertas. Ofrece habitaciones decoradas con gran mimo y calidez, así como un moderno SPA. El restaurante, dotado con una sala y dos privados, propone una carta tradicional.

Hospedería de los Parajes

Mayor 46 01300 – 945 62 11 30 – www.hospederiadelosparajes.com
18 hab – 100/150 € 121/300 €
Está instalado en dos antiguas casas de piedra y destaca tanto por el equipamiento como por su originalidad... pero sobre todo por como cuidan cada detalle. Habitaciones personalizadas, bodega y tienda delicatessen. El restaurante acompaña su cocina tradicional actualizada con un impecable servicio de mesa.

Castillo El Collado

paseo El Collado 1 01300 – 945 62 12 00 – www.hotelcollado.com – cerrado 15 enero-12 febrero
10 hab – 105 € 125 €, 11 €
Elegancia y distinción en una casa señorial adosada a las antiguas murallas. Cuenta con unas coquetas habitaciones, en diferentes estilos, equipadas con mobiliario de época. El restaurante ofrece tres confortables salones y una carta de sabor tradicional.

Aitetxe

pl. San Juan 2 01300 – 620 53 76 50 – www.aitetxe.com
6 hab – 60 €, 5 €
¡Una opción económica dentro del casco histórico! Esta antigua casa de piedra se presenta con una sencilla pero amable organización familiar, una reducida zona social y habitaciones de máxima funcionalidad, tres abuhardilladas.

Amelibia

Barbacana 14 01300 – 945 62 12 07 – www.restauranteamelibia.com – cerrado Navidades y martes
Menú 18/40 € – Carta 28/44 € – *(solo almuerzo salvo viernes y sábado)*
Negocio de línea clásica-actual regido con pasión y profesionalidad por un amable matrimonio. En la sala, con vistas a los campos y viñedos desde algunas mesas, podrá elegir entre su carta de cocina tradicional actualizada o su siempre cuidado menú del día.

PARA TODOS LOS QUE HACEN QUE ESTÉ TAN RICO COMO PARECE.
Con Makro descubrirás una increíble variedad de servicios y productos para ayudarte en el día a día de tu restaurante.
www.makro.es
tú & makro

PARA TODOS LOS QUE HACEN QUE ESTÉ TAN RICO COMO PARECE.
Con Makro descubrirás una increíble variedad de servicios y productos para ayudarte en el día a día de tu restaurante.
tú & makro
www.makro.es

Marixa

Sancho Abarca 8 ✉ 01300 – ✆ 945 60 01 65 – www.hotelmarixa.com
Menú 19/40 € – Carta 30/53 € – *(cerrado domingo noche en invierno)*
10 hab – 42/85 €, 9 €
¡Bien llevado entre hermanos! Posee tres salas, dos de aire regional y otra a modo de terraza acristalada, esta última con hermosas vistas a la sierra y al valle. Como complemento al negocio también ofrece habitaciones, todas con su propia terraza. Sus fogones se muestran fieles al recetario tradicional.

LALÍN

Pontevedra – 20 048 h. – Alt. 552 m – Ver mapa regional n° **13-B2**
Madrid 551 km – Santiago de Compostela 54 km – Pontevedra 108 km – A Coruña 123 km
Mapa de carreteras Michelin n° 571-E5

Cabanas

Pintor Laxeiro 3 ✉ 36500 – ✆ 986 78 23 17 – www.restaurantecabanas.com – cerrado domingo noche
Carta 22/48 €
De sus fogones surge una cocina tradicional actualizada que se ve enriquecida con diversos platos de temporada y de caza. ¡No dude en probar el famoso Cocido gallego de Lalín!

La Molinera

Rosalía de Castro 15 ✉ 36500 – ✆ 986 78 20 55 – www.restaurantelamolinera.com – cerrado del 4 al 17 de octubre, martes noche y miércoles
Menú 19/40 € – Carta 31/46 €
Un sencillo negocio familiar que ha adquirido nuevos bríos al pasar de padres a hijos. Cocina tradicional y actual, con platos típicos gallegos y otros mucho más elaborados.

ESPAÑA

LANJARÓN

Granada – 3 791 h. – Alt. 720 m – Ver mapa regional n° **1-D1**
Madrid 475 km – Almería 157 km – Granada 51 km – Málaga 140 km
Mapa de carreteras Michelin n° 578-V19

Alcadima

Francisco Tárrega 3 ✉ 18420 – ✆ 958 77 08 09 – www.alcadima.com – cerrado 3 enero-26 febrero
40 hab – 50/65 € 60/85 €, 9 €
Está formado por varios edificios ubicados en la parte baja de la localidad y cuenta con unas habitaciones de estilo rústico, la mayoría de ellas con vistas a la sierra. En su coqueto comedor podrá degustar deliciosos platos regionales y locales.

LANUZA → Ver Sallent de Gállego

Huesca

LAREDO

Cantabria – 11 934 h. – Alt. 5 m – Ver mapa regional n° **6-C1**
Madrid 427 km – Bilbao 58 km – Burgos 184 km – Santander 48 km
Mapa de carreteras Michelin n° 572-.19

Plaza

Comandante Villar 7 ✉ 39770 – ✆ 942 61 19 42 – www.elrestauranteplaza.com – cerrado domingo noche salvo julio-agosto
Carta 30/65 €
Bien situado en el centro de la localidad, bajo unos soportales en los que montan la terraza. Posee un pequeño bar público y una sala de montaje clásico, con los techos altos y un servicio de mesa bastante cuidado. Carta tradicional.

en el barrio de la playa

El Ancla
González Gallego 10 ✉ 39770 Laredo – ☎ 942 60 55 00 – www.hotelelancla.com
32 hab – †55/89 € ††69/149 €
Ofrece un bonito jardín con césped a la entrada y confortables habitaciones, aunque dentro de estas recomendamos las que ya han renovado su decoración. En el discreto comedor podrá degustar una cocina atenta al recetario tradicional.

LARRABETZU

Vizcaya – 2 016 h. – Alt. 100 m – Ver mapa regional n° **18**-A3
Madrid 402 km – Vitoria-Gasteiz 71 km – Bilbao 19 km – Donostia-San Sebastián 90 km
Mapa de carreteras Michelin n° 573-C21

junto a la autovía N 637 (salida 25) Oeste : 2,8 km

XXXX ✿✿✿ **Azurmendi** (Eneko Atxa Azurmendi)
Legina Auzoa ✉ 48195 Larrabetzu – ☎ 944 55 88 66 – www.azurmendi.biz – cerrado 20 diciembre-febrero y lunes
Menú 145/175 € – *(solo almuerzo salvo viernes y sábado) (solo menú)*
En pleno campo, instalado en una original construcción acristalada que sorprende tanto por el montaje como por sus vistas. Su chef elabora una cocina innovadora y personal que conjuga la calidad con una incuestionable maestría técnica.
→ Ostra, tartar y gelée. Trigo guisado con emulsión de leche de caserío y rabo. Leche de oveja y olivas negras.

XX **Prêt à Porter**
Legina Auzoa ✉ 48195 Larrabetzu – ☎ 944 55 88 66 – www.azurmendi.biz – cerrado 23 diciembre-20 enero y lunes
Menú 38 € – *(solo almuerzo salvo viernes y sábado) (solo menú)*
Ocupa parcialmente una bodega de txacolí, ya que se encuentra en el antiguo Azurmendi. Aquí encontrará una sala de estética moderna-informal y una cocina actual de bases tradicionales, proponiendo únicamente un menú que cambian a diario.

ESPAÑA

LASARTE-ORIA

Guipúzcoa – 18 024 h. – Alt. 42 m – Ver mapa regional n° **18**-B2
Madrid 491 km – Bilbao 98 km – Donostia-San Sebastián 8 km – Tolosa 22 km
Mapa de carreteras Michelin n° 573-C23

XXXX ✿✿✿ **Martín Berasategui**
Loidi 4 ✉ 20160 – ☎ 943 36 64 71 – www.martinberasategui.com – cerrado 11 diciembre-15 marzo, domingo noche, lunes y martes
Menú 195 € – Carta 132/140 €
Maestría, pasión, talento, creatividad... ¡Déjese llevar en un increíble viaje gastronómico! En la atractiva casa de este chef, totalmente abierta a la naturaleza y de elegante clasicismo, descubrirá una cocina de autor fresca, técnica y realmente única, pues sabe enhebrar los productos para realzar sus sabores.
→ La trufa con setas fermentadas y berza al aceite Alma de Jerez. Chuleta de cordero de leche con suero de parmesano, buñuelo y espárrago cítrico. Velo de pistilos de azafrán con tierno macarrón y helado de flores de té.

LASTRES

Asturias – 1 396 h. – Alt. 21 m – Ver mapa regional n° **3**-C1
Madrid 497 km – Gijón 46 km – Oviedo 62 km
Mapa de carreteras Michelin n° 572-B14

Eutimio
San Antonio ✉ 33330 – ☎ 985 85 00 12 – www.casaeutimio.com – cerrado 15 días en febrero
10 hab – †40/60 € ††53/80 €, 10 €
Rest *Eutimio* – ver selección restaurantes
Céntrico hotelito de organización familiar instalado en una casona de piedra. En general ofrece unas habitaciones de ambiente neorrústico muy acogedoras... así como una de estética actual. ¡Salón social con terraza y vistas al mar!

Eutimio – Hotel Eutimio
San Antonio ✉ 33330 – ☎ 985 85 00 12 – www.casaeutimio.com – cerrado 15 días en febrero, domingo noche y lunes
Menú 16/30 € – Carta 33/54 € – *(solo almuerzo en invierno salvo viernes y sábado)*
Casa de aire regional con cierto prestigio en la zona. En su mesa encontrará una cocina tradicional especializada en pescados, pero también una selecta carta de vinos a buen precio ¡Pregunte por sus mariscos y por los pescados del día!

LAVACOLLA

A Coruña – Ver mapa regional n° **13-B2**
Madrid 628 km – A Coruña 77 km – Lugo 97 km – Santiago de Compostela 11 km
Mapa de carreteras Michelin n° 571-D4

Ruta Jacobea
Lavacolla 41 ✉ 15820 – ☎ 981 88 82 11 – www.rutajacobea.net
20 hab – ††69/82 €, ☕ 8,50 €
Rest *Ruta Jacobea* – ver selección restaurantes
Una opción a tener en cuenta si desea alojarse en la última etapa del Camino de Santiago. Ofrece habitaciones de línea actual-funcional, las de la 2ª planta abuhardilladas.

Ruta Jacobea – Hotel Ruta Jacobea
Lavacolla 41 ✉ 15820 – ☎ 981 88 82 11 – www.rutajacobea.net
Menú 15/22 € – Carta 30/47 €
Presenta una cafetería bien renovada, dos salas de estilo clásico-actual y dos privados, así como una gran carpa para banquetes. Carta tradicional e interesante menú del día.

ESPAÑA

LAXE

A Coruña – 3 267 h. – Ver mapa regional n° **13-A1**
Madrid 664 km – Santiago de Compostela 66 km – A Coruña 68 km
Mapa de carreteras Michelin n° 571-C2

Playa de Laxe
av. Cesáreo Pondal 27 ✉ 15117 – ☎ 981 73 90 00 – www.playadelaxe.com – abril-octubre
28 hab – †38/76 € ††49/87 €, ☕ 6 € – 2 suites
Hotelito de línea clásica-actual situado a pocos metros de la playa. Posee un saloncito social, una pequeña cafetería y tres tipos de habitaciones, la mayoría con vistas.

Zurich
Isidro Parga Pondal 8 ✉ 15118 – ☎ 981 72 80 81 – www.marisqueriazurich.es – cerrado octubre y lunes salvo agosto
Menú 25/35 € – Carta 35/54 €
Una de las marisquerías más famosas y populares de "A Costa da Morte". Disfruta de un pequeño bar y un comedor, este dividido en dos salas continuas de línea actual-funcional. Aquí, las Parrilladas de pescado siempre son una gran opción.

LEGASA

Navarra – Ver mapa regional n° **17-A1**
Madrid 497 km – Iruña/Pamplona 49 km – Vitoria-Gasteiz 140 km – Donostia-San Sebastián 55 km
Mapa de carreteras Michelin n° 573-C25

Arotxa
Santa Catalina 34 ✉ 31792 – ☎ 948 45 61 00 – www.arotxa.com – cerrado del 8 al 24 de enero, del 4 al 10 de julio y martes
Carta 27/45 € – *(solo almuerzo salvo viernes y sábado)*
En su comedor, diáfano, de cuidado montaje y con vigas de madera a la vista, encontrará una carta tradicional rica en detalles, con muy buenas carnes y sugerencias diarias. ¡Pruebe su excepcional Chuletón de res vieja a la parrilla!

LEINTZ-GATZAGA (SALINAS DE LENIZ)

Guipúzcoa – 258 h. – Ver mapa regional n° **18**-A2
Madrid 377 km – Bilbao 68 km – Donostia-San Sebastián 83 km – Vitoria-Gasteiz 22 km
Mapa de carreteras Michelin n° 573-D22

en el puerto de Arlabán por la carretera GI 627 - Suroeste : 3 km

Gure Ametsa

20530 Leintz Gatzaga – 943 71 49 52 – www.gureametsa.es – cerrado 24 diciembre-3 enero, 10 agosto-1 septiembre y lunes salvo festivos
Carta 21/40 € – *(solo almuerzo en invierno salvo viernes y sábado)*
Casa familiar de larga trayectoria dotada con un bar, un comedor de aire regional, caldeado por una chimenea, y un salón para banquetes. Amplia carta regional y sugerencias.

LEIRO

Ourense – 1 724 h. – Alt. 99 m – Ver mapa regional n° **13**-B3
Madrid 531 km – Ourense 37 km – Pontevedra 72 km – Santiago de Compostela 93 km
Mapa de carreteras Michelin n° 571-E5

Mosteiro de San Clodio

San Clodio, Este : 1 km 32420 – 988 48 56 01 – www.monasteriodesanclodio.com – cerrado noviembre-marzo
25 hab – 100/200 € 150/250 €, 8 €
La calidez de la piedra y la sobriedad del románico se funden en este monasterio cisterciense del s. XII. Las instalaciones destacan por su confort y equipamiento, con amplias habitaciones de línea clásica y una oferta culinaria fiel al recetario tradicional.

ESPAÑA

LEKEITIO

Vizcaya – 7 374 h. – Alt. 10 m – Ver mapa regional n° **18**-B2
Madrid 452 km – Bilbao 56 km – Donostia-San Sebastián 61 km – Vitoria-Gasteiz 82 km
Mapa de carreteras Michelin n° 573-B22

Zubieta

Portal de Atea 48280 – 946 84 30 30 – www.hotelzubieta.com – 12 febrero-octubre
13 hab – 67/95 € 80/120 €, 10 € – 10 suites
Su fachada rústica esconde una pequeña recepción, bien apoyada por una cafetería y un salón social con chimenea. En general ofrece habitaciones de buen confort... algunas con cama de dosel y otras, en la última planta, abuhardilladas.

LEKUNBERRI

Navarra – 1 486 h. – Ver mapa regional n° **17**-A2
Madrid 441 km – Pamplona 35 km – Vitoria-Gasteiz 88 km – Logroño 120 km
Mapa de carreteras Michelin n° 573-C24

Epeleta

Aralar 31870 – 948 50 43 57 – www.asadorepeleta.com – cerrado Navidades, 2ª quincena de junio y lunes
Menú 45 € – Carta 36/60 € – *(solo almuerzo salvo sábado)*
Uno de esos sitios que gusta recomendar, pues resulta muy acogedor y emana honestidad. Ocupa un atractivo caserío dotado con un bar y un comedor, ambos de cuidado ambiente rústico. Buenas carnes y pescados a la brasa.

LEÓN

130 601 h. – Alt. 822 m – Ver mapa regional n° **8**-B1
Madrid 327 km – Burgos 192 km – A Coruña 325 km – Salamanca 197 km
Mapa de carreteras Michelin n° 575-E13

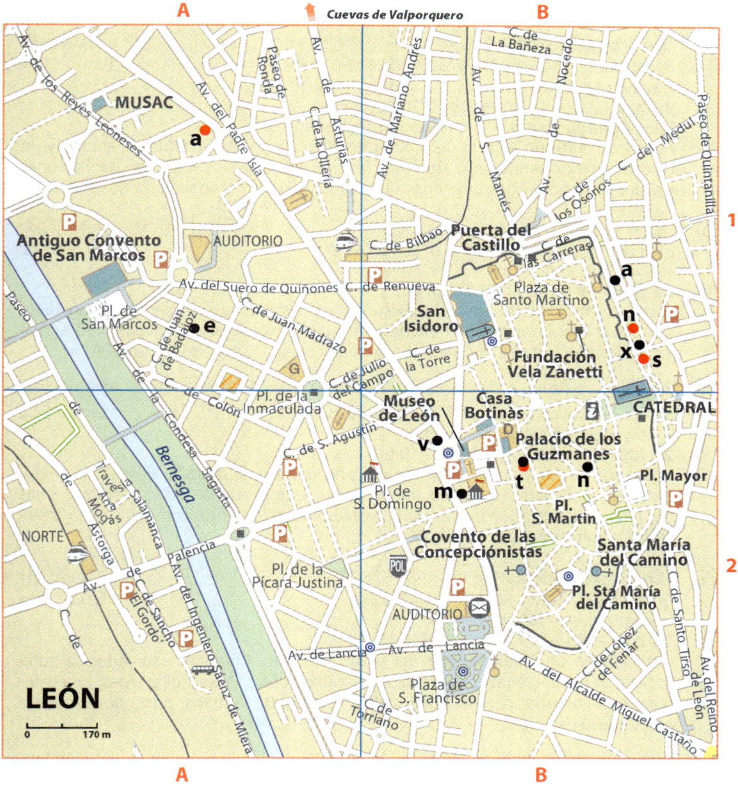

ESPAÑA

Alfonso V

Padre Isla 1 ✉ *24002 – ✆ 987 22 09 00 – www.hotelalfonsov.com* Plano : B2**v**

62 hab – 🚹54/138 € 🚹🚹60/172 €, ☕ 12 € – 5 suites

Clasicismo y vanguardia encuentran el equilibrio en unas instalaciones de moderno confort, con un amplio hall-lobby abierto hasta el techo. Clientela habitual de negocios.

Conde Luna

av. Independencia 7 ✉ *24003 – ✆ 987 20 66 00 – www.hotelcondeluna.es* Plano : B2**m**

142 hab – 🚹50/107 € 🚹🚹60/154 €, ☕ 11 €

Se halla junto al casino y es... ¡todo un clásico de la hostelería local! Amplia zona social con cafetería, diferentes salas de reuniones, habitaciones de línea clásica-actual y restaurante-mesón de buen nivel, muy centrado en ser fiel a la cocina tradicional.

Quindós

Gran Vía de San Marcos 38 ✉ *24002 – ✆ 987 23 62 00 – www.hotelquindos.com* Plano : A1**e**

96 hab – 🚹30/40 € 🚹🚹40/65 €, ☕ 6 €

¡Singular y enfocado al turismo cultural! Miró, Chillida, Tàpies, el artista local Luis García Zurdo... la zona noble se viste con numerosas obras de arte y piezas de diseño.

La Posada Regia

Regidores 11 ✉ 24003 – ✆ 987 21 31 73 Plano : B2**t**
– www.regialeon.com
36 hab – 45/300 € 60/300 €
Rest *Bodega Regia* – ver selección restaurantes
Repartido entre un edificio del s. XIV que aún conserva el encanto de antaño y un cuidado anexo, este último algo más funcional e impersonal. Ofrece habitaciones de aire rústico, muchas con vigas de madera a la vista y mobiliario de anticuario.

Q!H Centro León

av. Los Cubos 6 ✉ 24007 – ✆ 987 87 55 80 Plano : B1**x**
– www.qhhoteles.com
22 hab – 45/80 € 50/120 €, 3 €
¡Tiene cierto encanto! Su casi inexistente zona social se compensa con un buen bar-cervecería. En este hotel encontrará unas habitaciones reducidas pero actuales, todas con vistas a la Catedral, y algunos servicios propios de un SPA.

Fernando I

av. de los Cubos 32 ✉ 24007 – ✆ 987 22 06 01 Plano : B1**a**
– www.hospederiafernandoi.com
27 hab – 35/60 € 50/110 €
Acogedor, próximo a la Catedral y ubicado frente a la muralla. Posee unas habitaciones confortables pero no muy amplias, la mayoría de estilo medieval y las del piso superior abuhardilladas. El restaurante ofrece una completa carta tradicional y varios menús.

ESPAÑA

Le Petit León

Cardiles ✉ 24003 – ✆ 987 07 55 08 Plano : B2**n**
– www.lepetitleonhotel.com
15 hab – 44/59 € 49/65 €, 5 €
Instalado en una antigua casa del barrio Húmedo. Compensa su reducida zona social con unas habitaciones actuales de buen confort, todas diferentes, una cafetería y un comedor de ambiente vintage que centra la mayor parte de su trabajo en el menú del día.

Cocinandos (Yolanda León y Juanjo Pérez)

Las Campanillas 1 ✉ 24008 – ✆ 987 07 13 78 Plano : A1**a**
– www.cocinandos.com – cerrado 15 días en febrero, 20 días en agosto, domingo y lunes
Menú 41 € – *(solo menú)*
¡En una de las zonas más nuevas de León! Ofrece un interior de línea actual-minimalista, con la cocina vista, así como una carta de tintes creativos basada en un único menú degustación, aunque suelen variar los platos una vez a la semana.
➜ Alcachofas, bacalao y sus pieles crujientes. Solomillo asado y marinado en sésamo negro. Manzana en texturas con hojaldre de mantequilla.

Delirios

Ave María 2 ✉ 24007 – ✆ 987 23 76 99 Plano : B1**s**
– www.restaurantedelirios.com – cerrado del 1 al 14 de septiembre,domingo en verano, domingo noche resto del año y lunes
Menú 18 € – Carta 33/43 €
Restaurante de línea actual ubicado en un edificio de principios del s. XX. Su chef propone una cocina de autor basada en dos pilares: la técnica y los productos locales.

Bodega Regia – Hotel La Posada Regia

Regidores 9 ✉ 24003 – ✆ 987 21 31 73 – www.regialeon.com Plano : B2**t**
– cerrado 15 días en enero, 15 días en septiembre y domingo
Menú 18 € – Carta 32/50 €
Un negocio familiar de 3ª generación y ambiente rústico-leonés. Aquí encontrará una cocina tradicional con platos clásicos, como el Bacalao a la bodega, e interesantes menús.

Pablo ⓝ
Los Cubos 8 ✉ 24007 – ☎ 987 21 65 62 – www.restaurantepablo.es Plano : B1**n**
– cerrado del 15 al 31 de agosto, domingo y lunes noche
Menú 39 € – *(solo menú)*
¡Minimalismo al servicio de la gastronomía! Aquí encontraremos una cocina leonesa de vanguardia que alcanza la propia personalidad a través de su fusión con los sabores Thai.

LÉRIDA → Ver Lleida
Lleida

LERMA
Burgos – 2 848 h. – Alt. 844 m – Ver mapa regional n° **8-C2**
Madrid 206 km – Burgos 37 km – Palencia 72 km
Mapa de carreteras Michelin n° 575-F18

Parador de Lerma
pl. Mayor 1 ✉ 09340 – ☎ 947 17 71 10 – www.parador.es
70 hab – 90/190 €, 18 €
Hermoso palacio del s. XVII ubicado en la Plaza Mayor. Atesora un espectacular patio central, cubierto por un lucernario, y habitaciones de completo equipamiento, todas amplias y de gran clasicismo. En el restaurante ensalzan la cocina local y regional.

La Hacienda de mi Señor
El Barco 6 ✉ 09340 – ☎ 947 17 70 52 – www.lahaciendademisenor.com
15 hab – 40 € 60 €
Este hotelito, muy colorista y simpático, ocupa una construcción que data del s. XVII. Amplia zona social con las paredes en piedra, coquetas habitaciones y terraza-patio.

El Zaguán
Barquillo 6 ✉ 09340 – ☎ 617 76 25 47 – www.elzaguanlerma.com
10 hab – 50 € 70 €
Casa solariega del s. XVII dotada con varias salas de calida rusticidad, un patio regional y un salón muy moderno. Sus habitaciones también presentan un contraste de estilos.

Posada de Eufrasio
Vista Alegre 13 ✉ 09340 – ☎ 947 17 02 57 – www.posadadeeufrasio.com
Menú 25/35 € – Carta 28/45 € – *(cerrado domingo noche)*
10 hab – 60/70 € 70/100 €, 6 €
Se halla en una casa de piedra que rememora la antigua posada familiar. Presenta un interior clásico-actual y una carta tradicional, con los asados de su propio horno de leña y algunos platos más elaborados. ¡Como complemento ofrece unas habitaciones actuales!

Casa Brigante
pl. Mayor 5 ✉ 09340 – ☎ 947 17 05 94 – www.casabrigante.com
– cerrado 15 días en marzo y 15 días en noviembre
Carta 19/41 € – *(solo almuerzo)*
Instalado en una casa centenaria. Posee un comedor rústico, presidido por un horno de leña, así como dos salas más en el 1er piso y un privado. ¡Pruebe sus magníficos asados!

LES
Lleida – Alt. 630 m – Ver mapa regional n° **9-A1**
Madrid 635 km – Lleida/Lérida 180 km – Barcelona 336 km
Mapa de carreteras Michelin n° 574-D32

Talabart
Baños 1 ✉ 25540 – ☎ 973 64 80 11 – www.hoteltalabart.com – cerrado noviembre
24 hab – 30/40 € 50/60 €, 6 €
¡Ocupa un edificio típico, céntrico y próximo a la frontera francesa! Este modesto establecimiento familiar, regentado ya por la 4ª generación, ofrece unas habitaciones bastante funcionales, sin embargo recomendamos las renovadas pues son mucho más modernas. El restaurante trabaja muy bien con sus menús.

LESAKA
Navarra – 2 784 h. – Alt. 77 m – Ver mapa regional n° **17-A1**
Madrid 482 km – Biarritz 41 km – Iruña/Pamplona 71 km – Donostia-San Sebastián 37 km
Mapa de carreteras Michelin n° 573-C24

Kasino
pl. Vieja 23 ✉ 31770 – ✆ 948 63 71 52 – www.kasinolesaka.com – cerrado lunes noche salvo festivos
Menú 12 € – Carta 18/39 €
Restaurante llevado en familia, en una antigua y céntrica casa de piedra. Posee un bar rústico y una sala donde ofrecen una cocina casera de buen nivel a precios asequibles.

LEVANTE (Playa de) → Ver València
Valencia

LEYRE (Monasterio de)
Navarra – Alt. 750 m – Ver mapa regional n° **17-B2**
Madrid 419 km – Jaca 68 km – Iruña/Pamplona 51 km
Mapa de carreteras Michelin n° 573-E26

Hospedería de Leyre
✉ 31410 – ✆ 948 88 41 00 – www.monasteriodeleyre.com – marzo-8 diciembre
32 hab – 🚹37/42 € 🚹🚹67/80 €, ☕ 8,50 €
Situación privilegiada junto al monasterio de Leyre. Posee habitaciones de aspecto actual y buen confort en su categoría, todas asomadas al patio de piedra de la entrada. El comedor, de aire rústico, basa su trabajo en un menú del día y algunas sugerencias.

ESPAÑA

LEZA
Álava – 213 h. – Ver mapa regional n° **18-A2**
Madrid 364 km – Vitoria-Gasteiz 41 km – Logroño 26 km – Iruña/Pamplona 116 km
Mapa de carreteras Michelin n° 573-E22

El Encuentro
Herriko Plaza 3 ✉ 01309 – ✆ 660 58 37 36 – www.agroturismoelencuentro.com
5 hab ☕ – 🚹50 € 🚹🚹65 €
Hermosa casa del s. XVI con las fachadas en piedra. Posee un agradable salón social, donde se sirven los desayunos, así como unas habitaciones detallistas de aire rústico-actual, dos de ellas abuhardilladas. ¡Relájese frente a su chimenea!

LEZAMA
Álava – Alt. 350 m – Ver mapa regional n° **18-A2**
Madrid 369 km – Bilbao 36 km – Burgos 136 km – Vitoria-Gasteiz 42 km
Mapa de carreteras Michelin n° 573-C21

Iruaritz
barrio San Prudencio 29 ✉ 01450 – ✆ 945 89 26 76 – www.grupolezama.es
5 hab – 🚹55/66 € 🚹🚹68/76 €, ☕ 7 €
Un marco ideal para el descanso, pues se trata de un caserío vasco del s. XV dotado con dependencias de gran confort, todas distintas y con mobiliario antiguo restaurado.

LEZAMA
Vizcaya – 2 287 h. – Alt. 352 m – Ver mapa regional n° **18-A3**
Madrid 394 km – Bilbao 14 km – Donostia-San Sebastián 91 km – Vitoria-Gasteiz 71 km
Mapa de carreteras Michelin n° 573-C21

Matsa
barrio Aretxalde 153 ✉ 48196 – ✆ 944 55 60 86 – www.ruralmatsa.com
12 hab – 60/62 € 67/80 €, 6,50 €
Casa rústica situada a las afueras de la localidad, en un tranquilo entorno natural. Ofrece un salón social con chimenea y habitaciones funcionales, algunas abuhardilladas.

LIENDO
Cantabria – 995 h. – Ver mapa regional n° **6-C1**
Madrid 446 km – Santander 51 km – Vitoria-Gasteiz 117 km – Bilbao 55 km
Mapa de carreteras Michelin n° 572-B19

Posada La Torre de la Quintana
barrio de Hazas, casa 26 ✉ 39776 – ✆ 942 67 74 39 – www.intergrouphoteles.com – cerrado noviembre, enero y febrero
11 hab – 55/70 € 60/80 €, 7 €
Ocupa un antiguo edificio cuya torre, del s. XV, está considerada patrimonio artístico. Correctas habitaciones de aire rústico, las del piso superior abuhardilladas.

LIÉRGANES
Cantabria – 2 435 h. – Alt. 110 m – Ver mapa regional n° **6-B1**
Madrid 389 km – Santander 24 km – Bilbao 93 km – Burgos 151 km
Mapa de carreteras Michelin n° 572-B18

El Arral
Convento 10 ✉ 39722 – ✆ 942 52 84 75 – www.casonaelarral.com – 12 marzo-12 diciembre
10 hab – 56/73 € 70/92 €
Casona en piedra construida junto al río Miera, con diversas zonas comunes y un jardín. Ofrece habitaciones amplias y coloristas, así como su propia ermita abierta al culto.

LIMPIAS
Cantabria – 1 875 h. – Alt. 29 m – Ver mapa regional n° **6-C1**
Madrid 378 km – Santander 48 km – Vitoria-Gasteiz 125 km – Bilbao 66 km
Mapa de carreteras Michelin n° 572-B19

Parador de Limpias
Fuente del Amor ✉ 39820 – ✆ 942 62 89 00 – www.parador.es – marzo-octubre
65 hab – 80/185 €
Se alza en la finca del Palacio de Eguilior, arbolada y de gran extensión. Consta de dos construcciones, un recio palacio del s. XX y un anexo más actual, con habitaciones modernas y confortables. El restaurante ofrece una carta tradicional. En su jardín encontrará un sendero bien marcado para el paseo.

LINARES
Jaén – 60 740 h. – Alt. 418 m – Ver mapa regional n° **1-C2**
Madrid 297 km – Ciudad Real 154 km – Córdoba 122 km – Jaén 51 km
Mapa de carreteras Michelin n° 578-R19

Los Sentidos
Doctor 13 ✉ 23700 – ✆ 953 65 10 72 – www.restaurantelossentidos.com – cerrado 10 días en agosto, domingo noche y lunes noche
Menú 33/53 € – Carta 27/44 €
Tras su atractiva fachada en piedra presenta una pequeña recepción y cuatro salas de estética actual, una de ellas asomada a un pequeño patio interior. Cocina creativa y de autor con muchas opciones de tapas, raciones y medias raciones.

Canela en Rama
República Argentina 12 (previsto traslado a Espronceda 22) ✉ 23700 – ✆ 953 60 25 32 – www.canelaenramalinares.com
Menú 36/45 € – Carta 30/39 €
Llevado por una pareja, normalmente con ella pendiente de la sala y él atento a los fogones. Presenta una taberna de línea actual, un coqueto comedor y una cocina de corte actual que combina, de un modo informal, los platos con el picoteo.

Taberna La Carbonería

Zabala 9 ✉ 23700 – ✆ 953 01 09 40 – www.tabernalacarboneria.es
Tapa 1,60 € – Ración aprox. 7,50 €
Esta taberna, algo pequeña y de ambiente rústico, destaca tanto por su amplia carta de raciones como por su extensa variedad de vinos, servidos por copas. ¡Suele llenarse!

Taberna Lagartijo

Ventanas 27 (Benito Pérez Galdós) ✉ 23700 – ✆ 697 92 49 93 – www.tabernalagartijo.com – cerrado 15 días en agosto y lunes
Tapa 1,50 € – Ración aprox. 12 €
Entre y sorpréndase, pues esta taberna-museo es un auténtico santuario de la Fiesta Nacional, con un marcado aire rústico-andaluz y las paredes repletas de motivos taurinos.

LINARES DE LA SIERRA

Huelva – 244 h. – Alt. 497 m – Ver mapa regional n° **1-A2**
Madrid 499 km – Sevilla 98 km – Huelva 111 km – Barrancos 63 km
Mapa de carreteras Michelin n° 578-S10

Arrieros

Arrieros 2 ✉ 21207 – ✆ 959 46 37 17 – www.restaurantearrieros.com – cerrado del 1 al 6 de enero, 20 junio-20 julio y lunes salvo festivos
Carta 25/44 € – *(solo almuerzo)*
Instalado en una casa típica de un pueblo con las calles empedradas. En su coqueto interior, de ambiente rústico, ofrecen una cocina serrana fiel a los productos autóctonos.

ESPAÑA

LINYOLA

Lleida – 2 654 h. – Alt. 220 m – Ver mapa regional n° **9-B2**
Madrid 503 km – Barcelona 144 km – Lleida 35 km – Sant Julià de Lòria 133 km
Mapa de carreteras Michelin n° 574-G32

Amoca

Llibertat 32 ✉ 25240 – ✆ 973 57 51 10 – www.amocarestaurant.com – cerrado 18 agosto-8 septiembre, domingo noche y lunes
Menú 12/16 € – Carta 13/61 €
Presenta un bar público y un comedor de línea actual, quedando la cocina a la vista entre ambos. Carta de gusto tradicional, normalmente elaborada con productos autóctonos.

LIZARRA (ESTELLA)

Navarra – 13 695 h. – Alt. 430 m – Ver mapa regional n° **17-A2**
Madrid 380 km – Logroño 48 km – Iruña/Pamplona 45 km – Vitoria-Gasteiz 70 km
Mapa de carreteras Michelin n° 573-D23

Tximista

Zaldu 15 ✉ 31200 – ✆ 948 55 58 70 – www.hoteltximista.com – cerrado 18 diciembre-10 enero
29 hab – 🚹70/90 € 🚹🚹80/110 €, ☕ 11 €
Instalado en una fabrica harinera del s. XIX que hay junto al río. Ofrece cuidadas habitaciones de línea actual, algunas emplazadas en unos antiguos silos de planta octogonal. En su comedor le ofrecerán una cocina tradicional con detalles actuales.

Richard

av. de Yerri 10 ✉ 31200 – ✆ 948 55 13 16 – www.barrestauranterichard.com – cerrado del 1 al 15 de septiembre y lunes
Menú 12/25 € – Carta 38/59 €
Disfruta de una amable organización familiar y está comunicado con el bar público anexo. Aquí ofrecen una cocina de sabor regional especializada en verduras de temporada.

LLAFRANC

Girona – 304 h. – Ver mapa regional n° **10-B1**

Madrid 726 km – Barcelona 127 km – Girona 56 km – Tarragona 217 km

Mapa de carreteras Michelin n° 574-G39

Blaumar Llafranc

Farena 36 ✉ 17211 – ✆ 972 61 00 55 – www.hotelblaumarllafranc.com – marzo-octubre

20 hab – 119/270 €

Resulta tranquilo y se halla en la zona alta de Llafranc, con estupendas vistas sobre el litoral. Todas las habitaciones poseen terraza y algunas hasta acceso a la piscina.

Llevant

Francesc de Blanes 5 ✉ 17211 – ✆ 972 30 03 66 – www.hotel-llevant.com – cerrado noviembre

26 hab – 75/155 € 95/190 €

Negocio de larga trayectoria familiar situado junto al mar. Posee unas correctas habitaciones, algunas abuhardilladas, destacando las que se asoman directamente al Mediterráneo. El restaurante, dotado con dos terrazas, ofrece una carta tradicional e internacional bastante completa, así como un buen menú.

Terramar

passeig de Cipsela 1 ✉ 17211 – ✆ 972 30 02 00 – www.hterramar.com – Semana Santa-octubre

53 hab – 69/183 € 86/183 €, 13 €

¡En 1ª línea de playa! Encontrará una recepción con algunos detalles marineros, un correcto solárium y habitaciones actuales, más de la mitad con su propia terraza. El restaurante, también actual y con una terraza acristalada, destaca tanto por su carta mediterránea como por sus vistas al mar.

Llafranch

passeig de Cipsela 16 ✉ 17211 – ✆ 972 30 02 08 – www.hllafranch.com – cerrado noviembre-26 diciembre

32 hab – 70/158 € 92/190 €

Bien ubicado frente a la playa... ¡en pleno paseo marítimo! Ofrece unas habitaciones de línea clásica-actual, destacando las nueve con vistas frontales al mar y las cuatro de la azotea, más actuales y confortables. El restaurante, que se reparte entre dos terrazas, elabora una cocina mediterránea tradicional.

Casamar

Nero 3 ✉ 17211 – ✆ 972 30 01 04 – www.hotelcasamar.net – abril-diciembre

20 hab – 75/107 € 85/137 €

Rest *Casamar* – ver selección restaurantes

Resulta agradable y destaca por sus vistas, pues se encuentra en la parte alta del pueblo... en un extremo de la bahía. Se presenta totalmente renovado, con balcones y vistas al mar desde la mayor parte de sus habitaciones.

Casamar (Quim Casellas) – Hotel Casamar

Nero 3 ✉ 17211 – ✆ 972 30 01 04 – www.hotelcasamar.net – cerrado enero-abril, domingo noche salvo julio-agosto y lunes

Menú 50/69 € – Carta 41/56 €

Uno de esos negocios de gestión familiar en los que la implicación, el trabajo y la creencia en los valores propios han dado sus frutos. Tanto en las salas como en su terraza, esta asomada a la bahía, podrá degustar una cocina actual repleta de personalidad, comprometida con la calidad y fiel a los productores locales.

→ Alcachofas confitadas y salteadas con mollejas, jamón de pato y huevos de codorniz. Canelón tibio de puerros con cigalas y parmesano. Nuestro Saint-Honoré.

ESPAÑA

junto al Far de Sant Sebastià Este : 2 km

XX **El Far de Sant Sebastià**

Montanya del Far de Sant Sebastià ✉ 17211 Llafranc – ✆ 972 30 16 39 – www.hotelelfar.com – cerrado 4 enero-11 febrero, lunes noche y martes salvo Semana Santa-15 octubre

Menú 20/34 € – Carta 33/56 € **9 hab** – 125/190 € 160/270 €

Bien situado junto a un faro, por lo que ofrece buenas vistas al mar tanto desde el comedor como desde la terraza. Interesantes menús temáticos, pescados de la lonja, arroces de Pals... y como complemento, unas coquetas habitaciones de ambiente marinero.

LLAGOSTERA

Girona – 8 200 h. – Alt. 60 m – Ver mapa regional n° **10-A1**

Madrid 699 km – Barcelona 86 km – Girona 23 km

Mapa de carreteras Michelin n° 574-G38

en la carretera de Sant Feliu de Guíxols

XXX **Els Tinars** (Marc Gascons)

Este : 5 km ✉ 17240 – ✆ 972 83 06 26 – www.elstinars.com – cerrado 11 enero-11 febrero, domingo noche y lunes salvo agosto

Menú 39/68 € – Carta 55/85 €

Casa de larga tradición familiar. Su completa carta combina los platos clásicos de la cocina tradicional con otros más creativos. ¡Excelente bodega e interesantes menús!

→ Nido de marisco. Tataki a la brasa, butifarra glaseada y verduritas de primavera. Brazo helado de fresas con nata, vainilla y pimienta negra.

X **Ca la María**

Este : 4,5 km, carret. Llagostera - Sta. Cristina km 9 ✉ 17240 – ✆ 972 83 13 34 – www.restaurantcalamaria.cat – cerrado 19 diciembre-11 enero, lunes, martes, miércoles en invierno y martes en verano

Menú 35/50 € – Carta 37/48 €

Atractiva masía del s. XVII dotada con tres salas, una en la antigua la cocina. Su propuesta, tradicional actualizada y de proximidad, trabaja mucho con productos ecológicos.

LLANARS

Girona – 506 h. – Alt. 1 080 m – Ver mapa regional n° **9-C1**

Madrid 701 km – Barcelona 129 km – Girona 82 km

Mapa de carreteras Michelin n° 574-F37

Grèvol

av. Les Saletes 7 ✉ 17869 – ✆ 972 74 10 13 – www.hotelgrevol.com – cerrado 17 días en mayo y 17 días en noviembre

36 hab – 80/132 € 126/174 €

Rest *Grèvol* – ver selección restaurantes

Atractivo chalet de montaña definido por su profusión de maderas. Ofrece un gran espacio social con chimenea y cálidas habitaciones, la mayoría con balcón, mobiliario rústico y unos nombres que ensalzan las montañas o flores de la zona.

XX **Grèvol** – Hotel Grèvol

av. Les Saletes 7 ✉ 17869 – ✆ 972 74 10 13 – www.hotelgrevol.com – cerrado 17 días en mayo y 17 días en noviembre

Menú 25/39 € – Carta 34/45 €

Amplio, luminoso y con un gran ventanal que... ¡enmarca las montañas! Le sorprenderá tanto por su montaje, con muchísima madera, como por su cocina, tradicional actualizada y con la opción de varios menús.

LLANÇÀ

Girona – 5 018 h. – Ver mapa regional n° **9-D3**

Madrid 762 km – Barcelona 161 km – Girona 63 km – Perpignan 78 km

Mapa de carreteras Michelin n° 574-E39

ESPAÑA

Carbonell

Major 19 ✉ 17490 – ✆ 972 38 02 09 – www.hotelcarbonell.es
35 hab – 50/70 € 60/85 €, 6 €
Llevado en familia, con más de 50 años de historia y en constante renovación. Posee unas habitaciones de línea funcional-actual y una agradable terraza-solárium en la azotea.

en el puerto Noreste : 1,5 km

La Goleta

Pintor Terruella 22 ✉ 17490 Llançà – ✆ 972 38 01 25 – www.hotellagoleta.com – cerrado del 25 al 30 de diciembre
28 hab – 50/100 € 55/115 €
En la zona alta del puerto. Ofrece dos tipos de habitaciones, unas en tonos blancos y otras más funcionales, así como un servicio gratuito de toallas y alquiler de bicicletas.

Miramar (Paco Pérez)

passeig Marítim 7 ✉ 17490 Llançà – ✆ 972 38 01 32 – www.restaurantmiramar.com – cerrado enero-15 marzo
Menú 160 € – Carta 86/140 € – *(cerrado lunes salvo agosto y domingo noche)*
5 hab – 250/300 €, 25 €
Se halla en el paseo marítimo, por lo que brinda unas agradables vistas a la bahía desde su comedor-terraza acristalado. El chef, que bebe las mieles del éxito a nivel nacional e internacional, propone una cocina marinera de vanguardia técnicamente perfecta, apegada al Mediterráneo y siempre respetuosa con sus raíces.
→ Odisea de mar (atún, erizo de mar, quisquilla, caviar, algas y aguacate). Kokotxa, jugo marino y guiso de tendones. Coco, coco y coco.

El Vaixell

Castellar 62 ✉ 17490 Llançà – ✆ 972 38 02 95 – www.elvaixell.com – cerrado del 21 al 27 de diciembre y lunes salvo agosto y festivos
Menú 19/35 € – Carta 33/49 € – *(solo almuerzo salvo Semana Santa, verano, viernes y sábado)*
Comedor diáfano, luminoso y de vivos colores. Aquí ofrecen una cocina tradicional ampurdanesa de base marinera, rica en arroces y con la opción de varios menús a buen precio.

La Brasa

pl. Catalunya 6 ✉ 17490 Llançà – ✆ 972 38 02 02 – www.restaurantlabrasa.com – cerrado 30 noviembre-febrero, lunes noche y martes salvo julio-agosto
Carta 35/50 € – *(solo almuerzo salvo viernes y sabado en invierno)*
¡Está considerado todo un clásico en la localidad! Cuentan con un único comedor de estilo rústico-regional y una pequeña terraza, ofreciendo una carta tradicional con varios platos a la brasa, en general más pescados que carnes.

LLANES

Asturias – 13 572 h. – Ver mapa regional n° **3-C1**
Madrid 453 km – Gijón 103 km – Oviedo 113 km – Santander 96 km
Mapa de carreteras Michelin n° 572-B15

La Hacienda de Don Juan

La Concepcion 5 ✉ 33500 – ✆ 985 40 35 58 – www.haciendadedonjuan.com – Semana Santa-octubre y fines de semana de enero a marzo
28 hab – 50/105 € 65/135 €, 10 € – 4 suites
Edificio de estética indiana ubicada a las afueras de Llanes. Posee una pequeña biblioteca y habitaciones de línea clásica-actual, algunas con mirador y las mejores con terraza. En el comedor, a modo de invernadero, proponen una carta regional e internacional.

La Posada del Rey

Mayor 11 ✉ 33500 – ✆ 985 40 13 32 – www.laposadadelrey.es
6 hab – 35/45 € 45/103 €
Se halla en una casa típica, en pleno centro. Las habitaciones, funcionales y abuhardilladas en la última planta, poseen nevera y microondas por si desea hacerse el desayuno.

ESPAÑA

Casa Pilar sin ☕

La Nogaleda ✉ 33592 – ✆ 985 41 01 77 – www.restaurantecasapilar.com – cerrado 15 enero-15 febrero y martes salvo verano
Menú 15/36 € – Carta 40/65 € **4 apartamentos** – 90 €
Casa de organización familiar y ambiente rústico ubicada a unos 100 m. de la carretera general. De sus fogones surge una cocina tradicional asturiana rica en arroces cremosos, pescado fresco del Cantábrico y mariscos de la zona. ¡También ofrecen apartamentos!

en Pancar Suroeste : 1,5 km

El Retiro (Ricardo González)

✉ 33509 Pancar – ✆ 985 40 02 40 – www.elretirollanes.es – cerrado enero, febrero, domingo noche, lunes noche y martes salvo verano
Menú 75 € – Carta 43/68 € – *(solo almuerzo salvo viernes y sábado en invierno)*
¡Talento y entusiasmo a los fogones! Encontrará un buen hall y un interior de ambiente rústico-actual, destacando la sala con la pared en roca natural. El chef, que propone una cocina de fuertes raíces regionales y mima las presentaciones, combina los platos de sabor tradicional con otros de técnicas más innovadoras.
→ Ostra con manzana, albahaca y limón verde. Pichón asado, zanahorias al comino y tosta de sus higaditos. Esponja de chocolate, frutos secos y café.

en La Arquera Sur : 2 km

La Arquera

✉ 33500 Llanes – ✆ 985 40 24 24 – www.hotelarquera.com
13 hab – 44/104 € 60/130 €, ☕ 9 € – 9 apartamentos
Casona de aire antiguo dotada con un agradable jardín. Ofrece habitaciones de línea clásica y varios apartamentos de ambiente actual-funcional, estos últimos en un anexo.

Finca La Mansión

✉ 33500 Llanes – ✆ 985 40 23 25 – www.fincalamansion.net – Semana Santa-septiembre
24 hab – 50/135 € 65/135 €, ☕ 8 €
Agradable y muy bien integrado en el entorno. Disfruta de un hall central a modo de patio abierto y cuidadas habitaciones de línea clásica, algunas con galerías acristaladas.

en La Pereda Sur : 4 km

La Posada de Babel

✉ 33509 La Pereda – ✆ 985 40 25 25 – www.laposadadebabel.com – cerrado 8 diciembre-18 marzo
12 hab – 65/90 € 82/124 €, ☕ 10 €
¡Disfrute de la finca, pues está rodeada de praderas, castaños, robles, abedules...! Ofrece unas habitaciones de estética actual, todas repartidas entre el edificio principal, el hórreo y lo que llaman "el cubo", llamativo por sus arquitectura contemporánea.

El Habana

✉ 33509 La Pereda – ✆ 985 40 25 26 – www.elhabanallanes.net – 20 marzo-septiembre
12 hab – 77/123 € 87/143 €, ☕ 10 €
Establecimiento familiar dotado con cálidos espacios y amplias habitaciones, todas con mobiliario de aire clásico-antiguo. También atesora un amplísimo jardín con recorrido botánico y un porche-comedor, este último acristalado y de carácter polivalente.

Arpa de Hierba

✉ 33509 La Pereda – ✆ 985 40 34 56 – www.arpadehierba.com – cerrado 13 diciembre-12 febrero
8 hab – 64/104 € 74/114 €, ☕ 6 €
Se encuentra junto a la iglesia de la aldea y, en conjunto, presenta una decoración de elegante clasicismo. Amplia finca, salón social con chimenea e impecables habitaciones.

ESPAÑA

CAEaCLAVELES
33509 La Pereda – 984 09 40 10 – www.caeaclaveles.com – cerrado 23 diciembre-10 enero
5 hab – 95/120 € 100/140 €, 9 €
Un hotel sumamente moderno y original, por lo que atesora varios premios arquitectónicos. Se define como "un volumen orgánico de trayectoria curva" y cautiva por su cubierta.

al Oeste 6,5 km y desvío derecha 1 km

Arredondo
carret. Celorio - Porrua 33595 Celorio – 985 92 56 27 – www.hotelrural-arredondo.com – cerrado enero
16 hab – 61/94 € 70/94 €, 6,50 €
Caserío asturiano del s. XVIII emplazado en una finca con bosques, prados y hasta ganado autóctono. Posee una buena zona social de aire rústico y cálidas habitaciones, varias con chimenea. En el comedor proponen una carta tradicional rica en carnes de la zona.

en Barro Oeste : 6,5 km

Miracielos
playa de Miracielos 33595 Barro – 985 11 59 73 – www.hotelmiracielos.com – cerrado 15 diciembre-febrero
21 hab – 45/95 € 55/125 € – 19 apartamentos
Hotel de gestión familiar ubicado cerca de la playa, de la que toma su nombre. Ofrece unas confortables habitaciones y varios apartamentos de línea actual, estos en un anexo.

en el barrio de Bricia Oeste : 10 km

Ríu Calabres
La Corredoria 33500 Bricia – 985 40 76 22 – cerrado enero-febrero y lunes salvo verano
Menú 11/25 € – Carta 25/45 € – *(solo almuerzo salvo viernes, sábado y verano)*
Negocio llevado en familia y situado al borde de la carretera. Posee un bar-sidrería y dos comedores, todo de ambiente rústico. Carta tradicional rica en carnes de la zona.

LLAVORSÍ

Lleida – 361 h. – Alt. 811 m – Ver mapa regional n° **9-B1**
Madrid 600 km – Barcelona 243 km – Lleida 139 km – Andorra la Vella 87 km
Mapa de carreteras Michelin n° 574-E33

Riberies
camí de Riberies 25595 – 973 62 20 51 – www.riberies.com – cerrado noviembre
34 hab – 85/97 € 127/154 €
Este atractivo hotel disfruta de una confortable zona social y unas coquetas habitaciones, las 10 más antiguas de línea rústica y el resto de estilo clásico-actual... con todo el piso superior abuhardillado. El restaurante, que posee ventanales asomados a la piscina, propone una cocina de tinte actual.

LLEIDA (LÉRIDA)

139 809 h. – Alt. 151 m – Ver mapa regional n° **9-A2**
Madrid 470 km – Barcelona 169 km – Huesca 123 km – Iruña/Pamplona 314 km
Mapa de carreteras Michelin n° 574-H31

NH Pirineos
Gran Passeig de Ronda 63 25006 – 973 27 31 99 – www.nh-hotels.com Plano : A2**c**
91 hab – 45/150 €, 15 € – 1 suite
¡Junto a un centro comercial y de ocio! Presenta unas instalaciones que aúnan confort y equipamiento, así como unos salones de gran capacidad para poder trabajar con empresas. El restaurante combina su menú con una reducida carta de tinte tradicional.

ESPAÑA

VIELHA
BENABARRE

HUESCA
MONZÓN, BARBASTROS

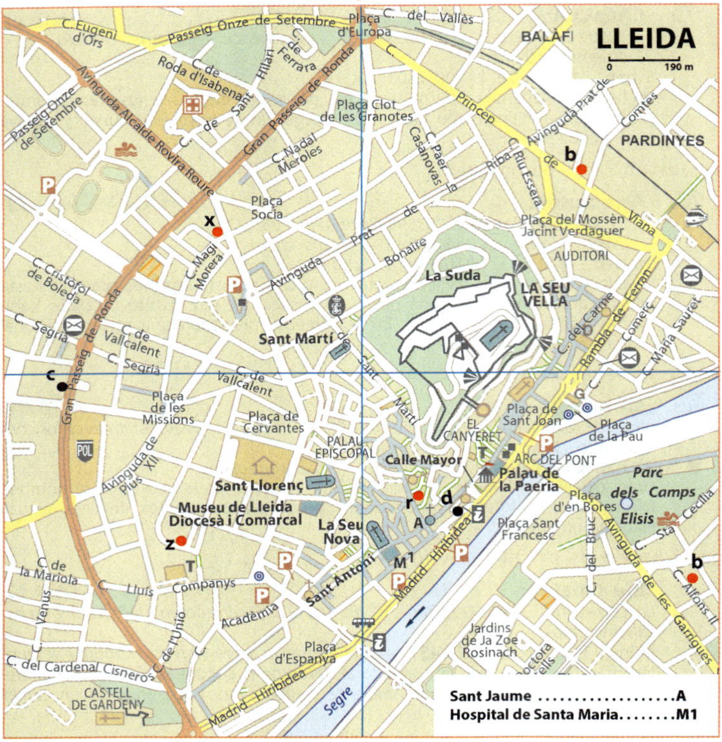

A ZARAGOZA TARRAGONA, BARCELONA ZARAGOZA B

ESPAÑA

Real

av. de Blondel 22 ✉ 25002 – ✆ 973 23 94 05 – www.hotelrealllleida.com — Plano : B2**d**

54 hab – 42/204 €, 9 € – 1 suite

Una opción interesante dado su emplazamiento, a escasos minutos andando de La Seu Vella. Ofrece unas habitaciones de línea funcional-actual, todas amplias y la mitad bien renovadas. El restaurante basa su trabajo en un menú del día y algunas sugerencias.

Grevol

Alcalde Pujol 19, por av. de Doctor Fleming ✉ *25006 –* ✆ *973 28 98 95 – www.grevol.es – cerrado 7 días en enero, Semana Santa, 15 días en agosto y lunes*

Menú 50/80 € – Carta 45/65 € – *(solo almuerzo salvo jueves, viernes y sábado)*

Bien llevado por un matrimonio, con ella en la sala y él al frente de los fogones. Posee un hall y un comedor de línea clásica-actual. Su reducida carta tradicional se enriquece con algunas sugerencias, tanto de temporada como de mercado.

Ferreruela

Bobalà 8 ✉ *25004 –* ✆ *973 22 11 59 – www.ferreruela.com – cerrado del 19 al 28 de enero, del 3 al 26 de agosto, domingo y festivos* — Plano : B1**b**

Carta 30/44 € – *(solo almuerzo salvo jueves, viernes y sábado)*

Instalado en un antiguo almacén de frutas. En su interior, de línea rústica-actual, podrá descubrir la cocina tradicional de esta tierra, basada en la simplicidad de usar solo productos autóctonos y de temporada. ¡Trabajan bien a la brasa!

Aimia

Doctor Combelles 67 ✉ 25003 – ✆ 973 26 16 18 Plano : A2**a**
– www.aimia.cat – cerrado del 1 al 7 de septiembre, lunes, martes noche y miércoles noche de 15 septiembre-15 junio y domingo noche
Menú 14/35 € – Carta 22/36 € – *(solo cena en verano)*
Se halla cerca del centro y presenta un interior de estética actual, con los fogones a la vista desde la sala. Cocina internacional actualizada que cuida mucho los detalles.

Xalet Suís

av. Alcalde Rovira Roure 9 ✉ 25006 – ✆ 973 23 55 67 Plano : A1**x**
– www.xaletsuis.com
Carta 35/45 €
Este negocio familiar posee un coqueto exterior, a modo de casita suiza, y un pequeño comedor de marcada rusticidad. Carta tradicional basada en la bondad del producto, con un apartado de Fondues, algunos Tartares y sugerencias de palabra.

El Celler del Roser

Cavallers 24 ✉ 25002 – ✆ 973 23 90 70 Plano : B2**r**
– www.cellerdelroser.com – cerrado domingo noche y lunes noche
Menú 12/19 € – Carta 29/38 €
Este restaurante del casco viejo posee dos salas de sencillo montaje, una de ellas en el sótano ocupando lo que fue la bodega. Cocina regional con buen apartado de bacalaos.

Mini

Vilaller ✉ 25001 – ✆ 973 20 40 30 Plano : B2**b**
Carta 40/65 €
Callos, Pies de cerdo, Caracoles, Carne de ternera a la pizarra... Aquí apuestan claramente por la cocina tradicional y el producto de calidad. ¡Extensa oferta en destilados!

en la carretera N II por Gran Passeig de Ronda A2 : 3,5 km

Carballeira

✉ 25194 Butsenit – ✆ 973 27 27 28 – www.carballeira.net – cerrado del 17 al 31 de agosto, domingo noche, lunes y martes noche
Menú 50/90 € – Carta 45/70 €
Disfruta de un elegante montaje y una selecta clientela, con el matrimonio propietario presente en la sala. Escuche las recomendaciones y sorpréndase, pues el dueño es gallego y eso se nota en la calidad de sus pescados y mariscos.

en la vía de servicio de la A 22 por av. Alcalde Rovira Roura A1 : 7 km

Finca Prats

carret. N-240, km 102,5 ✉ 25198 Lleida – ✆ 902 44 56 66 – www.fincaprats.com
36 hab ☕ – 👥130/140 € – 4 suites
Admira tanto por su diseño, en hormigón, madera y cristal, como por su ubicación, pues está rodeado de césped y junto a un campo de golf. Completo SPA y luminoso restaurante, donde ofrecen una cocina tradicional actualizada. ¡Una dirección interesante para reuniones de empresa y escapadas antiestrés!

LLES DE CERDANYA

Lleida – 266 h. – Alt. 1 471 m – Ver mapa regional n° **9-B1**
▶ Madrid 624 km – Andorra la Vella 48 km – Lleida/Lérida 165 km
Mapa de carreteras Michelin n° 574-E35

Cal Rei

Cadí 4 ✉ 25726 – ✆ 659 06 39 15 – www.calrei.cat – cerrado 29 junio-16 julio
8 hab – 👤52/64 € 👥64/80 €, ☕ 8 €
Naturaleza y sosiego en un pueblo de montaña bien asomado a la sierra del Cadí. Esta casa familiar, de marcada rusticidad, atesora un coqueto salón social y cálidas habitaciones, unas en los antiguos establos y otras de tipo dúplex. En el comedor, que tiene una única mesa comunitaria, ofrecen cocina casera.

ESPAÑA

LLESP

Lleida – Ver mapa regional n° **9-A1**

Madrid 537 km – Lleida/Lérida 130 km – Vielha/Viella 45 km

Mapa de carreteras Michelin n° 574-E32

Villa María

carret. de Caldes de Boí ✉ 25526 – ✆ 973 69 10 29 – www.restvillamaria.com – cerrado del 10 al 22 de junio, del 15 al 23 de septiembre y lunes salvo julio-agosto

Menú 19/36 € – Carta 24/39 €

Sencillo, discreto y a pie de carretera. Presenta un bar y un correcto comedor, con el suelo en tarima y las paredes en piedra o madera. Aquí encontrará una carta de cocina catalana, que destaca por sus carnes, y hasta tres menús.

LLÍVIA

Girona – 1 625 h. – Alt. 1 224 m – Ver mapa regional n° **9-C1**

Madrid 645 km – Barcelona 162 km – Girona 155 km

Mapa de carreteras Michelin n° 574-E35

Aparthotel Les Corts

Cana 7 ✉ 17527 – ✆ 972 14 62 56 – www.aparthotellescorts.com – cerrado del 8 al 20 junio y 30 septiembre-10 octubre

4 hab – 86/110 € – 4 apartamentos

Instalado en un atractivo edificio de piedra que remonta sus orígenes al s. XVIII. Ofrece apartamentos tipo dúplex, algunos de ellos con balcón, y unas sencillas habitaciones... eso sí, todas con cocina. ¡Interesante si viaja en familia!

Fonda Mercé

Estavar 29 ✉ 17527 – ✆ 972 89 70 01 – www.fondamerce.com

9 hab – 45/65 € 75/95 €

Casa típica emplazada en el centro de la localidad. La fachada empedrada y los bellos balcones dan paso a un edificio muy bien reformado, con profusión de madera, detalles en piedra y unas cuidadas habitaciones, dos tipo dúplex y tres abuhardilladas. En el comedor encontrará platos de tinte tradicional.

Can Ventura

pl. Major 1 ✉ 17527 – ✆ 972 89 61 78 – www.canventura.com – cerrado lunes y martes salvo festivos

Menú 24/48 € – Carta 24/49 €

En un edificio con encanto que data de 1791. Presenta un interior de aire rústico cuidado hasta el más mínimo detalle, con dos hermosas salas y las paredes en piedra. Su chef apuesta por la cocina regional elaborada con productos "Km 0".

en Gorguja Noreste : 2 km

La Formatgeria de Llívia

Pla de Ro ✉ 17527 Llívia – ✆ 972 14 62 79 – www.laformatgeria.com – cerrado 23 junio-15 julio, martes y miércoles salvo agosto y festivos

Carta 32/50 €

Un homenaje a la tradición quesera y láctea, de ahí su nombre. Ofrecen una cocina de tinte actual, rica en carnes y con especialidades, como la popular raclette o alguna de sus fondues (de setas, de oveja, de camembert o tradicional suiza).

LLODIO

Álava – 18 428 h. – Alt. 130 m – Ver mapa regional n° **18-A3**

Madrid 385 km – Bilbao 20 km – Burgos 142 km – Vitoria-Gasteiz 49 km

Mapa de carreteras Michelin n° 573-C21

junto al acceso 3 de la autopista AP 68 Este : 3 km

Palacio de Anuncibai

barrio Anuncibai ✉ 01400 Llodio – ✆ 946 72 61 88 – www.palacioanuncibai.com – cerrado Semana Santa y del 8 al 31 de agosto

Menú 13 € – Carta 35/56 € – *(solo almuerzo salvo sábado)*

Instalado en un edificio de piedra a las afueras de Llodio. Presenta un bar, dos terrazas acristaladas, varios comedores clásicos y un salón abuhardillado que reservan para los banquetes. Cocina tradicional actualizada y bien presentada.

ESPAÑA

LLORET DE MAR

Girona – 40 803 h. – Ver mapa regional n° **10**-A2

Madrid 695 km – Barcelona 67 km – Girona 43 km

Mapa de carreteras Michelin n° 574-G38

G.H. Guitart Monterrey

av. Vila de Tossa 27 ✉ 17310 – ✆ 972 34 60 54 – www.guitarthotels.com – cerrado enero y febrero

200 hab – 100/200 € 150/250 €

Rest *Freu* – ver selección restaurantes

Le sorprenderá por sus exteriores, con un jardín subtropical y una atractiva piscina. Ofrece amplias zonas nobles de línea clásica-actual y múltiples servicios... de hecho, aquí encontrará un centro de negocios y hasta un casino. Sugerente oferta gastronómica.

Freu – Hotel G.H. Guitart Monterrey

av. Vila de Tossa 27 ✉ 17310 – ✆ 972 36 93 26 – www.freurestaurant.com – cerrado enero y febrero

Menú 20/90 € – Carta 50/70 €

¡Interesante opción gastronómica! Sus modernas instalaciones se presentan con una sala acristalada y una idílica terraza, ambas orientadas al jardín. Cocina actual-creativa.

Mas Romeu

urb. Mas Romeu, Oeste : 1,5 km ✉ 17310 – ✆ 972 36 79 63 – www.masromeu.com – cerrado 15 días en enero, 15 días en octubre y miércoles

Menú 17/40 € – Carta 29/55 €

Algo alejado del centro pero con una agradable terraza arbolada. Este restaurante familiar propone varios menús y una completa carta tradicional, diferenciando entre carnes a la brasa, pescados, mariscos, guisos y especialidades de la casa.

en la playa de Fanals Oeste : 2 km

Rigat Park

av. América 1 ✉ 17310 Lloret de Mar – ✆ 972 36 52 00 – www.rigat.com – marzo-octubre

78 hab – 150/299 € 150/350 € – 21 suites

Hotel con detalles rústicos y coloniales emplazado en un parque arbolado frente al mar. Las habitaciones, de estilo clásico-elegante, cuentan con mobiliario restaurado original. El restaurante a la carta, que se distribuye en torno a una terraza de verano, siempre amplía su oferta durante la temporada alta.

en la urbanización Playa Canyelles Este : 3 km

El Trull

✉ 17310 Lloret de Mar – ✆ 972 36 49 28 – www.eltrull.com – cerrado lunes y martes salvo abril-octubre

Menú 20/61 € – Carta 45/60 €

Presenta una sala de ambiente rústico, una terraza sobre la piscina y varios salones para banquetes. Su amplia carta tradicional, en la que priman los pescados y mariscos, se enriquece con diversos menús. ¡Pruebe sus Erizos de mar trufados!

en la playa de Santa Cristina Oeste : 3 km

Santa Marta

✉ 17310 Lloret de Mar – ✆ 972 36 49 04 – www.hotelsantamarta.net – cerrado noviembre-12 febrero

76 hab – 137/229 € 198/329 € – 2 suites

Resulta encantador y atesora un emplazamiento único, pues se encuentra en un frondoso pinar asomado a la playa. Presenta idílicas terrazas escalonadas y confortables habitaciones, las redecoradas en un estilo clásico-actual. El restaurante, dotado con una chimenea y vistas al mar, tiene un uso polivalente.

LOARRE

Huesca – 361 h. – Alt. 773 m – Ver mapa regional n° **2-C1**
Madrid 415 km – Huesca 36 km – Iruña/Pamplona 144 km
Mapa de carreteras Michelin n° 574-F28

Hospedería de Loarre

22809 – 974 38 27 06 – www.hospederiadeloarre.com
Menú 20/45 € – Carta aprox. 40 € **12 hab** – 45/65 € 55/75 €, 9 €
¡A unos 4 km del famoso castillo! Ocupa la antigua casa-escuela del maestro, presentándose hoy con la cafetería en la planta baja y un sobrio comedor en el piso superior. Su carta tradicional contempla algún plato más actualizado. También ofrece correctas habitaciones, todas de línea clásica-actual.

LODOSA

Navarra – 4 836 h. – Alt. 320 m – Ver mapa regional n° **17-A2**
Madrid 334 km – Logroño 34 km – Iruña/Pamplona 81 km – Zaragoza 152 km
Mapa de carreteras Michelin n° 573-E23

Marzo

Ancha 24 31580 – 948 69 30 52 – www.hrmarzo.com – cerrado 24 diciembre-5 enero y del 15 al 31 de agosto
Menú 12/25 € – Carta 22/40 € – *(cerrado domingo noche)*
12 hab – 22/25 € 39/45 €, 4 €
El restaurante centra la actividad de este negocio familiar, dotado con un bar privado a la entrada y un comedor clásico en la 1ª planta. Cocina fiel al recetario regional. Como complemento también dispone de habitaciones, sencillas pero correctas.

ESPAÑA

LOGROÑO

La Rioja – 153 066 h. – Alt. 384 m – Ver mapa regional n° **14-A2**
Madrid 331 km – Burgos 144 km – Iruña/Pamplona 92 km – Vitoria-Gasteiz 93 km
Mapa de carreteras Michelin n° 573-E22

AC H. La Rioja

Madre de Dios 21 26004 – 941 27 23 50 – www.hotelaclarioja.com Plano : B1**a**
76 hab – 65/110 €, 13 €
Ubicado junto al parque de La Ribera, donde se halla el Palacio de Congresos de La Rioja (Riojaforum). Posee amplias zonas nobles y cuidadas habitaciones, todas con el habitual confort AC. En el restaurante, de montaje informal, ofrecen una carta tradicional.

Carlton Rioja

Gran Vía del Rey Juan Carlos I-5 26002 – 941 24 21 00 – www.hotelcarltonrioja.es Plano : A2**c**
115 hab – 60/130 € 60/162 €, 13 € – 1 suite
Se halla en una de las mejores zonas de Logroño, por lo que es interesante tanto para los amantes de la cultura como de la gastronomía. Completas habitaciones de línea clásica-funcional y buen comedor, donde apuestan por un menú tradicional e internacional.

Gran Vía

Gran Vía del Rey Juan Carlos I-71 bis 26005 – 941 28 78 50 – www.hotelhusagranvia.com Plano : A1**z**
91 hab – 61/250 €, 12 €
Ofrece un bar-salón decorado con botellas de vino que ensalzan la D.O. de La Rioja, varias salas panelables y habitaciones de elegante línea clásica, todas bien equipadas.

Calle Mayor

Marqués de San Nicolás 71 26001 – 941 23 23 68 – www.hotelcallemayor.com Plano : A1**t**
12 hab – 75/83 € 75/107 €, 4 €
Un hotel con carácter donde se sabe aunar pasado y presente, ya que ocupa un palacete del s. XVI ubicado en pleno casco antiguo. ¡Habitaciones modernas de excelente nivel!

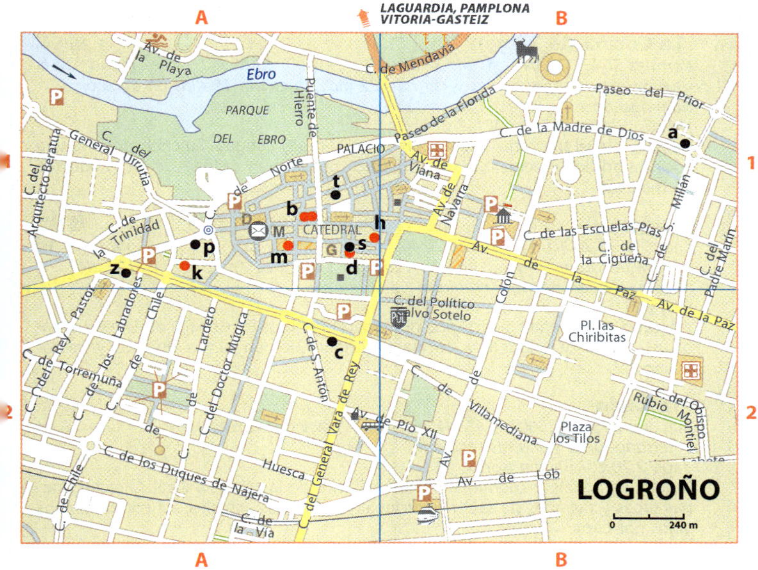

Marqués de Vallejo

Marqués de Vallejo 8 ✉ 26001 – ✆ 941 24 83 33 – www.hotelmarquesdevallejo.com — Plano : A1**s**

47 hab – 👤65/225 € 👥75/225 €, ☕ 10 €

Resulta singular y atesora cierto encanto, no en vano ocupa hasta tres edificios del casco viejo. Bello hall-patio cubierto, gran salón social y habitaciones de línea actual.

Murrieta

Marqués de Murrieta 1 ✉ 26005 – ✆ 941 22 41 50 – www.hotelmurrieta.es — Plano : A1**p**

104 hab – 👤50/110 € 👥50/130 €, ☕ 8 €

Disfruta de una correcta zona social y confortables habitaciones repartidas en ocho plantas, todas actuales, con los suelos en tarima y mobiliario funcional. El comedor combina el servicio de buffet del desayuno con la elaboración de un menú del día, normalmente de tinte tradicional.

La Galería

Saturnino Ulargui 5 ✉ 26001 – ✆ 941 20 73 66 – www.restaurantelagaleria.com – cerrado 7 días en enero, Semana Santa, 7 días en junio y domingo — Plano : A1**k**

Menú 25/46 € – Carta 38/47 €

Posee un gastrobar y un moderno comedor, este con la cocina a la vista. Su carta tradicional actualizada siempre se ve enriquecida con algunos arroces e interesantes menús.

Portales 24

Portales 24 ✉ 26001 – ✆ 941 22 33 27 – cerrado del 1 al 15 de agosto, domingo noche y lunes — Plano : A1**b**

Menú 30/50 € – Carta 29/43 €

¡En pleno casco antiguo! Tanto en la sala, de línea moderna, como en su privado, encontrará una cocina tradicional actualizada que valora, por encima de todo, la calidad de las materias primas. Su carta se completa con un menú degustación.

XX
La Cocina de Ramón
Portales 30 ✉ 26001 – ✆ 941 28 98 08 Plano : A1**b**
– www.lacocinaderamon.es – cerrado 22 días en enero, 15 días en agosto, domingo noche y lunes
Menú 35/45 € – Carta 28/43 €
De línea actual-funcional y bien situado en el casco antiguo. Su chef propone una cocina tradicional actualizada que destaca por la gran calidad de los productos de mercado.

X
Iruña
Laurel 8 ✉ 26001 – ✆ 941 50 20 44 Plano : A1**m**
– www.restauranteiruna.com – cerrado del 1 al 15 de enero, del 1 al 15 de agosto, sábado noche y domingo
Carta 27/50 €
¡Ubicado en el centro neurálgico del tapeo logroñés! En su sala, de línea rústica-actual, podrá descubrir una cocina tradicional rica en platos riojanos y vasco-navarros.

Tastavin
San Juan 25 ✉ 26001 – ✆ 941 26 21 45 – www.tastavin.es Plano : A1**h**
– cerrado lunes y martes mediodía
Tapa 2,20 € – Ración aprox. 14 €
Resulta agradable y cuenta con el beneplácito de la clientela local. Ofrecen buenas tapas y raciones de sabor tradicional, con toques actuales, así como muchos vinos por copa.

ESPAÑA

Tondeluna
Muro de la Mata 9 ✉ 26001 – ✆ 941 23 64 25 Plano : A1**d**
– www.tondeluna.com – cerrado domingo noche
Tapa 8 € – Ración aprox. 12 €
Sorprende por su diseño, sin barra pero con enormes mesas para tapear sentados. Ofrecen raciones y medias raciones de cocina tradicional actualizada, así como varios menús.

LOIU
Vizcaya – 2 205 h. – Ver mapa regional n° **18-A3**
Madrid 399 km – Bilbao 7 km – Bermeo 29 km – Vitoria-Gasteiz 76 km
Mapa de carreteras Michelin n° 573-C21

Loiu
Lastetxe 24 ✉ 48180 – ✆ 944 53 50 38 – www.hotel-loiu.com
24 hab – 56/129 €, 11 €
Se encuentra en una zona residencial, donde ofrece unas instalaciones bastante actuales. Las habitaciones se presentan con mobiliario clásico-actual y los suelos en moqueta. El restaurante, que se encuentra en el sótano, elabora platos de sabor tradicional.

LOJA
Granada – 21 135 h. – Alt. 475 m – Ver mapa regional n° **1-C2**
Madrid 458 km – Granada 57 km – Málaga 77 km – Sevilla 198 km
Mapa de carreteras Michelin n° 578-U17

en la Finca La Bobadilla por la autovía A 92 - Oeste : 18 km y desvío 3 km

Barceló La Bobadilla
por salida a Villanueva de Tapia ✉ 18300 Loja – ✆ 958 32 18 61
– www.barcelolabobadilla.com – marzo-octubre
67 hab – 200/320 €
Precioso cortijo concebido como un oasis de paz... no en vano, se halla en una finca repleta de olivos. Encontrará un lujoso interior, con habitaciones bien personalizadas, una gran piscina exterior rodeada de zonas verdes y una nutrida oferta gastronómica.

LORCA

Murcia – 92 718 h. – Alt. 331 m – Ver mapa regional n° **16-A2**
Madrid 460 km – Murcia 72 km – Almería 149 km – Albacete 209 km
Mapa de carreteras Michelin n° 577-S24

Parador Castillo de Lorca

Castillo de Lorca ✉ 30800 – ✆ 968 40 60 47 – www.parador.es
67 hab – 70/170 €, 16 € – 9 suites
Edificio de nueva planta construido en el histórico recinto del Castillo de Lorca. Presenta un moderno interior, un SPA y espaciosas habitaciones de línea actual. El restaurante, que ofrece la carta típica de los Paradores, se completa con una terraza que destaca por sus maravillosas vistas sobre la ciudad.

en la carretera de Granada Suroeste : 4 km

Paredes

carret. N-340a, km 588 ✉ 30817 Torrecilla – ✆ 626 27 77 25 – www.restauranteparedes.com – cerrado agosto, domingo en junio-julio y lunes resto del año
Carta 35/56 € – *(solo almuerzo salvo viernes y sábado)*
En esta coqueta casa familiar proponen una cocina de gusto tradicional que destaca por sus cuidadas presentaciones. Posee un bar privado que ejerce como zona de espera, una sala actual-funcional y un reservado. Buena clientela de negocios.

LUARCA

Asturias – 12 871 h. – Ver mapa regional n° **3-A1**
Madrid 536 km – A Coruña 226 km – Gijón 97 km – Oviedo 101 km
Mapa de carreteras Michelin n° 572-B10

Villa de Luarca

Álvaro de Albornoz 6 ✉ 33700 – ✆ 985 47 07 03 – www.hotelvilladeluarca.com
14 hab – 45/96 € 50/96 €, 6 €
Céntrico, con encanto y ubicado en una casa señorial. Sus habitaciones gozan de buen confort, con los techos altos, suelos originales en madera y mobiliario de aire colonial.

Báltico

Párroco Camino 36 ✉ 33700 – ✆ 985 64 09 91 – www.hotelbaltico.com
27 hab – 60/65 € 65/85 €, 3 €
Hotel de organización familiar que comparte servicios con su cercano homónimo. Ofrece habitaciones bastante actuales, todas con los suelos en tarima y algunas abuhardilladas.

La Colmena sin

Uría 2 ✉ 33700 – ✆ 985 64 02 78 – www.lacolmena.com
15 hab – 35/45 € 50/65 €
Céntrico, acogedor y de amable organización familiar. Las habitaciones disfrutan de un cuidado equipamiento, con los suelos en madera y duchas de hidromasaje en los baños.

en Almuña Sur : 2,5 km – Ver mapa regional n° **3**-A1

Casa Manoli

carret. de Paredes y desvío a la izquierda 1 km ✉ 33700 Luarca – ✆ 985 47 07 03 – www.hotelluarcarural.com
13 hab – 36/65 €, 6 €
Tranquilo hotelito tipo chalet rodeado de amplios jardines y zonas verdes. Posee un acogedor salón social y habitaciones de ambiente clásico, todas con los baños actuales.

ESPAÑA

LUCENA

Córdoba – 42 754 h. – Alt. 485 m – Ver mapa regional n° **1-C2**

Madrid 471 km – Antequera 57 km – Córdoba 73 km – Granada 150 km

Mapa de carreteras Michelin n° 578-T16

Santo Domingo

Juan Jiménez Cuenca 16 ✉ 14900 – ✆ 957 51 11 00 – www.hotelansantodomingo.es

30 hab – ††99/107 €, ☕ 16 €

Antigua casa-convento que ha sabido conservar muchos de sus elementos constructivos originales. Posee unas cuidadas habitaciones de estilo clásico y un patio-claustro cubierto que ejerce como zona social. El restaurante, también clásico y con los techos abovedados, propone una cocina de tinte tradicional.

en la carretera N 331 Suroeste : 2,5 km

Los Bronces

✉ 14900 Lucena – ✆ 957 51 62 80 – www.hotellosbronces.com

40 hab – †44/55 € ††60/66 €, ☕ 5 €

Rest *Asador Los Bronces* – ver selección restaurantes

Ubicado en un polígono industrial y llevado en familia. Encontrará un gran hall, una escalera de caracol en mármol y correctas habitaciones, todas amplias y de línea clásica aunque algo impersonales. ¡Trabaja mucho con comerciales!

Asador Los Bronces – Hotel Los Bronces

✉ 14900 Lucena – ✆ 957 51 62 80 – www.hotellosbronces.com – cerrado domingo en verano y domingo noche resto del año

Menú 12/15 € – Carta 32/40 €

Se presenta con un buen bar a la entrada, un privado y un comedor en el piso superior, este último de marcado ambiente clásico-castellano... con vidrieras y maderas nobles. Su especialidad son los asados y las carnes rojas a la parrilla.

ESPAÑA

LUCES

Asturias – 265 h. – Ver mapa regional n° **3-C1**

Madrid 495 km – Oviedo 58 km

Mapa de carreteras Michelin n° 572-B14

Palacio de Luces

carret. AS-257 ✉ 33328 – ✆ 985 85 00 80 – www.palaciodeluces.com – cerrado 4 enero-16 marzo

39 hab ☕ – †155/335 € ††169/350 € – 4 suites

Se encuentra en un palacio del s. XVI que ha sido renovado y al que se le han añadido varios anexos modernos. Completa zona noble y habitaciones actuales muy bien equipadas.

LUGO

98 761 h. – Alt. 485 m – Ver mapa regional n° **13-C2**

Madrid 506 km – A Coruña 97 km – Ourense 96 km – Oviedo 255 km

Mapa de carreteras Michelin n° 571-C7

Méndez Núñez

Raiña 1 ✉ 27001 – ✆ 982 23 07 11 – www.hotelmendeznunez.com Plano : B2**x**

67 hab – ††60/300 €, ☕ 8 € – 3 suites

Una referencia en la ciudad, pues abrió sus puertas en 1861. Tras su fachada clásica hoy se presenta adecuadamente renovado, con unas habitaciones de línea funcional-actual.

Orbán e Sangro

Travesía do Miño 6 ✉ 27001 – ✆ 982 24 02 17 – www.pazodeorban.es – cerrado del 24 al 27 de diciembre Plano : A2**d**

12 hab – †88/132 € ††88/156 €, ☕ 11 €

Coqueto hotel instalado en una casa señorial del s. XVIII. Las habitaciones combinan su valioso mobiliario antiguo con unos bellos baños de diseño, destacando las abuhardilladas y las que se asoman a las murallas. ¡Atractivo bar de época!

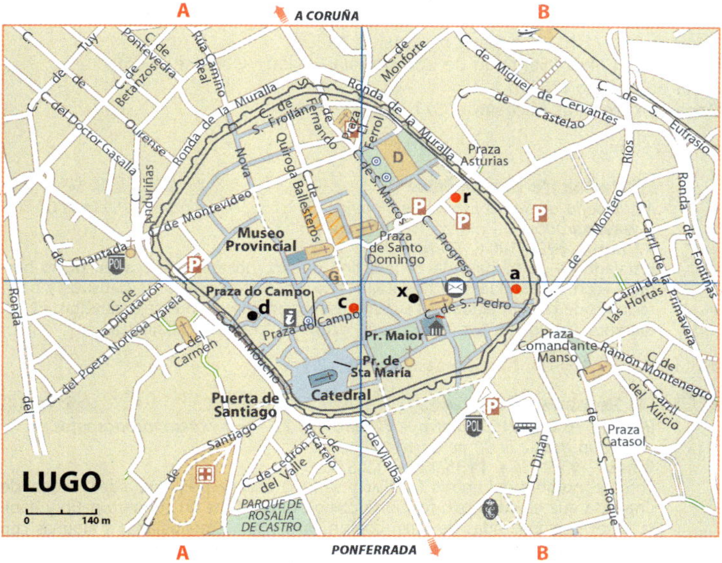

Mesón de Alberto

Cruz 4 ✉ 27001 – ✆ 982 22 83 10 Plano : A2**c**
– www.mesondealberto.com – cerrado domingo noche, lunes noche y martes
Menú 15/35 € – Carta 29/57 €
Se halla en una calle peatonal del casco antiguo, con una tapería en la planta baja, un buen comedor en el primer piso y dos privados. Amplia carta de cocina tradicional gallega, con un apartado de mariscos y un menú degustación.

España

Teatro 10 ✉ 27002 – ✆ 982 24 27 17 Plano : B1**r**
– www.restauranteespana.es – cerrado domingo noche
Carta 28/42 €
Negocio llevado entre hermanos. Posee una gran cafetería, dos salas de línea actual y un privado. Su carta tradicional actualizada se completa con un apartado de setas y caza.

Paprica

Noreas 10 ✉ 27001 – ✆ 982 25 58 24 – www.paprica.es Plano : B2**a**
– cerrado domingo noche y lunes en invierno,domingo y lunes noche en verano
Menú 23/42 € – Carta 39/52 €
Una propuesta gastronómica diferente en esta ciudad. Posee un pequeño bar de línea moderna, un único comedor que sirve como sala de exposiciones a los artistas locales y una terraza-patio en la parte de atrás. Cocina actual y de temporada.

en la carretera N VI por calle Vilalba B2 : 4,5 km

Torre de Núñez

Conturiz, salida 488 ✉ 27160 Conturiz – ✆ 982 30 40 40
www.hoteltorredenuñez.com
87 hab – †40/60 € ††50/75 €, ☕ 6 €
Ubicado a pie de carretera. Presenta una correcta zona social, varios salones de trabajo y habitaciones de diferentes tamaños, todas de línea clásica-actual. Amplia cafetería y buen restaurante, que completa su carta tradicional con la opción de menús.

LUINTRA

Ourense – 2 271 h. – Ver mapa regional n° **13-C3**

Madrid 517 km – Santiago de Compostela 123 km – Ourense 28 km – Viana do Castelo 175 km

Mapa de carreteras Michelin n° 571-E6

al Este 5 km

Parador de Santo Estevo

Monasterio de Santo Estevo de Ribas de Sil ✉ 32162 Luíntra – ✆ 988 01 01 10 – www.parador.es – marzo-10 diciembre

77 hab – 90/190 €, 18 €

Instalado en un monasterio benedictino de incomparable belleza, en pleno bosque y con los cañones del río Sil al fondo. Posee tres preciosos claustros y habitaciones de confort actual, las superiores más amplias y con mejores vistas. El restaurante, con los techos abovedados, ocupa las antiguas caballerizas.

por la carretera de Monforte Noroeste : 8 km

O Remanso dos Patos

Penalba 16 ✉ 32160 Luíntra – ✆ 988 77 70 23 – www.oremansodospatos.es – cerrado del 12 al 30 de enero

8 hab – 29/125 € 35/135 €, 5,50 €

Toma el nombre del apodo familiar y se halla en una pequeña aldea, ocupando una casa que en su origen funcionó como botica. Tiene un coqueto patio y habitaciones personalizadas de buen confort, la mayoría empapeladas y algunas con terraza. En el comedor, dominado por la piedra, proponen cocina internacional.

ESPAÑA

LUYEGO DE SOMOZA

León – 748 h. – Ver mapa regional n° **8-A1**

Madrid 345 km – Valladolid 192 km – León 69 km – Zamora 150 km

Mapa de carreteras Michelin n° 575-E11

Hostería Camino

Nuestra Señora de los Remedios ✉ 24717 – ✆ 987 60 17 57 – www.hosteriacamino.com

9 hab – 58/68 € 68/87 €

Encantadora casona de piedra ubicada en un pueblo maragato. Su portalón de madera da paso a un interior sumamente acogedor, con un cálido salón social, un patio típico, habitaciones de aire rústico y un buen restaurante, donde apuestan por la cocina regional.

MAÇANET DE CABRENYS

Girona – 745 h. – Alt. 370 m – Ver mapa regional n° **9-C3**

Madrid 747 km – Barcelona 163 km – Girona 66 km – Lleida 289 km

Mapa de carreteras Michelin n° 574-E38

Els Caçadors

urb. Casanova ✉ 17720 – ✆ 972 54 41 36 – www.hotelelscassadors.com

18 hab – 50 € 90 €

Rest *Els Caçadors* – ver selección restaurantes

Este edificio de estilo montañés disfruta de un gran salón social, con chimenea, y confortables habitaciones, todas con sencillo mobiliario castellano y baños actuales. ¡Atractivo entorno ajardinado, con frondosa vegetación y piscina!

Els Caçadors – Hotel Els Caçadors

urb. Casanova ✉ 17720 – ✆ 972 54 41 36 – www.hotelelscassadors.com – cerrado martes salvo verano

Menú 20/35 € – Carta 25/40 €

Un restaurante de contrastes, pues combina los antiguos techos abovedados y las paredes en piedra con un sorprendente montaje en tonos blancos. Cocina tradicional actualizada.

MADREMANYA

Girona – 279 h. – Alt. 177 m – Ver mapa regional n° **10-B1**
Madrid 718 km – Barcelona 117 km – Girona 21 km – Perpignan 103 km
Mapa de carreteras Michelin n° 574-G38

La Plaça

Sant Esteve 17 ✉ 17462 – ✆ 972 49 04 87 – www.laplacamadremanya.com – cerrado 15 enero-15 febrero
11 hab – 115 €, 15 € – 4 suites
Rest *La Plaça* – ver selección restaurantes
Se halla en una antigua masía y atesora un encanto indudable. Aquí encontrará unas atractivas habitaciones tipo suite, la mayoría con chimenea, algunas con terraza y todas con una grata combinación de elementos rústicos y modernos.

La Plaça – Hotel La Plaça

Sant Esteve 17 ✉ 17462 – ✆ 972 49 04 87 – www.laplacamadremanya.com – cerrado 15 enero-15 febrero, lunes, martes y miércoles en invierno y martes resto del año
Menú 53 € – Carta 41/66 € – *(solo cena en julio y agosto salvo fines de semana)*
En el restaurante, dividido en dos salas y con los techos abovedados, apuestan por una cocina tradicional actualizada que siempre procura dar protagonismo a los productos provenientes de su huerta y de caza en temporada. ¡Agradable terraza!

ESPAÑA

ONCE

MADRID

3 233 527 h. – Alt. 646 m – Ver mapa régional n° **15**-B2
Barcelona 617 km – Bilbao 395 km – A Coruña 603 km – Lisboa 625 km
Mapa de carreteras Michelin n° 576-K19

M. Galan / age fotostock

A la carta...

Planos & establecimientos

Lista alfabética de los hoteles
Lista alfabética dos hotéis
Index of hotels

Lista alfabética de los restaurantes
Lista alfabética dos restaurantes
Index of restaurants

MADRID

→ Establecimientos con estrellas
→ Estabelecimentos com estrelas
→ Starred restaurants

Bib Gourmand

→ Buenas comidas a precios moderados
→ Refeições cuidadas a preços moderados
→ Good food at moderate prices

MADRID

→ Restaurantes especializados
→ Restaurantes especializados
→ Restaurants by cuisine

→ Restaurantes abiertos sábado y domingo
→ Restaurantes abertos sábado e domingo
→ Restaurants open on saturday and sunday

MADRID

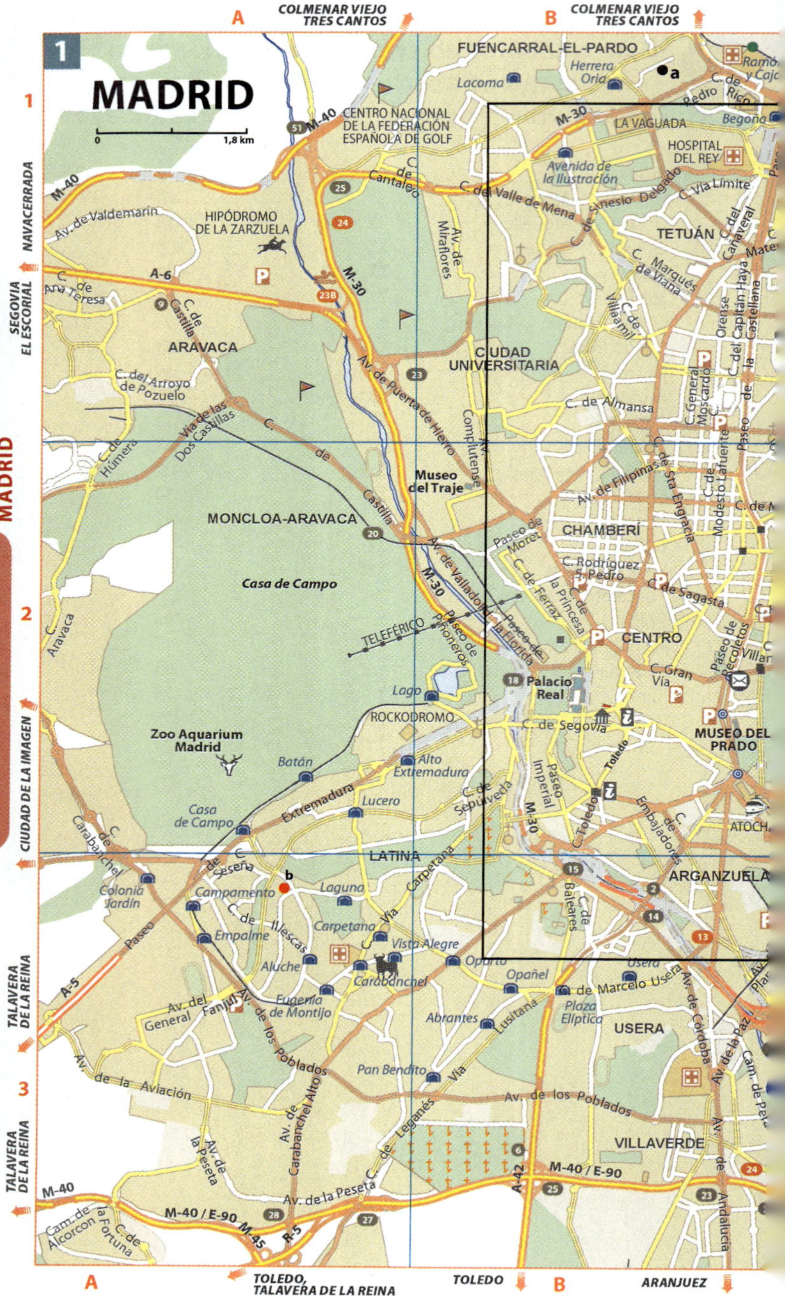
1
MADRID
0
1,8 km
A
B
COLMENAR VIEJO TRES CANTOS
COLMENAR VIEJO TRES CANTOS
NAVACERRADA
SEGOVIA EL ESCORIAL
MADRID
CIUDAD DE LA IMAGEN
TALAVERA DE LA REINA
TALAVERA DE LA REINA
TOLEDO, TALAVERA DE LA REINA
TOLEDO
ARANJUEZ
FUENCARRAL-EL-PARDO
Lacoma
Herrera Oria
CENTRO NACIONAL DE LA FEDERACIÓN ESPAÑOLA DE GOLF
LA VAGUADA
HOSPITAL DEL REY
Begoña
Avenida de la Ilustración
C. de Cantalejo
C. del Valle de Mena
C. de Ginesio Delgado
C. Vía Límite
HIPÓDROMO DE LA ZARZUELA
Av. de Valdemarín
Av. de Miraflores
TETUÁN
C. Marqués de Viana
C. de Villaamil
C. del Cañaveral
C. del Capitán Haya
Paseo de la Castellana
Orense
A-6
C. de Ana Teresa
C. de Castilla
ARAVACA
CIUDAD UNIVERSITARIA
Av. de Puerta de Hierro
C. del Arroyo de Pozuelo
C. de Almansa
C. General Moscardó
C. de Húmera
Vía de las Dos Castillas
C. de Castilla
Av. Complutense
Museo del Traje
Av. de Filipinas
C. de Sta Engracia
C. de Modesto Lafuente
MONCLOA-ARAVACA
CHAMBERÍ
Paseo de Moret
C. de Ferraz
C. Rodríguez S. Pedro
C. de Sagasta
Casa de Campo
Av. de Valladolid
Paseo de la Florida
C. de la Princesa
CENTRO
Paseo de Recoletos
C. Aravaca
TELEFÉRICO
Paseo de Pintores
Palacio Real
C. Gran Vía
Lago
ROCKODROMO
C. de Segovia
Toledo
MUSEO DEL PRADO
Zoo Aquarium Madrid
Batán
Alto Extremadura
Paseo Imperial
C. de Sepúlveda
Casa de Campo
Extremadura
Lucero
C. de Embajadores
ATOCHA
C. de Carabanchel
C. de Toledo
LATINA
C. de Seseña
Campamento
Laguna
Carpetana
ARGANZUELA
Colonia Jardín
C. de Illescas
Carpetana
Vía
C. de Baleares
Paseo
Empalme
Vista Alegre
Aluche
Carabanchel
Oporto
Usera
Opañel
C. de Marcelo Usera
Av. de Córdoba
A-5
Av. del General Fanjul
Eugenia de Montijo
Abrantes
Lusitana
Plaza Elíptica
USERA
Av. de los Poblados
Pan Bendito
Vía
Av. de la Paz
Av. de la Aviación
Av. de los Poblados
Av. de Carabanchel Alto
Av. de la Peseta
C. de Leganés
VILLAVERDE
Av. de Andalucía
M-40
M-40 / E-90
A-42
M-40 / E-90
M-45
R-5
Av. de la Peseta
Cam. de Alcorcón
C. de la Fortuna
M-30
M-40
a
b
1
2
3

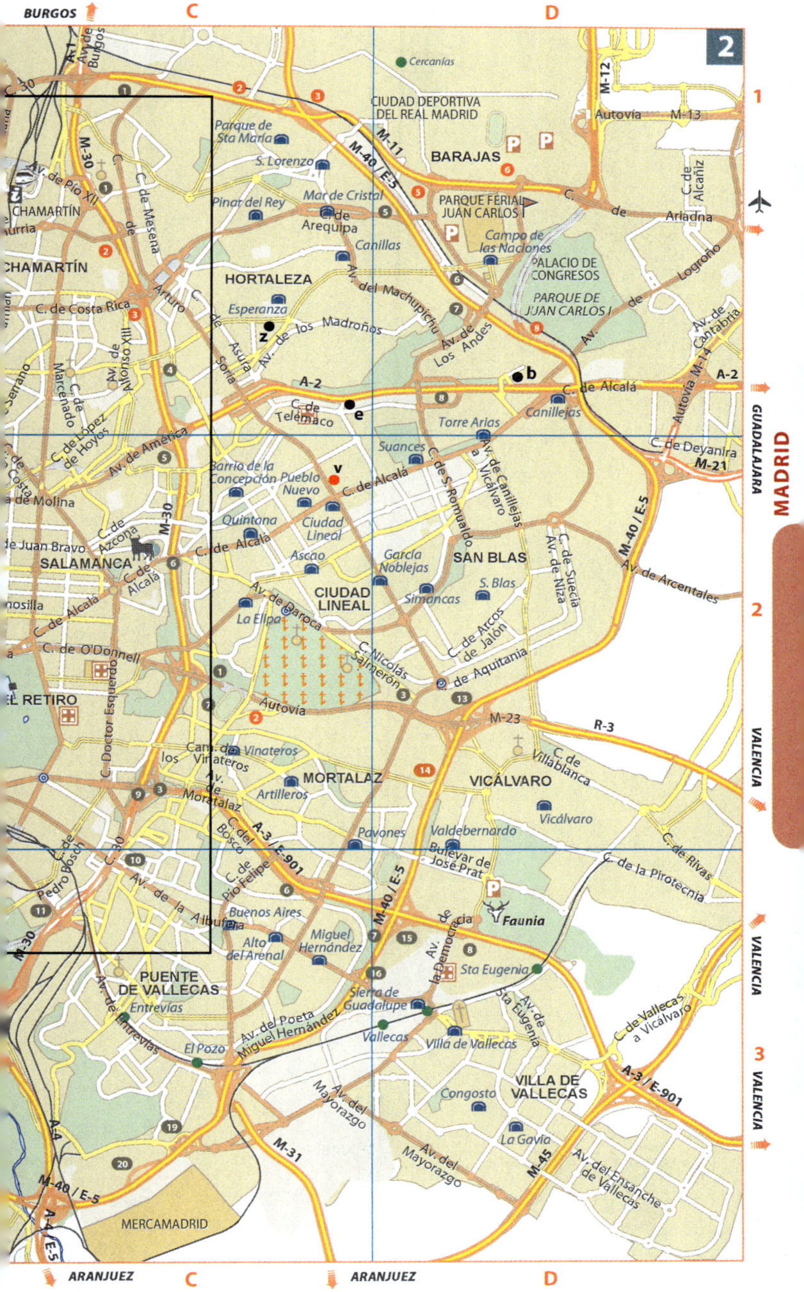
BURGOS
C
D
2
1
2
3
CIUDAD DEPORTIVA DEL REAL MADRID
Cercanías
BARAJAS
PARQUE FERIAL JUAN CARLOS I
Campo de las Naciones
PALACIO DE CONGRESOS
PARQUE DE JUAN CARLOS I
Autovía M-13
M-12
M-11
M-40 / E-5
C. de Ariadna
C. de Alcañiz
Av. de Logroño
Av. de Cantabria
Autovía M-14
A-2
C. de Alcalá
Canillejas
Torre Arias
C. de Deyanira
M-21
GUADALAJARA
MADRID
Parque de Sta María
S. Lorenzo
Mar de Cristal
Pinar del Rey
C. de Arequipa
Canillas
HORTALEZA
Av. del Machupichu
Esperanza
Av. de los Madroños
Av. de Los Andes
C. de Asura
Av. de Soria
C. de Telémaco
Suances
C. de S. Romualdo
Av. de Canillejas a Vicálvaro
Barrio de la Concepción
Pueblo Nuevo
C. de Alcalá
Quintana
Ciudad Lineal
Ascao
García Noblejas
SAN BLAS
S. Blas
Simancas
CIUDAD LINEAL
C. de Suecia
Av. de Niza
Av. de Arcentales
C. de Arcos de Jalón
C. de Aquitania
La Elipa
Av. de Daroca
C. Nicolás Salmerón
Autovía
M-23
R-3
C. de Villablanca
VICÁLVARO
Vicálvaro
Cam. de los Vinateros
Vinateros
Av. de Moratalaz
MORTALAZ
Artilleros
Pavones
Valdebernardo
Bulevar de José Prat
C. de la Pirotecnia
C. de Rivas
Faunia
A-3 / E-901
C. del Bosco
C. de Pío Felipe
M-40 / E-5
Av. de la Democracia
Sta Eugenia
Av. de Sta Eugenia
C. de Vallecas a Vicálvaro
Buenos Aires
Alto del Arenal
Miguel Hernández
Sierra de Guadalupe
Vallecas
Villa de Vallecas
Av. del Poeta Miguel Hernández
El Pozo
PUENTE DE VALLECAS
Entrevías
Av. de Entrevías
VILLA DE VALLECAS
Congosto
La Gavia
Av. del Mayorazgo
M-31
M-45
Av. del Ensanche de Vallecas
A-3 / E-901
A-4
M-40 / E-5
A-4 / E-5
MERCAMADRID
VALENCIA
VALENCIA
VALENCIA
ARANJUEZ
ARANJUEZ
C
D
Av. de Burgos
A-1
C-30
M-30
Av. de Pío XII
CHAMARTÍN
CHAMARTÍN
C. de Mesena
C. de Arturo Soria
C. de Costa Rica
Av. de Alfonso XIII
C. de Marcenado
C. de López de Hoyos
Serrano
Av. de América
C. de Azcona
C. de Juan Bravo
SALAMANCA
C. de Alcalá
C. de O'Donnell
EL RETIRO
C. Doctor Esquerdo
Av. de la Albufera
C. de Pedro Bosch
M-30
b
e
z
v

E F

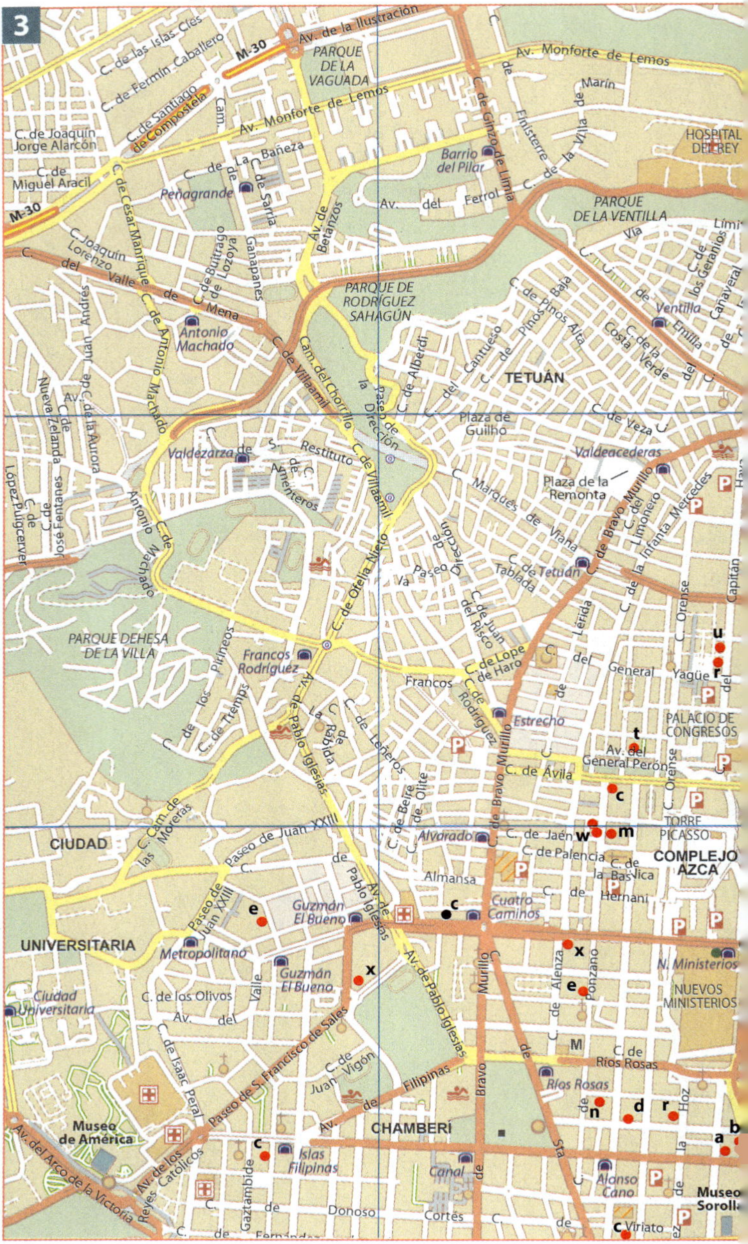

E F

1 2 3

MADRID

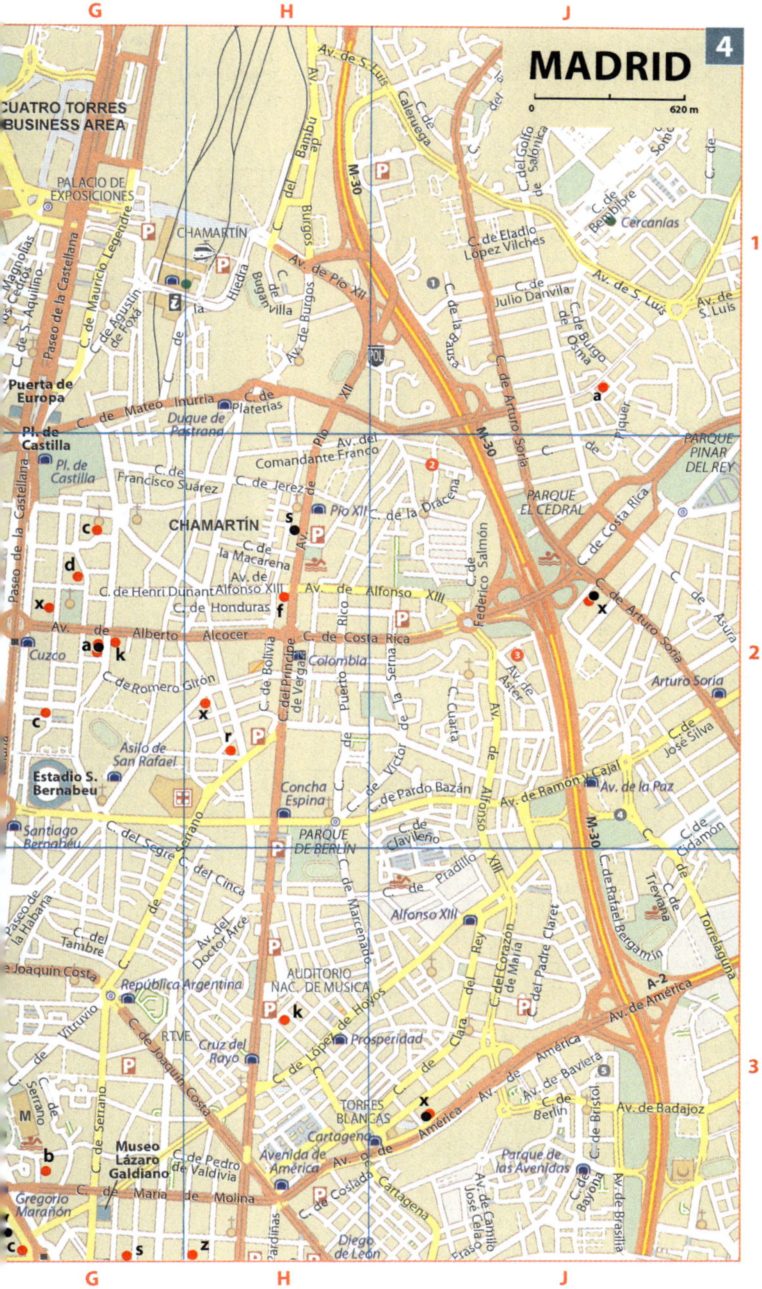
MADRID
4
0
620 m
G
H
J
1
2
3
CUATRO TORRES BUSINESS AREA
PALACIO DE EXPOSICIONES
CHAMARTÍN
Cercanías
Puerta de Europa
Pl. de Castilla
Duque de Pastrana
Plaza de Castilla
Pío XII
Colombia
Cuzco
Estadio S. Bernabeu
Santiago Bernabéu
Asilo de San Rafael
Concha Espina
PARQUE DE BERLÍN
PARQUE PINAR DEL REY
PARQUE EL CEDRAL
Arturo Soria
Av. de la Paz
Alfonso XIII
AUDITORIO NAC. DE MÚSICA
República Argentina
RTVE
Cruz del Rayo
Prosperidad
TORRES BLANCAS
Cartagena
Avenida de América
Parque de las Avenidas
Museo Lázaro Galdiano
Gregorio Marañón
Diego de León
M-30
A-2
Av. de S. Luis
Av. de Pío XII
Av. de Burgos
Paseo de la Castellana
Av. de Alberto Alcocer
C. de Costa Rica
Av. de Alfonso XIII
Av. de Ramón y Cajal
C. de Arturo Soria
Av. de América
Av. de Badajoz
C. de López de Hoyos
C. de Joaquín Costa
C. de María de Molina
C. del Príncipe de Vergara
C. de Mateo Inurria
C. de Henri Dunant
C. de Honduras
C. de Francisco Suárez
C. de Jerez
C. de Bolivia
C. de Serrano
C. de Vitruvio
C. de Pedro de Valdivia
C. de Cartagena
C. de Marcenado
C. de Pradillo
C. del Padre Claret
C. de Clara del Rey
C. del Corazón de María
C. de Rafael Bergamín
C. de Bembibre
C. de Eladio López Vilches
C. de Julio Danvila
C. de Burgo de Osma
C. de Costa Rica
C. de Asura
C. de José Silva
C. de Cidamón
C. de Treviana
C. de Torrelaguna
C. de Pardo Bazán
C. de Puerto Rico
C. de Víctor de la Serna
C. de la Drácena
C. de Federico Salmón
Av. de Bruselas
Av. de Baviera
C. de Berlín
C. de Bristol
C. de Bayona
Av. de Camilo José Cela
C. de Coslada
C. de Francisco Gervás
C. de Magnolias
C. de S. Aquilino
C. de Agustín de Foxá
C. de Mauricio Legendre
C. del Segre
C. del Cinca
Av. del Doctor Arce
C. de Romero Girón
C. del Tambre
Paseo de la Habana
C. de Caleruega
C. del Golfo de Salónica
C. de la Bausa
C. de Hiedra
C. de Buganvilla
C. del Bambú
C. de Clavileño
Av. del Comandante Franco
C. de Platerías
C. de la Macarena
Av. de Aster
Av. de Alfonso XIII
C. Cuarta

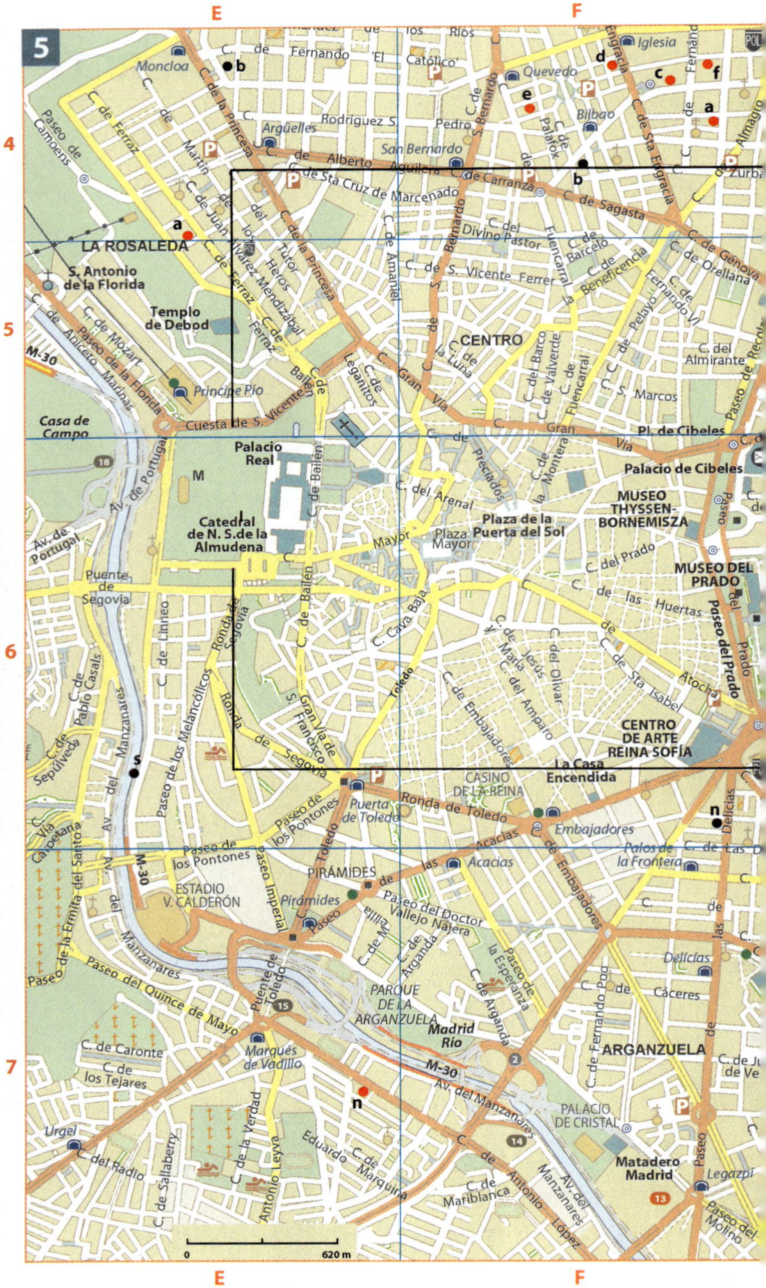
5
E
F
4
5
6
7
Moncloa
Argüelles
San Bernardo
Quevedo
Iglesia
Bilbao
C. de la Princesa
C. de Ferraz
Paseo de Camoens
C. de Alberto Aguilera
C. de Sta Cruz de Marcenado
C. de Carranza
C. de Sagasta
C. de Sta Engracia
C. de Almagro
C. de Génova
C. de Orellana
Fernando VI
LA ROSALEDA
S. Antonio de la Florida
Templo de Debod
C. de Amaniel
C. de S. Bernardo
C. del Divino Pastor
C. de S. Vicente Ferrer
C. de Fuencarral
C. de Barceló
C. de la Beneficencia
C. de Pelayo
C. del Almirante
CENTRO
C. de la Luna
C. del Barco
C. de Valverde
S. Marcos
Gran Vía
Pl. de Cibeles
Palacio de Cibeles
Paseo de Recoletos
M-30
Príncipe Pío
Cuesta de S. Vicente
Paseo de la Florida
C. de Mozart
C. de Leganitos
C. de Bailén
Casa de Campo
Palacio Real
M
Catedral de N. S. de la Almudena
C. de Preciados
C. de la Montera
C. del Arenal
Plaza de la Puerta del Sol
Plaza Mayor
Mayor
MUSEO THYSSEN-BORNEMISZA
C. del Prado
MUSEO DEL PRADO
C. de las Huertas
Paseo del Prado
Av. de Portugal
Puente de Segovia
C. de Linneo
Ronda de Segovia
C. Cava Baja
Toledo
C. de Jesús y María
C. del Amparo
C. del Olivar
C. de Embajadores
C. de Sta Isabel
Atocha
CENTRO DE ARTE REINA SOFÍA
La Casa Encendida
CASINO DE LA REINA
C. de Pablo Casals
C. de Sepúlveda
Vía Carpetana
Av. del Manzanares
Paseo de los Melancólicos
Gran Vía de S. Francisco
Puerta de Toledo
Ronda de Toledo
Embajadores
Delicias
Paseo de los Pontones
Paseo Imperial
ESTADIO V. CALDERÓN
PIRÁMIDES
Pirámides
Acacias
Paseo de las Acacias
Palos de la Frontera
Paseo del Doctor Vallejo Nájera
C. de Argandá
Paseo de la Esperanza
C. de Fernando Poo
C. de Cáceres
PARQUE DE LA ARGANZUELA
Madrid Río
ARGANZUELA
Paseo de la Ermita del Santo
Paseo del Quince de Mayo
Puente de Toledo
C. de Caronte
C. de los Tejares
Marqués de Vadillo
Urgel
C. del Radio
C. de Sallaberry
C. de la Verdad
Antonio Leyva
Eduardo Marquina
Av. del Manzanares
C. de Antonio López
C. de Mariblanca
PALACIO DE CRISTAL
Matadero Madrid
Legazpi
Paseo del Molino
Paseo de las Delicias
0
620 m

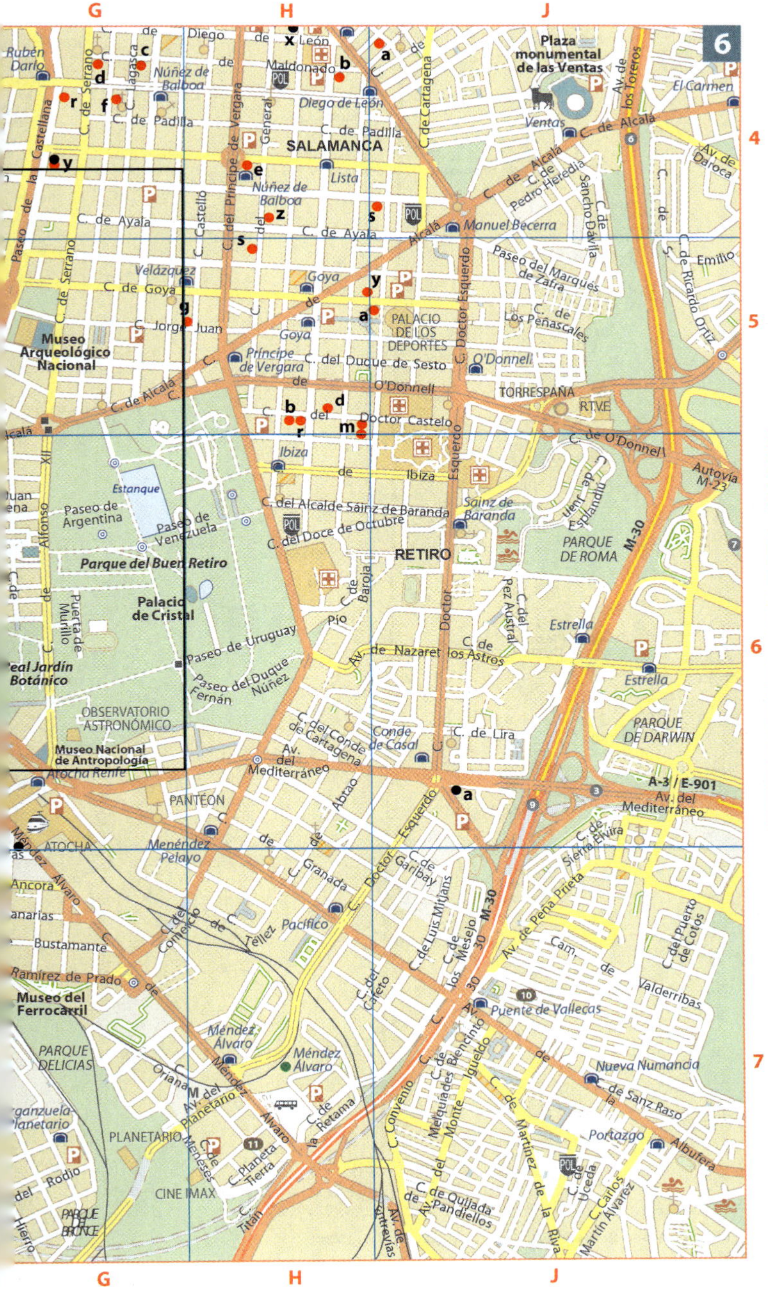
6
G
H
J
4
5
6
7
SALAMANCA
Plaza monumental de las Ventas
Ventas
El Carmen
C. de Alcalá
Av. de los Toreros
Av. de Daroca
Diego de León
Núñez de Balboa
Lista
C. de Padilla
C. de Ayala
Manuel Becerra
C. Doctor Esquerdo
C. del Príncipe de Vergara
Paseo del Marqués de Zafra
C. de Ricardo Ortiz
Velázquez
C. de Goya
Goya
C. de Jorge Juan
Museo Arqueológico Nacional
PALACIO DE LOS DEPORTES
Príncipe de Vergara
C. del Duque de Sesto
O'Donnell
TORRESPAÑA
RTVE
C. de O'Donnell
Autovía M-23
MADRID
Paseo de la Castellana
C. de Serrano
C. de Castelló
Ibiza
Estanque
Paseo de Argentina
Paseo de Venezuela
Parque del Buen Retiro
Palacio de Cristal
C. del Alcalde Sainz de Baranda
Sainz de Baranda
C. del Doce de Octubre
RETIRO
PARQUE DE ROMA
M-30
Estrella
Av. de Nazaret
C. de los Astros
C. de Pío Baroja
Paseo de Uruguay
Paseo del Duque Fernán Núñez
Real Jardín Botánico
OBSERVATORIO ASTRONÓMICO
Museo Nacional de Antropología
Atocha Renfe
C. del Conde de Cartagena
Conde de Casal
C. de Lira
PARQUE DE DARWIN
A-3 / E-901
Av. del Mediterráneo
PANTEÓN
ATOCHA
Menéndez Pelayo
C. de Granada
C. de Garibay
C. Sierra Elvira
Av. de Peña Prieta
Pacífico
C. de Téllez
C. del Comercio
Bustamante
Ramírez de Prado
Museo del Ferrocarril
C. de Luis Mitjans
C. de Mesejo
Cam. de Valderribas
C. del Puerto de Cotos
Puente de Vallecas
PARQUE DELICIAS
Méndez Álvaro
Nueva Numancia
C. de Sanz Raso
Av. del Planetario
PLANETARIO
CINE IMAX
C. de Retama
C. Convenio
C. de Melquiades Biencinto
Av. del Monte Igueldo
C. de Martínez de la Riva
Portazgo
Av. de la Albufera
C. de Uceda
C. Carlos Martín Álvarez
C. de Quijada de Pandiellos
Av. de Entrevías
PARQUE DE BRONCE
Arganzuela-Planetario
Alfonso XII

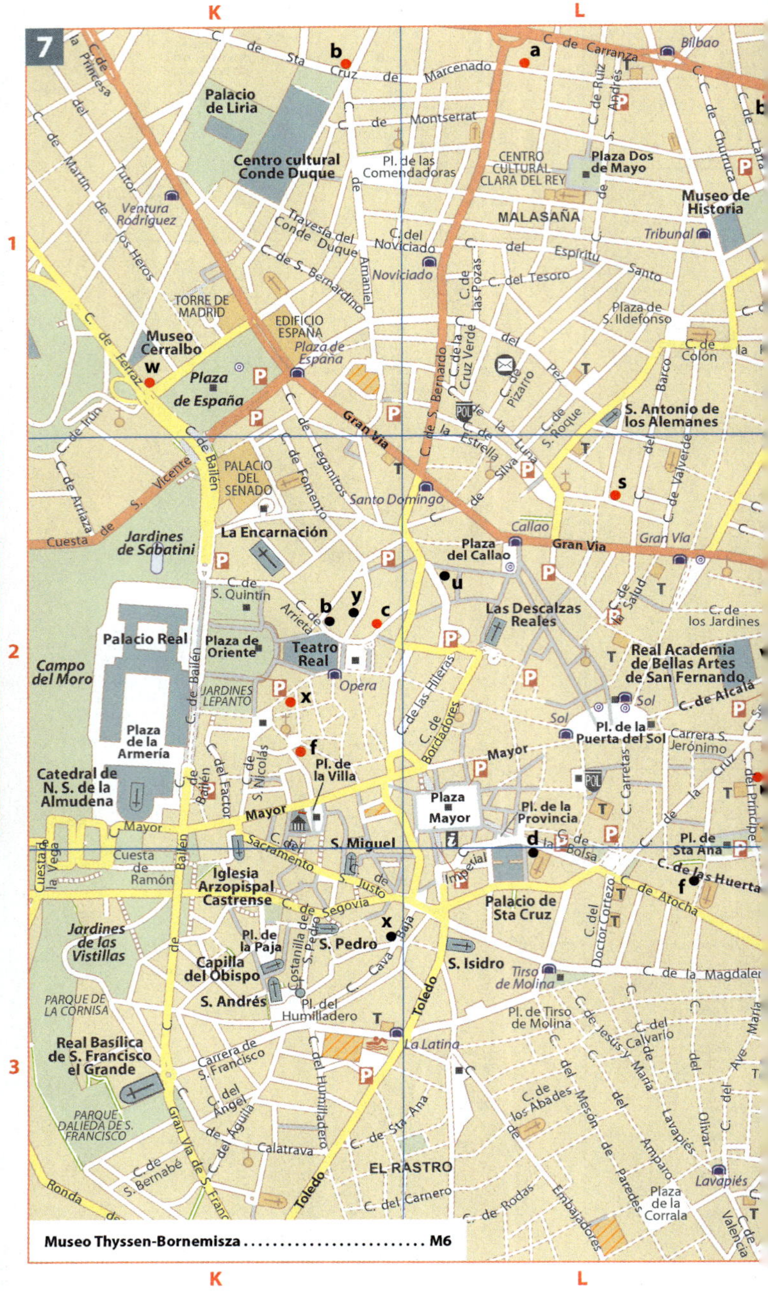
K
L
7
1
2
3
C. de la Princesa
C. de Sta Cruz de Marcenado
C. de Carranza
Bilbao
C. de Ruiz
C. de S. Andrés
C. de Churruca
C. de Lara
Palacio de Liria
Centro cultural Conde Duque
C. de Montserrat
Pl. de las Comendadoras
CENTRO CULTURAL CLARA DEL REY
Plaza Dos de Mayo
Museo de Historia
MALASAÑA
Tribunal
C. del Espíritu Santo
C. de Martín de los Heros
Tutor
Ventura Rodríguez
Travesía del Conde Duque
C. del Noviciado
Noviciado
C. de Amaniel
C. de S. Bernardino
C. de las Pozas
C. del Tesoro
Plaza de S. Ildefonso
C. de Colón
TORRE DE MADRID
EDIFICIO ESPAÑA
Plaza de España
Museo Cerralbo
w
Plaza de España
C. de Ferraz
C. de Irún
C. de S. Bernardo
C. de la Cruz Verde
C. de Pizarro
C. del Pez
C. del Barco
S. Antonio de los Alemanes
C. de la Estrella
C. de la Luna
C. de S. Roque
C. de Valverde
Gran Vía
C. de Leganitos
C. de Fomento
C. de Bailén
PALACIO DEL SENADO
C. de Arriaza
Cuesta de S. Vicente
Santo Domingo
C. de Silva
s
Callao
Gran Vía
Jardines de Sabatini
La Encarnación
Plaza del Callao
u
C. de la Salud
C. de los Jardines
C. de S. Quintín
C. de Arrieta
b
y
c
Las Descalzas Reales
Palacio Real
Plaza de Oriente
Teatro Real
Campo del Moro
Opera
Real Academia de Bellas Artes de San Fernando
JARDINES LEPANTO
x
C. de las Hileras
C. de Bordadores
Sol
C. de Alcalá
Pl. de la Puerta del Sol
Carrera S. Jerónimo
Plaza de la Armería
f
Pl. de la Villa
Mayor
C. del Factor
C. de S. Nicolás
Catedral de N. S. de la Almudena
Plaza Mayor
Pl. de la Provincia
C. de Carretas
C. de la Cruz
C. del Príncipe
Mayor
Cuesta de la Vega
Cuesta de Ramón
C. del Sacramento
S. Miguel
d
C. de la Bolsa
Pl. de Sta Ana
C. de las Huertas
Iglesia Arzopispal Castrense
C. de S. Justo
Imperial
C. de Atocha
Palacio de Sta Cruz
C. de Segovia
C. del Doctor Cortezo
Jardines de las Vistillas
Pl. de la Paja
x
S. Pedro
Costanilla de S. Pedro
C. de la Cava Baja
Capilla del Obispo
S. Isidro
Tirso de Molina
C. de la Magdalena
S. Andrés
PARQUE DE LA CORNISA
Pl. del Humilladero
Toledo
Pl. de Tirso de Molina
C. de Jesús y María
C. del Calvario
C. del Ave María
Real Basílica de S. Francisco el Grande
Carrera de S. Francisco
La Latina
C. del Humilladero
C. de los Abades
C. del Mesón de Paredes
C. de Lavapiés
C. del Olivar
PARQUE DALIEDA DE S. FRANCISCO
C. del Ángel
C. del Águila
C. de Calatrava
C. de Sta Ana
C. del Amparo
Gran Vía de S. Francisco
C. de S. Bernabé
EL RASTRO
Lavapiés
Ronda
Toledo
C. del Carnero
C. de Rodas
C. de Embajadores
Plaza de la Corrala
C. de Valencia
Museo Thyssen-Bornemisza M6
K
L

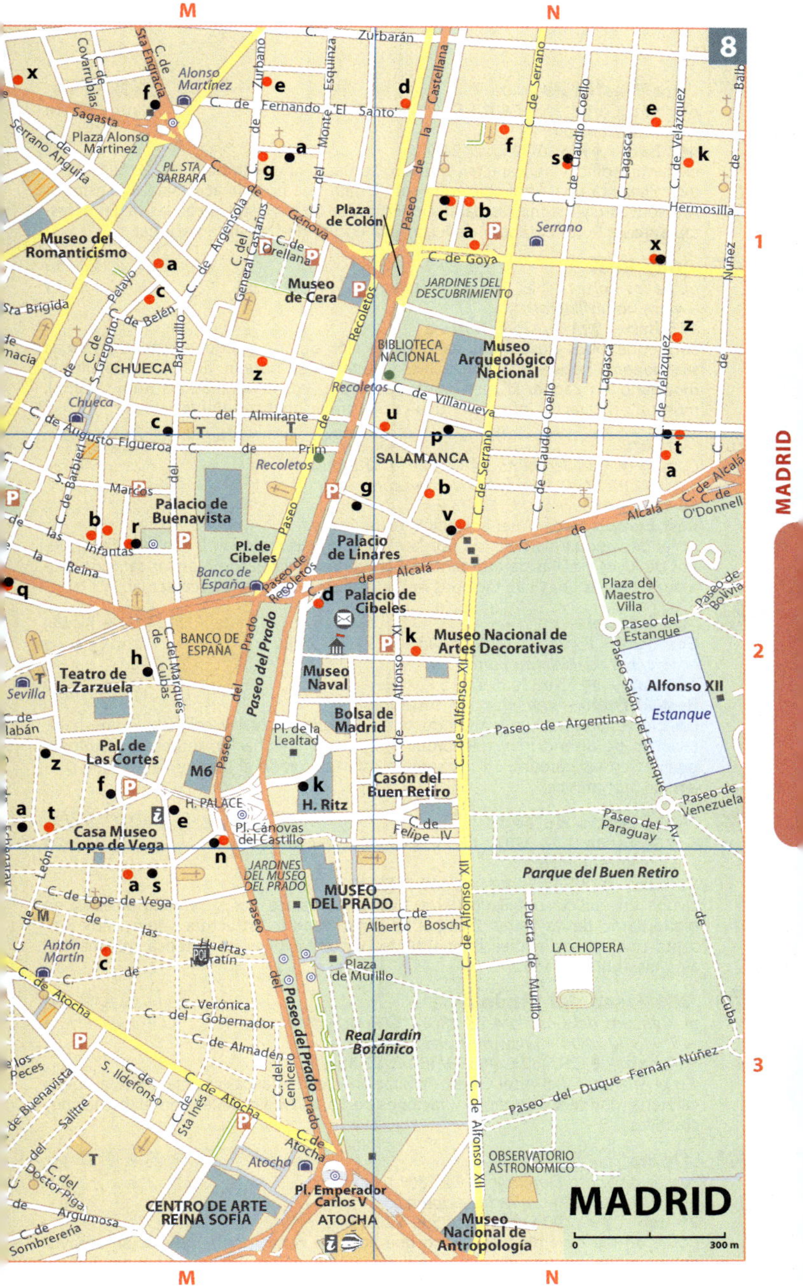
M
N
8
1
2
3
MADRID
Museo del Romanticismo
Alonso Martínez
Plaza Alonso Martínez
PL. STA BARBARA
CHUECA
Chueca
Plaza de Colón
Museo de Cera
BIBLIOTECA NACIONAL
Museo Arqueológico Nacional
JARDINES DEL DESCUBRIMIENTO
Serrano
SALAMANCA
Recoletos
Palacio de Buenavista
Pl. de Cibeles
Banco de España
BANCO DE ESPAÑA
Palacio de Linares
Palacio de Cibeles
Museo Nacional de Artes Decorativas
Teatro de la Zarzuela
Sevilla
Museo Naval
Bolsa de Madrid
Pl. de la Lealtad
Pal. de Las Cortes
M6
H. PALACE
H. Ritz
Casón del Buen Retiro
Pl. Cánovas del Castillo
Casa Museo Lope de Vega
JARDINES DEL MUSEO DEL PRADO
MUSEO DEL PRADO
Plaza del Maestro Villa
Paseo del Estanque
Alfonso XII
Estanque
Paseo de Argentina
Paseo Salón del Estanque
Paseo de Bolivia
Paseo de Venezuela
Paseo del Paraguay
Parque del Buen Retiro
LA CHOPERA
Puerta de Murillo
Plaza de Murillo
Antón Martín
Real Jardín Botánico
Paseo del Prado
Paseo de Recoletos
Paseo de la Castellana
C. de Serrano
C. de Alfonso XII
C. de Alcalá
C. de Goya
C. de Génova
Sagasta
C. de Atocha
Paseo del Duque Fernán Núñez
OBSERVATORIO ASTRONÓMICO
Atocha
Pl. Emperador Carlos V
ATOCHA
CENTRO DE ARTE REINA SOFÍA
Museo Nacional de Antropología
0
300 m

Centro

The Westin Palace
pl. de las Cortes 7 ✉ 28014 Ⓜ Sevilla – ✆ 913 60 80 00 Plano : 8M2**e**
– www.westin.com
467 hab – ††750/830 €, ☕ 34 €
Elegante edificio de carácter histórico, un auténtico símbolo de la Belle Époque. Presenta una admirable zona social, bajo una bóveda acristalada de estética Art Nouveau, y magníficas habitaciones, todas de exquisita línea clásica. En el restaurante La Rotonda podrá degustar una cocina de tinte internacional.

Villa Real
pl. de las Cortes 10 ✉ 28014 Ⓜ Sevilla – ✆ 914 20 37 67 Plano : 8M2**f**
– www.hotelvillareal.com
115 hab – ††140/475 €, ☕ 23 €
Sorprende, pues atesora una valiosa colección de arte griego y romano en todas sus dependencias. Las confortables habitaciones poseen atractivos detalles y mobiliario en caoba. El restaurante, decorado con litografías de Andy Warhol, muestra un carácter informal y una cocina tradicional con tintes actuales.

Urban
Carrera de San Jerónimo 34 ✉ 28014 Ⓜ Sevilla Plano : 8M2**z**
– ✆ 917 87 77 70 – www.hotelurban.com
96 hab – ††175/550 €, ☕ 23 €
Rest *Europa Decó* – ver selección restaurantes
Hotel de vanguardia definido por la calidad de sus materiales, con atractivos juegos de luces y obras de arte tanto en las zonas sociales como en las salas de reuniones. Ofrece unas habitaciones muy detallistas de línea clásica-actual.

De las Letras
Gran Vía 11 ✉ 28013 Ⓜ Gran Vía – ✆ 915 23 79 80 Plano : 8M2**q**
– www.hoteldelasletras.com
109 hab – ††124/350 €, ☕ 15 €
Rest *Al Trapo* – ver selección restaurantes
Edificio restaurado que sorprende por su interior, actual y colorista. Tiene habitaciones de diseño muy neoyorquino, con una iluminación intimista y curiosos poemas en las paredes. Su restaurante está casi unido al lounge-bar, donde suelen pinchar música.

NH Palacio de Tepa
San Sebastián 2 ✉ 28012 Ⓜ Sol – ✆ 913 89 64 90 Plano : 7L3**f**
– www.nh-hotels.com
83 hab – †139/622 € ††149/669 €, ☕ 31 €
Ocupa un edificio nobiliario del s. XVIII que destaca por su emplazamiento, en pleno Barrio de las Letras. Aunque ha conservado la estructura original hoy presenta unas zonas nobles muy actuales y habitaciones de estética minimalista, algunas abuhardilladas.

NH Paseo del Prado
pl. Cánovas del Castillo 4 ✉ 28014 Ⓜ Banco de España Plano : 8M2**n**
– ✆ 913 30 24 00 – www.nh-hotels.com
114 hab – †129/289 € ††199/450 €, ☕ 30 €
¡En el Triángulo del Arte! Ofrece habitaciones de línea clásica-actual y una buena cafetería, donde sirven tapas y raciones de bases tradicionales con elaboraciones creativas.

Ópera
cuesta de Santo Domingo 2 ✉ 28013 Ⓜ Ópera Plano : 7K2**b**
– ✆ 915 41 28 00 – www.hotelopera.com
79 hab – †90/190 € ††100/225 €, ☕ 12 €
Posee un bar de ambiente clásico que hace de zona social, una sala de desayunos polivalente y otra más para reuniones. Habitaciones modernas y actuales. El restaurante tiene la particularidad de que ameniza sus veladas con Ópera o Zarzuela en directo.

Only You H. Madrid

Barquillo 21 ✉ 28004 Ⓜ Chueca – ✆ 910 05 22 22 – www.onlyyouhotels.com — Plano : 8M1**c**

120 hab – 165/265 €, ☕ 22 €

Encantador hotel ubicado en el corazón de Chueca, en un palacio rehabilitado del s. XIX que hoy se muestra moderno y con mil detalles tras una profunda labor de interiorismo. Acogedoras zonas sociales, habitaciones muy bien equipadas y un correcto restaurante.

Lusso Infantas

Infantas 29 ✉ 28004 Ⓜ Chueca – ✆ 915 21 28 28 – www.hotelinfantas.com — Plano : 8M2**r**

40 hab – 72/248 €, ☕ 15 €

Rest *Ex Libris* – ver selección restaurantes

Se encuentra en un antiguo edificio que ha sido completamente remodelado, con una decoración bastante actual. Tanto las habitaciones como los baños están bien equipados.

Preciados

Preciados 37 ✉ 28013 Ⓜ Callao – ✆ 914 54 44 00 – www.preciadoshotel.com — Plano : 7L2**u**

100 hab – 90/225 € 99/250 €, ☕ 18 €

El sobrio clasicismo de su arquitectura, que data del s. XIX, contrasta con el moderno y completo equipamiento de las distintas habitaciones. Zona social algo escasa pero acogedora. En el restaurante, que está definido por su carácter polivalente, combinan su carta tradicional con varios menús.

Innside Madrid Suecia (N)

Marqués de Casa Riera 4 ✉ 28014 Ⓜ Banco de España – ✆ 912 00 05 70 – www.melia.com — Plano : 8M2**h**

120 hab – 125/400 €, ☕ 20 € – 7 suites

¡Junto al Círculo de Bellas Artes! Ofrece un moderno lobby-bar, habitaciones de línea funcional-actual y una buena terraza en la azotea, con zona de copas y magníficas vistas.

Suite Prado

Manuel Fernández y González 10 ✉ 28014 Ⓜ Antón Martín – ✆ 914 20 23 18 – www.suiteprado.com — Plano : 8M2**a**

9 hab – 68/220 € 78/220 €, ☕ 9 € – 9 suites

Atesora un ambiente familiar. Tras su fachada, de línea clásica-actual, encontraremos un hotel que compensa sus reducidas zonas sociales con unas habitaciones bastante amplias, todas con mobiliario actual y la mitad con salón independiente.

Meninas

Campomanes 7 ✉ 28013 Ⓜ Ópera – ✆ 915 41 28 05 – www.hotelmeninas.com — Plano : 7K2**y**

37 hab – 95/165 € 115/185 €, ☕ 12 €

Está instalado en un edificio de viviendas y destaca por su trato, de carácter familiar y personalizado. Acogedora zona social con biblioteca y habitaciones de corte actual.

Plaza Mayor

Atocha 2 ✉ 28012 Ⓜ Sol – ✆ 913 60 06 06 – www.h-plazamayor.com — Plano : 7L2-3**d**

41 hab – 40/100 € 50/150 €, ☕ 8 €

¡A un paso de la Plaza Mayor! Este pequeño hotel, de aspecto actual, se presenta con unas habitaciones algo reducidas pero alegres y funcionales, todas con los suelos en tarima. Posee una cafetería en la planta baja, unida a la zona social.

Gonzalo sin ☕

Cervantes 34-3ª planta ✉ 28014 Ⓜ Antón Martín – ✆ 914 29 27 14 – www.hostalgonzalo.com — Plano : 8M3**s**

11 hab – 50 € 60 €

Este hostal, típicamente familiar, está ubicado en una casa de vecinos del barrio de Las Letras. Sus espaciosas habitaciones cuentan con un mobiliario básico y funcional.

MADRID

MADRID

Posada del Dragón
Cava Baja 14 ✉ 28005 Ⓜ La Latina – ✆ 911 19 14 24 Plano : 7K3**x**
– www.posadadeldragon.com
27 hab – †79/219 € ††89/239 €, ☕ 12 €
Esta es una de las fondas más antiguas de la villa, sin embargo, ahora se presenta como un hotel vanguardista que solo conserva del pasado su estructura y la corrala del s. XIX. El restaurante, que funciona a modo de show-cooking, ocupa el espacio que un día habitó la jabonería La Antoñita, de ahí su nombre.

La Terraza del Casino (Paco Roncero)
Alcalá 15-3° ✉ 28014 Ⓜ Sevilla – ✆ 915 32 12 75 Plano : 7L2**v**
– www.casinodemadrid.es – cerrado agosto, domingo, lunes y festivos
• CREATIVA • Menú 69/135 € – Carta 77/93 €
Marco palaciego del s. XIX que hoy se reivindica a través de una estética actual. Su chef propone una carta creativa que cautiva desde los entrantes a los postres, alcanzando siempre unos perfectos puntos de cocción. ¡Magnífica terraza!
➜ Paella con falso arroz de aceite de oliva. Pichón con gelée cru manzana al cassis. Fresas con nata.

La Manduca de Azagra
Sagasta 14 ✉ 28004 Ⓜ Alonso Martínez – ✆ 915 91 01 12 Plano : 7L1**b**
– www.lamanducadeazagra.com – cerrado agosto, domingo y festivos
• COCINA TRADICIONAL • Carta 35/55 €
A su privilegiada ubicación se suma un amplio local de estilo minimalista, donde se cuidan muchísimo tanto el diseño como la iluminación. Sencilla cocina de tinte tradicional basada en la calidad de las materias primas.

DSTAgE (Diego Guerrero)
Regueros 8 ✉ 28004 Ⓜ Alonso Martínez – ✆ 917 02 15 86 Plano : 8M1**c**
– www.dstageconcept.com – cerrado Semana Santa, 25 julio-14 agosto, sàbado y domingo
• CREATIVA • Menú 88/118 € – *(solo menú)*
Un restaurante de estética urbana e industrial que refleja, en un ambiente desenfadado, la personalidad del chef; de hecho, hasta el nombre del local juega con su filosofía vital. Descubra una cocina que fusiona culturas, productos y sabores tan dispares como los ibéricos, los mejicanos o los propios del mundo nipón.
➜ Nigiri de ajoblanco y anguila ahumada. Pichón asado en anticucho de ají mochero y quinoa negra. La ruta de las especias.

El Barril de las Letras
Cervantes 28 ✉ 28014 Ⓜ Antón Martín – ✆ 911 86 36 32 Plano : 8M3**a**
– www.barrildelasletras.com
• COCINA TRADICIONAL • Carta 45/55 €
¡Un restaurante de contrastes! Ocupa una antigua casa de piedra que se presenta hoy con el interior totalmente actualizado... eso sí, manteniendo alguna pared en ladrillo visto. Carta tradicional con un buen apartado de pescados y mariscos.

Ex Libris – Hotel Lusso Infantas
Infantas 29 ✉ 28004 Ⓜ Chueca – ✆ 915 21 28 28 Plano : 8M2**r**
– www.restauranteexlibris.com – cerrado agosto
• COCINA TRADICIONAL • Menú 12 € – Carta 27/40 €
Este restaurante se presenta con un estilo actual bastante cuidado y una original decoración a base de "Ex Libris". Proponen una cocina actual bien elaborada y diversos menús.

Europa Decó – Hotel Urban
Carrera de San Jerónimo 34 ✉ 28014 Ⓜ Sevilla Plano : 8M2**z**
– ✆ 917 87 77 70 – www.hotelurban.com – cerrado agosto, domingo, lunes y festivos
• MEDITERRÁNEA • Menú 25 € – Carta 25/62 €
Un local que va de boca en boca, tanto por su diseño innovador como por el excelente servicio de mesa. Su chef propone una cocina mediterránea, de mercado y de "globalización", basada normalmente en el uso de productos exóticos.

XX **La Candela Restò** (N)

Amnistía 10 ✉ 28013 Ⓜ Ópera – ✆ 911 73 98 88 Plano : 7K2**x**
– www.lacandelaresto.com – cerrado del 1 al 15 de agosto, domingo y lunes
• CREATIVA • Menú 53/79 € – *(solo menú)*
Curioso, original... ¡no le dejará indiferente! En la sala, decorada con sencillez y toques retro, plantean una cocina atrevida que fusiona distintas culturas gastronómicas.

X **La Tasquita de Enfrente**

Ballesta 6 ✉ 28004 Ⓜ Gran Vía – ✆ 915 32 54 49 Plano : 7L2**s**
– www.latasquitadeenfrente.com – cerrado agosto y domingo
• COCINA TRADICIONAL • Menú 50/65 € – Carta 48/75 € – (es necesario reservar)
Íntimo, familiar y con una clientela muy fiel. El chef, que recita los platos de palabra, ofrece una cocina tradicional y de mercado con toques tanto franceses como actuales.

X **Bolívar**

Manuela Malasaña 28 ✉ 28004 Ⓜ San Bernardo Plano : 7L1**a**
– ✆ 914 45 12 74 – www.restaurantebolivar.com
– cerrado agosto y domingo
• COCINA TRADICIONAL • Menú 25/36 € – Carta 30/43 €
Pequeño restaurante de organización familiar ubicado en el barrio de Malasaña, donde se presenta con una única sala dividida en dos espacios, ambos de corte moderno. Excelente trato personal y cocina tradicional a precios moderados.

X **Entre Suspiro y Suspiro**

Caños del Peral 3 ✉ 28013 Ⓜ Ópera – ✆ 915 42 06 44 Plano : 7K2**c**
– www.entresuspiroysuspiro.com – cerrado domingo
• MEJICANA • Menú 35/50 € – Carta 29/52 €
Un buen sitio para descubrir la cocina mejicana. Tras su discreta fachada encontraremos un restaurante alegre y colorista, con una barra de apoyo a la entrada y las salas repartidas en dos plantas. ¡Impresionante colección de tequilas!

X **Al Trapo** – Hotel De Las Letras

Caballero de Gracia 11 ✉ 28013 Ⓜ Gran Vía Plano : 8M2**q**
– ✆ 915 24 23 05 – www.altraporestaurante.com
– cerrado agosto, domingo y lunes
• COCINA MODERNA • Menú 22 € – Carta 23/40 €
Local moderno y luminoso, de sobria decoración actual, que se presenta con las mesas desnudas. Cuentan con el asesoramiento y tutelaje de Paco Morales, un reconocido chef que aquí nos plantea una cocina actual e informal a través de sugerentes denominaciones.

X **Krachai**

Fernando VI-11 ✉ 28004 Ⓜ Alonso Martínez Plano : 8M1**a**
– ✆ 918 33 65 56 – www.krachai.es – cerrado agosto y domingo noche
• TAILANDESA • Menú 13/30 € – Carta 21/53 €
Repartido en dos salas, ambas con una iluminación bastante cuidada y de montaje actual. La carta, de cocina tailandesa, distribuye los platos según su técnica de elaboración.

X **La Gastroteca de Santiago**

pl. Santiago 1 ✉ 28013 Ⓜ Ópera – ✆ 915 48 07 07 Plano : 7K2**f**
– www.lagastrotecadesantiago.es – cerrado del 15 al 31 de agosto, domingo noche y lunes
• COCINA MODERNA • Menú 50/87 € – Carta 34/56 €
Sus dos grandes cristaleras dan paso a un restaurante reducido pero acogedor, con la cocina semivista y un montaje moderno. Carta tradicional con platos actualizados.

MADRID

Triciclo

Santa María 28 ✉ 28014 Ⓜ Antón Martin Plano : 8M3**c**
– ✆ 910 24 47 98 – www.eltriciclo.es – cerrado 15 días en febrero, 15 días en julio y domingo
• CREATIVA • Carta aprox. 35 €
¡Un negocio que va de boca en boca! La sencillez del local se ve compensada por una apuesta culinaria de cierto nivel, pues en su carta proponen platos muy bien elaborados que viajan de la cocina más personal a la tradicional, la oriental y la de fusión.

Tiradito N

Conde Duque 13 ✉ 28015 Ⓜ San Bernardo Plano : 7K1**b**
– ✆ 915 41 78 76 – www.tiradito.es – cerrado 15 días en agosto, domingo noche y lunes
• PERUANA • Menú 25/60 € – Carta 30/40 €
Restaurante joven y desenfadado en el que se apuesta por la cocina 100% peruana, fiel a sus productos y tradiciones. Elaboran ceviches, tiraditos, picoteos, tapas criollas...

Villa Paramesa Prado N

Prado 15 ✉ 28014 Ⓜ Sevilla – ✆ 914 29 03 51 Plano : 8M2**t**
– www.villaparamesa.com – cerrado 15 días en agosto, domingo noche y lunes.
• COCINA MODERNA • Menú 18/42 € – Carta 30/45 €
Aquí encontrará una cocina actual de buen nivel, con sorprendentes tapas, sabrosas raciones y platos que denotan el gusto por la técnica y la creatividad. ¡Interesantes menús!

MADRID

Le Cabrera

Bárbara de Braganza 2 ✉ 28004 Ⓜ Colón Plano : 8M1**z**
– ✆ 915 77 59 55 – www.lecabrera.com – cerrado agosto y domingo
• COCINA MODERNA • Ración aprox. 10 € – *(solo cena)*
El negocio, original y con mucho diseño, se divide en dos zonas, una con acceso al chef que prepara los platos tras la barra y la otra, en el sótano, pensada más para copas.

Estado Puro N

pl. Cánovas del Castillo 4 ✉ 28014 Ⓜ Banco de España Plano : 8M2**n**
– ✆ 917 79 30 36 – www.estadopuromadrid.com
• COCINA MODERNA • Tapa 3 € – Ración aprox. 10 €
Un gastrobar de diseño moderno en un emplazamiento de lujo, entre museos y pinacotecas. Su carta aúna las tapas, tostas y raciones con la adaptación de platos de alta cocina.

Bocaito

Libertad 6 ✉ 28004 Ⓜ Chueca – ✆ 915 32 12 19 Plano : 8M2**b**
– www.bocaito.com – cerrado agosto y domingo
• COCINA TRADICIONAL • Tapa 4,50 € – Ración aprox. 8 €
Se reparte entre dos locales comunicados entre sí y ofrece cuatro salas, todas de aire rústico-castellano aunque con detalles taurinos en su decoración. Cocina tradicional.

Prada a Tope

Príncipe 11 ✉ 28012 Ⓜ Sevilla – ✆ 914 29 59 21 Plano : 7L2**u**
– www.pradaatope.es – cerrado 31 julio-14 agosto
• COCINA TRADICIONAL • Tapa 5 € – Ración aprox. 10 €
Fiel a las directrices estéticas de la cadena. Presenta una barra y varias mesas desnudas, decorando la sala con mucha madera, fotos antiguas y productos típicos de El Bierzo.

Celso y Manolo

Libertad 1 ✉ 28004 Ⓜ Gran Vía – ✆ 915 31 80 79 Plano : 8M2**b**
– www.celsoymanolo.es
• COCINA TRADICIONAL • Ración aprox. 9 €
Un local de carácter joven e informal que recupera el espacio de una antigua taberna. Amplia carta a base de raciones donde apuestan por los productos naturales y ecológicos.

Retiro, Salamanca

Ritz
pl. de la Lealtad 5 ✉ 28014 Ⓜ Banco de España Plano : 8M2**k**
– ✆ 917 01 67 67 – www.ritzmadrid.com
137 hab – 275/645 € – 30 suites
Hotel de prestigio internacional ubicado en un palacete de principios del s. XX. Atesora bellísimos espacios y habitaciones de suntuosa decoración. En el restaurante Goya, con personalidad propia, encontrará una cocina bien elaborada de concepción clásica.

Villa Magna
paseo de la Castellana 22 ✉ 28046 Ⓜ Rubén Darío Plano : 6G4**y**
– ✆ 915 87 12 34 – www.hotelvillamagna.es
120 hab – 350/730 € 350/800 €, 42 € – 30 suites
Rest *Tsé Yang* – ver selección restaurantes
Este magnífico hotel exhibe una zona social de elegante línea clásica y varios tipos de habitaciones, destacando las suites de la última planta por su terraza. La sugerente oferta culinaria, que incluye comidas tipo lunch, se enriquece con un restaurante gastronómico y otro dedicado a la cocina cantonesa-oriental.

MADRID

Gran Meliá Fénix
Hermosilla 2 ✉ 28001 Ⓜ Colón – ✆ 914 31 67 00 Plano : 8N1**c**
– www.gran-melia-fenix.com
178 hab – 205/535 € 230/560 € – 20 suites
Rest *Caray* – ver selección restaurantes
¡Señorío y distinción! Encontrará amplias zonas nobles, como su hall bajo cúpula, y unas habitaciones de línea clásica-elegante equipadas a gran nivel. El restaurante, decorado por el famoso interiorista Lorenzo Castillo, se ve apoyado por un bar-cocktelería.

Wellington
Velázquez 8 ✉ 28001 Ⓜ Retiro – ✆ 915 75 44 00 Plano : 8N1-2**t**
– www.hotel-wellington.com
250 hab – 155/325 €, 30 € – 26 suites
Rest *Kabuki Wellington* ✿ • **Rest *Goizeko Wellington*** – ver selección restaurantes
Lujo y tradición se alían en un hotel realmente emblemático... no en vano, es aquí donde muchos toreros se alojan durante la Feria de San Isidro. Presenta unas instalaciones de línea clásica-elegante, con un concurrido bar de ambiente inglés y habitaciones de completo equipamiento.

Adler
Velázquez 33 ✉ 28001 Ⓜ Velázquez – ✆ 914 26 32 20 Plano : 8N1**x**
– www.adlerhotelmadrid.com
44 hab – 200/400 € 250/495 €, 27 € – 2 suites
Rest *niMú* – ver selección restaurantes
Resulta exclusivo y selecto, recreando su elegante interior con materiales de gran calidad. Debemos destacar sus confortables habitaciones, todas con un equipamiento al más alto nivel. Pequeño bar de ambiente inglés y restaurante con carácter propio.

Único Madrid
Claudio Coello 67 ✉ 28001 Ⓜ Serrano – ✆ 917 81 01 73 Plano : 8N1**s**
– www.unicohotelmadrid.com – cerrado del 4 al 24 de agosto
43 hab – 231/429 €, 26 € – 1 suite
Rest *Ramón Freixa Madrid* ✿✿ – ver selección restaurantes
Tras su atractiva fachada clásica encontrará un hall de diseño, una elegante zona social con varias salitas y confortables habitaciones, todas con elementos clásicos y vanguardistas. ¡Servicio de coches con chofer para visitar la ciudad!

Hospes Madrid
pl. de la Independencia 3 ✉ 28001 Ⓜ Retiro – ✆ 914 32 29 11 – www.hospes.com Plano : 8N2**v**
41 hab – 160/900 € – 1 suite
Ocupa un edificio que data de 1883, con la recepción en el paso de carruajes, dos salas de reuniones y unas modernas habitaciones, muchas asomadas a la Puerta de Alcalá. El restaurante, de montaje individual y carácter informal, basa su oferta en una carta de raciones y tapas, con un menú del día.

Jardín de Recoletos
Gil de Santivañes 6 ✉ 28001 Ⓜ Serrano – ✆ 917 81 16 40 – www.recoletos-hotel.com Plano : 8N1-2**p**
43 hab – 85/350 €, 18 €
Se ha remodelado, mostrando ahora un estilo propio con influencias de las estéticas Bauhaus y Art Decó. Amplias habitaciones, todas con cocina, coqueto patio-jardín y acogedor restaurante, donde sorprenden elaborando carnes y pescados sobre parrilla volcánica.

El Madroño
General Díaz Porlier 101 ✉ 28006 Ⓜ Diego de León – ✆ 915 62 52 92 – www.madrono-hotel.com Plano : 6H4**x**
66 hab – 54/309 €, 15 €
Se halla junto al Hospital Universitario de la Princesa y puede ser interesante para familias o largas estancias, pues muchas de sus habitaciones, en líneas generales amplias y modernas, poseen una pequeña cocina. Patio interior ajardinado.

Claridge
pl. Conde de Casal 6 ✉ 28007 Ⓜ Conde de Casal – ✆ 915 51 94 00 – www.hotelclaridge.com Plano : 6J6**a**
112 hab – 75/220 €, 14 € – 2 suites
¡Enfocado a una clientela de empresa! Tras una reforma integral presenta unas instalaciones modernas que denotan reminiscencias clásicas, tanto americanas como británicas, en su decoración. Habitaciones amplias y elegantes. El restaurante, dotado con un privado, propone una carta de gusto internacional.

One Shot Recoletos 04 N
Salustiano Olózaga 4 ✉ 28001 Ⓜ Banco de España – ✆ 911 82 00 70 – www.oneshothotels.com Plano : 8M2**g**
61 hab – 150/300 € 170/350 €
Un hotelito desenfadado donde se juega con lo antiguo y lo nuevo. Las habitaciones, algo pequeñas y funcionales, se visten con fotografías de jóvenes artistas contemporáneos.

Ramón Freixa Madrid – Hotel Único Madrid
Claudio Coello 67 ✉ 28001 Ⓜ Serrano – ✆ 917 81 82 62 – www.ramonfreixamadrid.com – cerrado Semana Santa, agosto, domingo y lunes Plano : 8N1**s**
• CREATIVA • Menú 85/135 € – Carta 103/147 €
De estética moderna, con pocas mesas y precedido por una agradable terraza de verano. De sus fogones surge una cocina de autor que sorprende por sus elaboraciones, coherentes, muy bien presentadas y con productos de excelente calidad.
➜ El estudio del tomate 2016 (verano). Paletilla de cordero lechal, remolachas y rabanitos. Momento dulce.

Kabuki Wellington (Ricardo Sanz) – Hotel Wellington
Velázquez 6 ✉ 28001 Ⓜ Retiro – ✆ 915 77 78 77 – www.restaurantekabuki.com – cerrado Semana Santa, del 1 al 21 de agosto, sábado mediodía, domingo y festivos Plano : 8N2**a**
• JAPONESA • Menú 93 € – Carta 70/100 €
¡El más emblemático del grupo! Presenta una gran sala de línea actual en dos alturas, con una barra de sushi y detalles de diseño. Su cocina japonesa, elaborada con productos de la mejor calidad, se completa con una exclusiva carta de sake.
➜ Huevos rotos con atún picante y papa frita canaria. Costilla de buey de wagyu. Cremoso de yuzu.

XXX **Goizeko Wellington** – Hotel Wellington
Villanueva 34 ✉ 28001 Ⓜ Retiro – ✆ 915 77 01 38 Plano : 8N1-2**t**
– www.goizekogaztelupe.com – cerrado domingo
• COCINA MODERNA • Menú 68 € – Carta 51/77 €
Disfruta de un comedor clásico-moderno y dos privados, todo de exquisito montaje. Su carta, que fusiona la cocina tradicional, la internacional y la creativa, se ha visto también enriquecida con varios platos de origen nipón.

XXX **Palacio Cibeles**
pl. de Cibeles 1-6º ✉ 28014 Ⓜ Banco de España Plano : 8M2**d**
– ✆ 915 23 14 54 – www.adolfo-palaciodecibeles.com
• COCINA TRADICIONAL • Menú 58/81 € – Carta 58/80 €
Disfruta de un maravilloso emplazamiento, pues ocupa la 6ª planta del emblemático edificio del Ayuntamiento. Ofrece una sala de línea moderna, dos coquetas terrazas para comidas y copas, así como una cocina elaborada de gusto tradicional.

XXX **A & G**
Ayala 27 ✉ 28001 Ⓜ Goya – ✆ 917 02 62 62 Plano : 8N1**e**
– www.aygmadrid.com – cerrado domingo
• PERUANA • Menú 45/69 € – Carta 44/65 €
Un restaurante de estética urbana. Ofrecen una cocina peruana con toques Nikkey y varios platos de referencia, como el Ají de gallina, el Ceviche del amor, el Beso de moza...

XXX **Sanxenxo**
José Ortega y Gasset 40 ✉ 28006 Ⓜ Núñez de Balboa Plano : 6H4**e**
– ✆ 915 77 82 72 – www.sanxenxo.com.es – cerrado Semana Santa, del 1 al 15 de agosto y domingo noche
• PESCADOS Y MARISCOS • Menú 50 € – Carta 44/65 €
¡Todo un clásico! Presenta unas magníficas instalaciones dominadas por la presencia de materias nobles, como el granito o la madera, y amplias salas repartidas en dos plantas. Cocina tradicional gallega, con pescados y mariscos de calidad.

XXX **Alabaster**
Montalbán 9 ✉ 28014 Ⓜ Retiro – ✆ 915 12 11 31 Plano : 8N2**k**
– www.restaurantealabaster.com – cerrado domingo
• COCINA MODERNA • Menú 50/70 € – Carta 48/65 €
Atesora un gastrobar y un interior actual, con detalles de diseño, dominado por los tonos blancos. Cocina tradicional actualizada con devoción por los productos gallegos.

XXX **Tsé Yang** – Hotel Villa Magna
paseo de la Castellana 22 ✉ 28046 – ✆ 914 31 18 18 Plano : 6G4**y**
– www.cafesaigon.es
• CHINA • Carta 42/75 €
¿Conoce las peculiaridades de la auténtica gastronomía cantonesa? En este restaurante, de elegante montaje asiático, podrá rendirse ante la fama de unos sabores ya milenarios.

XX **La Paloma**
Jorge Juan 39 ✉ 28001 Ⓜ Príncipe de Vergara Plano : 6GH5**g**
– ✆ 915 76 86 92 – www.lapalomarestaurante.es – cerrado Semana Santa, agosto, domingo y festivos
• COCINA CLÁSICA • Menú 45 € – Carta 42/77 €
Una casa de ambiente íntimo y organización profesional. En su amplia carta conviven platos clásicos y tradicionales, así como un apartado de sugerencias y menús. Son emblemáticos sus Erizos de mar, el Carpaccio de foie, el Pichón relleno...

XX **Ramsés**
pl. de La Independencia 4 ✉ 28001 Ⓜ Retiro Plano : 8N2**v**
– ✆ 914 35 16 66 – www.ramseslife.com – cerrado lunes noche
• COCINA TRADICIONAL • Carta 44/54 €
Un establecimiento de carácter polivalente y puro diseño, pues sus diferentes espacios, tanto gastronómicos como para copas y eventos, han sido decorados por el famoso interiorista Philippe Starck. Cocina de gran nivel en concepto y técnica.

XX **El 38 de Larumbe**

paseo de la Castellana 38 ✉ 28006 Ⓜ Rubén Darío – ✆ 915 75 11 12 – www.larumbe.com – cerrado 15 días en agosto, domingo noche y festivos noche Plano : 6G4**r**

• COCINA MODERNA • Menú 63 € – Carta 45/56 €

Ofrece dos espacios gastronómicos bien diferenciados, uno tipo gastrobar y otro de superior montaje para la carta. Cocina tradicional actualizada con opción a medias raciones.

XX **Caray** – Hotel Gran Meliá Fénix

Hermosilla 2 ✉ 28001 Ⓜ Colón – ✆ 914 85 78 01 – www.caraymadrid.com Plano : 8N1**c**

• COCINA TRADICIONAL • Carta 45/56 €

Atractivo, elegante, ecléctico... ¡sorprende tras una ardua labor de interiorismo! Cocina tradicional actualizada y vinos de gran nivel, tanto nacionales como extranjeros.

XX **O grelo**

Menorca 39 ✉ 28009 Ⓜ Ibiza – ✆ 914 09 72 04 – www.restauranteogrelo.com – cerrado domingo noche Plano : 6H5-6**m**

• GALLEGA • Carta 32/78 €

Conozca las excelencias de la cocina gallega tradicional, con gran variedad de pescados y mariscos. Se han ido renovando y actualmente ofrecen un aspecto moderno, con un gastrobar que les funciona bastante bien, una sala y tres privados.

XX **Maldonado 14**

Maldonado 14 ✉ 28006 Ⓜ Núñez de Balboa – ✆ 914 35 50 45 – www.maldonado14.com – cerrado Semana Santa, del 10 al 28 de agosto, domingo y festivos noche Plano : 6G4**c**

• COCINA TRADICIONAL • Menú 35/50 € – Carta 38/58 €

Presenta una única sala repartida en dos niveles, ambos con una decoración clásica y los suelos en madera. Proponen una carta tradicional de temporada y producto, así como sabrosos postres caseros. ¡No se pierda su famosa Tarta de Manzana!

XX ✿ **Punto MX** (Roberto Ruiz)

General Pardiñas 40 ✉ 28001 Ⓜ Goya – ✆ 914 02 22 26 – www.puntomx.es – cerrado 23 diciembre-4 enero, Semana Santa, 15 días en agosto, sábado mediodía y domingo Plano : 6H4**z**

• MEJICANA • Carta 35/60 € – (es necesario reservar)

Mejicano, pero... ¡ajeno al tipismo! Sorprende tanto por su modernidad, con un "mezcal bar" a la entrada, como por su gastronomía, pues aquí las recetas tradicionales se elaboran con técnicas actuales, adaptándose al paladar local y con una interesante combinación de productos aztecas e ibéricos. Reserve con tiempo.

→ Enchilada de carnitas de pato, salsa de pipián verde. Tuétano a las brasas, salsa molcajetada, majado de hierbas. Crêpes de cajeta.

XX **99 sushi bar**

Hermosilla 4 ✉ 28001 Ⓜ Serrano – ✆ 914 31 27 15 – www.99sushibar.com – cerrado del 1 al 23 de agosto, sábado mediodía, domingo y festivos Plano : 8N1**b**

• JAPONESA • Menú 75 € – Carta 45/80 €

Perfecto para descubrir los sabores y texturas de la cocina nipona. Posee una pequeña barra en la que elaboran Sushi a la vista del cliente, una atractiva bodega acristalada y una sala de corte moderno con el típico montaje japonés.

XX ✿ **Álbora**

Jorge Juan 33 ✉ 28001 Ⓜ Velázquez – ✆ 917 81 61 97 – www.restaurantealbora.com – cerrado del 9 al 24 de agosto y domingo Plano : 8N1**z**

• COCINA MODERNA • Menú 54/74 € – Carta 49/79 €

Atractivo marco de ambiente moderno claramente dividido en dos espacios, el gastrobar de la planta baja y el restaurante gastronómico del piso superior. Aquí encontrará una cocina de gran nivel en la que se apuesta por los productos de temporada, permitiendo en algunos casos degustar los platos en medias raciones.

→ Guisante lágrima de Guetaria con licuado de su vaina. Cocochas de merluza en nuestra salsa verde. Torrija caramelizada con helado de plátano y canela.

XX **Ponteareas** (N)

Claudio Coello 96 ✉ 28005 Ⓜ Núñez de Balboa Plano : 6G4**f**
– ✆ 915 75 58 73 – www.grupoportonovo.es – cerrado del 10 al 29 de agosto, domingo noche y festivos noche
• GALLEGA • Menú 50 € – Carta 45/66 €
Presume de una estética bastante moderna, con una zona de tapeo y un atractivo comedor asomado a un jardín. Cocina tradicional de raíces gallegas y pescados de calidad.

XX **Arriba**

Goya 5 (Platea Madrid) ✉ 28001 Ⓜ Serrano Plano : 8N1**a**
– ✆ 912 19 23 05 – www.restaurantearriba.com
• COCINA TRADICIONAL • Carta 33/45 €
Tremendamente singular, pues Platea Madrid es un antiguo cine transformado en un espacio gastronómico. El restaurante, ubicado en el primer anfiteatro, escalonado y abierto a toda la animación del recinto, ofrece una divertida cocina tradicional y de mercado.

XX **Esbardos**

Maldonado 4 ✉ 28006 Ⓜ Núñez de Balboa Plano : 6G4**d**
– ✆ 914 35 08 68 – www.restauranteesbardos.com – cerrado Semana Santa, agosto y domingo noche
• ASTURIANA • Menú 35/60 € – Carta 30/44 €
Toma su nombre de un vocablo "astur" que significa osezno, algo apropiado si tenemos en cuenta que sus propietarios tienen otro restaurante llamado El Oso. Cocina asturiana basada en la excelencia del producto y en los guisos tradicionales.

XX **niMú** – Hotel Adler

Goya 31 ✉ 28001 Ⓜ Velázquez – ✆ 914 26 32 25 Plano : 8N1**x**
– www.nimubistro.com – cerrado agosto
• COCINA MODERNA • Carta 28/48 €
Un restaurante tipo bistrot que no le dejará indiferente, pues el interiorista Pascua Ortega ha sabido dotarlo de encanto y personalidad. Carta actual con opción de raciones.

XX **El Gran Barril**

Goya 107 ✉ 28009 Ⓜ Goya – ✆ 914 31 22 10 Plano : 6HJ5**y**
– www.elgranbarril.com
• PESCADOS Y MARISCOS • Carta 35/75 €
Negocio de confortables instalaciones con la fachada acristalada. Presenta un bar público y varias salas de línea moderna, la de mayor capacidad junto al vivero en el nivel inferior. Ofrecen arroces, pescados y mariscos de gran calidad.

XX **Gerardo**

D. Ramón de la Cruz 86 ✉ 28006 Ⓜ Manuel Becerra Plano : 6HJ4**s**
– ✆ 914 01 89 46 – www.restaurantegerardo.com
• COCINA TRADICIONAL • Carta 35/60 €
Posee una especie de gastrobar con la parrilla vista, un privado y un comedor clásico que destaca por sus vistas a un patio ajardinado. Su carta tradicional se enriquece con unas buenas carnes a la brasa, pulpo y verduras en temporada.

XX **Cañadío**

Conde Peñalver 86 ✉ 28005 Ⓜ Diego de León Plano : 6H4**b**
– ✆ 912 81 91 92 – www.restaurantecanadio.com – cerrado agosto y domingo noche
• COCINA TRADICIONAL • Carta 30/52 €
Si conoce Santander le sonará, pues su nombre nos traslada a una de sus plazas más famosas y a la casa madre de este negocio. Ofrece una barra-cafetería pensada para tapear, dos salas de línea actual y una cocina tradicional bien elaborada.

MADRID

XX **La Hoja**
Doctor Castelo 48 ✉ 28009 Ⓜ O'Donnell Plano : 6H5-6**m**
– ✆ 914 09 25 22 – www.lahoja.es – cerrado agosto, domingo noche y lunes
• ASTURIANA • Menú 25/30 € – Carta 42/50 €
¡Un referente de la cocina asturiana en Madrid! Ofrece dos salones de recargada decoración y otro dedicado a la caza, este último polivalente. Guisos, fabes, verdinas, platos de caza, pollos de su propia granja... todo sabroso y abundante.

X **Surtopía**
Núñez de Balboa 106 ✉ 28006 Ⓜ Núñez de Balboa Plano : 4H3**z**
– ✆ 915 63 03 64 – www.surtopia.es – cerrado Semana Santa, del 8 al 28 de agosto, domingo, lunes noche y martes noche
• ANDALUZA • Menú 38/58 € – Carta 34/42 €
Local de línea moderna muy bien llevado por el propietario, que se muestra pendiente de todo. Proponen una cocina tradicional andaluza de marcadas influencias gaditanas.

X **La Maruca**
Velázquez 54 ✉ 28001 Ⓜ Velázquez – ✆ 917 81 49 69 Plano : 8N1**k**
– www.restaurantelamaruca.com
• COCINA TRADICIONAL • Carta 25/39 €
Un restaurante alegre, desenfadado y de línea actual. Apuestan por una cocina tradicional de buen nivel, con predominio de los platos cántabros que marcan sus raíces y una clara premisa: ¡ser asequibles para todo el mundo!

X **La Montería**
Lope de Rueda 35 ✉ 28009 Ⓜ Ibiza – ✆ 915 74 18 12 Plano : 6H5**b**
– www.lamonteria.es – cerrado domingo noche
• COCINA TRADICIONAL • Menú 39 € – Carta 25/40 €
Este negocio familiar se presenta hoy con un bar y un íntimo comedor, ambos espacios de línea actual. Su chef propone una cocina tradicional actualizada que siempre aborda algún plato de caza. ¡No se marche sin probar sus Monterías (mejillones rellenos)!

X **Marcano** N
Doctor Castelo 31 ✉ 28009 Ⓜ Ibiza – ✆ 914 09 36 42 Plano : 6H5**d**
– www.restaurantemarcano.com – cerrado Semana Santa, 21 días en agosto y domingo
• INTERNACIONAL • Carta 37/67 €
Aquí encontrará una cocina de sabores bien definidos, con platos tradicionales de cuchara y otros de gusto internacional, estos últimos de origen tanto europeo como asiático.

X **Pelotari**
Recoletos 3 ✉ 28001 Ⓜ Colón – ✆ 915 78 24 97 Plano : 8N1**u**
– www.pelotari-asador.com – cerrado domingo
• VASCA • Menú 40/68 € – Carta 25/55 €
Clásico asador vasco llevado por sus propietarios, uno en sala y el otro en cocina. Posee cuatro comedores de estilo clásico regional, dos de ellos convertibles en privados.

X **Kena**
Ferrer del Río 7 ✉ 28028 Ⓜ Diego de León Plano : 6J4**a**
– ✆ 917 25 96 48 – www.kenadeluisarevalo.com – cerrado domingo y festivos
• PERUANA • Menú 25/60 € – Carta 22/46 €
En este singular restaurante podrá descubrir una cocina nikkei peruana que, a través de sus menús, fusiona las formas y maneras japonesas con los sabores andinos más típicos.

X **La Castela**
Doctor Castelo 22 ✉ 28009 Ⓜ Ibiza – ✆ 915 74 00 15 Plano : 6H5**r**
– www.lacastela.com – cerrado agosto y domingo noche
• COCINA TRADICIONAL • Carta 30/41 €
Da continuidad a las históricas tabernas madrileñas, con un concurrido bar para el tapeo a la entrada. En su sencilla sala de ambiente clásico podrá degustar una cocina de tinte tradicional.

Tepic
Ayala 14 ✉ 28001 Ⓜ Goya – ✆ 915 22 08 50 Plano : 8N1**f**
– www.tepic.com
• MEJICANA • Menú 25 € – Carta 27/36 €
Un mejicano con carácter propio, pues presenta un espacio de estilo rústico-actual definido por la profusión de madera vista y el dominio de los tonos blancos. Encontrará cocina autóctona de calidad y una interesante carta de cervezas, tequilas, mezcales...

Dokidoki N
Villalar 4 ✉ 28001 Ⓜ Retiro – ✆ 917 79 36 49 Plano : 8N2**b**
– www.restaurantedokidoki.es – cerrado Semana Santa, 15 días en agosto, domingo noche y lunes
• JAPONESA • Menú 14/28 € – Carta 45/55 €
¡Sencillez y diseño! Su chef, apasionado de la gastronomía japonesa, propone una carta con dos variantes: los platos nipones tradicionales y los adaptados al gusto europeo.

Tasca La Farmacia
Diego de León 9 ✉ 28006 Ⓜ Núñez de Balboa Plano : 4G3**s**
– ✆ 915 64 86 52 – www.asadordearanda.com – cerrado 28 julio-17 agosto y domingo
• COCINA TRADICIONAL • Tapa 7 € – Ración aprox. 10 €
Atesora una estética tradicional, destacando por su bellísima barra azulejada con motivos nobiliarios. ¡No deje de probar las raciones y tostas de Zancarrón ni su Bacalao!

MADRID

El Barril de Goya
Goya 86 ✉ 28009 Ⓜ Goya – ✆ 915 78 39 98 Plano : 6HJ5**a**
– www.elbarrildegoya.com – cerrado domingo noche
• PESCADOS Y MARISCOS • Tapa 5 € – Ración aprox. 14 €
Una marisquería de referencia gracias a sus extraordinarias materias primas, tanto en lo que respecta a los productos del mar como a su maravilloso jamón cortado a cuchillo.

Taberna de la Daniela
General Pardiñas 21 ✉ 28001 Ⓜ Goya – ✆ 915 75 23 29 Plano : 6H5**s**
– www.tabernadeladaniela.com
• COCINA TRADICIONAL • Tapa 5 € – Ración aprox. 12 €
Taberna típica del barrio de Salamanca, con la fachada azulejada y varios comedores para degustar sus tapas y raciones. ¡Son famosos por su Cocido madrileño en tres vuelcos!

Arganzuela, Carabanchel, Villaverde

AC Atocha
Delicias 42 ✉ 28045 Ⓜ Atocha – ✆ 915 06 22 21 Plano : 6G6-7**c**
– www.ac-hotels.com
161 hab – 88/200 €, 16 €
¡Junto a la estación de Atocha! Posee una moderna zona social en línea con todos los AC, habitaciones actuales y un par de patios, destacando uno de ellos que tiene olivos.

AC Carlton Madrid
paseo de las Delicias 26 ✉ 28045 Ⓜ Atocha Plano : 5F7**n**
– ✆ 915 39 71 00 – www.hotelcarltonmadrid.com
122 hab – 80/150 €, 19 €
Obtiene el favor de una clientela turística y resulta bastante moderno pese a su dilatada trayectoria. Cuenta con un hall-bar, donde ofrecen platos tipo snack, y unas habitaciones bien actualizadas, todas con mobiliario funcional-actual.

NH Ribera del Manzanares
paseo Virgen del Puerto 57 ✉ 28005 Ⓜ Príncipe Pío Plano : 5E6**s**
– ✆ 913 64 32 48 – www.nh-hotels.com
224 hab – ††75/290 €, ☕ 15 €
La singular estética exterior, en cristal negro, da paso a un interior luminoso y actual, con numerosas salas de reuniones y confortables habitaciones... la mitad asomadas al río Manzanares. El moderno restaurante combina su menú con una carta tradicional.

Aynaelda
Los Yébenes 38 ✉ 28047 – ✆ 917 10 10 51 Plano : 1A3**b**
– www.aynaelda.com – cerrado domingo noche
• MEDITERRÁNEA • Menú 11/30 € – Carta 24/48 €
Disfruta de una amplia terraza, un bar y dos salas de adecuado montaje, una por planta. Aquí encontrará una carta tradicional especializada en arroces, no en vano entre secos, melosos y caldosos proponen hasta 30 variedades. ¡Buenos menús!

Los Cigarrales
Antonio López 52 ✉ 28019 Ⓜ Marqués de Vadillo Plano : 5E7**n**
– ✆ 914 69 74 52 – www.restauranteloscigarrales.com – cerrado domingo noche
• COCINA TRADICIONAL • Menú 15/35 € – Carta 29/50 €
Restaurante de ambiente castellano dotado con un bar de tapas, un comedor principal y otro más amplio para banquetes. Proponen una carta bastante variada, con guisos del día y arroces, sin embargo lo que mejor les funciona son los menús.

MADRID

Moncloa

Exe Moncloa (N)
Arcipreste de Hita 10 ✉ 28015 Ⓜ Moncloa Plano : 5E4**b**
– ✆ 917 45 92 99 – www.hotelexemoncloa.com
161 hab – †50/150 € ††65/190 €, ☕ 10 €
Comparte edificio con el mercado de Moncloa y, en líneas generales, presenta unas habitaciones confortables, todas de estética funcional-actual. ¡Agradable terraza con vistas!

El Club Allard
Ferraz 2 ✉ 28008 Ⓜ Plaza España – ✆ 915 59 09 39 Plano : 7K1**w**
– www.elcluballard.com – cerrado agosto, domingo y lunes
• CREATIVA • Menú 86/115 € – *(solo menú)*
Está en un edificio modernista protegido, por lo que no posee ninguna indicación exterior. Presenta una elegante estética clásica-actual y una cocina creativa de excelente nivel técnico, con fusiones acertadas y originales presentaciones.
➜ Arroz del mar. Cordero con ñoquis de dátiles y okra. Rocas de chocolate.

Quintana 30
Quintana 30 ✉ 28008 Ⓜ Argüelles – ✆ 915 42 65 20 Plano : 5E4**a**
– www.restaurantequintana30.com – cerrado Semana Santa, del 15 al 31 de agosto y domingo noche
• COCINA TRADICIONAL • Menú 32/65 € – Carta 40/52 €
Restaurante de ambiente moderno-actual dotado con una sala escalonada y un pequeño privado acristalado. Su completa carta de cocina tradicional vasconavarra, rica en bacalaos y platos de cuchara, se enriquece con dos menús de temporada.

Sal Gorda
Beatriz de Bobadilla 9 ✉ 28040 Ⓜ Guzmán El Bueno Plano : 3E3**e**
– ✆ 915 53 95 06 – www.restaurantesalgorda.es – cerrado Semana Santa, agosto, domingo y lunes noche
• COCINA CLÁSICA • Menú 30/50 € – Carta 35/54 €
Casa de reducidas dimensiones dotada con una única sala de línea clásica-actual. El Lomo de buey a la "Sal Gorda" es la especialidad de la casa, de ahí su nombre, aunque este plato solo forma parte de una completa carta tradicional.

Chamberí

InterContinental Madrid

paseo de la Castellana 49 ✉ 28046 Ⓜ Gregorio Marañón Plano : 4G3**v**
– ✆ 917 00 73 00 – www.madrid.intercontinental.com
302 hab – 200/500 €, 32 €

Goza de un elegante hall clásico, con cúpula y profusión de mármoles, así como de un agradable patio-terraza interior y unas habitaciones que destacan por su gran confort. En el restaurante, anexo al hall-bar, apuestan por una cuidada carta internacional y un completísimo brunch los domingos.

Hesperia Madrid

paseo de la Castellana 57 ✉ 28046 Ⓜ Gregorio Marañón Plano : 3F3**b**
– ✆ 912 10 88 00 – www.hesperia-madrid.com
171 hab – 169/259 €
Rest *Santceloni* – ver selección restaurantes

Disfruta de un buen emplazamiento en una céntrica zona de negocios. Su pequeño hall se compensa con una gran variedad de salones. Habitaciones de elegante estilo clásico. El restaurante, que completa sus instalaciones con una barra de sushi, ofrece una carta de tinte mediterráneo y un buen menú.

Orfila

Orfila 6 ✉ 28010 Ⓜ Alonso Martínez – ✆ 917 02 77 70 Plano : 8M1**a**
– www.hotelorfila.com – cerrado agosto
29 hab – 225/355 €, 30 € – 3 suites

Encantador palacete del s. XIX ubicado en una calle céntrica pero tranquila. Atesora unas elegantes habitaciones vestidas con mobiliario de época y un restaurante de ambiente clásico, destacando tanto por su cocina tradicional como por su acogedora terraza.

Innside Madrid Génova

pl. Alonso Martínez 3 ✉ 28004 Ⓜ Alonso Martínez Plano : 8M1**f**
– ✆ 912 06 21 60 – www.melia.com
64 hab – 125/400 €, 20 €

Instalado en un bello edificio modernista que data de 1919. Su interior conjuga algunos detalles decorativos propios de un inmueble señorial, como las molduras, con una estética actual, funcional y desenfadada. ¡Agradable terraza-azotea!

Innside Madrid Luchana N

Luchana 22 ✉ 28010 Ⓜ Bilbao – ✆ 912 92 29 40 Plano : 5F4**b**
– www.melia.com
43 hab – 125/400 €, 20 €

El edificio conocido como Palacio de Luchana se exhibe hoy, tras su fachada neoclásica, como un hotel de nuestro tiempo. Escuetas zonas sociales y habitaciones actuales.

Santceloni – Hotel Hesperia Madrid

paseo de la Castellana 57 ✉ 28046 Ⓜ Gregorio Marañón Plano : 3F3**b**
– ✆ 912 10 88 40 – www.restaurantesantceloni.com
– cerrado Semana Santa, agosto, sábado mediodía, domingo y festivos
• CREATIVA • Menú 150/180 € – Carta 117/150 €

Toda una experiencia culinaria. Este elegante restaurante presenta una sala de línea clásica-actual, distribuida en dos niveles y de excelente montaje. Propone una cocina tradicional actualizada, bien elaborada y con detalles creativos.

→ Caballa ahumada, coliflor, jalea de manzana, puré de limón y remolacha. Molleja de ternera, alcachofa, avellana y curry. Granizado de zanahoria, lima, eneldo, avena y jengibre.

XXX ✿✿ **Sergi Arola**

Zurbano 31 ✉ 28010 Ⓜ Rubén Darío – ✆ 913 10 21 69 Plano : 5F4**a**
– www.sergiarola.es – cerrado del 5 al 12 de enero, del 1 al 15 de septiembre, domingo y lunes
• CREATIVA • Menú 105/195 € – Carta 92/110 € – *(solo cena salvo sábado)*
Un chef con inquietudes, ganas y... ¡dos propuestas gastronómicas bien diferenciadas! Mientras en el piso superior da continuidad a su restaurante gourmet, en el sótano (Sot) encontraremos una oferta mucho más "canalla" y atrevida, pues dentro de su perfil creativo dará opción a compartir platos y experiencias.
➜ Molleja de ternera asada en especias y berenjena a la manera de Andhra. Lomo de rodaballo cocido a baja temperatura, chutney de coco y curry casero de naranja. Sopa de cerezas, helado de yogur y haba tonka con falsas torrijas.

XXX ✿ **La Cabra** (Javier Aranda)

Francisco de Rojas 2 ✉ 28010 Ⓜ Bilbao – ✆ 914 45 77 50 Plano : 8M1**x**
– www.restaurantelacabra.com – cerrado del 1 al 6 de enero, Semana Santa, agosto y domingo
• COCINA MODERNA • Menú 77/121 € – Carta 44/67 €
¡Un restaurante moderno y desenfadado! Enriquece su oferta con una tapería, una biblioteca orientada al after-work y una bodega visitable que también hace de privado. Cocina tradicional y vanguardista basada tanto en la calidad del producto, normalmente de temporada, como en el dominio técnico.
➜ Albóndigas de anguila. Salmonete con risotto de trigo, kimchi, coco y albahaca. Chocolate 2.1.

MADRID

XX **Nikkei 225**

paseo de la Castellana 15, (entrada por Fernando el Santo) Plano : 8N1**d**
✉ 28046 Ⓜ Colón – ✆ 913 19 03 90 – www.nikkei225.es – cerrado agosto, domingo y festivo
• PERUANA • Menú 70 € – Carta 35/86 €
Francamente interesante, pues en un entorno de elegante diseño le permitirá descubrir los sabores de la cocina nikkei, la elaborada en Perú por los descendientes de los japoneses que allí emigraron y que se fusionó con la del país andino.

XX **Las Estaciones de Juan**

paseo San Francisco de Sales 41 ✉ 28003 Madrid Plano : 3E3**x**
Ⓜ Guzmán el Bueno – ✆ 915 98 86 66 – www.lascuatroestacionesdejuan.com – cerrado del 24 al 31 de diciembre y domingo noche
• COCINA TRADICIONAL • Carta 36/57 €
Un valor seguro en un espacio clásico-moderno bastante cuidado. Cocina tradicional y de producto bien elaborada, con platos destacados como el Chuletón de palo fileteado.

XX ✿ **Lúa** (Manuel Domínguez)

Eduardo Dato 5 ✉ 28003 Ⓜ Rubén Darío – ✆ 913 95 28 53 Plano : 5F4**c**
– www.restaurantelua.com – cerrado domingo
• COCINA MODERNA • Menú 56 € – *(solo menú)*
Una casa en constante evolución, pues disfruta de una atractiva barra de tapeo y una estética informal... eso sí, siempre dentro de una línea rústica-contemporánea. El chef propone una cocina actual que, bebiendo de sus propias raíces gallegas, ha sabido desarrollarse y articularse en torno a un buen menú degustación.
➜ Arroz de apio, eneldo, menta, albahaca, cilantro, alga wakame y carabinero. Cochinillo confitado a baja temperatura con ciruelas, pasas y orejones. Brownie de chocolate con helado de turrón y crema de vainilla.

XX **El Barril de Argüelles**

Andrés Mellado 69 ✉ 28015 Ⓜ Islas Filipinas Plano : 3E3**c**
– ✆ 915 44 36 15 – www.grupo-oter.com
• PESCADOS Y MARISCOS • Menú 40 € – Carta 35/60 €
Presenta un bar-marisquería, con unos sugerentes expositores, y a continuación el comedor, clásico-actual pero con detalles marineros. Su especialidad son los mariscos y el pulpo, aunque también ofrecen arroces y sabrosos guisos caseros.

XX

Conlaya

Zurbano 13 ✉ 28010 Ⓜ Alonso Martínez – ✆ 913 19 31 16 Plano : 8M1**e**
– www.conlaya.es – cerrado agosto, domingo y lunes noche
• COCINA CLÁSICA • Menú 35/68 € – Carta 35/55 €
¡Un trocito de Cantabria en el corazón de Madrid! Ofrece un cuidado interior de ambiente clásico y una cocina regional que solo trabaja con pescado fresco de mercado.

XX

Atelier Belge

Bretón de los Herreros 39 ✉ 28003 Ⓜ Alonso Cano Plano : 3F3**d**
– ✆ 915 45 84 48 – www.atelierbelge.es – cerrado del 8 al 15 de agosto, domingo noche y lunes
• BELGA • Menú 12/52 € – Carta 38/51 €
Resulta interesante, pues aquí podrá descubrir la autenticidad de la gastronomía belga pero con interesantes guiños a la cocina creativa. Pruebe sus Caracoles "Sin Cáscara" XL, alguna cazuelita de Mejillones o... ¡el sorprendente Coquelet "Brabançonne"!

XX

Gala

Espronceda 14 ✉ 28003 Ⓜ Alonso Cano – ✆ 914 42 22 44 Plano : 3F3**n**
– www.restaurantegala.com – cerrado 15 días en agosto, domingo noche y lunes noche
• COCINA MODERNA • Menú 25/30 € – Carta 30/45 €
Restaurante de larga trayectoria dotado con un comedor de línea actual. Cocina tradicional y de mercado con detalles actuales, bien apoyada por menús y jornadas gastronómicas.

XX

Ars Vivendi

Zurbano 6 ✉ 28010 Ⓜ Alonso Martínez – ✆ 913 10 31 71 Plano : 8M1**g**
– www.restaurantearsvivendi.es – cerrado del 10 al 17 de agosto y domingo noche
• ITALIANA • Menú 45/80 € – Carta 32/49 €
El alma de esta casa está en el matrimonio propietario, con ella al frente de los fogones y él pendiente de la sala. Sabrosa cocina de base italiana con notas creativas y cuidadas presentaciones. ¡Su pasta casera supone un festín para el paladar!

X

Las Tortillas de Gabino

Rafael Calvo 20 ✉ 28010 Ⓜ Rubén Darío – ✆ 913 19 75 05 Plano : 5F4**f**
– www.lastortillasdegabino.com – cerrado Semana Santa, 15 días en agosto, domingo y festivos
• COCINA TRADICIONAL • Carta 24/37 €
¡Suele llenarse a diario! Dispone de un recibidor, dos salas actuales decoradas con paneles de madera y un privado. Su carta, de gusto tradicional, se completa con un apartado de tortillas que va evolucionando a lo largo del año.

X

Miyama

paseo de la Castellana 45 ✉ 28013 Ⓜ Gregorio Marañón Plano : 4G3**c**
– ✆ 913 91 00 26 – www.restaurantemiyama.com – cerrado agosto, domingo y festivos
• JAPONESA • Menú 23/100 € – Carta 36/75 €
Restaurante nipón con un gran nivel de aceptación, también entre los clientes japoneses. En su única sala conviven la amplia barra de sushi, en la que se puede comer, y unas mesas de sencillo montaje. Cocina tradicional japonesa de calidad.

X

Sudestada N

Ponzano 85 ✉ 28003 Ⓜ Rios Rosas – ✆ 915 33 41 54 Plano : 3F3**e**
– www.sudestada.eu – cerrado domingo y lunes
• ASIÁTICA • Menú 35/55 € – Carta 40/55 €
Hablar de Sudestada supone hablar del chef Estanis Carenzo, gran impulsor de conceptos en boga como la Street Food. Aquí propone una cocina asiática de tendencia vietnamita.

Mesón del Cid

Fernández de la Hoz 57 ✉ 28003 Ⓜ Gregorio Marañón Plano : 3F3**r**
– ✆ 914 42 07 55 – www.mesondelcidmadrid.es – cerrado Semana Santa, agosto, domingo y festivos noche
• CASTELLANA • Menú 29/40 € – Carta 30/57 €
La casa madre de este restaurante se encuentra en Burgos. Ofrece un amplio bar de tapas y varios comedores de carácter castellano. Su carta, fiel al recetario tradicional, se enriquece con un completo menú de temporada.

Villa de Foz

Gonzálo de Córdoba 10 ✉ 28010 Ⓜ Bilbao Plano : 5F4**e**
– ✆ 914 46 89 93 – www.villadefoz.es – cerrado agosto y domingo noche
• GALLEGA • Menú 20/46 € – Carta 29/47 €
Disfruta de dos correctos comedores, ambos de línea clásica-actual. Su carta de cocina tradicional gallega se ve enriquecida con un apartado de raciones y postres caseros.

Bacira (N)

Castillo 16 ✉ 28005 Ⓜ Iglesia – ✆ 918 66 40 30 Plano : 5F4**d**
– www.bacira.es – cerrado Navidades, agosto, domingo noche y lunes
• INTERNACIONAL • Menú 14/45 € – Carta 30/44 € – (reserva aconsejable)
Ocupa un bonito local, con toques vintage, llevado por tres jóvenes socios-cocineros. Cocina de fusión entre la tradicional española de mercado, la japonesa y la peruana.

Lakasa

Raimundo Fernández Villaverde 26 ✉ 28003 Plano : 3F3**x**
– ✆ 915 33 87 15 – www.lakasa.es – cerrado Semana Santa, 15 días en agosto, domingo noche y lunes
• COCINA TRADICIONAL • Carta 29/54 €
Un restaurante desenfadado y actual. Cocina de mercado honesta y sabrosa, con un apartado de pizzas caseras y la posibilidad de tomar todos los platos en medias raciones.

Soy (N)

Viriato 58 ✉ 28010 Ⓜ Iglesia – ✆ 914 45 74 47 Plano : 3F3**c**
– www.soypedroespina.com – cerrado 15 días en agosto, sábado mediodía, domingo y lunes noche
• JAPONESA • Menú 65 € – Carta 40/55 € – (es necesario reservar)
Sencillo, íntimo, actual... y totalmente volcado con las técnicas, sabores y maneras de la milenaria cocina japonesa. ¡Ojo, que no hay letrero identificativo en la entrada!

Poncelet Cheese Bar

José Abascal 61 ✉ 28003 Ⓜ Gregorio Marañon Plano : 3F3**a**
– ✆ 913 99 25 50 – www.ponceletcheesebar.es
• QUESOS, FONDUES Y RACLETTES • Tapa 4,90 € – Ración aprox. 12,90 €
Un espacio de diseño innovador en el que todo gira en torno al mundo del queso, no en vano muestra unos atractivos expositores, una barra para la degustación y una biblioteca especializada en este producto. Cocina actual y vinos por copas.

El Barril de Argüelles

Andrés Mellado 69 ✉ 28015 Ⓜ Islas Filipinas Plano : 3E3**c**
– ✆ 915 44 36 15 – www.grupo-oter.com
• PESCADOS Y MARISCOS • Tapa 11 € – Ración aprox. 20 €
¡Una buena marisquería! Disfruta de un elegante montaje y una barra muy popular, tanto por sus magníficos mariscos como por su pulpo o sus deliciosos pescaditos fritos a la andaluza.

Chamartín, Tetuán

Puerta América

av. de América 41 ✉ 28002 Ⓜ Cartagena – ✆ 917 44 54 00 Plano : 4J3**x**
– www.hotelpuertamerica.com
301 hab – 110/160 € – 14 suites
Rest *Lágrimas Negras* – ver selección restaurantes
Un hotel cosmopolita, colorista y que está marcado por el diseño, pues cada una de sus plantas refleja la creatividad de un famoso arquitecto o un prestigioso interiorista. Ofrece unas habitaciones muy originales y un atractivo espacio de ocio en el ático.

NH Eurobuilding
Padre Damián 23 ✉ 28036 Ⓜ Cuzco – ✆ 913 53 73 00 – www.nh-hotels.com Plano : 4G2**a**

431 hab – ††105/300 €, ☕ 25 €

Rest *DiverXO* ✿✿✿ • **Rest *99 sushi bar*** – ver selección restaurantes

Atesora un lobby espectacular, pues su bóveda con tecnología led es... ¡la pantalla multimedia más grande de Europa! En conjunto, ofrece dependencias amplias y bien equipadas, con habitaciones de línea contemporánea, numerosas salas de reuniones y múltiples espacios sociales. ¡Interesantísima oferta gastronómica!

Sheraton Madrid Mirasierra
Alfredo Marquerie 43 ✉ 28034 Ⓜ Herrera Oria – ✆ 917 27 79 00 – www.sheratonmadridmirasierra.com Plano : 1B1**a**

182 hab – ††150/400 €, ☕ 28 €

Disfruta de una espaciosa recepción ubicada bajo una cúpula abierta, habitaciones muy bien equipadas, tipo apartamento, y una gran terraza de verano con distintos ambientes. Su restaurante ofrece una cocina tradicional con toques actuales e internacionales.

Jardín Metropolitano
av. Reina Victoria 12 ✉ 28003 Ⓜ Cuatro Caminos – ✆ 911 83 18 10 – www.metropolitano-hotel.com Plano : 3F3**c**

96 hab – ††55/260 €, ☕ 15 € – 6 suites

Ofrece una atractiva distribución en torno a un jardín-patio con grandes palmeras, así como unas habitaciones clásicas bien equipadas, destacando especialmente las suites de la última planta. Su restaurante, de cocina tradicional, posee una sala clásica y un atractivo comedor tipo jardín de invierno.

Don Pío
av. Pío XII-25 ✉ 28016 Ⓜ Pio XII – ✆ 913 53 07 80 – www.hoteldonpio.com Plano : 4H2**s**

41 hab – †77/180 € ††94/230 €, ☕ 17 €

Un hotel de amable organización familiar. Posee un elegante patio-hall central, con claraboya de estilo clásico-moderno, y habitaciones clásicas de buen confort, en líneas generales de notables dimensiones.

XXXX Zalacain
Álvarez de Baena 4 ✉ 28006 Ⓜ Gregorio Marañón – ✆ 915 61 48 40 – www.restaurantezalacain.com – cerrado Semana Santa, agosto, sábado mediodía, domingo y festivos Plano : 4G3**b**

• COCINA CLÁSICA • Carta 60/113 €

¡Todo un histórico de la restauración madrileña! Atesora un loable clasicismo, un servicio profesional y una extensa carta de cocina clásica española e internacional.

XXX ✿✿✿ DiverXO (David Muñoz) – Hotel NH Eurobuilding
Padre Damián 23 ✉ 28036 Ⓜ Cuzco – ✆ 915 70 07 66 – www.diverxo.com – cerrado 21 días en agosto, domingo y lunes Plano : 4G2**a**

• CREATIVA • Menú 165/220 € – (es necesario reservar) *(solo menú)*

Abra su mente y viaje al personalísimo mundo de este chef, un "País de Nunca Jamás" transgresor y sorprendente en lo gastronómico. En un espacio de rompedor diseño moderno plantea una cocina viajera y divertida que no deja indiferente, pues intensifica las sensaciones y alcanza la plenitud en sus famosos platos-lienzo.

→ Maíces con suero de búfala, hongos negroazulados, crestas de gallo y alitas de pollo tandoori. Lienzo vintage, jarrete lechal infusionado con lemongrass y cardamomo con complementos del mundo con alma de Francia. Madriz by Dabiz, violetas, ajo negro y albahaca thai.

XXX Combarro
Reina Mercedes 12 ✉ 28020 Ⓜ Nuevos Ministerios – ✆ 915 54 77 84 – www.combarro.com – cerrado Semana Santa, del 1 al 15 de agosto y domingo noche Plano : 3F2-3**w**

• PESCADOS Y MARISCOS • Menú 50/120 € – Carta 44/55 €

Excelente cocina gallega que toma como base la calidad del producto, visible en sus viveros. Presenta un pequeño bar de tapas y varias salas, todas de elegante clasicismo.

MADRID

XXX **Aldaba** (N)

av. de Alberto Alcocer 5 ✉ 28036 Ⓜ Cuzco Plano : 4G2**x**
– ✆ 913 45 21 93 – www.restaurantealdaba.es – cerrado Semana Santa, agosto y domingo

• COCINA TRADICIONAL • Menú 60/65 € – Carta 55/80 €

Sorprende con un luminoso interior de estética moderna, casi minimalista. La carta combina los grandes clásicos de la casa con platos más actuales en técnica y presentación.

XXX **Lágrimas Negras** – Hotel Puerta América

av. de América 41 ✉ 28002 Ⓜ Cartagena – ✆ 917 44 54 05 Plano : 4J3**x**
– www.hotelpuertamerica.com

• COCINA MODERNA • Menú 36/55 € – Carta 34/55 €

Restaurante de estética actual, techos altos y grandes ventanales emplazado en un hotel de diseño. Ofrece un acceso directo a la terraza y una cocina actual de muy buen nivel.

XX **Viavélez**

av. General Perón 10 ✉ 28020 Ⓜ Santiago Bernabeu Plano : 3F2**c**
– ✆ 915 79 95 39 – www.restauranteviavelez.com – cerrado agosto, domingo y lunes mediodía en verano, domingo noche y lunes resto del año

• CREATIVA • Menú 28/52 € – Carta 40/60 €

Esta taberna-restaurante disfruta de un selecto bar de tapas a la entrada y un moderno e íntimo comedor en el sótano. Su cocina creativa toma como base el recetario asturiano.

MADRID

XX **Carta Marina**

Padre Damián 40 ✉ 28036 Ⓜ Cuzco – ✆ 914 58 68 26 Plano : 4G2**k**
– www.restaurantecartamarina.com – cerrado Semana Santa, agosto y domingo

• GALLEGA • Menú 45 € – Carta 40/70 €

¡Un auténtico clásico! Presenta unas agradables terrazas de verano e invierno, un bar privado y cuidados comedores, todo con profusión de madera. Carta de producto fiel a la tradición gallega, por lo que es rica en pescados y mariscos.

XX **99 sushi bar** (N) – Hotel NH Eurobuilding

Padre Damián 23 ✉ 28036 Ⓜ Cuzco – ✆ 913 59 38 01 Plano : 4G2**a**
– www.99sushibar.com – cerrado domingo noche

• JAPONESA • Menú 80 € – Carta 55/75 €

Moderno y detallista. Proponen una gastronomía de raíces japonesas en cuya carta conviven tanto los platos nipones tradicionales como otros de fusión con la cocina española.

XX **Goizeko Kabi**

Comandante Zorita 37 ✉ 28020 Ⓜ Alvarado Plano : 3F2-3**w**
– ✆ 915 33 01 85 – www.goizekogaztelupe.es – cerrado domingo noche

• VASCA • Menú 45/65 € – Carta 43/59 €

Un buen reflejo de la hostelería madrileña más tradicional... sin embargo, ahora se presenta con una imagen renovada y actual. Cocina vasca, tapas y platos para compartir.

XX **Kabuki**

av. Presidente Carmona 2 ✉ 28020 Ⓜ Santiago Bernabeu Plano : 3F2**t**
– ✆ 914 17 64 15 – www.restaurantekabuki.com – cerrado Semana Santa, del 10 al 31 de agosto, sábado mediodía, domingo y festivos

• JAPONESA • Menú 70/90 € – Carta 55/85 €

Íntimo restaurante japonés de estética minimalista. Cuenta con una moderna terraza y una barra-cocina donde se elabora, entre otros platos, una amplia oferta de "nigiri-sushi". ¡Suele llenarse a diario, por eso es conveniente reservar!

→ Degustación de atún en sashimi. Selección de niguiris de pescado azul ahumado. Torrija.

XX **Ferreiro** (N)

Comandante Zorita 32 ✉ 28020 Ⓜ Alvarado Plano : 3F3**m**
– ✆ 915 53 93 42 – www.restauranteferreiro.com
• COCINA TRADICIONAL • Menú 30/60 € – Carta 35/50 €
En sus salas, de ambiente clásico-actual, le propondrán una cocina tradicional con fuertes raíces asturianas. Su amplia carta se completa con un buen apartado de sugerencias.

XX **La Tahona**

Capitán Haya 21 (lateral) ✉ 28020 Ⓜ Cuzco Plano : 3F2**u**
– ✆ 915 55 04 41 – www.asadordearanda.com – cerrado del 3 al 27 agosto y domingo noche
• CARNES • Menú 38/50 € – Carta 40/60 €
Pertenece a la cadena de El Asador de Aranda y ofrece salas de aire castellano-medieval, con el horno de leña como gran protagonista a la entrada. ¡El lechazo es la estrella!

XX **Baby Beef Rubaiyat Madrid** (N)

Juan Ramón Jiménez 37 ✉ 28036 Ⓜ Cuzco Plano : 4G2**d**
– ✆ 913 59 10 00 – www.rubaiyat.es – cerrado domingo noche
• CHURRASQUERÍA • Menú 48 € – Carta 42/65 €
¡Sabores de São Paulo en la capital! Encontrará carnes Brangus y Tropical Kobe Beef, pero también elaboraciones típicas como el famoso menú Feijoada que ofertan los sábados.

MADRID

X **Desencaja** (N)

paseo de la Habana 84 ✉ 28036 Ⓜ Colombia Plano : 4H2**x**
– ✆ 914 57 56 68 – www.dsncaja.com – cerrado Semana Santa, agosto,domingo noche y lunes
• COCINA TRADICIONAL • Menú 32/40 € – Carta 25/40 €
Un negocio interesante, pues presenta un espacio clásico-actual que sabe huir de lo superfluo. El chef, formado en grandes casas, propone una cocina de mercado y fuertes raíces tradicionales que solo es accesible al comensal a través de unos sugerentes menús.

X **Tanta**

pl. del Perú 1 ✉ 28016 Ⓜ Pío XII – ✆ 913 50 26 26 Plano : 4H2**f**
– www.tantamadrid.com
• PERUANA • Menú 17/35 € – Carta 33/59 €
¡Cebiches, Tiraditos, Makis, Causas, Anticuchos...! Disfrute de la cocina peruana en este sencillo restaurante, que toma su nombre de un vocablo quechua que significa "pan".

X **La Bomba Bistrot** (N)

Pedro Muguruza 5 ✉ 28036 Ⓜ Cuzco – ✆ 913 50 30 47 Plano : 4G2**c**
– www.labombabistrot.com – cerrado del 1 al 21 de agosto, domingo noche y lunes
• COCINA TRADICIONAL • Carta 35/45 €
Resulta acogedor e intenta reflejar la esencia de un bistrot francés, aquí con los fogones a la vista y una buena iluminación natural. Cocina de mercado de corte casero.

X **Materia Prima**

Doctor Fleming 7 ✉ 28036 Ⓜ Santiago Bernabeu Plano : 4G2**c**
– ✆ 913 44 01 77 – www.materia-prima.es
• COCINA TRADICIONAL • Carta 25/47 €
Una propuesta bastante original, pues aquí presentan el producto como en un mercado para que el cliente compre, siempre a coste de lonja, lo que seguidamente le van a cocinar a un precio fijo. ¡Descubra sus magníficos pescados de bajura!

Al-Fanus
Pechuán 6 ✉ 28002 Ⓜ Cruz del Rayo – ✆ 915 62 77 18 Plano : 4H3**k**
– www.restaurantealfanus.es – cerrado domingo noche y lunes noche
• INTERNACIONAL • Menú 21/33 € – Carta 27/50 €
¿Conoce la gastronomía siria? Aquí podrá descubrir los mejores platos de esta cocina, rica en matices y siempre fiel a sus raíces mediterráneas. Ambiente y decoración árabe.

Tasca La Farmacia
Capitán Haya 19 ✉ 28020 Ⓜ Cuzco – ✆ 915 55 81 46 Plano : 3F2**r**
– www.asadordearanda.com – cerrado del 10 al 30 de agosto y domingo
• COCINA TRADICIONAL • Tapa 7 € – Ración aprox. 10 €
Precioso local decorado con azulejos, arcos en piedra, ladrillo visto, celosías en forja, una hermosa vidriera... Tapas tradicionales y una gran especialidad, el bacalao.

Ciudad Lineal, Hortaleza, Campo de las Naciones, San Blas

MADRID

Quinta de los Cedros
Allendesalazar 4 ✉ 28043 Ⓜ Arturo Soria – ✆ 915 15 22 00 Plano : 4J2**x**
– www.hotelquintadeloscedros.com
32 hab – †70/190 € ††80/220 €, ☕ 15 €
Rest *Los Cedros* – ver selección restaurantes
Resulta coqueto y ciertamente sorprendente, pues ocupa una moderna construcción rodeada de jardines... ¡imitando una villa toscana! Encontrará unas acogedoras habitaciones, unas con terraza y otras a modo de bungalow.

Puerta Madrid
Juan Rizi 5 ✉ 28027 – ✆ 917 43 83 00 Plano : 2C1**e**
– www.hotelpuertamadrid.com
194 hab – ††50/325 €, ☕ 19 €
Su fachada acristalada da paso a una espaciosa zona social, con columnas y paredes en hormigón visto, así como a unas modernas habitaciones. El restaurante, que se presenta con un horno de leña, centra su oferta en una carta a precio fijo. ¡Transfer diario al aeropuerto desde diferentes puntos de la ciudad!

Globales Acis y Galatea
Galatea 6 ✉ 28042 Ⓜ Canillejas – ✆ 917 43 49 01 Plano : 2D1**b**
– www.hotelesglobales.com
25 hab – †55/130 € ††66/260 €, ☕ 8 €
Atesora cierto encanto, se encuentra en una zona residencial y presenta unas habitaciones de línea clásica-actual, destacando las tres con terraza. ¡Al cliente alojado le ofrecen un servicio de cenas, con una pequeña carta tipo menú!

Zenit Conde de Orgaz
Moscatelar 24 ✉ 28043 Ⓜ Esperanza – ✆ 917 48 97 60 Plano : 2C1**z**
– www.zenithoteles.com
89 hab – ††45/360 €, ☕ 12 €
En una zona residencial tranquila y bien comunicada con el aeropuerto. Presenta una correcta zona social y confortables habitaciones, casi todas modernas, funcionales y con algún detalle de rusticidad. El restaurante, que tiene una oferta más informal por las noches, se complementa con una buena cafetería.

Los Cedros – Hotel Quinta de los Cedros
Allendesalazar 4 ✉ 28043 Ⓜ Arturo Soria – ✆ 915 15 22 00 Plano : 4J2**x**
– www.hotelquintadeloscedros.com – cerrado Semana Santa y agosto
• COCINA TRADICIONAL • Menú 39 € – Carta 41/55 €
Restaurante de nivel tanto por el montaje como por lo gastronómico. Presenta varios espacios, una destacable terraza y una cocina clásica-actualizada donde impera el producto.

XX **Aderezo** N

Añastro 48 ✉ 28033 – ✆ 917 67 01 58 Plano : 4J1**a**
– www.aderezorestaurante.es – cerrado agosto y domingo
• COCINA TRADICIONAL • Menú 24 € – Carta 37/47 €
Agradable, de ambiente clásico contemporáneo, con un bar de espera y un excelente expositor de pescados. Buena cocina de producto basada en el recetario tradicional.

X **La Lanzada**

Arturo Soria 2 ✉ 28027 Ⓜ Ciudad Lineal – ✆ 917 42 85 64 Plano : 2C2**v**
– www.grupojotacinco.com – cerrado domingo noche
• GALLEGA • Menú 18/25 € – Carta 27/37 €
Establecimiento de ambientación clásica-marinera dominado por la presencia de maderas y tonalidades azules. Presentan una carta de cocina tradicional gallega bastante simple... eso sí, con raciones abundantes y correctas materias primas.

Alrededores

al Norte

XX **Filandón** N

carret. Fuencarral-El Pardo, km 1,9 (M 612) ✉ 28049 – ✆ 917 34 38 26 – www.filandon.es – cerrado 2 semanas en enero, Semana Santa, domingo noche y lunes
• COCINA TRADICIONAL • Menú 47/75 € – Carta 32/62 €
Negocio de línea actual-campestre, tipo asador, ubicado en pleno campo. Proponen una cocina de producto y parrilla especializada en pescados. ¡Tiene fama su Lenguado Evaristo!

XX **El Oso**

av. de Burgos 214 (vía de servicio La Moraleja, dirección Burgos) ✉ 28050 – ✆ 917 66 60 60 – www.restauranteeloso.com – cerrado domingo noche
• ASTURIANA • Menú 35/60 € – Carta 45/63 €
Casita de dos plantas dotada con varias salas de estética actual, todas amplias, luminosas y con algún detalle "astur". Cocina asturiana centrada en el producto de la huerta.

al Este en la zona del aeropuerto Adolfo Suárez Madrid-Barajas

Meliá Barajas

av. de Logroño 305, A 2 y desvío a Barajas pueblo : 15 km ✉ 28042 Ⓜ Barajas – ✆ 917 47 77 00 – www.melia-barajas.com
229 hab – 75/300 € – 8 suites
Ofrece unas instalaciones confortables y de línea clásica, con habitaciones de completo equipamiento y gran variedad de salones rodeando la zona del jardín-piscina. En su comedor encontrará una carta internacional con alguna que otra influencia asiática.

MAGAZ

Palencia – 1 070 h. – Alt. 728 m – Ver mapa regional n° **8-C2**
Madrid 237 km – Burgos 79 km – León 137 km – Palencia 9 km
Mapa de carreteras Michelin n° 575-G16

Europa Centro

urb. Castillo de Magaz, (carret. de Palencia), Oeste : 1 km ✉ 34220 – ✆ 979 78 40 00 – www.hotelessuco.com – cerrado enero-15 marzo
121 hab – 45/80 €, 9 € – 1 suite
Gran hotel dotado con amplias zonas nobles y múltiples salones para convenciones. Elegante hall-recepción, área de servicio dinámica y habitaciones de adecuado confort. En su restaurante, clásico y de buen montaje, encontrará una interesante carta tradicional.

MAJADAHONDA

Madrid – 70 386 h. – Alt. 743 m – Ver mapa regional n° **15-A2**
Madrid 19 km – Segovia 77 km – Toledo 92 km – Ávila 100 km
Mapa de carreteras Michelin n° 576 y 575-K18

XX **Jiménez**

av. de la Estación (antiguo apeadero) ✉ 28220 – ✆ 913 72 81 33 – www.restaurantejimenez.es – cerrado Semana Santa, 21 días en agosto y noches de domingo a miércoles
Menú 24/40 € – Carta 32/58 €
Ocupa el edificio de un antiguo apeadero, reformado y embellecido con una decoración clásica no exenta de cierta elegancia. Agradable terraza y cocina tradicional actualizada.

XX **El Viejo Fogón**

San Andrés 14 ✉ 28220 – ✆ 916 39 39 34 – www.elviejofogon.es – cerrado 15 días en agosto, domingo noche y lunes noche
Menú 19/35 € – Carta 23/48 €
Se presenta con un comedor rústico y una sala a modo de privado en el piso inferior. Su carta tradicional actualizada también da la posibilidad de tomar... ¡medias raciones!

MÁLAGA

566 913 h. – Ver mapa regional n° **1-C2**
Madrid 538 km – Córdoba 175 km – Sevilla 217 km – València 651 km
Mapa de carreteras Michelin n° 578-V16

ESPAÑA

Parador de Málaga Gibralfaro

Castillo de Gibralfaro ✉ 29016 – ✆ 952 22 19 02 – www.parador.es Plano : F1**a**
38 hab – ††100/210 €, ☕ 18 €
Auténtica balconada sobre la bahía y la ciudad, a los pies de la alcazaba. Las habitaciones, todas con buenas vistas, reflejan el compromiso entre lo clásico y lo moderno. En su luminoso restaurante podrá descubrir los platos más típicos de la cocina andaluza.

AC Málaga Palacio

Cortina del Muelle 1 ✉ 29015 – ✆ 952 21 51 85 – www.ac-hotels.com Plano : D2**n**
214 hab – ††120/655 €, ☕ 17 € – 3 suites
Disfruta de una línea moderna, al estilo de la cadena, y está bien situado cerca del puerto. Amplia zona social y habitaciones confortables dotadas con mobiliario actual. Su comedor resulta bastante luminoso y ofrece una carta de sabor tradicional.

Monte Málaga

paseo Marítimo Antonio Machado 10 ✉ 29002 – ✆ 952 04 60 00 – www.hotelesmonte.com Plano : A2**x**
171 hab – ††69/220 €, ☕ 14 € – 8 suites
Hotel de construcción ecológica dotado con tecnología solar y fotovoltaica en la fachada. Posee un gran hall, salones panelables y habitaciones funcionales bien equipadas.

Los Naranjos

paseo de Sancha 35 ✉ 29016 – ✆ 952 22 43 16 – www.losnaranjosmalaga.com Plano : B1**t**
41 hab – †60/300 € ††60/350 €, ☕ 8 €
El trato familiar que ofrece esta casa es toda una garantía de organización y mantenimiento. Habitaciones de línea clásica bien equipadas, todas con su propia terraza-balcón.

Zenit Málaga

Cuba 3 ✉ 29013 – ✆ 952 25 20 00 – www.zenithoteles.com Plano : B1**c**
62 hab – ††45/280 €, ☕ 9 €
Algo apartado del centro de la ciudad. Ofrece una correcta zona social y habitaciones de adecuado confort en su categoría, todas de línea funcional-actual.

Del Pintor

Álamos 27 ✉ 29012 – ☎ 952 06 09 80 – www.hoteldelpintor.com

Plano : D1**b**

17 hab – 45/94 € 49/200 €, 5 €

Destaca por su decoración y diseño, con vanguardistas pinturas del artista local Pepe Bornoy. Ofrece unas habitaciones actuales dominadas por los colores rojo, blanco y negro.

Monte Victoria

Conde de Ureña 58 ✉ 29012 – ☎ 952 65 65 25 – www.hotelmontevictoria.es – cerrado Navidades

Plano : B1**a**

8 hab – 45/70 € 55/99 €, 9 €

Ubicado en una hermosa casa tipo villa. Posee una zona social con mobiliario antiguo, confortables habitaciones y una coqueta terraza-patio, donde suelen servir los desayunos.

California

paseo de Sancha 17 ✉ 29016 – ☎ 952 21 51 65 – www.hotelcalifornianet.com

Plano : B1**s**

24 hab – 45/80 € 60/100 €, 10 €

Ocupa una antigua villa actualizada en sus instalaciones, con pequeños salones de aire antiguo y unas acogedoras habitaciones de línea clásica. Buen solárium en el ático.

C
D
1
2
3
Av. del Doctor Gálvez Ginachero
Puente de Armiñán
Plaza Mariscal
C. S. Bartolomé
Plaza Decano Alonso Pedreira
C. Postigos
C. Alta
CENTRO CULTURAL PROVINCIAL
C. Aceras
Refino
C. Jinetes
Peña
C. Huerto de Monjas
Plaza de Rosa Chazel
C. del Curadero
Museo del Vidrio y Cristal
Dos
C. Don Rodrigo
C. de Álvarez
Plaza Jerónimo Cuervo
Guadalmedina
C. S. Rafael
C. Gigantes
Olleras
Plaza de S. Pedro de Alcántara
C. Carretería
C. Muro de S. Julián
Museo Interactivo de la Música
b
Museo Casas de Muñecas
C. de Nuño Gómez
Andrés Pérez
Los Mártires
C. Pozos Dulces
Plaza del Carbón
Sevilla
Austria
Herrera
C. de Juan de Herrera
C. de Don Juan de Austria
Malasaña
Fátima
Trinidad
C. Empedrada
C. de Pizarro
Jaboneros
C. de Cotrina
C. Zamorano
C. Feijóo
Santo Domingo
Pasillo de Santo Domingo
Rosaleda
Carretería
Mármoles
Museo Carmen Thyssen Málaga
C. de los Mártires
Granada
Pasaje de las Chinitas
C. Sta María
c
C. Pulidero
C. de Cañaveral
C. de Guimbarda
Pasillo
Plaza de la Constitución
El Sagrario
C. de Montes de Oca
C. de Cisneros
C. S. Juan
Nueva
Marqués de Larios
Palacio Episcopal
C. Salinas
Catedral
Cerrojo
Museo de Artes y Costumbres populares
C. de Armengual de La Mota
del Calvo
C. de Sebastián Souvirón
C. de Alarcón Luján
C. Molina Lario
n
C. de Don Cristian
Pasillo de Santo Domingo
Pasillo de Atocha
Mercado Central
C. Martínez
C. del Calvo
M
Hilera
Panaderos
C. Trinidad Grund
Paseo de
Heredia
Av. de Andalucía
Puente de Tetuán
Alameda
C. Vendeja
Vendeja
C. de Tomás de Heredia
Av. de Andalucía
Av. de la Aurora
C. de Casas de Campos
C. Simonet Barroso
Agustín
C. Montalbán
C. Malpica
Ancha del Carmen
Peregrino
C. Cuarteles
C. Pinzón
ESTACIÓN MARÍTIMA
Manuel
Av. del Comandante Benítez
CAC Málaga
Colón
C. Salitre
Andrés
C. Eslava
C. Cuarteles
Plaza de La Ferreira
C. de la Constancia
S.
C. Salitre
Av.
de
C
D

E
F
1
2
3
MÁLAGA
0
220 m
C. Ferrándiz
C. de Barcenillas
C. Pinosol
C. Pinos
C. Ventaja Alta
Plaza La Paula
C. del Altozano
Lagunillas
C. Gómez de Salazar
C. Victoria
C. del Agua
C. Alonso Benítez
Frailes
Carril de Subida a Gibralfaro
Cam. de Gibralfaro
Museo-Casa Natal Picasso
C. Picacho
Plaza de la Merced
Calle del Mundo Nuevo
Castillo de Gibralfaro
PARADOR
a
C. Sta Ana
Cañada de los Ingleses
Museo Picasso
Teatro Romano
Alcazaba
Museo del Patrimonio Municipal
Cementerio Inglés
C. Ibarra
JARDINES DE PUERTA OSCURA
JARDÍN PEDRO LUIS ALONSO
C. Guillén Sotelo
Cervantes
Paseo de Reding
Museo Taurino
Plaza de Toros de la Malagueta
Plaza Gen. Torrijos
C. Maestranza
C. Sta Cristina
Keromnes
C. de Cervantes
Cam.
C. de Fernando
Av.
Paseo del Parque
PARQUE DE MÁLAGA
Paseo de los Curas
Curas
Palmeras de las Sorpresas
Nicolás
Farola
C. Reding
a
Ciudad de Melilla
C. Reding
b
a
PUERTO
Paseo de la Farola
Paseo Marítimo
Paseo de Matías Prats
Paseo de la Farola

Ibis Málaga Centro

Cerrojo 1 ✉ 29007 – ✆ 952 07 07 41 – www.ibishotel.com Plano : C2**c**
189 hab – ††49/110 €, ☕ 8 €
En conjunto resulta muy funcional, sin embargo es una buena opción en su categoría por su céntrico emplazamiento. Habitaciones de correcto confort y bar-cafetería.

José Carlos García

pl. de la Capilla, Muelle Uno ✉ 29001 – ✆ 952 00 35 88 Plano : E3**a**
– www.restaurantejcg.com – cerrado 7 días en abril, domingo y lunes
Menú 60/100 € – Carta 62/95 € – *(solo cena en julio y agosto)*
Se encuentra en una zona comercial frente al Muelle Uno, donde están los amarres de los yates. Muestra una gran terraza exterior de estética chill out y unas instalaciones de diseño totalmente acristaladas, con la cocina abierta y sus dos salas vestidas con muchísimo gusto. ¡Cocina de autor en constante evolución!
→ Arroz de remolacha y gamba blanca. Mollejas de ternera con pico de gallo. Mercado de las especias.

Café de París

Vélez Málaga 8 ✉ 29001 – ✆ 952 22 50 43 – cerrado julio, agosto, domingo y lunes noche Plano : F2**a**
Menú 15/40 € – Carta aprox. 32 €
Sorprende por su gran nivel de montaje, presentándose con una pequeña barra de espera a la entrada y dos salas de elegante línea clásica. Cocina tradicional bien elaborada.

ESPAÑA

Marisquería Godoy

Muelle Uno, Puerto de Málaga ✉ 29015 Málaga Plano : E3**b**
– ✆ 952 29 03 12 – www.marisqueriagodoy.com
Menú 40 € – Carta 35/65 €
Se halla en el mismo puerto deportivo, donde se presenta con una gran terraza y un comedor actual. Carta tradicional especializada en los pescados y mariscos de la zona.

Figón de Juan

pasaje Esperanto 1 ✉ 29007 – ✆ 952 28 75 47 Plano : A1**e**
– www.restaurantefigondejuan.com – cerrado agosto, domingo y festivos noche
Carta 22/42 €
¡Bien llevado en familia! La fachada clásica da paso a un restaurante de ambiente rústico-regional. Apuestan por una cocina tradicional bien elaborada y de producto.

en El Palo por paseo marítimo de Pablo Ruiz Picasso B1 : 6 km

El Cobertizo

av. Pío Baroja 25 (urb. Echeverría) ✉ 29017 Málaga – ✆ 952 29 59 39 – cerrado octubre y miércoles salvo festivos
Carta 22/35 €
Casa de organización familiar y aire rústico con cierto tipismo. Tiene el bar a un lado y el comedor al otro, ofreciendo una carta tradicional y diversas sugerencias diarias.

MALLEZA

Asturias – 397 h. – Ver mapa regional n° **3-B1**
Madrid 498 km – Oviedo 58 km – León 180 km
Mapa de carreteras Michelin n° 572-B11

Al Son del Indiano

pl. Conde de Casares 1 ✉ 33866 – ✆ 985 83 58 44 – www.alsondelindiano.com – cerrado del 26 al 31 de septiembre y martes salvo agosto
Menú 15/45 € – Carta 30/47 € – *(solo almuerzo salvo viernes, sábado y verano)*
Se trata de una antigua fonda restaurada junto a la iglesia de la localidad. Dispone de un atractivo bar con chimenea y tres cálidos comedores de acogedor estilo rústico. Cocina actual de tintes creativos y bases tradicionales.

MALPICA DE BERGANTIÑOS

A Coruña – 5 875 h. – Ver mapa regional n° **13-B1**
Madrid 638 km – A Coruña 53 km – Ourense 171 km – Santiago de Compostela 64 km
Mapa de carreteras Michelin n° 571-C3

Fonte do Fraile

playa de Canido 9 ✉ 15113 – ✆ 981 72 07 32 – www.hotelfontedofraile.com – 15 marzo-14 diciembre
22 hab – 44/75 € 61/94 €, 6 €
Se encuentra en el casco urbano, aunque solo a 100 m. de la playa. Buen hall, salón clásico con vistas al césped, cafetería, jacuzzi y unas habitaciones montadas a capricho.

en Barizo Oeste : 7 km

As Garzas (Fernando Agrasar)

Porto Barizo 40, (carret. DP 4306 - km 2,7) ✉ 15113 Malpica de Bergantiños – ✆ 981 72 17 65 – www.asgarzas.com – cerrado del 2 al 27 de noviembre y lunes
Menú 60 € – Carta 41/74 € – *(solo almuerzo salvo viernes, sábado, verano y festivos)*
4 hab – 73/85 €
Casa tipo chalet aislada en plena costa, donde se presenta con una sala acristalada-actual que otorga casi todo el protagonismo a sus maravillosas vistas. Cocina gallega actualizada y especializada en pescados, siempre de excepcional calidad. Como complemento también disfruta de unas habitaciones actuales.
→ Tartar de centolla, su caldo y espuma de hinojo. Merluza con té de verduras y fideos de arroz. La menestra de verduras dulce.

La MANGA DEL MAR MENOR

Murcia – 1 173 h. – Ver mapa regional n° **16-B3**
Madrid 469 km – Murcia 72 km – Alacant / Alicante 133 km
Mapa de carreteras Michelin n° 577-T27

en Playa Honda Sur : 5 km

Malvasía

edificio Julieta - bajo 6 ✉ 30385 Playa Honda – ✆ 968 14 50 73 – www.restaurantemalvasia.com – cerrado del 20 al 30 de enero, domingo noche y lunes salvo julio-agosto
Carta 23/45 €
La moderna fachada da paso a un restaurante de estética actual, con diversos detalles de diseño y una temática decorativa que toma el mundo del vino como leitmotiv. Su cocina actual-creativa se ve apoyada por una excelente bodega.

La MANJOYA → Ver Oviedo

Asturias

MANLLEU

Barcelona – 20 435 h. – Alt. 461 m – Ver mapa regional n° **9-C2**
Madrid 649 km – Barcelona 78 km – Girona 104 km – Vic 9 km
Mapa de carreteras Michelin n° 574-F36

Cau Faluga

colonia Rusiñol, carret. de Manlleu a la Gleva km 2 ✉ 08560 – ✆ 938 51 38 59 – www.caufaluga.com – cerrado del 2 al 7 de enero y del 1 al 14 de agosto
Menú 23/45 € – Carta 35/50 € – *(solo almuerzo salvo viernes y sábados)*
Magnífica casa señorial emplazada en la Colònia Rusiñol, donde existió una fábrica textil. Espacios clásicos, cocina tradicional actualizada y... ¡una espectacular chimenea!

Torres Petit

passeig de Sant Joan 38 ✉ 08560 – ✆ 938 50 61 88 – www.torrespetit.com – cerrado 23 diciembre-10 enero, Semana Santa, del 16 al 28 de agosto, domingo, lunes noche, martes noche y miércoles noche
Menú 18 € – Carta 36/55 €
Restaurante de línea clásica-actual donde ofrecen una carta tradicional actualizada, con algún plato internacional y dos menús. Sus comedores, de cuidado montaje, se reparten entre dos salas y un privado polivalente en el piso superior.

MANRESA

Barcelona – 76 170 h. – Alt. 205 m – Ver mapa regional n° **10-A2**
Madrid 591 km – Barcelona 59 km – Lleida/Lérida 122 km – Perpignan 239 km
Mapa de carreteras Michelin n° 574-G35

Aligué

barriada El Guix 10 (carret. de Vic) ✉ 08243 – ✆ 938 73 25 62 – www.restaurantaligue.es
Menú 41/66 € – Carta 25/59 € – *(solo almuerzo salvo viernes y sábado)*
Posee un bar a la entrada con mesas para el menú, dos comedores y dos privados. Cocina tradicional de temporada con detalles de autor, trabajando mucho la trufa y las setas.

La Cuina

Alfons XII-18 ✉ 08241 – ✆ 938 72 89 69 – www.restaurantlacuina.com – cerrado del 8 al 21 de agosto, domingo noche y jueves
Menú 13/26 € – Carta 30/55 €
Disfruta de un pequeño vivero y tres comedores, uno más amplio y de inferior montaje dedicado al menú. Carta tradicional que destaca por su apartado de pescados y mariscos.

ESPAÑA

MANZANARES

Ciudad Real – 19 118 h. – Alt. 645 m – Ver mapa regional n° **7-B3**
Madrid 173 km – Alcázar de San Juan 63 km – Ciudad Real 52 km – Jaén 159 km
Mapa de carreteras Michelin n° 576-O19

Parador de Manzanares

autovía A 4 ✉ 13200 – ✆ 926 61 04 00 – www.parador.es
50 hab – 70/135 €, 16 €
Presenta un estilo rústico-funcional, con amplios exteriores, cocheras individuales y una zona ajardinada. Sus habitaciones tienen mobiliario clásico-regional. El restaurante cuenta con dos salas, la principal de forma circular y asomada a un jardín.

MARBELLA

Málaga – 142 018 h. – Ver mapa regional n° **1-A3**
Madrid 602 km – Algeciras 77 km – Cádiz 201 km – Málaga 59 km
Mapa de carreteras Michelin n° 578-W15

Marbella Club

Boulevard Príncipe Alfonso von Hohenlohe ✉ 29602 – ✆ 952 82 22 11 – www.marbellaclub.com Plano : A2**q**
79 hab – 299/950 €, 36 € – 51 suites
¡Emblemático! Encontrará un inmenso jardín, un seductor club de playa, excelentes habitaciones con terraza y hasta 15 villas independientes, todas exclusivas y de gran confort. El restaurante-grill, con la parrilla en el centro, ofrece una carta internacional.

Puente Romano

Boulevard Príncipe Alfonso von Hohenlohe ✉ 29602 – ✆ 952 82 09 00 – www.puenteromano.com Plano : A2**r**
214 hab – 260/505 € – 55 suites
Elegante conjunto de aire andaluz dotado con un jardín subtropical y habitaciones tipo bungalow, todas de elevado confort. Sorprende por su atractiva y variada propuesta gastronómica, pues atesora varios restaurantes en la Plaza Village (Dani García, Serafina, Bibo...) y uno más, llamado Sea Grill, con vistas al mar.

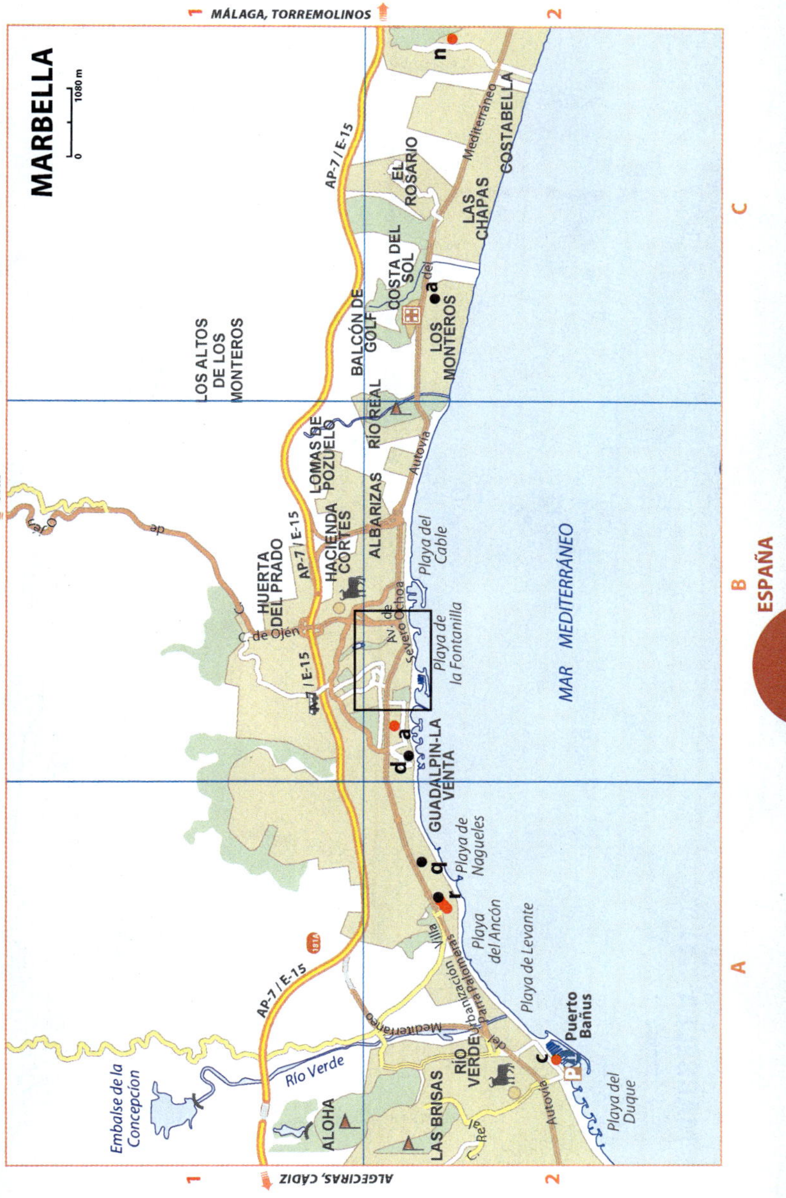
MARBELLA
0
1080 m
MÁLAGA, TORREMOLINOS
ALGECIRAS, CÁDIZ
AP-7 / E-15
LOS ALTOS DE LOS MONTEROS
BALCÓN DE GOLF
COSTA DEL SOL
EL ROSARIO
LAS CHAPAS
COSTABELLA
LOS MONTEROS
RÍO REAL
LOMAS DE POZUELO
ALBARIZAS
HACIENDA CORTES
HUERTA DEL PRADO
C. de Ojén
Av. de Severo Ochoa
Autovía
Mediterráneo
Playa del Cable
Playa de la Fontanilla
GUADALPIN-LA VENTA
Playa de Nagueles
Playa del Ancón
Playa de Levante
Urbanización Parra Palomeras
Villa
Puerto Banús
Playa del Duque
RÍO VERDE
LAS BRISAS
ALOHA
Río Verde
Embalse de la Concepción
MAR MEDITERRÁNEO
ESPAÑA

MARBELLA
0
103 m
ESPAÑA
D
E
F
1
2
MAR MEDITERRÁNEO
Playa de la Bajadilla
Playa de EL Fuerte
Playa de la Fontanilla
CLUB MARÍTIMO
Muelle de Theresa Zabell
Museo del Grabado Español Contemporáneo
la Encarnación
Pl. de los Naranjos
CASTILLO
Casa del Corregidor
Ermita de Nuestro Señor Santiago
S. Juan de Dios
PARQUE DE LA ALAMEDA
C. de Cristóbal Colón
C. de Ricardo Lucena Solá
C. de Benahavís
C. Vázquez Clavel
C. Serenata
C. Quinto Centenario
Travesía Huerta los Cristales
C. Jaén
Bolivia
C. Palmar
C. de las Flores
C. Peñuelas
C. Doha
C. Europa
C. de la Alba
C. Antonio
C. del Boquerón
C. de los Naranjos
C. Luna
C. S. Ramón
Río
Málaga
Sol
C. Juan Alameda
C. Postigos
Lobatas
C. S. Francisco
C. Ancha
C. Bermeja
C. de Aduar
C. Peral
Mercado
C. Huerta Chica
Av. Miguel Cano
Av. del Mar
Av. de Ramón y Cajal
C. del Fuerte
Av. del Duque de Ahumada
Paseo Alfonso Cañas
Hogueras
Av. Ricardo Soriano
Av. del Mercado
C. Valentuñana
C. del Rocío Valentuñana
C. de los Olivos
C. del Calvario
Benavente
C. de Ramiro Campos Turmo
C. del Notario Luis Oliver
Belón
Av. Antonio Belón
C. Virgen del Pilar
C. Nuestra Señora de Gracia
C. Alonso de Bazán
Av. de España
Av. de la Navegación
Huerta la Belón
Jacinto Benavente
C. de Gregorio S. Lima
Hermanos Belón
Av. Pablo Picasso
C. Pablo Casal
Av. de la Fontanilla
C. Camilo José Cela
C. María De Salamanca
Av. de Ricardo Soriano
a
b
c
h
p
v
x
y
z

Gran Meliá Don Pepe
José Meliá ✉ 29602 – ✆ 952 77 03 00 – www.melia.com Plano : B2**d**
168 hab – 185/485 € 200/500 € – 24 suites
Un oasis junto al mar, pues se rodea por un bello jardín subtropical. Sus excelentes estancias le sorprenderán por el confort y la profusión en los detalles. En el restaurante T Bone Grill proponen una cocina tradicional especializada en productos a la brasa.

Los Monteros
urb. Los Monteros, carret. de Cádiz, km 187 ✉ 29603 – ✆ 952 77 17 00 – www.monteros.com Plano : C2**a**
178 hab – 139/397 € 150/410 € – 116 suites
Todo un histórico de la Costa del Sol que ha recuperado el pulso y se está actualizando poco a poco. Resulta especialmente atractivo el Club de playa La Cabane, con acceso directo a la playa y espléndidas vistas al mar.

Fuerte Marbella
av. El Fuerte ✉ 29602 – ✆ 952 86 15 00 – www.fuertehoteles.com Plano : E2**c**
261 hab – 96/144 €, 16 € – 2 suites
¡Muy bien situado frente al mar! Disfruta de unos cuidados exteriores ajardinados, amplias zonas sociales y habitaciones clásicas de buen confort. El restaurante, que propone un variado buffet, se complementa con otro tipo chiringuito sobre la misma playa.

Fuerte Miramar
pl. José Luque Manzano ✉ 29603 – ✆ 952 76 84 00 – www.fuertehoteles.com – marzo-noviembre Plano : F2**a**
219 hab – 64/342 € 80/399 €, 14 € – 7 suites
Algo alejado del centro urbano pero muy bien situado frente a la playa. Ofrece unas habitaciones de estilo clásico, una gran piscina rodeada de zonas verdes y dos restaurantes, el ubicado a pie de playa con una carta tradicional rica en pescados y mariscos.

ESPAÑA

La Villa Marbella
Princesa 6 ✉ 29601 – ✆ 952 76 62 20 – www.lavillamarbella.com – cerrado del 10 al 26 de diciembre Plano : E1**y**
29 hab – 75/110 € 90/229 €
Ocupa varios edificios del casco viejo, todos con habitaciones de completo equipamiento y detalles personalizados. Destaca la amabilidad del personal y el gusto decorativo.

La Morada mas Hermosa N
Montenebros 16 ✉ 29601 – ✆ 952 92 44 67 – www.lamoradamashermosa.com – cerrado enero Plano : E1**h**
7 hab – 69/107 € 86/107 €
Íntimo, céntrico, familiar... y en una casa antigua a la que se accede por una callejuela llena de plantas. Las coquetas habitaciones se visten con muebles de varios estilos.

The Town House
Alderete 7 ✉ 29600 – ✆ 952 90 17 91 – www.townhousemarbella.com Plano : E2**b**
9 hab – 105/140 € 125/160 €
Pequeño hotel instalado en una casa rehabilitada del casco antiguo. Ofrece un interior de línea clásica-actual, muy personal, y habitaciones de buen confort. Terraza-solárium.

Dani García – Hotel Puente Romano
Boulevard Príncipe Alfonso von Hohenlohe ✉ 29602 – ✆ 952 76 42 52 – www.restaurantedanigarcia.com – cerrado enero, lunes salvo julio-agosto y domingo Plano : A2**r**
Menú 80/148 € – Carta 83/110 €
¡Un referente culinario de Andalucía! Se halla en una plaza interior del lujoso hotel Puente Romano y recrea un espacio moderno, con unos bellos jardines verticales para integrar la naturaleza. El chef propone una cocina creativa, con su sello personal, en la que se otorga al cliente un amplio abanico de posibilidades.
→ Tomate no nitro. Lubina frita a la pimienta negra. Gusanos de seda.

XX ✿ **El Lago**

av. Las Cumbres, urb. Elviria Hills, salida Elviria : 10 km y desvío 2 km ✉ 29604 – ✆ 952 83 23 71 – www.restauranteellago.com – cerrado lunes salvo verano

Plano : C2**n**

Menú 55/67 € – Carta 50/70 € – *(solo cena)*

Destaca por su emplazamiento, en un relajante campo de golf y frente a un lago artificial. La sala, de montaje actual y con una gran cristalera semicircular, se ve apoyada por unas idílicas terrazas. Su cocina, actual, creativa y con platos bien concebidos, bebe directamente de la gastronomía regional e internacional.

→ Tartar de atún con ajoblanco de kimchi, manzana y quinoa crujiente. Pargo con zanahoria moruna y manzana. Chocolate, especias, jengibre y fruta de la pasión.

XX ✿ **Messina** (Mauricio Giovanini)

av. Severo Ochoa 12 ✉ 29603 – ✆ 952 86 48 95 – www.restaurantemessina.com – cerrado 12 diciembre-4 enero, sábado mediodía y domingo

Plano : F2**v**

Menú 62/78 € – Carta 44/60 € – *(solo cena en verano)*

Las grandes cristaleras de la entrada dan paso a un local diáfano y de línea actual. Su atractiva carta, con platos de autor, se ve bien completada por dos menús degustación.

→ Vieira semi-seca, cúrcuma fresca y emulsión de shitake. Pichón de Araiz, guiso de batata, apio cremoso y fondo de sus higaditos. Chocolate, pistacho y crema ácida de plátano.

XX **Santiago**

av. Duque de Ahumada 5 ✉ 29602 – ✆ 952 77 00 78 – www.restaurantesantiago.com

Plano : E2**b**

Menú 35 € – Carta 33/65 €

Todo un clásico en pleno paseo marítimo, donde se presenta con una terraza de verano, una barra y un comedor bien actualizado. En su carta predominan los pescados y mariscos.

XX **Serafina** – Hotel Puente Romano

Boulevard Príncipe Alfonso von Hohenlohe ✉ 29602 – ✆ 952 77 17 98 – cerrado domingo

Plano : A2**r**

Menú 55 € – Carta 40/60 € – *(solo cena)*

Una opción a tener en cuenta si desea cocina italiana o una velada especial, pues disfruta de un montaje elegante y se asoma al encantador entorno de la Plaza Village.

XX **Buenaventura**

pl. Iglesia de la Encarnación 5 ✉ 29601 – ✆ 952 85 80 69 – www.restaurantebuenaventura.es

Plano : E1**z**

Menú 18/65 € – Carta 27/56 € – *(solo cena en agosto)*

Marco rústico dotado con una chimenea, una bodega acristalada y una coqueta terraza. Cocina tradicional actualizada con varios menús, medias raciones y Atún rojo de almadraba.

X ✿ **Skina**

Aduar 12 ✉ 29601 – ✆ 952 76 52 77 – www.restauranteskina.com – cerrado del 6 al 12 de diciembre, 10 enero-1 febrero, domingo y lunes salvo 25 mayo-20 octubre

Plano : E1**x**

Menú 98/125 € – *(solo cena en junio-20 octubre) (solo menú)*

Interesante, atrevido y... ¡de altos vuelos gastronómicos! Este minúsculo restaurante del casco antiguo disfruta de una estética actual y una buena bodega acristalada. Su cocina creativa, que toma como base el recetario tradicional, atesora una técnica impecable y unas materias primas de enorme calidad.

→ Andalucía vegetal en primavera. Salmonete, su jugo, azafrán y crujientes. Manzana fresca y albahaca.

Bibo – Hotel Puente Romano

Boulevard Príncipe Alfonso von Hohenlohe ✉ 29602 – ✆ 951 60 70 11 – www.bibodanigarcia.com Plano : A2**r**

Menú 50/70 € – Carta aprox. 35 €

Informal, colorista, divertido... ¡un bistrot con tintes andaluces! Descubra la cocina del laureado chef Dani García en su versión más desenfadada, pues está pensada para compartir y basada en la fusión de técnicas, estilos y materias primas de enorme calidad.

TA-KUMI

Gregorio Marañón 4 ✉ 29602 – ✆ 952 77 08 39 – www.restaurantetakumi.com Plano : B2**a**

Carta 40/50 €

Llevado por dos matrimonios, uno nipón y el otro español. En su sala, de línea actual-funcional, podrá disfrutar con una cocina japonesa que cuida mucho las presentaciones.

La Taberna de Santiago

av. del Mar 20 ✉ 29602 – ✆ 952 77 00 78 – www.restaurantesantiago.com Plano : E2**p**

Tapa 1,50 € – Ración aprox. 8 €

Disfruta de una atractiva fachada azulejada, una espaciosa terraza y un coqueto interior. Amplia oferta de tapas y raciones, de tinte tradicional y a precios razonables.

en Puerto Banús

El Gran Gatsby (N)

Muelle de Honor ✉ 29660 Puerto Banús – ✆ 951 77 87 97 – www.elgrangatsby.com Plano : A2**c**

Menú 24/60 € – Carta 45/55 €

¡Frente a los yates de Puerto Banús! Posee unas instalaciones muy luminosas, de estética actual y dominadas por los tonos blancos. Cocina tradicional-mediterránea actualizada.

ESPAÑA

MARCHAMALO → Ver Guadalajara

Guadalajara

MARCILLA

Navarra – 2 813 h. – Alt. 290 m – Ver mapa regional n° **17**-A2

Madrid 345 km – Logroño 65 km – Iruña/Pamplona 63 km – Tudela 38 km

Mapa de carreteras Michelin n° 573-E24

Villa Marcilla

carret. Estación, Noreste : 2 km ✉ 31340 – ✆ 948 71 37 37 – www.restaurantevillamarcilla.es – cerrado del 5 al 20 de julio

Menú 13/25 € – Carta 31/51 € – *(solo almuerzo salvo fines de semana)*

Esta antigua casa señorial cuenta con dos comedores a la carta, ambos de elegante ambiente inglés, y una sala mucho más amplia para el menú diario. Su patio-porche hace de terraza. Cocina tradicional bien puesta al día.

MARTORELL

Barcelona – 28 108 h. – Alt. 56 m – Ver mapa regional n° **10**-A3

Madrid 598 km – Barcelona 33 km – Manresa 37 km – Lleida/Lérida 141 km

Mapa de carreteras Michelin n° 574-H35

Ciutat Martorell

av. Pau Claris ✉ 08760 – ✆ 937 74 51 60 – www.hotel-martorell.com

92 hab – ††49/199 €, ☕ 10 €

Un hotel de línea actual. Presenta suficientes zonas nobles y confortables habitaciones, con los suelos en tarima y plato ducha en la mayoría de sus baños.

El MASNOU

Barcelona – 22 595 h. – Ver mapa regional n° **10**-B3
Madrid 628 km – Barcelona 14 km – Girona 87 km – Vic 56 km
Mapa de carreteras Michelin n° 574-H36

Torino

Pere Grau 21 ✉ 08320 – ☎ 935 55 23 13 – www.hoteltorinoelmasnou.com – cerrado 23 diciembre-6 enero
14 hab – 50/55 € 70/77 €
Este céntrico hotelito de organización familiar compensa su reducida zona social con unas habitaciones cuidadas y bien equipadas, algo pequeñas pero correctas en su categoría. El comedor, que presenta un sencillo montaje, limita su oferta a un menú del día.

XX **Tresmacarrons** (Miquel Aldana)

av. del Maresme 21 ✉ 08320 – ☎ 935 40 92 66 – www.tresmacarrons.com – cerrado 15 días en febrero, 15 días en agosto, domingo noche, lunes y martes
Carta 40/60 €
Casa de gestión familiar en la que se apuesta, clarísimamente, por el producto de temporada. En su moderna sala le propondrán una carta de tinte actual que, abriendo un apartado para platos clásicos, sobre todo emana compromiso, honestidad y amor por el trabajo bien hecho.
→ Bombones de foie-gras con caramelo de aceitunas negras. Cordero con pimientos del piquillo. Cheesecake con yogur, higos y helado de vainilla.

MATAPOZUELOS

Valladolid – 1 032 h. – Ver mapa regional n° **8**-B2
Madrid 175 km – Valladolid 38 km – Segovia 109 km – Ávila 104 km
Mapa de carreteras Michelin n° 575-H15

XX **La Botica** (Miguel Ángel de la Cruz)

pl. Mayor 2 ✉ 47230 – ☎ 983 83 29 42 – www.laboticadematapozuelos.com
Menú 42/56 € – Carta 33/43 € – *(solo almuerzo salvo fines de semana y verano)*
Restaurante-asador familiar instalado en una antigua casa de labranza que, en otros tiempos, funcionó como farmacia. Se presenta con unas instalaciones de aire rústico, un privado en lo que fue la botica y una carta de tinte tradicional que hoy se enriquece con dos menús propios de la cocina de autor.
→ Salteado de setas de la zona con piña verde rallada. Lomo de cordero con morcilla artesana y toffee salado de achicoria. Piñones y pinares.

MATARÓ

Barcelona – 124 099 h. – Ver mapa regional n° **10**-B3
Madrid 645 km – Barcelona 32 km – Girona 72 km – Tarragona 131 km
Mapa de carreteras Michelin n° 574-H37

URH Ciutat de Mataró

Camí Ral 648 ✉ 08302 – ☎ 937 57 55 22 – www.urh-hoteliers.com
108 hab – 45/229 €, 13 € – 5 suites
Enfocado, claramente, al cliente de empresa. Presenta unas instalaciones de línea actual y habitaciones de buen confort general, resultando más amplias las superiores. El restaurante combina su carta de tinte tradicional con un correcto menú.

XXX **El Nou-Cents**

El Torrent 21 ✉ 08302 – ☎ 937 99 37 51 – cerrado del 1 al 15 de agosto y domingo
Carta 35/55 €
Presenta un buen hall y dos comedores, destacando el más rústico por contar con chimenea y tener una bóveda catalana en ladrillo visto. Ofrecen una cocina actual de bases clásicas, trabajando mucho la trufa, las setas y la caza.

XXX **Sangiovese**

Sant Josep 31 ✉ 08302 – ☎ 937 41 02 67 – www.sangioveserestaurant.com – cerrado 15 días en agosto, domingo noche y lunes
Menú 22/55 € – Carta 28/51 €
Disfruta de una estética moderna, con detalles de diseño, dejando tanto la cocina como su completa bodega a la vista. Ofrecen elaboraciones de mercado y de temporada, por eso veremos como sus menús varían con los cambios de estación.

XX **Bocca**

pl. d'Espanya 18 ✉ 08302 – ☎ 937 41 12 69 – www.boccarestaurant.com – cerrado Semana Santa, 21 días en agosto, domingo noche y lunes
Menú 15/40 € – Carta 30/57 €
¡Familiar y de larga trayectoria! En su acogedora sala podrá degustar una cocina tradicional actualizada que aglutina numerosos arroces, platos de los de toda la vida y sugerencias derivadas de los productos del día en la lonja de Arenys.

MAZAGÓN

Huelva – Ver mapa regional n° **1-A2**
Madrid 638 km – Huelva 23 km – Sevilla 102 km
Mapa de carreteras Michelin n° 578-U9

por la carretera de Matalascañas

Parador de Mazagón

Sureste, 7 km ✉ 21130 Mazagón – ☎ 959 53 63 00 – www.parador.es
62 hab – 95/190 €, 18 € – 1 suite
Disfruta de un enclave privilegiado, pues está a la entrada del Parque Nacional de Doñana y a un paso de la playa. Habitaciones clásicas con detalles rústicos, la mayoría con magníficas vistas al mar. En su luminoso restaurante encontrará una completa carta de carácter regional. ¡Perfecto para desconectar!

ESPAÑA

MEAÑO

Pontevedra – 5 421 h. – Ver mapa regional n° **13-A2**
Madrid 640 km – Santiago de Compostela 67 km – Pontevedra 28 km – Viana do Castelo 131 km
Mapa de carreteras Michelin n° 571-E3

Quinta de San Amaro

lugar de San Amaro 6 ✉ 36968 – ☎ 986 74 89 38 – www.quintadesanamaro.com
14 hab – 76/105 € 90/125 €
Magnífico hotel rural situado en una finca rústica que conserva sus edificios en piedra. Buen salón social y habitaciones de excelente confort, todas con mobiliario colonial. El restaurante, que resulta muy luminoso por estar completamente acristalado, ofrece una buena carta de cocina tradicional.

MECINA FONDALES

Granada – Alt. 930 m – Ver mapa regional n° **1-D1**
Madrid 488 km – Granada 69 km – Almería 139 km – Málaga 128 km
Mapa de carreteras Michelin n° 578-V20

Mecina Fondales

La Fuente 2 ✉ 18416 – ☎ 958 76 62 41 – www.hoteldemecina.com – necesaria reserva de noviembre-marzo
21 hab – 50/73 € 75/88 €
Finca con árboles frutales emplazada en un pueblecito de Las Alpujarras. Posee una coqueta zona social, un patio árabe y habitaciones de aire rústico, casi todas con terraza. El restaurante, también rústico, propone una carta basada en la cocina tradicional.

MEDINA DE RIOSECO

Valladolid – 4 938 h. – Alt. 735 m – Ver mapa regional n° **8-B2**
Madrid 223 km – León 94 km – Palencia 50 km – Valladolid 41 km
Mapa de carreteras Michelin n° 575-G14

Los Almirantes

San Juan 36 ✉ 47800 – ✆ 983 72 05 21 – www.losalmirantes.com
17 hab – 62/82 € 74/94 €, 10 €
¡Sorprendente! Tras su modesta fachada se esconde un hotel con mayúsculas que destaca tanto por sus instalaciones como por sus excepcionales habitaciones, todas domotizadas y vestidas con detalles de diseño. Correcta oferta gastronómica de tinte tradicional.

MEDINA DEL CAMPO

Valladolid – 21 556 h. – Alt. 721 m – Ver mapa regional n° **8-B2**
Madrid 154 km – Salamanca 81 km – Valladolid 43 km
Mapa de carreteras Michelin n° 575-I15

Villa de Ferias

av. V Centenario 4 ✉ 47400 – ✆ 983 80 27 00 – www.villadeferias.com
37 hab – 43/48 € 63/70 €, 4 €
Se encuentra al borde de la antigua carretera y está muy orientado al cliente de paso. Presenta una reducida zona noble y habitaciones de ambiente clásico, todas con los suelos en tarima. Cuenta con una atractiva bodega acristalada y dos comedores de línea clásica. ¡Pruebe su vino propio, pues es de Rueda!

El Mortero (N)

pl. Segovia 2 ✉ 47400 – ✆ 983 80 30 33 – www.elmortero.es – cerrado 7 días en octubre y lunes
Carta 35/45 €
Se halla en una céntrica plaza y complementa su bar de tapas con un comedor de línea actual. Cocina tradicional y regional elaborada, normalmente, con productos de temporada.

Continental

pl. Mayor de la Hispanidad 15 ✉ 47400 – ✆ 983 80 10 14 – cerrado 7 días en octubre y martes
Menú 11/35 € – Carta 25/50 €
En este negocio centenario encontrará un bar de tapas y una sala clásica, decorada con objetos antiguos como cajas registradoras, radios, máquinas de escribir... Su carta tradicional, rica en arroces y asados, se completa con varios menús.

MEDINA SIDONIA

Cádiz – 11 781 h. – Alt. 304 m – Ver mapa regional n° **1-B3**
Madrid 620 km – Algeciras 73 km – Arcos de la Frontera 42 km – Cádiz 42 km
Mapa de carreteras Michelin n° 578-W12

El Castillo

Ducado de Medina Sidonia 3 ✉ 11170 – ✆ 956 41 08 23 – www.hotelrestauranteelcastillo.com
Carta 25/32 € – *(solo cena en verano)* **7 hab** – 20/30 € 35/60 €
Está en la parte alta del pueblo y es un buen lugar para descubrir los sabores de esta tierra. En su carta, de perfil casero, se dan cita varios platos de caza, carnes de la zona, especialidades de campo y algún que otro pescado. Como complemento al negocio también ofrece unas sencillas habitaciones.

ESPAÑA

El Duque
av. del Mar 10 ✉ 11170 – ✆ 956 41 00 40 – www.hotelelduque.com
Carta 20/40 € – *(cerrado lunes)* **9 hab** – 30/50 € 50/70 €, 4,50 €
En este negocio familiar encontraremos un bar, con chimenea y mesas para tapear, así como un acogedor comedor rodeado de ventanales. Su carta tradicional, dominada por las carnes, deja ver algún toque de actualidad. También ofrece unas sencillas habitaciones.

en la carretera de Vejer Sureste : 3 km

Venta La Duquesa
carret. A 396 ✉ 11170 Medina Sidonia – ✆ 956 41 08 36 – www.duquesa.com – cerrado del 8 al 25 de febrero, del 7 al 24 de noviembre y martes salvo diciembre, julio y agosto
Menú 18/45 € – Carta 17/40 €
Está en pleno campo, ocupando una venta típica que hoy se presenta con un bar de tapas y cuatro salas de línea clásica-regional. Ofrecen una carta tradicional y de temporada que destaca tanto por sus guisos como por sus platos de caza.

MEDINACELI
Soria – 780 h. – Alt. 1 201 m – Ver mapa regional n° **8-D3**
Madrid 159 km – Valladolid 243 km – Soria 77 km – Guadalajara 99 km
Mapa de carreteras Michelin n° 575-I22

Bavieca
Campo de San Nicolás 6 ✉ 42240 – ✆ 975 32 61 06 – www.bavieca.net – cerrado del 1 al 10 de septiembre
Menú 17/35 € – Carta 23/52 € – *(cerrado jueves)*
7 hab – 40/65 € 56/65 €
Casa de piedra dotada con un interior de estilo actual. Su actividad principal es el restaurante, ofreciendo en él una carta compensada de cocina tradicional. Aquí también puede alojarse, ya que cuentan con unas habitaciones confortables, coloristas y de línea actual, algunas abuhardilladas.

ESPAÑA

MELIANA
Valencia – 10 661 h. – Ver mapa regional n° **11-B2**
Madrid 371 km – Valencia 13 km – Castelló de la Plana / Castellón de la Plana 72 km
Mapa de carreteras Michelin n° 577-N28

en el Barrio de Roca Este : 2 km

Ca' Pepico
Mediterraneo 1 ✉ 46133 – ✆ 961 49 13 46 – www.capepico.com – cerrado domingo y martes noche
Carta 22/35 €
Un buen restaurante para descubrir la gastronomía valenciana, pues ocupa una casa rural típica ubicada en plena huerta. En su interior, de ambiente rústico y con mobiliario de época, le ofrecerán una carta regional con dos arroces diarios.

MELIDE
A Coruña – 7 313 h. – Alt. 454 m – Ver mapa regional n° **13-C2**
Madrid 556 km – A Coruña 72 km – Santiago de Compostela 55 km – Lugo 54 km
Mapa de carreteras Michelin n° 571-D5

en la carretera N 547 Sureste : 6 km

Casa de los Somoza
Coto ✉ 15808 Melide – ✆ 981 50 73 72 – cerrado diciembre-20 febrero
10 hab – 35/42 € 45/50 €, 6 €
¡En pleno Camino de Santiago! Esta casona disfruta de un cuidado jardín y sencillas habitaciones, con algunas paredes en piedra, techos en madera y mobiliario de aire antiguo. El comedor, de cálido ambiente rústico, se encuentra junto a un viejo horno de pan.

MELILLA

83 679 h. – Ver mapa regional n° **1-C3**
Mapa de carreteras Michelin n° 742-6/11

Parador de Melilla

av. Cándido Lobera 16 ✉ 52001 – ☎ 952 68 49 40 Plano : A1**a**
– www.parador.es
40 hab – ††65/125 €, ☕ 10 €
Destaca por su emplazamiento sobre un promontorio y junto a un recinto fortificado, disfrutando de las mejores vistas sobre la ciudad. Ofrece unas correctas habitaciones, la gran mayoría con mobiliario de inspiración colonial y su propia terraza. Atractivo comedor circular de carácter panorámico.

MERANGES

Girona – 100 h. – Alt. 1 540 m – Ver mapa regional n° **9-C1**
Madrid 640 km – Barcelona 162 km – Girona 166 km
Mapa de carreteras Michelin n° 574-E35

Can Borrell

Retorn 3 ✉ 17539 – ✆ 972 88 00 33 – www.canborrell.com – cerrado 7 días en octubre-noviembre y del 12 al 26 de diciembre
Menú 31/44 € – Carta 27/53 € – *(cerrado domingo noche, lunes, martes, miércoles y jueves de 5 enero-30 abril salvo en Navidades, Semana Santa y festivos)*
9 hab – 94 € 107 €
En un pueblo de montaña con muchísimo encanto. Restaurante de aire rústico donde podrá saborear una cocina propia del recetario catalán aunque con sugerentes actualizaciones. Como complemento al negocio también ofrece habitaciones, varias con vistas al valle.

MÉRIDA

Badajoz – 59 049 h. – Alt. 221 m – Ver mapa regional n° **12-B2**
Madrid 347 km – Badajoz 62 km – Cáceres 71 km – Ciudad Real 252 km
Mapa de carreteras Michelin n° 576-P10

Parador de Mérida

pl. de la Constitución 3 (acceso parking por calle Almendralejo 58) ✉ 06800 – ✆ 924 31 38 00 – www.parador.es Plano : B1**a**
79 hab – 75/165 €, 15 € – 3 suites
Ocupa parte de un convento franciscano del s. XVIII, íntimo y acogedor, con habitaciones sobrias y mobiliario castellano. El patio conserva restos arqueológicos originales. En su restaurante podrá degustar una cocina que toma como base el recetario regional.

Velada Mérida

av. Reina Sofía ✉ 06800 – ✆ 924 31 51 10 – www.veladahoteles.com Plano : C2**b**
99 hab – 50/240 €, 10,80 €
Hotel de línea actual apto tanto para el turismo como para el negocio, ya que tiene salones de gran capacidad. Disfruta de una buena organización y unas habitaciones de correcta amplitud. ¡Agradable espacio de césped con terraza y piscina!

Nova Roma

Suárez Somonte 42 ✉ 06800 – ✆ 924 31 12 61 – www.novaroma.com Plano : B2**x**
55 hab – 52/67 € 60/96 €, 7 €
De organización familiar y cercano a la zona monumental. Ofrece suficientes zonas nobles y habitaciones de adecuado confort en su categoría, todas con mobiliario funcional-actual. En el comedor, de ambiente clásico, podrá degustar unas elaboraciones bastante correctas de tinte tradicional.

La Flor de Al-Andalus

av. Extremadura 6 ✉ 06800 – ✆ 924 31 33 56 – www.laflordeal-andalus.es Plano : B1**c**
18 hab – 33/45 € 45/60 €, 3 €
Hotelito de ambiente andalusí y gestión familiar situado junto a la estación del ferrocarril. Presenta unas habitaciones muy coloristas, todas personalizadas con el nombre de alguna flor de la zona y decoradas con detalles moriscos.

Gonzalo Valverde

av. José Fernández López ✉ 06800 – ✆ 924 30 45 12 – www.gonzalovalverde.com – cerrado del 1 al 15 de septiembre, domingo noche y lunes noche salvo vísperas Plano : A1**a**
Menú 19/50 € – Carta 31/47 €
El comedor, agradable y de línea minimalista, le sorprenderá por sus grandes ventanales y sus vistas, ya que desde aquí se puede contemplar el bello Puente Lusitania diseñado por Santiago Calatrava. Cocina muy personal a precios contenidos.

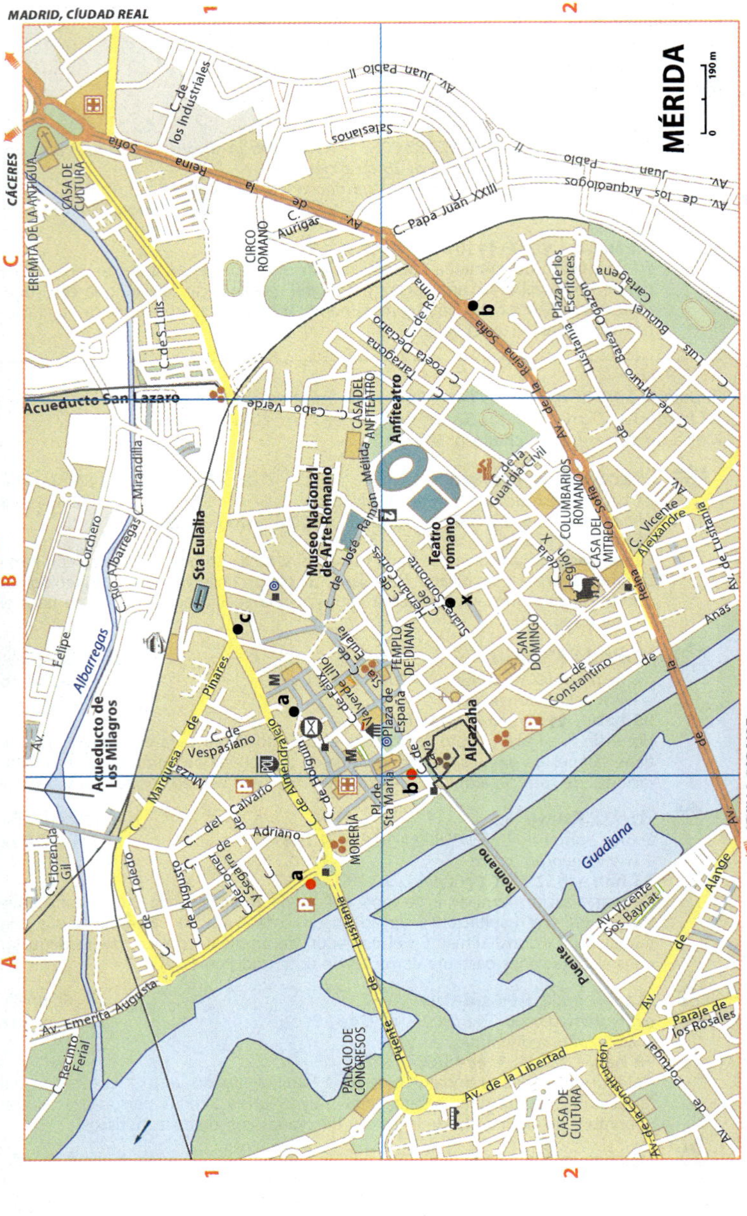

MÉRIDA
190 m
MADRID, CIUDAD REAL
CÁCERES
ESPAÑA
Acueducto San Lázaro
Acueducto de Los Milagros
Sta Eulalia
Museo Nacional de Arte Romano
Anfiteatro
Teatro romano
Alcazaba
CASA DEL ANFITEATRO
TEMPLO DE DIANA
SAN DOMINGO
COLUMBARIOS ROMANO
CASA DEL MITREO
CIRCO ROMANO
EREMITA DE LA ANTIGUA
CASA DE CULTURA
PALACIO DE CONGRESOS
MORERÍA
Plaza de España
Pl. de Sta María
Plaza de los Escritores
Albarregas
Guadiana
Av. Juan Pablo II
Salesianos
Av. de los Arqueólogos
Av. Reina Sofía
C. Papa Juan XXIII
C. de los Industriales
C. de Aurigas
C. de S. Luis
C. Cabo Verde
C. Mirandilla
C. Río Albarregas
Corchero
Felipe
C. de Vespasiano
C. de Almendralejo
C. de Holguín
C. de Félix Valverde Lillo
C. Sta Eulalia
C. de José Ramón Mélida
C. de Hernán Cortés
C. Suárez Somonte
C. de Tarragona
C. Poeta Deciano
C. de Roma
C. de la Guardia Civil
C. de la Legión X
C. de Constantino
C. Vicente Aleixandre
Av. de Lusitania
C. Luis Buñuel
C. Cartagena
C. de Arturo Barea Ogazón
Lusitania
Muza
Marquesa de Pinares
C. de Toledo
C. de Augusto
C. del Calvario
C. de Fórner de Segarra
C. Adriano
C. Florencia Gil
Av. Emerita Augusta
C. Recinto Ferial
Puente de Lusitania
Puente Romano
Av. Vicente Sos Baynat
Av. de Alange
Av. de Anas
Paraje de los Rosales
Av. de la Libertad
Av. de la Constitución
Av. de Portugal
A
B
C
1
2
a
b
c
x
M
P

XX **Rex Numitor**

Castelar 1 ✉ 06800 – ✆ 924 31 86 54 Plano : AB2**b**
– www.apartamentoscapitolina.com
Menú 16/35 € – Carta 24/40 € **4 apartamentos** – 71/82 €
Este negocio familiar, emplazado a pocos metros de la alcazaba árabe, se presenta con un interior clásico-actual y unos espacios de cuidado montaje. Aquí apuestan por una cocina tradicional actualizada en la que lo más importante es el producto y su elaboración. ¡También cuentan con varios apartamentos!

MIERES

Asturias – 41 730 h. – Alt. 209 m – Ver mapa regional n° **3**-B2
Madrid 426 km – Gijón 48 km – León 102 km – Oviedo 20 km
Mapa de carreteras Michelin n° 572-C12

XX **El Cenador del Azul**

Aller 51-53 ✉ 33600 – ✆ 985 46 18 14 – cerrado 23 julio-6 agosto, domingo, martes noche y miércoles noche
Menú 17/25 € – Carta 31/52 €
Céntrico y de amable organización familiar. Posee unas instalaciones de línea clásica-actual, con mobiliario de calidad y un buen servicio de mesa. Aquí ofrecen una cocina tradicional actualizada, trabajando bastante los pescados.

en Cenera Suroeste : 7 km

Cenera

✉ 33615 Cenera – ✆ 985 42 63 50 – www.valledecenera.com
6 hab – 40/60 € 45/80 €, 5 €
Rest *La Panoya* – ver selección restaurantes
¡Típica casona asturiana construida en piedra y madera! Presenta un pequeño salón social con chimenea y coquetas habitaciones, cada una de ellas con su propia personalidad.

X **La Panoya** – Hotel Cenera

✉ 33615 Cenera – ✆ 985 42 63 50 – www.valledecenera.com – cerrado miércoles salvo festivos
Menú 10/22 € – Carta 29/38 €
Un restaurante de aire regional que realza su propuesta tradicional con diversas jornadas gastronómicas, como las dedicadas a la caza, al bacalao, al bonito, a la matanza...

MIRAFLORES DE LA SIERRA

Madrid – 5 907 h. – Alt. 1 150 m – Ver mapa regional n° **15**-B2
Madrid 59 km – Segovia 75 km – Ávila 114 km – Cuenca 227 km
Mapa de carreteras Michelin n° 576 y 575-J18

La Muñequilla

paseo de los Álamos 6 ✉ 28792 – ✆ 918 44 94 65 – www.hotellamunequilla.com
21 hab – 55/65 € 65/70 €
¡Muy acogedor! La atractiva fachada en piedra, con bellas balconadas, da paso a un hotel de carácter familiar reformado con muchísimo gusto. Agradable bar y cálido comedor con chimenea, donde ofrecen una carta tradicional y un menú diario.

X **Mesón Maito**

paseo de los Álamos 5 ✉ 28792 – ✆ 918 44 35 67 – www.mesonmaito.es – cerrado del 7 al 15 de enero
Menú 16 € – Carta 30/50 €
Restaurante tipo asador que hoy se presenta con una línea estética un poco más actual, algo especialmente apreciable en el comedor de la 1ª planta. Carta tradicional.

ESPAÑA

Asador La Fuente

Mayor 12 ✉ 28792 – ✆ 918 44 42 16 – www.asadorlafuente.com – cerrado del 20 al 30 de junio, del 5 al 15 de septiembre y lunes
Menú 15 € – Carta 25/45 €
Este asador, ubicado en pleno centro, presenta un interior de ambiente rústico-regional, con un horno de leña a la vista, una terraza acristalada y chimenea en el comedor. ¡Al elaborar sus platos suelen usar productos de su propia huerta!

MOAÑA

Pontevedra – 19 309 h. – Ver mapa regional n° **13**-A3
Madrid 607 km – Pontevedra 28 km – Vigo 21 km
Mapa de carreteras Michelin n° 571-F3

Prado Viejo

Ramón Cabanillas 16 ✉ 36950 – ✆ 986 31 16 34 – www.pradoviejo.com – cerrado 15 días en febrero, 15 días en octubre, domingo noche y lunes salvo julio-agosto
Menú 12 € – Carta 27/41 € – *(solo almuerzo salvo viernes y sábado)*
El restaurante, que está llevado en familia, se presenta con un bar a la entrada y un amplio comedor de estética actual-minimalista. Aquí le propondrán una cocina tradicional y de mercado con detalles actuales.

MOGARRAZ

Salamanca – 303 h. – Alt. 766 m – Ver mapa regional n° **8**-A3
Madrid 264 km – Valladolid 218 km – Salamanca 102 km – Almeida 96 km
Mapa de carreteras Michelin n° 575-K11

ESPAÑA

Mirasierra

Miguel Ángel Maillo 58 ✉ 37610 – ✆ 923 41 81 44 – www.restaurantemirasierra.com – cerrado del 7 al 31 de enero, del 24 al 30 de junio, lunes salvo agosto y martes en invierno
Menú 20/32 € – Carta 28/48 € – *(solo almuerzo salvo sábado)*
Ocupa un caserón típico y cuenta con varias salas, destacando la del fondo por sus hermosas vistas. En su carta encontrará deliciosos guisos, varios derivados del cerdo ibérico, setas, carnes a la brasa y una gran selección de quesos.

MOGUER

Huelva – 21 209 h. – Alt. 50 m – Ver mapa regional n° **1**-A2
Madrid 618 km – Huelva 19 km – Sevilla 82 km
Mapa de carreteras Michelin n° 578-U9

Plaza Escribano

Lora Tamayo 5 ✉ 21800 – ✆ 959 37 30 63 – www.hotelplazaescribano.com
20 hab – †33/51 € ††38/56 €, ☕ 5 €
Se encuentra en una de las plazas de la localidad y sorprende al distribuir sus instalaciones entre varios patios. Tras su fachada encalada encontrará una pequeña zona social con chimenea y agradables habitaciones de ambiente clásico.

MOIÀ

Barcelona – 5 766 h. – Alt. 776 m – Ver mapa regional n° **9**-C2
Madrid 611 km – Barcelona 72 km – Manresa 26 km
Mapa de carreteras Michelin n° 574-G38

Les Voltes de Sant Sebastià

Sant Sebastià 9 ✉ 08180 – ✆ 938 30 14 40 – www.lesvoltes.com – cerrado del 15 al 28 de febrero, lunes, martes y noches de miércoles, jueves y domingo
Menú 15/35 € – Carta 27/43 €
Ocupa unas antiguas cuadras con los techos abovedados en piedra. En su comedor le ofrecerán una carta de tinte regional, con detalles actuales y productos de la zona. Agradable patio-terraza y curioso pozo, este transformado hoy en bodega.

MOJÁCAR

Almería – 8 360 h. – Alt. 175 m – Ver mapa regional n° **1**-D2
Madrid 527 km – Almería 95 km – Murcia 141 km
Mapa de carreteras Michelin n° 578-U24

en la playa

Parador de Mojácar
paseo del Mediterráneo 339, Sureste : 2,5 km ✉ 04638 Mojácar – ✆ 950 47 82 50 – www.parador.es
98 hab – ††75/160 €, ☕ 16 € – 10 suites
¡Un bello paraje frente al mar! Presenta detalles de diseño tanto en la zona social como en la mitad de las habitaciones, pues el resto, las más antiguas, aún conservan la estética original. En el comedor, de uso polivalente, ofrecen platos típicos de la zona.

MOLINA DE SEGURA

Murcia – 68 450 h. – Ver mapa regional n° **16**-B2
Madrid 386 km – Murcia 14 km – Alacant / Alicante 83 km – Albacete 136 km
Mapa de carreteras Michelin n° 577-R26

Lamarimorena N
av. del Chorrico 110 ✉ 30500 – ✆ 968 61 12 89 – www.lamarimorenarestaurant.com – cerrado 15 días en agosto, domingo noche y lunes
Menú 12/28 € – Carta 20/39 €
He aquí un local moderno, fresco y polivalente que, dominado por los tonos blancos, sabe aunar los conceptos de gastrobar y restaurante. Cocina actual rica en tapas y menús.

La Maita N
Castillo 18 ✉ 30500 – ✆ 968 97 36 07 – www.lamaita.com – cerrado domingo noche, lunes y martes salvo agosto
Tapa 3 € – Ración aprox. 15 €
Sorprende por el diseño del edificio, pues combina partes de la antigua muralla con amplias placas de acero Corten y hormigón. Tapas locales, de autor y fieles al gusto nipón.

MOLINOS DE DUERO

Soria – 176 h. – Alt. 1 323 m – Ver mapa regional n° **8**-D2
Madrid 232 km – Burgos 110 km – Logroño 75 km – Soria 38 km
Mapa de carreteras Michelin n° 575-G21

Real Posada de la Mesta
pl. Cañerías ✉ 42156 – ✆ 975 37 85 31 – www.realposada.com
13 hab ☕ – †59/79 € ††59/89 €
¡Un hotel rural con encanto, estilo e indudable personalidad! Ocupa una antigua casona en piedra que sorprende por su cálido interior, decorado de forma rústica con aperos de labranza... de hecho, dos de sus habitaciones cuentan con un pequeño museo. El restaurante, más moderno, ofrece una cocina tradicional.

MOLLET DE PERALADA

Girona – 174 h. – Alt. 59 m – Ver mapa regional n° **9**-D3
Madrid 734 km – Barcelona 151 km – Girona 53 km – Lleida 276 km
Mapa de carreteras Michelin n° 574-E39

Reina de Port-Lligat
Unió 10-12 ✉ 17752 – ✆ 972 54 51 88 – www.port-lligat.net – cerrado 4 enero-11 febrero, domingo noche salvo julio-agosto y lunes
Menú 36/70 € – Carta 50/75 €
Recupera una antigua casa de pueblo y sorprende desde el mismo acceso, pues muestra un cuidadísimo interior de ambiente rústico-actual... con detalles de diseño y algún techo abovedado. Cocina de mercado con interesantes toques de autor.

ESPAÑA

MOLLÓ

Girona – 356 h. – Alt. 1 140 m – Ver mapa regional n° **9-C1**

Madrid 683 km – Barcelona 138 km – Girona 88 km – Canillo 150 km

Mapa de carreteras Michelin n° 574-E37

Calitxó

passatge El Serrat ✉ 17868 – ✆ 972 74 03 86 – www.hotelcalitxo.com – cerrado del 5 al 22 de enero

26 hab – 65/107 € 77/125 €

Esta casa de aire montañés atesora un interior bastante acogedor, con predominio del mobiliario rústico, mucha madera y sugerentes chimeneas en las zonas sociales. Su restaurante le propondrá un menú del día y una carta basada en la cocina regional catalana.

MONACHIL

Granada – 7 359 h. – Alt. 730 m – Ver mapa regional n° **1-D1**

Madrid 440 km – Granada 10 km – Málaga 137 km – Murcia 296 km

Mapa de carreteras Michelin n° 578-U19

Alicia Carolina

Granada 1 (cruce Colinas) ✉ 18193 – ✆ 958 50 03 93 – www.aliciacarolina.es – cerrado del 16 al 31 de julio

10 hab – 50/80 €, 5 €

Pequeño hotel de gestión familiar. Posee un salón social muy hogareño, con chimenea, y unas correctas habitaciones, dos abuhardilladas y todas personalizadas en su decoración.

La Almunia del Valle

camino de la Umbría, (casco antiguo), Este : 1,5 km ✉ 18193 – ✆ 958 30 80 10 – www.laalmuniadelvalle.com – cerrado 9 diciembre-9 febrero

15 hab – 91/100 € 129/145 €

Situado en una ladera e integrado en el paisaje. Presenta un atractivo salón-biblioteca y habitaciones bastante actuales, dos con forma de cubo. El comedor, iluminado por un lucernario y de ambiente casero, ofrece una cocina de mercado con toques actuales.

La Cantina de Diego

callejón de Ricarda 1 ✉ 18193 – ✆ 958 30 37 58 – www.restaurantelacantinadediego.es – cerrado del 1 al 7 de febrero, del 15 al 31 de agosto, domingo noche en invierno, martes mediodía en verano y lunes

Menú 12/50 € – Carta 30/45 €

Ubicado en la zona antigua de Monachil. Posee una agradable terraza y dos salas de atractivo aire rústico-regional. Cocina tradicional y regional rica en productos autóctonos.

MONASTERIO → Ver el nombre propio del monasterio

MONDÉJAR

Guadalajara – 2 686 h. – Alt. 799 m – Ver mapa regional n° **7-C1**

Madrid 73 km – Toledo 134 km – Guadalajara 54 km – Cuenca 142 km

Mapa de carreteras Michelin n° 575 y 576-L20

Casona de Torres

Mayor 1 ✉ 19110 – ✆ 949 38 77 14 – www.casonadetorres.com

Menú 22/35 € – Carta 29/47 € – *(cerrado lunes) (solo almuerzo salvo viernes y sábado)*

16 hab – 45/60 € 50/70 €

Un restaurante de organización familiar con cierto encanto, pues parte de su sala se halla en un patio cubierto. Ofrece una carta tradicional a buen precio, vino local con D.O. y confortables habitaciones como complemento, algunas con hidromasaje en los baños.

ESPAÑA

MONFORTE DE LEMOS

Lugo – 19 426 h. – Alt. 298 m – Ver mapa regional n° **13**-C2
Madrid 501 km – Lugo 65 km – Ourense 49 km – Ponferrada 112 km
Mapa de carreteras Michelin n° 571-E7

Parador de Monforte de Lemos

pl. Luis de Góngora y Argote ✉ 27400 – ✆ 982 41 84 84 – www.parador.es – cerrado enero-13 febrero
45 hab – 75/170 €, 15 € – 5 suites
Bello conjunto arquitectónico situado sobre un promontorio, con fantásticas vistas y el edificio principal instalado en un monasterio benedictino. Hay que destacar la amabilidad del personal y el hermoso claustro neoclásico. Su restaurante es una buena opción para descubrir la gastronomía típica de la zona.

Manuel Bistró

Duquesa de Alba 62 ✉ 27400 – ✆ 982 40 27 47 – cerrado del 4 al 18 de julio y lunes
Menú 14/38 € – Carta 23/45 € – *(solo almuerzo salvo jueves, viernes y sábado, excepto Semana Santa, agosto y navidades)*
Sorprende, pues ofrece un entorno cuidado, elaboraciones de calidad y unos precios excelentes. Su chef propone una cocina de mercado con toques de vanguardia, pero también buenos arroces, algunos platos de pastas y dos interesantes menús.

O Grelo

Campo de la Virgen (subida al Castillo) ✉ 27400 – ✆ 982 40 47 01 – www.resgrelo.com – cerrado lunes en enero-marzo
Menú 18/28 € – Carta 25/35 €
Antiguo edificio de piedra dotado con un bar, donde conservan una bodega excavada en la roca, y un confortable comedor. Carta tradicional con abundante caza en temporada.

ESPAÑA

MONISTROL DE CALDERS

Barcelona – 686 h. – Alt. 447 m – Ver mapa regional n° **9**-C2
Madrid 589 km – Barcelona 54 km – Girona 107 km – Lleida/Lérida 132 km
Mapa de carreteras Michelin n° 574-G36

La Masia del Solà

carret. B-124 ✉ 08275 – ✆ 938 39 90 25 – www.lamasiadelsola.com – cerrado del 7 al 25 de enero y 27 julio-3 agosto
Carta 26/41 € – *(cerrado lunes y martes) (solo almuerzo salvo viernes y sábado)*
8 hab – 99/120 € 187/220 €
Restaurante familiar emplazado en una antigua masía, con tres comedores y dos privados de aspecto rústico-actual. Elaboran una completa carta tradicional actualizada. También ofrece unas magníficas habitaciones, de diseño pero con las paredes en piedra, así como un patio con césped y una pequeña piscina.

MONROYO

Teruel – 367 h. – Ver mapa regional n° **2**-C3
Madrid 465 km – Zaragoza 153 km – Teruel 191 km – Castelló de la Plana / Castellón de la Plana 128 km
Mapa de carreteras Michelin n° 574-J29

al Norte 2,5 km

Consolación

carret. N-232, km 96 ✉ 44652 Monroyo – ✆ 978 85 67 55 – www.consolacion.com.es
12 hab – 120/165 € 135/220 €
Rest *Consolación* – ver selección restaurantes
¡Genial concepto arquitectónico en plena naturaleza! Aquí conviven, armónicamente, una ermita del s. XVI y unas estructuras independientes en forma de cubos, estas últimas con fantásticos miradores, pinceladas de diseño y unas curiosas chimeneas. ¡Idóneo para practicar senderismo, barranquismo o bicicleta!

Consolación – Hotel Consolación
carret. N-232, km 96 ✉ 44652 Monroyo – ✆ 978 85 67 55
– www.consolacion.com.es – cerrado lunes y martes
Menú 36/42 € – Carta 31/45 €
¡En la antigua casa del ermitaño! Propone una cocina actual-creativa que ensalza los productos autóctonos, mima los detalles y asombra en la zona. Basa su oferta en dos menús, uno más tradicional y el otro con platos extraídos de la carta.

MONTBRIÓ DEL CAMP

Tarragona – 2 633 h. – Alt. 132 m – Ver mapa regional n° **9**-B3
Madrid 554 km – Barcelona 125 km – Lleida/Lérida 97 km – Tarragona 21 km
Mapa de carreteras Michelin n° 574-I33

St. Jordi
av. de Sant Jordi 24 ✉ 43340 – ✆ 977 82 67 19 – www.hotelstjordi.com
29 hab – 39/49 € 56/72 € – 6 apartamentos
Pequeño hotel instalado en una casa antigua, con un saloncito social y unas acogedoras habitaciones de estilo clásico. Ofrecen también seis apartamentos en un anexo.

MONTE → Ver el nombre propio del monte

MONTELLANO

Sevilla – 7 154 h. – Ver mapa regional n° **1**-B2
Madrid 532 km – Sevilla 65 km – Cádiz 109 km – Málaga 165 km
Mapa de carreteras Michelin n° 578-V13

ESPAÑA

Deli
Pl. Andalucía 10 ✉ 41770 – ✆ 954 87 51 10 – www.restaurantedeli.com
– cerrado 21 días en agosto, domingo noche y lunes
Menú 12 € – Carta 19/40 €
Un restaurante familiar de 3ª generación y cuidado ambiente rústico. Su amplia carta regional se enriquece con algunos platos herederos del antiguo recetario andalusí.

MONTILLA

Córdoba – 23 622 h. – Alt. 400 m – Ver mapa regional n° **1**-B2
Madrid 443 km – Córdoba 45 km – Jaén 117 km – Lucena 28 km
Mapa de carreteras Michelin n° 578-T16

Las Camachas
av. Europa 3 ✉ 14550 – ✆ 957 65 00 04 – www.restaurantelascamachas.com
Menú 11/40 € – Carta 23/34 €
Mesón de arquitectura andaluza dotado con un bar y varias salas de buen montaje. Aquí apuestan por los platos típicos de la región elaborados a la antigua usanza, como el Paté de perdiz, el Rabo de toro o las verduras en temporada.

en la carretera N 331 Suroeste : 3 km

Don Gonzalo
Suroeste : 3 km ✉ 14550 Montilla – ✆ 957 65 06 58
– www.hoteldongonzalo.com
34 hab – 40/55 € 55/77 €
Con su nombre rinde honores al hijo más ilustre de la ciudad, Don Gonzalo Fernández de Córdoba, más conocido como El Gran Capitán. Ofrece unas cuidadas habitaciones de línea clásica-funcional y un correcto comedor, donde le ofrecerán una carta atenta al recetario regional.

MONTMELÓ

Barcelona – 8 860 h. – Alt. 72 m – Ver mapa regional n° **10**-B3
Madrid 627 km – Barcelona 20 km – Girona 80 km – Manresa 54 km
Mapa de carreteras Michelin n° 574-H36

Can Major

Major 27 ✉ 08160 – ☎ 935 68 02 80 – www.canmajor.com – cerrado Semana Santa, 20 días en agosto y domingo
Menú 18/30 € – *(solo almuerzo salvo viernes y sábado) (cena solo con reserva)*
Negocio llevado entre dos hermanas. El comedor, que emana una estética actual, posee detalles modernistas. Propone una cocina tradicional con toques actuales y un buen menú.

MONTORNÈS DEL VALLÈS

Barcelona – 16 150 h. – Ver mapa regional n° **10-B3**
Madrid 626 km – Barcelona 27 km – Girona 82 km
Mapa de carreteras Michelin n° 574-H36

Lucerón

Palau D'Ametlla 18 ✉ 08170 – ☎ 935 68 16 10 – www.restaurantluceron.com – cerrado Semana Santa, agosto y martes
Menú 15/34 € – Carta 22/44 €
Un restaurante de línea actual que emana el amor por los fogones y ha pasado de padres a hijos... o hijas, como en este caso. Amplia carta de tinte tradicional y regional, con buenos detalles y algún plato, como las Alitas de pollo a la vinagreta, muy popular.

MONTORO

Córdoba – 9 801 h. – Alt. 195 m – Ver mapa regional n° **1-C2**
Madrid 364 km – Sevilla 191 km – Córdoba 47 km – Jaén 110 km
Mapa de carreteras Michelin n° 578-R16

por la carretera de Villa del Rio A-3102 Noreste : 5 km y desvío a la derecha 1 km

Molino la Nava

camino La Nava 6 ✉ 14600 Montoro – ☎ 957 33 60 41 – www.molinonava.com
9 hab – 70/85 € 85/104 €
Molino de aceite del s. XIX rodeado de olivos. Posee un agradable patio interior, un acogedor salón social y cuidadas habitaciones, personalizadas y con baños actuales. El restaurante, de buen montaje, ocupa la nave donde están los antiguos tanques de aceite.

MONZÓN

Huesca – 17 290 h. – Alt. 368 m – Ver mapa regional n° **2-C2**
Madrid 456 km – Zaragoza 140 km – Huesca 66 km – Lleida 51 km
Mapa de carreteras Michelin n° 574-G30

Mas Monzón

Paseo San Juan Bosco 10 ✉ 22400 – ☎ 974 40 43 22 – www.hotelmasmonzon.com
40 hab – 60/80 € 75/95 € – 4 suites
Hotel de fisonomía moderna ubicado en una de las salidas de la ciudad. Presenta un interior actual, salpicado con detalles de diseño, y unas habitaciones de muy buen confort. El restaurante basa su oferta en una pequeña carta de cocina tradicional y dos menús.

MORA DE RUBIELOS

Teruel – 1 632 h. – Alt. 1 035 m – Ver mapa regional n° **2-B3**
Madrid 341 km – Castelló de la Plana/Castellón de la Plana 92 km – Teruel 40 km – València 129 km
Mapa de carreteras Michelin n° 574-L27

El Rinconcico

Santa Lucía 4 ✉ 44400 – ☎ 978 80 60 63 – www.elrinconcico.com – cerrado martes
Menú 25 € – Carta 26/39 €
Este pequeño negocio ofrece un bar en la planta baja y un comedor clásico-funcional en el piso superior. Cocina tradicional sabrosa, honesta y fiel a los productos turolenses. Una de sus especialidades es el Ternasco de Aragón.

ESPAÑA

MORAIRA

Alicante – 956 h. – Ver mapa regional n° **11**-B3
Madrid 463 km – Alacant/Alicante 82 km – Murcia 164 km – València 121 km
Mapa de carreteras Michelin n° 577-P30

La Sort

av. de la Paz 24 ✉ 03724 – ✆ 966 49 19 49 – www.lasort.com
22 hab – 110/180 € 130/220 €
Rest *Sand* – ver selección restaurantes
Actual, en 1ª línea de playa y... ¡a pocos metros del castillo de Moraira! Compensa su reducida zona social con unas espaciosas habitaciones, todas bastante bien equipadas.

Sand – Hotel La Sort

av. de la Paz 24 ✉ 03724 – ✆ 966 49 19 49 – www.lasort.com
Carta 24/50 €
Con personalidad propia, de estilo urbano-actual y ubicado a pocos pasos de la playa de l'Ampolla. Apuestan por una carta muy variada, de tinte mediterráneo e internacional.

La MORALEJA → Ver Alcobendas

Madrid

MORALES DE REY

Zamora – 637 h. – Ver mapa regional n° **8**-B2
Madrid 281 km – Valladolid 129 km – Zamora 86 km – León 81 km
Mapa de carreteras Michelin n° 575-F12

ESPAÑA

Brigecio

Calvo Sotelo 2 ✉ 49693 – ✆ 980 65 12 65 – www.brigecio.net – cerrado 12 septiembre-3 octubre y lunes
Menú 11/32 € – Carta 20/40 € – *(solo almuerzo salvo viernes, sábado y agosto)*
Toma su nombre de un castro astur y ofrece una única sala de línea actual. Su completa carta, de cocina tradicional actualizada, atesora un interesante apartado con quesos de la comarca de Benavente.

MORALZARZAL

Madrid – 12 168 h. – Alt. 979 m – Ver mapa regional n° **15**-A2
Madrid 47 km – Segovia 61 km – Ávila 81 km – Cuenca 216 km
Mapa de carreteras Michelin n° 576-J18 y 575-J18

Zalea

España 57 ✉ 28411 – ✆ 918 57 76 46 – www.restaurantezalea.es – cerrado agosto y martes
Menú 13/50 € – Carta 28/39 € – *(solo almuerzo salvo viernes y sábado)*
Acogedor chalet en piedra al que se accede bajando unas escaleras. Cuenta con una barra de espera, una sala rústica-actual, una galería acristalada y una terraza de verano. Cocina tradicional y de mercado con buenas actualizaciones.

MORATALLA

Murcia – 8 229 h. – Alt. 700 m – Ver mapa regional n° **16**-A2
Madrid 390 km – Murcia 86 km – Albacete 139 km
Mapa de carreteras Michelin n° 577-R24

El Olivar

carretera de Caravaca 50 ✉ 30440 – ✆ 968 72 40 54 – www.el-olivar.es – cerrado del 6 al 19 de enero, lunes y martes
Menú 15 € – Carta 40/61 € – *(solo almuerzo salvo viernes y sábado)*
Ubicado en la calle principal, con un bar de tapas y un interior rústico que sabe dar cabida a los detalles antiguos y actuales. En su cocina tradicional actualizada se da muchísimo protagonismo al arroz de Calasparra y al aceite de oliva.

MOREDA DE ALLER

Asturias – Ver mapa regional n° **3**-B2
Madrid 436 km – Gijón 60 km – León 103 km – Oviedo 30 km
Mapa de carreteras Michelin n° 572-C12

XX **Teyka**
av. Constitución 35 ✉ 33670 – ✆ 985 48 10 20 – cerrado lunes
Menú 14/25 € – Carta 24/32 € – *(solo almuerzo salvo viernes y sábado)*
Encontrará un espacioso bar-cafetería y una sala clásica, esta última con chimenea y el techo acristalado a modo de lucernario. Cocina tradicional y asturiana de corte casero, siempre con abundantes raciones y numerosas recomendaciones.

MORELLA

Castellón – 2 724 h. – Alt. 1 004 m – Ver mapa regional n° **11**-B1
Madrid 405 km – València 173 km –
Castelló de la Plana/Castellón de la Plana 106 km – Teruel 134 km
Mapa de carreteras Michelin n° 577-K29

Cardenal Ram
Cuesta Suñer 1 ✉ 12300 – ✆ 964 16 00 46 – www.hotelcardenalram.com
16 hab – 40/70 € 60/100 €, 6 €
Instalado en una céntrica casa señorial del s. XV, donde un día residió el Cardenal Ram. Atractiva escalera en piedra y cuidadas habitaciones, todas con una buena combinación de muebles clásicos y actuales. Desde sus fogones apuestan por la cocina regional.

Rey Don Jaime
Juan Giner 6 ✉ 12300 – ✆ 964 16 09 11 – www.reydonjaimemorella.com – cerrado 5 enero-14 febrero
44 hab – 31/59 € 49/73 €, 8 €
Está en pleno centro del recinto amurallado, instalado en una antigua casa señorial. Entre sus habitaciones, todas de sencillo mobiliario, escoja las de la 3ª planta, pues estas destacan por sus vistas. En su restaurante encontrará la cocina de la comarca de Els Ports y diversas especialidades morellanas.

Del Pastor
San Julián 12 ✉ 12300 – ✆ 964 16 10 16 – www.hoteldelpastor.com – cerrado del 23 al 27 de diciembre y del 1 al 15 de julio
12 hab – 30/56 € 50/74 €
Atractiva casa en piedra ubicada en el casco antiguo. Ofrece unas habitaciones de ambiente clásico, destacando las que se asoman a las murallas y las dos abuhardilladas.

XX **Daluan**
Callejón Cárcel 4 ✉ 12300 – ✆ 964 16 00 71 – www.daluan.es – cerrado 15 días en enero y jueves
Menú 20/40 € – Carta 30/45 € – *(solo almuerzo salvo viernes, sábado y verano)*
Un buen restaurante de línea actual. Aquí los platos típicos morellanos conviven con otros mucho más modernos de base tradicional. ¡Sugerente menú de degustación!

XX **Mesón del Pastor**
Cuesta Jovaní 7 ✉ 12300 – ✆ 964 16 02 49 – www.mesondelpastor.com – cerrado Navidades, 10 días en junio-julio y miércoles salvo verano y festivos
Menú 14/37 € – Carta 21/34 € – *(solo almuerzo salvo viernes, sábado y agosto)*
¡Una casa en constante evolución! Su carta regional, rica en carnes rojas, se enriquece con dos menús y varias jornadas gastronómicas (setas en noviembre y trufas en febrero).

X **Vinatea**
Blasco de Alagón 17 ✉ 12300 – ✆ 964 16 07 44 – www.vinatea.es – cerrado 14 diciembre-1 enero y lunes
Menú 15 € – Carta 20/36 €
Disfruta de un entorno muy atractivo, pues se halla en una casa del s. XII que, a su vez, forma parte de una calle porticada. Cocina tradicional morellana con toques actuales.

ESPAÑA

MORGA

Vizcaya – 427 h. – Alt. 248 m – Ver mapa regional n° **18**-A3
Madrid 407 km – Vitoria/Gasteiz 83 km – Bilbao 29 km – Donostia/San Sebastián 95 km
Mapa de carreteras Michelin n° 573-C21

en el barrio Andra Mari

Katxi
Foruen Bidea 20 ✉ 48115 Morga – ☎ 946 27 07 40 – www.katxi.com
– cerrado 6 enero-13 febrero y 15 días en septiembre
9 hab – 65/75 € 83/89 €, 7 €
Rest *Katxi* – ver selección restaurantes
Hotel a modo de caserío ubicado en la Reserva Natural de Urdaibai. Resulta muy coqueto, con una acogedora zona social y las habitaciones bien personalizadas en su decoración.

Katxi – Hotel Katxi
Foruen Bidea 20 ✉ 48115 Morga – ☎ 946 25 02 95 – www.katxi.com
– cerrado 11 enero-3 febrero, domingo noche y lunes
Menú 12/30 € – Carta 23/66 €
Esta casa, ya centenaria, posee un bar con chimenea y una sala amplia a la par que luminosa. Carta regional e interesantes sugerencias, siempre con productos de gran calidad.

MOZÁRBEZ

Salamanca – 500 h. – Alt. 871 m – Ver mapa regional n° **8**-B3
Madrid 219 km – Béjar 64 km – Peñaranda de Bracamonte 53 km – Salamanca 14 km
Mapa de carreteras Michelin n° 575-J13

ESPAÑA

Mozárbez
carret. N 630, km 352 ✉ 37796 – ☎ 923 30 82 91 – www.hotelmozarbez.com
32 hab – 32/54 € 43/88 €, 6,50 €
Este acogedor hotelito de carácter familiar se presenta con unas instalaciones de línea actual, destacando tanto la cafetería como las habitaciones de la 1ª planta por ser más amplias. El restaurante, dotado con varios comedores y un salón de banquetes, ofrece una cocina tradicional y tres menús.

MUGIRO

Navarra – 997 h. – Ver mapa regional n° **17**-A2
Madrid 433 km – Iruña/Pamplona 34 km – Vitoria/Gasteiz 86 km – Logroño 124 km
Mapa de carreteras Michelin n° 573-D24

Venta Muguiro
Autovía A 15 - salida 123 ✉ 31878 – ☎ 948 50 41 02 – www.ventamuguiro.com
– cerrado 15 octubre-15 noviembre y miércoles
Menú 17/31 € – Carta 24/42 € – *(solo almuerzo salvo viernes, sabado y domingo de noviembre a junio)*
Venta del s. XIX ubicada junto a la autovía. Disfruta de un marco rústico acogedor, con las paredes en piedra y la viguería en madera. Cocina tradicional vasco-navarra.

MÚJICA → Ver Muxika

Vizcaya

MUNDAKA

Vizcaya – 1 929 h. – Ver mapa regional n° **18**-A3
Madrid 436 km – Bilbao 37 km – Donostia-San Sebastián 105 km
Mapa de carreteras Michelin n° 573-B21

El Puerto sin
Portu 1 ✉ 48360 – ☎ 946 87 67 25 – www.hotelelpuerto.com
11 hab – 48/88 € 66/105 €
Antigua casa de pescadores emplazada... ¡en pleno puerto! Su atractiva fachada da paso a una cafetería pública, un pequeño salón social y unas confortables habitaciones.

en la carretera de Gernika Sur : 1,2 km

XX Portuondo

barrio Portuondo ✉ 48360 Mundaka – ✆ 946 87 60 50 – www.restauranteportuondo.com – cerrado 13 diciembre-28 enero, domingo noche y lunes

Menú 19 € – Carta 36/56 € – *(solo almuerzo en invierno salvo fines de semana)*

Este bello caserío destaca por sus agradables terrazas de bar, asomadas al mar y a las montañas. En sus salas, de carácter panorámico, ofrecen una carta tradicional de asador.

MUNITIBAR (ARBACEGUI)

Vizcaya – 458 h. – Alt. 198 m – Ver mapa regional n° **18**-B3

Madrid 424 km – Bilbao 43 km – Donostia-San Sebastián 70 km – Vitoria-Gasteiz 62 km

Mapa de carreteras Michelin n° 573-C22

Garro

Gerrikaitz 33, (barrio San Miguel) ✉ 48381 – ✆ 946 16 41 36 – www.nekatur.net

6 hab – †43/46 € ††53/56 €, ☕ 6,50 €

Caserío ubicado en plena naturaleza, junto a un río y con el entorno ajardinado. Posee una bella terraza-mirador, una zona social con chimenea y habitaciones que combinan el confort actual con los detalles rústicos.

MURCIA

438 246 h. – Alt. 43 m – Ver mapa regional n° **16**-B2

Madrid 399 km – Alacant / Alicante 83 km – Albacete 148 km – Granada 280 km

Mapa de carreteras Michelin n° 577-S26

Nelva

av. Primero de Mayo 5 ✉ 30006 – ✆ 968 06 02 00 – www.hotelmurcianelva.com Plano : B1**v**

250 hab – †55/200 € ††55/240 €, ☕ 14 €

Es un gran hotel y cuenta con dos accesos, siendo uno para la zona de salones y convenciones. Posee habitaciones actuales de completo equipamiento, así como una piscina con terrazas en la parte posterior. El restaurante, que apuesta por una cocina tradicional-mediterránea, sorprende por su estética actual.

El Churra

av. Marqués de los Vélez 12 ✉ 30008 – ✆ 968 23 84 00 – www.elchurra.net Plano : B1**z**

120 hab – †45/100 € ††45/140 €, ☕ 7 €

Hotel de larga tradición familiar dotado con habitaciones funcionales; las 20 de la última ampliación resultan más actuales y confortables... además, algunas de ellas poseen hidromasaje. Completos servicios de restauración, con restaurante, cafetería y terraza.

Churra-Vistalegre

Arquitecto Juan J. Belmonte 4 ✉ 30007 – ✆ 968 20 17 50 – www.elchurra.net – cerrado agosto Plano : B1**e**

57 hab – ††40/110 €, ☕ 6,50 €

Funcional y acogedor, aunque puede resultar algo justo en sus zonas comunes. Posee habitaciones de correcto confort, con mobiliario tintado y de aire provenzal. Importante clientela comercial.

XX Alborada

Andrés Baquero 15 ✉ 30001 – ✆ 968 23 23 23 – www.alboradarestaurante.com – cerrado sábado y domingo en julio-agosto, y domingo noche resto del año Plano : D1**c**

Menú 12 € – Carta 25/45 €

Un negocio de estética actual que emana honestidad y dedicación por los cuatro costados. Ofrece un pequeño bar de tapas y un agradable comedor, este con dos privados. Cocina tradicional de mercado con un apartado de mariscos, guisos y arroces previa reserva.

ESPAÑA

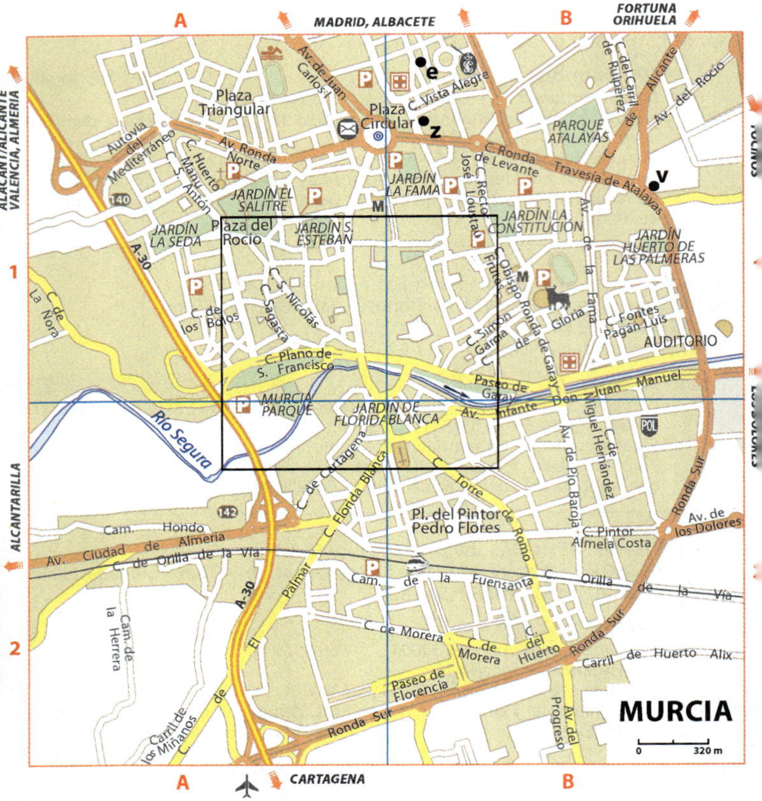

XX **Gurea** N

Alejandro Séiquer 16 ✉ *30004 –* ✆ *968 77 50 30* Plano : D1**d**

– www.restaurantegurea.com – cerrado del 10 al 25 de agosto, domingo noche y lunes

Menú 12/40 € – Carta 27/39 €

Llevado por dos socios vizcaínos, que trasladan lo mejor de la cocina vasca y norteña hasta esta ciudad. Buena zona de tapeo con opción a medias raciones y comedor clásico.

X **La Pequeña Taberna**

pl. San Juan 7 ✉ *30003 –* ✆ *968 21 98 40* Plano : D2**z**

– www.lapequenataberna.com – cerrado 21 días agosto, domingo noche y lunes

Menú 25/55 € – Carta 25/41 €

Sorprende con una llamativa terraza repleta de hortalizas, así como una barra de tapeo y dos buenas salas de línea clásica-actual. ¡Pruebe las Alcachofas de la abuela!

X **Keki** N

Fuensanta 4 ✉ *30002 –* ✆ *968 22 07 98* Plano : D1**e**

– www.kekitaperia.es – cerrado 2ª quincena de agosto, domingo noche y lunes

Menú 16/35 € – Carta 20/35 €

Restaurante-tapería de ambiente moderno ubicado a escasos metros de la Catedral. Apuestan por una cocina actual, siempre cimentada en buenas texturas e interesantes maridajes.

C D

C D

ESPAÑA

Pura Cepa

pl. Cristo del Rescate 8 ✉ *30003 – ✆ 968 21 73 97* Plano : D2**a**
– www.puracepamurcia.com – cerrado domingo noche y lunes
Tapa 3 € – Ración aprox. 8 €
Este bar-vinoteca, con terraza y un moderno comedor, rompe un poco con la estética habitual en los locales de tapeo murcianos. ¡Disfrute del tapeo o de sus menús degustación!

en El Palmar por A-30 C2 : 8 km

Cabaña Buenavista (Pablo González)

urb. Buenavista ✉ *30120 El Palmar – ✆ 968 88 90 06*
– www.cabanabuenavista.com – cerrado agosto, sábado, domingo y festivos
Menú 55/95 € – Carta 45/60 € – *(solo almuerzo salvo jueves)*
Sorprendente, pues ocupa una especie de gran cabaña con las cubiertas de brezo. En su sala, de excelso montaje, proponen una cocina creativa que cuida las presentaciones, dando también protagonismo a los aperitivos y a los "mignardises".
➜ Mediterráneo encurtidos y salazones. Parpatana de atún rojo con crema de judías y ravioli de gamba roja. Crema de caramelo con crujiente de leche y helado de canela.

MURGIA (MURGUÍA)

Álava – 2 427 h. – Alt. 620 m – Ver mapa regional n° **18**-A2

Madrid 362 km – Bilbao 45 km – Vitoria-Gasteiz 19 km

Mapa de carreteras Michelin n° 573-D21

La Casa del Patrón

San Martín 2 ✉ 01130 – ✆ 945 46 25 28 – www.casadelpatron.com

14 hab – †46/52 € ††59/65 €, ☕ 5 €

Hotel de amable organización familiar. La zona social resulta algo reducida, sin embargo esto se ve compensado por unas habitaciones muy correctas, con los suelos en madera. En un pabellón acristalado anexo encontrará el bar, la cafetería y el restaurante, donde ofrecen una correcta cocina tradicional.

MURILLO EL FRUTO

Navarra – 670 h. – Alt. 366 m – Ver mapa regional n° **17**-B2

Madrid 361 km – Iruña/Pamplona 69 km – Jaca 115 km – Logroño 91 km

Mapa de carreteras Michelin n° 573-E25

Txapi-Txuri

Santa Úrsula 59 ✉ 31313 – ✆ 948 71 58 08 – www.turismoruralbardenas.com – cerrado enero, febrero y del 1 al 10 de julio

5 hab – †45/50 € ††60/70 €, ☕ 8 €

Este establecimiento está formado por dos edificios, uno en piedra que hace de hostal rural y el otro, a pocos metros y más actual, a modo de casa de alquiler, completa o por habitaciones. En el sencillo comedor ofrecen dos menús de tinte tradicional, el más económico exclusivo para los clientes alojados.

MUTRIKU

Guipúzcoa – 5 225 h. – Ver mapa regional n° **18**-B2

Madrid 428 km – Vitoria-Gasteiz 70 km – Donostia-San Sebastián 47 km – Bilbao 69 km

Mapa de carreteras Michelin n° 573-C22

por la carretera de Deba Este : 2 km

Arbe

Laranga Auzoa ✉ 20830 Mutriku – ✆ 943 60 47 49 – www.hotelarbe.com

11 hab – †75/80 € ††90/100 €, ☕ 11 €

Está a las afueras de la localidad, en un edificio de ambiente moderno dotado con unas magníficas vistas a la costa. ¡La mayor parte de su energía es de origen geotérmico!

MUXÍA

A Coruña – 5 162 h. – Ver mapa regional n° **13**-A1

Madrid 679 km – Santiago de Compostela 75 km – A Coruña 95 km – Ourense 188 km

Mapa de carreteras Michelin n° 571-C2

A de Loló (N)

Virxe da Barca 37 ✉ 15124 – ✆ 981 74 24 22 – www.hoteladelolo.com – cerrado febrero

8 hab ☕ – †55/95 € ††65/110 €

Ocupa un céntrico edificio de piedra y sorprende por su coqueto interior, de estética actual pero con muchos detalles marineros. Las habitaciones están personalizadas y su restaurante supone una gran oportunidad para degustar el recetario tradicional gallego.

MUXIKA (MÚJICA)

Vizcaya – 1 457 h. – Alt. 40 m – Ver mapa regional n° **18**-A3

Madrid 406 km – Bilbao 32 km – Donostia-San Sebastián 84 km – Vitoria-Gasteiz 56 km

Mapa de carreteras Michelin n° 573-C21

en la carretera BI 635

Iberreko Errota
barrio Ariatza, Sureste : 4 km ✉ 48392 Muxika – ☎ 946 25 45 67 – www.iberrekoerrota.com
6 hab – ††45/55 €, ☕ 5 € – 2 apartamentos
Atractiva casa en piedra que antaño funcionó como molino, por lo que aún conserva en la sala de desayunos algunas piezas de la maquinaria original. Ofrece confortables habitaciones y dos apartamentos, todo de ambiente clásico.

NAVACERRADA

Madrid – 2 863 h. – Alt. 1 203 m – Ver mapa regional n° **15-A2**
Madrid 52 km – Segovia 38 km – Ávila 80 km – Toledo 121 km
Mapa de carreteras Michelin n° 576 y 575-J17

Hacienda Los Robles
av. de Madrid 27 ✉ 28491 – ☎ 918 56 02 00 – www.haciendalosrobles.com
34 hab ☕ – ††73/92 €
Un hotel rural bastante atractivo, pues tiene parte de la fachada en piedra y unas bellas balconadas de madera. Ofrece una cálida zona social, tres salas de reuniones y unas confortables habitaciones, todas con terraza. El restaurante, centrado en el menú, se completa con una cafetería de estilo inglés.

Nava Real
Huertas 1 ✉ 28491 – ☎ 918 53 10 00 – www.hotelnavareal.com
16 hab – †62 € ††70 €, ☕ 4 €
Un edificio en piedra que le cautivará, tanto por las flores que visten su hermosa fachada como por sus coquetas habitaciones. Las estancias del anexo también tienen su encanto. El restaurante combina la calidez del ambiente rústico con una carta tradicional.

NAVAFRÍA

Segovia – 324 h. – Alt. 1 193 m – Ver mapa regional n° **8-C3**
Madrid 103 km – Segovia 32 km – Aranda de Duero 90 km – Valladolid 134 km
Mapa de carreteras Michelin n° 575-I18

Posada Mingaseda
Campillo 12 ✉ 40161 – ☎ 921 50 69 02 – www.posadamingaseda.com
14 hab ☕ – †65/85 € ††110/125 €
Precioso rural instalado en una casa típica. Ofrece un atractivo patio y confortables habitaciones, todas personalizadas, algunas abuhardilladas y la mayoría con bañera de hidromasaje. En el restaurante, de estilo rústico, apuestan por la cocina tradicional.

NAVALENO

Soria – 865 h. – Alt. 1 200 m – Ver mapa regional n° **8-D2**
Madrid 219 km – Burgos 97 km – Logroño 108 km – Soria 48 km
Mapa de carreteras Michelin n° 575-G20

La Lobita (Elena Lucas)
av. La Constitución 54, (carret. N 234) ✉ 42149 – ☎ 975 37 40 28 – www.lalobita.es – cerrado 7 días en enero-febrero, 7 días en junio, 7 días en septiembre, miércoles noche salvo agosto, domingo noche, lunes y martes
Menú 50/65 € – *(solo menú)*
Boletus edulis, níscalos, colmenillas, rebozuelos... Estamos en un restaurante familiar de referencia, pues siempre trabajan con productos locales de temporada y han elevado la micología a la categoría de arte. De sus fogones surge una cocina de autor basada en menús degustación e interesantes jornadas gastronómicas.
→ Los garbanzos con boletus. El corzo en el pinar. Un paisaje dulce.

ESPAÑA

El Maño

Calleja del Barrio 5 ✉ 42149 – ✆ 975 37 41 68 – www.abuelaeugenia.com – cerrado del 1 al 15 de enero y del 1 al 15 de septiembre
Menú 10 € – Carta 20/30 € – *(solo almuerzo salvo julio-noviembre, fines de semana, festivos y vísperas)*
Está en el centro del pueblo, en una casa de piedra que, sorprendentemente, presenta las paredes del comedor con bloques vistos de hormigón. ¡Un clásico gracias a la autenticidad de su cocina casera, enriquecida con caza y setas de la zona!

NAVARRETE

La Rioja – 2 944 h. – Alt. 512 m – Ver mapa regional n° **14-A2**
Madrid 345 km – Burgos 106 km – Logroño 11 km – Vitoria-Gasteiz 84 km
Mapa de carreteras Michelin n° 573-E22

San Camilo

carret. de Fuenmayor 4 ✉ 26370 – ✆ 941 44 11 11 – www.hotelsancamilo.com – cerrado 24 diciembre-7 enero
38 hab – 🛉52/70 € 🛉🛉57/99 €, ☕ 9 €
Antiguo seminario rodeado de una amplísima zona ajardinada. Posee varias salas de reuniones y habitaciones bien equipadas, todas con columna de hidromasaje en los baños.

NAVIA

Asturias – 8 845 h. – Ver mapa regional n° **3-A1**
Madrid 565 km – A Coruña 203 km – Gijón 118 km – Oviedo 122 km
Mapa de carreteras Michelin n° 572-B9

Palacio Arias

av. de los Emigrantes 11 ✉ 33710 – ✆ 985 47 36 71 – www.palacioarias.es
12 hab – 🛉60/64 € 🛉🛉93/105 €, ☕ 8 € – 4 suites
Palacete indiano de 1929 diseñado por el insigne arquitecto Luis Menéndez Pidal. Posee varios salones sociales, con mobiliario antiguo, y algunas habitaciones abuhardilladas.

Arias

av. de los Emigrantes 11 ✉ 33710 – ✆ 985 47 36 71 – www.palacioarias.es
42 hab – 🛉37/47 € 🛉🛉50/72 €, ☕ 8 € – 21 apartamentos
Conjunto funcional situado dentro de la finca del hotel Palacio Arias, con el que comparte la recepción. Correctas habitaciones y apartamentos, estos últimos con cocina.

La Barcarola

Las Armas 15 ✉ 33710 – ✆ 985 47 45 28 – cerrado del 15 al 31 de enero, domingo noche y lunes salvo agosto
Menú 18 € – Carta 22/46 €
¡De ambiente rústico y familiar! Se presenta con un bar y un cuidado comedor en la 1ª planta, este con los gruesos muros en piedra. Cocina asturiana y recomendaciones diarias.

Las NEGRAS

Almería – 335 h. – Ver mapa regional n° **1-D2**
Madrid 590 km – Sevilla 463 km – Almería 64 km
Mapa de carreteras Michelin n° 578-V23

Cala Grande

Navegante 1 ✉ 04116 – ✆ 950 38 82 28 – www.calagrande.es
44 hab ☕ – 🛉66/132 € 🛉🛉77/209 €
Edificio de estilo moderno y líneas puras complementado por tres villas. Ofrece una zona social con cafetería, un SPA y habitaciones bastante actuales, todas con balcón. El restaurante, bastante funcional, elabora una correcta carta tradicional.

ESPAÑA

La Palma (N)

Bahía de Las Negras 21 ✉ 04116 – ✆ 950 38 80 42 – www.lapalmalasnegras.com – cerrado lunes salvo Semana Santa y junio-septiembre
Carta 30/50 €
¿Le apetece comer en una terraza? Acérquese hasta este restaurante, pues cuenta con una fantástica a pie de playa. Inmejorables vistas a la bahía y pescado fresco de calidad.

NEGREIRA

A Coruña – 7 091 h. – Alt. 183 m – Ver mapa regional n° **13-B2**
Madrid 619 km – Santiago de Compostela 22 km – A Coruña 97 km – Pontevedra 75 km
Mapa de carreteras Michelin n° 571-D3

Casa de Bola

Covas 9, Noroeste : 1 km ✉ 15830 – ✆ 981 88 50 04 – www.casadebola.com – 21 marzo-diciembre
5 hab – 63/65 € 72/75 €
Esta agradable casa de aldea, construida en piedra, data de 1830 y atesora un hórreo típico. Salón con chimenea y coquetas habitaciones, todas de elegante ambiente rústico.

Casa Barqueiro

av. de Santiago 13 ✉ 15830 – ✆ 981 81 82 34 – www.casabarqueiro.es – cerrado 15 días en noviembre y martes salvo agosto
Menú 15 € – Carta 22/34 €
¡Bien llevado entre hermanos! Presenta un buen bar-vinoteca, la cocina semivista y una sala de cuidado montaje. Cocina gallega en la que destacan las carnes y completa bodega. Pruebe su magnífico Chuletón de vacuno mayor a la piedra, una de sus especialidades.

ESPAÑA

NERJA

Málaga – 22 918 h. – Ver mapa regional n° **1-C2**
Madrid 549 km – Almería 169 km – Granada 107 km – Málaga 52 km
Mapa de carreteras Michelin n° 578-V18

Parador de Nerja

Almuñécar 8 ✉ 29780 – ✆ 952 52 00 50 – www.parador.es
96 hab – 90/200 €, 18 € – 2 suites
Destaca por su emplazamiento en un acantilado. Posee un jardín, una elegante zona noble y habitaciones funcionales, la mayoría con terraza. Ascensor panorámico hasta la playa. El comedor se complementa con una agradable terraza dotada de vistas al mar.

Paraíso del Mar

prolongación de Carabeo 22 ✉ 29780 – ✆ 952 52 16 21 – www.hotelparaisodelmar.es – cerrado 22 noviembre-8 febrero
12 hab – 68/106 € 103/146 € – 4 suites
¡Encantador! Se halla junto al Mirador del Bendito, por lo que tiene maravillosas vistas desde la piscina y las habitaciones, todas personalizadas. Acceso privado a la playa.

Plaza Cavana

pl. Cavana 10 ✉ 29780 – ✆ 952 52 40 00 – www.hotelplazacavana.com – cerrado 22 noviembre-20 diciembre
39 hab – 52/108 € 65/149 €
Situado en pleno centro, en una coqueta plaza junto al Balcón de Europa. Amplia zona social, confortables habitaciones y agradable piscina en la azotea, con solárium y bar.

Carabeo

Hernando de Carabeo 34 ✉ 29780 – ✆ 952 52 54 44 – www.hotelcarabeo.com – cerrado enero y febrero

7 hab – 85/220 €

Aquí encontrará habitaciones detallistas, una agradable zona social con un bar de estilo inglés y un precioso patio ajardinado, con piscina y vistas al Mediterráneo. Su restaurante, de estilo clásico y en varias alturas, elabora platos de gusto internacional.

Sollun

Pintada 9 ✉ 29780 – ✆ 952 52 55 69 – www.sollunrestaurante.com – cerrado 15 enero-15 febrero y domingo

Menú 40/50 € – Carta 38/48 € – *(solo cena en junio-agosto)*

Restaurante de línea moderna emplazado en una céntrica calle comercial. El chef, formado en grandes casas, propone una cocina actual-mediterránea de mimadas elaboraciones.

Oliva (N)

Pintada 7 ✉ 29780 – ✆ 952 52 29 88 – www.restauranteoliva.com

Carta 31/48 €

Actual, acogedor y con bastante éxito, por lo que suelen llenarse tanto la sala como la tranquila terraza posterior. Cocina mediterránea-actual con detalles internacionales.

NOIA

A Coruña – 14 659 h. – Ver mapa regional n° **13-A2**

Madrid 639 km – A Coruña 109 km – Pontevedra 62 km – Santiago de Compostela 35 km

Mapa de carreteras Michelin n° 571-D3

por la carretera de Boiro Sur : 0,8 km y desvío a la derecha 0,3 km

Casa do Torno (N)

Lugar do Torno 1 ✉ 15200 – ✆ 981 84 20 74 – www.casadotorno.es – Semana Santa-octubre

7 hab – 35/46 € 50/62 €, 6 €

En una antigua escuela del s. XIX rodeada de pinos y eucaliptos. Presenta un acogedor salón social con chimenea y habitaciones de acogedora rusticidad, algunas abuhardilladas.

NOJA

Cantabria – 2 580 h. – Ver mapa regional n° **6-C1**

Madrid 422 km – Bilbao 79 km – Santander 45 km

Mapa de carreteras Michelin n° 572-B19

Sambal

El Arenal (Campo de golf Berceda) ✉ 39180 – ✆ 942 63 15 31 – www.restaurantesambal.es – 15 marzo-15 octubre

Menú 45 € – Carta aprox. 35 € – *(solo almuerzo salvo viernes, sábado, festivos y verano)*

Junto al campo de golf de la ciudad. Presenta un hall, la cocina acristalada y dos salas de montaje actual, una con vistas al "green" número nueve y la otra a una terraza. Carta de tinte actual, con algunos platos de cuchara y de temporada.

NOREÑA

Asturias – 5 435 h. – Alt. 199 m – Ver mapa regional n° **3-B1**

Madrid 452 km – Oviedo 21 km – León 134 km

Mapa de carreteras Michelin n° 572-B12

Doña Nieves

Pío XII ✉ 33180 – ✆ 985 74 35 50 – www.hotelescabeza.es

27 hab – 38/68 € 55/82 €, 6 €

Funciona como un anexo del hotel Cabeza, ya que centraliza en él muchos de sus servicios... siendo sus instalaciones más confortables y amplias. Las habitaciones están bien equipadas, con mobiliario clásico y los suelos en tarima.

Cabeza

Javier Lauzurica 4 ✉ 33180 – ✆ 985 74 02 74 – www.hotelescabeza.es

40 hab – 🚹33/58 € 🚹🚹44/74 €, ☕ 6 €

Encontrará unas habitaciones de línea clásica-tradicional, con mobiliario de madera maciza y baños reducidos. Sus clientes pueden acceder al gimnasio del hotel Doña Nieves. El restaurante centra su oferta en un menú elaborado a base de platos tradicionales.

por la antigua carretera de Gijón Norte : 1,5 km

Cristina

Las Cabañas ✉ 33180 Noreña – ✆ 985 74 47 47 – www.hotelescabeza.es

55 hab – 🚹50/75 € 🚹🚹60/90 €, ☕ 8 €

Está definido por su fachada azul, presentándose con un gran porche y el entorno ajardinado. Las habitaciones, bastante amplias, cuentan con mobiliario clásico de calidad. Tanto en el restaurante como en la sidrería proponen la misma carta tradicional.

NOVO SANCTI PETRI (Urbanización) → Ver Chiclana de la Frontera

Cádiz

La NUCIA

Alicante – 19 524 h. – Alt. 85 m – Ver mapa regional n° **11**-B3

Madrid 450 km – Alacant/Alicante 56 km – Gandía 64 km

Mapa de carreteras Michelin n° 577-Q29

El Xato

av. l'Església 3 ✉ 03530 – ✆ 965 87 09 31 – www.elxato.com – cerrado noches de martes a jueves en invierno, domingo noche y lunes

Menú 35/46 € – Carta 29/51 €

Céntrico, familiar y con una única sala de línea actual. Aquí encontrará cuatro buenos menús y una carta con varios apartados: uno con platos tradicionales, otro más creativo denominado Evolución y, finalmente, uno dedicado a los arroces.

NUÉVALOS

Zaragoza – 348 h. – Alt. 724 m – Ver mapa regional n° **2**-B2

Madrid 231 km – Zaragoza 110 km – Huesca 182 km – Teruel 133 km

Mapa de carreteras Michelin n° 574-I24

Río Piedra

travesía Monasterio de Piedra 1 ✉ 50210 – ✆ 976 84 90 07 – www.hotelriopiedra.com – cerrado 7 enero-20 febrero

30 hab ☕ – 🚹35/55 € 🚹🚹45/65 €

Céntrico hotel de gestión familiar. Posee una pequeña recepción y correctas habitaciones en dos estilos, unas de estética provenzal y las renovadas con mobiliario en forja. Disfruta de dos comedores, uno de ellos con una bodega, y un gran salón de banquetes.

en el Monasterio de Piedra Sur : 3 km

Monasterio de Piedra

✉ 50210 Nuévalos – ✆ 976 87 07 00 – www.monasteriopiedra.com

62 hab ☕ – 🚹73/109 € 🚹🚹89/151 €

Monasterio cisterciense del s. XII. Presenta elegantes corredores gótico-renacentistas, hermosos patios y habitaciones de sobria decoración, la mayoría con vistas al parque. El restaurante, vestido con cuadros de reyes de Aragón, ofrece una carta tradicional.

OCAÑA

Toledo – 11 016 h. – Alt. 730 m – Ver mapa regional n° **7**-B2

Madrid 66 km – Alcázar de San Juan 90 km – Aranjuez 15 km – Toledo 52 km

Mapa de carreteras Michelin n° 576-M19

Palio

Mayor 12 ✉ 45300 – ✆ 925 13 00 45 – www.paliorestaurante.es – cerrado 7 días en enero, 7 días en agosto y lunes
Menú 28/45 € – Carta 33/40 € – *(solo almuerzo salvo jueves, viernes y sábado)*
Muy céntrico, pues se halla junto a la plaza Mayor. Se reparte en tres plantas y sorprende tanto por el servicio como por los detalles. Cocina tradicional actualizada, buenos menús, panes de elaboración artesanal y la opción de comprar los vinos de su carta.

OIARTZUN (OYARZUN)

Guipúzcoa – 9 995 h. – Alt. 81 m – Ver mapa regional n° **18-B2**
Madrid 469 km – Vitoria-Gasteiz 122 km – Donostia-San Sebastián 21 km – Iruña/Pamplona 97 km
Mapa de carreteras Michelin n° 573-C24

al Sur

Zuberoa (Hilario Arbelaitz)

pl. Bekosoro 1, (barrio Iturriotz), 2,2 km ✉ 20180 Oiartzun – ✆ 943 49 12 28 – www.zuberoa.com – cerrado 30 diciembre-14 enero, 28 marzo-14 abril, del 13 al 28 de octubre, domingo noche y martes noche salvo junio-octubre, domingo en verano y miércoles
Menú 125 € – Carta 70/95 €
En un hermoso caserío vasco del s. XV. Presenta una agradable terraza, dos privados y un comedor de elegante rusticidad. Cocina clásica de raíces vascas y buen nivel, con excelentes puntos de cocción y unas materias primas de gran calidad.
→ Ostras Gillardeau a la plancha y emulsión de sus jugos al eneldo. Lomo de corzo asado con frutas al jengibre (invierno). Mandarina y naranja, sorbete de cereza y almendra amarga.

ESPAÑA

por la carretera de Irún Noreste : 2,5 km y desvío a la izquierda 1,5 km

Usategieta

Maldaburu bidea 15 (barrio Gurutze) ✉ 20180 Oiartzun – ✆ 943 26 05 30 – www.usategieta.com
12 hab – 72/121 € 88/143 €
Caserío de ambiente rústico ubicado en un bello paraje. Posee un luminoso salón social y coquetas habitaciones, la mitad con balcón y las del piso superior abuhardilladas. El comedor, acogedor y con parte de sus paredes en piedra, ofrece una carta tradicional especializada en carnes y pescados a la parrilla.

OJÉN

Málaga – 3 293 h. – Alt. 780 m – Ver mapa regional n° **1-A3**
Madrid 610 km – Algeciras 85 km – Málaga 64 km – Marbella 8 km
Mapa de carreteras Michelin n° 578-W15

La Posada del Ángel

Mesones 21 ✉ 29610 – ✆ 952 88 18 08 – www.laposadadelangel.net – cerrado diciembre-28 enero
13 hab – 89/92 € 98/110 €
Coqueto, acogedor y llevado con gran amabilidad por un matrimonio holandés. Ofrece varias casas distribuidas en torno a un patio y habitaciones muy bien personalizadas.

en la Sierra Blanca Noroeste : 10 km por MA 5300 y carretera particular – Ver mapa regional n° **1**-A3

Refugio de Juanar

✉ 29610 Ojén – ✆ 952 88 10 00 – www.juanar.com
23 hab – 60 € 69 € – 3 suites
Hotel de montaña ubicado en una reserva cinegética. Tiene unas cuidadas instalaciones, donde predomina el ladrillo visto, y espaciosas habitaciones con mobiliario provenzal. El comedor, de aire castellano, propone una cocina tradicional rica en carnes de caza.

OLABERRIA

Guipúzcoa – 942 h. – Alt. 332 m – Ver mapa regional n° **18-B2**
Madrid 422 km – Bilbao 85 km – Donostia-San Sebastián 44 km – Iruña/Pamplona 74 km
Mapa de carreteras Michelin n° 573-C23

Zezilionea

San Joan Plaza ✉ 20212 – ☎ 943 88 58 29 – www.hotelzezilionea.com – cerrado 23 diciembre-6 enero
Menú 35/60 € – Carta 26/59 € – *(cerrado domingo noche y lunes noche)*
9 hab – 🚹45 € 🚹🚹65 €
Casa de organización familiar ubicada en el centro de Olaberria. Ofrece un bar con algunas mesas para el menú, un comedor clásico y un coqueto privado, donde le ofrecerán una cocina vasca con especialidades, como los Hongos al horno. También tiene habitaciones, todas funcionales pero con los baños actuales.

OLAVE

Navarra – 280 h. – Ver mapa regional n° **17-B2**
Madrid 463 km – Iruña/Pamplona 12 km – Vitoria-Gasteiz 105 km – Logroño 104 km
Mapa de carreteras Michelin n° 573-D25

Ibaiondo

carret. N121 A, km 11 ✉ 31799 – ☎ 948 33 00 61 – www.hotelibaiondo.com – cerrado enero y febrero
14 hab – 🚹66 € 🚹🚹88 €, ☕ 9 €
Hotel emplazado en una casa típica, junto al río Ulzama. Presenta un interior alegre y colorista, con dos salones sociales y coquetas habitaciones, dos de ellas con chimenea.

ESPAÑA

OLEIROS

A Coruña – 34 470 h. – Alt. 79 m – Ver mapa regional n° **13-B1**
Madrid 580 km – A Coruña 16 km – Ferrol 45 km – Santiago de Compostela 78 km
Mapa de carreteras Michelin n° 571-B5

El Refugio

pl. de Galicia 11 ✉ 15173 – ☎ 981 61 08 03 – www.restaurante-elrefugio.com – cerrado 20 días en septiembre, domingo noche y lunes salvo agosto y festivos
Carta 36/55 €
Un negocio de sólida trayectoria profesional. Propone una completa carta de cocina tradicional e internacional, con algunos mariscos y buenas sugerencias de caza en temporada.

Comei Bebei

av. Ramón Núñez Montero 20 ✉ 15173 – ☎ 981 61 17 41 – cerrado domingo noche y lunes de mayo-octubre
Menú 13/30 € – Carta 26/32 € – *(solo almuerzo salvo viernes, sábado y verano)*
Tiene un bonito bar-vinoteca y dos salas de línea actual. Aquí encontrará una cocina tradicional de temporada y una cuidada carta de vinos, actualizada y a precios razonables.

OLÍAS DEL REY

Toledo – 7 175 h. – Ver mapa regional n° **7-B2**
Madrid 63 km – Toledo 13 km
Mapa de carreteras Michelin n° 576-M18

La Casa del Carmen

autovía A 42 (salida 61 - vía de servicio) ✉ 45280 – ☎ 925 49 07 59 – www.lacasadelcarmen.es – cerrado 15 días en agosto y lunes
Menú 28/60 € – Carta 30/52 € – *(solo almuerzo salvo viernes y sábado)*
En esta casa encontraremos unos aires renovados que, sin embargo, siguen fieles al terruño y a los clásicos sabores manchegos. En sus salas, de montaje clásico-actual, le propondrán una cocina tradicional puesta al día, bien elaborada y en la que se tratan con especial mimo las presentaciones.

OLITE → Ver Erriberri
Navarra

OLIVENZA
Badajoz – 12 043 h. – Alt. 268 m – Ver mapa regional n° **12-A3**
Madrid 434 km – Badajoz 30 km – Cáceres 125 km – Mérida 90 km
Mapa de carreteras Michelin n° 576-P8

Palacio Arteaga
Moreno Nieto 5 ✉ 06100 – ☎ 924 49 11 29 – www.palacioarteaga.com
25 hab – 50/300 € 55/300 €
Esta atractiva casa-palacio del s. XIX está dotada con un bello patio señorial y unas habitaciones bastante bien equipadas, la mayoría de ellas con los suelos originales. Su cuidado restaurante se reparte por distintas salas, tanto de la casa como de un anexo, ofreciendo una cocina de base tradicional.

OLLEROS DE PISUERGA → Ver Aguilar de Campóo
Palencia

OLLERS
Girona – Ver mapa regional n° **9-C3**
Madrid 709 km – Barcelona 126 km – Girona 28 km – Perpignan 84 km
Mapa de carreteras Michelin n° 574-F38

Casa Anamaria N
carret. de Ollers, Este : 1 km ✉ 17833 – ☎ 872 59 17 21 – www.hotelcasanamaria.com
25 hab – 160/295 €
¡Un oasis de paz en pleno campo! Las habitaciones, todas con detalles de buen gusto, se reparten entre una antigua masía en piedra, una pequeña casita y un edificio actual que cobija las zonas comunes. El restaurante completa su carta tradicional con un menú.

OLMEDO
Valladolid – 3 776 h. – Alt. 771 m – Ver mapa regional n° **8-B2**
Madrid 151 km – Ávila 79 km – Salamanca 132 km – Valladolid 44 km
Mapa de carreteras Michelin n° 575-I15

Balneario Villa de Olmedo N
Pago de Sancti Spiritus ✉ 47410 – ☎ 983 60 02 37 – www.balneariovilladeolmedo.com
79 hab – 80/95 € 94/181 € – 3 suites
Instalado parcialmente en un convento mudéjar del s. XII. Encontrará espacios sociales en la antigua capilla, confortables habitaciones y una completa oferta termal. El restaurante, con dos salas y varios privados, apuesta por la cocina tradicional y regional.

OLOST
Barcelona – 1 184 h. – Alt. 669 m – Ver mapa regional n° **9-C2**
Madrid 618 km – Barcelona 85 km – Girona 98 km – Manresa 71 km
Mapa de carreteras Michelin n° 574-G36

Sala (Antonio Sala)
pl. Major 17 ✉ 08516 – ☎ 938 88 01 06 – www.fondasala.com – cerrado Navidades, del 1 al 21 de septiembre, domingo noche, lunes noche y martes
Menú 51/76 € – Carta 42/78 € **6 hab** – 40 € 78 €
Tras su atractiva fachada en piedra presenta un bar, con mesas para el menú, y un buen comedor a la carta de línea clásica-funcional. Cocina tradicional e internacional, con platos de caza y trufa en temporada. Como complemento ofrece unas sencillas habitaciones, todas con mobiliario antiguo.
→ Espárragos blancos naturales con gambas de Palamós a la mantequilla. Chuletas de corzo al agridulce con mostaza en grano y puré de manzana ácida. Tarta de nueces con crema inglesa y helado de turrón casero.

ESPAÑA

OLOT

Girona – 33 981 h. – Alt. 443 m – Ver mapa regional n° **9-C1**
Madrid 673 km – Barcelona 152 km – Girona 54 km – Canillo 148 km
Mapa de carreteras Michelin n° 574-F37

Les Cols Pavellons

Mas Les Cols - Av. Les Cols 2 ✉ 17800 – ✆ 699 81 38 17 – www.lescolspavellons.com – cerrado del 4 al 31 de enero, lunes y martes salvo festivos
5 hab – 240/275 € 300/350 €
Una experiencia... ¡singular! Consta de cinco cubos acristalados que anhelan, con su construcción, la conquista de sensaciones y la integración de cada espacio en el entorno.

Can Blanc

carret. La Deu, Sur : 2 km ✉ 17800 – ✆ 972 27 60 20 – www.canblanc.es
12 hab – 55/62 € 88/100 €
Atesora cierto encanto, pues se ubica en una masía típica rodeada de árboles y frondosos parajes. Salón rústico con chimenea y habitaciones funcionales, todas muy coloristas.

Borrell

Notari Nonet Escubós 8 ✉ 17800 – ✆ 972 27 61 61 – www.hotelborrell.com – cerrado 24 diciembre-1 enero
24 hab – 50/70 € 65/90 €, 10 €
Céntrico, funcional y de eficiente organización familiar. Destaca por el esmerado mantenimiento de sus instalaciones, con unas habitaciones amplias y bastante bien equipadas.

Les Cols (Fina Puigdevall)

Mas Les Cols - Av. Les Cols 2 ✉ 17800 – ✆ 972 26 92 09 – www.lescols.com – cerrado del 1 al 21 de enero, domingo noche, lunes y martes
Menú 50/85 € – *(solo menú)*
¡Una perfecta fusión entre tradición y modernidad! Ocupa una masía catalana que sorprende por su interior de diseño puro y cuenta con un pabellón para eventos que no le dejará indiferente. Cocina creativa de raíces regionales y locales.
→ Royal de trufa negra de La Garrotxa. Cebolla dulce del volcán Croscat. Sol de zanahoria.

ÓLVEGA

Soria – 3 821 h. – Ver mapa regional n° **8-D2**
Madrid 259 km – Valladolid 255 km – Soria 45 km – Logroño 124 km
Mapa de carreteras Michelin n° 575-G24

Mirador del Moncayo

Doctor Salcedo 28 ✉ 42110 – ✆ 976 19 24 72 – www.miradordelmoncayo.es
36 hab – 65/75 € 75/85 €, 8 €
Se halla junto al casco viejo y es un hotel que, sin duda, sorprende en la zona. Ofrece una gran cafetería, un sencillo comedor y habitaciones de magnífico confort, todas muy espaciosas y de línea clásica. ¡Atractiva terraza-solárium panorámica en la azotea!

ONDARA

Alicante – 6 613 h. – Alt. 35 m – Ver mapa regional n° **11-B2**
Madrid 441 km – Alacant/Alicante 86 km – Murcia 168 km – València 100 km
Mapa de carreteras Michelin n° 577-P30

Casa Pepa (Antonia y Soledad Ballester)

partida Pamis 7-30, Suroeste : 1,5 km ✉ 03760 – ✆ 965 76 66 06 – www.casapepa.es – cerrado domingo noche (salvo julio-agosto), martes noche (salvo marzo-septiembre) y lunes
Menú 40/90 € – Carta 52/64 € – *(solo cena en julio y agosto)*
Antigua casa de labranza emplazada entre huertas, naranjos y longevos olivos. Ofrece una sala interior de ambiente rústico y otra acristalada, esta última más actual y con buenas vistas a la terraza. Las hijas de la propietaria, desde los fogones, proponen una cocina natural y creativa de marcada base mediterránea.
→ Tomate de verano, salazones, vinagreta de aceitunas negras y almendras. Confit de conejo, guiso de pastor y torta de miel con anchoas. Texturas de manzana, helado de calvados y gelatina de regaliz.

ONTINYENT (ONTENIENTE)

Valencia – 36 974 h. – Alt. 400 m – Ver mapa regional n° **11-A2**

Madrid 369 km – Albacete 122 km – Alacant/Alicante 91 km – València 84 km

Mapa de carreteras Michelin n° 577-P28

XX **Sents** N

pl. Vicente Andrés Estellés 9 ✉ 46870 – ✆ 962 38 77 62 – www.sents.es – cerrado Semana Santa, mayo-septiembre y lunes

Menú 49 € – *(solo almuerzo salvo viernes y sábado)* (es necesario reservar) *(solo menú)*

Restaurante de estética minimalista llevado entre dos hermanos, uno en labores de chef y el otro de sumiller. Cocina actual, de base tradicional, con influencias asiáticas. ¡Es necesario reservar con un mínimo de 24 horas!

XX **El Tinell de Calabuig**

Josep Melcior Gomis 23 ✉ 46870 – ✆ 962 91 50 48 – cerrado 7 días en agosto, domingo, lunes noche y martes noche

Menú 20/45 € – Carta 25/36 €

Un negocio de ambiente clásico. Ofrecen una carta tradicional actualizada bastante amplia, varios menús e interesantes jornadas gastronómicas, tanto vegetarianas como de caza.

La Cuina N

pl. Vicent Andrés Estellés 9 ✉ 46870 – ✆ 962 38 77 62 – www.lacuinarestaurant.es – cerrado lunes

Tapa 3,50 € – Ración aprox. 15 € – Menú 11 € – *(solo almuerzo salvo viernes y sábado)*

A través de tapas y platillos, pensados para compartir, en este gastrobar proponen una cocina actual con tintes orientales. Buen menú diario y exitosas jornadas gastronómicas.

ESPAÑA

OREÑA

Cantabria – 2 600 h. – Ver mapa regional n° **6-B1**

Madrid 388 km – Santander 30 km – Bilbao 128 km – Oviedo 158 km

Mapa de carreteras Michelin n° 572-B17

Posada Caborredondo

barrio Caborredondo 81, Noroeste : 1,5 km ✉ 39525 – ✆ 942 71 61 81 – www.posadacaborredondo.com – cerrado 15 diciembre-15 marzo

14 hab – 61/88 €, 4,50 €

Esta casona de piedra, ubicada a solo 2 km. de Santillana del Mar, sorprende por su amplio porche. Salón social con chimenea e impecables habitaciones, algunas abuhardilladas.

ORFES

Girona – 80 h. – Ver mapa regional n° **9-D3**

Madrid 731 km – Barcelona 131 km – Girona 33 km – Perpignan 76 km

Mapa de carreteras Michelin n° 574-F38

por la carretera GI 554 Norte : 2,5 km y desvío a la derecha 1 km

Masia La Palma

Veïnat de la Palma ✉ 17468 Orfes – ✆ 972 19 31 37 – www.masialapalma.com – cerrado 7 días en invierno

12 hab – 74 € 98 €

Rest *Sa Poma* – ver selección restaurantes

Masía de 1830 emplazada en plena montaña, en un fantástico entorno natural donde reina el silencio. Ofrece un salón social con chimenea y varios tipos de habitaciones, todas de confort actual.

X **Sa Poma** – Hotel Masia La Palma

Veïnat de la Palma ✉ 17468 Orfes – ✆ 972 19 31 37 – www.masialapalma.com – cerrado enero

Carta 30/40 €

Acogedor restaurante de ambiente rústico en el que proponen una carta de tradicionales raíces catalanas... eso sí, con algún que otro interesante toque mallorquín.

ÓRGIVA
Granada – 5 739 h. – Alt. 450 m – Ver mapa regional n° **1-D1**
Madrid 485 km – Almería 121 km – Granada 60 km – Málaga 121 km
Mapa de carreteras Michelin n° 578-V19

Taray Botánico
carret. A 348, Sur : 1,5 km ✉ 18400 – ✆ 958 78 45 25 – www.hoteltaray.com
15 hab – 50/65 € 60/70 €, 8 €
La arquitectura típica, la decoración rústica y un bello entorno arbolado se dan cita en este agradable complejo. Posee unas habitaciones renovadas de buen confort general. El restaurante, dotado con dos salas de montaje clásico, ofrece una carta tradicional.

ORÍS
Barcelona – 278 h. – Alt. 708 m – Ver mapa regional n° **9-C2**
Madrid 638 km – Girona 83 km – Barcelona 87 km – Font-Romeu 104 km
Mapa de carreteras Michelin n° 574-F36

L'Auró
carret. C 17, km 76,2 - Este : 0,5 km ✉ 08573 – ✆ 938 59 53 01 – www.restaurantauro.com – cerrado del 16 al 31 de agosto y lunes
Menú 17/60 € – Carta 32/54 € – *(solo almuerzo salvo viernes y sábado) (cena solo con reserva)*
Negocio familiar dotado con un bar, una sala para el menú y un gran comedor principal. Cocina tradicional actualizada con platos fuera de carta, así que... ¡déjese aconsejar!

OROPESA
Toledo – 2 852 h. – Alt. 420 m – Ver mapa regional n° **7-A2**
Madrid 155 km – Ávila 122 km – Talavera de la Reina 33 km
Mapa de carreteras Michelin n° 576-M14

Parador de Oropesa
pl. del Palacio 1 ✉ 45560 – ✆ 925 43 00 00 – www.parador.es
44 hab – 75/145 €, 16 € – 4 suites
Instalado en un castillo-palacio del s. XIV. Encontrará un atractivo patio, amplias zonas nobles y habitaciones de buen confort, con mobiliario actual que imita al antiguo. El comedor, con una terraza-mirador y el techo artesonado, presenta una carta regional.

ORREAGA (RONCESVALLES)
Navarra – 33 h. – Alt. 952 m – Ver mapa regional n° **17-B2**
Madrid 495 km – Iruña/Pamplona 48 km – Logroño 137 km – Donostia-San Sebastián 127 km
Mapa de carreteras Michelin n° 573-C26

Roncesvalles
✉ 31650 – ✆ 948 76 01 05 – www.hotelroncesvalles.com – marzo-diciembre
24 apartamentos – 60/70 €, 10 € – 16 hab
Ocupa la antigua Casa de los Beneficiados, que data de 1725 y está integrada en un ala de la Real Colegiata de Roncesvalles. Habitaciones y apartamentos de línea funcional. El comedor, emplazado en un restaurante anexo, centra su oferta en el menú del día.

ORUÑA
Cantabria – Ver mapa regional n° **6-B1**
Madrid 426 km – Santander 19 km – Bilbao 113 km
Mapa de carreteras Michelin n° 572-B18

Casa Setien
Barrio El Puente 5 ✉ 39477 – ✆ 942 57 52 51 – www.casasetien.com – cerrado lunes
Carta 30/45 €
Restaurante de amplias instalaciones dotado con un bar-mesón, donde sirven el menú del día, y dos grandes salones, uno rústico y el otro clásico-actual, dando paso este último a una terraza acristalada. Cocina tradicional y de mercado.

OSUNA

Sevilla – 17 820 h. – Alt. 328 m – Ver mapa regional n° **1-B2**

Madrid 489 km – Córdoba 85 km – Granada 169 km – Málaga 123 km

Mapa de carreteras Michelin n° 578-U14

La Casona de Calderón

pl. Cervantes 16 ✉ 41640 – ✆ 954 81 50 37 – www.casonacalderon.es

15 hab – 55/69 € 73/80 €

Entre sus muchos detalles, esta preciosa casa del s. XVII cuenta con un acogedor patio, diversas esculturas, una fuente, un pozo y todas las habitaciones personalizadas. Su restaurante está vestido con una curiosa colección de grabados del s. XVIII y ofrece una carta tradicional.

Las Casas del Duque

Granada 49 ✉ 41640 – ✆ 954 81 58 27 – www.lacasadelduque.com

16 hab – 40/50 € 55/70 €

En una calle tranquila y cercana al centro. Aquí encontrará dos patios cubiertos, que funcionan como zona social, y unas confortables habitaciones de ambiente clásico-actual.

OURENSE

107 542 h. – Alt. 125 m – Ver mapa regional n° **13-C3**

Madrid 499 km – Ferrol 198 km – A Coruña 183 km – Santiago de Compostela 111 km

Mapa de carreteras Michelin n° 571-E6

ESPAÑA

NH Ourense

Celso Emilio Ferreiro 24 ✉ 32004 – ✆ 988 60 11 11 – www.nh-hotels.com Plano : B1**a**

41 hab – 72/149 €, 12 €

Un edificio clásico que hoy convive con estructuras contemporáneas de vidrio y acero. Posee un moderno hall y habitaciones actuales, todo con una iluminación bastante cuidada.

Carrís Cardenal Quevedo

Cardenal Quevedo 28 ✉ 32004 – ✆ 988 37 55 23 – www.carrishoteles.com Plano : B1**b**

39 hab – 63/200 € 63/230 €, 10 €

Céntrico y de marcado carácter urbano. En conjunto, se presenta con un estilo actual-funcional y unas habitaciones bien equipadas, las de la última planta algo más amplias.

Nova (Julio Sotomayor y Daniel Guzmán)

Valle Inclán 5 ✉ 32003 – ✆ 988 21 79 33 – www.novarestaurante.com – cerrado 7 días en enero, 21 días en agosto, domingo noche y lunes Plano : B1**x**

Menú 28/56 € – *(solo menú)*

¡Una apuesta fresca y sugerente! Presenta un espacio de estética actual que, bajo el concepto "Art Nova", está abierto a su uso en exposiciones temporales. Los jóvenes cocineros, que son primos y centran su trabajo en económicos menús, proponen una cocina de raíces locales puesta al día en técnicas y presentaciones.

→ Ravioli de centollo y puré de zanahoria. Arroz cremoso de bacalao y guisantes. La bica de plátano.

A Taberna

Julio Prieto Nespereira 32 ✉ 32005 – ✆ 988 24 33 32 – www.ataberna.com – cerrado Semana Santa, del 12 al 31 de agosto, domingo noche y lunes salvo festivos Plano : A2**a**

Menú 30 € – Carta 24/49 €

Llevado por un amable matrimonio. En sus salas, de ambiente rústico, le propondrán una carta tradicional que se suele ver enriquecida con interesantes sugerencias de palabra.

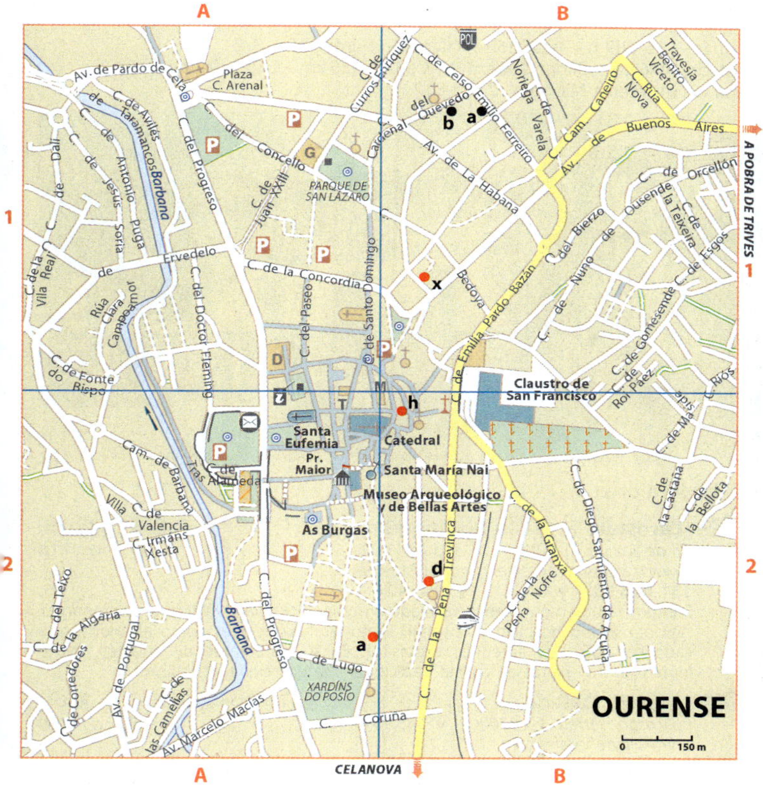

Adega San Cosme (Casa Sindo)

pl. de San Cosme 2 ✉ 32005 – ✆ 988 24 88 00 – cerrado del 8 al 28 de agosto y domingo Plano : B2**d**

Carta 30/45 €

¡De cuidado ambiente rústico! Su cocina está basada en productos de la tierra, como la Paletilla de cabrito asada, y de caza en temporada, como la Perdiz o el Conejo de monte.

Porta da Aira

Fornos 2 ✉ 32005 – ✆ 988 25 07 49 – cerrado del 15 al 30 de septiembre, domingo noche y lunes Plano : B2**h**

Tapa 6 € – Ración aprox. 15 €

Bar de tapas muy conocido en la ciudad por sus Huevos rotos, la especialidad de la casa. Posee algunas mesas junto a la barra y ofrece una buena selección de vinos por copas.

en Coles por la av. de La Habana - Curros Enriquez AB-1 : 8 km

– Ver mapa regional n° 13-C3

Casa Grande de Soutullo

Soutullo de Abaixo ✉ 32152 Soutullo de Abaixo – ✆ 988 20 56 11 – www.pazodesoutullo.com

8 hab – 70/90 €, 8 €

Instalado en un pazo familiar del s. XVIII. Dispone de un bello patio, una cálida zona social con chimenea y amplias habitaciones que combinan la piedra vista, la madera y el mobiliario de época. ¡Todo se decora con óleos de la propietaria!

OVIEDO

Asturias – 225 089 h. – Alt. 236 m – Ver mapa regional n° **3-B1**
Madrid 446 km – Bilbao 306 km – A Coruña 326 km – Gijón 29 km
Mapa de carreteras Michelin n° 572-B12

M. Galan / age fotostock

Alojamientos

ESPAÑA

Eurostars H. De la Reconquista

Gil de Jaz 16 ✉ 33004 – ✆ 985 24 11 00 Plano : A1**p**
– www.eurostarshoteldelareconquista.com
131 hab – 90/125 € 105/140 € – 11 suites
Suntuoso hotel-monumento instalado en un edificio del s. XVIII que, en su origen, funcionó como hospicio y hospital. Tanto las habitaciones como el salón porticado son joyas de auténtica exquisitez. En su restaurante de carácter polivalente elaboran platos de cocina tradicional e internacional actualizada.

Ayre H. Oviedo

Policarpo Herrero ✉ 33006 – ✆ 985 96 47 77 Plano : A2**w**
– www.ayrehoteles.com
138 hab – 66/297 €, 12 € – 12 suites
Tiene una fachada espectacular, no en vano forma parte del Palacio de Exposiciones y Congresos diseñado por el genial arquitecto Santiago Calatrava. Sus modernísimas instalaciones están definidas por la luminosidad, la amplitud y el diseño.

AC Forum Oviedo

pl. de los Ferroviarios ✉ 33003 – ✆ 985 96 54 88 Plano : A1**h**
– www.ac-hotels.com
155 hab – 56/65 € 80/100 €, 14 €
Moderno edificio instalado junto a la estación de tren. Presenta una amplia zona social, diversas salas de reuniones y habitaciones de completo equipamiento. El restaurante, en la 2ª planta y de línea actual-funcional, destaca por las vistas desde su terraza.

Princesa Munia

Fruela 6 ✉ 33007 – ✆ 984 28 55 80 Plano : B1-2**a**
– www.fruelahoteles.com
23 hab – 59/150 € 62/180 €, 12 €
Tras su preciosa fachada clásica, que data del s. XIX, encontrará un edificio de línea actual... eso sí, con muchos detalles de interiorismo y habitaciones bien equipadas.

Nap

José Ramón Zaragoza 6 , por av. de Galicia A2 ✉ 33013 – ✆ 985 08 08 00
– www.naphotel.es
38 hab – 40/70 € 80/100 €, 5 € – 2 suites
Hotel de última generación dominado por las nuevas tecnologías. Ofrece unas habitaciones bien equipadas y de línea actual, destacando sus baños con bañera o columna de hidromasaje.

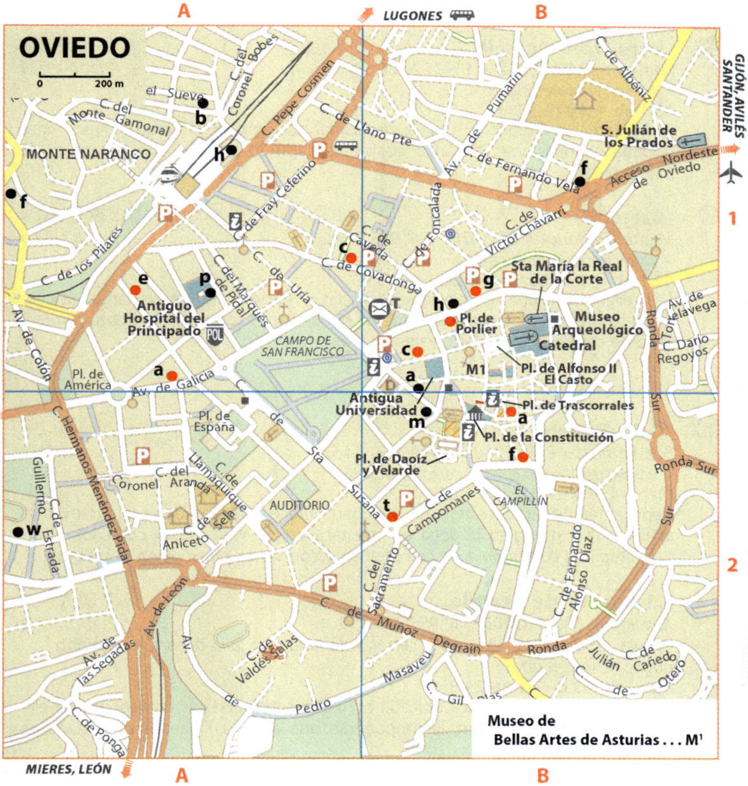

Fruela

Fruela 3 ✉ 33007 – ✆ 985 20 81 20 — Plano : B2**m**
– www.fruelahoteles.com
28 hab – 50/128 € 50/150 €, ☕ 10 €
Su atractiva fachada, que está restaurada, da paso a un hotel bastante actual, con una concurrida cafetería pública. Habitaciones bien equipadas y con cierto diseño, las cuatro de la 5ª planta abuhardilladas y con los techos en madera.

Campus

Fernando Vela 13 ✉ 33001 – ✆ 985 11 16 19 — Plano : B1**f**
– www.aparthotelcampus.es
64 apartamentos – 49/150 €, ☕ 8,50 €
¡Estudios y apartamentos con funcionamiento hotelero! En líneas generales poseen una decoración funcional y un adecuado equipamiento, todos con cocina y baños completos. Correcto hall y cafetería como únicas zonas nobles.

El Magistral

Jovellanos 3 ✉ 33003 – ✆ 985 20 42 42 — Plano : B1**h**
– www.magistralhoteles.com
52 hab – 44/125 € 44/200 €, ☕ 7 €
Resulta moderno y está dotado de unas confortables habitaciones, unas de diseño moderno y la mayoría de línea clásica actual. Correcto hall-recepción y pequeña cafetería, con carta tipo snack y menú.

Ayre H. Alfonso II
Ramiro I-30 ✉ 33012 – ✆ 985 27 76 60 – www.ayrehoteles.com
Plano : A1**f**
18 hab – 👥49/300 €, ☕ 12 € – 1 suite
Hotel tipo villa situado en una zona residencial próxima al centro. Ofrece unas cuidadas habitaciones de línea clásica, destacando la suite con terraza de la última planta.

Carreño
Monte Gamonal 4 ✉ 33012 – ✆ 985 11 86 22 – www.hotelcarreno.com
Plano : A1**b**
42 hab – 👤38/50 € 👥45/75 €, ☕ 5 €
Se presenta con unas instalaciones sencillas y funcionales... sin embargo, en conjunto se muestra bastante cuidado. Las habitaciones son muy correctas, con lencería de calidad y notables niveles de mantenimiento.

Restaurantes

Casa Fermín
San Francisco 8 ✉ 33003 – ✆ 985 21 64 52 – www.casafermin.com – cerrado domingo
Plano : B1**c**
Menú 45/65 € – Carta 44/64 €
Negocio familiar con prestigio en la ciudad. Ofrece una carta de cocina tradicional actualizada y una gran bodega que destaca por su variedad. El comedor, atractivo, amplio y confortable, se complementa con varios privados en el sótano.

El Asador de Aranda
Jovellanos 19 ✉ 33003 – ✆ 985 21 32 90 – www.asadordearanda.com – cerrado domingo en julio-agosto y domingo noche resto del año
Plano : B1**g**
Menú 30/45 € – Carta 29/36 €
Ocupa una casona histórica ubicada en pleno centro. En sus comedores, de elegante ambiente castellano, le propondrán una oferta culinaria especializada en asados. ¡Buen menú!

Casa Conrado
Argüelles 1 ✉ 33003 – ✆ 985 22 39 19 – www.casaconrado.com – cerrado domingo
Plano : B1**h**
Menú 28 € – Carta 26/57 €
Fabes con almejas, Pote asturiano, Lubina al estilo de Cudillero... una cita obligada para los amantes de la gastronomía asturiana. Presenta unas instalaciones clásicas y una carta variada, algo que sabe agradecer su elegante clientela.

Ca'Suso
Marqués de Gastañaga 13 ✉ 33009 – ✆ 985 22 82 32 – www.ca-suso.com – cerrado 7 días en febrero, 21 días en agosto, domingo y lunes en julio y agosto, domingo noche, lunes y martes noche resto del año
Plano : B2**f**
Menú 16/42 € – Carta 35/52 €
Llevado entre dos hermanos y en pleno casco antiguo. Disfruta de unas instalaciones reducidas pero coquetas, con un estilo neorrústico muy acogedor. Su atractiva carta de cocina tradicional actualizada está compensada con varios menús.

Casa Arturo
pl. de San Miguel 1 ✉ 33007 – ✆ 985 22 94 88 – www.asadorcasaarturo.com – cerrado domingo en verano y domingo noche resto del año
Plano : B2**t**
Carta 30/46 €
Marco neorrústico, tipo asador, con la parrilla vista. Aunque su especialidad son las carnes también ofrecen sabrosos platos asturianos, arroces, bacalaos, pescados del día...

La Goleta
Covadonga 32 ✉ 33002 – ✆ 985 21 38 47 Plano : A1**c**
– www.lagoleta.com – cerrado domingo y lunes noche
Menú 25/34 € – Carta 31/57 €
¡La filial marinera de Casa Conrado! Cálido marco cuya característica decoración anuncia una cocina basada en productos del mar. Bar en planta baja y comedor en el 1er piso.

Married Cocina
pl. Trascorrales 19 ✉ 33009 – ✆ 984 28 36 44 Plano : B2**a**
– www.marriedcocina.eu
Menú 45 € – *(cerrado domingo noche y lunes)* (es necesario reservar) *(solo menú)*
Pequeño restaurante ubicado en una plazoleta tras el Ayuntamiento. Su chef-propietario apuesta por un único menú de cocina actual, con detalles regionales e internacionales.

Gloria (N)
Cervantes 24 ✉ 33004 – ✆ 984 83 42 43 – cerrado domingo noche Plano : A1**e**
Ración aprox. 12 € – Menú 18 €
Sencillez, proximidad, tradición... Esta "Casa de comidas" es la propuesta más popular del chef asturiano Nacho Manzano, que apuesta por las tapas y los platos para compartir.

Naguar
av. de Galicia 14 ✉ 33005 – ✆ 984 28 50 80 Plano : A1**a**
– www.naguar.es – cerrado domingo en verano y domingo noche resto del año
Tapa 9 € – Ración aprox. 17 € – *(solo almuerzo salvo viernes y sabado)*
¡Un gastrobar con notable personalidad! Presenta una gran barra y un moderno comedor, donde podrá descubrir una carta de tinte actual con opciones económicas de calidad... como el menú del día, el brunch del domingo o su menú degustación.

en Colloto Noreste : 4 km

Palacio de la Viñona
Julián Clavería 14, por La Tenderina ✉ 33010 Colloto – ✆ 985 79 33 99
– www.palaciovinona.com
15 hab – 55/95 € 55/125 €, 8 €
Una estancia encantadora entre el campo y la ciudad. Ocupa una casona del s. XVIII que ha sido reformada con acierto para lograr unos interiores acogedores y alegres. Organización familiar y elevado nivel de confort.

en La Manjoya Sur : 7 km

Castillo del Bosque la Zoreda
La Manjoya, por la carretera de Mieres A2 ✉ 33170 La Manjoya
– ✆ 985 96 33 33 – www.castillodelbosquelazoreda.com
25 hab – 85/450 €
Tranquilo palacete, a modo de castillo, rodeado de árboles y bellos jardines. Atesora unas elegantes habitaciones, destacando las tipo dúplex y la del torreón, así como un restaurante de línea clásica, donde ofrecen una cocina tradicional con platos actuales.

OYARZUN → Ver Oiartzun
Guipúzcoa

PADRÓN
A Coruña – 8 707 h. – Alt. 5 m – Ver mapa regional n° **13-B2**
Madrid 634 km – A Coruña 94 km – Ourense 135 km – Pontevedra 37 km
Mapa de carreteras Michelin n° 571-D4

Chef Rivera
enlace Parque 7 ✉ 15900 – ✆ 981 81 04 13 – www.chefrivera.com
Menú 14/29 € – Carta 24/45 € – *(cerrado domingo noche, lunes noche y festivos noche salvo agosto)*
17 hab – 29/44 € 47/55 €, 4 €
Posee un comedor clásico, un privado y una bodega que destaca por sus Oportos. En la carta, tradicional e internacional, también encontrará diversos mariscos y platos de caza. El negocio se complementa con un salón de banquetes y unas correctas habitaciones.

A Casa dos Martínez

Longa 7 ✉ 15900 – ✆ 981 81 05 77 – cerrado lunes
Menú 20/35 € – Carta 21/35 € – *(solo almuerzo salvo viernes, sábado y verano)*
Se halla en el casco antiguo y presenta una sala de línea actual, decorando un lateral a modo de biblioteca gastronómica. Cocina de mercado y gallega con toques actuales.

Lo PAGÁN → Ver San Pedro del Pinatar
Murcia

PÁGANOS
Álava – 63 h. – Ver mapa regional n° **18-A2**
Madrid 367 km – Vitoria-Gasteiz 44 km – Logroño 22 km – Iruña/Pamplona 105 km
Mapa de carreteras Michelin n° 573-E22

Héctor Oribe

Gasteiz 8 ✉ 01309 – ✆ 945 60 07 15 – www.hectororibe.es – cerrado 20 diciembre-15 enero, del 1 al 15 de julio y lunes
Menú 19/36 € – Carta 26/41 € – *(solo almuerzo salvo sábado)*
Presenta una barra de apoyo, una sala rústica-funcional y una pequeña bodega vista. Cocina de base tradicional con algún toque creativo y materias primas de su propia huerta.

ESPAÑA

Los PALACIOS Y VILLAFRANCA
Sevilla – 37 936 h. – Alt. 12 m – Ver mapa regional n° **1-B2**
Madrid 529 km – Cádiz 94 km – Huelva 120 km – Sevilla 33 km
Mapa de carreteras Michelin n° 578-U12

Manolo Mayo

av. de Sevilla 29 ✉ 41720 – ✆ 955 81 10 86 – www.manolomayo.com
45 hab – 44/55 € 55/93 €, 5 €
Rest *Manolo Mayo* – ver selección restaurantes
Hotel de línea clásica-funcional dotado con un correcto hall-recepción y unas habitaciones de completo equipamiento, la mayoría amplias. La cafetería, de carácter polivalente, se presenta como la única zona social.

Manolo Mayo – Hotel Manolo Mayo

av. de Sevilla 29 ✉ 41720 – ✆ 955 81 10 86 – www.manolomayo.com
Menú 33 € – Carta 25/37 €
Se halla dentro del hotel homónimo y atesora cierto prestigio, no en vano suele llenarse a diario. Ofrece un bar de tapas y un comedor clásico, donde le propondrán una cocina tradicional con algún plato creativo y dos menús degustación.

PALAFRUGELL
Girona – 22 942 h. – Alt. 87 m – Ver mapa regional n° **10-B1**
Madrid 724 km – Barcelona 124 km – Girona 44 km
Mapa de carreteras Michelin n° 574-G39

Pa i Raïm

Torres Jonama 56 ✉ 17200 – ✆ 972 30 45 72 – www.pairaim.com – cerrado del 19 al 27 de diciembre, domingo noche, lunes y martes salvo julio-agosto
Menú 22/50 € – Carta 28/48 €
¡En la antigua casa del escritor Josep Pla! Ofrece una sala clásica, otra tipo jardín de invierno y una coqueta terraza presidida por dos tilos centenarios. Su carta de temporada combina los platos tradicionales con otros más actuales.

PALAMÓS
Girona – 17 830 h. – Ver mapa regional n° **10-B1**
Madrid 716 km – Barcelona 118 km – Girona 47 km – Lleida 256 km
Mapa de carreteras Michelin n° 574-G39

Trias

passeig del Mar ✉ 17230 – ✆ 972 60 18 00 – www.grupandilana.com
83 hab – 70/170 € 90/205 €
Se presenta como un clásico aunque está bien actualizado, con detalles coloniales, marineros y mediterráneos. Habitaciones espaciosas, la mayoría con terraza y vistas al mar. En el comedor, luminoso y con dos salas anexas, encontrará una cocina tradicional.

La Gamba

pl. Sant Pere 1 ✉ 17230 – ✆ 972 31 46 33 – www.lagambapalamos.com – cerrado 15 días en noviembre, 15 días en febrero y miércoles salvo verano
Carta 35/60 € – *(solo almuerzo en invierno salvo viernes y sábado)*
Disfruta de dos coquetas terrazas y una sala muy original construida por la compañía "Eiffel", con profusión de hierro y las paredes en ladrillo visto. Extensa carta marinera.

La Salinera N

av. 11 Setembre 93 ✉ 17230 – ✆ 972 31 64 74 – www.salinera.es – cerrado 2 noviembre-2 diciembre ,enero-mayo salvo fines de semana y festivos,lunes en junio, septiembre y octubre
Menú 29/38 € – Carta 31/46 € – *(solo almuerzo salvo viernes y sábado)*
Un restaurante que emana carácter... no en vano, ocupa un local, con parte de los techos abovedados, que en su día sirvió como fábrica de salazón. Atesoran sus propios viveros y presentan una carta especializada en pescados y mariscos, siempre de la zona.

La Fàbrica del Gel N

pl. Sant Pere 6 ✉ 17230 – ✆ 972 60 04 08 – www.lafabricadelgel.com – cerrado 15 febrero-15 marzo, domigo noche y miércoles salvo verano y festivos
Menú 20/37 € – Carta 35/50 €
Negocio familiar dotado con una elegante terraza y dos salas de cuidado montaje, ambas abovedadas. Cocina tradicional de calidad, con pescados del día e interesantes menús.

ESPAÑA

La Menta N

Tauler i Servià 1 ✉ 17230 – ✆ 972 31 47 09 – www.restaurantlamenta.com – cerrado 14 noviembre-1 diciembre, 29 febrero-11 marzo, martes noche y miércoles
Menú 16/27 € – Carta 45/60 €
Llevado por un amable matrimonio y dotado con dos salas, a diferentes alturas, de ambiente clásico-familiar. Cocina mediterránea con platos de sabor auténtico e identificable.

en La Fosca Noreste : 2 km

Áncora

Josep Pla 43 ✉ 17230 Palamós – ✆ 972 31 48 58 – www.hotelancora.net
46 hab – 61/90 € 90/135 €
Hotel de línea funcional que destaca por sus cuidados exteriores, con mini golf, jardín y piscina. Presenta unas habitaciones bastante luminosas y un agradable restaurante dominado por los tonos blancos, con terraza y una oferta culinaria de tinte tradicional.

al Noroeste 4 km

Finca Bell-Lloc N

camí de Bell-Lloc 63 ✉ 17230 – ✆ 972 31 62 03 – www.fincabell-lloc.com – cerrado 9 diciembre-enero
6 hab – 130/160 € 140/220 €
Recupera una antigua casa ampurdanesa, rodeada de naturaleza, en la que se combinan los detalles tradicionales y de diseño. Encontrará habitaciones amplias y agradables, un comedor para los clientes alojados y... ¡una bodega que sorprende por su arquitectura!

en la carretera de playa Castell por la carretera de Palafrugell C 31 - Norte : 4,5 km

La Malcontenta

Paratge Torre Mirona-Platja Castell 12 ✉ 17230 Palamós – ✆ 972 31 23 30 – www.lamalcontentahotel.com – 15 marzo-15 octubre

14 hab – 260/345 € – 4 suites

Rest *La Malcontenta* – ver selección restaurantes

Resulta realmente atractivo, pues ocupa una masía fortificada del s. XVI que destaca por su emplazamiento, en un paraje protegido y rodeado de rutas forestales. Atesora un entorno ajardinado y magníficas habitaciones, todas amplias y con mobiliario de calidad.

La Malcontenta – Hotel La Malcontenta

Paratge Torre Mirona-Platja Castell 12 ✉ 17230 Palamós – ✆ 972 31 23 30 – www.lamalcontentahotel.com – 15 marzo-15 octubre

Menú 36/58 € – Carta 38/52 € – *(cerrado domingo noche y lunes salvo verano)*

En su sala, amplia, elegante y de agradable ambiente clásico, le propondrán una cocina tradicional no exenta de personalidad, bien actualizada y fiel a los productos locales.

PALAU-SATOR

Girona – 306 h. – Alt. 20 m – Ver mapa regional n° **10-B1**

Madrid 733 km – Girona 39 km – Barcelona 133 km – Perpignan 102 km

Mapa de carreteras Michelin n° 574-G39

Mas Pou

pl. de la Mota 4 ✉ 17256 – ✆ 972 63 41 25 – www.maspou.com – cerrado 7 enero-7 febrero, domingo noche salvo julio-agosto y lunes

Menú 23/40 € – Carta 20/45 €

Instalado en una típica casa de pueblo catalana que hoy se enriquece, en un anexo, con un singular Museo Rural dedicado a la labranza. Reparte los comedores por el edificio a modo de privados y propone una cocina regional rica en guisos.

PALAU-SAVERDERA

Girona – 1 461 h. – Alt. 78 m – Ver mapa regional n° **9-D3**

Madrid 742 km – Barcelona 157 km – Girona 60 km – Perpignan 74 km

Mapa de carreteras Michelin n° 574-F39

Niu de Sol

Nou 34 ✉ 17495 – ✆ 671 60 03 03 – www.hotelruralpalau.com

8 hab – 69/139 € 79/159 €

Casa rehabilitada que presenta por un lado el hotel y por otro el turismo rural. Salón social con chimenea, agradable biblioteca y amplias habitaciones, las del 2º piso con balconcito. Ambos establecimientos comparten el comedor, enfocado al cliente alojado.

El Cau de Palau

La Costa 19 ✉ 17495 – ✆ 671 60 03 03 – www.hotelruralpalau.com

5 hab – 69/139 € 79/159 €

Disfruta de un buen confort general y comparte tanto espacios como servicios con el hotel Niu de Sol. Encontrará una decoración muy familiar, definida por la combinación de los estilos rústico, regional y mediterráneo. Habitaciones personalizadas y con vistas.

PALENCIA

80 649 h. – Alt. 781 m – Ver mapa regional n° **8-B2**

Madrid 235 km – Burgos 88 km – León 128 km – Santander 203 km

Mapa de carreteras Michelin n° 575-F16

ESPAÑA

Castilla Vieja

av. Casado del Alisal 26 ✉ *34001* – ✆ *979 74 90 44* Plano : B1**x**
– *www.hotelessuco.com*
60 hab – 45/120 €, ☕ 10 € – 9 suites
Resulta céntrico, posee amplias habitaciones de línea clásica y ofrece salones de buena capacidad, siendo todo actualizado poco a poco. El restaurante, que apuesta por la cocina tradicional, se complementa con una espaciosa cafetería.

Diana Palace

av. de Santander 12 ✉ *34003* – ✆ *979 01 80 50* Plano : B1**a**
– *www.eurostarsdianapalace.com*
65 hab – 50/299 €, ☕ 10 €
Este hotel compensa su reducida zona social con unas habitaciones bastante bien equipadas, amplias y de estética actual, todas con los suelos en tarima y modernos aseos.

AC Palencia

av. de Cuba 25, por av. de Cuba B1 ✉ *34004* – ✆ *979 16 57 01*
– *www.ac-hotels.com*
63 hab – 50/90 €, ☕ 11 € – 2 suites
Posee el sello de la cadena, con suficientes zonas comunes y una atenta organización acostumbrada a trabajar con clientes de empresa. Amplias habitaciones con los suelos en parquet, mobiliario escogido y baños actuales.

Palacio Congresos

Clara Campoamor 13, por av. de Santander B1 ✉ 34003 – ☎ 979 10 07 61 – www.hotelpalaciocongresos.com

48 hab – 🛉40/75 € 🛉🛉45/100 €, ☕ 8 €

Ubicado en una zona residencial próxima a las estaciones de trenes y autobuses. Disfruta de unas instalaciones modernas, luminosas y funcionales, con una sencilla cafetería.

Pepe´s

av. Manuel Rivera 16 ✉ 34002 – ☎ 979 10 06 50 Plano : B2**c**

– www.casapepes.es – cerrado del 1 al 26 de agosto y lunes

Menú 25/50 € – Carta 33/60 €

¡Amabilidad y productos de calidad! Encontrará un concurrido bar y un comedor castellano en dos niveles, donde ofrecen una completa carta tradicional con pescados y mariscos.

Casa Lucio

Don Sancho 2 ✉ 34001 – ☎ 979 74 81 90 Plano : B2**s**

– www.restaurantecasalucio.com – cerrado del 1 al 15 de julio y domingo noche

Menú 25/36 € – Carta 24/45 €

Un restaurante de atenta gestión familiar y montaje clásico-actual que decora sus paredes con pinturas de un artista local. Cocina tradicional no exenta de actualizaciones.

Asador La Encina

Casañé 2 ✉ 34002 – ☎ 979 71 09 36 Plano : B2**m**

– www.asadorlaencina.com – cerrado 15 días en agosto y domingo noche salvo vísperas de festivos

Carta 27/40 €

Su fama le precede, pues aquí elaboran una de las mejores tortillas de patata de España. Se presenta con las características propias de un asador, aunque algo más moderno.

ESPAÑA

Isabel

Valentín Calderón 6 ✉ 34001 – ☎ 979 74 99 98 Plano : B1**b**

– cerrado 1ª quincena de marzo, 2ª quincena de septiembre, domingo noche y lunes

Menú 13 € – Carta 22/30 €

Este negocio familiar, donde atienden con extraordinaria amabilidad, disfruta de un pequeño bar que usan como zona de espera y un íntimo comedor de línea clásica. Proponen una cocina tradicional bien elaborada y honesta... sin sobresaltos.

Casa Lucio

Don Sancho 2 ✉ 34001 – ☎ 979 74 81 90 Plano : B2**s**

– www.restaurantecasalucio.com – cerrado del 1 al 15 de julio y domingo noche

Tapa 1,20 € – Ración aprox. 6 €

Acogedor bar de tapas de ambiente rústico-regional en el que se alude, levemente, al mundo de la tauromaquia. Ofrece una barra bien surtida e interesantes menús para tapear.

El PALMAR (Playa de) → Ver Vejer de la Frontera

Cádiz

El PALMAR → Ver Murcia

Murcia

El PALO → Ver Málaga

Málaga

PALS

Girona – 2 740 h. – Alt. 55 m – Ver mapa regional n° **10**-B1

▶ Madrid 731 km – Girona 44 km – Barcelona 130 km – Perpignan 100 km

Mapa de carreteras Michelin n° 574-G39

Can Poch

carret. dels Masos de Pals, Noreste : 1 km ✉ 17256 – ☎ 972 63 63 98 – www.canpoch.com

6 hab ☕ – 🛉90/120 € 🛉🛉165/200 €

¡Ideal para familias! Presenta unas instalaciones bastante cuidadas, en el campo pero no muy lejos de las playas, así como varios tipos de habitaciones a modo de apartamentos.

XX **Es Portal**

carret. de Torroella de Montgrí, Norte : 1,7 km ✉ 17256 – ☎ 972 63 65 96 – www.esportalhotel.com – cerrado noviembre
Menú 35/50 € – Carta 40/60 € – *(cerrado martes en invierno y lunes salvo agosto)*
9 hab – 95/135 € 115/155 €
Formidable masía rehabilitada e integrada en el bello entorno natural del Baix Empordà. En sus comedores, de ambiente rústico, le propondrán una cocina tradicional y regional con platos actualizados. Como complemento, también ofrecen coquetas habitaciones.

XX **Vicus**

Enginyer Algarra 51 ✉ 17256 – ☎ 972 63 60 88 – www.vicusrestaurant.com – cerrado 15 enero-15 marzo y martes salvo julio-agosto
Menú 19/43 € – Carta 31/54 €
Restaurante de origen familiar que hoy se presenta con un aspecto actual. Ofrece una cocina creativa, con entrantes a base de pequeñas raciones, arroces y pescados del día.

XX **Sol Blanc** N

carret. Torroella de Montgrí, Norte : 1,5 km ✉ 17256 – ☎ 972 66 73 65 – www.restaurantsolblanc.com – cerrado del 10 al 30 de noviembre, del 5 al 15 de marzo, martes y miércoles salvo julio-agosto
Carta 35/50 €
¡Masía del s. XIX ubicada en pleno campo! Cocina de temporada, y base tradicional, que se preocupa por recuperar el recetario regional y ensalzar los productos de proximidad.

ESPAÑA

en la playa

Sa Punta

Este, 6 km ✉ 17256 Pals – ☎ 972 66 73 76 – www.hotelsapunta.com
30 hab – 80/160 € 100/240 €, 13 € – 3 suites
Rest *Sa Punta* – ver selección restaurantes
Hotel de gestión familiar ubicado en una zona de playa. Presenta unos niveles de mantenimiento realmente impecables, varias salas de carácter polivalente y unos cuidados exteriores, con un agradable porche junto a la piscina de agua de mar.

XXX **Sa Punta** – Hotel Sa Punta

Este, 6 km ✉ 17256 Pals – ☎ 972 66 73 76 – www.hotelsapunta.com
65 € – Carta 47/70 € – *(cerrado 20 días en noviembre)*
¡Un restaurante con solera y prestigio! Recrea un interior de elegante ambiente clásico, con una bodega acristalada, un privado y un comedor bien asomado al jardín. Cocina clásica con pescados frescos de la lonja y buen menú degustación.

PAMPLONA → Ver Iruña

Navarra

PANCAR → Ver Llanes

Asturias

PANES

Asturias – Alt. 50 m – Ver mapa regional n° 3-C2
Madrid 427 km – Oviedo 128 km – Santander 89 km
Mapa de carreteras Michelin n° 572-C16

en Alevia Noroeste : 3 km – Ver mapa regional n° 3-C2

Casona d'Alevia

✉ 33579 Alevia – ☎ 985 41 41 76 – www.casonadalevia.com – cerrado enero
9 hab – 64/72 € 80/90 €, 9 €
Bella casona en piedra ubicada en una preciosa aldea de montaña. Ofrece habitaciones muy detallistas, con profusión de madera y mobiliario de época en la mayoría de los casos.

en la carretera de Cangas de Onís Oeste : 9 km

Casa Julián

33578 Niserias – 985 41 57 97 – www.casajulian.com – cerrado 15 diciembre-febrero
Menú 16 € – Carta 26/38 € **4 hab** – 35/45 € 50/70 €
Está llevado en familia y destaca por su emplazamiento, pues se encuentra sobre el río Cares... ¡con excelentes vistas desde algunas mesas! Aquí encontrará una cocina casera con predominio de platos asturianos. En el piso superior ofrecen cuatro habitaciones muy correctas, todas con magníficas terrazas.

en Alles por la carretera de Cangas de Onís - Oeste : 10,5 km

La Tahona de Besnes

Besnes 33578 Alles – 985 41 56 41 – www.latahonadebesnes.es
13 hab – 50/80 € – 5 apartamentos
¡Ideal para aislarse en plena naturaleza! Este atractivo conjunto rural se reparte entre varias edificaciones de piedra, ofreciendo una correcta zona social, unas cuidadísimas habitaciones de aire rústico-moderno y un modesto restaurante de cocina tradicional. Las casas anexas funcionan como apartamentos.

PANTICOSA

Huesca – 765 h. – Alt. 1 185 m – Ver mapa regional n° **2-C1**
Madrid 481 km – Huesca 86 km
Mapa de carreteras Michelin n° 574-D29

ESPAÑA

Sabocos

Fondón 1 22661 – 974 48 74 88 – www.hotelsabocos.es – cerrado mayo y noviembre
26 hab – 58/70 € 79/85 €
Llevado en familia, decorado con mimo e íntimo por su tamaño. Posee un amplio guardaesquís, un acogedor salón social y correctas habitaciones de línea rústica-actual, en la planta superior abuhardilladas. ¡El restaurante solo ofrece un menú por las noches!

La Ripera

El Viero 2 22661 – 687 73 17 59 – www.laripera.com – cerrado 7 días en octubre-noviembre y lunes
Menú 22 € – Carta 36/55 €
Se encuentra en el centro del pueblo, junto a la iglesia, con un bar público a la entrada, varios comedores de cálido aire montañés y un pequeño privado. Cocina tradicional.

La PARRA

Badajoz – 1 379 h. – Alt. 536 m – Ver mapa regional n° **12-B3**
Madrid 395 km – Mérida 57 km – Badajoz 60 km – Barrancos 92 km
Mapa de carreteras Michelin n° 576-Q10

Hospedería Convento de la Parra

Santa María 16 06176 – 924 68 26 92 – www.vivedespacio.com – marzo-octubre
21 hab – 86/122 €
¡Emana autenticidad y resulta interesante para quien quiera aislarse del mundo! Las paredes encaladas definen un conjunto que ha sabido cuidar mucho los detalles, instalando sus habitaciones en las sobrias celdas del convento. El restaurante también goza de cierto encanto, con las mesas en madera natural.

PASAI DONIBANE (PASAJES DE SAN JUAN)

Guipúzcoa – 15 849 h. – Ver mapa regional n° **18-B2**
Madrid 456 km – Vitoria-Gasteiz 109 km – Donostia-San Sebastián 5 km – Iruña/Pamplona 85 km
Mapa de carreteras Michelin n° 573-C24

Casa Cámara

San Juan 79 ✉ 20110 – ✆ 943 52 36 99 – www.casacamara.com – cerrado miércoles noche en invierno, domingo noche y lunes
Menú 37/44 € – Carta 32/52 €
Casa centenaria asomada a un pequeño puerto pesquero. El comedor está presidido por un vivero, lleno de agua de mar, al que le afectan las mareas. Platos clásicos marineros.

Txulotxo

San Juan 71 ✉ 20110 – ✆ 943 52 39 52 – www.restaurantetxulotxo.com – cerrado 21 enero-5 marzo, domingo noche y martes noche
Menú 20 € – Carta 23/40 €
Al borde del mar, en la calle más pintoresca de la localidad. En su comedor principal, clásico-actual y con magníficas vistas, podrá degustar una cocina vasca y marinera. ¡Rodaballo, chipirones, marisco... todo fresco y bien tratado!

PASAIA (PASAJES DE SAN PEDRO)

Guipúzcoa – 2 781 h. – Ver mapa regional n° **18**-B2
Madrid 458 km – Bayonne 50 km – Iruña/Pamplona 84 km – Donostia-San Sebastián 6 km
Mapa de carreteras Michelin n° 573-C24

Izkiña

Euskadi Etorbidea 19 - Trintxerpe ✉ 20110 – ✆ 943 39 90 43 – www.restauranteizkina.com – cerrado del 21 al 29 de enero, Semana Santa, 17 agosto-1 septiembre, domingo noche, lunes y miércoles noche
Carta 40/68 €
Negocio familiar de 3ª generación. Presenta un bar de pinchos a la entrada y dos salas, la principal de ambiente actual-marinero. Carta especializada en pescados y mariscos.

ESPAÑA

PAU

Girona – 586 h. – Alt. 33 m – Ver mapa regional n° **9**-D3
Madrid 738 km – Barcelona 154 km – Girona 57 km – Perpignan 71 km
Mapa de carreteras Michelin n° 574-F39

Mas Lazuli (N)

Mas dels Frares, carret. de Roses, Este : 1 km ✉ 17494 – ✆ 872 22 22 20 – www.maslazuli.es – cerrado 15 enero-15 marzo
16 hab – 171/225 € 190/250 € – 1 apartamento
Rest *Mas Lazuli* – ver selección restaurantes
Parcialmente instalado en un convento-masía del s. XI que, estando rodeado de vides y olivos, hoy se presenta rehabilitado. Ofrece atractivos espacios, diversos tratamientos de relax-belleza y luminosas habitaciones, todas con vistas a la comarca del Empordà.

Mas Lazuli (N) – Hotel Mas Lazuli

Mas dels Frares, carret. de Roses, Este : 1 km ✉ 17494 – ✆ 872 22 22 20 – www.maslazuli.es – cerrado 7 enero - 27 de marzo
Menú 38/66 €
Aquí la modernidad y la rusticidad se alían a la perfección para consensuar un espacio singularmente natural, con la cocina a la vista. ¡Puede pedir los platos de sus menús!

PEDRAZA

Segovia – 438 h. – Alt. 1 073 m – Ver mapa regional n° **8**-C2
Madrid 125 km – Valladolid 116 km – Segovia 38 km – Ávila 106 km
Mapa de carreteras Michelin n° 575-I18

Hospedería de Santo Domingo

Matadero 3 ✉ 40172 – ✆ 921 50 99 71 – www.hospederiadesantodomingo.com
17 hab – 84/107 € 91/127 €
Una casa que ha conservado su estructura original. Posee una zona social en dos ambientes y confortables habitaciones, destacando las que tienen terraza y vistas a la sierra.

La Posada de Don Mariano
Mayor 14 ✉ 40172 – ✆ 921 50 98 86 – www.hoteldonmariano.com
18 hab – 🚹66/76 € 🚹🚹77/90 €, ☕ 10 €
Sereno y agradable, tanto por la fachada en piedra como por sus instalaciones. Ofrece unas coquetas habitaciones, la mayoría con mobiliario antiguo y cada una con el nombre de un paraje de la zona. En su restaurante apuestan por la cocina tradicional y local.

Hostería del Arco
Cordovilla 1 ✉ 40172 – ✆ 921 50 86 47 – www.hosteriadelarco.com
10 hab ☕ – 🚹95 € 🚹🚹115 €
Tiene la fachada en piedra, en línea con la estética medieval dominante. Posee un interior rústico-actual y habitaciones personalizadas de distinto tamaño, cuatro con terraza.

La Olma
pl. del Alamo 1 ✉ 40172 – ✆ 921 50 99 81 – www.laolma.com
Menú 37 € – Carta 28/45 € – *(solo almuerzo salvo viernes, sabádo y vísperas de festivos)*
Antigua casa de piedra dotada con varias salas de aire rústico. Proponen una cocina tradicional actualizada e interesantes menús: Buscasetas, Segoviano, el de Pedraza...

El Jardín
Calzada 6 ✉ 40172 – ✆ 921 50 98 62 – cerrado lunes salvo agosto
Menú 33/75 € – Carta 21/40 € – *(solo almuerzo salvo agosto)* (es necesario reservar para cenar)
En este restaurante castellano encontraremos un horno de asar y la sala en dos alturas. Ofrece una carta regional y agradables terrazas, todas con buenas vistas a la muralla.

ESPAÑA

Las PEDROÑERAS
Cuenca – 6 886 h. – Alt. 700 m – Ver mapa regional n° **7**-C2
Madrid 160 km – Albacete 89 km – Alcázar de San Juan 58 km – Cuenca 111 km
Mapa de carreteras Michelin n° 576-N21/-N22

Las Rejas (Manuel de La Osa)
General Borrero 49 ✉ 16660 – ✆ 967 16 10 89 – www.lasrejas.es – cerrado del 15 al 30 de junio y lunes salvo festivos
Menú 65/80 € – Carta 68/96 € – *(solo almuerzo salvo viernes y sábado)*
En esta prestigiosa casa encontrará una sala de elegante rusticidad, varios privados y una taberna gastronómica anexa. Cocina tradicional actualizada con dosis de creatividad.
→ Sopa de ajo morado de Las Pedroñeras. Bacalao con ajo negro y azafrán. Melón con yogur y coco.

El PEDROSO
Sevilla – 2 194 h. – Alt. 415 m – Ver mapa regional n° **1**-B2
Madrid 506 km – Sevilla 73 km – Córdoba 149 km – Badajoz 220 km
Mapa de carreteras Michelin n° 578-S12

Los Álamos sin ☕
carret. de Sevilla A 432, Suroeste : 0,5 km ✉ 41360 – ✆ 954 88 96 11 – www.alamosdelpedroso.wordpress.com
Menú 10 € – Carta 20/30 € **5 apartamentos** – 🚹🚹36/50 €
Negocio familiar situado a las afueras de la localidad. Presenta un bar y un pequeño comedor, con chimenea, de línea clásica-regional. Cocina casera a precios moderados. También ofrece apartamentos en un anexo, algo funcionales pero todos con chimenea.

PEDROSO DE ACIM
Cáceres – 124 h. – Ver mapa regional n° **12**-B1
Madrid 278 km – Mérida 120 km – Cáceres 50 km
Mapa de carreteras Michelin n° 576-M10

en la carretera de El Palancar Sur : 2 km

El Palancar
carret. del Palancar ✉ 10829 – ✆ 927 19 20 33 – www.elpalancar.com – cerrado del 1 al 15 de julio y lunes
Menú 25/40 € – Carta 27/60 €
Junto al curioso "conventito" de El Palancar. Ocupa una casa tipo chalet de ambiente rústico y destaca por su terraza-mirador, con impresionantes vistas sobre el Valle del Alagón. Cocina tradicional actualizada y sabrosas carnes a la brasa.

PEÑAFIEL

Valladolid – 5 578 h. – Alt. 755 m – Ver mapa regional n° **8-C2**
Madrid 184 km – Valladolid 58 km – Segovia 88 km – Palencia 77 km
Mapa de carreteras Michelin n° 575-H17

Convento Las Claras
pl. de los Comuneros 1 ✉ 47300 – ✆ 983 87 81 68 – www.hotelconventolasclaras.com
62 hab – 80/105 € 95/130 €, 10 € – 2 suites
Ocupa un convento del s. XVII que destaca tanto por sus habitaciones como por su bello claustro, este con el techo acristalado y una galería-balconada en madera. El restaurante, que ofrece una carta tradicional y un menú, está instalado en la antigua capilla.

AF Pesquera
de la Estación 1 ✉ 47300 – ✆ 983 88 12 12 – www.hotelpesquera.com
36 hab – 95/366 € 148/366 € – 2 suites
Rest *Luna Llena* – ver selección restaurantes
Un hotel de diseño moderno que ha sabido recuperar, con gran acierto, una antigua fábrica de harinas. Presenta buenos espacios sociales, varios tipos de habitaciones y una interesante vinoteca en honor al prestigioso bodeguero Alejandro Fernández.

Luna Llena – Hotel AF Pesquera
de la Estación 1 ✉ 47300 – ✆ 983 88 12 12 – www.hotelpesquera.com
Menú 35 € – Carta 26/50 € – *(solo almuerzo salvo viernes y sábado)*
Da continuidad a la estética moderna que domina en todo el hotel y apuesta por una cocina de raíces, tradicional y regional, en ambos casos con platos bien actualizados.

Molino de Palacios N
av. de la Constitución 16 ✉ 47300 – ✆ 983 88 05 05 – www.molinodepalacios.com – cerrado 15 días en enero, 7 días en julio y lunes
Carta 30/45 € – *(solo almuerzo salvo viernes y sábado)*
No lleva a engaños, pues realmente recupera un viejo molino harinero a orillas del Duratón. En sus salas, de aire rústico, ofrecen cocina regional, tradicional y de temporada.

PEÑARANDA DE BRACAMONTE

Salamanca – 6 776 h. – Alt. 730 m – Ver mapa regional n° **8-B3**
Madrid 164 km – Ávila 56 km – Salamanca 43 km
Mapa de carreteras Michelin n° 575-J14

Las Cabañas
Carmen 14 ✉ 37300 – ✆ 923 54 02 03 – www.lascabanas.es
23 hab – 42/50 € 53/70 €, 5 €
Rest *Las Cabañas - El Tostón de Oro* – ver selección restaurantes
Un hotelito céntrico, familiar y de línea actual. Presenta una moderna cafetería a la entrada, un coqueto salón social y habitaciones de buen confort, algunas con hidromasaje.

Las Cabañas - El Tostón de Oro – Hotel Las Cabañas
Carmen 14 ✉ 37300 – ✆ 923 54 02 03 – www.lascabanas.es – cerrado lunes
Menú 17/60 € – Carta 34/49 €
Casa de larga trayectoria familiar dotada con una sala en un patio interior, bajo una cúpula acristalada. Su carta tradicional tiene en el cochinillo asado su plato estrella.

PEÑARANDA DE DUERO

Burgos – 569 h. – Alt. 855 m – Ver mapa regional n° **8**-C2
Madrid 175 km – Burgos 90 km – Aranda de Duero 18 km – Segovia 137 km
Mapa de carreteras Michelin n° 575-G19

La Posada Ducal

pl. Mayor 1 ✉ 09410 – ✆ 947 55 23 47 – www.laposadaducal.com – cerrado del 13 al 26 de enero
Menú 25/60 € – Carta 28/43 € **15 hab** – 66/75 € 75/80 €
Ocupa una casa señorial y destaca por su emplazamiento, con vistas a una bonita plaza. Encontrará una pequeña cafetería y un comedor de ambiente castellano en la 1ª planta. Como complemento al negocio también ofrece unas correctas habitaciones de aire rústico.

PEÑARROYA DE TASTAVINS

Teruel – 480 h. – Ver mapa regional n° **2**-C3
Madrid 402 km – Castelló de la Plana / Castellón de la Plana 130 km – Teruel 179 km – Zaragoza 154 km
Mapa de carreteras Michelin n° 574-J30

Virgen de la Fuente (N)

camino Ermita Virgen de la Fuente, Norte : 2 km ✉ 44586 – ✆ 978 09 02 61 – www.hospederiavirgendelafuente.com – cerrado 11 enero-15 febrero
Menú 20 € – Carta 24/35 € – *(cerrado lunes y martes salvo agosto) (cena solo con reserva)*
5 hab – 62/72 € 75/85 €
Se halla en un edificio declarado Bien de Interés Cultural... no en vano, cuenta con dos ermitas, un claustro y una hospedería. En sus comedores, uno de elegante rusticidad y el otro con vistas, le propondrán una carta de cocina tradicional con opción a menús.

ESPAÑA

PEÑARRUBIAS DE PIRÓN

Segovia – 16 h. – Ver mapa regional n° **8**-C2
Madrid 117 km – Valladolid 208 km – Segovia 23 km – Avila 112 km
Mapa de carreteras Michelin n° 575-I17

Del Verde al Amarillo

camino de Pinillos ✉ 40393 – ✆ 921 49 75 02 – www.delverdealamarillo.com – cerrado del 1 al 15 de agosto
11 hab – 77/88 €
Antigua granja que, con su nombre, quiere evocar la paleta de colores presente en los campos circundantes. Disfruta de un acogedor salón social con chimenea, correctas habitaciones denominadas como las flores de la zona y una gran terraza con porche. El restaurante propone una reducida carta de sabor casero.

PEÑÍSCOLA

Castellón – 8 182 h. – Ver mapa regional n° **11**-B1
Madrid 492 km – Castelló de la Plana/Castellón de la Plana 75 km – Tarragona 131 km – València 146 km
Mapa de carreteras Michelin n° 577-K31

Estrella del Mar

av. de la Mar 31 B ✉ 12598 – ✆ 964 48 00 71 – www.hotelestrelladelmar.com – marzo-15 octubre
10 hab – 55/60 € 75/135 €
Atesora uno de los mejores emplazamientos de Peñíscola, en 1ª línea de playa y cerca del castillo. De sus modernas habitaciones destacan las seis con terraza y vistas al mar.

La PERA

Girona – 443 h. – Alt. 89 m – Ver mapa regional n° **10**-B1
Madrid 722 km – Girona 24 km – Barcelona 122 km – Perpignan 103 km
Mapa de carreteras Michelin n° 574-F38

por la carretera C 66 Este : 2 km y desvío a la derecha 0,5 km

Mas Duràn
✉ 17120 La Pera – ✆ 972 48 83 38 – www.masduran.com
6 hab – 70/85 € 75/90 €
Masía del s. XVII emplazada en pleno campo. Disfruta de unas cuidadas habitaciones, todas personalizadas, así como una atractiva zona social de ambiente familiar, donde se sirven los desayunos y las cenas a los clientes alojados. Exteriores con piscina y zona de juegos para los niños.

PERALADA

Girona – 1 920 h. – Alt. 2 m – Ver mapa regional n° **9-D3**
Madrid 731 km – Barcelona 148 km – Girona 50 km – Perpignan 58 km
Mapa de carreteras Michelin n° 574-F39

Hotel de la Font
baixada de la Font 15-19 ✉ 17491 – ✆ 972 53 85 07 – www.hoteldelafont.com
12 hab – 65/100 € 75/120 €
Antigua casa de piedra emplazada en el centro de Peralada. Posee un salón social con chimenea y habitaciones de correcto confort, combinando el mobiliario en pino con el de forja. ¡Agradable patio central, con una fuente y muchas plantas!

Cal Sagristà
Rodona 2 ✉ 17491 – ✆ 972 53 83 01 – cerrado 21 días en febrero, 21 días en noviembre, lunes noche y martes salvo julio-agosto y festivos
Carta 31/41 €
Resulta acogedor y tiene su encanto, no en vano ocupa la antigua rectoría de un céntrico convento. En el comedor, bien montado y de aire neorrústico, le ofrecerán una cocina tradicional actualizada que cuida mucho las presentaciones.

al Noreste 1,5 km

Peralada
Rocaberti ✉ 17491 Peralada – ✆ 972 53 88 30 – www.hotelperalada.com
53 hab – 130/180 € 145/195 € – 2 suites
Rest *Aires* – ver selección restaurantes
Se encuentra en un campo de golf y destaca tanto por sus atractivas habitaciones, la mitad con las paredes en tela de estilo inglés, como por sus originales ofertas terapéuticas, vitivinícolas o de relax.

Aires N – Hotel Peralada
Rocaberti ✉ 17491 Peralada – ✆ 972 53 88 30 – www.hotelperalada.com
Menú 22/62 € – Carta 35/69 €
Ocupa la antigua masía del hotel, por lo que aquí se combina la característica estética regional con un montaje actual. Cocina de base tradicional no exenta de creatividad.

PERALES DEL PUERTO

Cáceres – 979 h. – Alt. 441 m – Ver mapa regional n° **12-B1**
Madrid 306 km – Mérida 169 km – Cáceres 98 km – Castelo Branco 101 km
Mapa de carreteras Michelin n° 576-L9

Don Julio
av. Sierra de Gata 20 ✉ 10896 – ✆ 927 51 46 51 – www.casaruraldonjulio.com
9 hab – 50 € 62 €
Agradable casa familiar transformada en hotel rural. Dispone de un salón social con chimenea y amplias habitaciones, todas con detalles rústicos y baños actuales. A los niños les gusta, pues posee un jardín, huerto, gallinas, pavos...

ESPAÑA

PERAMOLA

Lleida – 361 h. – Alt. 566 m – Ver mapa regional n° **9**-B2
Madrid 567 km – Lleida/Lérida 98 km – La Seu d'Urgell/Seo de Urgel 47 km
Mapa de carreteras Michelin n° 574-F33

al Noreste 2,5 km

Can Boix

Afueras ✉ 25790 Peramola – ☎ 973 47 02 66 – www.canboix.cat
41 hab – 93/130 € 116/162 €, 13 €
Destaca por su tranquilidad y por la belleza del entorno, al pie de las sierras prepirenaicas. Correctas zonas nobles y habitaciones de buen confort, con los suelos en madera. El restaurante, de línea clásica y con chimenea, ofrece una carta de tinte regional.

PERATALLADA

Girona – 411 h. – Alt. 43 m – Ver mapa regional n° **10**-B1
Madrid 734 km – Girona 40 km – Barcelona 134 km – Perpignan 102 km
Mapa de carreteras Michelin n° 574-G39

Ca l'Aliu

Roca 6 ✉ 17113 – ☎ 972 63 40 61 – www.calaliu.com
7 hab – 53/62 € 63/73 €
Hotel rural dotado de unas acogedoras habitaciones, todas con mobiliario antiguo restaurado y algunas de ellas abuhardilladas. Reducida zona social y pequeño patio-terraza.

Bonay

pl. les Voltes 13 ✉ 17113 – ☎ 972 63 40 34 – www.bonay.com – cerrado del 9 al 25 de diciembre y lunes
Menú 25/38 € – Carta 23/35 € – *(solo almuerzo en invierno salvo viernes y sábado)*
Llevado con profesionalidad entre dos hermanos. Posee un bar en la planta baja, de donde sale el acceso a una antigua bodega, y un comedor rústico-regional en el piso superior. Carta regional ampurdanesa con apartado de caza en temporada.

El PERDIGÓN

Zamora – 774 h. – Alt. 720 m – Ver mapa regional n° **8**-B2
Madrid 243 km – Salamanca 74 km – Valladolid 88 km – Zamora 12 km
Mapa de carreteras Michelin n° 575-H12

Bodega Pámpano

Iglesia 31 ✉ 49720 – ☎ 980 57 62 17 – www.bodegapampano.com – cerrado del 9 al 15 de septiembre, domingo noche y lunes salvo festivos y verano
Menú 22 € – Carta 26/40 €
¡Muy curioso, pues ocupa una bodega con más de 300 años de antigüedad! Posee una fachada muy discreta y se accede por una angosta escalera que desciende hasta 12 metros de profundidad. La especialidad de su carta son las carnes a la brasa.

La PEREDA → Ver Llanes

Asturias

El PERELLÓ

Tarragona – 2 862 h. – Alt. 142 m – Ver mapa regional n° **9**-A3
Madrid 519 km – Castelló de la Plana/Castellón de la Plana 132 km – Tarragona 59 km – Tortosa 33 km
Mapa de carreteras Michelin n° 574-J32

La Panavera

pl. del Forn 25 ✉ 43519 – ☎ 977 49 03 18 – www.hostallapanavera.es
6 hab – 60 € 80 €
Céntrica casa de piedra que en su día funcionó como molino de aceite. Atesora unas habitaciones bien personalizadas, con mobiliario restaurado y hermosos detalles decorativos.

PETRER

Alicante – 34 757 h. – Alt. 640 m – Ver mapa regional n° **11-A3**

Madrid 380 km – Albacete 130 km – Alacant/Alicante 36 km – Murcia 82 km

Mapa de carreteras Michelin n° 577-Q27

XXX **La Sirena**

av. de Madrid 14 ✉ 03610 – ☎ 965 37 17 18 – www.lasirena.net – cerrado del 8 al 30 de agosto, domingo noche y lunes

Menú 30/60 € – Carta 32/52 €

Atesora una buena barra y tres salas de línea clásica-actual. Su carta de temporada, que combina arroces, platos tradicionales y modernos, se ve enriquecida por varios menús.

PIEDRA (Monasterio de) → Ver Nuévalos

Zaragoza

PILES

Valencia – 2 801 h. – Ver mapa regional n° **11-B2**

Madrid 423 km – València 81 km – Alacant/Alicante 107 km – Castelló de la Plana / Castellón de la Plana 163 km

Mapa de carreteras Michelin n° 577-P29

en la playa Este : 2 km

XX **GloriaMar**

av. del Mar 1 ✉ 46712 – ☎ 962 83 13 53 – www.gloriamar.es

Menú 17/33 € – Carta 24/42 € – *(solo almuerzo salvo viernes, sábado y 15 junio-15 septiembre)*

Presenta un espacio a la entrada denominado Blanc i Blau, para comidas informales, y luego el restaurante, moderno y con vistas al mar. Carta tradicional con toques creativos.

PINAR DE ANTEQUERA → Ver Valladolid

Valladolid

PINETA (Valle de) → Ver Bielsa

Huesca

El PINÓS (PINOSO)

Alicante – 7 874 h. – Alt. 450 m – Ver mapa regional n° **11-A3**

Madrid 382 km – València 156 km – Alacant / Alicante 61 km – Murcia 61 km

Mapa de carreteras Michelin n° 577-Q26

XX **El Racó de Pere i Pepa**

carret. de Jumilla 26 ✉ 03650 – ☎ 965 47 71 75 – www.racodepereipepa.com – cerrado 15 días en enero, 15 días en agosto y lunes

Menú 30/40 € – Carta 25/44 € – *(solo almuerzo salvo viernes y sábado)*

Restaurante rústico-actual llevado por un amable matrimonio. Ofrecen una cocina tradicional actualizada y regional, con hasta ocho arroces diferentes. ¡Interesantes jornadas gastronómicas, como las dedicadas a la Trufa, al Marisco, al Cochinillo segoviano...!

PINTO

Madrid – 46 870 h. – Alt. 604 m – Ver mapa regional n° **15-B2**

Madrid 23 km – Toledo 66 km – Segovia 115 km

Mapa de carreteras Michelin n° 576 y 575-L18

Indiana

Castilla 8 ✉ 28320 – ☎ 916 92 62 53 – www.hotel-indiana.com

41 hab – 45/50 € 50/60 €

Aquí encontrará unas instalaciones muy renovadas, comunicando interiormente el anexo, donde están las habitaciones de mayor amplitud y confort, con el edificio principal. ¡En temporada trabaja mucho con familias que van al Parque Warner!

ESPAÑA

PLASENCIA

Cáceres – 41 047 h. – Alt. 355 m – Ver mapa regional n° **12-C1**
Madrid 257 km – Ávila 150 km – Cáceres 85 km – Ciudad Real 332 km
Mapa de carreteras Michelin n° 576-L11

Parador de Plasencia

pl. de San Vicente Ferrer ✉ 10600 – ☎ 927 42 58 70 – www.parador.es
65 hab – ††90/180 €, ☕ 18 € – 1 suite
Magnífico, pues ocupa un convento del s. XV que aúna la austeridad dominica con un exquisito gusto decorativo. Impresionantes zonas nobles, extraordinarios claustros y mobiliario de época. El comedor, instalado en el refectorio, realza el recetario regional.

Palacio Carvajal Girón

pl. Ansano 1 ✉ 10600 – ☎ 927 42 63 26 – www.palaciocarvajalgiron.com
28 hab – ††95/170 €, ☕ 12 €
Singular, ya que ha recuperado un hermoso palacio del s. XVI. Tras su nobiliaria fachada se esconde un patio interior que funciona como zona social, una recia escalera en piedra y habitaciones de excelente nivel. El restaurante propone tanto carta como menú.

Rincón de la Magdalena

Rincón de la Magdalena 1 ✉ 10600 – ☎ 659 51 13 07 – www.rincondelamagdalena.com
6 apartamentos – ††62/109 €, ☕ 4 €
Conjunto de apartamentos emplazados en pleno centro histórico. Su organización resulta sencilla, sin embargo todos son amplios y están muy cuidados, con saloncito y cocina.

ESPAÑA

PLATJA D'ARO

Girona – Ver mapa regional n° **10-B1**
Madrid 705 km – Barcelona 107 km – Girona 36 km – Tarragona 197 km
Mapa de carreteras Michelin n° 574-G39

Cala del Pi

av. Cavall Bernat 160, Este : 1,5 km ✉ 17250 – ☎ 972 82 84 29 – www.hotelcaladelpi.com
41 hab ☕ – ††130/410 € – 8 suites
Complejo de lujo ubicado al borde del mar, junto a una pequeña cala. Ofrece una variada zona social, habitaciones completas, todas con terraza, y un circuito de aguas. El restaurante, dotado con atractivas terrazas, propone una extensa carta de cocina actual.

NM Suites

av. Onze de Setembre 70 ✉ 17250 – ☎ 972 82 57 70 – www.nm-suites.com – solo fines de semana en invierno
39 hab ☕ – †54/102 € ††102/178 €
Presenta una línea actual y hasta tres tipos de habitaciones, en el edificio principal a modo de estudio, con cocina, y en el anexo más de diseño, bien dobles o tipo suites. El restaurante, que potencia mucho los vinos del Ampurdán, propone una cocina actual.

PLATJA DE SANT JOAN (PLAYA DE SAN JUAN)

Alicante – Ver mapa regional n° **11-B3**
Madrid 432 km – Alacant/Alicante 8 km – Castelló de la Plana / Castellón de la Plana 255 km – València 173 km
Mapa de carreteras Michelin n° 577-Q28

Holiday Inn Alicante-Playa de San Juan

av. de Cataluña 20 ✉ 03540 – ☎ 965 15 61 85 – www.holidayinnalicante.com
126 hab – ††49/170 €, ☕ 10 €
Actual, bien insonorizado y de confortable funcionalidad. Parece más un hotel de ciudad que de playa, ya que trabaja mucho con empresas y tiene unas habitaciones bien equipadas. En el comedor, algo más sencillo, encontrará un menú y un buen apartado de arroces. ¡Agradable zona verde y cómodo aparcamiento!

XX **Estella**

av. Costa Blanca 125 ✉ 03540 – ☎ 965 16 04 07 – cerrado del 20 al 30 de mayo, del 10 al 30 de noviembre, domingo noche y lunes

Menú 16/22 € – Carta 23/38 €

Una casa de organización familiar a la antigua usanza, sencilla pero muy cuidada. Presenta un comedor clásico y un privado, ambos con un buen servicio de mesa. Carta tradicional y precios ajustados.

en la carretera de Sant Joan d'Alacant Noroeste : 2 km

X **La Vaquería**

carret. Benimagrell 52 ✉ 03560 El Campello – ☎ 965 94 03 23 – www.asadorlavaqueria.com

Carta 36/58 €

Asador de estética actual dotado con terraza y zona de ocio infantil. Su especialidad son las carnes a la brasa... aunque también trabaja con pescados y verduras de temporada.

PLAYA ➜ Ver el nombre propio de la playa

PLAYA CANYELLES (Urbanización) ➜ Ver Lloret de Mar

Girona

PLAYA HONDA ➜ Ver La Manga del Mar Menor

Murcia

PLAYA DE SAN JUAN ➜ Ver Platja de Sant Joan

Alicante

La POBLA DE FARNALS

Valencia – 7 483 h. – Alt. 14 m – Ver mapa regional n° **11-B2**

Madrid 369 km – Castelló de la Plana/Castellón de la Plana 58 km – València 17 km

Mapa de carreteras Michelin n° 577-N29

en la playa Este : 5 km

De la Playa

paseo de Colón 1 ✉ 46137 Playa Pobla de Farnals – ☎ 961 46 84 64 – www.hoteldelaplaya.com

12 hab – 75/200 €, 14 €

¡En el paseo marítimo y con la playa a pocos metros! Posee unas habitaciones muy luminosas y de estética minimalista, todas con vistas al mar. El restaurante, ubicado en el sótano, presenta una carta de mercado con matices actuales.

XX **Bergamonte**

av. del Mar 13 ✉ 46137 Playa Pobla de Farnals – ☎ 961 46 16 12 – www.bergamonte.es – cerrado martes noche y miércoles noche en invierno, domingo noche y lunes noche

Menú 27/33 € – Carta 23/47 €

Se halla en un espacio dedicado al deporte y destaca por su comedor principal, pues ocupa una típica barraca. Cocina valenciana y tradicional, con un buen apartado de arroces.

POBLET (Monasterio de)

Tarragona – 73 h. – Alt. 490 m – Ver mapa regional n° **9-B2**

Madrid 528 km – Barcelona 122 km – Lleida/Lérida 51 km – Tarragona 46 km

Mapa de carreteras Michelin n° 574-H33

Hostatgeria de Poblet

pl. Corona d' Aragó ✉ 43448 – ☎ 977 87 12 01 – www.hostatgeriadepoblet.cat

42 hab – 45/49 € 54/75 €, 8 €

Ubicado junto al monasterio, en el mismo espacio que otrora ocupó la antigua hospedería para peregrinos. Se presenta con una recepción de gran austeridad, unas habitaciones de estética minimalista y varias salas de reuniones, no en vano aquí trabajan mucho con empresas. Restaurante de carácter polivalente.

ESPAÑA

Masía del Cadet
Les Masies, Este : 1 km ✉ 43449 – ☎ 977 87 08 69 – www.masiadelcadet.com – cerrado 15 días en noviembre
12 hab ☕ – 👤65 € 👥85 €
Sencilla masía del s. XIV ubicada en un entorno tranquilo y de cuidados exteriores. Cuenta con dos saloncitos sociales, uno de ellos con chimenea, y unas habitaciones clásicas de correcto confort. El restaurante, que recrea un ambiente rústico muy acogedor, combina su carta de cocina catalana con un menú.

A POBRA DE TRIVES (La PUEBLA DE TRIVES)

Ourense – 2 319 h. – Alt. 730 m – Ver mapa regional n° **13-C3**
▶ Madrid 479 km – Bragança 146 km – Lugo 115 km – Ourense 74 km
Mapa de carreteras Michelin n° 571-E8

Casa Grande de Trives
Marqués de Trives 17 ✉ 32780 – ☎ 988 33 20 66 – www.casagrandetrives.com
9 hab ☕ – 👤52/62 € 👥65/75 €
Casa familiar ubicada en el centro del pueblo. Ofrece un patio típico con galerías y unas habitaciones de línea clásica, todas con mobiliario de época. Destaca tanto por su capilla, consagrada a la Virgen del Carmen, como por sus salones.

al Norte 2 km

Pazo Paradela
carret. de Barrio, km 2 ✉ 32780 A Pobra de Trives – ☎ 988 33 07 14 – cerrado 22 diciembre-2 enero
8 hab – 👤48 € 👥60 €, ☕ 8 €
En una explotación agrícola-ganadera llena de ovejas, frutales y robles. Los primeros documentos sobre esta casa, construida en piedra y con un buen patio central, datan de 1611. Posee habitaciones con mobiliario de época y una cocina de gusto regional. ¡Muchos clientes visitan desde aquí la Ribeira Sacra!

ESPAÑA

POLA DE SOMIEDO

Asturias – Ver mapa regional n° **3-B2**
▶ Madrid 444 km – Oviedo 86 km
Mapa de carreteras Michelin n° 572-C11

Castillo del Alba
Flórez Estrada ✉ 33840 – ☎ 985 76 39 96 – www.hotelcastillodelalba.es – cerrado febrero
17 hab ☕ – 👤45/60 € 👥50/75 €
Sin duda resulta singular, pues sus instalaciones combinan una decoración rústica-regional con el mobiliario de diseño en madera y los detalles de buen gusto. Presenta unas confortables habitaciones con los baños integrados y un coqueto restaurante de cocina tradicional, especializado en carnes y arroces.

PONFERRADA

León – 68 121 h. – Alt. 543 m – Ver mapa regional n° **8-A1**
▶ Madrid 385 km – Benavente 125 km – León 105 km – Lugo 121 km
Mapa de carreteras Michelin n° 575-E10

Aroi Bierzo Plaza
pl. del Ayuntamiento 4 ✉ 24401 – ☎ 987 40 90 01 – www.aroihoteles.com
34 hab – 👤52/56 € 👥55/60 €, ☕ 6 €
Sorprende por sus fachadas, pues ocupa tres edificios contiguos. Habitaciones amplias y bien equipadas, abuhardilladas en la última planta. El restaurante, clásico-elegante, propone una carta tradicional con un buen apartado de arroces, estos últimos para dos.

Ponferrada Plaza
av. Escritores 6 ✉ 24404 – ☎ 987 40 61 71 – www.hotelponferradaplaza.es
38 hab – 👥50/60 €, ☕ 9 € – 2 suites
En una zona residencial y comercial. Ofrece amplias salas de reuniones y habitaciones de línea clásica-actual, todas con los suelos en tarima. El restaurante enriquece su carta tradicional con un menú y algunas jornadas gastronómicas dedicadas al Bierzo.

Aroi Ponferrada

Marcelo Macías 4 ✉ 24402 – ✆ 987 40 94 27 – www.aroihoteles.com
39 hab – 55/60 € 58/65 €, 7 €
Instalado en un edificio céntrico muy bien rehabilitado. Las habitaciones resultan algo pequeñas, detalle que compensan con una decoración moderna y un buen equipamiento. ¡Ideal para el cliente de empresa que simplemente busca el descanso!

El Castillo

av. del Castillo 115 ✉ 24401 – ✆ 987 45 62 27 – www.hotel-elcastillo.com
48 hab – 45/90 € 49/140 €, 6 €
¡Próximo al Castillo de los Templarios! Posee una cuidada zona social y confortables habitaciones, unas clásicas y otras, las modernas, con un estilo más funcional. El restaurante, bastante diáfano, centra mucho su oferta en el menú del día.

Los Templarios

Flórez Osorio 3 ✉ 24401 – ✆ 987 41 14 84 – www.hotellostemplarios.es
18 hab – 25/45 € 30/55 €, 3 €
En una calle peatonal del casco viejo. Aquí ofrecen unas sencillas habitaciones orientadas a los peregrinos, con los suelos en tarima y plato ducha en la mayoría de los baños.

PONT D'ARRÒS → Ver Vielha

Lleida

El PONT DE BAR

Lleida – 176 h. – Ver mapa regional n° **9-B1**
Madrid 614 km – Puigcerdà 34 km – La Seu d'Urgell/Seo de Urgel 23 km
Mapa de carreteras Michelin n° 574-E34

en la carretera N 260 Este : 4,5 km

La Taverna dels Noguers

✉ 25723 El Pont de Bar – ✆ 973 38 40 20 – www.tavernadelsnoguers.com – cerrado 7 enero-6 febrero, julio (salvo fines de semana) y jueves
Carta 26/38 € – *(solo almuerzo salvo sábado)*
Se encuentra a las afueras del pueblo y disfruta de una gestión familiar. En su sala, con los techos en madera y una chimenea, podrá degustar una cocina casera-catalana siempre sabrosa, con platos de temporada como las setas o la caza.

PONT DE MOLINS

Girona – 540 h. – Alt. 84 m – Ver mapa regional n° **9-D3**
Madrid 726 km – Barcelona 142 km – Girona 45 km – Lleida 268 km
Mapa de carreteras Michelin n° 574-F38

El Molí

carret. Les Escaules, Oeste : 2 km ✉ 17706 – ✆ 972 52 92 71 – www.hotelelmoli.es – cerrado 23 diciembre-23 enero
15 hab – 72/122 € 94/157 €
Rest *El Molí* – ver selección restaurantes
Ocupa un singular molino harinero del s. XVIII y se presenta con dos tipos de habitaciones: las del edificio original, más rústicas, con mobiliario isabelino y las del anexo, mucho más amplias y modernas, con detalles de diseño y terraza.

El Molí – Hotel El Molí

carret. Les Escaules, Oeste : 2 km ✉ 17706 – ✆ 972 52 92 71 – www.hotelelmoli.es – cerrado 23 diciembre-23 enero, martes noche y miércoles
Menú 33/49 € – Carta 30/45 €
Restaurante de ambiente rústico dotado con varias salas, la principal con chimenea. Propone una cocina regional en la que toman el protagonismo las carnes a la brasa y algunas especialidades de l'Empordà. ¡En verano disfrute de su terraza!

ESPAÑA

PONTE CALDELAS (PUENTE CALDELAS)

Pontevedra – 5 668 h. – Alt. 320 m – Ver mapa regional n° **13-B2**
Madrid 582 km – Ourense 88 km – Pontevedra 14 km – Vigo 41 km
Mapa de carreteras Michelin n° 571-E4

Las Colonias

av. de Pontevedra 3 ✉ 36820 – ✆ 986 76 63 08 – www.hotel-lascolonias.com – julio-septiembre
29 hab – 🚹24/36 € 🚹🚹36/48 €, ☕ 4,50 €
Instalado en un antiguo edificio de piedra. Ofrece una concurrida cafetería pública y unas habitaciones sencillas, con mobiliario funcional y los suelos en parquet.

PONTE ULLA (PUENTE ULLA)

A Coruña – Ver mapa regional n° **13-B2**
Madrid 585 km – Santiago de Compostela 22 km – A Coruña 94 km – Pontevedra 58 km
Mapa de carreteras Michelin n° 571-D4

Villa Verde

Lugar de Figueiredo 10 ✉ 15885 – ✆ 981 51 26 52 – www.villa-verde.es – cerrado 22 diciembre-4 enero
Carta 21/41 € – *(solo almuerzo salvo jueves, viernes y sábado)*
Casa de campo del s. XVIII construida en piedra. Presenta dos salas de buen confort, una de aire rústico presidida por una "lareira" y la otra, más amplia y luminosa, con un montaje clásico-elegante. Cocina tradicional y bodega-lagar.

ESPAÑA

PONTEAREAS (PUENTEAREAS)

Pontevedra – 23 326 h. – Alt. 50 m – Ver mapa regional n° **13-B3**
Madrid 576 km – Ourense 75 km – Pontevedra 45 km – Vigo 26 km
Mapa de carreteras Michelin n° 571-F4

por la carretera de Mondariz Norte : 5,5 km y desvío a la izquierda

Casa das Pías

Cotobade 11 ✉ 36895 Pías – ✆ 986 64 55 19 – www.casadaspias.com
7 hab – 🚹42/52 € 🚹🚹53/65 €, ☕ 6 €
Construcción en piedra que aprovechó los recios muros de una antigua casa rural, con un atractivo porche, jardín y piscina. Posee un cálido salón social de ambiente neorrústico, habitaciones con mobiliario en forja y madera, así como un comedor de uso exclusivo para los clientes alojados.

PONTEDEUME (PUENTEDEUME)

A Coruña – 8 213 h. – Ver mapa regional n° **13-B1**
Madrid 587 km – Santiago de Compostela 84 km – A Coruña 42 km – Lugo 90 km
Mapa de carreteras Michelin n° 571-B5

en Castelo de Andrade Sureste : 7 km – Ver mapa regional n° 13-B1

Casa do Castelo de Andrade

✉ 15608 Castelo de Andrade – ✆ 981 43 38 39 – www.casteloandrade.com – cerrado 19 octubre-23 marzo
10 hab – 🚹🚹78/103 €, ☕ 11 €
Entre sus estancias destacan los dos salones del edificio principal, ambos rústicos y con "lareira", así como la biblioteca del anexo. Ofrece habitaciones con mobiliario de aire antiguo, piedra vista, techos en madera, excelente lencería...

PONTEJOS

Cantabria – Ver mapa regional n° **6-B1**
Madrid 443 km – Santander 12 km – Bilbao 99 km
Mapa de carreteras Michelin n° 572-B18

XXX **La Atalaya**

av. de Pedrosa 52 ✉ 39618 – ✆ 942 50 39 06 – www.laatalayarestaurante.com – cerrado domingo noche y lunes

Menú 27/40 € – Carta 34/45 € – *(solo almuerzo salvo viernes, sábado y verano)*

Este restaurante sorprende tanto por su cuidado montaje como por sus múltiples menús, sin embargo lo que le hace especial es el hecho de complementar su oferta gastronómica con actividades y noches temáticas durante los fines de semana.

PONTEVEDRA

82 934 h. – Ver mapa regional n° **13**-B2

Madrid 599 km – Lugo 146 km – Ourense 100 km – Santiago de Compostela 57 km

Mapa de carreteras Michelin n° 571-E4

Parador de Pontevedra

Barón 19 ✉ 36002 – ✆ 986 85 58 00 – www.parador.es Plano : A2**a**

45 hab – ††80/170 €, ☕ 16 € – 2 suites

La tradición del pasado se funde con la arquitectura señorial en este pazo, definido por su magnífico emplazamiento y la serena belleza de sus muros en piedra. Destaca la terraza del restaurante, situada frente a un hermoso jardín y en pleno centro histórico.

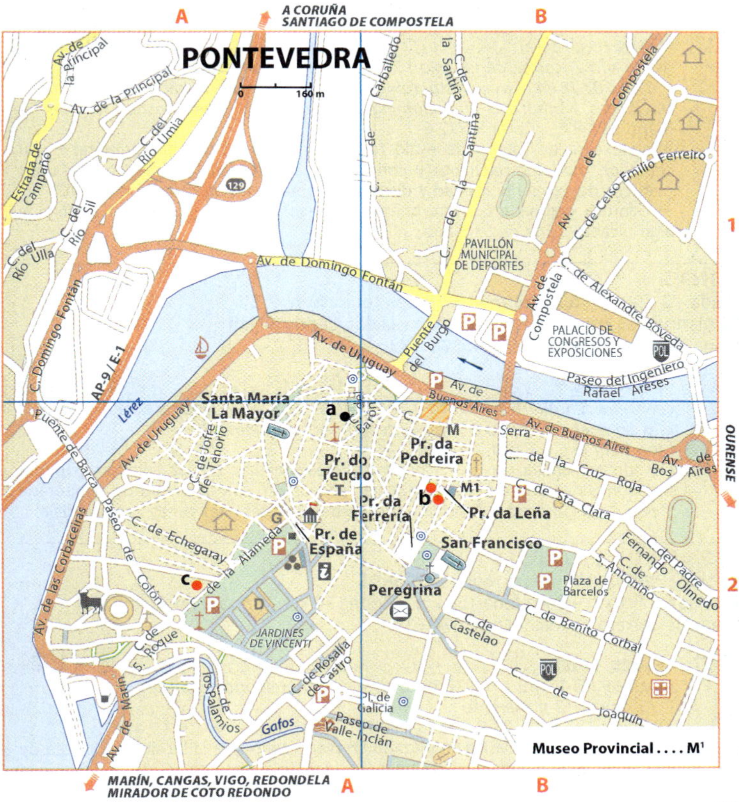

Alameda 10
Alameda 10 ✉ 36001 – ✆ 986 85 74 12 Plano : A2**c**
– www.restaurantealameda10.com – cerrado domingo y martes noche
Menú 30/50 € – Carta 31/46 €
Restaurante de correcto montaje dotado con un bar a la entrada, un comedor principal clásico-rústico y un privado en la bodega. Ofrecen una carta de tinte tradicional que destaca por la calidad de sus pescados. ¡Servicio rápido y eficaz!

Eirado da Leña
pl. da Leña 3 ✉ 36002 – ✆ 986 86 02 25 Plano : B2**b**
– www.eiradoeventos.com – cerrado domingo noche y lunes noche
Menú 24/50 € – Carta 35/52 € – (reserva aconsejable)
Instalado en una casa típica del casco viejo. Cocina gallega actualizada y con toques de fusión, siempre en base a unas buenas materias primas y con la opción de varios menús.

Loaira
pl de Leña 2 ✉ 36002 – ✆ 986 85 88 15 – cerrado domingo noche Plano : B2**b**
Tapa 6 € – Ración aprox. 10 €
Gastrobar dotado con una pequeña barra a la entrada y un salón tipo bistrot en el piso superior. Platos de base tradicional, con toques actuales, pensados para compartir.

en San Salvador de Poio por Puente de la Barca A2

ESPAÑA

Solla (Pepe Solla)
av. Sineiro 7, carret. de La Toja : 2 km ✉ 36005 San Salvador de Poio – ✆ 986 87 28 84 – www.restaurantesolla.com – cerrado 15 días en Navidades, 28 marzo-5 abril, domingo noche, lunes y jueves noche
Menú 61/98 € – Carta 52/72 €
Antigua casa de campo de estilo regional ubicada junto a la carretera. En su comedor, moderno, elegante y con la cocina a la vista, podrá degustar unos mariscos de excelente calidad y distintas elaboraciones de carácter creativo.
➜ Centolla gratinada con mayonesa de wasabi y huevas. Lubina en caldeirada algo picante. Tarta de Santiago.

PONTS
Lleida – 2 690 h. – Alt. 363 m – Ver mapa regional n° **9**-B2
Madrid 533 km – Barcelona 131 km – Lleida/Lérida 64 km
Mapa de carreteras Michelin n° 574-G33

Lo Ponts
carretera de Calaf 6 ✉ 25740 – ✆ 973 46 00 17 – www.loponts.com – cerrado 7 días en enero, 27 junio-8 julio, domingo noche y lunes
Menú 20/45 € – Carta 29/38 €
Llevado en familia con gran ilusión y profesionalidad. En sus comedores podrá descubrir una carta de cocina regional actualizada, con un menú de temporada y otro de degustación. ¡También ofrecen unas interesantes cenas con maridaje!

El PORT DE LA SELVA
Girona – 990 h. – Ver mapa regional n° **9**-D3
Madrid 751 km – Barcelona 168 km – Girona 70 km – Perpignan 85 km
Mapa de carreteras Michelin n° 574-E39

Porto Cristo
Major 59 ✉ 17489 – ✆ 972 38 70 62 – www.hotelportocristo.com – 15 marzo-12 noviembre
48 hab – 80/128 € 110/230 €
Edificio de fachada clásica emplazado en pleno centro de la localidad. Disfruta de una zona SPA y unas habitaciones bastante bien equipadas, la mayoría con bañera de hidromasaje. ¡Si tiene opción escoja las estancias de la 3ª planta!

Cap de Creus
Illa 10 ✉ 17489 – ✆ 972 38 81 07 – www.hotelportdelaselva.com – abril-octubre
24 apartamentos – 100/160 €
¡Ubicado en la zona del puerto! Tanto el área social como su SPA pueden resultar un poco reducidos, sin embargo esto lo compensan con unos correctos apartamentos de línea funcional, todos con cocina y la gran mayoría con vistas al mar.

Cal Mariner
carret. de Cadaqués 2 ✉ 17489 – ✆ 972 38 80 05 – www.calmariner.com – marzo-15 octubre
Menú 15/40 € – Carta 20/35 € **8 hab** – 75/93 €, 7 €
Negocio familiar de 3ª generación dotado con dos salas distribuidas en dos niveles, ambas de ambiente marinero y la del piso superior con una pequeña terraza. Carta tradicional con un buen apartado de arroces. ¡También posee habitaciones!

PORTONOVO

Pontevedra – 2 081 h. – Ver mapa regional n° **13**-A2
Madrid 626 km – Pontevedra 22 km – Santiago de Compostela 79 km – Vigo 49 km
Mapa de carreteras Michelin n° 571-E3

Royal Nayef
Canelas 4, bajada a la playa, Oeste : 1 km ✉ 36970 – ✆ 986 72 13 13 – www.royalnayef.com – 11 marzo-3 noviembre
26 hab – 45/180 € 52/220 €
Hotel de línea urbana-actual emplazado en la bajada a la playa de Canelas. Ofrece habitaciones amplias y de diseño actual, con materiales de calidad, terrazas e hidromasaje-sauna en los baños. Piscina con buenas vistas en la azotea.

Martín-Esperanza
av. de Pontevedra 60 ✉ 36970 – ✆ 986 72 05 21 – www.hotelmartinesperanza.com – Semana Santa y junio-octubre
16 hab – 49/75 € 55/75 €, 10 € – 1 suite
Familiar, muy limpio y en 1ª línea de playa, concretamente sobre una cala. Las habitaciones, que se van actualizando con mobiliario clásico, disfrutan en la mayoría de los casos de amplias terrazas. La zona social se limita a la cafetería. Su sencillo restaurante propone una cocina de tinte regional.

en la carretera PO 308

Galatea
Paxariñas, Oeste : 1,5 km ✉ 36970 Portonovo – ✆ 986 72 70 27 – www.hotelgalatea.com – Semana Santa-octubre
86 hab – 40/150 € 40/190 €, 12 €
Disfruta de una estética actual, combinando el confort de sus estancias, funcionales pero bien equipadas, con una buena oferta deportiva y de entretenimiento. En su SPA podrá desestresarse a través de diversos tratamientos terapéuticos. Amplio restaurante con buffet de desayunos, menú y carta tradicional.

Canelas
Lugar Canelas 12, Oeste : 1 km ✉ 36970 Portonovo – ✆ 986 72 08 67 – www.hotelcanelas.com – Semana Santa y junio-15 octubre
36 hab – 49/90 € 58/105 €
Remodelado y a las afueras de la localidad, muy próximo a la playa de la que toma su nombre. Ofrece unas habitaciones de estética actual repartidas en cuatro plantas, la superior abuhardillada. El comedor, también actual aunque de sencillo montaje, propone una escueta carta tradicional muy basada en su menú.

POSADA DE LLANERA

Asturias – 14 138 h. – Ver mapa regional n° **3**-B1

Madrid 462 km – Oviedo 15 km – Leon 140 km

Mapa de carreteras Michelin n° 572-B12

La Corriquera

av. de Oviedo 19 ✉ 33424 – ✆ 985 77 32 30 – www.lacorriquera.com – cerrado Semana Santa, 21 días en agosto, domingo noche y lunes

Menú 18/25 € – Carta 26/42 €

Este restaurante, de línea funcional-actual, ofrece un pequeño bar, una moderna cocina acristalada y un comedor en el que podrá degustar elaboraciones tradicionales y de mercado. ¡Interesantes menús y platos de cuchara durante todo el año!

POSADA DE VALDEÓN

León – 481 h. – Alt. 940 m – Ver mapa regional n° **8**-B1

Madrid 411 km – León 123 km – Oviedo 140 km – Santander 170 km

Mapa de carreteras Michelin n° 575-C15

Picos de Europa

✉ 24915 – ✆ 987 74 05 93 – www.picoseuropa.org – cerrado diciembre y enero

8 hab – 45/50 € 55/60 €

Un turismo rural muy agradable. Ofrece unas acogedoras habitaciones de aire rústico, todas pintadas en vivos colores, con mobiliario antiguo y cuatro de ellas abuhardilladas. ¡Piscina con espectaculares vistas a las montañas!

POTES

ESPAÑA

Cantabria – 1 452 h. – Alt. 291 m – Ver mapa regional n° **6**-A1

Madrid 402 km – Bilbao 203 km – Palencia 167 km – Santander 107 km

Mapa de carreteras Michelin n° 572-C16

El Bodegón

San Roque 4 ✉ 39570 – ✆ 942 73 02 47 – cerrado miércoles

Menú 12/30 € – Carta 26/36 €

Antigua casona, con la fachada en piedra, ubicada en la calle principal de la localidad. Ofrece un interior de marcada rusticidad y una cocina tradicional a precios moderados.

POZAL DE GALLINAS

Valladolid – 545 h. – Alt. 737 m – Ver mapa regional n° **8**-B2

Madrid 160 km – Valladolid 60 km – Segovia 97 km – Ávila 88 km

Mapa de carreteras Michelin n° 575-I15

al Sureste 3,3 km

La Posada Real del Pinar

Pinar de San Rafael ✉ 47450 Pozal de Gallinas – ✆ 686 48 42 01 – www.laposadadelpinar.com – cerrado del 1 al 15 de enero

18 hab – 80 € 90 €

Una casa de campo antigua, aislada y rodeada de pinares, a la que se accede por una carretera de tierra. Disfruta de un acogedor salón social con chimenea, una biblioteca en dos alturas y cuidadas habitaciones de estilo clásico, las del piso superior abuhardilladas. Elegante comedor de uso privado.

POZUELO DE ALARCÓN

Madrid – 84 474 h. – Alt. 690 m – Ver mapa regional n° **15**-B2

Madrid 14 km – Segovia 86 km – Toledo 94 km

Mapa de carreteras Michelin n° 576 y 575-K18

Zurito

Lope de Vega 2 ✉ 28223 – ✆ 913 52 95 43 – www.zurito.com – cerrado Semana Santa, agosto, domingo noche y lunes

Menú 28 € – Carta 34/56 €

He aquí un restaurante dinámico y acogedor, con su chef-propietario volcado en el negocio. Cocina tradicional bien actualizada, arroces, carnes a la brasa en horno Josper...

XX **El Cielo de Urrechu**

av. de Europa 26 B (C.C. Zielo, local 217) ✉ 28223 – ☎ 917 09 32 85 – www.cielodeurrechu.com
Menú 58/78 € – Carta 50/65 €
En la 2ª planta del centro comercial Zielo Shopping Pozuelo, donde se presenta con un sugerente bar, una zona de copas y dos salas muy actuales, la principal con magníficas vistas a Madrid. Cocina de gusto tradicional con detalles actuales.

XX **KBK Aravaka**

av. Navacerrada 1 ✉ 28224 – ☎ 918 05 18 97 – www.kbkaravaka.es – cerrado Semana Santa, del 10 al 26 de agosto, domingo noche y lunes
Carta 70/80 €
Un japonés que no le defraudará, pues resulta elegante a la par que sofisticado. Delicadas presentaciones, acertadas combinaciones y... ¡una sorprendente oferta de nigiris!

PRATDIP

Tarragona – 700 h. – Ver mapa regional n° **9-B3**
Madrid 525 km – Barcelona 133 km – Tarragona 41 km – Castelló de la Plana / Castellón de la Plana 160 km
Mapa de carreteras Michelin n° 574-I32

por la carretera T 311 Sureste : 2 km

Mas Mariassa

carret. de Santa Marina, km 30 ✉ 43320 Pratdip – ☎ 977 26 26 01 – www.masmariassa.com
7 hab – 110/138 € 132/275 €
Masía bicentenaria emplazada a las afueras del pueblo, entre la costa y el Priorato, rodeada de bancales repletos de almendros y avellanos. Ofrece una terraza de estilo chill out, un interior rústico-actual, con habitaciones de sobria decoración, y un comedor gastronómico orientado al cliente alojado.

PRAVIA

Asturias – 8 919 h. – Alt. 17 m – Ver mapa regional n° **3-B1**
Madrid 487 km – Oviedo 46 km – León 169 km
Mapa de carreteras Michelin n° 572-B11

Antiguo Casino

pl. Conde Guadalhorce 1 ✉ 33120 – ☎ 984 83 82 81 – www.antiguocasino.com
6 hab – 56/105 € 70/125 €
Se encuentra en el centro monumental de la villa y ocupa un edificio que, en otra época, sirvió como casino a la localidad. Compensa su escasa zona social con unas impecables habitaciones... acogedoras, bien equipadas y de línea actual.

PRENDES

Asturias – 128 h. – Ver mapa regional n° **3-B1**
Madrid 484 km – Avilés 17 km – Gijón 10 km – Oviedo 32 km
Mapa de carreteras Michelin n° 572-B12

XXX **Casa Gerardo** (Marcos Morán)

carret. AS 19 ✉ 33438 – ☎ 985 88 77 97 – www.restaurantecasagerardo.es – cerrado 21 días en enero-febrero, domingo y lunes noche en agosto y lunes
Menú 60/110 € – Carta 49/76 € – *(solo almuerzo salvo viernes, sábado y agosto)*
¡Uno de los restaurantes más prestigiosos del Principado! Presenta un buen hall, un bar-vinoteca actual y acogedoras salas de ambiente neorrústico. Sus elaboraciones reflejan una perfecta simbiosis entra la tradición y la innovación.
→ Bocadillo crujiente de quesos asturianos. Salmonete a baja temperatura. Torrija de pan de hogaza caramelizada.

ESPAÑA

PRIEGO DE CÓRDOBA

Córdoba – 23 171 h. – Alt. 649 m – Ver mapa regional n° **1**-C2
Madrid 395 km – Antequera 85 km – Córdoba 103 km – Granada 79 km
Mapa de carreteras Michelin n° 578-T17

Balcón del Adarve

paseo de Colombia 36 ✉ 14800 – ✆ 957 54 70 75 – www.balcondeladarve.com – cerrado del 1 al 8 de septiembre y lunes
Menú 25/45 € – Carta 26/35 €
Cautiva por su emplazamiento sobre unas antiguas murallas que sirven como balcón, asomándose a las montañas y a los olivares. En sus comedores, de excelente montaje, podrá descubrir una cocina tradicional elaborada con producto local.

PUÇOL

Valencia – 19 320 h. – Alt. 48 m – Ver mapa regional n° **11**-B2
Madrid 371 km – València 21 km – Castelló de la Plana / Castellón de la Plana 58 km – Alacant / Alicante 191 km
Mapa de carreteras Michelin n° 577-N29

Alba

carret. de Barcelona 12 ✉ 46530 – ✆ 961 42 24 44 – www.hotelesalba.com
42 hab – 39/75 € 45/99 €, 6 €
Concentra toda su esencia en dos palabras: funcionalidad y sencillez. Presenta un moderno hall-cafetería y habitaciones de adecuado confort, en general bastante amplias.

PUEBLA DE ALFINDÉN

Zaragoza – 5 784 h. – Alt. 197 m – Ver mapa regional n° **2**-B2
Madrid 340 km – Huesca 83 km – Lleida/Lérida 139 km – Zaragoza 17 km
Mapa de carreteras Michelin n° 574-H27

ESPAÑA

Galatea

Barrio Nuevo 6 (carret. N II) ✉ 50171 – ✆ 976 10 79 99 – www.restaurantegalatea.es – cerrado 15 días en agosto y domingo
Menú 28/38 € – Carta 32/47 € – *(solo almuerzo salvo sábado)*
Esta acogedora casa presenta un pequeño privado en la planta de acceso y el comedor principal en el piso superior, este último con un elegante ambiente clásico y algún detalle inglés. Carta de cocina tradicional con toques actuales.

PUEBLA DE SANABRIA

Zamora – 1 541 h. – Alt. 898 m – Ver mapa regional n° **8**-A2
Madrid 341 km – León 126 km – Ourense 158 km – Valladolid 183 km
Mapa de carreteras Michelin n° 575-F10

Parador de Puebla de Sanabria

av. del Lago 18 ✉ 49300 – ✆ 980 62 00 01 – www.parador.es – marzo-octubre
42 hab – 70/140 €, 15 € – 1 suite
Una gran opción si desea visitar la villa o practicar turismo activo en el Lago de Sanabria. Se encuentra en una zona de fácil acceso para el vehículo particular y presenta habitaciones de estética actual, todas muy luminosas. El restaurante, de línea moderna, sorprende por su amplia oferta gastronómica.

Posada de las Misas

pl. Mayor 13 ✉ 49300 – ✆ 980 62 03 58 – www.posadadelasmisas.com – cerrado del 11 al 24 de enero
14 hab – 75/125 € 93/125 € – 1 apartamento
Rest *Posada de las Misas* – ver selección restaurantes
¡Lo mejor es su emplazamiento en el recinto amurallado! Tras sus vetustas paredes en piedra encontrará un edificio totalmente nuevo, bastante colorista y con mobiliario de vanguardia. Biblioteca en el ático, galerías y terraza con vistas.

La Cartería

Rua 16 ✉ 49300 – ✆ 980 62 03 12 – www.lacarteria.com
8 hab – 75/125 € 93/125 €, 7 €
Edificio del s. XVIII que en su día se utilizó para el cobro de diezmos. Combinan con equilibrio la rusticidad de las paredes en piedra y los detalles de diseño, logrando siempre un entorno acogedor. El comedor ocupa las antiguas bodegas excavadas en la roca.

La Pascasia
Costanilla 11 ✉ 49300 – ☎ 980 62 02 42 – www.lapascasia.com
7 hab – ♦75/95 € ♦♦85/125 €, ☕ 8 € – 2 apartamentos
Lo que fue una fonda de carácter centenario se presenta hoy con una estética rústica-actual y modernas habitaciones, algunas abuhardilladas. El sencillo restaurante resulta popular gracias a los deliciosos Churros caseros que ofrecen los domingos invernales.

Posada de las Misas – Hotel Posada de las Misas
pl. Mayor 13 ✉ 49300 – ☎ 980 62 03 58 – www.posadadelasmisas.com – cerrado del 11 al 24 de enero
Menú 25/65 € – Carta 28/40 €
Aquí comerá bien y barato... ¡a solo unos pasos del castillo! Ofrecen una carta de base tradicional que, sin duda, le sorprenderá, pues está muy arraigada a los productos sanabreses (ternera, trucha asalmonada, habones...).

La PUEBLA DE VALVERDE

Teruel – 547 h. – Alt. 1 118 m – Ver mapa regional n° **2-B3**
Madrid 325 km – Zaragoza 204 km – Teruel 28 km – Castelló de la Plana / Castellón de la Plana 147 km
Mapa de carreteras Michelin n° 574-L27

por la carretera de Camarena de la Sierra Oeste : 2 km

La Fonda de la Estación
carret. de la Estación ✉ 44450 – ☎ 978 67 04 67 – www.lafondadelaestacion.com – cerrado 3 noviembre-2 diciembre, lunes y martes salvo agosto
14 hab – ♦50/70 € ♦♦65/100 €, ☕ 10 €
Rest *La Fondica* – ver selección restaurantes
¡Con múltiples opciones de ocio al aire libre! Tras su atractiva fachada en piedra encontrará un bello patio central y habitaciones personalizadas, todas de ambiente rústico.

La Fondica – Hotel La Fonda de la Estación
carret. de la Estación ✉ 44450 – ☎ 978 67 04 67 – www.lafondadelaestacion.com – cerrado 3 noviembre-2 diciembre, lunes y martes salvo agosto
Menú 20/50 € – Carta 30/46 €
Un restaurante de estilo rústico-actual que sorprende tanto por su cocina, tradicional con toques actuales, como por sus relajantes vistas a los montes circundantes.

PUEBLA DEL CARAMIÑAL → Ver Pobra do Caramiñal

A Coruña

PUENTE ARCE

Cantabria – Ver mapa regional n° **6-B1**
Madrid 406 km – Santander 22 km – Bilbao 115 km
Mapa de carreteras Michelin n° 572-B18

El Nuevo Molino (José Antonio González)
barrio Monseñor 18 - carret. N 611 ✉ 39478 – ☎ 942 57 50 55 – www.elnuevomolino.es – cerrado 11 enero-24 marzo, domingo noche y martes salvo agosto
Menú 38/78 € – Carta 44/62 € – *(solo almuerzo salvo viernes, sábado, Semana Santa y mayo-octubre)*
Antiguo molino de agua decorado con detalles rústicos y grandes vigas de madera. Ofrece un buen hall con chimenea, una salita para la sobremesa en lo que fue la capilla, dos comedores y un hórreo que funciona como reservado. Cocina actual.
→ Ensalada de salmón rojo y encurtidos. Zancarrón de cordero estofado, bizcocho de sésamo negro y puré de curry rojo. Plato de chocolate.

ESPAÑA

El Redoble

Barrio el Perujo 8 -carret. N 611, Noreste : 1,5 km ✉ 39478 – ☎ 942 57 58 52 – www.elredoble.es – cerrado 23 días en febrero-marzo, 7 días en junio, 12 días en noviembre, domingo noche y lunes
Menú 18/37 € – Carta 32/39 €
¡Le sorprenderá pese a estar en un cruce de carreteras! Dispone de un bar público y un comedor muy bien montado, con cierta amplitud y un cuidado servicio de mesa. Carta de base tradicional con amplia oferta en arroces.

PUENTE CALDELAS → Ver Ponte Caldelas

Pontevedra

PUENTE DE VADILLOS

Cuenca – 246 h. – Ver mapa regional n° **7-C1**
Madrid 234 km – Cuenca 70 km – Teruel 164 km
Mapa de carreteras Michelin n° 576-K23

Caserío de Vadillos

av. San Martín de Porres ✉ 16892 – ☎ 969 31 32 39 – www.caseriodevadillos.com
22 hab – 40 € 50 €, 3 €
¡Importante clientela de senderistas! En este acogedor hotelito, que sorprende por su atractiva fachada de estilo antiguo, encontrará una cafetería de aire regional y habitaciones clásicas, algunas abuhardilladas. El restaurante, decorado con arcos y paredes en ladrillo, ofrece una carta tradicional.

PUENTE DUERO

Valladolid – 1 120 h. – Ver mapa regional n° **8-B2**
Madrid 208 km – Valladolid 18 km – Segovia 114 km – Palencia 67 km
Mapa de carreteras Michelin n° 575-H15

Dámaso

Real 14 ✉ 47152 – ☎ 983 40 53 72 – cerrado agosto, domingo noche y lunes
Menú 35/45 € – Carta 25/39 €
Este restaurante, de interesante cocina actual, ocupa una casa molinera dotada con dos salas y un pequeño patio. El chef-propietario informa en mesa sobre los platos disponibles, pues procura trabajar siempre con productos de temporada.

PUENTE GENIL

Córdoba – 30 244 h. – Alt. 171 m – Ver mapa regional n° **1-B2**
Madrid 457 km – Sevilla 130 km – Córdoba 69 km – Málaga 101 km
Mapa de carreteras Michelin n° 578-T15

Casa Pedro

Poeta García Lorca 5 ✉ 14500 – ☎ 957 60 42 76 – www.restaurantecasapedro.com – cerrado julio y lunes salvo festivos
Menú 50 € – Carta 27/35 €
Este negocio familiar posee un bar-cafetería, donde montan las mesas para el menú, y un amplio comedor a la carta de línea actual-funcional. Su carta, tradicional y de mercado, se enriquece con una variada oferta de pescaditos y mariscos.

PUENTE SAN MIGUEL

Cantabria – 8 350 h. – Ver mapa regional n° **6-B1**
Madrid 376 km – Burgos 141 km – Santander 26 km – Torrelavega 4 km
Mapa de carreteras Michelin n° 572-B17

Hostería Calvo

carret. de Oviedo 182 ✉ 39530 – ☎ 942 82 00 56
Carta 21/32 € – *(cerrado domingo noche y lunes)*
6 hab – 33/43 € 49/54 €, 3 €
Goza de gran aceptación gracias tanto al trato familiar como a la calidad de sus productos, lo que les ha llevado a tener una clientela habitual. Entre sus especialidades encontraremos el Arroz con almejas o las sabrosas Albondigas de calamar. Sus habitaciones se pueden considerar válidas como recurso.

PUENTE ULLA → Ver Ponte Ulla
A Coruña

PUENTEAREAS → Ver Ponteareas
Pontevedra

PUENTEDEUME → Ver Pontedeume
A Coruña

PUERTO → Ver a continuación y el nombre propio del puerto

PUERTO BANÚS → Ver Marbella
Málaga

PUERTO REAL
Cádiz – 41 537 h. – Alt. 10 m – Ver mapa regional n° **1-A2**
Madrid 640 km – Cádiz 15 km – Gibraltar 127 km – Sevilla 116 km
Mapa de carreteras Michelin n° 578-W11

La Curiosidad de Mauro Barreiro
Real 208 b ✉ 11510 – ✆ 956 99 22 88 – www.curiosidadmaurobarreiro.com – cerrado 7 enero-marzo, domingo noche y lunes
Menú 20/45 € – Carta aprox. 35 €
Imaginación, técnica, mimo en los detalles, amabilidad, proyección... Estamos ante un negocio de sencillo ambiente contemporáneo y mucho futuro, sin duda, pues su chef-propietario apuesta por una cocina de autor siempre fiel a los productos de la zona.

ESPAÑA

El PUERTO DE SANTA MARÍA
Cádiz – 89 142 h. – Ver mapa regional n° **1-A2**
Madrid 638 km – Cádiz 23 km – Jerez de la Frontera 12 km – Sevilla 113 km
Mapa de carreteras Michelin n° 578-W11

Los Cántaros
Curva 6 ✉ 11500 – ✆ 956 54 02 40 – www.hotelloscantaros.com
Plano : B2**e**
39 hab – 50/250 € 67/250 €
Toma el nombre de los numerosos cántaros del s. XVII encontrados en su subsuelo. Ofrece unas habitaciones bastante bien equipadas, algunas hasta con bañera de hidromasaje.

Pinomar
Jade 7, por av. de la Libertad (junto al Parque de Europa) A2 ✉ 11500 – ✆ 956 05 86 46 – www.hotelpinomar.com
41 hab – 40/110 € 46/120 €, 6 €
Tras su hermosa fachada de carácter regional encontrará una recepción, un rincón biblioteca y un patio típico andaluz. Correctas habitaciones y terraza-solárium en la azotea.

Aponiente (Angel León)
Francisco Cossi Ochoa (Molino de Mareas El Caño) ✉ 11500 – ✆ 956 85 18 70 – www.aponiente.com – cerrado diciembre-marzo, lunes salvo julio-agosto y domingo
Plano : C1**a**
Menú 150/185 € – *(solo menú)*
Cierre los ojos, abra la boca y... ¡saboree la grandeza del mar! Ángel León propone una cocina innovadora que no deja indiferente, pues gracias tanto a la técnica como a sus hitos culinarios (plancton marino, bioluminiscencia...) el recetario tradicional gaditano se sublima y alcanza unas cotas de genuina creatividad.
→ Plancton marino. Morena en su civet. Flor de sal, aceite de oliva virgen extra y humo.

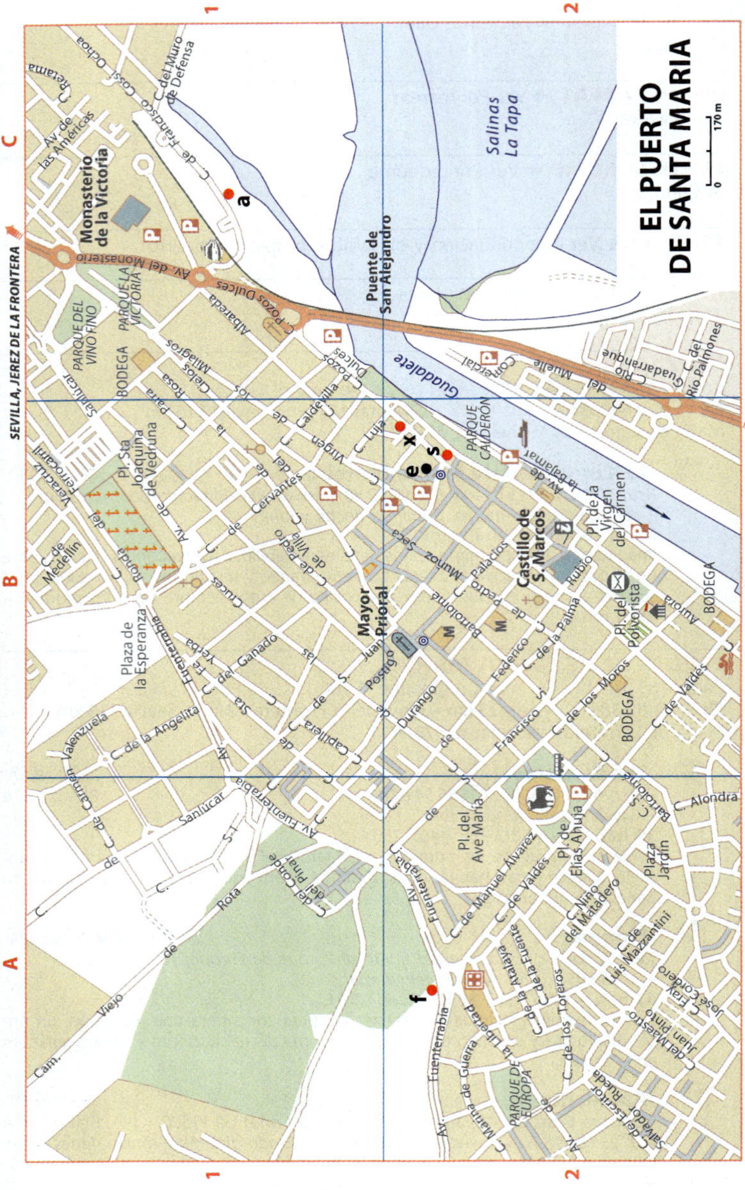

EL PUERTO DE SANTA MARIA
0
170 m
SEVILLA, JEREZ DE LA FRONTERA
A
B
C
1
2
Salinas La Tapa
Puente de San Alejandro
Guadalete
Monasterio de la Victoria
Av. del Monasterio
C. Pozos Dulces
PARQUE LA VICTORIA
PARQUE DEL VINO FINO
BODEGA
Av. de las Américas
C. de Francisco Cossi Ochoa
C. del Muro de Defensa
Albareda
C. Caldevilla
C. Luja
Virgen de los Milagros
Cielos
Rosa
Pl. Sta Joaquina de Vedruna
Ronda del Ferrocarril
Veracruz
C. de Medellín
C. de Cervantes
C. de Pedro de Villa
Mayor Prioral
Castillo de S. Marcos
Pl. de la Virgen del Carmen
PARQUE CALDERÓN
Av. de la Bajamar
C. Palacios
Muñoz Seca
Pedro Bartolomé
Plaza de la Esperanza
Av. Fuenterrabía
C. del Ganado
C. de la Palma
Federico Rubio
Pl. del Polvorista
Aurora
C. de los Moros
C. de Valdés
C. de la Angelita
Valenzuela
Sanlúcar
C. de Capillería
Juan Postigo
Durango
Francisco
Pl. del Ave María
Pl. de Elías Ahuja
C. de Manuel Álvarez
C. Niño del Matadero
Plaza Jardín
C. Alondra
Bartolomé S.
C. de Luis Mazzantini
C. Fray José Cordero
C. del Maestro Juan Pinto
C. del Escritor Salvador Rueda
Cam. Viejo de Rota
C. del Conde del Pinar
Av. Fuenterrabía
Av. Marina de Guerra
C. de la Libertad
C. de la Atalaya
C. de la Fuente
C. de los Toreros
PARQUE DE EUROPA
C. del Río Guadarranque
C. del Río Palmones
Comercial
Muelle del
a
e
f
s
x
M
P

El Faro del Puerto

av. de Fuenterrabía ✉ 11500 – ✆ 956 87 09 52 Plano : A2**f**
– www.elfarodelpuerto.com – cerrado domingo noche salvo agosto
Menú 55/75 € – Carta 39/57 €
Atractivo restaurante dotado con varios comedores y privados de línea clásica-elegante, así como una completísima bodega. Cocina de base tradicional con algún toque actual.

Los Portales

Ribera del Marisco 7 ✉ 11500 – ✆ 956 54 18 12 Plano : B2**s**
– www.losportales.com
Menú 20/36 € – Carta 21/44 €
Un gran clásico en la Ribera del Marisco, a orillas del Guadalete. Posee un bar típico y varias salas de línea clásica. Carta especializada en pescados y mariscos de la bahía.

La Cata Ciega

Ribera del Rio 32 ✉ 11500 – ✆ 956 87 36 60 Plano : B2**x**
– www.lacataciega.com – cerrado 15 días en noviembre, 15 días en febrero, lunes y martes en invierno y domingo
Tapa 4 € – Ración aprox. 10 € – *(solo cena 15 junio-15 septiembre)*
Resulta actual y bastante curioso, pues es una mezcla entre un bar de tapas, una tienda delicatessen y una vinoteca. Tapas y raciones de calidad, tanto frías como calientes.

en la carretera de Rota AZ por la av. Fuenterrabía A2 - Oeste : 1,5 km

Los Jándalos Vistahermosa

Amparo Osborne - Vistahermosa ✉ 11500 El Puerto de Santa María – ✆ 956 87 34 11 – www.jandalos.com
63 hab – 54/400 €, 12 € – 45 apartamentos
Sobre todo destaca por el gran confort y la calidad de sus habitaciones, muy superiores a los apartamentos y a los dúplex del anexo. Espléndido entorno ajardinado y SPA. El restaurante, de buen montaje, se complementa con un agradable porche acristalado.

ESPAÑA

PUERTO DE VEGA

Asturias – 1 849 h. – Ver mapa regional n° **3-A1**
Madrid 550 km – Oviedo 103 km – Lugo 158 km
Mapa de carreteras Michelin n° 572-B10

Pleamar

Párroco Penzol 46 ✉ 33790 – ✆ 985 64 88 66 – www.hotelpleamar.com – Semana Santa-octubre y fines de semana resto del año salvo 15 diciembre-9 febrero
9 hab – 60/78 € 70/90 €, 8 €
Este coqueto hotel le sorprenderá por su cuidadísima decoración. Ofrece habitaciones personalizadas de estilo rústico-actual, todas con detalles marineros y vistas al mar.

PUERTO LÁPICE

Ciudad Real – 1 004 h. – Alt. 676 m – Ver mapa regional n° **7-B2**
Madrid 135 km – Alcázar de San Juan 25 km – Ciudad Real 62 km – Toledo 85 km
Mapa de carreteras Michelin n° 576-O19

El Puerto

av. de Juan Carlos I-59 ✉ 13650 – ✆ 926 58 30 50 – www.hotelpuertolapice.com
29 hab – 39/44 € 55 €, 6 €
Hotelito familiar, a modo de venta típica, situado a la entrada del pueblo. Posee un agradable salón social con chimenea y modestas habitaciones, tan sobrias que resultan algo básicas. En el restaurante, espacioso y de ambiente rústico, podrá degustar una cocina de tinte regional.

PUERTO LUMBRERAS

Murcia – 14 564 h. – Alt. 333 m – Ver mapa regional n° **16-A3**
Madrid 479 km – Murcia 91 km – Almería 131 km – Albacete 228 km
Mapa de carreteras Michelin n° 578-T24

Riscal

autovía A7, salida 649, Norte : 2,5 km ✉ 30890 – ✆ 968 40 20 50 – www.hotelriscal.com
61 hab – 40/70 € 45/90 €, 7 €
Tras su colorista fachada encontraremos un hotel enfocado a clientes de paso y comerciales. Ofrece unas instalaciones modernas pero funcionales, con un completo anexo para banquetes. En el restaurante elaboran una carta de gusto tradicional e internacional.

PUIG-REIG

Barcelona – 4 264 h. – Alt. 455 m – Ver mapa regional n° **9-C2**
Madrid 605 km – Andorra la Vella 101 km – Barcelona 86 km – Girona 129 km
Mapa de carreteras Michelin n° 574-G35

El Celler de Ca la Quica

Major 48 (entrada lateral) ✉ 08692 – ✆ 938 38 02 20 – www.elcellerdecalaquica.es – cerrado del 17 al 24 de agosto y lunes
Menú 15 € – Carta 29/56 € – *(solo almuerzo salvo viernes y sábado)*
¡Casa del s. XIX a la que se accede por un lateral! Tiene las salitas repartidas por su bodega, todas con las paredes en piedra y los techos abovedados. Ofrece una carta de mercado a precios económicos y un menú del día con varios arroces.

ESPAÑA

PUIGCERDÀ

Girona – 8 910 h. – Alt. 1 152 m – Ver mapa regional n° **9-C1**
Madrid 653 km – Barcelona 169 km – Girona 152 km – Lleida/Lérida 184 km
Mapa de carreteras Michelin n° 574-E35

Del Lago

av. Dr. Piguillem 7 ✉ 17520 – ✆ 972 88 10 00 – www.hotellago.com
24 hab – 88/111 € 111/130 €, 11 €
Agradable, de ambiente familiar y próximo al lago del que toma su nombre. Disfruta de una coqueta zona social, un espacio acristalado para los desayunos y cálidas habitaciones, destacando las que tiene terraza o acceso directo al jardín.

Taverna del Call

pl. del Call ✉ 17520 – ✆ 972 14 10 36 – cerrado lunes
Menú 13/18 € – Carta 22/35 €
Restaurante rústico-actual que sorprende, pues aparte de la sala interior presenta otra, más vistosa, a modo de terraza acristalada. Apuestan por una cocina de tinte tradicional rica en carnes, con platos de la zona y la opción de menús.

en la carretera de Llívia Noreste : 1 km

Del Prado

carret. de Llívia 1 ✉ 17520 Puigcerdà – ✆ 972 88 04 00 – www.hoteldelprado.cat
53 hab – 53/69 € 72/110 €, 12 €
Rest *Del Prado* – ver selección restaurantes
Bastante cuidado, de atenta organización familiar y bien situado junto a la carretera. Encontrará un atractivo jardín, una zona social de línea clásica y amplias habitaciones, la mayoría actualizadas y en el piso superior abuhardilladas.

Del Prado – Hotel Del Prado

carret. de Llívia 1 ✉ 17520 Puigcerdà – ✆ 972 88 04 00 – www.hoteldelprado.cat
Menú 18/32 € – Carta 25/54 €
Un clásico de reconocida trayectoria. Su chef propone una extensa carta de cocina tradicional, con sugerentes platos de la comarca, productos de temporada y especialidades pirenaicas propias de la Cerdanya. ¡Interesantes menús!

PUNTA UMBRÍA

Huelva – 14 976 h. – Ver mapa regional n° **1-A2**
Madrid 648 km – Huelva 21 km
Mapa de carreteras Michelin n° 578-U9

Ayamontino

av. de Andalucía 35 ✉ 21100 – ☎ 959 31 14 50 – www.hotelayamontino.com – cerrado Navidades
45 hab – 46/91 € 68/138 €
Atesora experiencia y se halla en pleno centro, siendo estos los mejores avales para un hotel sencillo, familiar y de carácter vacacional. Encontrará un hall de aspecto actual, correctas habitaciones, una espaciosa cafetería y un restaurante funcional.

QUEJANA → Ver Kexaa

Álava

QUEJO (Playa de) → Ver Isla

Cantabria

QUIJAS

Cantabria – Ver mapa regional n° **6-B1**
Madrid 386 km – Burgos 147 km – Oviedo 172 km – Santander 30 km
Mapa de carreteras Michelin n° 572-B17

Posada Andariveles

barrio Vinueva 181 - carret. N 634 ✉ 39590 – ☎ 942 82 09 24 – www.casonaandariveles.com – abril-septiembre
16 apartamentos – 49/120 € – 15 hab
Repartido en tres casas de marcado aire montañés, una con la zona social, otra con la mayoría de las habitaciones, un poco recargadas pero confortables, y la tercera, de nueva construcción, con varios apartamentos de línea actual-funcional.

QUINTANA DE LOS PRADOS → Ver Espinosa de los Monteros

Burgos

QUINTANADUEÑAS

Burgos – Alt. 850 m – Ver mapa regional n° **8-C1**
Madrid 241 km – Burgos 6 km – Palencia 90 km – Valladolid 125 km
Mapa de carreteras Michelin n° 575-E18

al Sureste 1,3 km

La Galería

Gregorio López Bravo 2 ✉ 09197 Quintanadueñas – ☎ 947 29 26 06 – www.hotelhqlagaleria.com
60 hab – 50/59 € 50/65 €, 9 €
Rest *La Galería* – ver selección restaurantes
Junto a un polígono industrial y orientado al cliente de empresa. Posee una cafetería, una moderna zona social y amplias habitaciones, funcionales pero actuales. Zona de banquetes, espacio ajardinado y buena área infantil, donde tienen hasta piscina de bolas.

La Galería – Hotel La Galería

Gregorio López Bravo 2 ✉ 09197 Quintanadueñas – ☎ 947 29 26 06 – www.hotelhqlagaleria.com – cerrado domingo noche
Menú 11/32 € – Carta 27/43 €
El restaurante a la carta, dotado con dos hornos de leña y un acceso independiente, presenta un comedor luminoso y actual con toda una pared acristalada. Cocina tradicional.

ESPAÑA

QUINTANAR DE LA ORDEN

✉ 45800 Toledo – 11 704 h. – Alt. 691 m – Ver mapa regional n° **7-C2**
Madrid 129 km – Toledo 117 km – Cuenca 120 km
Mapa de carreteras Michelin n° 576-N20

Granero

San Fernando 90 ✉ 45800 – ✆ 925 18 02 38 – www.restaurantegranero.com – cerrado del 1 al 15 de octubre y miércoles
Menú 50 € – Carta 31/42 €
Un restaurante familiar con historia, pues ya está regentado por la 3ª generación. Presenta un montaje bastante cuidado, actual y no exento de cierta elegancia. Amplia carta de cocina actual, donde juegan acertadamente con los sabores.

QUINTANILLA DEL AGUA

Burgos – 467 h. – Alt. 851 m – Ver mapa regional n° **8-C2**
Madrid 213 km – Burgos 45 km – Palencia 88 km – Soria 131 km
Mapa de carreteras Michelin n° 575-F19

El Batán del Molino

El Molino, Sur : 1 km ✉ 09347 – ✆ 947 17 47 15 – www.elbatandelmolino.com – cerrado enero y febrero
9 hab – 50 € 60 €, 6 €
Molino harinero del s. XI emplazado en un paraje de agradables exteriores, con jardín, césped y piscina. Su arquitectura tradicional combina el adobe y la piedra de los muros con las vigas de madera. Menú de cocina casera con productos de su propia huerta.

ESPAÑA

RÁBADE

Lugo – 1 637 h. – Ver mapa regional n° **13-C2**
Madrid 530 km – A Coruña 79 km – Lugo 15 km – Ponferrada 133 km
Mapa de carreteras Michelin n° 571-C7

Coto Real

av. A Coruña 107 ✉ 27370 – ✆ 982 39 00 12 – www.cotoreal.com
40 hab – 39/119 € 49/119 €, 4 €
Rest *Asador Coto Real* – ver selección restaurantes
Hotel de línea moderna situado en el centro de la localidad, junto a la antigua carretera nacional. Presenta una correcta zona noble y coquetas habitaciones, no muy espaciosas pero con materiales de calidad. ¡Clientela habitual de trabajo!

Asador Coto Real – Hotel Coto Real

av. A Coruña 107 ✉ 27370 – ✆ 982 39 00 12 – www.cotoreal.com
Carta 33/50 €
Un restaurante con personalidad y cierto prestigio en la zona. Posee una sala en dos alturas de línea clásica-actual y un gran horno de leña, no en vano los asados y las carnes de vacuno mayor a la parrilla son su especialidad.

RABANAL DEL CAMINO

León – Alt. 1 150 m – Ver mapa regional n° **8-A1**
Madrid 353 km – León 67 km – Ponferrada 34 km – Zamora 86 km
Mapa de carreteras Michelin n° 575-E11

La Posada de Gaspar

Real 27 ✉ 24722 – ✆ 987 63 16 29 – www.laposadadegaspar.com – cerrado 30 días en enero-febrero
11 hab – 41/54 € 54/68 €, 7 €
Atractiva casona de arquitectura regional emplazada en un pueblo de montaña del Camino de Santiago, por lo que suele alojar peregrinos. Posee habitaciones de aire rústico y un acogedor restaurante, basando su oferta en un menú y en el popular Cocido maragato.

RACÓ DE SANTA LLUCÍA → Ver Vilanova i la Geltrú
Barcelona

RÁFALES
Teruel – 138 h. – Alt. 627 m – Ver mapa regional n° **2-C3**
Madrid 456 km – Zaragoza 143 km – Teruel 192 km –
Castelló de la Plana/Castellón de la Plana 149 km
Mapa de carreteras Michelin n° 574-J30

La Alquería
pl. Mayor 9 ✉ 44589 – ✆ 978 85 64 05 – www.lalqueria.net
6 hab – 50/69 € 69/86 €
Una casa de línea rústica-actual restaurada con acierto. Compensa su reducida zona social con unas cuidadas habitaciones, todas personalizadas y con el mobiliario en forja. En el restaurante proponen una cocina de platos elaborados y precios comedidos.

RASCAFRÍA
Madrid – 1 893 h. – Alt. 1 163 m – Ver mapa regional n° **15-A1**
Madrid 97 km – Valladolid 167 km – Segovia 52 km – Ávila 108 km
Mapa de carreteras Michelin n° 576 y 575-J18

El Valle
av. del Valle 39 ✉ 28740 – ✆ 918 69 12 13 – www.hotelruralelvalle.com
30 hab – 40/50 € 60/75 €
Un alojamiento de estilo rústico-actual y agradable ambiente familiar. Cuenta con una coqueta zona social y unas habitaciones bien actualizadas, todas con los baños renovados.

Los Calizos
carret. de Miraflores, Este : 1 km ✉ 28740 – ✆ 918 69 11 12 – www.loscalizos.com – cerrado martes
Menú 30/60 € – Carta 24/46 € **12 hab** – 66 € 88 €
Ubicado en pleno campo, con una terraza ajardinada y unas salas de aire rústico. Cocina tradicional actualizada que sorprende tanto por los productos como por su elaboración. También ofrece habitaciones por si quiere disfrutar del Parque Natural de Peñalara.

El RASO → Ver Candeleda
Ávila

RAXO
Pontevedra – 1 051 h. – Ver mapa regional n° **13-A2**
Madrid 626 km – Santiago de Compostela 77 km – Pontevedra 14 km –
A Coruña 147 km
Mapa de carreteras Michelin n° 571-E3

en Serpe Norte : 1,5 km

Pepe Vieira Camiño da Serpe (Xosé T. Cannas)
camiño da Serpe ✉ 36992 Raxó – ✆ 986 74 13 78 – www.pepevieira.com – cerrado 19 octubre-14 marzo, domingo y lunes
Menú 34/96 € – *(solo menú)*
Restaurante de estética moderna y gran confort emplazado en un sorprendente edificio de líneas vanguardistas. En su sala, de esencia minimalista, encontrará las elaboraciones propias de una cocina muy creativa y detallista, siempre con excelentes productos. ¡Descubra sus fantásticos menús!
→ Rape en la llama con salsa de pimientos de Padrón encurtidos. Lamprea del Miño suavemente guisada en tinto Sousón, con rúcula y piñones garrapiñados. Sopa de manzana ácida con cremoso de tetilla y cúrcuma.

REBOREDO → Ver O Grove
Pontevedra

ESPAÑA

REDONDELA

Pontevedra – 29 918 h. – Ver mapa regional n° **13-B3**
Madrid 600 km – Santiago de Compostela 83 km – Pontevedra 24 km – Viana do Castelo 104 km
Mapa de carreteras Michelin n° 571-F4

O Xantar de Otelo

av. Estación de Ferrocarril 27 ✉ 36800 – ✆ 986 40 15 20 – www.oxantardeotelo.com – cerrado Semana Santa, 15 días en agosto, domingo noche y lunes
Carta 28/35 €
Este negocio familiar cuenta con sus propios barcos de pesca, por lo que siempre ofrece pescados y mariscos de calidad a precios interesantes. Cocina gallega con especialidades, como la Caldereta de pescados o las Zamburiñas a la plancha.

en Chapela Oeste : 8,5 km

Casa Pinales

av. de Redondela 124 ✉ 36320 – ✆ 986 45 02 42 – cerrado 15 días en abril, 15 días en septiembre, domingo noche y lunes
Menú 30 € – Carta 30/40 €
Ofrece una sala de espera con un vivero y una única sala de línea clásica, esta última dominada por un gran ventanal que se abre a la ría de Vigo y a las bateas. Carta amplia de cocina gallega, con deliciosos arroces, pescados y mariscos.

ESPAÑA

REINOSA

Cantabria – 9 919 h. – Alt. 850 m – Ver mapa regional n° **6-B2**
Madrid 355 km – Burgos 116 km – Palencia 129 km – Santander 69 km
Mapa de carreteras Michelin n° 572-C17
Balneario en Fontibre - Deportes de invierno en Alto Campóo, Oeste : 25 Km : 13 1

Villa Rosa

Héroes de la Guardia Civil 4 ✉ 39200 – ✆ 942 75 47 47 – www.villarosa.com
12 hab – 50 € 70 €
Hotelito de ambiente clásico instalado en una hermosa villa de principios del s. XX. Ofrece unos cuidados exteriores, un atractivo SPA para uso privado y habitaciones de buen confort.

RENTERÍA → Ver Errenteria

Guipúzcoa

REQUENA

Valencia – 21 066 h. – Alt. 292 m – Ver mapa regional n° **11-A2**
Madrid 290 km – València 68 km – Alacant / Alicante 173 km – Castelló de la Plana / Castellón de la Plana 135 km
Mapa de carreteras Michelin n° 577-N26

La Villa

pl. Albornoz 8 ✉ 46340 – ✆ 962 30 12 75 – www.hotellavillarestaurante.com
18 hab – 40 € 55 €, 5 €
Se halla en la plaza principal del casco histórico y está llevado con amabilidad. Posee una pequeña terraza y cuidadas habitaciones, todas con muebles de época. En el restaurante, de aire rústico-regional, apuestan por una cocina sencilla a precios ajustados.

REUS

Tarragona – 106 790 h. – Alt. 134 m – Ver mapa regional n° **9-B3**
Madrid 547 km – Barcelona 118 km – Castelló de la Plana/Castellón de la Plana 177 km – Lleida/Lérida 90 km
Mapa de carreteras Michelin n° 574-I33

XX **Reineta** (N)
Jurats 28 ✉ 43205 Reus – ☎ 977 31 32 96 – www.reineta.cat – cerrado del 15 al 31 de agosto, del 15 al 31 de diciembre, domingo noche y lunes
Menú 25/35 € – Carta 35/50 €
Singular, de ambiente ecléctico y llevado en familia. Encontrará una cocina tradicional actualizada que toma cuerpo a raíz de un buen producto. ¡Presumen de carnes "Dry Aged"!

en la carretera de Tarragona Sureste : 1 km

Brea's H.
✉ 43204 Reus – ☎ 977 30 10 46 – www.breashotel.es
46 hab – 65/120 € 75/125 €, 8 € – 4 suites
Rest *Masía Crusells* – ver selección restaurantes
Moderno edificio de tres plantas orientado al cliente de negocios. Posee una cafetería acristalada junto a la recepción, donde sirven tanto los desayunos como diversos platos combinados, así como unas espaciosas habitaciones, todas de línea actual-funcional.

XX **Masía Crusells** – Hotel Brea's H.
✉ 43204 Reus – ☎ 977 30 10 46 – www.breashotel.es
Menú 18 € – Carta 36/56 €
Llevado entre varios hermanos. Presenta una zona de bar y tres salas de ambiente clásico. La carta, tradicional y rica en productos del mar, se ve apoyada por un amplio menú.

en Castellvell (Baix Camp) Norte : 2 km

XX **Sanromà**
av. de Reus 24 ✉ 43392 Castellvell – ☎ 977 85 52 12 – www.sanromarestaurant.cat – cerrado Navidades, del 15 al 31 de agosto y martes
Carta 30/42 €
En este restaurante familiar encontrará una sala de ambiente rústico-actual, con los suelos y las vigas en madera. Cocina tradicional e interesantes sugerencias de palabra.

ESPAÑA

RIBADEO

Lugo – 9 994 h. – Alt. 46 m – Ver mapa regional n° **13-D1**
Madrid 591 km – A Coruña 158 km – Lugo 90 km – Oviedo 169 km
Mapa de carreteras Michelin n° 571-B8

Parador de Ribadeo
Amador Fernández 7 ✉ 27700 – ☎ 982 12 88 25 – www.parador.es
47 hab – 70/180 €, 16 € – 1 suite
Está en un paraje idílico, dominado por la ría y los bellos pueblos de la otra orilla... por eso, muchas habitaciones poseen galería-mirador. En el restaurante, de aire rústico, proponen una carta regional y especialidades como el Arroz caldoso con bogavante.

O Cabazo
Río do Amalló 1 ✉ 27700 – ☎ 982 12 85 17 – www.hotelrestauranteocabazo.com
38 hab – 37/61 € 46/76 €, 7 €
Debe su nombre al antiguo "cabazo" (hórreo gallego) que poseen. Presenta una zona social repartida por varios rincones y luminosas habitaciones, todas de línea clásica. El restaurante, de aspecto hogareño, ofrece una cocina tradicional con la opción de menús.

Bouza
José Vicente Pérez Martínez 13 ✉ 27700 – ☎ 982 13 00 87 – www.hotelbouza.com
28 hab – 40/60 € 52/75 €
Céntrico, de cuidadas instalaciones y con una cafetería pública, siendo esta el epicentro de toda la vida social del hotel. Correctas habitaciones de línea funcional-actual.

Rolle

Ingeniero Schulz 6 ✉ 27700 – ✆ 982 12 06 70 – www.hotelrolle.com

10 hab ☕ – 🚹40/95 € 🚹🚹60/95 €

Hotel con encanto instalado en el centro del pueblo, en una casona de piedra del s. XVIII. Ofrece habitaciones muy confortables y un buen desayuno, con productos de calidad.

A.G. Porcillán

Guimaran 5 (muelle de Porcillán) ✉ 27700 – ✆ 982 12 05 70 – www.hotelagporcillan.com – cerrado 15 diciembre-marzo

11 hab – 🚹33/44 € 🚹🚹44/77 €, ☕ 4,50 €

¡Coqueto, muy familiar y cuidado al detalle! Posee varios tipos de habitaciones: seis de línea náutica, dos neorrústicas y tres más actuales; además, dos están abuhardilladas.

San Miguel

porto deportivo ✉ 27700 – ✆ 982 12 97 17 – www.restaurantesanmiguel.org – cerrado del 7 al 27 de enero, domingo noche y lunes noche salvo Semana Santa y julio-agosto

Menú 22/50 € – Carta 33/50 €

Lo mejor es su emplazamiento en el puerto deportivo, con una preciosa terraza de verano y fantásticas vistas. Cocina tradicional marinera con platos gallegos y asturianos.

RIBADESELLA

ESPAÑA

Asturias – 6 097 h. – Ver mapa regional n° **3-C1**

Madrid 485 km – Gijón 67 km – Oviedo 84 km – Santander 128 km

Mapa de carreteras Michelin n° 572-B14

El Jardín de Eugenia

Palacio Valdés 22 ✉ 33560 – ✆ 985 86 08 05 – www.eljardindeugenia.com

14 hab ☕ – 🚹60/100 € 🚹🚹77/130 €

Rompe con la estética de los hoteles en la zona, pues es moderno y tiene detalles de vanguardia. Habitaciones confortables, en la 2ª planta abuhardilladas, y buen desayuno.

Arbidel (Jaime Uz)

Oscura 1 ✉ 33560 – ✆ 985 86 14 40 – www.arbidel.com – cerrado 15 días en noviembre, 15 días en enero, domingo noche, martes noche y lunes salvo verano

Menú 35/65 € – Carta 35/55 €

¡Muy recomendable! Arbidel abre sus puertas en una callejuela del casco antiguo, con una pequeña sala neorrústica-actual y una terracita sobre la calle peatonal. Cocina tradicional actualizada, raciones generosas y un buen menú degustación.

→ Fabes verdes, texturas de calamar, manitas tostadas y salicornia. Salmonete desespinado, jugo de cangrejo del Sella, hinojo y estragón. Brûlée de arroz con leche y helado de cáscara de limón.

en la playa

G.H. del Sella

Ricardo Cangas 17 ✉ 33560 Ribadesella – ✆ 985 86 01 50 – www.granhoteldelsella.com – Semana Santa-15 octubre

77 hab ☕ – 🚹90/125 € 🚹🚹122/168 € – 4 suites

Se encuentra en 1ª línea de playa y está instalado parcialmente en el antiguo palacio de verano de los marqueses de Argüelles, dotado con elegantes dependencias. Completo SPA. El restaurante ofrece una carta tradicional, con varios arroces y platos marineros.

Villa Rosario

Dionisio Ruisánchez 6 ✉ 33560 Ribadesella – ✆ 985 86 00 90 – www.hotelvillarosario.com

19 hab ☕ – 🚹70/215 € 🚹🚹85/215 €

Bello palacete de estilo indiano ubicado a pie de playa. Sorprende con un hall de época, un restaurante tipo jardín de invierno y dos clases de habitaciones, las del edificio principal y otras más actuales en un inmueble moderno que tienen cruzando la calle.

Ribadesella Playa
Ricardo Cangas 3 ✉ 33560 Ribadesella – ☏ 985 86 07 15 – www.hotelribadesellaplaya.com – Semana Santa-octubre
17 hab – 51/90 € 57/135 €, 8,50 €
Instalado en una elegante villa que tiene acceso directo a la playa. Adecuada zona noble y confortables habitaciones de aire clásico, destacando las que ofrecen vistas al mar.

Verdemar
Elías Pando 19 ✉ 33560 Ribadesella – ☏ 985 86 17 17 – www.hotelverdemar.net – cerrado 19 diciembre-19 enero
12 hab – 46/84 € 65/130 €
¡Próximo al mar! Tanto la zona social como la cafetería pueden parecer algo pequeñas... sin embargo, sus habitaciones son correctas, con mobiliario funcional y baños actuales.

La Huertona
carret. de Junco, Suroeste : 1,5 km ✉ 33560 Ribadesella – ☏ 985 86 05 53 – www.restaurantelahuertona.com – cerrado 15 días en junio, 15 días en octubre y martes salvo julio-agosto
Carta 30/57 € – *(solo almuerzo salvo viernes y sábado de octubre a abril)* (es necesario reservar para cenar)
¡Con buen nombre en la zona! Posee un gastrobar y un cuidado comedor, muy luminoso, con vistas a los verdes alrededores. Carta de mercado que ensalza los pescados de la zona.

Quince Nudos N
Avelina Cerra 6 ✉ 33560 Ribadesella – ☏ 984 11 20 73 – www.restaurantequincenudos.com – cerrado noviembre, domingo noche y lunes
Menú 29 € – Carta 30/40 € – *(solo almuerzo salvo viernes y sábado en invierno)*
Algo escondido aunque... ¡próximo a la playa! Proponen una cocina de base tradicional con toques actuales, otorgando un lugar de honor a los arroces en todas sus variantes.

ESPAÑA

por la carretera de Collía

La Biesca
Sebreño, Suroeste : 2,5 km ✉ 33567 Ribadesella – ☏ 985 86 00 00 – www.labiesca.com – cerrado noviembre-marzo
11 hab – 55/75 € 60/95 €
Uno de esos sitios en los que nadie perturbará su descanso, pues se halla rodeado de la siempre verde naturaleza asturiana. Posee un atractivo porche y habitaciones de buen confort, todas con mobiliario rústico-regional en madera y forja.

El Carmen
El Carmen, Suroeste : 4 km ✉ 33567 El Carmen – ☏ 985 86 12 89 – www.hotelelcarmen.com – cerrado 23 diciembre-15 marzo
8 hab – 55/76 €, 6,50 €
Casa de nueva construcción que reproduce el estilo arquitectónico de la zona. Ofrece unas acogedoras dependencias de aire rústico y cuenta con un agradable entorno ajardinado.

en la carretera AS 263 Este : 4,5 km

Camangu
Camango ✉ 33568 Camango – ☏ 985 85 76 46 – www.camangu.com – cerrado enero y febrero
10 hab – 45/67 € 55/80 €
Hotelito familiar ubicado junto a la carretera, en un bello paraje. Posee un acogedor salón social, donde sirven los desayunos, y unas cálidas habitaciones de línea clásica.

en Junco

Paraje del Asturcón
Suroeste, 4 km ✉ 33560 Junco – ✆ 985 86 05 88 – www.parajedelasturcon.com
10 hab – 🛉40/80 € 🛉🛉60/100 €, ☕ 5 €
Tranquilo y con excelentes vistas, sobre todo desde las estancias abuhardilladas. Encontrará un acogedor salón social con chimenea y habitaciones rústicas de notable amplitud.

Mirador del Sella
Suroeste, 4,5 km ✉ 33569 Junco – ✆ 985 86 18 41 – www.miradordelsella.com – 15 marzo-15 octubre
13 hab – 🛉45/105 € 🛉🛉55/140 €, ☕ 11 €
Lo mejor es su entorno... no en vano, se encuentra sobre un montículo con soberbias vistas a la desembocadura del río Sella. Alegre salón social con detalles marineros y habitaciones de línea actual, algunas con hidromasaje en los baños.

RIBES DE FRESER

Girona – 1 891 h. – Alt. 920 m – Ver mapa regional n° **9-C1**
Madrid 689 km – Barcelona 118 km – Girona 101 km
Mapa de carreteras Michelin n° 574-F36

Resguard dels Vents
camí de Ventaiola, Norte : 1 km ✉ 17534 – ✆ 972 72 88 66 – www.hotelresguard.com – cerrado 21 días en noviembre
16 hab ☕ – 🛉126/150 € 🛉🛉156/200 € – 1 suite
Interesante para disfrutar de la estancia y el entorno en pareja, pues se encuentra aislado en la falda de una montaña. Atesora unas atractivas fachadas en piedra, un luminoso SPA, magníficas vistas al valle y... ¡un poema al viento en cada habitación! El restaurante centra su oferta en un menú tradicional.

Els Caçadors
Balandrau 24 ✉ 17534 – ✆ 972 72 70 77 – www.hotelsderibes.com – cerrado noviembre
34 hab – 🛉28/63 € 🛉🛉56/102 €, ☕ 8 €
Rest *Els Caçadors* – ver selección restaurantes
Negocio familiar de 4ª generación que ha evolucionado de lo que fue un café y fonda a lo que es hoy en día. Presenta hasta tres tipos de habitaciones (Oro, Plata y Bronce), unas orientadas a parejas, otras para los que viajan con niños y las últimas, más económicas, a comerciales y senderistas.

Catalunya Park H.
passeig Mauri 9 ✉ 17534 – ✆ 972 72 71 98 – www.catalunyaparkhotels.com – Semana Santa-octubre
55 hab ☕ – 🛉47/72 € 🛉🛉72/84 €
¡Destaca por su trato, muy cercano y familiar! Encontrará un amplio jardín con piscina, una correcta zona social y habitaciones espaciosas a la par que funcionales. El comedor, diáfano y luminoso, elabora un menú tradicional con hasta nueve platos a elegir.

Catalunya
Sant Quintí 37 ✉ 17534 – ✆ 972 72 70 17 – www.catalunyaparkhotels.com
23 hab ☕ – 🛉39/70 € 🛉🛉64/71 €
Es sencillo y funcional, sin embargo su gran atractivo está en el exquisito trato familiar que brindan a sus clientes... por eso algunos les son fieles desde hace 50 años. El comedor, de estilo clásico algo anticuado, basa su oferta en un correcto menú diario.

XX **Els Caçadors** – Hotel Els Caçadors
Balandrau 24 ✉ 17534 – ✆ 972 72 70 77 – www.hotelsderibes.com – cerrado noviembre
Menú 18 € – Carta 25/47 €
Tiene tradición y viste sus paredes con fotos antiguas, del negocio y la familia. Su carta de tinte regional atesora algún que otro plato perenne en la historia desde sus tiempos de fonda, como los ya clásicos Calamares fritos de la casa.

RICOTE

Murcia – 1 417 h. – Alt. 400 m – Ver mapa regional n° **16**-B2
Madrid 375 km – Murcia 37 km – Albacete 124 km – Alacant / Alicante 102 km
Mapa de carreteras Michelin n° 577-R25

El Sordo

Alharbona ✉ 30610 – ✆ 968 69 71 50 – www.elsordo.es – cerrado julio y lunes no festivos
Menú 31 € – Carta 20/41 € – *(solo almuerzo salvo viernes, sábado y domingo)*
Una casa familiar de 4ª generación que... ¡le sorprenderá! Disfruta de un bar público y unas salas de línea actual, en general con buenos detalles de diseño. Proponen una carta tradicional extensa y variada, con distintos menús y exquisitos platos de caza.

RINCÓN DE LA VICTORIA

Málaga – 41 827 h. – Ver mapa regional n° **1**-C2
Madrid 543 km – Sevilla 224 km – Málaga 17 km – Granada 133 km
Mapa de carreteras Michelin n° 578-V17

El Reservado

Cortijo Acebuchal 15, Autovía A7, salida 256 ✉ 29730 – ✆ 952 40 10 51 – www.elreservadorestaurante.com
Menú 12/50 € – Carta 33/47 € – *(solo almuerzo salvo viernes y sábado)*
Casa de madera aislada a la entrada de la localidad, con el acceso por una salida de la autovía. En sus salas, de línea clásica, le propondrán una cocina de gusto tradicional.

RIÓPAR

Albacete – 1 480 h. – Alt. 1 139 m – Ver mapa regional n° **7**-C3
Madrid 316 km – Albacete 117 km – Toledo 265 km – Murcia 165 km
Mapa de carreteras Michelin n° 576-Q22

Riópar

Choperas 2 ✉ 02450 – ✆ 967 43 51 91 – www.hotelriopar.com – cerrado del 9 al 26 de diciembre y 4 enero-12 febrero
30 hab – †50/61 € ††55/66 €, ☕ 6 €
Sólida construcción de montaña. Presenta una correcta zona social, algunos servicios propios de un SPA y cálidas habitaciones, todas con balcón y el mobiliario en forja.

RIPOLL

Girona – 10 798 h. – Alt. 682 m – Ver mapa regional n° **9**-C1
Madrid 651 km – Barcelona 105 km – Girona 84 km – Encamp 120 km
Mapa de carreteras Michelin n° 574-F36

Reccapolis

carret. Sant Joan 68 (C 151a) ✉ 17500 – ✆ 972 70 21 06 – www.reccapolis.com – cerrado 15 días en septiembre
Menú 26 € – Carta 35/49 € – *(solo almuerzo salvo viernes y sábado)*
Presenta tres acogedoras salas, coloristas y de línea clásica-modernista, así como un coqueto balcón-terraza con vistas al río. Cocina tradicional actualizada, siempre con producto de temporada y la posibilidad de medias raciones.

RIUDARENES

Girona – 2 175 h. – Alt. 84 m – Ver mapa regional n° **10**-A1
Madrid 670 km – Barcelona 80 km – Girona 26 km – Tarragona 170 km
Mapa de carreteras Michelin n° 574-G38

La Brasa de Riudarenes

Santa Coloma 21 ✉ 17421 – ✆ 972 85 60 17 – www.labrasa.com
Carta 24/32 € – *(solo almuerzo)* **19 hab** ☕ – †28/35 € ††50/68 €
Casa familiar dotada con cuatro salas de aire rústico. Ofrecen cocina catalana-casera especializada en platos a la brasa y caracoles. ¡Correctas habitaciones como complemento!

ESPAÑA

RIUDOMS

Tarragona – 6 472 h. – Ver mapa regional n° **9-B3**
Madrid 552 km – Barcelona 111 km – Tarragona 19 km
Mapa de carreteras Michelin n° 574-I33

El Celler de L'Arbocet

Masferrer 9 ✉ 43330 – ✆ 977 85 00 82 – www.cellerarbocet.com – cerrado del 15 al 28 de febrero, 12 octubre-12 noviembre, domingo noche y lunes
Menú 30/45 € – Carta 33/54 € – *(solo almuerzo salvo julio-agosto, viernes y sábado)*
Instalado en una casa solariega del s. XVIII que hoy se presenta con un cálido interior de ambiente rústico-actual. Cocina actual con producto autóctono y agradable terraza.

RIVAS-VACIAMADRID

Madrid – 78 133 h. – Alt. 590 m – Ver mapa regional n° **15-B2**
Madrid 20 km – Toledo 81 km – Segovia 118 km – Guadalajara 61 km
Mapa de carreteras Michelin n° 576 y 575-L19

La Rotonda

paseo Las Provincias (C.C. Covibar 2) ✉ 28523 – ✆ 916 66 93 65 – cerrado domingo noche
Carta 30/50 €
Emplazado en un centro comercial de Rivas Urbanizaciones. Ofrece una sala de línea actual-funcional y una carta tradicional, con sugerencias diarias cantadas en la mesa.

ESPAÑA

ROBLEDO DE CHAVELA

Madrid – 4 137 h. – Alt. 903 m – Ver mapa regional n° **15-A2**
Madrid 84 km – Ávila 98 km – Segovia 75 km – Toledo 111 km
Mapa de carreteras Michelin n° 576 y 575-K17

Rincón de Traspalacio

Traspalacio 24 ✉ 28294 – ✆ 918 98 15 30 – www.rincondetraspalacio.com
20 hab – 54/64 € 70/89 €
Llama la atención por su estética rústica-elegante, con un espacio interior ajardinado, una acogedora zona social y habitaciones bien personalizadas. El restaurante ofrece una carta reducida, pero cuidada, con opción a menús, carnes y platos tradicionales.

El ROCÍO

Huelva – Ver mapa regional n° **1-A2**
Madrid 607 km – Huelva 67 km – Sevilla 78 km
Mapa de carreteras Michelin n° 578-U10

Toruño

pl. del Acebuchal 22 ✉ 21750 – ✆ 959 44 23 23 – www.toruno.es
30 hab – 48/54 € 64/74 €
Rest *Toruño* – ver selección restaurantes
Destaca por su privilegiado emplazamiento... no en vano, se encuentra junto a las tranquilas marismas de Doñana. Ofrece unas habitaciones de línea funcional, en general sencillas pero de buen confort.

Toruño – Hotel Toruño

pl. del Acebuchal 22 ✉ 21750 – www.toruno.es
Menú 15 € – Carta 25/45 €
El restaurante, de estilo rústico-andaluz y adornado por dos chimeneas, se encuentra en un edificio independiente. Buenas vistas a las marismas y amplia carta tradicional.

La RODA

Albacete – 16 398 h. – Alt. 716 m – Ver mapa regional n° **7-C2**
Madrid 217 km – Albacete 39 km – Toledo 220 km – Cuenca 126 km
Mapa de carreteras Michelin n° 576-O23

Flor de la Mancha
Alfredo Atienza 139 ✉ 02630 – ✆ 967 44 05 55 – www.flordelamancha.com
75 hab – 38/44 € 53/66 €, 5 €
Hotel de carácter familiar ambientado con numerosos detalles taurinos. Las habitaciones resultan amplias y confortables en su categoría, con mobiliario en madera maciza de buena calidad. En el restaurante, con cierto aire castellano y un privado, proponen una sencilla carta tradicional y un menú del día.

RODA DE ISÁBENA
Huesca – 36 h. – Alt. 751 m – Ver mapa regional n° **2-D1**
Madrid 491 km – Huesca 106 km – Lleida/Lérida 95 km
Mapa de carreteras Michelin n° 574-F31

Hospedería de Roda de Isábena
pl. de la Catedral ✉ 22482 – ✆ 974 54 45 54 – www.hospederia-rdi.com – cerrado 20 al 30 de diciembre
10 hab – 35/50 € 45/65 €, 8 €
Rest *Hospedería La Catedral* – ver selección restaurantes
¡Frente a la Catedral románica del s. XI! Ocupa un sobrio edificio medieval que ha sido completamente renovado, ofreciendo un pequeño salón social con chimenea y unas habitaciones de confort actual... casi todas con balcón o terraza.

Hospedería La Catedral – Hotel Hospedería de Roda de Isábena
pl. Pons Sorolla ✉ 22482 – ✆ 974 54 45 45 – www.hospederia-rdi.com – cerrado del 20 al 30 de diciembre y domingo noche salvo verano
Menú 17 € – Carta 20/42 €
Se accede por el claustro de la Catedral y ocupa el refectorio cisterciense del templo, de marcada sobriedad y con los techos abovedados en piedra. Carta tradicional especializada en platos de caza y carnes de ternera Parda Alpina.

RODALQUILAR
Almería – 155 h. – Ver mapa regional n° **1-D2**
Madrid 587 km – Sevilla 456 km – Almería 52 km
Mapa de carreteras Michelin n° 578-V23

Rodalquilar
paraje de los Albacetes, Oeste : 0,7 km ✉ 04115 – ✆ 950 38 98 38 – www.hotelrodalquilar.com
26 hab – 34/108 € 50/150 €, 12 €
Hotel de línea moderna construido a modo de fusión arquitectónica entre la estética árabe y la andalusí. Encontrará un entorno realmente singular, habitaciones clásicas de correcto confort y un sencillo restaurante, donde ofrecen una carta tradicional.

El Jardín de los Sueños N
Los Gorriones, al Sureste ✉ 04115 – ✆ 669 18 41 18 – www.eljardindelossuenos.es
7 hab – 60/80 € 76/140 €
Tranquilidad, singularidad, belleza... ¡déjese seducir por el paisaje! Disfruta de unas sencillas habitaciones, todas con su propia terraza y acceso a un fabuloso jardín.

ROIS
A Coruña – 5 149 h. – Ver mapa regional n° **13-B2**
Madrid 638 km – A Coruña 98 km – Pontevedra 41 km – Santiago de Compostela 46 km
Mapa de carreteras Michelin n° 571-D4

Casa Ramallo
Castro 5 ✉ 15911 – ✆ 981 80 41 80 – cerrado 24 diciembre-2 enero y lunes
Carta 27/43 € – *(solo almuerzo)*
Negocio familiar fundado en 1898. Presenta una sala clásica, con las paredes en piedra, y una carta de palabra que destaca por sus guisos y su exquisita lamprea en temporada.

ESPAÑA

La ROMANA

Alicante – 2 474 h. – Ver mapa regional n° **11-A3**
Madrid 406 km – Valencia 165 km – Alacant / Alicante 45 km – Murcia 80 km
Mapa de carreteras Michelin n° 577-Q27

La Romana

Partida Casa Azorín, Sur : 1 km ✉ 03669 – ☎ 629 92 88 74 – www.laromanahotel.es – cerrado 14 días en enero
18 hab – 68/75 € 75/110 €
Una antigua casona rodeada de viñedos. Presenta unas habitaciones actuales, algunas con terraza, y una pequeña oferta en tratamientos de relax. El restaurante, que ofrece una carta tradicional-mediterránea, se completa con un salón para eventos en una bodega.

ROMANYÀ DE LA SELVA

Girona – 145 h. – Ver mapa regional n° **10-B1**
Madrid 710 km – Barcelona 103 km – Girona 32 km – Perpignan 125 km
Mapa de carreteras Michelin n° 574-G38

Can Roquet

pl. de l'Esglesia 1 ✉ 17246 – ☎ 972 83 30 81 – www.canroquet.com – cerrado 15 noviembre-febrero y lunes
Carta 35/57 € – *(solo cena los lunes, martes y miércoles de verano)*
Se halla en un pueblecito de montaña, instalado en una antigua casa de piedra que hoy se presenta con una decoración de contrastes. Cocina actual-creativa y relajante terraza.

ESPAÑA

RONCESVALLES → Ver Orreaga

Navarra

RONDA

Málaga – 36 208 h. – Alt. 750 m – Ver mapa regional n° **1-A3**
Madrid 556 km – Sevilla 128 km – Málaga 103 km – Cádiz 148 km
Mapa de carreteras Michelin n° 578-V14

Parador de Ronda

pl. de España ✉ 29400 – ☎ 952 87 75 00 – www.parador.es Plano : A2**a**
78 hab – 100/210 €, 18 €
Destaca por su excepcional emplazamiento, pues se halla al mismo borde del Tajo. Presenta un buen hall-recepción, cubierto por una cúpula moderna, y habitaciones de completo equipamiento, todas con los suelos en tarima. En su comedor, luminoso y de montaje clásico, encontrará una cocina de tinte regional.

Montelirio

Tenorio 8 ✉ 29400 – ☎ 952 87 38 55 – www.hotelmontelirio.com Plano : A2**b**
15 hab – 100/143 € 100/182 €, 11 €
Rest *Albacara* – ver selección restaurantes
Casa-palacio del s. XVII dotada de vistas parciales al Tajo de Ronda. Ofrece habitaciones de muy buen confort, todas personalizadas en su decoración, así como un patio y una espectacular terraza-balconada.

San Gabriel

Marqués de Moctezuma 19 ✉ 29400 – ☎ 952 19 03 92 – www.hotelsangabriel.com – cerrado 21 diciembre-9 enero y del 19 al 31 de julio Plano : A2**v**
22 hab – 73 € 100/112 €, 6 €
Una mansión señorial del s. XVIII que, bien situada en el casco antiguo, aún emana el encanto propio de un pasado nobiliario. Atesora un coqueto patio, confortables habitaciones vestidas con mobiliario de época y un personal muy atento.

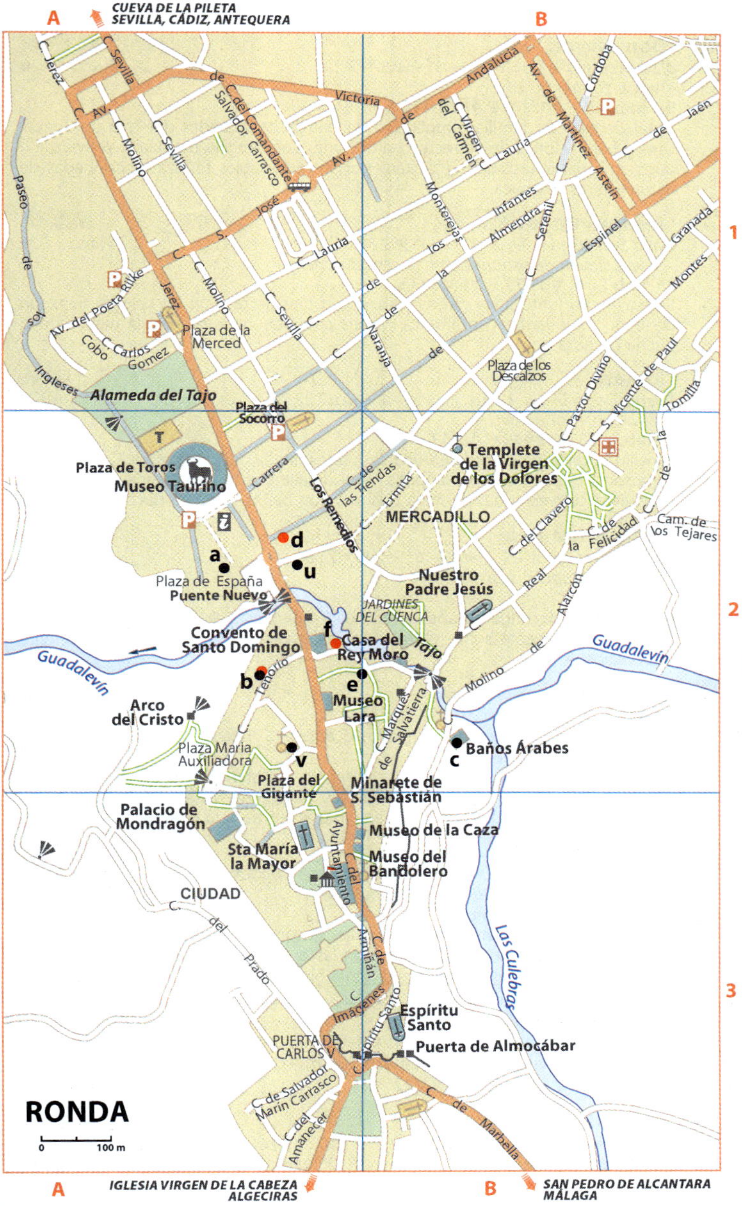
CUEVA DE LA PILETA
SEVILLA, CÁDIZ, ANTEQUERA
A
B
1
2
3
C. Jerez
C. Sevilla
Av. de Victoria
C. del Comandante Salvador Carrasco
Av. de Andalucía
Av. de Martínez Astein
C. Córdoba
C. Virgen del Carmen
C. Lauria
C. de Jaén
C. Molino
C. Sevilla
Av. José
C. Monterejas
C. Setenil
C. de los Infantes
C. de la Almendra
C. Espinel
C. Granada
C. Montes
Paseo de los Ingleses
Av. del Poeta Rilke
C. Carlos Cobo Gomez
C. Jerez
C. Molino
C. Lauria
C. de Naranja
C. Sevilla
Plaza de la Merced
Plaza de los Descalzos
C. Pastor Divino
C. S. Vicente de Paúl
C. Tomilla
C. de la
Alameda del Tajo
Plaza del Socorro
Carrera
T
Plaza de Toros
Museo Taurino
Los Remedios
C. de las Tiendas
C. Ermita
MERCADILLO
Templete de la Virgen de los Dolores
C. del Clavero
C. de la Felicidad
Cam. de los Tejares
a
d
u
Plaza de España
Puente Nuevo
Nuestro Padre Jesús
Real
Alarcón
JARDINES DEL CUENCA
Tajo
Convento de Santo Domingo
f
Casa del Rey Moro
Guadalevín
Guadalevín
Molino de
b
Tenorio
e
Museo Lara
C. Marqués de Salvatierra
Arco del Cristo
Plaza Maria Auxiliadora
C.
v
Plaza del Gigante
Minarete de S. Sebastián
Baños Árabes
c
Palacio de Mondragón
Museo de la Caza
Sta María la Mayor
C. del Ayuntamiento
Museo del Bandolero
CIUDAD
C. del Prado
C. de Armiñán
Las Culebras
C. Imágenes
C. Espíritu Santo
Espíritu Santo
PUERTA DE CARLOS V
Puerta de Almocábar
C. de Salvador Marin Carrasco
C. del Amanecer
C. de Marbella
RONDA
0
100 m
A
IGLESIA VIRGEN DE LA CABEZA
ALGECIRAS
B
SAN PEDRO DE ALCANTARA
MÁLAGA

ESPAÑA

Don Miguel

pl. de España 4 ✉ 29400 – ✆ 952 87 77 22 Plano : A2**u**
– www.donmiguel.es
30 hab – 45/70 € 75/110 €
Hotel de carácter familiar emplazado en una de las paredes del Tajo de Ronda. Ofrece habitaciones de correcto confort, unas con sencillo mobiliario provenzal y otras en forja. El restaurante destaca por sus agradables terrazas escalonadas de naturaleza panorámica.

Alavera de los Baños

Hoyo San Miguel ✉ 29400 – ✆ 952 87 91 43 Plano : B2**c**
– www.alaveradelosbanos.com – cerrado enero
11 hab – 65/72 € 85/97 €
Se encuentra junto a los baños árabes, con una decoración en colores vivos, un pequeño patio-jardín con alberca y unas coquetas habitaciones, la mayoría con ducha de obra.

Ronda

Ruedo Doña Elvira 12 ✉ 29400 – ✆ 952 87 22 32 Plano : AB2**e**
– www.hotelronda.net
5 hab – 53 € 70 €, 4 €
Sencillo hotelito emplazado en una casa rehabilitada del casco viejo. Casi no tiene zona social... sin embargo, compensa este detalle con unas habitaciones cuidadas y de vivos colores, todas de línea clásica y con baños de plato ducha.

ESPAÑA

Casa Santa Pola

Santo Domingo 3 ✉ 29400 – ✆ 952 87 92 08 Plano : A2**f**
– www.rsantapola.com
Carta 32/62 €
Preciosa casa de origen árabe dotada con múltiples salitas y balcones, algunos colgados literalmente sobre el Tajo. Cocina tradicional y rondeña de excelente elaboración.

Albacara – Hotel Montelirio

Tenorio 8 ✉ 29400 – ✆ 952 87 38 55 Plano : A2**b**
– www.hotelmontelirio.com – cerrado 15 enero-15 marzo
Menú 45/55 € – Carta 33/50 €
Disfruta de un acceso independiente respecto al hotel Montelirio, donde se presenta con un comedor de montaje clásico y sugerentes vistas al Tajo desde algunas mesas. Cocina tradicional elaborada, muy bien tratada y presentada.

Tragatapas

Nueva 4 ✉ 29400 – ✆ 952 87 72 09 – cerrado 30 días en enero-febrero y domingo noche en invierno Plano : A2**d**
Tapa 3 € – Ración aprox. 12 €
Bar de tapas ubicado en una céntrica calle peatonal. Ofrece una terraza y una sala de montaje actual, con varias pizarras en las que se informa sobre sus pinchos y raciones. Elaboraciones de base tradicional bien actualizadas.

ROQUETAS DE MAR

Almería – 87 868 h. – Ver mapa regional n° **1-D2**
Madrid 562 km – Sevilla 437 km – Almería 23 km – Granada 164 km
Mapa de carreteras Michelin n° 578-V22

Alejandro

av. Antonio Machado 32 ✉ 04740 – ✆ 950 32 24 08
– www.restaurantealejandro.es – cerrado 2ª quincena de enero, domingo noche, lunes y martes noche
Menú 39/66 € – Carta 40/51 €
Moderno restaurante situado en la zona del puerto. En su interior, con los fogones a la vista, le propondrán una cocina creativa de sugerentes matices y texturas, destacable por sus presentaciones y elaborada con productos de gran calidad.
→ Sardina marinada con ajoblanco y cereza. Espinaca esparragada con gamba blanca. Campo de setas con aceite de trufa.

ROQUETES → Ver Tortosa
Tarragona

ROSES (ROSAS)
Girona – 19 891 h. – Ver mapa regional n° **9-D3**
Madrid 741 km – Barcelona 157 km – Girona 60 km – Perpignan 76 km
Mapa de carreteras Michelin n° 574-F39

Terraza
av. Rhode 32 ✉ 17480 – ☎ 972 25 61 54 – www.hotelterraza.com – 15 marzo-15 noviembre
100 hab – 90/210 € 105/261 € – 5 suites
Se encuentra en pleno paseo marítimo, donde está llevado, de forma impecable, por la 3ª generación de la misma familia. Encontrará una variada zona social, habitaciones de línea clásica-actual y un coqueto SPA con solárium en la 5ª planta. El restaurante tiene mucha luz natural y un correcto montaje.

Ramblamar
av. de Rhode 153 ✉ 17480 – ☎ 972 25 63 54 – www.hotelramblamar.com – cerrado del 8 al 19 de diciembre y 15 días en enero
52 hab – 55/75 € 90/165 €
Hotel de línea actual e instalaciones funcionales situado frente a la playa. Todas sus habitaciones ofrecen buen confort y terraza, destacando las 16 con vistas al mar. El servicio de restaurante se da en el hotel Risech, muy próximo y de la misma propiedad.

Carmen
Trinitat 41 ✉ 17480 – ☎ 972 98 98 00 – www.hotelcarmen.es – cerrado 4 enero-3 febrero y 3 noviembre-25 diciembre
24 hab – 55/105 € 75/125 €
Resulta céntrico y ocupa tres antiguas casas unidas entre sí. Aquí ofrecen habitaciones de diferentes tamaños y ambiente casi minimalista, algunas con terraza independiente.

Risech
av. de Rhode 185 ✉ 17480 – ☎ 972 25 62 84 – www.hotelsrisech.com – cerrado del 9 al 26 de diciembre y del 2 al 25 de enero
78 hab – 50/65 € 90/130 €
¡Repartido entre varios edificios ubicados frente al mar! Cuenta con unas dependencias muy funcionales... aunque las más interesantes, por sus vistas, son las que poseen terraza y están en las últimas plantas. El comedor, que trabaja muy bien con menús, está claramente enfocado al cliente exterior.

XX Die Insel
Pescadors 17 ✉ 17480 – ☎ 972 25 71 23 – www.dieinsel.info – cerrado enero y martes
Menú 35/70 € – Carta 45/65 €
Llevado por su chef-propietario, un alemán afincado desde hace años en la localidad. En su carta, tradicional e internacional, encontrará platos tan dispares como el Tartar de ternera sobre torta de patata con caviar o la Lubina a la sal.

en la urbanización Santa Margarida Oeste : 2 km

Monterrey
passeig Marítim 72 ✉ 17480 Roses – ☎ 972 25 76 50 – www.hotelmonterreyroses.com – abril-6 noviembre
135 hab – 58/100 € 80/175 €
En 1ª línea de playa y con acceso directo a la misma. Disfruta de una completa zona social y habitaciones de correcto confort, con baños reducidos y terraza. El comedor, con vistas a la piscina, centra su oferta en el buffet. ¡Servicio gratuito de bicicletas!

Montecarlo
av. de la Platja 2 ✉ 17480 Roses – ✆ 972 25 66 73 – www.hotelmontecarlo.net – cerrado 4 noviembre-26 diciembre y 2 enero-1 marzo
126 hab – 70/95 € 90/140 €
¡Muy bien situado frente al mar! Presenta una zona social bastante actual, una sala de reuniones y correctas habitaciones dotadas de mobiliario clásico, todas con terraza. El comedor, diáfano y de sencillo montaje, centra su actividad en el servicio de buffet.

en la playa de Canyelles Petites Sureste : 2,5 km

Vistabella
av. Díaz Pacheco 26 ✉ 17480 Roses – ✆ 972 25 62 00 – www.hotelvistabella.com – 15 abril-1 noviembre
19 hab – 122/292 € 150/320 € – 15 suites
Rest *Els Brancs* – ver selección restaurantes
Disfruta de un emplazamiento realmente increíble, sobre la misma playa y con accesos casi privados a la misma. Se presenta con agradables terrazas de estilo mediterráneo, modernas habitaciones y una selecta oferta gastronómica... no en vano, en el restaurante Balcó de Mar veremos que tienen hasta su propio embarcadero.

Els Brancs – Hotel Vistabella
av. Díaz Pacheco 26 ✉ 17480 Roses – ✆ 972 25 60 08 – www.elsbrancs.com – 15 abril-1 noviembre
Menú 79/149 € – Carta 81/104 € – *(cerrado lunes) (solo cena)*
Destaca por su emplazamiento frente al mar, su ambiente elegante y sus magníficas vistas, sobre todo desde la terraza. Encontrará una carta de carácter creativo, bien compensada por dos menús, que conjuga a la perfección técnica y producto.
→ Emulsión de almendras tiernas, nieve de gazpacho y anchoas. Judías verdes, tendón de vaca, anguila ahumada y nécoras. Piña asada al estragón, bergamota y fino La Ina.

ESPAÑA

en la playa de La Almadraba Sureste : 3 km

Almadraba Park H.
av. Díaz Pacheco 70 ✉ 17480 Roses – ✆ 972 25 65 50 – www.almadrabapark.com – 15 abril-15 octubre
60 hab – 115/170 € 145/245 € – 6 suites
Se halla en una pequeña colina, con bellas terrazas ajardinadas sobre la bahía. Confortables habitaciones equipadas con baños modernos. El restaurante, asomado al mar y de carácter polivalente, apuesta por la cocina clásica con pescados y mariscos de la zona.

ROTA

Cádiz – 29 136 h. – Ver mapa regional n° **1-A2**
Madrid 653 km – Cádiz 45 km – Sevilla 128 km
Mapa de carreteras Michelin n° 578-W10

Duque de Nájera
Gravina 2 ✉ 11520 – ✆ 956 84 60 20 – www.hotelduquedenajera.com
92 hab – 70/175 € 70/195 €, 12 €
Rest *El Embarcadero* – ver selección restaurantes
Se halla en 1ª línea de playa y sorprende por su planteamiento, pues no se enfoca únicamente al cliente vacacional. Presenta unas cuidadas instalaciones de ambiente clásico-actual, un piano-bar y luminosas habitaciones, la mitad con terraza y vistas al mar.

El Embarcadero – Hotel Duque de Nájera
Gravina 2 ✉ 11520 – ✆ 956 84 60 20 – www.hotelduquedenajera.com
Menú 25/40 € – Carta 22/39 €
¡Con una estética marinera-actual ajena a los tipismos! La cercanía al puerto pesquero nos habla de su carta, aunque en ella también hay pasta, arroces, platos vegetarianos...

en la carretera de Chipiona

Playa de la Luz
av. Diputación, Oeste : 2 km ✉ 11520 Rota – ✆ 956 81 05 00 – www.hotelplayadelaluz.com – febrero-15 noviembre
219 hab – ††65/170 €, ☕ 11 €
Complejo hotelero de aire andaluz ubicado, literalmente, en 1ª línea de playa, donde se alza con varios pabellones, cuidados jardines y un animado Beach Club. El restaurante a la carta, dotado de buenas vistas, apuesta por la cocina tradicional.

La Espadaña
av. Diputación 150, Oeste : 2,5 km ✉ 11520 Rota – ✆ 956 84 61 03 – www.hotelespadana.com
40 apartamentos ☕ – ††80/280 €
Conjunto de aire regional emplazado frente a un pinar y cerca de la playa. Distribuye sus apartamentos (rústicos, naturales, coloristas o marineros) en varios edificios, todos con cocina y terraza. El restaurante se complementa con dos agradables terracitas.

Las ROZAS DE MADRID

Madrid – 91 806 h. – Alt. 718 m – Ver mapa regional n° **15-A2**
Madrid 20 km – Segovia 75 km – Toledo 97 km – Ávila 97 km
Mapa de carreteras Michelin n° 576 y 575-K18

en la autovía A 6

G.H. Las Rozas
Chile 2, Norte : 6 km - vía de servicio, salida 24 ✉ 28290 Las Rozas de Madrid – ✆ 916 30 84 10 – www.granhotellasrozas.com
90 hab – †59/190 € ††59/250 €, ☕ 12 €
Hotel de estética moderna. Su acogedora zona social se complementa con varias salas de reunión y unas espaciosas habitaciones, todo con mobiliario funcional-actual de calidad. El restaurante propone una reducida carta de cocina tradicional actualizada.

RUBIELOS DE MORA

Teruel – 722 h. – Alt. 929 m – Ver mapa regional n° **2-B3**
Madrid 357 km – Castelló de la Plana/Castellón de la Plana 93 km – Teruel 56 km
Mapa de carreteras Michelin n° 574-L28

De la Villa
pl. del Carmen 2 ✉ 44415 – ✆ 978 80 46 40 – www.delavillahotel.es – cerrado del 1 al 15 de julio
14 hab ☕ – †60/68 € ††60/70 €
Casa palaciega del s. XV que destaca por su atractiva fachada almenada, su precioso hall en piedra vista y sus habitaciones, en general bien personalizadas dentro de un estilo rústico-elegante. El restaurante, que recrea una estética rústica-actual y tiene terraza, propone una cocina de tinte tradicional.

RUENTE

Cantabria – 1 035 h. – Ver mapa regional n° **6-B1**
Madrid 440 km – Santander 54 km – Palencia 204 km
Mapa de carreteras Michelin n° 572-C17

XX **Casa Nacho González**
barrio Monasterio ✉ 39513 – ✆ 942 70 91 25 – www.restaurantecasanachogonzalezenruente.com – cerrado del 16 al 30 junio
Menú 25/40 € – Carta 25/45 €
¡Llevado con ilusión y ganas de mejorar! Encontraremos un gastrobar a la entrada, con la cocina abierta a un lado, y un luminoso salón de aire rústico en el piso superior. Cocina tradicional y a la brasa basada en la calidad del producto.

ESPAÑA

RUPIT
Barcelona – 295 h. – Ver mapa regional n° **10-A1**
Madrid 648 km – Barcelona 107 km – Girona 68 km – Tarragona 196 km
Mapa de carreteras Michelin n° 574-F37

Estrella N
pl. Bisbe Font 1 ✉ 08569 – ✆ 938 52 20 05 – www.hostalestrella.com
20 hab – 81 € 110 €
Fundado en 1946, construido en piedra e instalado en un pintoresco pueblo de montaña al que no se puede acceder en coche... de hecho, debe dejarlo en un parking y cruzar andando un puente colgante. Comedor con vistas al río y habitaciones de ambiente rústico.

SABADELL
Barcelona – 207 649 h. – Alt. 188 m – Ver mapa regional n° **10-B3**
Madrid 626 km – Barcelona 23 km – Lleida/Lérida 169 km – Mataró 47 km
Mapa de carreteras Michelin n° 574-H36

XX **Can Feu**
Pintor Borrassà 43 ✉ 08205 – ✆ 937 26 27 91 – www.restaurantcanfeu.com – cerrado agosto, sábado noche, domingo y festivos
Menú 16/48 € – Carta 35/50 €
Casa familiar de excelente organización dotada con tres salas, una muy enfocada al menú diario. Proponen una cocina de mercado y de temporada, siempre con productos selectos.

ESPAÑA

SABIÑÁNIGO
Huesca – 10 129 h. – Alt. 798 m – Ver mapa regional n° **2-C1**
Madrid 443 km – Huesca 53 km – Jaca 18 km
Mapa de carreteras Michelin n° 574-E28

Villa Virginia
av. del Ejército 25 (salida Huesca) ✉ 22600 – ✆ 974 48 44 40 – www.hotelvillavirginia.com – cerrado del 13 al 30 de octubre
22 hab – 69/99 € 79/139 €
Ubicado en un antiguo edificio en piedra, con amplias zonas nobles y habitaciones de estilo clásico-actual. En un anexo ofrecen una gran piscina cubierta, sauna, baño turco, hamman... El restaurante, también clásico, combina su carta tradicional con un menú.

SACEDÓN
Guadalajara – 1 817 h. – Alt. 740 m – Ver mapa regional n° **7-C1**
Madrid 113 km – Toledo 183 km – Guadalajara 54 km – Cuenca 84 km
Mapa de carreteras Michelin n° 575 y 576-K21

La Botería
Playa 2 ✉ 19120 – ✆ 949 35 01 86 – www.hrlaboteria.com
16 hab – 40 € 50 €
Este negocio familiar honra sus raíces, pues con su nombre recuerda el oficio del abuelo como fabricante de botas de vino. Aquí encontrará cálidas habitaciones y un sencillo restaurante, todo de aire rústico-actual y el último especializado en cocina regional.

S'AGARÓ
Girona – Ver mapa regional n° **10-B1**
Madrid 705 km – Barcelona 106 km – Girona 35 km – Tarragona 196 km
Mapa de carreteras Michelin n° 574-G39

Hostal de La Gavina
pl. de la Rosaleda ✉ 17248 – ✆ 972 32 11 00 – www.lagavina.com – abril-octubre
60 hab – 235/385 € 260/495 € – 14 suites
Un gran hotel dotado de hermosos exteriores y amplias instalaciones, en general decoradas con antigüedades, donde combinan el confort con la elegancia. Fitness e hidroterapia. El exquisito restaurante Candlelight hace gala de un bellísimo patio señorial.

Sant Pol

platja de Sant Pol 125 ✉ 17248 – ✆ 972 32 10 70 – www.hotelsantpol.com – cerrado noviembre
22 hab – 70/129 € 88/159 €
¡En 1ª línea de playa! Presenta unas habitaciones de línea funcional-actual, todas con terraza, la mitad asomadas al mar y algunas con jacuzzi. En su restaurante proponen una carta tradicional-marinera especializada en arroces y pescados de la lonja de Blanes.

SAGÀS

Barcelona – 155 h. – Alt. 738 m – Ver mapa regional n° **9**-C2
Madrid 617 km – Barcelona 105 km – Escaldes-Engordany 112 km – Encamp 124 km
Mapa de carreteras Michelin n° 574-F35

por la carretera C 154 Sur : 1,5 km y desvío a la derecha 0,5 km

Els Casals (Oriol Rovira)

Finca Els Casals ✉ 08517 Sagàs – ✆ 938 25 12 00 – www.elscasals.cat – cerrado del 21 al 29 de noviembre, del 4 al 19 de enero y 29 marzo-5 abril
Menú 60/77 € – Carta 48/68 € – *(cerrado domingo noche, lunes y martes salvo verano)* (reserva aconsejable)
10 hab – 68/76 € 130/146 €
Masía ubicada en una finca que, a su vez, le abastece de casi todos sus productos. En el comedor, redecorado artesanalmente con la valiosa madera de robles centenarios, le presentarán una extensa carta de cocina actual con hondas raíces locales. También posee unas sobrias habitaciones por si desea alojarse.
➜ Canelón de asado con ensalada de manzana, apio y rábanos. Pularda de la casa asada entera. Ariadna (bizcocho borracho con ron y vainilla).

ESPAÑA

SAGUNT (SAGUNTO)

Valencia – 65 190 h. – Alt. 45 m – Ver mapa regional n° **11**-B2
Madrid 350 km – Castelló de la Plana/Castellón de la Plana 40 km – Teruel 120 km – València 28 km
Mapa de carreteras Michelin n° 577-M29

en el puerto Este : 6 km

Negresca

av. Mediterráneo 141 ✉ 46520 Puerto de Sagunto – ✆ 962 68 04 04 – www.negresca.net – cerrado domingo noche y lunes
Menú 13/22 € – Carta 29/41 €
Bien ubicado frente al mar, de línea actual y con grandes ventanales para ver la playa. Ofrecen una cocina tradicional actualizada que destaca por sus arroces y sus bacalaos.

SAHAGÚN

León – 2 791 h. – Alt. 816 m – Ver mapa regional n° **8**-B1
Madrid 298 km – León 66 km – Palencia 63 km – Valladolid 110 km
Mapa de carreteras Michelin n° 575-E14

Luis

pl. Mayor 4 ✉ 24320 – ✆ 987 78 10 85 – cerrado martes salvo verano
Menú 9/40 € – Carta 31/56 €
Instalado en una casa típica, donde se presenta con dos cuidados comedores. Su carta tradicional se enriquece con arroces e interesantes menús. ¡Pruebe el famoso puerro local!

SALAMANCA

149 528 h. – Alt. 800 m – Ver mapa regional n° **8-B3**
Madrid 206 km – Ávila 98 km – Cáceres 217 km – Valladolid 115 km
Mapa de carreteras Michelin n° 575-J12/-J13
Planos de la ciudad en páginas siguientes

J. Arnold / hemis.fr

Alojamientos

ESPAÑA

Parador de Salamanca

Teso de la Feria 2 ✉ 37008 – ✆ 923 19 20 82 – www.parador.es Plano : B3**a**
103 hab – ††70/170 €, ☕ 16 € – 7 suites
Está ubicado sobre un montículo en la ribera del río Tormes, por lo que goza de unas vistas privilegiadas. Conjunto actual dotado con habitaciones de excelente equipamiento. El restaurante, repartido en dos sobrias salas y con grandes ventanales panorámicos, propone una carta de gusto regional y local.

G.H. Don Gregorio

San Pablo 80 ✉ 37008 – ✆ 923 21 70 15 – www.hoteldongregorio.com Plano : C2**t**
17 hab ☕ – †160/270 € ††181/300 €
Exclusivo, sumamente acogedor y emplazado en el casco antiguo, donde ocupa una casa señorial del s. XVII. Atesora un bello patio porticado a modo de zona social y estancias de gran confort, las denominadas "monumental" con mejores vistas.

Palacio de San Esteban

Arroyo de Santo Domingo 3 ✉ 37001 – ✆ 923 26 22 96 – www.hotelpalaciodesanesteban.com Plano : C2-3**s**
48 hab – ††90/295 €, ☕ 19 € – 3 suites
Instalado en el convento de los Dominicos, un soberbio edificio del s. XVI que le sorprenderá tanto por su atractivo salón-biblioteca como por sus habitaciones, todas de línea funcional-actual. El restaurante, que ocupa el antiguo refectorio y posee grandes arcos en piedra, ofrece una cocina de gusto actual.

Abba Fonseca

pl. San Blas 2 ✉ 37007 – ✆ 923 01 10 10 – www.abbafonsecahotel.com Plano : B2**a**
83 hab – ††58/200 €, ☕ 14,50 € – 3 suites
Un hotel de moderna construcción pero con la fachada en piedra, por lo que mantienen la estética del centro histórico. Encontrará espaciosas habitaciones, las que tienen mejores vistas con suplemento. El comedor, de línea actual, propone una carta tradicional.

NH Palacio de Castellanos

San Pablo 58 ✉ 37008 – ✆ 923 26 18 18 Plano : C2**r**
– www.nh-hotels.com
62 hab – 62/181 € 69/237 €, 15 €
Céntrico y atractivo, pues ocupa una casa-palacio de principios del s. XVI. Destaca tanto por su elegante fachada como por su precioso patio-claustro, este último con funciones de zona social. Habitaciones amplias y confortables.

Eurostars Las Claras

Marquesa de Almarza ✉ 37001 – ✆ 923 12 85 00 Plano : C2**k**
– www.eurostarslasclaras.com
65 hab – 55/395 € 59/399 €, 8 € – 7 suites
Se encuentra en una calle tranquila y disfruta de una fachada clásica, como no podía ser de otra manera revestida con la típica piedra de Villamayor. Posee unas dependencias confortables y completas, todas clásicas. Clientela de negocios.

Rector

Rector Esperabé 10 ✉ 37008 – ✆ 923 21 84 82 Plano : C3**e**
– www.hotelrector.com
12 hab – 140/170 € 165/187 €, 13 € – 1 suite
Su hermosa fachada neoclásica da paso a un interior de indudable encanto. Presenta un acogedor salón social dotado de vidrieras modernistas y elegantes habitaciones, todas con el mobiliario en caoba. ¡Clientela mayoritariamente extranjera!

NH Puerta de la Catedral

pl. Juan XXIII-5 ✉ 37008 – ✆ 923 28 08 29 Plano : B2**x**
– www.nh-hotels.com
37 hab – 71/213 € 79/237 €, 15 €
En pleno centro monumental. Aquí encontrará una zona social que combina la rusticidad de las paredes en piedra con el mobiliario moderno y unas habitaciones de confort actual, las cuatro superiores con terraza y vistas a la catedral vieja.

Microtel Placentinos

Placentinos 9 ✉ 37008 – ✆ 923 28 15 31 Plano : B2**k**
– www.microtelplacentinos.com
9 hab – 35/99 € 40/112 €
Este pequeño hotel, instalado en una casa del s. XVI, hace gala de una sabia distribución del espacio y algún que otro detalle con encanto. Sus habitaciones tienen las paredes en piedra, viguería en el techo e hidromasaje en los baños.

Estrella Albatros

Grillo 18 ✉ 37001 – ✆ 923 26 60 33 Plano : C2**e**
– www.estrellaalbatros.com
42 hab – 40/200 € 50/250 €, 6 € – 1 suite
Distribuido en cinco plantas, cada una con una decoración diferente. Sus habitaciones tienen los suelos en tarima y buenos baños, unos con bañera de hidromasaje y otros con cabina de chorros. ¡Suba a la azotea para disfrutar de sus vistas!

Eurowest

Pico del Naranco 2 ✉ 37008 – ✆ 923 19 40 21 Plano : B3**c**
– www.hoteleurowest.com
25 hab – 36/80 € 48/140 €
Coqueto, de carácter familiar y emplazado frente al Parador. Disfruta de una acogedora zona social y habitaciones funcionales, resultando las de la 1ª planta más clásicas.

ESPAÑA

ZAMORA
LA ALBERCA
PLASENCIA
CIUDAD RODRIGO
SALAMANCA
0
290 m
Museo Art Nouveau y Art Déco ...... M
Universidad .... U
Escuelas menores.................. U¹
Plaza Diego de Cobarrubias
Colegio Fonseca
PARQUE DE S. FRANCISCO
Purísima Concepció
PALACIO DE CONGRESOS
PATIO DE LAS ESCUELAS
Museo de Salamanca
U1
S. Millán
JARDÍN DE LA MERCED
Pl. del Puente
CASINO
Puente Romano
Tormes
Av. de Portugal
Av. Alfonso XI
Av. Luis de Camoens
C. de Federico de Onís
Av. de Italia
C. de Vitigudino
C. del Palacio Valdés
Paseo de S. Vicente
Paseo del Desengaño
Puente de Sánchez Fabrés
C. de Buenaventura
Av. de Lasalle
Paseo de la Fregeneda
Av. del Padre Ignacio Ellacuría
Paseo de Florencio Marcos
C. de Sánchez Rojas
Mayor de Chamberí
Vía Helmántica
C. de S. Gregorio
ESPAÑA

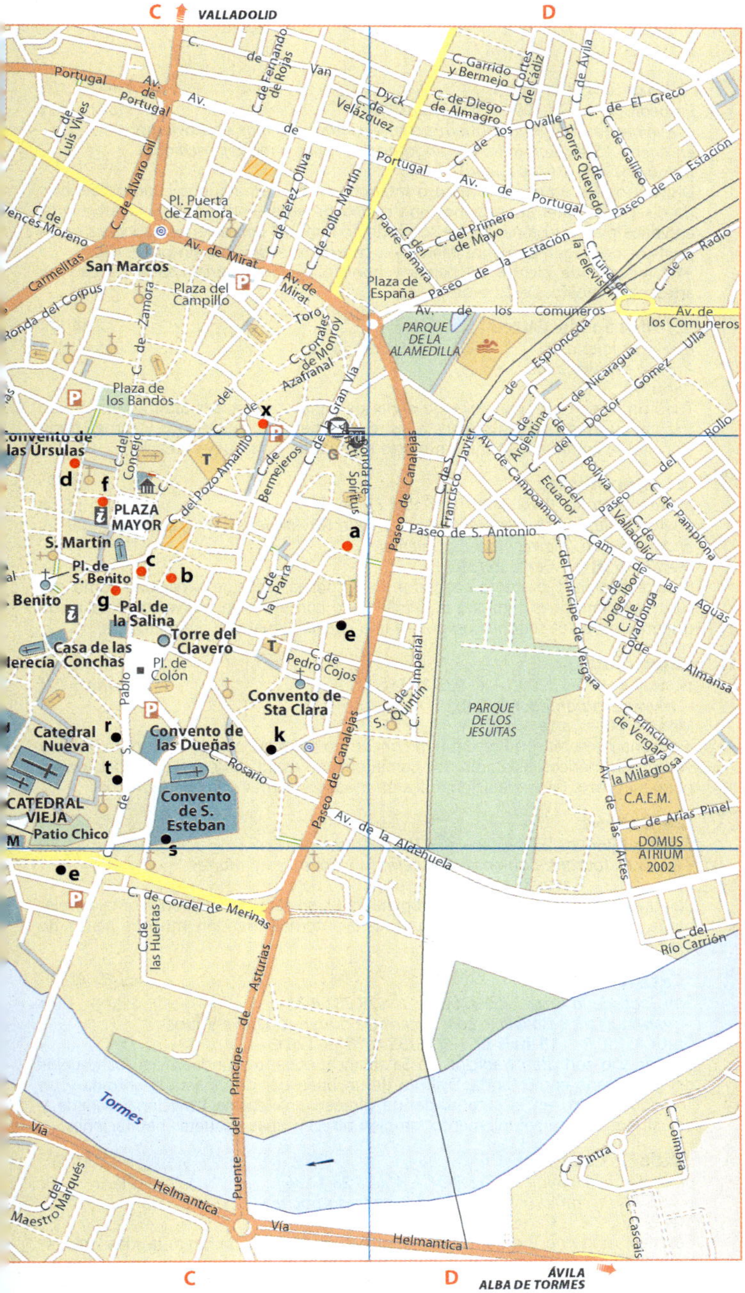

C
VALLADOLID
D
1
2
3
C
D
ÁVILA
ALBA DE TORMES
Portugal
Av. de Portugal
Av. de Portugal
Paseo de la Estación
C. de Luis Vives
C. de Alvaro Gil
C. de Fernando de Rojas
Van Dyck
C. de Velázquez
C. Garrido y Bermejo
C. de Diego de Almagro
C. Cortés de Cádiz
C. de Ávila
C. de El Greco
C. de Galileo
C. de los Ovalle
Torres Quevedo
Pl. Puerta de Zamora
C. de Pérez Oliva
C. de Pollo Martín
Padre Cámara
C. del Primero de Mayo
C. de Vicencio Moreno
Carmelitas
San Marcos
Av. de Mirat
Plaza del Campillo
Plaza de España
Paseo de la Estación
C. Túnel de la Televisión
C. de la Radio
Av. de los Comuneros
Av. de los Comuneros
Ronda del Corpus
C. de Zamora
Toro
C. Corrales de Monroy
Azafranal
PARQUE DE LA ALAMEDILLA
C. de Espronceda
C. de Nicaragua
Doctor Gómez Ulla
Plaza de los Bandos
Gran Vía
C. del Concejo
Convento de las Úrsulas
PLAZA MAYOR
C. del Pozo Amarillo
C. de Bermejeros
Ronda de Sancti Spiritus
Paseo de Canalejas
C. de S. Francisco Javier
Av. de Campoamor
C. de Argentina
C. del Ecuador
C. de Bolivia
Paseo de Valladolid
C. de Pamplona
Rollo
Paseo de S. Antonio
S. Martín
Pl. de S. Benito
S. Benito
Pal. de la Salina
Torre del Clavero
Casa de las Conchas
Pl. de Colón
C. de la Parra
C. de Pedro Cojos
Convento de Sta Clara
C. Imperial
C. de Quintín
C. del Príncipe de Vergara
C. de Jorge Ibor
C. de Covadonga
Cam. de las Aguas
C. de Almansa
PARQUE DE LOS JESUITAS
Catedral Nueva
Convento de las Dueñas
C. Rosario
C. Príncipe de Vergara
C. de la Milagrosa
C.A.E.M.
C. de Arias Pinel
DOMUS ATRIUM 2002
Av. de las Artes
CATEDRAL VIEJA
Patio Chico
Convento de S. Esteban
Paseo de Canalejas
Av. de la Aldehuela
C. de Cordel de Merinas
C. de las Huertas
Paseo de Asturias
C. del Río Carrión
Puente del Príncipe
Tormes
Vía Helmántica
Vía Helmántica
C. del Maestro Marqués
C. Sintra
C. Coimbra
C. Cascais
a
b
c
d
e
e
f
g
k
r
s
t
x
T
T
P
G

Restaurantes

Víctor Gutiérrez
Empedrada 4 ✉ 37007 – ✆ 923 26 29 73 Plano : B2**t**
– www.restaurantevictorgutierrez.com – cerrado 10 días en noviembre, 15 días en enero, 15 días en julio, domingo noche, lunes y martes mediodía
Menú 65/95 € – *(solo menú)*
Disfruta de un amplio y luminoso interior vestido con algunos curiosos detalles de diseño. Su chef apuesta por una cocina de autor consistente y creativa que, en varios platos, fusiona el excelso producto regional con diversos sabores gastronómicos de origen peruano. ¡Menús en constante evolución, sin platos fijos!
→ Anticucho de pichón, ají panca y boniato. Lagarto ibérico, salsa de cerveza artesanal y mojito. Ceviche de cítricos.

El Mesón de Gonzalo
pl. Poeta Iglesias 10 ✉ 37001 – ✆ 923 21 72 22 Plano : C2**c**
– www.elmesondegonzalo.es
Carta 40/50 €
Todo un clásico que, conservando el bar de tapas con detalles taurinos, ha sabido adaptar su oferta e instalaciones a los nuevos tiempos. Los asados y carnes tradicionales se combinan ahora con platos renovados y de nueva creación.

El Alquimista
pl. San Cristóbal 6 ✉ 37001 – ✆ 923 21 54 93 Plano : C2**a**
– www.elalquimistarestaurante.es – cerrado Navidades, 30 marzo-9 abril, del 15 al 26 de junio, martes noche y miércoles
Menú 17/36 € – Carta 28/36 €
Resulta original y bastante acogedor, tanto por la reducida capacidad como por su decoración, pues combina el ladrillo visto con el hierro y diversos detalles de diseño. Desde sus fogones proponen una cocina actual con varios menús.

Don Mauro
pl. Mayor 19 ✉ 37001 – ✆ 923 28 14 87 Plano : C2**f**
– www.restaurantedonmauro.es
Menú 19 € – Carta 40/60 €
¡En plena plaza Mayor! Presenta un concurrido bar a la entrada repleto de tostas y embutidos ibéricos, así como dos comedores de estilo clásico, el principal con un pequeño pozo. Carta tradicional rica en asados y carnes rojas de Morucha.

Le Sablon
Espoz y Mina 20 ✉ 37002 – ✆ 923 26 29 52 Plano : C2**d**
– www.restaurantlesablon.com – cerrado julio, lunes y martes
Menú 20 € – Carta 32/45 €
Bien llevado por el matrimonio propietario. En su sala, de cuidado montaje y elegante ambiente clásico, ofrecen una carta internacional con muchos platos de caza en temporada.

Casa Vallejo
San Juan de la Cruz 3 ✉ 37001 – ✆ 923 28 04 21 Plano : C2**b**
– www.hosteriacasavallejo.com – cerrado domingo noche y lunes
Carta 25/50 € **13 hab** – 25/55 € 39/120 €
Un negocio con gran tradición en Salamanca, pues fue fundado por los abuelos del propietario como fonda. Disfruta de un buen bar de tapas a la entrada y un comedor rústico en el sótano, donde ofrecen una cocina tradicional variada y actualizada. Como complemento también ofrecen unas coquetas habitaciones.

Vida & Comida
pl. de Santa Eulalia 11 ✉ 37001 – ✆ 923 28 12 36 Plano : C1**x**
– www.vidaycomida.com – cerrado domingo noche y lunes
Menú 12/22 € – Carta 24/33 €
Céntrico, moderno y de ambiente informal, pues aquí combinan la idea del restaurante gastronómico con el desenfado conceptual del bar de tapas. Cocina fresca, actual y de buen nivel, presentada en formato de medias raciones y con esmeradas presentaciones.

Tapas 2.0 (N)

Sánchez Barbero 9 ✉ 37001 – ☎ 923 61 96 19 – cerrado del 15 al 30 de noviembre, del 1 al 15 de junio, martes noche y miércoles Plano : C2**g**

Tapa 3 € – Ración aprox. 10 €

Gastrobar de ambiente rústico-moderno dotado con una animada barra y un comedor. Aquí le ofrecerán tapas y raciones basadas en la cocina tradicional, pero con toques actuales.

en la antigua carretera N 501 por calle de Madrid C3 : 2,5 km

Horus Salamanca

av. de los Padres Paules, 3 km ✉ 37900 Santa Marta de Tormes – ☎ 923 20 11 00 – www.hotelhorus.com

86 hab – ††45/150 €, ☕ 11 € – 4 suites

Resulta fácil de localizar al encontrarse en la salida hacia Madrid, junto al centro comercial El Tormes. Posee numerosos salones, tanto de trabajo como de banquetes, así como unas cuidadas habitaciones de estilo clásico. El restaurante apuesta por la cocina tradicional y ofrece un correcto menú del día.

SALARDÚ

Lleida – Alt. 1 267 m – Ver mapa regional n° **9-B1**

Madrid 626 km – Barcelona 327 km – Lleida/Lérida 171 km

Mapa de carreteras Michelin n° 574-D32

Deth Païs

pl. de la Pica 10 ✉ 25598 – ☎ 973 64 58 36 – www.hoteldethpais.com – diciembre-abril y junio-septiembre

18 hab ☕ – †45/60 € ††65/90 €

¡Bastante céntrico y llevado en familia! Presenta una cálida zona social presidida por una chimenea y habitaciones de adecuado confort, las de la última planta abuhardilladas.

en Tredós por la carretera del port de la Bonaigua

De Tredós

Este, 1,4 km ✉ 25598 Salardú – ☎ 973 64 40 14 – www.hoteldetredos.com – cerrado mayo, junio, octubre y noviembre

38 hab ☕ – †68/86 € ††92/124 €

¡Orientado a esquiadores en invierno y senderistas en verano! Se halla a las afueras, en un edificio típico de montaña dominado por la piedra, la madera y la pizarra. Amplias zonas nobles, habitaciones confortables y buen restaurante dedicado a un único menú.

en Bagergue Norte : 2 km

Casa Perú

Sant Antoni 6 ✉ 25598 Bagergue – ☎ 973 64 54 37 – www.casaperu.es – cerrado abril-15 de julio, 15 septiembre-noviembre salvo fines de semana y miércoles en invierno

Carta 20/36 € – *(solo cena en invierno)*

Se encuentra en un pueblecito de montaña situado a unos... ¡1400 metros de altitud! Tras su atractiva fachada en piedra encontrará tres acogedoras salas de aire rústico-regional, todas con mucha madera. Cocina tradicional, guisos caseros y alguna que otra especialidad, como su sabrosa Tortilla de patatas.

SALAS

Asturias – 5 578 h. – Alt. 239 m – Ver mapa regional n° **3-B1**

Madrid 480 km – Oviedo 46 km – León 157 km

Mapa de carreteras Michelin n° 572-B11

Castillo de Valdés Salas

pl. Campa ✉ 33860 – ☎ 985 83 01 73 – www.castillovaldesalas.com – cerrado del 12 al 25 de octubre

12 hab – †54/64 € ††59/69 €, ☕ 8 €

¡Alójese en una casa-palacio del s. XVI! Dispone de un bonito patio-terraza, una biblioteca, un salón social con chimenea y habitaciones de correcto confort. En el restaurante, muy luminoso, le ofrecerán una carta de gusto regional y la opción de varios menús.

SALDAÑA

Palencia – 3 132 h. – Alt. 910 m – Ver mapa regional n° **8-B1**
Madrid 344 km – Valladolid 137 km – Palencia 92 km – Santander 197 km
Mapa de carreteras Michelin n° 575-E15

El Marqués
Marqués de la Valdavia 1 ✉ 34100 – ☎ 979 89 00 79
– www.hostalelmarques.com – cerrado del 7 al 30 de enero
9 hab – 30/40 € 40/60 €
¡Atractivo y acogedor! La construcción refleja la estética rústica-regional típica de esta tierra, pues han utilizado ladrillo viejo, madera, piedra de Campaspero... El restaurante sorprende por la calidad de sus productos, tanto en carnes como en pescados.

SALDUERO

Soria – 167 h. – Alt. 1 096 m – Ver mapa regional n° **8-D2**
Madrid 228 km – Burgos 108 km – Logroño 85 km – Soria 42 km
Mapa de carreteras Michelin n° 575-G21

Las Nieves
Rafael García 20 ✉ 42156 – ☎ 975 37 84 17 – www.hostallasnieves.com
16 hab – 28 € 55 €
Este hotelito combina su modestia con la pulcritud. Presenta una correcta zona social y habitaciones bastante amplias, con los suelos en tarima y mobiliario provenzal. El comedor posee cierto aire rústico, con sus nobles vigas de madera y una carta regional.

ESPAÑA

El SALER

Valencia – 1 122 h. – Ver mapa regional n° **11-B2**
Madrid 367 km – València 13 km –
Castelló de la Plana/Castellón de la Plana 86 km – Alacant / Alicante 173 km
Mapa de carreteras Michelin n° 577-N29

al Sur : 7 km

Parador de El Saler
av. de los Pinares 151 ✉ 46012 – ☎ 961 61 11 86 – www.parador.es
63 hab – 100/225 €, 18 € – 2 suites
Está en un enclave protegido, junto a la playa y con un magnífico campo de golf. Amplias instalaciones de línea moderna y luminosas habitaciones, todas con terraza. El restaurante, que destaca por sus vistas, ofrece la clásica carta regional de Paradores.

SALINAS

Asturias – Ver mapa regional n° **3-B1**
Madrid 486 km – Oviedo 39 km – Lugo 195 km – Santander 207 km
Mapa de carreteras Michelin n° 572-B12

Real Balneario (Isaac Loya)
Juan Sitges 3 ✉ 33405 – ☎ 985 51 86 13 – www.realbalneario.com
– cerrado 7 enero-7 febrero, domingo noche y lunes
Menú 40/70 € – Carta 40/71 €
¡Situado frente a la playa! Atesora un buen hall de espera y unas salas de ambiente clásico-marinero, destacando las dos acristaladas, a modo de terrazas, por sus magníficas vistas al mar. Elaboran una cocina tradicional actualizada que, durante el verano, se enriquece con una pequeña carta de fusión japonesa.
→ Langosta del Cantábrico sobre rábanos y agua de tomate. Lomo de virrey a baja temperatura sobre marmita y verdes salinos. Crujiente de chocolate con espuma de mascarpone, esponja de naranja y helado de fresitas.

SALINILLAS DE BURADÓN

Álava – Ver mapa regional n° **18-A2**
Madrid 331 km – Bilbao 88 km – Vitoria-Gasteiz 39 km – Logroño 51 km
Mapa de carreteras Michelin n° 573-E21

Areta Etxea
Mayor 17 ✉ 01212 – ✆ 657 73 50 34 – www.areta-etxea.com
5 hab – 45 € 55 €, 10 €
Casona del s. XVII ubicada en un pueblecito con casco medieval. Salón social con chimenea, habitaciones dotadas de mobiliario antiguo y una pequeña cocina para los clientes.

SALLENT

Barcelona – 6 809 h. – Alt. 275 m – Ver mapa regional n° **9-C2**
Madrid 593 km – Barcelona 75 km
Mapa de carreteras Michelin n° 574-G35

Ospi
Estació 4 ✉ 08650 – ✆ 938 20 64 98 – www.restaurantospi.com
– cerrado Semana Santa, del 10 al 23 de agosto y domingo
Menú 25/45 € – Carta 38/60 € – *(solo almuerzo salvo fines de semana)*
Presenta un moderno comedor y una cocina semivista, donde su chef elabora platos tradicionales con toques actuales. La carta resulta amplia y atrevida, pues ofrece casi todos los platos en medias raciones... y algunos con formato de tapas.

SALLENT DE GÁLLEGO

Huesca – 1 490 h. – Alt. 1 305 m – Ver mapa regional n° **2-C1**
Madrid 474 km – Huesca 89 km – Zaragoza 158 km
Mapa de carreteras Michelin n° 574-D29

Bocalé
Puente Gállego 29 ✉ 22640 – ✆ 974 48 85 55 – www.bocale.com – cerrado 15 octubre-noviembre
21 hab – 75/90 € 100/150 €
Ocupa un edificio típico de montaña y, con su nombre, se recuerda una zona de pastos cercana. Decoración rústica, correcto mobiliario y apacible zona de relax en el sótano.

Valle de Izas
Francia 26 ✉ 22640 – ✆ 974 48 85 08 – www.hotelvalledeizas.com
– cerrado mayo y noviembre
16 hab – 60/100 € 70/140 €
Hotel de organización familiar con la fachada en piedra y un interior bastante actual. Ofrece un buen salón social y confortables habitaciones, destacando las abuhardilladas y las cuatro que se comunican, éstas orientadas más a familias.

Almud
Vico 11 ✉ 22640 – ✆ 974 48 83 66 – www.hotelalmud.com
10 hab – 69/85 € 90/122 €
Resulta acogedor y con su nombre se hace referencia a una unidad de medida típica de la región. Sorprende por sus habitaciones, bien personalizadas y con mobiliario de época.

en Lanuza Sureste : 3 km

La Casueña
Troniecho ✉ 22640 Lanuza – ✆ 974 48 85 38 – www.lacasuena.com – cerrado del 25 al 31 de mayo y noviembre
10 hab – 65/75 € 80/100 €
Edificio de estilo montañés que destaca por sus atractivas pinturas de inspiración medieval, su acogedora zona social y sus detallistas habitaciones, cada una dedicada a un escritor. Cocina casera y amplio menú, de donde podrá seleccionar platos sueltos.

en El Formigal Noroeste : 4 km – Ver mapa regional n° **2-C1**

Villa de Sallent
✉ 22640 El Formigal – ✆ 974 49 02 23 – www.hotelvilladesallent.com – cerrado mayo, octubre y noviembre
82 hab – 60/125 € 75/225 €, 13 €
Instalado en dos edificios anexos, con las fachadas en piedra y unas fantásticas vistas de alta montaña. Cuidadas zonas nobles y dos tipos de habitaciones, unas rústicas y otras, algo mejores, de línea funcional-actual. Cocina tradicional basada en un menú.

ESPAÑA

A
B
1
2
3
REUS
TORTOSA, BARCELONA
SALOU
0
280 m
C. de la Bassa
C. de Parellades
Avinguda de Pau Casals
Ciutat de Reus
C. del Montsià
C. de Barcelona
C. de Juan Manuel Muñoz
C. de les Sínies
C. de l'Advocat Gallego
C. de Pere Galès
Passeig del 30 d'Octubre
Passeig del 30 d'Octubre
Avinguda De Salvador Vilaseca
Autovia de Tarragona
C. de Maria Castillo
C. de la Ciutat de Reus
C. de Barcelona
Plaça de la Pau
C. de Milà
V. de Roma
C. del Camí Ral
V. Augusta
V. de Roma
C. de Montserrat
V. de Roma
V. Aurèlia
V. Aurèlia
Plaça de Sant Jordi
Plaça del Carrilet
C. de Cambrils
C. de Gandesa
Roig
C. del Carril
C. de València
C. de Barcelona
C. del Nord
C. del Nord
C. de Carles Roig
C. del Carril
C. de Pere III 'el Gran'
C. de París
C. de Berlín
C. de Madrid
C. de Girona
C. del Mar
C. Major
C. Major
C. del Ponent
C. de l'Església
C. del Sol
Passeig del Miramar
Passeig de Jaume I
PLATJA DE PONENT
PLATJA DE LLEVANT
Plaça de les Comunitats Autònomes
AL PESCADOR
MAR MEDITERRÀNIA

C
D
1
2
3
PORT AVENTURA
TARRAGONA
C. de Joan Fuster
Rambla del Parc
Avinguda de l'Alcalde Pere Molas
Avinguda dels Països Catalans
C. de Monserrat Roig
C. de Burguera
C. de Braille
Autovia de Tarragona a Salou
Plaça Europa
Plaça de la Sardana
Lleida
C. de Ventura Gassol
C. de Viladomat
C. de Murillo
Avinguda de la Pedrera
C. de Navarra
C. Major
C. de la Rioja
Passatge de la Jota
Avinguda del Principat d'Andorra
C. de Logronyo
C. de Pompeu Fabra
C. de Terol
Conqueridor
Pl. de Francesc Germa
Avinguda de Carles Buigas
PARC DE SALOU
C. de Brussel·les
C. de Montblanc
C. de Serafí Pitarra
C. del Priorat
C. de Falset
C. del Penedès
C. d'Amposta
C. de Valls
C. de Colom
C. de Tortosa
C. de Brussel·les
C. de Roger de Llúria
Torremolinos
k
PLATJA DELS CAPELLANS
C. del Rocar
C. d'El Vendrell
C. de la Gavina
PLATJA LLARGA

ESPAÑA

Vidocq

Edif. Jacetania Alta ✉ 22640 El Formigal – ✆ 974 49 04 72 – cerrado abril, mayo, 12 octubre-27 noviembre y martes en invierno-verano
Menú 26/40 € – Carta 33/50 € – *(solo fines de semana resto del año)* (es necesario reservar)
Este restaurante, que toma su nombre de un legendario detective francés, se presenta con un bar de tapas y un cuidado comedor de línea actual. Cocina de base tradicional con interesantes toques asiáticos, apreciables tanto en la carta como en el amplio menú.

SALOU

Tarragona – 26 752 h. – Ver mapa regional n° **9-B3**
Madrid 556 km – Lleida/Lérida 99 km – Tarragona 10 km
Mapa de carreteras Michelin n° 574-I33

Magnolia

Madrid 8 ✉ 43840 – ✆ 977 35 17 17 – www.magnoliahotelsalou.com Plano : B2**x**
72 hab – 58/212 € 60/214 €
¡Actual y próximo al paseo marítimo! Presenta la recepción integrada en la zona social y disfruta de unas espaciosas habitaciones, todas con los suelos en tarima y su propia terraza privada. Restaurante funcional y de sencillo montaje.

La Morera de Pablo & Ester

Berenguer de Palou 10 ✉ 43840 – ✆ 977 38 57 63 – cerrado febrero, domingo noche y lunes Plano : A1**x**
Menú 30/55 € – Carta 32/49 €
¡Apartado del bullicio turístico! El comedor, completamente acristalado, se complementa con una atractiva terraza a la sombra de una morera. Cocina actual y menús de mercado.

La Goleta

Gavina - playa Capellans ✉ 43840 – ✆ 977 38 35 66 – www.lagoletasalou.com – cerrado domingo noche salvo verano Plano : D3**k**
Carta 38/61 €
Sorprende por su ubicación en una pequeña playa, por sus detalles marineros y por estar rodeado con una terraza acristalada. Ofrece una carta tradicional con algunos arroces y carnes, aunque lo más abundante son los pescados y mariscos.

SAMIEIRA

Pontevedra – 1 063 h. – Ver mapa regional n° **13-A2**
Madrid 616 km – Pontevedra 12 km – Santiago de Compostela 69 km – Vigo 38 km
Mapa de carreteras Michelin n° 571-E3

Villa Covelo

Covelo 37 ✉ 36992 – ✆ 986 74 11 21 – www.villacovelo.es – julio-12 octubre
50 hab – 50/73 € 50/95 €, 8 €
Hotel clásico-actual con vistas a la ría de Pontevedra. Posee unas zonas sociales bien equipadas, confortables habitaciones y un atractivo solárium en la azotea. El restaurante combina su pequeña carta con un buen menú, pues centran en este último su trabajo.

SAMOS

Lugo – 1 502 h. – Ver mapa regional n° **13-C2**
Madrid 479 km – Lugo 42 km – Ourense 84 km – Ponferrada 85 km
Mapa de carreteras Michelin n° 571-D8

por la carretera de Sarria Oeste : 3,5 km y desvío a la derecha 0,8 km

Casa de Díaz

Vilachá 4 ✉ 27635 Samos – ✆ 982 54 70 70 – www.casadediaz.com – abril-9 diciembre
12 hab – 32/45 € 32/52 €, 7 €
Esta casa construida en piedra se encuentra en una amplia finca, con un pequeño palomar, hórreo y capilla familiar. La mayoría de sus habitaciones poseen mobiliario antiguo.

ESPAÑA

SAN ADRIÁN DE COBRES → Ver Vilaboa
Pontevedra

SAN ANDRÉS DE CAMPORREDONDO
Ourense – Ver mapa regional n° **13-B3**
Madrid 524 km – A Coruña 169 km – Ourense 29 km – Pontevedra 96 km
Mapa de carreteras Michelin n° 571-F5

Casal de Armán
pl. O Cotiño ✉ 33414 – ✆ 988 49 18 09 – www.casaldearman.net
6 hab – 75 €
Coqueto enoturismo instalado en una casa del s. XVIII, perteneciente a la bodega homónima y con vistas tanto al valle del Avia como a los viñedos adyacentes. Las habitaciones y el restaurante, que ofrece cocina tradicional, presentan un estilo rústico-actual.

SAN CLEMENTE
Cuenca – 7 463 h. – Alt. 709 m – Ver mapa regional n° **7-C2**
Madrid 197 km – Toledo 179 km – Cuenca 105 km – Albacete 81 km
Mapa de carreteras Michelin n° 576-N22

Casa de los Acacio
Cruz Cerrada 10 ✉ 16600 – ✆ 969 30 03 60 – www.casadelosacacio.es
9 hab – 40/50 € 60/70 €, 8 €
Conjunto señorial del s. XVII que destaca por su patio porticado, utilizado como salón social. Las habitaciones atesoran mobiliario antiguo en perfecto estado.

SAN FELICES
Soria – 61 h. – Alt. 1 050 m – Ver mapa regional n° **8-D2**
Madrid 278 km – Valladolid 263 km – Soria 52 km – Logroño 100 km
Mapa de carreteras Michelin n° 575-G23

Las Abadías
pl. Iglesia 8 ✉ 42113 – ✆ 975 09 40 04 – www.lasabadias.com
– cerrado 12 enero-12 febrero
8 hab – 40/50 € 55/60 €
Instalado en un edificio rústico de nueva construcción, con las recias fachadas en piedra. Las habitaciones, bastante agradables, personalizadas y también de aire rústico, se reparten entre dos plantas. Modesta oferta gastronómica y buena terraza en el ático.

SAN FERNANDO
Cádiz – 96 361 h. – Ver mapa regional n° **1-A3**
Madrid 634 km – Algeciras 108 km – Cádiz 13 km – Sevilla 126 km
Mapa de carreteras Michelin n° 578-W11

Asador La Isla
Calderón de la Barca 7 ✉ 11100 – ✆ 956 88 08 35 – www.asadorlaisla.com
– cerrado domingo noche y lunes
Menú 28 € – Carta 29/53 €
Al lado del Ayuntamiento. Tras la fachada clásica encontrará un hall con fotos antiguas, un comedor de cuidado montaje y un privado. Su cocina de tinte tradicional pone el acento, claramente, tanto en las carnes como en los bacalaos.

SAN ILDEFONSO → Ver La Granja
Segovia

SAN JOSÉ
Almería – 845 h. – Ver mapa regional n° **1-D2**
Madrid 572 km – Almería 41 km – Sevilla 437 km – Granada 190 km
Mapa de carreteras Michelin n° 578-V23

Casa Miguel N
av. San José 43-45 ✉ 04118 – ✆ 950 38 03 29
– www.casamiguelentierradecine.es – cerrado diciembre-enero y lunes
Menú 12/35 € – Carta 16/43 €
Un restaurante singular, pues aquí todo gira en torno al mundo de cine y las más de 500 películas rodadas en Almería. Amplia carta de gusto tradicional con pescados frescos.

ESPAÑA

SAN JUAN DE ALICANTE → Ver Sant Joan d'Alacant
Alicante

SAN JUAN DEL PUERTO
Huelva – 8 600 h. – Alt. 14 m – Ver mapa regional n° **1-A2**
Madrid 614 km – Sevilla 80 km – Huelva 12 km – Castro Marim 66 km
Mapa de carreteras Michelin n° 578-U9

Real sin

Real 35 ✉ 21610 – ✆ 959 70 13 31 – www.hostal-real.es
19 hab – 28/36 € 35/55 €
Resulta céntrico y presenta unas instalaciones funcionales... aunque estas están muy cuidadas. Cuenta con una agradable terraza de estética chill out y unas habitaciones de línea rústica-actual, destacando las cuatro que se asoman al patio.

SAN LORENZO DE EL ESCORIAL
Madrid – 18 495 h. – Alt. 1 040 m – Ver mapa regional n° **15-A2**
Madrid 57 km – Segovia 56 km – Ávila 78 km – Toledo 133 km
Mapa de carreteras Michelin n° 576 y 575-K17

Los Lanceros

Calvario 47-49 ✉ 28200 – ✆ 918 90 80 11 – www.loslanceros.com
36 hab – 40/136 € 45/136 €
Hotel de línea clásica-actual orientado al cliente de empresa. Ofrece habitaciones de completo equipamiento, muchas con un pequeño balcón y todas con hidromasaje en los baños. En su restaurante encontrará una agradable terraza acristalada y una carta actual.

Charolés

Floridablanca 24 ✉ 28200 – ✆ 918 90 59 75 – www.charolesrestaurante.com
Menú 35/54 € – Carta 35/60 €
Atesora gran prestigio, tanto por la belleza del local como por su cocina tradicional de temporada. ¡Pruebe su famosísimo cocido, servido solo los lunes, miércoles y viernes!

Montia (Daniel Ochoa y Luis Moreno)

Calvario 4 ✉ 28200 – ✆ 911 33 69 88 – www.montia.es – cerrado 20 diciembre-4 enero, del 1 al 15 de agosto y lunes
Menú 38/56 € – *(solo almuerzo salvo viernes y sábado) (solo menú)*
Un restaurante de estética rústica-moderna que, sin duda, le cautivará. Aquí plantean una cocina de autor fresca a la par que divertida, técnica y delicada, con una firme apuesta por los productos biodinámicos y ecológicos de la región. Llame con tiempo, pues debido a su enorme éxito... ¡no es fácil conseguir mesa!
→ Verduras bio de montaña, molleja y salsa de abrótano. Hamburguesa de búfalo a la brasa y mostazas. Frutos rojos de Lozoya, requesón de oveja y polen.

SAN MARTÍN DE TREVEJO
Cáceres – 883 h. – Alt. 610 m – Ver mapa regional n° **12-B1**
Madrid 328 km – Mérida 191 km – Cáceres 120 km – Guarda 133 km
Mapa de carreteras Michelin n° 576-L9

Hospedería Conventual Sierra de Gata

camino del Convento 39 ✉ 10892 – ✆ 927 14 40 21 – www.hospederiasdeextremadura.es
30 hab – 60/100 € 75/120 €
Ocupa el antiguo convento de San Miguel, del s. XV, que ha sido completamente reformado bajo una estética actual. Disfruta de un atractivo patio cubierto, lo que fue el claustro, y unas espaciosas habitaciones, todas confortables y de línea funcional. El restaurante propone una cocina regional actualizada.

Casa Antolina

La Fuente 1 ✉ 10892 – ✆ 630 60 53 71 – www.casa-antolina.com
8 hab – 60/65 € 70/75 €
Casa de pueblo que destaca por sus impecables niveles de mantenimiento. Posee una luminosa galería, a modo de zona social, y confortables habitaciones, algunas abuhardilladas.

ESPAÑA

en la carretera EX 205 Suroeste : 8 km

Finca El Cabezo
✉ 10892 San Martín de Trevejo – ✆ 689 40 56 28 – www.elcabezo.com
6 hab – 70 € 85 €
Casa de labranza de gran rusticidad ubicada en pleno campo. Encontrará un acogedor salón social y espaciosas habitaciones de ambiente rústico, algunas con su propia chimenea.

SAN MIGUEL DE REINANTE
Lugo – Ver mapa regional n° **13-D1**
Madrid 593 km – Santiago de Compostela 188 km – Lugo 112 km
Mapa de carreteras Michelin n° 571-B8

Casa do Merlo
Sargendez 4, Norte : 1 km ✉ 27793 – ✆ 982 13 49 06 – www.casadomerlo.com – Semana Santa - 12 octubre
10 hab – 55/95 € 85/110 €
Este acogedor hotel rural está instalado en una antigua casa señorial, en pleno campo. Ofrece dos salones sociales con chimenea, una biblioteca y habitaciones de buen confort. El restaurante, que se encuentra en un edificio anexo, se presenta acristalado y posee vistas al patio central. Cocina de gusto tradicional.

SAN MIGUEL DE VALERO
Salamanca – 365 h. – Ver mapa regional n° **8-A3**
Madrid 267 km – Valladolid 180 km – Salamanca 58 km – Ávila 159 km
Mapa de carreteras Michelin n° 575-K12

XX **Sierra Quil'ama**
paraje los Perales ✉ 37763 – ✆ 923 42 30 00 – www.hotelsierraquilama.com – cerrado martes salvo agosto y festivos
Menú 24/31 € – *(solo almuerzo salvo fines de semana) (solo menú)*
13 hab – 35/45 € 60/75 €
Presenta varias salas de ambiente rústico y con su nombre rememora la leyenda del rapto de una princesa árabe por parte del rey Don Rodrigo. Su cocina actual se refleja en dos menús, el más interesante de tipo degustación. También ofrece unas cuidadas habitaciones, todas con diferentes nombres de la comarca.

SAN PANTALEÓN DE ARAS
Cantabria – 299 h. – Alt. 50 m – Ver mapa regional n° **6-C1**
Madrid 464 km – Santander 49 km – Vitoria-Gasteiz 133 km – Bilbao 74 km
Mapa de carreteras Michelin n° 572-B19

La Casona de San Pantaleón de Aras
barrio Alvear 65 (carret. CA 268) ✉ 39766 – ✆ 942 63 63 20 – www.casonadesanpantaleon.com – cerrado enero-12 febrero
7 hab – 64/88 € 80/110 €
Esta atractiva casona rural del s. XVII disfruta de un bello y amplio entorno ajardinado, con césped, un riachuelo, terraza relax... Sus acogedoras habitaciones poseen una decoración personalizada, con los suelos en madera y muy buenos detalles. Pequeño SPA de línea moderna y uso privado.

SAN PEDRO DE ALCÁNTARA
Málaga – 27 820 h. – Ver mapa regional n° **1-A3**
Madrid 624 km – Algeciras 69 km – Málaga 70 km
Mapa de carreteras Michelin n° 578-W14

XX **Albert & Simon**
av. de Salamanca, urb. Nueva Alcántara (Edificio Mirador) ✉ 29670 – ✆ 952 78 37 14 – www.albertysimon.com – cerrado del 15 al 28 de febrero, del 15 al 30 de junio y domingo
Menú 30/55 € – Carta 42/54 € – *(solo cena)*
Llevado entre dos hermanos, uno en la sala y el otro al frente de los fogones. En su confortable comedor de línea clásica le propondrán una cocina tradicional e internacional.

ESPAÑA

XX **L'Impronta**

av. Salamanca 14-15 ✉ 29670 – ✆ 952 78 59 43 – www.trattoria-limpronta.com
Menú 25 € – Carta 33/48 €
Emplazado en una zona nueva pero muy próxima al centro urbano. Presenta un interior clásico-actual y una carta de gusto tradicional e internacional, con un apartado de pastas.

por la carretera de Cádiz

Villa Padierna

carret. de Cádiz, km 166, salida Cancelada : 6 km y desvío 2 km
✉ 29679 Marbella – ✆ 952 88 91 50 – www.hotelvillapadierna.com
76 hab – ††195/600 €, ☕ 26 € – 36 suites
Excelente hotel construido a modo de villa señorial, con profusión de mármoles, muebles antiguos y obras de arte. Dispone de un patio central, unas magníficas habitaciones y un completísimo SPA, pues se extiende por 2000 m^2. En el restaurante La Veranda le sorprenderán con una carta actual de tintes creativos.

Guadalmina

urb. Guadalmina Baja (calle 9) , Suroeste : 2 km y desvío 1,2 km ✉ 29678 San Pedro de Alcántara – ✆ 952 88 22 11 – www.hotelguadalmina.com
176 hab ☕ – †115/336 € ††124/346 € – 2 suites
Situado frente a la playa, de marcado carácter vacacional y con buenas vistas desde la mayor parte de las habitaciones, pues unas se asoman al Mediterráneo y otras al campo de golf. Cuenta con varios restaurantes de uso polivalente.

XX **Víctor**

Centro Comercial Guadalmina, Suroeste : 2,2 km ✉ 29670 San Pedro de Alcántara – ✆ 952 88 22 80 – www.restaurante-victor.com – cerrado 16 febrero-1 marzo, domingo noche y lunes
Carta 38/57 €
Casa de reducidas dimensiones en estilo clásico, con bar-hall privado en la entrada. Ambiente tranquilo, buen mantenimiento y platos basados en la calidad del producto.

ESPAÑA

SAN PEDRO DEL PINATAR

Murcia – 24 102 h. – Ver mapa regional n° **16-B2**
Madrid 441 km – Alacant/Alicante 70 km – Cartagena 40 km – Murcia 51 km
Mapa de carreteras Michelin n° 577-S27

XX **Juan Mari**

Emilio Castelar 113 C ✉ 30740 – ✆ 968 18 62 98 – www.juanmari.es – cerrado del 16 al 30 de enero, domingo noche, lunes y martes noche
Menú 20/40 € – Carta 31/66 €
Negocio de ambiente familiar dotado con un comedor actual y una terraza. Ofrece una carta tradicional con platos de temporada, la opción de menús y una gran selección de arroces, siendo uno de los más populares entre sus clientes el Arroz con foie y boletus.

en Lo Pagán

Traíña N

av. Generalísimo 84, Sur : 1 km ✉ 30740 Lo Pagán – ✆ 968 33 50 22 – www.hoteltraina.com
78 hab – †35/90 € ††39/100 €, ☕ 7 €
Hotel de fachada clásica ubicado en la principal avenida de la ciudad. Presenta un agradable patio-salón que usan para eventos, una pequeña piscina en la azotea y habitaciones actualizadas de línea funcional. En su comedor descubrirá un correcto menú-buffet.

Bahía

Mar Adriático 4, Sur : 1 km ✉ 30740 Lo Pagán – ✆ 968 17 83 86 – www.aparthotelbahia.com
35 apartamentos – ††35/124 €, ☕ 5 €
En este aparthotel encontrará un hall polivalente y apartamentos funcionales de línea actual, con cocina y baños modernos, resultando algo mejores los que poseen terraza.

MUMM
MILLÉSIMÉ 1990 À REIMS
G.H.MUMM CHAMPAGNE
CORDON ROUGE
1990
BRUT
Collection du Chef de Caves
MILLÉSIMÉ 1985 À REIMS
MAISON FONDÉE EN 1827 À REIMS FRANCE
G.H.MUMM CHAMPAGNE
CORDON ROUGE
1985
BRUT
Collection du Chef de Caves
MILLÉSIMÉ 1996 À REIMS
G.H.MUMM CHAMPAGNE
CORDON ROUGE
1996
BRUT
Collection du Chef de Caves

Neptuno

av. Generalísimo 19, Sur : 2,5 km ✉ 30740 Lo Pagán – ✆ 968 18 19 11 – www.hotelneptuno.net

40 hab – 30/80 € 40/120 €, 5 €

A 1,5 km de Las Salinas y con un emplazamiento privilegiado en 1ª línea de playa. Tanto la zona social como las habitaciones, la mayoría con balcón-terraza, presentan un aspecto sencillo. El luminoso restaurante basa casi todo su trabajo en un correcto menú.

Venezuela

Campoamor 1, Sur : 2,5 km ✉ 30740 Lo Pagan – ✆ 968 18 15 15 – www.restaurantevenezuela.com – cerrado 24 octubre-20 noviembre, domingo noche y lunes salvo verano

Menú 20 € – Carta aprox. 51 €

La especialidad son los mariscos, pescados y arroces, aunque en verano amplían el negocio con un cocedero, una freiduría y una heladería. ¡Pruebe su Caldero en cinco entregas!

SAN PELAYO

Burgos – 28 h. – Ver mapa regional n° **8-C1**

Madrid 345 km – Valladolid 224 km – Burgos 100 km – Santander 89 km

Mapa de carreteras Michelin n° 575-C19

Casa Zalama

La Fuente 13, (San Pelayo - Merindad de Montija) ✉ 09569 San Pelayo – ✆ 947 56 59 61 – www.casazalama.com

6 hab – 65/70 €, 7 €

Casa familiar dotada con un pequeño jardín, una zona de estar repleta de artesanía y acogedoras habitaciones, todas de ambiente rústico. Dan la opción de una cena casera, dentro de un menú fijo, a los clientes alojados que lo solicitan antes de su llegada.

ESPAÑA

SAN RAMÓN

A Coruña – Ver mapa regional n° **13-C1**

Madrid 595 km – Pontevedra 169 km – A Coruña 68 km – Lugo 101 km

Mapa de carreteras Michelin n° 571-B5

Casa Pena

San Ramón de Moeche ✉ 15563 – ✆ 981 40 40 24 – www.restaurantecasapena.com – cerrado 15 días mayo-junio, domingo noche y lunes

Carta 31/60 €

¡Un refugio culinario! Ofrece un interior rústico muy acogedor, una carta tradicional que destaca por sus carnes y sugerentes jornadas gastronómicas marcadas en el calendario.

SAN ROQUE

Cádiz – 29 536 h. – Alt. 109 m – Ver mapa regional n° **1-B3**

Madrid 661 km – Sevilla 192 km – Cádiz 130 km – Gibraltar 16 km

Mapa de carreteras Michelin n° 578-X13

en la Estación de San Roque Oeste : 6 km

Mesón el Guadarnés

av. Guadarranque ✉ 11368 San Roque – ✆ 956 78 65 04 – cerrado sábado mediodía en julio-agosto y domingo

Carta 25/42 €

Restaurante rústico y de reducida capacidad, dirigido desde la sala por su propietario. Ofrece una carta tradicional e internacional que tiene su especialidad en las carnes.

SAN SALVADOR DE POIO → Ver Pontevedra

Pontevedra

SAN SEBASTIÁN → Ver Donostia-San Sebastián
Guipúzcoa

SAN SEBASTIÁN DE LOS REYES
Madrid – 82 090 h. – Alt. 678 m – Ver mapa regional n° **15-B2**
Madrid 24 km – Segovia 101 km – Guadalajara 51 km – Toledo 95 km
Mapa de carreteras Michelin n° 576 y 575-K19

El Pradal (N)
Lanzarote 26 ✉ 28700 – ✆ 916 63 95 32 – www.elpradal.com – cerrado Semana Santa, del 1 al 24 de agosto y domingo noche
Menú 15/75 € – Carta 39/54 €
Atractivo asador con toques vascos emplazado en una zona en expansión. Ofrecen carnes y pescados de calidad elaborados de forma sencilla, a la parrilla y con brasa de encina.

El Pradal (N)
Lanzarote 26 ✉ 28700 – ✆ 916 63 95 32 – www.elpradal.com – cerrado Semana Santa, del 1 al 24 de agosto y domingo noche
Tapa 2,50 € – Ración aprox. 15 €
Local de amplias dimensiones y aire rústico instalado bajo el restaurante homónimo. Sirven tapas, raciones, recomendaciones y un exitoso menú del día con toques actuales.

en la carretera de Algete Noreste : 7 km

El Molino
carret. de Algete, km 1 ✉ 28700 San Sebastián de los Reyes – ✆ 916 53 59 83 – www.asadorelmolino.com – cerrado domingo noche
Menú 35/65 € – Carta 35/60 €
Negocio de ambiente castellano que destaca por sus salones y privados, algunos con chimenea. La especialidad son las carnes a la parrilla, el cordero asado y el cochinillo.

ESPAÑA

SAN VICENTE DE LA BARQUERA
Cantabria – 4 344 h. – Ver mapa regional n° **6-A1**
Madrid 421 km – Gijón 131 km – Oviedo 141 km – Santander 64 km
Mapa de carreteras Michelin n° 572-B16

Azul de Galimar
Camino Alto Santiago 11 ✉ 39540 – ✆ 942 71 50 20 – www.hotelazuldegalimar.es
16 hab – †52/90 € ††67/115 €, ☕ 5 €
Hotel de organización familiar emplazado en la parte alta de la localidad. Ofrece una luminosa zona social, una terraza con porche de madera acristalado y unas habitaciones de línea clásica-actual. ¡Qué sitio más acogedor!

Annua (Oscar Calleja)
paseo de la Barquera ✉ 39540 – ✆ 942 71 50 50 – www.annuagastro.com – cerrado 15 octubre-15 marzo, domingo noche y lunes
Menú 75/88 € – *(solo almuerzo salvo viernes, sábado y verano) (solo menú)*
Bien situado a orillas del mar y con dos magníficas terrazas, una tipo chill out. En el restaurante gastronómico ofrecen dos creativos menús degustación y en su espacio interior, llamado Nácar, una carta más económica a base de raciones.
→ Caldo de pescados de roca. Sardina ahumada, caldo de cocido lebaniego y ñoquis de quesuco ahumado. Ravioli de maracuyá y guayaba.

Maruja
av. Generalísimo ✉ 39540 – ✆ 942 71 00 77 – www.restaurantemaruja.com – cerrado del 1 al 15 de marzo y del 15 al 30 de noviembre
Menú 19/40 € – Carta 33/43 € – *(solo almuerzo salvo viernes, sábado y julio-octubre)*
Negocio familiar de 3ª generación. Está repartido en tres zonas de ambiente clásico e inspiración inglesa, todas con las paredes enteladas. Cocina de gusto tradicional.

Las Redes
av. Generalísimo 24 ✉ 39540 – ☎ 942 71 25 42 – www.restaurantelasredes.com – cerrado enero-15 febrero, martes noche y miércoles salvo festivos y agosto
Carta 30/49 €
Casa familiar que abrió hace años como bar y ha evolucionado poco a poco. Presenta una terraza con barriles, un espacio de vinos-raciones para el picoteo y unos cuidados comedores. Carta tradicional con arroces, mariscos y parrilladas.

Boga-Boga
pl. José Antonio 9 ✉ 39540 – ☎ 942 71 01 50 – www.restaurantebogaboga.es – abril-septiembre
Menú 22 € – Carta 35/46 € – *(cerrado lunes noche y martes salvo verano)*
¡Todo un clásico de la localidad! Está especializado en productos del mar y propone una cocina tradicional de sencillas elaboraciones. Tiene platos muy populares, como el Guiso de patatas con bogavante o sus famosas Parrilladas para dos.

por la carretera N 634 Oeste : 3 km

Valle de Arco
Barrio Arco 26 ✉ 39548 Prellezo – ☎ 942 71 15 65 – www.hotelvalledearco.com – cerrado 12 diciembre-10 marzo
23 hab – †40/100 € ††50/110 €
Bella casona construida en piedra y madera. Ofrece una acogedora zona social y habitaciones de aire rústico personalizadas en su decoración, las más atractivas abuhardilladas.

SAN VICENTE DE LA SONSIERRA

La Rioja – 1 119 h. – Alt. 528 m – Ver mapa regional n° **14-A2**
Madrid 334 km – Bilbao 107 km – Burgos 103 km – Logroño 35 km
Mapa de carreteras Michelin n° 573-E21

Villa Sonsierra
Zumalacárregui 29 ✉ 26338 – ☎ 941 33 45 75 – www.villasonsierra.com – cerrado 24 diciembre-2 enero
13 hab – †46/50 € ††65/75 €
Instalado en una preciosa casa de piedra del casco antiguo. Ofrece una reducida zona social y magníficas habitaciones, todas actuales y con buen mobiliario en su categoría.

Casa Toni
Zumalacárregui 27 ✉ 26338 – ☎ 941 33 40 01 – www.casatoni.es – cerrado 23 diciembre-7 enero y lunes
Carta 42/55 € – *(solo almuerzo salvo viernes, sábado, Semana Santa y verano)*
Tras su fachada en piedra se oculta un interior muy moderno. Destaca tanto por su carta, una perfecta simbiosis entre la cocina tradicional y la creativa, como por su bodega.

SAN VICENTE DO MAR → Ver O Grove

Pontevedra

SANDINIÉS

Huesca – 47 h. – Ver mapa regional n° **2-C1**
Madrid 460 km – Huesca 79 km – Jaca 43 km
Mapa de carreteras Michelin n° 574-D29

Casa Pelentos
del Medio 6 ✉ 22664 – ☎ 974 48 75 00 – www.casapelentos.com – cerrado mayo y noviembre
Menú 20/30 € – Carta 27/41 € **7 hab** – †42/50 € ††54/66 €
Este céntrico restaurante de aire rústico está instalado en un hotel rural que destaca por su fachada en piedra. Aquí encontrará los platos propios de una cocina casera y las especialidades típicas de la zona... como la Olla tensina. Las habitaciones, algo pequeñas, resultan correctas en su sencillez.

SANGENJO → Ver Sanxenxo

Pontevedra

ESPAÑA

SANLÚCAR DE BARRAMEDA

Cádiz – 67 385 h. – Ver mapa regional n° **1-A2**

Madrid 649 km – Sevilla 126 km – Cádiz 52 km – Huelva 211 km

Mapa de carreteras Michelin n° 578-V10

Posada de Palacio

Caballeros 11 (barrio alto) ✉ 11540 – ✆ 956 36 48 40 – www.posadadepalacio.com – abril-octubre

32 hab – 55/93 € 65/120 €, 6 € – 2 suites

Hermosas casas del s. XVIII decoradas con mobiliario de época y piezas de anticuario. Posee tres patios interiores y algunas habitaciones con preciosos suelos originales. En el restaurante, que cuenta con un gastrobar a la entrada y dos salas, le propondrán una cocina actualizada de gusto tradicional.

Casa Bigote

Pórtico de Bajo de Guía 10 ✉ 11540 – ✆ 956 36 26 96 – www.restaurantecasabigote.com – cerrado noviembre y domingo

Carta 22/35 €

Casa familiar acreditada y con historia. Presenta una taberna típica y dos salas neorrústicas con detalles marineros, la del piso superior asomada a la desembocadura del Guadalquivir. ¡Pruebe sus famosos langostinos y sus guisos marineros!

SANT ANTONI DE CALONGE

Girona – Ver mapa regional n° **10-B1**

Madrid 713 km – Barcelona 115 km – Girona 44 km – Tarragona 205 km

Mapa de carreteras Michelin n° 574-G39

Mas Falet 1682

Astúries 11 ✉ 17252 – ✆ 972 66 27 26 – www.masfalet.com

11 hab – 87/257 € – 1 suite

Se reparte entre una masía, donde encontraremos tanto los espacios sociales como las amplias habitaciones, y un anexo más moderno que da cabida a los salones de trabajo y al auditorio. Restaurante de buen nivel y bases catalanas, con detalles de personalidad.

SANT CARLES DE LA RÀPITA

Tarragona – 15 245 h. – Ver mapa regional n° **9-A3**

Madrid 505 km – Castelló de la Plana/Castellón de la Plana 91 km – Tarragona 90 km – Tortosa 29 km

Mapa de carreteras Michelin n° 574-K31

Miami Mar

Mirador 1 ✉ 43540 – ✆ 977 74 58 59 – www.miamicanpons.com

30 hab – 66/136 € 96/180 €

Rest *Miami Can Pons* – ver selección restaurantes

¡En 1ª línea de playa y con diversos detalles marineros! Presenta un colorista y luminoso hall-recepción, con salón-bar, así como unas confortables habitaciones de estilo actual, todas con mobiliario moderno, terraza y vistas al mar.

Juanito Platja

passeig Marítim 50 ✉ 43540 – ✆ 977 74 04 62 – www.juanitoplatja.com – 18 marzo-25 septiembre

35 hab – 49/94 € 80/104 €

Disfruta de una situación privilegiada, pues tiene un agradable solárium volcado al Mediterráneo. Correcta zona social y habitaciones de suficiente equipamiento, todas con los baños renovados, terraza y vistas al mar. El sencillo comedor se complementa con una agradable terraza a la sombra de unas moreras.

Llansola
Sant Isidre 98 ✉ 43540 – ☎ 977 74 04 03 – www.llansola1921.com – cerrado noviembre
21 hab – 30/45 € 50/56 €
Lleva a gala ser el establecimiento hotelero más antiguo de la provincia, pues se fundó en 1921. Ofrece unas cuidadas dependencias, con habitaciones funcionales aunque de correcto equipamiento. En el restaurante podrá degustar una completa carta tradicional-marinera, con varios menús y arroces de la zona.

Varadero
av. Constitució 1 ✉ 43540 – ☎ 977 74 10 01 – www.varaderolarapita.com
Menú 17/40 € – Carta 27/51 €
Frente al club náutico, donde se presenta con una cafetería, un comedor y dos salones para banquetes. Carta clásica basada en productos del mar, con arroces y varios menús.

Miami Can Pons – Hotel Miami Mar
passeig Marítim ✉ 43540 – ☎ 977 74 05 51 – www.miamicanpons.com – cerrado 15 días en enero
Menú 22/45 € – Carta 30/46 €
Un restaurante de gestión familiar con gran prestigio en la localidad. Posee un comedor de ambiente marinero y un pequeño expositor. Su carta de pescados y mariscos se completa con dos menús, uno gastronómico y otro de degustación.

SANT CELONI

Barcelona – 17 286 h. – Alt. 152 m – Ver mapa regional n° **10-A2**
Madrid 662 km – Barcelona 51 km – Girona 54 km
Mapa de carreteras Michelin n° 574-G37

Suis
Major 152 ✉ 08470 – ☎ 938 67 00 02 – www.hotelsuis.com
34 hab – 55/80 € 75/110 €, 5 €
Hotel de organización familiar y atractiva fachada instalado en un precioso edificio de 1860. Ofrece dos tipos de habitaciones, unas muy funcionales pero de línea actual y otras, algo más amplias, de estilo clásico y superior confort.

Aroma
Sant Joan 33 ✉ 08470 – ☎ 938 67 46 38 – www.aromarestaurant.es – cerrado del 4 al 31 de agosto y martes
Menú 12/24 € – *(solo almuerzo salvo viernes, sábado y domingo) (solo menú)*
Céntrico, familiar y de línea actual. Escrutando su cocina veremos una clara tendencia hacia los platos catalanes, trabajando solamente con dos económicos menús.

La Nova Fonda Sant Celoni
Sant Joan 29 ✉ 08470 – ☎ 938 67 46 40 – cerrado 3 semanas en febrero, 1 semana en septiembre y lunes
Menú 15/35 € – Carta aprox. 32 € – *(solo almuerzo salvo jueves, viernes y sábado)*
¡Sencillo pero con las ideas claras! Aquí apuestan por una cocina actual basada en el producto, con una buena combinación de sabores e influencias orientales en varios platos.

SANT CUGAT DEL VALLÈS

Barcelona – 86 108 h. – Alt. 180 m – Ver mapa regional n° **10-B3**
Madrid 615 km – Barcelona 20 km – Sabadell 9 km
Mapa de carreteras Michelin n° 574-H36

Sant Cugat
César Martinell 2 ✉ 08172 – ☎ 935 44 26 70 – www.hotel-santcugat.com – cerrado del 1 al 23 de agosto
97 hab – 65/215 € 75/225 €, 14 €
Moderno edificio de forma lenticular ubicado junto al ayuntamiento. Ofrece unas instalaciones de línea minimalista con mucho diseño, buen confort y mobiliario de calidad.

ESPAÑA

XX **Heura**

Sant Bartomeu 9 ✉ 08172 – ✆ 935 87 80 59 – www.heura.eu – cerrado del 10 al 24 de agosto, domingo noche y lunes
Menú 13/44 € – Carta 35/44 €
Tras la fachada de acceso, cubierta por una hiedra, se esconde un restaurante de línea moderna-minimalista, con un ligero toque Zen y la cocina a la vista. Carta actual e interesantes menús. ¡No lo dude, pruebe sus Erizos de mar gratinados!

X **Casablanca**

Sabadell 47 ✉ 08172 – ✆ 936 74 53 07 – www.casablancasantcugat.com – cerrado Semana Santa, agosto y domingo
Menú 13/16 € – Carta 27/38 €
Céntrica casa dotada con un comedor rústico, en ladrillo y madera, dividido en tres espacios. Cocina tradicional e internacional, con especialidades como el Steak Tartar.

SANT ESTEVE DE PALAUTORDERA

Barcelona – 2 544 h. – Alt. 231 m – Ver mapa regional n° **10**-B2
Madrid 655 km – Barcelona 56 km – Girona 63 km
Mapa de carreteras Michelin n° 574-G37

por la carretera del Montseny Noreste : 2 km

X **Can Marc**

Camino de Can Marc 6 ✉ 08461 Sant Esteve de Palautordera – ✆ 938 48 27 13 – www.canmarc.com
Menú 28/40 € – Carta 32/45 € – *(cerrado domingo noche y lunes) (solo almuerzo salvo viernes, sábado y verano)*
4 hab – †55 € ††60 €, 7 €
Ubicado en una masía restaurada. Encontrará un comedor a la carta de ambiente rústico-actual, una sala para menús de aire antiguo y una cocina actual de bases tradicionales. Sus sencillas habitaciones son una buena opción si desea pasar unos días en el campo.

ESPAÑA

SANT FELIU DE GUÍXOLS

Girona – 21 945 h. – Ver mapa regional n° **10**-B1
Madrid 703 km – Barcelona 105 km – Girona 34 km – Tarragona 195 km
Mapa de carreteras Michelin n° 574-G39

Curhotel Hipócrates

carret. de Sant Pol 229 ✉ 17220 – ✆ 972 32 06 62 – www.hipocratescurhotel.com – cerrado 15 noviembre-marzo
93 hab – †85/125 € ††130/190 € – 2 suites
Uno de los pioneros en cuanto a los tratamientos de salud y belleza, con programas de reducción de peso y planes antiestrés. Encontrará habitaciones de línea clásica y el comedor en dos zonas, la del buffet dietético y la que apuesta por una carta tradicional.

Plaça

pl. Mercat 22 ✉ 17220 – ✆ 972 32 51 55 – www.hotelplaza.org
19 hab – †54/113 € ††80/113 €, 5 €
Hotel de gestión familiar e instalaciones funcionales. Ofrece habitaciones clásicas de correcto confort... sin embargo, lo más atractivo es el solárium-jacuzzi de su azotea.

XXX **Sa Marinada** N

Passeig del Fortim ✉ 17220 – ✆ 972 32 38 00 – www.samarinada.com – cerrado lunes noche y martes salvo verano
Menú 25 € – Carta 60/85 €
Destaca por su ubicación, sobre el puerto deportivo, y por sus vistas. Brinda luminosidad, elegancia, un buen vivero, cocina clásica-marinera... ¡y hasta sus propios amarres!

Cau del Pescador

Sant Domènec 11 ✉ 17220 – ✆ 972 32 40 52
– www.caudelpescador.com – cerrado del 7 al 21 de enero, lunes noche y martes salvo en verano
Menú 19/45 € – Carta 51/75 €
Un negocio familiar de aire rústico-marinero. Sus fogones levan anclas entre arroces, pescados, mariscos, sugerencias de temporada y algún que otro plato rescatado del pasado.

La Cava

Joan Maragall 11 ✉ 17220 – ✆ 972 82 19 93
– cerrado del 15 al 30 de noviembre, lunes mediodía, martes mediodía y miércoles
Tapa 3 € – Ración aprox. 12 €
Bar de tapas tipo taberna que populariza el concepto del tapeo vasco. Los pinchos de la barra se completan con una pequeña carta, siendo aquí el plato estrella el Chuletón.

SANT FELIU DE PALLEROLS

Girona – 1 346 h. – Ver mapa regional n° **9-C2**
Madrid 680 km – Barcelona 130 km – Girona 39 km – Encamp 164 km
Mapa de carreteras Michelin n° 574-F37

en Sant Miquel de Pineda Noroeste : 3 km

La Rectoria de Sant Miquel de Pineda

✉ 17174 Sant Miquel de Pineda – ✆ 691 35 31 11
– www.larectoriadesantmiquel.com
7 hab – 72/104 € 90/130 €
Instalado en una casa rectoral del s. XII, bien restaurada y ubicada junto a una iglesia. Correctas zonas sociales, habitaciones con detalles rústicos y sencillo comedor reservado para las cenas de los clientes alojados. Cocina casera con... ¡raíces escocesas!

en la carret. de Sant Iscle de Colltort Norte : 10 km

Finca El Ventós

carret. Sant Iscle de Colltort ✉ 17174 Sant Feliu de Pallerols
– ✆ 972 10 79 62 – www.fincaelventos.com
– cerrado del 4 al 31 de enero
10 hab – 140/190 €
Tras su estrecho camino de acceso llegará a un espacio verde singular, dentro del Parque Natural de la Zona Volcánica de la Garrotxa y perfecto para... ¡escuchar el silencio! Acogedor interior rústico-actual y buen restaurante de cocina tradicional-catalana.

SANT FRUITÓS DE BAGES

Barcelona – 8 283 h. – Alt. 246 m – Ver mapa regional n° **10-A2**
Madrid 581 km – Barcelona 66 km – Escaldes 137 km – Sant Julià de Lòria 129 km
Mapa de carreteras Michelin n° 574-G35

Can Ladis

carret. de Vic 56 ✉ 08272 – ✆ 938 76 00 19
– www.restaurante-marisqueria-canladis.com – cerrado del 1 al 9 de febrero, 18 agosto-2 septiembre y lunes
Menú 20/60 € – Carta 35/55 € – *(solo almuerzo salvo viernes y sábado)*
Se encuentra en la avenida principal, disfruta de una estética moderna y está llevado en familia. Ofrece una cocina tradicional actualizada, especializada en pescados y mariscos, así como varios menús con las bebidas incluidas.

ESPAÑA

en la carretera de Sant Benet Sureste : 3 km

Món

camí de Sant Benet de Bages ✉ 08272 Sant Fruitós de Bages – ✆ 938 75 94 04 – www.monstbenet.com

86 hab – 70/90 € 85/119 € – 1 suite

Rest *L'Ó* – ver selección restaurantes

¡Aquí el descanso está garantizado! Hotel de línea moderna ubicado en un tranquilo paraje junto al Monasterio de Sant Benet, del s. X. Atesora amplias zonas nobles, habitaciones muy confortables y una variada oferta gastronómica con opción a "show cooking".

L'Ó – Hotel Món

camí de Sant Benet de Bages ✉ 08272 Sant Fruitós de Bages – ✆ 938 75 94 29 – www.monstbenet.com – cerrado del 1 al 10 de enero, del 24 al 30 de agosto, lunes, martes y miércoles

Menú 39/79 € – Carta 54/64 €

En pleno campo, frente al Monasterio de Sant Benet. Se accede por el hall del hotel y posee una sala de ambiente moderno, con amplios espacios acristalados y una cuidada iluminación. Cocina creativa que ensalza los productos de proximidad.

→ Verduras de los huertos de Sant Benet, cocidas en bambú con aire de jang. Cochinillo con texturas de melocotón a la vainilla. Brioche caramelizado con pasas y diferentes texturas de chocolate.

ESPAÑA

SANT GREGORI

Girona – 3 463 h. – Alt. 112 m – Ver mapa regional n° **10-A1**

Madrid 706 km – Girona 7 km – Barcelona 106 km – Perpignan 98 km

Mapa de carreteras Michelin n° 574-G38

Masferran

camí de la Bruguera ✉ 17150 – ✆ 972 22 67 92 – www.masferran.com – cerrado 9 diciembre-8 enero

10 hab – 100/125 € 125/150 €, 12 €

Masía del s. XVIII que sorprende tanto por su anexo, un centro de medicina natural, como por sus espaciosas habitaciones de aire colonial. ¡Ideal para una escapada romántica!

Maràngels

carret. GI 531, Este : 1 km ✉ 17150 – ✆ 972 42 91 59 – www.marangels.com – cerrado domingo noche y lunes

Menú 20/50 € – Carta 30/65 €

Ocupa una atractiva masía del s. XVII con el entorno ajardinado. En sus salas, todas acogedoras y de atmósfera rústica-actual, podrá degustar una cocina tradicional actualizada que despunta por sus guisos.

SANT HILARI SACALM

Girona – 5 742 h. – Alt. 801 m – Ver mapa regional n° **10-A1**

Madrid 664 km – Barcelona 82 km – Girona 45 km – Vic 36 km

Mapa de carreteras Michelin n° 574-G37

Balneari Font Vella

passeig de la Font Vella 57 ✉ 17403 – ✆ 972 86 83 05 – www.balnearifontvella.cat – cerrado del 4 al 10 de enero

30 hab – 143/180 € 190/240 €

Hotel-balneario levantado sobre un palacete de línea modernista. Posee habitaciones de gran confort, todas con vestidores y maderas nobles. Tratamientos terapéuticos. El restaurante propone una cocina de producto, con platos tradicionales e internacionales.

Torras
pl. Gravalosa 13 ✉ 17403 – ✆ 972 86 80 96 – www.hostaltorras.com – cerrado 23 diciembre-enero
20 hab – 34/42 € 55/65 €, ☕ 6,50 €
Rest *El Celler d'En Jordi* – ver selección restaurantes
Céntrico, familiar y emplazado frente a una plaza arbolada. Ofrece un cálido salón social y habitaciones funcionales, destacando las nueve que se asoman a la plaza. ¡Atractiva tienda delicatessen de ambiente rústico!

El Celler d'En Jordi – Hotel Torras
pl. Gravalosa 13 ✉ 17403 – ✆ 972 86 80 96 – www.hostaltorras.com – cerrado 23 diciembre-enero, domingo noche y lunes
Menú 12/16 € – Carta 24/40 €
Presenta un comedor clásico, con chimenea, donde alternan su cocina de tinte casero con diversas jornadas gastronómicas: las de la primavera, las del otoño, las de la caza...

SANT JOAN D'ALACANT (SAN JUAN DE ALICANTE)

Alicante – 23 026 h. – Alt. 50 m – Ver mapa regional n° **11-B3**
Madrid 429 km – València 172 km – Alacant / Alicante 9 km
Mapa de carreteras Michelin n° 577-Q28

La Quintería
Dr. Gadea 17 ✉ 03550 – ✆ 965 65 22 94 – cerrado domingo noche
Menú 36/49 € – Carta 33/56 €
Resulta céntrico y tiene al dueño al frente del negocio. Encontrará varias salas de montaje clásico-tradicional y una carta bastante amplia, con numerosos platos gallegos basados en la calidad de las materias primas, pescados y mariscos.

SANT JOAN DESPÍ → Ver Barcelona : Alrededores

Barcelona

SANT JULIÀ DE VILATORTA

Barcelona – 3 076 h. – Alt. 595 m – Ver mapa regional n° **9-C2**
Madrid 643 km – Barcelona 72 km – Girona 85 km
Mapa de carreteras Michelin n° 574-G36

Masalbereda
av. Sant Llorenç 68 ✉ 08504 – ✆ 938 12 28 52 – www.masalbereda.com
20 hab ☕ – 105/130 € 138/196 €
Hotel con encanto ubicado en una antigua masía. Posee un bello entorno ajardinado, acogedoras instalaciones y unas cálidas habitaciones, con detalles rústicos y modernos. El restaurante, de cocina tradicional actualizada, posee un atractivo balcón acristalado.

Torre Martí
Ramón Llull 11 ✉ 08504 – ✆ 938 88 83 72 – www.hoteltorremarti.com – cerrado enero
8 hab ☕ – 79/92 € 138/169 €
Esta preciosa casa señorial posee un salón-biblioteca y confortables habitaciones, casi todas con muebles antiguos de distintos estilos y algunas con acceso al jardín. En su acogedor restaurante, de línea modernista, se ofrece una cocina actual con dos menús.

Ca la Manyana
av. Nostra Senyora de Montserrat 38 ✉ 08504 – ✆ 938 12 24 94 – www.calamanyana.com
Menú 18/28 € – Carta 35/60 € – *(cerrado lunes) (solo almuerzo)*
14 hab – 69/89 €, ☕ 12 €
Ubicado en una casona señorial, ya centenaria, de cautivadora fachada. Su principal actividad se centra en el restaurante, donde son fieles a la arraigada tradición culinaria catalana. Como complemento al negocio ofrecen unas habitaciones de buen confort.

ESPAÑA

SANT JUST DESVERN ➜ Ver Barcelona : Alrededores
Barcelona

SANT MIQUEL DE PINEDA ➜ Ver Sant Feliu de Pallerols
Girona

SANT PAU D'ORDAL
Barcelona – Ver mapa regional n° **10-A3**
Madrid 587 km – Barcelona 51 km – Lleida/Lérida 116 km – Tarragona 66 km
Mapa de carreteras Michelin n° 574-H35

XX **Cal Saldoni**
Ponent 4 ✉ 08739 – ✆ 938 99 31 47 – www.calsaldoni.com – cerrado 28 diciembre-6 enero, 20 julio-12 agosto, lunes y martes
Menú 22/42 € – Carta 35/45 € – *(solo almuerzo salvo sábado)*
Está instalado en una casa de finales del s. XIX y se presenta con dos salas, ambas de estética neorrústica. El chef, autodidacta, propone una carta de autor de gusto actual... eso sí, siempre con unos toques muy personales en los platos.

XX **Cal Pere del Maset**
Ponent 20 ✉ 08739 – ✆ 938 99 30 28 – www.calperedelmaset.com – cerrado lunes
Menú 43 € – Carta 35/54 € – *(solo almuerzo salvo viernes y sábado)*
En este restaurante, de dilatada trayectoria familiar, encontrará unas instalaciones de línea actual con detalles rústicos y modernistas. En sus salas y privados, algunos panelables, ofrecen una cocina de mercado de sabor tradicional.

X **Cal Xim**
pl. Subirats 5 ✉ 08739 – ✆ 938 99 30 92 – www.calxim.com – cerrado 25 agosto-1 septiembre y martes
Menú 20 € – Carta 29/41 € – *(solo almuerzo salvo viernes y sábado)*
Llevado entre dos hermanos. La clave de su éxito radica en la calidad del producto y en los precios moderados. Cocina catalana de temporada, a la brasa y con una buena bodega.

ESPAÑA

SANT PERE DE RIBES
Barcelona – 28 730 h. – Alt. 44 m – Ver mapa regional n° **10-A3**
Madrid 596 km – Barcelona 46 km – Sitges 4 km – Tarragona 52 km
Mapa de carreteras Michelin n° 574-I35

en la carretera de Olivella Noreste : 1,5 km

X **Can Lloses**
Milà, (urb. Can Lloses-Can Marcer) ✉ 08810 Sant Pere de Ribes – ✆ 938 96 07 46 – www.canlloses.com – cerrado octubre y martes
Menú 12 € – Carta 20/39 €
Negocio de organización familiar dotado con un bar y tres salas de aire rústico-regional. Cocina catalana de corte casero, lo que aquí llaman "Casolana", con especialidades como L'escudella, los Canelones o las Manitas de cerdo a la brasa.

SANT POL DE MAR
Barcelona – 5 066 h. – Ver mapa regional n° **10-A2**
Madrid 679 km – Barcelona 46 km – Girona 53 km
Mapa de carreteras Michelin n° 574-H37

XXXX **Sant Pau** (Carme Ruscalleda)
Nou 10 ✉ 08395 – ✆ 937 60 06 62 – www.ruscalleda.cat – cerrado 21 días en mayo, 21 días en noviembre, domingo, lunes y jueves mediodía
Menú 164 € – Carta 118/124 €
En este excelente restaurante encontrará dos elegantes salas, destacando la exterior por sus vistas, así como unas elaboraciones tremendamente creativas y delicadas... pero también de hondas raíces locales. ¡Admire desde el jardín el contraste de actividad entre la cocina y el comedor!
➜ Miso, foie-gras y vegetales. Lorito 2016 (verano). Cremoso y refrescante, ruibarbo, jazmín y yuzu.

SANT QUIRZE DEL VALLÈS

Barcelona – 19 408 h. – Alt. 188 m – Ver mapa regional n° **10-B3**
Madrid 611 km – Barcelona 22 km – Manresa 46 km – Mataró 34 km
Mapa de carreteras Michelin n° 574-H36

en la carretera de Rubí C 1413a Suroeste : 5,5 km

Can Ferrán

08192 Sant Quirze del Vallès – 936 99 17 63 – www.masiacanferran.com – cerrado agosto, sábado noche, domingo y festivos
Carta 22/35 €
Este negocio familiar, de gran éxito y tradición, ocupa una antigua masía rodeada de árboles. En sus salas, varias con chimenea, podrá descubrir los auténticos sabores de la cocina catalana. ¡No se aceptan reservas ni tarjetas de crédito!

SANT SADURNÍ D'ANOIA

Barcelona – 12 603 h. – Alt. 162 m – Ver mapa regional n° **10-A3**
Madrid 578 km – Barcelona 46 km – Lleida/Lérida 120 km – Tarragona 68 km
Mapa de carreteras Michelin n° 574-H35

Cal Blay Vinticinc

Josep Rovira 27 08770 – 938 91 00 32 – www.calblay.com – cerrado martes
Menú 16/33 € – Carta 26/38 € – *(solo almuerzo salvo viernes y sábado)*
¡Ocupa un edificio modernista que sirvió como bodega! Encontrará dos salas y dos privados, todo muy moderno como fruto de combinar elementos rústicos y de diseño. Cocina catalana de temporada y excelente carta de vinos, todos del Penedés.

La Cava d'en Sergi

València 17 08770 – 938 91 16 16 – www.lacavadensergi.com – cerrado Semana Santa, 21 días en agosto, último domingo de mes y lunes
Menú 17/29 € – Carta 31/41 € – *(solo almuerzo salvo viernes y sábado)*
Negocio llevado por un atento matrimonio. Presenta una carta de cocina tradicional actualizada, con toques creativos, así como dos menús, uno diario y otro de degustación.

SANT VICENÇ DE MONTALT

Barcelona – 5 951 h. – Alt. 43 m – Ver mapa regional n° **10-A2**
Madrid 654 km – Barcelona 41 km – Girona 65 km – Tarragona 141 km
Mapa de carreteras Michelin n° 574-H7

Castell de l'Oliver

Can Milans, Norte : 1,5 km 08394 – 937 91 15 29 – www.hotelcastelldeloliver.es – cerrado del 1 al 12 de enero
11 hab – 110/170 € 148/212 €, 14 €
¡Tiene un encanto incuestionable! Esta antigua casa señorial, tipo castillo, está emplazada en una finca que sorprende por su amplísimo entorno ajardinado. Su reducida zona noble se ve compensada por unas habitaciones de excelente nivel. En el restaurante elaboran una cocina tradicional con toques actuales.

Montaltmar

av. Montaltmar 1 08394 – 937 91 10 17 – www.montaltmar.com – cerrado noviembre-20 diciembre y enero-20 marzo
9 hab – 140/150 € 150/170 €
Íntimo, renovado y con un trato totalmente personalizado. Presenta unas habitaciones modernas, luminosas y de excelente confort, todas con vistas al mar. El restaurante, que propone una cocina tradicional elaborada, ofrece una carta a precio fijo... aunque en algún plato se indica un suplemento.

ESPAÑA

SANT VICENT DEL RASPEIG (SAN VICENTE DEL RASPEIG)

Alicante – 55 781 h. – Alt. 110 m – Ver mapa regional n° **11-A3**
Madrid 418 km – València 157 km – Alacant / Alicante 8 km – Murcia 86 km
Mapa de carreteras Michelin n° 577-Q28

La Paixareta

Torres Quevedo 10 ✉ 03690 Sant Vicent del Raspeig – ✆ 965 66 58 39 – www.restaurantelapaixareta.es – cerrado domingo noche y lunes en agosto
Menú 20 € – Carta 25/41 €
Una buena opción si solo busca amabilidad, honestidad y productos de calidad. Posee un pequeño expositor de pescados y mariscos a la entrada, en la misma sala principal, así como dos privados. ¡Deliciosos guisos y buen apartado de arroces!

SANTA COLOMA DE FARNERS

Girona – 12 601 h. – Alt. 104 m – Ver mapa regional n° **10-A1**
Madrid 664 km – Barcelona 86 km – Girona 29 km – Tarragona 176 km
Mapa de carreteras Michelin n° 574-G38

Balneario Termas Orión

Veïnat de Vall, Sur : 2 km ✉ 17430 – ✆ 972 84 00 65 – www.termesorion.cat – cerrado 4 enero-3 marzo
67 hab – 55/105 € 78/130 €, 11 €
Hotel-balneario de finales del s. XIX ubicado en un parque, a las afueras de la ciudad. Disfruta de varios espacios sociales, confortables habitaciones y un centro lúdico termal en un anexo. El restaurante presenta dos salas clásicas y un salón para banquetes.

ESPAÑA

SANTA COLOMA DE GRAMENET

→ Ver Barcelona : Alrededores
Barcelona

SANTA COLOMA DE QUERALT

Tarragona – 2 966 h. – Ver mapa regional n° **9-B2**
Madrid 536 km – Barcelona 91 km – Lleida/Lérida 85 km – Tarragona 59 km
Mapa de carreteras Michelin n° 574-H34

Hostal Colomí

Raval de Jesús 12 ✉ 43420 – ✆ 977 88 06 53
Menú 15/50 € – Carta 24/43 € – *(solo almuerzo salvo sábado)*
Este céntrico negocio familiar disfruta de un acogedor comedor, dominado por la presencia de una parrilla vista, y una sala más en el piso superior. Aquí combinan la cocina casera de siempre con diversos platos regionales y tradicionales.

SANTA COLOMBA DE SOMOZA

León – 501 h. – Alt. 989 m – Ver mapa regional n° **8-A1**
Madrid 344 km – Valladolid 193 km – León 64 km – Oviedo 166 km
Mapa de carreteras Michelin n° 575-E11

Casa Pepa

Mayor 2 ✉ 24722 – ✆ 987 63 10 41 – www.casapepa.com – cerrado 20 diciembre- enero
6 hab – 60/69 € 70/80 €
Caserón de arrieros del s. XVIII ubicado en el corazón de La Maragatería. Presenta un patio típico y cálidas habitaciones, vistiendo todas las camas con atractivas mantas artesanales. El coqueto restaurante completa su carta de cocina casera con varios menús.

SANTA COMBA

A Coruña – 10 683 h. – Alt. 352 m – Ver mapa regional n° **13-B1**
Madrid 653 km – A Coruña 67 km – Santiago de Compostela 33 km
Mapa de carreteras Michelin n° 571-C3

XXX **Retiro da Costiña**
av. de Santiago 12 ✉ 15840 – ☎ 981 88 02 44 – www.retirodacostina.com – cerrado 19 septiembre - 6 octubre, domingo noche y lunes
Menú 65 € – Carta 40/62 € – (reserva aconsejable para cenar)
Bella casa de piedra dotada con una sala-bodega, un elegante comedor redecorado en tonos blancos y un agradable salón para la sobremesa. Su chef propone una cocina actualizada que destaca por la calidad del producto, comprado diariamente.
→ Vieira de Cambados curada en agua de mar al pil pil con crujiente de ajo negro y rabanito. Rabo de vaca estofado en su propio jugo, albardado en tocino ibérico y mousse de queso. Nuestra tarta de chocolate de Santo Domingo al 70% de cacao aderezada con almendra amarga.

SANTA CRISTINA (Playa de) → Ver Lloret de Mar
Girona

SANTA CRISTINA D'ARO
Girona – 5 128 h. – Ver mapa regional n° **10-B1**
Madrid 699 km – Barcelona 100 km – Girona 29 km – Lleida 238 km
Mapa de carreteras Michelin n° 574-G39

en la carretera de Platja d'Aro Este : 2 km

Mas Torrellas
✉ 17246 Santa Cristina D'Aro – ☎ 972 83 75 26 – www.mastorrellas.com – mayo-septiembre
17 hab – 47/65 € 67/85 €
Esta antigua masía, situada en pleno campo, ofrece una correcta zona noble y habitaciones funcionales, todas con el mobiliario en pino y cuatro de ellas en el torreón. El restaurante se reparte en tres salas de aire rústico, la más amplia junto a la piscina.

al Noroeste 5 km

Mas Tapiolas N
Veïnat de Solius ✉ 17246 Solius – ☎ 972 83 70 17 – www.hotelmastapioles.es
53 hab – 87/250 €
Ocupa parcialmente una antigua masía y destaca tanto por el paisaje circundante como por sus opciones de ocio, con un campo de Pitch & Putt y un moderno SPA. Le sorprenderá la exclusividad de algunas habitaciones o la variedad de salitas del restaurante.

SANTA ELENA
Jaén – 970 h. – Alt. 742 m – Ver mapa regional n° **1-C1**
Madrid 257 km – Sevilla 278 km – Jaén 80 km – Ciudad Real 115 km
Mapa de carreteras Michelin n° 578-Q19

por la carretera de Miranda del Rey Noroeste : 2 km y desvío a la derecha 2 km

Mesa del Rey
salida 257 autovía ✉ 23213 Santa Elena – ☎ 953 12 50 55 – www.mesadelrey.com
12 hab – 44 €
Una casa de campo donde la tranquilidad y el contacto con la naturaleza están asegurados. Salón social con chimenea y sobrias habitaciones, la mayoría de ellas con plato ducha. El comedor basa su oferta en un menú para clientes alojados, siempre bajo petición.

SANTA EULALIA DE OSCOS
Asturias – 500 h. – Alt. 547 m – Ver mapa regional n° **3-A1**
Madrid 579 km – A Coruña 169 km – Lugo 78 km – Oviedo 181 km
Mapa de carreteras Michelin n° 572-C8

Casa Pedro
Teresa de Francisco ✉ 33776 – ☎ 985 62 60 97 – www.hotelcasapedro.com – cerrado 22 diciembre-4 enero
8 hab – 32/36 € 45/50 €, 6 €
Un hotelito coqueto, familiar y con las fachadas en piedra. Ofrece habitaciones de estilo rústico-funcional, todas con los aseos actuales. En el restaurante, bastante luminoso, encontrará una cocina regional-casera elaborada con productos de su propia huerta.

ESPAÑA

Casona Cantiga del Agüeira
Pumares, Oeste : 1 km ✉ 33776 – ✆ 985 62 62 24 – www.cantigadelagueira.com – cerrado 15 enero-15 febrero
9 hab – 79/93 € 89/103 €
Casona del s. XVII rehabilitada respetando la arquitectura original. Si sabe tocar la guitarra o el piano no encontrará un destino mejor, pues su propietario es músico profesional y ha pensado en todo para organizar actividades musicales.

SANTA MARGARIDA (Urbanización) → Ver Roses
Girona

SANTA MARÍA DE MAVE
Palencia – 46 h. – Ver mapa regional n° **8-C1**
Madrid 323 km – Burgos 79 km – Santander 116 km
Mapa de carreteras Michelin n° 575-D17

El Convento de Mave
✉ 34492 – ✆ 979 12 36 11 – www.elconventodemave.com – cerrado noviembre y enero-marzo
25 hab – 68/150 € 78/300 €, 8 €
¡En un antiguo monasterio benedictino! Posee correctas zonas sociales y dos tipos de habitaciones, unas tradicionales y otras, las más nuevas, de atractivo diseño actual. En el restaurante, de ambiente rústico, le propondrán una cocina tradicional actualizada.

ESPAÑA

SANTA POLA
Alicante – 34 134 h. – Ver mapa regional n° **11-A3**
Madrid 423 km – Alacant/Alicante 19 km – Cartagena 91 km – Murcia 75 km
Mapa de carreteras Michelin n° 577-R28

Quatre Llunes
Marqués de Molins 41 ✉ 03130 – ✆ 966 69 60 80 – www.hostalquatrellunes.com
25 hab – 27/40 € 37/58 €, 4 €
Hostal de línea actual ubicado cerca del puerto deportivo. Ofrece una correcta recepción, un pequeño bar privado que usan para el servicio de los desayunos y habitaciones de buen confort, algo pequeñas pero de adecuado equipamiento.

en la carretera N 332 Norte : 2,5 km

El Faro
✉ 03130 Santa Pola – ✆ 965 41 21 36 – www.restaurantefaro.es
Menú 25/75 € – Carta 32/49 €
Restaurante de organización familiar emplazado al borde de la carretera. Presenta un amplio hall, con un buen expositor de productos, así como varias salas de línea clásica. Carta tradicional basada en pescados, mariscos y arroces.

SANTA SUSANNA
Barcelona – 3 325 h. – Alt. 10 m – Ver mapa regional n° **10-A2**
Madrid 673 km – Barcelona 61 km – Girona 47 km – Tarragona 160 km
Mapa de carreteras Michelin n° 574-H38

Can Rosich
camí de la Riera, Noroeste : 1,5 Km ✉ 08398 – ✆ 937 67 84 73 – www.canrosich.com – cerrado del 22 al 27 de diciembre
7 hab – 50/55 € 61/64 €, 10 €
Masía del s. XVIII rodeada por un tranquilo paraje de montaña. Sus habitaciones, de sencillo montaje, cuentan con mobiliario antiguo original y baños de estilo rústico-actual. El comedor, que está caldeado por una chimenea, solo trabaja con clientes alojados.

SANTANDER

Cantabria – 177 123 h. – Ver mapa regional n° **6**-**B1**
Madrid 389 km – Bilbao 116 km – Burgos 154 km – León 266 km
Mapa de carreteras Michelin n° 572-B18

G. Azumendi / age fotostock

Alojamientos

Bahía

Cádiz 22 ✉ 39002 – ☎ 942 20 50 00 Plano : D2**h**
– www.hotelbahiasantander.es
167 hab – 77/197 €, 15 € – 21 suites
Hotel de línea actual ubicado junto a la Catedral y, prácticamente, frente al Centro Botín de las Artes y la Cultura, el sorprendente edificio diseñado por el arquitecto Renzo Piano. Atractivas zonas sociales, cuidadas habitaciones y restaurante polivalente.

Coliseum

pl. de los Remedios 1 ✉ 39001 – ☎ 942 31 80 81 Plano : D1**b**
– www.hoteles-silken.com
92 hab – 55/390 €, 15 €
¡En una zona céntrica y comercial! Podemos decir que está diseñado para el cliente de negocios, con varios salones panelables y habitaciones actuales de completo confort. El restaurante, moderno y de líneas puras, centra su trabajo en una carta a precio cerrado y un menú del día.

Vincci Puertochico

Castelar 25 ✉ 39004 – ☎ 942 22 52 00 Plano : B1**s**
– www.vinccihoteles.com
52 hab – 50/316 €, 16 € – 1 suite
Edificio de modernas instalaciones emplazado a orillas de la bahía. La cafetería está integrada en la zona social y presenta unas habitaciones funcionales de estética actual, destacando las que ofrecen vistas a los amarres de Puertochico.

Silken Río Santander

av. Reina Victoria 153 ✉ 39005 – ☎ 942 27 43 00 Plano : C1**c**
– www.hoteles-silken.com
89 hab – 45/250 €, 15 €
¡Una buena opción frente a la famosa playa de El Sardinero! Presenta habitaciones de línea funcional-actual, la mitad asomadas al mar. Encontrará un completo buffet de desayunos y un restaurante de carácter panorámico, basando su oferta en menús y sugerencias.

¿Buenas comidas a precios moderados? Elija un Bib Gourmand.

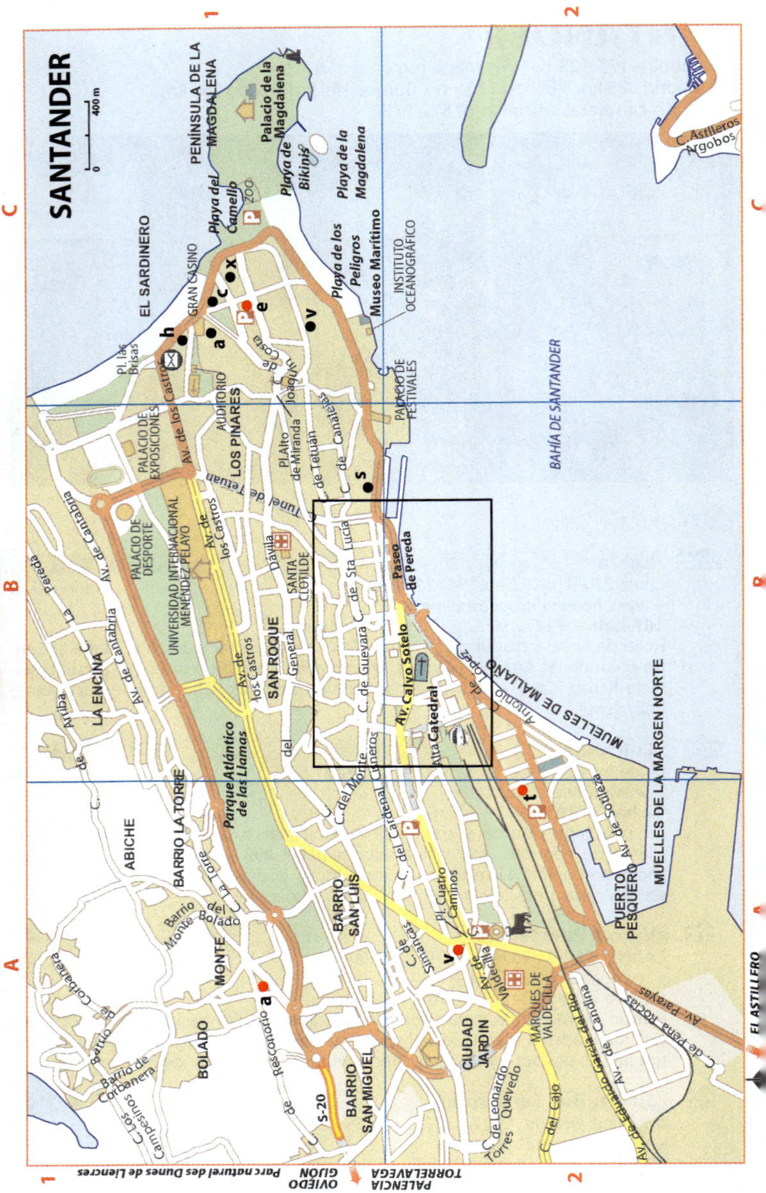
SANTANDER
0
400 m
PENÍNSULA DE LA MAGDALENA
Palacio de la Magdalena
Playa de Bikinis
Playa del Camello
ZOO
Playa de la Magdalena
EL SARDINERO
GRAN CASINO
Playa de los Peligros
Museo Marítimo
INSTITUTO OCEANOGRÁFICO
PALACIO DE FESTIVALES
BAHÍA DE SANTANDER
Pl. las Brisas
Av. de los Castros
AUDITORIO
LOS PINARES
C. de Joaquín Costa
Pl. Alto de Miranda
C. de Tetuán
C. de Canalejas
Túnel de Tetuán
PALACIO DE EXPOSICIONES
PALACIO DE DESPORTE
UNIVERSIDAD INTERNACIONAL MENÉNDEZ PELAYO
Av. de los Castros
Dávila
SANTA CLOTILDE
SAN ROQUE
C. de Sta Lucía
Paseo de Pereda
C. de Guevara
Av. Calvo Sotelo
Catedral
Alta
C. de Antonio López
MUELLES DE MALIAÑO
MUELLES DE LA MARGEN NORTE
Av. de Cantabria
C. La Pereda
C. de Arriba
LA ENCINA
General del
Parque Atlántico de las Llamas
ABICHE
BARRIO LA TORRE
C. La Torre
Barrio Monte del Bolado
MONTE
BOLADO
Barrio de Corbanera
C. Los Campesinos
C. de Resconorio
S-20
BARRIO SAN MIGUEL
BARRIO SAN LUIS
C. del Monte
C. del Cardenal Cisneros
C. de Simancas
Pl. Cuatro Caminos
Av. de Valdecilla
MARQUÉS DE VALDECILLA
CIUDAD JARDÍN
C. de Leonardo Torres Quevedo
C. del Cajo
Av. de Candina
Av. de Sotileza
PUERTO PESQUERO
Av. Parayas
C. de Peña Rocías
C. Astilleros
Argobos
EL ASTILLERO
OVIEDO GIJÓN
PALENCIA TORRELAVEGA
Parc naturel des Dunes de Liencres
A
B
C
1
2
a
c
e
h
s
t
v
x

Restaurantes

El Serbal

Andrés del Río 7 ✉ *39004* – ✆ *942 22 25 15* – *www.elserbal.com* Plano : E1**k**
– *cerrado del 16 al 30 de noviembre, domingo noche y lunes salvo agosto*
Menú 38/58 € – Carta 40/67 €
Una de las referencias gastronómicas de la ciudad, algo con mayor mérito aún si tenemos en cuenta su ubicación en una zona plagada de restaurantes. Ofrece una cocina tradicional con toques actuales y muestra buenos detalles complementarios.
➜ Nuestro cocido montañés. Rabo de novilla en costra de pan sobre espuma de patata al aceite de oliva. Helado de queso, streussel de almendras y frutos rojos.

Del Puerto

Hernán Cortés 63 ✉ *39003* – ✆ *942 21 30 01* Plano : E1**m**
– *www.bardelpuerto.com* – *cerrado domingo noche y lunes salvo verano*
Menú 42 € – Carta 40/68 €
¡Negocio familiar de 5ª generación y merecido prestigio! Entre sus paredes encontrará obras de reconocidos artistas, tallas de madera, maquetas de barcos... y, por supuesto, unos expositores con pescados y mariscos de excepcional calidad.

La Bombi

Casimiro Sáinz 15 ✉ *39003* – ✆ *942 21 30 28* Plano : E1**b**
– *www.restaurantelabombi.com*
Menú 42/70 € – Carta 38/57 €
Basa su éxito en la bondad de sus productos, no en vano cuenta con un sugerente expositor y su propio vivero. Posee tres salas de gran contraste, pues dos son rústicas y la otra de línea moderna, esta última con acceso a un patio-terraza.

Olleros

Enseñanza 6 ✉ *39001* – ✆ *942 05 57 38* Plano : D1**c**
– *www.restauranteolleros.com* – *cerrado del 15 al 31 de enero, del 15 al 31 de agosto, domingo noche y lunes*
Menú 18/35 € – Carta 30/45 €
Su joven chef apuesta claramente por la cocina elaborada, algo que salta a la vista tanto en el bar-vinoteca de la entrada, donde sirven tapas muy trabajadas, como en el comedor, donde le presentarán una sugerente carta de tinte actual.

XX **Puerta 23**

Tetuán 23 ✉ 39004 – ✆ 942 31 05 73 – www.puerta23.com Plano : E1**r**
– cerrado del 11 al 21 de enero, domingo noche salvo julio-agosto, miércoles de enero-15 junio y miercoles noche de septiembre-diciembre
Menú 27/55 € – Carta 24/46 €
Posee una zona de bar presidida por un vivero y una sala de montaje minimalista-funcional. Su chef-propietario propone una cocina de base tradicional con buenas materias primas y cuidadas presentaciones. ¡Interesante menú degustación!

XX **Asador Lechazo Aranda**

Tetuán 15 ✉ 39004 – ✆ 942 21 48 23 Plano : E1**t**
– www.hotelaranda.com – cerrado Navidades y lunes noche
Menú 38 € – Carta 30/47 €
Sus instalaciones recrean sabiamente la belleza y atmósfera de la más noble decoración castellana. Ofrece una carta basada en carnes y especialidades como el cordero asado.

XX **La Mulata**

Andrés del Río 7 ✉ 39004 – ✆ 942 36 37 85 Plano : E1**d**
– www.restaurantelamulata.com – cerrado martes
Menú 30/60 € – Carta 35/65 €
Toma su nombre de un pequeño cangrejo, de color negro, parecido a la nécora. Aquí encontrará un buen bar público y una sala bastante luminosa de línea moderna-funcional, donde ofrecen una carta especializada en pescados y mariscos.

ESPAÑA

XX **Anna** N

Menéndez Pelayo 49 ✉ 39002 – ✆ 942 83 84 67 Plano : E1**f**
– www.annasantander.es – cerrado 2ª quincena de septiembre, domingo noche y martes
Menú 36/65 € – Carta 33/45 €
Está en la parte alta de la ciudad, donde se presenta con un interior rústico-actual. Cocina tradicional, regional y de temporada... eso sí, con platos muy bien actualizados.

X **Casona del Judío**

Repuente 20 ✉ 39012 – ✆ 942 34 27 26 Plano : A1**a**
– www.casonadeljudio.es – cerrado domingo noche y lunes
Menú 35/90 € – Carta 32/47 € – *(solo almuerzo salvo jueves, viernes, sábado y verano)*
Instalado parcialmente en una casona indiana del s. XIX. El bello edificio principal, donde están los privados, cuenta con unos anexos de línea más fresca, luminosa e informal, con una terraza chill out. Cocina actual de base tradicional.

X **Mesón Gele**

Eduardo Benot 4 ✉ 39003 – ✆ 942 22 10 21 Plano : E1**n**
– www.restaurantegele.com – cerrado lunes en verano y domingo noche
Menú 21/40 € – Carta 27/41 €
Resulta céntrico y está llevado con amabilidad. Encontrará un concurrido bar público y un comedor rústico-regional distribuido en dos niveles. Cocina de tinte tradicional.

X **Laury**

av. Pedro San Martín 4 (Cuatro Caminos) ✉ 39010 Plano : A2**v**
– ✆ 942 33 01 09 – www.restaurantelaury.es – cerrado domingo y lunes noche
Carta 35/65 €
¡Aquí la especialidad son las carnes a la brasa! Posee un amplio bar, presidido por un vivero y una parrilla, así como un comedor de línea actual en dos niveles. Su cocina de mercado se ve reflejada en una carta con recomendaciones diarias.

Bodega Cigaleña
Daoiz y Velarde 19 ✉ 39003 – ☎ 942 21 30 62 Plano : E1**a**
– www.bodegacigalena.es – cerrado domingo
Menú 20 € – Carta 30/51 €
Este atractivo establecimiento de aire rústico cuenta con multitud de detalles alusivos al mundo del vino y la vendimia. En su expositor se pueden ver botellas de gran valía.

Machinero
Ruiz de Alda 16 ✉ 39009 – ☎ 942 31 49 21 Plano : A2**t**
– www.machinero.com – cerrado sábado noche en invierno y domingo
Menú 18/25 € – Carta 25/36 €
¡Un restaurante muy popular! Su carta tradicional se ve enriquecida con varias jornadas gastronómicas, unas temáticas y otras pensadas para ensalzar los productos de temporada. Posee una concurrida cafetería y un cuidado comedor clásico.

Umma
Sol 47 ✉ 39003 – ☎ 942 21 95 95 Plano : E1**e**
– www.ummasantander.com – cerrado domingo y lunes mediodía en verano, lunes y martes resto del año
Menú 12/30 € – Carta 25/35 €
Este negocio de carácter informal y estética neoyorquina sorprende tanto por la altura de sus techos como por sus paredes, revestidas de ladrillos blancos. Cocina actual.

Días de Sur
Hernán Cortés 47 ✉ 39003 – ☎ 942 36 20 70 Plano : E1**h**
– www.diasdesur.es
Tapa 1,60 € – Ración aprox. 11 €
Amplio local de ambiente rústico-actual en el que se mezcla el servicio de tapas y raciones con una zona de mesas distribuida en dos alturas. Menú de cocina internacional.

ESPAÑA

Casa Lita
paseo de Pereda 37 ✉ 39004 – ☎ 942 36 48 30 Plano : E1**w**
– www.casalita.es
Tapa 2,50 € – Ración aprox. 12 €
Taberna ubicada frente a Puertochico, una zona privilegiada de Santander. Ofrece una buena terraza, una gran barra repleta de pinchos que varían según la hora del día y una pequeña carta de raciones. ¡Pruebe su famosísimo Pollo al curry!

El Machi
Calderón de la Barca 9 ✉ 39002 – ☎ 942 21 87 22 Plano : D2**z**
– www.elmachi.es
Tapa 2 € – Ración aprox. 11 €
Tiene 80 años de historia y toma su nombre a modo de alias, pues el apelativo original de esta casa era Taberna Marinera Machichaco. Combinan lo antiguo y lo moderno para crear un bar marinero de diseño. Carta amplia de pescados y arroces.

El Grand Cru N
San José 23 ✉ 39003 – ☎ 942 07 51 29 Plano : D1**a**
– www.elgrandcru.com
Tapa 3,50 € – Ración aprox. 11 € – Menú 32/45 €
Gastrobar de ambiente moderno ubicado en pleno centro. Ofrece una barra, un comedor y un espacio más exclusivo frente a la cocina. Elaboraciones actuales e interesantes menús.

Mexsia N
Gándara 3 ✉ 39002 – ☎ 942 76 41 16 – www.mexsia.com Plano : E1**p**
– cerrado domingo noche salvo agosto y lunes
Tapa 2 € – Ración aprox. 10 €
Se define como gastropub, resulta singular y su nombre encierra toda una declaración de intenciones. Apuestan por una original fusión entre la cocina mejicana y la asiática.

en El Sardinero

Real
paseo Pérez Galdós 28 ✉ 39005 Santander – ✆ 942 27 25 50 Plano : C1**v**
– www.eurostarshotelreal.com
114 hab – †75/330 € ††85/340 €, ☕ 24 € – 9 suites
Destaca tanto por su estratégica situación, en la parte alta de Santander, como por su magnífico personal. Ofrece un amplio hall, luminosos salones tipo pérgola, elegantes habitaciones y un moderno centro de talasoterapia. El restaurante El Puntal disfruta de un estilo clásico y agradables vistas a la bahía.

G. H. Sardinero
pl. de Italia 1 ✉ 39005 Santander – ✆ 942 27 11 00 Plano : C1**h**
– www.hotelsardinero.es
102 hab – †80/150 € ††80/188 €, ☕ 15 € – 16 suites
Se halla frente al Gran Casino y supone un gran homenaje a la historia, pues ha sido totalmente reconstruido a imitación del edificio neoclásico original. La línea clásica-actual y la elegancia van de la mano tanto en las zonas nobles como en las habitaciones. El restaurante propone una cocina tradicional.

Hoyuela
av. de los Hoteles 7 ✉ 39005 Santander – ✆ 942 28 26 28 Plano : C1**a**
– www.hotelhoyuela.es
49 hab – †50/169 € ††50/195 €, ☕ 15 € – 6 suites
Este edificio, tipo palacete, presenta un interior de marcado corte clásico. Ofrece un hermoso lucernario central, una zona social circular y habitaciones de buen confort, destacando todas por su amplitud. Buen bar de estilo inglés y elegante comedor, donde su carta tradicional convive con interesantes menús.

ESPAÑA

G.H. Victoria
María Luisa Pelayo 38 ✉ 39005 Santander – ✆ 942 29 11 00 Plano : C1**x**
– www.granhotelvictoria.com
67 hab – ††60/160 €, ☕ 12 € – 3 suites
Instalado en un edificio de diseño bastante original. Posee unas habitaciones actuales y luminosas, todas con terraza. El restaurante, de línea moderna y adecuado montaje, ofrece una carta tradicional. ¡Cuidados exteriores, con césped y porches acristalados!

Deluz
Ramón y Cajal 18 ✉ 39005 Santander – ✆ 942 29 06 06 Plano : C1**e**
– www.deluz.es
Menú 25/35 € – Carta 38/55 €
¡Singular, atractivo y con el entorno ajardinado! Se encuentra en un chalet de la zona residencial de El Sardinero, donde disfruta de varios espacios y salones, todos con mobiliario de diseño y cubertería de plata. Cocina internacional.

SANTES CREUS (Monasterio de)
Tarragona – Alt. 340 m – Ver mapa regional n° **9-B2**
Madrid 555 km – Barcelona 95 km – Lleida/Lérida 83 km – Tarragona 32 km
Mapa de carreteras Michelin n° 574-H34

Hostal Grau
Pere El Gran 3 ✉ 43815 – ✆ 977 63 83 11 – www.hostal-grau.com – cerrado 15 diciembre-15 enero
Menú 12/23 € – Carta 22/42 € – *(cerrado lunes) (solo almuerzo salvo Semana Santa y verano)*
14 hab ☕ – †39/59 € ††46/70 €
Negocio familiar de sencillas instalaciones emplazado a unos 200 m del monasterio. En el comedor, de montaje clásico, podrá degustar una cocina tradicional catalana con platos caseros, sabrosas carnes a la brasa y, como no, sus famosísimos "calçots". También ofrecen habitaciones, renovadas y funcionales.

SANTIAGO DE COMPOSTELA

A Coruña – 96 041 h. – Alt. 264 m – Ver mapa regional n° **13-B2**
Madrid 613 km – A Coruña 72 km – Ferrol 103 km – Ourense 111 km
Mapa de carreteras Michelin n° 571-D4
Planos de la ciudad en páginas siguientes

G. Bertollissio / hemis.fr

Alojamientos

ESPAÑA

Parador Hostal dos Reis Católicos

pl. do Obradoiro 1 ✉ 15705 – ✆ 981 58 22 00 – www.parador.es Plano : C1**a**

131 hab – 125/245 € – 6 suites

¡Impresionante edificio del s. XVI donde conviven fe, arte y tradición! Posee una magnífica zona noble y habitaciones de época distribuidas en torno a cuatro patios. Tanto en el restaurante Dos Reis, con enormes arcos de piedra, como en el Enxebre, algo más sencillo, aquí se apuesta por la cocina gallega tradicional.

Oca Puerta del Camino

Miguel Ferro Caaveiro, por av. de Gonzalo Torrente Ballester B1 ✉ 15707 – ✆ 981 56 94 00 – www.puertadelcamino.com

152 hab – 125/600 €, 10 € – 8 suites

Hotel de estética actual ubicado junto al Palacio de Congresos y Exposiciones de Galicia, lo que define un poco a su clientela. Amplia zona social y habitaciones bien equipadas. El restaurante, dotado con varios privados, propone una cocina clásica-actual.

San Francisco H. Monumento

Campillo San Francisco 3 ✉ 15705 – ✆ 981 58 16 34 – www.sanfranciscohm.com – cerrado del 4 al 26 de enero Plano : C1**x**

82 hab – 110/400 €, 16 € – 2 suites

He aquí un hotel-monumento, pues ocupa un convento del s. XVIII declarado Bien de Interés Cultural. Atesora una zona social con restos arqueológicos, dos claustros y habitaciones muy bien equipadas. Su restaurante se complementa con dos salones para banquetes.

A Quinta da Auga

Paseo da Amaia 23 b, por carretera de Noia A2 : 1,5 km ✉ 15706 – ✆ 981 53 46 36 – www.aquintadaauga.com – cerrado del 6 al 21 de enero

51 hab – 151/355 € 199/375 € – 1 suite

Ocupa una fábrica de papel del s. XVIII instalada junto a un meandro del río Sar, con preciosos jardines, una bella fachada en piedra y estancias personalizadas de singular encanto. En su coqueto restaurante podrá degustar una cocina tradicional-actualizada.

Compostela

Hórreo 1 ✉ 15701 – ✆ 981 58 57 00 – www.hotelcompostela.es
Plano : C2**b**

100 hab – 72/105 € 72/135 €, 13 €

Tras su imponente fachada en piedra se esconde un hotel completamente remodelado, de estética actual y carácter urbano. ¡Algunas habitaciones atesoran su propia terraza!

Gelmirez

Hórreo 92 ✉ 15702 – ✆ 981 56 11 00 – www.hotelgelmirez.com
Plano : A2**b**

132 hab – 60/96 € 65/117 €

¡Moderno y con ciertas dosis de personalidad! Ofrece una zona social con coloridos muebles de diseño, dos salas de reuniones bien equipadas y habitaciones de estética actual.

Virxe da Cerca

Virxe da Cerca 27 ✉ 15703 – ✆ 981 56 93 50 – www.pousadasdecompostela.com
Plano : D2**g**

42 hab – 55/119 € 65/129 €, 11 €

Hotel con encanto ubicado parcialmente en una casa del s. XVIII, esta con las paredes en piedra y unas bonitas galerías asomadas al jardín en algunas habitaciones. El restaurante, de carácter polivalente, propone una pequeña carta de gusto tradicional.

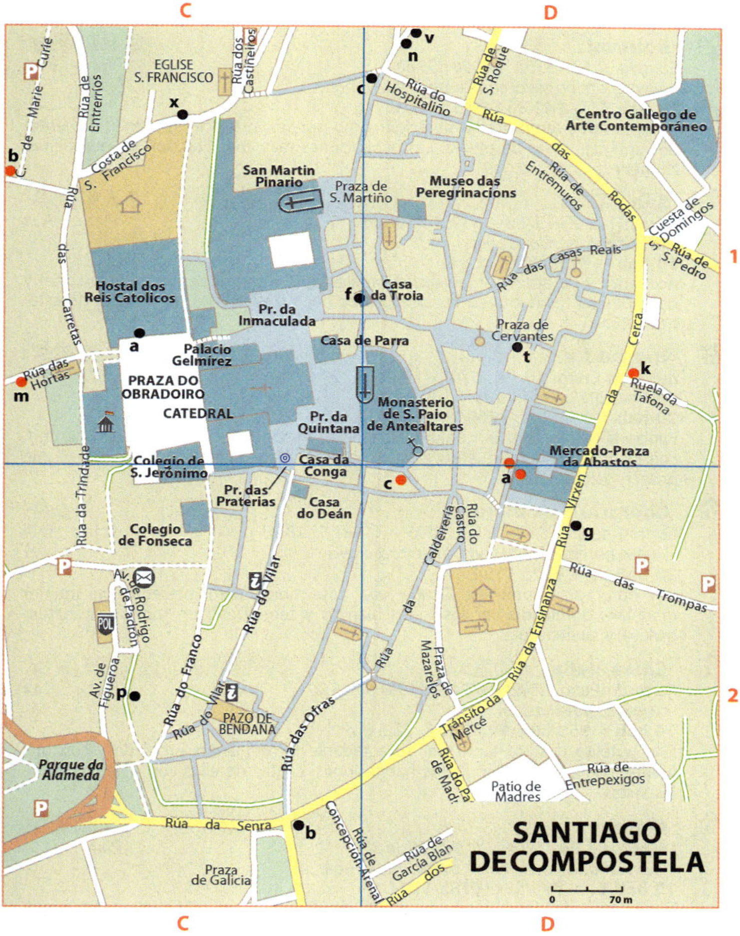

Carrís Casa de la Troya

Troia 5 ✉ 15704 – ✆ 981 55 58 79 – www.carrishoteles.com Plano : CD1**f**

23 hab – 👥69/200 €, ☕ 10 €

Curioso, pues ocupa parcialmente la legendaria Casa de la Troya, una antigua pensión de estudiantes, hoy museo, que sirvió de escenario a la famosa novela escrita por Alejandro Pérez Lugín. Interior de diseño actual, agradable y acogedor.

Altaïr

Loureiros 12 ✉ 15704 – ✆ 981 55 47 12 – www.altairhotel.net Plano : D1**v**

11 hab – 👤75/87 € 👥95/120 €, ☕ 8,50 €

Esta casa combina, con especial gusto, los elementos de diseño y las paredes en piedra, pues asume los criterios estéticos de la filosofía oriental Wabi-Sabi. Todas las habitaciones resultan confortables, aunque destacan las abuhardilladas.

Bonaval
Bonaval 2 ✉ 15703 – ✆ 981 55 88 83 – www.hotelbonaval.com – abril-diciembre
Plano : B1**d**
18 hab – 40/80 € 55/100 €
Es interesante tanto por su situación como por sus instalaciones, repartidas entre dos antiguas casas de piedra. Las habitaciones más atractivas son las que tienen chimenea.

San Carlos
Hórreo 106 ✉ 15702 – ✆ 981 56 05 05 – www.hotelsancarlos.net
Plano : A2**t**
30 hab – 50/90 €, 8 €
Acogedor y de atenta organización familiar. Presenta una reducida zona social y dos tipos de habitaciones, las antiguas de línea clásica y las reformadas de estética actual.

Herradura
av. Xoán Carlos I-1 ✉ 15701 – ✆ 981 55 23 40 – www.hotelherradura.es
Plano : A1-2**v**
20 hab – 45/80 € 60/100 €, 8 €
Funcional y familiar. En conjunto presenta unas habitaciones de buen confort, con los baños algo pequeños, destacando tanto las abuhardilladas como las que poseen galería.

Literario San Bieito
Canton de San Bieito 1 ✉ 15705 – ✆ 981 57 28 90 – www.hotelsanbieito.com – cerrado enero
Plano : D1**t**
20 hab – 75/110 €
¡Un hotel de contrastes! Ocupa una casa típica pero presenta un interior moderno, dominado por los tonos blancos y tematizado en torno a la cultura gallega y su literatura.

ESPAÑA

Costa Vella
Porta da Pena 17 ✉ 15704 – ✆ 981 56 95 30 – www.costavella.com
Plano : D1**c**
14 hab – 50/60 € 70/81 €, 6 €
Este hotelito destaca tanto por su agradable terraza-jardín, arbolada y con una fuente, como por sus coquetas habitaciones, cuatro de ellas con galería y bonitas vistas.

Moure
Loureiros 6 ✉ 15704 – ✆ 981 58 36 37 – www.mourehotel.com – marzo-noviembre
Plano : D1**n**
15 hab – 75/85 € 85/110 €
Tras su fachada clásica recrea un diseño de interiores afín a las vanguardias arquitectónicas, lejos de los convencionalismos y definiéndose a sí mismo con objetos de diseño.

Entrecercas
Entrecercas 11 ✉ 15705 – ✆ 981 57 11 51 – www.hotelentrecercas.es
Plano : C2**p**
6 hab – 30/55 € 45/80 €, 4 €
Instalado en una antigua casa de piedra. Posee un correcto salón social y unas habitaciones que, siendo algo reducidas, resultan bastante curiosas por su decoración.

Restaurantes

XX **Pedro Roca**
Domingo García Sabell 1 ✉ 15705 – ✆ 981 58 57 76 – www.pedroroca.es – cerrado domingo noche salvo vísperas de festivos
Plano : C1**b**
Menú 35 € – Carta 42/59 €
Local de estética actual dotado con un amplio interior y dos salas, una solo de mesas y la otra con la cocina a la vista. Cocina gallega actualizada y excelente producto.

Don Quijote

Galeras 20 ✉ 15705 – ✆ 981 58 68 59 Plano : A1**e**
– www.quijoterestaurante.com
Menú 20 € – Carta 35/45 €
Un negocio familiar de instalaciones clásicas. Su carta tradicional gallega gira en torno a los pescados y mariscos... eso sí, con un buen apartado de caza en temporada.

A Tafona

Virxe da Cerca 7 ✉ 15703 – ✆ 981 56 23 14 Plano : D1**k**
– www.restauranteatafona.com – cerrado domingo noche, lunes, martes noche en invierno, domingo y lunes en verano
Menú 15/50 € – Carta aprox. 35 €
Céntrico, informal y sorprendente, pues sabe combinar sus llamativas paredes en piedra con una preciosa escalera, un lucernario y algún que otro detalle de diseño. Aquí apuestan por una cocina de corte moderno, con buen producto, técnica y destellos creativos.

DeCarmen

Arribadas 9, por av. Rosalía de Castro A2 ✉ 15709 – ✆ 981 94 38 58 – www.restaurantedecarmen.es – cerrado 10 días en agosto, domingo noche y lunes noche
Menú 13/75 € – Carta 37/47 €
Posee una barra para tapear y una única sala de línea actual-funcional. Cocina tradicional española con detalles actuales y especialidades, como el Solomillo de buey al foie.

A Curtidoría

Rúa da Conga 2-3 ✉ 15704 – ✆ 981 55 43 42 Plano : D2**c**
– www.acurtidoria.com – cerrado 25 diciembre-25 enero
Menú 12/42 € – Carta 30/51 €
Instalado en lo que un día fue una tienda de curtidos. En sus salones, de línea actual, le ofrecerán una cocina mediterránea que tiene en los arroces su eje fundamental.

Ghalpón Abastos

Das Ameas 4 ✉ 15704 – ✆ 654 01 59 37 Plano : D1-2**a**
– www.abastosdouspuntocero.es – cerrado domingo y lunes
Menú 35 € – *(solo almuerzo salvo jueves, viernes y sábado) (solo menú)*
Restaurante de ambiente moderno e informal emplazado junto al mercado de abastos. En la sala, que tiene la cocina parcialmente abierta, le propondrán un único menú de mercado.

Casa Marcelo (Marcelo Tejedor)

Hortas 1 ✉ 15705 – ✆ 981 55 85 80 Plano : C1**m**
– www.casamarcelo.net – cerrado domingo noche y lunes
Tapa 7,50 € – Ración aprox. 12,50 €
Este atractivo gastrobar, ubicado a escasos metros de la Praza do Obradoiro, llama la atención por tener una gran mesa para compartir y la cocina a la vista, esta última con una barra donde se puede comer mientras ve trabajar al chef. Su carta refleja una original fusión entre las cocinas gallega, nipona y peruana.
→ Gilda de merluza de Celeiro. Usuzukuri de lubina. Limón.

Taberna Abastos 2.0

Plaza de Abastos - Casetas 13-18 ✉ 15705 Plano : D1-2**a**
– ✆ 654 01 59 37 – www.abastosdouspuntocero.es – cerrado 15 días en enero y domingo
Tapa 2 € – Ración aprox. 7 €
Resulta sorprendente y singular, pues ocupa seis casetas del mercado y se presenta con una estética actual. Es necesario reservar su única mesa y personalizan los menús. ¡Producto excepcional y elaboraciones de gran nivel!

en la antigua carretera N 634 por av. de Gonzalo Torrente Ballester B1

G. H. Los Abetos

San Lázaro, carret. Arines 3 km ✉ 15820 – ✆ 981 55 70 26 – www.granhotellosabetos.com
78 hab – 78/120 € 90/140 € – 71 suites
¡Excelente recomendación! Ofrece habitaciones de completo equipamiento, varias zonas sociales y un hermoso jardín. Servicio gratuito de minibús y suites en un anexo, cada una con su propio parking. El restaurante, que disfruta de buenas vistas, propone una cocina actualizada de base tradicional.

en la carretera N 550 Noreste : 6 km

Mar de Esteiro

Lugar Ponte Sionlla - Enfesta ✉ 15884 Sionlla – ✆ 981 88 80 57 – www.mardeesteiro.com – cerrado 1ª quincena de febrero, domingo noche, lunes y martes noche
Menú 35 € – Carta 33/48 €
Ocupa una bella casona junto a la carretera. Encontrará pescados y mariscos de gran calidad, pues aquí los primeros son salvajes y los segundos salen de sus propios viveros.

SANTILLANA DEL MAR

Cantabria – 4 215 h. – Alt. 82 m – Ver mapa regional n° **6-B1**
Madrid 393 km – Bilbao 130 km – Oviedo 171 km – Santander 26 km
Mapa de carreteras Michelin n° 572-B17

ESPAÑA

Parador de Gil Blas y Parador de Santillana

pl. Mayor ✉ 39330 – ✆ 942 02 80 28 – www.parador.es
56 hab – 95/190 €, 18 € Plano : A1**d**
Dos paradores en uno, pues en Gil Blas centralizan los servicios y el Santillana hace de anexo. El edificio principal ocupa una magnífica mansión solariega construida en piedra, con un bello zaguán empedrado y habitaciones rústicas de buen confort. Cocina regional con especialidades, como el Cocido montañés.

Casa del Marqués

Cantón 26 ✉ 39330 – ✆ 942 81 88 88 Plano : B1**b**
– www.hotelcasadelmarques.com – cerrado 8 diciembre-7 marzo
15 hab – 79/159 €, 12 €
Instalado en una casa señorial del s. XIV que atesora muchísimo encanto e historia... no en vano, sirvió de residencia al primer Marqués de Santillana. Sus estancias se decoran con gusto y elegancia, combinando el confort con la tradición.

La Casona de Revolgo

Parque de Revolgo 3 ✉ 39330 – ✆ 942 81 82 77 Plano : A2**e**
– www.lacasonaderevolgo.com – 15 marzo-octubre y fines de semana resto del año
14 hab – 55/140 € 65/140 €
Una casona del s. XVII que funcionó, durante un tiempo, como casa de postas. Posee un porche de entrada, una correcta zona social con chimenea y confortables habitaciones de línea colonial, las más atractivas abuhardilladas.

Siglo XVIII

Revolgo 38 ✉ 39330 – ✆ 942 84 02 10 Plano : A2**h**
– www.hotelsigloxviii.com – cerrado 12 diciembre-15 marzo
16 hab – 50/80 € 60/95 €, 6 €
Casa tradicional con la fachada en piedra y madera. Ofrece estancias de cálido confort y habitaciones vestidas con mobiliario castellano, las del último piso abuhardilladas.

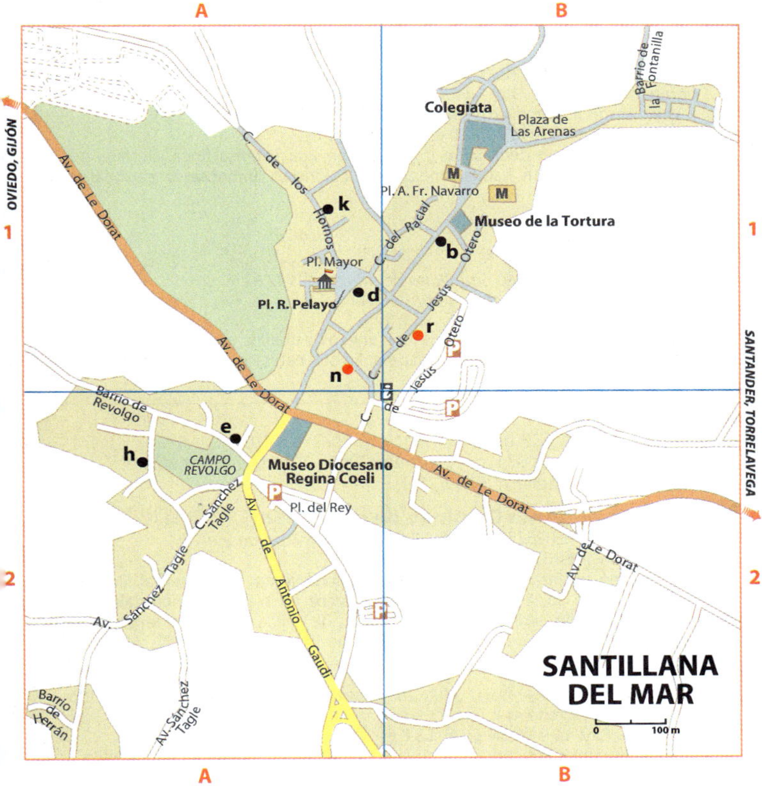

ESPAÑA

Casa del Organista

Los Hornos 4 ✉ 39330 – ✆ 942 84 03 52 Plano : A1**k**
– www.casadelorganista.com – cerrado del 22 al 26 de diciembre, 30 diciembre-2 enero y del 5 al 15 de enero
14 hab – 🚹49/77 € 🚹🚹60/93 €, ☕ 6 €
Casona montañesa del s. XVIII sabiamente combinada en piedra y madera. Ofrece unas acogedoras habitaciones de ambiente rústico, unas con terraza y otras abuhardilladas.

Los Blasones

pl. de la Gándara 8 ✉ 39330 – ✆ 942 81 80 70 – cerrado noviembre-21 marzo Plano : A1**n**
Menú 30/40 € – Carta 30/43 €
Tras su fachada en piedra dispone de dos salas, una funcional para el menú y otra rústica, con la cocina a la vista, para la carta. Platos tradicionales y pescados al horno.

Gran Duque

Jesús Otero 7 ✉ 39330 – ✆ 942 84 03 86 Plano : B1**r**
– www.granduque.com – cerrado 7 enero-14 febrero, domingo noche y lunes mediodía salvo verano
Menú 19/30 € – Carta 22/42 €
Pequeño restaurante de organización familiar. Encontrará una sala de aire rústico, un vivero de marisco y la cocina a la vista. Amplia carta tradicional y tres tipos de menús.

por la carretera de Puente de San Miguel Sureste : 2,5 km

Casona Los Caballeros
barrio Vispieres ✉ 39360 Santillana del Mar – ✆ 942 82 10 74 – www.casonaloscaballeros.com – cerrado 9 diciembre-febrero
30 hab – 52/78 € 70/110 €, 10 €
Casona llevada con dedicación y ubicada en una extensa finca. Destaca por la gran amplitud de sus habitaciones, todas coloristas, luminosas y personalizadas en su decoración.

en Ubiarco Norte : 5 km

Mar de Santillana
barrio Urdiales ✉ 39360 Santillana del Mar – ✆ 942 84 00 80 – www.mardesantillana.com – abril-octubre
15 hab – 47/76 € 59/95 €, 8,50 €
Esta agradable casona disfruta de dos anexos actuales, uno acristalado hacia el jardín y el otro con balcones de madera. En sus habitaciones encontrará mobiliario balinés.

SANTO DOMINGO DE LA CALZADA

La Rioja – 6 614 h. – Alt. 639 m – Ver mapa regional n° **14-A2**
Madrid 310 km – Burgos 67 km – Logroño 47 km – Vitoria-Gasteiz 65 km
Mapa de carreteras Michelin n° 573-E21

ESPAÑA

Parador de Santo Domingo de la Calzada
pl. del Santo 3 ✉ 26250 – ✆ 941 34 03 00 – www.parador.es
60 hab – 163/176 € – 2 suites
Instalado en un antiguo hospital de peregrinos, junto a la Catedral. Posee una agradable zona social, dotada con bellos arcos en piedra, y confortables habitaciones de estilo clásico. En el restaurante, de cálida rusticidad, le propondrán una carta regional.

El Corregidor
Mayor 14 ✉ 26250 – ✆ 941 34 21 28 – www.hotelelcorregidor.com – cerrado 20 diciembre-12 febrero
32 hab – 39/44 € 58/66 €, 8 €
El edificio, construido por los actuales propietarios, presenta una fachada que continúa la tradición del ladrillo visto. Buena zona social y habitaciones de línea funcional. El restaurante, dotado con mobiliario clásico en tonos suaves, ofrece una cocina de gusto tradicional.

Los Caballeros
Mayor 58 ✉ 26250 – ✆ 941 34 27 89 – www.restauranteloscaballeros.com – cerrado del 7 al 28 de enero y domingo noche salvo agosto
Carta 33/47 €
Ocupa una casa de piedra emplazada en una céntrica calle peatonal, con un hall, una barra de apoyo y dos salas, una de aire rústico y la otra algo más actual. Carta regional.

La Cancela
Mayor 51 ✉ 26250 – ✆ 941 34 32 38 – www.restaurantelacancela.com – cerrado 20 enero-febrero y martes
Carta 27/44 €
¡En una céntrica calle peatonal! Ofrece una sala bastante acogedora y de línea actual, donde podrá degustar una cocina tradicional siempre atenta a los productos de temporada.

El Rincón de Emilio
pl. Bonifacio Gil 7 ✉ 26250 – ✆ 941 34 09 90 – www.rincondeemilio.com – cerrado febrero, 5 días en junio y lunes noche de mayo-septiembre
Menú 13/30 € – Carta 23/38 € – *(solo almuerzo salvo fines de semana de septiembre-abril)*
Esta casa familiar, con más de 30 años de historia, presenta un interior de aire rústico y una buena terraza de verano, donde se halla la parrilla. Cocina tradicional riojana.

SANTOÑA

Cantabria – 11 382 h. – Ver mapa regional n° **6-C1**

Madrid 441 km – Bilbao 81 km – Santander 48 km

Mapa de carreteras Michelin n° 572-B19

en la playa de Berria Noroeste : 3 km

Juan de la Cosa

39740 Santoña – 942 66 12 38 – www.hoteljuandelacosa.com – cerrado 2 noviembre-12 diciembre y enero-18 marzo

52 hab – 60/95 € 70/130 € – 19 apartamentos

Se encuentra en la misma playa y con su nombre rinde un homenaje al insigne navegante de la localidad. Sus modernas instalaciones cuentan con unas cuidadas habitaciones, la mitad asomadas al mar, y equipados apartamentos. El restaurante destaca tanto por sus vistas como por su excelente vivero de marisco.

Posada Las Garzas

39740 Santoña – 942 66 34 84 – www.posadalasgarzas.com – marzo-noviembre

11 hab – 44/68 € 56/88 €

Instalado en una casa que guarda la estética constructiva de la zona, con una agradable zona social, un porche acristalado y coquetas habitaciones de ambiente rústico.

SANTORCAZ

Madrid – 845 h. – Alt. 878 m – Ver mapa regional n° **15-B2**

Madrid 52 km – Toledo 126 km – Guadalajara 30 km – Segovia 145 km

Mapa de carreteras Michelin n° 576 y 575-K19

La Casona de Éboli

Embudo 6 28818 – 686 46 76 47 – www.casonaeboli.com

5 hab – 95 €

Una casa de pueblo rehabilitada con muchísimo gusto. Cobija un cálido salón social con chimenea, un pequeño SPA y habitaciones decoradas al detalle, algunas con hidromasaje. En su coqueto comedor podrá degustar un correcto menú con platos de temporada.

SANTO TOMÉ DEL PUERTO

Segovia – 325 h. – Alt. 1 129 m – Ver mapa regional n° **8-C2**

Madrid 104 km – Valladolid 154 km – Segovia 58 km – Soria 138 km

Mapa de carreteras Michelin n° 575-I19

Venta Juanilla

antigua carret. N I, km 99 40590 – 921 55 73 52 – www.hotelventajuanilla.com

36 hab – 55/65 € 60/70 € – 4 suites

Instalado parcialmente en un convento del s. X. Ofrece una espaciosa recepción con las paredes en piedra y habitaciones de línea clásica, algunas abuhardilladas. Su restaurante, rústico-castellano, presenta un horno de leña en la sala y una carta tradicional.

SANTPEDOR

Barcelona – 7 346 h. – Alt. 320 m – Ver mapa regional n° **9-C2**

Madrid 638 km – Barcelona 69 km – Manresa 6 km – Vic 54 km

Mapa de carreteras Michelin n° 574-G35

Ramón

Camí de Juncadella 08251 – 938 32 08 50 – www.ramonparkhotel.com

32 hab – 78 € 95 € – 2 suites

Rest *Ramón* – ver selección restaurantes

Hotel clásico-rural dotado con un gran hall, tipo patio, que está presidido por una colección de coches antiguos. Habitaciones amplias, actuales y de completo equipamiento.

XX **Ramón** – Hotel Ramón

Camí de Juncadella ✉ 08251 – ✆ 938 32 08 50 – www.ramonparkhotel.com – cerrado domingo noche y festivos noche

Menú 16/37 € – Carta 35/47 €

Este negocio familiar, con buena trayectoria, decora sus salas y privados a base de molinillos, relojes y pesas. Su carta tradicional se enriquece con un apartado de pescados y sugerencias de temporada. ¡Carpa independiente para banquetes!

SANTUARIO ➜ Ver el nombre propio del santuario

SANTULLANO

Asturias – 1 931 h. – Alt. 167 m – Ver mapa regional n° **3**-B1

▶ Madrid 470 km – Avilés 20 km – Gijón 34 km – Oviedo 25 km

Mapa de carreteras Michelin n° 572-B12

en Biedes Este : 3 km

X **Casa Edelmiro**

✉ 33190 Biedes – ✆ 985 79 90 11 – www.casaedelmiro.com – cerrado del 1 al 20 de agosto y martes

Menú 12/35 € – Carta 30/45 € – *(solo almuerzo)*

Estamos ante un negocio centenario y de marcado carácter familiar... de hecho, siempre ha pasado de padres a hijos. Ocupa una gran casona y ofrece varias salas de línea clásica-funcional. Gastronomía casera-tradicional.

ESPAÑA

SANTURIO ➜ Ver Gijón

Asturias

SANXENXO (SANGENJO)

Pontevedra – 17 582 h. – Ver mapa regional n° **13**-A2

▶ Madrid 622 km – Ourense 123 km – Pontevedra 18 km – Santiago de Compostela 75 km

Mapa de carreteras Michelin n° 571-E3

Augusta

Lugar de Padriñán 25 ✉ 36960 – ✆ 986 72 78 78 – www.augustasparesort.com

107 hab – †62/202 € ††69/247 €, ☕ 14 € – 51 suites – 46 apartamentos

Elegante complejo distribuido en dos edificios, ambos con unos magníficos SPA y los exteriores ajardinados. Destaca su piscina y su amplia terraza Caribbean, dotada con unas fantásticas vistas a la ría. Encontrará dos restaurantes... uno de gusto tradicional y el otro, más actual, con platos internacionales.

Sanxenxo

av. Playa de Silgar 3 ✉ 36960 – ✆ 986 69 11 11 – www.hotelsanxenxo.com

92 hab ☕ – †77/172 € ††111/225 € – 5 suites

Muy bien ubicado en un extremo de la playa. Posee un piano-bar, un completo SPA marino con centro de talasoterapia y dos tipos de habitaciones, las del anexo más amplias y modernas. El restaurante, de carácter panorámico, propone una carta gallega tradicional.

Rotilio

av. do Porto 7 ✉ 36960 – ✆ 986 72 02 00 – www.hotelrotilio.com – marzo-octubre

39 hab – †55/80 € ††75/130 €, ☕ 10 €

Rest *La Taberna de Rotilio* – ver selección restaurantes

Hotel familiar que sorprende por su atractiva área social, con una terraza solárium y una agradable sala panorámica en el ático. Muchas habitaciones cuentan con terraza, destacando entre ellas las que ofrecen vistas al mar. Disfruta de un buen restaurante y un bar gastronómico en el sótano.

Justo
paseo praia de Silgar 2 ✉ 36960 – ✆ 986 69 07 50 – www.hoteljusto.es – cerrado 12 diciembre-febrero
30 hab – 40/72 € 60/105 €
¡Bien situado en el paseo de la playa! Sorprende por el trato que dispensan, pues es muy atento y familiar. Encontrará unas habitaciones de línea funcional-actual, destacando las 12 que disponen de terraza-balcón con vistas al mar. El restaurante centra gran parte de su trabajo en el menú del día.

XX **La Taberna de Rotilio** – Hotel Rotilio
av. do Porto 9 ✉ 36960 – ✆ 986 72 02 00 – www.hotelrotilio.com – cerrado noviembre-febrero, domingo noche y lunes salvo julio y agosto
Menú 35 € – Carta 32/43 € – *(solo almuerzo salvo viernes y sábado)*
Se presenta con dos comedores a la carta, uno de montaje clásico y otro más actual. Carta de tinte tradicional con arroces, pescados y mariscos. Su oferta culinaria se complementa con un interesante bar-gastroteca en la planta sótano.

en la carretera PO 308

Nanín Playa
playa de Nanín, Este : 1 km ✉ 36960 Sanxenxo – ✆ 986 69 15 00 – www.nanin.com – Semana Santa-octubre
28 apartamentos – 69/119 € – 24 hab
Este hotel, de línea funcional y perfecto mantenimiento, destaca por su privilegiada situación en una playa, con terrazas y vistas a la ría. Habitaciones, apartamentos y estudios con cocina de buen confort. El restaurante, espacioso pero algo impersonal, ofrece un sencillo menú tradicional.

ESPAÑA

El SARDINERO
➜ Ver Santander
Cantabria

SARDÓN DE DUERO
Valladolid – 659 h. – Alt. 723 m – Ver mapa regional n° **8-B2**
Madrid 206 km – Valladolid 29 km – Segovia 89 km – Palencia 77 km
Mapa de carreteras Michelin n° 575-H16

al Noreste 2 km

Abadía Retuerta LeDomaine
carret. N 122, km 332,5 ✉ 47340 – ✆ 983 68 03 68 – www.ledomaine.es
27 hab – 430/470 € 430/1060 € – 3 suites
Rest *Refectorio* ✿ – ver selección restaurantes
Un hotel realmente único, no en vano recupera un maravilloso monasterio del s. XII rodeado de viñedos. Encontrará amplios jardines, un bello claustro y habitaciones de gran confort, todas con mobiliario clásico de calidad y servicio de mayordomo las 24 horas. ¡Oferta gastronómica ligada a los vinos de la propia bodega!

XXXX ✿ **Refectorio** – Hotel Abadía Retuerta LeDomaine
carret. N 122, km 332,5 ✉ 47340 – ✆ 983 68 03 68 – www.ledomaine.es – cerrado enero y febrero
Menú 110/130 € – *(solo cena) (solo menú)*
Magnífico, pues aporta contemporaneidad al refectorio donde antaño comieron los monjes. Sus menús degustación desvelan una cocina actual que ensalza los productos regionales.
➜ Espárrago blanco de Tudela de Duero cocinado en suero de queso, papada y yema. Lomo de rape, crema de olivas, mantequilla negra y hojas encurtidas. Parfait de queso con manzana, miel y piñones.

SARRIA

Lugo – 13 488 h. – Alt. 420 m – Ver mapa regional n° **13-C2**
Madrid 489 km – Lugo 33 km – Ourense 80 km – Pontevedra 184 km
Mapa de carreteras Michelin n° 571-D7

Carrís Alfonso IX

Peregrino 29 ✉ 27600 – ✆ 982 53 00 05 – www.alfonsoix.com
60 hab – 50/95 € 60/115 €
Bien situado en el centro de la localidad, que forma parte del histórico Camino de Santiago. Cuenta con una espaciosa cafetería y habitaciones de carácter funcional-actual, la mayoría con dos camas. Agradable comedor y buena oferta complementaria en salones para banquetes.

Roma

Calvo Sotelo 2 ✉ 27600 – ✆ 982 53 22 11 – www.hotelroma1930.es
18 hab – 43 € 55 €, 5 €
Rest *Roma* – ver selección restaurantes
Todo un clásico, pues se fundó en 1930 y se halla junto a la estación del ferrocarril. Cafetería funcional, espacios sociales actualizados y habitaciones de adecuado confort.

Roma – Hotel Roma

Calvo Sotelo 2 ✉ 27600 – ✆ 982 53 22 11 – www.hotelroma1930.es
Menú 17 € – Carta 20/37 €
¡Tiene personalidad respecto al hotel homónimo! En la sala, rústica y con una parrilla a la vista, le propondrán una cocina tradicional especializada en carnes a la brasa.

ESPAÑA

SARVISÉ

Huesca – 89 h. – Ver mapa regional n° **2-C1**
Madrid 485 km – Huesca 100 km – Zaragoza 169 km
Mapa de carreteras Michelin n° 574-E29

Casa Frauca

carret. de Ordesa ✉ 22374 – ✆ 974 48 63 53 – www.casafrauca.com – cerrado 6 enero-5 marzo
Menú 22 € – Carta 30/45 € – *(cerrado domingo noche y lunes salvo verano y festivos)*
11 hab – 38/48 € 55/75 €
Pequeño negocio familiar dotado con tres salas, dos de aire rústico y la otra personalizada. Ofrecen una cocina regional-tradicional y, como complemento, unas acogedoras habitaciones, las mejores abuhardilladas. ¡No se pierda su Arroz con conejo y caracoles!

SEGORBE

Castellón – 9 089 h. – Alt. 358 m – Ver mapa regional n° **11-A2**
Madrid 404 km – Castelló de la Plana/Castellón de la Plana 59 km – València 57 km – Teruel 87 km
Mapa de carreteras Michelin n° 577-M28

Martín El Humano

Fray Bonifacio Ferrer 7 ✉ 12400 – ✆ 964 71 36 01 – www.hotelmartinelhumano.es – cerrado del 23 al 28 de diciembre
37 hab – 68/78 € 85/100 €
Rest *María de Luna* – ver selección restaurantes
En un edificio del s. XVIII que, con su nombre, ensalza a uno de los reyes de Aragón. El claustro-patio hace de zona social y tiene tres tipos de habitaciones, todas actuales.

María de Luna

av. Comunidad Valenciana 2 ✉ 12400 – ✆ 964 71 13 13 – www.hotelmariadeluna.es – cerrado del 22 al 29 de diciembre y del 2 al 6 de enero
44 hab – 40/49 € 63/69 €
Hotel de línea actual que homenajea a una reina consorte del Reino de Aragón. Disfruta de una pequeña zona social y unas habitaciones funcionales, todas con el mobiliario en pino. El restaurante, bastante económico, ofrece una sencilla carta propia del recetario italiano.

XX **María de Luna** - Hotel Martín El Humano
Fray Bonifacio Ferrer 7 ✉ 12400 – ✆ 964 71 36 01 – www.hotelmartinelhumano.es – cerrado del 23 al 28 de diciembre y del 7 al 25 de enero
Menú 11/35 € – Carta 23/35 €
La opción más sugerente para comer en esta localidad... además, una de sus salas se asoma al relajante claustro-patio del hotel. Su propuesta de gusto tradicional, regional y casero es conocida, sobre todo, por sus interesantísimas jornadas gastronómicas.

SEGOVIA

54 309 h. – Alt. 1 005 m – Ver mapa regional n° **8-C3**
Madrid 98 km – Ávila 67 km – Burgos 198 km – Valladolid 110 km
Mapa de carreteras Michelin n° 575-J17

Parador de Segovia
carret. A 601 ✉ 40003 – ✆ 921 44 37 37 – www.parador.es Plano : B1**v**
113 hab – 80/170 €, 18 €
Destaca por su emplazamiento, con impresionantes vistas sobre la ciudad y la sierra de Guadarrama. La línea moderna y actual contrasta con el marco de la antigua urbe. El restaurante posee una atractiva chimenea central y un horno de leña, no en vano los asados de cordero y cochinillo son su especialidad.

Eurostars Convento Capuchinos (N)
pl. Capuchinos 2 ✉ 40001 – ✆ 921 41 52 50 – www.eurostarshotels.com Plano : D1**a**
61 hab – 89/399 €, 15 € – 1 suite
Perfecto para descansar y... ¡estrechar lazos con la historia! Se halla en el antiguo Convento de las Oblatas, que hoy combina sus paredes en piedra con el confort más actual.

San Antonio El Real
San Antonio El Real ✉ 40004 – ✆ 921 41 34 55 – www.sanantonioelreal.es Plano : B2**a**
51 hab – 90/395 €
Ocupa un monasterio franciscano del s. XV dotado con agradables zonas sociales, un bello claustro y habitaciones de línea moderna, todas con mobiliario de calidad. En su comedor, de altos techos artesonados, le propondrán platos tradicionales y regionales.

Palacio San Facundo
pl. San Facundo 4 ✉ 40001 – ✆ 921 46 30 61 – www.hotelpalaciosanfacundo.com Plano : D1-2**d**
33 hab – 90/190 €
Casa palaciega del s. XVI rebosante de historia, pues aún conserva algún muro que da fe del antiguo convento que allí existió. Ofrece un bello patio porticado y habitaciones de línea actual-funcional, cada una con el nombre de un santo.

Eurostars Plaza Acueducto
av. Padre Claret 2-4 ✉ 40001 – ✆ 921 41 34 03 – www.eurostarshotels.com Plano : D2**g**
72 hab – 59/399 €, 8 €
Está bien integrado en el entorno del acueducto romano y ofrece habitaciones de completo equipamiento, con mobiliario funcional-actual y los suelos en tarima. ¡Suba a su agradable terraza, pues disfruta de unas magníficas vistas!

Infanta Isabel
pl. Mayor 12 ✉ 40001 – ✆ 921 46 13 00 – www.hotelinfantaisabel.com Plano : D2**a**
37 hab – 45/85 € 50/110 €
Instalado en una casa del s. XIX a la que se accede por unos soportales. Presenta unas atractivas habitaciones de ambiente clásico-señorial, destacando las "superiores" por ser más amplias y estar asomadas a la Plaza Mayor. En su restaurante encontrará una carta tradicional y varias opciones de menús.

La Casa Mudéjar

Isabel La Católica 8 ✉ *40001 – ✆ 921 46 62 50 – www.lacasamudejar.com* Plano : D2**v**

42 hab – ††55/170 €, ☕ 8,50 €

El edificio, situado en pleno casco antiguo y bien rehabilitado, combina sus dependencias con un aljibe romano, excelentes artesonados mudéjares y hermosos detalles decorativos. En su comedor, ubicado en el patio, podrá degustar tanto platos tradicionales castellanos como los propios de la cocina sefardí.

Don Felipe

Daoiz 7 ✉ *40001 – ✆ 921 46 60 95 – www.hoteldonfelipe.es* Plano : C1**b**

22 hab – †50/75 € ††55/155 €, ☕ 11 €

Resulta singular, pues siendo de nueva construcción ocupa una antigua casa de canónigos oculta tras una preciosa fachada. Ofrece habitaciones de línea funcional-actual y una agradable terraza-jardín, con vistas al Alcázar.

Fornos sin ☕

Infanta Isabel 13-1° ✉ *40001 – ✆ 921 46 01 98 – www.hostalfornos.com* Plano : D2**n**

17 hab – †32/41 € ††48/55 €

Emplazado en el corazón de la ciudad y con la recepción en la 1ª planta. En líneas generales ofrece unas habitaciones coquetas pero sencillas, algo más actuales en el piso superior. Amplia clientela de turistas.

C D

1 1
2 2

C D

ESPAÑA

XXX Villena (N)

pl. Capuchinos ✉ 40001 – ✆ 921 46 17 42 Plano : D1**b**
– *www.restaurante-villena.com* – *cerrado domingo noche y lunes*
Menú 53/72 € – Carta 43/54 €

¡Un espacio que sorprende! Ocupa la antigua iglesia del Convento de las Oblatas, presentada ahora bajo una estética actual. Cocina de bases tradicionales con platos de autor.

➜ Puerro del Carracillo a la llama, crema, cenizas, hilado. Picantón asado en arcilla y diversidad del maíz. Calabaza mágica.

XX José María

Cronista Lecea 11 ✉ *40001* – ✆ *921 46 11 11* Plano : D1**u**
– *www.restaurantejosemaria.com*
Menú 49 € – Carta 35/56 €

Ofrece un concurrido bar de tapas, varias salas de ambiente castellano y una completa carta tradicional enriquecida con platos típicos y creativos. El propietario también posee una importante bodega circunscrita a la D.O. Ribera del Duero.

XX Casa Silvano-Maracaibo

paseo de Ezequiel González 25 ✉ *40002* – ✆ *921 46 15 45* Plano : D2**h**
– *www.restaurantemaracaibo.com* – *cerrado 15 días en julio y lunes*
Menú 25/50 € – Carta 35/58 €

Se presenta con un amplio bar de tapas, una sala principal de línea actual y otra en el sótano que usan como privado. Su carta, de gusto actual, se ve enriquecida a lo largo del año con varias jornadas gastronómicas. ¡Ofrecen vinos propios!

XX **Mesón de Cándido**

pl. Azoguejo 5 ✉ 40001 – ✆ 921 42 59 11 – www.mesondecandido.es Plano : D2**s**

Carta 38/50 €

Una auténtica institución, pues raigambre y tradición se dan cita en una casa del s. XV que, por méritos propios, se ha convertido en un referente de la cocina regional. No se pierda el trinchado del Cochinillo... ¡con el borde del plato!

XX **Julián Duque**

pl. Mayor 8 ✉ 40001 – ✆ 921 46 15 77 – www.restaurantejulianduque.es Plano : D1**f**

Menú 14/30 € – Carta 25/44 €

¡Junto a la Catedral! Posee un bar de tapeo a la entrada, una sala de montaje desenfadado para el menú y un comedor principal algo más elegante. Asados y platos tradicionales.

XX **Duque**

Cervantes 12 ✉ 40001 – ✆ 921 46 24 87 – www.restauranteduque.es Plano : D2**e**

Menú 33/40 € – Carta 33/58 €

¡Un clásico abierto desde 1895! Posee un bar y varias salas repartidas en dos plantas, todas decoradas con numerosos premios y recortes de prensa. Carta regional y dos menús.

Cuevas de Duque

Santa Engracia 6 ✉ 40001 – ✆ 921 46 24 86 – www.restauranteduque.es Plano : D2**e**

Tapa 3 € – Ración aprox. 12 €

Comunicado con el restaurante Duque pero dotado de un acceso independiente. Presenta una decoración típica, un antiguo horno de asar y una completa carta de tapas y raciones.

ESPAÑA

por la carretera de La Granja B2 : 3,5 km

Cándido

av. Gerardo Diego ✉ 40006 Segovia – ✆ 921 41 39 72 – www.candidohotel.es

108 hab – 80/250 €, 10 €

Edificio de línea clásica dotado con amplias zonas nobles, bellos patios, habitaciones de buen confort y un completo SPA, donde ofertan tratamientos de relax y belleza a la carta. Posee dos restaurantes, uno para invierno y el otro, con terraza, para verano. ¡Gran capacidad para banquetes y convenciones!

SEGURA DE LA SIERRA

Jaén – 1 949 h. – Ver mapa regional n° **1-D1**

Madrid 332 km – Sevilla 386 km – Jaén 159 km – Albacete 152 km

Mapa de carreteras Michelin n° 578-R22

X **Mirador de Peñalta**

San Vicente 29 ✉ 23379 – ✆ 953 48 20 71 – cerrado lunes

Menú 12/25 € – Carta 22/30 €

Ubicado a la entrada del pueblo y llevado con amabilidad. Presenta un gran bar para tapear y un comedor, ambos de marcado ambiente rústico. Cocina fiel al recetario regional.

SENA DE LUNA

León – 398 h. – Alt. 1 142 m – Ver mapa regional n° **8-B1**

Madrid 411 km – León 65 km – Oviedo 64 km – Ponferrada 147 km

Mapa de carreteras Michelin n° 575-D12

Días de Luna

Magistrado Rodríguez Quirós 24 ✉ 24145 – ✆ 987 59 77 67 – www.diasdeluna.com – cerrado enero-febrero y de lunes a jueves de noviembre a Semana Santa

17 hab – 45 € 65 €

Sólido edificio en piedra, de principios del s. XX, construido como escuela y reconvertido en un acogedor establecimiento rural. Recrea unas instalaciones rústicas, con un coqueto salón dotado de chimenea, confortables habitaciones y un comedor en el que solo sirven un menú de cocina tradicional actualizada.

SENEGÜÉ
Huesca – 81 h. – Ver mapa regional n° **2-C1**
Madrid 443 km – Zaragoza 127 km – Huesca 58 km
Mapa de carreteras Michelin n° 574-E28

Casbas
carret. N 260 ✉ 22666 – ☎ 974 48 01 49 – www.casbas.com
Menú 12/18 € – Carta 28/39 € **12 hab** – 45/50 € 50/70 €, 5 €
Instalado en un bello edificio construido en piedra y madera. Posee un bar público, un comedor rústico-actual y un privado. Su completa carta regional se enriquece con algún que otro plato familiar. ¡También ofrecen confortables habitaciones de aire rústico!

SEO DE URGEL → Ver La Seu d'Urgell
Lleida

SEPÚLVEDA
Segovia – 1 219 h. – Alt. 1 014 m – Ver mapa regional n° **8-C2**
Madrid 125 km – Ávila 135 km – Segovia 66 km – Valladolid 113 km
Mapa de carreteras Michelin n° 575-I18

Vado del Duratón
San Justo y Pastor 10 ✉ 40300 – ☎ 921 54 08 13 – www.vadodelduraton.com – cerrado 7 enero-7 marzo
21 hab – 50/60 € 58/78 €
Rest *Fogón del Azogue* – ver selección restaurantes
Emplazado en una céntrica casona. Presenta una variada zona social y habitaciones de buen confort, todas decoradas con fotografías que ensalzan la monumentalidad de la ciudad.

Posada de San Millán
Vado 12 ✉ 40300 – ☎ 646 84 04 83 – www.posadasanmillan.es
8 hab – 70 € 146 €
Edificio románico del s. XI dotado con un patio porticado y muchos muebles restaurados. Sus confortables habitaciones están decoradas con antigüedades y detalles religiosos.

Hospedería de los Templarios
pl. de España 19-20 ✉ 40300 – ☎ 921 54 00 89 – www.hospederiadelostemplarios.es
8 hab – 60/120 € 70/140 €
Instalado en la que fue, durante muchos años, la casa del cura de Sepúlveda. Ofrece un pequeño salón decorado con el retablo de una iglesia y unas correctas habitaciones, todas combinando el mobiliario antiguo restaurado con el actual.

Fogón del Azogue – Hotel Vado del Duratón
San Justo y Pastor 10 ✉ 40300 – ☎ 690 20 27 72 – cerrado 7 enero-7 marzo y lunes en abril
Menú 25/35 € – Carta 33/47 € – *(solo almuerzo salvo viernes y sábado)*
Presenta un salón para banquetes, un comedor clásico y una sala acristalada con magníficas vistas al campo. Cocina tradicional y especialidades regionales, como los asados.

Cristóbal
Conde de Sepúlveda 9 ✉ 40300 – ☎ 921 54 01 00 – www.restaurantecristobal.com – cerrado del 1 al 15 de septiembre, del 15 al 30 de diciembre y martes
Menú 30/31 € – Carta 26/47 € – *(solo almuerzo salvo viernes, sábado, domingo y agosto)*
Posee un bar de línea regional, un comedor principal de ambiente castellano y una peculiar sala excavada en la piedra, donde también está la bodega. Carta clásica-regional.

SERPE → Ver Raxó
Pontevedra

SERRA DE OUTES

A Coruña – 7 010 h. – Alt. 16 m – Ver mapa regional n° **13**-A2
Madrid 642 km – Santiago de Compostela 42 km – A Coruña 119 km – Pontevedra 78 km
Mapa de carreteras Michelin n° 571-D3

por AC 550 Sur : 2 km y desvío a la derecha 1 km

Casa do Zuleiro

Brion de Arriba 52 - San Xoan de Roo ✉ 15230 Outes – ☎ 981 76 55 31 – www.casadozuleiro.com
9 hab – 80 € 90 €
Este conjunto rural, formado por varias casas, resulta realmente encantador. Ofrece una zona social con chimenea y acogedoras habitaciones, una de ellas con un gran jacuzzi. ¡A los clientes alojados se les ofrece servicio de cenas bajo reserva!

SETCASES

Girona – 189 h. – Alt. 1 279 m – Ver mapa regional n° **9**-C1
Madrid 686 km – Barcelona 141 km – Girona 90 km
Mapa de carreteras Michelin n° 574-E36

Can Jepet

Molló 11 ✉ 17869 – ☎ 972 13 61 04 – www.restaurantcanjepet.com – cerrado 15 días en noviembre, 25 junio-9 julio, martes salvo festivos y agosto
Menú 17/42 € – Carta 30/42 € – *(solo almuerzo salvo viernes y sábado)*
Restaurante de ambiente rústico emplazado en un pueblo serrano bastante pintoresco. Toma su nombre del apodo familiar y es un buen sitio para descubrir la cocina catalana de montaña, rica en carnes a la brasa, platos de caza, embutidos...

ESPAÑA

La SEU D'URGELL (SEO DE URGEL)

Lleida – 12 468 h. – Alt. 700 m – Ver mapa regional n° **9**-B1
Madrid 602 km – Andorra la Vella 20 km – Barcelona 200 km – Lleida/Lérida 133 km
Mapa de carreteras Michelin n° 574-E34

Parador de la Seu d'Urgell

Sant Domènec 6 ✉ 25700 – ☎ 973 35 20 00 – www.parador.es – cerrado 7 enero-15 febrero
79 hab – 80/170 €, 15 €
Remotos orígenes medievales se ciernen sobre sus modernas instalaciones, en general de línea actual. Presenta la zona social en el antiguo claustro y ofrece unas cuidadas habitaciones, todas con mobiliario funcional. Su amplio restaurante combina perfectamente el diseño con la cocina regional catalana.

Andria

passeig Joan Brudieu 24 ✉ 25700 – ☎ 973 35 03 00 – www.hotelandria.com
16 hab – 56/86 € 80/108 €
Está en pleno centro, instalado en un edificio de inspiración modernista que data de 1875. Posee una hermosa terraza porticada, una zona social vestida con antigüedades y sobrias habitaciones. ¡De sus fogones surgen platos como los Gallos guisados, criados en libertad por la familia propietaria del hotel!

en Castellciutat Suroeste : 1 km

El Castell de Ciutat

carret. N 260 ✉ 25700 La Seu d'Urgell – ☎ 973 35 07 04 – www.hotel-castell-ciutat.com – cerrado del 10 al 24 de enero y del 7 al 21 de noviembre
37 hab – 135/250 € 120/285 € – 1 suite
Rest *Tapies* – ver selección restaurantes
Ocupa una zona elevada que, al mismo tiempo, se encuentra a los pies del castillo-fortaleza del s. XVI. Elegante zona noble, SPA gratuito para el cliente alojado y habitaciones de muy buen confort, unas abuhardilladas y otras con terraza.

XXX **Tapies** – Hotel El Castell de Ciutat

carret. N 260 ✉ 25700 La Seu d'Urgell – ✆ 973 35 07 04 – www.hotel-castell-ciutat.com – cerrado del 12 al 25 de enero, del 2 al 15 de noviembre, martes y miércoles de 26 enero-marzo

Menú 35/65 € – Carta 55/70 €

Toma su nombre del apellido familiar y destaca tanto por su elegancia como por sus magníficas vistas. Proponen una cocina actual con platos de temporada, dando siempre prioridad a los productos autóctonos. ¡Todos sus quesos son del Pirineo!

al Noreste 6 km

Cal Serni

Calbinyà, (es necesario reservar) ✉ 25798 Calbinyà – ✆ 973 35 28 09 – www.calserni.com – cerrado del 15 al 30 de mayo

6 hab – 45 € 60 €, 8 €

Se encuentra en una pequeña aldea de montaña, en una casa del s. XV donde también podrá visitar el Museo del Pagès. Ofrece encantadoras habitaciones de estilo rústico y un coqueto comedor, con chimenea, en el que podrá descubrir la cocina casera elaborada por el propietario. ¡Granja y huerto propio!

ESPAÑA

SEVILLA

696 676 h. – Alt. 12 m – Ver mapa regional n° **1-B2**
Madrid 529 km – Cádiz 125 km – Granada 253 km – Málaga 212 km
Mapa de carreteras Michelin n° 578-T11/-T12
Planos de la ciudad en páginas siguientes

G. Thouvenin / age fotostock

ESPAÑA

Alojamientos

Alfonso XIII

San Fernando 2 ✉ *41004 – ✆ 954 91 70 00* Plano : G3**c**
– www.hotel-alfonsoxiii-sevilla.com
132 hab – 199/705 € 219/805 €, 21 € – 19 suites
Este majestuoso edificio de estilo andaluz le sorprenderá por su exquisita decoración, pues en él conviven arcos, arabescos y mosaicos. Presenta unas magníficas zonas nobles y tres tipos de habitaciones, las llamadas castellanas, las árabes y las andaluzas. Restaurante gastronómico, coctelería y bar de tapas.

Gran Meliá Colón

Canalejas 1 ✉ *41001 – ✆ 954 50 55 99* Plano : F1-2**k**
– www.gran-melia-colon.com
160 hab – 170/525 €, 26 € – 29 suites
Rest *El Burladero* – ver selección restaurantes
Instalado en un edificio, hoy actualizado, que se construyó para la exposición iberoamericana de 1929. Sorprende ver que cada planta está dedicada a un pintor, reflejando cada puerta una copia de sus lienzos. Por las noches, en el bar, hay actuaciones en vivo.

Eme Catedral

Alemanes 27 ✉ *41004 – ✆ 954 56 00 00* Plano : G2**m**
– www.emecatedralhotel.com
59 hab – 148/3500 € – 1 suite
Rest *Egaña Santo* – ver selección restaurantes
Atesora un emplazamiento realmente privilegiado junto a la Giralda, unas habitaciones de gran nivel y una terraza-azotea que, sin duda, le sorprenderá por sus vistas y su ambiente, especialmente durante las noches de verano. Buena oferta gastronómica.

Sevilla Center

av. de la Buhaira 24 ✉ *41018 – ✆ 954 54 95 00* Plano : H3**n**
www.hotelsevillacenter.com
209 hab – 50/550 €, 15 € – 24 suites
Presenta una espaciosa zona noble y habitaciones de buen confort... sin embargo, aquí hay que destacar las de las plantas superiores, con mejores vistas y mayor equipamiento. El restaurante del último piso, de carácter panorámico, propone una carta actual.

Palacio de Villapanés
Santiago 31 ✉ 41003 – ☏ 954 50 20 63 Plano : H1**a**
– www.palaciovillapanes.com
47 hab – 193/315 €, 20 € – 3 suites
Parcialmente instalado en un palacio del s. XVIII. Disfruta de un hermoso patio central, una amplia azotea-solárium con vistas sobre Sevilla y elegantes habitaciones, algunas hasta con los artesonados originales. El restaurante realza las antiguas bodegas.

Fontecruz Sevilla
Abades 41-43 ✉ 41004 – ☏ 954 97 90 09 Plano : G2**d**
– www.fontecruzhoteles.com
39 hab – 117/319 € 122/329 €, 16 € – 1 suite
Instalado en lo que fue la antigua Escuela Francesa. Posee un interior de diseño actual, con un patio central, biblioteca, hamman y hasta una terraza chill out en el ático. El restaurante, de montaje urbano-informal, propone una cocina de tinte actual.

Ribera de Triana
pl. Chapina ✉ 41010 – ☏ 954 26 80 00 Plano : E2**c**
– www.hotelriberadetriana.com
135 hab – 59/300 €, 15 € – 2 suites
Un hotel que destaca por su hall, abierto hasta el techo y con ascensores panorámicos, su amplia terraza y sus habitaciones, la mitad con vistas al Guadalquivir. En el restaurante podrá degustar los platos propios de una cocina mediterránea.

AC Sevilla Torneo
av. Sánchez Pizjuán 32 ✉ 41009 – ☏ 954 91 59 23 Plano : B1**b**
– www.hotelacsevillatorneo.com
81 hab – 54/132 €, 11 €
¡Próximo al esbelto puente del Alamillo! Presenta un moderno hall, con cafetería y un comedor para los desayunos, así como un patio con sillones y unas modernas habitaciones.

Hilton Garden Inn Sevilla
Ingeniería 11 ✉ 41015 – ☏ 955 05 40 54 Plano : C1**a**
– www.sevilla.hgi.com
138 hab – 46/170 €, 14 € – 2 suites
Se halla en una de las modernas torres de un parque empresarial y destaca por lo bien comunicado que está, tanto para visitar Sevilla como para entrar y salir de la ciudad. Hall de uso polivalente, modernas habitaciones, tienda 24 horas y sencillo comedor.

Corral del Rey N
Corral del Rey 12 ✉ 41004 – ☏ 954 22 71 16 Plano : G2**f**
– www.corraldelrey.com
13 hab – 167/278 € 185/308 €
Lo encontrará en pleno centro, en el barrio de la Alfalfa, instalado en una Casa Palacio del s. XVII de indiscutible encanto. ¡Las habitaciones están totalmente domotizadas!

Sacristía de Santa Ana
Alameda de Hércules 22 ✉ 41002 – ☏ 954 91 57 22 Plano : F1**c**
– www.hotelsacristia.com
25 hab – 60/210 € 60/250 €, 10 €
Un encantador hotelito que, según la cultura popular, remonta sus orígenes a una antigua iglesia del s. XVII. ¡Todo gira en torno a su hermoso patio central con balconada!

Palace Sevilla
pl. de la Encarnación 17 ✉ 41003 – ☏ 955 31 09 09 Plano : G1**d**
– www.hotelsevillapalace.es
34 hab – 57/124 € 65/154 €, 10 €
Destaca por sus espectaculares vistas al Metropol Parasol, una gigantesca estructura de madera en forma de setas unidas entre sí. Ofrece sorprendentes habitaciones de recargada estética isabelina y una azotea-terraza de carácter panorámico.

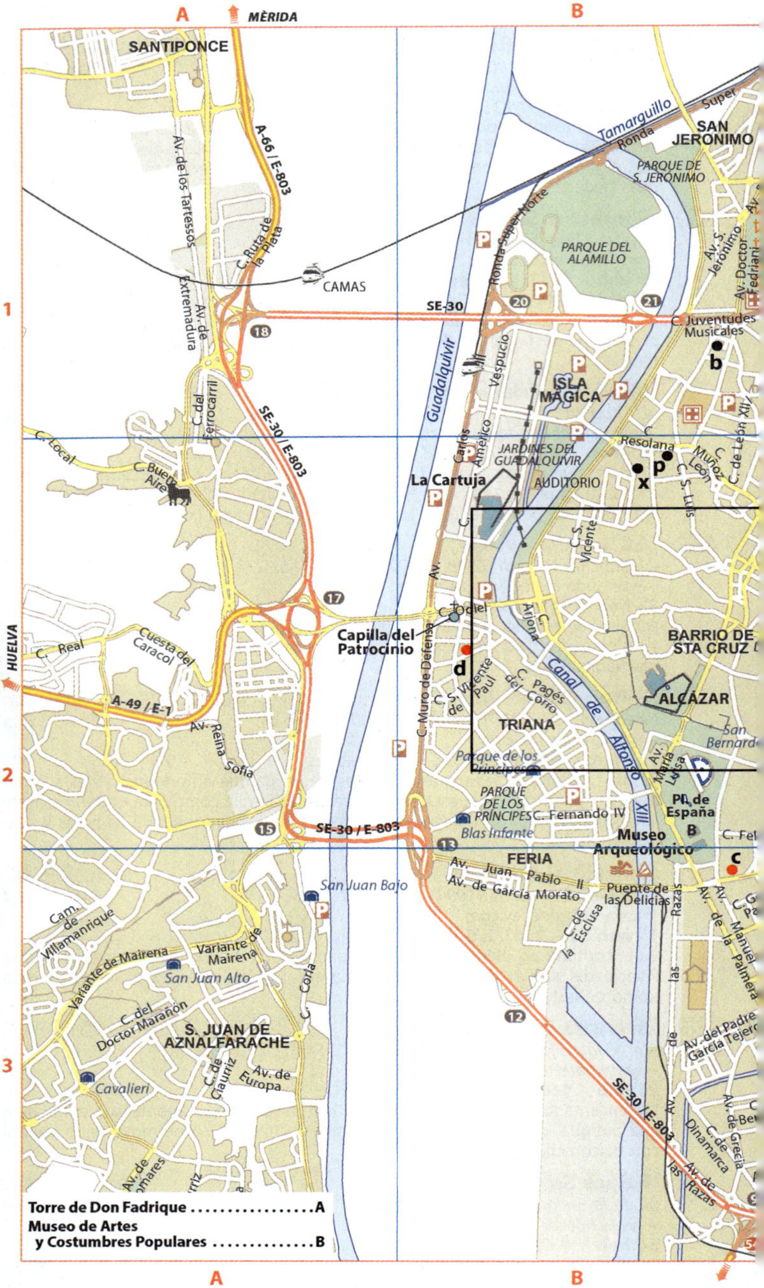
A
MÈRIDA
B
SANTIPONCE
A-66 / E-803
Av. de los Tartessos
Av. de Extremadura
C. Ruta de la Plata
CAMAS
Tamarguillo
Ronda Super Norte
SAN JERONIMO
PARQUE DE S. JERÓNIMO
PARQUE DEL ALAMILLO
Av. S. Jerónimo
Av. Doctor Fedriani
SE-30
1
18
20
21
C. Juventudes Musicales
b
Guadalquivir
Vespucio
ISLA MÁGICA
C. del Ferrocarril
SE-30 / E-803
C. Local
C. Buenos Aires
Carlos III
Américo
JARDINES DEL GUADALQUIVIR
AUDITORIO
Resolana
C. Muñoz León
C. de León XIII
C. S. Luis
p
x
La Cartuja
C. S. Vicente
17
C. Odiel
Capilla del Patrocinio
C. Arjona
BARRIO DE STA CRUZ
HUELVA
C. Real
Cuesta del Caracol
A-49 / E-1
Av. Reina Sofía
d
C. Muro de Defensa
C. S. Vicente de Paul
C. Pagés del Corro
Canal de Alfonso XIII
ALCÁZAR
San Bernardo
TRIANA
Parque de los Príncipes
2
Av. María Luisa
PARQUE DE LOS PRÍNCIPES
C. Fernando IV
Pl. de España
15
SE-30 / E-803
Blas Infante
13
Museo Arqueológico
B
C. Fel
FERIA
c
Av. Juan Pablo II
Av. de García Morato
San Juan Bajo
Puente de las Delicias
Cam. de Villamanrique
Variante de Mairena
San Juan Alto
C. de la Esclusa
Av. de las Razas
Av. de la Palmera
C. Manuel
C. Corla
12
C. del Doctor Marañón
S. JUAN DE AZNALFARACHE
Av. del Padre García Tejero
3
Av. de Europa
C. de Glaurriz
Cavalieri
SE-30 / E-803
Av. de Grecia
C. de Dinamarca
Av. de las Razas
Torre de Don Fadrique .... A
Museo de Artes y Costumbres Populares .... B
A
B

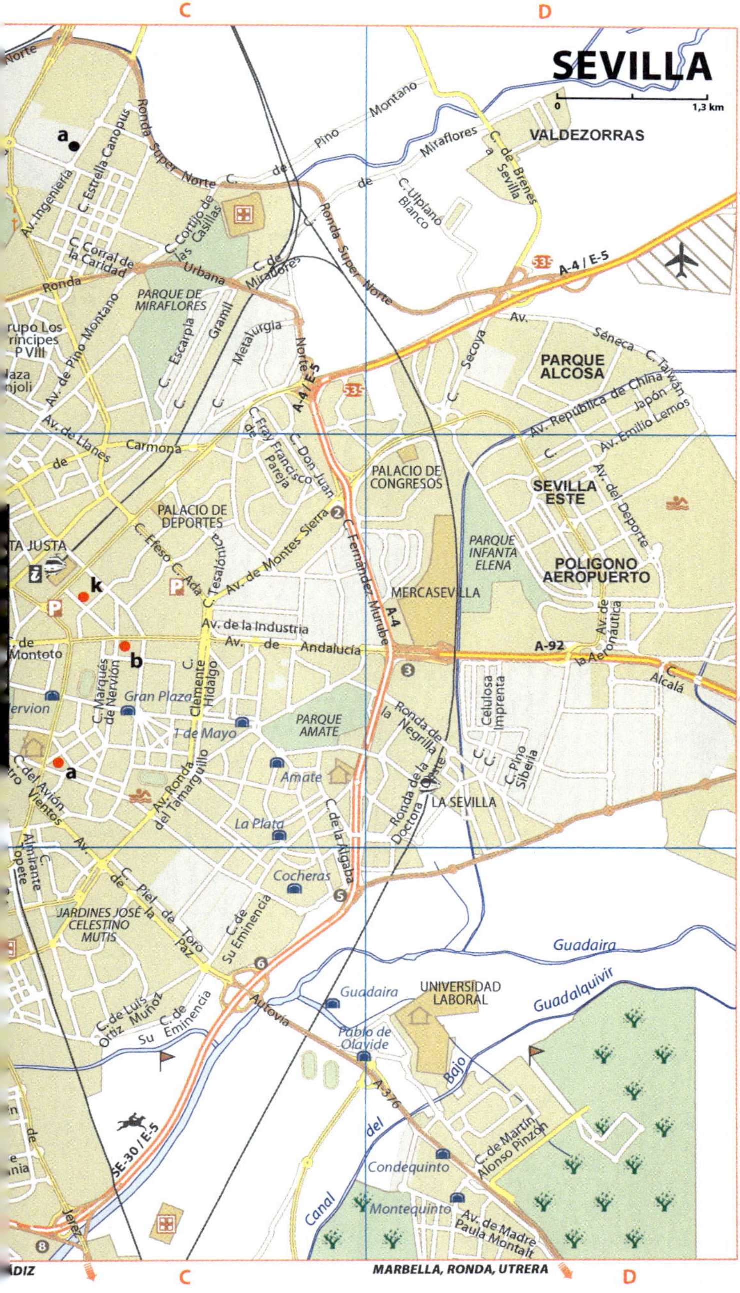
C
D
SEVILLA
0
1,3 km
VALDEZORRAS
MADRID
MÁLAGA
MARBELLA, RONDA, UTRERA
ÁDIZ
1
2
3
Ronda Super Norte
C. de Pino Montano
C. de Miraflores
C. Ulpiano Blanco
C. de Brenes a Sevilla
Av. Ingeniería
C. Estrella Canopus
C. Corral de la Caridad
Ronda Urbana Norte
C. Cortijo de las Casillas
C. de Miraflores
PARQUE DE MIRAFLORES
C. Escarpia
C. Gramil
C. Metalurgia
Av. de Pino Montano
Grupo Los Príncipes P VIII
Plaza Panjoli
A-4 / E-5
535
Av. Séneca
C. Secoya
C. Taiwán
PARQUE ALCOSA
Av. República de China
C. Japón
Av. Emilio Lemos
Av. de Llanes
Carmona
C. Fray Francisco de Pareja
C. Don Juan
PALACIO DE CONGRESOS
SEVILLA ESTE
Av. del Deporte
PALACIO DE DEPORTES
C. Tesalónica
Av. de Montes Sierra
C. Fernández Murube
PARQUE INFANTA ELENA
POLIGONO AEROPUERTO
C. Efeso
C. Ada
MERCASEVILLA
Av. de la Aeronáutica
SANTA JUSTA
k
a
b
Av. de la Industria
Av. de Andalucía
A-4
A-92
C. Alcalá
C. de Montoto
C. Marqués de Nervión
C. Clemente Hidalgo
Gran Plaza
Nervión
1 de Mayo
PARQUE AMATE
Ronda de la Negrilla
C. Celulosa
C. Imprenta
C. Pino
C. Siberia
Av. Ronda del Tamarguillo
Amate
C. del Avión Cuatro Vientos
Ronda de la Doctora Oeste
LA SEVILLA
La Plata
C. de la Algaba
C. Almirante Topete
Av. de la Paz
C. Piel de Toro
Cocheras
JARDINES JOSÉ CELESTINO MUTIS
C. de Su Eminencia
Guadaira
Guadaira
UNIVERSIDAD LABORAL
Guadalquivir
Autovía
C. de Luis Ortiz Muñoz
C. de Su Eminencia
Pablo de Olavide
A-376
Canal del Bajo
SE-30 / E-5
Condequinto
C. de Martín Alonso Pinzón
Montequinto
Av. de Madre Paula Montalt
Jerez
2
3
5
6
8

ESPAÑA

E
F
1
2
3
Monasterio de la Cartuja-Centro Andaluz de Arte Contemporáneo
Canal de Alfonso XIII
OMNIMAX
Cam. de los Descubrimientos
Av. Torneo
San Lorenzo
Nuestro Padre Jesús del Gran Poder
Plaza de Gavidia
Plaza de la Concordia
Plaza Duque de la Victoria
Plaza del Museo
MUSEO DE BELLAS ARTES
Palacio de Lebrija
La Magdalena
Capilla de S. José
Plaza Nueva
EL ARENAL
Av. Cristo de la Expiración
Plaza Diputado Eugenio Alés
C. Odiel
C. Jándalo
C. S. Laureano
C. de Alfonso XII
C. Alfaqueque
C. Bajeles
C. Dársena
C. Goles
C. Vicente
C. Miguel Cid
C. Martínez Montañés
C. Baños
C. Trajano
C. Jesús de la Vera-Cruz
C. Abad Gordillo
C. Eloy
C. Bailén
C. de José de Velilla
C. Pablo
C. Gravina
C. Julio César
C. Albuera
C. Trastámara
C. Arjona
C. Reyes Católicos
C. Carlos Cañal
C. Zaragoza
C. Padre Marchena
C. Pastor y Landero
C. Galera
C. de Castelar
C. Harinas
C. Adriano
C. García de Vinuesa
C. Antonia Díaz
C. Real de la Carretería
C. de Arfe
C. Radio Sevilla
C. Castilla
Paseo Nuestra Señora de la O
C. Procurador
Monumento a la Tolerancia
Castillo de S. Jorge
El Carmen
La Real Maestranza
Paseo de Cristóbal Colón
Paseo Alcalde Marqués de Contadero
TEATRO DE LA MAESTRANZA
Las Atarazanas
Iglesia-Hospital de la Caridad
PUERTO
Plaza del Altozano
Capilla de los Marineros
C. Alfarería
C. Purullena
C. S. Vicente de Paul
C. Pagés del Corro
C. Antonio García Corona
C. S. Jacinto
TRIANA
Sta Ana
Pureza
Betis
Torre de la Plata
Torre del Oro
Puerta de Jerez
C. de Vicente Flores Navarro
C. Jacinto
C. Justino Matute
C. Leiria
C. Evangelista
C. Pelay Correa
C. Pureza
C. Betis
C. de Troya
C. Farmacéutico Murillo Herrera
C. Génova
Plaza de Cuba
Muelle
Canal de Alfonso XIII
C. de Asturias
C. López de Gomara
C. Evangelista
C. de la Constancia
C. Virtud
C. Lealtad
C. Esperanza de Triana
C. Concha Espina
C. Febo
C. Paraíso
Plaza Marcelino
C. Salado
Av. de la República Argentina
C. Virgen del Monte
C. Virgen de Setefilla
C. Niebla
C. Virgen del Valle
C. Virgen de la Consolación
C. Virgen de Regla
C. Monte Carmelo
a
b
c
d
e
g
k
n
s
x
P
POL

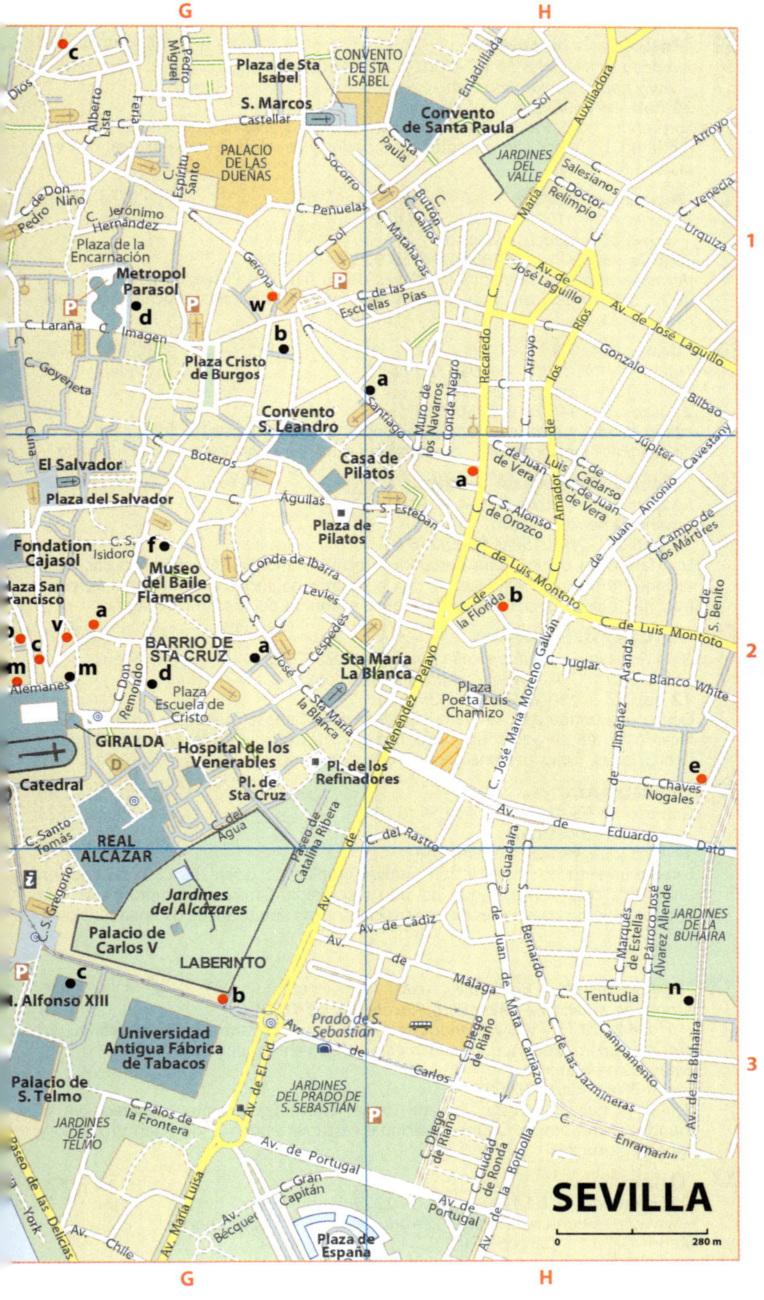
G
H
1
2
3
SEVILLA
0
280 m
Plaza de Sta Isabel
CONVENTO DE STA ISABEL
S. Marcos
Castellar
Convento de Santa Paula
PALACIO DE LAS DUEÑAS
JARDINES DEL VALLE
Plaza de la Encarnación
Metropol Parasol
Plaza Cristo de Burgos
Convento S. Leandro
Casa de Pilatos
Plaza de Pilatos
El Salvador
Plaza del Salvador
Fondation Cajasol
Museo del Baile Flamenco
BARRIO DE STA CRUZ
Plaza Escuela de Cristo
Sta María La Blanca
Plaza Poeta Luis Chamizo
GIRALDA
Catedral
Hospital de los Venerables
Pl. de Sta Cruz
Pl. de los Refinadores
REAL ALCAZAR
Jardines del Alcázares
Palacio de Carlos V
LABERINTO
H. Alfonso XIII
Universidad Antigua Fábrica de Tabacos
Palacio de S. Telmo
JARDINES DE S. TELMO
Prado de S. Sebastián
JARDINES DEL PRADO DE S. SEBASTIÁN
JARDINES DE LA BUHAIRA
Plaza de España
C. Laraña
C. Imagen
C. Goyeneta
C. Sol
C. Peñuelas
C. Socorro
C. Matahacas
C. de las Escuelas Pías
Santiago
Boteros
Águilas
C. S. Esteban
C. Conde de Ibarra
Levíes
C. Céspedes
C. Sta María la Blanca
Menéndez Pelayo
Recaredo
María Auxiliadora
Av. de José Laguillo
C. de Luis Montoto
C. Juglar
C. Blanco White
C. Chaves Nogales
Av. de Eduardo Dato
C. del Rastro
Av. de Cádiz
Av. de Málaga
Av. de Carlos V
Av. de El Cid
Av. de Portugal
C. Palos de la Frontera
Paseo de las Delicias
Av. María Luisa
Av. Chile
Av. Bécquer
C. Gran Capitán
C. José María Moreno Galván
C. Diego de Riaño
C. Ciudad de Ronda
Av. de la Borbolla
C. de Juan de Mata Carriazo
C. de las Jazmineras
Campamento
C. Tentudia
Av. de la Buhaira
Enramadilla
C. Santo Tomás
C. S. Gregorio
Alemanes
C. Don Remondo
C. del Agua
Paseo de Catalina Ribera

Patio de la Alameda

Alameda de Hércules 56 ✉ 41002 – ✆ 954 90 49 99 Plano : B2**x**
– www.patiodelaalameda.com
39 hab – ††40/300 €, ☕ 12 €
Sorprende, pues tras el tipismo de su fachada hallaremos un interior bastante moderno. Lo mejor son sus agradables patios y la cafetería de la azotea, con vistas a la Alameda.

Amadeus Sevilla

Farnesio 6 ✉ 41004 – ✆ 954 50 14 43 Plano : G2**a**
– www.hotelamadeussevilla.com
29 hab – †85/110 € ††85/220 €, ☕ 9,35 € – 1 suite
¡Atribuye a la música clásica las claves de su filosofía! Posee un patio, una sala de té, una terraza-bar en la azotea y elegantes habitaciones, muchas con mobiliario inglés.

Venecia

Trajano 31 ✉ 41002 – ✆ 954 38 11 61 Plano : F1**b**
– www.hotelveneciasevilla.es
21 hab ☕ – †45/80 € ††50/97 €
Íntimo, urbano y bien reformado para adoptar una estética actual. Ofrece habitaciones de diferentes tamaños, todas con mobiliario actual-funcional y los suelos en granito.

Alcoba del Rey de Sevilla

Bécquer 9 ✉ 41002 – ✆ 954 91 58 00 Plano : B2**p**
– www.alcobadelrey.com
15 hab ☕ – †80/150 € ††90/218 €
Una fantástica opción para descubrir la estética andalusí. Ofrece preciosas habitaciones, todas personalizadas, y una original zona social, con un pequeño patio mudéjar, una zona chill out en la azotea, el sonido del discurrir del agua...

La Casa del Maestro

Niño Ricardo 5 , (antigua calle Almudena) ✉ 41003 Plano : G1**b**
– ✆ 673 41 71 00 – www.lacasadelmaestro.com
12 hab ☕ – †50/75 € ††80/125 €
Ocupa una bonita casa sevillana, donde vivió el famoso guitarrista flamenco Niño Ricardo. Posee un agradable patio, una terraza-solárium en la azotea y coquetas habitaciones, todas personalizadas y con cierto encanto.

Maestranza

Gamazo 12 ✉ 41001 – ✆ 954 56 10 70 Plano : F2**s**
– www.hotelmaestranza.es
17 hab ☕ – †41/55 € ††49/87 €
Establecimiento de organización familiar emplazado cerca del coso taurino, en una típica casa sevillana que ha sido restaurada. Ofrece un bonito patio a la entrada, que hace las veces de zona social, y unas habitaciones de línea funcional.

Restaurantes

Egaña Santo – Hotel Eme Catedral

Argote de Molina 27-29 esquina Placentines ✉ 41004 Plano : G2**a**
– ✆ 954 21 28 73 – www.eganagastrogroup.com – cerrado 15 días en febrero, 20 días en agosto, domingo y lunes mediodía en verano, domingo noche y lunes resto del año
Menú 70 € – Carta 50/60 €
Refleja la nueva apuesta sevillana de la familia Egaña, muy respetada en el mundo gastronómico. Cocina tradicional vasca sin engaños, de buen producto y experta ejecución.

Oriza (N)

San Fernando 41 ✉ 41004 – ✆ 954 22 72 54 Plano : G3**b**
– www.restauranteoriza.com – cerrado agosto y domingo noche
Menú 45/70 € – Carta 57/70 €
Negocio de larga trayectoria que destaca por su sala, tipo invernadero, su agradable ambigú y sus privados. Elaboraciones de base tradicional con guiños a la cocina vasca.

ESPAÑA

XXX **Taberna del Alabardero**
Zaragoza 20 ✉ 41001 – ☏ 954 50 27 21 Plano : F2**n**
– www.tabernadelalabardero.es – cerrado agosto
Menú 55 € – Carta 45/65 € **7 hab** – 75/250 €
Preciosa casa-palacio del s. XIX dotada con elegantes salones y privados, todo distribuido en torno a un bucólico patio andaluz. Proponen una carta de tinte tradicional y, por si desea alojarse, unas magníficas habitaciones vestidas con mobiliario de época.

XXX **Abantal** (Julio Fernández)
Alcalde José de la Bandera 7 ✉ 41003 – ☏ 954 54 00 00 Plano : H2**b**
– www.abantalrestaurante.es – cerrado 2 agosto-1 septiembre, domingo y lunes
Menú 63/88 € – Carta 50/68 €
Un restaurante de ambiente minimalista que hace convivir sus estándares estéticos con las pinceladas creativas de varios artistas plásticos contemporáneos; no en vano, estos lo usan ocasionalmente como espacio expositivo. Su chef propone una cocina de tinte innovador, llena de personalidad y fiel a los sabores del sur.
➜ Mollejas de cordero caramelizadas con crema de sopa morisca y judías verdes. Paletilla de chivo lechal malagueño con guiso de su lengua, coliflor y rábano. Poleá ligera con pestiño y helado de canela.

XX **Tribeca**
Chaves Nogales 3 ✉ 41018 – ☏ 954 42 60 00 Plano : H2**e**
– www.restaurantetribeca.com – cerrado agosto y domingo
Carta 40/59 €
Está llevado entre hermanos, presenta detalles de diseño y debe su nombre a un famoso barrio de Nueva York. Carta de tinte actual y buenos pescados, estos como sugerencias.

ESPAÑA

XX **El Burladero** – Hotel Gran Meliá Colón
Canalejas 1 ✉ 41001 – ☏ 954 50 78 62 Plano : F1-2**k**
– www.granmeliacolon.com
Menú 36/52 € – Carta 35/66 €
Atesora un ambiente taurino-moderno y anhela una vuelta a sus orígenes como punto de encuentro habitual en la ciudad. Atractivo bar de carácter informal y carta tradicional.

XX **Az-Zait**
pl. San Lorenzo 1 ✉ 41002 – ☏ 954 90 64 75 Plano : F1**d**
– www.az-zait.es – cerrado julio y miércoles mediodía
Menú 35/50 € – Carta 35/52 €
Toma su nombre de un vocablo árabe que significa "jugo de aceituna" (aceite). Encontrará un sugerente servicio de tapas a la entrada y una carta bien equilibrada, entre la cocina internacional y los platos tradicionales de tintes creativos.

XX **Casa Robles**
Álvarez Quintero 58 ✉ 41004 – ☏ 954 56 32 72 Plano : G2**c**
– www.roblesrestaurantes.com
Carta 36/55 €
Esta casa, muy turística, está avalada por el peso de una larga trayectoria, presentándose actualmente con una terraza, un bar de tapas y varias salas de línea clásica-regional. Cocina tradicional con platos regionales bien elaborados.

XX **El Asador de Aranda**
Luis Montoto 150 ✉ 41005 – ☏ 954 57 81 41 Plano : C2**b**
– www.asadoresdearanda.com – cerrado agosto y domingo noche
Menú 35 € – Carta 35/50 €
Casa señorial que sorprende por sus bellos exteriores. Las salas, de aire castellano, se definen por la profusión de maderas y vidrieras. ¡Aquí la especialidad es el Lechazo!

XX **Becerrita**

Recaredo 9 ✉ 41003 – ✆ 954 41 20 57 – www.becerrita.com – cerrado domingo noche Plano : H2**a**

Menú 30/50 € – Carta 38/49 €

Este acogedor negocio combina diversos detalles clásicos con otros de aire andaluz. Carta de tapas en el gastrobar, sabrosas especialidades regionales y completa bodega.

X **Eslava**

Eslava 5 ✉ 41002 – ✆ 954 90 65 68 – www.espacioeslava.com Plano : F1**e**

Carta 30/50 € – *(cerrado 10 días en enero, 20 días en agosto, domingo noche y lunes)*

4 apartamentos – 115/245 €, 15 €

Se halla en el famoso barrio de San Lorenzo y, poco a poco, se está convirtiendo en uno de los referentes de la cocina tradicional actualizada en esta ciudad. Ofrece un pequeño comedor de línea actual-funcional, un bar de tapas de acceso independiente y, por si desea alojarse, cuatro excelentes apartamentos.

X **El Espigón**

Bogotá 1 ✉ 41013 – ✆ 954 23 92 56 – www.elespigon.com Plano : B3**c**

Menú 44/69 € – Carta 40/55 €

Frecuentado por gente de negocios. Ocupa una casa sevillana del barrio residencial del Porvenir, con las paredes cubiertas de madera y detalles marineros. Pescados y mariscos.

ESPAÑA

X **Manolo Vázquez**

Baltasar Gracián 5 ✉ 41007 – ✆ 954 57 21 46 – www.manolovazquez.es – cerrado domingo en julio y agosto Plano : C2**k**

Menú 33/42 € – Carta 31/49 €

Restaurante de cocina tradicional andaluza en el que los pescados y mariscos, normalmente de las costas de Huelva, se alzan con un especial protagonismo. Decoración algo recargada, carta "cantada" y clientela de negocios.

X **El Rinconcillo**

Gerona 40 ✉ 41003 – ✆ 954 22 31 83 – www.elrinconcillo.es – cerrado del 2 al 18 de agosto Plano : G1**w**

Menú 25/55 € – Carta 25/42 €

Negocio con encanto llevado entre dos hermanos. Dispone de una atractiva taberna en la planta baja y dos salas rústicas en los pisos superiores. Carta tradicional muy variada, con pescados y asados.

X **El Gallinero de Sandra**

pasaje Esperanza Elena Caro 2 ✉ 41002 – ✆ 954 90 99 31 – www.elgallinerodesandra.es – cerrado del 1 al 15 de agosto, lunes, domingo en verano y domingo noche resto del año Plano : F1**g**

Carta 27/42 €

Un restaurante acogedor, agradable y simpático que sorprende por su decoración, pues aquí todo gira en torno al mundo de las gallinas. Proponen una cocina mediterránea de calidad, variando la carta aproximadamente cada dos meses.

Don Juan de Alemanes

Alemanes 7 ✉ 41004 – ✆ 954 56 32 32 – www.donjuandealemanes.es Plano : G2**m**

Tapa 5 € – Ración aprox. 9 €

Este amplio y moderno bar de tapas, ubicado junto a la Catedral, se presenta como un espacio ecléctico donde intentan aportar una oferta gastronómica diferente, más fresca y orientada a un público urbanita. Cocina tradicional actualizada.

Robles Placentines

Placentines 2 ✉ 41004 – ✆ 954 21 31 62 – www.roblesrestaurantes.com Plano : G2**v**

Tapa 3 € – Ración aprox. 8 €

Buen bar tipo mesón, con profusión de maderas y una sala en la 1ª planta, donde todo gira en torno al mundo de la tauromaquia. Ofrece una sugerente carta de tapas y raciones.

Tradevo (N)

pl. Pintor Amalio García del Moral 2 ✉ 41005 – ✆ 626 25 55 73 – www.tradevo.es – cerrado 10 días en enero, 10 agosto-1 septiembre, sábado y domingo en julio-agosto, domingo noche resto del año y lunes Plano : C2**a**

Tapa 3,50 € – Ración aprox. 12,50 €

Lo que mejor explica la filosofía de este gastrobar es su propio nombre, pues nace de juntar las palabras Tradición y Evolución. La oferta varía según mercado y temporada.

Ovejas Negras (N)

Hernando Colón 8 ✉ 41003 – ✆ 955 12 38 11 – www.ovejasnegrastapas.com – cerrado domingo noche y lunes Plano : G2**b**

Tapa 4 € – Ración aprox. 9 €

Pequeño local de ambiente desenfadado. Más que tapas lo que ofrecen son platitos, como el Atún vuelta y vuelta, la Mini hamburguesa o sus Mollejas crocantes con huevos rotos.

Casa La Viuda

Albareda 2 ✉ 41001 – ✆ 954 21 54 20 – www.comerdetapasensevilla.es – cerrado domingo en julio y agosto Plano : F2**x**

Tapa 2,25 € – Ración aprox. 10 €

Todo un clásico que resulta acogedor y permanece lleno de tipismos. Su amplia carta de raciones se enriquece, diariamente, con un guiso y un arroz. ¡Pruebe su famoso Bacalao!

La Fábrica (N)

Correduría 1 ✉ 41002 – ✆ 954 37 62 00 – cerrado 1ª quincena de agosto, domingo noche, lunes, martes medidía y miércoles mediodía Plano : G1**c**

Tapa 4 €

Una apuesta atípica, pero convincente, en un espacio de gran eclecticismo. La escueta carta de tapas se completa con interesantes recomendaciones, todas presentadas con mimo.

ESPAÑA

Dos de Mayo

pl.de la Gavidia 6 ✉ 41002 – ✆ 954 90 86 47 – www.comerdetapasensevilla.es – cerrado domingo en julio y agosto Plano : F1**a**

Tapa 2,25 € – Ración aprox. 10 €

He aquí un negocio que emana historia y tradición... no en vano, el local data de finales del s. XIX. Amplia carta de tapas y raciones, con el Bacalao como gran especialidad.

Puratasca

Numancia 5 ✉ 41010 – ✆ 954 33 16 21 – cerrado del 7 al 14 de enero, 7 días en abril, 14 días en agosto, domingo y lunes Plano : B2**d**

Tapa 5 € – Ración aprox. 14 €

Un bar de tapas que ha sabido, por méritos propios, ganarse un nombre en el barrio de Triana. Tiene el aspecto de una tasca tradicional... sin embargo, aquí proponen unos platos actuales y creativos, bastante bien concebidos y copiosos.

Eslava

Eslava 3 ✉ 41002 – ✆ 954 90 65 68 – www.espacioeslava.com – cerrado del 7 al 17 de enero, 20 días en agosto, domingo noche y lunes Plano : F1**e**

Tapa 2,80 € – Ración aprox. 12 €

Reconocido por el público y la crítica, no en vano ha sido galardonado con varios premios en diferentes certámenes gastronómicos. De sus fogones surgen las tapas propias de una cocina tradicional actualizada y algún que otro guiso.

El Rinconcillo

Gerona 40 ✉ 41003 – ✆ 954 22 31 83 – www.elrinconcillo.es – cerrado del 3 al 16 de agosto Plano : G1**w**

Tapa 2,50 € – Ración aprox. 6,50 €

¡Todo un homenaje a la historia! La casa, que se fundó en 1670 y tiene un incuestionable encanto, ocupa dos locales anexos, uno de ellos en una vieja tienda de ultramarinos.

Uno de Delicias

paseo de las Delicias 1 ✉ 41013 – ✆ 954 50 05 00 – www.unodedelicias.es – cerrado domingo noche Plano : F3**a**

Tapa 3,50 € – Ración aprox. 10 €

Negocio de aire rústico-colonial e industrial, pues presenta altísimos techos y los tubos de ventilación a la vista. Cocina tradicional-actual basada en el producto fresco.

SIERRA BLANCA → Ver Ojén

Málaga

SIERRA DE CAZORLA → Ver Cazorla

Jaén

SIERRA NEVADA

Granada – Alt. 2 080 m – Ver mapa regional n° **1-D1**

Madrid 461 km – Granada 31 km

Mapa de carreteras Michelin n° 578-U19

Meliá Sol y Nieve

pl. Pradollano ✉ 18193 – ✆ 958 48 03 00 – www.melia-sol-y-nieve.com – 6 diciembre-16 abril

258 hab – 75/320 € 90/475 €

Destaca tanto por su ubicación, a unos 100 m de los remontes, como por sus modernas instalaciones, con amplias zonas sociales, un espectacular SPA de 2500 m² y dos tipos de habitaciones, las nuevas más modernas y con servicios exclusivos. El restaurante, también moderno, disfruta de abundante luz natural.

Meliá Sierra Nevada

pl. Pradollano ✉ 18193 – ✆ 958 48 04 00 – www.melia-sierra-nevada.com – 6 diciembre- 16 abril

221 hab – 75/320 € 90/475 €

¡En plena estación invernal! Disfruta de un hall clásico, donde hay una academia de esquí, un completo SPA dotado de vistas a las montañas y unas confortables habitaciones de línea clásica. Sencillo restaurante con profusión de madera.

Kenia Nevada

Virgen de las Nieves 6 ✉ 18193 – ✆ 958 48 09 11 – www.kenianevada.com – cerrado 4 mayo-25 junio y octubre-18 noviembre

67 hab – 55/130 € 80/242 €

Instalado en un precioso edificio de estética alpina. Tanto las zonas sociales como sus habitaciones poseen detalles de ambiente rústico-montañés y, en muchos casos, vistas a las montañas. El comedor, de sencillo montaje pero también rústico, basa su oferta gastronómica en un nutrido servicio de buffet.

SIGÜENZA

Guadalajara – 4 772 h. – Alt. 1 070 m – Ver mapa regional n° **7-C1**

Madrid 129 km – Guadalajara 73 km – Soria 96 km – Zaragoza 191 km

Mapa de carreteras Michelin n° 575 y 576-I22

Parador de Sigüenza

pl. del Castillo ✉ 19250 – ✆ 949 39 01 00 – www.parador.es

81 hab – 95/175 €, 16 €

Instalado en un castillo medieval cuyas murallas testimonian un pasado colmado de historia. El conjunto atesora un amplio patio de armas, estancias con decoración castellana de época y un hermoso salón-comedor, donde podrá degustar platos regionales y algunas especialidades típicas como las Migas del pastor.

HC Sigüenza

av. AlfonsoVI-7 ✉ 19250 – ✆ 949 39 19 74 – www.hotelhcsiguenza.com

24 hab – 45/55 € 70/90 €, 4 €

Hotel de construcción actual ubicado junto al parque de La Alameda, en la parte baja de Sigüenza. Ofrece una correcta zona social y habitaciones actuales, tres abuhardilladas.

ESPAÑA

XX **El Doncel**

paseo de la Alameda 3 ✉ 19250 – ✆ 949 39 00 01 – www.eldoncel.com – cerrado del 23 al 29 de diciembre y del 11 al 31 de enero
Menú 42/58 € – Carta 48/63 € – *(cerrado domingo noche y lunes salvo verano)*
18 hab – 🚹39/71 € 🚹🚹53/71 €, ☕ 8,50 €
Disfruta de un comedor rústico-moderno, con las paredes en piedra y vigas de madera. Su carta, actual, de bases tradicionales y con tintes de autor, se completa con un buen menú. También ofrece habitaciones, todas actuales pero con detalles rústicos.

X **Calle Mayor**

Mayor 21 ✉ 19250 – ✆ 949 39 17 48 – www.restaurantecallemayor.com – cerrado 20 diciembre - 2 enero, domingo noche y lunes salvo verano
Menú 15/27 € – Carta 24/33 €
Restaurante rústico-actual instalado en una casa que data del s. XVI. Presenta una sala en dos niveles y ofrece una cocina de base tradicional, con toques actuales y la opción de menús. ¡Pruebe sus Manitas de cerdo rellenas de caracoles!

X **Nöla**

Mayor 41 ✉ 19250 – ✆ 949 39 32 46 – www.nolarestaurante.es – Cerrado 7 enero-4 febrero, del 12 al 22 de septiembre, domingo noche, lunes, martes y miercoles de octubre a mayo, martes resto del año
Menú 25/35 € – Carta 30/40 € – (es necesario reservar)
Se halla cerca del castillo-parador y con su nombre homenajea al legendario cocinero Robert de Nola. La fachada en piedra da paso a un sencillo comedor de aire rústico-actual, donde le presentarán una carta tradicional con platos actualizados y varios menús.

en Alcuneza Noreste : 6 km

El Molino de Alcuneza

✉ 19250 Sigüenza – ✆ 949 39 15 01 – www.molinodealcuneza.com – cerrado 11 diciembre-10 febrero
17 hab ☕ – 🚹140/230 € 🚹🚹175/400 €
Antiquísima casa-molino que aún conserva la maquinaria en funcionamiento. Posee un salón con parte del suelo acristalado y coquetas habitaciones, las de la casa principal rústicas y las del anexo actuales. En el comedor, reservado a los clientes alojados, le propondrán una cocina tradicional actualizada.

SÍSAMO

A Coruña – 876 h. – Ver mapa regional n° **13-B1**
▶ Madrid 623 km – Santiago de Compostela 45 km – A Coruña 39 km – Pontevedra 102 km
Mapa de carreteras Michelin n° 571-C3

Pazo do Souto

Torre 1 ✉ 15106 – ✆ 981 75 60 65 – www.pazodosouto.com – cerrado enero y febrero
12 hab – 🚹40/60 € 🚹🚹55/75 €, ☕ 8 €
Pazo del s. XVII que sirvió como residencia al Marqués de Montenegro. Disfruta de un bello entorno, unos cálidos rincones y coquetas habitaciones, la mayoría con mobiliario de época. En el comedor ofrecen una carta con tablas variadas, carnes, verduras...

SITGES

Barcelona – 29 140 h. – Ver mapa regional n° **10-A3**
▶ Madrid 597 km – Barcelona 45 km – Lleida/Lérida 135 km – Tarragona 53 km
Mapa de carreteras Michelin n° 574-I35

Avenida Sofía

av. Sofía 12 ✉ 08870 – ✆ 938 11 35 00 – www.hotelavenidasofia.com Plano : A2**c**
77 hab – 🚹🚹150/757 €, ☕ 14 €
Demuestra personalidad, pues aquí el diseño y la elegancia se dan la mano. Se halla en 2ª línea de playa, con una fachada moderna, un buen hall-lobby y unas habitaciones bastante cuidadas. Completo SPA con piscina de flotamiento (agua salada), piscina-terraza chill out en la azotea y un restaurante actual.

ESPAÑA

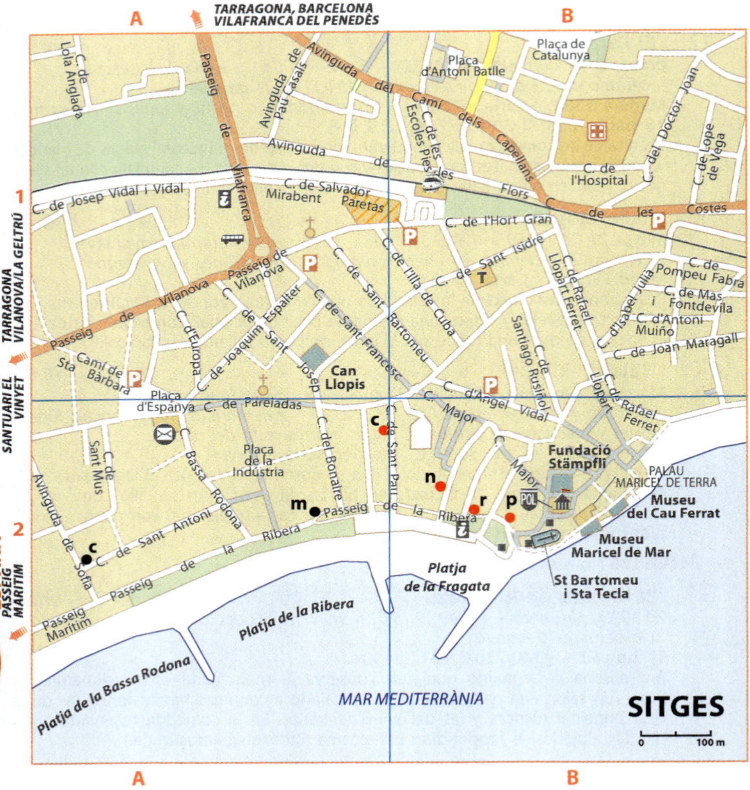

Platjador

passeig de la Ribera 35 ✉ 08870 – ✆ 938 94 50 54 Plano : A2**m**
– www.hotelsitges.com – cerrado noviembre
59 hab – 100/170 € 145/220 €
Hotel de línea actual-funcional y buen confort general. En la 5ª planta ofrece un salón-bar con gran encanto, pues tiene una atractiva terraza-solárium panorámica. En su restaurante, de correcto montaje, proponen una cocina de tinte tradicional.

Maricel

passeig de la Ribera 6 ✉ 08870 – ✆ 938 94 20 54 Plano : B2**r**
– www.maricel.es – cerrado del 15 al 30 de noviembre, martes noche y miércoles salvo verano
Menú 45/70 € – Carta 50/60 €
Este restaurante familiar posee una atractiva terraza acristalada y dos comedores clásicos. Su carta alterna platos tradicionales, como los arroces, con otros más creativos.

Fragata

passeig de la Ribera 1 ✉ 08870 – ✆ 938 94 10 86 Plano : B2**p**
– www.restaurantefragata.com – cerrado domingo noche en invierno
Carta 35/50 €
Un restaurante que ha sabido conjugar su legado familiar con una notable modernización de las instalaciones. Su completa carta de cocina actual, con diversos toques creativos, se ve enriquecida con un apartado de arroces más tradicionales.

Casa Hidalgo
Sant Pau 12 ✉ 08870 – ✆ 938 94 38 95 Plano : A2**c**
– www.casahidalgo.es – cerrado 20 diciembre-20 enero, domingo noche y lunes
Menú 15 € – Carta 29/44 €
Este céntrico local ofrece una sala de correcto montaje, un privado en el sótano y una carta de cocina tradicional que se ve enriquecida tanto con mariscos, algunos bajo pedido, como con platos gallegos. ¡Trabaja mucho el menú del día!

La Nansa
Carreta 24 ✉ 08870 – ✆ 938 94 19 27 Plano : B2**n**
– www.restaurantlanansa.com – cerrado enero y miércoles salvo julio-septiembre
Menú 20/55 € – Carta 35/54 €
¡Llevado en familia y a un paso del paseo marítimo! Disfruta de un marcado ambiente marinero, pues se decora con nansas, redes y aparejos de pesca. Cocina tradicional catalana y marinera, muy honesta, con especialidades típicas de Sitges.

en el puerto de Aiguadolç por camí dels Capellans B1 - Este : 1,5 km

Meliá Sitges
Joan Salvat Papassect 38 ✉ 08870 Sitges – ✆ 938 11 08 11
– www.melia-sitges.com
300 hab – ††100/190 €, ☕ 20 € – 7 suites
Enfocado tanto al cliente vacacional como al de negocios y convenciones, ya que posee un gran auditorio. Habitaciones clásicas de completo equipamiento, todas con terraza. El espacioso restaurante se complementa, si es necesario, con una carpa para banquetes.

Estela Barcelona
av. Port d'Aiguadolç 8 ✉ 08870 Sitges – ✆ 938 11 45 45 – www.hotelestela.com
64 hab ☕ – †95/145 € ††105/180 €
¡De línea actual y frente a una pequeña playa! Este hotel ofrece confortables habitaciones y unas zonas sociales que se caracterizan por tener esculturas y pinturas de arte contemporáneo expuestas durante todo el año. En su restaurante encontrará una carta tradicional, con un buen apartado de arroces.

ESPAÑA

SIURANA

Tarragona – Ver mapa regional n° **9-B3**
Madrid 516 km – Barcelona 146 km – Tarragona 54 km – Lleida 72 km
Mapa de carreteras Michelin n° 574-I32

Els Tallers
Rentadors ✉ 43362 – ✆ 977 82 11 44 – www.restaurantelstallers.net
– cerrado 11 enero-3 febrero, domingo noche, lunes y martes
Menú 35/58 € – *(solo menú)* **6 hab** ☕ – †80/100 € ††98/138 €
Se encuentra en un pintoresco pueblo de montaña, en el mismo edificio del hotel La Siuranella. Sala rústica-actual de buen montaje, cocina actual-creativa y dos menús. El hotel ofrece unas coquetas habitaciones, tres de ellas con vistas panorámicas y balcón.

SIURANA

Girona – 172 h. – Alt. 33 m – Ver mapa regional n° **9-D3**
Madrid 736 km – Barcelona 138 km – Girona 41 km
Mapa de carreteras Michelin n° 574-F38

El Molí de Siurana
Rivera 1 - carret. de Vilamalla, Oeste : 0,5 km ✉ 17469 – ✆ 972 52 51 39
– www.elmolidesiurana.com – cerrado del 10 al 20 de enero
6 hab ☕ – †70/80 € ††85/95 €
Una casa de campo tremendamente tranquila, pues está rodeada de árboles y naturaleza. Ofrece un salón social con chimenea, habitaciones de aire rústico y un comedor exclusivo para el cliente alojado. A los niños les encantará, pues... ¡tiene su propia granja!

SOLARES

Cantabria – 5 723 h. – Ver mapa regional n° **6-B1**
Madrid 425 km – Santander 18 km – Bilbao 88 km
Mapa de carreteras Michelin n° 572-B18

Casa Enrique

paseo de la Estación 20 ✉ 39710 – ☎ 942 52 00 73 – www.restaurantecasaenrique.es – cerrado 20 días en octubre
Carta 26/39 € – *(cerrado domingo noche y lunes salvo verano)*
16 hab – 31/40 € 50/60 €
¿Añora la auténtica cocina casera? Aquí podrá disfrutarla, pues son pocas las casas que aún elaboran sus guisos en una vieja cocina de carbón... el mejor testigo de la historia en este negocio centenario. Por si desea alojarse también disponen de habitaciones, todas muy sencillas y hogareñas.

SOLIVELLA

Tarragona – 653 h. – Ver mapa regional n° **9-B2**
Madrid 525 km – Lleida/Lérida 66 km – Tarragona 51 km
Mapa de carreteras Michelin n° 574-H33

Cal Travé

carret. d'Andorra 56 ✉ 43412 – ☎ 977 89 21 65 – www.sanstrave.com – cerrado del 1 al 15 de julio, del 1 al 15 de noviembre y miércoles
Carta 32/47 € – *(solo almuerzo salvo jueves en verano, viernes y sábado)*
Atesora el aval de tener a toda la familia volcada en el negocio. Apuestan por una cocina catalana rica en detalles, con elaboraciones caseras y vinos propios. ¡Pruebe el Bacalao o su Entrecot de Nebraska, las especialidades a la brasa!

ESPAÑA

SOMIÓ → Ver Gijón

Asturias

SOMO

Cantabria – 4 045 h. – Ver mapa regional n° **6-B1**
Madrid 404 km – Santander 25 km – Bilbao 94 km
Mapa de carreteras Michelin n° 572-B18

Torres de Somo

Arna 66 ✉ 39140 – ☎ 942 51 00 52 – www.hoteltorresdesomo.com – Semana Santa-octubre
30 hab – 60/126 € 80/150 €, 12 €
Hotel de nueva construcción a modo de casa señorial inglesa o pequeño "château" francés, pues está flanqueado por dos vistosas torres. Presenta unos relajantes exteriores y unas habitaciones de equipamiento actual, donde se alternan los estilos clásico y colonial. Un caminito da acceso directo a la playa.

SORIA

39 753 h. – Alt. 1 050 m – Ver mapa regional n° **8-D2**
Madrid 225 km – Burgos 142 km – Calatayud 92 km – Guadalajara 169 km
Mapa de carreteras Michelin n° 575-G22

Parador de Soria

parque del Castillo ✉ 42005 – ☎ 975 24 08 00 – www.parador.es
Plano : B2**e**
67 hab – 75/180 €, 16 €
Se encuentra en un parque de la parte alta de Soria y destaca por sus magníficas vistas, tanto al valle del Duero como a las montañas. Habitaciones amplias de buen confort y decoración actual, con detalles regionales. En su comedor podrá descubrir los platos y sabores propios de estas tierras.

Leonor Mirón

paseo del Mirón ✉ 42005 – ✆ 975 22 02 50 Plano : B1**b**
– www.hotel-leonor.com – cerrado 6 enero-29 febrero
33 hab – 50/67 € 60/110 €, 10 €
El nombre de este bello edificio no es gratuito, pues evoca a la mujer que tantos versos inspiró a Machado. Presenta unas habitaciones de estilo clásico-actual y buen equipamiento, así como un comedor bastante elegante donde saben combinar su carta de cocina tradicional con unos completos menús del día.

Leonor Centro

pl. Ramón y Cajal 5 ✉ 42002 – ✆ 975 23 93 03 Plano : A2**c**
– www.hotel-leonor.com
24 hab – 55/67 € 65/117 €, 8 €
¡Una buena opción como hotel urbano! Compensa su reducida zona social con unas confortables habitaciones, todas con mobiliario funcional de línea actual. El restaurante presenta una carta tradicional enriquecida con varios tipos de menús.

Hostería Solar de Tejada sin

Claustrilla 1 ✉ 42002 – ✆ 975 23 00 54 Plano : A2**c**
– www.hosteriasolardetejada.es
18 hab – 35/42 € 50/75 €
¡Coqueto y en pleno casco antiguo! Ofrece una decoración personalizada, una organización familiar bastante sencilla y unos precios realmente moderados.

Baluarte

Caballeros 14 ✉ 42002 Soria – ✆ 975 21 36 58 Plano : A2**a**
– www.baluarte.info – cerrado mayo, domingo noche y lunes
Carta 28/45 €
Moderno restaurante instalado en un edificio señorial del centro de Soria. Su joven y talentoso chef-propietario propone una cocina de bases tradicionales y raíces castellanas... eso sí, actualizada y elaborada con productos de calidad.

XX **Fogón del Salvador**

pl. del Salvador 1 ✉ 42001 – ✆ 975 23 01 94 Plano : A2**k**
– www.fogonsalvador.com
Menú 22/50 € – Carta 30/44 €
Negocio de ambiente castellano refrendado en toda la ciudad por la calidad de sus materias primas. Lo más popular de su completa carta son sus carnes, a la brasa o al horno de leña, destacando tanto el Cochinillo como el Cordero.

XX **Rincón de San Juan**

Diputación 1 ✉ 42002 – ✆ 975 21 50 36 Plano : A2**t**
– www.rincondesanjuan.com – cerrado 16 febrero-1 marzo, 30 junio-5 julio y domingo
Menú 18/36 € – Carta 32/47 € – *(solo almuerzo salvo viernes y sábado)*
¡Céntrico y acogedor! Combina la decoración rústica-actual con un correcto servicio de mesa. De sus fogones surge una cocina tradicional y de temporada bien elaborada, normalmente con productos de la zona.

por la carretera N 234 A1 : 8 km y desvío a la derecha 1,2 km

Valonsadero

Monte Valonsadero ✉ 42005 Soria – ✆ 975 18 00 06
– www.hotelvalonsadero.com – marzo-octubre
8 hab – †50/60 € ††60/75 €
Un hotel tipo chalet bastante atractivo, tanto por sus instalaciones como por su emplazamiento en pleno campo. Aquí encontrará unas habitaciones con mobiliario de estilo antiguo que rememoran otros tiempos y un luminoso comedor, dotado de bellas vistas, donde se ensalzan los sabores de la cocina tradicional.

ESPAÑA

SORT

Lleida – 2 274 h. – Alt. 720 m – Ver mapa regional n° **9**-B1
▶ Madrid 593 km – Lleida/Lérida 136 km
Mapa de carreteras Michelin n° 574-E33

Pessets

Diputacio 3 ✉ 25560 – ✆ 973 62 00 00 – www.hotelpessets.com – cerrado del 7 al 29 de enero
74 hab – †59/90 € ††80/116 € – 3 suites
¡De larga trayectoria familiar y con un buen SPA! Dispone de una zona social actual-funcional y confortables habitaciones, destacando las de la 4ª planta por estar dedicadas a las distintas estaciones meteorológicas. En el restaurante, bastante cuidado y de uso polivalente, encontrará una carta actualizada.

XX **Fogony** (Zaraida Cotonat)

av. Generalitat 45 ✉ 25560 – ✆ 973 62 12 25 – www.fogony.com – cerrado del 7 al 22 de enero, domingo noche, lunes y martes
Menú 35 € – Carta 61/80 € – (es necesario reservar)
El matrimonio propietario, con él en la sala y ella atenta a los fogones, apuesta claramente por la cocina actual... eso sí, siempre elaborada con productos de la comarca, ecológicos o de proximidad. Cálido comedor de aire rústico-actual.
→ Carpaccio de solomillo de potro, praliné de ajos negros y salvado de trigo. Perdiz roja, verduras púrpuras y matices de Palo Cortao. Selva Negra, chocolate, "griottes" y nata.

SOS DEL REY CATÓLICO

Zaragoza – 635 h. – Alt. 652 m – Ver mapa regional n° **2**-B1
▶ Madrid 423 km – Huesca 109 km – Iruña/Pamplona 59 km – Zaragoza 122 km
Mapa de carreteras Michelin n° 574-E26

Parador de Sos del Rey Católico

Arquitecto Sáinz de Vicuña 1 ✉ 50680 – ✆ 948 88 80 11 – www.parador.es
– 14 febrero-diciembre
66 hab – ††75/145 €, 16 € – 1 suite
Edificio de estilo regional construido en piedra y emplazado junto a la muralla medieval. Posee habitaciones de completo equipamiento y sobria decoración. En su comedor encontrará la cocina típica de Paradores, de gusto regional, y lo que llaman el menú Medieval. ¡Buen abanico de actividades al aire libre!

Casa del Infanzón

Coliseo 3 ✉ 50680 – ✆ 605 94 05 36 – www.casadelinfanzon.com
10 hab – 59/69 € 69/79 €, 7 €
Tranquilo hotelito construido en piedra y ubicado en el casco antiguo. Posee una agradable zona social y coquetas habitaciones, todas con buenos detalles en madera y forja.

El Sueño de Virila

Coliseo 8 ✉ 50680 – ✆ 948 88 86 59 – www.elsuenodevirila.com – (es necesario reservar)
6 hab – 124 €, 8 €
Recia casa de origen medieval emplazada en una antigua sinagoga, en pleno barrio judío. Posee un acogedor salón-biblioteca, un patio y habitaciones llenas de encanto, todas con los muros en piedra y dos abuhardilladas.

La Cocina del Principal

Fernando El Catolico 13 ✉ 50680 – ✆ 948 88 83 48 – www.lacocinadelprincipal.com – cerrado del 7 al 26 de enero, domingo noche y lunes
Menú 25 € – Carta 29/40 €
Sólida construcción en piedra dotada con un buen comedor principal y una sala más íntima en la antigua bodega. Su cocina tradicional siempre enaltece los productos de la zona.

SOTO DE CANGAS

Asturias – 175 h. – Alt. 84 m – Ver mapa regional n° **3-C2**
Madrid 439 km – Oviedo 73 km – Santander 134 km
Mapa de carreteras Michelin n° 572-B14

La Ablaneda

El Bosque - carret. de Covadonga, Sur : 1 km ✉ 33589 – ✆ 985 94 02 45 – www.ablaneda.com – Semana Santa-15 octubre
10 hab – 45/70 € 50/80 €, 6 €
Casona asturiana rodeada por un jardín, con cenador y próximo a un arroyo. Disfruta de un porche, una luminosa zona social y coquetas habitaciones, algunas abuhardilladas.

La Balsa

carret. de Covadonga ✉ 33589 – ✆ 985 94 00 56 – www.labalsa.es – mayo-noviembre
14 hab – 35/70 € 40/80 €
Instalado en una casona de piedra de carácter centenario. Ofrece unas habitaciones de buen confort general, todas con profusión de madera y en el piso superior abuhardilladas.

SOTO DE LUIÑA

Asturias – Ver mapa regional n° **3-B1**
Madrid 520 km – Avilés 37 km – Gijón 60 km – Luarca 30 km
Mapa de carreteras Michelin n° 572-B11

Casa Vieja del Sastre

Barrio los Quintos ✉ 33156 – ✆ 985 59 61 90 – www.casaviejadelsastre.com – cerrado noviembre
14 hab – 30/47 € 57/76 €, 8 €
Casa de organización plenamente familiar. Posee dos salones sociales polivalentes y unas habitaciones de impecable mantenimiento, las de la parte nueva con mejores baños. Su acogedor restaurante elabora una carta casera, de tipo asturiano, con toques actuales.

al Noroeste 1,5 km

Cabo Vidio

Oviñana ✉ 33150 Soto de Luiña – ✆ 985 59 61 12 – www.cabovidio.com – cerrado 7 enero-13 febrero y miércoles salvo verano
Menú 35 € – Carta 33/50 € **9 hab** – 50/90 € 80/100 €
En esta casa familiar encontrará un comedor rústico-actual asomado a una terraza ajardinada, donde ofrecen el servicio de cafés. Su cocina tradicional y regional siempre ensalza las materias primas de la zona. ¡Impecables habitaciones y agradable solárium!

ESPAÑA

SOTO DEL REAL

Madrid – 8 519 h. – Alt. 921 m – Ver mapa regional n° **15-B2**
Madrid 47 km – Segovia 61 km – Ávila 100 km – Cuenca 210 km
Mapa de carreteras Michelin n° 576 y 575-J18

XX **La Cabaña**
pl. Chozas de la Sierra (urb. La Ermita) ✉ 28791 – ✆ 918 47 78 82 – www.lacabanadesoto.com – cerrado lunes noche en verano y martes
Menú 30 € – Carta 32/45 € – *(solo almuerzo salvo jueves, viernes y sábado en invierno)*
Está instalado en un chalet, con un amplio jardín a la entrada y un porche que usan como terraza de verano. Carta tradicional, buen menú y destacables carnes a la parrilla.

SOVILLA

Cantabria – Ver mapa regional n° **6-B1**
Madrid 402 km – Santander 46 km – Bilbao 134 km
Mapa de carreteras Michelin n° 572-C17

XX **El Regajal de la Cruz**
barrio Sovilla 70 ✉ 39409 – ✆ 625 38 90 36 – www.elregajaldelacruz.com
Menú 45 € – Carta 35/48 € – *(solo almuerzo salvo viernes y sabado)*
Curioso restaurante instalado en una casona de finales del s. XVII, con un agradable patio-terraza. Posee una singular decoración, pues combina los detalles antiguos con algunas pinturas del propietario. Carta tradicional con sugerencias.

SUANCES

Cantabria – 8 552 h. – Ver mapa regional n° **6-B1**
Madrid 394 km – Bilbao 131 km – Oviedo 182 km – Santander 28 km
Mapa de carreteras Michelin n° 572-B17

ESPAÑA

en la zona del puerto

Playa Ribera
Comillas 14 ✉ 39340 Suances – ✆ 942 81 18 98 – www.hotelplayaribera.com
14 hab – 72/150 €
Disfruta de una línea vanguardista y unas habitaciones de estética actual, cada una personalizada con el nombre de un pueblo cántabro. ¡Se desayuna en un pabellón acristalado!

en la zona del faro

Apart. El Caserío
av. Acacio Gutiérrez 157 ✉ 39340 Suances – ✆ 942 81 05 75 – www.caserio.com
19 apartamentos – 65/150 €, 6 €
Destaca por su singular emplazamiento, en la punta del Dichoso y frente a la playa de Los Locos. La mayoría de los apartamentos son tipo dúplex y posee una piscina panorámica.

X **El Caserío**
av. Acacio Gutiérrez 159 ✉ 39340 Suances – ✆ 942 81 05 75 – www.caserio.com
Menú 17 € – Carta 32/50 € – *(solo almuerzo salvo viernes y sábado de octubre a mayo)*
9 hab – 45/65 € 50/75 €, 6 €
Un negocio familiar con más de medio siglo de historia. Aquí encontrará una gran cafetería, donde debemos destacar su expositor de género, y un luminoso comedor acristalado. Carta marinera rica en platos típicos y correctas habitaciones como complemento.

SUDANELL

Lleida – 888 h. – Alt. 152 m – Ver mapa regional n° **9-A2**
Madrid 453 km – Huesca 127 km – Lleida/Lérida 11 km – Tarragona 105 km
Mapa de carreteras Michelin n° 574-H31

X **La Lluna**
av. Catalunya 11 ✉ 25173 – ✆ 973 25 81 93 – cerrado Semana Santa, del 17 al 30 de agosto y lunes
Menú 22 € – Carta 20/48 € – *(solo almuerzo)*
Presenta un pequeño bar decorado con fotos antiguas y dos salas de ambiente rústico, con los techos en madera. Aquí encontrará una cocina regional con especialidades como las carnes a la brasa, las Alcachofas o sus famosos Caracoles.

TAFALLA

Navarra – 11 201 h. – Alt. 426 m – Ver mapa regional n° **17**-A2
Madrid 365 km – Logroño 86 km – Iruña/Pamplona 38 km – Zaragoza 135 km
Mapa de carreteras Michelin n° 573-E24

Beratxa

Escuelas Pías 7 ✉ 31300 – ✆ 948 70 40 46 – www.hotelberatxa.com
15 hab – †53/60 € ††60/125 €, ☕ 7,50 €
Este negocio familiar distribuye sus habitaciones en tres plantas, todas con los suelos en moqueta, mobiliario clásico-funcional y las paredes de los cabeceros en madera. El comedor recrea un ambiente rústico, con la parrilla y el horno de leña a la vista.

Tubal

pl. Francisco de Navarra 4-1° ✉ 31300 – ✆ 948 70 08 52 – www.restaurantetubal.com – cerrado del 21 enero-3 febrero, 21 agosto-3 septiembre, lunes y noches de domingo a jueves
Menú 39/63 € – Carta 36/54 €
Ubicado en una céntrica plaza con soportales. Cuenta con una tienda delicatessen, elegantes salas de línea clásica y un bonito patio. Cocina tradicional navarra puesta al día.

TALAVERA DE LA REINA

Toledo – 88 548 h. – Alt. 371 m – Ver mapa regional n° **7**-A2
Madrid 120 km – Ávila 121 km – Cáceres 187 km – Córdoba 435 km
Mapa de carreteras Michelin n° 576-M15

Ruiz de Luna

av. de la Constitución 7 ✉ 45600 – ✆ 925 81 89 95 – www.restauranteruizdeluna.com – cerrado domingo noche y martes
Menú 18/25 € – Carta 25/47 €
Tiene un hall en la planta baja, con un gran mueble-bodega, y las salas en la 1ª planta, estas últimas de estética minimalista. Cocina de base tradicional con toques actuales.

El Esturión

Miguel Hernández 7 ✉ 45600 – ✆ 925 82 45 70 – cerrado 14 días en febrero, del 1 al 15 de agosto, domingo noche y lunes
Tapa 4 € – Ración aprox. 12 €
Negocio ubicado en una zona nueva de la ciudad. Ofrece un bar de tapas de ambiente marinero y un cuidado comedor. Su especialidad son las frituras y los productos ibéricos.

Taberna Mingote

pl. Federico García Lorca 5 ✉ 45600 – ✆ 925 82 56 33 – cerrado 14 días en enero, del 15 al 31 de julio, martes noche y miércoles
Tapa 4 € – Ración aprox. 10 €
Esta simpática taberna se presenta con una decoración rústica dominada por los motivos taurinos y los dibujos de Mingote. Su comedor está presidido por un gran mural cerámico.

TAMARITE DE LITERA

Huesca – 3 626 h. – Alt. 360 m – Ver mapa regional n° **2**-C2
Madrid 475 km – Zaragoza 161 km – Huesca 86 km – Lleida 40 km
Mapa de carreteras Michelin n° 574-G31

Carmen

Teruel 3 ✉ 22550 – ✆ 974 42 05 31 – www.carmenrestaurante.com – cerrado domingo noche y lunes
Menú 11/40 € – Carta 20/40 € – *(solo almuerzo salvo viernes y sabado)*
Interesante, pues su chef demuestra inquietudes y ya atesora reconocimientos. Ofrece una carta de tinte actual, un buen menú los días laborables y lo que llaman "Los viernes al Carmen", unas cenas temáticas y de degustación a base de tapas.

TAMARIU

Girona – Ver mapa regional n° **10-B1**

Madrid 726 km – Barcelona 128 km – Girona 57 km – Tarragona 218 km

Mapa de carreteras Michelin n° 574-G39

Tamariu

passeig del Mar 2 ✉ 17212 – ✆ 972 62 00 31 – www.tamariu.com – marzo-octubre

17 hab – 81/105 € 114/164 €

Se encuentra en primerísima línea de playa y es la mejor opción para alojarse en este turístico pueblo costero. Ofrece una correcta zona social y habitaciones de estética actual-funcional, la mayoría con balcón. El restaurante, que destaca por sus vistas al mar, elabora una cocina de gusto tradicional.

TAPIA DE CASARIEGO

Asturias – 3 971 h. – Ver mapa regional n° **3-A1**

Madrid 578 km – A Coruña 184 km – Lugo 99 km – Oviedo 143 km

Mapa de carreteras Michelin n° 572-B9

San Antón

pl. de San Blas 2 ✉ 33740 – ✆ 985 62 80 00 – www.hrsananton.com – cerrado Navidades

18 hab – 45/60 € 60/85 €, 6 €

Hotelito llevado directamente por el matrimonio propietario. Posee unas instalaciones muy correctas, con una reducida zona social y habitaciones bastante cuidadas. Su carta de cocina casera se enriquece con varios guisos del día y arroces caldosos por encargo.

ESPAÑA

TARAMUNDI

Asturias – 737 h. – Alt. 276 m – Ver mapa regional n° **3-A1**

Madrid 571 km – Lugo 65 km – Oviedo 195 km

Mapa de carreteras Michelin n° 572-B8

La Rectoral

La Villa ✉ 33775 – ✆ 985 64 67 60 – www.larectoral.com – cerrado enero-febrero

18 hab – 60/100 € 75/110 €

Estamos ante una magnífica casona del s. XVIII, de estilo rústico-regional y asomada al valle. Ofrece una cálida zona social y correctas habitaciones, las de la planta baja con terraza. En el comedor, de ambiente rústico, se apuesta por la cocina tradicional.

Casa Paulino

av. Galicia ✉ 33775 – ✆ 985 64 67 36 – www.casapaulinotaramundi.com – cerrado Navidades

8 hab – 25/58 € 40/58 €, 4 €

Se halla en pleno centro y resulta acogedor, con la fachada en piedra y un bar de carácter polivalente. Ofrece habitaciones de aire rústico, algunas abuhardilladas, y un comedor clásico en el 1er piso, donde le propondrán una carta tradicional y varios menús.

Casa Petronila

pl. del Campo ✉ 33775 – ✆ 985 64 68 74 – www.hotelpetronila.es

19 hab – 30/46 € 40/46 €, 3 €

Hotel de organización familiar dotado con habitaciones de correcto confort, todas vestidas con mobiliario provenzal en pino. Tiene un pequeño bar y un comedor de montaje clásico, este último con magníficas vistas al valle y elaboraciones de gusto tradicional.

TARANCÓN

Cuenca – 16 071 h. – Alt. 806 m – Ver mapa regional n° **7-C2**

Madrid 81 km – Cuenca 82 km – València 267 km

Mapa de carreteras Michelin n° 576-L20

en la carretera N 400 Noreste : 5,5 km

Hospedería la Estacada
autovía A 40 - salida 235 ✉ 16400 Tarancón – ✆ 969 32 71 88 – www.fincalaestacada.com
25 hab – ††75/160 €, ☕ 5 €
Ubicado en el complejo enoturístico Finca La Estacada. Presenta unas coquetas habitaciones, todas personalizadas con el nombre de distintas variedades de uvas, y un cuidado comedor de línea clásica-actual. ¡Como obsequio, dan una botella con vino de su bodega!

TARAZONA

Zaragoza – 10 863 h. – Alt. 480 m – Ver mapa regional n° **2-B1**
Madrid 294 km – Iruña/Pamplona 107 km – Soria 68 km – Zaragoza 88 km
Mapa de carreteras Michelin n° 574-G24

Santa Águeda
Visconti 26 ✉ 50500 – ✆ 976 64 00 54 – www.santaagueda.com
11 hab ☕ – †35/45 € ††50/55 €
Hostal de organización familiar dedicado a la artista turiasonense Raquel Meller. Posee una salita y habitaciones funcionales de suficiente confort, todas personalizadas en su nombre con canciones o películas de la cantante y actriz.

Saboya 21
Marrodán 34-1° ✉ 50500 – ✆ 976 64 35 15 – www.restaurantesaboya21.com – cerrado 7 días en septiembre y domingo noche
Menú 15 € – Carta 31/50 € – *(solo almuerzo salvo agosto, viernes y sabado)*
Se accede desde la cafetería que hay en la planta baja y presenta un luminoso comedor de línea clásica-actual. ¡Pida las carnes a la brasa de encina o sus platos de temporada!

TARIFA

Cádiz – 18 085 h. – Ver mapa regional n° **1-B3**
Madrid 685 km – Cádiz 106 km – Gibraltar 45 km – Sevilla 210 km
Mapa de carreteras Michelin n° 578-X13

en la carretera de Cádiz Noroeste : 6,5 km

La Codorniz
✉ 11380 Tarifa – ✆ 956 68 47 44 – www.lacodorniz.com
37 hab ☕ – †54/104 € ††67/130 €
Conjunto de aire andaluz que recuerda a las tradicionales ventas. Sus habitaciones resultan confortables y destacan las que dan al jardín, a modo de bungalows con porche. El restaurante, de ambiente regional y taurino, propone una completa carta tradicional.

en la carretera de Málaga Noreste : 11 km

Mesón de Sancho
✉ 11380 Tarifa – ✆ 956 68 49 00 – www.mesondesancho.com
40 hab – †39/107 € ††49/126 €, ☕ 5,50 €
Bien situado para ver el Estrecho de Gibraltar. Ofrece amplias habitaciones a ambos lados de la carretera, pero recomendamos las del edificio principal por ser más actuales. En el restaurante elaboran una completa carta de cocina tradicional.

TARRAGONA

133 545 h. – Alt. 49 m – Ver mapa regional n° **9-B3**
Madrid 555 km – Barcelona 109 km –
Castelló de la Plana/Castellón de la Plana 184 km – Lleida/Lérida 97 km
Mapa de carreteras Michelin n° 574-I33

SB Ciutat de Tarragona
pl. Imperial Tarraco 5 ✉ 43005 – ✆ 977 25 09 99 – www.hotelciutatdetarragona.com Plano : A1-2**a**
156 hab – ††70/120 €, ☕ 11 € – 12 suites
Bien situado y totalmente actualizado. Disfruta de una cuidada zona social, una azotea bien acondicionada, con zona chill out, y varios tipos de habitaciones, unas de línea clásica-actual orientadas a familias y otras con más diseño. El restaurante, de carácter polivalente, propone una cocina tradicional.

ESPAÑA

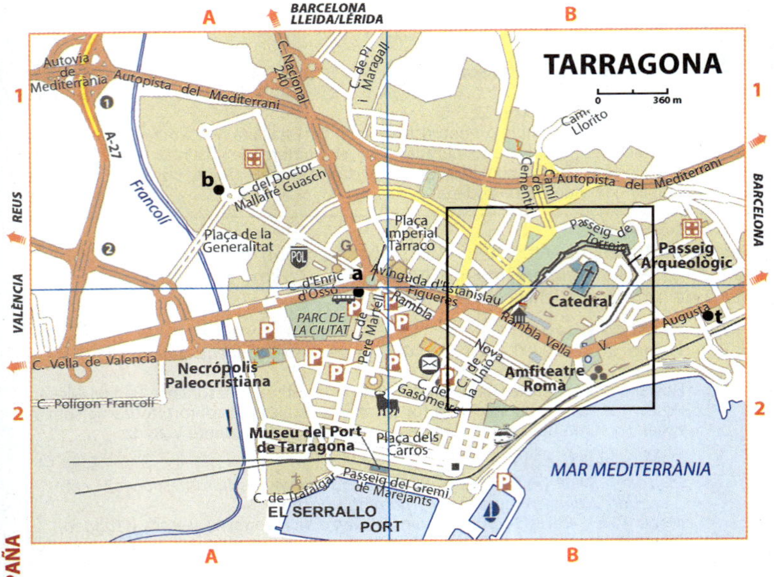

SB Express Tarragona

pl. de les Corts Catalanes 4 ✉ 43005 – ✆ 977 22 10 50 Plano : A1**b**
– www.hotelexpresstarragona.com
90 hab – ††55/100 €, ☕ 7 €
Edificio de construcción actual ubicado en una zona bien comunicada. Posee modernas y espaciosas habitaciones, pensadas para el trabajo y todas con sofá convertible en cama.

Astari

Via Augusta 95 ✉ 43003 – ✆ 977 23 69 00 Plano : B2**t**
– www.hotelastari.com
80 hab – †59/89 € ††59/109 €, ☕ 9 €
Claramente enfocado a la actividad empresarial. Posee un amplio hall-recepción acristalado hacia la piscina, habitaciones funcionales con terraza y una luminosa cafetería, donde sirven una pequeña carta.

Nuria

Via Augusta 145, por Vía Augusta B2 : 1,5 km ✉ 43007 – ✆ 977 23 50 11
– www.hotelnuria.com – cerrado 4 noviembre-4 marzo
57 hab – †48/79 € ††52/84 €, ☕ 8 €
Cercano a la playa de L'Arrabassada. Posee unas instalaciones de línea actual, con detalles de diseño en la zona social y habitaciones funcionales de buen confort. ¡Tienda delicatessen con servicio de menú al mediodía y comida para llevar!

Plaça de la Font

pl. de la Font 26 ✉ 43003 – ✆ 977 24 61 34 Plano : CD2**c**
– www.hotelpdelafont.com
20 hab – †45/60 € ††55/75 €, ☕ 5 €
Resulta céntrico, se halla junto a un parking público y presenta unas reducidas pero coquetas instalaciones. Aquí encontrará unas habitaciones de buen confort, las que dan a la plaza con balcón, así como una cafetería-restaurante de línea actual bien apoyada por una terraza.

XX **Aq**
Les Coques 7 ✉ 43003 – ✆ 977 21 59 54 Plano : D1**a**
– www.aq-restaurant.com – cerrado Navidades, domingo y lunes
Menú 50/60 € – Carta 35/45 €
Se encuentra junto a la catedral, con un montaje moderno y curiosos detalles de diseño. Aquí proponen una cocina actualizada que atesora técnica y se muestra fiel a los productos de mercado, así como varios menús degustación.

XX **El Terrat**
Pons d'Icart 19 ✉ 43004 – ✆ 977 24 84 85 Plano : C2**p**
– www.elterratrestaurant.com – cerrado
24 enero-7 febrero, 24 agosto-7 septiembre, domingo noche y lunes
Menú 18/55 € – Carta 34/45 €
Dotado con dos salas de línea moderna y un cuidado montaje. Disfruta de gran aceptación, ya que ofrece una interesante combinación entre la cocina tradicional y la de autor. ¡Buena terraza de verano con servicio exclusivo de tapas!

XX **Arcs**
Misser Sitges 13 ✉ 43003 – ✆ 977 21 80 40 Plano : D1**b**
– www.restaurantarcs.com – cerrado 10 días en enero, 10 días en julio, 10 días en noviembre, domingo y lunes
Menú 22/42 € – Carta 38/48 €
Este restaurante dispone de una barra de apoyo y una sala de ambiente rústico-actual, con las paredes y arcos originales en piedra. Cocina actualizada de base tradicional. ¡Pruebe los grandes clásicos de la casa o alguno de sus menús!

X **Barquet Tarragona**
Gasòmetre 16 ✉ 43003 – ✆ 977 24 00 23 Plano : C2**a**
– www.restaurantbarquet.com – cerrado del 1 al 7 de enero,
15 agosto-15 septiembre, domingo, lunes noche y festivos
Menú 27/60 € – Carta 28/47 €
Atesora una dilatada trayectoria y ha evolucionado de carbonería a envasadora de sifones, para luego convertirse en bar y por fin en restaurante, hoy de estética moderna. Cocina de mercado basada en sabrosos arroces y platos regionales.

en la carretera N 240 Norte : 2 km

XX **Les Fonts de Can Sala**
Lorenzo López 62 ✉ 43007 Tarragona – ✆ 977 22 85 75
– www.lesfontsdecansala.com – cerrado noches de martes a jueves de
15 octubre-15 abril y domingo noche en mayo
Menú 25/48 € – Carta 23/41 €
A las afueras de Tarragona, en una masía centenaria de aire rústico. También posee dos anexos para banquetes, uno con árboles en su interior. Ofrecen una cocina tradicional catalana que toma parte de las materias primas de su propia huerta.

TARRASA

→ Ver Terrassa
Barcelona

TARRIBA

Cantabria – Ver mapa regional n° **6-B1**
Madrid 402 km – Santander 46 km – Bilbao 134 km
Mapa de carreteras Michelin n° 572-C17

Palacio García Quijano
Tarriba 13-14 ✉ 39409 – ✆ 942 81 40 91 – www.garciaquijano.com – cerrado diciembre-febrero
17 hab – †60/99 € ††70/99 €, ☕ 6,50 €
Casa palaciega de 1606 con las fachadas en piedra, el entorno ajardinado y una pequeña piscina. Tanto las zonas comunes como las habitaciones presentan un estilo clásico-elegante, disponiendo la mayoría de estas últimas hidromasaje.

ESPAÑA

TAÜLL

Lleida – Alt. 1 630 m – Ver mapa regional n° **9-B1**

▶ Madrid 567 km – Lleida/Lérida 150 km – Vielha/Viella 57 km

Mapa de carreteras Michelin n° 574-E32

El Calíu

carret. de Pistas ✉ 25528 – ✆ 973 69 62 12 – www.elcaliutaull.com – cerrado 15 días en noviembre, 15 días en mayo y martes salvo festivos

Menú 17/32 € – Carta 27/36 €

Se encuentra en los bajos de un bloque de apartamentos, saliendo del pueblo y en dirección a las pistas de esquí. En sus salas, ambas clásicas, encontrará una carta tradicional, con un buen apartado de especialidades, y un correcto menú.

El TEJO

→ Ver Comillas

Cantabria

TERRADES

Girona – 278 h. – Ver mapa regional n° **9-C3**

▶ Madrid 748 km – Girona 50 km – Figueres 14 km – Perpignan 60 km

Mapa de carreteras Michelin n° 574-F38

La Fornal dels Ferrers
Major 31 ✉ 17731 – ✆ 972 56 90 95 – www.lafornal.com
Menú 15/44 € – Carta 30/45 € – *(cerrado febrero, lunes, martes y miércoles salvo verano)*
4 hab – 70 € 100 €
Esta acogedora casa posee dos comedores de buen montaje y aire rústico, uno de ellos decorado con arcos. Cocina fiel al recetario tradicional. Como complemento al negocio ofrece una cálida zona social con chimenea y amplias habitaciones personalizadas en su decoración, cada una dedicada a un oficio.

TERRASSA (TARRASA)

Barcelona – 215 055 h. – Alt. 277 m – Ver mapa regional n° **10-B3**
Madrid 599 km – Barcelona 34 km – Lleida/Lérida 156 km – Girona 107 km
Mapa de carreteras Michelin n° 574-H36

Terrassa Park
av. Santa Eulàlia 236 ✉ 08223 – ✆ 937 00 44 00 Plano : B3**c**
– www.hotelterrassapark.com
74 hab – 40/135 € 40/155 €, 10 €
Un hotel de línea funcional. Las habitaciones, con los suelos en tarima, se ven complementadas por una reducida zona social y una cafetería, donde ofrecen un sencillo menú.

Capritx (Artur Martínez)
Pare Millán 140, por Rellinars A1 ✉ 08225 – ✆ 937 35 80 39 – www.capritx.com – cerrado Navidades, Semana Santa, agosto, domingo y lunes
Menú 65 € – *(solo menú)*
El chef-propietario es el nieto del fundador, por eso conoce los orígenes de la casa cuando solo era un bar. En su sala, íntima y moderna, ofrecen una cocina creativa rica en detalles. Basa su trabajo en un menú degustación a base de tapas.
→ Salmorejo de gamba roja. Gachas de pescado de roca. Chocolate con menta balsámica.

La Bodeguilla
Josep Tapioles 1 ✉ 08226 – ✆ 937 84 14 62 Plano : B1**a**
– www.restaurantlabodeguilla.com – cerrado Semana Santa, agosto, domingo noche y lunes
Menú 27/35 € – Carta 40/85 €
Sorprende tanto por la cocina como por sus instalaciones, con parte de las paredes en piedra y gran profusión de madera. Su carta tradicional se enriquece con un buen menú.

Sara
av. Abat Marcet 201 ✉ 08225 – ✆ 937 35 80 25 Plano : A1**d**
– www.sararestaurant.com – cerrado Semana Santa, 3 semanas en agosto, domingo y miércoles noche
Menú 14/25 € – Carta 29/43 €
Casa llevada con gran amabilidad por el matrimonio propietario. En su sala, dividida en dos espacios de línea clásica, podrá descubrir una cocina tradicional y de mercado que suele destacar por la calidad de sus pescados.

El Cel de les Oques
de la Palla 15 ✉ 08221 – ✆ 937 33 82 07 Plano : A2**x**
– www.elceldelesoques.com – cerrado 21 días en agosto, domingo, lunes y martes noche
Menú 15/38 € – Carta 25/34 €
En una callecita peatonal del casco histórico. Tras su anodina fachada accederá a un interior de línea actual-funcional, algo justo pero muy cuidado. Su cocina tradicional actualizada toma como base productos ecológicos y de proximidad.

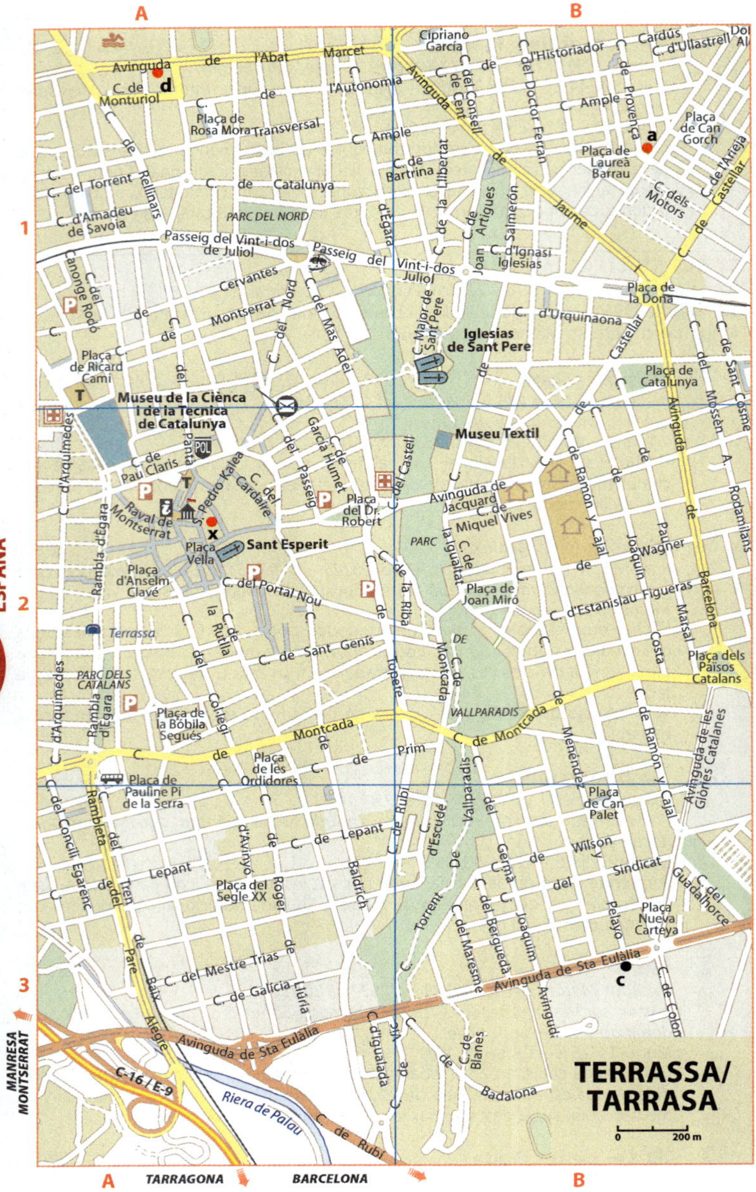
TERRASSA/
TARRASA
0
200 m
A
B
1
2
3
MANRESA
MONTSERRAT
TARRAGONA
BARCELONA
Avinguda de l'Abat Marcet
C. de Monturiol
Plaça de Rosa Mora
C. de l'Autonomia
Transversal
C. Ample
C. de Catalunya
C. del Torrent
C. de Rellinars
C. d'Amadeu de Savoia
PARC DEL NORD
Passeig del Vint-i-dos de Juliol
C. de Cervantes
C. de Montserrat
C. del Nord
C. del Mas Adei
C. del Canonge Rodó
Plaça de Ricard Camí
Museu de la Ciència i de la Tecnica de Catalunya
C. d'Arquimedes
C. de Pau Claris
Raval de Montserrat
Rambla d'Egara
Plaça d'Anselm Clavé
Plaça Vella
Sant Esperit
C. del Cardaire
C. de Garcia Humet
C. del Passeig
Plaça del Dr. Robert
C. del Portal Nou
C. de la Rutlla
Terrassa
PARC DELS CATALANS
C. de Sant Genís
Plaça de la Bòbila Segués
C. del Col·legi
C. de Montcada
Plaça de les Ordidores
Plaça de Pauline Pi de la Serra
Rambleta del Pare Alegre
C. del Concili Egarenc
C. del Tren de Baix
C. de Lepant
C. d'Avinyó
C. de Roger de Llúria
C. de Baldrich
Plaça del Segle XX
C. del Mestre Trias
C. de Galícia
Avinguda de Sta Eulàlia
C-16 / E-9
Riera de Palau
C. de Rubí
C. d'Igualada
Cipriano Garcia
C. del Consell de Cent
Avinguda de Jaume I
C. del Doctor Ferran
C. de l'Historiador Cardús
C. d'Ullastrell
C. de Provença
Plaça de Can Gorch
Plaça de Laureà Barrau
C. dels Motors
C. de l'Arieja
C. de Bartrina
C. de la Llibertat
C. d'Egara
C. de Joan Artigues
C. de Salmerón
C. d'Ignasi Iglesias
Plaça de la Dona
C. d'Urquinaona
C. Major de Sant Pere
Iglesias de Sant Pere
C. de Castellar
Plaça de Catalunya
C. de Mossèn A. Rodamilans
C. de Sant Cosme
Museu Textil
C. del Castell
Avinguda de Jacquard
C. de Miquel Vives
C. de la Igualtat
PARC DE VALLPARADÍS
C. de Ramón y Cajal
C. de Joaquín Costa
C. de Pau Wagner
C. de Marsal
Avinguda de Barcelona
C. de la Riba
C. de Topete
C. de Montcada
Plaça de Joan Miró
C. d'Estanislau Figueras
Plaça dels Països Catalans
C. de Menéndez Pelayo
Avinguda de les Glòries Catalanes
C. de Prim
C. de Rubí
C. d'Escudé
Torrent de Vallparadís
C. del Germà Joaquim
C. del Berguedà
C. del Maresme
Plaça de Can Palet
C. de Wilson
C. del Sindicat
C. del Guadalhorce
Plaça Nueva Carteya
C. de Colom
C. de Blanes
C. de Badalona
a
c
d
x

por la N 150 4,5 km y desvío a la izquierda 3 km

Double Tree by Hilton La Mola

camí dels Plans de Can Bonvilar, por av. de Santa Eulàlia B3
✉ 08227 Terrassa – ✆ 937 36 72 67 – www.lamola.es
186 hab – 110/200 € 120/200 €
Hotel de diseño innovador repartido entre varios edificios, todos en mitad del campo. Atesora un moderno centro de negocios y hasta una antigua masía (Mas Bonvilar) que se usa hoy para los eventos. Su restaurante gastronómico se complementa con un gastrobar.

TERUEL

35 961 h. – Alt. 916 m – Ver mapa regional n° **2**-B3
Madrid 301 km – Albacete 245 km – Cuenca 152 km – Lleida/Lérida 334 km
Mapa de carreteras Michelin n° 574-K26

Plaza Boulevard

pl. Tremedal 3 ✉ 44001 – ✆ 978 60 86 55 – www.bacohoteles.com Plano : B2**c**
18 hab – 40/160 € 45/180 €, 8 €
Resulta céntrico y ha sido reformado para darle una estética más actual, con la fachada acristalada. Aunque todas las habitaciones poseen detalles de diseño hay que destacar las dos de la última planta, más amplias y abuhardilladas.

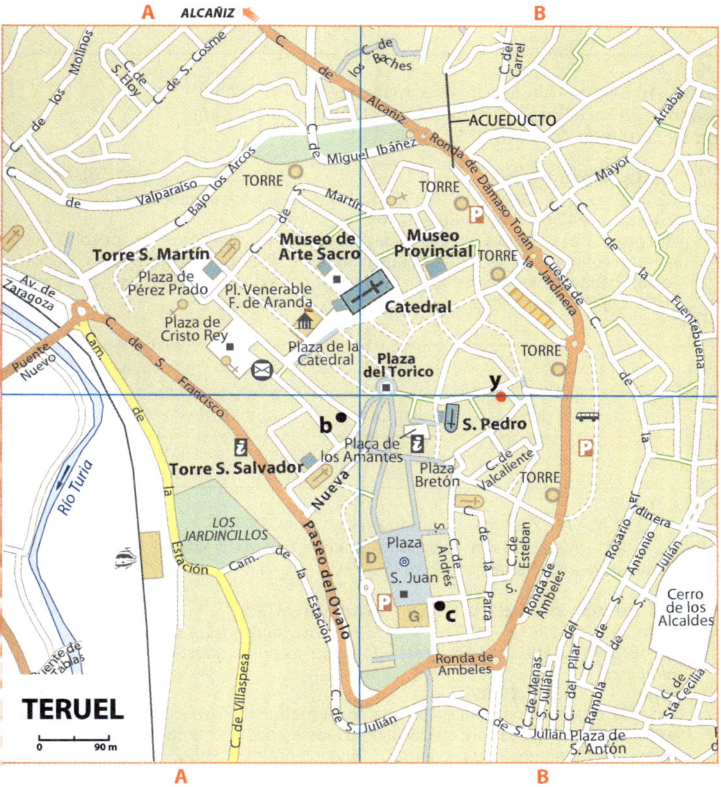

Torico Plaza
Yagüe de Salas 5 ✉ 44001 – ✆ 978 60 86 55 – www.bacohoteles.com Plano : A2**b**
31 hab – 40/160 € 45/180 €, 8 €
¡Asomado a la famosa plaza del Torico! Ofrece habitaciones funcionales de correcto confort, destacando algunas por su orientación y las del último piso por su terraza privada.

Yain
pl. del la Judería 9 ✉ 44001 – ✆ 978 62 40 76 – www.yain.es Plano : B1**y**
– cerrado del 1 al 17 de febrero, del 22 al 28 de agosto, domingo noche, lunes y martes noche
Menú 17/45 € – Carta aprox. 37 €
Su nombre hace referencia al vino en hebreo, pequeño detalle que nos indica la importancia de la bodega en esta casa. Ofrece un interior de línea actual y una cocina de base tradicional con toques actuales... sencilla, agradable y sabrosa.

en la carretera N 234 Noroeste : 2 km

Parador de Teruel
✉ 44003 Teruel – ✆ 978 60 18 00 – www.parador.es
54 hab – 80/140 €, 16 € – 6 suites
Palacete de inspiración mudéjar ubicado en un paraje arbolado. Disfruta de unas correctas zonas nobles y amplias habitaciones, todas con mobiliario castellano. Su cocina plantea un viaje por los platos más típicos de la región, como las Magras de jamón con tomate, la Sopa en perolico o las Migas a la pastora.

TINEO

Asturias – 10 344 h. – Alt. 673 m – Ver mapa regional n° **3-A1**
Madrid 503 km – Oviedo 61 km – Lugo 191 km – León 177 km
Mapa de carreteras Michelin n° 572-B10

Palacio de Meras
Pío Cuervo 3 ✉ 33870 – ✆ 985 90 01 11 – www.palaciodemeras.com
29 hab – 40/60 € 50/80 €, 6 €
Antigua casa palaciega reconstruida y ubicada en el centro del pueblo, que es muy conocido en la zona por sus embutidos. Presenta un salón social polivalente, habitaciones de estilo actual y el comedor montado en un bonito patio, cubierto y porticado.

¿Cómo elegir entre dos direcciones equivalentes en una misma ciudad? Dentro de cada categoría hemos clasificado los establecimientos por orden de preferencia, empezando por los de nuestra predilección.

TITULCIA

Madrid – 1 237 h. – Alt. 509 m – Ver mapa regional n° **15-B2**
Madrid 41 km – Ávila 153 km – Segovia 133 km – Toledo 62 km
Mapa de carreteras Michelin n° 576 y 575-L19

El Rincón de Luis y H. La Barataria sin
Grande 31 ✉ 28359 – ✆ 918 01 01 75 – www.elrincondeluis.com
Menú 30 € – Carta 25/44 € – *(cerrado 2ª quincena de agosto y lunes) (solo almuerzo)*
7 hab – 35/50 € 50/75 €
Casa de organización familiar dotada con un atractivo bar y dos comedores de estilo rústico-regional. La especialidad son los asados en horno de leña. También ofrece apartamentos en un edificio independiente más actual, todos con su propia cocinita integrada.

El TOBOSO

Toledo – 2 094 h. – Alt. 692 m – Ver mapa regional n° **7**-C2
Madrid 140 km – Toledo 131 km – Cuenca 134 km
Mapa de carreteras Michelin n° 576-N21

Casa de la Torre

Antonio Machado 16 ✉ 45820 – ✆ 925 56 80 06 – www.casadelatorre.com – cerrado del 1 al 8 de septiembre

12 hab – 60 € 65/75 €

Singular casona manchega del s. XVII decorada con muchos detalles alusivos a Cervantes. Atesora un precioso despacho, un salón social con chimenea y habitaciones bien personalizadas, algunas dedicadas a las novelas del escritor y todas con valioso mobiliario de anticuario. ¡Cocina casera previa reserva!

La TOJA (Isla de)

→ Ver A Toxa (Illa de)

Pontevedra

ESPAÑA

TOLEDO

83 593 h. – Alt. 529 m – Ver mapa regional n° **7-B2**
Madrid 76 km – Ávila 136 km – Segovia 162 km – Cuenca 183 km
Mapa de carreteras Michelin n° 576-M17
Planos de la ciudad en páginas siguientes

J.P. Azam / hemis.fr

Alojamientos

Eurostars Palacio Buenavista

Concilios de Toledo 1, por av. de la Reconquista B1 ✉ 45005 – ✆ 925 28 98 00 – www.eurostarspalaciobuenavista.com

110 hab – 120/300 €, 15 € – 7 suites

Ubicado parcialmente en el palacio de Buenavista, que data del s. XVI y se encuentra a las afueras de Toledo. Atractiva zona social y habitaciones de elegante estilo clásico. El restaurante muestra un buen montaje y una carta de cocina tradicional actualizada.

Fontecruz Palacio Eugenia de Montijo

pl. del Juego de Pelota 7 ✉ 45002 – ✆ 925 27 46 90 – www.fontecruzhoteles.com Plano : B2**m**

39 hab – 99/219 €, 16 € – 1 suite

Este palacio combina sus artesonados y detalles antiguos con un hermoso patio, excelentes habitaciones y una magnífica sala de desayunos, donde sirven tanto un buffet como platos calientes a la carta. El cuidado restaurante solo abre los fines de semana.

Parador de Toledo

cerro del Emperador ✉ 45002 – ✆ 925 22 18 50 – www.parador.es Plano : C3**t**

76 hab – 100/185 €, 18 € – 3 suites

Ocupa un antiguo edificio que ha sido totalmente reformado, con amplias zonas nobles y habitaciones de excelente confort. Interior de estética actual con toques regionales. En su comedor, de ambiente regional-actual, descubrirá una cocina de raíces locales.

Pintor El Greco

Alamillos del Tránsito 13 ✉ 45002 – ✆ 925 28 51 91 – www.hotelpintorelgreco.com Plano : B2**e**

59 hab – 60/160 €, 9 € – 2 suites

Una opción agradable y próxima al centro. Presenta varios patios interiores, una reducida zona social y coquetas habitaciones, unas de ambiente regional y otras más actuales.

¿Hace buen tiempo? Disfrute el placer de comer en la terraza:

San Juan de los Reyes

Reyes Católicos 5 ✉ 45002 – ✆ 925 28 35 35 Plano : B2**b**
– www.hotelsanjuandelosreyes.com
35 hab – 70/175 € 81/186 €
Hotel de línea funcional-actual que destaca por su céntrica situación, en un edificio protegido del s. XIX. Ofrece habitaciones actuales, todas con hidromasaje o jacuzzi en los baños. En su restaurante encontrará una carta tradicional con algún toque actual.

Abad Toledo

Real del Arrabal 1 ✉ 45003 – ✆ 925 28 35 00 Plano : C1**n**
– www.hotelabadtoledo.com
22 hab – 59/150 €, 9 € – 3 apartamentos
Ocupa una casa que en otro tiempo funcionó como herrería, conservando aún muchos de sus elementos originales. Al otro lado de la calle... ¡también ofrecen tres apartamentos!

Casa de Cisneros

Cardenal Cisneros 12 ✉ 45002 – ✆ 925 22 88 28 Plano : C2**f**
– www.hospederiacasadecisneros.com
10 hab – 25/45 € 45/66 €, 10 €
Casa del s. XVI ubicada frente a la Puerta de los Leones de la Catedral. Posee habitaciones algo pequeñas pero bien decoradas, con mobiliario rústico y baños de plato ducha. ¡Su subsuelo conserva vestigios de un palacio musulmán del s. XI!

La Posada de Manolo

Sixto Ramón Parro 8 ✉ 45001 – ✆ 925 28 22 50 Plano : C2**h**
– www.laposadademanolo.com – cerrado del 15 al 31 de julio y del 15 al 31 de diciembre
14 hab – 39/55 € 50/88 €, 3 €
En una antigua casa restaurada. Posee una reducida zona social, habitaciones decoradas en diferentes estilos y un agradable comedor para desayunos con vistas a la Catedral.

ESPAÑA

Restaurantes

Adolfo

Hombre de Palo 7 ✉ 45001 – ✆ 925 22 73 21 Plano : C2**c**
– www.grupoadolfo.com – cerrado del 9 al 15 de enero y domingo noche
Menú 58/75 € – Carta 47/78 € **9 apartamentos** – 76/135 €, 10 €
Atesora unas magníficas instalaciones formadas por un buen hall y dos salas de línea actual, la principal en un patio. Carta actualizada de base tradicional. Como complemento posee unos cuidados apartamentos en un anexo, todos con cocina pero casi sin menaje.

As de Espadas

paseo de la Rosa 64, por Piedra Buena A3 *✉ 45006 – ✆ 925 21 27 07 – cerrado 2ª quincena de agosto y domingo*
Menú 25/45 € – Carta 33/54 € – *(solo almuerzo salvo jueves, viernes y sábado en invierno)*
Llevado entre hermanos, de aire actual y ubicado frente a la estación del AVE. Combina luz, espacio y confort para ofrecer una carta de base tradicional con buenas carnes.

Locum

Locum 6 ✉ 45001 – ✆ 925 22 32 35 – www.locum.es Plano : C2**n**
– cerrado 2ª quincena de agosto, lunes noche y martes
Menú 40 € – Carta 40/55 €
Casa del s. XVII emplazada junto a la Catedral. Se presenta con un hall, una barra de apoyo y dos salas, ambas de línea rústica-regional. Cocina actual de base tradicional.

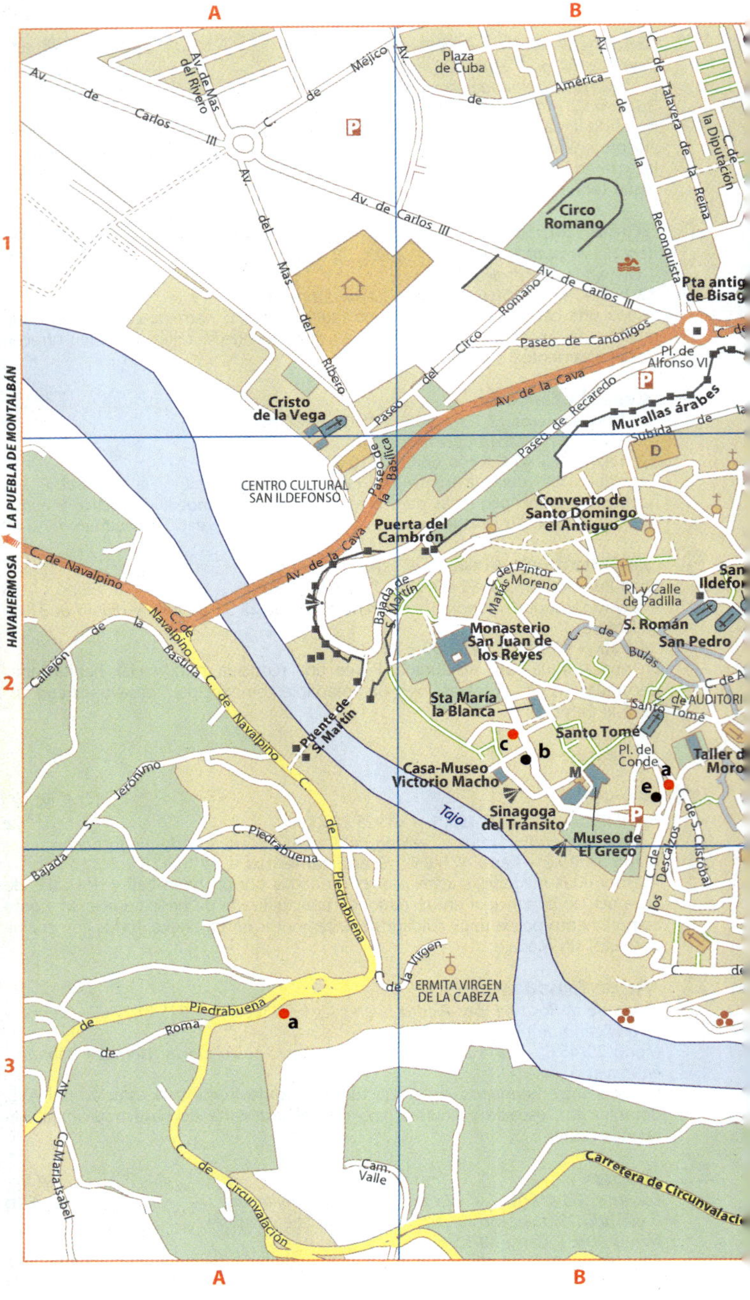
A
B
1
2
3
HAVAHERMOSA
LA PUEBLA DE MONTALBÁN
Av. de Carlos III
Av. de Mas del Rivero
C. de Méjico
Av.
Plaza de Cuba
Av. de América
Av. de la Reconquista
C. de Talavera de la Reina
C. de la Diputación
Av. del Mas del Ribero
Circo Romano
Pta antig de Bisag
Av. de Carlos III
Paseo del Circo Romano
Paseo de Canónigos
Pl. de Alfonso VI
Av. de la Cava
Paseo de Recaredo
Murallas árabes
Subida de
Cristo de la Vega
Paseo de la Basílica
CENTRO CULTURAL SAN ILDEFONSO
Convento de Santo Domingo el Antiguo
Puerta del Cambrón
C. de Navalpino
Av. de la Cava
C. del Pintor Matías Moreno
Pl. y Calle de Padilla
San Ildefo
Bajada de S. Martín
S. Román
San Pedro
Monasterio San Juan de los Reyes
C. de Bulas
C. de A
C. de Santo Tomé
AUDITORI
Callejón de la Bastida
C. de Navalpino
Sta María la Blanca
Santo Tomé
Puente de S. Martín
c
b
Pl. del Conde
a
Taller d Moro
Casa-Museo Victorio Macho
M
e
Jerónimo
Sinagoga del Tránsito
Tajo
C. Piedrabuena
Museo de El Greco
C. de S. Cristóbal
C. de los Descalzos
Bajada
C. de Piedrabuena
C. de la Virgen
ERMITA VIRGEN DE LA CABEZA
Piedrabuena
a
de Roma
Av.
Cg. María Isabel
C. de Circunvalación
Cam. Valle
Carretera de Circunvalación
C. de

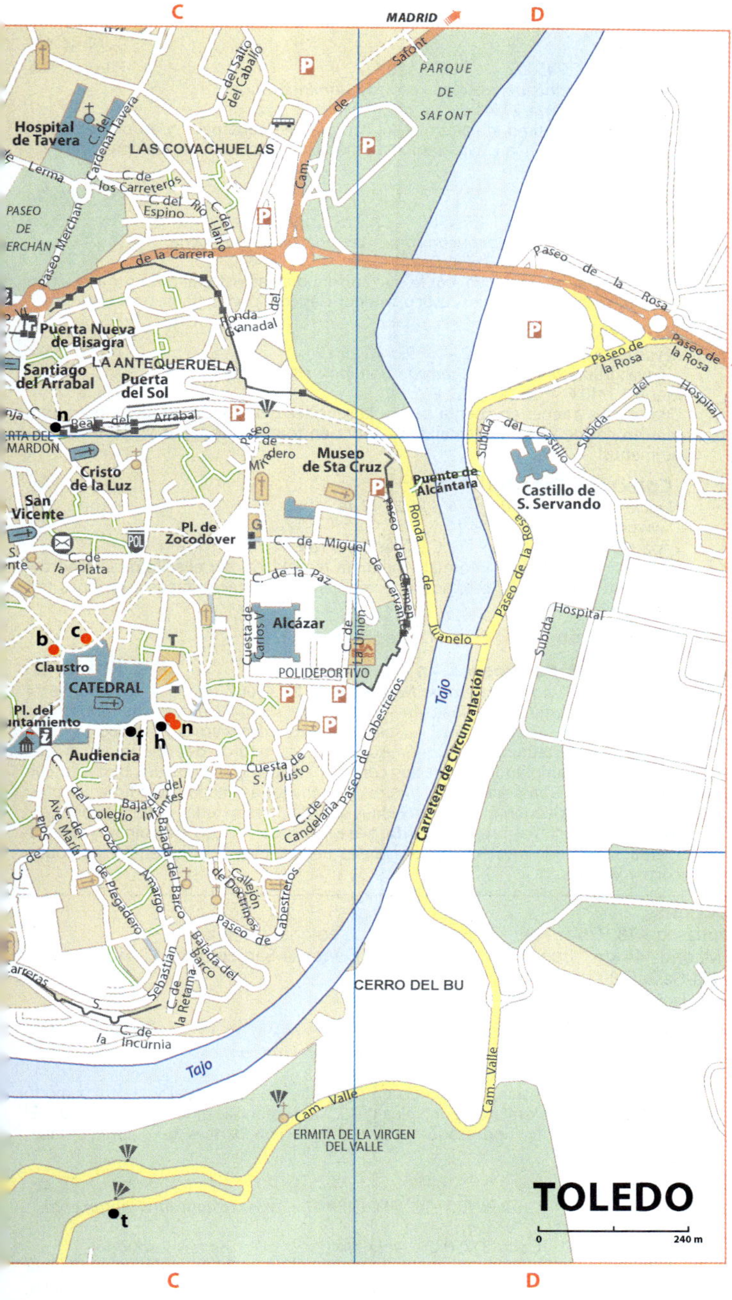

C
D
MADRID
CIUDAD REAL, ARANJUEZ
1
2
3
PARQUE DE SAFONT
Hospital de Tavera
LAS COVACHUELAS
C. del Cardenal Tavera
C. del Salto del Caballo
Cam. de Safont
C. de los Carreteros
C. del Espino
C. del Río Llano
PASEO DE MERCHÁN
Paseo Merchán
C. de la Carrera
Paseo de la Rosa
Puerta Nueva de Bisagra
Ronda del Granadal
Santiago del Arrabal
LA ANTEQUERUELA
Puerta del Sol
Real del Arrabal
MARDON
Paseo de Miradero
Museo de Sta Cruz
Puente de Alcántara
Subida del Castillo
Subida del Hospital
Castillo de S. Servando
Cristo de la Luz
San Vicente
Pl. de Zocodover
C. de Miguel de Cervantes
Paseo del Carmen
Ronda de Juanelo
C. de la Plata
C. de la Paz
Cuesta de Carlos V
Alcázar
C. de la Unión
POLIDEPORTIVO
Paseo de la Rosa
Subida Hospital
Claustro
CATEDRAL
Pl. del Ayuntamiento
Audiencia
Tajo
Carretera de Circunvalación
Paseo de Cabestreros
Cuesta de S. Justo
C. de Candelaria
Bajada del Infantes
C. del Colegio
C. del Pozo Amargo
C. de Ave María
C. de Pletadero
Bajada del Barco
Callejón de Doctrinos
Paseo de Cabestreros
Bajada del Barco
C. de la Retama
Sebastián
C. de la Incurnia
Carreras
CERRO DEL BU
Cam. Valle
ERMITA DE LA VIRGEN DEL VALLE
TOLEDO
0
240 m

XX **La Orza**
Descalzos 5 ✉ 45002 – ✆ 925 22 30 11 Plano : B2**a**
– www.restaurantelaorza.com – cerrado domingo noche
Menú 25 € – Carta 27/44 €
Un restaurante íntimo, de aire rústico, con grandes ventanales y en plena judería toledana. Ofrecen una cocina regional y tradicional actualizada, siempre con buenos detalles.

XX **Hierbabuena**
carret. Circunvalación 1 ✉ 45004 – ✆ 925 22 39 24 Plano : A3**a**
– www.restaurantehierbabuena.com – cerrado domingo noche
Menú 22/47 € – Carta 35/50 €
Ubicado en la ladera del río, por lo que atesora buenas vistas al mismo y a los cigarrales del otro lado. Exterior rústico, interior clásico y cocina tradicional elaborada.

X **Colección Perdiz**
Reyes Católicos 7 ✉ 45002 – ✆ 925 25 29 19 Plano : B2**c**
– www.grupoadolfo.com – cerrado domingo noche y lunes
Menú 13/40 € – Carta 30/52 €
Una opción a tener en cuenta pese a la sencillez del servicio de mesa, pues aquí ofrecen cocina regional de calidad... ahora en formato de tapas y con la opción de menús.

Colección Catedral
Nuncio Viejo 1 ✉ 45002 – ✆ 925 22 42 44 Plano : C2**b**
– www.grupoadolfo.com
Tapa 6 € – Ración aprox. 12 € – Menú 13/18 €
Gastrobar de ambiente informal y urbanita respaldado por el sello de calidad del Grupo Adolfo. Se halla cerca de la Catedral, donde ofrecen tapas y raciones tradicionales.

ESPAÑA

en la urbanización Montesión Oeste : 5 km

XXX **El Carmen de Montesión** (Iván Cerdeño)
Montesión 107, por carretera de Navalpino A2 ✉ 45002 Toledo – ✆ 925 22 36 74
– www.elcarmendemontesion.com – cerrado del 15 al 31 de agosto y lunes
Menú 28/74 € – Carta 49/60 € – *(solo almuerzo salvo viernes y sábado)*
He aquí un restaurante gastronómico, a pocos minutos de Toledo, en el que se conjuga la amplitud de espacios con una estética clásica-rústica bastante cuidada. Cocina de base tradicional y raíces manchegas asentada sobre firmes pilares: un producto seleccionado, elaboraciones actuales y esmeradas presentaciones.
→ Guisante lágrima, oreja de cerdo glaseada, jugo meloso de vainas y aire de menta. Liebre a la royal, crema de ciruelas negras, maíz y judiones. Fresas, yogur, coco y vinagre.

TOLOSA

Guipúzcoa – 18 936 h. – Alt. 77 m – Ver mapa regional n° **18-B2**
Madrid 444 km – Iruña/Pamplona 64 km – Donostia-San Sebastián 26 km – Vitoria-Gasteiz 89 km
Mapa de carreteras Michelin n° 573-C23

Oria
Oria 2 ✉ 20400 – ✆ 943 65 46 88 – www.hoteloria.com
45 hab – 66/132 € 77/140 €, 9 €
Sus habitaciones están distribuidas en dos edificios, uno actual y el otro a modo de chalet, con un estilo de principios del s. XX y estancias algo más espaciosas. El amplio restaurante, tipo asador, está decorado con barriles de sidra y detalles neorrústicos.

XX **Frontón**
San Francisco 4-1° ✉ 20400 – ✆ 943 65 29 41 – www.restaurantefronton.com
– cerrado lunes
Menú 20/36 € – Carta 37/50 € – *(solo almuerzo salvo viernes y sábado)*
¡Adosado a un frontón! Ofrecen una carta tradicional bien complementada por varios menús. Su plato estrella son las Alubias de Tolosa con berza, guindillas, tocino y morcilla.

Casa Nicolás (N)

av. Zumalakarregi 7 ✉ 20400 – ☎ 943 65 47 59 – www.asadorcasanicolas.com – cerrado domingo noche y festivos noche

Carta 59/75 €

Aquí todo gira en torno a sus excepcionales Chuletas de vaca, elaboradas a la parrilla y consideradas un objeto de culto. Larga trayectoria familiar y ambiente rústico-actual.

TOLOX

Málaga – 2 295 h. – Alt. 315 m – Ver mapa regional n° **1-A3**

Madrid 600 km – Antequera 81 km – Málaga 54 km – Marbella 46 km

Mapa de carreteras Michelin n° 578-V15

al Noroeste 3,5 km

Cerro de Hijar

✉ 29109 Tolox – ☎ 952 11 21 11 – www.cerrodehijar.com

18 hab – 40/57 € 61/85 €, 8 €

Hotel de montaña que destaca tanto por su emplazamiento, en plena Sierra de las Nieves, como por su arquitectura a modo de hacienda andaluza, con habitaciones de ambiente colonial y magníficas vistas. El restaurante propone una cocina de tintes creativos.

TONA

Barcelona – 8 085 h. – Alt. 600 m – Ver mapa regional n° **9-C2**

Madrid 627 km – Barcelona 56 km – Manresa 42 km

Mapa de carreteras Michelin n° 574-G36

Torre Simón

Doctor Bayés 75 ✉ 08551 – ☎ 938 87 00 92 – www.torresimon.com – cerrado 7 días en agosto

Menú 40 € – Carta 36/47 € – *(solo almuerzo salvo viernes y sábado)* (es necesario reservar para cenar)

Ubicado en una preciosa villa de estética modernista dotada con dos comedores clásicos, dos privados y una agradable terraza. Cocina tradicional actualizada y sugerente menú.

TOPAS

Salamanca – 597 h. – Alt. 820 m – Ver mapa regional n° **8-B2**

Madrid 222 km – Valladolid 120 km – Salamanca 26 km – Zamora 52 km

Mapa de carreteras Michelin n° 575-I13

por la carretera N 630 Oeste : 9,5 km y desvío a la derecha 2,3 km

Castillo del Buen Amor

✉ 37799 Topas – ☎ 923 35 50 02 – www.buenamor.net

40 hab – 85/149 € 100/175 € – 4 suites

Castillo-palacio del s. XV construido sobre una fortaleza. Posee una variada zona noble, un patio gótico-renacentista y espaciosas habitaciones, destacando especialmente las de la torre del homenaje. El restaurante, que ocupa las antiguas caballerizas abovedadas, propone una carta tradicional y varios menús.

TORÀ

Lleida – 1 253 h. – Alt. 448 m – Ver mapa regional n° **9-B2**

Madrid 542 km – Barcelona 110 km – Lleida/Lérida 83 km – Manresa 49 km

Mapa de carreteras Michelin n° 574-G34

Hostal Jaumet

carret. C 1412 ✉ 25750 – ☎ 973 47 30 77 – www.hostaljaumet.com

Menú 17/23 € – Carta 20/38 € – (reserva aconsejable)

17 hab – 50 € 70/80 €

Negocio familiar de 5ª generación, pues abrió en 1890. Dispone de un gran bar y un comedor clásico, donde ofrecen deliciosos guisos y platos "de la abuela" que ensalzan el recetario catalán. ¡También posee habitaciones de ambiente clásico y correcto confort!

TORDESILLAS

Valladolid – 8 961 h. – Alt. 702 m – Ver mapa regional n° **8**-B2
Madrid 182 km – Valladolid 31 km – León 142 km – Salamanca 85 km
Mapa de carreteras Michelin n° 575-H14

Parador de Tordesillas

carret. de Salamanca, Suroeste : 1 km ✉ 47100 – ✆ 983 77 00 51 – www.parador.es
68 hab – ††75/175 €, ☕ 15 €
Hermosa casa solariega construida al abrigo de un frondoso pinar. Ofrece una agradable zona noble, habitaciones de ambiente castellano y un sobrio comedor con el techo artesonado, donde encontrará una carta de marcado gusto regional. Entre sus especialidades están los asados y el Gallo de corral turresilano.

Doña Carmen (N)

carret. de Salamanca ✉ 47100 – ✆ 983 77 01 12 – www.hotellostoreros.com
15 hab – †33 € ††55 €, ☕ 5 €
Hotelito de organización familiar a orillas del Duero. Posee unas instalaciones de línea funcional-actual y confortables habitaciones, todas con los baños bien renovados. El comedor, que oferta tanto carta como menú, apuesta claramente por la cocina regional.

Los Toreros

av. de Valladolid 26 ✉ 47100 – ✆ 983 77 19 00 – www.hotellostoreros.com
Menú 13/35 € – Carta 30/38 € **27 hab** – †33 € ††47 €, ☕ 4 €
Aquí no hallará un espacio de ambiente taurino, pues con su nombre solo hacen referencia al apodo familiar. El negocio se presenta con un bar, un comedor clásico y algunas habitaciones por si desea alojarse, la mitad renovadas y de estilo clásico-actual. Su carta tradicional se completa con varios menús.

ESPAÑA

TORLA

Huesca – 292 h. – Alt. 1 113 m – Ver mapa regional n° **2**-C1
Madrid 480 km – Huesca 95 km – Zaragoza 164 km
Mapa de carreteras Michelin n° 574-E29

Abetos

carret. de Ordesa ✉ 22376 – ✆ 974 48 64 48 – www.hotelabetos.es – Semana Santa-10 diciembre
22 hab – †47/55 € ††55/75 €, ☕ 9 €
Tiene una zona social con chimenea y acogedoras habitaciones, las del 1er piso con balconcillo y las del 2º abuhardilladas. Comedor para los desayunos con servicio de buffet.

Villa Russell

A Ruata 8 ✉ 22376 – ✆ 974 48 67 70 – www.hotelvillarussell.com – Semana Santa-5 noviembre
17 hab ☕ – †63/88 € ††88/115 €
Céntrico y sorprendente, pues posee una imponente fachada en piedra. Ofrece habitaciones amplias y bien equipadas, así como un comedor para desayunos con servicio de buffet.

Villa de Torla

pl. Aragón 1 ✉ 22376 – ✆ 974 48 61 56 – www.hotelvilladetorla.com – cerrado 6 enero-marzo
37 hab – †40/50 € ††50/70 €, ☕ 6 €
Se halla en la plaza principal, tiene una organización familiar y presenta unas habitaciones muy correctas, destacando dos abuhardilladas bastante amplias con jacuzzi. Agradable piscina exterior de agua climatizada y un comedor clásico, para desayunos y cenas.

Bujaruelo
carret. de Ordesa ✉ 22376 – ☎ 974 48 61 74 – www.hotelbujarueloordesa.com – cerrado 6 enero-24 marzo
23 hab – 🚹40/55 € 🚹🚹50/80 €, ☕ 8 €
Su atractiva fachada en piedra da paso a un interior muy bien renovado. Posee un salón social dotado de chimenea y habitaciones de diferentes estilos, la mayoría con buenas vistas a las montañas. El restaurante basa su oferta en un menú de gusto tradicional.

El Duende
La Iglesia ✉ 22376 – ☎ 974 48 60 32 – www.restauranteelduende.com – cerrado del 7 al 31 de enero y martes salvo verano
Menú 22/35 € – Carta 26/41 €
Casa en piedra dotada con un bar de espera en la planta baja y dos salas en los pisos superiores, ambas rústicas y de cuidado montaje. Cocina tradicional de buen nivel, dos menús y platos típicos... como el sabroso Ternasco de la zona.

TORO
Zamora – 9 421 h. – Alt. 745 m – Ver mapa regional n° **8-B2**
Madrid 210 km – Salamanca 66 km – Valladolid 63 km – Zamora 33 km
Mapa de carreteras Michelin n° 575-H13

por la carretera de Peleagonzalo Suroeste : 11,5 km

Valbusenda
carret. Toro-Peleagonzalo ✉ 49800 Toro – ☎ 980 69 95 73 – www.valbusenda.com
35 hab ☕ – 🚹🚹167/270 € – 9 suites
Orientado al turismo enológico, pues pertenece a una bodega, está en pleno campo y sus modernas instalaciones se han pensado para el relax. En el restaurante, de ambiente minimalista, elaboran una cocina actual. ¡Vistas a la vega del Duero y a los viñedos!

ESPAÑA

TORRE DEL MAR
Málaga – 15 791 h. – Ver mapa regional n° **1-C2**
Madrid 570 km – Almería 190 km – Granada 141 km – Málaga 31 km
Mapa de carreteras Michelin n° 578-V17

Miraya
Patrón Veneno 6 ✉ 29740 – ☎ 952 54 59 69 – www.hotelmiraya.com
21 hab – 🚹35/55 € 🚹🚹45/80 €, ☕ 4 €
Hotel de línea actual y gestión familiar. Todas las habitaciones tienen un sencillo mobiliario provenzal y los baños completos, aunque destacan las que disfrutan de terraza.

Asador el Yate N
Saladero Viejo 32 ✉ 29740 – ☎ 952 54 79 69 – www.marisqueriaelyate.es – cerrado 7 enero-7 febrero y miércoles salvo festivos
Menú 35/50 € – Carta 33/50 €
¡Interesante! Este asador, especializado en carnes y de aire rústico, completa su carta de tinte tradicional con los excelentes pescados y mariscos del bar-marisquería anexo.

TORRECABALLEROS
Segovia – 1 285 h. – Alt. 1 152 m – Ver mapa regional n° **8-C3**
Madrid 102 km – Valladolid 121 km – Segovia 11 km – Ávila 79 km
Mapa de carreteras Michelin n° 575-J17

El Rancho
pl. del Mediodía 1 ✉ 40160 – ☎ 921 40 10 60 – www.fincaelrancho.com
49 hab ☕ – 🚹60/100 € 🚹🚹70/123 €
Rest *El Rancho de la Aldegüela* – ver selección restaurantes
Instalado en un complejo que, allá por el s. XVII, sirvió como rancho agrícola para el esquileo de ovejas. Posee una elegante zona noble y habitaciones de buen confort, combinando el estilo tradicional castellano con los detalles africanos y orientales. ¡Buen funcionamiento para las reuniones de trabajo!

Burgos
carret. N 110 ✉ 40160 – ☎ 921 40 12 18 – www.hostalburgos.com
20 hab – 🛉42 € 🛉🛉60 €, ☕ 4 €
Hostal de carácter familiar que sorprende por sus acogedoras habitaciones, todas con numerosos detalles decorativos pintados a mano y las de la 3ª planta abuhardilladas. La piscina está cubierta o descubierta según la estación.

La Portada de Mediodía
San Nicolás de Bari 31 ✉ 40160 – ☎ 921 40 10 11 – www.laportadademediodia.com – cerrado domingo noche y lunes salvo festivos
Menú 38/50 € – Carta 33/48 €
Ocupa una antigua casa de postas, bien emplazada junto a la iglesia, y que data de principios del s. XVII. En sus salas, de acogedor ambiente rústico, le propondrán una cocina castellana dominada por los asados y las carnes a la brasa.

El Rancho de la Aldegüela – Hotel El Rancho
pl. Marqués de Lozoya 3 ✉ 40160 – ☎ 921 40 10 60 – www.fincaelrancho.com
Menú 33/42 € – Carta 30/45 € – *(solo almuerzo salvo julio, agosto, viernes y sábado)*
Trabaja mucho y atesora un carácter rústico realmente personal, pues ocupa una antigua finca de esquileo. En sus acogedoras salas podrá degustar una cocina tradicional especializada en asados y carnes a la parrilla.

TORREJÓN DE ARDOZ
Madrid – 123 761 h. – Alt. 585 m – Ver mapa regional n° **15-B2**
Madrid 24 km – Toledo 90 km – Segovia 117 km – Guadalajara 37 km
Mapa de carreteras Michelin n° 576 y 575-K19

Plaza Mayor
Cristo 21 ✉ 28850 – ☎ 916 48 78 50 – www.hostal-plazamayor.com
44 hab ☕ – 🛉43/46 € 🛉🛉49/55 €
Hotel de organización familiar que va actualizando sus instalaciones poco a poco, recreando tanto en las zonas sociales como en las habitaciones un estilo más urbano y actual.

TORRELAGUNA
Madrid – 4 861 h. – Alt. 744 m – Ver mapa regional n° **15-B2**
Madrid 62 km – Segovia 91 km – Guadalajara 48 km – Ávila 129 km
Mapa de carreteras Michelin n° 576 y 575-J19

La Posada del Camino Real
San Francisco 6 ✉ 28180 – ☎ 918 43 00 03 – www.posadadelcaminoreal.com
14 hab ☕ – 🛉30/45 € 🛉🛉60/90 €
Conjunto castellano dotado con un bello patio porticado. Sus habitaciones, acogedoras y en diferentes colores, poseen mobiliario rústico en hierro forjado y en madera. Restaurante distribuido en dos salas, destacando la ubicada en una cueva-bodega del s. XVII.

TORRELAVEGA
Cantabria – 54 827 h. – Alt. 23 m – Ver mapa regional n° **6-B1**
Madrid 384 km – Bilbao 121 km – Oviedo 178 km – Santander 24 km
Mapa de carreteras Michelin n° 572-B17

Montedobra
paseo Joaquín Fernández Vallejo 21 ✉ 39300 – ☎ 942 88 17 37 – www.hotelmontedobra.com – cerrado 24 diciembre-7 enero
15 hab – 🛉45/53 € 🛉🛉67/75 €, ☕ 4 €
Próximo al centro y de diseño urbano-actual. Ofrece unas habitaciones bien equipadas en su categoría, todas actuales y las de la última planta con los techos abuhardillados.

El Palacio
paseo Joaquín Fernández Vallejo 192, Sur 1,5 km ✉ 39316 – ✆ 942 80 11 61 – www.elpalacio.es – cerrado del 1 al 15 de septiembre, domingo noche y lunes
Menú 12/35 € – Carta 31/44 €
Se presenta con un jardín, una carpa que utilizan como terraza y tres salas de línea clásica en la 1ª planta, todas personalizadas. Cocina actual de cuidadas presentaciones.

Al Natural
pl. Pique y Varela 4 ✉ 39300 – ✆ 942 18 03 85 – www.restaurantealnatural.com – cerrado domingo y miércoles noche
Menú 14/30 € – Carta 26/39 €
Resulta céntrico y está llevado de una manera informal. Posee un pequeño bar-vinoteca y un correcto comedor, todo de ambiente actual. Su sencilla carta tradicional se enriquece con alguna que otra jornada gastronómica. ¡Precios ajustados!

TORRELLANO
Alicante – 7 173 h. – Alt. 74 m – Ver mapa regional n° **11-A3**
Madrid 418 km – València 172 km – Alacant / Alicante 13 km – Murcia 77 km
Mapa de carreteras Michelin n° 577-R28

Nuestrabarra
Consueta 6 ✉ 03320 – ✆ 965 10 79 00 – www.tapasnuestrabarra.com
Menú 25/80 € – Carta 30/54 €
Próximo a una zona industrial. Tras su atractiva fachada presenta un interior muy moderno y acogedor. Su carta combina las tapas y raciones con los platos propios de la cocina tradicional, deliciosas carnes a la brasa, arroces, pescados...

ESPAÑA

TORRELODONES
Madrid – 22 782 h. – Alt. 845 m – Ver mapa regional n° **15-A2**
Madrid 29 km – Ávila 85 km – Segovia 67 km – Toledo 99 km
Mapa de carreteras Michelin n° 576 y 575-K18

El Trasgu
Cudillero 2 ✉ 28250 – ✆ 918 59 08 40 – www.restauranteeltrasgu.es – cerrado domingo noche y lunes
Menú 45/65 € – Carta 50/70 €
Instalado en un elegante chalet, con un bar de espera y tres salas de ambiente clásico-actual. Carta tradicional con un apartado de guisos, arroces y mariscos. ¡No se pierda su magnífica terraza!

La Casita
camino de Valladolid 10 ✉ 28250 – ✆ 918 59 55 05 – www.lacasitadetorre.com – cerrado domingo noche
Menú 26/34 € – Carta 35/49 €
Ocupa una casita de piedra dotada con un pequeño bar de tapas y raciones, un comedor principal a modo de cabaña acristalada y un gran privado. Carta tradicional con toques creativos y buena selección de vinos por copas.

TORREMENGA
Cáceres – 653 h. – Alt. 530 m – Ver mapa regional n° **12-C1**
Madrid 227 km – Ávila 161 km – Cáceres 118 km – Plasencia 33 km
Mapa de carreteras Michelin n° 576-L12

El Turcal
carret. EX 203, Suroeste : 1,5 km ✉ 10413 – ✆ 616 61 11 16 – www.elturcal.com – cerrado 9 diciembre-12 febrero, martes y miércoles en otoño-invierno y lunes
11 hab – †60/106 € ††80/106 €, ☕ 8 €
Hotel rural de arquitectura bioclimática, con acogedoras dependencias de línea moderna que combinan diseño y tradición mediante la utilización de piedra, hierro y madera. Cocina de tinte casero orientada al cliente alojado.

TORREMOLINOS

Málaga – 69 389 h. – Ver mapa regional n° **1-B2**
Madrid 542 km – Granada 139 km – Málaga 17 km – Sevilla 220 km
Mapa de carreteras Michelin n° 578-W16

Isabel
paseo Marítimo 47 ✉ 29620 – ✆ 952 38 17 44 – www.hotelisabel.net – cerrado noviembre-febrero Plano : B1**n**
70 hab – 40/80 € 60/140 €
¡Asomado al mar! En conjunto presenta unas habitaciones de cuidado equipamiento, unas con bañera, otras con cabina-ducha de hidromasaje y algunas dotadas de amplias terrazas.

El Botijo Carihuela
Párroco D. Antonio Díaz Romero 5 ✉ 29620 – ✆ 952 05 87 90 – www.elbotijocarihuela.com – cerrado 7 enero-7 febrero Plano : B2**a**
Carta 30/41 €
Sencillo asador decorado con detalles castellanos y cinegéticos. Propone una carta tradicional, siendo sus especialidades el Cordero lechal asado y las carnes a la parrilla.

al Suroeste barrios de La Carihuela y Montemar

La Luna Blanca
pasaje del Cerrillo 2 ✉ 29620 Torremolinos – ✆ 952 05 37 11 – www.hotellalunablanca.com Plano : A3**b**
9 hab – 75/100 € 85/120 €
Hotel tipo chalet llevado directamente por sus propietarios nipones. Posee un buen salón social y amplias habitaciones, la suite japonesa con tatami en vez de cama. En su restaurante, de línea informal, ofrecen platos internacionales y especialidades de Japón.

en la carretera de Málaga Norte : 5 km

Parador de Málaga Golf
junto al campo de golf, por la carretera de acceso a la autovía A1 ✉ 29080 Málaga – ✆ 952 38 12 55 – www.parador.es
82 hab – 85/190 €, 18 € – 6 suites
Atractivo e integrado en un entorno ideal para jugar al golf. Encontrará unos espacios muy luminosos, buenas terrazas y amplias habitaciones de línea clásica-actual. En el comedor, dominado por los tonos blancos, ofrecen una carta tradicional y un buen menú.

TORRENT

Girona – 185 h. – Ver mapa regional n° **10-B1**
Madrid 726 km – Barcelona 127 km – Girona 42 km – Lleida 265 km
Mapa de carreteras Michelin n° 574-G39

Mas de Torrent
Afores ✉ 17123 – ✆ 972 30 32 92 – www.hotelmastorrent.com – marzo-octubre
37 hab – 240/600 € 300/750 € – 7 suites
Disfruta de unas dependencias realmente magníficas, decoradas con sumo gusto y distribuidas entre la preciosa masía del s. XVIII y los distintos pabellones anexos. Atesora dos cuidados restaurantes, uno con vistas a la terraza y el otro junto a la piscina.

TORRICO

Toledo – 824 h. – Alt. 445 m – Ver mapa regional n° **7-A2**
Madrid 169 km – Toledo 136 km – Cáceres 161 km – Ávila 151 km
Mapa de carreteras Michelin n° 575 y 576-M14

ESPAÑA

MÁLAGA
A
MÁLAGA
B
A-7 / E-15
PALACIO DE CONGRESOS
PARQUE AQUÁTICO
C. de Acceso a la Autovía
Av. de Rafael Gómez Sánchez
C. Río Bergantes
C. de la Cruz
C. Hoyo
Av. de Benyamina
C. Vistalmar
Paseo del Colorado
C. del Sanatorio
Paseo del Pan Triste
C. Tirreno
Av. de Playamar
Paseo Marítimo
C. de las Mercedes
Av. de los Manantiales
Av. de Isabel Manoja
C. S. Miguel
C. Casablanca
Av. de Joan Miró
C. Europa
C. Río Trueba
C. de Rafael Quintana Rosado
Av. de Sorolla
C. del Colegial
C. Loma del Colegial
Cam. de los Pinares
Av. de S. Antón
EL POZUELO
Av. Real
C. del Periodista Federico Alba
Av. de Circunvalación
C. Jamaica
Av. de S. Francisco
C. Pez Dorado
C. Ramos Puente
Av. Palma de Mallorca
C. de Frutos Herranz
Cam. del Pinillo
PARQUE DE LA BATERÍA
MONTEMAR
Av. del Carmelo
C. de la Cordera
C. de Circunvalación
Av. de Carlota Alessandri
C. Miami
C. del Bulto
C. Don Juan Manuel
C. de la Luna
C. Eurosol
C. Salvador Allende
C. Delfines
C. Perú
LA CARIHUELA
Av. de España
C. de las Adelfas
MAR MEDITERRÁNEO
TORREMOLINOS
0
240 m
1
2
3
ESPAÑA
MARBELLA, GIBRALTAR, ALGECIRAS

en Valdepalacios Noreste : 6 km – Ver mapa regional n° **7**-A2

Valdepalacios

carret. Oropesa a Puente del Arzobispo ✉ 45572 Torrico – ☎ 925 45 75 34 – www.valdepalacios.es

27 hab – 🚹200/560 € 🚹🚹260/700 €, ☕ 20 €

Rest *Tierra* ✿ – ver selección restaurantes

Presenta la fisonomía de una gran hacienda, con amplias zonas ajardinadas y construcciones anexas. Atesora una atmósfera de gusto clásico-elegante, acogedores salones con chimenea y unas habitaciones de excelente equipamiento.

Tierra – Hotel Valdepalacios

carret. Oropesa a Puente del Arzobispo ✉ 45572 Torrico – ☎ 925 45 75 34 – www.valdepalacios.es – cerrado domingo noche, lunes y martes mediodía

Menú 90 € – Carta 60/91 € – (es necesario reservar)

Su sala, agradable, luminosa y de montaje clásico-elegante, disfruta de grandes cristaleras para ver tanto la piscina como la terraza. Aquí encontrará una cocina actual que sorprende por su nivel gastronómico y sus finas elaboraciones.

→ Tendones guisados con cigalas y verduritas encurtidas. Tórtola asada en hoja de kombu, calabaza con infusión de ajos asados y miso. Postre de chocolate con sake, alga nori y cerezas.

TORRIJOS

Toledo – 13 359 h. – Alt. 529 m – Ver mapa regional n° **7**-B2

▶ Madrid 87 km – Ávila 113 km – Toledo 29 km

Mapa de carreteras Michelin n° 576-M17

ESPAÑA

La Salve

Pablo Neruda 10 ✉ 45500 – ☎ 925 77 52 63 – www.hotellasalve.com

22 hab – 🚹52/99 € 🚹🚹57/125 €, ☕ 5 €

En una finca agrícola que sorprende por sus amplias terrazas. La mayor parte de las habitaciones son actuales, sin embargo también posee dos con mobiliario de época. Su precioso restaurante propone una cocina actual, de toques creativos y raíces tradicionales.

TORROELLA DE MONTGRÍ

Girona – 11 472 h. – Alt. 20 m – Ver mapa regional n° **10**-B1

▶ Madrid 717 km – Barcelona 135 km – Girona 38 km – Perpignan 90 km

Mapa de carreteras Michelin n° 574-F39

al Sureste

Clipper

urb. Mas Pinell, 8 km ✉ 17257 Torroella de Montgrí – ☎ 972 76 29 00 – www.clipperhotel.com – cerrado 8 noviembre-14 marzo

39 hab ☕ – 🚹70/190 € 🚹🚹83/250 €

Moderno hotel de carácter vacacional. Posee varias villas y confortables habitaciones distribuidas en torno a la piscina, todas con terraza y una pequeña cocina integrada. En el restaurante, dotado con dos salas de línea actual, ofrecen una carta tradicional.

Picasso

carret. de Pals 1 km y desvío a la izquierda 6 km ✉ 17257 Torroella de Montgrí – ☎ 972 75 75 72 – www.hotelpicasso.net – cerrado 22 febrero-17 marzo

17 hab ☕ – 🚹44/56 € 🚹🚹72/112 €

Destaca por su emplazamiento, en un paraje tranquilo y próximo a la playa. Aquí encontrará habitaciones de línea actual con baños de aire rústico. El restaurante, espacioso y con una terraza acristalada, presenta una carta tradicional.

TORTOSA

Tarragona – 33 992 h. – Alt. 10 m – Ver mapa regional n° **9**-A3

▶ Madrid 486 km – Castelló de la Plana/Castellón de la Plana 123 km – Lleida/Lérida 129 km – Tarragona 83 km

Mapa de carreteras Michelin n° 574-J31

Parador de Tortosa
Castell de la Suda ✉ 43500 – ✆ 977 44 44 50 – www.parador.es
72 hab – ††90/145 €, ☕ 16 € – 3 suites
Belleza e historia aúnan sus fuerzas, pues ocupa un castillo del s. X encaramado a una colina y asomado a la vega del Ebro. Sus magníficas dependencias recrean el ambiente de antaño con el confort actual. Cocina de base regional especializada en arroces.

Berenguer IV
Historiador Cristófol Despuig 36 ✉ 43500 – ✆ 977 44 95 80 – www.hotelberenguer.com
54 hab – ††59/79 €, ☕ 8,50 €
Junto a la estación del ferrocarril y orientado a una clientela comercial. En conjunto ofrece unas instalaciones actuales, con habitaciones funcionales de correcto confort.

en Roquetes

Amaré
av. Port de Caro 2 ✉ 43520 Roquetes – ✆ 977 50 03 80 – cerrado 25 julio-10 agosto, domingo noche, martes noche y miércoles salvo festivos
Menú 12/40 € – Carta 22/38 €
Un negocio de larga trayectoria. Proponen una cocina tradicional y regional catalana muy respetuosa con los sabores de antaño. Trabaja mucho los guisos y ofrece varios menús.

ESPAÑA

TOSSA DE MAR

Girona – 5 910 h. – Ver mapa regional n° **10-B2**
Madrid 707 km – Barcelona 79 km – Girona 41 km
Mapa de carreteras Michelin n° 574-G38

G.H. Reymar
platja de Mar Menuda ✉ 17320 – ✆ 972 34 03 12 – www.ghreymar.com – abril-13 octubre Plano : B1**x**
148 hab ☕ – †71/200 € ††95/395 € – 18 suites
Puede presumir de una clientela muy fiel y un excelente emplazamiento frente a la playa, con la mitad de las habitaciones volcadas al mar. Su amplio abanico de servicios oferta desde un centro de salud y belleza hasta cursos de buceo. El restaurante, acristalado y funcional, disfruta de espléndidas vistas.

Capri
passeig del Mar 17 ✉ 17320 – ✆ 972 34 03 58 – www.hotelcapritossa.com – marzo-noviembre Plano : B2**r**
22 hab ☕ – †35/70 € ††74/115 €
En 1ª línea de playa y a los pies del castillo. Su escueta zona social se ve compensada con unas habitaciones de distinta decoración según la planta, unas clásicas y otras más coloristas. El restaurante, que recrea un ambiente clásico y cuenta con una terraza, propone una cocina de tinte tradicional.

La Cuina de Can Simon (Xavier Lores)
Portal 24 ✉ 17320 – ✆ 972 34 12 69 – www.lacuinadecansimon.com – cerrado del 11 al 21 de enero, del 2 al 25 de noviembre, lunes no festivos salvo agosto, domingo noche y martes de octubre-marzo Plano : B2**e**
Menú 65/95 € – Carta 51/85 €
Llevado entre hermanos y emplazado al pie de las esbeltas murallas medievales. El negocio, fundado por los abuelos como un bar de pescadores, se presenta hoy con una barra de espera y una sala clásica en dos alturas. Aquí apuestan por el producto local, de temporada, para ofrecer una cocina tradicional actualizada.
→ Huevos de corral escalfados, rellenos de anchoas de l´Escala y un cremoso de patatas. Cola de rape a la brasa haciendo referencia al rape alangostado. Dados de yogur natural con frutos rojos.

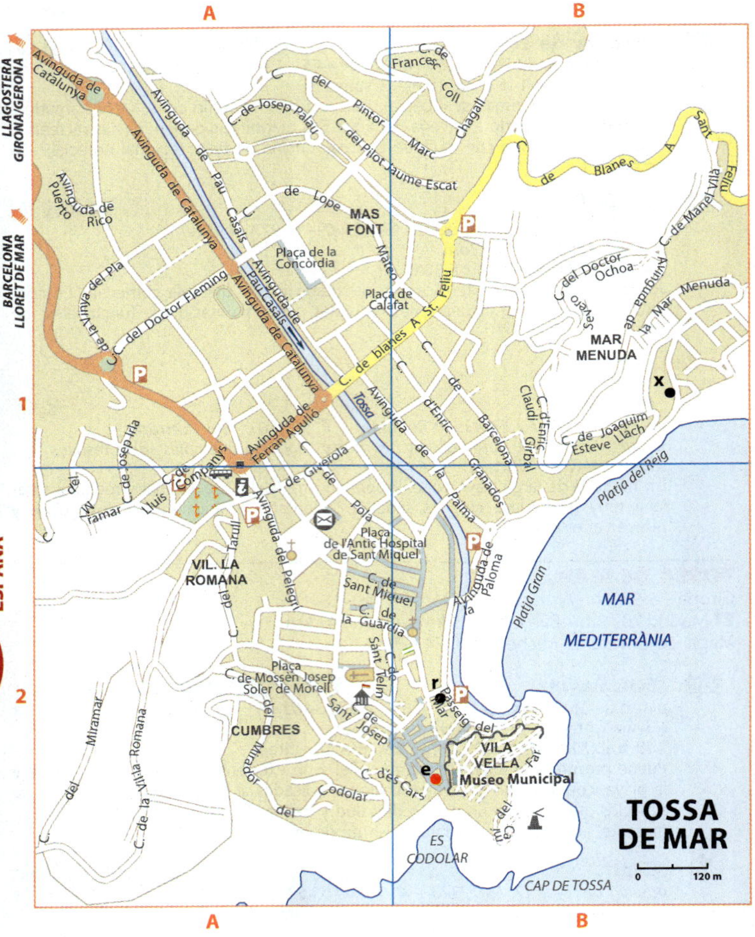

TOURO

A Coruña – 3 919 h. – Alt. 310 m – Ver mapa regional n° **13-B2**
▶ Madrid 589 km – Santiago de Compostela 31 km – A Coruña 82 km – Lugo 86 km
Mapa de carreteras Michelin n° 571-D5

al Este 7 km

Pazo de Andeade

Andeade - Lugar de Casa Grande 1 ✉ 15824 Andeade – ✆ 981 51 73 59 – www.pazodeandeade.com – cerrado del 15 al 30 de enero
9 hab – †47/65 € ††58/80 €, ☕ 8 €
Este longevo establecimiento familiar está instalado en un pazo típico, con un "cruceiro", un hórreo, un palomar... y hasta una capilla privada. Habitaciones de ambiente rústico y coqueto comedor, donde ofrecen tanto cocina tradicional como de temporada.

TOX

Asturias – 128 h. – Ver mapa regional n° **3-A1**
Madrid 549 km – Oviedo 102 km – Lugo 153 km
Mapa de carreteras Michelin n° 572-B10

XX **Regueiro**

33793 – 985 64 85 94 – www.restauranteregueiro.es – cerrado del 1 al 20 de noviembre, 15 enero-febrero y lunes
Menú 35/60 € – Carta 38/61 € – *(solo almuerzo salvo viernes,sabado y verano)*
10 hab – 45/68 € 65/88 €, 5 €
Se halla en una pequeña aldea y con su nombre hacen un guiño al apodo familiar. En el comedor, clásico-moderno y con vistas a los prados, le propondrán una escueta carta basada en sugerencias del día y tres interesantísimos menús. También ofrecen habitaciones.

A TOXA (Illa de) (La Toja Isla de)

Pontevedra – Ver mapa regional n° **13-A2**
Madrid 637 km – Pontevedra 33 km – Santiago de Compostela 73 km
Mapa de carreteras Michelin n° 571-E3

G.H. La Toja

36991 – 986 73 00 25 – www.eurostarsgranhotellatoja.com
197 hab – 105/284 € 150/350 € – 13 suites
Emblemático, de gran tradición y situado al borde de la hermosa ría de Arousa, con idílicas vistas y magníficos exteriores. Elegante zona social, SPA-balneario y habitaciones de gran confort. En su comedor, de cuidado montaje y con un excelente servicio de mesa, encontrará una cocina clásica bien elaborada.

Louxo La Toja

36991 – 986 73 02 00 – www.louxolatoja.com
113 hab – 55/150 € 65/190 € – 3 suites
Rest *Rias Gallegas* – ver selección restaurantes
Hotel de línea actual que destaca por su privilegiado emplazamiento, al borde del mar y con fantásticas vistas a la ría. Ofrece unas correctas zonas sociales, un centro de talasoterapia y varios tipos de habitaciones, algunas de ellas tipo ático.

Eurostars Isla de la Toja

36991 – 986 73 00 50 – www.eurostarsisladelatoja.com
104 hab – 65/300 € 77/350 €, 12 €
Destaca tanto por su centro de congresos, con múltiples salones modulares, como por su completo SPA, con unas instalaciones terapéuticas propias de balneario y una gran piscina central cubierta. Cuidadas habitaciones de línea clásica-actual y correcta oferta gastronómica de tinte tradicional.

XX **Los Hornos**

36991 – 986 73 10 32 – abril-octubre
Carta 25/45 € – *(cerrado lunes y martes salvo verano)*
Disfruta de unas magníficas vistas a la ría de Arousa y sorprende tanto por sus salas, muy luminosas, como por su atractiva terraza acristalada. Cocina tradicional gallega bien presentada, con numerosos mariscos y especialidades del día.

XX **Rias Gallegas** – Hotel Louxo La Toja

36991 – 986 73 02 00 – www.louxolatoja.com
Menú 25 € – Carta 30/45 €
Restaurante de línea clásica y buen montaje que destaca por sus grandes ventanales panorámicos, con vistas a la ría. Propuesta tradicional que ensalza la calidad del producto.

TRAMACASTILLA

Teruel – 114 h. – Alt. 1 260 m – Ver mapa regional n° **2**-B3
Madrid 266 km – Zaragoza 205 km – Teruel 54 km – Huesca 272 km
Mapa de carreteras Michelin n° 574-K25

por la carretera A 1512 Este : 1 km

XX **Hospedería El Batán** (María José Meda)

✉ *44112 Tramascastilla – ✆ 978 70 60 70 – www.elbatan.es – cerrado del 1 al 15 de enero y martes*
Menú 45/49 € – Carta 42/59 € **10 hab** – 47 € 71 €, 6 €
¡Un auténtico oasis gastronómico! Restaurante de ambiente rústico-regional emplazado en pleno campo, en una antigua fábrica de lana. Su chef apuesta por una cocina de raíces tradicionales con toques actuales y detalles creativos. También ofrecen confortables habitaciones y un apartamento en una casita anexa.
→ Sublimación de crema de boletus, parmesano y trufa de Sarrión. Lomo de atún rojo, quenelle de boniato, romesco y alga. Chocolate, crema de queso helada, crujiente de almendra, gelé de piña y pompas de fresa.

TRAMACASTILLA DE TENA

Huesca – 148 h. – Alt. 1 224 m – Ver mapa regional n° **2**-C1
Madrid 472 km – Zaragoza 151 km – Huesca 81 km
Mapa de carreteras Michelin n° 574-D29

El Privilegio

Zacalera 1 ✉ 22663 – ✆ 974 48 72 06 – www.elprivilegio.com
20 hab – 99/199 € 132/199 € – 7 suites
¡Interesante para una escapada romántica! Tras su atractiva fachada en piedra encontrará un hotel muy acogedor, con un pequeño SPA y habitaciones de varios estilos, algunas abuhardilladas. El restaurante, clásico-actual, apuesta por el recetario tradicional.

TRASVÍA → Ver Comillas

Cantabria

TRECEÑO

Cantabria – Ver mapa regional n° **6**-B1
Madrid 402 km – Burgos 163 km – Oviedo 140 km – Santander 47 km
Mapa de carreteras Michelin n° 572-C17

Palacio Guevara

barrio La Plaza 22 ✉ 39592 – ✆ 942 70 33 30 – www.palacioguevara.com
16 hab – 45/60 € 50/90 €, 8 €
Hermoso palacio montañés construido en 1713. Presenta un luminoso salón social y habitaciones rústicas donde conviven en armonía la piedra, la madera y el confort actual. Su cálido restaurante se complementa con un anexo acristalado para las celebraciones.

X **Prada a Tope**

barrio El Ansar 1 ✉ 39592 – ✆ 942 70 51 00 – www.pradaatope-treceno.com – cerrado del 15 al 30 de junio
Menú 17/20 € – Carta 25/35 € – *(cerrado miércoles) (solo almuerzo salvo fines de semana y verano)*
8 hab – 50/70 € 80/110 €
Está ubicado en una casa de estilo regional y dispone de dos salas, una rústica y la otra montada en una terraza-porche acristalada. Venta de productos propios y sencillas habitaciones de ambiente rústico-actual. ¡Pruebe alguna de sus Ollas ferroviarias de legumbres, famosas por la lentitud de su cocción!

TREDÓS → Ver Salardú

Lleida

TREGURÀ DE DALT

Girona – Alt. 1 410 m – Ver mapa regional n° **9-C1**

Madrid 695 km – Barcelona 141 km – Girona 92 km – Canillo 154 km

Mapa de carreteras Michelin n° 574-F37

Fonda Rigà

final carret. Treguràs 17869 – 972 13 60 00 – www.fondariga.com – cerrado 10 días en noviembre y 10 días en junio

16 hab – 67 € 94 €

Rest *Fonda Rigà* – ver selección restaurantes

Negocio familiar emplazado en un pequeño pueblo de montaña, sobre una ladera. Ofrece unas habitaciones de línea actual, algunas abuhardilladas, y una terraza con inmejorables vistas al valle. ¡Desayuno típico con embutido local!

Fonda Rigà

final carret. Treguràs 17869 – 972 13 60 00 – www.fondariga.com – cerrado 10 días en noviembre y 10 días en junio

Carta 23/39 €

El restaurante, que disfruta de mucha luz natural, posee un bar de espera y varias salas, destacando una de carácter panorámico a modo de porche acristalado. Cocina catalana.

TRES CANTOS

Madrid – 41 896 h. – Alt. 802 m – Ver mapa regional n° **15-B2**

Madrid 27 km – Segovia 72 km – Toledo 99 km – Ávila 123 km

Mapa de carreteras Michelin n° 576 y 575-K18

Jardín de Tres Cantos

av. de los Encuartes 17 28760 – 918 06 49 99 – www.trescantos-hotel.com

54 hab – 29/159 €, 9 €

Este hotel de línea clásica tiene una buena clientela de ejecutivos. La zona social resulta algo justa, sin embargo ofrece un gran nivel de confort en sus habitaciones. El restaurante, separado de la cafetería por unos biombos, presenta una carta tradicional.

La Terraza de Alba N

Alba 5 28760 – 918 03 24 40 – www.laterrazadealba.com – cerrado agosto y lunes

Carta 28/43 €

Está llevado con dedicación y tiene dos zonas bien diferenciadas, una tipo terraza. Cocina actual y de mercado con algún plato acabado ante los clientes, como su Steak tartar.

TRESGRANDAS

Asturias – Ver mapa regional n° **3-C2**

Madrid 421 km – Gijón 101 km – Oviedo 111 km – Santander 77 km

Mapa de carreteras Michelin n° 572-B16

Puerta del Oriente

33598 – 985 41 12 89 – www.puertadeloriente.com

8 hab – 45/70 € 65/110 €

Un hotelito familiar rodeado de verdes prados, por lo que aquí... ¡el sosiego está asegurado! Posee una coqueta zona social, con el comedor integrado para el uso exclusivo de clientes, y alegres habitaciones, destacando por sus vistas las que miran al sur.

El Molino de Tresgrandas

33590 – 985 41 11 91 – www.molinotresgrandas.com – abril-diciembre

8 hab – 67/78 € 89/99 €, 11 €

Antiguo molino rehabilitado y emplazado junto a un riachuelo, en un bello paraje que se encuentra completamente aislado. Se reparte entre dos edificios, ofreciendo una coqueta zona social, un comedor privado para clientes y unas habitaciones rústicas en las que la piedra y la madera son las protagonistas.

TRUJILLO

Cáceres – 9 085 h. – Alt. 564 m – Ver mapa regional n° **12**-C2
Madrid 257 km – Mérida 90 km – Cáceres 45 km – Badajoz 150 km
Mapa de carreteras Michelin n° 576-N12

Parador de Trujillo

Santa Beatriz de Silva 1 ✉ 10200 – ✆ 927 32 13 50 – www.parador.es
48 hab – 75/170 €, 16 € – 2 suites
Todo un remanso de tranquilidad entre los recios muros del convento de Santa Clara, del s. XVI. Las habitaciones, que contrastan con el edificio por su modernidad, se distribuyen alrededor de un hermoso claustro. El comedor se complementa con una antigua capilla, donde suelen servir los desayunos.

NH Palacio de Santa Marta

Ballesteros 6 ✉ 10200 – ✆ 927 65 91 90 – www.nh-hotels.com
50 hab – 55/180 €
Ocupa un edificio histórico... sin embargo, salvo detalles, en su interior no se aprecia, pues refleja una estética actual. Habitaciones modernas y de completo equipamiento.

Casa de Orellana

Palomas 5-7 ✉ 10200 – ✆ 927 65 92 65 – www.casadeorellana.com
5 hab – 120/130 €
Lo mejor es su emplazamiento, pues se encuentra en la hermosa casa natal de D. Francisco de Orellana, el descubridor del Amazonas ¡Todas las habitaciones están personalizadas!

ESPAÑA

Corral del Rey

Corral del Rey 2 ✉ 10200 – ✆ 927 32 30 71 – www.corraldelreytrujillo.com – cerrado domingo en julio-septiembre, miércoles noche y domingo noche resto del año
Menú 23/35 € – Carta 34/47 €
Restaurante de gestión familiar y acogedor ambiente rústico. Aquí la especialidad son los asados y las carnes rojas elaboradas en parrilla de carbón de encina... sin embargo, también triunfa su propuesta de tapas para el centro de la mesa.

por la carretera EX 208 Sureste : 11 km y desvío a la derecha 1 km

Viña Las Torres

camino de Buenavista ✉ 10200 Trujillo – ✆ 927 31 93 50 – www.vinalastorres.com
8 hab – 60 € 70 €
Esta antigua villa vacacional supone una magnífica opción si busca un turismo de naturaleza, especialmente ornitológico. ¡Los propietarios orientan sobre rutas y excursiones!

TUDELA

Navarra – 35 062 h. – Alt. 275 m – Ver mapa regional n° **17**-A3
Madrid 316 km – Logroño 103 km – Iruña/Pamplona 84 km – Soria 90 km
Mapa de carreteras Michelin n° 573-F25

Santamaría

camino San Marcial 14 ✉ 31500 – ✆ 948 82 12 00 – www.hotelsantamaria.net
50 hab – 55/60 € 60/75 €, 6 €
Un hotel de organización familiar que se ha ido renovando poco a poco. Aquí encontrará unas habitaciones de línea actual-funcional, todas con los suelos en tarima y terraza-balcón. En su cafetería elaboran algún que otro plato combinado.

Treintaitres

Pablo Sarasate 7 ✉ 31500 – ✆ 948 82 76 06 – www.restaurante33.com – cerrado del 3 al 12 de agosto y martes
Menú 25/44 € – Carta 35/48 € – *(solo almuerzo salvo jueves, viernes y sábado)* (reserva aconsejable)
¡Una referencia en la gastronomía vegetal! Aquí descubrirá una cocina de base tradicional, con toques actuales, que tiene en la verdura su producto estrella... de hecho, el menú degustación está realizado únicamente con estas hortalizas.

Iruña

Muro 11 ✉ 31500 – ✆ 948 82 10 00 – www.restauranteiruna.com – cerrado domingo noche y lunes
Menú 17/45 € – Carta 35/52 €
Casa de organización familiar dotada con un pequeño bar y un comedor, este último clásico-actual y con partes panelables. Completa carta de cocina regional y tradicional.

Pichorradicas - Casa Ignacio

Cortadores 11 ✉ 31500 – ✆ 948 82 10 21 – www.pichorradicas.es
Carta 30/44 € – *(cerrado domingo noche y lunes salvo festivos)*
7 hab – ††55/65 €, ☕ 10 €
Ofrece dos salas de reducida capacidad y buen montaje, ambas de estilo rústico-actual, con vigas de madera y las paredes en piedra o ladrillo visto. Cocina vasco-navarra. Sus habitaciones suponen una buena opción si desea alojarse, pues gozan de una línea bastante actual, buen mobiliario y excelente confort.

en la carretera N 232 Sureste : 3 km

Beethoven

av. Tudela 30 ✉ 31512 Fontellas – ✆ 948 82 52 60 – www.rtebeethoven.com – cerrado Navidades, del 15 al 31 de agosto, domingo, lunes noche y martes noche
Menú 18/50 € – Carta 38/45 €
Demuestra nuevos bríos desde la cocina, pues los grandes clásicos de la casa ahora se ven acompañados por algunos platos más elaborados y actuales. Tras su discreta fachada encontrará un establecimiento de elegante ambiente clásico.

ESPAÑA

por la carretera de Ejea de los Caballeros Noreste : 4 km y desvío a la derecha 0,5 km

Aire de Bardenas

✉ 31500 Tudela – ✆ 948 11 66 66 – www.hotelaire.com
22 hab – ††200/300 €, ☕ 19 €
Ha ganado varios premios de arquitectura y resulta original por su inhóspito emplazamiento, junto al desierto de las Bardenas Reales. Habitaciones muy actuales y sobrias. El restaurante, también de diseño moderno, elabora una cocina tradicional actualizada.

TUDELA DE DUERO

Valladolid – 8 733 h. – Alt. 701 m – Ver mapa regional n° 8-B2
Madrid 189 km – Valladolid 17 km – Segovia 95 km – Palencia 64 km
Mapa de carreteras Michelin n° 575-H16

Jaramiel

autovía A-11, vía de servicio, km 14 ✉ 47320 – ✆ 983 52 02 67 – www.jaramiel.es – cerrado 23 diciembre-7 enero
50 hab ☕ – †30/37 € ††50/57 €
Se halla junto a la carretera y distribuye sus habitaciones en tres pequeños edificios, todas con un buen confort general, una estética castellana y los aseos completos.

Mesón 2,39

Antonio Machado 39 ✉ 47320 – ✆ 983 52 07 34 – cerrado del 10 al 31 de agosto y lunes
Menú 10/30 € – Carta 24/32 € – *(solo almuerzo salvo viernes y sábado)*
Restaurante de ambiente familiar y estilo castellano escondido tras una fachada en piedra. Desde los fogones proponen una cocina tradicional que ensalza los productos de la tierra, siempre bien tratados y en un permanente idilio con las verduras de temporada.

TUI

Pontevedra – 16 827 h. – Alt. 44 m – Ver mapa regional n° **13-B3**
Madrid 604 km – Ourense 105 km – Pontevedra 48 km – Porto 124 km
Mapa de carreteras Michelin n° 571-F4

Parador de Tui

av. de Portugal ✉ 36700 – ☎ 986 60 03 00 – www.parador.es – marzo-7 diciembre

31 hab – ††70/170 €, ☕ 16 € – 1 suite

El granito y la madera recrean la ornamentación de este Parador, que reproduce, en un bello paraje, un típico pazo gallego. Habitaciones neorrústicas de completo equipamiento. En su elegante comedor encontrará platos propios de la cocina tradicional gallega.

Colón Tuy

Colón 11 ✉ 36700 – ☎ 986 60 02 23 – www.hotelcolontuy.com

45 hab ☕ – †60/77 € ††74/96 € – 21 apartamentos

Rest *Silabario* ✿ – ver selección restaurantes

Hotel de gestión familiar dotado con una zona social de aire moderno, un gastro-bar y habitaciones funcionales pero bien equipadas. ¡También ofrece buenos apartamentos!

Silabario (Alberto González) – Hotel Colón Tuy

Colón 11 ✉ 36700 – ☎ 986 60 70 00 – www.restaurantesilabario.com – cerrado 19 diciembre-5 enero, del 16 al 30 mayo, domingo noche y lunes

Menú 48 € – Carta 52/66 €

Sorprende por sus instalaciones, pues presenta un interior actual-minimalista con grandes ventanales hacia el pueblo, la cocina semivista y algún que otro detalle de diseño. Su chef propone una cocina actual de marcadas raíces regionales.

→ Cococha de bacalao al pil-pil, nabiza y falso garbanzo. Lamprea del Miño con salsa de perdiz. Bizcocho fluido de queso de oveja con sopa de fresas asadas.

La Pizarra del Silabario – Hotel Colón Tuy

Colón 11 ✉ 36700 – ☎ 986 60 02 23 – www.hotelcolontuy.com – cerrado 21 diciembre-7 enero y domingo noche

Tapa 2,50 € – Ración aprox. 14 €

Este moderno gastrobar centra su oferta en la preparación de platos para compartir, aunque también podrá tomar medias raciones. ¡Buena selección de vinos por copas!

TURÉGANO

Segovia – 1 082 h. – Alt. 935 m – Ver mapa regional n° **8-C2**
Madrid 128 km – Valladolid 121 km – Segovia 34 km
Mapa de carreteras Michelin n° 575-I17

El Zaguán

pl. de España 16 ✉ 40370 – ☎ 921 50 11 65 – www.el-zaguan.com

Menú 15 € – Carta 30/42 € **15 hab** – †40/50 € ††48/60 €, ☕ 6 €

Atractivo conjunto castellano definido por sus recias vigas de madera y la presencia en sala de un horno de asar. Proponen una carta regional especializada en asados (por encargo) y bacalao, este último preparado al estilo Turégano. También ofrecen habitaciones, todas de cálida rusticidad.

TURIENO

Cantabria – 108 h. – Ver mapa regional n° **6-A1**
Madrid 404 km – Bilbao 205 km – Palencia 169 km – Santander 110 km
Mapa de carreteras Michelin n° 572-C16

Posada Laura

✉ 39586 – ☎ 942 73 08 54 – www.posadalaura.com – cerrado 10 diciembre-enero

12 hab – †50/75 € ††60/85 €, ☕ 7 €

Disfruta de una pequeña zona ajardinada, un coqueto salón social con chimenea y confortables habitaciones de ambiente rústico-actual, cuatro con hidromasaje en los baños.

ÚBEDA

Jaén – 35 177 h. – Alt. 757 m – Ver mapa regional n° **1-C2**
▶ Madrid 323 km – Albacete 209 km – Almería 227 km – Granada 141 km
Mapa de carreteras Michelin n° 578-R19

Parador de Úbeda

pl. Vázquez Molina ✉ *23400 –* ✆ *953 75 03 45* Plano : B2**c**
– www.parador.es
36 hab – 👥95/190 €, ☕ 16 €
Palacio del s. XVI dotado con un gran patio de doble galería, una hermosa escalera en piedra y bellos artesonados. Habitaciones de línea rústica-elegante y buen nivel. En su restaurante podrá descubrir la cocina típica regional y unos curiosos menús.

Las Casas del Cónsul

pl. del Carmen 1 ✉ *23400 –* ✆ *953 79 54 30* Plano : B1**a**
– www.lascasasdelconsul.es
16 hab ☕ – 👤65/85 € 👥75/90 €
Rest *El Blanquillo* – ver selección restaurantes
Casa-palacio del s. XVII conocida también, por detalles decorativos de su fachada, como Casa de las bolas. Ofrece un hermoso patio central, que hace de zona social, y espaciosas habitaciones, algunas con excelentes vistas tanto a la sierra como a los olivares.

Álvaro de Torres
pl. Álvaro de Torres 2 ✉ *23400 – ☎ 953 75 68 50* Plano : A1**b**
– www.hotelat.es – cerrado julio
8 hab – 🚹66/77 € 🚹🚹77/88 €, ☕ 7 €
Singular, pues se halla en una casa señorial que ahora se viste de modernidad. Cuenta con varios pozos naturales, una sala en las antiguas bodegas y habitaciones de curiosos contrastes decorativos. El restaurante ofrece un menú fijo que se cambia diariamente.

Palacio de la Rambla
pl. del Marqués 1 ✉ *23400 – ☎ 953 75 01 96* Plano : A1**a**
– www.palaciodelarambla.com – cerrado enero-febrero y julio-agosto
8 hab ☕ – 🚹96 € 🚹🚹132 €
Sumérjase en el exquisito pasado de este palacio del s. XVI. Ofrece estancias decoradas con mobiliario de época, un bello patio renacentista y habitaciones de estilo clásico.

Zeitúm
San Juan de la Cruz 10 ✉ *23400 – ☎ 953 75 58 00* Plano : B1**c**
– www.zeitum.com – cerrado 21 julio-10 agosto, domingo noche y lunes salvo festivos
Menú 25/35 € – Carta 22/35 €
Ocupa una casa del s. XVII que ha sido muy bien remodelada, pues hoy combina sus vigas de madera con detalles actuales, incluso de diseño, y un único eje temático en la decoración... ¡el mundo de la aceituna! Cocina actual con el aceite como gran protagonista.

ESPAÑA

Asador de Santiago
av. Cristo Rey 4, por calle de los Mesones A1 ✉ *23400 – ☎ 953 75 04 63*
– www.asadordesantiago.com – cerrado domingo noche
Menú 25/33 € – Carta 38/55 €
¡Todo un clásico de la ciudad! Posee un animado bar de tapas y dos salas muy cuidadas, una de línea actual-contemporánea y la otra algo más clásica. Cocina tradicional y de producto, con asados en horno de leña y carnes rojas al carbón.

Cantina La Estación
cuesta Rodadera 1 ✉ *23400 – ☎ 687 77 72 30* Plano : B1**b**
– www.cantinalaestacion.com – cerrado del 2 al 12 de junio, del 8 al 17 de septiembre, martes noche y miércoles
Menú 35/42 € – Carta 32/38 €
Le sorprenderá por su ambientación, pues tiene un bar de tapas a modo de estación y una sala que imita el interior de un antiguo vagón de tren. Ofrecen una carta actual, un completo menú degustación y sabrosos guisos del día.

El Blanquillo – Hotel Las Casas del Cónsul
pl. del Carmen 1 ✉ *23400 – www.lascasasdelconsul.es* Plano : B1**a**
– cerrado lunes y martes
Menú 12/45 € – Carta 26/39 € – *(solo fines de semana en invierno)*
El restaurante, fiel a la cocina tradicional, cuenta con un gastrobar, dos salas abovedadas y una espectacular terraza, donde podrá disfrutar del mar de olivos circundante.

Amaranto
Hortelanos 6 ✉ *23400 – ☎ 953 75 21 00* Plano : A2**d**
– www.restauranteamaranto.es – cerrado 30 junio-15 julio, domingo en verano y lunes
Menú 18/50 € – Carta 28/42 € – *(solo almuerzo en invierno salvo viernes y sábado)*
Llevado por un matrimonio, con ella pendiente de los clientes y él atento a los fogones. En su sala, sencilla y de línea actual, le ofrecerán una cocina regional actualizada y varios menús. ¡Agradable terraza en un patio interior!

UBIARCO → Ver Santillana del Mar
Cantabria

ULLDECONA

Tarragona – 7 240 h. – Alt. 134 m – Ver mapa regional n° **9-A3**
Madrid 510 km – Castelló de la Plana/Castellón de la Plana 88 km – Tarragona 104 km – Tortosa 30 km
Mapa de carreteras Michelin n° 574-K31

en la carretera de La Sénia

XX **Les Moles** (Jeroni Castell)

Noroeste : 2 km ✉ 43550 Ulldecona – ✆ 977 57 32 24 – www.lesmoles.com – cerrado 21 días en noviembre, 7 días en Navidades y lunes
Menú 32/74 € – Carta 41/68 € – *(solo almuerzo salvo jueves, viernes y sábado)*
Instalado parcialmente en una antigua masía que debe su nombre a las piedras de molinos que se hacían en la cantera. En su comedor, de ambiente rústico-actual, le propondrán una cocina original y bien actualizada que toma como base el recetario tradicional y regional. ¡Poseen un huerto ecológico y un jardín botánico!
→ Ensalada de verduras con toques de anguila ahumada y aceite de oliva ecológico de Ulldecona. Costilla de cerdo "Ral d'Avinyó" con una manzana de feria. Huevo Kinder (chocolate negro y mousse de chocolate sobre crema de plátano).

XX **L'Antic Molí**

Barri Castell, Noroeste : 10 km ✉ 43559 El Castell – ✆ 977 57 08 93 – www.anticmoli.com – cerrado del 15 al 30 de noviembre y lunes salvo festivos
Menú 38/65 € – Carta 39/52 € – *(solo almuerzo salvo viernes y sábado)*
Un negocio en el que cuidan, a partes iguales, tanto el restaurante a la carta como el salón para banquetes del anexo. Cocina tradicional actualizada con toques creativos.

ESPAÑA

UNCASTILLO

Zaragoza – 712 h. – Alt. 601 m – Ver mapa regional n° **2-B1**
Madrid 386 km – Huesca 88 km – Iruña/Pamplona 83 km – Zaragoza 107 km
Mapa de carreteras Michelin n° 574-E26

Posada La Pastora

Roncesvalles 1 ✉ 50678 – ✆ 976 67 94 99 – www.lapastora.net – marzo-octubre
8 hab – ††63/120 €, ☕ 7 € – 2 suites
Caserón de piedra ubicado en el centro de la localidad. Presenta un salón con chimenea, donde sirven los desayunos, y unas sobrias habitaciones, todas ellas personalizadas.

URDA

Toledo – 3 004 h. – Alt. 763 m – Ver mapa regional n° **7-B2**
Madrid 145 km – Toledo 74 km – Ciudad Real 56 km
Mapa de carreteras Michelin n° 576-N18

Los Laureles

Tembleque 12 ✉ 45480 – ✆ 925 47 40 50 – www.casaruralloslaureles.es
7 hab ☕ – †24/40 € ††44/60 €
Ofrece un saloncito con chimenea y habitaciones de correcto confort, todas con baños de plato ducha y mobiliario castellano o provenzal. También dispone de un huerto, cuadras y un jacuzzi cubierto en el jardín. Aquí los niños lo pasarán en grande, pues tienen un poni y lo suelen ensillar para que lo monten.

URDAITZ (URDÁNIZ)

Navarra – 76 h. – Alt. 696 m – Ver mapa regional n° **17-B2**
Madrid 413 km – Iruña/Pamplona 18 km – Bilbao 176 km – Donostia-San Sebastián 96 km
Mapa de carreteras Michelin n° 573-D25

XX **El Molino de Urdániz** (David Yárnoz)

carret. N 135, Suroeste : 0,5 km ✉ 31698 – ☎ 948 30 41 09 – www.elmolinourdaniz.com – cerrado 7 días en noviembre, 15 días en febrero, 7 días en julio y lunes

Menú 70 € – Carta 49/62 € – *(solo almuerzo salvo jueves, viernes y sábado)*

Casa familiar construida en piedra y llevada con acierto. Presenta un bar con chimenea y dos comedores de elegante ambiente rústico en el piso superior. Su chef propone una cocina creativa bastante variada y un completo menú degustación.

→ Pepino encurtido y aliño de ostras. Lomo de lenguado tostado y meunière de bergamota. Trufa de invierno, cerveza y leche fermentada.

URDAZUBI (URDAX)

Navarra – 380 h. – Alt. 95 m – Ver mapa regional n° **17-B1**

Madrid 475 km – Bayonne 26 km – Iruña/Pamplona 80 km

Mapa de carreteras Michelin n° 573-C25

Irigoienea

barrio Iribere, Noreste : 0,5 km ✉ 31711 – ☎ 948 59 92 67 – www.irigoienea.com – cerrado 24 diciembre-febrero, del 22 al 28 de junio, domingo, lunes, martes y miércoles salvo verano

10 hab – 55/60 € 76/86 €, 8 €

Caserón del s. XVIII donde conviven el encanto de antaño y el confort actual. Entre sus habitaciones, sobrias y con detalles rústicos, destacan las cuatro abuhardilladas.

URDILDE

A Coruña – 60 h. – Ver mapa regional n° **13-B2**

Madrid 617 km – Santiago de Compostela 21 km – A Coruña 96 km – Pontevedra 73 km

Mapa de carreteras Michelin n° 571-D3

ESPAÑA

por la carretera de Negreira Norte : 0,5 km y desvío a la izquierda 1 km

Fogar do Selmo

Casal do Poño ✉ 15281 Urdilde – ☎ 981 80 52 69 – www.fogardoselmo.com

10 hab – 40/50 € 50/60 €

Agradable turismo rural emplazado en una casa de labranza. Ofrece una decoración rústica-actual, atractivas paredes en piedra y unas cálidas habitaciones, muchas con mobiliario restaurado. En sus comedores, de ambiente clásico, ensalzan la cocina tradicional.

UTIEL

Valencia – 12 311 h. – Alt. 720 m – Ver mapa regional n° **11-A2**

Madrid 277 km – València 81 km – Cuenca 121 km – Alacant / Alicante 188 km

Mapa de carreteras Michelin n° 577-N26

XX **El Carro**

Héroes del Tollo 21 ✉ 46300 – ☎ 962 17 11 31 – www.restauranteelcarro.com

Menú 29 € – Carta 25/38 € – *(cerrado domingo y miércoles noche)*

2 hab – 50 € 75 €

Presenta un gastrobar a la entrada y una luminosa sala de línea actual, esta última distribuida en varios niveles. Carta tradicional de temporada, con algún plato creativo y la opción de carnes exóticas como elemento diferenciador. ¡También posee habitaciones!

UTRERA

Sevilla – 52 013 h. – Alt. 49 m – Ver mapa regional n° **1-B2**

Madrid 523 km – Sevilla 37 km – Cádiz 106 km – Huelva 127 km

Mapa de carreteras Michelin n° 578-U12

Veracruz

Corredera 44 ✉ 41710 – ☎ 955 86 52 52 – www.hotelveracruz.com

18 hab – 51/62 € 78/103 €

Disfruta de un luminoso patio interior y coquetas habitaciones, todas con mobiliario clásico-actual y plato ducha en la mayoría de los baños. Agradable azotea-terraza.

Besana

Callejón Niño Perdido 1 ✉ 41710 – ✆ 955 86 38 04 – www.besanatapas.com – cerrado julio-15 agosto, domingo noche y lunes
Tapa 3,50 € – *(solo cena salvo viernes, sábado y domingo)*
Gastrobar de línea rústica, con detalles de diseño, ubicado en la antigua judería. Encontrará tapas de calidad presentadas como si fueran los entrantes de un menú degustación.

VAL DE SAN LORENZO

León – 549 h. – Ver mapa regional n° **8-A1**
Madrid 335 km – Valladolid 181 km – León 58 km – Oviedo 160 km
Mapa de carreteras Michelin n° 575-E11

La Lechería

La Lechería 1 ✉ 24717 – ✆ 987 63 50 73 – www.la-lecheria.com – cerrado del 7 al 31 de enero
Menú 20/35 € – Carta 24/34 € – *(cerrado domingo noche y lunes)* (es necesario reservar para cenar)
9 hab – 55/73 €
¡Un pueblo muy famoso por sus mantas y colchas artesanales! Ocupa una casona de piedra que funcionó como lechería y, en un cuidado ambiente neorrústico, propone una cocina tradicional bien actualizada... aunque aquí el plato estrella es el Cocido maragato.

VALDASTILLAS

Cáceres – 334 h. – Alt. 638 m – Ver mapa regional n° **12-C1**
Madrid 242 km – Mérida 172 km – Cáceres 102 km – Salamanca 141 km
Mapa de carreteras Michelin n° 576-L12

Garza Real

Piscina 12 ✉ 10614 – ✆ 626 98 27 84 – www.garzareal.com – cerrado 15 enero-10 febrero y 15 septiembre-10 octubre
6 hab – 55/75 € 60/85 €
Casa llevada por una pareja. Dispone de una pequeña salita social y habitaciones personalizadas de estilo rústico, con mobiliario antiguo restaurado y baños de plato ducha. El restaurante sorprende tanto por su cuidado servicio de mesa como por su carta.

VALDELINARES

Soria – Ver mapa regional n° **8-C2**
Madrid 199 km – Valladolid 170 km – Soria 65 km – Logroño 162 km
Mapa de carreteras Michelin n° 575-G20

Valdelinares

La Iglesia 40 ✉ 42318 – ✆ 975 05 59 96 – www.valdelinar.es – cerrado 23 diciembre-2 enero y 28 agosto-1 septiembre
12 hab – 35 € 45 €, 4 €
Hotelito rural de nueva construcción situado en un pequeño pueblo, casi deshabitado, que se halla a un paso del Cañon del Río Lobos. Correcta zona social con chimenea, habitaciones de buen confort y sencillo comedor, donde sirven un menú casero para cenar.

VALDEMORO

Madrid – 71 578 h. – Alt. 615 m – Ver mapa regional n° **15-B2**
Madrid 27 km – Aranjuez 21 km – Toledo 53 km
Mapa de carreteras Michelin n° 576 y 575-L18

Chirón (Iván Muñoz)

Alarcón 27 ✉ 28341 – ✆ 918 95 69 74 – www.restaurantechiron.com – cerrado 15 días en agosto, domingo noche, lunes y martes noche
Menú 44/73 € – Carta 40/57 €
Llevado con profesionalidad entre dos hermanos, que así dan continuidad a la tradición familiar. Resulta elegante, presenta una estética clásica-actual y ofrece una cocina creativa, de marcadas raíces castizas y con recuerdos manchegos.
→ Yogur de morcilla. Pisto a la brasa, encurtido con anchoa y manchego. Pequeños dulces.

ESPAÑA

XX **La Fontanilla**

Illescas 2 ✉ 28340 – ✆ 918 09 55 82 – www.restaurantelafontanilla.com – cerrado 7 días en agosto, martes noche salvo verano, domingo noche y lunes
Menú 14 € – Carta 35/50 €
Casa de línea clásica dotada con un gastrobar y varias salas, la principal en la 1ª planta. En su amplia carta podrá encontrar platos tradicionales, regionales e innovadores.

X **Adri**

Párroco Don Lorenzo 12 ✉ 28341 – ✆ 918 01 75 63 – www.restauranteadri.com – cerrado domingo noche
Menú 12 € – Carta 29/38 €
Restaurante de estilo actual-funcional que apuesta por unos entrantes imaginativos y unos platos principales más tradicionales. ¡Destacan sus arroces, con hasta 20 variantes!

VALDEPALACIOS → Ver Torrico
Toledo

VALDEPEÑAS
Ciudad Real – 30 869 h. – Alt. 720 m – Ver mapa regional n° **7-B3**
Madrid 203 km – Albacete 168 km – Alcázar de San Juan 87 km – Aranjuez 156 km
Mapa de carreteras Michelin n° 576-P19

Central

Capitán Fillol 4 ✉ 13300 – ✆ 926 31 33 88 – www.hotelcentralval.com
26 hab – 40 € 60 €, 4 €
Encontrará la recepción en la 1ª planta. Este hotel ofrece un excelente nivel de limpieza y espaciosas habitaciones, con mobiliario funcional y aseos actuales completos.

en la autovía A 4 Norte : 4 km

XX **La Aguzadera**

dirección Córdoba, salida 197 y dirección Madrid, salida 199 ✉ 13300 Valdepeñas – ✆ 926 32 32 08 – www.laaguzadera.com
Menú 25/30 € – Carta 33/46 € – *(solo almuerzo de domingo a jueves de septiembre-junio)*
Negocio de seria organización familiar emplazado junto a la autovía de acceso a Valdepeñas. Se presenta con un bar de tapas a la entrada, una bodega acristalada y dos salas, la interior más rústica y cuidada. Carta de cocina tradicional.

VALDERROBRES
Teruel – 2 310 h. – Alt. 508 m – Ver mapa regional n° **2-C3**
Madrid 462 km – Zaragoza 148 km – Teruel 188 km – Tarragona 130 km
Mapa de carreteras Michelin n° 574-J30

El Castell

Codo 13 ✉ 44580 – ✆ 978 89 04 70 – www.hotel-elcastell.es – cerrado del 22 al 28 de diciembre y del 2 al 7 de enero
11 hab – 73/150 € 73/200 €
La mejor opción para alojarse en este pueblo medieval. Ofrece un interior de estilo rústico y diversas opciones de ocio en plena naturaleza: ciclismo, senderismo, equitación... hasta un espectacular observatorio de buitres leonados (Mas de Bunyol). En su restaurante encontrará una cocina de gusto tradicional.

VALDESOTO
Asturias – 2 110 h. – Ver mapa regional n° **3-B1**
Madrid 451 km – Oviedo 22 km – León 129 km
Mapa de carreteras Michelin n° 572-B13

La Quintana de Valdés

barrio de Tiroco de Arriba 53, Oeste : 1,8 km ✉ 33938 – ✆ 985 73 55 77 – www.laquintanadevaldes.com – cerrado 15 enero-15 febrero
6 hab – 55/77 € 74/97 €
Merece la pena ir a esta hermosa casa rural, pues data del s. XVII y está rodeada de zonas ajardinadas. Ofrece varios saloncitos y cálidas habitaciones de aire rústico. ¡No se pierda, su localización GPS es: 43º 22′ 12" N / 5º 40′ 20" W!

VALDEVIMBRE

León – 1 017 h. – Alt. 811 m – Ver mapa regional n° **8-B1**
Madrid 332 km – León 25 km – Palencia 123 km – Ponferrada 104 km
Mapa de carreteras Michelin n° 575-E13

Los Poinos

canal de Rozas 81 ✉ 24230 – ✆ 987 30 40 18 – www.lospoinos.com – cerrado del 11 al 27 de enero, lunes noche y martes noche, miércoles y jueves noche salvo en verano
Menú 24/35 € – Carta 25/37 €
Su nombre rememora los tacos de madera sobre los que descansan las cubas. Dispone de un bar rústico y comedores tipo cueva, excavados a mano. Cocina tradicional actualizada.

VALÈNCIA

792 303 h. – Alt. 13 m – Ver mapa regional n° **11-B2**
▶ Madrid 352 km – Albacete 183 km – Alacant/Alicante 174 km – Barcelona 355 km
Mapa de carreteras Michelin n° 577-N28/-N29
Planos de la ciudad en páginas siguientes

M. Galan / Photonostop

Alojamientos

ESPAÑA

The Westin València
Amadeo de Saboya 16 ✉ *46010* Ⓜ *Alameda* – ✆ *963 62 59 00* – *www.westinvalencia.com* Plano : C2**p**
130 hab – 🛉140/400 € 🛉🛉160/420 €, ☕ 24 € – 5 suites
Rest *Komori* – ver selección restaurantes
Instalado en un edificio histórico de bella estética modernista. Disfruta de un maravilloso jardín interior, elegantes zonas sociales y unas habitaciones de excelente equipamiento, destacando la espectacular Suite Real vestida por el diseñador Francis Montesinos. Interesante oferta gastronómica.

Sorolla Palace
av. Cortes Valencianas 58 ✉ *46015* Ⓜ *Beniferri* – ✆ *961 86 87 00* – *www.hotelsorollapalace.com* Plano : B1**s**
250 hab – 🛉50/300 € 🛉🛉50/330 €, ☕ 17 € – 22 suites
Disfruta de una clientela de negocios gracias a su estética moderna y a la proximidad respecto al Palacio de Congresos. Habitaciones de línea funcional-actual. El restaurante, instalado en una sala modulable de montaje funcional, se completa con tres privados.

Palau de la Mar
Navarro Reverter 14 ✉ *46004* Ⓜ *Colón* – ✆ *963 16 28 84* – *www.hospes.com* Plano : H2**c**
66 hab – 🛉125/535 € 🛉🛉135/550 €, ☕ 22 € – 1 suite
Ocupa parcialmente dos casas señoriales del s. XIX en las que hallaremos tanto la zona social como la mayoría de las habitaciones, todas de líneas puras y completo equipamiento. El restaurante ofrece una cocina mediterránea-creativa con arroces muy variados.

Palacio Marqués de Caro
Almirante 14 ✉ *46003* – ✆ *963 05 90 00* – *www.carohotel.com* Plano : G1**b**
25 hab – 🛉🛉145/600 €, ☕ 20 € – 1 suite
Un palacete del s. XIX tremendamente curioso. Conserva restos arqueológicos de gran valor en casi todas las habitaciones, siempre conciliando el estilo urbano más actual con los detalles romanos y árabes. El restaurante combina a la perfección estos vestigios con el montaje moderno y ofrece una carta actual.

Meliá Plaza

pl. del Ayuntamiento 4 ✉ 46002 Ⓜ Xàtiva – ✆ 963 52 06 12 – www.melia.com Plano : F2**d**

98 hab – ††85/300 €, ☕ 18 €

Céntrica ubicación. Su reducida zona social se compensa con unas habitaciones de línea clásica, bien equipadas para su categoría, y un completo fitness con vistas en el ático. En su restaurante, de corte moderno, encontrará una carta tradicional y un menú.

NH Center

Ricardo Micó 1 ✉ 46009 Ⓜ Turia – ✆ 963 47 50 00 – www.nh-hotels.com Plano : E1**r**

192 hab – ††50/150 €, ☕ 17 €

Ofrece confortables habitaciones y destaca por sus atractivos complementos, como la piscina polivalente con techo móvil, el bar-terraza panorámico de la azotea o su fitness. El comedor, de ambiente acogedor y montaje funcional, presenta una carta tradicional.

Ad Hoc Monumental

Boix 4 ✉ 46003 Ⓜ Alameda – ✆ 963 91 91 40 – www.adhochoteles.com Plano : G1**a**

28 hab – †60/110 € ††68/140 €, ☕ 12 €

En un edificio de 1881 bien rehabilitado. Presenta una reducida zona social y unas habitaciones de ambiente neorrústico con ladrillo visto, vigas de madera, losetas de barro... destacando más las de la última planta por su terracita privada. En el agradable restaurante ofrecen una escueta carta tradicional.

Sorolla Centro

Convento Santa Clara 5 ✉ 46002 Ⓜ Xàtiva – ✆ 963 52 33 92 – www.hotelsorollacentro.com Plano : G3**z**

58 hab – †66/88 € ††77/110 €, ☕ 10 €

Destaca por su céntrica situación, a un paso de las mejores zonas comerciales, con una sala de desayunos bastante luminosa y unas habitaciones funcionales pero bien equipadas.

Ad Hoc Carmen (N)

Samaniego 20 ✉ 46003 Ⓜ Alameda – ✆ 960 45 45 45 – www.adhochoteles.com Plano : F1**x**

21 hab – †45/75 € ††49/99 €

Los orígenes de este hotelito, ubicado cerca de la Catedral, se remontan al s. XV. Ofrece diferentes habitaciones, en general cómodas y las tipo dúplex pensadas para familias.

Restaurantes

La Sucursal

Guillém de Castro 118 ✉ 46003 Ⓜ Túria – ✆ 963 74 66 65 – www.restaurantelasucursal.com – cerrado 15 días en agosto, sábado mediodía y domingo Plano : E1**a**

Menú 45/85 € – *(solo menú)*

Está dentro del Instituto Valenciano de Arte Moderno (IVAM), donde se presenta con una cafetería en la planta baja y una sala minimalista en el piso superior. Aquí proponen, a través de varios menús, un perfecto maridaje entre la cocina actualizada de raíces tradicionales y las elaboraciones puramente de autor.

→ La yema con emulsión de bacalao ahumado y crujiente de ibérico. Arroz cremoso de col, cocochas de bacalao y suave pil-pil. Toffee de galletas, frutos rojos y helado de yogur.

Alejandro del Toro

Amadeo de Saboya 15 ✉ 46010 Ⓜ Aragón – ✆ 963 93 40 46 – www.restaurantealejandrodeltoro.com – cerrado del 1 al 15 de septiembre, 24 diciembre-1 enero, domingo noche y lunes Plano : C2**w**

Menú 24/82 € – Carta 35/51 €

El chef-propietario elabora una cocina creativa y presenta un espacioso comedor de aire minimalista, con una bodega acristalada que deja la cocina a la vista. También ofrecen una terraza, tipo bistrot, donde sirven una carta más informal.

ESPAÑA

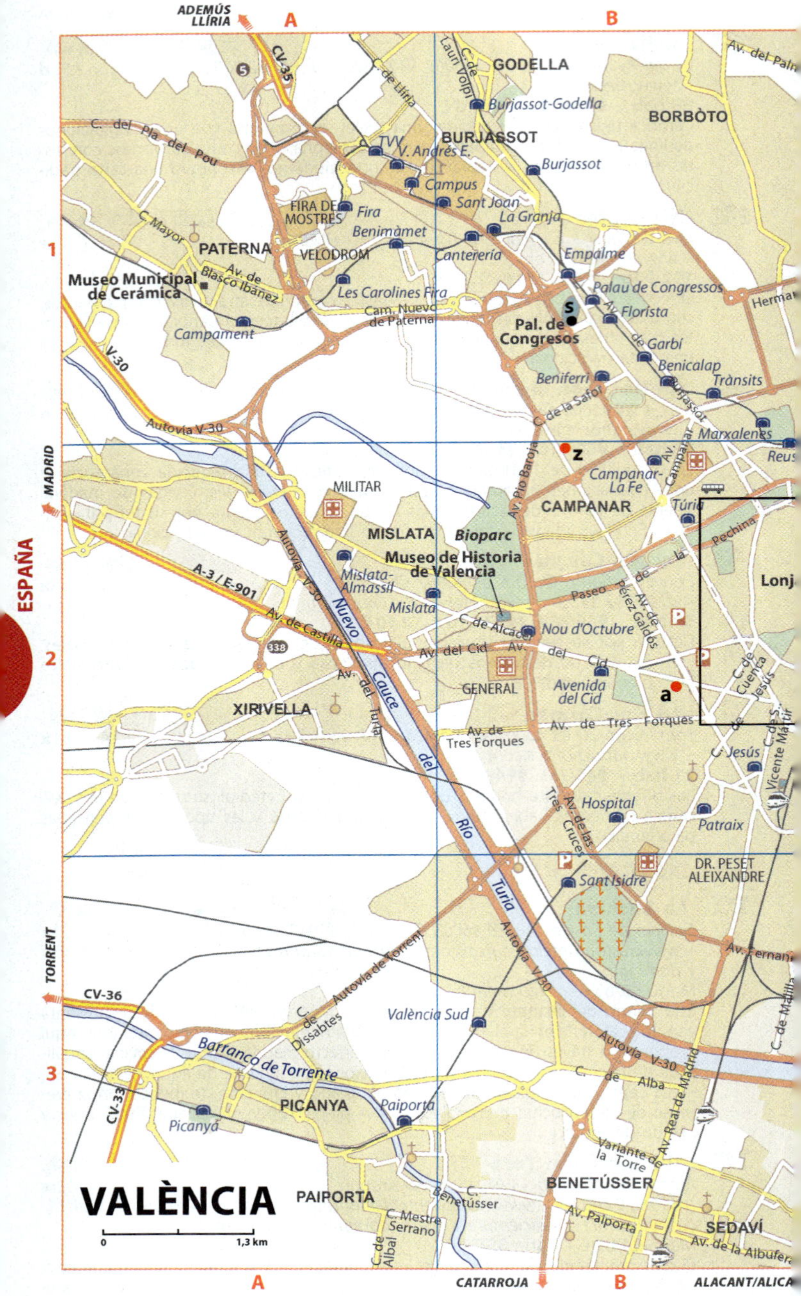
VALÈNCIA
0
1,3 km
ADEMÚS
LLÍRIA
MADRID
TORRENT
CATARROJA
ALACANT/ALICA
ESPAÑA
GODELLA
BORBÒTO
BURJASSOT
PATERNA
Museo Municipal de Cerámica
Pal. de Congresos
CAMPANAR
MISLATA
Bioparc
Museo de Historia de Valencia
XIRIVELLA
PICANYA
PAIPORTA
BENETÚSSER
SEDAVÍ
MILITAR
GENERAL
DR. PESET ALEIXANDRE
FIRA DE MOSTRES
VELODROM
Burjassot-Godella
Burjassot
TVV
V. Andrés E.
Campus
Sant Joan
La Granja
Fira
Benimàmet
Cantereria
Empalme
Les Carolines Fira
Campament
Palau de Congressos
Florista
Garbí
Benicalap
Trànsits
Beniferri
Marxalenes
Reus
Campanar-La Fe
Túria
Mislata-Almassil
Mislata
Nou d'Octubre
Avenida del Cid
Jesús
Hospital
Patraix
Sant Isidre
València Sud
Paiporta
Picanya
Lonj
CV-35
V-30
Autovía V-30
A-3 / E-901
Av. de Castilla
338
CV-36
CV-33
Barranco de Torrente
Nuevo Cauce del Río Turia
Autovía de Torrent
C. del Pla del Pou
C. Mayor
Av. de Blasco Ibáñez
Cam. Nuevo de Paterna
C. de Llíria
C. de Lauri Volpi
Av. Pío Baroja
C. de la Safor
Av. Campanar
Paseo de la Pechina
Av. de Pérez Galdós
C. de Alcàcer
Av. del Cid
Av. del Turia
Av. de Tres Forques
Av. de las Tres Cruces
C. de Cuenca
C. de S. Vicente Mártir
Av. Fernan
C. de Dissabtes
C. de Alba
Av. Real de Madrid
Variante de la Torre
C. Benetússer
C. Mestre Serrano
C. de Albal
Av. Paiporta
Av. de la Albufera
C. de Malilla
Av. del Pal
Herma
A
B
1
2
3
s
z
a

PUÇOL
C
D
BARCELONA
ZARAGOZA
CARPESA
Almàssera
Av. del Mar
ALMÀSSERA
Avinguda del Mar
Camí de Les Vinyes
V-21 / E-15
PORT SAPLAYA
TAVERNES
BLANQUES
C. del Mar
Museo Lladró
C. de Alboraya
Barranc del Carraixet
Autovía V-21
Playa d'Alboraia
Av. Divino Maestro
Alboraya
C. Valencia
ALBORAIA
Cam Hondo
Av. de los Machado
Av. de la Constitución
Palmaret
Ronda Este
LEVANTE
Machado
Bulevar Periférico Norte
Mar
Mediterrània
C. de Sagunto
Av. del Primado Reig
C. Alfahuir
Primado Reig
Casa-Museo
Blasco Ibáñez
Playa de la Malvarrosa
Sagunt
C. de Molinell
Benimaclet
UNIVERSITAT
POLITÈCNICA LA
CARRASCA
Av. de Cataluña
Vicente Zaragozá
Universidad Politècnica
Av. de la Malvarrosa
C. de Cavite
b
Catedral
Facultats
La Carrasca
C. del Clariano
Tarongers
Serrería
MESTALLA
La Cadena
p
w
E. Viñes
t
a
VALENCIA-CABANYAL
La Marina
la Ciudadela
Paseo de
C. Colon
e
c
Les Arenes
Av.
Dr. Lluch
a
c
y
k
Palau de
la Música
Alicante
C. de Cádiz
Av. del Reino de Valencia
del
Platja de les
Arenes o de Levante
GRAU
Parque
Gulliver
Av. de
Puerto
ESTACIÓ
MARÍTIMA
Pas. Neptuno
x
Museu
Faller
Pal. de les Arts
Reina Sofía
Baleares
MARINA REIAL
JUAN CARLOS I
Hemisfèric
m
Av. del Profesor López Piñero
Av. de Ausias March
Av. de la Plata
Oceanogràfic
Agora
C. Moreras
Puente de
l'Assut de l'Or
NAZTARET
ESPAÑA
1
2
3
ril Martorell
Carrera del Río
CV-500
Autovia
Autovía V-30
V-30
Guadalquivir
CASTELLAR
L'OLIVERAL
V-31
EL SALER
C
D
4
1
2

E
F
1
2
3
Jardines del Turia
Jardín Botánico
JARDÍN DE LAS HESPÉRIDES
Turia
IVAM
Centro Valenciano de la Cultura Mediterránea
Casa-Museu Benlliure
Museo Del Carmen
Torres de Serranos
Plaza del Carmen
Pl. de los Fueros
Pl. del Ángel
Pl. de Manises
Pal. de la Generalitat
Caballeros
San Nicolas
Pl. Negrito
El Miguelete
Torres de Quart
Pl. del Esparto
Pl. de Coll
Lonja
Sta Catalina
Santos Juanes
Mercado Central
Pl. Redonda
Pl. de Marian Benlliure
Pl. Rojas Clemente
Pl. de la Encarnación
Pl. de Almansa
Pl. de la Bocha
PARQUE DE LA CULTURA
MuVim
Pl. del Ayuntamiento
Angel Guimerá
Estación del Norte
Xátiva
Alicante
Pl. de Toros
Plaza España
Pl. Obispo Amigo
Puente de las Artes
C. de Guillem de Castro
C. de Na Jordana
Paseo de la Pechina
C. del Doctor Sanchis Bergón
C. de Pere Bonfill
C. del Doctor Beltrán Bigorra
C. del Pintor Zariñena
C. de Ripalda
C. de S. Ramón
C. de la Corona
C. de Blanquerías
C. de Murillo
C. de Borrull
C. de Lepanto
C. de Azcárraga
C. de Jesús y María
C. del Doctor Peset Cervera
C. del Botánico
C. del Turia
C. de Carniceros
C. de Balmes
C. del Triador
C. de Guillem Sorolla
C. del Bany
C. de Espinosa
C. de Recaredo
C. de Roger de Flor
C. del Hospital
C. de las Calabazas
C. de la Linterna
C. de Escolano
C. de les Garrigues
C. de la Sangre
Av. del Barón de Cárcer
C. de Quevedo
C. de Cuenca
C. de María Llácer
Gran Vía de Fernando El Católico
Gran Vía Ramón y Cajal
C. de Guillem de Castro
C. de las Almas
C. de S. Pablo
Av. Marqués de Sotelo
C. del Palleter
C. de Timoneda
C. del Buen Orden
C. de Alberique
C. de Cuenca
C. de Alcira
C. de Jesús
C. de Cervantes
C. del Convento de Jerusalén
C. de Pelayo
C. del Pintor Benedito
C. del Marqués de Zenete
Av. de Pérez Galdós
C. Beato Gálvez
C. de Albacete
C. de Marvá
C. de Ballén
C. de Alcoy
Gran Vía
Sta Teresa
C. del Rey Don Jaime
C. del Moro Zeit
C. de las Salinas
C. de la Alta
C. de la Baja
C. de Palma
C. de los Juristas
C. del Reloj
a
b
c
d
e
r
v
x

VALÈNCIA
0
240 m
G
H
1
2
3
Pont de Fusta
C. de la Trinidad
Puente de Fusta
C. de Flora
Vuelta del Ruiseñor
Jardines del Turia
Jardines del Real
Conde de Trenor
Puente de la Trinidad
C. de S. Pío V
Museo de Bellas Artes San Pío V
Av. del Botánico Cabanilles
C. de Jaume Roig
Av. de Menéndez Pelayo
Av. de Vicente Blasco Ibáñez
C. del Salvador
C. del Pintor López
Llano del Real
Jardines de Monforte
C. de Monforte
C. de Artes Gráficas
Paseo C. de Micer Mascó
Pl. de la Virgen
Almudín
Almoina
Catedral
Museo de la Cuidad
Pl. del Temple
Puente Real
Paseo de la Alameda
Jardines del Turia
Pl. Nápoles y Sicilia
C. del Pintor Peyró
C. del Milagro
Pl. de St Bult
San Juan del Hospital
C. del Mar
Pl. Vicente Ferrer
Convento de Santo Domingo
Paseo de la Ciudadela
Alameda
Puente de l'Exposició
Calle de la Paz
Pl. de Tetuán
C. del Mar
Pal. del Marqués de Dos Aguas
Colegio del Patriarca o del Corpus Christi
LA GLORIETA
Pl. Porta de la Mar
Alameda
Alameda
C. de Muñoz Seca
Pl. Alfonso el Magnánimo
Universitat
C. del Poeta Querol
C. de Salva
C. del Grabador Esteve
Puente de las Flores
Banco de Valencia
C. del Bisbe
Colón
C. Colón
Plaza América
C. de Sorní
Puente del Mar
Las Barcas
Casa del Dragón
de Correos
Correos
Colón
C. de Pascual y Genís
C. de Isabel La Católica
Mercado Colón
Amorós
C. de Serrano Morales
C. de Ruzafa
Calle de Colón
C. de Hernán Cortés
Cirilo Amorós
Gran Vía del Marqués del Turia
Av. de Jacinto Benavente
C. de Félix Pizcueta
C. de Pizarro
C. de Ciscar
C. de Salamanca
C. de Altea
Amorós
C. Conde de Altea
C. de Burriana
Cirilo
C. del Almirante Cadarso
Pasaje Ruzafa
Gran Vía del Marqués del Turia
C. del Maestro Gozalbo
C. de Joaquín Costa
C. de Burriana
Gran Vía Germanías
Av. del Reino de Valencia
C. de Martí
C. de S. Valero
C. de Ruzafa
Calle de Cádiz
M
G
T
P
a
b
c
r
k
h
x

XXX **Vertical**

Luis García Berlanga 19 ✉ 46023 – ✆ 963 30 38 00 Plano : C2**m**
– www.restaurantevertical.com
Menú 45/90 € – *(solo menú)*
Destaca tanto por el montaje como por sus vistas, pues se encuentra en la última planta del hotel Confortel Aqua 4. Sala de estética actual, curiosa terraza chill out e interesante cocina creativa reflejada mediante menús gastronómicos.

XXX **Ricard Camarena**

Doctor Sumsi 4 ✉ 46005 Ⓜ Xàtiva – ✆ 963 35 54 18 Plano : G3**h**
– www.ricardcamarenarestaurant.com – cerrado 28 diciembre-12 enero, domingo y lunes
Menú 75/105 € – *(solo menú)*
Sorprende por la moderna y cuidada estética interior, destacando el singular "privado" y la original mesa que preside la sala frente a la cocina vista. Su atrevida propuesta de autor logra unos sabores, texturas y puntos de cocción realmente excelentes, utilizando en lo posible los productos autóctonos como referencia.
➜ Alcachofas baby marinadas con romero, mandarina y ravioli de alcachofas fritas. Pescadilla en salmuera, habitas, cebolletas y jugo de tomates secos. Ensalada ligeramente picante de naranja, eucalipto y perifollo.

XXX **Kōmori** – Hotel The Westin València

General Gil Dolz ✉ 46010 Ⓜ Alameda – ✆ 961 86 62 90 Plano : C2**p**
– www.restaurantekomori.com – cerrado Semana Santa, 15 días en agosto, sábado mediodía, domingo y festivos
Menú 50/70 € – Carta 40/80 €
Un restaurante nipón que sigue, en montaje y cocina, los pasos del famoso Kabuki madrileño... eso sí, aquí con una plancha japonesa de carbón vegetal que es única en España.

ESPAÑA

XXX **Rías Gallegas**

Cirilo Amorós 4 ✉ 46004 Ⓜ Xàtiva – ✆ 963 52 51 11 Plano : G3**r**
– www.riasgallegas.es – cerrado del 10 al 17 de agosto, domingo noche y lunes
Menú 35 € – Carta 36/51 €
Casa de organización familiar e impecable montaje. Aquí se ha dado una vuelta a los orígenes, por eso ahora ofrecen una cocina gallega tradicional pero con detalles actuales.

XXX **Riff** (Bernd Knöller)

Conde de Altea 18 ✉ 46005 Ⓜ Colón – ✆ 963 33 53 53 Plano : H3**k**
– www.restaurante-riff.com – cerrado agosto, domingo y lunes
Menú 30/95 € – Carta 55/74 €
Céntrico, de buen montaje y con una estética minimalista bastante cuidada. El chef-propietario, que siendo alemán se considera un valenciano más, ofrece una cocina de autor basada en los productos locales de temporada, siempre de la mejor calidad. ¡Interesantes menús!
➜ Arroz negro de aceitunas con papada ibérica. Salmonete con col de pico agudo. Fresitas del bosque con almendra salada y café.

XX **El Poblet**

Correos 8-1º ✉ 46002 Ⓜ Colón – ✆ 961 11 11 06 Plano : G2**a**
– www.elpobletrestaurante.com – cerrado domingo y martes noche
Menú 39/66 € – Carta 41/61 €
Restaurante de línea actual y buen confort que viene a plasmar, en la misma ciudad de València, la creatividad desarrollada en Dénia por el laureado Quique Dacosta. Su amplia carta se completa con dos interesantes menús a buen precio.
➜ Gambas rojas de Denia hervidas y frías. Salmonete con perlas de su cabeza. Campo de cítricos.

XX **Civera**
Mosén Femades 10 ✉ 46002 Ⓜ Colón – ✆ 963 52 97 64 – www.marisqueriascivera.com Plano : G3**a**
Menú 36 € – Carta 30/60 €
Especializado en pescados, mariscos y arroces. Encontrará un bar con varias mesas, unos sugerentes expositores y una sala de ambiente marinero. Interesante bodega acristalada.

XX **Apicius**
Eolo 7 ✉ 46021 Ⓜ Aragón – ✆ 963 93 63 01 – www.restaurante-apicius.com – cerrado Semana Santa, agosto, sábado mediodía y domingo Plano : C2**e**
Menú 28/51 € – Carta 36/49 €
Se presenta con un único salón, amplio y de estética actual, donde ofrecen una moderna cocina de mercado. Su completa bodega hace hincapié en los vinos blancos alemanes.

XX **Vinícolas** Ⓝ
Marina Real Juan Carlos I, Local F2 (Marina Sur) ✉ 46024 – ✆ 961 10 22 44 – www.vinicolasvalencia.com – cerrado lunes salvo verano y domingo noche Plano : D2**x**
Menú 30/65 € – Carta 50/65 €
Interesante, pues ocupa un cubo de cristal de estética minimalista y ofrece una carta de base tradicional bien actualizada en técnicas y presentaciones. ¡Sabores contundentes!

XX **Kaymus**
av. Maestro Rodrigo 44 ✉ 46015 Ⓜ Beniferri – ✆ 963 48 66 66 – www.kaymus.es – cerrado del 16 al 23 de agosto y lunes noche Plano : B1-2**z**
Menú 24/58 € – Carta 31/42 €
Establecimiento de línea moderna que llama la atención por su cocina, de elaboraciones sencillas aunque siempre con gran fineza y calidad. Posee un privado equipado para reuniones o proyecciones, así como una atractiva bodega acristalada.

XX **Canyar**
Segorbe 5 ✉ 46004 Ⓜ Bailén – ✆ 963 41 80 82 – www.canyarrestaurante.com – cerrado agosto y domingo Plano : F3**x**
Menú 45/73 € – Carta 30/56 €
Resulta singular, pues tiene una decoración antigua con detalles modernistas. Ofrece una cuidada bodega y pescados de gran calidad, ya que se traen diariamente desde Dénia.

XX **Askua**
Felip María Garín 4 ✉ 46021 Ⓜ Aragón – ✆ 963 37 55 36 – www.restauranteaskua.com – cerrado 2 semanas en agosto, domingo, martes noche y festivos Plano : C2**c**
Carta 31/59 €
Un negocio consolidado gracias a la calidad de sus materias primas. En la sala, moderna y en tonos claros, le propondrán una cocina de producto muy respetuosa con los sabores.

XX **La Salita** Ⓝ
Séneca 12 ✉ 46021 – ✆ 963 81 75 16 – www.lasalitarestaurante.com – cerrado domingo Plano : C2**a**
Menú 44,50 € – *(solo menú)*
Hablar de La Salita es hablar de Begoña Rodrigo... ¡la primera Top Chef España! Encontrará un único menú degustación de tinte creativo, bien definido y de marcados sabores.

ESPAÑA

XX **Casa Carmela** (N)

Isabel de Villena 155 ✉ 46011 – ✆ 963 71 00 73 – www.casa-carmela.com – cerrado lunes Plano : D1**a**

Carta 33/52 € – *(solo almuerzo)*

Se encuentra en la playa de la Malvarrosa y es toda una institución, pues abrió sus puertas en 1922. Los bellos azulejos de Manises conviven con... ¡unas paellas de excepción!

XX **Blanqueries**

Blanqueries 12 (entrada por Padre Huérfanos) ✉ 46002 – ✆ 963 91 22 39 – www.blanquerias.com – cerrado Semana Santa, domingo noche y lunes Plano : F1**a**

Menú 19/26 € – Carta 27/36 €

Restaurante de ambiente cosmopolita ubicado junto a las Torres de Serranos. Presenta un interior dominado por los tonos blancos y una cocina de mercado con notas creativas.

XX **Eladio**

Chiva 40 ✉ 46018 – ✆ 963 84 22 44 – www.restauranteeladio.es – cerrado Semana Santa,15 días en agosto, domingo y lunes noche Plano : B2**a**

Menú 30/55 € – Carta 28/51 €

Este negocio de organización profesional se presenta con un vivero, un bar privado, una sala de línea clásica y un reservado. Carta tradicional de arraigadas raíces gallegas.

ESPAÑA

X **Q de Barella** (N)

Finlandia 7 ✉ 46010 Ⓜ Alameda – ✆ 963 93 63 00 – www.qdebarella.com – cerrado Semana Santa, agosto, domingo y lunes noche Plano : C2**t**

Menú 18/40 € – Carta 26/37 €

Encontrará dos salas de estilo funcional-actual, ambas con detalles de diseño. El chef, en un proyecto muy meditado, plantea una cocina creativa que ansía la recuperación de sabores y productos tradicionales... eso sí, puestos al día en técnica y presentación.

X **Saiti** (N)

Reina Doña Germana 4 ✉ 46005 – ✆ 960 05 41 24 – www.saiti.es – cerrado del 15 al 31 de agosto, domingo y lunes noche Plano : H3**x**

Menú 25/45 € – Carta 29/35 €

Restaurante de aspecto actual-informal, tipo bistrot, desde cuyos fogones se destila ilusión, trabajo y unas enormes ganas de agradar. Aquí podrá descubrir una cocina sabrosa y llena de matices, con elaboraciones redondas que ensalzan la calidad del producto.

X **Macel·lum** (N)

Boix 6 ✉ 46002 – ✆ 963 91 38 15 – www.restaurantemacellum.com – cerrado Semana Santa y 7 días en agosto, domingo en verano y lunes Plano : G1**a**

Menú 20/55 € – Carta aprox. 35 €

Íntimo, familiar y tremendamente cálido, pues ofrece un interior rústico-moderno con carácter propio. La propuesta evoluciona en torno a una cocina de gusto actual sumamente interesante, muy bien presentada, de sabores contundentes y que borda las texturas.

X **Montes**

pl. Obispo Amigó 5 ✉ 46007 Ⓜ Pl. Espanya – ✆ 963 85 50 25 – cerrado Semana Santa, agosto, domingo noche, lunes y martes noche Plano : E3**v**

Menú 13/21 € – Carta 27/35 €

Un restaurante de corte clásico con muchos adeptos gracias al trato cercano y familiar. Cocina tradicional a precios moderados, con buenos guisos, arroces y platos de cuchara.

Canalla Bistro

Maestro José Serrano 5 ✉ 46003 – ✆ 963 74 05 09 – www.canallabistro.com Plano : G3**a**

Menú 16/26 € – Carta 26/39 €

Un local informal y divertido, pues tiene la cocina vista y parte de la decoración hecha con cajas de naranjas. Cocina del mundo, con producto local y pensada para compartir.

Casa Montaña

José Benlliure 69 ✉ 46011 Ⓜ Maritim Serreria – ✆ 963 67 23 14 – www.emilianobodega.com – cerrado domingo noche Plano : D2**y**

Tapa 3 € – Ración aprox. 9 €

Taberna antigua decorada con detalles típicos y grandes toneles. Posee varias salas a modo de privados, una buena carta de tapas y una bodega con vinos de gran prestigio.

Vuelve Carolina

Correos 8 ✉ 46002 Ⓜ Colón – ✆ 963 21 86 86 – www.vuelvecarolina.com – cerrado domingo Plano : G2**a**

Tapa 4 € – Ración aprox. 8 €

Resulta singular, pues tiene las paredes y techos totalmente forrados en madera. Posee una gran sala a la entrada, donde está la barra, así como un comedor de superior montaje al fondo. Carta de tapas creativas con opción a dos menús.

Coloniales Huerta (N)

Maestro Gozalbo 13 ✉ 46005 Ⓜ Colón – ✆ 963 34 80 09 – www.colonialeshuerta.com – cerrado 15 días en agosto y domingo noche Plano : G3**b**

Tapa 6 € – Ración aprox. 14 € – Menú 22/25 €

Se accede a través de una tienda de vinos y mantiene el espíritu de un local de ultramarinos que abrió sus puertas en 1916. Tapas, raciones para compartir y atractivos menús.

La Sènia

Sènia 2 ✉ 46001 – ✆ 963 15 37 28 – www.tabernalasenia.net Plano : F2**b**

Tapa 7 € – Ración aprox. 12 € – *(solo cena salvo viernes, sábado y domingo)*

En pleno centro de València y con una filosofía culinaria muy clara: sencillez y calidad. El local, de línea rústica y ambiente informal, es una buena opción para saborear tapas de cocina mediterránea-actual hechas al momento.

Central Bar

pl. del Mercado, Mercado Central, puestos 105-131 ✉ 46001 – ✆ 963 82 92 23 – www.centralbar.es – cerrado domingo Plano : F2**x**

Tapa 3,50 € – Ración aprox. 11 € – *(solo almuerzo)*

Una apuesta más de Ricard Camarena, con el atractivo de ubicarse dentro del impresionante Mercado Central. Encontrará cocina de mercado, sugerencias y... ¡sabrosos bocadillos!

en la playa de Levante (Les Arenes)

Las Arenas

Eugenia Viñes 22 ✉ 46011 Ⓜ Marina Real Juan Carlos I – ✆ 963 12 06 00 – www.hotelvalencialasarenas.com Plano : D2**a**

243 hab – ††140/565 €, ☕ 23 € – 10 suites

Lujoso hotel ubicado frente a la playa. Se distribuye en tres edificios, con unas acogedoras zonas nobles, magníficas salas de reuniones y habitaciones muy bien equipadas. En su elegante restaurante Brasserie Sorolla proponen una carta de corte creativo.

Neptuno

paseo de Neptuno 2 ✉ 46011 Ⓜ Marina Real Juan Carlos I – ✆ 963 56 77 77 – www.hotelneptunovalencia.com Plano : D2**k**

49 hab ☕ – †121/176 € ††138/198 € – 1 suite

Bien situado a pie de playa y con habitaciones de diseño minimalista. En conjunto disfruta de una estética actual, decorando sus estancias con una valiosa colección de cuadros vanguardistas pintados por diferentes artistas valencianos. El restaurante, moderno y colorista, ofrece una cocina tradicional.

ESPAÑA

Balandret (N)
paseo de Neptuno 20 ✉ 46002 València – ✆ 963 81 11 41 – www.balandret.com Plano : D2**c**
20 hab – 60/180 € 70/190 € – 1 suite
Está en 1ª línea de playa, con la mitad de las habitaciones asomadas al mar e instalaciones funcionales no exentas de atractivo. En su restaurante, bastante espacioso y de línea actual, encontrará una carta regional con un buen apartado de arroces y fideuá.

VALÈNCIA D'ÀNEU

Lleida – Alt. 1 075 m – Ver mapa regional n° **9-B1**
Madrid 656 km – Lleida/Lérida 201 km – Barcelona 264 km
Mapa de carreteras Michelin n° 574-E33

La Morera
av.Port de la Bonaigua 11 ✉ 25587 – ✆ 973 62 61 24 – www.hotel-lamorera.com – mayo-15 actubre
26 hab – 52/70 € 82/96 €
Presenta una estética típica de montaña y unos exteriores muy cuidados. Agradable zona social con chimenea y habitaciones rústicas de buen confort, destacando las abuhardilladas por ser algo más actuales. El comedor, que disfruta de buenas vistas, ofrece una carta tradicional y especialidades como el Civet.

VALENCIA DE DON JUAN

ESPAÑA

León – 5 199 h. – Alt. 765 m – Ver mapa regional n° **8-B1**
Madrid 285 km – León 38 km – Palencia 98 km – Ponferrada 116 km
Mapa de carreteras Michelin n° 575-F13

Casa Alcón
pl. Mayor ✉ 24200 – ✆ 987 75 10 96 – www.casalcon.es – cerrado 24 diciembre-4 enero
Menú 12 € – Carta 24/43 € – *(solo almuerzo salvo sábado y noches de jueves-viernes-domingo en verano)*
Negocio clásico-regional emplazado junto al ayuntamiento, en un edificio cuyos soportales dan cabida a la terraza. ¡Buenos menús, con platos leoneses, asturianos y de bacalao!

VALGAÑÓN

La Rioja – 130 h. – Ver mapa regional n° **14-A2**
Madrid 313 km – Burgos 76 km – Logroño 65 km – Vitoria-Gasteiz 82 km
Mapa de carreteras Michelin n° 573-F20

Pura Vida (N)
Real 7 ✉ 26288 – ✆ 941 42 75 30 – www.hotelpuravida.es – cerrado del 21 junio-2 julio y del 1 al 10 de septiembre.
8 hab – 75/85 €
Un hotel con encanto que fusiona la arquitectura tradicional y el diseño de interiores más actual. Lo mejor son sus habitaciones, en tonos blancos y con mobiliario moderno.

VALJUNQUERA

Teruel – 383 h. – Ver mapa regional n° **2-C2**
Madrid 445 km – Zaragoza 134 km – Teruel 171 km – Tarragona 125 km
Mapa de carreteras Michelin n° 574-J30

Portal del Matarraña
Mayor 2 ✉ 44595 – ✆ 978 89 90 52 – www.hotelportaldelmatarraña.com
8 hab – 65/75 € 89/136 €
Antigua casa señorial aragonesa que, manteniendo una parte de su estructura original, ahora se presenta con unas instalaciones de aspecto actual-funcional. Ofrecen rutas en bicicleta por la famosa Vía Verde, senderismo y paseos a caballo.

VALL D'ALBA

Castellón – 3 041 h. – Alt. 300 m – Ver mapa regional n° **11-B1**
Madrid 447 km – València 98 km – Castelló de la Plana 30 km – Teruel 189 km
Mapa de carreteras Michelin n° 577-L29

XX **Cal Paradís** (Miguel Barrera)

av. Vilafranca 30 ✉ 12194 – ☎ 964 32 01 31 – www.calparadis.es – cerrado 24 diciembre-2 enero, del 1 al 7 de septiembre y lunes salvo Semana Santa y verano

Menú 40/90 € – Carta 44/62 € – *(solo almuerzo salvo jueves en verano, viernes y sábado)*

¡Magnífico y de carácter familiar! Ofrece un moderno comedor en dos ambientes y una cocina actual-mediterránea de tintes creativos, destacando tanto por la calidad de los productos utilizados como por su dominio de los puntos de cocción.

➜ El Mas (verduras, huevo ecológico y trufa). Lomo de corderito con berenjenas baby. Cuajada a la vista, café y frutas del bosque.

La VALL D'UIXÓ

Castellón – 32 202 h. – Alt. 122 m – Ver mapa regional n° **11-B2**
Madrid 394 km – València 47 km –
Castelló de la Plana / Castellón de la Plana 28 km – Teruel 116 km
Mapa de carreteras Michelin n° 577-M29

XX **La Gruta**

Paraje San José ✉ 12600 – ☎ 964 66 00 08 – www.restaurantelagruta.com – cerrado enero, lunes salvo agosto y festivos

Menú 20/40 € – Carta 31/61 € – *(solo almuerzo salvo viernes y sábado)*

¡En una impresionante cueva del Parque Natural de San José! Presenta un montaje moderno y una cocina actual, de base tradicional, que ensalza las materias primas de la zona.

La VALL DE BIANYA

Girona – 1 228 h. – Alt. 480 m – Ver mapa regional n° **9-C1**
Madrid 678 km – Barcelona 131 km – Girona 58 km – Canillo 144 km
Mapa de carreteras Michelin n° 574-F37

en L'Hostalnou de Bianya

Mas El Guitart

Oeste : 1,5 km ✉ 17813 La Vall de Bianya – ☎ 972 29 21 40 – www.guitartrural.com – cerrado 7 días en julio y 7 días en septiembre

5 hab – 🚹60/150 € 🚹🚹60/330 €, ☕ 18 € – 2 apartamentos

En pleno campo, con unos exteriores atractivos y buenas vistas. Presenta habitaciones de correcto equipamiento, apartamentos pensados para acoger familias y una gran suite, esta última de excelente confort. El comedor emana un agradable ambiente rústico.

en la carretera N 260

XXX **Ca l'Enric** (Jordi Juncà)

Noroeste : 2 km ✉ 17813 La Vall de Bianya – ☎ 972 29 00 15 – www.calenric.net – cerrado 25 diciembre-20 enero, del 1 al 20 de julio, domingo noche, lunes, martes noche y miércoles noche

Menú 75/98 € – Carta 69/95 €

¡Un espacio de grandes contrastes con el entorno! Atesora una cuidada iluminación, mucho diseño, chimeneas, una moderna bodega visitable y un privado con vistas a los fogones. Cocina creativa con una especialidad, la becada en temporada.

➜ La Pradera de la Vall de Bianya. Calamares rellenos con tinta de bosque. La Ratafia.

VALLADOLID

309 714 h. – Alt. 694 m – Ver mapa regional n° **8-B2**
Madrid 191 km – Burgos 125 km – León 139 km – Salamanca 115 km
Mapa de carreteras Michelin n° 575-H15

J. Arnold / hemis.fr

Alojamientos

ESPAÑA

Meliá Recoletos

acera de Recoletos 13 ✉ 47004 – ✆ 983 21 62 00 – www.melia.com Plano : C3**b**

80 hab – 68/190 € 80/250 €, 17 €

Hace gala de una magnífica situación, con el acceso por una calle peatonal y el emblemático Campo Grande en frente. Presenta unas elegantes habitaciones de estilo clásico, abuhardilladas en la última planta, así como un buen restaurante, donde elaboran una cocina tradicional actualizada y deliciosos arroces.

Marqués de la Ensenada

av. Gijón 1 (Puente Mayor) ✉ 47009 – ✆ 983 36 14 91 – www.marquesdelaensenada.com Plano : B1**x**

29 hab – 60/150 €, 12 € – 4 suites

Resulta bastante elegante, ha sabido recuperar las instalaciones de la antigua fábrica de harinas "La Perla" y está tematizado en torno a diversos personajes ilustres del s. XVIII. El restaurante, dotado con un acceso independiente, apuesta por una cocina tradicional actualizada.

Gareus

Colmenares 2 ✉ 47004 – ✆ 983 21 43 33 – www.hotelgareus.com Plano : C2**c**

35 hab – 70/220 € 75/240 €, 12 € – 6 suites

Ocupa un edificio restaurado de principios del s. XX y sorprende con una pequeña biblioteca a la entrada, haciendo las veces tanto de hall-recepción como de zona social. Habitaciones bien equipadas, detallistas y de estética actual.

Vincci Frontaura

paseo de Zorrilla 332, por paseo de Zorrilla B3 ✉ 47008 – ✆ 983 24 75 40 – www.vinccihoteles.com

94 hab – 55/250 €, 11 €

¡Junto a un gran centro comercial! Disfruta de una estética actual y compensa su lejanía del centro histórico con una buena situación para entrar y salir de la ciudad. Habitaciones algo pequeñas pero de excelente equipamiento. El restaurante, de uso polivalente, se complementa con un bar repleto de diseño.

¿Desayuno incluido? La taza aparece junto al número de habitaciones.

NH Bálago
Las Mieses 28 ✉ 47009 – ✆ 983 36 38 80 Plano : B1**b**
– www.nh-hotels.com – cerrado agosto
112 hab – 🚹50/136 € 🚹🚹55/160 €, ☕ 15 € – 8 suites
A un paso de la Feria de Muestras y con unas instalaciones modernas a la par que funcionales. Dispone de suficientes zonas sociales, varias salas de reuniones y confortables habitaciones, todas de línea actual y la mayoría con dos camas.

El Coloquio de los Perros N
pl. de la Universidad 11 ✉ 47002 – ✆ 983 04 40 35 Plano : C2**g**
– www.hotelelcoloquio.es
39 hab – 🚹60/90 € 🚹🚹75/100 €, ☕ 9 €
Se halla junto a la Catedral, debe su nombre a una de las Novelas ejemplares de Cervantes y ocupa un edificio restaurado que combina, con enorme acierto, diseño y rusticidad.

Amadeus
Montero Calvo 18 ✉ 47001 – ✆ 983 21 94 44 Plano : C2**p**
– www.hotelamadeus.net
31 hab – 🚹55/65 € 🚹🚹66/77 €, ☕ 8 €
Emplazado en una zona peatonal muy céntrica y comercial. Goza de suficientes áreas comunes y espaciosas habitaciones, combinando su estilo clásico-actual con un completo equipamiento. ¡Lo más destacable son sus suites abuhardilladas!

Nexus
Solanilla 13 ✉ 47003 – ✆ 983 21 37 56 Plano : C2**a**
– www.nexusvalladolid.es
27 hab, ☕ 8,50 € – 27 apartamentos – 🚹🚹65/300 €
En pleno casco antiguo, pues se encuentra frente a la famosa iglesia de Santa María de La Antigua. Ofrece apartamentos tipo estudio de estilo actual, con muy buenos materiales, detalles de gran confort y un gran equipamiento en las cocinas.

ESPAÑA

Enara
Montero Calvo 30 ✉ 47001 – ✆ 983 30 02 11 Plano : C2**t**
– www.enarahotel.es
55 hab – 🚹60/150 € 🚹🚹60/250 €, ☕ 8 €
Se asoma a la animada plaza España desde la mitad de las habitaciones y sorprende por su concepción, con un salón-recepción tipo lobby y estancias funcionales-actuales. ¡Personalizan todo con enormes fotos murales y artísticas de la ciudad!

Imperial
Peso 4 ✉ 47001 – ✆ 983 33 03 00 – www.hotelimperial.es Plano : C2**e**
62 hab – 🚹50/125 € 🚹🚹60/299 €, ☕ 8 € – 1 suite
Casa señorial del s. XVI ubicada en pleno centro, a escasos metros de la plaza Mayor. Posee un precioso salón rodeado de columnas en la zona del bar, así como unas habitaciones de estilo clásico bien actualizadas. El restaurante, dotado con dos salas panelables, basa su oferta culinaria en diferentes menús.

Atrio
Núñez de Arce 5 ✉ 47002 – ✆ 983 15 00 50 Plano : C2**f**
– www.hotelesvalladolid.com
27 hab – 🚹🚹60/100 €, ☕ 11 €
Hotel de fachada clásica ubicado en pleno casco histórico, en una calle peatonal junto a la Catedral. Disfruta de una coqueta zona social y habitaciones bien equipadas, todas de ambiente clásico-funcional y ocho de ellas con mirador.

Catedral
Núñez de Arce 11 ✉ 47002 – ✆ 983 29 88 11 Plano : C2**v**
– www.hotelesvalladolid.com
39 hab – 🚹🚹50/90 €, ☕ 9 €
¡En un entorno de ambiente universitario! Su bella fachada da paso a un hotel bastante cuidado, con una sala de reuniones, un pequeño bar y habitaciones de ambiente clásico.

VALLADOLID
0
380 m
A
B
1
2
3
LEÓN
SALAMANCA PALENCIA
SALAMANCA CASTILLO DE SIMANCAS
MEDINA DEL CAMPO
LA VICTORIA
GIRON
HUERTA DEL REY
PARQUESOL
FERIA DE MUESTRAS
PARQUE LAS MORERAS
Plaza Solidaridad
Plaza de la Armonía
Plaza de Juan Pablo II
Museo de la Ciencia
Pisuerga
Av. de Gijón
Av. de Salamanca
Paseo de Zorrilla
C. del Padre José Acosta
Av. de Sánchez Arjona
Puente Adolfo Suárez
Paseo del Hospital Militar
C. del Puente Colgante
C. de Italia
C. de Magallanes
Av. de los Reyes Católicos
C. del Monasterio de Yuste
C. del Doctor Villacián
C. Orión
Av. de Vicente Mortes
C. de Francisco Hernández Pacheco
C. de la Vida
Av. de los Cerros
Av. de los Recreos
C. de las Mieses

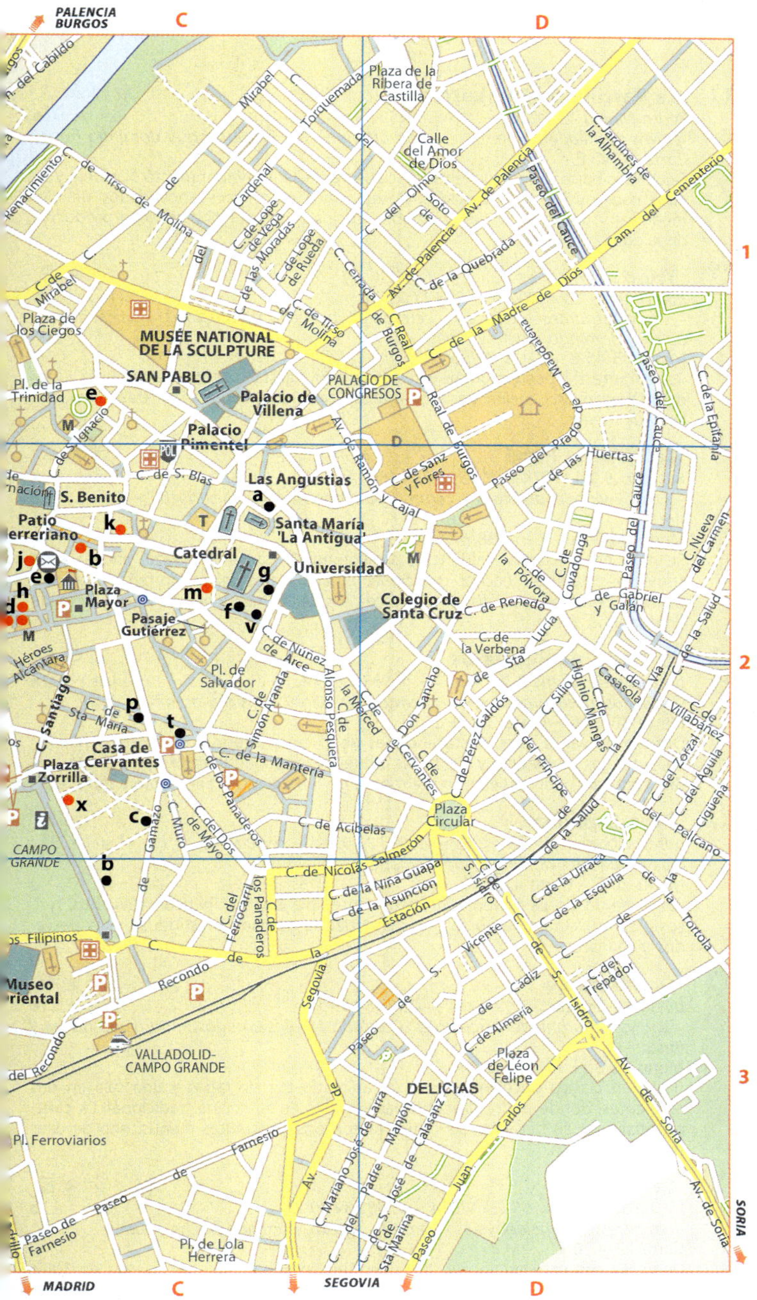
PALENCIA
BURGOS
C
D
1
2
3
MADRID
SEGOVIA
SORIA
MUSÉE NATIONAL DE LA SCULPTURE
SAN PABLO
Palacio de Villena
Palacio Pimentel
PALACIO DE CONGRESOS
Las Angustias
S. Benito
Patio Herreriano
Santa María 'La Antigua'
Catedral
Universidad
Colegio de Santa Cruz
Plaza Mayor
Pasaje Gutiérrez
Pl. de Salvador
Casa de Cervantes
Plaza Zorrilla
CAMPO GRANDE
Museo Oriental
VALLADOLID-CAMPO GRANDE
Plaza Circular
DELICIAS
Plaza de León Felipe
Pl. Ferroviarios
Pl. de Lola Herrera
Plaza de los Ciegos
Pl. de la Trinidad
Plaza de la Ribera de Castilla
Calle del Amor de Dios
Av. de Palencia
Paseo del Cauce
C. Jardines de la Alhambra
Cam. del Cementerio
C. de la Madre de Dios
C. de la Quebrada
C. de Tirso de Molina
C. de Mirabel
C. Torquemada
C. de Lope de Vega
C. de Lope de Rueda
C. de las Moradas
C. Cardenal
C. Real de Burgos
Av. de Ramón y Cajal
Paseo del Prado de la Magdalena
C. de las Huertas
C. de la Epifanía
C. Nueva del Carmen
C. de Gabriel y Galán
C. de Renedo
C. de Covadonga
C. de la Pólvora
C. de la Verbena
C. de Núñez de Arce
C. de Simón Aranda
C. de Alonso Pesquera
C. de la Merced
C. de Don Sancho
C. de Cervantes
C. de Pérez Galdós
C. del Príncipe
C. Higinio Mangas
C. de Casasola
C. de la Salud
C. de Villabáñez
C. del Zorzal
C. del Águila
C. Cigüeña
C. del Pelícano
C. de la Manteria
C. de los Panaderos
C. de Acibelas
C. de Nicolás Salmerón
C. de la Niña Guapa
C. de la Asunción
Estación
C. de la Urraca
C. de la Esquila
C. de la Tórtola
C. del Trepador
C. de S. Isidro
C. de S. Vicente
C. de Cádiz
C. de Almería
Paseo de la Segovia
Paseo de Recondo
Paseo de Farnesio
Av. de Soria
Paseo Juan Carlos I
C. Mariano José de Larra
C. del Padre Manjón
C. de S. José de Calasanz
C. de Sta Marina
C. de Santiago
C. de Sta María
C. de Gamazo
C. Muro
C. del Dos de Mayo
C. del Ferrocarril
C. de S. Blas
C. de S. Ignacio
Héroes Alcántara
Filipinos

Restaurantes

XX **La Parrilla de San Lorenzo**
Pedro Niño 1 ✉ 47001 – ✆ 983 33 50 88 Plano : B2**a**
– www.parrilladesanlorenzo.es – cerrado lunes en julio-agosto y domingo noche
Carta 30/45 €
Ocupa los bajos de un convento de clausura declarado Monumento Nacional y se viste con muchas antigüedades. Posee varios comedores abovedados de aire medieval y una bella bodega visitable. Cocina regional elaborada con productos de la zona.

XX **Trigo**
Los Tintes 8 ✉ 47002 – ✆ 983 11 55 00 Plano : C2**m**
– www.restaurantetrigo.com – cerrado 2ª quincena de marzo, 2ª quincena de agosto, domingo noche y lunes
Menú 35/45 € – Carta 45/56 €
Restaurante de buen montaje y estética minimalista ubicado cerca de la Catedral. Ofrecen una cocina tradicional actualizada que, sobre todo, trabaja mucho con sus menús.

XX **La Viña de Patxi**
Rastrojo 9 ✉ 47014 – ✆ 983 34 10 18 Plano : A2**x**
– www.lavinadepatxi.com – cerrado domingo noche, lunes noche y martes noche
Menú 36/50 € – Carta 38/62 €
Se halla en una zona residencial, presentándose con una terraza, un bar y un comedor actual. Su cocina tradicional emana claras raíces norteñas, sorprendiendo con unos pescados muy frescos, un buen menú degustación y otro de tinte japonés.

ESPAÑA

XX **El Figón de Recoletos**
acera de Recoletos 3 ✉ 47004 – ✆ 983 39 60 43 Plano : C2**x**
– www.asadordearanda.com – cerrado 20 julio-9 agosto y domingo noche
Menú 36/60 € – Carta 35/61 €
Disfruta de varias salas, destacando las de la entrada por su decoración nobiliaria, sus vigas de madera y sus bellas vidrieras. Proponen la carta típica de un asador castellano, con el Lechazo y el horno de leña como grandes protagonistas.

XX **Paco Espinosa** N
paseo Obregón 16 ✉ 47009 – ✆ 983 33 09 88 – cerrado 15 días en agosto, domingo noche y lunes Plano : B1**c**
Menú 70 € – Carta 45/65 €
¡En el barrio de La Victoria! Su carta contempla buenos ibéricos, revueltos, guisos caseros... sin embargo, lo que de verdad le ha dado prestigio son sus pescados y mariscos.

XX **Don Bacalao**
pl. Santa Brígida 5 ✉ 47003 – ✆ 983 34 39 37 Plano : C1**e**
– www.restaurantedonbacalao.es – cerrado 15 días en agosto, domingo noche y lunes
Menú 22/36 € – Carta 23/40 €
¡Todo un clásico pucelano! Posee un animado bar de tapas y una sala en dos ambientes, donde podrá descubrir las virtudes de su cocina tradicional. La carta, especializada en bacalaos, se completa con dos sugerentes menús, uno de ellos tipo degustación.

X **La Goya**
av. de Salamanca 55 ✉ 47014 – ✆ 983 34 00 23 Plano : A3**b**
– www.restaurantelagoya.es – cerrado agosto, domingo noche y lunes
Carta 23/47 €
Una casa con gran arraigo en la ciudad, no en vano abrió sus puertas en 1902. Posee un comedor de invierno de cálido aire regional y otro de verano bajo las galerías de un patio castellano. Carta casera basada en guisos y platos de caza.

Montellén
Sandoval 7 ✉ 47003 – ✆ 983 33 48 50 Plano : C2**b**
– www.restaurantemontellen.es – cerrado 15 días en agosto, domingo noche y lunes
Menú 19/47 € – Carta 31/46 €
Frente al histórico Mercado del Val. El negocio, que toma su nombre de una finca salmantina, se presenta con un bar de tapas y un comedor clásico-actual. Cocina tradicional basada en deliciosas carnes ibéricas, embutidos propios y bacalaos.

Chuchi Martín (N)
paseo Arco de Ladrillo 28 ✉ 47007 – ✆ 628 66 98 24 Plano : BC3**a**
– cerrado del 1 al 18 de agosto, domingo noche y lunes
Menú 20/40 € – Carta 25/35 €
Sencillo y algo escondido, pues se halla al pie de un puente elevado. Encontrará un bar, donde también sirven el menú del día, y un comedor clásico. Aquí proponen una cocina tradicional y de temporada que siempre se ve enriquecida con sugerencias de palabra.

Villa Paramesa
Calixto Fernández de la Torre 5 ✉ 47001 – ✆ 983 35 79 36 Plano : C2**d**
– www.villaparamesa.com
Tapa 3 € – Ración aprox. 10 €
Trabaja mucho, está llevado entre varios hermanos y ostenta una decoración rústica-actual. Descubra sus deliciosas tapas, hechas con productos de temporada y... ¡al momento!

La Tasquita
Caridad 2 ✉ 47001 – ✆ 983 35 13 51 – www.la-tasquita.com Plano : C2**d**
– cerrado 18 julio-1 agosto y lunes
Tapa 3 € – Ración aprox. 10 €
Amplio bar de tapas a modo de taberna antigua, con unos expositores actuales y la sala definida por su zócalo de azulejos. Aquí encontrará deliciosas tostas, canapés, montaditos, raciones... así como buenos vinos por copa.

ESPAÑA

Jero (N)
Correos 11 ✉ 47001 – ✆ 983 35 35 08 – cerrado 15 días en enero, 20 días en julio y martes Plano : C2**j**
Tapa 2 € – Ración aprox. 12 €
Agradable, familiar y ubicado junto al edificio de Correos. Su barra, llena de pinchos y raciones, es toda una invitación. ¡Pruebe el Angelillo, la Cabra, su Mini Burguer...!

Vinotinto Joven
Campanas 1 ✉ 47001 – ✆ 983 37 80 26 – cerrado del 16 al 31 de julio y lunes Plano : C2**h**
Tapa 2,50 € – Ración aprox. 9 €
Se encuentra bajo unos soportales y, siendo algo pequeño, es un buen lugar para degustar tapas o raciones... eso sí, todo de tendencia muy actual. Cecina con mermelada de tomate, Cigala con calabacín, Tortilla de patata evolucionada...

Jamonería Sarmiento-Jabuguito (N)
Conde Ansúrez 11 ✉ 47003 – ✆ 983 35 55 14 Plano : C2**k**
Tapa 1,80 € – Ración aprox. 10 €
El aroma a pan recién horneado, productos ibéricos escogidos, conservas seleccionadas... Acérquese a este curioso bar y pruebe una de sus especialidades, los Miguelitos.

en Pinar de Antequera Sur : 6 km

Llantén
Encina 11, por paseo Zorrilla B3 ✉ 47153 Valladolid – ✆ 983 24 42 27 – www.restaurantellanten.com – cerrado enero, febrero, domingo noche y lunes
Carta 31/40 €
Encanto, personalidad, una estética de marcado aire mediterráneo... Esta villa le sorprenderá tanto por su jardín como por sus salas, ambas con chimenea, donde le propondrán una cocina tradicional e internacional con platos actualizados a precios moderados.

al Suroeste por la av. de Salamanca A3

AC Palacio de Santa Ana

Santa Ana, 4 km ✉ 47195 Arroyo de la Encomienda – ☎ 983 40 99 20 – www.ac-hotels.com

93 hab – 77/165 €, 15 € – 5 suites

En el antiguo monasterio de los Jerónimos, rodeado por una bonita pradera con mirador frente al río Pisuerga. Disfruta de un magnífico claustro y unas habitaciones funcionales, algunas abuhardilladas. El restaurante, de montaje clásico-actual, propone una cocina con platos tradicionales y alguno más actual.

VALLE → Ver el nombre propio del valle

VALLE DE CABUÉRNIGA

Cantabria – 1 046 h. – Alt. 260 m – Ver mapa regional n° **6**-B1

Madrid 389 km – Burgos 154 km – Oviedo 163 km – Palencia 172 km

Mapa de carreteras Michelin n° 572-C17

Camino Real de Selores

Selores, Sur : 1,5 km ✉ 39511 Selores – ☎ 942 70 61 71 – www.caminorealdeselores.com

21 hab – 90/140 € – 4 suites

Casona del s. XVII en la que se mezclan elementos rústicos originales con otros de diseño moderno. Las habitaciones, repletas de detalles, ocupan también cuatro edificios más. El restaurante, de ambiente muy acogedor, recupera lo que un día fueron las cuadras.

ESPAÑA

VALLROMANES

Barcelona – 2 542 h. – Alt. 153 m – Ver mapa regional n° **10**-B3

Madrid 643 km – Barcelona 22 km – Tarragona 123 km

Mapa de carreteras Michelin n° 574-H36

Can Galvany

av. de Can Galvany 11 ✉ 08188 – ☎ 935 72 95 91 – www.cangalvany.com

43 hab – 85/185 €

Un hotel de línea actual construido en armonía con una masía catalana original, donde hoy ofrecen la zona de aguas y relax. El restaurante, moderno, informal y con una carta de tinte creativo, se ve complementado por una terraza chill out junto a la piscina.

Sant Miquel

pl. de l'Església 12 ✉ 08188 – ☎ 935 72 90 29 – www.stmiquel.cat – cerrado del 11 al 25 de enero, del 8 al 22 de agosto y lunes

Menú 22/60 € – Carta 35/50 € – *(solo almuerzo salvo jueves en verano, viernes y sábado)*

Este negocio familiar, asentado y bastante céntrico, disfruta de dos comedores, uno funcional y el otro tipo jardín de invierno. Enriquece su carta tradicional con unos menús temáticos de temporada. ¡Buena bodega!

Can Poal

av. Vilassar de Dalt 1b ✉ 08188 – ☎ 935 72 94 34 – www.canpoal.cat – cerrado 16 agosto-9 septiembre y lunes salvo festivos

Menú 20/35 € – Carta 26/36 € – *(solo almuerzo salvo viernes y sábado)*

Se halla en una masía rehabilitada que data del s. XIV. Aquí encontrará un ambiente familiar, un correcto montaje en su categoría y una cocina tradicional catalana bien actualizada. ¡Sus grandes bazas son los arroces, los guisos y los platos a la brasa!

Mont Bell

carret. de Granollers, Oeste : 1 km ✉ 08188 – ☎ 935 72 81 00 – www.mont-bell.es – cerrado Semana Santa, 21 días en agosto y domingo noche

Menú 22/33 € – Carta 32/55 €

Restaurante familiar dotado con dos comedores clásicos, otro más actual y un salón para banquetes. Ofrecen una extensa carta de cocina catalana y un buen menú. ¡También se puede comer, de forma más informal, en su porche-terraza de verano!

VALLS

Tarragona – 24 649 h. – Alt. 215 m – Ver mapa regional n° **9**-B3
Madrid 535 km – Barcelona 100 km – Lleida/Lérida 78 km – Tarragona 19 km
Mapa de carreteras Michelin n° 574-I33

Class Valls

passeig President Tarradellas - carret. N 240 ✉ 43800 – ✆ 977 60 80 90 – www.hotelclassvalls.com
83 hab – 52/99 € 62/117 €, 8 €
Está orientado al cliente de empresa y presenta unas habitaciones actuales-funcionales, con los suelos en tarima. El restaurante combina su carta tradicional, que contempla buenas carnes, con dos menús: el diario y el de los fines de semana.

en la carretera N 240 Norte : 8 km

Les Espelmes

Norte : 8 km ✉ 43813 Fontscaldes – ✆ 977 60 10 42 – www.lesespelmes.com – cerrado 27 junio-21 julio y miércoles
Menú 15 € – Carta 27/40 € – *(solo almuerzo salvo jueves, viernes y sábado)*
Cuenta con una clientela habitual de negocios y hasta con cinco coquetas salas de estilo clásico-regional, donde podrá descubrir sus elaboraciones catalanas y una selecta bodega. En una zona tipo porche instalan su terraza de temporada.

VALVERDE DEL FRESNO

Cáceres – 2 426 h. – Alt. 498 m – Ver mapa regional n° **12**-B1
Madrid 328 km – Mérida 199 km – Cáceres 120 km – Guarda 132 km
Mapa de carreteras Michelin n° 576-L9

A Velha Fábrica

D. Miguel Robledo Carrasco 24 ✉ 10890 – ✆ 927 51 19 33 – www.avelhafabrica.com
19 hab – 40/60 € 65/85 €
Instalado en una antigua fábrica de mantas. Aquí encontrará unas habitaciones bastante espaciosas, todas tipo dúplex y de estilo rústico-funcional. El restaurante, de montaje clásico, propone una cocina tradicional con productos regionales y de caza.

VALVERDE DEL MAJANO

Segovia – 1 074 h. – Alt. 923 m – Ver mapa regional n° **8**-C3
Madrid 94 km – Segovia 12 km – Ávila 63 km – Valladolid 118 km
Mapa de carreteras Michelin n° 575-J17

al Noreste 3,5 km por la carretera de Eresma y desvío 1,5 km

Caserío de Lobones

✉ 40140 Valverde del Majano – ✆ 921 12 84 08 – www.lobones.com
10 hab – 120/132 € 140/154 €
Casa de labranza del s. XVII situada en un paraje aislado, junto al río Eresma, con el entorno ajardinado y un encinar centenario dentro de la finca. Ofrece un salón social con chimenea, dos coquetos comedores y habitaciones de buen confort, la mayoría con el techo en madera y mobiliario antiguo restaurado.

VARGAS

Cantabria – 815 h. – Ver mapa regional n° **6**-B1
Madrid 418 km – Santander 35 km – Bilbao 110 km
Mapa de carreteras Michelin n° 572-C18

Los Lienzos

barrio El Acebal ✉ 39679 – ✆ 942 59 81 80 – www.posadaloslienzos.com – cerrado diciembre- marzo
8 hab – 84/91 €
Ocupa una casa de indianos, con el entorno ajardinado, que data de 1913. Posee dos salones clásicos, un porche acristalado y coquetas habitaciones de estilo rústico-elegante.

VECINOS

Salamanca – 279 h. – Ver mapa regional n° **8-A3**
Madrid 240 km – Valladolid 151 km – Salamanca 29 km – Ávila 130 km
Mapa de carreteras Michelin n° 575-J12

XX **Casa Pacheco**
Jose Antonio 12 ✉ 37450 – ☎ 923 38 21 69 – www.casapacheco.net – cerrado 10 días en julio, 10 días en septiembre y lunes
Carta 28/37 € – *(solo almuerzo salvo viernes y sabado)*
Esta casa familiar, con muchos años de vida, se muestra profundamente unida al mundo taurino... no en vano, el comedor principal se ha dedicado al famoso diestro Julio Robles. Carta tradicional rica en carnes, bacalaos y embutidos ibéricos.

VEDRA

A Coruña – 5 008 h. – Ver mapa regional n° **13-B2**
Madrid 585 km – Santiago de Compostela 25 km – A Coruña 95 km – Pontevedra 79 km
Mapa de carreteras Michelin n° 571-D4

Pazo de Galegos
Lugar de Galegos 6 (San Pedro de Vilanova) ✉ 15886 – ☎ 981 51 22 17 – www.pazodegalegos.com – 25 marzo-15 octubre
9 hab – †50/65 € ††65/85 €
Un hotel rústico con mucho encanto e historia, pues ocupa el pequeño pazo donde vivió D. Antonio López Ferreiro, el descubridor de la tumba de Santiago Apóstol. Conserva parte del mobiliario original, tiene un restaurante polivalente y está rodeado de viñedos.

ESPAÑA

La VEGA

Asturias – Ver mapa regional n° **3-C1**
Madrid 505 km – Oviedo 73 km – Santander 126 km – León 181 km
Mapa de carreteras Michelin n° 572-B14

X **Güeyu-Mar**
Playa de Vega 84 ✉ 33560 – ☎ 985 86 08 63 – www.gueyumar.es – cerrado del 11 al 20 de abril, del 12 al 16 de septiembre, del 14 al 30 de noviembre y miércoles salvo julio-agosto
Carta 40/75 € – *(solo almuerzo salvo viernes, sábado y verano)*
Una visita inexcusable si le gustan los pescados a la brasa, pues aquí son de gran tamaño y excepcional calidad. El nombre del negocio, en bable, significa "Ojos de mar".

VEGA DE TIRADOS

Salamanca – 191 h. – Alt. 789 m – Ver mapa regional n° **8-A2**
Madrid 235 km – Valladolid 141 km – Salamanca 25 km – Bragança 186 km
Mapa de carreteras Michelin n° 575-I12

XX **Rivas**
Serafin Gómez Mateos 19 ✉ 37170 – ☎ 923 32 04 71 – www.restauranterivas.com – cerrado del 1 al 18 de julio y lunes
Carta 30/46 € – *(solo almuerzo salvo viernes y sábado)*
Restaurante de ambiente familiar y línea clásica. Presenta una sala a la entrada, en lo que fue el bar, y otra mayor al fondo, ambas con profusión de madera. Cocina regional y completa carta de vinos, esta última ofrecida en una tablet.

VEGA DE VALDETRONCO

Valladolid – 127 h. – Ver mapa regional n° **8-B2**
Madrid 199 km – Valladolid 46 km – Zamora 82 km – Salamanca 101 km
Mapa de carreteras Michelin n° 575-H14

La Torre
A-6, salida 196 ✉ 47133 – ☎ 983 78 80 47 – www.latorre-hotel.com
28 hab – †30/33 € ††42/50 €, ☕ 4 €
Rest *Los Palomares* – ver selección restaurantes
Una buena opción en ruta. Destaca tanto por su agradable cafetería como por sus confortables habitaciones, muy cuidadas para ser un hotel de carretera. ¡Solicite las traseras, pues se asoman a los extensos campos de cereales castellanos!

XX **Los Palomares** – Hotel La Torre

A-6, salida 196 ✉ 47133 – ✆ 983 78 80 47 – www.latorre-hotel.com – cerrado domingo noche
Menú 12/38 € – Carta 30/42 € – *(cena solo con reserva)*
Sorprende encontrar un restaurante así, con una sala de línea actual y buen montaje, en un área de servicio. Su joven chef propone un buen menú degustación y una cocina tradicional actualizada que se esmera en las presentaciones.

VEJER DE LA FRONTERA

Cádiz – 12 897 h. – Alt. 193 m – Ver mapa regional n° **1-A3**
Madrid 667 km – Algeciras 82 km – Cádiz 50 km
Mapa de carreteras Michelin n° 578-X12

La Casa del Califa

pl. de España 16 ✉ 11150 – ✆ 956 44 77 30 – www.lacasadelcalifa.com – cerrado del 10 al 31 de enero
20 hab – †70/78 € ††110/130 €
Rest *El Jardín del Califa* – ver selección restaurantes
Este singular hotel está repartido en varias casitas contiguas del centro de la ciudad. Sus habitaciones resultan detallistas, con mobiliario de anticuario y baños coloristas. ¡La distribución es como un laberinto... pero con mucho encanto!

X **El Jardín del Califa** – Hotel La Casa del Califa

pl. de España 16 ✉ 11150 – ✆ 956 45 17 06 – www.jardin.lacasadelcalifa.com – cerrado 10 diciembre- enero
Menú 25/45 € – Carta 20/30 €
Ofrece un patio con barbacoa, una sala acristalada y un comedor con el techo abovedado, este de superior montaje. Su amplia carta deshoja los sabores de la cocina marroquí y libanesa, aunque también tiene unas sabrosas carnes a la brasa.

X **Trafalgar**

pl. de España 31 ✉ 11150 – ✆ 956 44 76 38 – www.restaurantetrafalgar.com – cerrado 12 diciembre-26 febrero y martes salvo 20 junio-20 septiembre
Carta 28/44 €
Tras su renovación se presenta con una pequeña terraza, la cocina vista desde el pasillo de acceso y la sala en el piso superior, esta última de línea actual-minimalista y con una cava de vinos acristalada. Cocina tradicional actualizada.

en la playa de El Palmar Oeste : 11 km

X **Casa Francisco**

playa de El Palmar (Vejer Costa) ✉ 11150 Vejer de la Frontera – ✆ 956 23 22 49 – www.casafranciscoeldesiempre.com – cerrado 11 diciembre-febrero
Carta 45/82 € **12 hab** – †40/60 € ††50/110 €
En 1ª línea de playa. Dispone de un bar de tapas, un comedor rústico y una terraza acristalada, esta última con vistas al mar. Carta tradicional basada en pescados y arroces. Como complemento posee unas sencillas habitaciones vestidas con mobiliario provenzal.

VÉLEZ-MÁLAGA

Málaga – 76 911 h. – Alt. 67 m – Ver mapa regional n° **1-C2**
Madrid 530 km – Almería 180 km – Granada 100 km – Málaga 35 km
Mapa de carreteras Michelin n° 578-V17

Montera 24 N

Pancho López 24 ✉ 29700 – ✆ 952 55 77 71 – www.montera24.com – cerrado del 7 al 14 de enero, 28 marzo-3 abril, domingo noche en julio-agosto, domingo resto del año y lunes mediodía
Tapa 2,50 € – Ración aprox. 7,50 €
Platos para picar, croquetas, tostas, cazuelas, ensaladas... ¡hasta wok! En este negocio, de línea actual y con un comedor, ofrecen amabilidad y honestidad a partes iguales.

ESPAÑA

Las VENTAS CON PEÑA AGUILERA

Toledo – 1 263 h. – Alt. 790 m – Ver mapa regional n° **7**-B2
Madrid 124 km – Toledo 54 km – Ciudad Real 121 km
Mapa de carreteras Michelin n° 576-N17

XX **Casa Parrilla**

av. Toledo 3 ✉ 45127 – ✆ 925 41 82 07 – www.casaparrilla.es – cerrado 7 días en enero, 19 agosto-7 septiembre y miércoles salvo festivos
Menú 25/45 € – Carta 33/48 € – *(solo almuerzo salvo viernes y sábado)*
Si busca los sabores intensos de la cocina cinegética este restaurante le cautivará, pues su especialidad es la caza y siempre trabaja con productos locales. Casa familiar que sorprende en la zona tanto por el montaje como por su bodega.

VERA

Almería – 15 424 h. – Alt. 102 m – Ver mapa regional n° **1**-D2
Madrid 512 km – Almería 95 km – Murcia 126 km
Mapa de carreteras Michelin n° 578-U24

XX **Juan Moreno**

carretera de Ronda, 3 ✉ 04620 – ✆ 950 39 30 51 – www.restaurantejuanmoreno.es – cerrado domingo salvo agosto
Menú 25 € – Carta 29/38 €
Restaurante de línea actual ubicado en una zona industrial, cerca de la plaza de toros. Su chef propone una cocina de sabor tradicional, con la opción de varios menús y sugerencias diarias. ¡Organizan interesantes jornadas gastronómicas a lo largo del año!

XX **Terraza Carmona**

Del Mar 1 ✉ 04620 – ✆ 950 39 07 60 – www.terrazacarmona.com – cerrado del 12 al 26 de enero y lunes
Menú 23/50 € – Carta 29/50 € **38 hab** – †52/60 € ††68/78 €, ☕ 8 €
Un negocio familiar con renombre en la zona, pues siempre ha ensalzado la cocina regional y local. Dentro de sus instalaciones debemos destacar el salón principal, por su solera, y las cuidadas habitaciones, en la 1ª planta con terraza y en la 2ª con balcón.

ESPAÑA

VERDICIO

Asturias – Ver mapa regional n° **3**-B1
Madrid 491 km – Oviedo 45 km – Avilés 14 km – Gijón 26 km
Mapa de carreteras Michelin n° 572-B12

X **La Fustariega**

Fiame ✉ 33448 – ✆ 985 87 81 03 – www.restaurantelafustariega.com – cerrado 15 días en noviembre y miércoles salvo julio, agosto y festivos
Menú 12/24 € – Carta 20/35 €
En pleno campo, rodeado de césped y de un gran aparcamiento. Posee un bar-sidrería a la entrada, donde sirven un menú económico, así como dos salas de línea regional con una carta tradicional. ¡Productos de calidad y generosas raciones!

VERÍN

Ourense – 14 760 h. – Alt. 612 m – Ver mapa regional n° **13**-C3
Madrid 430 km – Ourense 69 km – Vila Real 90 km
Mapa de carreteras Michelin n° 571-G7

junto al castillo Noroeste : 4 km

Parador de Verín

subida al Castillo ✉ 32600 Verín – ✆ 988 41 00 75 – www.parador.es – 2 febrero-15 diciembre
23 hab – ††70/130 €, ☕ 15 €
Sólida construcción a modo de pazo ubicado junto al castillo medieval de Monterrey. Presenta unas cuidadas zonas nobles y las habitaciones distribuidas en dos plantas, todas con buenas vistas. En su comedor ponen de relieve lo mejor del recetario gallego tradicional.

en la carretera N 525 Noroeste : 4,5 km

Gallego
✉ 32618 Verín – ✆ 988 41 82 02 – www.hotelgallego.com – cerrado 24 diciembre-2 enero
35 hab – 39 € 60 €
En un entorno natural de gran belleza, pues se halla en pleno valle de Monterrey. Ofrece correctas habitaciones y un restaurante bastante popular, no en vano su carta de cocina gallega evoluciona dos veces al año y atrae a muchos clientes en temporada de caza.

VIANA

Navarra – 4 084 h. – Alt. 470 m – Ver mapa regional n° **17-A2**
Madrid 341 km – Logroño 10 km – Iruña/Pamplona 82 km
Mapa de carreteras Michelin n° 575-E22

Borgia
Serapio Urra 7 ✉ 31230 – ✆ 948 64 57 81 – www.restauranteborgia.com – cerrado lunes
Menú 25/70 € – Carta 32/48 €
Negocio familiar instalado en una casa del s. XVII, donde conviven los elementos de carácter rústico y los más modernos. Cocina de producto con toques personales del chef.

VIBAÑO

Asturias – 479 h. – Alt. 90 m – Ver mapa regional n° **3-C1**
Madrid 477 km – Oviedo 104 km – Santander 105 km
Mapa de carreteras Michelin n° 572-B15

al Noroeste 3,5 km

La Montaña Mágica
El Allende ✉ 33508 El Allende – ✆ 985 92 51 76 – www.lamontanamagica.com
16 hab – 50/65 € 55/80 €, 5,40 €
Este conjunto rural, que toma su nombre de la famosa novela de Thomas Mann, ocupa tres edificios de montaña ubicados en pleno campo. Ofrece un comedor rústico y varios tipos de habitaciones, la mayoría con vistas a la Sierra del Cuera o a los Picos de Europa.

VIC

Barcelona – 41 647 h. – Alt. 494 m – Ver mapa regional n° **9-C2**
Madrid 637 km – Barcelona 66 km – Girona 79 km – Manresa 52 km
Mapa de carreteras Michelin n° 574-G36

NH Ciutat de Vic
passatge Can Mastrot ✉ 08500 – ✆ 938 89 25 51 – www.nh-hotels.com
36 hab – 65/229 €, 13 €
¡Muy enfocado al cliente de empresa y trabajo! Ofrece una reducida zona social y las habitaciones típicas de la cadena, con un correcto equipamiento en su categoría. En su restaurante, amplio y luminoso, encontrará un menú del día y una carta tradicional.

Boccatti
Mossèn Josep Gudiol 21 ✉ 08500 – ✆ 938 89 56 44 – www.boccatti.es – cerrado del 15 al 30 de abril, del 15 al 31 de agosto, domingo noche, miércoles noche y jueves
Carta 35/69 €
Ocupa un antiguo bar y deja un excelente sabor de boca, tanto por lo exquisito del trato como por la calidad y variedad de sus materias primas. Carta de carácter marinero.

ESPAÑA

Divicnus

Sant Miquel dels Sants 1 ✉ 08500 – ✆ 937 42 00 23 – www.divicnus.com – cerrado del 15 al 30 de septiembre, domingo noche, lunes y martes mediodía
Menú 26/30 € – Carta 20/30 €
¡A un paso de la Plaza Mayor! Establecimiento clásico-actual de cierta elegancia dotado con una pequeña terraza y un jardín posterior. Carta de cocina tradicional actualizada.

por la carretera de Roda de Ter 15 km

Parador de Vic-Sau

carret. de Tavèrnoles BV-5213 km10 ✉ 08500 Vic – ✆ 938 12 23 23 – www.parador.es – cerrado 2 enero-10 febrero
38 hab – 95/165 €, 16 €
Emana aires de masía catalana, con una sobria arquitectura en piedra y magníficas vistas al pantano de Sau. Espaciosas instalaciones, salas polivalentes y habitaciones bien equipadas. En el luminoso restaurante proponen una carta regional con platos típicos.

La VID

Burgos – 315 h. – Ver mapa regional n° **8-C2**
Madrid 182 km – Burgos 105 km – Soria 98 km – Valladolid 124 km
Mapa de carreteras Michelin n° 575-H19

El Lagar de Isilla

Camino Real 1 ✉ 09471 – ✆ 947 53 04 34 – www.lagarisilla.es
21 hab – 65/140 € 85/140 €
Rest *La Casona de La Vid* – ver selección restaurantes
Resulta curioso, pues se halla anexo a la bodega homónima y se comunican a través de su tienda. Presenta unas habitaciones confortables pero algo eclécticas, todas personalizadas con temas relativos al vino, así como una cafetería de estilo rústico-castellano.

La Casona de La Vid – Hotel El Lagar de Isilla

Camino Real 1 ✉ 09471 – ✆ 947 53 04 34 – www.lagarisilla.es
Menú 15/50 € – Carta 33/48 €
Se accede desde la cafetería, tiene un horno de leña a la vista y ofrece varios espacios de estilo rústico-castellano, todos con detalles actuales. Amplia carta tradicional, con opción a menús, y un plato estrella por definición... ¡el Cordero lechal asado!

VIELHA (VIELLA)

Lleida – 5 508 h. – Alt. 971 m – Ver mapa regional n° **9-B1**
Madrid 595 km – Lleida/Lérida 163 km – Barcelona 317 km
Mapa de carreteras Michelin n° 574-D32

Eth Solan

av. Baile Calbetó Barra 14 ✉ 25530 – ✆ 973 64 02 04 – www.hotelethsolanvielha.com – diciembre-abril y julio-12 octubre Plano : A1**a**
39 hab – 39/45 € 59/110 €
¡Su nombre significa "solana" en aranés! Disfruta de una correcta zona social y confortables habitaciones, en general de línea clásica, abuhardilladas en la última planta y todas con los baños renovados.

El Ciervo

pl. de Sant Orenç 3 ✉ 25530 – ✆ 973 64 01 65 – www.hotelelciervo.net – cerrado 3 abril-12 junio y 12 octubre-1 diciembre Plano : A1**f**
20 hab – 39/75 € 59/130 €
Este hotel atesora unas habitaciones realmente detallistas, todas diferentes, con los suelos en madera y en la última planta abuhardilladas. ¡Variado buffet de desayunos!

ESPAÑA

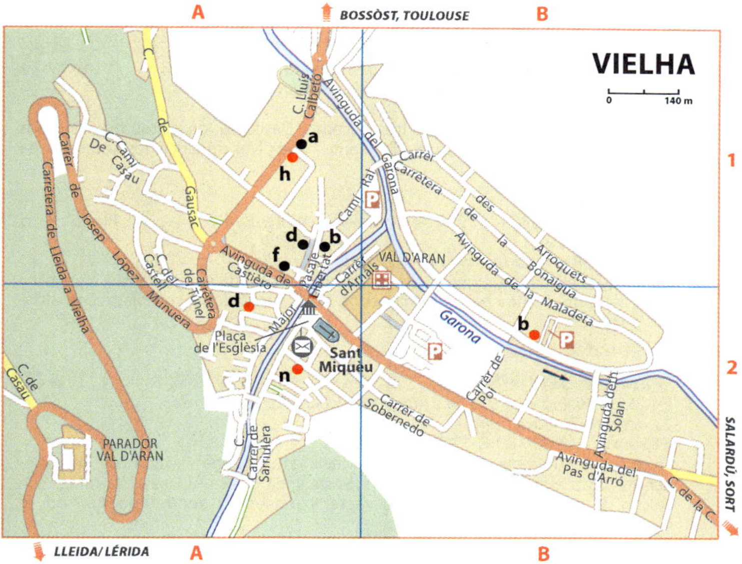

Fonfreda

passeig de la Llibertat 18 ✉ 25530 – ✆ 973 64 04 86 Plano : A1**b**
– www.hotelfonfreda.com – cerrado noviembre y mayo-junio
26 hab ☕ – 🚹59/79 € 🚹🚹72/95 €
Toma su nombre de un monte cercano y resulta bastante correcto en su categoría. Encontrará distintos tipos de habitaciones, aunque en general todas poseen mobiliario clásico y suelos en madera. La última planta se presenta abuhardillada.

Albares

passeig de la Libertat 11 ✉ 25530 – ✆ 973 64 00 81 Plano : A1**d**
– www.hotelalbares.com – cerrado 22 junio-11 julio
14 hab ☕ – 🚹45 € 🚹🚹60/120 € – 1 suite
Pequeño hotel de gestión familiar que destaca por su céntrico emplazamiento. Disfruta de un espacio social polivalente, con chimenea, zona de desayunos y barra de bar, así como confortables habitaciones de ambiente rústico-actual.

XX Era Lucana

av. Alcalde Calbetó 10, edificio Portals d'Arán ✉ 25530 Plano : A1**h**
– ✆ 973 64 17 98 – www.eralucana.com – cerrado 25 junio-15 julio y lunes no festivos salvo agosto
Menú 15/24 € – Carta 31/40 €
Posee un bar, decorado con fotos y galardones gastronómicos, un comedor principal de buen montaje y dos privados, todo con mucha madera. Su carta tradicional actualizada contempla dos menús, uno del día y otro denominado "de montaña".

XX Era Coquèla

av. Garona 29 ✉ 25530 – ✆ 973 64 29 15 Plano : B2**b**
– www.eracoquela.com – cerrado 13 octubre-noviembre, mayo y lunes
Menú 15/50 € – Carta 35/44 €
Negocio de línea clásica próximo al Palacio de Hielo. Propone una cocina de bases tradicionales con platos actualizados y dos menús, siendo este uno de sus puntos fuertes.

Deth Gormán

Met Día 8 ✉ 25530 – ✆ 973 64 04 45 – cerrado mayo, 12 octubre-15 noviembre y martes salvo Navidades y agosto Plano : A2**n**
Carta 25/38 €
Muy conocido, pues abrió hace tres décadas. Descubra los platos más famosos de la cocina autóctona, como la Olla aranesa, los Civet de jabalí, los Caracoles de alta montaña...

Era Mòla

Marrec 14 ✉ 25530 – ✆ 973 64 24 19 – diciembre-abril y julio-septiembre Plano : A2**d**
Menú 28/38 € – Carta 34/41 € – *(cerrado miércoles)*
Familiar, en el casco antiguo y con una atractiva fachada en piedra que da paso a un restaurante rústico bastante acogedor. Cocina tradicional con platos actualizados y menús.

en la carretera N 230 Sur : 2,5 km

Parador de Vielha

✉ 25530 Vielha – ✆ 973 64 01 00 – www.parador.es – cerrado 13 octubre-21 noviembre
116 hab – ††80/180 €, ☕ 18 € – 2 suites
Lo mejor es su emplazamiento, pues se halla en una zona elevada con impresionantes vistas al valle. Ofrece habitaciones de línea clásica-funcional, la mitad con balcón, y un comedor circular de carácter panorámico, donde apuestan por la gastronomía aranesa.

ESPAÑA

en Escunhau por la carretera de Salardú - Este : 3 km

Casa Estampa

Sortaus 9 ✉ 25539 Escunhau – ✆ 973 64 00 48 – www.hotelcasaestampa.com
18 hab ☕ – †50/72 € ††66/110 €
¡En una antigua casa de piedra! Posee un salón social, una piscinita de carácter panorámico y habitaciones de ambiente montañés, cuatro de ellas tipo dúplex. El restaurante, de aire rústico, presenta una cocina tradicional y aranesa con toques internacionales.

El Niu

Deth Pònt 1 ✉ 25539 Escunhau – ✆ 973 64 14 06 – cerrado 29 junio-20 julio y domingo noche salvo en invierno
Carta aprox. 35 €
Llevado por una pareja. El comedor, clásico pero con profusión de madera y detalles cinegéticos, se caldea gracias a una chimenea. Cocina tradicional con predominio de carnes.

en Pont d'Arrós Noroeste : 6 km

Peña

carret. N 230, km 169 ✉ 25537 Pont d'Arrós – ✆ 973 64 08 86 – www.hotelpenha.com
49 hab – †53/63 € ††60/97 €, ☕ 10 €
Junto a la carretera y próximo a la frontera. Se presenta con dos zonas bien diferenciadas, destacando la más nueva por la mejor calidad de sus habitaciones, muchas tipo dúplex o con terraza. También ofrece dos comedores, uno clásico-actual y otro funcional.

VIGO

Pontevedra – 296 479 h. – Alt. 31 m – Ver mapa regional n° **13-A3**
Madrid 588 km – A Coruña 156 km – Ourense 101 km – Pontevedra 27 km
Mapa de carreteras Michelin n° 571-F3

Pazo Los Escudos

av. Atlántida 106, por av. Beiramar A1 : 5 km ✉ 36208 – ✆ 986 82 08 20 – www.pazolosescudos.com
48 hab ☕ – †110/219 € ††120/229 € – 6 suites
Encantador hotel distribuido en dos edificios contiguos, uno de nueva construcción y el otro en un precioso pazo del s. XIX. Magníficos exteriores, elegantes zonas comunes y varios tipos de habitaciones, destacando las asomadas al mar. En su restaurante proponen una carta de raíces gallegas con detalles actuales.

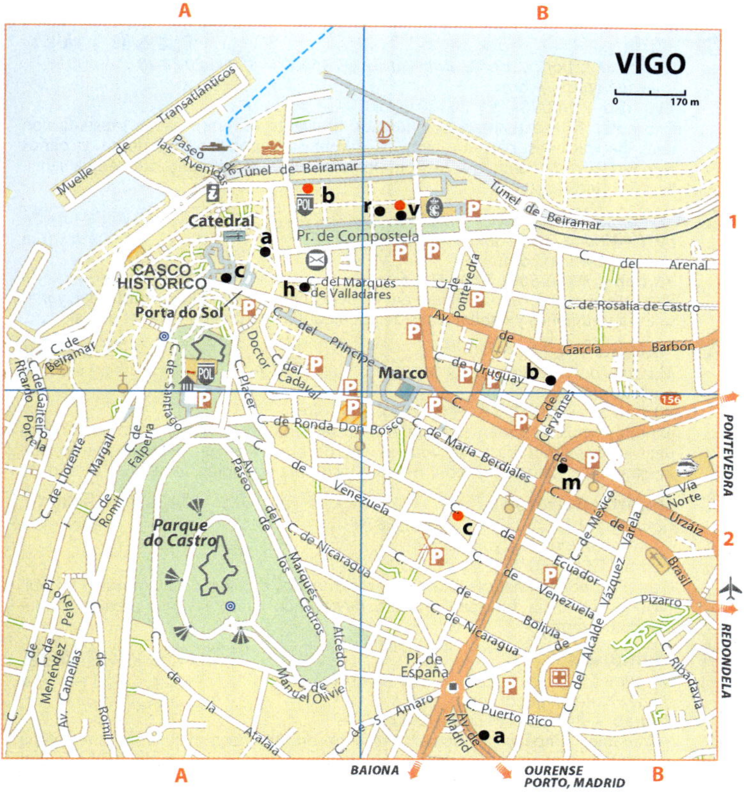

G.H. Nagari

pl. de Compostela 21 ✉ *36201* – ✆ *986 21 11 11* Plano : B1**v**
– www.granhotelnagari.com

69 hab ☕ – 🛉102/187 € 🛉🛉162/300 € – 3 suites

Céntrico, de fachada clásica y con una atractiva terraza exterior. Aquí debemos destacar la amplitud y el equipamiento de sus habitaciones, todas de diseño y gran confort. En el restaurante, de ambiente moderno, encontrará una cocina tradicional actualizada.

Zenit Vigo

Gran Vía 1 ✉ *36204* – ✆ *986 41 72 55* Plano : B2**m**
– www.zenithoteles.com

92 hab – 🛉🛉54/350 €, ☕ 8,50 €

Ha sido remodelado desde sus cimientos, por lo que ahora se presenta con un aire nuevo, más urbano y de buen nivel. Posee un coffee hall en la entreplanta y amplias habitaciones de línea actual, las de la última planta con terrazas. El restaurante, de sencillo montaje, ofrece una escueta carta y varios menús.

América

Pablo Morillo 6 ✉ *36201* – ✆ *986 43 89 22* Plano : B1**r**
– www.hoteles-silken.com

45 hab – 🛉50/244 € 🛉🛉55/250 €, ☕ 12 € – 2 apartamentos

Tras su fachada en piedra encontrará un interior moderno, con habitaciones amplias y baños originales. La sala para los desayunos, con terraza, brinda bellas vistas a la ría.

Coia
Sanxenxo 1, por av. de la Gran Vía B2 ✉ 36209 – ✆ 986 20 18 20 – www.hotelcoia.com
110 hab – 48/75 € 55/120 €, ☕ 10 € – 16 suites
Este hotel, bien actualizado y orientado al cliente de empresa, se presenta con unas habitaciones bastante amplias, luminosas, mobiliario moderno y baños actuales. El restaurante, que se complementa con una cafetería, ofrece una sencilla carta tradicional.

Tryp Los Galeones
av. de Madrid 21 ✉ 36204 – ✆ 986 48 04 05 – www.galeones.com Plano : B2**a**
76 hab – 50/80 €, ☕ 13 € – 4 suites
Bastante bien enfocado al cliente de negocios. Ofrece un luminoso gastrobar, varias salas de reuniones y habitaciones de buen confort, todas con detalles actuales.

Inffinit
Marqués de Valladares 8 ✉ 36201 – ✆ 986 44 22 24 – www.inffinit.es Plano : A1**h**
30 hab ☕ – 55/250 € 60/290 € – 4 suites
¡Íntimo, exclusivo y bien situado! Tras su fachada en granito y cristal encontrará unas instalaciones bastante acogedoras, decoradas en un estilo moderno que juega con los colores blanco y negro e incorpora múltiples detalles de diseño.

Puerta Gamboa
Gamboa 12 ✉ 36202 – ✆ 986 22 86 74 – www.hotelpuertagamboa.com Plano : A1**a**
11 hab ☕ – 60/95 € 70/105 €
Ocupa un edificio del casco antiguo con muchos detalles de buen gusto y habitaciones de línea funcional-familiar, destacando tanto las que tienen chimenea como terraza.

Junquera
Uruguay 19-21 ✉ 36201 – ✆ 986 43 48 88 – www.hoteljunquera.com Plano : B1**b**
25 hab – 44/66 € 66/88 €, ☕ 4,50 €
¡Agradable, simpático y actual! Presenta un luminoso hall, con la cafetería anexa, así como unas confortables habitaciones distribuidas en dos edificios que se comunican interiormente, todas con mobiliario funcional en madera oscura.

Puerta del Sol
Porta do Sol 14 ✉ 36202 – ✆ 986 22 23 64 – www.hotelpuertadelsol.es Plano : A1**c**
15 hab – 40/55 € 47/65 €, ☕ 4 €
Este hotel, de buen confort general, ofrece unas coloristas habitaciones de aire rústico-actual y baños pequeños pero cuidados. ¡Desayuno continental en la cafetería contigua!

Marina Davila
muelle de reparaciones de Bouzas, por av.Beiramar A1 : 3 km ✉ 36208 – ✆ 986 11 44 46 – www.restaurantedavila.com – cerrado del 10 al 31 de enero, del 1 al 10 de septiembre, domingo noche y lunes
Menú 33 € – Carta 43/60 € – *(solo almuerzo salvo jueves, viernes, sábado y mayo-15 octubre)*
Emplazado en una curiosa zona portuaria, de línea actual y con unos luminosos comedores panorámicos. Cocina actual con pescados de la lonja, arroces y sugerencias de mercado.

Bitadorna Vigo
Ecuador 56 ✉ 36203 – ✆ 986 13 69 51 – www.bitadorna.com – cerrado 7 días en febrero, 15 días en agosto y domingo en julio-agosto Plano : B2**c**
Menú 18/49 € – Carta 33/49 €
Restaurante de estética actual donde se combinan los tonos azules con los motivos marineros. Pescados y mariscos de calidad, algunos con toques actuales en su elaboración.

ESPAÑA

Maruja Limón (Rafael Centeno)
Montero Ríos 4 ✉ 36201 – ✆ 986 47 34 06 – www.marujalimon.es Plano : A1**b**
– cerrado del 25 al 31 de enero, 26 septiembre-octubre, domingo noche y lunes
Menú 25/82 € – Carta 35/50 €
¡Frente al Real Club Náutico de Vigo! Encontrará un bar de tapeo a la entrada, un moderno comedor, con las paredes en piedra y madera, así como una atractiva sala diseñada para que el chef pueda cocinar ante usted. Proponen unas elaboraciones actuales que siempre toman como base los productos gallegos y de temporada.
→ Steak tartare de ternera gallega. Molleja de ternera. Cremoso de queso de cabra.

Casa Marco
av. García Barbón 123, por av. García Barbón B1 ✉ 36201 – ✆ 986 22 51 10
– cerrado del 1 al 15 de septiembre y domingo
Menú 28/40 € – Carta aprox. 35 €
¡Goza de gran aceptación! En sus salas, de elegante línea clásica-actual, podrá degustar una cocina de tinte tradicional bien elaborada y de raciones generosas, con algunos arroces, pescado fresco de mercado y especialidades de temporada.

Casa Esperanza
Luis Taboada 28 ✉ 36201 – ✆ 986 22 86 15 Plano : B1**v**
– cerrado del 15 al 31 de agosto, domingo y festivos
Carta 30/45 €
Restaurante de gran tradición familiar. Posee dos salas de reducidas dimensiones, ambas coloristas y la de la entrada con un buen expositor de productos. Cocina tradicional.

en Bembrive Sur : 6 km

Soriano
Chans 25, por av. de Madrid B2 ✉ 36313 Bembrive – ✆ 986 48 13 73
– www.asadorsoriano.com – cerrado domingo noche
Menú 35 € – Carta 35/61 €
El acceso es algo difícil, aunque está bien señalizado. Ofrece varias salas neorrústicas y una carta tradicional que destaca por sus carnes a la brasa. Excelente bodega y hermosas vistas. ¡Posee un club del fumador!

VILA DE CRUCES

Pontevedra – 5 934 h. – Alt. 375 m – Ver mapa regional n° **13-B2**
Madrid 579 km – Santiago de Compostela 51 km – Pontevedra 106 km – A Coruña 122 km
Mapa de carreteras Michelin n° 571-D5

por la carretera de Ponte Ledesma Oeste : 15 km y desvío a la izquierda 1,5 km

Casa dos Cregos
Fondevila (Bascuas) ✉ 36580 – ✆ 986 58 37 78 – www.casadoscregos.com
– cerrado noviembre-diciembre
7 hab – 40 € 50 €, 6 €
Puede resultar algo difícil de localizar, sin embargo merece la pena acercarse hasta esta agradable casa de labranza, ya que está construida en piedra y rodeada por un jardín, con un estanque y árboles frutales. Ofrece unas habitaciones bastante sobrias y un menú casero exclusivo para los clientes alojados.

La VILA JOIOSA (VILLAJOYOSA)

Alicante – 33 834 h. – Ver mapa regional n° **11-B3**
Madrid 452 km – Alacant / Alicante 37 km – Murcia 119 km – València 150 km
Mapa de carreteras Michelin n° 577-Q29

Allon Mediterrania
av. del Puerto 4 ✉ 03570 – ✆ 965 89 02 09 – www.hotelallon.es
99 hab – 69/151 € 87/251 €
Hotel de línea actual-funcional emplazado en 1ª línea de playa. Posee una gran terraza asomada al paseo marítimo y habitaciones de buen confort, todas con terraza y vistas al mar. El restaurante, de sencillo montaje, combina su menú con el servicio de buffet.

ESPAÑA

por la carretera de Alacant Suroeste : 3 km

El Montíboli
✉ 03570 La Vila Joiosa – ✆ 965 89 02 50 – www.montiboli.es
85 hab – 100/158 € 160/232 €
Rest *Emperador* – ver selección restaurantes
Destaca por su privilegiada situación sobre el mar, pues se halla en un promontorio rocoso con dos pequeñas playas a sus pies. Encontrará espacios bastante elegantes, hermosos jardines, habitaciones bien personalizadas y distintos servicios de restauración, variando estos según la temporada y ocupación.

Emperador – Hotel El Montíboli
✉ 03570 La Vila Joiosa – ✆ 965 89 02 50 – www.montiboli.es
Carta 42/52 €
Disfruta de un elegante montaje y una carta de tinte mediterráneo e internacional, con un apartado de clásicos de la casa. ¡Algunas mesas ofrecen maravillosas vistas al mar!

VILA-REAL (VILLARREAL)

Castellón – 51 180 h. – Alt. 35 m – Ver mapa regional n° **11-B1**
Madrid 411 km – Castelló de la Plana/Castellón de la Plana 10 km – València 65 km – Teruel 135 km
Mapa de carreteras Michelin n° 577-M29

Espliego
Escultor Fuster 18 ✉ 12540 – ✆ 964 53 03 05 – www.espliegorestaurante.com – cerrado del 15 al 31 de agosto, domingo en verano y lunes resto del año
Menú 24/36 € – Carta 32/43 € – *(solo almuerzo salvo viernes y sábado)*
Este atractivo restaurante disfruta de varios espacios independientes, todos con una línea clásica-actual y detalles rústicos. Su carta, tradicional con toques actuales, se ve enriquecida con varios arroces y un sugerente menú.

El Miso
pl. de la Vila 6 ✉ 12540 – ✆ 964 52 00 45 – www.elmiso.es – cerrado del 3 al 24 de agosto, sábado en julio, domingo y festivos
Menú 20/35 € – Carta 25/35 € – *(solo almuerzo salvo viernes y sabado)*
¡Toma su nombre del apodo familiar! Este sencillo restaurante presenta una barra a la entrada, donde ofrecen desayunos de cuchillo y tenedor, así como un comedor clásico con pocas mesas. Cocina tradicional-mediterránea de sabor casero.

VILABOA → Ver Allariz

Ourense

VILABOA

Pontevedra – 6 015 h. – Alt. 50 m – Ver mapa regional n° **13-B3**
Madrid 605 km – A Coruña 145 km – Ourense 109 km – Pontevedra 14 km
Mapa de carreteras Michelin n° 571-E4

en San Adrián de Cobres Suroeste : 7,5 km

Mauro N
Muelle de San Adrián de Cobres ✉ 36142 San Adrián de Cobres – ✆ 986 67 25 81 – www.maurorestaurante.es – cerrado 15 días en febrero, domingo noche y lunes
Menú 30 € – Carta 30/42 €
¡Buenas vistas a la ría! Se halla en el pantalán y destaca tanto por su estética actual como por su carácter panorámico. Carta tradicional gallega con un apartado de mariscos.

VILADECANS

Barcelona – 65 444 h. – Alt. 18 m – Ver mapa regional n° **10-B3**
Madrid 603 km – Barcelona 22 km – Tarragona 78 km – Manresa 63 km
Mapa de carreteras Michelin n° 574-I36

XX **Cal Mingo**

carret. C 245, Noreste : 0,5 km ✉ 08840 – ✆ 936 37 38 47 – www.calmingo.net – cerrado Semana Santa, agosto, domingo noche, lunes noche y martes noche
Menú 30/46 € – Carta 30/49 €
Ocupa una antigua masía, sin embargo de ella no queda casi nada y hoy se presenta con una estética moderna-funcional. Ofrecen una carta tradicional, con un buen apartado de arroces, bacalaos, carpaccios, foies... así como un menú de tapas.

VILADECAVALLS

Barcelona – 7 397 h. – Ver mapa regional n° **10-A3**
Madrid 619 km – Barcelona 32 km – Girona 111 km – Lleida/Lérida 132 km
Mapa de carreteras Michelin n° 574-H35

XX **Ristol Viladecavalls**

Antoni Soler Hospital 1 ✉ 08232 – ✆ 937 88 29 98 – www.ristol.com – cerrado 14 días en agosto, domingo noche, lunes noche y martes
Menú 20/30 € – Carta 32/65 €
La familia Ristol lleva más de un siglo en la restauración, por eso demuestran gran profesionalidad. Posee amplias instalaciones, destacando la sala principal por tener la cocina a la vista. Cocina tradicional catalana con toques actuales.

VILAFAMÉS

Castellón – 1 920 h. – Alt. 321 m – Ver mapa regional n° **11-B1**
Madrid 441 km – Valencia 92 km –
Castelló de la Plana/Castellón de la Plana 28 km – Teruel 150 km
Mapa de carreteras Michelin n° 577-L29

El Jardín Vertical

Nou 15 ✉ 12192 – ✆ 964 32 99 38 – www.eljardinvertical.com
9 hab – 99 € 115 €
Hermosa casa del s. XVII ubicada en un pueblo medieval. Presenta la recepción en el paso de carruajes, un salón con chimenea y coquetas habitaciones, una tipo dúplex y dos abuhardilladas. El restaurante, en las antiguas cuadras, ofrece tanto carta como menús.

VILAFRANCA DEL PENEDÈS

Barcelona – 38 929 h. – Alt. 218 m – Ver mapa regional n° **10-A3**
Madrid 572 km – Barcelona 54 km – Tarragona 54 km
Mapa de carreteras Michelin n° 574-H35

XX **Cal Ton**

Casal 8 ✉ 08720 – ✆ 938 90 37 41 – www.restaurantcalton.com – cerrado Semana Santa, del 1 al 21 de agosto, domingo noche, lunes y festivos noche
Menú 30/45 € – Carta 31/60 €
¡Casa con solera y tradición! Posee varias salas, destacando una tipo jardín de invierno. Cocina catalana actualizada y tradicional, con platos tan singulares como sus famosos Mini Canelones. Buena bodega que ensalza los vinos del Penedès.

X **El Racó de la Calma**

Casal 1 ✉ 08720 – ✆ 938 19 92 99 – www.elracodelacalma.com – cerrado del 3 al 10 de septiembre, domingo noche, lunes, martes noche y miércoles noche
Menú 13/38 € – Carta 26/49 €
¡Descubra las bondades y sabores de esta tierra! Aquí ofrecen una cocina regional de temporada basada en los productos de la zona, siempre con unas cuidadas presentaciones.

ESPAÑA

VILAGRASSA

Lleida – 513 h. – Alt. 355 m – Ver mapa regional n° **9-B2**

Madrid 510 km – Barcelona 119 km – Lleida/Lérida 41 km – Tarragona 78 km

Mapa de carreteras Michelin n° 574-H33

Del Carme

antigua carret. N II ✉ 25330 – ✆ 973 31 10 00 – www.hostaldelcarme.com

37 hab – 48 € 60 €, 5 €

Hotel de organización familiar ubicado junto a una gasolinera, en la antigua carretera N-II. Presenta una correcta zona social y habitaciones funcionales, todas con los suelos en tarima. En el restaurante, que destaca por su montaje, le mostrarán una carta tradicional catalana y varios menús.

VILALBA

Lugo – 14 980 h. – Alt. 492 m – Ver mapa regional n° **13-C1**

Madrid 540 km – A Coruña 87 km – Lugo 36 km – Santiago de Compostela 102 km

Mapa de carreteras Michelin n° 571-C6

Parador de Vilalba

Valeriano Valdesuso ✉ 27800 – ✆ 982 51 00 11 – www.parador.es

48 hab – 65/140 €, 15 €

El encanto de antaño y las comodidades de hoy se funden en este Parador, instalado parcialmente en un impresionante torreón del s. XV que perteneció a los señores de Andrade. Ofrece habitaciones de ambiente castellano y una cocina fiel al recetario regional.

Mesón do Campo

pl. San Juan 10 ✉ 27800 – ✆ 982 51 02 09 – www.mesondocampo.com – cerrado 8 días en septiembre, domingo noche y lunes

Carta 32/55 €

Un restaurante de referencia en la región. Aquí le propondrán una cocina de base tradicional con pinceladas actuales e interesantes jornadas gastronómicas a lo largo del año.

VILANOVA DEL VALLÈS → Ver Granollers

Barcelona

VILANOVA I LA GELTRÚ

Barcelona – 66 275 h. – Ver mapa regional n° **10-A3**

Madrid 589 km – Barcelona 50 km – Lleida/Lérida 132 km – Tarragona 46 km

Mapa de carreteras Michelin n° 574-I35

en la zona de la playa

Ceferino

passeig Ribes Roges 2 ✉ 08800 Vilanova i la Geltrú – ✆ 938 15 17 19 – www.hotelceferino.com

22 hab – 83/115 € 98/145 €, 10 €

Aquí encontrará unas cuidadas instalaciones, atractivas terrazas y una gran zona social. Posee dos tipos de habitaciones, destacando las más actuales por su excelente confort. El restaurante combina su cocina tradicional actualizada con una completa bodega.

Ribes Roges

Joan d'Àustria 7 ✉ 08800 Vilanova i la Geltrú – ✆ 938 15 03 61 – www.hotelribesroges.com – cerrado 7 días en diciembre, 7 días en enero, 7 días en abril y 7 días en octubre

12 hab – 55/68 € 69/86 €

Acogedor hotelito dotado con una terraza en la parte posterior. Correcta zona social y habitaciones coloristas de buena amplitud, todas con un mobiliario completo y actual.

en Racó de Santa Llúcia Oeste : 2 km

XX **La Cucanya**

⊠ 08800 Vilanova i la Geltrú – ✆ 938 15 19 34 – www.restaurantlacucanya.com
Menú 46 € – Carta 35/52 € – *(solo almuerzo salvo viernes, sábado y verano)*
Al borde del mar, en un edificio acristalado y rodeado de terrazas. Ofrece una carta internacional y nacional, pero también la organización de catas y jornadas gastronómicas. ¡Un plato emblemático de esta casa es el Suquet de gambas!

VILCHES

Jaén – 4 768 h. – Ver mapa regional n° **1-C1**
Madrid 281 km – Sevilla 287 km – Jaén 83 km – Ciudad Real 141 km
Mapa de carreteras Michelin n° 578-R19

por la carretera de La Carolina a Úbeda Noreste : 3 km y desvío a la izquierda 7 km

El Añadío

Dehesa El Añadío ⊠ 23220 – ✆ 953 06 60 31 – www.elanadio.es
8 hab – 65 € 99 €
Establecimiento rural emplazado en una gran finca-dehesa, de difícil acceso, dedicada a la cría de toros bravos. Atesora bellas estancias, atractivas habitaciones y un comedor, todo de ambiente rústico. ¡Descubra las actividades ganaderas con el mayoral!

VILLABLINO

León – 10 003 h. – Alt. 1 014 m – Ver mapa regional n° **8-A1**
Madrid 430 km – Valladolid 240 km – León 108 km – Oviedo 110 km
Mapa de carreteras Michelin n° 575-D11

X **Arándanos**

pl. Sierra Pambley 10 ⊠ 24100 – ✆ 987 48 03 96 – www.hostalarandanos.com – cerrado del 6 al 19 de abril y lunes
Menú 10 € – Carta 26/37 €
Este restaurante familiar dispone de un bar y dos comedores, ambos con los muros en piedra. Su carta tradicional atesora un apartado de bacalaos y sabrosas especialidades, como los Callos de ternera arándanos o las Manos de cerdo estofadas.

VILLABUENA DE ÁLAVA → Ver Eskuernaga

Álava

VILLACARRIEDO

Cantabria – 1 716 h. – Alt. 211 m – Ver mapa regional n° **6-B1**
Madrid 379 km – Santander 33 km – Bilbao 116 km – Burgos 140 km
Mapa de carreteras Michelin n° 572-C18

Palacio de Soñanes

barrio Camino 1 ⊠ 39640 – ✆ 942 59 06 00 – www.abbapalaciodesonaneshotel.com – junio-septiembre
28 hab – 70/200 € – 2 suites
Este impresionante palacio barroco destaca tanto por su fachada en piedra como por su espectacular escalera. Las habitaciones combinan con sumo gusto el mobiliario antiguo y el moderno. En el restaurante, de ambiente clásico, encontrará una cocina elaborada y actual. ¡Ideal si quiere sorprender a su pareja!

X **Las Piscinas**

Parque de la Pesquera 26 ⊠ 39649 – ✆ 942 59 02 14 – cerrado noviembre
Menú 16/30 € – Carta 25/38 €
Restaurante familiar emplazado en un parque municipal. Disfruta de una agradable terraza, un bar a la entrada y una sala de ambiente rústico distribuida en dos alturas. Discreta carta de tinte tradicional.

ESPAÑA

VILLACORTA

Segovia – 25 h. – Alt. 1 092 m – Ver mapa regional n° **8-C2**

Madrid 135 km – Valladolid 149 km – Segovia 87 km – Soria 129 km

Mapa de carreteras Michelin n° 575-I19

Molino de la Ferrería

camino del Molino, Sur : 1 km ✉ 40512 – ✆ 921 12 55 72 – www.molinodelaferreria.es – cerrado del 4 al 11 de enero y 27 julio-20 agosto

12 hab – 64/79 € 80/95 €

Molino harinero del s. XIX construido en piedra y ubicado junto al río Vadillo. Tanto el entorno como sus cuidadas habitaciones de aire rústico lo convierten en una opción acertada. En su restaurante ofrecen una cocina tradicional fiel a los platos de cuchara.

VILLAFRANCA DEL BIERZO

León – 3 316 h. – Alt. 511 m – Ver mapa regional n° **8-A1**

Madrid 403 km – León 130 km – Lugo 101 km – Ponferrada 21 km

Mapa de carreteras Michelin n° 575-E9

Parador Villafranca del Bierzo

av. de Calvo Sotelo 28 ✉ 24500 – ✆ 987 54 01 75 – www.parador.es

51 hab – 70/140 €, 15 € – 2 suites

Edificio de fisonomía actual revestido de piedra y pizarra, materiales característicos del Bierzo. Presenta un buen hall, un salón con chimenea de línea clásica y habitaciones actuales, en general bien equipadas. El restaurante apuesta por la cocina regional.

Las Doñas del Portazgo

Ribadeo 2 (calle del Agua) ✉ 24500 – ✆ 987 54 27 42 – www.elportazgo.es

17 hab – 47/59 € 65/82 €

¡Una casa del s. XVII con personalidad! Ofrece habitaciones no muy grandes pero sumamente acogedoras, algunas elegantemente empapeladas y las del piso superior abuhardilladas.

Posada Plaza Mayor

pl. Mayor 4 ✉ 24500 – ✆ 987 54 06 20 – www.villafrancaplaza.com

15 hab – 60 € 66/75 €, 6 €

Está en la misma plaza Mayor y comparte soportal con... ¡la farmacia más antigua de España en funcionamiento! Habitaciones de línea actual-funcional, la 301 con buenas vistas.

La Puerta del Perdón

pl. de Prim 4 ✉ 24500 – ✆ 987 54 06 14 – www.lapuertadelperdon.com – cerrado 15 diciembre-8 enero

7 hab – 42 € 55/70 €

Se halla junto al castillo, en una casa con más 400 años de historia. Organizan actividades de enoturismo y tienen unas habitaciones muy bien personalizadas. En el restaurante, volcado estéticamente con el Camino Jacobeo, confían en el recetario tradicional.

La Pedrera

La Pedrera 9 ✉ 24500 – ✆ 652 86 50 01 – www.lapedrera.biz – abril-diciembre

Carta 23/38 €

¡Debe llamar a una campanilla para entrar! Ofrece dos comedores de encantador ambiente rústico y un apacible patio-jardín. Cocina tradicional-local con buen menú de temporada.

VILLAJOYOSA → Ver La Vila Joiosa

Alicante

VILLALBA DE LA SIERRA

Cuenca – 529 h. – Alt. 950 m – Ver mapa regional n° **7-C2**

Madrid 185 km – Toledo 200 km – Cuenca 24 km – Guadalajara 154 km

Mapa de carreteras Michelin n° 576-L23

XX **Mesón Nelia**

carret. de Cuenca-Tragacete, km 21 ✉ 16140 – ✆ 969 28 10 21 – www.mesonnelia.com – cerrado 10 enero-10 febrero, lunes noche, martes noche y miércoles salvo agosto

Menú 15/50 € – Carta 24/39 €

Un negocio con prestigio en la zona, pues pertenece a una familia con solera en la hostelería. Presenta un bar de línea moderna, un comedor a la carta con chimenea y un gran salón para la organización de eventos. Cocina tradicional y regional bien actualizada.

VILLALCÁZAR DE SIRGA

Palencia – 155 h. – Alt. 800 m – Ver mapa regional n° **8-B2**

Madrid 285 km – Burgos 81 km – Palencia 46 km

Mapa de carreteras Michelin n° 575-F16

X **Mesón de Villasirga**

pl. Mayor ✉ 34449 – ✆ 979 88 80 22 – www.mesondevillasirga.com – cerrado Navidades y enero

Menú 35/42 € – Carta 29/37 € – *(solo almuerzo salvo fines de semana)*

Gran tipismo, sencillez y una decoración de ambiente rústico. Sus especialidades son el Lechazo y los famosos Tropezones de morcilla casera. El restaurante vecino "Mesón los Templarios", también de ellos, propone la misma carta regional.

VILLALLANO

Palencia – 45 h. – Ver mapa regional n° **8-C1**

Madrid 330 km – Valladolid 148 km – Palencia 103 km – Santander 110 km

Mapa de carreteras Michelin n° 575-D17

XX **Ticiano**

Concepción ✉ 34815 – ✆ 979 12 36 10 – www.ticiano.es – cerrado 19 enero-9 febrero y lunes no festivos

Menú 15/45 € – Carta 31/50 €

¡Instalado en unas antiguas cuadras! Ofrece un bar y un coqueto comedor, de ambiente rústico-actual pero con detalles de diseño. Carta tradicional actualizada rica en carnes.

VILLAMANRIQUE DE LA CONDESA

Sevilla – 4 359 h. – Ver mapa regional n° **1-A2**

Madrid 569 km – Sevilla 46 km – Huelva 70 km – Cádiz 168 km

Mapa de carreteras Michelin n° 578-U11

Ardea Purpurea

camino Vereda de los Labrados, Este : 1 km ✉ 41850 – ✆ 955 75 54 79 – www.ardeapurpurea.com

12 hab – 83/132 € – 5 apartamentos

Esta curiosa construcción reproduce, prácticamente a las puertas del parque de Doñana, las antiguas casas de los marismeños, con las paredes encaladas y los techos de caña. El restaurante, de cuidado montaje, ensalza los sabores gastronómicos tradicionales.

VILLAMAYOR

Asturias – Ver mapa regional n° **3-C1**

Madrid 508 km – Avilés 74 km – Gijón 70 km – Oviedo 52 km

Mapa de carreteras Michelin n° 572-B14

por la carretera de Borines y desvío a Cereceda - Noreste : 5 km

Palacio de Cutre

La Goleta ✉ 33583 Villamayor – ✆ 985 70 80 72 – www.palaciodecutre.com – cerrado enero-marzo

18 hab – 75/99 € 99/160 €

Antigua casa señorial emplazada en un pintoresco paraje, con espléndidas vistas a los valles y montañas. Sus dependencias recrean un marco de entrañable rusticidad. Los exteriores, ajardinados y con terrazas, están presididos por un gigantesco roble. En su elegante restaurante ofrecen una carta de buen nivel.

ESPAÑA

VILLANUEVA DE ARGAÑO

Burgos – 109 h. – Alt. 838 m – Ver mapa regional n° **8-C1**
Madrid 264 km – Burgos 21 km – Palencia 78 km – Valladolid 115 km
Mapa de carreteras Michelin n° 575-E18

Las Postas de Argaño

av. Rodríguez de Valcárcel ✉ 09132 – ✆ 947 45 01 56 – www.laspostas.es – cerrado febrero y martes
Menú 13 € – Carta 27/37 €
Esta antigua casa de postas se presenta rehabilitada y centra su actividad en dos sencillos comedores castellanos, ambos con un correcto servicio de mesa. Carta tradicional.

VILLANUEVA DE LA SERENA

Badajoz – 26 157 h. – Ver mapa regional n° **12-C2**
Madrid 325 km – Mérida 58 km – Badajoz 118 km – Cáceres 124 km
Mapa de carreteras Michelin n° 576-P12

en la carretera N 430 Norte : 10 km

Cortijo Santa Cruz

✉ 06700 Villanueva de la Serena – ✆ 924 83 24 15 – www.hotelcortijosantacruz.es
48 hab – 🚹55/80 € 🚹🚹66/88 €, ☕ 7 € – 4 suites
Instalado en un cortijo algo aislado pero de aspecto moderno. Resulta interesante tanto por su club deportivo como si es de los que ama el turismo ornitológico. El restaurante se ve acompañado por una cafetería y un gran salón para banquetes.

ESPAÑA

VILLANUEVA DE LOS INFANTES

Ciudad Real – 5 581 h. – Alt. 650 m – Ver mapa regional n° **7-C3**
Madrid 242 km – Toledo 192 km – Ciudad Real 97 km – Jaén 169 km
Mapa de carreteras Michelin n° 576-P20

La Morada de Juan de Vargas

Cervantes 3 ✉ 13320 – ✆ 926 36 17 69 – www.lamoradadevargas.com
7 hab – 🚹50/60 € 🚹🚹59/69 €, ☕ 4 €
Casa del s. XVI llevada con entusiasmo y dedicación. Atesora dos salones con chimenea, un patio interior y hermosas habitaciones de aire rústico, todas bien personalizadas.

VILLANUEVA DE TAPIA

Málaga – 1 603 h. – Ver mapa regional n° **1-C2**
Madrid 484 km – Sevilla 201 km – Málaga 76 km – Córdoba 140 km
Mapa de carreteras Michelin n° 578-U17

por la carretera A 333 Sur : 3 km

La Paloma

km 63 ✉ 29315 Villanueva de Tapia – ✆ 952 75 04 09 – www.hotelrurallapaloma.com – cerrado noviembre
8 hab ☕ – 🚹40/59 € 🚹🚹45/69 €
Esta casita, situada al borde de la carretera, es muy frecuentada por senderistas, pues supone un buen punto de partida para aquellos que quieren recorrer la Sierra Norte de Málaga. Correcta zona social y habitaciones de ambiente rústico. Completa carta de cocina internacional con especialidades italianas.

VILLARCAYO

Burgos – 4 826 h. – Alt. 615 m – Ver mapa regional n° **8-C1**
Madrid 321 km – Bilbao 81 km – Burgos 78 km – Santander 100 km
Mapa de carreteras Michelin n° 575-D19

en Horna Sur : 1 km

Doña Jimena
Zamora ✉ 09554 Horna – ✆ 947 13 05 63 – www.hoteljimena.es – Semana Santa-noviembre
21 hab – 35/60 € 66/90 € – 1 suite
Rest *Mesón El Cid* – ver selección restaurantes
Presenta dos zonas sociales, por un lado su salón con chimenea y por otro el patio interior, que tiene el techo acristalado. Las habitaciones se visten con mobiliario clásico.

Mesón El Cid – Hotel Doña Jimena
Zamora ✉ 09554 Horna – ✆ 947 13 11 71 – www.hoteljimena.es – cerrado 25 octubre-3 diciembre y lunes salvo agosto
Carta 35/55 €
Un restaurante que sabe combinar los detalles rústicos y regionales con el mobiliario clásico. Ofrece un bar, un salón con chimenea, dos comedores y una carta tradicional.

VILLARREAL → Ver Vila-real

Castellón

VILLARROBLEDO

Albacete – 26 513 h. – Alt. 724 m – Ver mapa regional n° **7-C2**
Madrid 188 km – Albacete 85 km – Toledo 177 km – Cuenca 126 km
Mapa de carreteras Michelin n° 576-O22

Juan Carlos I
pl. Ramón y Cajal 22 ✉ 02600 – ✆ 967 13 71 71 – www.villahotel2000.com
40 hab – 35 € 56 €, 4,50 €
Ubicado en el centro de la localidad, con una agradable cafetería pública a la entrada y una terraza en el último piso. Habitaciones de estilo clásico bien insonorizadas.

Ideal N
Resa 6 ✉ 02600 – ✆ 967 14 00 09 – www.villahotel2000.com
36 hab – 27 € 46 €
Un hotel de línea funcional-actual que suele trabajar con comerciales. Encontrará habitaciones bien reformadas y un comedor de estilo clásico-actual, ofreciendo aquí una carta de tinte manchego que siempre se enriquece con un apartado de arroces.

Azafrán
av. Reyes Católicos 71 ✉ 02600 – ✆ 967 14 52 98 – www.azafranvillarrobledo.com – cerrado lunes salvo noviembre-abril
Menú 18/55 € – Carta 29/42 € – *(solo almuerzo salvo viernes y sábado)*
Una casa que cuida todos los detalles. Su chef-propietaria propone una sugerente cocina de corte actual y base regional... eso sí, sin olvidar los quesos manchegos, la caza en temporada y una buena oferta de menús. ¡Los fines de semana aconsejamos reservar!

VILLAVERDE DE PONTONES

Cantabria – Ver mapa regional n° **6-B1**
Madrid 387 km – Bilbao 86 km – Burgos 153 km – Santander 14 km
Mapa de carreteras Michelin n° 572-B18

Cenador de Amós (Jesús Sánchez)
pl. del Sol ✉ 39793 – ✆ 942 50 82 43 – www.cenadordeamos.com – cerrado 23 diciembre-marzo, noches de domingo, martes y miércoles salvo Semana Santa y verano, y lunes
Menú 45/94 € – Carta 50/75 €
Atractiva casa solariega del s. XVIII donde miman los contrastes entre lo moderno y lo tradicional. Cuenta con varias salas y acogedores privados, todos de excelso montaje. El chef, que entiende su trabajo como una forma de vida, propone una cocina de autor basada en tres menús: Tradición, Emoción y Pasión.
→ Perfecto de foie caramelizado. Rape, jugo de gordales y escabeche de pimiento asado. Helado de quesos de la tierruca con salsa de frutos rojos.

ESPAÑA

VILLAVICIOSA

Asturias – 14 971 h. – Alt. 4 m – Ver mapa regional n° **3-B1**
Madrid 493 km – Gijón 30 km – Oviedo 43 km
Mapa de carreteras Michelin n° 572-B13

Carlos I

pl. Carlos I-4 ✉ 33300 – ✆ 985 89 01 21 – www.hotelcarlos-1.com – marzo-octubre
16 hab – 30/50 € 42/60 €, 4 €
Casona señorial del s. XVIII. Su pequeña zona social se ve compensada por unas habitaciones de notable amplitud, la mayoría con mobiliario de época y algunas abuhardilladas.

Avenida Real

Carmen 10 ✉ 33300 – ✆ 985 89 20 47 – www.hotelavenidareal.com
8 hab – 35/45 € 55/80 €
Resulta muy acogedor, presentándose con un agradable salón social-biblioteca y habitaciones reducidas pero detallistas, todas personalizadas y algunas abuhardilladas.

VILLENA

Alicante – 34 834 h. – Alt. 503 m – Ver mapa regional n° **11-A3**
Madrid 361 km – Albacete 110 km – Alacant/Alicante 58 km – València 122 km
Mapa de carreteras Michelin n° 577-Q27

La Teja Azul

Sancho Medina 34 ✉ 03400 – ✆ 965 34 82 34 – www.latejaazul.com – cerrado del 12 al 23 de julio y martes
Menú 30/50 € – Carta 33/51 € – *(solo almuerzo salvo viernes y sábado)*
Ocupa una casa ya centenaria, con un bar y tres salas de marcada rusticidad. Carta tradicional especializada en arroces, como el de conejo y caracoles a la leña de sarmiento.

VILLOLDO

Palencia – 369 h. – Alt. 790 m – Ver mapa regional n° **8-B2**
Madrid 291 km – Valladolid 81 km – Palencia 30 km – Burgos 101 km
Mapa de carreteras Michelin n° 575-F16

Estrella del Bajo Carrión

Mayor 32 ✉ 34131 – ✆ 979 82 70 05 – www.estrellabajocarrion.com
Carta 40/49 € – *(cerrado domingo noche y lunes salvo agosto)*
10 hab – 90/130 €
Recrea una atmósfera muy acogedora, con un salón de uso polivalente y un luminoso comedor de estética actual. Cocina tradicional con toques actuales y buenas presentaciones. Las habitaciones tienen un estilo bastante moderno, con detalles rústicos y de diseño.

VILORIA DE RIOJA

Burgos – 45 h. – Ver mapa regional n° **8-C1**
Madrid 297 km – Valladolid 181 km – Burgos 60 km – Logroño 61 km
Mapa de carreteras Michelin n° 575-E20

Mi Hotelito

pl. Mayor 16 ✉ 09259 – ✆ 947 58 52 25 – www.mihotelito.es – reserva aconsejable, cerrado diciembre-febrero
7 hab – 64 € 70/119 €
Ocupa una antigua casa restaurada que destaca por su emplazamiento, en pleno Camino de Santiago. Reducida zona social con chimenea y habitaciones de buen confort, todas personalizadas en su mobiliario y algunas abuhardilladas. El comedor, de línea actual, basa su trabajo en un correcto menú del día.

VINARÒS

Castellón – 28 829 h. – Ver mapa regional n° **11-B1**
Madrid 496 km – València 150 km – Castelló de la Plana / Castellón de la Plana 79 km – Tarragona 113 km
Mapa de carreteras Michelin n° 577-K31

XX El Faro de Vinaròs

port de Vinaròs ✉ 12500 – ✆ 964 45 63 62 – www.elfarovinaros.com
Menú 18/40 € – Carta 35/45 € – *(solo almuerzo martes y miércoles de octubre-abril)*
Frente al puerto, en... ¡la antigua casa del farero! En sus salas, ambas de buen montaje y una acristalada, encontrará una carta tradicional-regional rica mariscos y arroces.

VINUESA

Soria – 968 h. – Alt. 1 110 m – Ver mapa regional n° **8-D2**
▶ Madrid 230 km – Burgos 112 km – Logroño 81 km – Soria 36 km
Mapa de carreteras Michelin n° 575-G21

La Pinariega

Reina Sofía 4 ✉ 42150 – ✆ 699 85 34 60 – www.lapinariega.com
6 hab – 40 € 52 €
Casona del s. XIX con la fachada en piedra. Destaca por el confort de sus habitaciones, con viguería en el techo, mobiliario escogido y el suelo antiguo en madera muy bien conservado. El jardín posee frutales y un pozo de agua artesano.

VITORIA-GASTEIZ

Álava – 242 082 h. – Alt. 524 m – Ver mapa regional n° **18-A2**
▶ Madrid 350 km – Bilbao 64 km – Burgos 111 km – Logroño 93 km
Mapa de carreteras Michelin n° 573-D21

G.H. Lakua

Tarragona 8, por Gasteiz A1 : 2 km ✉ 01010 – ✆ 945 18 10 00 – www.granhotelakua.com
113 hab – 70/150 € 70/220 €, 15 € – 2 suites – 32 apartamentos
Bien comunicado pero algo alejado del centro urbano. Ofrece una espaciosa zona social, completas habitaciones con los baños en mármol, una cafetería, con pinchos y menús, así como un restaurante de buen montaje, donde apuestan por la cocina tradicional.

Jardines de Uleta

Uleta 1 (Armentia), por Gaztelako A2 : 2 km ✉ 01007 – ✆ 945 13 31 31 – www.jardinesdeuleta.com
102 apartamentos – 75/500 €, 15 €
Emplazado en una zona residencial próxima al centro. Encontrará un patio central, colorista y de uso polivalente, así como varios tipos de apartamentos, todos modernos y de gran amplitud. En su restaurante presentan una sencilla carta de cocina tradicional.

Ciudad de Vitoria

Portal de Castilla 8 ✉ 01008 – ✆ 945 14 11 00 – www.hotelciudaddevitoria.com Plano : A2**c**
148 hab – 61/300 €, 15 € – 1 suite
Disfruta de una serena fachada y está muy orientado hacia una clientela de negocios. Su marcada funcionalidad y excelente equipamiento dan paso a un confort moderno y actual. El restaurante, de montaje clásico-actual, destaca por su amplia variedad de menús.

AC General Álava

av. Gasteiz 79 ✉ 01009 – ✆ 945 21 50 00 – www.hotelacgeneralalava.com Plano : A1**c**
107 hab – 60/240 €, 13 €
Está en una de las avenidas más importantes de Vitoria, orientado a una clientela de negocios y congresos. Se presenta completamente actualizado, con la cafetería integrada en las zonas sociales y unas habitaciones de estética actual.

ESPAÑA

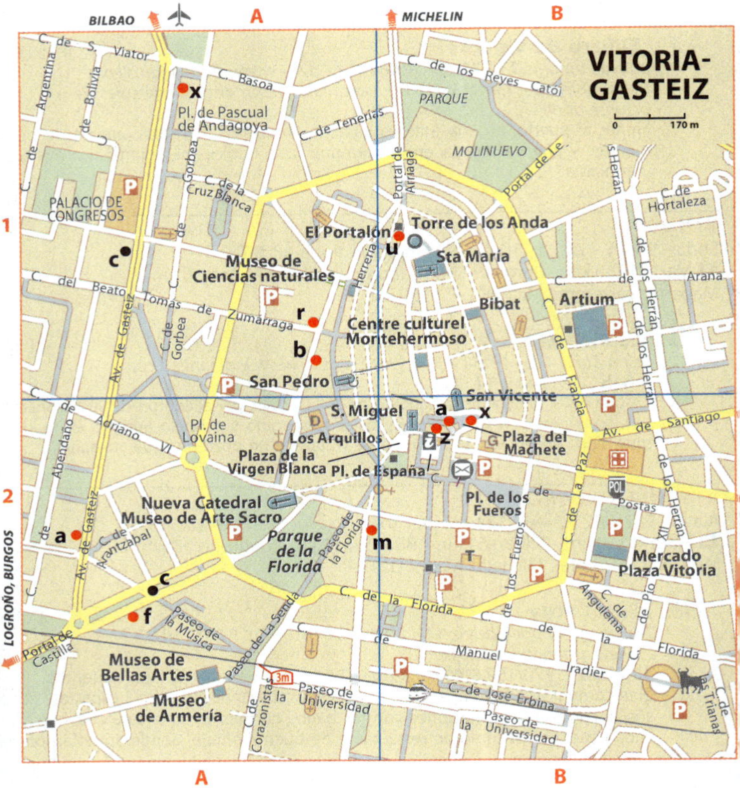

Boulevard

Zaramaga 3, por Legutianako B1 : 1,5 km ✉ 01013 – ✆ 945 18 04 00 – www.boulevardvitoriahotel.com

54 apartamentos – 70/200 €, 11 € – 36 hab

Junto a un centro comercial y con una innovadora fachada, a modo de malla metálica. Posee habitaciones y apartamentos de línea funcional-actual, bien equipados y confortables.

Ikea

Portal de Castilla 27 ✉ 01007 – ✆ 945 14 47 47 Plano : A2**f**

– www.restauranteikea.com – cerrado 10 agosto-1 septiembre, domingo noche y lunes noche

Menú 49/60 € – Carta 46/67 €

Está instalado en una antigua villa, donde muestra un sorprendente interior de estética actual dominado por la madera y el original diseño de Javier Mariscal. De sus fogones surge una cocina creativa con bases tradicionales.

¡Para una buena utilización de su guía, consulte su modo de empleo en las páginas de introducción: símbolos, clasificaciones, abreviaturas y otros signos dejarán de ser un misterio para usted!

XXX ✿ **Zaldiarán** [A/C]

av. Gasteiz 21 ✉ 01008 – ✆ 945 13 48 22 – www.restaurantezaldiaran.com – cerrado domingo noche Plano : A2**a**

Menú 55 € – Carta 46/70 €

Presenta unas instalaciones bien diversificadas y de línea actual, con varios salones privados y de banquetes, así como una sala clásica-actual para el servicio a la carta. Cocina actualizada de bases tradicionales e internacionales, siempre elaborada con productos de calidad.

➜ Verduras de temporada asadas y en tempura con toffee de guisantes. Kokotxas de merluza en ligero pil pil y almejas al vapor de algas. Helado de trufa con texturas de té, albahaca, menta y cacao.

XX **El Portalón** [A/C]

Correría 151 ✉ 01001 – ✆ 945 14 27 55 – www.restauranteelportalon.com – cerrado domingo noche Plano : B1**u**

Carta 37/55 €

Ocupa un edificio del s. XV emplazado a la entrada del casco antiguo y sorprende por su interior, totalmente rústico, dominado por el ladrillo y la madera. Cocina tradicional y de temporada. ¡Bodega visitable en las antiguas caballerizas!

XX **El Clarete** [A/C]

Cercas Bajas 18 ✉ 01008 – ✆ 945 26 38 74 – www.elclareterestaurante.com – cerrado Semana Santa, del 10 al 31 de agosto y domingo Plano : A1**b**

Menú 45 € – *(solo almuerzo salvo jueves, viernes y sábado) (solo menú)*

Está llevado entre hermanos y presenta un aspecto actual, con una bodega acristalada en una sala y la cocina semivista en la otra. Interesantes menús de línea actual-creativa.

XX **Araba** [A/C]

av. de los Huetos 17, por Adriano VI A1-2 : 2 km ✉ 01010 – ✆ 945 22 26 69 – www.restaurantearaba.com – cerrado Semana Santa, 8 agosto-5 septiembre y lunes

Menú 13/54 € – Carta 28/44 € **20 hab** – †60/90 € ††70/100 €, ☕ 6 €

Restaurante de atenta organización familiar dotado con un hall a la entrada y una sala de diseño en la que abunda la madera. Ofrecen una carta tradicional, siendo una de sus especialidades el Cordero lechal asado. Como complemento al negocio también dispone de unas modernas y confortables habitaciones.

XX **Arkupe** [A/C]

Mateo Moraza 13 ✉ 01001 – ✆ 945 23 00 80 – www.restaurantearkupe.com Plano : B2**z**

Menú 25/59 € – Carta 35/49 €

Bello edificio del s. XVIII ubicado en pleno casco viejo. Ofrecen varias salas, privados y rincones de estilo rústico-actual. Completa carta tradicional e interesantes menús.

XX **Kaskagorri** [A/C]

pl. del Machete 6 ✉ 01001 – ✆ 945 14 92 63 – www.kaskagorri.com – cerrado 10 agosto-2 septiembre Plano : B2**a**

Menú 50 € – Carta 36/47 € – *(solo almuerzo salvo jueves, viernes y sábado)*

En el casco antiguo, donde se presenta con un moderno interior que conjuga el mobiliario actual con las paredes en piedra. Cocina de base tradicional con platos actualizados.

XX **Gurea** [A/C]

pl. de la Constitución 10 ✉ 01012 – ✆ 945 24 59 33 – www.gurearestaurante.com – cerrado del 9 al 31 de agosto Plano : A1**x**

Menú 21/51 € – Carta 26/43 € – *(solo almuerzo salvo jueves, viernes y sábado)*

Casa de ambiente familiar dotada con un sala actual y dos privados. Ofrece una carta de cocina vasca sin complicaciones, bien enriquecida con sugerencias del día y un menú.

ESPAÑA

Izaga

Beato Tomás de Zumárraga 2 ✉ 01008 – ✆ 945 13 82 00 Plano : A1**r**
– www.restauranteizaga.com – cerrado Semana Santa, del 9 al 31 de agosto, domingo noche y lunes
Menú 20/45 € – Carta 30/49 €
Este negocio familiar posee una cafetería, con barra de pinchos a la entrada, y una sala clásica-actual. Cocina tradicional actualizada, con toques creativos y opción a menús.

Toloño

Cuesta San Francisco 3 ✉ 01001 – ✆ 945 23 33 36 Plano : B2**x**
– www.tolonobar.com – cerrado domingo en agosto y domingo noche resto del año
Tapa 2 € – Ración aprox. 12 €
Irlandés de hongos, Milhojas de habitas sobre pisto de verdel, Boletus con foie... Descubra la cocina en miniatura en este local, de estética moderna y carácter polivalente.

PerretxiCo

San Antonio 3 ✉ 01005 – ✆ 945 13 72 21 Plano : A2**m**
– www.perretxico.es
Tapa 2 € – Ración aprox. 10 €
¡Junto al casco antiguo! En este bar de tapas, moderno aunque con detalles rústicos, ofrecen unos pinchos de excelente factura, unos tradicionales y otros de gusto más actual.

ESPAÑA

VIVEIRO

Lugo – 16 016 h. – Ver mapa regional n° **13-C1**
Madrid 642 km – Santiago de Compostela 171 km – Lugo 102 km – A Coruña 129 km
Mapa de carreteras Michelin n° 571-B7

en Celeiro Norte : 2 km

Boa Vista

carret. LU 862 ✉ 27863 Celeiro – ✆ 982 56 22 90 – www.boavistahotel.com – cerrado 21 dias en noviembre
Menú 10/45 € – Carta 28/48 € – *(cerrado domingo noche salvo julio y agosto)*
24 hab – 32/55 € 46/80 €
Negocio familiar dotado con una terraza frente a la carretera, un bar y un comedor de línea actual, donde sirven una cocina tradicional actualizada y dos económicos menús. Habitaciones amplias, confortables y de buen nivel general.

en Covas Noreste : 2 km

Thalasso Cantábrico

Playa de Sacido ✉ 27850 Viveiro – ✆ 982 56 02 00 – www.resortlassirenas.com
146 hab – 55/140 € 58/200 €, 10 €
Este moderno hotel, asomado a la ría de Viveiro, se halla en un complejo turístico con acceso directo a la playa. Ofrece unas habitaciones de línea funcional, muchas comunicadas entre sí y la mayoría con terraza, así como un restaurante-mirador en la azotea y unos completísimos servicios de talasoterapia.

en Galdo Suroeste : 3,5 km – Ver mapa regional n° **13-C1**

Pazo da Trave

Trave ✉ 27867 Galdo – ✆ 982 59 81 63 – www.pazodatrave.com – marzo-octubre
18 hab – 42/90 € 60/120 €, 9 €
Resulta encantador, pues tiene más de 500 años de historia y en él se han cuidado todos los detalles. Atractiva fachada en piedra, hórreo, capilla y precioso jardín.

en la playa de Area por la carretera C 642 - Norte : 4 km

Ego
✉ 27850 Viveiro – ✆ 982 56 09 87 – www.hotelego.es
45 hab – 66/100 € 88/165 €
Rest *Nito* – ver selección restaurantes
Se encuentra en una ladera frente a la ría, por lo que disfruta de unas hermosas vistas. Encontrará unas instalaciones amplias y cuidadas, con un confort bastante actual.

Nito – Hotel Ego
✉ 27850 Viveiro – ✆ 982 56 09 87 – www.hotelego.es
Menú 45 € – Carta 35/60 €
Se presenta con un bar, una gran sala y una atractiva terraza, esta última concebida como un maravilloso balcón a la ría. Cocina tradicional basada en la calidad del producto.

VÍZNAR

Granada – 982 h. – Ver mapa regional n° **1**-D1
Madrid 420 km – Sevilla 266 km – Granada 23 km – Jaén 93 km
Mapa de carreteras Michelin n° 578-U19

Horno de Víznar
av. Andalucía 2 ✉ 18179 – ✆ 958 54 02 53 – www.hornodeviznar.com – cerrado julio-agosto y martes
Carta 30/41 € – *(solo almuerzo salvo viernes y sábado)* (es necesario reservar)
Instalado en una antigua tahona que aún conserva su viejo horno, donde asan las carnes. Ofrece un comedor rústico, un buen privado y tanto platos tradicionales como asados.

ESPAÑA

XÀBIA (JÁVEA)

Alicante – 33 149 h. – Ver mapa regional n° **11**-B2
Madrid 455 km – Alacant/Alicante 90 km –
Castelló de la Plana / Castellón de la Plana 195 km – València 113 km
Mapa de carreteras Michelin n° 577-P30

Iberia N
San Buenaventura 9 ✉ 03730 – ✆ 965 99 67 16 – www.iberiagastrobar.com – cerrado noviembre y domingo
Tapa 5 € – Ración aprox. 12 €
Céntrico, de carácter informal y ambiente ecléctico. En este curioso gastrobar encontrará una carta de raciones actual, un buen menú de tapas, latas de calidad, quesos...

en la Playa del Arenal

Parador de Jávea
av. Mediterráneo 233, 2 km ✉ 03730 Xàbia – ✆ 965 79 02 00 – www.parador.es
70 hab – 90/185 €
Playa y confort en perfecto equilibrio. Disfruta de una zona ajardinada y espaciosas habitaciones, la gran mayoría asomadas al mar y con su propia terraza. En el restaurante, de estilo clásico, se combina el recetario regional con un buen apartado de arroces.

La Perla de Jávea
av. Libertad 21, 3 km ✉ 03730 Xábia – ✆ 966 47 07 72 – www.perladejavea.com
Menú 22 € – Carta 35/55 €
¡En pleno paseo marítimo! Este negocio familiar, reformado y con vistas, ofrece una cocina tradicional especializada en arroces, con hasta 14 variantes, y pescados de lonja.

Es Tapa Ti
Paseo de David Ferrer 11, 3 km ✉ 03730 Xàbia – ✆ 966 47 31 27 – www.estapatijavea.com – cerrado miércoles salvo mayo-octubre
Tapa 3,50 € – Ración aprox. 10 €
Tapas clásicas y de autor, ensaladas, pescados, carnes, arroz, hamburguesas... ¡perfecto para una comida informal mirando al mar! Sala actual acristalada y agradable terraza.

al Suroeste 2,5 km

BonAmb (Alberto Ferruz)
carret. de Benitachell 100 ✉ 03730 Xàbia – ✆ 965 08 44 40 – www.bonamb.com – cerrado 8 enero-3 marzo, domingo noche y lunes salvo verano
Menú 65/85 € – Carta aprox. 61 €
¡Le sorprenderá! El precioso entorno ajardinado da paso a un interior muy moderno, con detalles de diseño y la sala principal acristalada. Su joven chef propone una carta de tinte actual y unos completos menús degustación, delatando en ellos el gusto por la fusión de matices orientales, mediterráneos y sudamericanos.
→ Jurel marinado al minuto, calabaza y capuchina. Salmonete en su jugo, naranja sanguina y matices picantes. Mandarina, moras y polvo de yogur helado.

Al Sur 4 km

Aire N
Salvafor Dalí 4 ✉ 03739 Xábia – ✆ 966 94 01 67 – www.airegastro.com – cerrado 7 enero-15 marzo, domingo noche y lunes
Menú 20 € – Carta 35/50 €
Restaurante de ambiente mediterráneo dotado con jardines, una piscina y vistas al pueblo desde la terraza. Cocina actual con buenas presentaciones y detalles de modernidad.

ESPAÑA

XERTA

Tarragona – 1 260 h. – Alt. 26 m – Ver mapa regional n° **9-A3**
Madrid 553 km – Barcelona 196 km – Tarragona 100 km – Castelló de la Plana/Castellón de la Plana 137 km
Mapa de carreteras Michelin n° 574-J31

Villa Retiro
Dels Molins 2 ✉ 43592 – ✆ 977 47 38 10 – www.hotelvillaretiro.com – cerrado enero
9 hab – 190/205 € – 2 suites
Rest *Villa Retiro* – ver selección restaurantes
Ocupa un encantador palacete indiano y cuenta con un exuberante jardín arbolado a su alrededor. Consta de dos edificios y ofrece habitaciones de gran confort, algunas con los bellísimos suelos hidráulicos originales y mobiliario de época.

Villa Retiro (Fran López) – Hotel Villa Retiro
Dels Molins 2 ✉ 43592 – ✆ 977 47 38 10 – www.hotelvillaretiro.com – cerrado Navidades, enero, domingo noche y lunes
Menú 35/90 € – Carta 54/83 €
¡En las antiguas cuadras de lo que hoy es el hotel! Se presenta con un ficus centenario justo a la entrada, un pozo y un comedor principal rústico-elegante. Cocina creativa bien elaborada, siempre con productos de la zona del Delta.
→ Gamba mediterránea al vapor de Oporto con su tierra y espuma de plancton. "Ris de veau" con texturas de coliflor. Las cuatro estaciones de chocolates.

XINORLET (CHINORLET)

Alicante – Ver mapa regional n° **11-A3**
Madrid 403 km – València 162 km – Alacant / Alicante 54 km – Murcia 68 km
Mapa de carreteras Michelin n° 577-Q27

Elías
Rosers 7 ✉ 03649 – ✆ 966 97 95 17 – cerrado 15 días en enero, 15 días en julio-agosto y domingo en verano
Carta 32/45 € – *(solo almuerzo)*
Casa de larga trayectoria familiar que, con una estética actual, se mantiene fiel a la cocina regional de toda la vida. ¡Su plato estrella es el Arroz con conejo y caracoles!

YECLA

Murcia – 34 393 h. – Alt. 570 m – Ver mapa regional n° **16-B1**
Madrid 359 km – Alacant/Alicante 82 km – Albacete 108 km – Murcia 101 km
Mapa de carreteras Michelin n° 577-Q26

La Paz
av. de la Paz 180 ✉ 30510 – ✆ 968 75 13 50 – www.lapaz-hotel.com – cerrado agosto
30 hab – ♦45/60 € ♦♦60/75 €, ☕ 6 €
Emplazado en un polígono industrial a las afueras de la ciudad. Compensa su escasa zona social con una gran cafetería y habitaciones de línea actual, algunas con el baño integrado en el dormitorio.

ZAFRA

Badajoz – 16 762 h. – Alt. 509 m – Ver mapa regional n° **12-B3**
Madrid 401 km – Badajoz 76 km – Mérida 58 km – Sevilla 147 km
Mapa de carreteras Michelin n° 576-Q10

Parador de Zafra
pl. Corazón de María 7 ✉ 06300 – ✆ 924 55 45 40 – www.parador.es
51 hab – ♦♦70/165 €, ☕ 15 €
Solera e historia conviven en este monumental castillo del s. XV, que sirvió como residencia a los Duques de Feria. Sus muros albergan auténticos tesoros, como el patio renacentista, la capilla o las habitaciones con los techos artesonados.

Casa Palacio Conde de la Corte
pl. del Pilar Redondo 2 ✉ 06300 – ✆ 924 56 33 11 – www.vivedespacio.com
15 hab ☕ – ♦♦78/165 €
Casa-palacio íntimamente ligada... ¡al mundo del toro bravo y de lidia! Presenta un hermoso patio central, una galería acristalada y elegantes habitaciones de ambiente clásico. Su patio-terraza trasero disfruta de abundante vegetación.

Huerta Honda
López Asme 32 ✉ 06300 – ✆ 924 55 41 00 – www.hotelhuertahonda.com
48 hab – ♦50/130 € ♦♦60/140 €, ☕ 5 €
Rest *Barbacana* – ver selección restaurantes
Resulta entrañable y atesorando buenos detalles, como las maderas labradas. Encontrará dos tipos de habitaciones, las superiores de ambiente regional y las más nuevas de aire minimalista... aunque también hay algunas de inspiración árabe.

Los Balcones de Zafra
pl. Grande 9 ✉ 06300 – ✆ 924 55 06 06 – www.hotellosbalconesdezafra.com
14 hab ☕ – ♦45 € ♦♦69 €
Destaca por su emplazamiento, pues ocupa una casa señorial en pleno centro histórico de Zafra. Posee mobiliario de gran valor y habitaciones de buen confort, resultando más interesantes las que tienen terraza-mirador con vistas a la plaza.

Barbacana – Hotel Huerta Honda
López Asme 30 ✉ 06300 – ✆ 924 55 41 00 – www.hotelhuertahonda.com – cerrado domingo noche y lunes
Carta 31/49 €
Recrea un entorno muy acogedor gracias a su elegante decoración, en tonos rojizos y con numerosos detalles rústicos originales. Cocina de raíces regionales y buen servicio de mesa.

Lacasabar
av. del Rosario 2 ✉ 06300 – ✆ 924 55 39 72 – www.lacasabar.es – cerrado del 1 al 15 de agosto, 28 septiembre-7 octubre, lunes, martes, miércoles y jueves mediodía
Tapa 3 € – Ración aprox. 12 €
¡Singular, diferente y con un encanto indudable! Ocupa una casa del s. XV que hoy se presenta con una estética ecléctica, ofreciendo una zona de tapas, otra de raciones y una más para su pequeña carta. Agradable terraza-azotea panorámica.

ZAHARA DE LOS ATUNES

Cádiz – 1 591 h. – Ver mapa regional n° **1-B3**
Madrid 687 km – Algeciras 62 km – Cádiz 70 km – Sevilla 179 km
Mapa de carreteras Michelin n° 578-X12

Trasteo
María Luisa 24 ✉ 11393 – ✆ 956 43 94 78 – abril-septiembre
Tapa 5 € – Ración aprox. 14 € – *(cerrado martes)*
Un gastrobar de ambiente simpático e informal, pues se decora con enseres reciclados. Cocina de corte actual bien elaborada, fresca y ligera, basada en platos y medios platos.

en la carretera de Atlanterra

Antonio II
Sureste : 1 km ✉ 11393 Zahara de los Atunes – ✆ 956 43 91 41 – www.antoniohoteles.com – 29 abril-11 octubre
38 hab – 58/98 € 92/189 €
Sorprende tanto por la calidad de los materiales como por su confort. Amplio hall-recepción con cafetería anexa, elegante salón social y habitaciones clásicas de completo equipamiento. ¡Servicio de almuerzo y cena en el restaurante Antonio!

Porfirio
paseo del Pradillo 33, Sureste : 0,5 km ✉ 11393 Zahara de los Atunes – ✆ 956 44 95 15 – www.hotelporfirio.com – marzo-octubre
60 hab – 47/135 € 60/160 € – 4 suites
Un hotel que destaca por sus completas habitaciones de línea clásica, todas ubicadas en torno a dos patios interiores y con la cafetería como única zona social. El sencillo restaurante apuesta por una cocina tradicional que ensalce los pescados autóctonos.

Antonio
Sureste, 1 km ✉ 11393 Zahara de los Atunes – ✆ 956 43 91 41 – www.antoniohoteles.com – cerrado diciembre y enero
30 hab – 45/83 € 74/167 €
Rest *Antonio* – ver selección restaurantes
Hotelito familiar ubicado en 1ª línea de playa. Pone a su disposición unas dependencias luminosas y acogedoras, todas dominadas por el color blanco y con mobiliario de estilo rústico-actual. Agradable piscina con terraza cubierta.

Antonio – Hotel Antonio
Sureste, 1 km ✉ 11393 Zahara de los Atunes – ✆ 956 43 95 42 – www.restauranteantoniozahara.com – cerrado diciembre y enero
Menú 22 € – Carta 31/50 €
Encontrará una coqueta terraza, una zona de espera con expositor de productos y dos salas, ambas de línea clásica con detalles marineros. Carta especializada en pescados de la zona, sobre todo atún de almadraba, así como mariscos y arroces.

ZAHORA → Ver Los Caños de Meca

Cádiz

ZALDIERNA → Ver Ezcaray

La Rioja

ZAMORA

64 986 h. – Alt. 650 m – Ver mapa regional n° **8-B2**
Madrid 246 km – Benavente 66 km – Ourense 266 km – Salamanca 62 km
Mapa de carreteras Michelin n° 575-H12

Parador de Zamora
pl. de Viriato 5 ✉ 49001 – ✆ 980 51 44 97 – www.parador.es Plano : B2**a**
52 hab – 85/210 €, 15 €
Céntrico palacio del s. XV dotado con un bello patio renacentista y un interior que aún emana recuerdos medievales. Amplia zona noble y habitaciones de correcto equipamiento. Encontrará un buen comedor castellano, donde ofrecen una carta regional, y una amplia terraza de bar que destaca por sus vistas.

ESPAÑA

QUIERO
GALICIA
"Quiero encontrar,
quiero disfrutar, quiero caminar,
quiero descubrir..."

ICHELIN

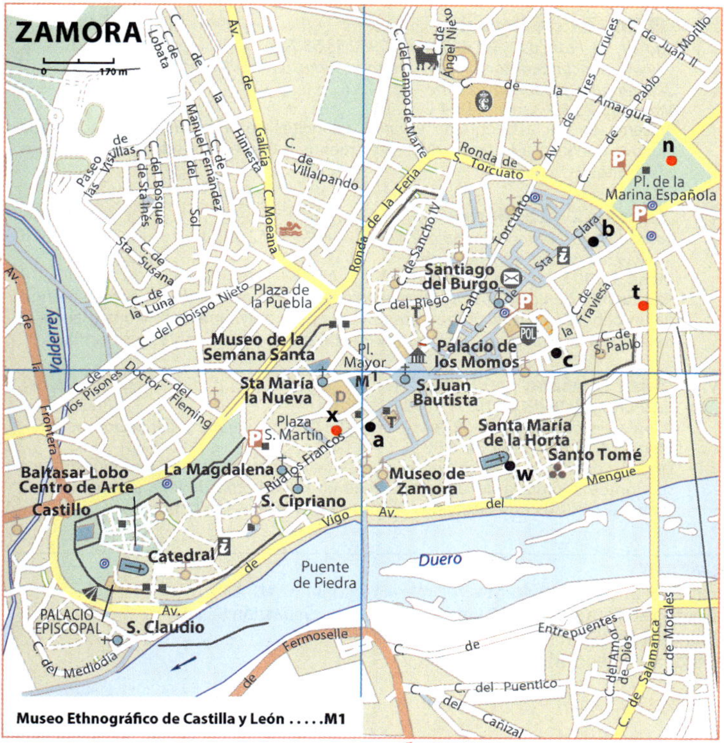

NH Palacio del Duero

pl. de la Horta 1 ✉ 49002 – ✆ 980 50 82 62 – www.nh-hotels.com Plano : B2**w**

49 hab – 66/130 €, 15 €

Definido por la modernidad y el diseño, con una espaciosa zona social, completo equipamiento y una decoración que mima todos los detalles. El restaurante, ubicado en la antigua alcoholera, da paso a un hermoso salón de banquetes abovedado y pintado al fresco.

Horus Zamora

pl. del Mercado 20 ✉ 49003 – ✆ 980 50 82 82 – www.hotelhorus.com Plano : B1**c**

38 hab – 50/250 €, 10 € – 7 suites

Establecimiento de línea clásica ubicado en un antiguo edificio del casco histórico. Ofrece elegantes zonas sociales y habitaciones de completo equipamiento. El restaurante, que toma su nombre del techo abovedado, ofrece una carta tradicional e internacional... además de un menú bastante económico.

Dos Infantas

Cortinas de San Miguel 3 ✉ 49015 – ✆ 980 50 98 98 – www.hoteldosinfantas.com Plano : B1**b**

68 hab – 45/125 € 50/250 €, 9 €

Un hotel céntrico y de impecables instalaciones, ya que estas se mantienen en un constante proceso de actualización. Ofrece una correcta zona social y habitaciones de completo equipamiento. ¡Notará que cuidan mucho todos los detalles!

XX **El Rincón de Antonio**

Rúa de los Francos 6 ✉ 49001 – ✆ 980 53 53 70 Plano : A2**x**
– www.elrincondeantonio.com – cerrado 7 días en noviembre, 7 días en enero, 7 días en julio y domingo noche
Menú 33/75 € – Carta 44/64 €
Presenta un bar a la entrada y varios saloncitos de línea rústica-actual. Cocina creativa apegada a la tierra, diferentes menús y una buena selección de quesos zamoranos.

XX **Sancho 2 - La Marina**

parque de la Marina Española ✉ 49012 – ✆ 980 52 60 54 Plano : B1**n**
– www.restaurantesancho2.com
Menú 12/39 € – Carta 32/51 €
Restaurante de línea clásica-actual emplazado en el centro de un parque, dentro de un pabellón acristalado que posee varias salas muy luminosas y una gran cafetería. Carta completa de cocina tradicional e internacional con toques actuales.

XX **Casa Mariano**

av. Portugal 28 ✉ 49016 – ✆ 980 53 44 87 Plano : B1**t**
– www.restaurantesancho2.com – cerrado 15 días en julio y domingo noche
Menú 14/39 € – Carta 30/47 €
Dispone de un bar y varios comedores, entre los que destaca el que muestra una sección de la muralla de la ciudad. Tiene un buen horno de leña y la parrilla a la vista, por eso sus especialidades son las carnes asadas y a la brasa.

ZAMUDIO

Vizcaya – 3 272 h. – Alt. 40 m – Ver mapa regional n° **18-A3**
Madrid 405 km – Bilbao 12 km – Donostia-San Sebastián 95 km – Vitoria-Gasteiz 75 km
Mapa de carreteras Michelin n° 573-C21

al Noreste 2,5 km

Aretxarte

Parque Tecnológico - Ibaizabal 200 ✉ 48170 Zamudio – ✆ 944 03 69 00
– www.aretxarte.com
29 hab – †52/63 € ††55/66 €, ☕ 8 €
¡Rodeado de zonas verdes y jardines! Se presenta con la pequeña recepción integrada en el bar-cafetería y unas habitaciones funcionales. En el restaurante, luminoso y de línea clásica-actual, elaboran una cocina de tinte tradicional.

XX **Gaminiz**

Parque Tecnológico - Ibaizabal 212 ✉ 48170 Zamudio – ✆ 944 31 70 25
– www.gaminiz.com – cerrado Navidades, Semana Santa, agosto y domingo
Menú 19/52 € – Carta 37/58 € – *(solo almuerzo salvo viernes y sábado)*
Está instalado en una moderna estructura que imita la forma de un caserío. Aquí ofrecen un concurrido bar público, dos salas de cuidado montaje y una cocina de bases tradicionales con platos actuales.

ZARAGOZA

682 004 h. – Alt. 200 m – Ver mapa regional n° **2**-B2
Madrid 312 km – Barcelona 307 km – Bilbao 305 km – Lleida/Lérida 150 km
Mapa de carreteras Michelin n° 574-H27

H. Hugues / hemis.fr

Alojamientos

Palafox
Marqués de Casa Jiménez ✉ 50004 – ✆ 976 23 77 00 – www.palafoxhoteles.com Plano : E2**k**
160 hab – 89/194 €, 20 € – 19 suites
Rest *Aragonia* – ver selección restaurantes
Resulta céntrico y sorprende por su decoración... no en vano, está firmada por el famoso interiorista Pascua Ortega. Encontrará salones de gran capacidad y habitaciones de estilo clásico, estas últimas repartidas en tres categorías: Hotel, Club y Ducal.

Reina Petronila
av. Alcalde Sáinz de Varanda 2 ✉ 50009 – ✆ 876 54 11 36 – www.palafoxhoteles.com Plano : A3**b**
181 hab – 86/184 €, 20 €
Diseñado por un prestigioso arquitecto... ¡Rafael Moneo! Su atractivo exterior encuentra la réplica en un interior muy moderno, con un auditorio y numerosos servicios. En su cafetería encontrará una pequeña carta para comidas informales.

Hiberus
paseo de los Puentes 2 ✉ 50018 – ✆ 876 54 20 08 – www.palafoxhoteles.com Plano : A1**b**
176 hab – 69/174 €, 14 € – 8 suites
Magnífico hotel ubicado junto al Parque Metropolitano del Agua. Ofrece amplias zonas comunes, interiores minimalistas, una zona chill out junto a la piscina y luminosas habitaciones, casi todas con vistas al Ebro. El restaurante presenta un diseño vanguardista y una carta-menú con elaboraciones de autor.

Alfonso
Coso 17 ✉ 50003 – ✆ 876 54 11 18 – www.palafoxhoteles.com Plano : E2**v**
120 hab – 68/174 €, 12 €
¡En pleno centro! Tras su atractiva fachada encontrará un hotel con muchos detalles de diseño, todo obra del reconocido interiorista Pascua Ortega. Ofrece habitaciones confortables, bien equipadas y modernas.

Reino de Aragón
Coso 80 ✉ 50001 – ✆ 976 46 82 00 – www.hotelreinodearagon.com Plano : E2**y**
112 hab – 75/300 €, 14 € – 5 suites
Ofrece salones de gran capacidad, una terraza en la 1ª planta que funciona como zona chill out y habitaciones de línea actual-funcional, seis con su propia terraza y todas con los suelos en tarima. El restaurante, distribuido en dos pisos y de montaje clásico, elabora una cocina tradicional actualizada.

ESPAÑA

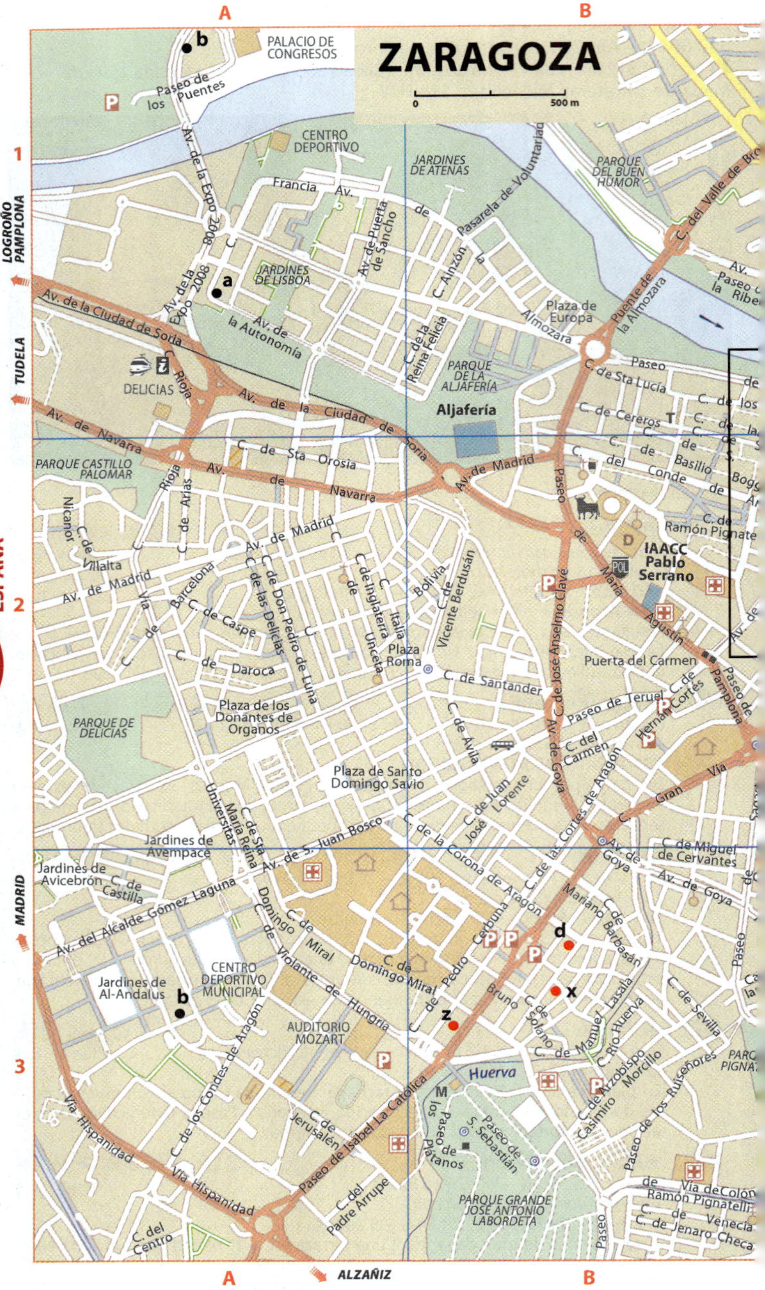
ZARAGOZA
0
500 m
A
B
1
2
3
LOGROÑO PAMPLONA
TUDELA
MADRID
ALZAÑIZ
PALACIO DE CONGRESOS
Paseo de los Puentes
Av. de la Expo 2008
CENTRO DEPORTIVO
JARDINES DE ATENAS
PARQUE DEL BUEN HUMOR
Francia
Av. Puerta de Sancho
Pasarela de Voluntariado
C. del Valle de Broto
JARDINES DE LISBOA
Av. de la Autonomía
Av. de la Ciudad de Soria
C. Ainzón
C. de la Reina Felicia
Plaza de Europa
Almozara
Puente de la Almozara
Paseo de la Ribera
DELICIAS
Rioja
PARQUE DE LA ALJAFERÍA
Aljafería
C. de Sta Lucía
C. de Cereros
Av. de Navarra
PARQUE CASTILLO PALOMAR
C. de Sta Orosia
Av. de Madrid
C. del Conde de Aranda
C. de Basilio Boggiero
C. de Ramón Pignatelli
Paseo de María Agustín
IAACC Pablo Serrano
Nicanor Villalta
C. de Arias
Via Universitas
C. de Barcelona
C. de Caspe
C. de las Delicias
C. de Don Pedro de Luna
C. de Inglaterra
Unceta
Italia
Bolivia
C. de Vicente Berdusán
C. de Daroca
Plaza Roma
C. de Santander
C. de José Anselmo Clavé
Puerta del Carmen
Paseo de Teruel
C. de Hernán Cortés
Paseo de Pamplona
PARQUE DE DELICIAS
Plaza de los Donantes de Organos
C. de Ávila
Av. de Goya
C. del Carmen
Plaza de Santo Domingo Savio
C. de Juan José Lorente
C. de las Cortes de Aragón
Gran Vía
C. de Miguel de Cervantes
Jardines de Avempace
Jardines de Avicebrón
C. de Castilla
María Reina
C. de Sta
Av. de S. Juan Bosco
C. de la Corona de Aragón
Av. del Alcalde Gómez Laguna
Domingo
C. de Miral
C. de Domingo Miral
C. de Violante de Hungría
C. de Pedro Cerbuna
Mariano Barbasán
Bruno Solano
C. de Manuel Lasala
C. de Sevilla
Jardines de Al-Andalus
CENTRO DEPORTIVO MUNICIPAL
AUDITORIO MOZART
C. de los Condes de Aragón
C. de Jerusalén
Paseo de Isabel La Católica
Huerva
Paseo de los Plátanos
Paseo de S. Sebastián
C. Río Huerva
C. de Arzobispo Casimiro Morcillo
Paseo de los Ruiseñores
PARQUE GRANDE JOSÉ ANTONIO LABORDETA
Vía Hispanidad
C. del Padre Arrupe
C. del Centro
Vía de Colón
Ramón Pignatelli
C. de Venecia
C. de Jenaro Checa
Paseo
a
b
d
x
z
M
P
D
T

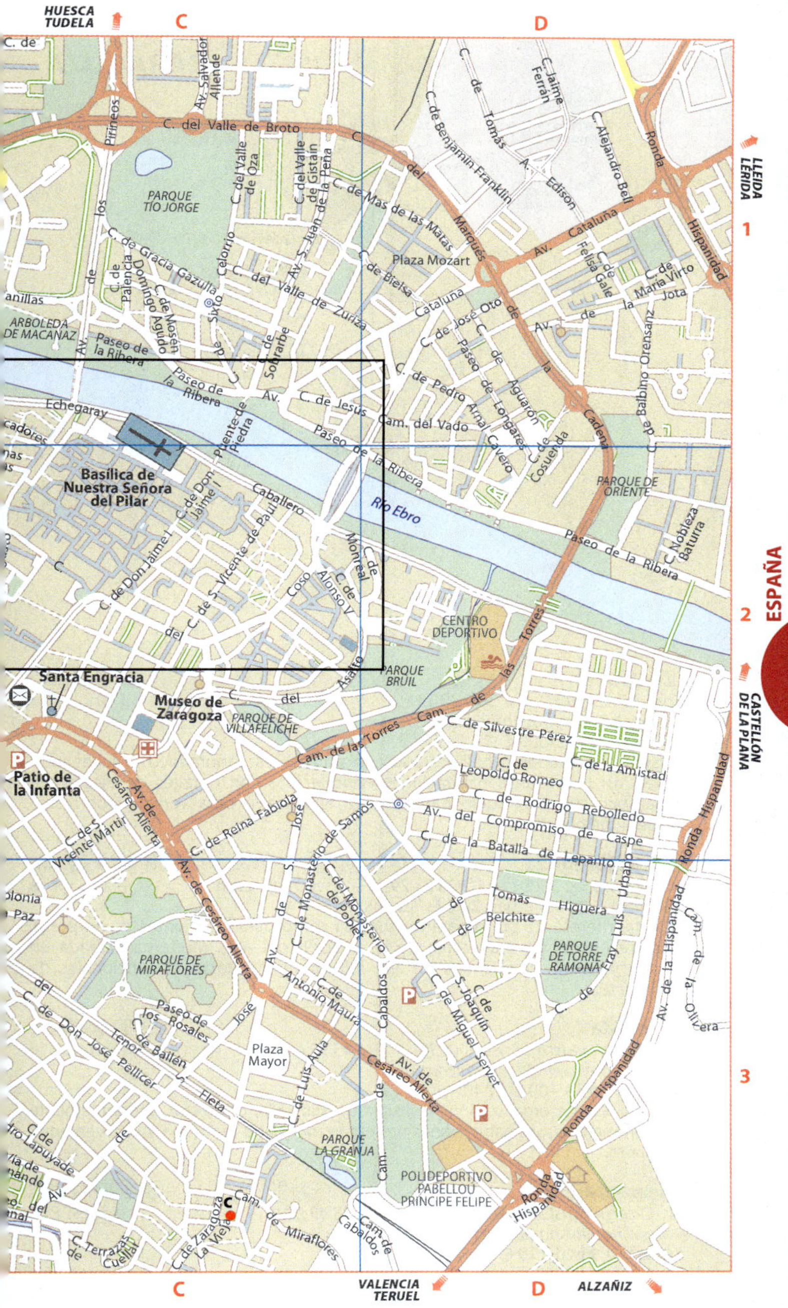
HUESCA
TUDELA
C
D
LLEIDA
LÉRIDA
1
2
3
ESPAÑA
CASTELLÓN
DE LA PLANA
VALENCIA
TERUEL
ALZAÑIZ
C. del Valle de Broto
Av. Salvador Allende
Pirineos
PARQUE
TÍO JORGE
C. del Valle de Oza
C. del Valle de Gistaín
Av. S. Juan de la Peña
C. de Mas de las Matas
C. del Marqués de la Cadena
C. de Benjamín Franklin
C. de Tomás A. Edison
C. Jaime Ferrán
C. Alejandro Bell
Ronda Hispanidad
Av. Cataluña
Plaza Mozart
C. de Bielsa
C. de Gracia Gazulla
C. del Valle de Zuriza
C. de Palencia
C. Domingo Agudo
C. de Mosén Sixto Celorrio
C. de Sobrarbe
C. de José Oto
Paseo de Longares
C. de Aguarón
C. de Felisa Galé
C. de María Virto
Jota
C. de Balbino Orensanz
ARBOLEDA
DE MACANAZ
Paseo de la Ribera
C. de Jesús
Cam. del Vado
C. de Pedro Arnal Cavero
C. de Cosuenda
Echegaray
Puente de Piedra
Basílica de
Nuestra Señora
del Pilar
C. de Don Jaime I
Caballero
C. de S. Vicente de Paúl
Coso
C. de Alonso V
C. de Montreal
Río Ebro
PARQUE DE
ORIENTE
C. Nobleza Baturra
CENTRO
DEPORTIVO
Cam. de las Torres
PARQUE
BRUIL
Santa Engracia
Museo de
Zaragoza
C. del Asalto
PARQUE DE
VILLAFELICHE
C. de Silvestre Pérez
C. de Leopoldo Romeo
C. de la Amistad
C. de Rodrigo Rebolledo
Av. del Compromiso de Caspe
C. de la Batalla de Lepanto
Patio de
la Infanta
Av. de Cesáreo Alierta
C. de S. Vicente Mártir
C. de Reina Fabiola
Av. de S. José
C. de Monasterio de Samos
C. del Monasterio de Poblet
C. de Tomás Higuera
C. de Belchite
C. de Fray Luis Urbano
PARQUE DE
TORRE
RAMONA
Av. de la Hispanidad
Cam. de la Olivera
PARQUE DE
MIRAFLORES
Paseo de los Rosales
C. de Antonio Maura
Cam. de Cabaldos
C. de S. Joaquín
C. de Miguel Servet
C. de Bailén
C. de Don José Pellicer
Tenor Fleta
Plaza
Mayor
C. de Luis Aula
PARQUE
LA GRANJA
POLIDEPORTIVO
PABELLÓN
PRÍNCIPE FELIPE
C. de Zaragoza La Vieja
Cam. de Miraflores
C. Terrazas de Cuéllar
C. de Pedro Lapuyade

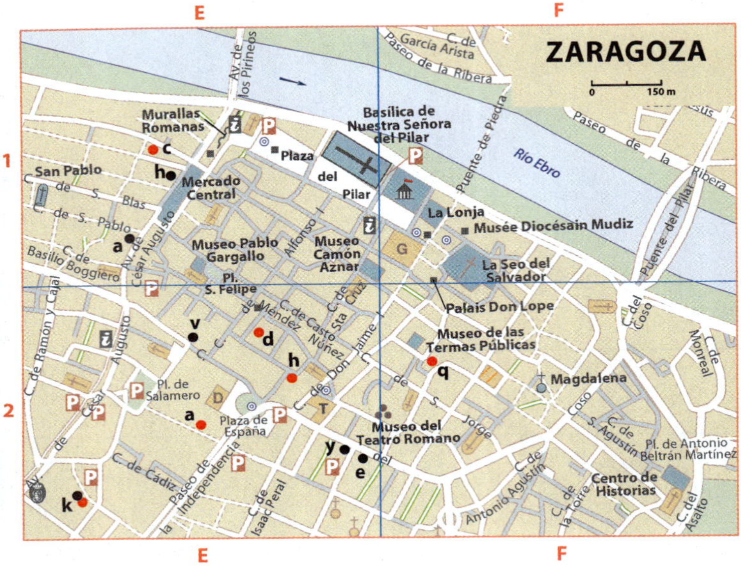

ESPAÑA

Zentro

Coso 86 ✉ *50001* – ✆ *976 70 33 00* Plano : E2**e**
– *www.hotelzentrozaragoza.com*
93 hab – 👥75/300 €, ☕ 14 €
Presenta un moderno hall, dotado con ascensores panorámicos y luces indirectas, así como unas habitaciones enriquecidas con detalles de diseño ¡La zona social tiene el suelo parcialmente acristalado para ver algunos restos arqueológicos!

Tryp Zaragoza

Francia 4-6 ✉ *50003* – ✆ *976 28 79 50* – *www.melia.com* Plano : A1**a**
159 hab – 👥55/120 €, ☕ 8 € – 3 suites
Resulta interesante tanto para los turistas como para los clientes de empresa, pues se encuentra muy cerca de la estación del AVE. Moderna fachada en blanco y negro, amplio hall de aire informal y habitaciones funcionales de estilo actual.

Avenida

av. César Augusto 55 ✉ *50003* – ✆ *976 43 93 00* Plano : E1**a**
– *www.hotelavenida-zaragoza.com*
85 hab – 👤36/100 € 👥40/150 €, ☕ 3 €
Disfruta de una organización familiar muy dedicada, de hecho, constantemente realizan mejoras. Sus habitaciones presentan mobiliario renovado y un buen equipamiento.

Hispania

av. César Augusto 95 ✉ *50003* – ✆ *976 28 49 28* Plano : E1**h**
– *www.hotelhispania.com*
46 hab – 👥40/119 €, ☕ 4 €
Conjunto céntrico, y algo laberíntico, que destaca por su distribución entre dos edificios, frente al mercado municipal y junto a la plaza del Pilar. Ofrece habitaciones de correcto confort... eso sí, funcionales y con sencillo mobiliario.

Restaurantes

XXX **Novodabo**
pl. Aragón 12 ✉ 50009 – ✆ 976 56 78 46 Plano : BC2**x**
– www.novodabo.com – cerrado Navidades, del 16 al 31 de agosto, domingo noche, lunes y martes noche
Menú 30/55 € – Carta 44/61 €
Restaurante gastronómico ubicado en una céntrica casa-palacio. Ofrecen una cocina de gusto actual y elegantes detalles, como los bellos frescos o sus altos techos artesonados.

XXX **El Chalet**
Santa Teresa de Jesús 25 ✉ 50006 – ✆ 976 56 91 04 Plano : B3**x**
– www.elchaletrestaurante.com – cerrado Semana Santa, del 10 al 25 de agosto, domingo y lunes mediodía en verano, domingo noche y lunes resto del año.
Menú 23/45 € – Carta 43/54 €
Su ubicación en una villa permite la distribución de sus salas y privados en dos plantas, siempre con una ambientación clásica-moderna y detalles de elegancia. Cocina de corte actual con platos tradicionales. ¡No se pierda su steak-tartar!

XXX **Aragonia** – Hotel Palafox
Marqués de Casa Jiménez ✉ 50004 – ✆ 976 79 42 43 Plano : E2**k**
– www.restauranteragonia.com – cerrado agosto, domingo y lunes
Menú 16/49 € – Carta 35/50 €
Es agradable y tiene personalidad propia respecto al hotel. Aquí proponen una cocina tradicional con toques actuales y una buena oferta de menús. ¡Magnífica bodega!

ESPAÑA

XX **La Granada**
San Ignacio de Loyola 14 ✉ 50008 – ✆ 976 22 39 03 Plano : C2**q**
– www.restaurantelagranada.com – cerrado domingo y lunes noche
Menú 19/25 € – Carta 30/60 €
Su buen nivel gastronómico se confirma en una carta actual e imaginativa, donde demuestran el gusto por los productos autóctonos de temporada. En sus salas, de cuidado montaje, combinan el clasicismo con detalles de diseño y modernidad.

XX **Bal d'Onsera**
Blasón Aragonés 6 ✉ 50003 – ✆ 976 20 39 36 Plano : E2**d**
– www.bal-donsera.es – cerrado Navidades y domingo noche
Menú 25/82 € – Carta 32/51 €
Céntrico y con una sala de moderno montaje. Encontrará unas elaboraciones de tinte actual con detalles creativos, interpretables tanto desde la carta como desde sus menús.

XX **Goralai**
Santa Teresa de Jesús 26 ✉ 50006 – ✆ 976 55 72 03 Plano : B3**d**
– www.goralai.es – cerrado Navidades, Semana Santa, 16 agosto-1 septiembre, domingo noche, lunes y martes noche
Menú 19/45 € – Carta 49/60 €
Llevado por una pareja. En su sala, colorista, actual y con cuadros de pintores aragoneses, podrá degustar una cocina bien elaborada que va evolucionando según la temporada.

XX **Txalupa**
paseo Fernando el Católico 62 ✉ 50009 – ✆ 976 56 61 70 Plano : B3**z**
– www.txalupazaragoza.com – cerrado Semana Santa, domingo noche, lunes noche y martes noche
Menú 25/43 € – Carta 33/40 €
Casa de organización familiar que emana seriedad y buen hacer. Presenta una barra de espera a la entrada, dos comedores y un reservado, todo con una estética clásica-elegante muy cuidada. Cocina de base tradicional con toques actuales.

XX **La Prensa** (Marisa Barberán)

José Nebra 3 ✉ 50007 – ✆ 976 38 16 37 — Plano : C3**c**
– www.restaurantelaprensa.com – cerrado Semana Santa, 21 días en agosto, domingo y lunes
Menú 60/115 € – (solo menú)
Bien llevado en familia, con el propietario en la sala y su esposa al frente de los fogones. Posee un bar-hall de espera y dos salas de estética moderna. Cocina creativa de base tradicional, con buen producto y delicadas presentaciones.
→ Sardina, pan, tomate, encurtidos y aceite sólido. Conejo, perejil, curry y mahonesa de chocolate. Helado de membrillo, requesón, nueces y miel crujiente.

X **Antonio**

pl. San Pedro Nolasco 5 ✉ 50001 – ✆ 976 39 74 74 — Plano : F2**q**
– www.antoniorestaurante.com.es – cerrado del 15 al 30 de agosto, domingo noche y lunes
Menú 30/39 € – Carta 28/40 €
Resulta íntimo, acogedor y detallista. Aquí encontrará una sabrosa cocina de base tradicional... eso sí, con toques actuales. Los platos destacados de su carta son los Arroces, que cambian con la temporada, el Ternasco y el Steak Tartar.

X **La Matilde**

Predicadores 7 ✉ 50003 – ✆ 976 43 34 43 — Plano : E1**c**
– www.lamatilde.com – cerrado Semana Santa, del 10 al 20 de agosto, domingo noche y festivos
Menú 26/39 € – Carta 38/47 €
Un negocio bien llevado entre hermanos, todos buenos conocedores de la profesión. Sin duda, esta casa emana personalidad, algo que se aprecia tanto en el montaje como en la decoración. Cocina tradicional no exenta de detalles actuales.

ESPAÑA

X **Casa Lac**

Mártires 12 ✉ 50003 – ✆ 976 39 61 96 — Plano : E2**h**
– www.restaurantecasalac.es – cerrado una semana en agosto y domingo noche
Menú 19/44 € – Carta 31/50 €
¡Aquí las verduras son las protagonistas! El local, con mucha historia, atesora la licencia más antigua de España como restaurante (1825). Agradable bar de tapas y dos salones, destacando el del piso superior por su ambiente decimonónico.

Continental

Cinco de Marzo 2 ✉ 50004 – ✆ 976 23 73 31 – cerrado domingo noche en verano — Plano : E2**a**
Tapa 2,20 € – Ración aprox. 11 €
Muy concurrido desde el desayuno hasta el cierre. Posee un buen expositor sobre la barra y pizarras en las que anuncian tapas, raciones y tablas variadas.

ZARAUTZ

Guipúzcoa – 22 760 h. – Ver mapa regional n° **18-B2**
Madrid 482 km – Bilbao 85 km – Iruña/Pamplona 103 km – Donostia-San Sebastián 20 km
Mapa de carreteras Michelin n° 573-C23

Roca Mollarri

Zumalakarregi 11 ✉ 20800 – ✆ 943 89 07 67 – www.hotel-rocamollarri.com – cerrado 20 diciembre-15 enero
12 hab – 55/94 € 66/140 €
Casa de gestión familiar muy coqueta aunque de espacios reducidos. Ofrece un salón social que armoniza con las habitaciones y un agradable patio-terraza para los desayunos.

X **Gure Txokoa**

Gipuzkoa 22 ✉ 20800 – ✆ 943 83 59 59 – www.restauranteguretxokoa.es – cerrado 15 días en febrero, 15 días en noviembre, domingo noche y lunes
Carta 42/67 €
Presenta un pequeño bar privado y a continuación la sala, rústica y de cuidado montaje. Cocina vasca con productos de temporada, diversos platos a la parrilla y algo de caza.

ZEANURI

Vizcaya – 1 290 h. – Alt. 230 m – Ver mapa regional n° **18-A2**
Madrid 394 km – Bilbao 33 km – Donostia-San Sebastián 101 km – Vitoria-Gasteiz 43 km
Mapa de carreteras Michelin n° 573-C21

en el barrio de Altzusta Sureste : 3,5 km

Ellauri
Altzusta 38 ✉ 48144 Zeanuri – ☎ 946 31 78 88 – www.ellaurihotela.com
9 hab – 95/115 € 125/189 €
Dotado con una sobria fachada en piedra y un torreón. Su interior contrasta mucho con el exterior, pues tanto las habitaciones como la zona social son de estilo minimalista. ¡Perfecto para disfrutar del campo, pues tiene gran tranquilidad!

en el barrio de Ipiñaburu Sur : 4 km

Etxegana
Ipiñaburu 38 ✉ 48144 Zeanuri – ☎ 946 33 84 48 – www.etxegana.com – cerrado 15 días en enero
18 hab – 109/135 € 119/149 €
¡Singular y en plena naturaleza! Posee habitaciones dominadas por el estilo hindú, con materiales de calidad, numerosas tallas y algún que otro detalle moderno. Pequeño SPA y buen restaurante con vistas al valle, donde ofrecen una cocina de corte tradicional.

La ZUBIA

Granada – 18 595 h. – Alt. 760 m – Ver mapa regional n° **1-C1**
Madrid 438 km – Granada 8 km – Málaga 135 km – Murcia 294 km
Mapa de carreteras Michelin n° 578-U19

La Zubia
Murcia 23 ✉ 18140 – ☎ 958 59 03 54 – www.hotel-lazubia.com
11 hab – 61/77 €
Pequeño hotel de gestión familiar instalado en el centro de la localidad, en una construcción tipo villa. Ofrece correctas habitaciones de línea clásica y un patio morisco, donde podrá contemplar y admirar el hermoso arte del empedrado.

ESPAÑA

ZUBIRI

Navarra – 2 428 h. – Ver mapa regional n° **17-B2**
Madrid 414 km – Iruña/Pamplona 20 km – Donostia-San Sebastián 97 km
Mapa de carreteras Michelin n° 573-D25

Hostería de Zubiri
av. Roncesvalles 6 ✉ 31630 – ☎ 948 30 43 29 – www.hosteriadezubiri.com – mayo-octubre
10 hab – 52/60 € 54/76 €
Típico hotel de montaña que descubre un cálido interior neorrústico, con habitaciones alegres y baños detallistas. Servicio de restaurante con cena solo para clientes.

ZUMARRAGA

Guipúzcoa – 10 094 h. – Alt. 354 m – Ver mapa regional n° **18-B2**
Madrid 410 km – Bilbao 65 km – Donostia-San Sebastián 54 km – Vitoria-Gasteiz 55 km
Mapa de carreteras Michelin n° 573-C23

Kabia
Legazpi 5 ✉ 20700 – ☎ 943 72 62 74 – www.restaurantekabia.com – cerrado 15 días en agosto y lunes
Menú 19/45 € – Carta 37/56 € – *(solo almuerzo salvo viernes y sábado)*
Este restaurante presenta una línea funcional-actual, con dos salas para el menú en la planta baja y un reducido comedor a la carta en el piso superior. Cocina de buen nivel.

➜ Índice de localidades en páginas siguientes

➜ *Índice de localidades nas páginas seguintes*

Illes Balears
Islas Baleares

ESPAÑA

Illes **Balears**
Islas **Baleares**

Illes BALEARS (Islas BALEARES)

745 944 h. – Ver mapa regional n° **4**-B1
Mapa de carreteras Michelin n° 579
La belleza de su naturaleza y sus privilegiadas playas han convertido el archipiélago en un destino turístico muy apreciado.

El archipiélago balear se extiende sobre una superficie de 5.000 km². Está formado por cinco islas (Mallorca, Menorca, Eivissa, Formentera y Cabrera) y numerosos islotes. Sus habitantes hablan el balear, lengua derivada del catalán.

MALLORCA

Es la mayor isla de las Baleares y está considerada como uno de los centros turísticos más importantes de Europa. La industria del calzado y las fábricas de perlas artificiales de Manacor encuentran un amplio mercado en el extranjero. En ella se encuentra Palma, capital administrativa de la Comunidad Autónoma.

ALARÓ – 5 217 h. – Alt. 240 m – Ver mapa regional n° **4**-B1

Palma 24 km
Mapa de carreteras Michelin n° 579-K5

en la carretera de Orient Noroeste : 3,5 km

S'Olivaret

Carretera Alaró-Orient, KM 3 ✉ 07340 – ✆ 971 51 08 89 – www.solivaret.com – marzo-octubre
25 hab – 150/170 € 175/195 € – 5 suites
Antigua casa de campo instalada entre las montañas de s'Aucadena y Castell. Está decorada con mimo, combinando el mobiliario de época con el confort más actual. El restaurante, de elegante ambiente rústico, propone una sencilla carta tipo snack al mediodía y otra internacional más elaborada por las noches.

ESPAÑA

ALCÚDIA – 20 163 h. – Alt. 20 m – Ver mapa regional n° **4**-B1

Palma 56 km
Mapa de carreteras Michelin n° 579-M4

Sant Jaume

Sant Jaume 6 ✉ 07400 – ✆ 971 54 94 19 – www.hotelsantjaume.com – cerrado diciembre-enero
6 hab – 85/95 € 95/120 €
Instalado en una casa señorial del s. XIX que ha sido restaurada con acierto. Atesora unas atractivas habitaciones, todas bien personalizadas, con carácter y baños modernos.

ALGAIDA – 5 382 h. – Ver mapa regional n° **4**-B1

Palma 22 km
Mapa de carreteras Michelin n° 579-L6

Es 4 Vents

carret. de Manacor ✉ 07210 – ✆ 971 66 51 73 – www.es4vents.es – cerrado martes
Carta 30/45 €
Excelente casa para degustar cocina tradicional mallorquina, paellas y, sobre todo, unas fantásticas carnes a la parrilla. Si hace bueno no lo dude y... ¡coma en la terraza!

Hostal Algaida

carret. de Manacor ✉ 07210 – ✆ 971 66 51 09
Menú 13/35 € – Carta 20/36 €
¡Casa familiar con cierto tipismo! Tiene un bar en el que exponen sus productos, un modesto comedor de aire neorrústico y un privado. Platos mallorquines del interior, con sabrosos guisos de carne, cordero y el popular Frito mallorquín.

ARTÀ – Ver mapa regional n° **4**-B1

Palma 78 km
Mapa de carreteras Michelin n° 579-O6

Sant Salvador

Castellet 7 ✉ 07570 – ✆ 971 82 95 55 – www.santsalvador.com – cerrado 10 enero-10 febrero

8 hab ☕ – 🚹93/184 € 🚹🚹119/229 €

Rest *Gaudi y Zezo* – ver selección restaurantes

Bello edificio de carácter señorial ubicado a las afueras de Artà, un encantador pueblo medieval. Presenta una decoración personalizada, colorista e imaginativa, combinando detalles clásicos y de diseño.

Can Moragues

Pou Nou 12 ✉ 07570 – ✆ 971 82 95 09 – www.canmoragues.com

8 hab ☕ – 🚹75/115 € 🚹🚹92/137 €

¡Una elegante casa señorial del s. XIX! Posee un acogedor salón social con chimenea y habitaciones de dos tipos según su tamaño, todas encantadoras y con mobiliario de época.

Gaudi y Zezo – Hotel Sant Salvador

Castellet 7 ✉ 07570 – ✆ 971 82 95 55 – www.santsalvador.com – cerrado 10 enero-10 febrero y martes

Menú 36/48 € – Carta 41/50 €

Colorista, diferente, encantador... no en vano, su nombre recuerda al mítico arquitecto a quien se atribuye la preciosa fachada que da al jardín. ¡Descubra su cocina creativa!

BANYALBUFAR – 583 h. – Alt. 100 m – Ver mapa regional n° 4-B1

▶ Palma 25 km

Mapa de carreteras Michelin n° 579-I5

ESPAÑA

Sa Coma

Camí d'es Molí 3 ✉ 07191 – ✆ 971 61 80 34 – www.hotelsacoma.com – 18 marzo-18 noviembre

32 hab – 🚹87/105 € 🚹🚹117/160 €, ☕ 10 €

Hotel familiar de 3ª generación ubicado sobre una pequeña ladera, por lo que atesora unas excelentes vistas al mar. Presenta varias zonas sociales y unas sencillas habitaciones de línea funcional. El restaurante basa la mayor parte de su trabajo en el buffet.

Son Tomás

Baronía 17 ✉ 07191 – ✆ 971 61 81 49 – cerrado diciembre, enero y martes

Carta 23/35 € – *(solo almuerzo en noviembre y febrero)*

Negocio familiar llevado con dedicación y buen hacer. Dispone de un correcto comedor, de aspecto actual, y una agradable terraza con vistas tanto al mar como a los bancales del pueblo. Cocina tradicional, arroces y platos mallorquines.

BENDINAT – Ver mapa regional n° 4-B1

▶ Palma 11 km

Mapa de carreteras Michelin n° 579-J6

Lindner

Arquitecto Francisco Casas 18 ✉ 07181 – ✆ 971 70 77 77 – www.lindnerhotels.com

118 hab ☕ – 🚹🚹117/250 € – 37 suites

Está rodeado por un campo de golf y disfruta de una estética africana bastante marcada, con numerosos trofeos de caza mayor, mobiliario colonial y detalles decorativos propios de un safari. SPA ambientado en el continente negro, zona de entretenimiento infantil y variada oferta gastronómica de carácter internacional.

Bendinat

Andrés Ferret Sobral 1 ✉ 07181 – ✆ 971 67 57 25 – www.hotelbendinat.es – 19 febrero-22 octubre

54 hab ☕ – 🚹107/184 € 🚹🚹176/318 € – 12 suites

¡Tranquilo y al borde del mar! Ofrece confortables bungalows, habitaciones de línea clásica-funcional y un cuidado entorno ajardinado, con frondosos árboles e idílicas terrazas que también sirven para montar las mesas del restaurante cuando el tiempo lo permite. Cocina tradicional e internacional.

CAIMARI – Ver mapa regional n° 4-B1

Palma 38 km

Mapa de carreteras Michelin n° 579-L5

Ca Na Toneta

Horitzó 21 ✉ 07314 – ✆ 971 51 52 26 – www.canatoneta.com – cerrado 24 diciembre-11 enero y lunes salvo mayo-noviembre

Menú 35/45 € – *(solo cena salvo fines de semana de diciembre-mayo)* (es necesario reservar) *(solo menú)*

En esta pequeña casa a los pies de la Serra de Tramuntana encontrará honestidad, tradición y una cocina mallorquina estacional que recupera los sabores primigenios de la isla.

en Binibona Noreste : 4 km – Ver mapa regional n° 4-B1

Binibona Parc Natural

Finca Binibona ✉ 07314 Binibona – ✆ 971 87 35 65 – www.binibona.es – febrero-octubre

20 hab – 🚹150 € 🚹🚹192 €

Atractivo edificio en piedra dotado con vistas al campo y a las montañas. Cuenta con unas espaciosas habitaciones, todas con jacuzzi y mobiliario de aire rústico. Sencillo restaurante con una agradable terraza para disfrutar de sus cenas.

Albellons Parc Natural

desvío 1,5 km, desvío 1,5 km ✉ 07314 Binibona – ✆ 971 87 50 69 – www.albellons.es – 15 febrero-15 noviembre

12 hab – 🚹141 € 🚹🚹165 € – 6 suites

Conjunto rústico lleno de encanto, ubicado en pleno campo y con espléndidas vistas tanto al valle como a las montañas. Comedor privado y habitaciones muy bien equipadas.

ESPAÑA

CALA D'OR – 2 706 h. – Ver mapa regional n° 4-B2

Palma 64 km

Mapa de carreteras Michelin n° 579-N7

Cala d'Or

av. de Bélgica 49 ✉ 07660 – ✆ 971 65 72 49 – www.hotelcalador.com – abril-octubre

95 hab – 🚹120/180 € 🚹🚹150/220 €

Hotel de larguísima trayectoria que ahora se presenta con una imagen más actual y renovada. Sin duda, su mayor atractivo está en su emplazamiento, con agradables terrazas bajo los pinos y salida directa a una pequeña cala. El restaurante cuenta con grandes ventanales para disfrutar de las vistas a la bahía.

Port Petit

av. Cala Llonga ✉ 07660 – ✆ 971 64 30 39 – www.portpetit.com – cerrado 29 octubre-marzo y martes salvo junio-octubre

Menú 20/63 € – Carta 43/61 €

¡Buenas vistas a la marina de Cala D'Or! Este coqueto local alberga un pequeño comedor y una bella terraza, con una parte acristalada. Su carta de cocina actual se enriquece con algún que otro plato internacional y varios menús.

CALA MURADA – 389 h. – Ver mapa regional n° 4-B1

Palma 67 km

Mapa de carreteras Michelin n° 579-N7

Sol y Vida

Aragó 32 ✉ 07688 – ✆ 971 83 31 70 – www.restaurante-solyvida.com – marzo-octubre

Menú 20/56 € – Carta 43/57 €

Resulta muy agradable y se encuentra en una zona alta, con vistas a la cala. En sus salas, una interior con chimenea y la otra tipo galería, podrá degustar una cocina internacional con alguna que otra influencia asiática.

CALA RATJADA – 3 860 h. – Ver mapa regional n° 4-C1

Palma 79 km
Mapa de carreteras Michelin n° 579-O5

Ses Rotges

Rafael Blanes 21 ✉ 07590 – ☎ 971 56 31 08 – www.sesrotges.com – 14 marzo-16 octubre
23 hab – 85/140 € 95/165 €, 16 €
Hotelito familiar ubicado en un edificio centenario. Dispone de una encantadora terraza, donde sirven sus excelentes desayunos, y unas cálidas habitaciones, algunas con... ¡las típicas camas mallorquinas! El restaurante apuesta por la cocina clásica francesa.

CAMPANET – 2 581 h. – Alt. 167 m – Ver mapa regional n° 4-B1

Palma 39 km
Mapa de carreteras Michelin n° 579-L5

al Noroeste 4 km

Monnaber Nou

Finca Monnaber Nou ✉ 07310 Campanet – ☎ 971 87 71 76 – www.monnaber.com
25 hab – 95/125 € 120/160 € – 11 apartamentos
Rest *Es Mirador* – ver selección restaurantes
Instalado en una casa de campo que remonta sus orígenes al s. XIII, en una finca de gran belleza y a los pies de la Sierra Tramuntana. Encontrará unas estancias realmente acogedoras, donde se combina la rusticidad y el clasicismo.

Es Mirador – Hotel Monnaber Nou

Finca Monnaber Nou ✉ 07310 – ☎ 971 87 71 76 – www.monnaber.com
Menú 29/42 € – Carta 32/42 €
En este encantador restaurante se apuesta por la cocina regional y la tradicional actualizada. Maravillosa terraza panorámica y... ¡aceites de oliva de producción propia!

CAMPOS – 10 144 h. – Ver mapa regional n° 4-B1

Palma 38 km
Mapa de carreteras Michelin n° 579-M7

Fontsanta

carret. Campos-Colonia de Sant Jordi , km 8 ✉ 07630 – ☎ 971 65 50 16 – www.fontsantahotel.com – cerrado diciembre-26 febrero
37 hab – 150/295 € 220/345 €
Rest *Flor de Sal* – ver selección restaurantes
Si busca reposo descubra este encantador hotel-balneario, pues tiene personalidad y es el único de la isla que ofrece aguas termales naturales en un entorno protegido. Habitaciones de estética actual y buen restaurante.

Flor de Sal – Hotel Fontsanta

carret. Campos-Colonia de Sant Jordi, km 8 ✉ 07639 – ☎ 971 65 50 16 – www.fontsantahotel.com – cerrado 6 noviembre-26 febrero
Menú 50/75 € – Carta 50/65 €
Su nombre hace un guiño a las salinas ubicadas en los alrededores del hotel. Cocina de gusto tradicional e internacional, bien actualizada y basada en la calidad del producto.

en la carretera de Porreres Norte : 4 km y desvío a la izquierda 1 km

Son Bernadinet

✉ 07630 – ☎ 971 65 06 94 – www.sonbernadinet.com – 18 marzo-octubre
11 hab – 180/210 € 215/260 €
¡Edificio tradicional mallorquín ubicado en pleno campo! Combina sus líneas puras con una agradable rusticidad, todo para recrear una atmósfera marcada por el sosiego. Zona social con chimenea, amplias habitaciones y cuidados exteriores. Su restaurante solo ofrece un menú de tinte actual y base tradicional.

ESPAÑA

Es Capdellà – Ver mapa regional n° 4-B1

Palma 24 km
Mapa de carreteras Michelin n° 579-I6

Castell Son Claret

carret. Ma 1032, km 1,7 ✉ 07196 – ☎ 971 13 86 20 – www.castellsonclaret.com – cerrado diciembre y enero
38 hab – 295/445 € 345/800 €
Rest *Zaranda* ✿✿ • **Rest *Olivera*** – ver selección restaurantes
Llamativo edificio del s. XVIII construido en piedra a modo de hacienda-castillo, en una enorme finca arbolada y con el acceso por un idílico paseo de palmeras. Encontrará unas elegantes habitaciones, todas con destacable domótica, un pequeño pero lujoso balneario y una excelente oferta culinaria.

Zaranda (Fernando P. Arellano) – Hotel Castell Son Claret

✿✿
carret. Ma 1032, km 1,7 ✉ 07196 – ☎ 971 13 86 27 – www.zaranda.es – cerrado diciembre, enero, domingo y lunes
Menú 80/150 € – *(solo cena) (solo menú)*
Este restaurante gastronómico atesora un único comedor, con vistas al quehacer en la cocina, y una sobria terraza que nos transporta a otro tiempo. La sutileza del chef conquistará su paladar a través de una original oferta, basada en unos menús abiertos que permiten al comensal componer su propia selección de platos.
→ El huevo negro, caviar de sepia y cebolla blanca. Los tres cerditos desde América hasta Asia. Cuatro estaciones de una almendra mallorquina.

Olivera – Hotel Castell Son Claret

carret. Ma 1032, km 1,7 ✉ 07196 – ☎ 971 13 86 20 – www.castellsonclaret.com – cerrado diciembre y enero
Carta 48/72 €
Resulta polivalente y trabaja más como restaurante de hotel, por eso ofrecen aquí también unos completos desayunos. Agradable terraza y cocina tradicional-mediterránea.

Capdepera – 11 247 h. – Alt. 102 m – Ver mapa regional n° 4-B1

Palma 82 km
Mapa de carreteras Michelin n° 579-O5

por la carretera de Cala Mesquida Norte : 1,5 km y desvío a la derecha 1,5 km

Predi Son Jaumell

carret. Cala Mesquida, camí de Son Moltó ✉ 07580 Capdepera – ☎ 971 81 87 96 – www.hotelsonjaumell.com – 15 febrero-15 noviembre
24 hab – 195/265 € 255/360 €
Rest *Andreu Genestra* ✿ – ver selección restaurantes
Encantador edificio en piedra del s. XVII emplazado en mitad del campo, en una finca cultivada que cuenta con varias cuevas naturales. Ofrece unas habitaciones de elegante simplicidad, con partes en piedra vista e hidromasaje en la mayoría de los baños.

Cases de Son Barbassa

carret. Cala Mesquida, camí de Son Barbassa ✉ 07580 Capdepera – ☎ 971 56 57 76 – www.sonbarbassa.com – cerrado 16 noviembre-9 febrero
20 hab – 127/228 € 170/280 €
Casa rural emplazada en plena naturaleza. Ofrece una pequeña torre defensiva que tiene más de 500 años, un interior rústico-actual y amplias habitaciones de línea elegante. El restaurante está instalado en una terraza acristalada y propone una cocina actual.

Andreu Genestra – Hotel Predi Son Jaumell

✿
carret. Cala Mesquida, camí de Son Moltó ✉ 07580 Capdepera – ☎ 971 56 59 10 – www.andreugenestra.com – 15 febrero-15 noviembre
Menú 48/105 € – Carta 48/61 €
Una apuesta firme por los frutos autóctonos y el sabroso recetario mallorquín... eso sí, elaborado con las técnicas culinarias más actuales y mucho producto ecológico. Proponen desayunos que enraízan con el gusto local, almuerzos de tinte tradicional con deliciosos arroces y unas cenas de marcado carácter gastronómico.
→ Gamba de Cala Ratjada con endibia, alcachofas y salsa de azafrán. Cochinillo con ensaimada, patata mini trufada y hummus de aguacate. La dulce maceta de chocolate.

SA COMA – Ver mapa regional n° 4-B1

Palma 69 km
Mapa de carreteras Michelin n° 579-O6

Es Molí d'En Bou (Bartomeu Caldentey)

Liles ✉ 07560 – ✆ 971 56 96 63 – www.esmolidenbou.es – cerrado 15 noviembre-marzo, domingo y lunes
Menú 65/180 € – *(solo cena salvo sábado)* (es necesario reservar) *(solo menú)*
Se presenta con una espaciosa sala de estética actual, una coqueta terraza y una zona lounge-bar donde sirven copas o café. Descubra una cocina creativa que toma como principal base para sus elaboraciones la calidad de las materias primas.
➜ "Cocarroi" de cuchara. Cigalas flambeadas al licor de hierbas. Algarroba de chocolate.

DEIÀ – 756 h. – Alt. 184 m – Ver mapa regional n° 4-B1

Palma 28 km
Mapa de carreteras Michelin n° 579-J5

La Residencia

Finca Son Canals ✉ 07179 – ✆ 971 63 90 11 – www.belmond.com – cerrado 8 noviembre-26 marzo
67 hab – 300/400 € 480/630 € – 6 suites
Rest *El Olivo* – ver selección restaurantes
Antigua casa señorial, restaurada con maestría, que recoge la herencia arquitectónica de la isla. Posee unas dependencias de cálido confort decoradas con sumo gusto. Amplia oferta gastronómica, proponiendo su restaurante Son Moragues buenas tapas y platos mediterráneos.

ESPAÑA

Es Molí

carret. de Valldemossa, Suroeste : 1 km ✉ 07179 – ✆ 971 63 90 00 – www.esmoli.com – 22 abril-octubre
87 hab – 99/180 € 120/280 €
Presenta un espléndido jardín escalonado, una hermosa piscina llenada con agua de manantial y unas acogedoras habitaciones, dominando desde ellas tanto el mar como la montaña.

El Olivo – Hotel La Residencia

Finca Son Canals ✉ 07179 – ✆ 971 63 90 11 – www.laresidencia.com – cerrado 8 noviembre-26 marzo, lunes y martes salvo mayo-septiembre
Carta 48/82 € – *(solo cena)*
Atesora una magnífica sala principal de elegante aire rústico, con los techos altos en madera y el ambiente de una antigua prensa de aceite. Cocina internacional actualizada.

Es Racó d'Es Teix (Josef Sauerschell)

Sa Vinya Vella 6 ✉ 07179 – ✆ 971 63 95 01 – www.esracodesteix.es – cerrado 6 noviembre-11 febrero, lunes y martes
Menú 37/100 € – Carta 71/88 €
Negocio familiar ubicado en una acogedora casa de piedra. Sorprende con una encantadora terraza asomada a las montañas de Deià y una sala de ambiente rústico dispuesta en dos niveles. Su experimentado chef plantea una cocina clásica con toques de modernidad.
➜ Raya en escabeche de naranja. Salmonetes con alcaparras y jabugo. Mousse de fresas con ruibarbo y helado de asperilla.

en la carretera de Valldemossa Noroeste : 2,5 km

Sa Pedrissa

carret. Valldemossa-Deià, km 64,5 ✉ 07179 – ✆ 971 63 91 11 – www.sapedrissa.com – cerrado noviembre-febrero
5 hab – 180/350 € 270/495 € – 3 suites
Casa del s. XVI situada en un enclave privilegiado, con vistas a la bahía de Deià y la piscina sobre el acantilado. La mayoría de sus habitaciones son tipo suite. El restaurante ocupa un antiguo molino de aceite, con los suelos en piedra y chimenea. ¡Disfrute de sus preciosas terrazas, entre pinos y olivos!

FORNALUTX – 692 h. – Alt. 160 m – Ver mapa regional n° 4-B1

Palma 36 km
Mapa de carreteras Michelin n° 579-K5

Ca'n Verdera

des Toros 1 ✉ 07109 – ✆ 971 63 82 03 – www.canverdera.com – 15 marzo-1 noviembre
11 hab – 140/190 € 160/230 € – 2 suites
Tiene su encanto, pues ocupa tres casitas del centro de la localidad bien comunicadas entre sí... la principal del s. XIX y marcado carácter mallorquín. Preciosas terrazas con árboles, piscina panorámica y habitaciones de buen confort.

SES ILLETES – Ver mapa regional n° 4-B1

Palma 8 km
Mapa de carreteras Michelin n° 579-J6

Bonsol

passeig d'Illetes 30 ✉ 07181 – ✆ 971 40 21 11 – www.hotelbonsol.es – cerrado 3 noviembre-enero
90 hab – 118/180 € 180/270 € – 2 suites
Acogedor hotel de ambiente castellano y amplias instalaciones construido en la ladera de un monte, sobre tres bloques escalonados que, con atractivas terrazas, llegan al mismo borde del mar. Ofrece unas habitaciones de correcto confort, un restaurante de aire rústico y otro algo más informal frente al mar.

INCA – 31 032 h. – Alt. 120 m – Ver mapa regional n° 4-B1

Palma 32 km
Mapa de carreteras Michelin n° 579-L5

Joan Marc

pl. del Blanquer 10 ✉ 07300 – ✆ 971 50 08 04 – www.joanmarcrestaurant.com – cerrado del 7 al 31 de enero, domingo noche y lunes
Menú 29/47 € – Carta aprox. 35 €
Un restaurante de estética elegante, actual y natural con un indiscutible protagonista: el árbol. Sorprende por su oferta cambiante y de temporada, permitiendo a los comensales que elaboren ellos mismos sus menús a unos precios fijos. ¡Sabores bien definidos!

LLORET DE VISTALEGRE – 1 251 h. – Alt. 250 m – Ver mapa regional n° 4-B1

Palma 33 km
Mapa de carreteras Michelin n° 579-L6

por la carretera de Montuïri Sureste : 1 km y desvío a la izquierda 2,5 km

Sa Rota d'en Palerm

Passeig Mallorca 34-6 ✉ 07518 Lloret de Vistalegre – ✆ 654 13 13 31 – www.sa-rota.com – cerrado Navidades
6 hab – 126/172 € – 5 apartamentos
Casa de campo aislada en una finca, donde atesora agradables terrazas e impresionantes vistas. Ofrece habitaciones y apartamentos de ambiente rústico en las antiguas cuadras.

LLOSETA – 5 680 h. – Alt. 180 m – Ver mapa regional n° 4-B1

Palma 31 km
Mapa de carreteras Michelin n° 579-L5

Cas Comte

Comte d'Aiamans 11 ✉ 07360 – ✆ 971 87 30 77 – www.hotelcascomte.com
14 hab – 100 € 140 €
Fantástica casa señorial en piedra que remonta sus orígenes al s. XVIII. Sus dependencias, que concilian la atmósfera de antaño con el confort actual, se ven apoyadas por un patio y un espacio de relax. En su cálido comedor encontrará cocina de tinte casero.

ESPAÑA

XX **Santi Taura**

Joan Carles 1 48 ✉ 07360 – ✆ 656 73 82 14 – www.restaurantsantitaura.com – cerrado 10 días en enero, del 6 al 16 de abril, 25 días en agosto, domingo noche, lunes mediodía y martes
Menú 55 € – (es necesario reservar) *(solo menú)*
Pasión, oficio, gusto... esto es lo que refleja Santi Taura, un chef autodidacta, creativo y tremendamente fiel a los productos de su isla. ¡Cambian el menú todas las semanas!

LLUBÍ – 2 324 h. – Ver mapa regional n° **4**-B1
Palma 42 km
Mapa de carreteras Michelin n° 579-M5

X **Daica**

Nou 8 ✉ 07430 – ✆ 971 52 25 67 – www.daica.es – cerrado 11 enero-3 febrero, domingo noche y lunes salvo verano, y martes
Carta 39/76 € – *(solo cena en verano salvo domingo)*
3 hab – †80 € ††90 €
¡Se puede acceder por dos calles opuestas! Casa rústica de sencillo montaje, aunque con un buen espacio entre mesas, dotada con un agradable patio interior en el que montan la terraza de verano. Descubra una cocina de raíces mallorquinas basada en los productos locales. También poseen correctas habitaciones.

LLUCMAJOR – 37 257 h. – Ver mapa regional n° **4**-B1
Palma 24 km
Mapa de carreteras Michelin n° 579-L7

ESPAÑA

Son Julia Country House H.

carret. de S'Arenal, Suroeste : 1 km ✉ 07620 – ✆ 971 66 97 00 – www.sonjulia.com – 15 marzo-15 noviembre
25 hab – †200/250 € ††220/270 € – 2 suites
Mansión mallorquina del s. XV donde se dan cita el lujo y la elegancia. Ofrece un espectacular salón oriental, habitaciones de gran confort y un hermoso entorno ajardinado. En el restaurante, sencillo en su montaje y con el techo abovedado, elaboran una cocina de fusión mediterránea con toques asiáticos.

MANACOR – 41 049 h. – Alt. 110 m – Ver mapa regional n° **4**-B1
Palma 49 km
Mapa de carreteras Michelin n° 579-N6

al Norte 4 km

La Reserva Rotana

camí de s'Avall ✉ 07500 Manacor – ✆ 971 84 56 85 – www.reservarotana.com – cerrado 15 noviembre-20 febrero
24 hab – †150/250 € ††220/325 €
¡Finca señorial situada en una reserva natural! La decoración de sus elegantes dependencias revela el gusto por los detalles. Presenta un anexo algo más sencillo y, como la propiedad tiene 300 ha, cuenta con su propio campo de golf. Correcta oferta de restauración de gusto internacional.

por la carretera de Cales de Mallorca Suroeste: 6,5 km

Son Amoixa Vell

carret. Cales Mallorca - Manacor, km 5,4 ✉ 07500 Manacor – ✆ 971 84 62 92 – www.sonamoixa.com – cerrado 15 noviembre-12 febrero
16 hab – †128/160 € ††160/199 € – 4 suites
He aquí el sueño de un matrimonio alemán que lo dejó todo para reconstruir, sobre los restos de una antigua mansión, un hotel rural que hoy se muestra muy atractivo. Las habitaciones se reparten alrededor de la casa y de los edificios agrícolas reconvertidos.

PALMA – 398 162 h. – Ver mapa regional n° **4**-B1

Alcúdia 52 km – Peguera/Paguera 22 km – Sóller 30 km – Son Servera 64 km
Mapa de carreteras Michelin n° 579-J6

Palacio Ca Sa Galesa
Miramar 8 ✉ 07001 – ✆ 971 71 54 00 – www.palaciocasagalesa.com Plano : G3**a**
12 hab – 🛉199/349 € 🛉🛉219/395 €, ☕ 19 € – 4 suites
Elegantísimo palacete del s. XVI, vestido con mobiliario de época y próximo a la Catedral. Combina sus lujosas zonas nobles con unas habitaciones de excelente equipamiento. ¡Atractiva terraza panorámica con pequeñas "haimas" en la azotea!

Can Cera
San Francisco 8 ✉ 07001 – ✆ 971 71 50 12 – www.cancerahotel.com Plano : G3**b**
13 hab – 🛉🛉180/600 €, ☕ 17,60 € – 1 suite
Está en pleno casco antiguo, recuperando un edificio señorial del s. XVII. Tras el patio de la entrada descubrirá una zona social de aire palaciego y unas habitaciones de gran confort, todas con algún detalle de época. El restaurante propone una cocina actual con platos de origen tradicional e internacional.

Can Alomar
Sant Feliu ✉ 07012 – ✆ 871 59 20 02 – www.boutiquehotelcanalomar.com Plano : G2**d**
16 hab – 🛉🛉200/600 €, ☕ 18 €
Distinguido, céntrico y con un buen emplazamiento, pues recupera una casa señorial urbana de gran valor Patrimonial. Disfrute de la terraza-solárium, de las vistas desde su mirador o del restaurante, donde proponen cocina nipona-peruana de base mediterránea.

Calatrava
pl. Llorenç Villalonga 8 ✉ 07001 – ✆ 971 72 81 10 – www.boutiquehotelcalatrava.com Plano : H3**e**
16 hab – 🛉🛉180/600 €, ☕ 17,20 €
Se halla en uno de los barrios más antiguos de la ciudad, levantado en gran parte sobre las antiguas murallas y con fantásticas vistas a la bahía. Sirven el desayuno en la terraza-solárium del último piso y complementan su gastrobar con una tienda gourmet.

Convent de la Missió
Missió 7-A ✉ 07003 – ✆ 971 22 73 47 – www.conventdelamissio.com – cerrado 4 enero-11 febrero Plano : G2**a**
14 hab ☕ – 🛉160/210 € 🛉🛉200/250 €
Rest *Simply Fosh* ✿ – ver selección restaurantes
¡Sumamente relajante y seductor! Ocupa un seminario del s. XVII que ahora, tras su remodelación, presenta una estética vanguardista, con espacios diáfanos, detalles de diseño y una decoración minimalista donde imperan los tonos blancos.

Posada Terra Santa
Posada Terra Santa 5 ✉ 07001 – ✆ 971 21 47 42 – www.posadaterrasanta.com Plano : H2**f**
26 hab ☕ – 🛉180/400 € 🛉🛉250/550 €
Atesora la autenticidad derivada de su ubicación, pues se halla en las callejuelas que vertebran el casco viejo. Los arcos en piedra originales conviven hoy con una estética simpática y actual. Su restaurante propone una cocina de fusión asiático-mediterránea.

Saratoga
passeig Mallorca 6 ✉ 07012 – ✆ 971 72 72 40 – www.hotelsaratoga.es Plano : F2**s**
185 hab – 🛉100/300 € 🛉🛉100/400 €, ☕ 17 € – 7 suites
Ofrece una línea decorativa entre clásica y actual, ya que se ha renovado poco a poco. Amplia zona social, habitaciones muy diversas de buen confort y atractiva piscina, con terrazas y vistas en la azotea. Cafetería con restaurante panorámico en la 7ª planta, donde suelen organizar conciertos de jazz en vivo.

ESPAÑA

A
B
1
2
3
Plaça de Mare de Déu Miracolosa
C. d'Alexandre de Laborde
Camí Jesus
C. de Maria Antònia Salvà
SON SERRA
SON XIGALA
LA VILETA
Camí de la Vileta
C. de Marbella
C. de Saragossa
C. Son Llull
Camí dels Reis
ESTADI DE SON MOIX
VELODROM
PALAU D'ESPORTS
Sa Riera
Jesus Kalea
Salvador Dalí Kalea
C. Menut
SON VIDA
Camí de Son Vida
Camí de Son Rapinya
SON RAPINYA
Ma-20
Camí de la Vileta
ESTADI L. SITJAR
C. de Pasqual Ribot
Pl. Llaç Blau
C. de la Llibertat
Avinguda de Picasso
C. Son Espanyolet
C. de Joan Crespí
C. de la Indústria
C. de Murillo
Camí de Coll de la Creu
Palau de Congressos
Pueblo Español
SA TEULERA
C. de les Illes Balears
Pl. Pont
Avinguda
AUDITORIUM
Camí dels Reis
BOSC DE BELLVER
Castillo de Bellver
EL TERRENO
Avinguda de Gabriel Roca
Joan Miró
Plaça Gomila
Camí de Tramvia
GÈNOVA
PORT D'ANDRATX, PEGUERA
Ma-1
Avinguda de Gabriel Roca
LA BONANOVA
Fundació Pilar i Joan Miró
C. de Saridakis
Avinguda de Joan Miró
SANT AGUSTÍ
CALA MAJOR
Avinguda
TORRE DE PARAIRES
PALACIO MARIVENT
PORTO PÍ
SANT CARLES
Passeig de les Illetes

VALLDEMOSSA
PORT DE SÓLER, SÓLER
POLLENÇA, INCA
ES PONT D'INCA
ES PONT D'INCA
CAN PASTILLA, S'ARENAL
BARCELONA, IBIZA, MENORCA
C
D
1
2
3
SON SERRA PERERA
SON RUL. LAN
ES VIVERO
ES RAFAL
SON MOLINES
ES MOLINAR
CAN PERE ANTONI
CONSERVATORI
COLISEU BALEAR
INCA
PARQUE DE LAS ESTACIONS
ESTADI BALEAR
Unió
La Seu
Pl. Forti
Pl. Espanya
Plaça Olivar
Pl. Pere Garau
Plaça Francesc Garcia i Orell
Plaça de Son Fortesa
Plaça Teniente Coronel Franco
Plaça Cosme Adrover
Plaça de la Mare de Déu de Lluc
PARC DE KRISTIAN KREKOVIC
PARC DE SES VELES
Camí dels Reis
C. de Valldemossa
C. del General
C. d'Alfons 'El Magnanim'
C. de l'Arxiduc Lluís Salvador
C. d'Eusebi Estada
Camí Hugo
C. de Ticià
Avinguda d'Alemanya
C. de Miquel Sants Oliver
Passeig de Mallorca
Gabriel Roca
Avinguda de Gabriel Roca
C. del Gremi de Boneters
C. del Gremi de Ferrers
Avinguda Setze de Juliol
Camí Vell de Bunyola
C. Nou
Camí d'en Mallol
C. d'Aragó
C. de Baltasar Valentí
C. del Crèdit Balear
Camí de Salard
C. de Lledoner
C. Taronger
C. de Biniamar
C. dels Reis Catòlics
C. de Sant Ignasi
C. de Manacor
C. de Fornaris
Puerto Rico Kalea
Avinguda de Mèxic
Camí Vell de Sineu
Autovia MA-15
Camí Fondo
Ma-19
Ma-20
Ma-13
C. de Llucmajor
C. del Vicari Joaquim Fuster
BADIA DE PALMA
MAR MEDITERRÀNIA
PALMA
0
850 m
ESPAÑA

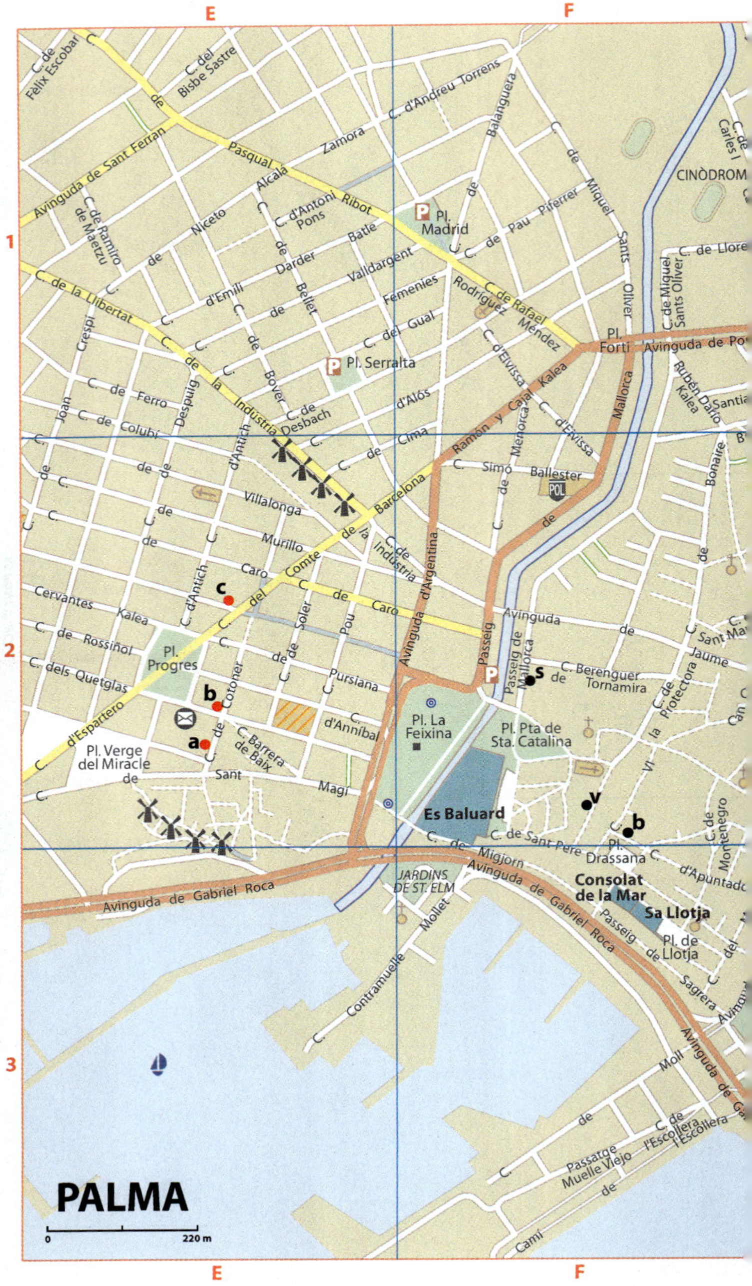
E
F
1
2
3
C. de Fèlix Escobar
C. del Bisbe Sastre
C. de Pasqual
Avinguda de Sant Ferran
C. d'Andreu Torrens
Zamora
Alcalà
C. d'Antoni Pons
Ribot
Pl. Madrid
C. de Balanguera
C. de Miquel Sants Oliver
C. de Pau Piferrer
C. de Carles I
CINÒDROM
C. de Llore
C. de Ramiro de Maetzu
de Niceto
Batle
C. de Bellet
Darder
Valldargent
Femenies
C. d'Emili
C. de Rafael Rodríguez Méndez
C. de la Llibertat
Crespí
C. del Gual
Pl. Serralta
Pl. Forti
Avinguda de Po
Mallorca
Rubén Darío Kalea
Santia
C. de Joan
C. de Ferro
C. de Colubí
Despuig
C. de la Indústria
C. de Bover
C. de Desbach
d'Alós
Ramon y Cajal Kalea
C. d'Eivissa
C. de Cima
C. Simó
C. de Menorca
Ballester
POL
Bonaire
Villalonga
C. d'Antich
Barcelona
Murillo
C. de Caro
C. del Comte de la Indústria
Avinguda d'Argentina
Cervantes Kalea
C. de Rossiñol
C. dels Quetglas
Pl. Progres
C. de Soler
C. de Pou
C. de Pursiana
Passeig
Avinguda
Passeig de Mallorca
C. Sant Ma
Jaume
C. de Berenguer Tornamira
C. de la Protectora
C. de Cotoner
C. d'Espartero
C. Barrera de Baix
d'Anníbal
Pl. La Feixina
Pl. Pta de Sta. Catalina
Pl. Verge del Miracle
de Sant Magí
Es Baluard
C. de Sant Pere
Pl. Drassana
C. d'Apuntado
C. de Montenegro
C. de Migjorn
Avinguda de Gabriel Roca
JARDINS DE ST. ELM
Consolat de la Mar
Sa Llotja
Passeig de Sagrera
Pl. de Llotja
Mollet
Contramuelle
Moll de
Passatge Muelle Viejo
C. de l'Escollera
Camí de
c
b
a
s
v
b
PALMA
0
220 m

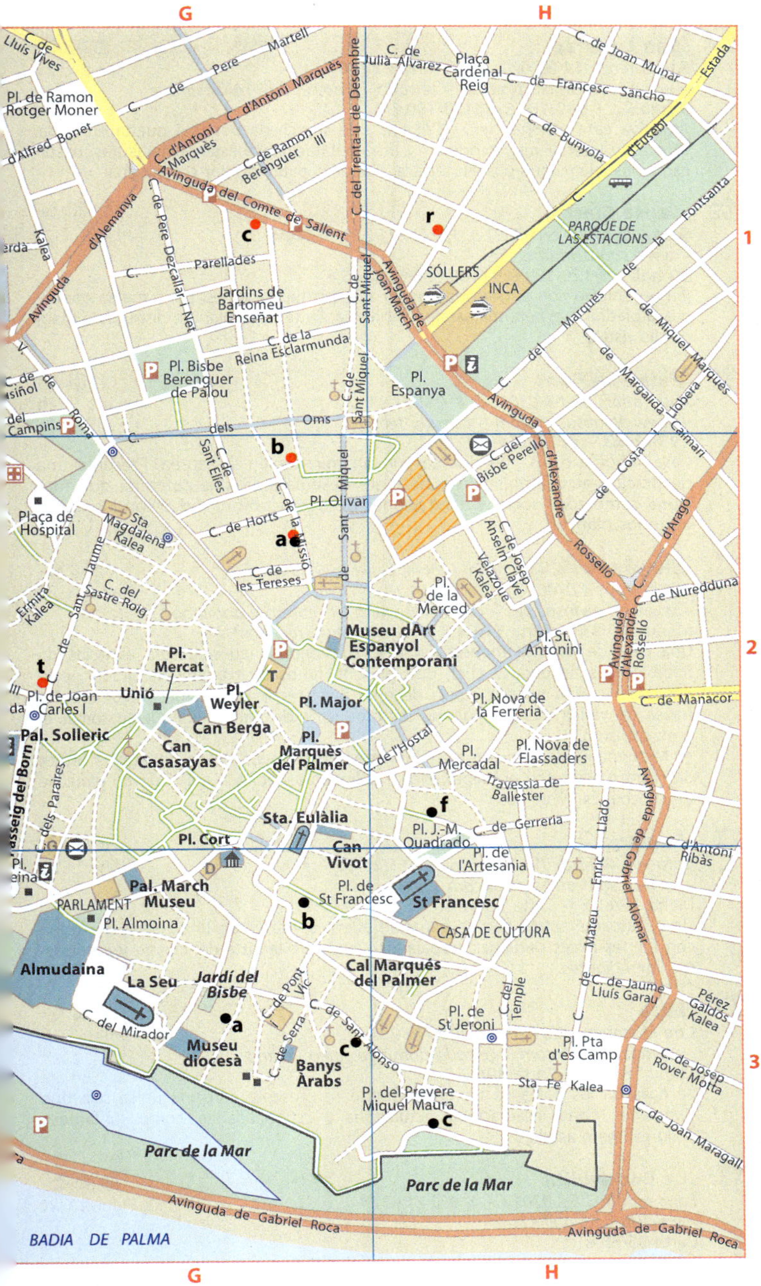
G
H
1
2
3
C. de Lluís Vives
Pl. de Ramon Rotger Moner
C. de Pere Martell
C. d'Antoni Marquès
d'Alfred Bonet
C. de Ramon Berenguer III
Avinguda del Comte de Sallent
C. del Trenta-u de Desembre
C. de Julià Álvarez
Plaça Cardenal Reig
C. de Francesc Sancho
C. de Joan Munar
Estada
C. de Bunyola
C. d'Eusebi
Fontsanta
PARQUE DE LAS ESTACIONS
SÓLLERS
INCA
Avinguda d'Alemanya
C. de Pere Dezcallar i Net
Parellades
Jardins de Bartomeu Enseñat
C. de la Reina Esclarmunda
C. de Sant Miquel
Avinguda de Joan March
Pl. Espanya
C. del Marquès de la Fontsanta
C. de Miquel Marquès
C. de Margalida Caimari
Llobera
Pl. Bisbe Berenguer de Palou
C. dels Oms
C. de Sant Elies
Avinguda d'Alexandre Rosselló
C. del Bisbe Perelló
C. de Costa i Llobera
C. d'Aragó
Plaça de Hospital
Sta Magdalena Kalea
Pl. Olivar
C. de Horts
C. de la Missió
C. de Josep Anselm Clavé
Velazquez Kalea
C. de les Tereses
Pl. de la Merced
C. de Nureddúna
C. del Sastre Roig
Ermita Kalea
C. de Sant Jaume
Museu dArt Espanyol Contemporani
Pl. St. Antonini
Pl. Mercat
Unió
Pl. Weyler
Pl. Major
Pl. de Joan Carles I
Pl. Nova de la Ferreria
C. de Manacor
Pal. Solleric
Can Berga
Can Casasayas
Pl. Marquès del Palmer
C. de l'Hostal
Pl. Mercadal
Pl. Nova de Flassaders
Travessia de Ballester
Passeig del Born
C. dels Paraires
Sta. Eulàlia
Pl. J.-M. Quadrado
C. de Gerreria
C. d'Enric Lladó
C. d'Antoni Ribas
Pl. Cort
Can Vivot
Pl. de l'Artesania
Pl. de la Reina
Pal. March Museu
PARLAMENT
Pl. Almoina
Pl. de St Francesc
St Francesc
CASA DE CULTURA
Avinguda de Gabriel Alomar
Almudaina
La Seu
Jardí del Bisbe
Cal Marquès del Palmer
C. de Mateu Enric Lladó
C. de Jaume Lluís Garau
Pérez Galdós Kalea
C. del Mirador
C. de Pont i Vic
C. de Sant Alonso
Pl. de St Jeroni
C. del Temple
Museu diocesà
C. de Serra
Banys Àrabs
Pl. Pta d'es Camp
C. de Josep Rover Motta
Sta Fe Kalea
Pl. del Prevere Miquel Maura
C. de Joan Maragall
Parc de la Mar
Parc de la Mar
Avinguda de Gabriel Roca
Avinguda de Gabriel Roca
BADIA DE PALMA

San Lorenzo
San Lorenzo 14 ✉ 07012 – ✆ 971 72 82 00 Plano : F2**v**
– www.hotelsanlorenzo.com – cerrado 17 noviembre-14 diciembre
9 hab – 80/160 € 120/190 €
Atractiva casa señorial del s. XVII a la que se accede por una puerta enrejada. Ofrece un interior muy acogedor y unas habitaciones bastante detallistas, destacando las cuatro que poseen terraza. ¡Coqueto patio interior con piscina!

Santa Clara
Sant Alonso 16 ✉ 07001 – ✆ 971 72 92 31 Plano : G3**c**
– www.santaclarahotel.es
20 hab – 120/180 € 160/250 €, 15 €
¡En un edificio con encanto! Lo mejor son sus habitaciones, pues suelen combinar la piedra vista con una estética moderna. Su terraza-solárium disfruta de magníficas vistas.

Palau Sa Font
Apuntadors 38 ✉ 07012 – ✆ 971 71 22 77 Plano : F2**b**
– www.palausafont.com – cerrado febrero
19 hab – 85/123 € 145/231 €
Casa señorial del s. XVI dotada con un mirador en la azotea. Presenta una decoración actual-minimalista bastante desenfadada, una cafetería que funciona como zona social y habitaciones de buen confort, todas con los baños en tonos blancos.

ESPAÑA

Simply Fosh (Marc Fosh) – Hotel Convent de la Missió
Missió 7-A ✉ 07003 – ✆ 971 72 01 14 Plano : G2**a**
– www.simplyfosh.com – cerrado 4 enero-11 febrero y domingo
Menú 58/89 € – Carta 51/63 € – (es necesario reservar)
Una casa de estética moderna que le sorprenderá, pues atesora espacios de notable personalidad. El chef, que presenta unos platos muy meditados, propone una cocina actual-creativa de gran nivel técnico, accesible al comensal a través de varios menús y donde los productos de temporada suelen tomar el protagonismo.
→ Mero marinado, pimientos asados, limón en salmuera, aceite de argán y brotes de cilantro. Pato con eucalipto, piña y colinabo asado "a la sal". Trío de ganache de chocolates "Marc Fosh".

Sumaq
Cotoner 44 ✉ 07013 – ✆ 696 52 67 58 Plano : E2**b**
– www.restaurantesumaq.com
Menú 45/65 € – Carta 38/52 €
Un restaurante actual que va ganando adeptos. Presentan una cocina de fusión con fuertes raíces peruanas, trabajando siempre a la vista del cliente y con buenos ingredientes.

Misa
Can Maçanet 1 ✉ 07003 – ✆ 971 59 53 01 Plano : G2**b**
– www.marcfosh.com – cerrado domingo salvo verano
Menú 18/30 € – Carta 39/57 €
Se halla en los bajos de un hotel, donde se presenta con una única sala tipo "brasserie". Carta internacional actualizada y especialidades, como su famoso Pollo campero asado.

La Bodeguilla
Sant Jaume 3 ✉ 07012 – ✆ 971 71 82 74 Plano : G2**t**
– www.la-bodeguilla.com
Carta 35/55 €
Céntrico, de línea actual y abierto todo el día. Posee una sala-tienda de vinos donde se puede tapear y dos comedores de cuidado montaje. Cocina tradicional actualizada.

Casa Maruka
Reina María Cristina 7 ✉ 07004 – ✆ 971 20 02 72 Plano : H1**r**
– www.casamaruka.com – cerrado agosto, domingo y lunes noche
Carta 25/39 €
Una buena recomendación dentro de su sencillez, con la particularidad de que la pareja propietaria cocina aquí al unísono. Platos clásicos elaborados con cuidado y dedicación.

Bros
Cotoner 54 ✉ 07013 – ✆ 971 28 93 75 Plano : E2**a**
– www.brospalma.com – cerrado domingo
Menú 13 € – Carta 26/35 €
Una opción fresca en el barrio de Santa Catalina. En este pequeño restaurante, de interiorismo nórdico y sostenible, ofrecen cocina tradicional rica en productos de temporada.

Patrón Lunares
Fábrica 30 ✉ 07013 – ✆ 971 57 71 54 Plano : E2**c**
– www.patronlunares.com – cerrado domingo noche en invierno, domingo mediodía en mayo-septiembre y lunes
Menú 30/46 € – Carta 25/40 € – *(solo cena en verano)*
Resulta curioso, pues presenta la atmósfera informal de una cantina marinera pero, al mismo tiempo, propone una cocina asombrosamente cuidada... ¡con brunch todos los sábados!

Tast Avenidas
av. Comte de Sallent 13 ✉ 07003 – ✆ 971 10 15 40 Plano : G1**c**
– www.tast.com – cerrado sábado mediodía y domingo
Tapa 1,75 € – Ración aprox. 6 €
¡Un negocio con gran éxito, pues suele estar lleno! Presenta unas instalaciones de línea actual y ambiente rústico que destacan por su barra, siempre repleta de sugerentes pinchos. En sus salas y privados podrá comer de forma más sosegada.

ESPAÑA

Al Oeste de la Bahía

Gran Meliá Victoria
av. Joan Miró 21 ✉ 07014 – ✆ 971 73 25 42 Plano : B2**u**
– www.granmeliavictoria.melia.com
171 hab – 180/200 € 250/450 € – 6 suites
Frente al puerto deportivo. Presenta unas instalaciones de línea clásica dotadas con amplias zonas nobles, un centro de congresos, habitaciones bien equipadas y buenas vistas. El restaurante, íntimo y acogedor, sirve una cocina atenta al recetario vasco.

Béns d'Avall Club de Mar
muelle Pelaires ✉ 07015 – ✆ 971 40 36 11 Plano : B3**c**
– www.bensdavall.com – cerrado domingo salvo 14 julio-17 agosto
Menú 29/45 € – Carta 36/55 €
Destaca por su situación en la sede del Club de Mar, frente al puerto deportivo, con buenas vistas tanto a la bahía como a los barcos amarrados. Ofrece una reducida carta de cocina tradicional actualizada y un equilibrado menú degustación.

en La Bonanova

Valparaíso Palace
Francisco Vidal i Sureda 23 ✉ 07015 Palma Plano : B3**a**
– ✆ 971 40 03 00 – www.gprovalparaiso.com
174 hab – 120/300 € 240/600 € – 10 suites
Su privilegiada ubicación dominando la bahía le brinda unas maravillosas vistas. Presenta una cuidada zona social, con un magnífico hall, equipadas habitaciones de línea actual y un completísimo SPA... ¡el más grande de la isla! Sus restaurantes ofrecen una buena oferta gastronómica de tinte moderno e internacional.

en Son Vida

Castillo H. Son Vida
Raixa 2 ✉ 07013 Palma – ✆ 971 49 34 93 Plano : A1**a**
– www.luxurycollection.com
164 hab – 150/580 € 230/660 € – 10 suites
El lujo y la modernidad de equipamiento conviven en este histórico palacio señorial, ubicado entre frondosos pinos y dotado con espléndidas vistas tanto a la ciudad como a la bahía y las montañas. Dentro de su oferta gastronómica destaca el restaurante Es Ví, refinado y con una cocina basada en sus menús degustación.

Al Este de la Bahía

en Es Coll d'en Rabassa

Ciutat Jardí
Illa de Malta 14, por Vicari Joaquím Fuster D3 ✉ 07007 Palma – ✆ 971 74 60 70
– www.hciutatj.com – cerrado 25 noviembre-enero
20 hab – 95/135 € 119/190 €
Singular, de larga trayectoria familiar y emplazado frente al mar, en un edificio de aspecto señorial que data de1921. Posee una agradable piscina con terrazas e instalaciones de línea clásica. ¡Habitaciones reducidas pero confortables!

Bonsol
Illa de Xipre 12, por Vicari Joaquím Fuster D3 ✉ 07007 Palma – ✆ 971 26 62 70
– www.marisqueriabonsol.com
Carta 50/70 €
En este negocio de aire marinero encontrará una sala dividida en varios espacios, con un vivero y una buena barra-expositor de pescados y mariscos. Productos de calidad, personal amable y clientela fiel.

ESPAÑA

PALMANOVA – 3 902 h. – Ver mapa regional n° 4-B1
Palma 17 km
Mapa de carreteras Michelin n° 579-J6

St. Regis Mardavall
Passeig Calvià ✉ 07181 – ✆ 971 62 96 29 – www.stregis.com
– cerrado 20 noviembre-15 enero
128 hab – 220/750 € 400/1450 € – 10 suites
Rest *Es Fum* ✿ – ver selección restaurantes
Este lujoso hotel está repartido en varios edificios, con un bello jardín y vistas al mar. Presenta un elegante hall octogonal, excelentes habitaciones y un completo SPA. Para poder almorzar o cenar cuenta con un restaurante gastronómico y el denominado Aqua, que ofrece una carta actual de gran nivel, con platos mediterráneos y ciertas dosis de creatividad.

Es Fum – Hotel St. Regis Mardavall
Passeig Calvià ✉ 07181 – ✆ 971 62 96 29 – www.restaurant-esfum.com
– cerrado 20 noviembre-15 enero, martes y miércoles salvo verano
Menú 130/156 € – *(solo cena) (solo menú)*
Resulta impecable y está considerado como una de las joyas del hotel St. Regis Mardavall. Ofrece una elegante sala de línea clásica-actual y una magnífica terraza techada de estética mediterránea. Cocina creativa de bases internacionales.
→ Pulpo en dos texturas y guisantes del tiempo. Bacalao y té verde, cítricos y burgul. Carbón cítrico vegetal.

POLLENÇA – 16 200 h. – Alt. 200 m – Ver mapa regional n° 4-B1
Palma 55 km
Mapa de carreteras Michelin n° 579-M4

Juma
pl. Major 9 ✉ 07460 – ✆ 971 53 50 02 – www.pollensahotels.com – cerrado
15 noviembre-15 marzo
7 hab – 70/110 € 80/125 €
Un establecimiento familiar con historia y cierto encanto, pues es el hotel más antiguo de la isla y ya está llevado por la 5ª generación. Gran café y acogedoras habitaciones.

L'Hostal

Mercat 18 ✉ 07460 – ✆ 971 53 52 81 – www.pollensahotels.com
6 hab – 60/100 € 75/115 €
Casa típica presentada hoy con una estética muy actual... no en vano, todas las estancias se visten con coloristas cuadros abstractos. Habitaciones de línea moderna-funcional.

Posada de Lluc

Roser Vell 11 ✉ 07460 – ✆ 971 53 52 20 – www.posadalluc.com
8 hab – 90/180 € 100/230 €
Instalado en un edificio religioso del s. XV. Ofrece acogedoras habitaciones de estilo mallorquín, la mayoría con una pared en piedra, mobiliario antiguo y vigas de madera.

Desbrull

Marqués Desbrull 7 ✉ 07460 – ✆ 971 53 50 55 – www.desbrull.com
6 hab – 71/88 € 77/99 €
Moderno hotel instalado en la parte vieja de Pollença, en un hermoso edificio que viste sus estancias con obras de arte contemporáneo. Las habitaciones resultan acogedoras.

Clivia

av. Pollentia 5 ✉ 07460 – ✆ 971 53 36 35 – cerrado 15 noviembre-25 diciembre, febrero, marzo y miércoles
Menú 36 € – Carta 29/53 €
Presenta salas de ambiente mediterráneo, un patio y un espacio con el techo retractable, ideal para el verano. Carta tradicional rica en pescados, su especialidad, y arroces.

ESPAÑA

por la carretera Ma 2200 Sur : 3 km y desvío a la izquierda 0,5 km

Son Brull

carret. Palma-Pollença ✉ 07460 Pollença – ✆ 971 53 53 53 – www.sonbrull.com – cerrado diciembre-enero
23 hab – 300/510 € 315/575 €
Rest *365* – ver selección restaurantes
Este imponente edificio, rodeado por una extensa finca, ocupa un convento jesuita del s. XVIII. Combina el encanto antiguo con las características del confort más moderno.

365 – Hotel Son Brull

carret. Palma-Pollença ✉ 07460 Pollença – ✆ 971 53 53 53 – www.sonbrull.com – cerrado diciembre-enero y martes salvo agosto
Menú 49/86 € – Carta aprox. 60 € – *(solo cena)*
Una propuesta sumamente interesante, tanto por el entorno como por el nivel gastronómico y el cuidado servicio de mesa. Encontrará una carta de carácter creativo, elaborada con materias primas de calidad y en un ambiente vanguardista.

PORT D'ALCÚDIA – Ver mapa regional n° 4-B1

Palma 54 km
Mapa de carreteras Michelin n° 579-M5

Jardín (Macarena de Castro)

dels Tritons ✉ 07400 – ✆ 971 89 23 91 – www.restaurantejardin.com – 15 abril-22 octubre
Menú 80/110 € – *(cerrado lunes, martes y miércoles mediodía) (solo menú)*
¡Un restaurante gastronómico con todas las de la ley! Ocupa la 1ª planta de una casa tipo villa, con una sala de buen confort y diseño moderno. Su talentosa chef propone, siempre con excelso nivel técnico, unos interesantísimos menús degustación, con platos de autor que reflejan la herencia de la isla y sus estaciones.
→ Tartar de salmonete. Cabracho hervido. Ensaimada helada.

Bistró del Jardín

dels Tritons ✉ 07400 – ✆ 971 89 23 91 – www.restaurantejardin.com – cerrado 15 noviembre-febrero y lunes salvo agosto

Menú 25 € – Carta 37/49 € – *(solo almuerzo en invierno salvo viernes y sábado)*

Este coqueto negocio se encuentra en la planta baja de la villa donde también se haya el restaurante Jardín, de la misma propiedad. Posee un hall, una sala tipo porche y una atractiva terraza ajardinada. Cocina tradicional a buen precio.

Casa Gallega

Hostelería 11 ✉ 07400 – ✆ 971 54 51 79 – www.casagallegaalcudia.com

Tapa 5 € – Ración aprox. 10 €

Este local, tipo mesón gallego, posee una terraza, una barra con algunas mesas y un comedor rústico-actual. Carta tradicional con raciones, medias raciones y un económico menú del día. ¡Por cada consumición dan una magnífica tapa gratuita!

en Alcanada Este : 3,5 km

La Terraza Ⓝ

pl. Pompeu Fabra 7 ✉ 07400 Port d'Alcúdia – ✆ 971 54 56 11 – www.laterrazaalcanada.com – abril-10 noviembre

Carta 42/55 €

¡A unos dos metros sobre el agua! Posee una sala interior y una idílica terraza techada, con maravillosas vistas a la bahía. Cocina tradicional con influencias mediterráneas.

PORT D'ANDRATX – Ver mapa regional n° 4-B1

Palma 34 km

Mapa de carreteras Michelin n° 579-I6

ESPAÑA

Villa Italia

camino San Carlos 13 ✉ 07157 – ✆ 971 67 40 11 – www.hotelvillaitalia.com – cerrado 5 enero-febrero

21 hab – 170/265 € 200/310 €

¡Un hotel cautivador! Posee una estética a modo de villa toscana y está construido en una ladera, lo que le otorga unas fantásticas vistas sobre el puerto de Andratx. También es llamativo su restaurante, pues se reparte entre dos terrazas cubiertas con los techos retráctiles y ofrece una carta internacional.

PORT DE POLLENÇA – Ver mapa regional n° 4-B1

Palma 58 km

Mapa de carreteras Michelin n° 579-M4

Illa d'Or

passeig Colom 265 ✉ 07470 – ✆ 971 86 51 00 – www.hotelillador.com – febrero-noviembre

118 hab – 130/240 € 150/350 € – 2 suites

Se trata de un clásico en la zona y se encuentra frente al mar. Posee un pequeño embarcadero privado, cuidados espacios comunes y habitaciones dotadas de un elevado confort. El restaurante se complementa con una agradable terraza a la sombra de los árboles.

Miramar

passeig Anglada Camarasa 39 ✉ 07470 – ✆ 971 86 64 00 – www.hotel-miramar.net – abril-octubre

84 hab – 85/140 € 120/250 €

Hotel familiar bien situado y de ambiente decimonónico. Ofrece una acogedora zona social y correctas habitaciones, algo justas de espacio y de sencillo mobiliario clásico. El restaurante disfruta de terraza y elabora una carta propia del recetario tradicional.

Mar Calma H.

carret. Formentor 17 ✉ 07470 – ✆ 971 86 80 00 – www.marcalmahotel.com

20 hab – 46/88 € 92/158 €

Su estilo urbano choca algo con la estética general de la zona, sin embargo esto no deja de suponer solo una propuesta diferente. Pequeña cafetería, correcta zona social, solárium con jacuzzi y habitaciones funcionales de adecuado confort.

Stay
Muelle Nuevo ✉ 07470 – ✆ 971 86 40 13 – www.stayrestaurant.com
Menú 36 € – Carta 35/62 €
Aunque posee un agradable comedor panorámico destaca por su enorme terraza, perfecta para disfrutar con las vistas a la bahía, a la playa y a los muelles de atraque del Port de Pollença. Amplia carta internacional ideada para el turista.

en la carretera de Alcúdia Sur : 3 km

Ca'n Cuarassa
✉ 07470 Alcúdia – ✆ 971 86 42 66 – www.cancuarassa.com – marzo-octubre
Menú 34 € – Carta 31/52 €
Atractivo marco de estilo rústico mallorquín. Ofrece una terraza acristalada y varias salas, decoradas con lámparas de cristal y litografías abstractas. Cocina tradicional.

PORT DE SÓLLER Alt. 160 m – Ver mapa regional n° 4-B1
Palma 32 km
Mapa de carreteras Michelin n° 579-K5

Jumeirah Port Sóller
Bélgica ✉ 07108 – ✆ 971 63 78 88 – www.jumeirah.com – marzo-octubre
121 hab – 290/694 € – 3 suites
Un hotel moderno y lujoso, emplazado sobre un acantilado y con todo lo que el cliente más cosmopolita pueda desear. Deslumbra por sus vistas al mar, sus maravillosas zonas sociales, el relajante SPA, las espaciosas habitaciones... y en lo gastronómico, una variada oferta que viaja del recetario local al internacional.

ESPAÑA

Aimia
Santa María del Camí 1 ✉ 07108 – ✆ 971 63 12 00 – www.aimiahotel.com – marzo-octubre
43 hab – 115/160 € 145/235 €
¡Refleja una línea moderna y actual! Aquí encontrará unas habitaciones muy luminosas, la mayoría con terraza, siendo mucho más atractivas las de la 3ª y 4ª planta por sus vistas. Agradable entorno de piscina con solárium y restaurante de correcto montaje, elaborando una cocina tradicional e internacional.

Es Canyis
passeig de la platja de'n Repic 21 ✉ 07108 – ✆ 971 63 14 06 – www.escanyis.es – cerrado 20 noviembre- 20 febrero y lunes salvo festivos
Menú 18/30 € – Carta 38/47 €
Negocio de arraigada tradición familiar que destaca por su emplazamiento en el paseo marítimo, con una terraza y vistas al mar. Ofrece un luminoso comedor clásico y una carta tradicional, con varios platos actualizados y algunos arroces.

PORTO CRISTO – Ver mapa regional n° 4-B1
Palma 62 km
Mapa de carreteras Michelin n° 579-O6

por la carretera de Portocolom Suroeste : 4,5 km y desvío a la derecha 1 km

Son Mas
carret. Porto Cristo-Portocolom, (camí de Son Mas) ✉ 07680 Porto Cristo – ✆ 971 55 87 55 – www.sonmas.com – marzo-octubre
16 hab – 225/255 € 260/325 €
Esta hermosa casa señorial pertenece a una de las estirpes más influyentes de la isla, pues la familia Servera también es la propietaria de las famosas Cuevas del Drach. Tanto las zonas sociales como las habitaciones son muy amplias e invitan al relax. ¡Espectacular piscina y torre original del s. XVII!

PORTOCOLOM – Ver mapa regional n° 4-B1

Palma 63 km
Mapa de carreteras Michelin n° 579-N7

Sa Llotja

Cristobal Colón 2, edif portuario ✉ 07670 – ✆ 971 82 51 65 – www.restaurantsallotjaportocolom.com – cerrado noviembre-24 diciembre, martes mediodía en julio-agosto y lunes
Menú 37/50 € – Carta 37/59 €
¡Asomado a la cala y a los amarres del puerto! Ocupa el primer piso del edificio portuario, con la sala acristalada y una espectacular terraza. Su carta de cocina actual contempla algún plato asturiano y pescados frescos de gran calidad.

Celler Sa Sinia

Pescadors 28 ✉ 07670 – ✆ 971 82 43 23 – febrero- 26 octubre
Menú 20 € – Carta 35/52 € – *(cerrado lunes)*
Negocio familiar de gran tradición. Posee dos salas, una dotada de chimenea y la otra con un gran ventanal. Son famosos por la calidad de sus pescados, detalle que se entiende mejor al saber que... ¡tienen un puesto propio en la lonja!

PUIGPUNYENT – 2 010 h. – Alt. 240 m – Ver mapa regional n° 4-B1

Palma 36 km
Mapa de carreteras Michelin n° 579-J6

G.H. Son Net

Castillo Son Net ✉ 07194 – ✆ 971 14 70 00 – www.sonnet.es
26 hab – 165/380 € 195/490 € – 5 suites
Rest *Oleum* – ver selección restaurantes
Mansión mallorquina del s. XVII que realza con exquisito gusto todos sus rincones. Posee unas maravillosas estancias, habitaciones en distintos estilos y cinco villas que destacan por su gran privacidad, una con su propia piscina privada.

Oleum – Hotel G.H. Son Net

Castillo Son Net ✉ 07194 – ✆ 971 14 70 00 – www.sonnet.es
Menú 41/69 € – Carta 50/61 €
No luce el nombre "Oleum" de forma banal, pues ocupa una antigua almazara de aceite decorada con las muelas del molino original. Cocina actual basada en dos menús degustación.

RANDA – Ver mapa regional n° 4-B1

Palma 26 km
Mapa de carreteras Michelin n° 579-L6

Es Recó de Randa

Font 21 ✉ 07629 – ✆ 971 66 09 97 – www.esrecoderanda.com
Menú 18/38 € – Carta 27/42 € **25 hab** – 76/90 € 102/120 €, 16 €
Acogedora casa señorial en piedra donde encontrará varios comedores, luminosos y con mobiliario de calidad, así como una bonita terraza. Carta amplia de gusto tradicional. También disfruta de unas confortables habitaciones, todas espaciosas y bien equipadas.

SANTA EUGÈNIA – 1 723 h. – Ver mapa regional n° 4-B1

Palma 22 km
Mapa de carreteras Michelin n° 579-L6

Sa Torre de Santa Eugènia

Alqueries, Norte : 2 km ✉ 07142 – ✆ 971 14 40 11 – www.sa-torre.com
5 hab – 125 € 150 € – 5 apartamentos
Masía mallorquina del s. XV instalada en una finca llena de árboles frutales, viñas y cultivos. Posee apartamentos tanto en el edificio principal como en un anexo, todos con terraza. El restaurante, que ocupa la antigua bodega, centra su oferta en un menú tradicional e internacional de carácter mediterráneo.

ESPAÑA

SANTA MARGALIDA – 12 243 h. – Alt. 100 m – Ver mapa regional n° **4**-B1
Palma 43 km
Mapa de carreteras Michelin n° 579-M5

en la carretera de Alcúdia Ma 3410 Norte : 4 km

Casal Santa Eulàlia
Apeartado 131 ✉ 07458 Santa Margalida – ☎ 971 85 27 32 – www.casal-santaeulalia.com – cerrado 4 noviembre-15 marzo
25 hab – 155/210 € 199/270 €
Mansión del s. XIII y estilo mallorquín que ha respetado la nobleza de los antiguos señoríos. Ofrece unas habitaciones amplias y serenas, todas de elevado confort. El restaurante, que ocupa un típico "celler" o bodega, propone una cocina mediterránea-creativa.

SANTA MARÍA DEL CAMÍ – 6 500 h. – Alt. 150 m – Ver mapa regional n° **4**-B1
Palma 16 km
Mapa de carreteras Michelin n° 579-K6

Molí des Torrent
carret. de Bunyola 75, Noroeste : 1,8 km ✉ 07320 – ☎ 971 14 05 03 – www.molidestorrent.de – cerrado diciembre-enero, miércoles y jueves
Menú 28/59 € – Carta 47/63 € – *(solo cena en julio y agosto)*
Antiguo molino de viento dotado con varios comedores de aire rústico y una agradable terraza-patio, esta última con porche. El personal, que es muy amable, le propondrá una cocina mediterránea con claras influencias galas y germanas.

SENCELLES – Ver mapa regional n° **4**-B1
Palma 30 km
Mapa de carreteras Michelin n° 579-L6

Sa Cuina de n'Aina
Rafal 31 ✉ 07140 – ☎ 971 87 29 92 – www.sacuinadenaina.com – cerrado martes
Menú 18/32 € – Carta 23/39 €
Este restaurante, llevado en familia, ofrece una cocina de mercado basada tanto en los platos tradicionales como en los de elaboración propia. Interior rústico-actual.

SÓLLER – 14 229 h. – Alt. 54 m – Ver mapa regional n° **4**-B1
Palma 27 km
Mapa de carreteras Michelin n° 579-K5

G.H. Sóller
Romaguera 18 ✉ 07100 – ☎ 971 63 86 86 – www.granhotelsoller.com – cerrado 15 noviembre-12 febrero
38 hab – 136/175 € 175/225 € – 5 suites
Este céntrico hotel ocupa un antiguo edificio de carácter señorial, con el exterior ajardinado. Disfruta de una correcta zona noble y habitaciones de muy buen confort. En su luminoso restaurante encontrará una carta tradicional y una atractiva terraza de verano. ¡Agradable sala de desayunos en el ático!

S'Ardeviu
Vives 14 ✉ 07100 – ☎ 971 63 83 26 – 15 febrero-octubre
7 hab – 85/95 € 105/125 € – 1 suite
Hotel familiar con encanto instalado en una casa mallorquina del s. XIX. Presenta una acogedora zona social, una coqueta sala de desayunos y un precioso patio interior ajardinado. ¡Todas las habitaciones poseen mobiliario de época!

Ca'n Abril
Pastor 26 ✉ 07100 – ☎ 971 63 35 79 – www.hotel-can-abril-soller.com – 15 marzo-noviembre
10 hab – 129/158 € 158/179 €
¡Emana un encanto muy particular! Este hotelito familiar destaca tanto por su emplazamiento en el casco antiguo como por el hecho de ocupar una casona mallorquina de principios del s. XX. Agradable patio-terraza y espaciosas habitaciones.

ESPAÑA

en el camino de Son Puça Noroeste : 2 km

Ca N'Aí

camí Son Sales 50 ✉ 07100 Sóller – ✆ 971 63 24 94 – www.canai.com – cerrado 15 noviembre-15 febrero

21 hab – 110/200 € 237/325 €

Espectacular casa de campo arropada por la paz y el silencio de los naranjos. Su decoración de ambiente tradicional-mallorquín transforma las estancias en un microcosmos del ideal estético mediterráneo. En su restaurante, de línea rústica-elegante, encontrará una carta de cocina tradicional e internacional.

por la carretera de Deià

Ca's Xorc

Noroeste : 4 km y desvío a la izquierda 0,5 km ✉ 07100 Sóller – ✆ 971 63 82 80 – www.casxorc.com – 23 marzo-octubre

13 hab – 195/495 €

Encantadora finca agrícola del s. XIX emplazada en la ladera de la montaña, rodeada de frutales, olivos, terrazas... y una atractiva piscina panorámica. Atesora unas habitaciones de gran confort y un coqueto restaurante, este último instalado en el viejo molino de aceite y con una carta de tintes creativos.

Béns d'Avall

urb. Costa de Deià, Noroeste : 5 km y desvío a la derecha 2,3 km ✉ 07100 Sóller – ✆ 971 63 23 81 – www.bensdavall.com – cerrado 15 diciembre-15 febrero, domingo noche salvo verano y lunes

Menú 44/94 € – Carta 51/64 € – *(solo almuerzo en febrero, marzo y octubre)* (reserva aconsejable)

Está ubicado en una urbanización rodeada de monte y destaca por su fantástica terraza, con vistas a la costa y al mar. La cocina, basada en un recetario regional actualizado, sorprende por sus detalles y su buen nivel.

ESPAÑA

SON SERVERA – 11 146 h. – Alt. 92 m – Ver mapa regional n° 4-B1

Palma 65 km

Mapa de carreteras Michelin n° 579-O6

por la antigua carretera de Artà

Son Gener

Norte : 3 km y desvío a la derecha 0,5 km ✉ 07560 Son Servera – ✆ 971 18 36 12 – www.songener.com – abril-octubre

10 hab – 200/275 € 295/335 €

Si busca un agroturismo tranquilo y especial hospédese en este, pues data del s. XVII y aúna lo original con lo contemporáneo. Ofrece bellos jardines, salones que invitan al sosiego, espaciosas habitaciones y un restaurante que se nutre de su propia huerta.

Ses Cases de Fetget

carret. vieja Son Servera-Artà, Norte : 1,5 km ✉ 07550 Son Servera – ✆ 971 81 73 63 – www.sescasesdefetget.com – cerrado 15 noviembre-22 diciembre y 3 enero-14 febrero

12 hab – 100/124 € 125/155 €

Rest *Ses Cases de Fetget* – ver selección restaurantes

Buen conjunto rural con el entorno ajardinado. Su decoración combina la madera, la piedra y cálidas fibras vegetales. Agradable zona de estar con chimenea y habitaciones actuales, muchas de ellas con hidromasaje en los baños.

Ses Cases de Fetget – Ses Cases de Fetget

carret. vieja Son Servera-Artà, Norte : 1,5 km ✉ 07550 Son Servera – ✆ 971 81 73 63 – www.sescasesdefetget.com – cerrado 15 noviembre-22 diciembre, 3 enero-14 febrero y lunes en invierno

Menú 30 € – Carta 45/55 €

Tiene personalidad y disfruta de un acceso independiente respecto al agroturismo. En su sala, íntima y con las paredes en piedra, le ofrecerán una cocina tradicional con algunas sugerencias fuera de carta. ¡El servicio es muy amable!

VALLDEMOSSA – 2 042 h. – Alt. 427 m – Ver mapa regional n° 4-B1

Palma 18 km
Mapa de carreteras Michelin n° 579-J5

Valldemossa

carret. vieja de Valldemossa ✉ 07170 – ✆ 971 61 26 26 – www.valldemossahotel.com – cerrado noviembre-febrero
12 hab – †250/590 € ††250/650 €
Lujosa casa ubicada en lo alto de un cerro, con varias escalinatas, terrazas y una hermosa panorámica a la sierra de Tramontana. Sus habitaciones gozan de un confort actual. El restaurante, que presenta un cuidado montaje, ofrece bellísimas vistas al pueblo.

Es Petit Hotel de Valldemossa

Uetam 1 ✉ 07170 – ✆ 971 61 24 79 – www.espetithotel-valldemossa.com – cerrado noviembre
8 hab – †94/162 € ††104/180 €
Céntrica casa de piedra llevada directamente por sus propietarios. Cuenta con una coqueta terraza panorámica, donde se puede desayunar, y unas habitaciones de buen confort, destacando las cinco que tienen vistas a las montañas.

en la carretera de Andratx Oeste : 2,7 km y desvío a la derecha 0,6 km

Cases de Ca's Garriguer

Finca Son Olesa ✉ 07170 Valldemossa – ✆ 971 61 23 00 – www.vistamarhotel.es – abril-octubre
12 hab – †100/150 € ††150/230 €
Casa rural con encanto que recupera unas antiguas dependencias agrícolas. Sus espaciosas habitaciones están decoradas con detalles originales y mobiliario restaurado. El sencillo restaurante, que sirve también como zona de recepción, ofrece una pequeña carta tradicional.

ESPAÑA

MENORCA

Es la segunda isla por su superficie. Gran parte de sus costas han sido protegidas de la construcción masificada y ha permanecido al margen de las grandes corrientes turísticas.

CALA EN PORTER – Ver mapa regional n° 4-C1

Maó 13 km
Mapa de carreteras Michelin n° 579-S4

en la carretera Me 12 Noreste : 2 km

Torralbenc

carret. Maó - Cala'n Porter, km 10 ✉ 07730 Alaior – ✆ 971 37 72 11 – www.torralbenc.com – abril-octubre
27 hab – ††198/902 € – 1 suite
Rest *Torralbenc* – ver selección restaurantes
Instalado en una tradicional finca menorquina, rodeada de viñedos, que ha sido rehabilitada con muchísimo acierto, pues combina los colores, espacios y materiales propios de esta tierra con el confort y diseño actual. ¡Descubra las habitaciones de los anexos!

Torralbenc – Hotel Torralbenc

carret. Maó - Cala'n Porter, km 10 ✉ 07730 Alaior – ✆ 971 37 72 11 – www.torralbenc.com – abril-octubre
Carta 51/68 € – (reserva aconsejable)
Ofrece un encantador espacio rústico-actual y una cocina interesante, pues con técnicas actuales retoma el recetario mediterráneo para presentar platos clásicos y creativos.

Es Castell – Ver mapa regional n° 4-C1

Maó 3 km
Mapa de carreteras Michelin n° 579-T4

por la carretera de Sant Lluis Sur : 2 km y desvío a la izquierda 1 km

Sant Joan de Binissaida
camí de Binissaida 108 ✉ 07720 Es Castell – ✆ 971 35 55 98 – www.binissaida.com – mayo-octubre
12 hab – 77/132 € 143/308 €
¡Aquí el descanso está asegurado! Esta hermosa casa señorial se encuentra en pleno campo y sorprende por la personalización de sus cuidadas habitaciones, cada una de ellas dedicada a un compositor clásico. El restaurante ofrece una cocina actual y presume de utilizar productos ecológicos de su propia finca.

Ciutadella de Menorca – 29 629 h. – Alt. 25 m – Ver mapa regional n° 4-C1

Maó 44 km
Mapa de carreteras Michelin n° 579-R3

Can Faustino N
San Rafael 9 ✉ 07760 – ✆ 971 48 91 91 – www.canfaustino.com – abril-diciembre
24 hab – 140/800 €
Instalado en un edificio señorial, hoy remodelado, que data del s. XVI. Ofrece un amplio hall, espacios de gran personalidad y habitaciones bien equipadas, todas con sobrio mobiliario Art Decó. El restaurante, sencillo pero cuidado, está cubierto por bóvedas.

ESPAÑA

Mon Restaurant N
paseo de San Nicolás 4 ✉ 07760 – ✆ 971 38 17 18 – www.restaurantmon.com – cerrado enero-15 marzo, domingo noche y lunes
Menú 20/40 € – Carta 40/50 € – *(solo almuerzo salvo fines de semana en octubre-diciembre)*
Encontrará una zona de espera, una sala muy luminosa y un patio cubierto en el que también montan mesas. Cocina actual que busca sacar el máximo partido al producto autóctono.

Smoix
Sant Isidre 33 ✉ 07760 – ✆ 971 48 05 16 – www.smoix.com – cerrado 10 días en enero, 10 días en mayo, domingo noche y lunes en invierno
Menú 18/27 € – Carta 24/35 € – *(solo almuerzo salvo viernes y sábado de noviembre a mayo)*
Llevado por una amable pareja. Tras el patio ajardinado de la entrada presenta una terraza-porche y el comedor, que está acristalado. Cocina mediterránea con detalles actuales, siempre basándose en los productos autóctonos de mercado.

El Horno N
des Forn 12 ✉ 07760 – ✆ 971 38 07 67 – www.elhornociutadella.com – mayo-octubre
Carta 24/37 € – *(cerrado domingo)*
Presenta un bar de espera y una sala abovedada, usando aquí el antiguo horno como chimenea. Carta tradicional especializada en pescados y varios platos de gusto internacional.

por la carretera de Cala Morell

Sant Ignasi
Noreste : 3 km y desvío a la izquierda 1,6 km ✉ 07760 Ciutadella de Menorca – ✆ 971 38 55 75 – www.santignasi.com – mayo-octubre
20 hab – 130/166 € 191/265 € – 5 suites
¡Un oasis de paz! Alójese en una finca señorial de 1777, rodeada de jardines y encinas centenarias. Ofrece un elegante salón social y habitaciones bien personalizadas, las mejores en la antigua vaquería. Su restaurante propone una cocina de tinte tradicional.

en el camino de Macarella Sureste : 7,5 km

Morvedra Nou

07760 Ciutadella de Menorca – 971 35 95 21 – www.morvedranou.es – abril-octubre
19 hab – 98/185 € 98/230 €
Antigua casa de campo rehabilitada según criterios actuales, con un bonito porche y un cuidadísimo jardín. En el comedor, de carácter polivalente, sirven una carta bastante sugerente. ¡A escasos kilómetros de aquí están las dos calas más famosas de la isla!

FERRERIES – 4 610 h. – Ver mapa regional n° 4-C1

Maó 27 km
Mapa de carreteras Michelin n° 579-S4

Ses Sucreres

Sant Joan 15 07750 – 971 37 41 92 – www.hotelsessucreres.com
6 hab – 85/155 €
¡Ideal si busca tranquilidad! Casa de pueblo bien restaurada y de agradable decoración, con mobiliario antiguo restaurado. Presenta una zona social con chimenea, espaciosas habitaciones y un pequeño solárium, con vistas, en la azotea.

FORNELLS – 602 h. – Alt. 12 m – Ver mapa regional n° 4-C1

Maó 30 km
Mapa de carreteras Michelin n° 579-S3

Es Cranc

Escoles 31 07748 – 971 37 64 42 – cerrado diciembre-febrero y miércoles salvo agosto
Carta 44/89 €
Un restaurante familiar especializado en pescados y mariscos, aunque sin duda el plato que les ha dado fama es la Caldereta de langosta. ¡No se marche sin visitar su vivero!

MAÓ – 28 765 h. – Alt. 57 m – Ver mapa regional n° 4-C1

Mapa de carreteras Michelin n° 579-T4

S'Espigó

Moll de Llevant 267 (puerto) 07701 – 971 36 99 09 Plano : C1**a**
– www.sespigo.com – cerrado diciembre, enero, domingo mediodía y lunes mediodía en verano, domingo noche y lunes resto del año
Carta 45/65 €
¡Ubicado en la zona del puerto! Presenta una terraza a la entrada, uno de sus puntos fuertes, y un único comedor de adecuado montaje. Cocina especializada en pescados, mariscos y platos marineros... como su sabrosa Caldereta de langosta.

Jàgaro

Moll de Llevant 334 (puerto) 07701 – 971 36 23 90 Plano : C1-2**g**
– www.jagaromenorca.com – cerrado domingo noche y lunes noche salvo verano
Menú 19 € – Carta 35/60 €
Casa familiar de larga trayectoria instalada en un extremo del puerto. Cuenta con una terraza y dos comedores, el principal de ambiente clásico y el otro a modo de bodega. Carta regional con especialidades como la Langosta frita al huevo.

Ses Forquilles

Rovellada de Dalt 20 07703 – 971 35 27 11 Plano : B1**x**
– www.sesforquilles.com – cerrado Navidades y domingo
Tapa 6,50 € – Ración aprox. 18 €
Este bar disfruta de una amplia barra, con varias mesas para el tapeo, y un coqueto comedor en el piso superior. El secreto de su éxito está en el uso de buenas materias primas, unas dosis de creatividad y cierto mimo en las presentaciones.

ESPAÑA

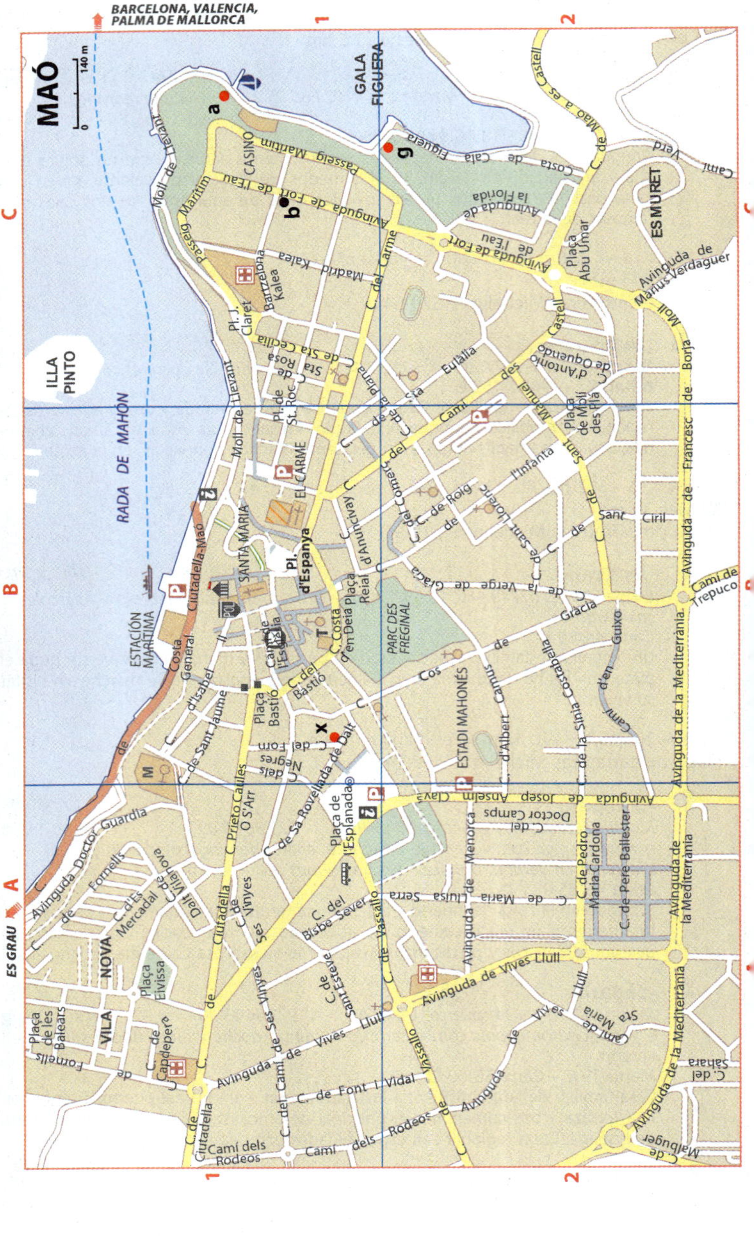

Es Migjorn Gran – 1 520 h. – Alt. 126 m – Ver mapa regional n° **4**-C1

▶ Maó 25 km

Mapa de carreteras Michelin n° 579-S4

Binigaus Vell
Camí de Binigaus , Suroeste : 1,5 km ✉ 07749 – ✆ 971 05 40 50 – www.binigausvell.com – abril-octubre
20 hab – 120/194 € 155/241 €
Se halla a las afueras de la localidad y en él la tradición arquitectónica menorquina se pone al servicio del confort actual, todo en un entorno donde la tranquilidad está garantizada. En su cuidado restaurante le propondrán la cocina clásica de la isla.

SANT CLIMENT – 545 h. – Alt. 91 m – Ver mapa regional n° 4-C1

Maó 6 km
Mapa de carreteras Michelin n° 579-T4

Es Molí de Foc
Sant Llorenç 65 ✉ 07712 – ✆ 971 15 32 22 – www.molidefoc.es – cerrado enero y lunes
Carta 40/58 €
Muy conocido, pues ocupa un molino de fuego del s. XIX y tiene contigua una fábrica de cerveza artesanal. En su comedor, de aire rústico, le ofrecerán una carta de cocina actual y otra de arroces, uno de los puntos fuertes de esta casa.

SANT LLUÍS – 7 509 h. – Alt. 50 m – Ver mapa regional n° 4-C1

Maó 4 km
Mapa de carreteras Michelin n° 579-T4

Sa Pedrera d'es Pujol
camí d'es Pujol 14 (Torret), Sur : 1,5 km ✉ 07710 – ✆ 971 15 07 17 – www.sapedreradespujol.com – cerrado miércoles salvo verano
Menú 40/60 € – Carta 41/65 € – *(solo fines de semana en invierno)*
Interesante, pues su chef-propietario recupera viejas recetas de antaño para ponerlas al día en técnica y presentación. Ofrece varias salas de ambiente rústico, otra acristalada y una bodega-cueva en la que el cliente puede escoger su vino.

Pan y Vino
camí de la Coixa 3 (Torret), Sur : 1 km ✉ 07710 – ✆ 971 15 02 01 – www.panyvinomenorca.com – cerrado 22 diciembre-13 febrero y martes
Menú 37/50 € – Carta 36/51 € – *(solo cena)*
Instalado en una casa encalada, típica de la zona, que hoy atesora un interior lleno de rincones a modo de saloncitos. Cocina francesa basada en productos de temporada.

por la carretera de Es Castell Noreste : 1,5 km y desvío a la izquierda 0,5 km

Biniarroca
camí Vell 57 ✉ 07710 Sant Lluís – ✆ 971 15 00 59 – www.biniarroca.com – 29 abril-10 octubre
18 hab – 105/160 € 130/195 €
Precioso conjunto rural que remonta sus orígenes al s. XVII. Su coqueto interior esconde una boutique, un salón social muy hogareño y unas encantadoras habitaciones de estética rústica, algunas con terraza. El comedor, también rústico y decorado con cuadros impresionistas, ofrece una cocina internacional.

por la carretera de Alcalfar Sureste : 2 km y desvío a la derecha 0,5 km

Alcaufar Vell
carret. de Cala Alcalfar ✉ 07710 Sant Lluís – ✆ 971 15 18 74 – www.alcaufarvell.com – cerrado 15 diciembre-febrero
21 hab – 75/236 € 95/286 €
Casa señorial de estilo neoclásico emplazada en pleno campo. Posee unas habitaciones muy cuidadas, tanto en el edificio principal como en los viejos establos, destacando las últimas por sus terrazas. El restaurante, ubicado también en las caballerizas, oferta una cocina actual de temporada y diversos menús.

EIVISSA o IBIZA

Conocida como la Isla Blanca, posee una personalidad única por sus casas blancas, por sus terrados y por sus calles tortuosas como zocos africanos. En los años 60 se estableció en Ibiza una juventud ávida de un modo de vida diferente que encontró aquí su hábitat.

EIVISSA – 50 401 h. – Ver mapa regional n° 4-A2
Mapa de carreteras Michelin n° 579-C10

Ibiza G.H.

paseo Juan Carlos I-17, por Bisbe Cardona A1 ✉ 07800 – ☎ 971 80 68 06 – www.ibizagranhotel.com – abril-octubre

157 hab – 190/850 € 245/850 €

Grandes espacios, luz natural, un patio con lucernario, habitaciones de estética actual, obras de arte... y como guinda, unas vistas al puerto realmente idílicas. La original e inusitada oferta gastronómica incluye diversas propuestas de gusto internacional.

Mirador de Dalt Vila

pl. de España 4 ✉ 07800 – ☎ 971 30 30 45 – www.hotelmiradoribiza.com – Semana Santa-octubre Plano : B2**b**

12 hab – 200/350 € 340/650 € – 2 suites

Rest *Mirador de Dalt Vila* – ver selección restaurantes

Esta preciosa casa señorial data de 1905 y destaca por su emplazamiento, pues se encuentra dentro del recinto amurallado. Compensa su escueta zona social con unas magníficas habitaciones, todas con mobiliario clásico-actual de calidad.

ESPAÑA

El Cigarral

Fray Vicente Nicolás 9, por av. d'Ignasi Wallis A1 ✉ 07800 – ☎ 971 31 12 46 – www.elcigarralrestaurante.com – cerrado 28 agosto-20 septiembre y domingo

Menú 22/65 € – Carta 35/60 €

Llevado con acierto por el chef-propietario y su familia. En su comedor, de ambiente castellano, ofrecen una cocina de base tradicional donde nunca falta algún plato de caza.

Sa Nansa

av. 8 de Agosto 27, por Bisbe Cardona A1 ✉ 07800 – ☎ 971 31 87 50 – www.restaurantesanansa.com – cerrado del 1 al 15 de noviembre, domingo noche y lunes salvo verano

Menú 35 € – Carta 40/60 €

¡Alejado del bullicioso centro! Ocupa los bajos de un edificio de apartamentos y se presenta con dos salas, una a modo de terraza acristalada y la otra interior. Platos marineros y especialidades, como los arroces o los pescados frescos.

Mirador de Dalt Vila – Hotel Mirador de Dalt Vila

pl. de España 4 ✉ 07800 – ☎ 971 30 30 45 – www.hotelmiradoribiza.com – Semana Santa-octubre Plano : B2**b**

Menú 80/120 € – Carta 73/85 €

Disfruta de un acceso independiente respecto al hotel y cuenta con un bar de estilo clásico-actual. La sala es pequeña pero agradable, con el techo pintado al fresco y varios óleos decorando sus paredes. Cocina actual muy bien elaborada.

It N

puerto deportivo Marina Botafoch 110, por Bisbe Cardona A1 ✉ 07800 – ☎ 971 31 11 07 – www.it-ibiza.com – febrero-octubre

Menú 85/115 € – Carta 81/90 € – *(solo fines de semana en invierno) (solo cena)*

Destaca tanto por su elegante línea actual como por su emplazamiento, frente a los amarres de un puerto deportivo. Elaboraciones italianas actualizadas e interesantes menús.

Ca n'Alfredo

passeig Vara de Rei 16 ✉ *07800 – ✆ 971 31 12 74* Plano : A1**n**
– www.canalfredo.com – cerrado del 16 al 30 de noviembre, domingo noche en invierno y lunes salvo festivos
Menú 40 € – Carta 40/70 €
Céntrico, familiar y de larga trayectoria en la ciudad. Viste sus paredes con curiosas fotografías de clientes famosos y ofrece una cocina tradicional de abundantes raciones, enriquecida con algunos platos ibicencos y catalanes.

Sa Brisa

Vara de Rey 15 ✉ *07800 – ✆ 971 09 06 49* Plano : A1**s**
– www.sabrisagastrobar.com – cerrado noviembre
Menú 32/50 € – Carta 22/37 €
Uno de los locales más de moda en el centro, con una estética moderna a la par que elegante. Platitos y gastrotapas con influencias tradicionales, sudamericanas y asiáticas.

Mar a Vila

av. Ignasi Wallis 16 ✉ *07800 – ✆ 971 31 47 78* Plano : A1**a**
– www.maravilaibiza.com – cerrado enero y domingo
Tapa 7 € – Ración aprox. 14 €
Un sencillo local que le atrapará nada más entrar, pues las tapas allí expuestas no tienen desperdicio. Su pequeña cocina no para y procura trabajar con productos locales.

en la carretera de Sant Miquel de Balansat

La Masía d'en Sort

Norte : 6,5 km ✉ *07800 Eivissa – ✆ 971 31 02 28 – www.lamasiaibiza.com – abril-octubre*
Menú 42 € – Carta 40/62 € – *(cerrado lunes salvo agosto) (solo cena)*
Ocupa una preciosa masía de inspiración catalana con más de 200 años de historia, muy bien restaurada y dotada de encantadores jardines. Elaboraciones de tinte tradicional.

en la Platja d'en Bossa

Lips Reartes (N)

Porreres 1 (Platja d'en Bossa) ✉ 07817 – ✆ 971 30 04 15 – www.lipsibiza.com
Carta 40/70 € – *(solo almuerzo salvo verano)*
Agradable, a pie de playa, dominado por los ibicencos tonos blancos y... ¡acristalado para contemplar el mar! Cocina actual muy concienciada con la filosofía "Kilómetro 0".

en Sant Jordi

S'Oficina

Begonias 20 (edif. Cantábrico), Suroeste : 3 km ✉ 07817 Sant Jordi – ✆ 971 39 00 81 – cerrado 20 diciembre-10 enero, domingo noche y lunes noche
Carta 35/58 €
Podrá encontrarlo junto a la carretera, con una sala de línea clásica-funcional y cuidado montaje. Su carta, bastante completa, hace referencia a los sabores de la cocina tradicional vasca... sin olvidar algún que otro plato más isleño.

PORROIG – Ver mapa regional n° 4-A2

Eivissa/Ibiza 17 km
Mapa de carreteras Michelin n° 579-B10

Es Xarcu

Cala des Jondal ✉ 07829 – ✆ 971 18 78 67 – www.esxarcu.com – Semana Santa-octubre
Carta 43/70 €
Una excelente recomendación a pie de playa, sencilla en el montaje pero con idílicas vistas y honestidad desde sus fogones. Magníficos pescados al peso y mariscos de calidad.

ESPAÑA

SANT JOSEP DE SA TALAIA – 24 498 h. – Alt. 216 m – Ver mapa regional n° 4-A2

Eivissa/Ibiza 14 km
Mapa de carreteras Michelin n° 579-B10

en la playa de Cala Tarida Noroeste : 7 km

Ca's Milà

✉ 07830 Sant Josep de Sa Talaia – ✆ 971 80 61 93 – www.restaurantecasmila.com – mayo-octubre y fines de semana resto del año
Menú 18 € – Carta 35/52 €
Destaca por su privilegiada localización a pie de playa, con agradables terrazas, serenas vistas y la recreación de un ambiente chill out en temporada. Buena carta de cocina tradicional marinera especializada en arroces y pescados.

SANT LLORENÇ DE BALAFIA – Ver mapa regional n° 4-A2

Eivissa/Ibiza 17 km
Mapa de carreteras Michelin n° 579-C9

Can Gall

carret. Sant Joan de Labritja, km. 17,2 ✉ 07812 – ✆ 971 33 70 31 – www.agrocangall.com – abril-octubre
11 hab – †175/235 € ††205/270 €
¡Idóneo para descansar! Este turismo rural se encuentra en una extensa finca, con más de 200 años y repleta de árboles frutales. Recrea el ambiente típico ibicenco tanto en los salones, con chimenea, como en las habitaciones, todas personalizadas. El restaurante ocupa un anexo acristalado, con terraza y bar.

SANT MIQUEL DE BALANSAT – Ver mapa regional n° 4-A2

Eivissa/Ibiza 19 km
Mapa de carreteras Michelin n° 579-C9

Can Pardal
Missa 3 ✉ 07815 – ✆ 971 33 45 75 – www.canpardalibiza.com – abril-octubre
5 hab – 168/258 €
Paredes encaladas, muros anchos, agradables patios, una elegante estética rústica-ibicenca, piscina con vistas al valle... ¡perfecto para una escapada en pareja! Presenta dos comedores, uno con chimenea, y unas habitaciones muy confortables, estas repartidas entre el edificio principal y los anexos.

por la carretera de Port de Sant Miquel Norte : 2,5 km y desvío a la izquierda 1 km

Cas'Pla
✉ 07815 Sant Miquel de Balansat – ✆ 971 33 45 87 – www.caspla-ibiza.com – mayo-15 octubre
18 hab – 120/180 € 145/220 €, 15 €
Encantador conjunto hotelero emplazado en plena naturaleza. Disfruta de unas buenas zonas sociales, que combinan clasicismo y rusticidad, así como unas elegantes habitaciones, destacando las que tienen terraza privada y vistas al valle.

en la urbanización Na Xamena Noroeste : 6 km

Hacienda Na Xamena
✉ 07815 Sant Miquel de Balansat – ✆ 971 33 45 00 – www.hotelhacienda-ibiza.com – 27 abril-28 octubre
77 hab – 231/355 € 319/480 €, 25 € – 5 suites
Le cautivará por su privilegiado emplazamiento en una reserva natural, asomado a una cala. Lujo, SPA y servicios terapéuticos en un edificio ibicenco de exquisita decoración. El restaurante destaca por sus terrazas, pues se encuentran a distintas alturas y ofrecen unas fantásticas vistas panorámicas al mar.

SANT RAFEL DE SA CREU – 1 640 h. – Ver mapa regional n° 4-A2
Eivissa / Ibiza 11 km
Mapa de carreteras Michelin n° 579-C10

por la carretera de Santa Agnès Noroeste : 3 km

Can Lluc
camí des Tercet ✉ 07816 – ✆ 971 19 86 73 – www.canlluc.com
20 hab – 180/440 € 230/475 €
¡Una casa rural con carácter y personalidad! Resguarda el tipismo ibicenco y lo presenta convenientemente actualizado. Coquetas zonas sociales, villas independientes y dos tipos de habitaciones, las de línea rústica-tradicional y las de ambiente contemporáneo.

SANTA EULÀRIA DES RIU – 36 464 h. – Ver mapa regional n° 4-A2
Eivissa/Ibiza 15 km
Mapa de carreteras Michelin n° 579-D10

Aguas de Ibiza
Salvador Camacho 9 ✉ 07840 – ✆ 971 31 99 91 – www.aguasdeibiza.com – abril-3 noviembre
112 hab – 235/755 € 250/770 € – 1 suite
¡Orientado a parejas y de carácter ecológico! Presenta unas instalaciones actuales y luminosas, con la zona social asomada a la piscina, un SPA y habitaciones de gran confort, todas con terraza y buenas vistas. Propuesta gastronómica de gusto internacional.

por la carretera de Cala Llonga Sur : 4 km

La Casita
urb. Valverde ✉ 07849 Cala Llonga – ✆ 971 33 02 93 – www.ibizalacasita.com – cerrado 10 enero-10 febrero y martes
Menú 33 € – Carta 30/60 € – *(solo cena salvo sábado, domingo y festivos)*
Como su propio nombre indica ocupa un edificio que destaca por su entorno, repleto de árboles, con una coqueta terraza y una zona chill out. Ofrece un comedor acristalado, tres salas, una carpa para banquetes y una cocina internacional.

por la carretera de Sant Carles Noreste : 5 km y desvío a la izquierda 0,5 km

Can Curreu

07840 Santa Eulària des Riu – 971 33 52 80 – www.cancurreu.com
15 hab – 195/295 €
Rest *Can Curreu* – ver selección restaurantes
Se encuentra en una finca arbolada, distribuido entre varias casas encaladas de ambiente ibicenco. Encontrará unas habitaciones de aire rústico-actual y gran nivel, con los techos en madera, terraza y en muchos casos chimenea. Pequeño SPA.

XX **Can Curreu** – Hotel Can Curreu

07840 Santa Eulària des Riu – 971 33 52 80 – www.cancurreu.com
Carta 44/70 €
¡Uno de los mejores restaurantes de la isla! Disfruta de un acogedor comedor de estilo mediterráneo-ibicenco y una atractiva terraza techada junto a un olivo milenario. Carta de corte tradicional con toques actuales.

SANTA GERTRUDIS DE FRUITERA – Ver mapa regional n° 4-A2

Eivissa/Ibiza 11 km
Mapa de carreteras Michelin n° 579-C10

al Oeste 6,5 km

Cas Gasi

Camí Vell de Sant Mateu 07814 Santa Gertrudis de Fruitera – 971 19 77 00 – www.casgasi.com
10 hab – 295/525 € 345/625 €
Finca rústica de aire ibicenco ubicada en pleno campo, donde sorprenden con un precioso entorno ajardinado, un espacio para practicar yoga y un área al aire libre reservada para los masajes. Cálidas habitaciones y oferta gastronómica de tinte internacional.

ESPAÑA

FORMENTERA

Esta isla está formada por dos islotes unidos por un istmo llano y arenoso. Las playas de arena blanca y agua cristalina son el principal atractivo de esta pequeña isla. En la costa alternan los acantilados rocosos y las dunas salpicadas de arbustos.

ES CA MARI – Ver mapa regional n° 4-A2

Sant Francesc de Formentera 5 km
Mapa de carreteras Michelin n° 579-C11

Gecko

playa de Migjorn 07860 – 971 32 80 24 – www.geckobeachclub.com – Semana Santa-27 octubre
30 hab – 215/395 €
Una opción ideal para relajarse unos días y desconectar, pues resulta elegante, cómodo y... ¡está en la misma playa de Migjorn! Habitaciones actuales que ensalzan los materiales naturales y correcta oferta culinaria de tinte mediterráneo e internacional.

ES PUJOLS – 555 h. – Ver mapa regional n° 4-A2

Sant Francesc de Formentera 5 km
Mapa de carreteras Michelin n° 579-C11

Blanco

Fonoll Mari 50 07871 – 971 32 84 51 – www.blancohotelformentera.com – mayo-octubre
102 hab – 78/474 €
Tiene un nombre realmente definitorio, pues aquí todo está dominado por los tonos blancos y el diseño vanguardista. Encontrará sorprendentes zonas sociales y de relax, habitaciones de buen confort y un llamativo restaurante de carácter polivalente.

Sa Volta

av. Miramar 94 ✉ 07860 – ✆ 971 32 81 25 – www.savolta.com
– 20 marzo-25 octubre
25 hab – 70/120 € 100/210 €
¡Un hotelito familiar en constante evolución! Compensa su reducida zona social con unas confortables habitaciones, todas personalizadas. Coqueta azotea con piscina y vistas.

Voramar

av. Miramar 33 ✉ 07871 – ✆ 971 32 81 19 – www.voramarformentera.com
– mayo-octubre
41 hab – 69/150 € 92/195 €
De línea funcional-actual y próximo a la playa. Ofrece unas cuidadas habitaciones, la mayoría justas de espacio y con baños de plato ducha... eso sí, todas con terraza.

Pinatar

av. Miramar 25 ✉ 07871 – ✆ 971 32 81 37 – www.restaurantpinatar.com
– mayo-octubre
Carta 37/58 € – *(solo cena)*
Aquí apuestan por la cocina más isleña, especializada en pescados y mariscos, sin olvidarse de unos buenos arroces o algunas recetas de la abuela. ¡Gran menú a base de tapas!

SANT FERRAN DE SES ROQUES – Ver mapa regional n° 4-A2

Sant Francesc de Formentera 3 km
Mapa de carreteras Michelin n° 579-C11

en la carretera del Far de la Mola Sureste : 2,5 km

Can Dani

carret. de la Mola, km 8,5 ✉ 07871 Sant Ferran de ses Roques – ✆ 971 32 85 05 – www.candaniformentera.com – Semana Santa-octubre y resto del año como bistro
Carta 48/69 € – *(cerrado lunes, martes y miércoles en invierno) (solo cena)*
Un restaurante de ambiente mediterráneo-actual que destaca y sorprende en la isla. Aquí hacen mucho con relativamente poco, pues proponen una cocina creativa de temporada que va evolucionando según su clientela. Ensalzan los productos autóctonos, cuidan los detalles e intentan ser respetuosos con los sabores.
➜ Carpaccio de langostinos. Carrillera de ternera. 4 Marrones.

→ Índice de localidades en páginas siguientes

→ *Índice de localidades nas páginas seguintes*

Islas Canarias

ESPAÑA

Islas Canarias

Islas CANARIAS

1 630 015 h. – Ver mapa regional n° **5**-B2
Mapa de carreteras Michelin n° 125
El archipiélago canario, situado en el Océano Atlántico, al Norte del Trópico de Cáncer, goza de un privilegiado clima durante todo el año. Se extiende sobre una superficie de 7.273 km^2. Está formado por nueve islas y cuatro islotes agrupados en dos provincias: Las Palmas (Gran Canaria, Fuerteventura y Lanzarote) y Santa Cruz de Tenerife (Tenerife, La Palma, La Gomera y El Hierro). Santa Cruz de Tenerife y Las Palmas de Gran Canaria comparten la capitalidad administrativa de la autonomía. Cada isla tiene su Cabildo Insular, que es en realidad el órgano de gobierno propio.

La temporada alta en Canarias va del 1 de noviembre al 30 de abril. No siempre es fácil reservar habitación por cuenta propia pues la mayoria de los hoteles canalizan su clientela a través de las agencias de viaje.

GRAN CANARIA

La costa Norte y Oeste es abrupta y rocosa, mientras que el Sur, más accesible y con immensas playas arenosas, ha alcanzado un gran desarrollo turístico.

AGÜIMES – 30 214 h. – Alt. 275 m – Ver mapa regional n° **5**-B2
Las Palmas de Gran Canaria 33 km
Mapa de carreteras Michelin n° 125-F3

en la playa de Arinaga Sureste : 8 km

Nelson
av. Polizón 47 ✉ 35118 Arinaga – ✆ 928 18 08 60 – www.restaurantenelson.com – cerrado del 1 al 15 de septiembre, domingo noche y lunes
Carta 35/53 €
Ofrece un bar de espera, una sala clásica con vistas al mar y una agradable terraza donde sirven tapas y medias raciones. Cocina tradicional basada en los pescados autóctonos.

ARGUINEGUÍN – 2 347 h. – Ver mapa regional n° **5**-B2
Las Palmas de Gran Canaria 63 km
Mapa de carreteras Michelin n° 125-C4

en la playa de Patalavaca Noroeste : 2 km

La Aquarela
barranco de la Verga (edificio Aquamarina), carret GC-500 ✉ 35129 Patalavaca – ✆ 928 73 58 91 – www.restaurantelaaquarela.com – cerrado junio y lunes
Menú 30/69 € – Carta 52/70 € – *(solo cena de marzo a octubre)*
Se encuentra en un recinto semiprivado, con un bar, un comedor actual y una coqueta terraza asomada a una piscina. La carta, de destacable corte internacional y creativo durante las cenas, se vuelve algo más sencilla para los almuerzos.

222°SW N
barranco de la Verga (Hotel Radisson Blu) ✉ 35129 Patalavaca – ✆ 928 90 60 36 – www.222swbarandgrill.com
Carta 39/60 € – *(solo cena)*
Moderno restaurante con cuyo nombre se recuerda al punto geográfico por donde sale el sol en invierno. Su carta contempla desde carnes seleccionadas a pescados al grill.

ARUCAS – 36 852 h. – Ver mapa regional n° **5**-B2
Las Palmas de Gran Canaria 17 km
Mapa de carreteras Michelin n° 125-E2

Casa Brito

pasaje Ter 17 (Visvique), Sur : 1,5 km ✉ 35412 – ✆ 928 62 23 23 – www.casabrito.com – cerrado Semana Santa, del 1 al 15 de octubre, domingo noche, lunes y martes salvo festivos
Carta aprox. 35 €
Casa de ambiente rústico que sorprende por el nivel de su cocina. Aquí apuestan por una carta tradicional especializada en carnes a la brasa, dándole el punto adecuado a carnes de vacuno de Alemania, Uruguay, Galicia, Asturias, Castilla...

CRUZ DE TEJEDA – 2 028 h. – Ver mapa regional n° 5-B2

Las Palmas de Gran Canaria 50 km
Mapa de carreteras Michelin n° 125-D2

Parador Cruz de Tejeda

Cruz de Tejeda ✉ 35328 – ✆ 928 01 25 00 – www.parador.es
43 hab – 85/155 €, 18 € – 1 suite
Tranquilidad, relax y... ¡buenas vistas! Este parador se desmarca un poco de la oferta dominante en la isla para complacer a un cliente de senderismo y naturaleza. El restaurante, de línea clásica, propone descubrir los mejores platos del recetario regional.

MASPALOMAS – Ver mapa regional n° 5-B2

Las Palmas de Gran Canaria 50 km
Mapa de carreteras Michelin n° 125-E4

ESPAÑA

junto al faro

Grand H. Residencia

av. del Oasis 32 ✉ 35100 Maspalomas – ✆ 928 72 31 00 – www.grand-hotel-residencia.com
73 hab – 250/810 € 350/1080 € – 21 suites
Complejo hotelero formado por una serie de villas de estilo canario, todas bien distribuidas en torno a una bella terraza con piscina. Distinguido confort y una exquisita decoración. El restaurante, de ambiente elegante y cocina internacional, atesora una entrañable terraza elevada sobre la piscina.

Las Rías

boulevard El Faro 21 (Hotel Costa Meloneras) ✉ 35100 Maspalomas – ✆ 928 14 00 62 – www.restaurantelasriasmaspalomas.com
Carta 30/61 €
Forma parte del hotel Costa Meloneras y atesora magníficas vistas, pues tiene un acceso desde el paseo que da al mar. ¡Buenos pescados y mariscos, tanto gallegos como locales!

El Churrasco Meloneras N

boulevard El Faro 21 (Hotel Costa Meloneras) ✉ 35100 Maspalomas – ✆ 928 14 88 83 – www.elchurrascorestaurante.com
Carta 30/45 €
Un asador argentino con vistas al mar. Su carta está especializada en carnes a la parrilla, aunque también ofrece pescados y algún arroz. ¡El personal lleva detalles gauchos!

en la playa del Inglés

Rías Bajas

av. de Tirajana 26, edificio Playa del Sol ✉ 35100 Maspalomas – ✆ 928 76 40 33 – www.riasbajas-playadelingles.com
Carta 28/63 €
Tras muchos años de trabajo se ha convertido, gracias a su profesionalidad y buen hacer, en todo un clásico de la isla. Su nombre evidencia una cocina sumergida en el recetario gallego, siendo la especialidad los pescados y mariscos.

en San Agustín

XX **Bamira**
Los Pinos 11, Playa del Águila ✉ 35100 San Agustín – ✆ 928 76 76 66 – www.bamira.com – cerrado del 16 al 25 de diciembre, junio-20 septiembre y miércoles
Menú 50/78 € – Carta 29/55 € – *(solo cena)*
Ofrece una sala colorista, vestida con cuadros del propietario, así como una cocina de fusión que bebe de la tradición culinaria asiática y centroeuropea. En el piso superior encontrará una terraza, siendo en ella su oferta más sencilla.

en la urbanización Salobre Golf Oeste : 4 km y desvío a la derecha 3 km

Sheraton Salobre
Swing, salida 53 autovía GC1 ✉ 35100 Maspalomas – ✆ 928 94 30 00 – www.sheratongrancanaria.com
286 hab – 130/278 € 195/480 € – 27 suites
Un oasis de lujo, confort y diseño... ¡en un paraje desértico! Ofrece habitaciones de gran calidad, con una decoración moderna bien integrada en el entorno y varias piscinas, una panorámica. Sus bares y restaurantes proponen una variada oferta gastronómica.

LAS PALMAS DE GRAN CANARIA – 383 050 h. – Ver mapa regional n° 5-B2

Maspalomas 50 km
Mapa de carreteras Michelin n° 125-G2

Santa Catalina
León y Castillo 227 ✉ 35005 – ✆ 928 24 30 40 – www.hotelsantacatalina.com Plano : B2**z**
202 hab – 97/234 € 107/244 € – 2 suites
Rest *La Terraza* – ver selección restaurantes
Data de 1890 y es toda una referencia, pues combina el estilo colonial inglés con los típicos balcones canarios en madera. Ofrece excelentes salas de reuniones, habitaciones clásicas y un cálido restaurante repartido entre la terraza y un espacio interior.

XXX **Ribera del Río Miño**
Olof Palme 21 ✉ 35010 – ✆ 928 26 44 31 – www.riberadelriomino.com Plano : C2**b**
Menú 30 € – Carta 40/65 €
Pueden presumir de sus productos, pues estos se traen directamente desde Galicia, Huelva y Madrid. Carta tradicional y gallega, especializada en pescados y con menú del día.

XXX **La Terraza** – Hotel Santa Catalina
León y Castillo 227 ✉ 35005 – ✆ 928 24 30 40 – www.hotelsantacatalina.com Plano : B2**z**
Menú 50/85 € – Carta 36/65 €
Tiene prestigio y atesora personalidad propia respecto al hotel, repartiéndose entre una cuidada terraza y un interior clásico. Cocina del norte con guiños al producto local.

XX **El Churrasco**
Olof Palme 33 ✉ 35010 – ✆ 928 27 20 77 – www.elchurrascorestaurante.com Plano : C2**c**
Carta 23/44 €
Si le gusta comer carne está de suerte, pues aquí encontrará la carne argentina de mejor calidad. La sala presenta un montaje bastante cuidado y, como suele ser habitual en estos casos, trabajan muy bien a la parrilla.

X **Deliciosamarta**
Pérez Galdós 23 ✉ 35002 – ✆ 928 37 08 82 – cerrado Semana Santa, 15 días en agosto, domingo y martes noche Plano : B3**d**
Carta 27/38 € – (es necesario reservar)
Se halla en una calle peatonal del barrio de Triana y rompe un poco con el ambiente tradicional dominante en la isla, pues presenta una estética actual-minimalista con las paredes en piedra. Cocina actual, imaginativa y de mercado, con influencias catalanas.

ESPAÑA

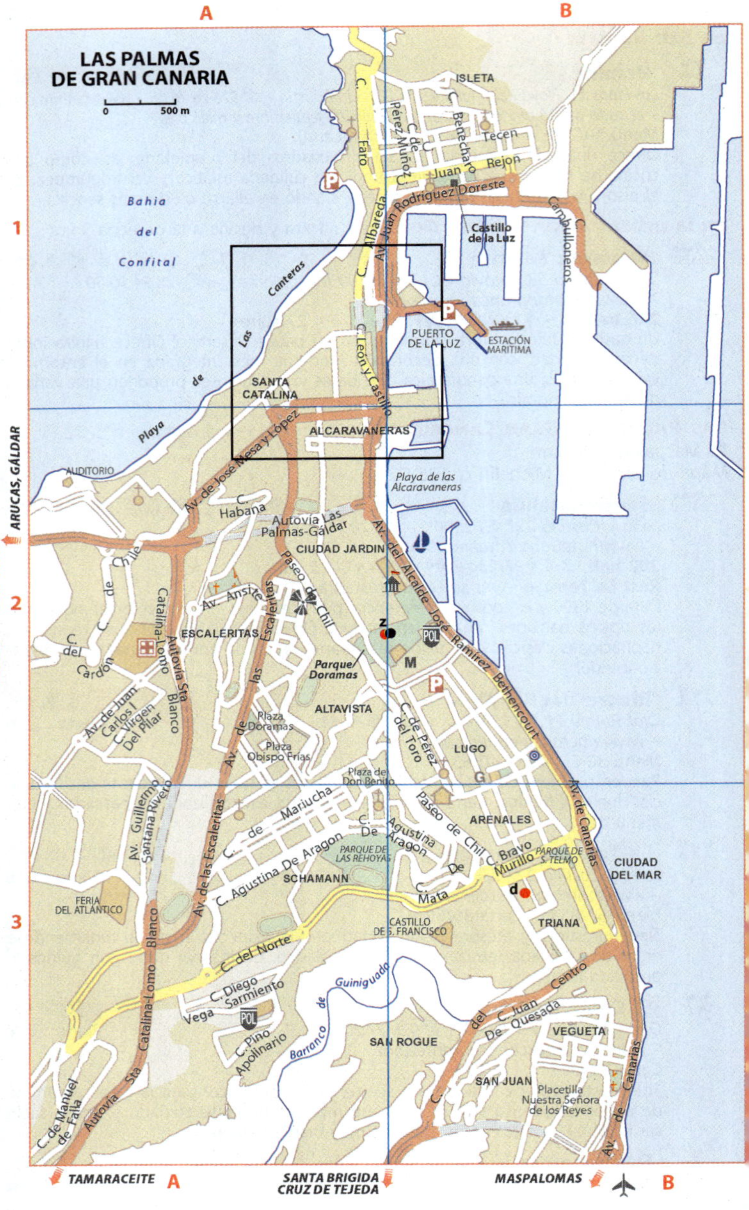
LAS PALMAS DE GRAN CANARIA
0
500 m
A
B
1
2
3
ARUCAS, GÁLDAR
ISLETA
C. Benechar
Tecen
C. Faro
C. de Pérez Muñoz
Juan Rejon
Av. Juan Rodríguez Doreste
Castillo de la Luz
C. Albareda
C. Cambulloneros
Bahia del Confital
Playa de Las Canteras
PUERTO DE LA LUZ
ESTACIÓN MARITIMA
C. León y Castillo
SANTA CATALINA
ALCARAVANERAS
Av. de José Mesa y López
Playa de las Alcaravaneras
AUDITORIO
C. Habana
Autovía Las Palmas-Gáldar
CIUDAD JARDIN
Av. del Alcalde José Ramírez Bethencourt
C. de Chile
Catalina-Lomo
Autovía Sta Catalina-Lomo Blanco
Av. Ansite
Paseo de Chil
ESCALERITAS
C. de las Escaleritas
C. del Cardón
Parque Doramas
M
Z
ALTAVISTA
Av. de Juan Carlos I
C. Virgen Del Pilar
Av. de las Escaleritas
Plaza Doramas
Plaza Obispo Frías
C. de Pérez del Toro
LUGO
G
Plaza de Don Benito
Av. Guillermo Santana Rivero
C. de Mariucha
C. De Agustina Aragon
Paseo de Chil
ARENALES
Av. de Canarias
PARQUE DE LAS REHOYAS
C. Agustina De Aragon
SCHAMANN
C. Bravo Murillo
PARQUE DE S. TELMO
CIUDAD DEL MAR
C. De Mata
d
FERIA DEL ATLÁNTICO
Av. de las Escaleritas
CASTILLO DE S. FRANCISCO
TRIANA
C. del Norte
Guiniguada
Centro
C. Diego Sarmiento
Vega
C. Juan De Quesada
C. del
VEGUETA
C. Pino Apolinario
Barranco de
SAN ROQUE
SAN JUAN
Placetilla Nuestra Señora de los Reyes
C. de Manuel de Falla
Autovía Sta Catalina-Lomo Blanco
Av. de Canarias
TAMARACEITE
SANTA BRIGIDA
CRUZ DE TEJEDA
MASPALOMAS

El Arrosar

Salvador Cuyás 10 ✉ *35008* – ✆ *928 27 26 45* — Plano : D1**a**
– *www.elarrosar.com*
Carta 24/49 €
En este restaurante encontrará los platos propios del recetario gallego tradicional y, sobre todo, unos excelentes arroces, siendo estos últimos los que le han dado mayor popularidad.

VEGA DE SAN MATEO – 7 774 h. – Alt. 950 m – Ver mapa regional n° **5**-B2
▶ Las Palmas de Gran Canaria 23 km
Mapa de carreteras Michelin n° 125-E2

en La Lechuza Oeste : 4 km y desvío a la izquierda 0,5 km

Las Calas

El Arenal 36 ✉ *35329 La Lechuza* – ✆ *928 66 14 36*
– *www.hotelrurallascalas.com*
9 hab – †65/110 € ††80/130 €, ☕ 6 €
Combina el aire rústico de la mayoría de sus habitaciones con la estética más actual que define dos de sus estancias. Todo se distribuye en torno a un patio-jardín.

FUERTEVENTURA
Las Palmas
Por su superficie es la segunda después de Tenerife y la de menor densidad de población (28h./km^2) después de El Hierro. El clima suave, la constancia de los vientos y las características del mar hacen de sus costas el lugar ideal para la práctica del "windsurfing" y de otros deportes náuticos.

ANTIGUA – 11 629 h. – Alt. 254 m – Ver mapa regional n° 5-C2
Puerto del Rosario 20 km
Mapa de carreteras Michelin n° 125-G3

Era de la Corte
La Corte 1 ✉ 35630 – ✆ 928 87 87 05 – www.eradelacorte.com
11 hab – 50/53 € 75/80 €
Casona centenaria estructurada alrededor de dos patios que funcionan como salón social y terraza. Ofrece sencillas habitaciones de estilo rústico con detalles majoreros. ¡Se desmarca con acierto de la dominante oferta macroturística!

BETANCURIA – 811 h. – Alt. 395 m – Ver mapa regional n° 5-C2
Puerto del Rosario 29 km
Mapa de carreteras Michelin n° 125-G3

Casa Santa María
pl. Santa María ✉ 35637 – ✆ 928 87 82 82 – www.casasantamaria.net – cerrado del 2 al 8 de diciembre y 12 mayo-12 junio
Menú 22/30 € – Carta 29/55 € – *(solo almuerzo)*
Destaca por su atractiva decoración, ya que muestra detalles típicos en un marco dominado por la madera y los objetos de inspiración árabe. Terraza de exuberante vegetación. Su carta aglutina una buena selección de platos canarios.

ESPAÑA

CORRALEJO – 5 362 h. – Ver mapa regional n° 5-C2
Puerto del Rosario 38 km
Mapa de carreteras Michelin n° 125-I1

Gran Hotel Atlantis Bahía Real
av. Grandes Playas 103 ✉ 35660 – ✆ 928 53 64 44 – www.atlantisbahiareal.com
226 hab – 147/290 € 190/390 € – 16 suites
Magnífico conjunto en cuya arquitectura se fusiona la estética neomudéjar con algunas influencias coloniales. Le sorprenderá con un hermoso espacio chill out sobre las aguas e idílicas vistas, a las islas de Lanzarote y Lobos. Entre sus restaurantes destaca La Cúpula, de elegante estilo clásico y carácter gastronómico.

Avanti H. Boutique N
Delfín 1 ✉ 35660 – ✆ 928 86 75 23 – www.avantihotelboutique.com
14 hab – 115/175 €
Déjese seducir por su luminosidad, grácilmente conjugada entre los tonos blancos y azul. Presenta unas habitaciones confortables y detallistas... sin embargo, debemos destacar la del ático por su enorme ventanal abierto a la bahía. ¡Relajante terraza-solárium!

LAJARES – 800 h. – Ver mapa regional n° 5-C2
Puerto del Rosario 32 km
Mapa de carreteras Michelin n° 125-H1

El Patio de Lajares
La Cerca 9 ✉ 35650 – ✆ 650 13 40 30 – www.patio-lajares.com – cerrado lunes y martes
Menú 41 € – (es necesario reservar) *(solo menú)* **6 hab** – 90 € 120 €
Resulta elegante y está bien llevado por un matrimonio alemán. Su chef-propietario elabora una cocina internacional muy personal, pues trabaja con productos autóctonos bajo influencias culinarias germanas, francesas y españolas. ¡También ofrece agradables habitaciones, todas de línea clásica y con terraza!

LA OLIVA – 25 083 h. – Ver mapa regional n° 5-C2

Puerto del Rosario 22 km

Mapa de carreteras Michelin n° 125-H2

Casa Vieja

El Almendrero ✉ 35640 – ✆ 928 86 19 87 – www.oasiscasavieja.com

12 apartamentos – 88/128 € – 10 hab

Levantado sobre los restos en piedra de un antiguo edificio. Posee un amplio porche-terraza y espaciosas habitaciones, estas con elegante mobiliario de aire rústico. Lo más atractivo son las villas independientes, todas con piscina privada y su propia cocina.

PUERTO DEL ROSARIO – 36 774 h. – Ver mapa regional n° 5-C2

Corralejo 38 km

Mapa de carreteras Michelin n° 125-I3

JM Puerto Rosario

av. Ruperto González Negrín 9 ✉ 35600 – ✆ 928 85 94 64 – www.hoteljmpuertodelrosario.com

86 hab – 52/65 € 70/95 €, 6 €

Interesante para viajes de negocios. La mitad de las habitaciones ofrecen buenas vistas al puerto... sin embargo, debemos destacar las tres del ático por sus amplias terrazas.

VILLAVERDE – 1 004 h. – Ver mapa regional n° 5-C2

Puerto del Rosario 27 km

Mapa de carreteras Michelin n° 125-I2

Casa Marcos

carret. General 35 ✉ 35640 – ✆ 928 86 82 85 – cerrado martes salvo verano, domingo noche y lunes

Carta 27/33 €

Un restaurante de ambiente rústico que, en su día, funcionó como tienda de alfarería. Posee una terraza y tres coquetas salitas, una junto a la cocina. Carta tradicional basada en la calidad del producto, siempre con primeros atrevidos y segundos más clásicos.

LANZAROTE

Las Palmas

Declarada Reserva de la Biosfera. El turismo viene atraído por la peculiaridad de su paisaje: tierras volcánicas salpicadas de oasis de vegetación y cultivos.

ARRECIFE – 55 673 h. – Ver mapa regional n° 5-C1

Costa Teguise 7 km

Mapa de carreteras Michelin n° 125-E4

Arrecife G.H.

parque Islas Canarias ✉ 35500 – ✆ 928 80 00 00 – www.aghotelspa.com Plano : B2**x**

160 hab – 102/108 € 118/131 € – 104 suites

Altiva torre acristalada a pie de playa. Ofrece una variada zona social, servicios complementarios y habitaciones de completo equipamiento. El restaurante se halla en la azotea, por lo que disfruta de unas excelentes vistas tanto al océano como a la ciudad.

Lancelot

av. Mancomunidad 9 ✉ 35500 – ✆ 928 80 50 99 – www.hotellancelot.com Plano : B2**t**

110 hab – 40/50 € 50/60 €

Un hotel en constante actualización, repartido en dos edificios y emplazado en 1ª línea de playa. Ofrece habitaciones de estilo clásico, una piscina en el ático y un excelente solárium. Lo mejor del restaurante es su gran acristalamiento para ver el océano.

ESPAÑA

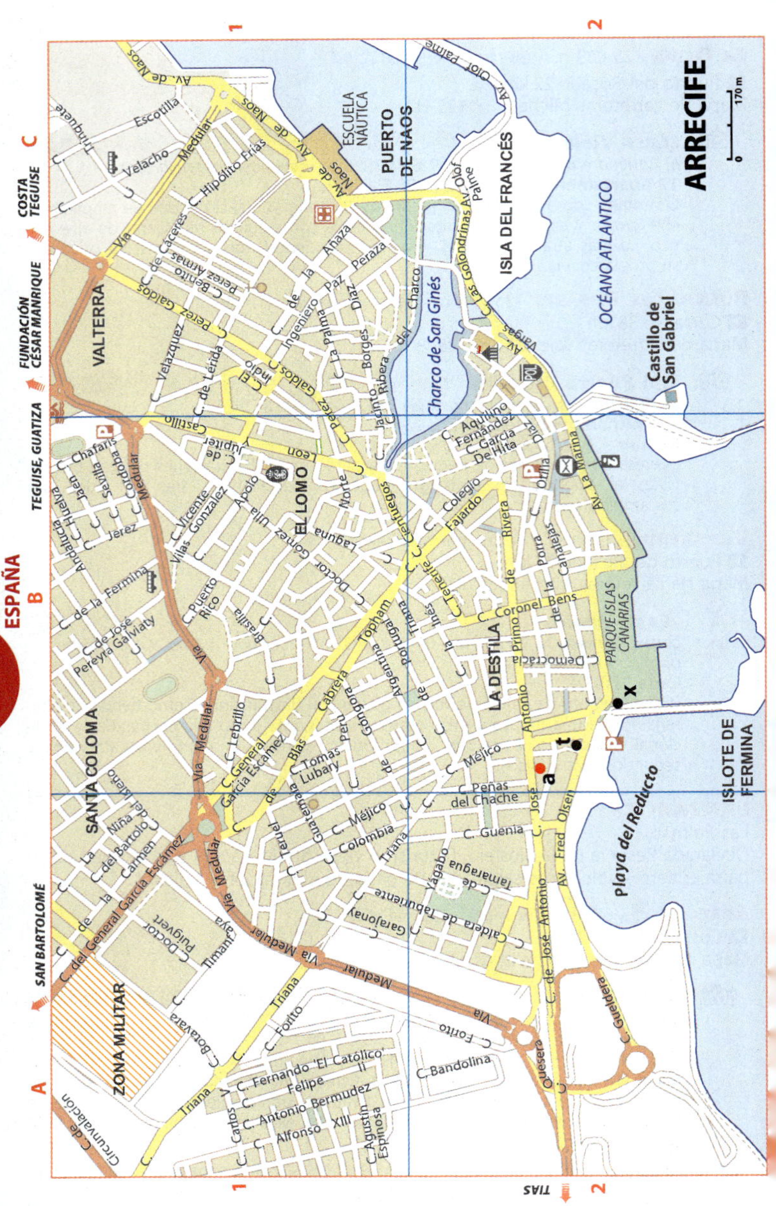
ARRECIFE
ESPAÑA
COSTA TEGUISE
FUNDACIÓN CÉSAR MANRIQUE
TEGUISE, GUATIZA
SAN BARTOLOMÉ
TIAS
0
170 m
PUERTO DE NAOS
ESCUELA NÁUTICA
ISLA DEL FRANCÉS
OCÉANO ATLANTICO
Castillo de San Gabriel
Charco de San Ginés
ISLOTE DE FERMINA
Playa del Reducto
PARQUE ISLAS CANARIAS
VALTERRA
EL LOMO
LA DESTILA
SANTA COLOMA
ZONA MILITAR
Av. de Naos
Via Medular
Perez Galdos
Av. Olof Palme
Av. Las Golondrinas
Av. La Marina
Av. Fred Olsen
C. José Antonio
C. de José Antonio
C. Coronel Bens
C. del General García Escámez
C. Triana
Circunvalación
C. Guenia
C. Méjico
C. Colombia
C. Bandolina
C. Forito
C. Quesera
C. Gueldera
C. Fernando 'El Católico'
C. Antonio Bermudez
C. Agustín Espinosa
C. Hipólito Frías
C. Velacho
C. Escotilla
C. Trinquete
C. Cienfuegos
C. León y Castillo
C. Blas Cabrera Topham
Primo de Rivera
C. Fajardo
C. Vicente Vilas Gonzalez
C. Puerto Rico
C. Doctor Gomez Ulla
C. Democracia
Ribera del Charco
1
2
A
B
C

Lilium
av. Olof Palme, Marina Lanzarote ✉ 35500 – ✆ 928 52 49 78 – www.restaurantelilium.com – cerrado domingo Plano : B2**a**

Menú 38 € – Carta aprox. 35 €

Se halla en La Marina, una zona de nueva construcción donde se presenta con la fachada acristalada, un interior actual con la cocina completamente vista y una bonita terraza mirando al embarcadero. Carta de cocina canaria bien actualizada.

FAMARA – 48 h. – Ver mapa regional n° 5-C1
Arrecife 25 km
Mapa de carreteras Michelin n° 125-E3

El Risco
Montaña Clara 30 ✉ 35530 – ✆ 928 52 85 50 – www.restauranteelrisco.com – cerrado domingo noche

Carta 25/40 €

Ocupa una casa realmente única, pues la diseñó y decoró el genial César Manrique para su hermano. Cocina marinera con elaboraciones actuales y fantásticas vistas a la cala.

MÁCHER – 749 h. – Ver mapa regional n° 5-C1
Arrecife 16 km
Mapa de carreteras Michelin n° 125-C4

La Tegala
carret. Tías-Yaiza 60 ✉ 35572 – ✆ 928 52 45 24 – www.lategala.com – cerrado domingo

Menú 42/68 € – Carta 41/59 €

Un restaurante moderno donde se apuesta por una cocina actual elaborada con buen producto. Atesora una sala acristalada de carácter panorámico, dos privados y una bodega.

ESPAÑA

PLAYA BLANCA – 2 163 h. – Ver mapa regional n° 5-C2
Arrecife 38 km
Mapa de carreteras Michelin n° 125-B5

Princesa Yaiza
av. Papagayo 22 ✉ 35580 – ✆ 928 51 92 22 – www.princesayaiza.com

225 suites – 150/178 € 255/323 € – 160 hab

Rest *Isla de Lobos* – ver selección restaurantes

Resulta sorprendente, ya que es como un pueblecito a pie de mar donde imperan la amabilidad y el trato personalizado. Disfruta de amplias zonas sociales, piscinas de todo tipo, buenas instalaciones deportivas y diversos tipos de habitaciones, todas con terraza y una estética colonial. Oferta gastronómica variada y de gran calidad.

Isla de Lobos – Hotel Princesa Yaiza
av. Papagayo 22 ✉ 35580 – ✆ 928 51 92 22 – www.princesayaiza.com – cerrado 7 días en diciembre, domingo y lunes

Menú 48/56 € – Carta 47/60 € – *(solo cena)*

Un restaurante clásico-mediterráneo de notable valor, pues a su cuidado montaje va unida la idea culinaria de recuperar los sabores autóctonos de esta isla. Agradable terraza sobre el paseo marítimo, con vegetación y vistas a la playa.

PLAYA HONDA – 10 081 h. – Ver mapa regional n° 5-C2
Arrecife 2 km
Mapa de carreteras Michelin n° 125-D4

Aguaviva
Mástil 31 ✉ 35509 – ✆ 928 82 15 05 – www.restauranteaguaviva.com – cerrado 10 días en septiembre, domingo noche y lunes

Carta 39/53 €

Agradable restaurante instalado en un chalet de una zona residencial. En sus salas, decoradas con numerosos detalles, podrá degustar una cocina actual de base tradicional.

PUERTO CALERO – 27 h. – Ver mapa regional n° 5-C2

Arrecife 20 km
Mapa de carreteras Michelin n° 125-C5

Amura

paseo Marítimo ✉ 35771 – ✆ 928 51 31 81 – www.restauranteamura.com
Menú 45 € – Carta 30/48 €
Sorprende por su original construcción de aire colonial, contrastando el blanco exterior con un interior más colorista. Gran terraza asomada a la marina y cocina tradicional.

PUERTO DEL CARMEN – 7 045 h. – Ver mapa regional n° 5-C2

Arrecife 15 km
Mapa de carreteras Michelin n° 125-D5

La Taberna de Nino

Tanausú 2 ✉ 35510 – ✆ 928 51 57 83
Tapa 4 € – Ración aprox. 8 €
Pequeño local de aire rústico ubicado junto a la turística Avenida de las Playas. Su amplia carta de tapas y raciones se completa con algunos platos tradicionales más serios.

TENERIFE

Santa Cruz de Tenerife
Es la mayor en superficie. Su cadena montañosa está dominada por el cono volcánico del Teide (3.718 m), el punto más alto de España. Los dos centros turísticos más importantes son el Puerto de la Cruz (en el Norte) y la Playa de las Américas (en el Sur).

ESPAÑA

LAS CAÑADAS DEL TEIDE Alt. 2 160 m – Ver mapa regional n° 5-B2

Santa Cruz de Tenerife 67 km
Mapa de carreteras Michelin n° 125-F3

Parador de Las Cañadas del Teide

Las Cañadas del Teide ✉ 38300 – ✆ 922 38 64 15 – www.parador.es
37 hab – 85/155 €, 18 €
Edificio de aire montañés emplazado en un paraje volcánico de extraordinaria belleza. Presenta unas instalaciones de línea clásica-funcional, con una discreta zona noble de ambiente rústico y habitaciones bien equipadas, todas de línea clásica. El restaurante, muy luminoso, es fiel a la gastronomía regional.

CHIMICHE – Ver mapa regional n° 5-B2

Santa Cruz de Tenerife 56 km
Mapa de carreteras Michelin n° 125-F5

Casa Fito

carret. general del Sur 4 ✉ 38594 – ✆ 922 77 72 79 – www.casafitochimiche.com – cerrado 22 diciembre-2 enero
Carta 22/45 € – *(solo almuerzo salvo viernes y sábado)*
Coqueto, de ambiente rústico y ubicado junto a la carretera. Aquí proponen una carta que combina los platos a la parrilla con elaboraciones propias de dos cocinas, la canaria y la tradicional española. ¡Pruebe su Chuleta de vacuno mayor madurado a la brasa!

LOS CRISTIANOS – 7 681 h. – Ver mapa regional n° 5-A2

Santa Cruz de Tenerife 75 km
Mapa de carreteras Michelin n° 125-D5

El Rincón del Arroz

av. Los Sabandeños (edificio Soledad, Local 1) ✉ 38650 – ✆ 922 77 77 41 – www.rincondelarroz.com – cerrado 15 junio-15 julio, del 10 al 20 de septiembre, domingo noche y lunes
Carta 30/50 €
Cuidado, apartado del bullicio turístico y con el dueño al frente de los fogones. Ofrece unas acogedoras instalaciones, una buena bodega y los arroces como gran especialidad.

Casa Tagoro

Valle de Menéndez 28 ✉ 38650 – ✆ 822 66 08 33 – www.casatagoro.com – cerrado 20 junio-21 julio y lunes
Menú 39/49 € – Carta 22/44 € – *(solo cena salvo domingo)*
En pleno centro de Los Cristianos y llevado directamente por su chef-propietario. Presenta una decoración muy personal, tipo bistrot, y una carta de gusto internacional.

GARACHICO – 5 086 h. – Ver mapa regional n° 5-A1

Santa Cruz de Tenerife 61 km
Mapa de carreteras Michelin n° 125-C3

San Roque

Esteban de Ponte 32 ✉ 38450 – ✆ 922 13 34 35 – www.hotelsanroque.com
20 hab – 120/200 € 180/265 € – 7 suites
Casa señorial del s. XVIII distribuida en torno a un patio canario, con balconadas de madera. Sus coquetas estancias combinan los detalles modernos con el confort actual. El restaurante, que tiene un uso polivalente para los tres servicios del día, extiende sus mesas hasta el porche que rodea la piscina.

LOS GIGANTES – Ver mapa regional n° 5-A2

Santa Cruz de Tenerife 90 km
Mapa de carreteras Michelin n° 125-B4

El Rincón de Juan Carlos (N) (Juan Carlos Padrón)

pasaje Jacaranda 2 ✉ 38683 – ✆ 922 86 80 40 – www.elrincondejuancarlos.es – cerrado del 8 al 15 de diciembre, 15 dias en julio, del 1 al 7 septiembre y domingo
Menú 33/60 € – Carta 40/62 € – *(solo cena)*
Se halla en una zona turística y... ¡sorprende en todos los sentidos! Cuidado interior de línea moderna y cocina creativa de gran nivel, destacando sobre todo por sus salsas.
➜ Ostra con vinagre de lichi. Carabinero en su jugo. Chocolate tostado, yogur, pan de especies y limón.

GUÍA DE ISORA – 20 537 h. – Ver mapa regional n° 5-A2

Santa Cruz de Tenerife 95 km
Mapa de carreteras Michelin n° 125-C4

al Suroeste 12,5 km

The Ritz-Carlton Abama

carret. TF 47, km 9 ✉ 38687 Guía de Isora – ✆ 922 12 60 00 – www.ritzcarlton.com
367 hab – 150/595 €, 19 € – 102 suites
Rest *M.B.* ✿✿ • **Rest *Kabuki*** ✿ – ver selección restaurantes
En este espectacular complejo encontrará hermosos jardines y terrazas, todo repleto de palmeras, así como un campo de golf y hasta un club de playa. Excelente zona social, magníficas habitaciones y amplia oferta gastronómica, por lo que en sus restaurantes podrá degustar elaboraciones tradicionales, especialidades japonesas y deliciosos platos de autor.

M.B. – Hotel The Ritz-Carlton Abama

carret. TF 47, km 9 ✉ 38687 Guía de Isora – ✆ 922 12 60 00 – www.ritzcarlton.com – cerrado 6 junio-19 julio, domingo y lunes
Menú 115/135 € – Carta 98/115 € – *(solo cena)*
He aquí un restaurante que sin duda le sorprenderá, tanto por la exquisitez del montaje como por la excelencia del servicio. Su cocina de autor conjuga las mejores materias primas con una exquisita técnica y unas esmeradas presentaciones.
➜ Yema de huevo de corral bañada con una carbonara de hierbas, velo untuoso, toques de remolacha y queso. Lubina sobre pesto de cilantro acompañada de velouté de percebes, calabacines huecos y yema de huevo en tempura. Esponja helada de chocolate sobre bizcocho de avellana, helado de café y granizado de whisky.

ESPAÑA

XXX **Kabuki** – Hotel The Ritz-Carlton Abama

carret. TF 47, km 9 ✉ 38687 Guía de Isora – ✆ 922 12 60 00 – www.ritzcarlton.com – cerrado 7 septiembre-8 octubre, martes y miércoles
Menú 80/120 € – Carta 71/115 € – *(solo cena)*
Sushi, sashimi, tempura, la excepcional carne de buey Wagyu... estas son solo algunas de las especialidades que encontrará en este restaurante, fiel al recetario japonés aunque con detalles actuales. Sereno interior de estética minimalista.
➜ Usuzukuri de carabinero, con jugo de su cabeza y arroz de sushi. Omakase sushi. Cremoso de yuzu.

GÜIMAR – 18 589 h. – Alt. 290 m – Ver mapa regional n° 5-B2

▶ Santa Cruz de Tenerife 36 km
Mapa de carreteras Michelin n° 125-G3

Finca Salamanca

carret. Puertito 2, Sureste : 1,5 km ✉ 38500 – ✆ 922 51 45 30 – www.hotel-fincasalamanca.com
16 hab – 55/93 € 83/160 € – 4 suites
Ubicado en una amplia finca dotada con... ¡un jardín botánico! Ofrece una zona social clásica y diferentes tipos de habitaciones repartidas por varios edificios, la mayoría espaciosas, rústicas y con terraza. El restaurante, también rústico y con una sala polivalente, propone una cocina de gusto tradicional.

LA OROTAVA – 41 255 h. – Alt. 390 m – Ver mapa regional n° 5-B1

▶ Santa Cruz de Tenerife 36 km
Mapa de carreteras Michelin n° 125-F3

ESPAÑA

Victoria

Hermano Apolinar 8 ✉ 38300 – ✆ 922 33 16 83 – www.hotelruralvictoria.com
14 hab – 60/72 € 68/85 €
Antigua casona dotada con una hermosa fachada y un patio típico canario que funciona como zona social. Ofrece habitaciones de correcto confort, la mayoría clásicas. El restaurante se complementa con una zona de tapeo, tipo tasca, donde sirven los desayunos.

XX **Lucas Maes**

barranco de la Arena 53, autopista de Santa Cruz, salida 32 ✉ 38300 – ✆ 922 32 11 59 – www.restaurantelucasmaes.com – cerrado Semana Santa, 25 agosto-6 septiembre, domingo y lunes
Menú 40 € – Carta 29/47 €
Casa a modo de chalet dotada con tres salas de línea actual, una de ellas acristalada y con vistas tanto al jardín como al mar. Cocina semivista y carta actualizada de base tradicional, bien enriquecida con dos menús degustación.

PLAYA DE LAS AMÉRICAS – Ver mapa regional n° 5-A2

▶ Santa Cruz de Tenerife 75 km
Mapa de carreteras Michelin n° 125-D5

G.H. Bahía del Duque

av. de Bruselas (playa del Duque) ✉ 38660 – ✆ 922 74 69 32 – www.bahia-duque.com
300 hab – 387/804 € 420/894 € – 51 suites – 40 apartamentos
Espectacular complejo dotado con un bello hall y unas cuidadas habitaciones, muchas en edificios independientes tipo villa. Vegetación subtropical en torno a varias piscinas. Su excelente oferta culinaria engloba restaurantes de cocina actual, franco-belga, italiana... y hasta oriental de fusión.

Vincci La Plantación del Sur

Roque Nublo 1 ✉ 38670 – ✆ 922 71 77 73 – www.vinccihoteles.com
163 hab – 175/215 € 190/230 €
Hotel de ambiente canario y carácter vacacional dotado con unas confortables habitaciones, las más independientes denominadas "villas" y todas con una estética colonial-isleña. Completo SPA con centro de belleza y restaurante especializado en cocina canaria.

Jardín Tropical

Gran Bretaña ✉ 38660 – ☎ 922 74 60 00 – www.jardin-tropical.com
390 hab – 126/250 € 180/356 € – 5 suites
Sorprende por la atractiva integración de elementos arquitectónicos árabes en una exuberante vegetación formada por 12.000 m^2 de jardines tropicales. Zona social con detalles de diseño, habitaciones actuales e interesantes restaurantes, como Las Rocas por sus vistas al mar o El Patio por su elevado nivel gastronómico.

PUERTO DE LA CRUZ – 28 929 h. – Ver mapa regional n° 5-B1

Santa Cruz de Tenerife 36 km
Mapa de carreteras Michelin n° 125-F2

Monopol

Quintana 15 ✉ 38400 – ☎ 922 38 46 11 – www.monopoltf.com
92 hab – 20/80 € 40/120 €
Casa de estilo canario que centra su actividad en el patio interior, bastante acogedor y con gran profusión de plantas tropicales. Correctas habitaciones de estilo clásico. El restaurante ofrece buffet a la cena y snacks al mediodía.

Régulo

San Felipe 16 ✉ 38400 – ☎ 922 38 45 06 – www.restauranteregulo.com – cerrado julio, domingo y lunes mediodía
Carta 23/40 €
Instalado en una casa canaria del s. XVIII que destaca por su bello patio interior, dotado con una balconada. En sus salas, repartidas en dos plantas y de línea clásica, podrá degustar especialidades isleñas y platos de gusto internacional.

SAN ANDRÉS – Ver mapa regional n° 5-B1

Santa Cruz de Tenerife 8 km
Mapa de carreteras Michelin n° 125-J2

La Posada del Pez N

carret. Taganana 2 ✉ 38140 – ☎ 922 59 19 48 – cerrado domingo noche
Carta 24/30 €
Se halla a la entrada del pueblo, en un llamativo edificio adornado con una balconada de madera. En su comedor, de amable rusticidad, le ofrecerán una cocina tradicional actualizada especializada en pescados, sobre todo de la zona pero también de la península.

SANTA CRUZ DE TENERIFE – 206 593 h. – Ver mapa regional n° 5-B1

Playa de las Américas 75 km – Puerto de la Cruz 36 km
Mapa de carreteras Michelin n° 125-J2

Atlántida Santa Cruz

av. 3 de Mayo ✉ 38005 – ☎ 922 29 45 00 – www.hotelatlantida.com Plano : B3**e**
112 hab – 89/230 €, 16 € – 25 suites
Emplazado junto a un área comercial. Atesora una completa zona de relax en la última planta y unas confortables habitaciones, con los accesos desde ascensores panorámicos. El espacioso comedor, que está apoyado por una cafetería, ofrece una carta tradicional.

Taburiente

Doctor José Naveiras 24-A ✉ 38001 – ☎ 922 27 60 00 – www.hoteltaburiente.com Plano : C1**r**
170 hab – 48/92 € 78/102 €, 10 € – 3 suites
Destaca tanto por su interiorismo como por su ubicación, frente al parque García Sanabria. Ofrece dos tipos de habitaciones, las estándar con mobiliario funcional-actual y las superiores, más amplias y detallistas. El restaurante apuesta por la cocina actual.

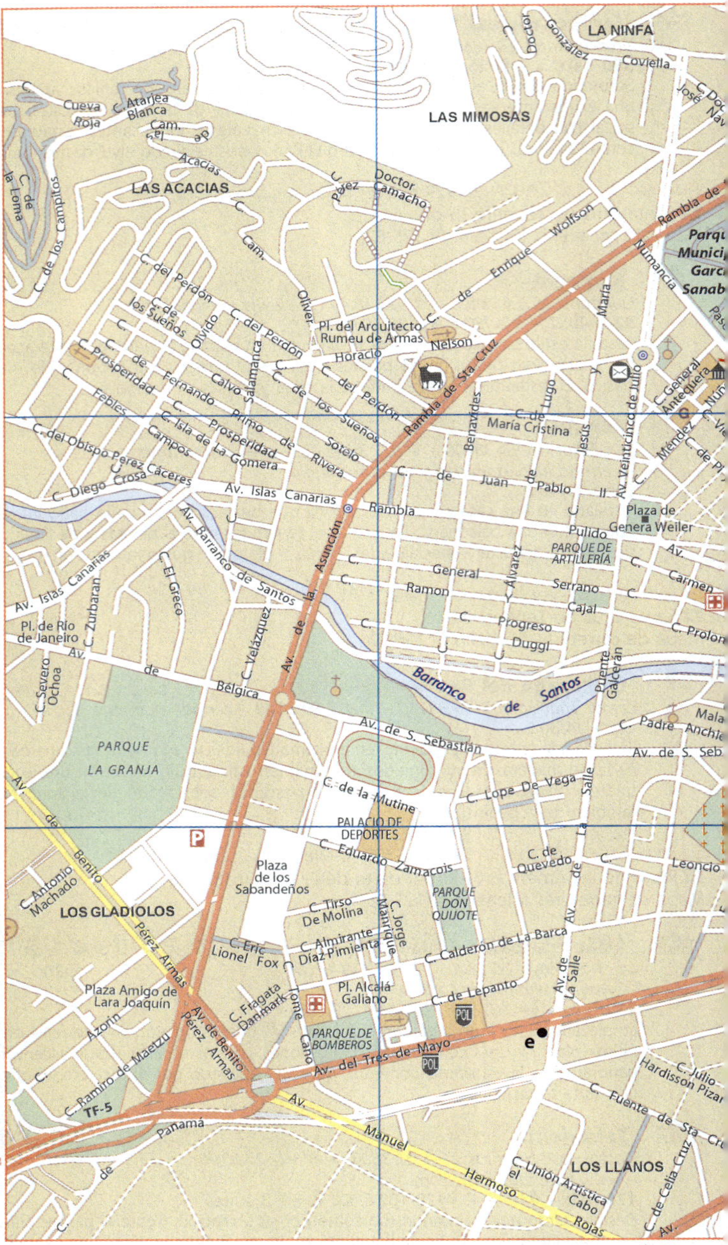

LA LAGUNA, PUERTO DE LA CRUZ, TENERIFE-SUR
TENERIFE-NORTE, SANTA MARIA DEL MAR

LA LAGUNA, PUERTO DE LA CRUZ, TENERIFE-SUR
TENERIFE-NORTE, SANTA MARIA DEL MAR

ESTACIÓN MARÍTIMA, SAN ANDÉS
C
D
1
2
3
SANTA CRUZ DE TENERIFE
0
300 m
PUERTO
DIQUE MUELLE
DIQUE NUEVO
Muelle de Ribera
Vía Conexión Muelle Ribera
Vía de Servicio Muelle Ribera
Vía Tinglados Muelle Ribera
Av. Francisco La Roche
Vía de Servicio Muelle de Enlace
Vía de Servicio los Llanos
Av. Marítima
Rambla de Sta Cruz
C. Alejandro Cioranescu
Museo Militar
Núñez
C. S. Miguel
C. Santiago
Rosa
C. S. Fernando
Méndez
C. S. Antonio
Plaza de S. Antonio de Texas
Parque García Sanabria
C. de la Marina
C. S. Francisco
C. S. Martín
C. Santiago
Sta Rosalía
TOSCAL
Pl. de Isabel II
Plaza del Patriotismo
C. Emilio Calzadilla
C. de Ruiz de Padrón
Pilar
Valentín Sanz
S. Lucas
Suárez
Guerra
Pl. Alférez Provisional
S. Francisco
Pal. de Carta
C. La Palma
C. Doctor Allart
Guimera
C. Cruz Verde
C. Candelaria
Murillo
Bravo
Miraflores
Concordia
Aguere
Concepción
Museo de la Naturaleza y el Hombre
Pl. de Europa
Av. de José Manuel Guimera
C. Mejías
Alfonso
Rodríguez
del Tres de Mayo
C. Víctor Zurita Soler
Constitución
Av.
C. Ermita la Regla
AUDITORIO

XX **Los Cuatro Postes**

Emilio Calzadilla 5 ✉ 38002 – ✆ 922 28 73 94 Plano : C2**k**
– cerrado 15 días en agosto y domingo
Menú 45 € – Carta 35/52 €
Esté en pleno centro y ofrece dos salas de línea clásica, ambas repletas de fotografías con clientes famosos. Buen expositor, vivero de marisco y completa carta tradicional.

XX **Kazan**

Paseo Milicias de Garachico 1, local 4 ✉ 38004 – ✆ 922 24 55 98 Plano : C2**c**
– www.restaurantekazan.com – cerrado domingo y lunes noche
Menú 40/80 € – Carta 50/65 €
Su nombre nipón significa "Volcán", por lo que a través de él hacen un guiño tanto a la isla como a la explosión sensorial que provocan al comensal. Ofrecen un montaje actual, con una atractiva barra de sushi, y una cocina japonesa de calidad que valora la creatividad, los contrastes, la perfección en los cortes...
➜ Usuzukuri de camarón soldado. Nigiris de piel de mero. Atún rojo, algas y papa negra.

EL SAUZAL – 9 076 h. – Alt. 450 m – Ver mapa regional n° **5**-B1
Santa Cruz de Tenerife 24 km
Mapa de carreteras Michelin n° 125-G2

XX **Las Terrazas del Sauzal** (N)

pasaje Sierva de Dios 9 ✉ 38360 – ✆ 922 57 14 91 – www.terrazasdelsauzal.com
– cerrado lunes y martes
Carta 33/50 €
En pleno centro de El Sauzal pero en una zona elevada, por lo que sus terrazas atesoran unas idílicas vistas a todo el litoral costero. Cocina actual con detalles creativos.

ESPAÑA

TEJINA – 676 h. – Ver mapa regional n° **5**-B1
Santa Cruz de Tenerife 22 km
Mapa de carreteras Michelin n° 125-H2

en Valle de Guerra por la carretera TF 161 - Oeste : 2,4 km

Costa Salada

camino La Costa, Finca Oasis ✉ 38270 Valle de Guerra – ✆ 922 69 00 00
– www.costasalada.com – cerrado agosto
12 hab – 56/106 € 85/162 €
A las afueras de la localidad, en un paraje aislado y con terrazas frente al mar. Destaca por sus exteriores, con piscina y una pequeña cala de piedras. El restaurante, con buenas vistas al mar y una carta tradicional, utiliza una cueva a modo de reservado.

VILAFLOR – 1 804 h. – Alt. 1 400 m – Ver mapa regional n° **5**-B2
Santa Cruz de Tenerife 83 km
Mapa de carreteras Michelin n° 125-E4

en La Escalona por la carretera de Arona - Suroeste : 7 km

El Nogal

camino Real ✉ 38614 La Escalona – ✆ 922 72 60 50 – www.hotelnogal.com
42 hab – 65/95 € 108/140 €
Antigua casa de campo que aún atesora cierto encanto. Disfruta de un entorno muy cuidado, una agradable zona noble, los bellísimos balcones de madera canarios y unas habitaciones de buen confort, unas rústicas y otras clásicas. En el comedor, también de ambiente rústico, apuestan por la cocina internacional.

LA GOMERA

Santa Cruz de Tenerife

Sus costas son abruptas, atormentadas por impresionantes barrancos. Es un lugar ideal para pasar unas tranquilas vacaciones en contacto con la naturaleza.

HERMIGUA – 2 103 h. – Alt. 170 m – Ver mapa regional n° 5-A2

San Sebastián de la Gomera 18 km

Mapa de carreteras Michelin n° 125-C1

Ibo Alfaro

Ibo Alfaro ✉ 38820 – ✆ 922 88 01 68 – www.hotel-gomera.com

17 hab – 50/58 € 65/82 €

Casa de estilo canario del s. XIX dotada con vistas al valle de Hermigua. Ofrece habitaciones de aire rústico, cada una personalizada con el nombre de una planta autóctona.

Casa Los Herrera

pl. Nuestra Señora de la Encarnación ✉ 38820 – ✆ 922 88 07 01 – www.casalosherrera.com

8 hab – 60/70 € 87/95 €

Este pequeño hotel rural ocupa una casa de 1846 emplazada frente a la iglesia. Posee un bello patio central dotado con una balconada en madera, un acogedor salón social y confortables habitaciones de aire rústico, seis con terraza.

SAN SEBASTIÁN DE LA GOMERA – 8 699 h. – Ver mapa regional n° 5-A2

Arure 36 km

Mapa de carreteras Michelin n° 125-D2

Parador de San Sebastián de La Gomera

cerro de la Horca 1 ✉ 38800 – ✆ 922 87 11 00 – www.parador.es

Plano : B1**c**

60 hab – 95/180 €, 18 € – 2 suites

Está en la parte alta de la ciudad y atesora, junto a las buenas vistas al mar y el amplio jardín botánico, una encantadora decoración regional. Entre sus habitaciones destacan las que tienen los típicos balcones de madera. En el comedor podrá degustar las especialidades gastronómicas propias de esta tierra.

Torre del Conde Garajonay

Ruiz de Padrón 19 ✉ 38800 – ✆ 922 87 00 00 – www.hoteltorredelconde.com

Plano : A1**a**

68 hab – 51/71 € 69/88 €

Este céntrico hotel toma su nombre de una torre antigua que se ve desde distintas estancias. Ofrece habitaciones de línea clásica-funcional y una terraza-azotea con hamacas. En su sencillo comedor encontrará una carta de carácter tradicional.

ESPAÑA

EL HIERRO

Santa Cruz de Tenerife

Es la más pequeña de las Canarias. Está poco poblada y sus principales fuentes económicas son el ganado y la agricultura; de sus viñas se obtiene un delicioso vino blanco. Su litoral rocoso es idóneo para la pesca submarina.

VALVERDE – 5 048 h. – Alt. 600 m – Ver mapa regional n° 5-A2

San Andrés 10 km

Mapa de carreteras Michelin n° 125-D2-E2

en el Mirador de la Peña Oeste : 9 km

Mirador de La Peña

carret. de Guarazoca 40 ✉ 38916 Guarazoca – ✆ 922 55 03 00

Menú 14/45 € – Carta 26/39 €

Se trata de un restaurante muy especial, pues fue diseñado por el genial artista César Manrique y está considerado como un monumento por parte del cabildo. Cocina regional.

en Las Playas Suroeste : 20 km

Parador de El Hierro

Las Playas 15 ✉ 38900 Valverde – ✆ 922 55 80 36 – www.parador.es

47 hab – 85/150 €, 18 €

El sosiego está asegurado en este parador, colgado sobre una playa de roca volcánica. La mayoría de sus habitaciones poseen mobiliario de línea clásica y unas bonitas vistas. El comedor, de aire regional, es idóneo para descubrir la gastronomía de la isla.

LA PALMA

Santa Cruz de Tenerife

La "Isla Bonita" es muy montañosa: alcanza los 2.426 m. La Palma es una de las más ricas y pobladas de todas las Canarias.

BREÑA ALTA – 7 455 h. – Ver mapa regional n° 5-A1

Santa Cruz de La Palma 21 km

Mapa de carreteras Michelin n° 125-D5

Casa Osmunda

subida la Concepción 2 ✉ 38710 – ✆ 922 41 26 35 – cerrado domingo noche y lunes
Menú 15/30 € – Carta 20/35 €
Instalado en una bonita casa de indianos que sirvió como lugar de descanso para comerciantes. Ofrece un interior rústico-canario y una cocina tradicional de gran honestidad.

BREÑA BAJA – 5 523 h. – Ver mapa regional n° 5-A1

Santa Cruz de La Palma 4 km
Mapa de carreteras Michelin n° 125-D5

Parador de La Palma

carret. El Zumacal ✉ 38712 – ✆ 922 43 58 28 – www.parador.es
78 hab – ††75/155 €, ☕ 18 €
Construido en una zona elevada, con amplios espacios verdes y hermosas vistas sobre el océano. El edificio tiene dos plantas, con una torre adosada y espaciosas habitaciones. En sus comedores podrá conocer los platos más representativos de la cocina palmera.

LOS LLANOS DE ARIDANE – 20 930 h. – Alt. 350 m – Ver mapa regional n° 5-A1

Santa Cruz de La Palma 27 km
Mapa de carreteras Michelin n° 125-C5

El Rincón de Moraga

Llano de San Pedro 4 (Argual) ✉ 38760 – ✆ 922 46 45 64 – www.rincon-moraga.com – cerrado del 1 al 15 de febrero, del 1 al 15 de mayo, domingo y lunes mediodía
Menú 25/50 € – Carta 30/40 €
Alojado en una antigua casa canaria de ambiente rústico-regional. Apuestan por una cocina tradicional actualizada que fusiona los platos locales con los de otras latitudes.

SANTA CRUZ DE LA PALMA – 16 330 h. – Ver mapa regional n° 5-A1

Los Llanos de Aridane 37 km
Mapa de carreteras Michelin n° 125-D4

San Telmo

San Telmo 5 ✉ 38700 – ✆ 922 41 53 85 – www.santelmo-lapalma.eu
8 hab – †50/65 € ††63/75 €, ☕ 8 €
Coqueto hotel repartido entre dos casas contiguas del casco antiguo, una de ellas de estilo canario y con un precioso patio. ¡Atractivo solárium y terracita con vistas al mar!

TAZACORTE – 4 911 h. – Ver mapa regional n° 5-A1

Santa Cruz de La Palma 31 km
Mapa de carreteras Michelin n° 125-B5

Hacienda de Abajo

Miguel de Unamuno 11 ✉ 38770 – ✆ 922 40 60 00 – www.hotelhaciendadeabajo.com
31 hab ☕ – †160/322 € ††206/484 € – 1 suite
Singular, histórico, diferente... en pleno Tazacorte y rodeado de platanales. Podríamos catalogarlo como un hotel-museo, pues cobija más de 1100 piezas de arte o anticuario. Habitaciones con balcón o terraza y oferta culinaria de sabor canario e internacional.

ESPAÑA

España

Distinciones 2016

→ Distinções 2016

→ *Awards 2016*

Y también... E também... *And also...*

Las estrellas de buena mesa

→ Estabelecimentos com estrelas

→ *Starred restaurants*

ESPAÑA

Andalucía

Casares	Kabuki Raw	✿	**N**
Córdoba	Choco	✿	
El Ejido	La Costa	✿	
Fuengirola	Sollo	✿	**N**
Huelva	Acanthum	✿	**N**
Málaga	José Carlos García	✿	
Marbella	Dani García	✿✿	
Marbella	El Lago	✿	
Marbella	Messina	✿	**N**
Marbella	Skina	✿	
El Puerto de Santa María	Aponiente	✿✿	
Roquetas de Mar	Alejandro	✿	
Sevilla	Abantal	✿	

Aragón

Huesca	Lillas Pastia	✿	
Huesca	Tatau Bistro	✿	
Huesca	Las Torres	✿	
Tramacastilla	Hospedería El Batán	✿	
Zaragoza	La Prensa	✿	

Asturias

Arriondas	Casa Marcial	✿✿	
Arriondas	El Corral del Indianu	✿	
Gijón	Auga	✿	
Gijón	La Salgar	✿	
Llanes / Pancar	El Retiro	✿	
Prendes	Casa Gerardo	✿	
Ribadesella	Arbidel	✿	
Salinas	Real Balneario	✿	

Baleares (Islas)

Mallorca / Es Capdellà	Zaranda	✿✿	**N**
Mallorca / Capdepera	Andreu Genestra	✿	
Mallorca / Sa Coma	Es Molí d'En Bou	✿	
Mallorca / Deià	Es Racó d'Es Teix	✿	
Mallorca / Palma	Simply Fosh	✿	
Mallorca / Palmanova	Es Fum	✿	
Mallorca / Port d'Alcudia	Jardín	✿	
Formentera / Sant Ferran de ses Roques	Can Dani	✿	

Canarias (Islas)

Tenerife / Guía de Isora	Kabuki	✿	
Tenerife / Guía de Isora	M.B.	✿✿	
Tenerife / Los Gigantes	El Rincón de Juan Carlos	✿	**N**
Tenerife / Santa Cruz de Tenerife	Kazan	✿	

Cantabria

Ampuero / La Bien Aparecida	Solana	✿	
Puente Arce	El Nuevo Molino	✿	
San Vicente de la Barquera	Annua	✿	
Santander	El Serbal	✿	
Villaverde de Pontones	Cenador de Amós	✿	

Castilla-La Mancha

Almansa	Maralba	✿	
Illescas	El Bohío	✿	
Las Pedroñeras	Las Rejas	✿	
Toledo	El Carmen de Montesión	✿	
Torrico / Valdepalacios	Tierra	✿	

Castilla y León

Benavente	El Ermitaño	✿	**N**
León	Cocinandos	✿	
Matapozuelos	La Botica	✿	
Navaleno	La Lobita	✿	
Salamanca	Víctor Gutiérrez	✿	
Sardón de Duero	Refectorio	✿	
Segovia	Villena	✿	**N**

Cataluña

Arbúcies	Les Magnòlies	✿	
Barcelona	ABaC	✿✿	
Barcelona	Alkimia	✿	
Barcelona	Angle	✿	

N → Nuevo establecimiento con distinción → Novo estabelecimento com distinção
→ Newly awarded distinction

Barcelona	Caelis	✿
Barcelona	Cinc Sentits	✿
Barcelona	Disfrutar	✿ N
Barcelona	Dos Cielos	✿
Barcelona	Dos Palillos	✿
Barcelona	Enoteca	✿✿
Barcelona	Gaig	✿
Barcelona	Hisop	✿
Barcelona	Hofmann	✿
Barcelona	Hoja Santa	✿ N
Barcelona	Koy Shunka	✿
Barcelona	Lasarte	✿✿
Barcelona	Moments	✿✿
Barcelona	Nectari	✿
Barcelona	Pakta	✿
Barcelona	Roca Moo	✿
Barcelona	Saüc	✿
Barcelona	Tickets	✿
Barcelona	Via Veneto	✿
Barcelona / Santa Coloma de Gramenet	Lluerna	✿
Calldetenes	Can Jubany	✿
Cambrils	Can Bosch	✿
Cambrils	Rincón de Diego	✿
Castelló d'Empúries	Emporium	✿ N
Cercs	Estany Clar	✿
Corçà	Bo.Tic	✿
Gimenells	Malena	✿
Girona	El Celler de Can Roca	✿✿✿
Girona	Massana	✿
Gombrèn	La Fonda Xesc	✿
Llafranc	Casamar	✿
Llagostera	Els Tinars	✿
Llançà	Miramar	✿✿
El Masnou	Tresmacarrons	✿ N
Olost	Sala	✿
Olot	Les Cols	✿✿
Roses / Playa de Canyelles Petites	Els Brancs	✿
Sagàs	Els Casals	✿
Sant Fruitós de Bages	L'Ó	✿
Sant Pol de Mar	Sant Pau	✿✿✿
Sort	Fogony	✿
Terrassa	Capritx	✿
Tossa de Mar	La Cuina de Can Simon	✿
Ulldecona	Les Moles	✿
La Vall de Bianya	Ca l'Enric	✿
Xerta	Villa Retiro	✿

Extremadura

Cáceres	Atrio	✿✿

Galicia

Cambados	Yayo Daporta	✿
Cambre	A Estación	✿
A Coruña	Alborada	✿
A Coruña	Árbore da Veira	✿
O Grove / Reboredo	Culler de Pau	✿
Malpica de Bergantiños / Porto Barizo	As Garzas	✿
Ourense	Nova	✿
Pontevedra / San Salvador de Poio	Solla	✿
Raxo	Pepe Vieira Camiño da Serpe	✿
Santa Comba	Retiro da Costiña	✿
Santiago de Compostela	Casa Marcelo	✿ N
Tui	Silabario	✿
Vigo	Maruja Limón	✿

Madrid (Comunidad)

Aranjuez	Casa José	✿
Humanes de Madrid	Coque	✿✿ N
Madrid	Álbora	✿
Madrid	La Cabra	✿
Madrid	El Club Allard	✿✿
Madrid	DiverXO	✿✿✿
Madrid	DSTAgE	✿
Madrid	Kabuki	✿
Madrid	Kabuki Wellington	✿
Madrid	Lúa	✿ N
Madrid	Punto MX	✿
Madrid	Ramón Freixa Madrid	✿✿
Madrid	Santceloni	✿✿
Madrid	Sergi Arola	✿✿
Madrid	La Terraza del Casino	✿✿
San Lorenzo de El Escorial	Montia	✿
Valdemoro	Chirón	✿

Murcia (Región)

Murcia / El Palmar	Cabaña Buenavista	✿

Navarra

Iruña	Europa	✿
Iruña	Rodero	✿
Urdaitz	El Molino de Urdániz	✿

País Vasco

Amorebieta / Boroa	Boroa	✿
Axpe	Etxebarri	✿
Bilbao	Etxanobe	✿
Bilbao	Mina	✿
Bilbao	Nerua	✿
Bilbao	Zarate	✿ N
Bilbao	Zortziko	✿
Donostia-San Sebastián	Akelaŕe	✿✿✿

N → Nuevo establecimiento con distinción → Novo estabelecimento com distinção
→ Newly awarded distinction

Donostia-San Sebastián	Arzak	✿✿✿
Donostia-San Sebastián	Kokotxa	✿
Donostia-San Sebastián	Mirador de Ulía	✿
Elciego	Marqués de Riscal	✿
Errenteria	Mugaritz	✿✿
Galdakao	Andra Mari	✿
Getaria	Elkano	✿
Hondarribia	Alameda	✿
Larrabetzu	Azurmendi	✿✿✿
Lasarte-Oria	Martín Berasategui	✿✿✿
Oiartzun	Zuberoa	✿
Vitoria-Gasteiz	Zaldiarán	✿

La Rioja

Daroca de Rioja	Venta Moncalvillo	✿
Ezcaray	El Portal	✿✿

Valencia (Comunidad)

Alacant	Monastrell	✿
Cocentaina	L'Escaleta	✿
Daimús	Casa Manolo	✿
Dénia	Quique Dacosta	✿✿✿
Elx	La Finca	✿
Ondara	Casa Pepa	✿
València	El Poblet	✿
València	Ricard Camarena	✿
València	Riff	✿
València	La Sucursal	✿
Vall d'Alba	Cal Paradís	✿
Xàbia	BonAmb	✿

ESPAÑA

N → Nuevo establecimiento con distinción → Novo estabelecimento com distinção
→ Newly awarded distinction

Bib Gourmand

→ Buenas comidas a precios moderados
→ Refeições cuidadas a preços moderados
→ *Good food at moderate prices*

Andalucía

Agua Amarga	Asador La Chumbera	**N**
Almodóvar del Río	La Taberna	
Almuñécar	El Chaleco	
Cádiz	Sopranis	
Cazalla de la Sierra	Agustina	
Cazorla	Mesón Leandro	**N**
Córdoba	El Envero	
Córdoba	La Lonja	**N**
Fuengirola	Girol	**N**
Jerez de la Frontera	La Carboná	
Linares	Canela en Rama	
Linares	Los Sentidos	
Linares de la Sierra	Arrieros	
Málaga	Café de París	
Málaga	Figón de Juan	
Marbella	Bibo	**N**
Medina-Sidonia	El Duque	
Medina-Sidonia	Venta La Duquesa	
Monachil	La Cantina de Diego	
Montellano	Deli	
Los Palacios y Villafranca	Manolo Mayo	
Priego de Córdoba	Balcón del Adarve	
Puente-Genil	Casa Pedro	
Puerto Real	La Curiosidad de Mauro Barreiro	**N**
Sanlúcar de Barrameda	Casa Bigote	
Sevilla	Az-Zait	
Sevilla	El Gallinero de Sandra	
Úbeda	Amaranto	
Úbeda	Cantina La Estación	
Úbeda	Zeitúm	**N**
Vera	Juan Moreno	**N**

Aragón

Ainsa	Callizo	
Biescas	El Montañés	
Cantavieja	Balfagón	
Cariñena	La Rebotica	
Castellote	Castellote	
Chía	Chongastán	
La Fresneda	Matarraña	
Hecho	Canteré	
Mora de Rubielos	El Rinconcico	
Puebla de Alfindén	Galatea	
Sallent de Gállego / El Formigal	Vidocq	
Sarvisé	Casa Frauca	
Sos del Rey Católico	La Cocina del Principal	
Tamarite de Litera	Carmen	
Teruel	Yain	
Zaragoza	Txalupa	

Asturias

Posada de Llanera	La Corriquera	
Verdicio	La Fustariega	

Baleares (Islas)

Mallorca / Banyalbufar	Son Tomás	
Mallorca / Inca	Joan Marc	
Mallorca / Palma	Patrón Lunares	
Menorca / Ciutadella de Menorca	Smoix	

Canarias (Islas)

Gran Canaria / Arucas	Casa Brito	
Gran Canaria / Las Palmas de Gran Canaria	Deliciosamarta	
Fuerteventura / Villaverde	Casa Marcos	**N**
Lanzarote / Arrecife	Lilium	**N**
Lanzarote / Famara	El Risco	
Tenerife / Chimiche	Casa Fito	**N**
Tenerife / San Andrés	La Posada del Pez	**N**

Cantabria

Borleña	Mesón de Borleña	
Noja	Sambal	
Puente Arce	El Redoble	
Puente San Miguel	Hostería Calvo	

N → Nuevo establecimiento con distinción → Novo estabelecimento com distinção
→ Newly awarded distinction

Ruente	Casa Nacho González
Santander	Casona del Judío
Santander	Machinero
Santander	Puerta 23

Castilla-La Mancha

Albacete	Don Gil
Cañete	La Muralla
Cuenca	Raff
Ocaña	Palio
Sigüenza	Nöla **N**
Villalba de la Sierra	Mesón Nelia
Villarrobledo	Azafrán

Castilla y León

Astorga	Las Termas
Boceguillas	Área de Boceguillas
Cacabelos / Canedo	Palacio de Canedo
Covarrubias	De Galo
Espinosa de los Monteros	Posada Real Torre Berrueza
Lerma	Casa Brigante
Lerma	Posada de Eufrasio
Morales de Rey	Brigecio
Navaleno	El Maño
Palencia	Isabel
El Perdigón	Bodega Pámpano
Puebla de Sanabria	Posada de las Misas
Puente Duero	Dámaso
Salamanca	Vida y Comida
San Miguel de Valero	Sierra Quil'ama
Tudela de Duero	Mesón 2,39
Valencia de Don Juan	Casa Alcón
Valladolid	Chuchi Martín **N**
Valladolid	Don Bacalao
Valladolid / Pinar de Antequera	Llantén **N**
Vecinos	Casa Pacheco
La Vid	La Casona de La Vid **N**
Villanueva de Argaño	Las Postas de Argaño

ESPAÑA

Cataluña

Alp	Casa Patxi
Anglès	L'Aliança d'Anglès **N**
Badalona	Olmosgourmet
Banyoles	Quatre Estacions
Barcelona	Etapes
Barcelona	Fonda España
Barcelona	Freixa Tradició
Barcelona	Senyor Parellada
Barcelona	Silvestre
Barcelona	La Taula
Barcelona	Vivanda
Barcelona / Santa Coloma de Gramenet	Ca n'Armengol
Les Borges Blanques	Hostal Benet
Bossòst	Er Occitan
Bossòst	El Portalet
Caldes de Montbui	Mirko Carturan Cuiner
Cambrils	Acuamar-Casa Matas
Canet de Mar	La Font
Empuriabrava	Noray **N**
L'Escala	La Gruta
L'Escala / Cinc Claus	Mas Concas Víctor Català **N**
Espinavessa	La Rectoría
Falset	El Celler de L'Aspic
Figueres	Cap i Pota
Girona	Nu
Granollers	Fonda Europa **N**
Els Hostalets d'En Bas	L'Hostalet
Llançà	El Vaixell
Lleida	Aimia
Montornès del Vallès	Lucerón
Palamós	La Salinera **N**
Palau-Sator	Mas Pou
Pals	Vicus
Peralada	Cal Sagristà
Ponts	Lo Ponts
Sant Pau d'Ordal	Cal Xim
Sant Quirze del Vallès	Can Ferrán
Sant Sadurní d'Anoia	La Cava d'en Sergi
Santa Coloma de Queralt	Hostal Colomí
Solivella	Cal Travé
Sudanell	La Lluna
Terrassa	El Cel de les Oques
Terrassa	Sara
Torà	Hostal Jaumet
Vallromanes	Can Poal
Vic	Divicnus
Vielha	Era Lucana
Vielha / Escunhau	El Niu
Vilafranca del Penedès	El Racó de la Calma

Extremadura

Arroyomolinos de la Vera	La Era de mi Abuelo
Badajoz	El Sigar
Cáceres	Madruelo
Hervás	El Almirez
Hervás	Nardi
Jerte	Valle del Jerte la Sotorriza
Mérida	Rex Numitor
Pedroso de Acim	El Palancar

Galicia

Arcade	Arcadia
Baiona	Paco Durán

N → Nuevo establecimiento con distinción → Novo estabelecimento com distinção
→ Newly awarded distinction

Boqueixón / Codeso	O Balado	**N**
Cambados	Ribadomar	
Cánduas	Mar de Ardora	
A Coruña	El de Alberto	
Esteiro	Muiño	
Fene	Muiño do Vento	
Ferrol	O Camiño do Inglés	**N**
A Guarda	Trasmallo	
Hío	Doade	
Laxe	Zurich	
Monforte de Lemos	O Grelo	
Monforte de Lemos	Manuel Bistró	
Negreira	Casa Barqueiro	
Oleiros	Comei Bebei	
Padrón	A Casa dos Martínez	
Ponte Ulla	Villa Verde	
Redondela	O Xantar de Otelo	
Santiago de Compostela	Ghalpón Abastos	
Santiago de Compostela	Mar de Esteiro	
Santiago de Compostela	A Tafona	**N**
Vigo	Casa Marco	

Madrid (Comunidad)

Alcalá de Henares	Ambigú	**N**
Griñón	El Bistró	
Guadarrama	La Calleja	
Madrid	Arriba	
Madrid	Ars Vivendi	
Madrid	Bolívar	
Madrid	La Castela	**N**
Madrid	Desencaja	**N**
Madrid	La Maruca	
Madrid	La Montería	
Madrid	Tepic	
Madrid	Las Tortillas de Gabino	
Madrid	Triciclo	
Moralzarzal	Zalea	
Titulcia	El Rincón de Luis y H. La Barataria	

Murcia (Región)

Cartagena / Los Dolores	La Cerdanya	
La Manga del Mar Menor / Urbanización Playa Honda	Malvasía	
Murcia	Alborada	
Murcia	Keki	**N**
Ricote	El Sordo	
San Pedro del Pinatar	Juan Mari	

Navarra

Donamaria	Donamaria'ko Benta	
Elizondo	Santxotena	
Lesaka	Kasino	
Mugiro	Venta Muguiro	
Tudela	Pichorradicas - Casa Ignacio	

País Vasco

Donostia-San Sebastián	Agorregi	
Laguardia	Amelibia	
Leintz-Gatzaga	Gure Ametsa	
Páganos	Héctor Oribe	
Pasai Donibane	Txulotxo	

La Rioja

Briones	Los Calaos de Briones	
Casalarreina	La Vieja Bodega	
Logroño	La Cocina de Ramón	

Valencia (Comunidad)

Alacant	Govana	
L'Alcora	Sant Francesc	
Alcossebre	El Pinar	
Alfafara	Casa el Tio David	
Almoradí	El Buey	
Alzira	Cami·Vell	
Ayora	77	
Benifaió	Juan Veintitrés	
Benimantell	L'Obrer	
Benisanó	Rioja	**N**
El Castell de Guadalest	Nou Salat	
Castelló de la Plana	Aqua	
Cocentaina	El Laurel	
ElxFrisone		**N**
Gandia	Telero	**N**
Meliana	Ca' Pepico	
Morella	Daluan	
Morella	Mesón del Pastor	
Morella	Vinatea	
la Nucia	El Xato	
Piles	GloriaMar	
El Pinós	El Racó de Pere i Pepa	
Sagunt	Negresca	
Segorbe	María de Luna	
València	Blanqueries	
València	Kaymus	
València	Montes	
València	Q de Barella	**N**
València	Saiti	**N**
Xinorlet	Elías	

ESPAÑA

N → Nuevo establecimiento con distinción → Novo estabelecimento com distinção
→ Newly awarded distinction

Restaurantes agradables

Restaurantes agradáveis

Particularly pleasant restaurants

Andalucía

Jerez de la Frontera	Reinodeleón	Y/
Linares de la Sierra	Arrieros	X
El Puerto de Santa María	Aponiente	XXXX
Sevilla	Taberna del Alabardero	XXX
Úbeda	Zeitúm	XX

Aragón

Buera	Lalola	X
Monroyo	Consolación	X
Peñarroya de Tastavins	Virgen de la Fuente	X

Asturias

Arriondas	El Corral del Indianu	XX

Baleares (Islas)

Mallorca / Artà	Gaudi y Zezo	XXX
Mallorca / Deià	El Olivo	XXX
Mallorca / Deià	Es Racó d'Es Teix	XX
Mallorca / Palma	Simply Fosh	XX
Mallorca / Palmanova	Es Fum	XXXX
Mallorca / Pollença	365	XXXX
Mallorca / Santa María del Camí	Molí des Torrent	XX
Mallorca / Sóller	Béns d'Avall	XX
Menorca / Cala en Porter	Torralbenc	XX
Ibiza / Eivissa	La Masía d'en Sort	XX
Ibiza / Santa Eulalia del Río	Can Curreu	XX

Canarias (Islas)

Fuerteventura / Betancuria	Casa Santa María	XX
Tenerife / Guía de Isora	M.B.	XXXXX

Cantabria

Puente Arce	El Nuevo Molino	XXX
Villaverde de Pontones	Cenador de Amós	XXX

Castilla-La Mancha

Albacete	El Callejón	XX
Almagro	El Corregidor	XX
Torrico / Valdepalacios	Tierra	XXX

Castilla y León

Cacabelos	La Moncloa de San Lázaro	X
Cacabelos / Canedo	Palacio de Canedo	XX
Sardón de Duero	Refectorio	XXXX
Valladolid / Pinar de Antequera	Llantén	XX
Villoldo	Estrella del Bajo Carrión	XX

Cataluña

Anglès	L'Aliança d'Anglès	X
Barcelona	BistrEau	XX
Barcelona	Bodega 1900	Y/
Barcelona	Caelis	XXXX
Barcelona	Enoteca	XXX
Barcelona	Hoja Santa	X
Barcelona	Lasarte	XXXX
Barcelona	Moments	XXXX
Barcelona	Mont Bar	Y/
Barcelona	Tickets	Y/
Bolvir de Cerdanya	Torre del Remei	XXXX
La Canonja	Espai Fortuny	XXX
Cercs	Estany Clar	XX
Girona	El Celler de Can Roca	XXXX
Llívia	Can Ventura	XX
Madremanya	La Plaça	XX
Meranges	Can Borrell	X
Olot	Les Cols	XXX
Pals	Sa Punta	XXX
Pau	Mas Lazuli	X
Romanyà de la Selva	Can Roquet	XX
La Vall de Bianya	Ca l'Enric	XXX

Extremadura

Arroyomolinos de la Vera	La Era de mi Abuelo	XX
Cáceres	Atrio	XXXX
Zafra	Barbacana	XX
Zafra	Lacasabar	Y/

Galicia

Allariz	Portovello	X
Cambados	Posta do Sol	X
Santa Comba	Retiro da Costiña	XXX

Madrid (Comunidad)

Hoyo de Manzanares	El Vagón de Beni	XX
Humanes de Madrid	Coque	XXX
Madrid	Arriba	XX
Madrid	DiverXO	XXX
Madrid	DSTAgE	XX
Madrid	Ramsés	XX
Madrid	Tasca La Farmacia	🍷
Madrid	La Terraza del Casino	XXXX
Pozuelo de Alarcón	KBK Aravaka	XX

Navarra

Donamaria	Donamaria'ko Benta	X

País Vasco

Amorebieta / Boroa	Boroa	XX
Bakio	Zintziri Errota	X
Bidania	Bailara	XX
Bilbao	Etxanobe	XXX
Donostia-San Sebastián	Akelaŕe	XXXX
Elciego	Marqués de Riscal	XXXX
Errenteria	Mugaritz	XXXX
Galdakao	Andra Mari	XX
Hondarribia	Sebastián	XX
Larrabetzu	Azurmendi	XXXX
Oiartzun	Zuberoa	XXX
Vitoria-Gasteiz	El Portalón	XX

La Rioja

Arnedo	Sopitas	XX

Valencia (Comunidad)

Benissa	Casa Cantó	XX
Dénia	Quique Dacosta	XXX
València	Casa Montaña	🍷
València	Coloniales Huerta	🍷
La Vall d'Uixó	La Gruta	XX
La Vila Joiosa	Emperador	XX
Xàbia	BonAmb	XXX

Alojamientos agradables

→ Alojamentos agradáveis

→ *Particularly pleasant accommodations*

ESPAÑA

Andalucía

Baza	Cuevas Al Jatib
Benahavís	Amanhavis
Benalup-Casas Viejas	Utopía
Córdoba	Balcón de Córdoba
Frigiliana	La Posada Morisca
Granada	Casa Morisca
Granada / La Alhambra	Alhambra Palace
Granada / La Alhambra	América
Granada / La Alhambra	Parador de Granada
Huétor-Vega	Villa Sur
Loja / Finca La Bobadilla	Barceló La Bobadilla
Marbella	Marbella Club
Marbella	Puente Romano
Marbella	La Villa Marbella
Monachil	La Almunia del Valle
Nerja	Carabeo
Ojén	La Posada del Ángel
Osuna	La Casona de Calderón
Ronda	San Gabriel
Sevilla	Alcoba del Rey de Sevilla
Sevilla	La Casa del Maestro
Sevilla	Corral del Rey
Vilches	El Añadío

Aragón

Albarracín	Casa de Santiago
Albarracín	La Casona del Ajimez
Buera	La Posada de Lalola
Calaceite	Hotel del Sitjar
Calatayud	Hospedería Mesón de la Dolores
La Fresneda	El Convent 1613
Fuentespalda	La Torre del Visco
Monroyo	Consolación
Sallent de Gállego	Almud
Sallent de Gállego / Lanuza	La Casueña
Sos del Rey Católico	El Sueño de Virila

Asturias

Cadavedo	Torre de Villademoros
Camuño	Quintana del Caleyo
Cudillero	Casona de la Paca
Llanes / La Pereda	CAEaCLAVELES
Oviedo	Castillo del Bosque la Zoreda
Panes / Allés	La Tahona de Besnes
Pravia	Antiguo Casino
Taramundi	La Rectoral
Villamayor	Palacio de Cutre

Baleares (Islas)

Mallorca / Artà	Can Moragues
Mallorca / Es Capdellà	Castell Son Claret
Mallorca / Capdepera	Predi Son Jaumell
Mallorca / Deià	Sa Pedrissa
Mallorca / Deià	La Residencia
Mallorca / Lloseta	Cas Comte
Mallorca / Palma	Calatrava
Mallorca / Palma	Can Alomar
Mallorca / Palma	Can Cera
Mallorca / Palma	Castillo H. Son Vida
Mallorca / Palma	Palacio Ca Sa Galesa
Mallorca / Palma	San Lorenzo
Mallorca / Pollença	Son Brull
Mallorca / Porto Cristo	Son Mas
Mallorca / Puigpunyent	G.H. Son Net
Mallorca / Santa Margalida	Casal Santa Eulàlia
Mallorca / Sóller	Ca N'ai
Mallorca / Sóller	Ca's Xorc
Mallorca / Son Servera	Son Gener
Mallorca / Valldemossa	Valldemossa
Menorca / Cala en Porter	Torralbenc
Menorca / Es Castell	Sant Joan de Binissaida
Menorca / Sant Lluís	Alcaufar Vell
Menorca / Sant Lluís	Biniarroca
Ibiza / Sant Miquel de Balansat	Can Pardal
Ibiza / Sant Miquel de Balansat	Cas'Pla
Ibiza / Sant Miquel de Balansat	Hacienda Na Xamena

Ibiza / Santa Eulalia del Río Can Curreu
Ibiza / Santa Gertrudis Cas Gasi

Canarias (Islas)

Gran Canaria / Maspalomas Grand H. Residencia
Fuerteventura / Corralejo Gran Hotel Atlantis Bahía Real
Tenerife / Garachico San Roque
Tenerife / Guía de Isora The Ritz-Carlton Abama
Tenerife / Playa de las Américas G.H. Bahía del Duque
La Gomera / San Sebastián de la Gomera Parador de San Sebastián de La Gomera
La Palma / Tazacorte Hacienda de Abajo

Cantabria

Ajo Palacio de la Peña
Comillas / El Tejo Los Trastolillos
Fontibre Posada Rural Fontibre
Oreña Posada Caborredondo
Reinosa Villa Rosa
San Pantaleón de Aras La Casona de San Pantaleón de Aras
San Vicente de la Barquera Valle de Arco
Santander / El Sardinero Real
Santillana del Mar Casa del Marqués
Santoña Posada Las Garzas
Valle de Cabuerniga Camino Real de Selores
Villacarriedo Palacio de Soñanes

Castilla-La Mancha

Alarcón Parador de Alarcón
Almagro La Casa del Rector
Almagro Parador de Almagro
Ballesteros de Calatrava Palacio de la Serna
Cuenca Parador de Cuenca
Cuenca Posada de San José
Imón La Botica
Jábaga La Casita de Cabrejas
Sigüenza / Alcuneza El Molino de Alcuneza
El Toboso Casa de la Torre
Toledo Casa de Cisneros
Torrico / Valdepalacios Valdepalacios
Villanueva de los Infantes La Morada de Juan de Vargas

Castilla y León

El Burgo de Osma Posada del Canónigo
Burgos Landa
Burgos La Puebla
Calatañazor Casa del Cura
Collado Hermoso Posada Fuenteplateada
Espinosa de los Monteros Posada Real Torre Berrueza
Hoyos del Espino El Milano Real
Luyego de Somoza Hostería Camino
Molinos de Duero Real Posada de la Mesta
Navafría Posada Mingaseda
Puebla de Sanabria La Cartería
Quintanilla del Agua El Batán del Molino
Salamanca G.H. Don Gregorio
Salamanca Rector
Sardón de Duero Abadía Retuerta LeDomaine
Sena de Luna Días de Luna
Topas Castillo del Buen Amor
Valverde del Majano Caserío de Lobones
Villafranca del Bierzo Las Doñas del Portazgo
Villafranca del Bierzo La Puerta del Perdón

Cataluña

Alcanar Tancat de Codorniu
Barcelona ABaC
Barcelona Arts
Barcelona Casa Fuster
Barcelona Cotton House
Barcelona G.H. La Florida
Barcelona Mandarin Oriental Barcelona
Barcelona El Palace
Barcelona The Serras
Begur Aiguaclara
Bolvir de Cerdanya Torre del Remei
Botarell Cal Barber
Cabrils Mas de Baix
Cadaqués Calma Blanca
La Canonja Mas La Boella
Cardona Parador de Cardona
Cardona / Coromina La Premsa
Castelladral Masia La Garriga
La Coma i La Pedra Cal Joan del Batlle
Joanetes Mas Les Comelles
Lloret de Mar Rigat Park
Madremanya La Plaça
Olot Les Cols Pavellons
Palamós La Malcontenta
Pau Mas Lazuli
El Perelló La Panavera
Pratdip Mas Mariassa
Sant Julià de Vilatorta Torre Martí
Sant Vicenç de Montalt Castell de l'Oliver
Torrent Mas de Torrent
Xerta Villa Retiro

Extremadura

Arroyomolinos de la Vera Peña del Alba
Cáceres Atrio
Cáceres Parador de Cáceres
Cuacos de Yuste La Casona de Valfrío
La Parra Hospedería Convento de la Parra
Plasencia Parador de Plasencia
Trujillo Casa de Orellana
Trujillo Parador de Trujillo
Zafra Casa Palacio Conde de la Corte

Galicia

Allariz O Portelo
Baiona Parador de Baiona
Bentraces Palacio de Bentraces
Caldas de Reis Torre do Río
Cambados Pazo A Capitana
Lugo Orbán e Sangro
Luíntra Parador de Santo Estevo
Meaño Quinta de San Amaro
Negreira Casa de Bola
Pontedeume / Castelo de Andrade Casa do Castelo de Andrade
Santiago de Compostela Costa Vella
Santiago de Compostela A Quinta da Auga
Vigo Pazo Los Escudos

Madrid (Comunidad)

Boadilla del Monte El Antiguo Convento de Boadilla del Monte
Chinchón Parador de Chinchón
Collado Mediano La Torre
Madrid Globales Acis y Galatea
Madrid Orfila
Madrid Posada del Dragón
Navacerrada Nava Real

Navarra

Iruña Palacio Guendulain
Tudela Aire de Bardenas

País Vasco

Bidania Iriarte Jauregia
Donostia-San Sebastián María Cristina
Elciego Marqués de Riscal
Eskuernaga Viura
Galdakao Iraragorri
Gautegiz-Arteaga Castillo de Arteaga
Laguardia Castillo El Collado
Laguardia Hospedería de los Parajes
Zeanuri Etxegana

La Rioja

Azofra Real Casona de las Amas
Casalarreina Hospedería Señorío de Casalarreina
Valgañón Pura Vida

Valencia (Comunidad)

Alcoi Masía la Mota
València The Westin València
La Vila Joiosa El Montíboli
Vilafamés El Jardín Vertical

Turismo Rural

Andalucía

Agua Amarga	La Almendra y El Gitano
Aracena	Molino del Bombo
Baza	Cuevas Al Jatib
Benalúa de Guadix	Cuevas La Granja
Frigiliana	La Posada Morisca
Gibralgalia	Posada los Cántaros
Iznájar / El Adelantado	Cortijo La Haza
Monachil	La Almunia del Valle
Montoro	Molino la Nava
Rodalquilar	El Jardín de los Sueños
Ronda	Ronda
Santa Elena	Mesa del Rey
Vilches	El Añadío

Aragón

Beceite	La Fábrica de Solfa
Buera	La Posada de Lalola
Fiscal	Casa Arana
Jaca / Barós	Barosse
Ráfales	La Alquería
Sallent de Gállego / Lanuza	La Casueña
Sos del Rey Católico	El Sueño de Virila

Asturias

Camuño	Quintana del Caleyo
Cereceda	La Casa Nueva
Covadonga	Casa Asprón
Llanes / La Pereda	CAEaCLAVELES
Mieres / Cenera	Cenera
Panes / Alevia	Casona d'Alevia
Panes / Allés	La Tahona de Besnes
Ribadesella	La Biesca
Ribadesella	Camangu
Ribadesella	El Carmen
Ribadesella	Mirador del Sella
Ribadesella	Paraje del Asturcón
Santa Eulalia de Oscos	Casona Cantiga del Agüeira
Tresgrandas	El Molino de Tresgrandas
Valdesoto	La Quintana de Valdés
Vibaño	La Montaña Mágica

Baleares (Islas)

Mallorca / Alcúdia	Sant Jaume
Mallorca / Artà	Can Moragues
Mallorca / Caimari	Albellons Parc Natural
Mallorca / Campos	Son Bernadinet
Mallorca / Capdepera	Cases de Son Barbassa
Mallorca / Deià	Sa Pedrissa
Mallorca / Lloret de Vistalegre	Sa Rota d'en Palerm
Mallorca / Lloseta	Cas Comte
Mallorca / Pollença	Desbrull
Mallorca / Pollença	Posada de Lluc
Mallorca / Santa Eugènia	Sa Torre de Santa Eugènia
Mallorca / Son Servera	Ses Cases de Fetget
Mallorca / Son Servera	Son Gener
Mallorca / Valldemossa	Cases de Ca's Garriguer
Mallorca / Valldemossa	Es Petit Hotel de Valldemossa
Menorca / Es Castell	Sant Joan de Binissaida
Menorca / Ferreries	Ses Sucreres
Menorca / Sant Lluís	Alcaufar Vell
Menorca / Sant Lluís	Biniarroca
Ibiza / Sant Llorenç de Balafia	Can Gall
Ibiza / Sant Miquel de Balansat	Can Pardal
Ibiza / Santa Gertrudis	Cas Gasi

Canarias (Islas)

Gran Canaria / Vega de San Mateo	Las Calas
Fuerteventura / Antigua	Era de la Corte
Tenerife / Tejina	Costa Salada
La Gomera / Hermigua	Casa Los Herrera
La Gomera / Hermigua	Ibo Alfaro

Cantabria

Barcenilla	Los Nogales
Comillas / El Tejo	Los Trastolillos
Cubas	Posada Río Cubas
Fontibre	Posada Rural Fontibre
Galizano	Casona Las Cinco Calderas
Liérganes	El Arral
Oreña	Posada Caborredondo
Quijas	Posada Andariveles
San Pantaleón de Aras	La Casona de San Pantaleón de Aras
Santillana del Mar	Casa del Organista
Santoña	Posada Las Garzas
Turieno	Posada Laura
Vargas	Los Lienzos

Castilla-La Mancha

Almagro Hostería de Almagro Valdeolivo
Ballesteros Hospedería Ballesteros
Campo de Criptana La Casa de los Tres Cielos
Consuegra La Vida de Antes
Imón La Botica
Jábaga La Casita de Cabrejas
San Clemente Casa de los Acacio
El Toboso Casa de la Torre
Urda Los Laureles
Villanueva de los Infantes La Morada de Juan de Vargas

Castilla y León

El Burgo de Osma Posada del Canónigo
Calatañazor Casa del Cura
Calatañazor El Mirador de Almanzor
Candelario Artesa
Candelario Casa de la Sal
Candeleda / El Raso Chozos de Tejea
Candeleda / El Raso La Sayuela
Carracedelo La Tronera
Casarejos Cabaña Real de Carreteros
Collado Hermoso Posada Fuenteplateada
La Cueta El Rincón de Babia
Espinosa de los Monteros Posada Real Torre Berrueza
Espinosa de los Monteros / Quintana de los Prados El Cajigal
Gallegos La Data
Gallegos La Posada de Gallegos
Grado del Pico La Senda de los Caracoles
Las Herrerías de Valcarce El Capricho de Josana
Las Herrerías de Valcarce Paraíso del Bierzo
Herreros Casa del Cura
Hinojosa de Duero Quinta de la Concepción
Lerma El Zaguán
Luyego de Somoza Hostería Camino
Molinos de Duero Real Posada de la Mesta
Navafría Posada Mingaseda
Peñarrubias de Pirón Del Verde al Amarillo
Posada de Valdeón Picos de Europa
Pozal de Gallinas La Posada Real del Pinar
Puebla de Sanabria La Cartería
Puebla de Sanabria La Pascasia
Quintanilla del Agua El Batán del Molino
San Felices Las Abadías
San Pelayo Casa Zalama
Santa Colomba de Somoza Casa Pepa
Sena de Luna Días de Luna
Sepúlveda Hospedería de los Templarios
Sepúlveda Posada de San Millán
Valdelinares Valdelinares
Valverde del Majano Caserío de Lobones
Villacorta Molino de la Ferrería
Villafranca del Bierzo La Puerta del Perdón
Viloria de Rioja Mi Hotelito
Vinuesa La Pinariega

Cataluña

Age Cal Marrufès
Alcanar Tancat de Codorniu
Arsèguel Font del Genil
Camprodon L'Hotelet Del Bac
Cardona / Coromina La Premsa
Castelladral Masia La Garriga
La Coma i La Pedra Cal Joan del Batlle
Ger Cal Reus
Joanetes El Ferrés
Joanetes Mas Les Comelles
Lles de Cerdanya Cal Rei
Orfes Masia La Palma
Palamós Finca Bell-Lloc
Palau-saverdera El Cau de Palau
Pals Can Poch
La Pera Mas Duràn
Peratallada Ca l'Aliu
El Perelló La Panavera
Pratdip Mas Mariassa
Sant Feliu de Pallerols / Sant Miquel de Pineda La Rectoria de Sant Miquel de Pineda
Santa Susanna Can Rosich
La Seu d'Urgell Cal Serni
Siurana El Molí de Siurana
La Vall de Bianya Mas El Guitart

Extremadura

Casar de Cáceres La Encarnación
Cuacos de Yuste La Casona de Valfrío
Hervás El Jardín del Convento
Jerte El Cerezal de los Sotos
Plasencia Rincón de la Magdalena
San Martín de Trevejo Casa Antolina
San Martín de Trevejo Finca El Cabezo
Torremenga El Turcal
Trujillo Casa de Orellana
Trujillo Viña Las Torres
Valdastillas Garza Real

Galicia

Allariz / Vilaboa Vilaboa
Arzúa Casa Brandariz
Bentraces Palacio de Bentraces
Boborás Pazo Almuzara
Caldas de Reis Torre do Río
Cambados Pazo A Capitana
Camposo Casa Grande de Camposo
Carril A Esmorga -Posada del Mar-

ESPAÑA

Castillón Rectoral de Castillón
Cervo Casa do Mudo
Chantada Pazo do Piñeiro
Corcubión Casa da Balea
Covelo / Fofe Rectoral de Fofe
Luíntra O Remanso dos Patos
Melide Casa de los Somoza
Negreira Casa de Bola
Noia Casa do Torno
Ourense / Coles Casa Grande de Soutullo
A Pobra de Trives Pazo Paradela
Ponteareas Casa das Pías
Pontedeume / Castelo de Andrade Casa do Castelo de Andrade
Samos Casa de Díaz
San Andrés de Camporredondo Casal de Armán
San Miguel de Reinante Casa do Merlo
Serra de Outes Casa do Zuleiro
Sísamo Pazo do Souto
Touro Pazo de Andeade
Urdilde Fogar do Selmo
Vila de Cruces Casa dos Cregos
Viveiro / Galdo Pazo da Trave

Madrid (Comunidad)

Chinchón Casa de la Marquesa
Chinchón La Graja
Santorcaz La Casona de Éboli

Murcia (Región)

Alhama de Murcia Bajo el Cejo

Navarra

Erratzu Casa Kordoa
Murillo el Fruto Txapi-Txuri
Urdazubi Irigoienea

País Vasco

Bakio Basarte
Galdakao Iraragorri
Gautegiz-Arteaga Txopebenta
Gautegiz-Arteaga Urresti
Hondarribia Maidanea
Laguardia Aitetxe
Leza El Encuentro
Lezama Iruaritz
Lezama Matsa
Munitibar Garro
Muxika Iberreko Errota
Salinillas de Buradón Areta Etxea

La Rioja

Briones Casa El Mesón
Ezcaray / Zaldierna Río Zambullón

Valencia (Comunidad)

Castell de Castells Casa Pilar
Vilafamés El Jardín Vertical

Spa Alojamientos con spa

→ Alojamentos com spa

→ *Accommodations with spa*

Andalucía

Agua Amarga	Mikasa
Antequera	Finca Eslava
Aracena	Convento Aracena
Cádiz	Cádiz Plaza
Cádiz	Parador H. Atlántico
Casares	Finca Cortesin
Chiclana de la Frontera / Novo Sancti Petri	Meliá Sancti Petri
El Ejido / Almerimar	Golf Almerimar
Fuengirola	IPV Beatriz Palace
Isla Cristina / Islantilla	Ama Andalucía
Jerez de la Frontera	Los Jándalos Jerez
Jerez de la Frontera	Jerez
Loja / Finca La Bobadilla	Barceló La Bobadilla
Marbella	Fuerte Miramar
Marbella	Gran Meliá Don Pepe
Marbella	Marbella Club
Marbella	Los Monteros
Las Negras	Cala Grande
El Puerto de Santa María	Los Jándalos Vistahermosa
San Pedro de Alcántara	Guadalmina
San Pedro de Alcántara	Villa Padierna
Sevilla	Eme Catedral
Sierra Nevada	Meliá Sierra Nevada
Sierra Nevada	Meliá Sol y Nieve

Aragón

Boltaña	Monasterio de Boltaña
Calatayud	Castillo de Ayud
Jaca	Barceló Jaca
Sabiñánigo	Villa Virginia

Asturias

Avilés	Zen Balagares
Las Caldas	Enclave
Las Caldas	G.H. Las Caldas
Cangas del Narcea / Corias	Parador de Corias
Llanes	La Hacienda de Don Juan
Oviedo	Castillo del Bosque la Zoreda
Oviedo	Princesa Munia
Ribadesella	G.H. del Sella

Baleares (Islas)

Mallorca / Bendinat	Lindner
Mallorca / Campos	Fontsanta
Mallorca / Es Capdellà	Castell Son Claret
Mallorca / Ses Illetes	Bonsol
Mallorca / Palma	Valparaíso Palace
Mallorca / Palmanova	St. Regis Mardavall
Mallorca / Port de Sóller	Jumeirah Port Soller
Ibiza / Eivissa	Ibiza G.H.
Ibiza / Sant Miquel de Balansat	Hacienda Na Xamena
Ibiza / Santa Eulalia del Río	Aguas de Ibiza

Canarias (Islas)

Gran Canaria / Cruz de Tejeda	Parador Cruz de Tejeda
Gran Canaria / Maspalomas	Grand H. Residencia
Gran Canaria / Maspalomas	Sheraton Salobre
Gran Canaria / Las Palmas de Gran Canaria	Santa Catalina
Fuerteventura / Corralejo	Gran Hotel Atlantis Bahía Real
Lanzarote / Arrecife	Arrecife G.H.
Lanzarote / Playa Blanca	Princesa Yaiza
Tenerife / Guía de Isora	The Ritz-Carlton Abama
Tenerife / Playa de las Américas	G.H. Bahía del Duque
Tenerife / Playa de las Américas	Vincci La Plantación del Sur

Cantabria

Hoznayo	Villa Pasiega
Santander / El Sardinero	Real

Castilla-La Mancha

Almagro	La Casa del Rector
Almonacid de Toledo	Villa Nazules
Brihuega	Niwa
Carranque	Comendador
Tarancón	Hospedería la Estacada
Toledo	Eurostars Palacio Buenavista
Toledo	Fontecruz Palacio Eugenia de Montijo

Castilla y León

Aldeayuso	LaVida
Ampudia	Posada de la Casa del Abad de Ampudia
Ávila	Fontecruz Ávila
El Burgo de Osma	Burgo de Osma
Coreses	Convento I
La Granja (San Ildefonso)	Parador de La Granja
Hoyos del Espino	El Milano Real
Peñafiel	Convento Las Claras
Sardón de Duero	Abadía Retuerta LeDomaine
Segovia	Cándido
Segovia	La Casa Mudéjar
Segovia	Eurostars Convento Capuchinos
Toro	Valbusenda

ESPAÑA

Cataluña

Baqueira-Beret	Tuc Blanc
Barcelona	Arts
Barcelona	H1898
Barcelona	Mandarin Oriental Barcelona
Barcelona	Omm
Barcelona	El Palace
Barcelona	W Barcelona
Cadaqués	Calma Blanca
Calders	Urbisol
Caldes de Montbui	Balneario Broquetas
L'Escala	Empúries
Garriguella	Vilamont
Gualta	Double Tree by Hilton Empordà
Llanars	Grèvol
Lleida	Finca Prats
Lloret de Mar	G.H. Guitart Monterrey
Lloret de Mar	Santa Marta
Peralada	Peralada
Platja d'Aro	Cala del Pi
Ribes de Freser	Resguard dels Vents
Roses	Terraza
San Feliú de Guixols	Curhotel Hipócrates
Sant Hilari Sacalm	Balneari Font Vella
Santa Cristina d'Aro	Mas Tapiolas
La Seu d'Urgell / Castellciutat	El Castell de Ciutat
Sitges	Avenida Sofía
Sort	Pessets
Terrassa	Double Tree by Hilton La Mola
Torrent	Mas de Torrent
Tossa de Mar	G.H. Reymar
Vallromanes	Can Galvany
Vielha	Parador de Vielha

Extremadura

Jarandilla de la Vera	Don Juan de Austria

Galicia

Allariz	AC Vila de Allariz
Os Anxeles	Balneario de Compostela
Baiona	Talaso Atlántico
O Grove / San Vicente do Mar	Atlántico
Luíntra	Parador de Santo Estevo
Portonovo	Galatea
Santiago de Compostela	A Quinta da Auga
Sanxenxo	Augusta
Sanxenxo	Sanxenxo
A Toxa (Illa de)	Eurostars Isla de la Toja
A Toxa (Illa de)	G.H. La Toja
A Toxa (Illa de)	Louxo La Toja
Vigo	G.H. Nagari
Vigo	Pazo Los Escudos
Viveiro / Covas	Thalasso Cantábrico

ESPAÑA

Madrid (Comunidad)

Alcalá de Henares	Parador de Alcalá de Henares
Aranjuez	Barceló Aranjuez
Chinchón	La Casa del Convento
Madrid	Hospes Madrid
Madrid	NH Eurobuilding
Madrid	Sheraton Madrid Mirasierra
Navacerrada	Hacienda Los Robles

Murcia (Región)

Lorca	Parador Castillo de Lorca

Navarra

Iruña / Urbanización Castillo de Gorraiz	Castillo de Gorraiz

País Vasco

Artzentales	Amalurra
Donostia-San Sebastián	Barceló Costa Vasca
Elciego	Marqués de Riscal
Laguardia	Villa de Laguardia
Zeanuri	Etxegana

Valencia (Comunidad)

Alacant	SPA Porta Maris y Suites del Mar
Altea	SH Villa Gadea
Benicasim	El Palasiet
Calp	AR Diamante Beach
Calp	G.H. Sol y Mar
Gandia	RH Bayren
València	Palau de la Mar
València	The Westin València
València / Playa de Levante	Las Arenas
La Vila Joiosa	El Montíboli

El mundo se mueve, por eso **Michelin** mejora su movilidad

Por todos los medios y en cualquier desplazamiento

Desde el nacimiento de la empresa –y de eso hace ya más de un siglo–, Michelin ha tenido un solo y único objetivo: ayudar a las personas a avanzar cada vez mejor. Eso supone un reto tecnológico para crear neumáticos cada vez más eficientes; por otra parte, también conlleva un compromiso constante con el viajero y con la necesidad de ofrecerle, en todo momento, las mejores condiciones de desplazamiento. Esa es la razón por la que Michelin desarrolla en paralelo todo un abanico de productos y servicios: mapas, atlas, guías de viaje, accesorios para automóviles, aplicaciones para móviles, itinerarios y servicio de asistencia en línea. Michelin pone todos los medios a su alcance para que viajar sea un placer.

France
Tourist & Motoring Atlas
Paris
RESTAURANTS
2014
PAR ARRONDISSEMENT

40 town plans
Safety Warnings
Sights and scenic routes indicated
Route planner with major itineraries
Grands Itinéraires FRANCE 2014
LOND
DUBLIN

MADRID
Plano e índice
More than 40 countries
des vignobles en France
Patrim indust
Stadtplan und Register

Un neumático

¿qué es?

Redondo, negro, sólido y flexible a la vez, el neumático es a la rueda lo que el zapato es al pie. Pero, ¿de qué está hecho? La mayor parte de goma, pero también de otros materiales textiles y/o metálicos y, obviamente, de aire. Es el sabio ensamblaje de todos estos componentes lo que garantiza al neumático sus cualidades: adherencia a la carretera, absorción de los golpes o, dicho de otra forma, el confort y la seguridad del viajero.

1 BANDA DE RODADURA

Es la capa de goma en contacto con el suelo. Garantiza la evacuación del agua y está hecha para durar.

2 LONAS DE CIMA

Este cinturón, formado por una doble o triple capa de cables metálicos, es flexible en sentido vertical y muy rígido en sentido transversal. Es, en suma, el responsable de la estabilidad del neumático.

3 FLANCOS

Recubren y protegen la carcasa textil, cuyo papel consiste en conectar la banda de rodadura con la llanta.

4 TALONES DE FIJACIÓN A LA LLANTA

Las pestañas internas fijan sólidamente el neumático a la llanta y hacen que ambos actúen como un único elemento.

5 REVESTIMIENTO ESTANCO

Evita que el aire escape manteniendo así la correcta presión de inflado del neumático.

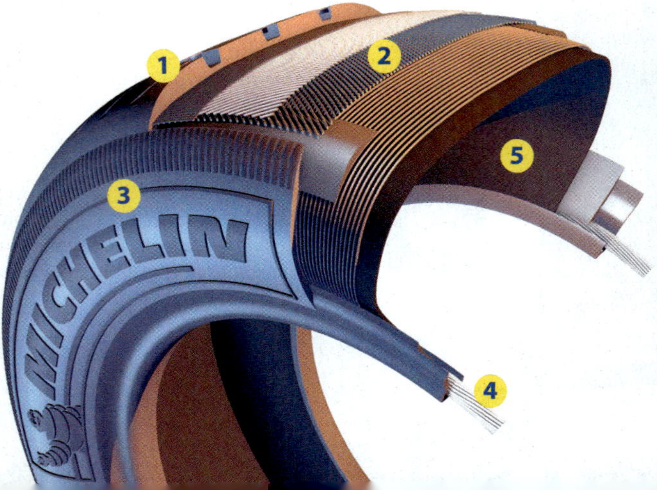

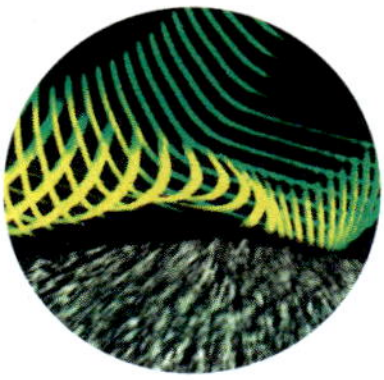

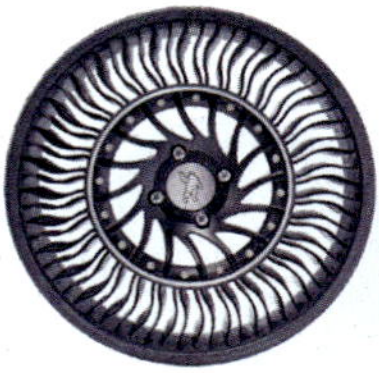

Michelin

→ *innovación en movimiento*

Inventado y patentado por Michelin en 1946, el neumático radial revolucionó el mundo del neumático. Pero Michelin no paró ahí y a lo largo de los años ha ido inventando soluciones nuevas y originales, que han afianzado la posición de Michelin como líder en materia de investigación e innovación con el fin de responder continuamente a las necesidades de las nuevas tecnologías de los vehículos.

→ *presión, la justa*

Una de las prioridades de Michelin es una movilidad más segura. Dicho de otra forma: innovar para avanzar mejor. En ello radica el gran reto de sus investigadores, que trabajan para desarrollar neumáticos pensados para disminuir la distancia de frenada y ofrecer la mejor adherencia posible a la carretera. Asimismo y con el fin de ayudar al automovilista, Michelin organiza en todo el mundo campañas de sensibilización sobre la seguridad vial. Dichas campañas nos recuerdan a todos que la correcta presión de inflado de los neumáticos es un factor esencial de la seguridad.

La estrategia Michelin:

→ *neumáticos multieficientes*

Quien dice Michelin dice seguridad, ahorro de carburante y capacidad para recorrer miles de kilómetros. Un neumático Michelin es todo eso a la vez.

Pero, ¿cómo? Gracias a un equipo de ingenieros al servicio de la innovación y de la tecnología punta. Su reto: dotar a todo neumático – sea cual sea el vehículo (automóvil, camión, tractor, maquinaria industrial y de construcción, avión, moto, bici, metro,...) – de la mejor combinación de características posible de cara a obtener una mayor eficiencia global.

Ralentizar el desgaste, reducir el gasto energético (y con ello la emisión de CO_2) y optimizar la seguridad mejorando el comportamiento en carretera y en la frenada. Tantas cualidades en un solo neumático: eso es Michelin Total Performance.

MICHELIN
Total Performance

Michelin innova a diario en favor de la movilidad sostenible

EN EL TIEMPO Y EN EL RESPETO DEL PLANETA

Movilidad sostenible

→ quiere decir movilidad limpia… y para todos

La movilidad sostenible consiste en permitir que las personas se desplacen de forma más limpia, segura, económica y accesible a todos, sea cual sea el lugar en el que viven. Cada día, las 113 000 personas que colaboran con Michelin en todo el mundo innovan:

- creando neumáticos y servicios que dan respuesta a las nuevas necesidades de la sociedad,
- sensibilizando a los jóvenes sobre la seguridad en carretera,
- ideando nuevas soluciones de transporte que reducen el gasto de energía y las emisiones de CO_2.

→ Michelin Challenge Bibendum

La movilidad sostenible consiste en posibilitar la continuidad del transporte de bienes y personas con el fin de garantizar un desarrollo económico y social responsable. Frente a la escasez de las materias primas y al calentamiento global, Michelin se compromete a respetar el medioambiente y la salud pública. En este sentido, Michelin organiza periódicamente el Michelin Challenge Bibendum, el único evento mundial centrado en la movilidad vial sostenible.

MICHELIN CHALLENGE BIBENDUM

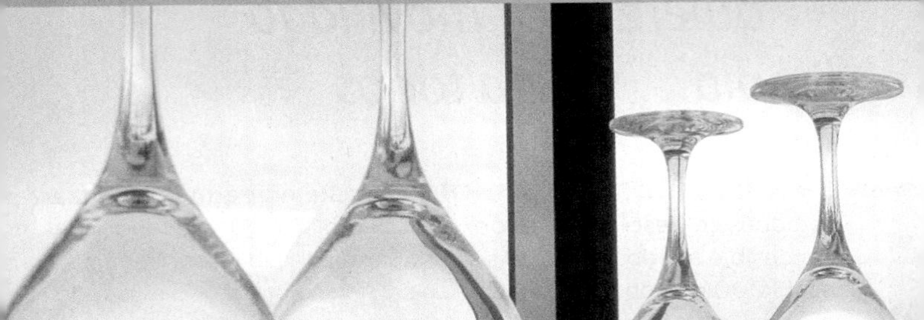

Melba/age fotostock

Andorra

ANDORRA LA VELLA

Andorra – Alt. 1 029 m – Ver mapa regional n° **9-B1**

Madrid 625 km – Barcelona 199 km – Carcassonne 165 km – Foix 102 km

Andorra Park H.

Les Canals 24 ✉ AD500 – ✆ (376) 87 77 77 Plano : B1**b**

– www.andorraparkhotel.com

88 hab – 131/286 € 161/426 € – 1 suite – 8 apartamentos

Se halla en la parte alta de la ciudad, rodeado de jardines. Aquí encontrarán amplias zonas sociales y habitaciones de excelente confort, todas con terraza. En el restaurante gastronómico proponen una carta tradicional actualizada y un buen menú degustación.

Plaza

María Pla 19 ✉ AD500 – ✆ (376) 87 94 44 Plano : C1**a**

– www.plazandorra.com

90 hab – 105/256 € 140/341 €, 19 €

Hotel de línea clásica-elegante que destaca tanto por la céntrica ubicación como por su diáfano lobby, con dos ascensores panorámicos. En su distinguido restaurante elaboran una cocina de corte internacional con toques actuales.

Arthotel

Prat de la Creu 15-25 ✉ AD500 – ✆ (376) 76 03 03 Plano : B1**d**

– www.arthotel.ad

121 hab – 81/198 € 102/244 €

Una combinación equilibrada de profesionalidad y actualidad. Sorprende por sus habitaciones, algo funcionales pero espaciosas. El restaurante Plató, decorado con fotografías de películas, ofrece una carta de cocina tradicional con un buen apartado de arroces.

Holiday Inn Andorra

pl. de la Creu 88 ✉ AD500 – ✆ (376) 87 44 44 Plano : B2**e**

– www.plazandorra.com

133 hab – 96/238 € 128/318 €, 17 €

¡Un hotel bien ubicado! Ofrece una correcta zona social con cafetería y habitaciones de buen confort, la mayoría de línea actual-funcional y algunas de ellas temáticas.

La Borda Pairal 1630

Doctor Vilanova 7 ✉ AD500 – ✆ (376) 86 99 99 Plano : B2**c**

– www.labordapairal1630.com – cerrado domingo noche y lunes

Menú 16/50 € – Carta 30/57 €

¿Le apetece comer en una típica borda de piedra? Esta dispone de un bar de copas en la planta baja, un buen comedor rústico y dos privados. Carta tradicional actualizada.

Taberna Ángel Belmonte

Ciutat de Consuegra 3 ✉ AD500 – ✆ (376) 82 24 60 Plano : C1**b**

– www.tabernaangelbelmonte.com

Carta 35/60 €

Resulta agradable, se encuentra en pleno centro y tiene aires de taberna. Presenta una bonita decoración dominada por la madera en un entorno impecable. Cocina de mercado, carta tradicional e interesantes sugerencias diarias de palabra.

Celler d'en Toni

Verge del Pilar 4 ✉ AD500 – ✆ (376) 82 12 52 Plano : C1**d**

– www.cellerdentoni.com – cerrado del 1 al 15 de julio y domingo noche

Menú 30/70 € – Carta 42/62 €

Casa de larga tradición familiar. En su comedor, de ambiente rústico, encontrará una cocina de mercado rica en productos de temporada. ¡Pruebe los Canelones al estilo de Toni!

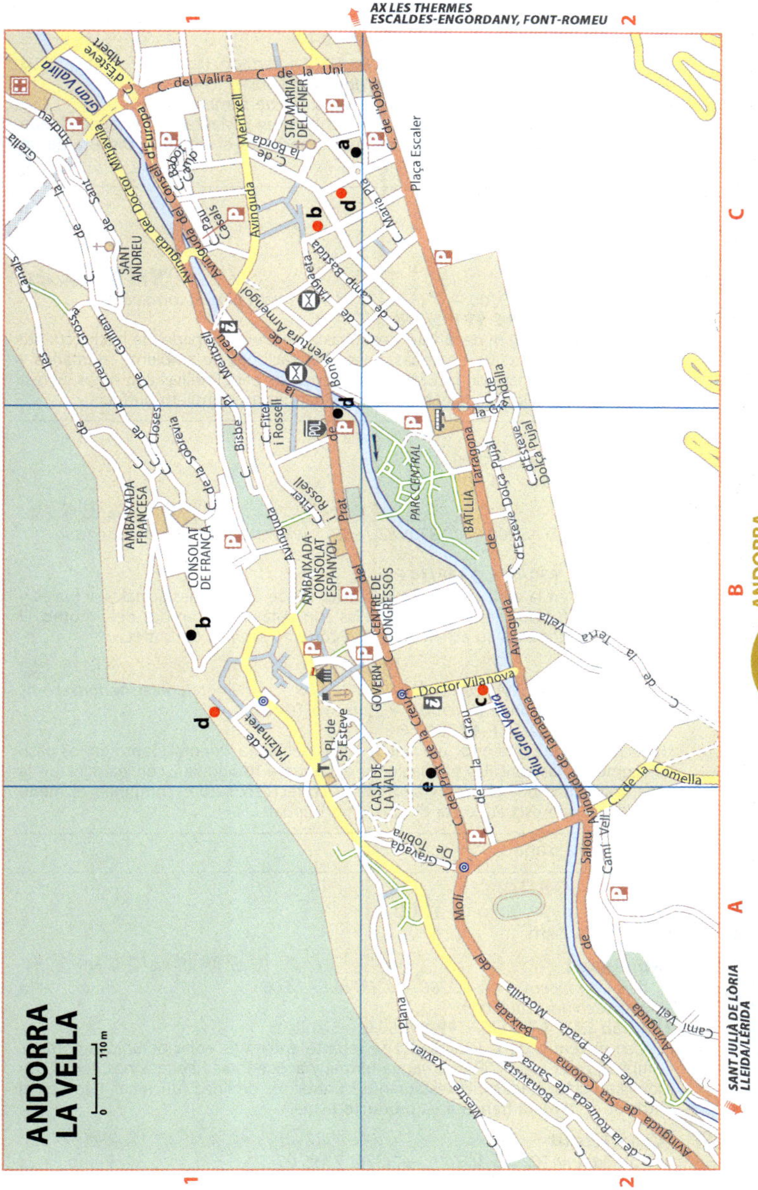
ANDORRA LA VELLA
0
110 m
AX LES THERMES
ESCALDES-ENGORDANY, FONT-ROMEU
SANT JULIÀ DE LÒRIA
LLEIDA/LÉRIDA
1
2
A
B
C
Gran Valira
Riu Gran Valira
C. d'Esteve Albert
C. del Valira
C. de la Uni
C. de l'Obac
Plaça Escaler
STA MARIA DEL FENER
C. de la Borda
Avinguda Meritxell
C. Babot Camp
C. Pau Casals
Avinguda del Consell d'Europa
Avinguda del Doctor Mitjavila
SANT ANDREU
C. de Sant Andreu
C. de la Grella
C. Canals
C. de les Canals
C. de la Creu Grossa
C. Guillem
C. de les Closes
C. de la Sobrevia
Bisbe
C. Fiter i Rossell
C. de Bonaventura Armengol
C. de l'Aigüeta
C. de Camp Bastida
C. Maria Pla
Creu
AMBAIXADA FRANCESA
CONSOLAT DE FRANÇA
AMBAIXADA-CONSOLAT ESPANYOL
Avinguda del Prat de la Creu
CENTRE DE CONGRESSOS
PARC CENTRAL
BATLLIA
Avinguda Tarragona
C. de la Gandalla
C. d'Esteve Dolça Pujal
C. de la Terra Vella
GOVERN
C. Doctor Vilanova
Pl. de St Esteve
C. de l'Alzinaret
CASA DE LA VALL
C. del Prat de la Creu
C. de la Grau
C. de la Comella
Camí Vell
Avinguda de Salou
C. Gravada De Tobla
Moli
Baixada del Moli
C. Motxilla
C. de la Prada
Avinguda de Sta Coloma
C. de la Roureda de Sansa
C. Bonavista
C. Mestre Xavier Plana
a
b
c
d
e

Bodega Poblet
de l' Alzinaret 6 ✉ AD500 – ✆ (376) 86 27 22 – cerrado 10 días en mayo, 10 días en septiembre, domingo y lunes Plano : B1**d**
Tapa 7 € – Ración aprox. 14 € – (reservar el fin de semana)
No es un bar de tapas como tal, sino más bien un restaurante de tapeo donde encontraremos deliciosos pinchos de autor y raciones elaboradas. Disfruta de un moderno interior.

CANILLO
Alt. 1 531 m – Ver mapa regional n° **9**-B1
Andorra la Vella 12 km

Ski Plaza
carret. General ✉ AD100 – ✆ (376) 73 94 44 – www.plazandorra.com
111 hab – 79/238 € 105/318 €, 14 €
Se encuentra a 1.600 m de altitud y está bastante bien equipado, de hecho cuenta con un pequeño circuito de aguas. Posee habitaciones de ambiente montañés y máximo confort, unas con jacuzzi y otras pensadas para familias con niños. El restaurante, de sencillo montaje, basa su actividad en un completo buffet.

ENCAMP
Alt. 1 313 m – Ver mapa regional n° **9**-B1
Andorra la Vella 8 km

Coray
Caballers 38 ✉ AD200 – ✆ (376) 83 15 13 – www.hotelcoray.com – cerrado noviembre
85 hab – 30/60 € 48/74 €
Bien situado en la zona alta de la localidad. Posee unas zonas sociales actuales y habitaciones funcionales, muchas de ellas con vistas a los campos del entorno. El amplio comedor basa su actividad en un correcto servicio de buffet.

Univers
René Baulard 13 ✉ AD200 – ✆ (376) 73 11 05 – www.hoteluniversandorra.com – cerrado noviembre-2 diciembre y 22 mayo-10 junio
31 hab – 42/53 € 70/106 €
Negocio de gestión familiar ubicado a orillas del Valira Oriental. Tanto en los pasillos como en las sencillas habitaciones encontrará fotografías, con paisajes de la zona, realizadas por el propietario. En su correcto comedor combinan el menú del día con una escueta carta de gusto tradicional.

ERTS → Ver La Massana

ESCALDES ENGORDANY
Alt. 1 105 m – Ver mapa regional n° **9**-B1
Andorra la Vella 2 km

Roc Blanc
pl. dels Coprínceps 5 ✉ AD700 – ✆ (376) 87 14 00 – www.rocblanchotels.com Plano : B2**a**
157 hab – 70/175 € 95/250 € – 3 suites
Está en el centro de la localidad y se reparte entre tres edificios unidos entre sí. Completa zona social, SPA con agua termal y acogedoras habitaciones, todas con mobiliario clásico-actual. El restaurante L'Entrecôte, de línea funcional, tiene en el entrecot de ternera francesa su producto estrella.

Casa Canut
av. Carlemany 107 ✉ AD700 – ✆ (376) 73 99 00 – www.acasacanut.com Plano : A2**s**
33 hab – 120/250 €, 15 €
Rest *Casa Canut* – ver selección restaurantes
Al pasar el umbral de su renovada fachada quedará seducido por el refinamiento de este hotel, muy céntrico y de gestión familiar. Todas las habitaciones, de completo equipamiento, están personalizadas en su decoración... por eso cada una lleva el nombre de un diseñador. ¡Las más lujosas son las Top Class!

A B

ANDORRA

Espel

pl. Creu Blanca 1 ✉ AD700 – ✆ (376) 82 08 55 Plano : B1**v**
– www.hotelespel.com – cerrado 18 abril-18 junio
84 hab – 47/60 € 60/80 €
Está llevado entre dos hermanas y con su nombre rinde un pequeño homenaje al apellido familiar. Posee unas habitaciones de aspecto funcional y un restaurante de sencillo ambiente clásico, basando toda su oferta en un correcto menú del día.

XXX

Casa Canut – Hotel Casa Canut

av. Carlemany 107 ✉ *AD700 – ✆ (376) 73 99 00* Plano : A2**s**
– www.acasacanut.com
Menú 28/69 € – Carta 63/92 €
Conjunto clásico elegante repartido en varias salas. Su completísima carta posee un apartado de pescados y mariscos, otro para guisos y arroces y, finalmente, uno especial dedicado a los grandes clásicos de Casa Canut. ¡Interesantes menús!

XX

L' Enoteca

carrer del Parnal 4 ✉ *AD700 – ✆ (376) 81 35 45* Plano : B1-2**d**
– www.cruenoteca.com – cerrado del 14 al 29 de agosto y domingo
Menú 20/37 € – Carta 30/48 €
Algo alejado del centro pero interesante, pues en su moderno interior apuestan por una cocina tradicional elaborada con productos de temporada. ¡Elija el vino en su bodega!

La MASSANA
Alt. 1 241 m – Ver mapa regional n° **9-B1**
Andorra la Vella 7 km

Rutllan
av. del Ravell 3 ✉ AD400 – ✆ (376) 73 87 38 – www.hotelrutllan.com – cerrado mayo
96 hab – 60/92 € 90/134 €
Hotel de organización familiar instalado en un edificio con profusión de madera. Ofrece unas confortables habitaciones y resulta muy llamativo durante la época estival, pues cubren sus balcones con llamativos geranios. El restaurante, de línea clásica, está decorado con numerosos jarrones de cerámica y cobre.

Molí dels Fanals
av. las Comes (Sispony), Sur : 2,3 km ✉ AD400 – ✆ (376) 83 53 80 – www.molidelsfanals.com – cerrado domingo noche y lunes
Menú 24 € – Carta 27/45 €
¡Sugerente, pues ocupa una antigua "borda" en piedra! Posee un amplio bar, dos privados y un comedor rústico en el piso superior. Carta tradicional con predominio de carnes.

Borda Raubert
carret. de Arinsal, 1,7 km ✉ AD400 – ✆ (376) 83 54 20 – www.bordaraubert.com – cerrado del 15 al 30 de mayo, domingo noche, lunes noche y martes
Carta 26/46 €
Instalado en una típica "borda" andorrana, un edificio de piedra de marcada rusticidad que sitúa la sala principal en el antiguo pajar y la secundaria en lo que eran las cuadras. Carta regional rica en carnes, embutidos y platos a la brasa.

EN ERTS

Palomé
carret de Arinsal ✉ AD400 – ✆ (376) 73 85 00 – www.palomehotel.com – cerrado 4 abril-25 mayo
30 hab – 75/95 € 90/120 €, 12 € – 5 suites
Ocupa un antiguo hotel que no hace mucho fue reformado, ensalzando con su nombre el pico de una montaña cercana. Aquí encontrará unas habitaciones de línea urbana-moderna, todas con cama de matrimonio.

MERITXELL
Alt. 1 527 m – Ver mapa regional n° **9-B1**
Andorra la Vella 11 km

L'Ermita
Meritxell ✉ AD100 – ✆ (376) 75 10 50 – www.hotelermita.com – cerrado 10 junio-15 julio y 15 octubre-22 noviembre
24 hab – 36/59 € 58/105 €, 5 €
Emplazado en un paraje de montaña, junto al santuario de la Virgen de Meritxell. Presenta una agradable zona social, correctas habitaciones y un restaurante de ambiente rústico-actual, donde ofrecen una carta tradicional con algún plato francés y varios menús.

ORDINO
Alt. 1 304 m – Ver mapa regional n° **9-B1**
Andorra la Vella 9 km

Coma
Camp de la Tenada ✉ AD300 – ✆ (376) 73 61 00 – www.hotelcoma.com
48 hab – 38/95 € 75/130 €
Resulta acogedor y... ¡está llevado por la misma familia desde 1932! Tras su fachada, típica de montaña, presenta unas habitaciones de línea funcional, con bañera de hidromasaje y en muchos casos terraza. En su restaurante, amplio, luminoso y polivalente, podrá descubrir una sabrosa cocina tradicional.

PAS DE LA CASA

Alt. 2 085 m – Ver mapa regional n° **9-C1**
Andorra la Vella 29 km

por la carretera de Soldeu Suroeste : 10 km

Grau Roig

Grau Roig ✉ AD200 – ✆ (376) 75 55 56 – www.hotelgrauroig.com – cerrado 10 abril-23 junio y 12 octubre-24 noviembre
42 hab – 80/273 € 100/338 €
Con el circo de Pessons como telón de fondo... esta típica construcción de montaña resulta ideal para pasar unos días de esquí o trekking. Posee varios tipos de habitaciones, todas coquetas y bien equipadas, así como una oferta gastronómica suficientemente variada.

SANT JULIÀ DE LÒRIA

Alt. 909 m – Ver mapa regional n° **9-B1**
Andorra la Vella 7 km

al Sureste 7 km

Coma Bella

Bosque de La Rabassa - alt. 1 300 ✉ AD600 – ✆ (376) 74 20 30 – www.hotelcomabella.com – cerrado del 4 al 14 de abril y del 2 al 24 de noviembre
30 hab – 41/61 € 63/103 €
Conjunto aislado y tranquilo, pues está en pleno bosque de La Rabassa y próximo al parque temático de Naturlandia. Ofrece amplias zonas nobles, habitaciones funcionales y un correcto restaurante que destaca por sus magníficas vistas a las cumbres colindantes.

ANDORRA

SOLDEU

Alt. 1 826 m – Ver mapa regional n° **9-B1**
Andorra la Vella 20 km

Sport H. Hermitage

carret. de Soldeu ✉ AD100 – ✆ (376) 87 06 70 – www.sporthotels.ad – cerrado 11 abril-25 junio
135 hab – 225/690 € – 3 suites
¡A 1850 m de altitud y con acceso directo a las pistas de Grandvalira! Presenta un exterior típico montañés y un interior de línea actual, con alguna que otra pincelada zen. Amplísimo SPA con vistas a las montañas, como todas las habitaciones. Sus restaurantes tiene el asesoramiento de reconocidos chefs.

Xalet Montana

carret. General 2 ✉ AD100 – ✆ (376) 73 93 33 – www.xaletmontana.net – 19 diciembre-marzo
40 hab – 90/123 € 123/166 €
Hotel de esmerada decoración y carácter funcional-montañés que sorprende por la profusión de madera y las buenas vistas desde las habitaciones, todas con balcón y asomadas a las pistas de esquí. El restaurante basa su oferta en un buffet por las noches.

Sol i Neu

Dels Vaquers ✉ AD100 – ✆ (376) 85 13 25 – www.sporthotels.ad – cerrado 11 abril-25 junio y lunes
Carta 37/54 € – *(solo almuerzo en verano)*
Se encuentra a pie de pistas y está considerado todo un clásico en la zona. En conjunto tiene cierto aire montañés, con profusión de madera y objetos antiguos relacionados con el mundo del esquí. Cocina tradicional con detalles actuales.

M. Abreu/John Warburton-Lee/Photononstop

Portugal

Portugal
Portugal

O palmarés 2016

➜ El palmarés

As novas estrelas

➜ Las nuevas estrellas

Carvoeiro *(Algarve)*	Bon Bon ✿

Os novos Bib Gourmand

➜ Los nuevos Bib Gourmand

Albufeira / Sesmarias *(Algarve)*	O Marinheiro
Lagos *(Algarve)*	Dom Sebastião
Portalegre *(Alto Alentejo)*	Solar do Forcado
Terrugem *(Alto Alentejo)*	A Bolota
Alcochete *(Baixo Alentejo)*	Don Peixe
Sines *(Baixo Alentejo)*	Cais da Estação
Malhou *(Ribatejo)*	O Malho

Você também pode encontrar todas as estrelas e a Bib Gourmand no final da Guia Michelin 2016, página 943.

➜ Además podrá encontrar todas las estrellas y todos los Bib Gourmand al final de la Guía MICHELIN 2016, página 943.

Estabelecimentos com estrelas 2016

Os Bib Gourmand 2016

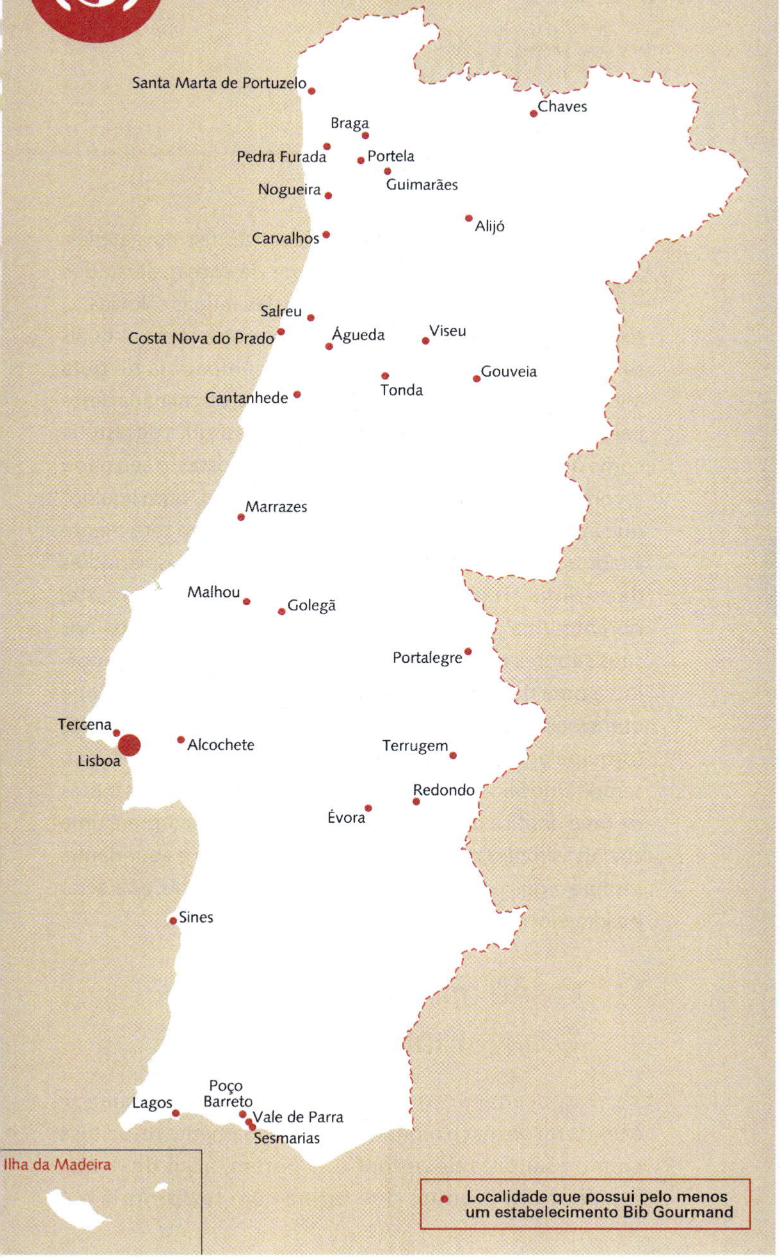

A cozinha portuguesa, fiel à tradição

PORTUGAL

A culinária herdada de tempos ancestrais, as matérias-primas autóctones, uns tempos de cocção ajustados durante anos, a subtil influencia das antigas colonias…, todos estes e muitos mais, são os ingredientes sobre os quais se sustenta a gastronomia lusa. Em companhia do guia MICHELIN poderá descobrir o fundamental da culinária deste país, estreitamente vinculada, tanto às vicissitudes da história como à riqueza dos seus cultivos, as suas costas, o seu gado e, como não, o sempre omnipresente azeite, o "ouro líquido" que aporta os rasgos mediterrâneos a um povo totalmente virado ao Atlântico. Se bem constatamos alguns resplendores da cozinha criativa o certo é que estamos, claramente, perante uma gastronomia tremendamente aferrada aos seus sabores tradicionais, pelo que normalmente propor-lhe-á uma rica ementa em carnes nas aldeias do interior e outra mais habituada ao peixe tanto no litoral como nas ilhas (Arquipélagos dos Açores e da Madeira) …, isso sim, com o sempiterno bacalhau como rei indiscutível de todas as mesas de uma ponta à outra do país. Em Portugal, encontrará uma cozinha simples mas muito honesta, saborosa e abundante, sempre orgulhosa das suas raízes, por reflectir estas, o carácter e a idiossincrasia de todo um povo.

O seu emblema culinário? O bacalhau

Parece claro que Portugal, do ponto de vista gastronómico, é una terra de mar e montanha, tremendamente respeitosa com os sabores de antanho... porem, aqui devemos ressaltar um produto que brilha com luz própria e é

J. Arnold/hemis.fr

realmente representativo de todo o país, o sempre saboroso bacalhau, pois inexoravelmente poderemos saboreá-lo tanto nas aldeias mais escondidas do interior como nas turísticas localidades costeiras.

O bacalhau, que hoje em dia chega às nossas mesas; fresco, congelado ou seco, é um peixe natural das frias águas do Atlântico Norte, o Mar do Norte, o Mar Báltico ou o Mar de Barents, por todo isto pode parecer estranho que Portugal, virado totalmente ao Oceano Atlântico, tenha o seu produto mais representativo num peixe que não é próprio das suas costas. Aqui a explicação é simples, devemos saber que a maior parte da frota pesqueira portuguesa que acudia a essas remotas e frias águas procedia das ilhas lusas, dos Açores e da Madeira. Os pratos de bacalhau mais relevantes são o famoso Bacalhau à Brás (também chamado Bacalhau Dourado), o Bacalhau à Gomes de Sá (típico do norte e elaborado no forno), as Pataniscas de bacalhau (apresentado em forma de filhós e típico da Estremadura), os Pasteis de bacalhau (em forma de croquete), o Bacalhau de Consoada (prato tradicional reservado para a Consoada de Natal), o sempre saboroso Bacalhau com natas, à transmontana, à moda do Minho… e assim até, segundo contam os próprios portugueses, mais de 1000 receitas diferentes!

O Porto, um dos grandes vinhos do mundo

O vinho do Porto e o Vinho Verde, uma variedade procedente da região do Minho, são, sem dúvida, os vinhos mais internacionais de todo Portugal. Porém, o primeiro atesoura vários factos claramente diferenciadores: o seu personalíssimo sabor, a sua exclusiva técnica de fabricação e o seu particular etiquetado, o que lhe valeu para traspassar fronteiras até converter-se num desses clássicos que não pode faltar em nenhuma adega particular que se preze. O primeiro que chama a atenção no vinho do Porto, que pertence à região vitivinícola do Alto Douro português, é a existência de numerosos anglicismos na nomenclatura do seu etiquetado (Tawny, Ruby, White, Vintage…), algo que se explica por si mesmo ao conhecer a estreita relação destes vinhos com o mercado inglês. A situação de conflito político da Europa a finais do século XVII, assim como os constantes enfrentamentos com a França, fez que a Grã-Bretanha sofresse escassez de alguns abastecimentos, como o vinho, que procediam dos seus negócios no continente.

Aqui é onde surgem como opção os vinhos do Porto, conhecidos naquela época e com capacidade para fornecer-lhes sem problemas, ao ser o país luso, um fiel aliado dos britânicos. O ponto determinante para o sucesso do Porto radica na técnica da "fortificação do vinho", que aportava maior estabilidade ao vinho e deslumbrou ao público entendido daquela época. A técnica do "Fortificado" baseia-se na adição de brandy ao vinho durante a sua fermentação, o que provoca a interrupção deste processo e confere um teor alcoólico elevado (até 25º). Os vinhos fortificados, como o Porto, atesouram um aroma de maior intensidade e um sabor muito mais doce devido à existência de açúcares que não conseguiram fermentar-se ao interromper a função catalisadora. Em linhas gerais são vinhos que, com independência do seu processo de fabricação, envelhecem extraordinariamente bem na garrafa. Embora poderá encontrá-lo em qualquer parte do mundo, não deixe Portugal sem experimentá-lo!

La cocina portuguesa, fiel a la tradición

El recetario heredado de sus ancestros, las materias primas autóctonas, unos tiempos de cocción ajustados durante años, la sutil influencia de las antiguas colonias... todos estos y muchos más son los ingredientes sobre los que se sustenta la gastronomía lusa. En compañía de la guía MICHELIN podrá descubrir las claves culinarias de este país, estrechamente vinculadas tanto a las vicisitudes de la historia como a la riqueza de sus cultivos, sus costas, su cabaña y, como no, al siempre omnipresente aceite de oliva, el "oro líquido" que aporta los rasgos mediterráneos a un pueblo totalmente volcado al atlántico. Si bien constatamos algunos destellos de cocina creativa, los cierto es que estamos, claramente, ante una gastronomía tremendamente aferrada a sus sabores tradicionales, por lo que normalmente le propondrán una carta rica en carnes en los pueblos del interior y otra más habituada a los pescados tanto en el litoral como en las islas (Archipiélagos de las Azores y de Madeira)... eso sí, con el sempiterno bacalao como rey indiscutible de todas las mesas a lo largo y ancho del país. En Portugal encontrará una cocina sencilla pero muy honesta, sabrosa y abundante, siempre orgullosa de sus raíces por reflejar estas el carácter y la idiosincrasia de todo un pueblo.

Gourmet-vision/ImageBroker/Age Fotostock

¿Su emblema culinario? El bacalao

Parece claro que Portugal, desde el punto de vista gastronómico, es una tierra de mar y montaña tremendamente respetuosa con los sabores de antaño… sin embargo, aquí debemos destacar un producto que luce con luz propia y realmente es representativo de todo el país, el siempre sabroso bacalao, pues inexorablemente podremos saborearlo tanto en los pueblos más recónditos del interior como en las turísticas localidades costeras.

Radius Images/Photononstop

El bacalao, que hoy en día llega hasta nuestras mesas fresco, congelado o en salazón, es un pescado natural de las frías aguas del Atlántico Norte, el Mar del Norte, el Mar Báltico o el Mar de Barents, por eso puede parecer extraño que Portugal, volcado totalmente al Océano Atlántico, tenga su producto más representativo en un pescado que no es propio de sus costas; aquí la explicación es sencilla, pues debemos saber que la mayor parte de la flota pesquera portuguesa que acudía a esas lejanas y frías aguas procedía de las islas lusas, las Azores y Madeira. Los platos de bacalao más relevantes son el famoso Bacalao à Brás (también llamado Bacalao Dorado), el Bacalao à Gomes de Sá (típico del norte y elaborado al horno), las Pataniscas de bacalao (presentado en forma de buñuelo y típico de Estremadura), los Pasteis de bacalao (en forma de croqueta), el Bacalao de Consoada (plato tradicional reservado para la cena de Nochevieja), los siempre sabrosos Bacalaos con nata, à transmontana, à moda do Minho… y así hasta, según cuentan los propios portugueses, ¡más de 1000 recetas diferentes!

S. Scata' / Tips/Photononstop

El Oporto, uno de los grandes vinos del mudo

El vino de Oporto y el Vinho Verde, una variedad procedente de la región de Minho, son sin duda los caldos más internacionales de todo Portugal, sin embargo el primero atesora varios hechos claramente diferenciadores: su personalísimo sabor, su exclusiva técnica de fabricación y su particular etiquetado, lo que le ha valido para traspasar fronteras hasta convertirse en uno de esos clásicos que no puede faltar en ninguna bodega particular que se precie. Lo primero que llama la atención en el vino de Oporto, que pertenece a la región vitivinícola del Alto Douro portugués, es la existencia de numerosos anglicismos en la nomenclatura de su etiquetado (Tawny, Ruby, White, Vintage…), algo que se explica por sí mismo al conocer la estrecha relación de estos vinos con el mercado inglés. La conflictiva situación política de Europa a finales del s. XVII, así como los constantes enfrentamientos con Francia, hizo que Gran Bretaña sufrirá escasez de algunos suministros, como el vino, que procedían de sus negocios en el continente.

Aquí es donde surgen como opción los vinos de Oporto, ya conocidos en aquella época y con capacidad para abastecerles sin problemas al ser el país luso un fiel aliado de los británicos. El punto determinante para el éxito del Oporto radica en la técnica de la "fortificación del vino", que aportaba mayor estabilidad al vino y encandiló al público entendido de aquella época. La técnica del "Fortificado" se basa en la adición de brandy al vino durante su fermentación, lo que provoca la interrupción de este proceso y le confiere mayor contenido alcohólico (hasta 25º). Los vinos fortificados, como el Oporto, atesoran un aroma de mayor intensidad y un sabor mucho más dulce debido a la existencia de azúcares que no consiguieron fermentarse al interrumpir la función catalizadora. En líneas generales son vinos que, con independencia de su proceso de fabricación, van a envejecer extraordinariamente bien en botella. Aunque podrá encontrarlo en cualquier parte del mundo ¡no se marche de Portugal sin probarlo!

M. Falzone/Agency Jon Arnold Images/Age Fotostock

DALVA
PORTO
30
YEARS OLD
20% vol

Vinhos...

→ Vinos
→ *Wines*

1	Vinhos Verdes
2, 3	Porto e Douro, Dão
4	Bairrada
5 a 8	Bucelas, Colares, Carcavelos, Setúbal
9 a 12	Lagoa, Lagos, Portimão, Tavira
13 a 15	Borba, Redondo, Reguengos
16	Madeira

PORTUGAL

... e especialidades regionais

Portugal possui uma tradição vitivinícola muito antiga. A diversidade das regiões vinícolas tem determinado a necessidade de regulamentar os seus vinhos com Denominações de Origem, indicadas no mapa correspondente.

Regiões e localização no mapa	Características dos vinhos	Especialidades regionais
MINHO, DOURO ITORAL, TRÁS-OS-MONTES, ALTO DOURO 1 e 2	**Tintos** *encorpados, novos, ácidos* **Brancos** *aromáticos, suaves, frutados, delicados, encorpados* **Portos** *(Branco, Tinto, Ruby, Tawny, Vintage) ricos em açúcares*	*Caldo verde, Lampreia, Salmão, Bacalhau, Presunto, Cozido, Feijoada, Tripas*
BEIRA ALTA, BEIRA BAIXA, BEIRA LITORAL 3 e 4	**Tintos** *aromáticos, suaves, aveludados, equilibrados, encorpados* **Brancos** *cristalinos, frutados, delicados, aromáticos*	*Queijo da Serra, Papos de Anjo, Mariscos, Caldeiradas, Ensopado de enguias, Leitão assado, Queijo de Tomar, Aguardentes*
ESTREMADURA, RIBATEJO 5 e 8	**Tintos** *de cor rubí, persistentes, secos, encorpados* **Brancos** *novos, delicados, aromáticos, frutados, elevada acidez* **Moscatel de Setúbal,** *rico em álcool, de pouca acidez*	*Amêijoas à bulhão pato, Mariscos, Caldeiradas, Queijadas de Sintra, Fatias de Tomar*
ALGARVE 9 e 12	**Tintos** *aveludados, suaves, frutados* **Brancos** *suaves*	*Peixes e mariscos na cataplana, Figos, Amêndoas*
ALENTEJO 13 e 15	**Tintos** *robustos e elegantes*	*Migas, Sericaia, Porco à Alentejana, Gaspacho, Açordas, Queijo de Serpa*
MADEIRA 16	*Ricos em álcool, secos, de subtil aroma*	*Espetadas (carne, peixe), Bolo de mel*

→ Vinos y especialidades regionales

Portugal posee una tradición vinícola muy antigua. La diversidad de las regiones vinícolas ha determinado la necesidad de regular sus vinos con Denominaciones de Origen (Denominações de Origem), indicadas en el mapa correspondiente.

PORTUGAL

Regiones y localización en el mapa	Características de los vinos	Especialidades regionales
MINHO, DOURO LITORAL, TRÁS-OS-MONTES, ALTO DOURO 1 y 2	**Tintos** *con cuerpo, jóvenes, ácidos* **Blancos** *aromáticos, suaves, afrutados, delicados, con cuerpo* **Oportos** *(Blanco, Tinto, Ruby, Tawny, Vintage) ricos en azúcares*	*Caldo verde (Sopa de berza), Lamprea, Salmón, Bacalao, Jamón, Cocido, Feijoada (Fabada), Callos*
BEIRA ALTA, BEIRA BAIXA, BEIRA LITORAL 3 y 4	**Tintos** *aromáticos, suaves, aterciopelados, equilibrados, con cuerpo* **Blancos** *cristalinos, afrutados, delicados, aromáticos,*	*Queso de Serra, Papos de Anjo (Repostería), Mariscos, Calderetas, Guiso de pan y anguilas, Cochinillo asado, Queso de Tomar, Aguardientes*
ESTREMADURA, RIBATEJO 5 al 8	**Tintos** *de color rubí, persistentes, secos, con cuerpo* **Blancos** *jóvenes, delicados aromáticos, afrutados, elevada acidez* **Moscatel de Setúbal**, *rico en alcohol, bajo en acidez*	*Almejas al ajo, Mariscos, Calderetas, Queijadas (Tarta de queso) de Sintra, Torrijas de Tomar*
ALGARVE 9 al 12	**Tintos** *aterciopelados, suaves* **Blancos** *suaves*	*Pescados y mariscos « na cataplana », Higos, Almendras*
ALENTEJO 13 al 15	**Tintos** *robustos y elegantes*	*Migas, Sericaia (Repostería), Cerdo a la Alentejana, Gazpacho (Sopa fría de tomate y cebolla), Açordas (Sopa de pan y ajo), Queso de Serpa*
MADEIRA 16	*Ricos en alcohol, secos, de sutil aroma*	*Brochetas (carne, pescado), Pastel de miel*

→ Wines and regional specialities

Portugal has a very old wine producing tradition. The diversity of the wine growing regions made it necessary to regulate those wines by the Appellation d'Origine (Denominações de Origem) indicated on the corresponding map.

Regions and location on the map	Wine's characteristics	Regional Specialities
MINHO, DOURO LITORAL, TRÁS-OS-MONTES, ALTO DOURO 1 and 2	**Reds** *full bodied, young, acidic* **Whites** *aromatic, sweet, fruity, delicate, full bodied* **Port** *(White, Red, Ruby, Tawny, Vintage), highly sugared*	*Caldo verde (Cabbage soup), Lamprey, Salmon, Codfish, Ham, Stew, Feijoada (Pork and bean stew), Tripes*
BEIRA ALTA, BEIRA BAIXA, BEIRA LITORAL 3 and 4	**Reds** *aromatic, sweet, velvety, well balanced, full bodied* **Whites** *crystal-clear, fruity, delicate, aromatic*	*Serra Cheese, Papos de Anjo (Cake), Seafood, Fishsoup, Ensopado de enguias (Eel stew), Roast pork, Tomar Cheese, Aguardentes (distilled grape skins and pips)*
ESTREMADURA, RIBATEJO 5 to 8	*Ruby coloured* **reds,** *big, dry, full bodied* **Young whites** *delicate, aromatic, fruity, acidic* **Moscatel from Setúbal,** *strong in alcohol, slightly acidic*	*Clams with garlic, Seafood, Fish soup, Queijadas (Cheesecake) from Sintra, Fatias (Sweet bread) from Tomar*
ALGARVE 9 to 12	*Velvety* **reds,** *light, fruity* *Sweet* **whites**	*Fish and Seafood « na cataplana », Figs, Almonds*
ALENTEJO 13 to 15	*Robust elegant* **reds**	*Migas (Fried breadcrumbs), Sericaia (Cake), Alentejana pork style, Gaspacho (Cold tomato and onion soup), Açordas (Bread and garlic soup), Serpa Cheese*
MADEIRA 16	*Strong in alcohol, dry with a delicate aroma*	*Kebab (Meat, Fish), Honey cake*

→ LOCALIDADE QUE POSSUI COMO MÍNIMO...

- ● um hotel ou um restaurante
- ✿ uma das melhores mesas do ano
- ☺ um restaurante « Bib Gourmand »
- XX um restaurante particularmente agradável
- ⌂ Um hotel ou uma casa casa rural particularmente agradável

→ LOCALIDAD QUE POSEE COMO MÍNIMO...

- ● un hotel o un restaurante
- ✿ una de las mejores mesas del año
- ☺ un restaurante « Bib Gourmand »
- XX un restaurante particularmente agradable
- ⌂ un hotel o una casa rural particularmente agradable

Portugal em 9 mapas

Mapas regionais das localidades citadas

→ Portugal en 9 mapas

Mapas regionales de las localidades citadas

→ *Regional maps*

Regional maps
of showing listed towns

→ *PLACE WITH AT LEAST...*

- ● *one hotel or a restaurant*
- ✿ *one starred establishment*
- ☺ *one Bib Gourmand restaurant*
- XX *one particularly pleasant restaurant or pub*
- ⌂ *one particularly pleasant hotel or guesthouse*

Portugal
Portugal
Portugal

→ Localidade que possui como mínimo

- ● um hotel ou um restaurante
- ✿ uma das melhores mesas do ano
- ☺ um restaurante « Bib Gourmand »
- X um restaurante agradável
- 🏠 uma casa rural agradável
- 🏠 um hotel agradável
- ⚲ um hotel muito tranquilo

→ Localidad que posee como mínimo

- ● un hotel o un restaurante
- ✿ una de las mejores mesas del año
- ☺ un restaurante « Bib Gourmand »
- X un restaurante agradable
- 🏠 una casa rural agradable
- 🏠 un hotel agradable
- ⚲ un hotel muy tranquilo

→ Place with at least

- ● a hotel or a restaurant
- ✿ a starred establishment
- ☺ a restaurant « Bib Gourmand »
- X a particularly pleasant restaurant
- 🏠 a particularly pleasant guesthouse
- 🏠 a particularly pleasant hotel
- ⚲ a particularly quiet hotel

Portugal

ESPAÑA
OCEANO
ATLÂNTICO
Viana do Castelo
Minho, Douro, Trás os Montes
6
Braga
Bragança
Porto
Vila Real
Aveiro
Viseu
Beiras
3
Guarda
Figueira da Foz
Coimbra
Fátima
Castelo Branco
Estremadura, Ribatejo
4
Santarém
Portalegre
LISBOA
Badajoz
Setúbal
Évora
Alentejo
1
Beja
ESPAÑA
2
Algarve
Portimão
Faro
Sevilla
Cádiz
Madeira
5
Funchal
A 52
N 120
A 6
E 1
A 3
A 4
E 82
IP 4
N 122
E 80
A 1
A 24
E 802
N 102
A 25
A 62
A 23
E 806
A 13
A 6
E 90
A 5
N 432
N 630
A 2
E 803
A 66
N 125
A 22
A 49
A 92
AP 4
E 5
A 381

1 Alentejo

A
B
ESTREMADURA-
RIBATEJO
(plano 4)
Santarém
1
Montargi
LISBOA
Alcochete
Cascais
Almada
Belverde
Palmela
Montemor-o-Novo
Setúbal
Sesimbra
Tróia
Santiago
do Escoural
2
Comporta
Alcácer do Sal
Santiago do Cacém
Sines
Cercal
Alberne
3
ALGARVE
(plano 2)
A
B

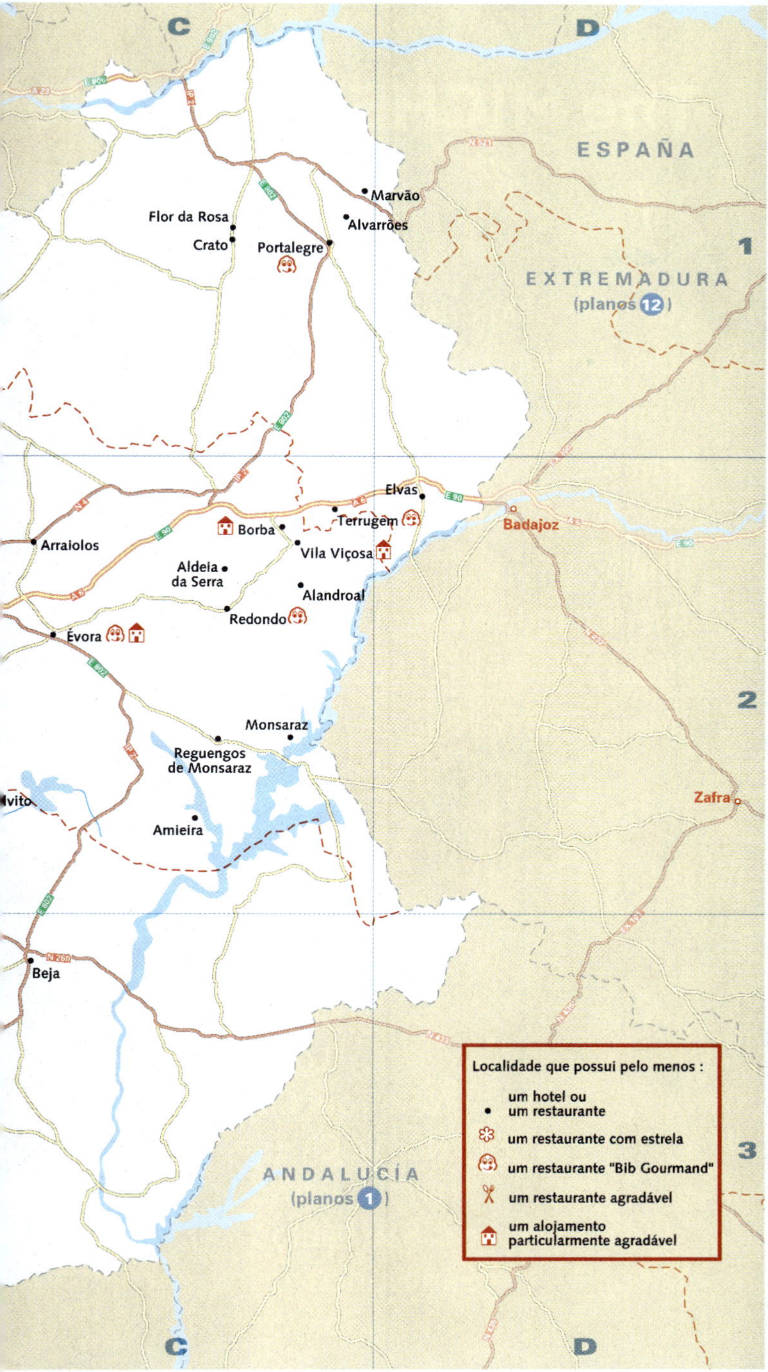
C
D
ESPAÑA
Marvão
Flor da Rosa
Alvarrões
Crato
Portalegre
1
EXTREMADURA
(planos 12)
Elvas
Badajoz
Terrugem
Borba
Arraiolos
Vila Viçosa
Aldeia da Serra
Alandroal
Redondo
Évora
2
Monsaraz
Reguengos de Monsaraz
Zafra
Amieira
Beja
3
ANDALUCÍA
(planos 1)
Localidade que possui pelo menos :
um hotel ou um restaurante
um restaurante com estrela
um restaurante "Bib Gourmand"
um restaurante agradável
um alojamento particularmente agradável
C
D

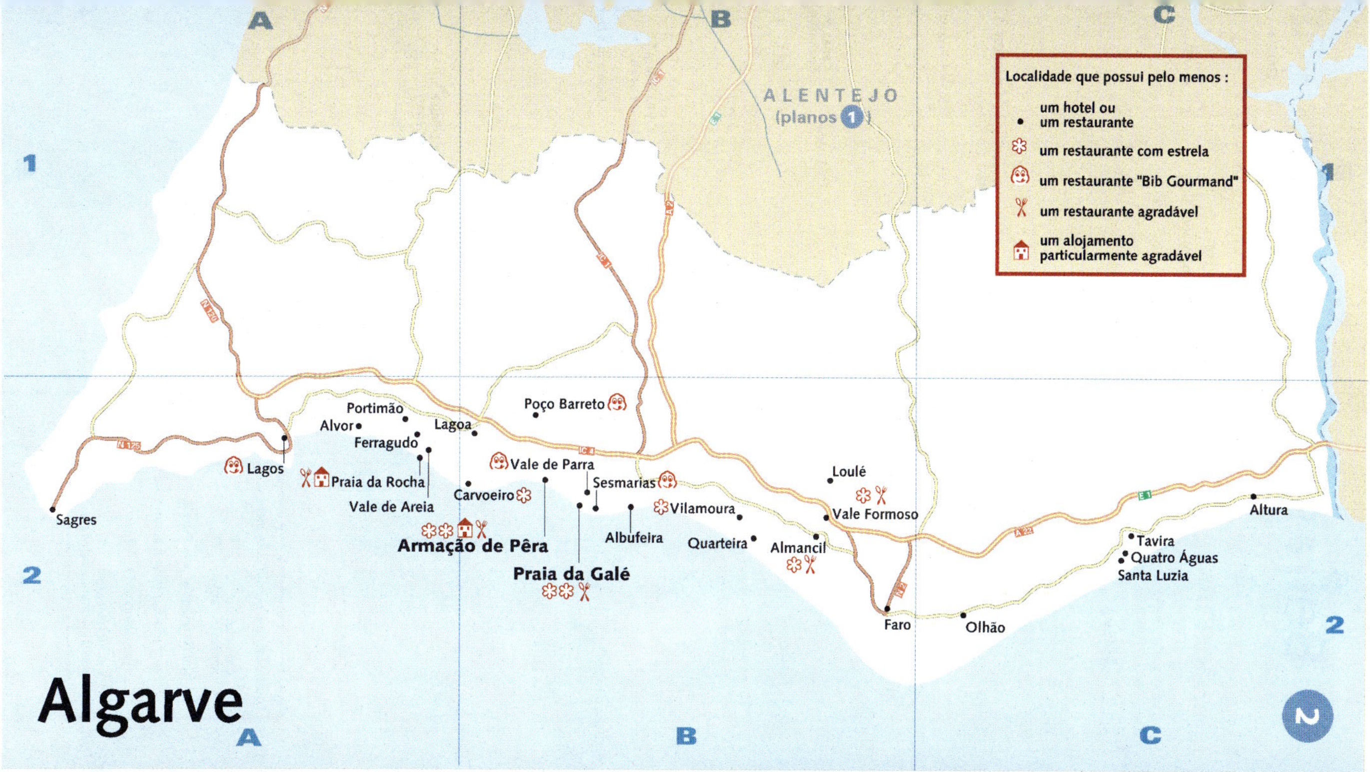
Algarve
Localidade que possui pelo menos :
um hotel ou um restaurante
um restaurante com estrela
um restaurante "Bib Gourmand"
um restaurante agradável
um alojamento particularmente agradável
ALENTEJO
(planos 1)
Sagres
Lagos
Praia da Rocha
Alvor
Portimão
Ferragudo
Vale de Areia
Lagoa
Carvoeiro
Armação de Pêra
Poço Barreto
Vale de Parra
Praia da Galé
Sesmarias
Albufeira
Vilamoura
Quarteira
Almancil
Loulé
Vale Formoso
Faro
Olhão
Tavira
Quatro Águas
Santa Luzia
Altura
N 125
N 120
IC 4
IC 1
A 2
A 22
E 1

3 Beiras

A
B
1
2
3
Cinfães
Santa Maria da Feira
São João da Madeira
Ovar
Torreira
Salreu
Aveiro
Costa Nova do Prado
Fataunços
Viseu
Águeda
Tonda
Canas de Senhorim
Curia
Cantanhede
Vila Pouca da Beira
Aldeia das Dez
Coimbra
Pereira
Figueira da Foz
Pampilhosa da Serra
Sertã
ESTREMADURA-RIBATEJO
(plano 4)
A 41
E 80
A 1
A 25
A 17
A 35
IP 3
A 14
A 13
A 23
E 806
Localidade que possui pelo menos :
um hotel ou um restaurante
um restaurante com estrela
um restaurante "Bib Gourmand"
um restaurante agradável
um alojamento particularmente agradável

C
D
MINHO-DOURO-
TRÁS OS MONTES
(planos 6)
Lamego
Folgosa
Tabuaço
Moimenta
da Beira
IP 3
E 802
IP 2
1
CASTILLA Y LEÓN
(planos 8)
Almeida
lelas
Figueiró da Serra
Paranhos
da Beira
Gouveia
Guarda
Manteigas
Belmonte
2
Penhas da Saúde
Covilhã
Unhais da Serra
A 23
ESPAÑA
Fundão
EXTREMADURA
(planos 12)
Monfortinho
Idanha-
a-Nova
Castelo Branco
3
C
D

4 Estremadura, Ribatejo

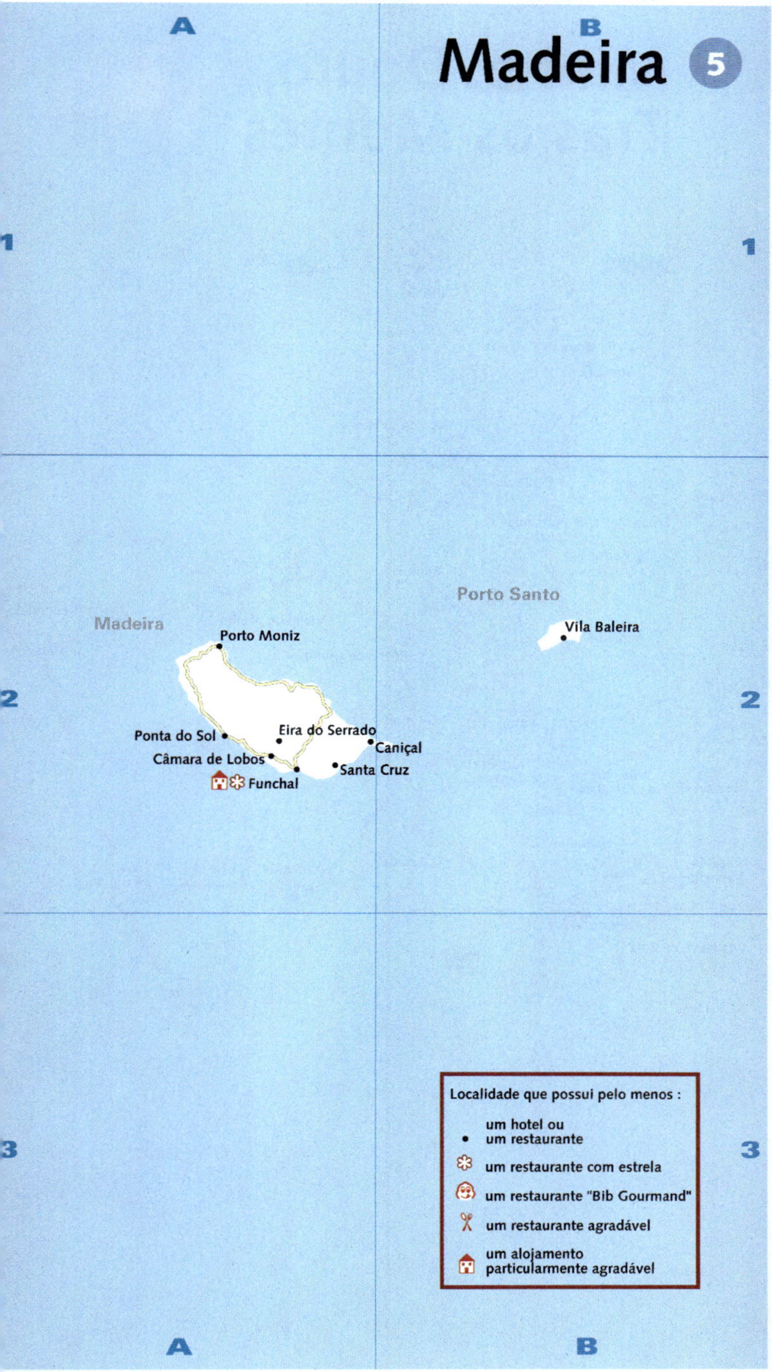

Madeira
5
A
B
1
2
3
Porto Santo
Vila Baleira
Madeira
Porto Moniz
Ponta do Sol
Eira do Serrado
Caniçal
Câmara de Lobos
Santa Cruz
Funchal
Localidade que possui pelo menos :
um hotel ou
um restaurante
um restaurante com estrela
um restaurante "Bib Gourmand"
um restaurante agradável
um alojamento
particularmente agradável

6 Minho, Douro, Trás os Montes

C
D
Ponferrada
ESPAÑA
1
CASTILLA Y LEÓN
(planos 8)
Puebla
de Sanabria
Verín
Chaves
Nantes
Bragança
Macedo de
Cavaleiros
Mirandela
2
3
Localidade que possui pelo menos :
um hotel ou
um restaurante
um restaurante com estrela
um restaurante "Bib Gourmand"
um restaurante agradável
um alojamento
particularmente agradável
C
D

Portugal

Hotéis & restaurantes

Cidades de A a Z

→ Hoteles & restaurantes

Ciudades de A a Z

→ *Hotels & restaurants*

Towns from A to Z

ABRANTES

Santarém – 22 086 h. – Alt. 188 m – Ver mapa regional n° **4-B2**

Lisboa 146 km – Santarém 77 km – Portalegre 91 km – Leiria 89 km

Mapa das estradas Michelin n° 733 e 592-N5

Santa Isabel (N)

Rua Santa Isabel 12 ✉ 2200-393 – ☎ 241 36 62 30 – fechado domingo, feriados e 7 dias em agosto

Menu 13 € – Lista 25/42 €

Inserido numa casa de habitação. Com salas rústicas, espalhadas por dois pisos de moradias, apresenta uma cozinha apurada regional. Deixe-se aconselhar!

ÁGUEDA

Aveiro – 11 346 h. – Ver mapa regional n° **3-B2**

Lisboa 250 km – Aveiro 22 km – Coimbra 42 km – Porto 85 km

Mapa das estradas Michelin n° 733 e 591-K4

Conde d'Águeda

Praça Conde de Águeda ✉ 3750-109 – ☎ 234 61 03 90 – www.hotelcondedagueda.com

28 qto – 50/80 € 72/95 €

Destaca tanto pelo seu moderno exterior como pela sua central localização, com uma atractiva esplanada-bar no terraço. Confortáveis quartos dotados de mobiliário actual.

O Típico

Rua Dr Manuel Alegre 42 ✉ 3750-139 – ☎ 234 62 53 36 – fechado do 10 ao 31 de agosto e sábado

Lista 23/33 €

Restaurante despretensioso e simples. Oferece uma cozinha tradicional portuguesa de excelente qualidade. Sala decorada com peças e pormenores regionais.

ALANDROAL

Évora – 1 873 h. – Ver mapa regional n° **1-C2**

Lisboa 192 km – Badajoz 53 km – Évora 56 km – Portalegre 86 km

Mapa das estradas Michelin n° 733 e 593-P7

A Maria

Rua João de Deus 12 ✉ 7250-142 – ☎ 268 43 11 43 – fechado do 16 ao 31 de agosto e 2ª feira noite

Lista 29/40 €

Com muito encanto e rasgos típicos, tudo graças ao valor que se dá às coisas simples neste local. A sala é muito original, pois a suas paredes imitam as fachadas das casas rurais verdadeiras alentejanas. Cozinha regional de sabor caseiro.

ALBERNOA

Beja – 758 h. – Ver mapa regional n° **1-B3**

Lisboa 196 km – Évora 104 km – Faro 125 km – Setúbal 165 km

Mapa das estradas Michelin n° 733 e 593-S6

pela estrada IP 2 Sul : 5,5 km e desvio a esquerda 3 km

Malhadinha Nova (N)

Herdade da Malhadinha Nova ✉ 7800-601 Albernoa – ☎ 284 96 52 10 – www.malhadinhanova.pt – fechado janeiro

10 qto – 200/350 €

Rest *Malhadinha Nova* – ver selecção restaurantes

O acesso, por uma estrada de terra batida, integra perfeitamente o idílico monte rural com o conforto, design e exclusividade. Estacione o carro na Adega restaurante e deixe que o convidem aos quartos, rodeados de campos e vinhedos, ideais para desligar.

PORTUGAL

XX **Malhadinha Nova** (N) – Hotel Malhadinha Nova

Herdade da Malhadinha Nova ✉ 7800-601 Albernoa – ☎ 284 96 54 32 – www.malhadinhanova.pt – fechado janeiro, domingo e 2ª feira
Lista 45/50 €
Integrado no edifício da Adega, surpreende pela cozinha de autor que privilegia os produtos naturais e frescos (horta, vaca de raça, porco ibérico, vinho...).

ALBUFEIRA

Faro – 22 781 h. – Ver mapa regional n° **2-B2**
Lisboa 257 km – Faro 45 km – Beja 126 km – Lagoa 31 km
Mapa das estradas Michelin n° 733 e 593-U5

Alísios

Av. Infante Dom Henrique 83 ✉ 8200-916 – ☎ 289 58 92 84 – www.hotelalisios.com
115 qto – 60/150 € 90/250 €
Hotel funcional cuja localização, ao pé da praia, evidencia uma orientação para férias. Impecável nível de manutenção, tanto nas suas instalações como na sua varanda-solarium.

em Areias de São João Este : 2,5 km

X **Três Palmeiras**

Av. Infante D. Henrique 51 ✉ 8200-261 Albufeira – ☎ 289 51 54 23 – www.restaurantetrespalmeiras.com – fechado janeiro e domingo
Menu 20/45 € – Lista 20/35 €
Casa de organização familiar com prestígio na zona, acima de tudo pela qualidade das suas matérias-primas. Vasta carta de cozinha típica portuguesa com peixe do dia.

PORTUGAL

em Sesmarias Oeste : 4 km

XX **O Marinheiro**

Caminho da Praia da Coelha ✉ 8200-385 Albufeira – ☎ 289 59 23 50 – www.o-marinheiro.com – fechado dezembro, janeiro e domingo salvo abril-outubro
Lista 20/40 € – *(só jantar)*
Acolhedora vivenda, apresenta uma sala de estilo rústico moderno, com um simpático terraço envidraçado. A carta alia pratos da cozinha tradicional portuguesa com outros de cariz internacional.

na Praia da Galé Oeste : 6,5 km

XXXX **Vila Joya**

Estrada da Praia da Galé ✉ 8201-917 Albufeira – ☎ 289 59 17 95 – www.vilajoya.com – fechado 22 novembro-26 fevereiro
Menu 105/195 € – Lista 83/135 € – *(fechado 3ª feira)*
14 qto – 190/470 € 250/860 € – 8 suites
Um paraíso gastronómico em frente ao mar! Aqui a excelência culinária surge em partes iguais da mão de dois chefs, um dedica-se mais aos pratos clássicos e o outro aos pratos de inovação. Magnífico terraço com varandas e quartos de sonho.
→ Lagostim, limão salgado, frutos cítricos e salada de algas. Tamboril, barriga de atum fumado, molho tonnato e salada de ervas. Mascarpone, café e pera.

em Vale de Parra Noroeste : 7,5 km

XX **A Casa do Avô**

Sítio de Vale de Parra ✉ 8200-427 Albufeira – ☎ 289 51 32 82 – www.restaurante-acasadoavo.com – fechado janeiro, 2ª feira salvo maio-agosto e 3ª feira meio-dia
Menu 10/20 € – Lista 26/40 € – *(ementa simples ao almoço)*
Liderado com grande êxito pelo proprietário. Apresenta um ambiente regional e oferece pratos tradicionais muito abundantes, combinando o atractivo menu-buffet com a carta.

ALCÁCER DO SAL

Setúbal – 8 680 h. – Ver mapa regional n° **1-B2**
Lisboa 97 km – Beja 94 km – Évora 75 km – Setúbal 55 km
Mapa das estradas Michelin n° 733 e 593-Q4

Pousada D. Afonso II

Castelo de Alcácer ✉ 7580-197 – ✆ 265 61 30 70 – www.pousadas.pt
32 qto – 100/286 € – 3 suites
Passado e presente convivem neste castelo-convento, situado numa colina e próximo do rio Sado. Dispõe de zonas de convívio amplas, um pátio no claustro e quartos com traçado clássico sóbrio. O restaurante apresenta uma cozinha tradicional actualizada.

ALCOBAÇA

Leiria – 5 751 h. – Alt. 42 m – Ver mapa regional n° **4-A2**
Lisboa 110 km – Leiria 32 km – Santarém 60 km
Mapa das estradas Michelin n° 733 e 592-N3

Challet Fonte Nova

Rua da Fonte Nova 8 ✉ 2460-046 – ✆ 262 59 83 00 – www.challetfontenova.pt – fechado Natal
9 qto – 64/85 € 90/120 €
Bela casa senhorial com jardins, uma zona de convívio elegante e quartos de época, divididos por um edifício principal e um anexo mais actual. Ideal para relaxar, também dispõe de massagens e tratamentos de beleza.

PORTUGAL

ALCOCHETE

Setúbal – 12 239 h. – Ver mapa regional n° **1-A2**
Lisboa 59 km – Évora 101 km – Santarém 81 km – Setúbal 29 km
Mapa das estradas Michelin n° 733 e 593-P3

Don Peixe N

Largo António Santos Jorge 6 ✉ 2890-022 – ✆ 212 34 08 96 – www.donpeixe.com – fechado 15 dias em dezembro, 15 dias em janeiro, domingo noite e 2ª feira
Lista aprox. 35 €
Pequeno restaurante, localizado na zona de pescadores, é ideal para os apreciadores de pratos de peixe. A carta alia os pratos regionais com pratos de peixe fresco avulso, normalmente grelhados e de excelente qualidade.

ALDEIA DA SERRA → Ver Redondo

Évora

ALDEIA DAS DEZ

Coimbra – 531 h. – Alt. 450 m – Ver mapa regional n° **3-B2**
Lisboa 286 km – Coimbra 81 km – Guarda 93 km
Mapa das estradas Michelin n° 733 e 592-L6

Quinta da Geia

Largo do Terreiro do Fundo do Lugar ✉ 3400-214 – ✆ 238 67 00 10 – www.quintadageia.com
20 qto – 69 € 79 €
O encanto dos tempos passados e o conforto actual convivem neste atractivo conjunto do séc. XVII. Ambiente rústico e boas vistas, tanto ao vale como à serra da Estrela. O seu refeitório simples complementa-se, no verão, com uma agradável esplanada.

ALFERRAREDE

Santarém – 3 884 h. – Ver mapa regional n° **4-B2**
Lisboa 148 km – Santarém 80 km – Portalegre 89 km – Leiria 91 km
Mapa das estradas Michelin n° 733 e 592-N5

Cascata
Rua Manuel Lopes Valente Junior 19-A ✉ 2200-260 – ✆ 241 36 10 11 – www.cascata.pt – fechado domingo noite e 2ª feira
Lista 20/34 €
Apresenta uma cafeteria actual no andar inferior, uma sala de refeições clássica no andar superior e um espaço para os banquetes. Cozinha regional e de corte caseiro, com especialidades.

ALIJÓ
Vila Real – 2 635 h. – Ver mapa regional n° **6-B3**
Lisboa 411 km – Bragança 115 km – Vila Real 44 km – Viseu 117 km
Mapa das estradas Michelin n° 733 e 591-I7

Cêpa Torta
Rua Dr. José Bulas Cruz ✉ 5070-047 – ✆ 259 95 01 77 – www.douro-gourmet.com – fechado 2ª feira
Lista 20/32 €
Medalhão à Douro Gourmet, saborosa Carne Maronesa, Milhos à Transmontana... Está claro que este restaurante aposta na cozinha regional, no entanto, com um ambiente atual e usando sempre productos com denominação ou de origem controladas.

ALMADA
Setúbal – 16 584 h. – Ver mapa regional n° **1-A2**
Lisboa 13 km – Évora 126 km – Santarém 92 km – Setúbal 42 km
Mapa das estradas Michelin n° 733 e 593-P2

Mercure Lisboa Almada N
Rua Abel Salazar 9 (Pregal) ✉ 2805-313 – ✆ 212 76 14 01 – www.mercure.com
106 qto – ††70/160 €, ☕ 8 €
Hotel de design moderno ideal para uma viagem de negócios, com várias salas para reuniões. Disponibiliza quartos confortáveis em estilo funcional, destaque para os quartos do 7º andar por ser mais exclusivo. Excelente restaurante de cozinha japonesa.

Amarra ò Tejo
Alameda do Castelo (Jardim do Castelo) ✉ 2800-034 – ✆ 212 73 06 21 – fechado domingo noite no inverno, 3ª feira meio-dia no verão e 2ª feira
Menu 40/60 € – Lista 30/46 €
O melhor de tudo são as suas espectaculares vistas da capital! Está localizado no alto da cidade, junto ao castelo, numa construção com a forma de cubo envidraçado de estilo clássico-actual. Cozinha tradicional com toques actuais e matérias-primas de qualidade.

ALMANCIL
Faro – 11 136 h. – Ver mapa regional n° **2-B2**
Lisboa 306 km – Faro 13 km – Huelva 115 km – Lagos 68 km
Mapa das estradas Michelin n° 733 e 593-U5

Pequeno Mundo
Pereiras - Caminho de Pereiras, Oeste : 1,5 km ✉ 8135-907 – ✆ 289 39 98 66 – www.restaurantepequenomundo.com – fechado dezembro-janeiro e domingo
Lista 44/61 € – *(só jantar)*
Ideal para casais, pois ocupa uma preciosa casa algarvia dotada com românticos pátios e cálidos refeitórios. Ementa internacional com claras influências francesas.

Vincent
Rua do Comércio - Estrada de Quarteira ✉ 8135-906 – ✆ 289 39 90 93 – fechado 15 novembro-15 dezembro, 2ª feira em junho-agosto e domingo
Lista 45/70 € – *(só jantar)*
Casa de campo dotada com uma agradável esplanada ajardinada, um salão-bar de espera e um refeitório com uma acolhedora decoração clássica-regional. Ementa reduzida de estilo internacional.

PORTUGAL

em Vale Formoso Nordeste : 1,5 km

XXX ✿ **Henrique Leis**

✉ 8100-267 Loulé – ✆ 289 39 34 38 – www.henriqueleis.com – fechado 25 novembro- dezembro, 2ª feira salvo julho-agosto e domingo

Menu 70/90 € – Lista 70/100 € – *(só jantar)*

Nesta bela casa encontrará duas salas com ar rústico, decoradas com muito gosto, e uma atractiva varanda com boas vistas no 1° andar. Cozinha actual com bases clássicas que cuida muito as suas elaborações, sempre com detalhes criativos.

➜ Galete de mandioca com vieiras marinadas. Supremo de linguado com trufa e salsa. Extravagância de chocolates.

ao Sul

Conrad Algarve

Estrada de Vale do Lobo a Quinta do Lago, 5,5 km ✉ 8135-106 Almancil – ✆ 289 35 07 00 – www.conradalgarve.com

154 qto – ††264/674 € – 20 suites

Estátuas de mármore, quadros abstractos, serviço de excelência, espaços muito luminosos…, todo isto e muito mais, num hotel de estilo contemporâneo focado no cliente mais exigente. Com amplos, luxosos e modernos, quartos com varanda. Com diversas opções gastronómicas, o destaque é dado ao restaurante Gusto, de ambiente urbano e cosmopolita.

XXX ✿ **São Gabriel**

Estrada de Vale do Lobo a Quinta do Lago, 4 km ✉ 8136-912 Almancil – ✆ 289 39 45 21 – www.sao-gabriel.com – fechado dezembro-fevereiro e 2ª feira

Menu 85/110 € – Lista 65/90 € – *(só jantar)*

Um restaurante com recantos únicos e ambiente clássico com diversos pormenores mediterrâneos e modernos. Cozinha portuguesa contemporânea com toques inovadores.

➜ Filete de carapau alimado, couve, mostarda e molho de yuzu. Robalo lacado na chapa sobre topinambur, ravioli negro de azeitona verde e molho de maçã granny smith fumado. Chocolate, eucalipto e citrinos.

XX **Casa dos Pinheiros**

Corgo da Zorra - Estrada de Vale do Lobo, 3 km ✉ 8135-107 Almancil – ✆ 289 39 48 32 – www.restaurantecasadospinheiros.com – fechado 25 novembro-27 dezembro e domingo

Lista 35/65 € – *(só jantar)*

Local de linha actual dotado de um óptimo expositor de peixe e mariscos. A sua especialidade são as Cataplanas, o Arroz de tamboril, o Peixe no sal, os Crepes da casa...

XX **Alambique**

Estrada de Vale do Lobo a Quinta do Lago, 4 km ✉ 8135-160 Almancil – ✆ 289 39 45 79 – www.restaurantalambique.pt – fechado do 14 ao 26 de dezembro e domingo

Lista 42/56 € – *(só jantar)*

Um bom restaurante para descobrir a cozinha tradicional portuguesa. Possui duas salas requintadas de ambiente clássico-regional e uma das suas especialidades é o Arroz de tamboril.

XX **Florian**

Vale Verde - Rua Van Zaten, 7 km ✉ 8135-107 Almancil – ✆ 289 39 66 74 – www.florianrestaurant.com – fechado 26 novembro-23 janeiro e 5ª feira

Lista 46/64 € – *(só jantar)*

Encontra-se num condomínio próximo a um campo de golfe, com uma agradável esplanada e um refeitório de estética colonial. Cozinha internacional de inspiração francesa!

na estrada de Quarteira

Quinta dos Rochas sem

Fonte Coberta, Sudoeste : 3,5 km ✉ 8135-019 Almancil – ✆ 289 39 31 65 – www.quintadosrochas.pt.vu – maio-setembro

10 qto – 45/65 € 50/85 €

Próximo da estrada, em dois edifícios independentes que se comunicam pela piscina. Dispõe de um salão de convívio e quartos bastante amplos, todo com mobiliário clássico.

em Vale do Garrão Sul : 6 km

Ria Park H.

Urbanização Vale do Garrão ✉ 8135-170 Almancil – ✆ 289 35 98 00 – www.riaparkhotels.com – fechado 15 novembro-15 janeiro

166 qto – 100/450 € 120/500 € – 9 suites

De estilo clássico-elegante e junto à praia. Conta com um jardim cuidado, uma área pública completa e amplos quartos, todos com varanda. No restaurante, com vista para a piscina do terraço, propõem uma ementa tradicional com especialidades locais.

ALMEIDA

Guarda – 1 314 h. – Ver mapa regional n° **3-D1**

Lisboa 357 km – Guarda 49 km – Viseu 119 km – Bragança 166 km

Mapa das estradas Michelin n° 733 e 591-J9

Fortaleza de Almeida

rua da Muralha ✉ 6350-112 – ✆ 271 57 42 83 – www.hotelfortalezadealmeida.com

21 qto – 50/120 € 55/140 €

A sua linha actual contrasta claramente com a tradição arquitectónica desta formosa vila amuralhada. Espaços amplos, mobiliário rústico e equipamento correcto. O restaurante, muito luminoso, propõe uma ementa tradicional com pratos de caça durante a temporada.

ALMEIRIM

Santarém – 12 812 h. – Ver mapa regional n° **4-B2**

Lisboa 95 km – Santarém 8 km – Leiria 95 km – Évora 114 km

Mapa das estradas Michelin n° 733 e 592-O4

O Novo Príncipe

Timor 1 ✉ 2080-103 – ✆ 243 57 06 00 – www.hotelonovoprincipe.com

60 qto – 40/70 € 54/140 €

De aspecto actual e com uma zona de convívio devidamente renovada. Entre os seus quartos, devidamente equipados, destacam-se os da última ampliação por serem mais actuais e amplos.

ALTURA

Faro – 2 195 h. – Ver mapa regional n° **2-C2**

Lisboa 320 km – Faro 56 km – Beja 123 km – Vila Real de Santo António 9 km

Mapa das estradas Michelin n° 733 e 593-U7

A Chaminé

Av. 24 de Junho, Sul : 1 km ✉ 8950-411 – ✆ 281 95 01 00 – www.restaurante-chamine.com – fechado do 2 ao 26 de novembro e 3ª feira

Lista 25/46 €

Numa grande avenida... mas também próximo da praia. Tem um bom expositor de peixe e mariscos, bem como uma carta tradicional marinheira com sugestões diárias.

PORTUGAL

ALVARRÕES

Portalegre – 28 h. – Ver mapa regional n° **1-C1**
Lisboa 226 km – Portalegre 10 km – Castelo Branco 79 km – Santarém 159 km
Mapa das estradas Michelin n° 733 e 592-N7

pela estrada de Portalegre Sul : 1 km e desvio a esquerda 3 km

Quinta do Barrieiro

Reveladas ✉ 7330-336 Alvarrões – ✆ 964 05 49 35 – www.quintadobarrieiro.com
9 qto – 50/80 € 55/100 €, 8 €
Único, em plena natureza e o que o diferencia é a componente artística, com esculturas em todos os espaços, da autoria da ilustre proprietária. Visite o Atelier da escultora!

ALVITO

Beja – 1 259 h. – Ver mapa regional n° **1-C2**
Lisboa 161 km – Beja 39 km – Grândola 73 km
Mapa das estradas Michelin n° 733 e 593-R6

Pousada Castelo de Alvito

Largo do Castelo ✉ 7920-999 – ✆ 284 48 07 00 – www.pousadas.pt
20 qto – 100/229 €
Neste castelo do século XV encontrará um pátio central e quartos de ar medieval, todos com mobiliário decapado. Oferece amplos espaços, devidamente equipado e um jardim com piscina. No restaurante, que tem um belíssimo tecto abobadado, são confeccionados pratos de sabor tradicional e alentejano.

PORTUGAL

A Varanda

Praça da República 9 ✉ 7920-028 – ✆ 284 48 51 35
9 qto – 35/45 € 70/90 €
Um pequeno hotel bastante original que oferece quartos de excelente conforto para a sua categoria, todos eles personalizados e dedicados a vários amigos do proprietário. O hotel também tem um bom restaurante com cozinha tradicional e um pub-bar original, em homenagem à Lady Di.

ALVOR

Faro – 6 154 h. – Ver mapa regional n° **2-A2**
Lisboa 286 km – Faro 74 km – Portimão 7 km – Lagos 21 km
Mapa das estradas Michelin n° 733 e 593-U4

na praia Este : 2 km

Caniço

Aldeamento de Prainha ✉ 8500-072 Alvor – ✆ 282 45 85 03 – www.canicorestaurante.com – 15 março-outubro
Menu 30 € – Lista 30/55 €
Impressiona pela vista espectacular sobre o mar! Sala de estilo simples escavada na rocha e ementa de sabor tradicional, com saborosos arrozes, peixes e mariscos ao peso.

AMARANTE

Porto – 16 406 h. – Alt. 100 m – Ver mapa regional n° **6-B2**
Lisboa 372 km – Porto 64 km – Vila Real 49 km
Mapa das estradas Michelin n° 733 e 591-I5

Casa da Calçada

Largo do Paço 6 ✉ 4600-017 – ✆ 255 41 08 30 – www.casadacalcada.com – fechado janeiro
26 qto – 99/299 € 116/332 € – 4 suites
Rest *Largo do Paço* ✿ – ver selecção restaurantes
Magnifica casa senhorial do séc. XVI, conta com recantos únicos nas áreas públicas, quartos de estilo clássico, confortáveis e bem equipados. Piscina panorâmica com vista para o centro de Amarante e agradável terraço/solário!

XXX **Largo do Paço** - Hotel Casa da Calçada

Largo do Paço 6 ✉ 4600-017 – ✆ 255 41 08 30 – www.largodopaco.com – fechado janeiro

Menu 35/125 € – Lista 50/79 €

Inserido numa magnífica casa senhorial com ambiente clássico, requintado e sofisticado. No que a fogões diz respeito oferecem uma cozinha contemporânea com variados pratos de autor e receitas da cozinha tradicional de raiz portuguesa. Onde nada foi deixado ao acaso, toda uma encenação com apresentações irrepreensíveis.

→ Sardinha, ovas de sardinha, tomate, cebolo, coentros, gaspacho e azeitona. Vitelão, mostarda em grão, molho mexicano, ovo de codorniz, pão de alho e queijo da serra. Queijo da serra, chá matcha, geleia marmelo, banana, boletus e romã.

pela estrada IP 4 Sudeste : 17 km

Pousada de S. Gonçalo

Serra do Marão - alt. 885 ✉ 4604-909 Amarante – ✆ 255 46 00 30 – www.pousadadomarao.com

15 qto – 75/96 € 90/120 € – 1 suite

Proporciona o prazer de algumas vistas privilegiadas sobre a serra de Marão. Quartos clássicos com detalhes de certo encanto e uma área nobre reduzida mas aconchegante. Refeitório de agradável atmosfera e esplêndida vista panorâmica.

AMARES

Braga – 1 550 h. – Ver mapa regional n° **6-A2**

Lisboa 371 km – Braga 15 km – Porto 65 km

Mapa das estradas Michelin n° 733 e 591-H4

pela estrada de Póvoa de Lanhoso Sudeste : 2,5 km, desvio a direita 0,5 km e desvio a esquerda 0,5 km

Quinta do Burgo

Rua dos Burgos 475 ✉ 4720-612 Prozelo AMR – ✆ 253 99 27 49 – www.quintadoburgo.com

7 qto – 40/84 € 45/84 € – 5 apartamentos

Está distribuído em várias casas e o conjunto é excelente, com uma extensa área relvada. A sua grande oferta de alojamento inclui apartamentos (T1, T2 e T3) e dois tipos de quartos: uns rústicos e outros mais modernos e atuais.

AMIEIRA

Évora – 362 h. – Ver mapa regional n° **1-C2**

Lisboa 194 km – Évora 61 km – Beja 59 km – Setúbal 160 km

Mapa das estradas Michelin n° 733 e 593-R7

ao Nordeste 3,5 km

XX **Amieira Marina**

✉ 7220-999 Amieira – ✆ 266 61 11 73 – www.amieiramarina.com

Lista 30/45 € – *(só fins de semana e feriados de novembro-março) (só jantar salvo 6ª feira, sabado, domingo e feriados)*

Restaurante panorâmico construído sobre as águas do Grande Lago de Alqueva. O restaurante dispõe de duas salas modernas e luminosas com uma bela vista. Cozinha tradicional e regional.

ARCOS DE VALDEVEZ

Viana do Castelo – 2 226 h. – Ver mapa regional n° **6-A1**

Lisboa 411 km – Viana do Castelo 48 km – Braga 43 km – Porto 102 km

Mapa das estradas Michelin n° 733 e 591-G4

Costa do Vez

Estrada de Monção ✉ 4970-483 – ✆ 258 52 12 26 – www.costadovez.pt

28 qto – 28 € 45 € – 1 suite

Rest *Grill Costa do Vez* – ver selecção restaurantes

Situado nos arredores da localidade, apresenta um estilo clássico e agradáveis jardins. Acolhedora área pública, quartos funcionais e confortáveis, alguns com varanda.

PORTUGAL

Grill Costa do Vez – Hotel Costa do Vez
Estrada de Monção ✉ 4970-483 – ☎ 258 51 61 22 – www.costadovez.pt
– fechado do 1 ao 21 de novembro e 2ª feira
Lista 22/40 €
Restaurante de ambiente rústico regional, localizado numa pitoresca vila minhota. Cozinha tradicional portuguesa, com uma oferta muito variada de pratos grelhados a baixo preço.

AREIA → Ver Vila do Conde
Porto

AREIAS DE SÃO JOÃO → Ver Albufeira
Faro

ARELHO → Ver Óbidos
Leiria

ARMAÇÃO DE PÊRA
Faro – 4 867 h. – Ver mapa regional n° **2**-B2
Lisboa 262 km – Faro 51 km – Beja 131 km – Lagoa 11 km
Mapa das estradas Michelin n° 733 e 593-U4

PORTUGAL

ao Oeste 2 km

Vila Vita Parc
Alporchinhos ✉ 8400-450 Porches – ☎ 282 31 01 00 – www.vilavitaparc.com
116 qto – 200/605 € – 54 suites – 5 apartamentos
Rest *Ocean* – ver selecção restaurantes
Um hotel que conjuga perfeitamente o luxo, a elegância e tranquilidade, encontra-se numa enorme quinta ajardinada e com acesso ao mar. Oferece excelentes zonas de convívio, quartos de traçado clássico-actual, um SPA com serviço Hypoxi e uma oferta gastronómica completa.

Vilalara Thalassa Resort
Praia das Gaivotas ✉ 8400-450 Porches – ☎ 282 32 00 00
– www.vilalararesort.com – fechado dezembro-janeiro
111 qto – 223/552 € 257/577 € – 11 apartamentos
Rest *B y G* – ver selecção restaurantes
Um oásis de paz que convida a momentos de relaxamento! Um pequeno paraíso, com acesso directo a uma praia quase privativa e até um anfiteatro natural, disponibiliza quartos espaçosos com excelente equipamento, rodeados por magníficos jardins.

Casa Bela Moura
Estrada de Porches ✉ 8400-450 Porches – ☎ 282 31 34 22
– www.casabelamoura.com – 21 março-15 novembro
16 qto – 50/150 € 99/199 €
Excelente, pois ocupa uma Casa de Campo distribuída em dois edifícios. Elegante salão social, quartos de conforto actual, arredores ajardinados com piscina climatizada.

Ocean – Hotel Vila Vita Parc
Alporchinhos ✉ 8400-450 Porches – ☎ 282 31 01 00 – www.vilavitaparc.com
– fechado janeiro, 3ª feira e 4ª feira
Menu 95/175 € – *(só jantar) (só menu)*
Ocupa uma vila anexa ao hotel, onde encontrará uma sala de ambiente clássico-elegante e uma esplanada com vistas ao mar. O seu chef propõe uma cozinha criativa com elaborações delicadas, sendo original, detalhista e... tecnicamente perfeita!
→ Sarrajão, favas, xerém e Joselito 8 anos. Pregado do Atlântico, ervilhas, míscaros, São Jorge 24 meses e espargos brancos. 100% chocolate.

PARA TODOS OS QUE FAZEM COM QUE SEJA TÃO DELICIOSO COMO PARECE.
Na Makro descobrirá uma incrível variedade de serviços e produtos para ajudar no dia a dia do seu restaurante.
tu & makro
www.makro.pt

PARA TODOS OS QUE FAZEM COM QUE SEJA TÃO DELICIOSO COMO PARECE.
Na Makro descobrirá uma incrível variedade de serviços e produtos para ajudar no dia a dia do seu restaurante.
tu & makro
www.makro.pt

XXX **B & G** - Hotel Vilalara Thalassa Resort
Praia das Gaivotas ✉ *8400-450 Porches* – ✆ *282 32 00 00*
– www.vilalararesort.com – fechado 8 janeiro-10 fevereiro
Menu 43/50 € – Lista 37/59 € – *(só jantar no verão)* (reserva aconselhada)
Destaque no restaurante, para as paredes envidraçadas panorâmicas e a bela esplanada debruçada sobre o mar, onde oferece uma carta reinventada e inovadora.

ARRAIOLOS

Évora – 3 386 h. – Ver mapa regional n° **1-C2**
Lisboa 125 km – Badajoz 102 km – Évora 22 km – Portalegre 103 km
Mapa das estradas Michelin n° 733 e 593-P6

Pousada Nossa Senhora da Assunção
Quinta dos Loios, Norte : 1 km ✉ *7041-909* – ✆ *266 41 93 40*
– www.pousadas.pt
30 qto – 110/272 € – 2 suites
Instalada parcialmente em um antigo convento, cuja igreja, revestida de azulejos, data de 1585. Elementos clássicos, detalhes modernos, um claustro e quartos sóbrios. A luminosa sala de refeição com tecto abobadado está dividida em dois espaços.

AVEIRO

54 398 h. – Ver mapa regional n° **3-A1**
Lisboa 252 km – Coimbra 56 km – Porto 70 km – Vila Real 170 km
Mapa das estradas Michelin n° 733 e 591-K4

Moliceiro
Rua Barbosa de Magalhães 15-17 ✉ *3800-154* Planta : C1**r**
– ✆ 234 37 74 00 – www.hotelmoliceiro.pt
48 qto – 98/125 € 110/180 € – 1 suite
Sofisticado, distinto e com charme, um espaço onde nada foi deixado ao acaso. Conta com um acolhedor piano-bar e quartos temáticos, todos eles diferentes entre si: provençal, oriental, romântico...

Veneza H.
Rua Luís Gomes de Carvalho 23 ✉ *3800-211* Planta : A1**b**
– ✆ 234 40 44 00 – www.venezahotel.com
49 qto – 55/79 € 65/86 €, 9 €
Um hotel com charme, tanto pela acolhedora esplanada como pelo ambiente colonial. Conta com acolhedores e sofisticados quartos, alguns temáticos.

Aveiro Palace
Rua Viana do Castelo 4 ✉ *3800-275* – ✆ *234 42 18 85* Planta : C1**b**
– www.hotelaveiropalace.com
45 qto – 52/82 € 62/89 € – 3 suites
Em pleno coração de Aveiro e sobre o canal central da ria. Por trás da fachada clássica irá encontrar um hotel totalmente recuperado e remodelado.

As Américas
Rua Eng. Von Hafe 20 ✉ *3800-176* – ✆ *234 34 60 10* Planta : D1**k**
– www.hotelasamericas.com
68 qto – 78/90 € 93/120 € – 2 suites
Hotel onde o ambiente clássico está presente em todos os pormenores, com uma pequena e agradável esplanada ajardinada. Quartos bem equipados e um serviço prestável.

Aveiro Center
Rua da Arrochela 6 ✉ *3810-052* – ✆ *234 38 03 90* Planta : C2**s**
– www.hotelaveirocenter.pt
24 qto – 45/48 € 55/70 €
Hotel familiar com quartos funcionais, destaque para os quartos do 3° andar por ter tectos assotados em madeira. A maioria das casas de banho, não são muito amplas!

José Estevão

Rua José Estevão 23 ✉ 3800-202 – ✆ 234 38 39 64 — Planta : C1**a**
– www.joseestevao.com

12 qto – 51/60 € 56/70 €

Este pequeno hotel de carácter residencial e decorado de forma funcional, dispõe de uma pequena recepção e quartos de estilo clássico, alguns deles com piso de alcatifa e outros com piso de madeira.

Das Salinas

Rua da Liberdade 10 ✉ 3810-126 – ✆ 234 40 41 90 — Planta : C1-2**n**
– www.hoteldassalinas.pt

17 qto – 45/48 € 65/70 €

O hotel, com ambiente familiar, é composto por dois edifícios ligados por um corredor de vidro. Quartos de estilo clássico-actual, alguns com sótão e oito com cozinha.

XXX Salpoente

Cais de São Roque 83 ✉ 3800-256 – ✆ 234 38 26 74 — Planta : A1**a**
– www.salpoente.pt

Menu 30/55 € – Lista 28/49 €

Localizado em frente ao canal de São Roque, num edifício único que no seu dia foi um armazém de sal. Ambiente rústico sofisticado e cozinha contemporânea, especialistas em bacalhaus.

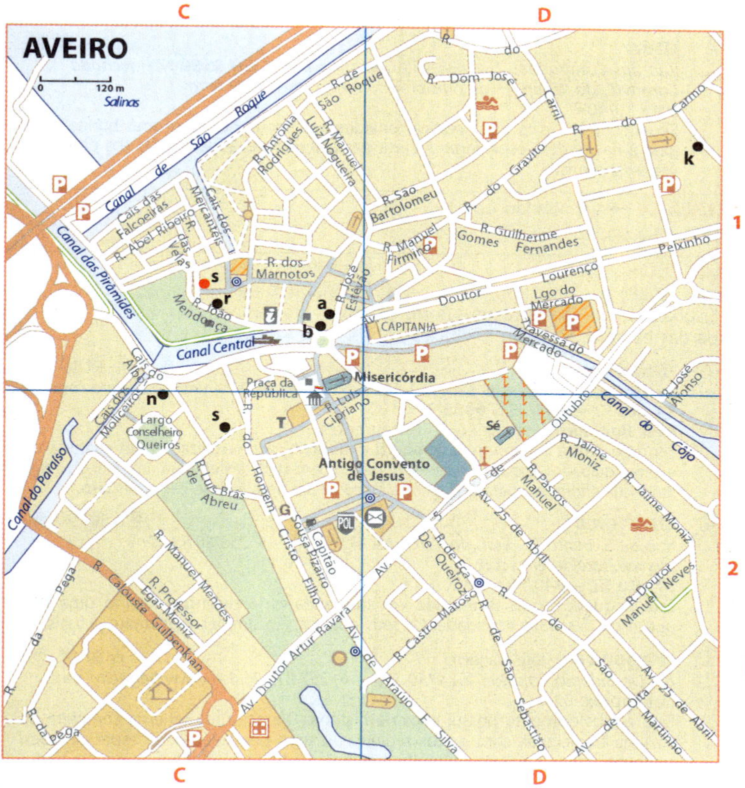

X **O Moliceiro** Planta : C1**s**

Largo do Rossio 6 ✉ 3800-246 – ✆ 234 42 08 58 – fechado do 15 ao 30 de junho, do 15 ao 30 de novembro e 5ª feira

Lista 20/30 €

Casa familiar, especialistas em peixe fresco e grelhado. Conta com uma esplanada na rua, um bar privado e uma sala de jantar simples, com cozinha à vista e uma montra.

na Praia da Barra por Cais de São Roque A1 : 9 km

Farol

Largo do Farol ✉ 3830-753 Praia da Barra – ✆ 234 39 06 00 – www.hotelfarol.com

24 qto – 40/60 € 55/70 € – 4 suites

Hotel com ambiente colonial localizado junto ao faro, perto da praia. Conta com uma recepção-sala pública, um snack bar e confortáveis quartos, destaque para aqueles que tem varanda.

em Costa Nova do Prado por Cais de São Roque A1 : 9,5 km

Azevedo

Rua Arrais Ançã 16 ✉ 3830-455 Costa Nova – ✆ 234 39 01 70 – www.hotelazevedo.com

16 qto – 40/60 € 50/75 €

Hotel familiar localizado em uma rua secundaria, entre a ria e o oceano. Confortável e acolhedor, com quartos de estilo funcional.

Dóri

Rua das Companhas ✉ *3830-453 Costa Nova – ✆ 234 36 90 17 – fechado Carnaval, do 15 ao 31 de outubro, domingo noite e 2ª feira*
Lista 19/40 €
Situado no 1er piso dum edifício envidraçado moderno, com uma bonita vista para à ria desde a esplanada. A carta destaca que são especialistas em peixe selvagem e marisco.

AZURARA → Ver Vila do Conde

Porto

BARCELOS

Braga – 26 281 h. – Alt. 39 m – Ver mapa regional n° **6-A2**
Lisboa 366 km – Braga 18 km – Porto 48 km
Mapa das estradas Michelin n° 733 e 591-H4

Bagoeira

Av. Dr. Sidónio Pais 495 ✉ *4750-333 – ✆ 253 80 95 00 – www.bagoeira.com*
54 qto – 45/55 € 55/75 €
Rest *Bagoeira* – ver selecção restaurantes
Perto do centro e com um design atual e funcional. Disponibiliza quartos confortáveis e bem equipados, todos com casas de banho bem cuidadas embora um pouco pequenas. Acolhedora sala para pequenos-almoços e um bom lounge-bar no 4º piso.

Do Terço

Rua de S. Bento 7 - Edif. do Terço ✉ *4750-267 – ✆ 253 80 83 80 – www.hoteldoterco.com*
37 qto – 40/50 € 50/65 €
Este pequeno hotel, distribuído em três andares, apresenta-se como uma boa opção de descanso na cidade. Os seus quartos são simples mas muito actuais.

Bagoeira – Hotel Bagoeira

Av. Dr. Sidónio Pais 495 ✉ *4750-333 – ✆ 253 81 12 36 – www.bagoeira.com*
Lista aprox. 32 €
Este estabelecimento possui anos de história. Oferece uma ementa completa de cozinha tradicional, com pratos regionais e uma boa seleção de especialidades, tanto de assados quanto de grelhados. A sua excelente adega é composta exclusivamente de vinhos portugueses!

BARROSELAS

Viana do Castelo – 3 927 h. – Ver mapa regional n° **6-A2**
Lisboa 384 km – Viana do Castelo 15 km – Braga 44 km – Porto 74 km
Mapa das estradas Michelin n° 733 e 591-H3

Quinta de São Sebastião

Rua Jorge Faria Torres 2 ✉ *4905-387 – ✆ 258 77 05 20 – www.quintadesaosebastiao.com*
11 qto – 50/60 € 60/70 € – 1 apartamento
Antiga Casa de Campo localizada dentro da sua própria quinta mas ao mesmo tempo dentro da localidade. Oferece zonas ajardinadas, esplanadas, espaços sociais e quartos com conforto correcto.

BATALHA

Leiria – 8 548 h. – Alt. 71 m – Ver mapa regional n° **4-A2**
Lisboa 120 km – Coimbra 82 km – Leiria 11 km
Mapa das estradas Michelin n° 733 e 592-N3

Villa Batalha

Rua Dom Duarte I-248 ✉ *2440-415 – ✆ 244 24 04 00 – www.hotelvillabatalha.com*
93 qto – 75 € 80 € – 18 suites
Destaca-se pelo seu jardim, com zonas relvadas e um campo de Pitch Putt. Área de convívio muito elegante e quartos actuais totalmente equipados, todos eles espaçosos. O restaurante, de linha clássica-actual, oferece uma carta tradicional e internacional.

PORTUGAL

Casa do Outeiro

Largo Carvalho do Outeiro 4 ✉ 2440-128 – ✆ 244 76 58 06 – www.hotelcasadoouteiro.com – fechado do 23 ao 31 de dezembro

15 qto ☕ – 🚹44/70 € 🚹🚹45/75 €

Esta casa familiar oferece instalações bem cuidadas, sempre em processo de modernização. Possui quartos alegres e coloridos com um conforto excelente para sua categoria.

BEJA

25 148 h. – Alt. 277 m – Ver mapa regional n° **1-C3**

▶ Lisboa 194 km – Évora 78 km – Faro 186 km – Huelva 177 km

Mapa das estradas Michelin n° 733 e 593-R6

Pousada de São Francisco

Largo D. Nuno Álvares Pereira ✉ 7801-901 – ✆ 284 31 35 80 Planta : B2**a**

– www.pousadas.pt

35 qto ☕ – 🚹🚹95/222 € – 1 suite

Instalado num convento do século XIII que ainda conserva o seu traçado antigo, o claustro e a capela. Surpreende encontrar um interior onde a elegância dá lugar a um conforto moderno e actual. O restaurante, bastante sóbrio mas com belíssimas abóbadas em cruzaria, propõe uma carta marcadamente tradicional.

Bejaparque

Rua Francisco Miguel Duarte 1, por Rua António Sanrdinha A2 ✉ 7800-510 – ✆ 284 31 05 00 – www.bejaparquehotel.com

68 qto – 55/84 € 65/95 € – 2 suites

Um hotel muito confortável, embora esteja ligeiramente afastado do centro histórico. Apresenta um moderno hall, diferentes salas de reuniões modulares e quartos de estilo funcional-moderno, todos bem equipados e com varanda. O restaurante, luminoso, diáfano e repleto de cores, convida a uma cozinha de sabor tradicional.

BELMONTE

Castelo Branco – 3 183 h. – Ver mapa regional n° **3-C2**

Lisboa 338 km – Castelo Branco 82 km – Guarda 20 km

Mapa das estradas Michelin n° 733 e 592-K7

pela estrada de Caria Sul : 0,7 km e desvio a direita 1,5 km

Pousada Convento de Belmonte

Serra da Esperança ✉ 6250-909 Belmonte – ✆ 275 91 03 00 – www.conventodebelmonte.pt

23 qto – 75/150 € 85/200 € – 1 suite

Destaca pelas suas belas vistas à serra da Estrela e à cova da Beira. A zona nobre aproveita as ruínas dum antigo convento e possui quartos de bom conforto. O refeitório que desfruta de uma moderna montagem encontra-se num ambiente aberto à serena majestade da paisagem circundante.

PORTUGAL

BELVERDE

Setúbal – Ver mapa regional n° **1-A2**

Lisboa 26 km – Évora 119 km – Santarém 105 km – Setúbal 35 km

Mapa das estradas Michelin n° 733 e 593-Q2

Evidência Belverde Atitude H. (N)

av. de Belverde 70 ✉ 2845-483 – ✆ 210 42 69 00 – www.evidenciabelverde.com

71 qto – 70/250 € 80/350 €

Um hotel sofisticado e confortável, situado numa simpática zona residencial, com pormenores de design e carácter cosmopolita. O restaurante oferece uma carta tradicional com sabores sofisticados e pratos de fusão.

BOM JESUS DO MONTE → Ver Braga

Braga

BOMBARRAL

Leiria – 5 664 h. – Ver mapa regional n° **4-A2**

Lisboa 76 km – Leira 84 km – Óbidos 12 km – Santarém 58 km

Mapa das estradas Michelin n° 733 e 592-O2

Dom José

Rua Dr. Alberto Martins dos Santos 4 ✉ 2540-087 – ✆ 262 60 43 84 – fechado 19 dezembro-4 janeiro, do 16 ao 30 de junho, domingo noite e 2ª feira

Lista 20/44 €

Esta casa familiar conta com uma sala de refeições simples e ao mesmo tempo impecável, e uma sala dedicada à exposição-venda de vinhos. A sua carta está limitada a cerca de 10 pratos, apesar de estes variarem quase diariamente e têm um sabor caseiro autêntico.

BORBA

Évora – 4 537 h. – Ver mapa regional n° **1-C2**

Lisboa 180 km – Évora 57 km – Badajoz 50 km – Portalegre 69 km

Mapa das estradas Michelin n° 733 e 593-P7

Casa do Terreiro do Poço

Largo dos Combatentes da Grande Guerra 12 ✉ 7150-152 – ✆ 917 25 60 77 – www.casadoterreirodopoco.com
15 qto – 65/85 € 75/85 €
Casa rural cujas origens remontam ao século XVII. Apresenta uma atraente zona social e quartos sedutores, a maior parte personalizadas com mobiliário de época e belíssimas casas de banho. Oferece cursos de cozinha!

BOURO

Braga – Ver mapa regional n° **6-A2**
Lisboa 370 km – Braga 35 km – Guimarães 43 km – Porto 85 km
Mapa das estradas Michelin n° 733 e 591-H5

Pousada de Santa Maria do Bouro

✉ 4720-633 – ✆ 253 37 19 70 – www.pousadas.pt
30 qto – 110/272 € – 2 suites
Situado num mosteiro beneditino do século XII que conserva a sobriedade estética original com mobiliário de vanguarda. O restaurante, instalado nas cozinhas antigas e dominado pela pedra exposta, oferece uma carta de sabores tradicionais e regionais.

BRAGA

145 831 h. – Alt. 190 m – Ver mapa regional n° **6-A2**
Lisboa 368 km – Bragança 223 km – Pontevedra 122 km – Porto 54 km
Mapa das estradas Michelin n° 733 e 591-H4

Meliá Braga

av. General Carrilho da Silva Pinto 8, por Av. António Macedo AB1 : 2 km ✉ 4715-380 – ✆ 253 14 40 00 – www.meliabraga.com
162 qto – 79/129 € 89/139 € – 20 suites
Apresenta uma maravilhosa fachada de vidro, uma parte externa bem cuidada e um enorme hall de entrada, decorado num estilo moderno com muitos detalhes design. Os quartos continuam na mesma estética. O restaurante propõe pratos internacionais e tradicionais de Portugal.

Bracara Augusta

Av. Central 134 ✉ 4710-229 – ✆ 253 20 62 60 – www.bracaraaugusta.com Planta : B1**e**
17 qto – 69/79 € 89/99 € – 2 suites
Rest *Centurium* – ver selecção restaurantes
Este acolhedor edifício histórico foi remodelado com materiais de qualidade, como o piso de Carvalho ou a escadaria central. Disponibiliza quartos bem equipados, com muitos detalhes elegantes, e casas de banho em mármore.

D. Sofia

Largo S. João do Souto 131 ✉ 4700-326 – ✆ 253 26 31 60 – www.hoteldonasofia.com Planta : A1-2**f**
34 qto – 45/50 € 60/65 €
Situa-se na zona monumental, com instalações funcionais e ao mesmo tempo acolhedoras. A maior parte dos quartos são amplos e estão completamente equipados.

Albergaria Senhora-a-Branca

Largo da Senhora-a-Branca 58 ✉ 4710-443 – ✆ 253 26 99 38 – www.hotelsrabranca.pt Planta : B1**c**
18 qto – 35/40 € 50/60 € – 2 suites
Um hotel familiar no qual o cliente é mimado. Apesar de apresentar uma decoração de certa forma antiquada, tem uma localização central e está devidamente equipado na sua categoria.

PORTUGAL

PORTUGAL

XX	**Centurium** – Hotel Bracara Augusta

Av. Central 134 ✉ 4710-229 – ✆ 253 20 62 60 Planta : B1**e**
– www.bracaraaugusta.com – fechado domingo e feriados
Menu 11 € – Lista 24/45 €
Ocupa um belo edifício do século XIX e destaca-se pelos elementos arquitetónicos da sua sala de jantar principal, com elegantes arcos e colunas de pedra. Cozinha tradicional e internacional. Se é apreciador de carne, peça a Posta de Vitela Barrosã!

X	**Cruz Sobral**

Campo das Hortas 7-8 ✉ 4700-210 – ✆ 253 61 66 48 Planta : A2**b**
– www.restaurantecruzsobral.com.pt – fechado do 5 ao 20 de abril, do 21 ao 31 de julho, domingo noite e 2ª feira
Menu 18 € – Lista 20/38 €
Varias gerações duma mesma família à frente do negócio. Elabora uma cozinha de sabor popular em fogão de lenha e à vista da clientela. Destaca a sua ementa de vinhos.

X	**Cozinha da Sé**

Rua D. Frei Caetano Brandão 95 ✉ 4700-031 Planta : A1**t**
– ✆ 253 27 73 43 – www.cozinhadase.pt – fechado do 15 ao 30 de setembro, 2ª feira meio-dia e 3ª feira medio-dia
Lista 20/30 €
Um dos restaurantes mais frequentados da cidade, pois tem uma localização central e um proprietário que sabe como agradar aos seus clientes. Na sala, de estilo rústico--moderno, poderá degustar uma cozinha tradicional portuguesa bem elaborada.

pela estrada do Bom Jesus do Monte por Av. António Macedo AB1: 4 km

O Pórtico

Arco-Bom Jesus (junto ao elevador) ✉ 4715-054 Braga – ☎ 253 67 66 72 – www.restaurantetorres.pt – fechado 20 dias em julho e 5ª feira
Lista 25/45 €
O conjunto é um pouco pequeno e modesto, mas possui um estilo rústico e regional que o torna aconchegante. Aquí o peixe é mestre e não a carne. Belo terraço com linhas atuais. Um dos seus melhores pratos é o Cabrito!

no Bom Jesus do Monte por Av. António Macedo AB1

Elevador

6 km ✉ 4715-056 Braga – ☎ 253 60 34 00 – www.hoteisbomjesus.pt
22 qto – 50/85 € 60/102 €
Deve o seu nome ao pitoresco elevador do século XIX movido a água! Confortável salão-bar e quartos de estilo clássico português. O restaurante panorâmico com lindas vistas, propõe uma ementa tradicional e internacional, certos dias dedicada à caça ou à lampreia.

Templo

6,3 km ✉ 4715-056 Braga – ☎ 253 60 36 10 – www.hoteisbomjesus.pt
42 qto – 50/85 € 60/102 €
Conjunto de linha moderna com uma área social correta e quartos funcionais. O melhor é a sua piscina coberta, com solário ao ar livre e magníficas vistas. O serviço de restaurante é disponibilizado no hotel Elevador!

Do Lago

6,5 km ✉ 4715-056 Braga – ☎ 253 60 30 20 – www.hoteisbomjesus.pt
53 qto – 35/55 € 40/60 €
Oferece instalações luminosas, de linha atual, área social com um bom patamar de distribuição em cada piso. Escolha os quartos que têm vistas para a Serra do Gerês. Serviço de restaurante no hotel Elevador!

PORTUGAL

BRAGANÇA

23 524 h. – Alt. 660 m – Ver mapa regional n° **6-D2**
Lisboa 492 km – Vila Real 119 km – Guarda 178 km – Viseu 198 km
Mapa das estradas Michelin n° 733 e 591-G9

Pousada de São Bartolomeu

Estrada de Turismo, Sudeste : 0,5 km ✉ 5300-271 – ☎ 273 33 14 93
28 qto – 70/90 € 85/135 €
Destaca-se pela sua localização, no cimo de uma ladeira, com vistas maravilhosas tanto para o castelo de Bragança como para a cidade. Salão social com chaminé e quartos de conforto atual. O restaurante, luminoso e panorâmico, combina cozinha típica de Trás os Montes com diversos pratos vegetarianos.

Nordeste Shalom

Av. Abade de Baçal 39, Oeste : 1 km ✉ 5300-068 – ☎ 273 33 16 67 – www.hotel-shalom.com.pt
30 qto – 30 € 40 €
Desfruta de uma correcta zona social, de uma luminosa sala de pequenos-almoços no último andar e quartos de conforto adequado, a maioria com varanda. Clientela comercial.

pela estrada de Cabeça Boa Sul : 2,5 km

Estalagem Turismo

Estrada de Turismo ✉ 5300-852 Bragança – ☎ 273 32 42 04 – www.hotelestalagemturismo.com
34 qto – 35/40 € 45/55 €
Um dos negócios que foi crescendo, aos poucos, a partir do seu restaurante! Destaca-se pelos seus quartos elegantes de ambiente clássico, todos com mobiliário em castanho maciço. Dispõe de vários salões para organização de banquetes e uma boa sala de jantar, onde poderá descobrir as nuances da sua cozinha tradicional.

pela estrada N 103-7 Norte : 4.5 km

O Javali

Quinta do Reconco 6 ✉ 5300-672 Bragança – ✆ 273 33 38 98
Menu 15/25 € – Lista 20/35 €
Por trás do bar público da entrada, aquecido por uma lareira, encontrará dois refeitórios de ambiente rústico com profusão de pedra e madeira. Cozinha regional e pratos de caça.

BUCELAS

Lisboa – 4 663 h. – Alt. 100 m – Ver mapa regional n° **4-A2**
Lisboa 30 km – Santarém 62 km – Sintra 40 km
Mapa das estradas Michelin n° 733 e 592-P2

Barrete Saloio

Rua Luís de Camões 28 ✉ 2670-662 – ✆ 219 69 40 04 – www.barretesaloio.pt – fechado agosto, 2ª feira noite e 3ª feira
Lista 22/30 €
Esta casa familiar, com bastantes detalhes rústicos e um ambiente marcadamente regional, já teve várias utilizações diferentes ao longo da sua história. Aposta pela cozinha tradicional, rica em bacalhau e carnes na brasa.

CALDAS DA RAINHA

PORTUGAL

Leiria – 27 337 h. – Alt. 50 m – Ver mapa regional n° **4-A2**
Lisboa 92 km – Leiria 59 km – Nazaré 29 km
Mapa das estradas Michelin n° 733 e 592-N2

Sana Silver Coast

av. D. Manuel Figueira Freire da Câmara ✉ 2500-184 – ✆ 262 00 06 00 – www.silvercoast.sanahotels.com
87 qto – 69/220 € 79/230 €
Ocupa o edifício do antigo hotel Lisbonense, hoje completamente restaurado e com uma fachada atual. Apresenta uma moderna e colorida área social, assim como quartos modernos, alguns do último piso com águas-furtadas. No restaurante, encontrará um menu do dia correto e uma ementa tradicional.

Sabores d'Itália

Praça 5 de Outubro 40 ✉ 2500-111 – ✆ 262 84 56 00 – www.saboresditalia.com – fechado do 18 ao 25 de janeiro e 2ª feira salvo 15 julho-agosto
Menu 14 € – Lista 30/45 €
Um negócio que cuida tanto os detalhes como a organização, com duas salas de design moderno e um excelente serviço de mesa. A sua carta de sabores italianos é complementada com alguns pratos de raízes portuguesas.

CALVOS → Ver Póvoa de Lanhoso

Braga

CAMINHA

Viana do Castelo – 1 346 h. – Ver mapa regional n° **6-A1**
Lisboa 411 km – Porto 93 km – Vigo 60 km
Mapa das estradas Michelin n° 733 e 591-G3

Solar do Pescado

Rua Visconde Sousa Rego 85 ✉ 4910-156 – ✆ 258 92 27 94 – www.solardopescado.com – fechado do 15 ao 30 de maio, do 15 ao 30 de novembro, domingo noite e 2ª feira salvo julho-setembro
Menu 15 € – Lista 21/35 €
Negócio especializado em peixes e mariscos. Possui um refeitório clássico português com dois arcos em pedra e belos azulejos, assim como uma sala interior com pormenores rústicos.

Duque de Caminha

Rua Ricardo Joaquim de Sousa 27 ✉ 4910-155 – ✆ 258 72 20 46 – fechado 15 dias em dezembro, domingo noite e 2ª feira salvo agosto

Menu 25/30 € – Lista aprox. 27 €

Em pleno centro histórico, dispõe de uma sala de jantar com ambiente rústico bem marcado, com paredes em pedra e muitas garrafas de vinho decorativas! Ementa tradicional com sugestões, peixes do dia e pratos de caça na temporada.

CANAS DE SENHORIM

Viseu – 3 509 h. – Ver mapa regional n° **3-B2**

Lisboa 269 km – Coimbra 74 km – Viseu 25 km

Mapa das estradas Michelin n° 733 e 591-K6

Urgeiriça

Estrada N 234, Nordeste : 1,5 km ✉ 3525-301 – ✆ 232 67 12 67 – www.hotelurgeirica.pt

85 qto – 50/75 € 60/85 €

Elegante hotel que possui uma decoração clássica de estilo inglês, porém, a pouco e pouco está a adaptar o seu mobiliário de época para oferecer um maior conforto. O refeitório está presidido por uma grande lareira e dois quadros da realeza britânica.

CANIÇADA → Ver Vieira do Minho

Braga

CANTANHEDE

Coimbra – 7 738 h. – Ver mapa regional n° **3-A2**

Lisboa 222 km – Aveiro 42 km – Coimbra 23 km – Porto 112 km

Mapa das estradas Michelin n° 733 e 592-K4

Marialva Park H.

Av. Comandante Xavier Gomes da Gama 1 ✉ 3060-209 – ✆ 231 41 02 20 – www.marialvaparkhotel.pt

64 qto – 42/75 € 50/90 € – 2 suites

Hotel de traçado actual-funcional e espaços polivalentes situado numa das saídas da cidade. Dispõe de quartos confortáveis, todos com varanda, e um restaurante luminoso onde se alterna o serviço a la carte com um buffet completo.

Marquês de Marialva

Largo do Romal 16 ✉ 3060-129 – ✆ 231 42 00 10 – www.marquesdemarialva.com – fechado domingo noite

Menu 20/60 € – Lista 28/34 €

Afamado na zona. Possui várias salas com uma montagem adequada e decoração intimista, uma delas com lareira. Dispõe de ementa, trabalhando sobretudo com diferentes menus.

CARCAVELOS

Lisboa – 23 296 h. – Ver mapa regional n° **4-B3**

Lisboa 20 km – Sintra 15 km

Mapa das estradas Michelin n° 733 e 592-P1

na praia

A Pastorinha

Av. Marginal ✉ 2775-604 Carcavelos – ✆ 214 57 18 92 – www.apastorinha.com – fechado 15 dias em abril, 15 dias em outubro e 3ª feira

Menu 20 € – Lista 35/55 €

Esta casa, com prestígio na zona, é especializada em peixe e mariscos, destacando-se tanto pela qualidade dos produtos como pelas suas amplas instalações em frente ao mar. Não se esqueça de provar o seu fabuloso Arroz de marisco descascado!

CARVALHOS

Porto – Ver mapa regional n° **6-A3**
Lisboa 310 km – Amarante 72 km – Braga 62 km – Porto 12 km
Mapa das estradas Michelin n° 733 e 591-I4

XX **Mário Luso**

Largo França Borges 308 ✉ 4415-240 – ✆ 227 84 21 11 – www.marioluso.com – fechado do 16 ao 30 de agosto, domingo noite e 2ª feira
Lista 20/30 €
Não perca este restaurante, pois tem uma localização central, é económico e tem uma boa disposição. Nas suas salas de ambiente rústico, poderá degustar uma cozinha tradicional bem elaborada. Pergunte por o Rabo de Mirandesa estufado no vinho tinto!

CARVOEIRO

Faro – 2 721 h. – Ver mapa regional n° **2-B2**
Lisboa 274 km – Beja 143 km – Faro 63 km – Portimão 16 km
Mapa das estradas Michelin n° 733 e 593-U4

ao Norte

XX **Bon Bon** N

urb. Cabeço de Pias, bloco 5 ✉ 8400-525 Carvoeiro – ✆ 282 34 14 96 – www.bonbon.pt – fechado 23 novembro-18 dezembro, 6 janeiro-5 fevereiro, 3ª feira de novembro-abril e 4ª feira
Menu 73/94 € – Lista 57/70 € – *(só jantar)*
Localizado dentro de uma urbanização, num ambiente tranquilo. Sala de jantar, quase circular, com um ambiente rústico moderno, com uma lareira no centro em ferro forjado. Poderá escolher entre uma carta diversificada ou três menus de degustação. Cozinha contemporânea com empratamento de autor, privilegiando os sabores e as texturas.
→ Gambas violetas de Tavira, pepino e água do mar. Salmonete, feijão branco e chouriço. Citrinos, granola e flor de laranjeira.

PORTUGAL

CASCAIS

Lisboa – 35 409 h. – Ver mapa regional n° **4-B3**
Lisboa 32 km – Évora 156 km – Leiria 166 km – Setúbal 72 km
Mapa das estradas Michelin n° 733 e 592-P1

Cascais Miragem

Av. Marginal 8554 ✉ 2754-536 – ✆ 210 06 06 00 – www.cascaismirage.com Planta : B1**a**
180 qto – 140/435 € 160/455 € – 12 suites
A luz, o vidro e as vistas definem este grande hotel de traçado actual, bem situado em frente ao oceano, com espaços de convívio amplos e quartos completamente equipados, a maior parte com varanda. O restaurante Gourmet destaca-se pela sua disposição elegante e cozinha actual de bases internacionais.

Albatroz

Rua Frederico Arouca 100 ✉ 2750-353 – ✆ 214 84 73 80 – www.thealbatrozcollection.com Planta : E1**e**
46 qto – 150/750 € – 6 suites
Complexo composto por dois palacetes e dois anexos de traçado mais actual. Para além da sua localização em pleno centro, sobre um promontório rochoso mas com acesso à praia, conta com quartos muito elegantes. Restaurante panorâmico, bar sedutor e explanada idílica sobre o mar.

Pousada de Cascais

Av. Dom Carlos I (Fortaleza da Cidadela) ✉ 2750-310 – ✆ 214 81 43 00 – www.pestana.com Planta : E2**a**
124 qto – 165/444 € – 2 suites
Inserido na histórica Fortaleza da Cidadela, dividido num complexo de espaços, surpreende pelo conceito, na fusão da arte e da história, integrando na cidadela múltiplos espaços expositivos e "open studios" de artistas de residência. Peça os quartos com vistas para a marina!

CASCAIS-ESTORIL
0
250 m
LISBOA, OEIRAS
SINTRA, ALCABIDECHE
OCEANO ATLÂNTICO
PORTUGAL
ESTORIL
MONTE ESTORIL
CASCAIS
BOCA DO INFERNO
PARQUE MARECHAL CARMONA
PARQUE PALMELA
CASINO
Museu Condes de Castro Guimarães
Praia
Ribeira dos Vinhos
Av. Marginal
Av. Marquês Leal
Av. de Portugal
Av. dos Bombeiros Voluntários
Av. da Dinamarca
Av. da Holanda
Av. da Suiça
R. de Sta Rita
R. Biarritz
Av. General Carmona
Av. Dom Nuno Álvares Pereira
Av. de Sousa
R. de Melo e Sousa
Av. Aida
R. de Angola
R. de Inglaterra
R. do Algarve
Av. Fausto de Figueiredo
R. do Viveiro
Av. de Saboia
Av. Biarritz
Av. do Lago
R. do Lido
R. de São Remo
R. Costa Pinto
Av. de Itália
Av. de Pádua
R. da Castelhana
Av. Costa Pinto
R. Marechal Carmona
Av. do Brasil
R. Joaquim Freitas
Av. de Sintra
Av. Alvide
Av. Dom Pedro I
R. Frederico Arouca
Av. Dom Carlos I
R. Visconde da Luz
R. dos Navegantes
Av. Vasco da Gama
Av. do Ultramar
Av. 25 de Abril
R. das Fontainhas
R. de São Domingos
R. de São José
R. de São Mateus
R. de São Tomé
R. José Florindo
R. Conde Monte Real
R. Sant'Ana
R. António Andrade Júnior
R. Jaime Thompson
R. Franklin Lamas
R. Dom José de Avilez
Av. da República
R. do Alto da Maceira
Av. Rei Humberto II de Itália
R. Fernão Lopes
R. Eça de Queiroz
Av. Infante Dom Henrique
R. Joaquim Ereira
R. João Fernandes
Av. Infante Dom Henrique
R. Gil Eanes
Av. Pedro Álvares Cabral
SANTA MARTA
A
B
C
1
2

PORTUGAL

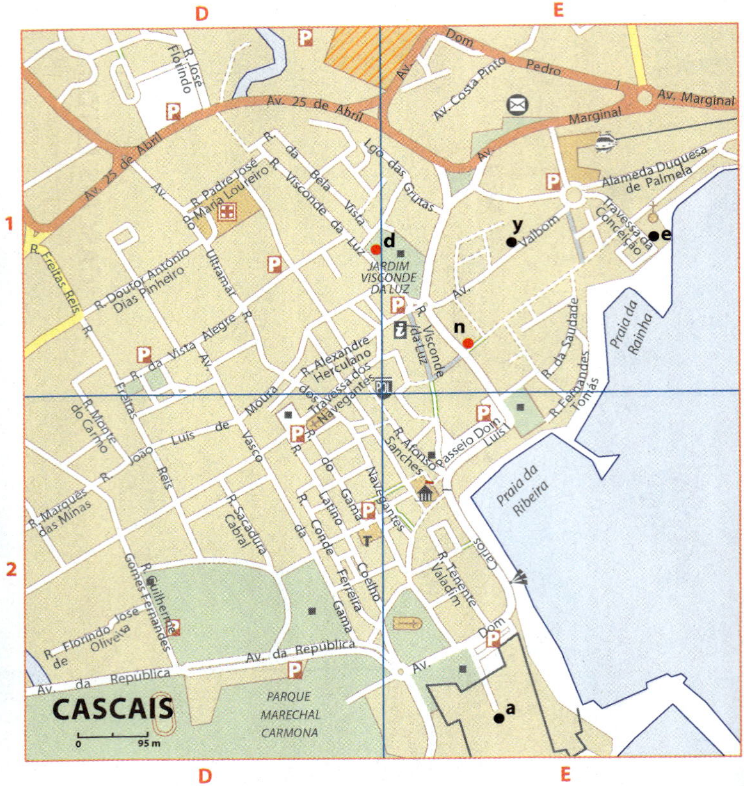

Farol H.

Av. Rei Humberto II de Itália 7 ✉ *2750-800* Planta : A2**a**
– ✆ *214 82 34 90* – *www.farol.com.pt*
31 qto – 180/520 € – 4 suites
Uma preciosidade, inserido numa mansão do séc. XIX, situado em frente ao oceano sobre as falésias. Apresenta quartos confortáveis de design contemporâneo, individualmente concebidos por reconhecidos designers, assim como uma oferta gastronómica de cozinha de autor sob influências mediterrâneas de fusão e japonesa.

Casa Vela

Rua dos Bem Lembrados 17 ✉ *2750-306* – ✆ *214 86 89 72* Planta : A2**c**
– *www.casavelahotel.com*
16 qto – 82/145 € 82/155 €
Situado numa zona residencial ligeiramente afastado do centro. Está distribuído em duas casas, tendo uma, uma boa sala de estar com lareira. Oferece quartos de estilo moderno, alguns com cozinha. Bonitos jardins e terraços em socalcos!

Casa da Pérgola

Av. Valbom 13 ✉ *2750-508* – ✆ *214 84 00 40* Planta : E1**y**
– *www.pergolahouse.pt* – *fechado 15 dezembro - 15 janeiro*
10 qto – 58/87 € 89/144 €
Casa senhorial centenária com charme! Elegante tanto no interior como no exterior, oferece um jardim florido e um interior requintado com bom gosto nos detalhes.

XX **Visconde da Luz**
Jardim Visconde da Luz ✉ 2750-416 – ✆ 214 84 74 10 – www.viscondedaluz.pt – fechado 3ª feira
Planta : D1**d**
Lista 40/61 €
Encontra-se num parque central e inspira confiança, tanto por ter a cozinha à vista como pelo seu magnífico expositor de peixe e mariscos; para além disso, conta com um bom viveiro de lavagantes e lagostas. Dispõe de duas salas e dois ambientes.

X **Luzmar**
Alameda dos Combatentes da Grande Guerra 104 ✉ 2750-326 – ✆ 214 84 57 04 – www.luzmar.pt – fechado 2ª feira
Planta : E1**n**
Lista 33/44 €
Restaurante tradicional português partilha viveiro com o Visconde da Luz, garantindo assim os seus produtos. Carta tradicional portuguesa com grande diversidade em arrozes, peixe fresco e mariscos.

X **Mar do Inferno** N
Av. Rei Humberto II de Itália ✉ 2750-800 – ✆ 214 83 22 18 – www.mardoinferno.pt – fechado 4ª feira
Planta : A2**b**
Lista 48/73 €
Situado junto à Boca do Inferno, uma gruta natural. Oferece as mais populares especialidades em peixe fresco e mariscos, que podem desfrutar tanto nas salas de refeições como na esplanada panorâmica.

na estrada do Guincho por Av. da República A2

Senhora da Guia
3,5 km ✉ 2750-642 Cascais – ✆ 214 86 92 39 – www.senhoradaguia.com
41 qto – ††110/350 € – 1 suite
Enquadrado por pinheiros e com uma vista espectacular sobre o oceano! Está distribuído em três edifícios, deixando o mais antíguo para as áreas públicas. Elegantes espaços de grande conforto. O restaurante, repleto de cores e virado à piscina, oferece uma carta mediterrânea onde convivem os pratos italianos e portugueses.

XX **Furnas do Guincho**
3,5 km ✉ 2750-642 Cascais – ✆ 214 86 92 43 – www.furnasdoguincho.pt
Lista 31/50 €
Apresenta grandes varandas e duas salas de linha moderna, ambas envidraçadas e com excelentes vistas ao Atlântico. Ementa tradicional com primazia de peixes e mariscos.

XX **Monte Mar** N
5 km ✉ 2750-374 Cascais – ✆ 214 86 92 70 – www.montemarrestaurante.com – fechado 21 dias em janeiro e 2º feira de setembro-abril
Lista 52/72 €
Casa térrea na falésia do Atlântico, com uma localização privilegiada sobre as rochas, onde batem as ondas. Oferece uma carta tradicional portuguesa com primazia nos sabores do mar, destaque para a esplanada panorâmica.

na Quinta da Marinha por Av. da República A2

Onyria Marinha
Rua do Clube, 4 km e desvio a direita 1 km ✉ 2750-002 Cascais – ✆ 214 86 01 50 – www.onyriamarinha.com
68 qto – †135/240 € ††153/260 € – 4 suites
Um hotel muito exclusivo! Inspirado num estilo moderno, está localizado numa das urbanizações mais elitistas de Portugal, junto a um campo de golfe. Ampla área pública e quartos de moderno design, todos espaçosos, luminosos e com varanda. O restaurante dedica-se exclusivamente à gastronomia italiana.

PORTUGAL

The Oitavos

Rua de Oitavos, 4,8 km e desvio a direita 0,4 km ✉ 2750-374 Cascais – ✆ 214 86 00 20 – www.theoitavos.com – fechado dezembro-31 janeiro
140 qto – 155/650 €, 20 € – 2 suites
Convida a momentos de relaxamento, conforto e design inovador... para além de mais, esta rodeado por um campo de golfe com uma magnifica vista para a imensidão azul do Oceano Atlântico. Disponibiliza quartos claramente contemporâneos, luminosos e incrivelmente espaçosos, todos com varanda privada. O restaurante oferece uma carta internacional.

Vivamarinha

Rua das Palmeiras - Lote 5, 4 km e desvio a direita 2 km ✉ 2750-005 Cascais – ✆ 214 82 91 00 – www.vivamarinha.pt
94 suites – 130/260 €, 16 € – 44 qto
Está rodeado de pinheiros e compensa a sua reduzida zona social com quartos bastante amplos, todos actuais e com cozinha. Piscina climatizada e SPA. O seu restaurante, também actual e envidraçado orientado à vegetação, propõe uma cozinha internacional.

Quinta da Marinha

Rua das Palmeiras, 4 km e desvio a direita 2 km ✉ 2750-005 Cascais – ✆ 214 86 01 00 – www.quintadamarinha.com
188 qto – 113/170 € 131/190 € – 10 suites
Gosta de golfe? Se é assim, não hesite, o hotel está junto a um campo para pratica-lo. Dotado de uma beleza natural da paisagem circundante, com excelentes salas de reuniões, um ambiente clássico moderno e sofisticados quartos, todos excelentemente equipados e com varanda. O restaurante gastronómico apresenta uma carta internacional.

PORTUGAL

na Praia do Guincho por Av. da República A2 : 9 km – Ver mapa regional n° 4-B3

Fortaleza do Guincho

Praia do Guincho ✉ 2750-642 Cascais – ✆ 214 87 04 91 – www.fortalezadoguincho.pt
27 qto – 160/260 € 170/270 €
Rest *Fortaleza do Guincho* ✿ – ver selecção restaurantes
Antiga fortaleza situada num promontório rochoso sobre o mar. Dispõe de um pátio com pórtico e quartos muito cuidados mas pouco espaçosos, sendo que os do primeiro andar são superiores aos do térreo, possuindo galerias envidraçadas e vistas para a praia.

XXXX ✿ Fortaleza do Guincho – Hotel Fortaleza do Guincho

Praia do Guincho ✉ 2750-642 Cascais – ✆ 214 87 04 91 – www.fortalezadoguincho.pt
Menu 90 € – Lista 76/104 €
Este fantástico restaurante conta com uma elegante salinha prévia, um bar e uma sala envidraçada que sobressai tanto pelo conforto como pela vista espectacular sobre o mar. Cozinha criativa de inspiração internacional e adega de referência.
➜ Foie-gras de pato, chutney de figos com gengibre, geleia de rabo de boi com vinho do Porto. Robalo de linha cozido ao vapor, bivalves e algas frescas, caviar e nage de bergamota. Sinfonia de citrinos e sablés breton, parfait glacé e sorvete de tangerina.

XX Porto de Santa Maria

✉ 2750-642 Cascais – ✆ 214 87 94 50 – www.portosantamaria.com
Menu 98/150 € – Lista 50/75 €
Na 1ª linha da praia e com vistas para o oceano. Apresenta umas instalações de excelente nível, com muita luz natural, esplanada, viveiro e expositor, sempre com peixes e mariscos de grande qualidade. A sua cave contém mais de 1000 referências!

Panorama

2750-642 Cascais – 214 87 00 62 – www.panorama-guincho.com
Menu 35/70 € – Lista 35/60 €
Restaurante especializado em peixe e mariscos, possui um excelente expositor de produtos, no entanto também confecciona risottos, pastas, espetadas... Encontra-se próximo do mar, com instalações luminosas e actuais.

CASTELO BRANCO

35 242 h. – Alt. 375 m – Ver mapa regional n° **3**-C3
Lisboa 256 km – Cáceres 137 km – Coimbra 155 km – Portalegre 82 km
Mapa das estradas Michelin n° 733 e 592-M7

Tryp Colina do Castelo

Rua da Piscina 6000-776 – 272 34 92 80 Planta : A1**e**
– www.trypcolinacastelo.com
97 qto – 59/82 € 69/97 € – 6 suites
Hotel moderno e funcional localizado na parte alta da cidade, facto que lhe permite usufruir de umas vistas deslumbrantes. Ideal para a realização de congressos pela diversidade da sua zona nobre. A sala de refeições, luminosa e de carácter panorâmico, combina a sua carta tradicional com o buffet de pequenos-almoços.

Rainha D. Amélia

Rua de Santiago 15 ✉ 6000-179 – ✆ 272 34 88 00 Planta : A2**b**
– www.bestwesternrainhadamelia.com
64 qto – 48/78 € 56/96 €
Situada no centro da cidade, próximo da zona comercial, com salas de reuniões bastante equipadas e quartos confortáveis de estilo clássico-funcional, alguns deles com varanda. O restaurante, acolhedor e ao mesmo tempo de detalhes cuidados, propõe uma cozinha com pratos tradicionais e regionais.

CERCAL

Setúbal – Ver mapa regional n° **1-B3**
Lisboa 183 km – Setúbal 149 km – Beja 109 km – Faro 152 km
Mapa das estradas Michelin n° 733 e 593-S3

pela estrada de Vila Nova de Milfontes 1,5 km e desvio a direita 3 km

Herdade da Matinha

✉ 7555-231 Cercal do Alentejo – ✆ 933 73 92 45
– www.herdadedamatinha.com
22 qto – 99/179 €
Localizado em plena natureza, junto a una rota pedestre conhecida como a Rota Vicentina. Excelente sala de estar e quartos em estilo rústico, simples mas alegres e coloristas. Disponibiliza uma sala de jantar polivalente e... oferece passeios a cabalo!

PORTUGAL

CHACIM → Ver Macedo de Cavaleiros

Bragança

CHAVES

Vila Real – 19 253 h. – Alt. 350 m – Ver mapa regional n° **6-C2**
Lisboa 460 km – Vila Real 69 km – Bragança 99 km – Braga 125 km
Mapa das estradas Michelin n° 733 e 591-G7

Forte de S. Francisco

Alto da Pedisqueira ✉ 5400-435 – ✆ 276 33 37 00 – www.fortesaofrancisco.com
– fechado janeiro
54 qto – 55/118 € 65/128 € – 4 suites
Gostaria de hospedar-se num Monumento Nacional? Este hotel ocupa parcialmente uma fortaleza que data do século XVII... No entanto, após as recentes reformas, apresenta uma área social moderna e quartos confortáveis. Sala de jantar panorâmica, elegante e de bom gosto.

A Talha

Rua Comendador Pereira da Silva 6 - Bairro da Trindade ✉ 5400-443
– ✆ 276 34 21 91 – fechado 15 dias en setembro, 15 dias en Páscoa e 2º feria
Lista 18/28 €
Azulejos, mobiliário tradicional, um agradável terraço... este restaurante propõe receitas portuguesas clássicas e garante uma clientela fiel. Especialidades nortenhas, saborosos guisados e, em geral, pratos fartos.

Carvalho

Alameda do Tabolado ✉ 5400-523 – ✆ 276 32 17 27
– www.restaurantecarvalho.pt – fechado Natal, domingo noite e 2ª feira
Menu 19/20 € – Lista 14/33 €
Esta casa deve parte do sucesso à total dedicação da sua proprietária, pois está constantemente a introducir melhorias. Dentro da sua ementa, devemos destacar o peixe fresco, pois muda diariamente, e os pratos típicos como a Alheira.

em Nantes Sudeste : 5 km

Quinta da Mata

Estrada de Valpaços ✉ 5400-581 Chaves – ✆ 276 34 00 30 – www.quintadamata.net

6 qto – 60/90 € 65/100 €

Estabelecimento agradável em pedra onde se conjuga a vida rural com a proximidade da cidade. Possui uma zona de convívio com lareira e quartos cuidados de ambiente rústico, de onde se destaca um deles com uma galeria que existe num anexo. Cozinha caseira e mesa partilhada.

em Santo Estêvão Nordeste : 8 km

Quinta de Santa Isabel

✉ 5400-750 Chaves – ✆ 936 45 20 43 – www.quintasantaisabel.pt – fechado outubro-março

5 apartamentos – 50/90 €

Está formado por várias casas de pedra, tipo apartamento pequeno, que dão a um pátio comum. O antigo lagar é utilizado como zona social e desfruta de quartos com grande encanto.

CINFÃES

Viseu – 3 395 h. – Ver mapa regional n° **3-B1**

Lisboa 357 km – Braga 93 km – Porto 71 km – Vila Real 69 km

Mapa das estradas Michelin n° 733 e 591-I5

em Porto Antigo Nordeste : 8 km

Porto Antigo

Rua do Cais 675 ✉ 4690-423 Oliveira do Douro – ✆ 255 56 01 50 – www.hotelportoantigo.com – fechado 15 dias em janeiro

20 qto – 55/90 € 65/110 €

Hotel de construção moderna junto à barragem de Carrapatelo. Possui instalações muito cuidadas nas quais se reúnem funcionalidade e conforto. No seu refeitório alegre, actual e com vistas do rio, oferecem pratos de elaboração tradicional.

COIMBRA

114 076 h. – Alt. 75 m – Ver mapa regional n° **3**-B2
▶ Lisboa 206 km – Castelo Branco 148 km – Leiria 78 km – Viseu 89 km
Mapa das estradas Michelin n° 733 e 592-L4
Plantas da cidade nas páginas seguintes

E. Cálfen / Western61 / age fotostock

PORTUGAL

Alojamentos

Quinta das Lágrimas

Rua António Augusto Gonçalves ✉ 3041-901 – ✆ 239 80 23 80 – www.quintadaslagrimas.pt Planta : A2**a**

47 qto – 110/170 € 120/200 € – 5 suites

Rest *Arcadas* – ver selecção restaurantes

Palácio com charme do século XVIII rodeado por um Jardim Botânico. Disponibiliza quartos com diferentes ambientes e um grande anexo, onde está a zona de congressos. A oferta gastronómica diversifica-se entre o sofisticado restaurante Arcadas e o denominado Pedro & Inês, este último de cozinha tradicional portuguesa.

Vila Galé Coimbra

Rua Abel Dias Urbano 20 ✉ 3000-001 – ✆ 239 24 00 00 – www.vilagale.com Planta : A1**c**

229 qto – 100/130 €, 8 €

Situado numa zona perto do centro histórico! Por trás da sua fachada de estilo moderno encontrará um hotel com espaços cuidados, com amplas zonas nobres, salas de conferências bem acondicionadas e quartos modernos de bom conforto. O restaurante convida a uma carta de sabor internacional com alguns pratos nacionais.

Tryp Coimbra

Av. Armando Gonsalves-Lote 20 ✉ 3000-059 – ✆ 239 48 08 00 – www.trypcoimbra.com Planta : B1**f**

133 qto – 70/140 € 80/150 €

Possui uma zona de convívio com bar integrado, várias salas de reuniões e quartos bastante funcionais, todos com mobiliário clássico e chão em alcatifa ou tarima. O restaurante, luminoso e de traçado clássico, compagina a sua carta tradicional com o serviço de pequenos-almoços tipo buffet.

D. Luís

Santa Clara ✉ 3040-091 – ✆ 239 80 21 20 – www.hoteldluis.pt Planta : A2**v**

98 qto – 54/124 € 65/150 € – 2 suites

Desfrute das vistas para o rio Mondego, amplas zonas nobres, salões de grande capacidade e quartos espaçosos, metade deles com esplanada... no entanto, o mobiliário, que se renova aos poucos, pode resultar algo simples e funcional. Também dispõe de um grande restaurante panorâmico.

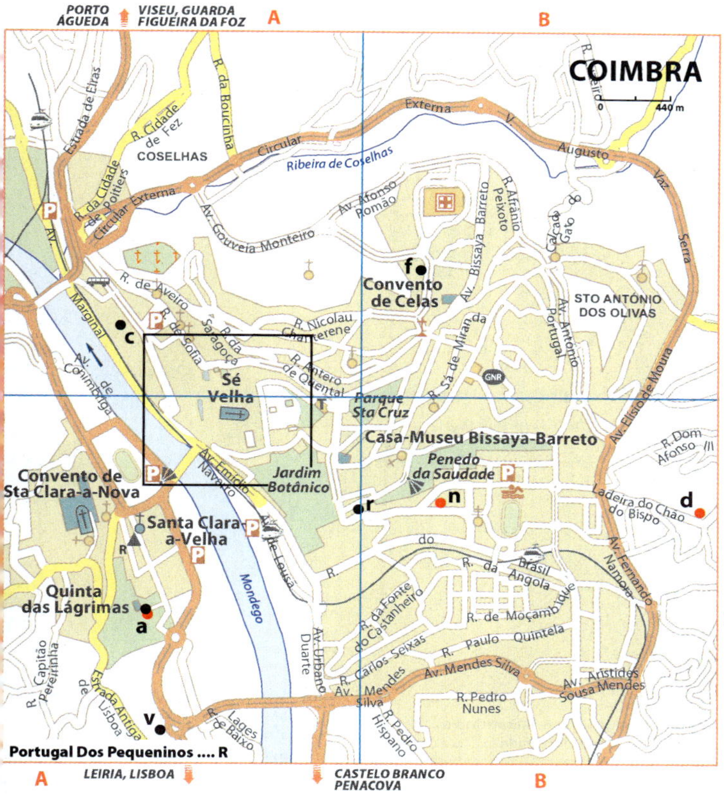

Oslo

Av. Fernão de Magalhães 25 ✉ *3000-175 –* ✆ *239 82 90 71 – www.hoteloslo-coimbra.pt* Planta : C2**e**

56 qto – 45/65 € 55/80 €

Este hotel de organização familiar destaca-se pela sua localização, muito próximo do centro de Coimbra, perfeito para fazer uma visita a pé. Quartos funcionais confortáveis e bar-miradouro com vistas no último andar.

Botánico

Rua Combatentes da Grande Guerra (Ao cimo)-Bairro São José 15 ✉ *3030-207 –* ✆ *239 71 48 24 – www.hotelbotanicocoimbra.pt* Planta : AB2**r**

20 qto – 40/45 € 50/55 €

Localizado na parte alta da cidade. Este pequeno hotel conta com uma zona de convívio de traçado actual e quartos clássicos, todos com o mobiliário e chão em madeira. Tratamento afável.

Restaurantes

Arcadas – Hotel Quinta das Lágrimas

Rua António Augusto Gonçalves ✉ *3041-901 –* ✆ *239 80 23 80 – www.quintadaslagrimas.pt* Planta : A2**a**

Menu 50/95 € – Lista 52/68 € – *(só jantar)*

Possui duas salas que comunicam entre si que ocupam as cavalariças antigas do palácio, ambas com um estilo clássico-actual sóbrio e envidraçados para permitir ver o jardim. A sua cozinha tradicional actualizada é enriquecida com detalhes internacionais.

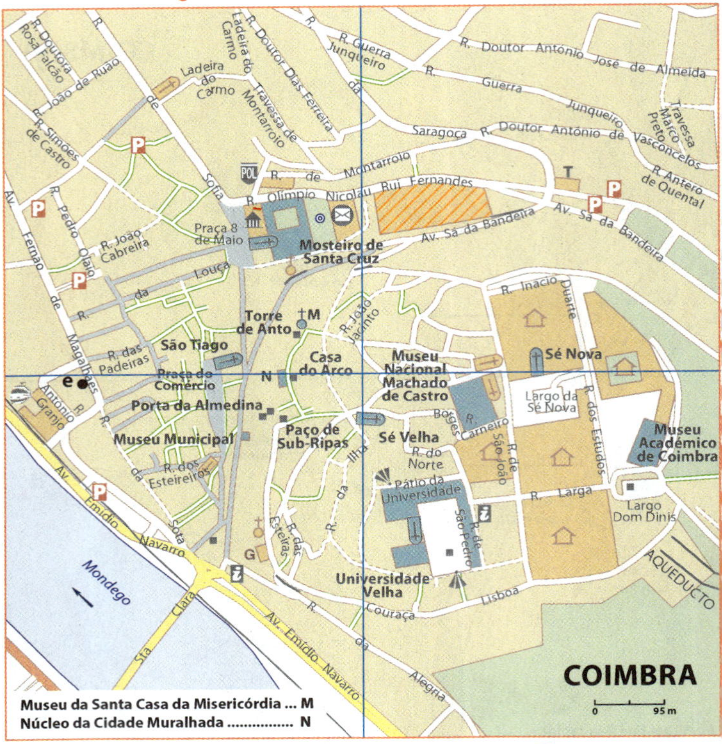

XX **Casas do Bragal**

Rua Damião de Góis - Urbanização de Tamonte Planta : B2**d**

✉ 3030-088 – ✆ 918 10 39 88 – fechado do 1 ao 15 de agosto, 2ª feira e 3ª feira meio-dia

Lista 30/66 €

Localizado numa casa, tipo moradia, situado perto do campo de futebol. Com uma esplanada, um bom hall de espera e uma sala de decoração clássica. Cozinha tradicional elaborada com doses generosas e preços razoáveis.

X **A Taberna**

Rua Dos Combatentes da Grande Guerra 86 ✉ 3030-181 Planta : B2**n**

– ✆ 239 71 62 65 – www.restauranteataberna.com – fechado 7 dias em agosto, domingo noite e 2ª feira meio-dia

Menu 15/40 € – Lista 25/38 €

Compensa as suas instalações simples com a criação de um espaço bastante acolhedor, dominado pela presença de um forno a lenha. Os seus pratos de cariz tradicional português são complementados com recomendações diárias.

COLARES

Lisboa – 7 628 h. – Alt. 50 m – Ver mapa regional n° **4-B3**

▶ Lisboa 35 km – Sintra 8 km

Mapa das estradas Michelin n° 733 e 592-P1

na Praia Grande Noroeste : 3,5 km

Arribas
Av. Alfredo Coelho 28 ✉ 2705-329 Colares – ✆ 219 28 90 50 – www.hotelarribas.pt
59 qto – 40/136 € 80/141 €
Juntamente com a sua localização privilegiada em frente ao oceano, todos os seus quartos têm varandas voltadas também para o oceano. Importa destacar também a enorme piscina de água salgada e o restaurante, de carácter panorâmico e uma carta de sabor tradicional especialmente rica em peixe e mariscos.

COMPORTA

Setúbal – 1 268 h. – Ver mapa regional n° **1-B2**
Lisboa 120 km – Évora 130 km – Santarém 148 km – Setúbal 87 km
Mapa das estradas Michelin n° 733 e 593-Q3

na estrada N 261-1 Sul : 15 km

Sublime Comporta N
✉ 7570-337 Carvalhal – ✆ 269 44 93 76 – www.sublimecomporta.pt
14 qto – 195/250 € 225/300 €
Dividido em diferentes edifícios e... em plena comunhão com a natureza! Disponibiliza quartos de design contemporâneo. O restaurante, aposta numa cozinha de autor moderna, destaque para, o jantar que é sempre um menu de degustação.

COSTA NOVA DO PRADO → Ver Aveiro

Aveiro

COVA DA IRIA → Ver Fátima

Santarém

COVILHÃ

Castelo Branco – 19 022 h. – Alt. 675 m – Ver mapa regional n° **3-C2**
Lisboa 301 km – Castelo Branco 62 km – Guarda 45 km
Mapa das estradas Michelin n° 733 e 592-L7

ao Sudeste

Tryp Dona María
Alameda Pêro da Covilhã, 2,5 km ✉ 6200-507 Covilhã – ✆ 275 31 00 00 – www.melia.com
81 qto – 52/90 € 58/110 € – 6 suites
O hotel, localizado em uma importante porta de entrada para a cidade, dispõe de uma bela área social e quartos espaçosos com mobiliário clássico-funcional. Centro de fitness completo. A sala de refeição é polivalente pois também serve-se o pequeno-almoço.

Turismo da Covilhã
Acesso à Estrada N 18, 3,5 km ✉ 6201-909 Covilhã – ✆ 275 33 04 00 – www.hotelturismo.com.pt
90 qto – 35/80 € 50/105 € – 10 suites
Hotel de traçado moderno localizado numa das saídas da Covilhã. Destaca-se pelas suas instalações cuidadas, com uma vasta zona nobre, vários salões para convenções e um centro de fitness, saúde e beleza completo através da água. O restaurante combina o buffet com o serviço a la carte.

na estrada das Penhas da Saúde Noroeste : 5 km

Dos Carqueijais
✉ 6200-073 Covilhã – ✆ 275 31 91 20 – www.turistrela.pt
50 qto – 65/150 € 75/170 €
Pode ser algo isolado... no entanto, desfruta de excelentes vistas e uma estética moderna que contrasta com o magnífico ambiente natural. Zona social acolhedora e quartos cuidados, todos eles de traços actuais. Na sala de refeições, colorida e de carácter panorâmico, encontrará uma carta de cariz tradicional.

PORTUGAL

CRATO
Portalegre – 1 674 h. – Ver mapa regional n° **1**-C1
Lisboa 206 km – Badajoz 84 km – Estremoz 61 km – Portalegre 20 km
Mapa das estradas Michelin n° 733 e 592-O7

em Flor da Rosa Norte : 2 km

Pousada Mosteiro do Crato
7430-999 Flor da Rosa – 245 99 72 10 – www.pousadas.pt
24 qto – 120/272 €
Singular porque já foi um castelo, do qual mantém o merlão, um convento, pelo qual se conserva a igreja e, finalmente, um belíssimo Palácio de Duques. Pátio aberto, zona de convívio ampla, quartos actuais e cozinha tradicional muito bem actualizada.

CURIA
Aveiro – 2 704 h. – Alt. 40 m – Ver mapa regional n° **3**-B2
Lisboa 229 km – Coimbra 27 km – Porto 93 km
Mapa das estradas Michelin n° 733 e 591-K4

Curia Palace H.
3780-541 – 231 51 03 00 – www.curiapalace.com
100 qto – 65/160 € 65/180 €
Inserido num grandioso Palácio Hotel dos "Dourados Anos 20"! Destaque para os belíssimos jardins. Concilia diferentes quartos; uns com design contemporâneo enquanto outros mantêm peças de mobiliário originais da época. Restaurante integrado no que outrora foi o salão de festas, com tectos altíssimos e varandim.

PORTUGAL

ELVAS
Portalegre – 17 625 h. – Alt. 300 m – Ver mapa regional n° **1**-D2
Lisboa 210 km – Évora 85 km – Portalegre 61 km – Santarém 199 km
Mapa das estradas Michelin n° 733 e 592-P8

Santa Luzia N
Av. de Badajoz 7350-097 – 268 63 74 70 – www.slhotel-elvas.pt
25 qto – 65/88 € 73/98 €
Hotel com charme, localizado junto à estrada que atravessa Elvas, típico alentejano, outrora primeira Pousada de Portugal. Abre remodelado, com belos jardins e matas envolventes, e quartos elegantes com mobiliário regional.

ENTRONCAMENTO
Santarém – 20 206 h. – Ver mapa regional n° **4**-B2
Lisboa 127 km – Castelo Branco 132 km – Leiria 55 km – Portalegre 114 km
Mapa das estradas Michelin n° 733 e 592-N4

Dom João H.
Rua Padre Carlos Leonel dos Santos 6 2330-026 – 249 72 90 00 – www.domjoaohotel.com.pt
31 qto – 58/108 € 76/126 €
Central e focado na clientela empresarial da região! O seu reduzido espaço social é compensado pelos seus quartos confortáveis, modernos e com terraço. Luminosa sala de pequenos-almoços no último piso, também com terraço.

ESTEFÂNIA → Ver Sintra
Lisboa

ESTÓI → Ver Faro
Faro

ESTORIL

Lisboa – 26 397 h. – Ver mapa regional n° **4**-B3
Lisboa 23 km – Sintra 13 km
Mapa das estradas Michelin n° 733 e 592-P1

Ver planta de Cascais

Palácio Estoril

Rua Particular ✉ 2769-504 – ☎ 214 64 80 00 – www.palacioestorilhotel.com Planta : C1**k**

129 qto – 340/370 € 370/400 € – 32 suites

Rest *Four Seasons* – ver selecção restaurantes

Um hotel de referência inegável desde 1930. Trata-se com certeza de um estabelecimento à sua altura, combina história, exclusividade, doses generosas de elegância clássica e um conforto de excelência. Para além disso, o relaxante SPA dispõe de tratamentos com águas termais.

Alvorada

Rua de Lisboa 3 ✉ 2765-240 – ☎ 214 64 98 60 – www.hotelalvorada.com Planta : C1**b**

51 qto – 45/90 € 55/150 €

Destaca-se pela sua localização por se encontrar próximo do célebre Casino de Estoril. Possui um amplo hall de entrada, um bar elegante que funciona como zona de convívio e quartos com um traçado funcional, quase todos com varanda.

Four Seasons – Hotel Palácio Estoril

Rua Particular ✉ 2769-504 – ☎ 214 64 80 00 – www.palacioestorilhotel.com Planta : C1**k**

Menu 40/60 € – Lista 50/67 € – *(só jantar)*

Concilia perfeitamente a elegância com detalhes rústicos e a estética do estilo inglês, combinando as madeiras nobres com a alcatifa e um serviço de mesa magnífico. Cozinha internacional, portuguesa e grelhados, com dois grelhadores na mesma divisão.

Cimas

Av. de Sabóia 9 ✉ 2765-278 – ☎ 214 68 12 54 – www.cimas.com.pt – fechado do 8 ao 22 de agosto e domingo Planta : B1**s**

Lista 40/64 €

Casa de grande tradição instalada num edifício de estilo inglês. Provido de um pequeno bar e duas salas de refeições, a sala principal tem janelas de grandes dimensões e vistas para a baía. Carta tradicional e internacional especializada em pratos de caça.

ÉVORA

45 350 h. – Alt. 301 m – Ver mapa regional n° 1-C2
Lisboa 153 km – Badajoz 102 km – Portalegre 105 km – Setúbal 102 km
Mapa das estradas Michelin n° 733 e 593-Q6
Plantas da cidade nas páginas seguintes

A. Gonçalves / age fotostock

PORTUGAL

Alojamentos

M'AR De AR Aqueduto

Rua Candido dos Reis 72 ✉ 7000-582 – ☎ 266 74 07 00 Planta : A1**h**
– www.mardearhotels.com
60 qto – 114/248 € 128/258 € – 4 suites
Ocupa parte do antigo palácio dos Sepúlveda (Séc. XV), próximo do aqueduto. Surpreende pelo seu amplo pátio com jardim e pelos seus quartos modernos completamente equipados. A oferta gastronómica divide-se pelo sushi bar e pelo restaurante que propõe uma cozinha regional actualizada.

Pousada Convento de Évora

Largo Conde de Vila Flor ✉ 7000-804 – ☎ 266 73 00 70 Planta : C2**a**
– www.pousadas.pt
36 qto – 135/372 € – 6 suites
A pousada encontra-se em um convento do século XV, hoje concebido como um local de meditação e relaxamento. Seu interior confortável conserva pinturas e detalhes de época. Os quartos foram renovados. A sala de refeição encontra-se nas galerias do claustro, que foram muito bem conservadas.

M'AR De AR Muralhas

Travessa da Palmeira 4 ✉ 7000-546 – ☎ 266 73 93 00 Planta : B2**f**
– www.mardearhotels.com
85 qto – 78/188 € 88/198 € – 6 suites
Hotel decorado num estilo rústico-moderno muito colorista, com uma boa zona nobre, quartos aconchegantes e uma agradável piscina com jardim situada junto à muralha. O seu restaurante oferece um aspecto atractivo e cuidado.

Riviera

Rua 5 de Outubro 49 ✉ 7000-854 – ☎ 266 73 72 10 Planta : B2**r**
– www.riviera-evora.com
21 qto – 45/64 € 60/80 €
Hotel com instalações acolhedoras e preços razoáveis. Em traços gerais, conta com quartos confortáveis de linha clássica, todos com chão em madeira e, na maior parte dos casos, belos tectos abobadados.

Ao reservar deixe bem claro o preço e a categoria do quarto.

Restaurantes

Dom Joaquim
Rua dos Penedos 6 ✉ 7000-537 – ✆ 266 73 11 05 – fechado do 4 ao 20 de janeiro, 25 julho-15 agosto, domingo noite e 2ª feira Planta : A2**s**
Menu 23 € – Lista 25/40 €
Este negócio de família oferece uma única sala bem concebida e elegante, com paredes tipo pedra e vários empregados à sua disposição. Menu variado, menu de degustação e sugestões diárias.

BL Lounge
Rua das Alcaçarias 1 ✉ 7000-587 – ✆ 266 77 13 23 – fechado Natal, domingo e feriados Planta : C1**x**
Lista 20/35 €
Junto ao templo romano, ocupando o que foi uma fábrica de azulejos. Apresenta-se com um interior funcional-actual. Cozinha tradicional bem apresentada.

pela estrada de Estremoz N 18 por Av. Lino de Carvalho D1 - Noreste : 4 km

Convento do Espinheiro
Canaviais ✉ 7002-502 Évora – ✆ 266 78 82 00 – www.conventodoespinheiro.com – fechado do 3 ao 28 de janeiro
90 qto – 160/220 € 180/270 € – 9 suites
Instalado num maravilhoso convento que data de 1458. Composto por uma zona de convívio variada, um claustro, uma igreja deslumbrante e dois tipos de quartos, sendo os mais novos os mais modernos. O bar ocupa o que outrora funcionou como cozinha e a sala de refeições funciona na cave antiga com tectos abobadados e uma carta tradicional actualizada.

PORTUGAL

FARO
44 119 h. – Ver mapa regional n° **2-B2**
Lisboa 278 km – Beja 148 km – Setúbal 258 km – Huelva 105 km
Mapa das estradas Michelin n° 733 e 593-U6

Planta página 858

Faz Gostos
Rua do Castelo 13 ✉ 8000-243 – ✆ 289 87 84 22 – www.fazgostos.com – fechado do 15 ao 31 de janeiro e domingo Planta : B2**b**
Menu 11/35 € – Lista 27/36 €
Casa de organização familiar situada perto da Catedral. Na sua sala, de linha clássica-actual, propõem uma ementa tradicional portuguesa bem complementada com vários menus.

em Estói por Rua do Alportel B1: 11 km

Pousada de Faro - Estoi Palace H.
Rua S. José ✉ 8005-465 Faro – ✆ 289 99 01 50 – www.pousadas.pt
60 qto – 138/150 € 150/190 € – 3 suites
Ocupa um palácio do séc. XVIII que surpreende pela sua atractiva piscina panorâmica. Moderna recepção, salões palacianos, capela e quartos com linha funcional-actual. O restaurante, de montagem simples, apresenta tanto pratos regionais como tradicionais.

FATAUNÇOS
Viseu – 751 h. – Ver mapa regional n° **3-B1**
Lisboa 311 km – Aveiro 70 km – Viseu 25 km
Mapa das estradas Michelin n° 733 e 591-J5

A
B
ESTREMOZ, ESPANHA
ARRAIOLOS
CONVENTO DE SÃO BENTO DE CASTRIS
MONTEMOR, LISBOA
PORTUGAL
1
2
3
AQUEDUTO
Av. Condes de Vilalva
Estrada da Soeira
R. Ferragial do Poço Novo
Estrada Na
Lgo da Pta de Avis
Porta de Avis
Pta de Avis
Av. Doutor
Muro
L. de Aviz
Travessa da Piçarra
Largo do Chão das Covas
Portas da Lagoa
Lgo
R. Cândido dos Reis
R. das Donzelas
R. do Torres
R. da Trindade
R. da Mostardeira
R. Manuel de Olival
Travessa do Serpe
R. Mestre
R. das Fontes
R. do Resende
Travessa dos Menezes
R. do Inverno
R. de Aviz
Cano
R. Amas do Cardeal
R. José Elias Garcia
Paço dos Duques de Cadaval
R. do Menino Jesus
Av. Salado do Batalha
R. Fernão Lopes
Av. dos Arquitectos Arrudas
Av. de Lisboa
Travessa dos Lagares
Av. Engenheiro Arantes de Oliveira
Pr. J.-A. de Aguiar
Travessa de Sta Marta
R. de Olivença
Templ Romar
R. da Vista Alegre
R. Bispo de Dili
R. dos Penedos
R. de São Cristóvão
R. Frei Brás
R. do Alfeirão
R. de Sta Catarina
Caixa de Água da Rua Nova
L. de A. Herculano
Alcarcova de Cima
Largos dos Penedos
R. da Carta Velha
R. de Lousadas
Sta Clara
Serpa
Pinto
Moeda
Rua 5 de
Praça do Giraldo
Portas de Alconchel
Travessa do Pocinho
Mercadores
Raimundo
Matos
Travessa do Cavaco
Convento dos Remédios
Av. dos Salesianos
R. da Palmeira
R. dos Touros
R. de Segeiro
R. do Raimundo
R. Bernardo
Praça 1° de Maio
R. da República
São Francisco
NOSSA SENHORA DOS MERCÊS
R. 24 de Julho
Pálacio de Dom Manu
Jardim Públi
Av. Túlio Espanca
Portas do Raimondo
Alcaçovas
Av. Dinis Miranda
PARQUE INFANTIL
R. de Gil Vicente
Rossio Ocidental
R. do
R. de Viana
R. Horta das Figueiras
Praceta Nicolau Chanterene
R. Diana de Liz
Casa dos Condes de Portalegre C
h
s
f
T
P

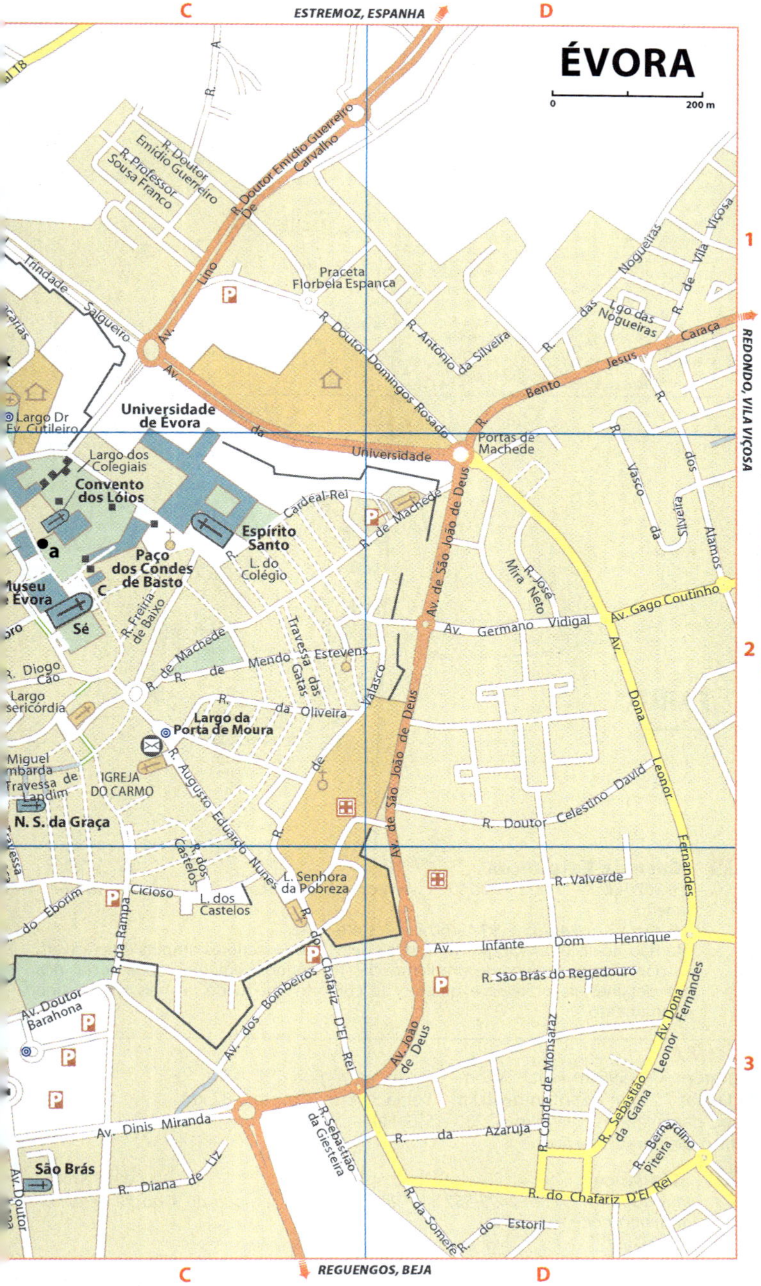
ÉVORA
0
200 m
C
D
1
2
3
ESTREMOZ, ESPANHA
REDONDO, VILA VIÇOSA
REGUENGOS, BEJA
R. Doutor Emídio Guerreiro
R. Professor Sousa Franco
R. Doutor Emídio Guerreiro
De Carvalho
Av. Lino
Trindade Salgueiro
Praceta Florbela Espanca
R. Doutor Domingos Rosado
R. António da Silveira
R. das Nogueiras
Lgo das Nogueiras
R. de Vila Viçosa
R. Bento Jesus Caraça
R. Vasco da Silveira
R. dos Álamos
Universidade de Évora
Largo Dr Ev. Cutileiro
Av. da Universidade
Portas de Machede
Largo dos Colegiais
Convento dos Lóios
Cardeal-Rei
R. de Machede
Espírito Santo
Paço dos Condes de Basto
L. do Colégio
Museu Évora
Sé
a
C
R. Freiria de Baixo
Av. de São João de Deus
R. José Mira Neto
Av. Germano Vidigal
Av. Gago Coutinho
Av. Dona Leonor Fernandes
R. Diogo Cão
Largo Misericórdia
R. de Machede
R. de Mendo Estevens
Travessa das Gatas
R. da Oliveira
Valasco
Largo da Porta de Moura
Miguel Bombarda
Travessa de Landim
IGREJA DO CARMO
N. S. da Graça
R. Augusto Eduardo Nunes
R. dos Castelos
R. Doutor Celestino David
L. Senhora da Pobreza
R. Valverde
R. do Eborim
Cicioso
L. dos Castelos
R. da Rampa
Av. Infante Dom Henrique
R. do Chafariz D'El Rei
R. São Brás do Regedouro
Av. Doutor Barahona
Av. dos Bombeiros
Av. João de Deus
Av. Dona Leonor Fernandes
R. Conde de Monsaraz
R. Sebastião da Gama
Av. Dinis Miranda
R. Sebastião da Giesteira
R. da Azaruja
R. Bernardino Piteira
São Brás
R. Diana de Liz
R. do Chafariz D'El Rei
R. da Sonefe
R. do Estoril
Av. Doutor

Casa de Fataunços

✉ 3670-095 – ✆ 232 77 26 97 – www.casadefatauncos.com – *fechado Natal e janeiro*

10 qto – 40/55 € 45/60 € – 1 suite

Mansão do século XVIII que se destaca pelos seus exteriores amplos e aprazíveis. Dispõe de um interior de ambiente clássico-antigo, com uma zona social rica em detalhes decorativos e quartos de conforto adequado, a mais rústica tipo apartamento.

FÁTIMA

Santarém – 11 596 h. – Alt. 346 m – Ver mapa regional n° **4-B2**

Lisboa 129 km – Santarém 60 km – Leiria 31 km – Coimbra 87 km

Mapa das estradas Michelin n° 733 e 592-N4

Centro de Peregrinação.

Tia Alice

Rua do Adro 152 ✉ 2495-557 – ✆ 249 53 17 37 – fechado do 1 ao 20 de julho, domingo noite e 2ª feira

Lista 28/40 €

Casa familiar situada no centro histórico. Disponibiliza três salas, com um ambiente rústico e uma decoração moderna, circunscrita pelas paredes em pedra e onde os tons de branco dominam o espaço. Cozinha tradicional.

na Cova da Iria Noroeste : 2 km

Dom Gonçalo

Rua Jacinta Marto 100 2495-450 Fátima – 249 53 93 30 – www.hoteldg.com

71 qto – 55/80 € 60/100 €

Rest *O Convite* – ver selecção restaurantes

Localizado próximo ao Santuário e dividido em duas partes, uma antiga e a outra moderna, o hotel oferece portanto dois tipos de quarto. Dispõe de uma área social renovada e um grande SPA.

Lux Fátima

Av. D. José Alves Correia da Silva 2 2495-402 Fátima – 249 53 06 90 – www.luxhotels.pt

67 qto – 50/160 € – 1 suite

O edifício, em forma de "U", reserva sua parte central para o hotel e as alas laterais para os apartamentos privados. Quartos de estilo moderno. O restaurante oferece um menu tradicional, com detalhes modernos.

Lux Fátima Park N

Av. D. José Alves Correia da Silva 120 2495-402 Fátima – 249 53 04 50 – www.luxhotels.pt

121 qto – 53/200 €

Hotel de estilo moderno, situado mesmo ao lado do Santuário, com uma loja de artesanato e souvenirs quase à entrada. Modernos apartamentos, todos com cozinha.

Estrela de Fátima

Rua Dr. Cónego Manuel Formigão 40 2496-908 Fátima – 249 53 11 50 – www.fatima-hotels.com

66 qto – 40/85 € 50/100 €, 6 €

Foi remodelado pouco a pouco, disponibiliza uma sala de estar moderna, várias salas de reuniões, uma esplanada e quartos de estilo moderno e funcionais. Com uma sala de jantar simples, onde para além da carta tradicional apresenta um buffet à noite.

Cruz Alta

Rua Dr. Cónego Manuel Formigão 10 2496-908 Fátima – 249 53 14 81 – www.fatima-hotels.com

43 qto – 35/75 € 40/82 €, 5 €

Estabelecimento de aspecto acolhedor. Tem um pequeno salão social junto à recepção e quartos espaçosos, com as casas de banho bem equipadas.

Santo António

Rua de São José 10 2495-434 Fátima – 249 53 36 37 – www.hotelsantoantonio.com

36 qto – 40 € 50 €

Um hotel familiar que deve o seu nome ao patrono da igreja paroquial de Fátima. Disponibiliza quartos funcionais e uma sala de estar clássica, tudo muito limpo. Na sala de jantar apresenta pratos típicos da região, como o Bacalhau assado no forno.

O Convite – Hotel Dom Gonçalo

Rua Jacinto Marto 100 2495-450 Fátima – 249 53 93 30 – www.hoteldg.com

Lista 24/35 €

O restaurante dispõe de uma entrada própria, um acesso a partir do hall do hotel e uma sala de jantar confortável de estilo actual. Menu tradicional com algumas sugestões diárias.

Desfrutar de uma boa cozinha sem arruinarse? Procure os Bib Gourmand. Eles irão ajudá-lo a encontrar as mesas sabendo unir cozinha de qualidade e o preço ajustado!

PORTUGAL

FERRAGUDO

Faro – 1 973 h. – Ver mapa regional n° **2-A2**

Lisboa 288 km – Faro 65 km – Lagos 21 km – Portimão 3 km

Mapa das estradas Michelin n° 733 e 593-U4

em Vale de Areia Sul : 2 km

Casabela H.

Praia Grande ✉ 8400-275 Ferragudo – ☎ 282 49 06 50 – www.hotel-casabela.com – fechado dezembro-janeiro

66 qto – 150/230 € 160/250 €

O melhor desta casa é a sua localização em plena natureza, com um cuidado ambiente ajardinado e uma impressionante vista panorâmica Quartos amplos e funcionais. O restaurante, dividido em duas salas, baseia o seu trabalho numa ementa diária.

FIGUEIRA DA FOZ

Coimbra – 30 697 h. – Ver mapa regional n° **3-A2**

Lisboa 181 km – Coimbra 44 km

Mapa das estradas Michelin n° 733 e 592-L3

PORTUGAL

Sweet Atlantic

Av. 25 de Abril 21 ✉ 3080-086 – ☎ 233 40 89 00 – www.sweethotels.pt

68 qto – 74/86 €, 9 €

Torre de design atraente localizada na 1ª linha da praia. A presença da água e o design actual dos quartos tornam o espaço bastante relaxante, a maior parte dos quartos tem uma sala independente e todos eles têm uma pequena cozinha. O restaurante é formado por duas zonas, uma para o pequeno-almoço e outra devidamente equipada para refeições de carta.

Aviz

Rua Dr. António Lopes Guimarães 16 ✉ 3080-169 – ☎ 233 42 26 35

17 qto – 20/60 € 25/70 €

Hotel de pequenas dimensões de gestão familiar, localizado no centro da cidade. Os quartos revelam-se bastante adequados na sua categoria, com chão e mobiliário em madeira. Destacam-se dois deles por partilharem uma varanda comum!

FIGUEIRÓ DA SERRA

Guarda – 263 h. – Ver mapa regional n° **3-C2**

Lisboa 332 km – Guarda 40 km – Viseu 52 km – Castelo Branco 133 km

Mapa das estradas Michelin n° 733 e 591-K7

Quinta do Adamastor

Rua do Hospital 215 ✉ 6290-071 – ☎ 271 77 00 10 – www.quintadoadamastor.com

12 qto – 37/70 € 50/80 €

Esta antiga casa senhorial, com belas fachadas em granito, abriga por trás das suas grossas paredes, quartos impecáveis, todos de estilo clássico e um deles tipo apartamento. Destaca-se pela dimensão dos seus jardins, com belas fontes e lagos!

FLOR DA ROSA → Ver Crato

Portalegre

FOLGOSA

Viseu – 428 h. – Ver mapa regional n° **3-C1**

Lisboa 399 km – Viseu 79 km – Vila Real 48 km – Porto 142 km

Mapa das estradas Michelin n° 733 e 591-I6

DOC

Estrada Nacional 222 ✉ 5110-204 – ☎ 254 85 81 23 – www.ruipaula.com – fechado domingo noite e 2ª feira de novembro-abril

Menu 80 € – Lista 57/76 €

Instalado num edifício de traçado actual que se destaca pela sua localização, na margem do rio Douro e com uma esplanada sugestiva sobre o mesmo. O seu chef propõe uma cozinha tradicional com toques criativos e vários menus de degustação. Uma vista magnífica!

FOZ DO ARELHO

Leiria – 1 339 h. – Ver mapa regional n° **4-A2**
Lisboa 101 km – Leiria 62 km – Nazaré 27 km
Mapa das estradas Michelin n° 733 e 592-N2

Penedo Furado

Rua dos Camarções 3 ✉ 2500-481 – ✆ 262 97 96 10 – www.hotelpenedofurado.com
25 qto – 35/65 € 45/80 €
Este pequeno hotel familiar dispõe de uma área social correcta e quartos confortáveis, a maioria deles foram renovados com um estilo funcional e moderno.

FOZ DO DOURO → Ver Porto

Porto

FUNDÃO

Castelo Branco – 9 236 h. – Ver mapa regional n° **3-C2**
Lisboa 303 km – Castelo Branco 44 km – Coimbra 151 km – Guarda 63 km
Mapa das estradas Michelin n° 733 e 592-L7

na estrada N 18

O Alambique de Ouro

Sítio da Gramenesa, Norte : 2,5 Km ✉ 6230-463 Fundão – ✆ 275 77 41 45 – www.hotelalambique.com
153 qto – 30/48 € 48/80 € – 2 suites
Disfruta de um jardim e quartos espaçosos, a maior parte deles, de traçado moderno e alguns, os mais clássicos, com as tradicionais cabeceiras com azulejos. Com uma decoração à base de alambiques e com o grelhador à vista, o restaurante oferece uma cozinha tradicional portuguesa rica em carnes na brasa.

GIBRALTAR → Ver Torres Vedras

Lisboa

GOLEGÃ

Santarém – 3 845 h. – Ver mapa regional n° **4-B2**
Lisboa 133 km – Santarém 64 km – Leiria 73 km – Portalegre 122 km
Mapa das estradas Michelin n° 733 e 592-N4

Lusitano

Gil Vicente 4 ✉ 2150-193 – ✆ 249 97 91 70 – www.hotellusitano.com
23 qto – 80/154 € 88/164 € – 1 suite
Casa familiar encantadora que fica a dever o seu nome a uma raça de cavalos originária desta região. Conta com uma zona de convívio bastante sedutora, quartos bastante espaçosos, principalmente o anexo, e um restaurante bem iluminado de traçado actual que oferece uma carta tradicional.

O Barrigas

Largo 5 de Outubro 55 ✉ 2150-124 – ✆ 249 71 76 31 – www.obarrigas.com – fechado do 1 ao 15 de setembro, domingo noite e 2ª feira
Menu 12/19 € – Lista 22/26 €
Único no género, moderno e bastante popular. Propõem diferentes entrantes e uma carta de segundos bem complementada com pratos sugeridos..., assim como, um buffet no fim-de-semana.

GONDARÉM → Ver Vila Nova de Cerveira

Viana do Castelo

GOUVEIA

Guarda – 3 472 h. – Alt. 650 m – Ver mapa regional n° **3-C2**
Lisboa 310 km – Coimbra 111 km – Guarda 59 km
Mapa das estradas Michelin n° 733 e 591-K7

O Júlio
Rua do Loureiro 11-A ✉ 6290-534 – ✆ 238 08 36 17 – fechado 2ª feira noite e 3ª feira
Menu 21 € – Lista 15/26 €
Casa de carácter muito familiar. Com uma sala, de decoração simples e com uma parte das paredes de granito, onde encontrará uma cozinha de sabor regional com especialidades típicas.

GRANJA

Porto – 417 h. – Ver mapa regional n° **6-A3**
Lisboa 317 km – Amarante 79 km – Braga 69 km – Porto 18 km
Mapa das estradas Michelin n° 733 e 591-I4

Solverde
Av. da Liberdade 212 ✉ 4410-154 – ✆ 227 33 80 30 – www.solverde.pt
169 qto – 79/180 € 89/200 € – 5 suites
Tranquilo, ao lado da praia e com vistas para o mar! Conta com zonas nobres amplas, com cafeteria integrada nas mesmas, e quartos muito confortáveis, todos equipados com mobiliário clássico de qualidade. Sala de refeições panorâmica de carácter polivalente.

GUARDA

27 226 h. – Alt. 1 000 m – Ver mapa regional n° **3-C2**
Lisboa 361 km – Castelo Branco 107 km – Ciudad Rodrigo 74 km – Coimbra 161 km
Mapa das estradas Michelin n° 733 e 591-K8

PORTUGAL

Vanguarda
Av. Monsenhor Mendes do Carmo ✉ 6300-586 – ✆ 271 20 83 90 – www.naturaimbhotels.com
76 qto – 39/100 € 51/120 € – 6 suites
Situado na parte alta da cidade, num edifício de linha actual. Possui quartos espaçosos e na sua maior parte com varanda. Destaca-se o restaurante panorâmico do 4º andar.

Santos
Rua Tenente Valadim 14 ✉ 6300-764 – ✆ 271 20 54 00 – www.hotelsantos.pt
24 qto – 30/40 € 40/60 €
Atractiva residência contígua aos muros da antiga muralha, pelo que possui diferentes paredes em pedra. Quartos funcionais, com chãos em madeira e casas de banho reduzidas.

pela estrada N 16 Nordeste : 4 km

Lusitania
Urb. Quinta das Covas - Lote 34 ✉ 6300-389 Guarda – ✆ 271 23 82 85 – www.naturaimbhotels.com
56 qto – 43/100 € 58/160 € – 7 suites
Hotel de traçado actual que se destaca pela sua oferta de serviços. Conta com quartos espaçosos e completamente equipados, a par de um ginásio magnífico. O restaurante, devidamente iluminado e de estética actual, utiliza muitos dos produtos cultivados na sua horta ecológica.

GUIMARÃES

Braga – 69 462 h. – Alt. 175 m – Ver mapa regional n° **6-A2**
Lisboa 364 km – Braga 22 km – Porto 52 km – Viana do Castelo 70 km
Mapa das estradas Michelin n° 733 e 591-H5

Histórico by Papaboa
Rua de Valdonas 4 ✉ 4800-476 – ✆ 253 41 21 07 – www.papaboa.pt
Menu 35 € – Lista 16/27 €
Casa senhorial do século XVII que surpreende tanto pela torre como pelo seu lindo pátio-terraço. Dispõe de vários salões, o principal de estilo rústico-moderno e os outros de estilo palaciano. Cozinha tradicional bem elaborada e com porções generosas.

ao Sul 2,2 km

XX **Chello's** (N)

Rua do Bom Viver 26 (Urgezes Guimarães) ✉ 4810-030 – ☏ 253 54 73 07 – www.chellos.net – fechado domingo noite e 2ª feira
Lista 21/33 €
Implantado num edifício de design moderno, é uma varanda sobre Guimarães, mais concretamente no topo das colinas que rodeiam a cidade. Aposta numa gastronomia diferenciada com vistas fantásticas.

na estrada da Penha Este : 2,5 km

Pousada de Santa Marinha

✉ 4810-011 Guimarães – ☏ 253 51 12 49 – www.pousadas.pt
49 qto – 110/272 € – 2 suites
Instalado num imponente mosteiro do século XII! Na sua arquitetura e decoração encontram-se vestígios de outra época... Todavia, o que mais se destaca, são os seus magníficos painéis de azulejos, os seus jardins e a sua piscina panorâmica. O restaurante, que exala um ar monástico, propõe uma cozinha regional e tradicional.

IDANHA-A-NOVA

Castelo Branco – 2 352 h. – Ver mapa regional n° **3-C3**
Lisboa 263 km – Castelo Branco 36 km – Guarda 105 km – Portalegre 132 km
Mapa das estradas Michelin n° 733 e 592-M8

Estrela da Idanha

Av. Joaquim Morão ✉ 6060-193 – ☏ 277 20 05 00 – www.estreladaidanha.pt
33 qto – 49/65 € 59/75 €
Um hotel bastante tranquilo e com vista nas zonas circundantes, por estar situado no alto da localidade. Oferece quartos funcionais mas de correcto conforto. Se é caçador interessá-lo-á, por abundar a caça na zona!

PORTUGAL

LAGOA

Faro – 7 266 h. – Ver mapa regional n° **2-B2**
Lisboa 260 km – Beja 129 km – Faro 59 km – Setúbal 227 km
Mapa das estradas Michelin n° 733 e 593-U4

na Praia do Carvoeiro

XX **L'Orange**

Sítio do Mato Serrão, Sul : 4,5 km ✉ 8400-556 Lagoa – ☏ 282 35 72 97 – fechado dezembro, janeiro e domingo
Lista 27/45 € – *(só jantar)*
Casa acolhedora, tipo villa, dotada de uma pequena esplanada e uma sala de jantar com ambiente clássico. Carta com sabores internacionais, pratos portugueses clássicos e clientela habitual.

LAGOS

Faro – 22 094 h. – Ver mapa regional n° **2-A2**
Lisboa 290 km – Beja 167 km – Faro 82 km – Setúbal 239 km
Mapa das estradas Michelin n° 733 e 593-U3

Marina Rio

Av. dos Descobrimentos ✉ 8600-645 – ☏ 282 78 08 30 – www.marinario.com
36 qto – 56/127 € 66/137 €, 10 €
Este cêntrico hotel tem um carácter familiar, oferecendo uma requintada zona nobre e quartos funcionais, todos com varanda e a metade com vistas ao porto desportivo. Possui um solarium com piscina climatizada no último andar!

XX **Dos Artistas**

Rua Cândido dos Reis 68 ✉ 8600-567 – ☏ 282 76 06 59 – www.lagos-artistas.com – fechado domingo
Menu 27/70 € – Lista 35/60 €
Apresenta uma agradável esplanada e uma cuidada sala clássica-colonial. Ementa de sabor internacional com pratos chamativos, e possibilidade de diversas combinações e menus.

Dom Sebastião

Rua 25 de Abril 20 ✉ 8600-763 – ✆ 282 78 04 80
– www.restaurantedonsebastiao.com – fechado 24 novembro-25 dezembro
Lista 25/35 €
Agradável e único, localizado numa zona muito movimentada. Inspira-se na saborosa cozinha tradicional portuguesa, bem confeccionada, de doses generosas. O peixe fresco é o ex-libris da casa, costumam apresentar previamente à mesa.

Cantinho Algarvio

Rua Afonso de Almeida 17-21 ✉ 8600-674 – ✆ 282 76 12 89
– www.ocantinhoalgarvio.pt – fechado dezembro e domingo
Menu 19 € – Lista 20/34 €
Muito simples mas autêntico, situado numa das ruas mais turísticas de Lagos. Oferecem uma carta tradicional com sugestões, como os peixes grelhados ou os arrozes.

na Praia do Canavial Sul : 2,5 km

Cascade

Rua do Canavial ✉ 8600-282 Lagos – ✆ 282 77 15 00
– www.cascaderesortalgarve.com
63 qto – 194/345 € 209/361 € – 23 suites – 56 apartamentos
Vasto complexo turístico localizado próximo do mar, com vários edifícios em forma de villas e jardim. Dispõe de quartos bastante confortáveis que se organizam em quatro linhas estéticas: sul-americana, asiática, europeia e africana. Excelente oferta gastronómica.

PORTUGAL

pela estrada N 125 Este : 4,6 km e desvio a dereita 0,3 km

Quinta Bonita

Matos Morenos, Quatro Estradas ✉ 8600-115 Lagos – ✆ 282 76 21 35
– www.boutiquehotelalgarve.com – fechado 10 novembro-13 fevereiro
8 qto – 80/140 € 105/165 €
Uma casa de campo que cuida até ao mais mínimo pormenor. Conta com agradáveis espaços com jardim, uma horta e quartos com diferentes estilos, ao longe avista-se o mar.

na Praia da Luz Noroeste : 7 km

Aquário

Rua 1° de Maio, Edifício Luztur - Loja ACC ✉ 8600-166 Lagos – ✆ 282 78 91 77
– fechado 25 dezembro-15 janeiro e domingo
Lista 28/35 € – *(só jantar)*
Surpreendente, pois compensa a sua recôndita localização, o seu reduzido tamanho e a sua modesta montagem com uma ementa tradicional que, dentro das suas possibilidades, quer oferecer algo diferente na zona. Bons produtos e cuidadosas apresentações!

LAMEGO

Viseu – 12 214 h. – Alt. 500 m – Ver mapa regional n° **3-C1**
Lisboa 369 km – Viseu 70 km – Vila Real 40 km
Mapa das estradas Michelin n° 733 e 591-I6

pela estrada N 2

Lamego

Quinta da Vista Alegre, Nordeste : 2 km ✉ 5100-183 Lamego – ✆ 254 65 61 71
– www.hotellamego.pt
88 qto – 63/80 € 79/101 € – 5 suites
Um hotel com um ambiente marcadamente clássico. Conta com uma zona nobre espaçosa e quartos funcionais completamente equipados. A sala de jantar, de estética mais actual, apresenta uma cozinha de raízes tradicionais e uma vista serena para a montanha.

LEÇA DA PALMEIRA

Porto – 18 502 h. – Ver mapa regional n° **6-A2**
Lisboa 322 km – Braga 62 km – Porto 12 km – Viana do Castelo 68 km
Mapa das estradas Michelin n° 733 e 591-I3

XX **Casa de Chá da Boa Nova** N

av. da Liberdade (junto ao farol) ✉ 4450-705 – ✆ 229 94 00 66 – www.ruipaula.com – fechado 10 janeiro-1 fevereiro, domingo e 2ª feira meio-dia
Menu 80/120 € – *(só menu)*
Verdadeiramente único! De facto, ocupa uma moradia debruçada sobre o Oceano Atlântico, classificada como Monumento Nacional. Apresenta três menus de degustação de cozinha de autor, todos com o mar como protagonista.

LEIRIA

61 123 h. – Alt. 50 m – Ver mapa regional n° **4-A2**
Lisboa 129 km – Coimbra 71 km – Portalegre 176 km – Santarém 83 km
Mapa das estradas Michelin n° 733 e 592-M3

Eurosol Residence

Rua Comissão da Iniciativa 13 ✉ 2410-098 – ✆ 244 86 04 60 – www.eurosol.pt Planta : CD2**c**
58 apartamentos – 65/100 €
Uma escolha interessante se procura alguma independência. Dispõe de apartamentos amplos, funcionais e com cozinhas bem equipadas, bem como uma zona de convívio tranquila e os dois últimos andares bastante destacados, com snack-bar panorâmico, esplanada e piscina.

XX **Pontuel**

Largo de Camões 15 ✉ 2410-127 – ✆ 244 82 15 17 – www.pontuel.pt – fechado domingo Planta : C3**b**
Menu 12/60 € – Lista 25/43 €
Dispõe de duas salas modernas, uma por andar, com detalhes design, fachada de vidro com vista para o castelo. Cozinha moderna com raízes tradicionais e toques criativos.

em Marrazes na estrada N 109 B1 - Norte : 1 km

X **Casinha Velha**

Rua Professores Portelas 23 ✉ 2415-534 Marrazes – ✆ 244 85 53 55 – www.casinhavelha.com – fechado 15 dias em janeiro, 15 dias em julho, domingo noite e 3ª feira
Menu 30/40 € – Lista 22/35 €
Casa familiar de ambiente acolhedor, com uma bonita sala de jantar de ar rústico no primeiro andar e curiosos detalhes. Ementa caseira, especialidades diárias e uma adega completa.

na estrada IC 2 por A19 A3 - Suroeste : 4,5 km

XX **O Casarão**

Estrada da Maceira 10 ✉ 2400-823 Leiria – ✆ 244 87 10 80 – www.ocasarao.pt
Lista 25/42 €
O vigamento aparente, os azulejos e os ornamentos de latão coexistem em um ambiente rústico elegante. Aqui você encontrará uma cozinha tradicional em porções generosas e uma excelente adega.

PORTUGAL

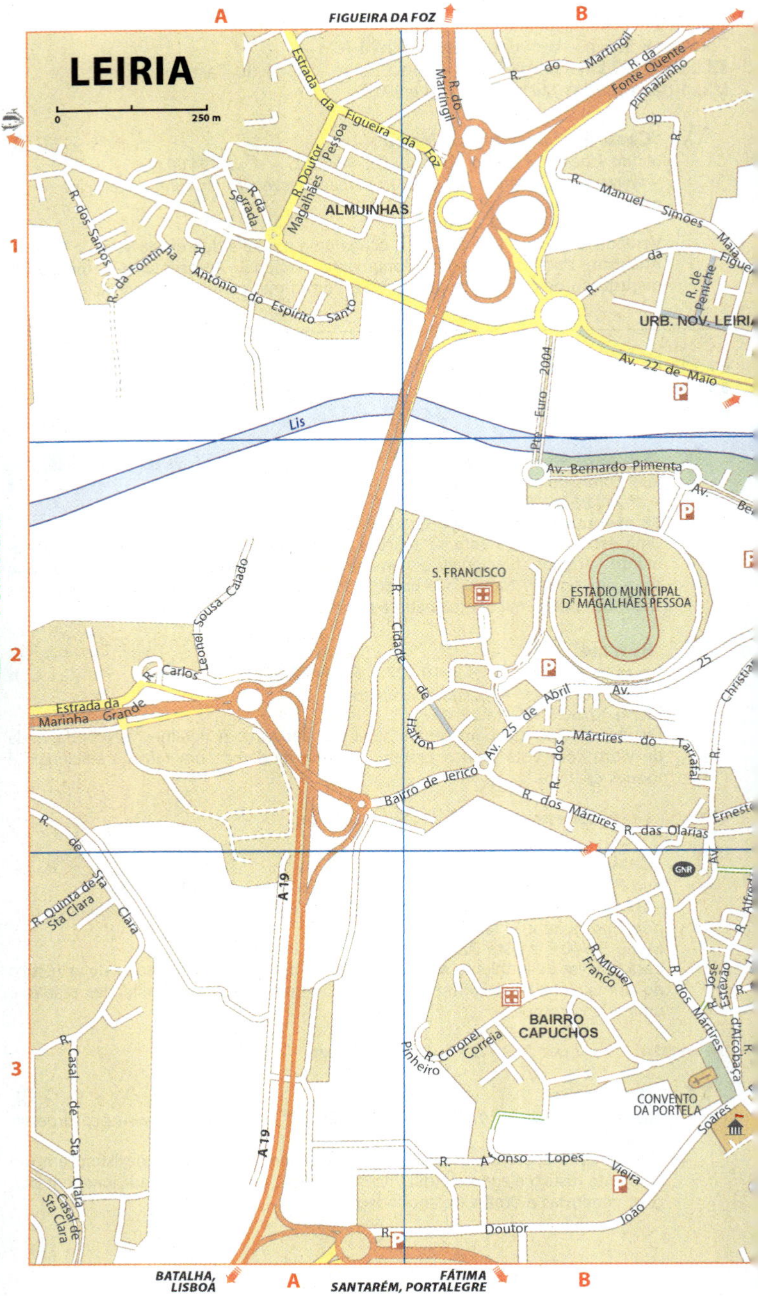
LEIRIA
0
250 m
A
B
FIGUEIRA DA FOZ
1
2
3
Estrada da Figueira da Foz
R. do Martingil
R. do Martingil
R. da Fonte Quente
Pinhalzinho
R. Doutor Magalhães Pessoa
R. da Serrada
ALMUINHAS
R. dos Santos
R. da Fontinha
R. António do Espírito Santo
R. Manuel Simões Maia
R. da Figueira
R. de Peniche
URB. NOV. LEIRIA
Av. 22 de Maio
Pto Euro 2004
Lis
Av. Bernardo Pimenta
S. FRANCISCO
ESTADIO MUNICIPAL
Dr MAGALHÃES PESSOA
Leonel Sousa Calado
R. Carlos
Estrada da Marinha Grande
R. Cidade de Halton
Av. 25 de Abril
R. dos Mártires do Tarrafal
Bairro de Jericó
R. dos Mártires
R. das Olarias
Ernesto
GNR
R. de Sta Clara
R. Quinta de Sta Clara
A 19
R. Miguel Franco
R. José Estevão
BAIRRO CAPUCHOS
R. Coronel Pinheiro Correia
R. dos Mártires
R. d'Alcobaça
CONVENTO DA PORTELA
Soares
R. Casal de Sta Clara
Casal de Sta Clara
R. Afonso Lopes Vieira
R. Doutor João
BATALHA, LISBOA
FÁTIMA
SANTARÉM, PORTALEGRE

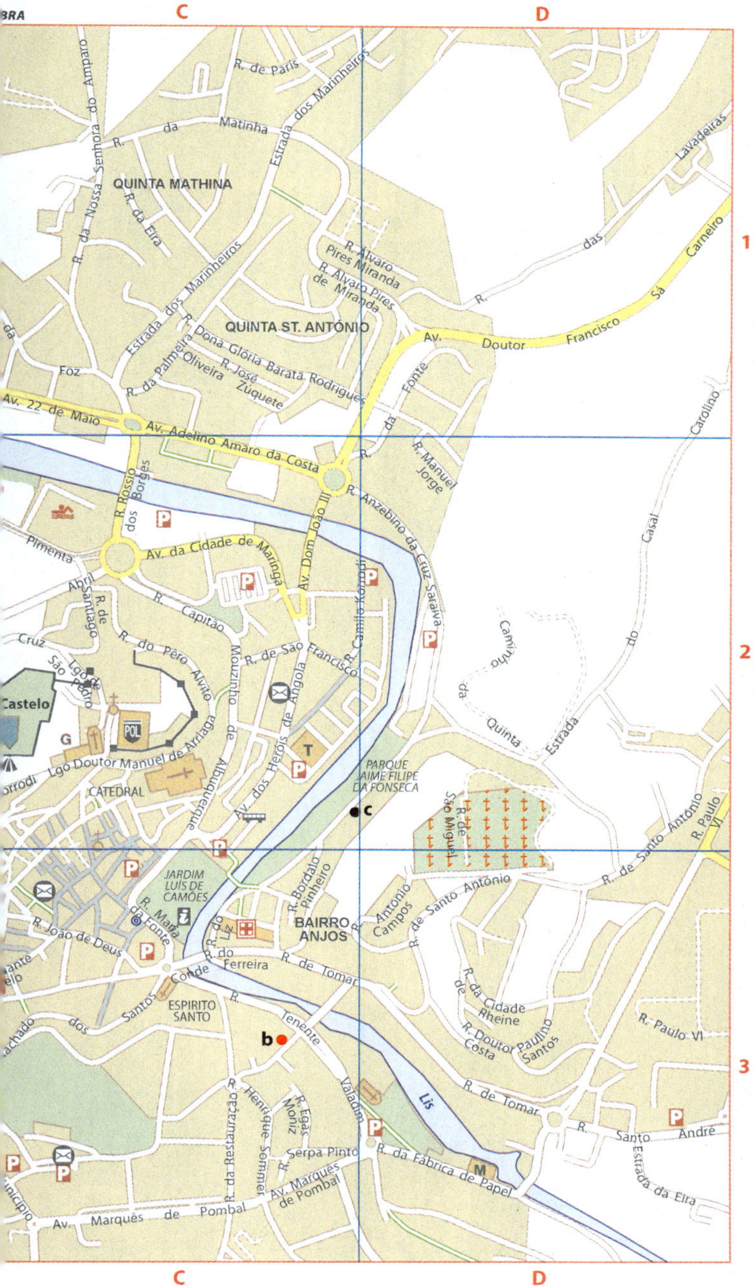
C
D
1
2
3
R. de Paris
Estrada dos Marinheiros
R. da Matinha
R. da Nossa Senhora do Amparo
QUINTA MATHINA
R. da Eira
R. Álvaro Pires Miranda
R. Álvaro Pires de Miranda
R. das Lavadeiras
Av. Doutor Francisco Sá Carneiro
QUINTA ST. ANTÓNIO
R. Dona Glória Barata Rodrigues
R. da Palmeira
Oliveira
R. José Zúquete
R. da Fonte
Foz
Av. 22 de Maio
Av. Adelino Amaro da Costa
R. Manuel Jorge
R. Carolino
R. Rossio dos Borges
R. Anzebino da Cruz Saraiva
Av. Dom João III
Av. da Cidade de Maringá
Pimenta
Abril
R. de Santiago
R. Capitão Mouzinho de Albuquerque
R. Camilo Korongi
R. de São Francisco
R. do Pero Alvito
Cruz
São Pedro
Lgo de
Castelo
Caminho da Quinta
Estrada do Casal
G
POL
T
Lgo Doutor Manuel de Arriaga
Av. dos Heróis de Angola
PARQUE JAIME FILIPE DA FONSECA
c
CATEDRAL
R. de São Miguel
R. de Santo António
R. Paulo VI
JARDIM LUÍS DE CAMÕES
R. Maria da Fonte
R. do Liz
R. Bordalo Pinheiro
BAIRRO ANJOS
R. António Campos
R. João de Deus
R. do Ferreira
R. de Tomar
Conde
Santos
ESPIRITO SANTO
R. Tenente Valadim
R. da Cidade de Rheine
R. Doutor Paulino Costa Santos
b
R. da Restauração
R. Henrique Sommer
R. Egas Moniz
R. Serpa Pinto
Lis
R. de Tomar
R. Santo André
Estrada da Eira
R. da Fábrica de Papel
M
Av. Marquês de Pombal
P

PORTUGAL

LISBOA

547 631 h. – Alt. 111 m – Ver mapa regional map n° **4**-B3
▶ Madrid 631 km – Porto 319 km – Elvas 209 km – Faro 278 km
Mapa de carreteras Michelin 733, 592 e 593-P2

A la carta...

Planos & establecimientos

→ Lista alfabética dos hotéis
→ Lista alfabética de los hoteles
→ Index of hotels

→ Lista alfabética dos restaurantes
→ Lista alfabética de los restaurantes
→ Index of restaurants

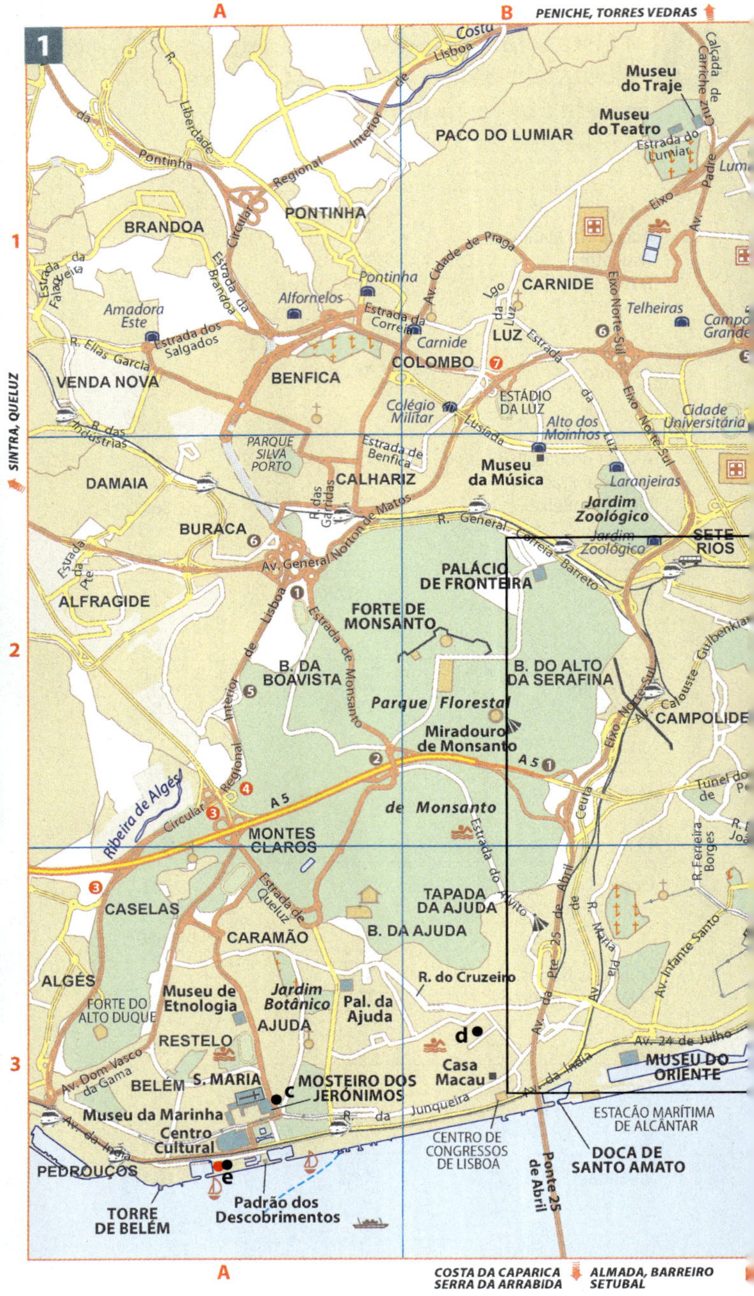

A
B
PENICHE, TORRES VEDRAS
1
LISBOA
SINTRA, QUELUZ
Museu do Traje
Museu do Teatro
PACO DO LUMIAR
PONTINHA
BRANDOA
CARNIDE
Telheiras
Amadora Este
Alfornelos
Pontinha
Carnide
LUZ
COLOMBO
VENDA NOVA
BENFICA
Colégio Militar
ESTÁDIO DA LUZ
Alto dos Moinhos
Cidade Universitária
PARQUE SILVA PORTO
Museu da Música
Laranjeiras
DAMAIA
CALHARIZ
Jardim Zoológico
BURACA
SETE RIOS
PALÁCIO DE FRONTEIRA
ALFRAGIDE
FORTE DE MONSANTO
2
B. DA BOAVISTA
B. DO ALTO DA SERAFINA
Parque Florestal
CAMPOLIDE
Miradouro de Monsanto
de Monsanto
Ribeira de Algés
MONTES CLAROS
CASELAS
TAPADA DA AJUDA
CARAMÃO
B. DA AJUDA
R. do Cruzeiro
ALGÉS
FORTE DO ALTO DUQUE
Museu de Etnologia
Jardim Botânico
Pal. da Ajuda
AJUDA
RESTELO
3
Casa Macau
BELÉM
S. MARIA
MOSTEIRO DOS JERÓNIMOS
MUSEU DO ORIENTE
Museu da Marinha
Centro Cultural
ESTAÇÃO MARÍTIMA DE ALCÂNTAR
CENTRO DE CONGRESSOS DE LISBOA
DOCA DE SANTO AMATO
PEDROUÇOS
Ponte 25 de Abril
TORRE DE BELÉM
Padrão dos Descobrimentos
COSTA DA CAPARICA
SERRA DA ARRABIDA
ALMADA, BARREIRO
SETUBAL

C
COIMBRA, FÁTIMA, VILA FRANCA DE XIRA
D
2
Castro
Av. Carlos Paredes
Santos
AEROPORTO DE LISBOA-PORTELA
Aeroporto
LUMIAR
Av.
Marechal
Craveiro
Lopes
ALAMEDA DA ENCARNAÇÃO
Encarnacão
OLIVAIS NORTE
PARQUE VALE DO SILÊNCIO
OLIVAIS SUL
Cabo Ruivo
Olivais
Av. Infante Dom Henrique
Torre Vasco da Gama
c
a
Oriente
F.I.L.
Pavilhão Atlântico
PARQUE DAS NAÇÕES
Oceanário
Pavilhão do Conhecimento
Av. Fernando Pessoa
M
Museu Rafael Bordalo Pinheiro
Museu da Cidade
PARQUE JOSÉ GOMES FERREIRA
ALVALADE
Alvalade
Santo
Av. do Condestável
Chelas
Av. Almirante Gago Coutinho
BARCO DE PRATA
PARQUE DA BELA VISTA
Av. Marechal António de Spínola
Roma
Bela Vista
Av. da República
Campos
POÇO DO BISPO
R. Cintura do Porto
AREEIRO
Av. Carlos Pinhão
CHELAS
de Berna
MUSEU GULBENKIAN
Av. Almirante Reis
Estrada de Chelas
MARVILA
R. do Açúcar
b
BEATO
R. Morais Soares
R. Pascoal de Melo
Av. Fontes Pereira de Melo
Av. General Roçadas
Av. Afonso III
R. Gualdim Pais
R. do Grilo
XABREGAS
B.LOPES
Museu Nacional do Azulejo
Madre de Deus
Av. Mouzinho de Albuquerque
Av. da Liberdade
Castelo de São Jorge
ALFAMA
R. Áurea
R. da Prata
R. da Madalena
R. do Alecrim
de Julho
TEJO
1
2
3
LISBOA
0
1 km
C
D

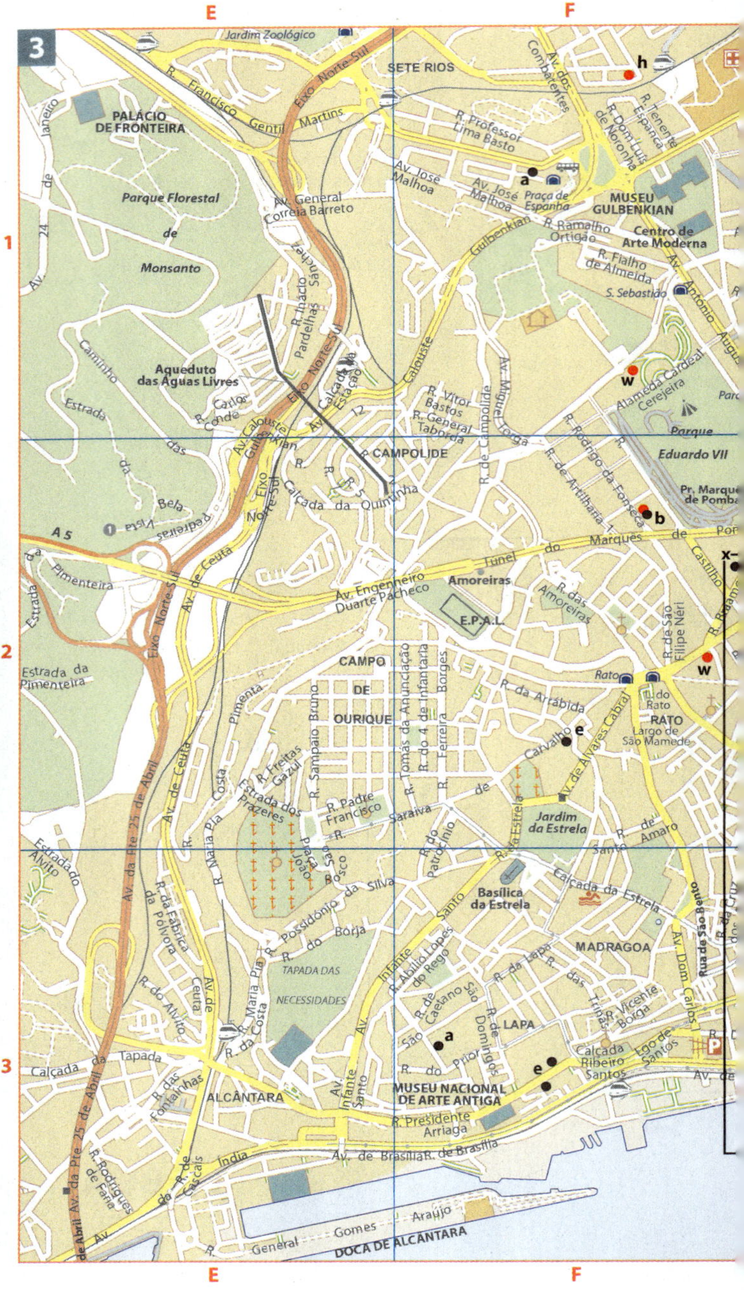
3
E
F
1
2
3
Jardim Zoológico
SETE RIOS
PALÁCIO DE FRONTEIRA
Parque Florestal de Monsanto
R. Francisco Gentil Martins
Eixo Norte-Sul
R. Professor Lima Basto
Av. José Malhoa
Praça de Espanha
MUSEU GULBENKIAN
Centro de Arte Moderna
R. Ramalho Ortigão
R. Fialho de Almeida
S. Sebastião
Av. dos Combatentes
R. Dom Luís de Noronha
R. Tenente Espanca
Av. António Augusto
Av. General Correia Barreto
R. Inácio Pardelhas Sanchez
Aqueduto das Águas Livres
Caminho
Estrada das
R. Carlos Conde
Av. Calouste Gulbenkian
Calçada da Estação
Av. Miguel Torga
R. Vitor Bastos
R. General Taborda
R. de Campolide
CAMPOLIDE
Calçada da Quintinha
R. Rodrigo da Fonseca
R. de Artilharia 1
Alameda Cardeal Cerejeira
Parque Eduardo VII
Pr. Marquês de Pombal
Bela Vista
Pedreiras
A 5
Estrada da Pimenteira
Av. de Ceuta
Túnel do Marquês de Pombal
Av. Engenheiro Duarte Pacheco
Amoreiras
E.P.A.L.
R. das Amoreiras
R. de São Filipe Néri
R. de Castilho
Rato
RATO
Largo do Rato
Largo de São Mamede
CAMPO DE OURIQUE
R. Tomás da Anunciação
R. do 4 de Infantaria
R. Ferreira Borges
R. Sampaio Bruno
R. da Arrábida
R. Freitas Gazul
Estrada dos Prazeres
R. Padre Francisco
Saraiva
R. de Carvalho
Av. de Álvares Cabral
Jardim da Estrela
R. de Santo Amaro
R. do Patrocínio
R. da Estrela
Basílica da Estrela
Calçada da Estrela
R. Maria Pia
R. Costa
Estrada do Alvito
Av. da Ponte 25 de Abril
R. da Fábrica da Pólvora
R. Possidónio da Silva
R. do Borja
R. São João Bosco
Praça São João
TAPADA DAS NECESSIDADES
Av. Infante Santo
R. Abílio Lopes do Rego
R. de Caetano
São Domingos
R. da Lapa
R. das Trinas
R. Vicente Borga
MADRAGOA
LAPA
Av. Dom Carlos I
Rua de São Bento
R. do Alvito
Av. de Ceuta
Calçada da Tapada
R. das Fontainhas
ALCÂNTARA
R. Maria Pia
R. da Costa
R. do Prior
MUSEU NACIONAL DE ARTE ANTIGA
Calçada Ribeiro Santos
Ego de Santos
R. Presidente Arriaga
Av. da Índia
Av. de Brasília
R. de Brasília
R. Rodrigues de Faria
R. de Cascais
DOCA DE ALCÂNTARA
General Gomes Araújo
a
b
e
h
w

LISBOA
4
G
H
1
2
3
0
600 m
Campo Pequeno
C. Pequeno
Av. da República
Caixa Geral de Depósitos
Av. Elias Garcia
Av. João XXI
Areeiro
Pr. F. Sá Carneiro
Praça de Londres
R. Brás Pacheco
Av. Manuel da Maia
R. Xavier Cordeiro
Crisóstomo
Saldanha
Av. Casal Ribeiro
Alameda
Av. Almirante Reis
R. Carlos Mardel
R. Actor Isidoro
R. Abade Faria
R. Carvalho Araújo
R. Actor Vale
Av. Afonso Costa
R. Al Berto
R. Manuel dos Santos
Av. Carlos Pinhão
Olaias
Rotunda das Olaias
Praça da Costa Sócrates
R. Carlos Botelho
ALTO DO PINA
R. Morais Soares
R. António Luís Inácio
R. Barão de Sabrosa
R. Jacinto Nunes
Av. Mouzinho de Albuquerque
Arroios
R. Heróis de Quionga
R. de Ponta Delgada
R. dos Açores
R. Dona Estefânia
Av. Fontes Pereira de Melo
Praça José Fontana
Picoas
Av. Duque de Loulé
R. Conde de Redondo
R. José Estêvão
R. Passos Manuel
R. de Arroios
Anjos
R. Cesário Verde
R. da Penha de França
R. General Roçadas
R. Castelo Branco Saraiva
B.LOPES
R. Henrique Barrilaro Ruas
Av. Afonso III
SAPADORES
R. Gomes Freire
R. da Escola do Exército
R. dos Anjos
R. do Forno do Tijolo
R. de Moçambique
R. Angelina Vidal
Paço da Rainha
R. Antero de Quental
R. de Sta Marta
R. do Passadiço
Avenida da Liberdade
R. do Salitre
R. de São José
São Lázaro
Calçada de Santana
R. da Palma
R. do Benformoso
R. da Bombarda
R. da Senhora da Glória
Calçada dos Barbadinhos
R. Afonso Domingues
Museu da Água da EPAL
R. Leite de Vasconcelos
R. da Verónica
R. da Alegria
R. das Taipas
R. Dom Pedro V
R. Norte
R. do Loureiro
Rua da Atalaia
Rua do Norte
Rua da Misericórdia
Calçada do Combro
R. Garrett
Rua do Carmo
Rua Áurea
Rua Augusta
Rua da Prata
R. dos Fanqueiros
R. da Madalena
R. da Costa do Castelo
R. dos Remédios
Av. Infante Dom Henrique
R. da Alfândega
R. Vítor Cordon
R. do Arsenal
R. do Alecrim
Av. da Ribeira das Naus
Cais do Gás

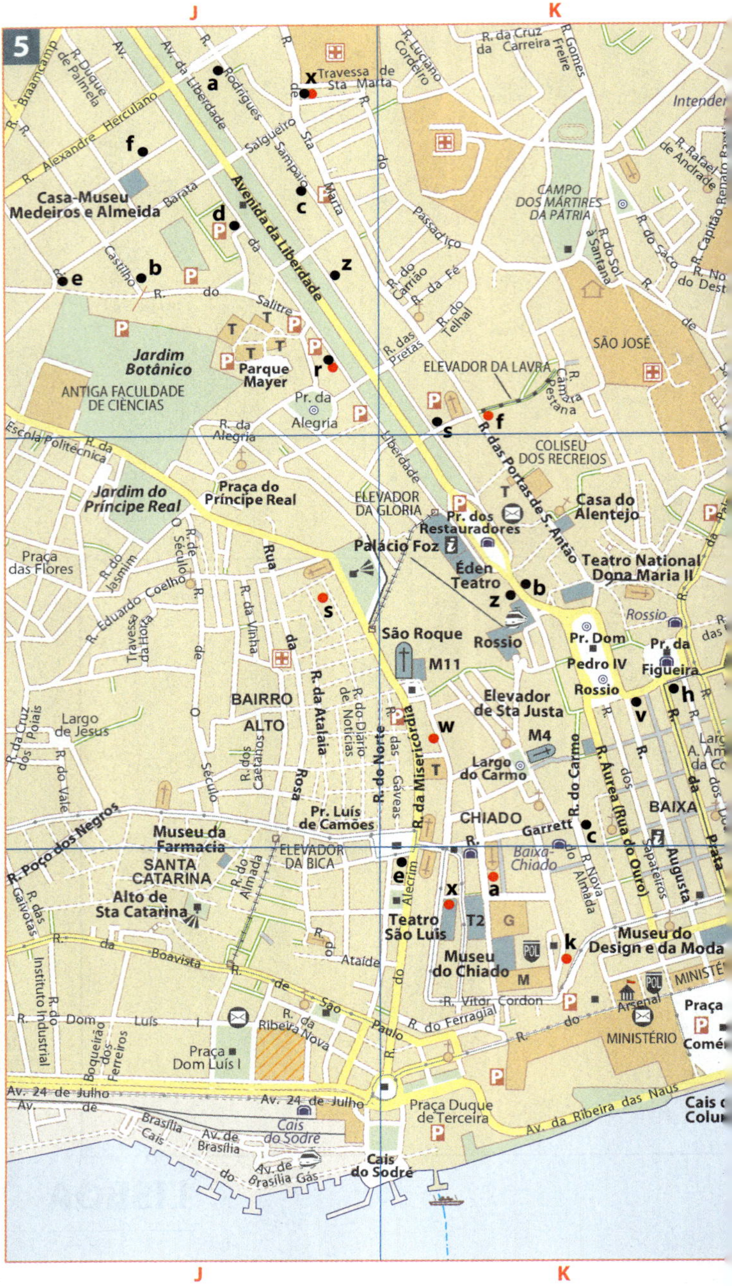

J
K
5
1
2
3
R. Braamcamp
R. Duque de Palmela
Av.
Av. da Liberdade
R. Rodrigues Sampaio
R. Salgueiro
R. de Sta Marta
Travessa de Sta Marta
R. Luciano Cordeiro
R. da Cruz da Carreira
R. Gomes Freire
Intendente
R. Alexandre Herculano
Casa-Museu Medeiros e Almeida
Barata
Avenida da Liberdade
R. Rafael de Andrade
CAMPO DOS MÁRTIRES DA PÁTRIA
R. do Passadiço
R. do Sol à Santana
R. do Saco
R. Capitão Renato Baptista
R. Nova do Desterro
R. do Castilho
R. do Salitre
R. do Carrião
R. da Fé
R. do Telhal
R. das Pretas
SÃO JOSÉ
Jardim Botânico
Parque Mayer
ANTIGA FACULDADE DE CIÊNCIAS
Pr. da Alegria
R. da Alegria
ELEVADOR DA LAVRA
R. Câmara Pestana
R. das Portas de S. Antão
R. da Escola Politécnica
COLISEU DOS RECREIOS
Jardim do Príncipe Real
Praça do Príncipe Real
ELEVADOR DA GLÓRIA
Pr. dos Restauradores
Casa do Alentejo
Praça das Flores
R. do Jasmim
R. de O Século
Rua da Rosa
Palácio Foz
Éden Teatro
Teatro National Dona Maria II
R. Eduardo Coelho
Travessa da Horta
R. da Vinha
São Roque
M11
Rossio
Pr. Dom Pedro IV
Pr. da Figueira
Rossio
R. da Cruz dos Poiais
Largo de Jesus
BAIRRO ALTO
R. da Atalaia
R. do Diário de Notícias
R. das Gáveas
R. da Misericórdia
Elevador de Sta Justa
M4
R. dos Caetanos
R. do Norte
Largo do Carmo
R. do Carmo
R. Áurea (Rua do Ouro)
R. dos Sapateiros
R. Augusta
R. da Prata
BAIXA
R. do Vale
Pr. Luís de Camões
CHIADO
Garrett
Baixa-Chiado
R. Poço dos Negros
Museu da Farmacia
ELEVADOR DA BICA
SANTA CATARINA
Alto de Sta Catarina
R. do Almada
R. do Alecrim
R. Nova do Almada
R. das Gaivotas
Teatro São Luís
T2
G
Museu do Design e da Moda
Museu do Chiado
M
R. da Boavista
R. do Ataíde
R. de São Paulo
R. do Instituto Industrial
R. Dom Luís I
R. Boqueirão dos Ferreiros
Praça Dom Luís I
R. da Ribeira Nova
R. do Ferragial
R. Vítor Cordon
R. do Arsenal
MINISTÉRIO
Praça do Comércio
Av. 24 de Julho
Av. de Brasília
Cais do Sodré
Praça Duque de Terceira
Av. da Ribeira das Naus
Cais das Colunas
Gás

L
M
6
1
2
3
LISBOA
SAPADORES
GRAÇA
MOURARIA
ALFAMA
Miradouro da Senhora do Monte
Miradouro da Graça
Convento N. S. da Graça
São Vicente de Fora
Jardim Boto Machado
Santa Engrácia
SANTA APOLÓNIA
Museu Militar
Castelo de São Jorge
Paço Real
Esplanada do Castelo
Largo das Portas do Sol
Miradouro de Sta Luzia
Sto Estêvão
S. Miguel
Casa do Fado e da Guitarra Portuguesa
ALFÂNDEGA
Sto António da Sé
Sé
Casa dos Bicos
Igreja da Conceição Velha
MINISTÉRIO
Campo das Cebolas
DOCA DA MARINHA
DOCA DO TERREIRO DO TRIGO
Alfândega
Terreiro do Paço
Estação Fluvial
CAIS DA ALFÂNDEGA
TEJO
Largo da Graça
Largo de Sta Marinha
M13
Av. Infante Dom Henrique
Campo de Sta Clara
Calçada dos Barbadinhos
R. dos Sapadores
R. da Graça
Travessa das Mónicas
Calçada de Santo André
R. Damasceno Monteiro
R. Angelina Vidal
Martim Moniz
0
290 m

Centro

Avenida Palace
Rua 1° de Dezembro 123 ✉ 1200-359 Ⓜ Restauradores Planta : 5K2**z**
– ✆ 213 21 81 00 – www.hotelavenidapalace.pt
66 qto – 148/194 € 181/228 € – 16 suites
Emana prestígio e distinção, não é em vão que data de 1892. Possui uma zona nobre esplêndida, complementada com belíssimo bar de estilo inglês, e quartos deslumbrantes ao estilo clássico.

Sofitel Lisbon Liberdade
Av. da Liberdade 127 ✉ 1269-038 Ⓜ Avenida Planta : 5J1**r**
– ✆ 213 22 83 00 – www.sofitel-lisboa.com
151 qto – 160/530 €, 25 € – 12 suites
Rest *Ad Lib* – ver selecção restaurantes
Apresenta uma decoração moderna e múltiplos detalhes de design. Os quartos estão equipados ao máximo nível, com materiais de primeira qualidade.

Porto Bay Liberdade
Rua Rosa Araújo 8 ✉ 1250-195 Ⓜ Avenida Planta : 5J1**f**
– ✆ 210 01 57 00 – www.portobay.com
95 qto – 140/201 € 158/226 € – 3 suites
Ocupa um palacete recuperado. Preserva a fachada antiga por onde nos convida a entrar a um design interior contemporâneo, com um excelente lobby e quartos decorados numa dialéctica entre clássico e contemporâneo..., os standard algo pequenos. O restaurante funde bistrô e alta gastronomia.

Altis Avenida H.
Rua 1º de Dezembro 120 ✉ 1200-360 Ⓜ Restauradores Planta : 5K2**b**
– ✆ 210 44 00 00 – www.altishotels.com
68 qto – 170/330 € 190/350 € – 2 suites
Com uma localização extraordinária, na Praça dos Restauradores. Disponibiliza quartos de diferentes tamanhos e estilo contemporâneo, alguns com uma pequena varanda e muitos com vista. Restaurante sofisticado, no 7º andar, com deslumbrante vista panorâmica.

Bairro Alto H
Praça Luis de Camões 2 ✉ 1200-243 Ⓜ Baixa-Chiado Planta : 5K3**e**
– ✆ 213 40 82 88 – www.bairroaltohotel.com
51 qto – 270/440 € – 4 suites
Localizado em plena zona histórica e tem como objectivo manter os quartos em impecáveis condições. Decoração moderna, disponibiliza um serviço de excelência e um terraço panorâmico no terraço. Restaurante simples debruçado sobre a bela Praça Luís de Camões.

Heritage Av Liberdade
Av. da Liberdade 28 ✉ 1250-145 Ⓜ Avenida Planta : 5K1**s**
– ✆ 213 40 40 40 – www.heritage.pt
42 qto – 150/450 € 163/450 €, 14 €
Possui uma fachada clássica e uma zona social de carácter polivalente, já que também se serve neste local o pequeno-almoço. Oferece quartos bem equipados e de estilo actual.

Internacional Design H.
Rua da Betesga 3 ✉ 1100-090 Ⓜ Rossio – ✆ 213 24 09 90 Planta : 5K2**v**
– www.idesignhotel.com
55 qto – 100/400 € 110/400 €
O hotel possui uma decoração que não deixa ninguém indiferente. Quartos repartidos em quatro andares, cada um com um estilo diferente: urbano, tribo, zen e pop.

Do Chiado

Rua Nova do Almada 114 ✉ 1200-290 Ⓜ Baixa-Chiado – ✆ 213 25 61 00 – www.hoteldochiado.pt Planta : 5K2**c**

39 qto – 120/240 € 150/300 €

Situado em pleno Chiado! No interior dos seus quartos, que evocam o mundo oriental, importa destacar os quartos do 7º andar pelas suas varandas privadas e vistas sobre a cidade.

The Beautique H. Figueira

Praça da Figueira 16 ✉ 1100-241 Ⓜ Rossio – ✆ 210 49 29 40 – www.thebeautiquehotels.com Planta : 5K2**h**

50 qto – 98/420 € 105/465 €

Ocupa um edifício totalmente recuperado e que hoje se apresenta com elevado design. Os quartos, uns com duche e outros com banheira, seguem um estilo íntimo mas de completo equipamento. O seu restaurante faz uma homenagem pela cozinha tradicional portuguesa.

Britania

Rua Rodrigues Sampaio 17 ✉ 1150-278 Ⓜ Avenida – ✆ 213 15 50 16 – www.heritage.pt Planta : 5J1**c**

33 qto – 130/450 € 143/450 €, 14 €

Único, projectado pelo ilustre arquitecto português Cassiano Branco. Acolhedora área publica-bar e quartos confortáveis, com detalhes Art Deco que lhes conferem um charme especial.

NH Liberdade

Av. da Liberdade 180-B ✉ 1250-146 Ⓜ Avenida – ✆ 213 51 40 60 – www.nh-hotels.com Planta : 5J1**z**

83 qto – 90/255 €, 14,50 €

Uma boa opção na zona de negócios! Destaca-se pelo conforto dos seus quartos, de linha actual, e pelo seu terraço, com magníficas vistas da Lisboa antiga. O restaurante, de carácter polivalente, apresenta uma ementa portuguesa com uma secção de massas.

Olissippo Castelo

Rua Costa do Castelo 120 ✉ 1100-179 Ⓜ Rossio – ✆ 218 82 01 90 – www.olissippohotels.com Planta : 6L2**v**

24 qto – 200/220 € 220/240 €

Hotel de traçado clássico próximo ao castelo de São Jorge. Disponibiliza quartos de grande nível, todos bastante amplos e 12 quartos têm varandas com vistas privilegiadas.

Solar do Castelo

Rua das Cozinhas 2 ✉ 1100-181 – ✆ 218 80 60 50 – www.heritage.pt Planta : 6L2**c**

20 qto – 162/450 € 176/450 €, 14 €

Instalado parcialmente num palacete do séc. XVIII. Desfruta de um bonito pátio empedrado, por onde passeiam pavões, um pequeno museu de cerâmica e quartos de linha clássica-actual, os sete do palacete são personalizados e de maior conforto.

Memmo Alfama H.

Travessa das Merceeiras 27 ✉ 1100-348 – ✆ 210 49 56 60 – www.memmohotels.com Planta : 6L3**b**

42 qto – 180/450 €

Contemporâneo, único e em pleno coração da Alfama. Ocupa três edifícios interligados entre si. A não perder a deslumbrante vista desde o terraço!

Solar dos Mouros

Rua do Milagre de Santo António 6 ✉ 1100-351 – ✆ 218 85 49 40 – www.solardosmouroslisboa.com Planta : 6L2**x**

13 qto – 109/199 € 129/299 €

Casa típica personalizada na sua decoração, com uma distribuição algo irregular e um moderno interior. Possui quartos coloristas e em vários casos com excelentes vistas.

XXX **Belcanto** (José Avillez)
✿✿ *Largo de São Carlos 10 ✉ 1200-410 Ⓜ Baixa-Chiado* Planta : 5K3**a**
– ✆ 213 42 06 07 – www.belcanto.pt – fechado 18 janeiro-2 fevereiro, do 1 ao 16 de agosto, domingo e 2ª feira
Menu 90/145 € – Lista aprox. 98 €
Localização privilegiada no Bairro Alto. Por trás da discreta fachada, surpreende com duas sofisticadas salas de ambiente sóbrio moderno. O chef de referência convida, através de uns sugestivos menus, a uma cozinha criativa onde alia o domínio técnico com representações e ilusões culinárias.
➜ A horta da galinha dos ovos de ouro. Mergulho no mar, robalo com algas e bivalves. Tangerina.

XXX **Tágide**
Largo da Academia Nacional de Belas Artes 18-20 Planta : 5K3**k**
✉ 1200-005 Ⓜ Baixa-Chiado – ✆ 213 40 40 10 – www.restaurantetagide.com – fechado domingo
Menu 45 € – Lista 38/69 €
Depois de subir um lance de escadas entra-se na sala nobre, com belíssimos lustres e paneis de azulejos. Cozinha de autor moderna e o Tapas Bar, com uma vasta selecção de tapas/petiscos.

XX **O Faz Figura**
Rua do Paraíso 15-B ✉ 1100-396 – ✆ 218 86 89 81 Planta : 6M2**n**
– www.fazfigura.com – fechado 2ª feira meio-dia
Menu 28/45 € – Lista 35/55 €
Nos arredores da Alfama. Tem uma sala interior de linha actual, outra envidraçada e uma agradável esplanada. Cozinha tradicional com algum detalhe de criatividade.

XX **Solar dos Presuntos**
Rua das Portas de Santo Antão 150 ✉ 1150-269 Planta : 5K1**f**
Ⓜ Avenida – ✆ 213 42 42 53 – www.solardospresuntos.com – fechado agosto, Natal, domingo e feriados
Menu 47 € – Lista 45/70 €
Dirigido pelos seus proprietários, com boa exposição de produtos e um conforto correcto. Ampla selecção de pratos tradicionais e marisco, assim como uma excelente adega.

XX **Ad Lib** – Hotel Sofitel Lisbon Liberdade
Av. da Liberdade 127 ✉ 1269-038 Ⓜ Avenida Planta : 5J1**r**
– ✆ 213 22 83 50 – www.restauranteadlib.pt
Menu 20/45 € – Lista 43/62 €
Actual com toques coloniais. Oferece dois tipos de ementa, uma ao meio-dia que combina a cozinha tradicional com o "brasserie" francês, e outra mais elaborada para os jantares.

X **Mini Bar Teatro** Ⓝ
Rúa António Maria Cardoso 58 ✉ 1200-027 Planta : 5K3**b**
Ⓜ Baixa-Chiado – ✆ 211 30 53 93 – www.minibar.pt
Menu 39/49 € – Lista 30/40 € – *(só jantar)*
Informal, intimista, descontraído... Localizado na zona dos teatros do Bairro Alto e quando já nada tem para surpreender depois do Belcanto, arrebata os sentidos com os novos pratos.

X **100 Maneiras**
Rua do Teixeira 35 ✉ 1200-459 – ✆ 910 30 75 75 Planta : 5J2**s**
– www.restaurante100maneiras.com
Menu 55 € – *(só jantar) (só menu)*
Pequeno restaurante situado numa ruela do bairro alto. O seu jovem chef propõe um menu de degustação de cozinha criativa, fresca e ligeira, sempre com bons detalhes.

Este

Myriad by Sana H.
Cais das Naus, Lote 2.21.01 (Parque das Naçoes) Planta : 2D1**a**
1990-173 Oriente – 211 10 76 00 – www.myriad.pt
186 qto – 210 € 240 €, 30 €
Localizado junto à Torre Vasco da Gama, é um vislumbre do futuro. O interior alia design contemporâneo e requinte, com todos os quartos debruçados sobre o rio e uma excelente varanda. O restaurante, oferece uma cozinha de autor portuguesa de cariz internacional.

Inspira Santa Marta
Rua Santa Marta 48 1150-297 Marqúés de Pombal Planta : 5J1**x**
– 210 44 09 00 – www.inspirahotels.com
89 qto – 99/240 € 109/250 €, 15 €
Rest *Open* – ver selecção restaurantes
Presume de ser ecologicamente sustentável e distribui as suas dependências seguindo os princípios orientais do Feng Shui. Design, conforto e comodidade!

H10 Duque de Loulé
Avenida Duque de Loulé 81-83 1050-088 Planta : 4G2**b**
Marquês de Pombal – 213 18 20 00 – www.h10hotels.com
84 qto – 90/190 € 100/200 €, 15 € – 5 suites
Um hotel com personalidade! Ocupa um antigo convento, conserva ainda a fachada, com um magnifico interior, onde há uma fusão do design com os elementos tradicionais portugueses. O restaurante aposta na gastronomia lusa.

Olissippo Saldanha
Av. Praia da Vitória 30 1000-248 Saldanha Planta : 4G1**a**
– 210 00 66 90 – www.olissippohotels.com
49 qto – 180/200 € 200/220 €
Um hotel de carácter urbano que compensa a sua escassez de áreas públicas com quartos muito confortáveis, todos luminosos, modernos e com as cabeceiras personalizadas.

Travel Park Lisboa
Av. Almirante Reis 64 1150-020 Anjos Planta : 4G2**z**
– 218 10 21 00 – www.hoteltravelpark.com
61 qto – 70/140 € 80/150 €
Dotado de uma correcta zona social e de um pátio exterior com esplanada. Oferece quartos funcionais com o chão em alcatifa, salvo no 1° andar que são antialérgicas.

Neya Lisboa H.
Rua Dona Estefânia 71 1150-132 – 213 10 18 01 Planta : 4G1**h**
– www.vivalisboa.pt
72 qto – 60/180 € 70/250 € – 4 suites
Hotel de design, alia a centralidade ao sossego, em frente ao Hospital de Dona Estefânia. Conta com um pequeno hall com lobby-bar, modernos quartos e um restaurante que oferece uma pequena carta com pratos portugueses e italianos.

Dom Carlos Liberty
Rua Alexandre Herculano 13 1150-005 Planta : 5J1**a**
Marquês de Pombal – 213 17 35 70 – www.domcarloshoteis.com
59 qto – 64/147 € 70/196 €
A um passo da Av. da Liberdade! Dotado de umas instalações bastante modernas, com uma zona social de carácter polivalente e quartos actuais bastante confortáveis.

A Casa do Bacalhau
Rua do Grilo 54 1900-706 – 218 62 00 00 Planta : 2D2**b**
– www.acasadobacalhau.com – fechado domingo em julho-agosto e domingo noite resto do ano
Lista 25/35 €
Emblemático, com um ambiente moderno, como pano de fundo para uma sala de jantar com o tecto original do século XVIII, construído em abóbada. Descubra as maneiras diferentes de cozinhar bacalhau!

LISBOA

Open – Hotel Inspira Santa Marta
Rua Santa Marta 48 ✉ 1150-297 – ☎ 210 44 09 00 Planta : 5J1**x**
– www.open.com.pt – fechado sábado meio-dia, domingo meio-dia e feriados meio-dia
Menu 14/35 € – Lista 20/38 €
Um restaurante num ambiente informal e descontraído. Aposta numa cozinha saudável e moderna, baseada, se possível, em utilizar produtos "bio". Também contempla pratos sem glúten!

D'Avis
Av. D. João II 1 (Parque das Nações) ✉ 1990-083 Planta : 2D1**a**
– ☎ 218 68 13 54 – fechado domingo e feriados
Lista 17/24 €
É um pitoresco cantinho alentejano na moderna zona da Expo'98. Tem um balcão à entrada, onde vende produtos típicos, assim como duas salas decoradas com ferramentas agrícolas e peças antigas. Genuína gastronomia alentejana.

Oeste

Four Seasons H. Ritz Lisbon
Rua Rodrigo da Fonseca 88 ✉ 1099-039 Planta : 3F2**b**
Ⓜ Marquês de Pombal – ☎ 213 81 14 00 – www.fourseasons.com
241 qto – 390/585 €, 39 € – 41 suites
Rest *Varanda* – ver selecção restaurantes
Convida a uma estadia repleta de conforto! Edifício moderno com um interior muito luminoso e com um ambiente clássico e elegante. Disponibiliza áreas públicas espaçosas, um vasto leque de tratamentos no spa e quartos com todos os equipamentos modernos.

Pestana Palace
Rua Jau 54 ✉ 1300-314 – ☎ 213 61 56 00 Planta : 1B3**d**
– www.pestana.com
177 qto – 199/358 € – 17 suites
Bonito palácio do século XIX decorado no estilo da época, com suntuosos salões e quartos cheios de detalhes.O seu redor parece um jardim botânico! O restaurante, que disponibiliza menus para o almoço e uma ementa tradicional atualizada para o jantar, completa-se por uma pequena sala privada na antiga cozinha.

Lapa Palace
Rua do Pau de Bandeira 4 ✉ 1249-021 Ⓜ Rato Planta : 3F3**a**
– ☎ 213 94 94 94 – www.olissippohotels.com
102 qto – 370/430 € – 7 suites
Palácio luxuoso do século XIX situado no alto de uma das sete colinas que dominam Lisboa com vistas para a foz do rio Tejo. O restaurante, elegante e luminoso, propõe uma cozinha tradicional bastante actualizada, ideal para uma estadia inesquecível!

Altis Belém
Doca do Bom Sucesso ✉ 1400-038 – ☎ 210 40 02 00 Planta : 1A3**e**
– www.altishotels.com
45 qto – 350/400 € 390/500 € – 5 suites
Rest *Feitoria* ✿ – ver selecção restaurantes
Luxo e modernidade! Provido de uma zona chill out na cobertura, uma cafeteria minimalista e quartos bastante amplos, com decorações temáticas alusivas à época dos descobrimentos portugueses e respectivos intercâmbios culturais. O restaurante, elegante e ao mesmo tempo bastante sóbrio, propõe uma cozinha de cariz actual.

Sheraton Lisboa
Rua Latino Coelho 1 ✉ 1069-025 Ⓜ Picoas Planta : 4G1**b**
– ☎ 213 12 00 00 – www.sheratonlisboa.com
369 qto – 139/410 €, 24 € – 11 suites
Claramente orientado ao cliente de negócios! Reconhecido pela variedade da oferta em salas de reuniões e quartos confortáveis, muito modernos em geral; com paredes de vidro nas casas de banho e uma vista privilegiada sobre Lisboa quanto mais altos os pisos.

Eurostars Das Letras

Rua Castilho 6-12 ✉ 1250-069 – ✆ 213 57 30 94 – www.eurostarshotels.com Planta : 5J1**b**

107 qto – 94/300 € 129/350 € – 6 suites

O moderno "look" da zona social, que surpreende pelos seus detalhes de design, rivaliza com a estética cuidada dos quartos, são confortáveis e de linha clássica-actual. O restaurante, de carácter polivalente, elabora uma cozinha tradicional.

The Vintage House Lisboa

Rua Rodrigo da Fonseca 2 ✉ 1250-191 Ⓜ Rato – ✆ 210 40 54 00 – www.nauhotels.com Planta : 5J1**e**

53 qto – 115/360 € – 3 suites

Demonstra que cuidou os detalhes para criar um espaço pessoal e ao mesmo tempo acolhedor. Oferece quartos de estilo clássico-actual, todos equipados com grande nível, e um restaurante de carácter polivalente.

Da Estrela

Rua Saraiva de Carvalho 35 ✉ 1250-242 Ⓜ Rato – ✆ 211 90 01 00 – www.hoteldaestrela.com Planta : 3F2**e**

13 qto – 164/184 € 169/189 € – 6 suites

A sua decoração original evoca o espírito da antiga escola que ocupou o edifício, por isso, agora combinam as velhas ardósias, mesas e cabides com móveis de design. O restaurante, de uso polivalente, oferece os três serviços do dia.

LISBOA

Jerónimos 8

Rua dos Jerónimos 8 ✉ 1400-211 – ✆ 213 60 09 00 – www.themahotels.pt Planta : 1A3**c**

65 qto – 135/250 € 140/280 €

Está instalado num antigo edifício que foi completamente renovado, justamente ao lado do Mosteiro dos Jerónimos. Bastante confortável e de estética minimalista.

Aviz

Rua Duque de Palmela 32 ✉ 1250-098 Ⓜ Marquês de Pombal – ✆ 210 40 20 00 – www.hotelaviz.com Planta : 3G2**v**

56 qto – 67/200 € 97/250 € – 14 suites

Este hotel de estilo clássico apresenta um elegante hall e quartos cuidadosamente arranjados, alguns deles dedicados a personalidades históricas que alí se alojaram. A sala de jantar, que possui curiosos detalhes decorativos do antigo Aviz, oferece uma cozinha tradicional baseada em produtos de qualidade.

Açores Lisboa

Av. Columbano Bordalo Pinheiro 3 ✉ 1070-060 Ⓜ Praça de Espanha – ✆ 217 22 29 20 – www.bensaudehotels.com Planta : 3F1**a**

123 qto – 69/292 € 76/299 € – 5 suites

Conjunto actual-funcional dotado com uma amável organização de cadeia. Compensa a sua reduzida zona social com quartos bem equipados e casas de banho completas. O restaurante oferece buffet ao meio-dia e uma ementa tradicional à noite.

Expo Astoria

Rua Braamcamp 10 ✉ 1250-050 Ⓜ Marquês de Pombal – ✆ 213 86 13 17 – www.expoastoria.pt Planta : 3F2**x**

109 qto – 63/119 € 73/129 €

A bonita fachada, bem conservada, convida a entrar num interior moderno e com pormenores de design, a referir os quartos com sala de estar e paredes envidraçadas. O restaurante oferece diferentes pratos com especial primazia pelos camarões.

As Janelas Verdes

Rua das Janelas Verdes 47 ✉ 1200-690 – ✆ 213 96 81 43 – www.heritage.pt Planta : 3F3**e**

29 qto – 143/450 € 157/450 €, 14 €

Instalado num palacete do século XVIII, mesmo ao lado do Museu Nacional de Arte Antiga. Aqui encontrará romanticismo, charme, história, personalidade...

York House

Rua das Janelas Verdes 32 ✉ 1200-691 – ✆ 213 96 24 35 Planta : 3F3**e**
– www.yorkhouselisboa.com
33 qto – 90/155 € 120/185 €, 15 €
Um hotel com charme, instalado no antigo Convento das Carmelitas, do século XVII. O interior foi remodelado tanto no conforto como na decoração. Disponibiliza quartos à escolha, entre uma decoração design chic ou uma decoração mais clássica. Restaurante carismático, mantém o painel de azulejos, antigos.

Itália

Av. Visconde de Valmor 67 ✉ 1050-239 Ⓜ Saldanha Planta : 3F1**g**
– ✆ 217 61 14 90 – www.hotelitalia.pt
44 qto – 35/250 € 45/450 €, 5 €
Desfruta de um atractivo pátio com algumas mesas, relvado e laranjeiras, algo que surpreende no centro da cidade. Os quartos são actuais, simples e funcionais.

Eleven (Joachim Koerper)

Rua Marquês de Fronteira ✉ 1070-051 Ⓜ São Sebastião Planta : 3F1**w**
– ✆ 213 86 22 11 – www.restauranteleven.com – fechado domingo
Menu 76 € – Lista 65/98 €
Inserido num edifício de design no alto do jardim Amália Rodrigues. Na sala, moderna, luminosa e com uma vista deslumbrante tanto sobre o Parque Eduardo VII como sobre à cidade, aposta numa cozinha de autor conceituada gastronomicamente.
➜ Salada de lavagante com raviolis de melancia e vinagrete de hortelã. Carré de cordeiro marinado em saké, alho preto e infusão de nori. Sopa de morangos biológicos com gelado de Grand Marnier.

Varanda – Hotel Four Seasons H. Ritz Lisbon

Rua Rodrigo da Fonseca 88 ✉ 1099-039 Planta : 3F2**b**
Ⓜ Marquês de Pombal – ✆ 213 81 14 00 – www.fourseasons.com
Lista 50/80 €
Destaque para a varanda, debruçada sobre o Parque Eduardo VII, e para a oferta gastronómica, com um buffet famoso pela sua variedade e uma cozinha requintada e moderna. Trabalham para ser uma referência!

Feitoria – Hotel Altis Belém

Doca do Bom Sucesso ✉ 1400-038 – ✆ 210 40 02 08 Planta : 1A3**e**
– www.restaurantefeitoria.com – fechado domingo
Menu 85/145 € – Lista 70/91 € – *(só jantar)*
Um restaurante com uma oferta de grande nível. Conta com um hall-bar de espera e uma sala de ambiente cool. O chef conduz-nos por uma cozinha contemporânea criativa de cariz tradicional, elaborada com produtos de qualidade onde os pratos reflectem esta excelência.
➜ Âmbar de sapateira, maçã e wasabi. Carré de vitela de leite com puré de batata e cogumelos silvestres. Chocolate, fava tonka, caramelo e flor de sal.

Assinatura

Rua Vale do Pereiro 19 ✉ 1250-270 Ⓜ Rato Planta : 3F2**w**
– ✆ 213 86 76 96 – www.assinatura.com.pt – fechado sábado meio-dia, domingo e 2ª feira meio-dia
Menu 47/56 € – Lista 23/48 €
Restaurante de ambiente minimalista onde se joga com as cores vermelho e branco. Possui um reservado que chamam "A mesa do Chef". Cozinha tradicional actualizada.

Clube do Peixe

Av. 5 de Outubro 180-A ✉ 1050-063 Ⓜ Campo Pequeno Planta : 4G1**d**
– ✆ 217 97 34 34 – www.clube-do-peixe.com – fechado domingo
Lista 25/39 €
Desfruta de certo êxito na zona. Após o sugestivo expositor de peixes e mariscos que tem na entrada, encontrará uma sala clássico-actual, com alguns detalhes marinheiros.

Adega Tia Matilde

Rua da Beneficéncia 77 ✉ 1600-017 Ⓜ Praça de Espanha Planta : 3F1**h**
– ✆ 217 97 21 72 – www.adegatiamatilde.com – fechado sábado noite e domingo
Menu 27 € – Lista 25/50 €
Casa de longa tradição familiar com grande sucesso na zona. As suas instalações são amplas, compensando a sua situação com uma magnífica garagem na cave. Cozinha tradicional.

Solar dos Nunes

Rua dos Lusíadas 68-72 ✉ 1300-372 – ✆ 213 64 73 59 Planta : 1B3**t**
– www.solardosnunes.pt – fechado domingo
Menu 30/60 € – Lista 30/58 €
Intimista e acolhedor, sobressai pela magnífica calçada portuguesa no chão da sala de jantar e pelo facto de ter as paredes cobertas de reconhecimentos. Vitrinas bem recheadas de peixe, aquário de marisco, carta tradicional portuguesa e excelente adega.

LOULÉ

Faro – 24 791 h. – Ver mapa regional n° **2-B2**
Lisboa 265 km – Albufeira 32 km – Beja 134 km – Faro 17 km
Mapa das estradas Michelin n° 733 e 593-U5

Loulé Jardim H.

Largo Manuel de Arriaga ✉ 8100-665 – ✆ 289 41 30 94
– www.loulejardimhotel.com
52 qto – 35/79 € 40/99 €
Destaca-se pelo seu interior, com um salão de convívio acolhedor com lareira e um pátio repleto de plantas. Em traços gerias, disponibiliza quartos bastante funcionais mas muito confortantes. Muito procurado pelos comerciais!

LOUSADA

Porto – 9 349 h. – Ver mapa regional n° **6-A2**
Lisboa 349 km – Porto 44 km – Braga 47 km – Vila Real 60 km
Mapa das estradas Michelin n° 733 e 591-I5

na estrada N 207-2 Nordeste : 10 km

Casa de Juste

✉ 4620-786 Lousada – ✆ 255 82 16 26 – www.casadejuste.com
– março-outubro
7 qto – 60/99 € 70/119 €
Casa do século XVII situada numa extensa quinta agrícola dedicada à produção de vinho. Área social de estilo clássico e quartos decorados com estilos diferentes. No seu restaurante, de estilo atual, encontrará um menu do dia completo com pratos caseiros e tradicionais portugueses.

MACEDO DE CAVALEIROS

Bragança – 6 257 h. – Alt. 580 m – Ver mapa regional n° **6-C2**
Lisboa 456 km – Bragança 42 km – Vila Real 86 km – Guarda 142 km
Mapa das estradas Michelin n° 733 e 591-H9

Muchacho

Rua Pereira Charula 29 ✉ 5340-278 – ✆ 278 42 16 49
– www.hotelmuchacho.com
29 qto – 40/50 € 55/70 €
Edifício de estilo clássico cujo nome vem do antigo restaurante que deu origem ao hotel. Os quartos, de estilo atual e funcional, distribuem-se em quatro pisos, destacando-se o superior por alojar duas suítes júnior.

O Montanhês

Rua Camilo Castelo Branco 19 ✉ 5340-237 – ✆ 278 42 24 81 – fechado domingo noite e 2ª feira
Menu 18 € – Lista 20/39 €
Restaurante com uma decoração rústica e organização familiar, com duas salas, uma delas com lareira. Oferece pratos regionais e a especialidade são as carnes grelhadas.

em Chacim Sudeste : 12 km

Solar de Chacim

✉ 5340-092 Macedo de Cavaleiros – ✆ 278 46 80 00
6 qto – 50 € 70 €
Casa senhorial do final do século XIX com uma bela fachada e exteriores bem cuidados. Dispõe de seis agradáveis quartos, a metade com o seu próprio terraço e todos com bom mobiliário de época. A sala de jantar que acolhe apenas os hóspedes, é decorada com fotografias da família proprietária.

MAIA

Porto – 12 406 h. – Ver mapa regional n° **6-A2**
Lisboa 314 km – Braga 44 km – Porto 11 km – Vila Real 98 km
Mapa das estradas Michelin n° 733 e 591-I4

PORTUGAL

em Nogueira Este : 3,5 km – Ver mapa regional n° **6-A2**

Machado

Rua Dr. António José de Almeida 467 ✉ 4475-456 Nogueira Maia – ✆ 229 41 08 39 – www.restaurantemachado.com – fechado 2ª feira e 3ª feira
Menu 25 € – *(só menu)*
Restaurante tipicamente regional, onde predomina a madeira, a pedra e o granito. Oferecem um menu abundante, com doses generosas e elaborações de cariz caseiro. O ex-líbris da casa é a Vitela assada no forno à moda de Lafões!

MALHOU

Santarém – 773 h. – Ver mapa regional n° **4-B2**
Lisboa 101 km – Santarém 27 km – Leiria 53 km – Coimbra 112 km
Mapa das estradas Michelin n° 733 e 592-N3

O Malho

Rua Padre Reis 4 ✉ 2380-537 – ✆ 249 88 27 81 – www.restauranteomalho.com – fechado agosto, domingo noite e 2ª feira
Lista 20/30 €
Casa familiar construída com arquitectura típica da região do ribatejo. Salas, com uma decoração clássica mas com detalhes regionais, sugere uma cozinha tradicional especializada em peixe. Por encomenda oferecem muitos mais pratos dos que têm na carta!

MANTEIGAS

Guarda – 2 864 h. – Alt. 775 m – Ver mapa regional n° **3-C2**
Lisboa 355 km – Guarda 49 km
Mapa das estradas Michelin n° 733 e 591-K7

Casa das Obras

Rua Teles de Vasconcelos ✉ 6260-185 – ✆ 275 98 11 55 – www.casadasobras.pt
6 qto – 50/80 € 50/90 €
Casa Senhorial que conserva no seu interior a atmosfera do séc. XVIII, com aconchegantes detalhes e mobiliário de época nos quartos. Pequeno jardim com piscina ao atravessar a rua.

pela estrada das Caldas Sul : 2 km e desvio a esquerda 1,5 km

Berne

Quinta de Santo António ✉ 6260-191 Manteigas – ✆ 275 98 13 51 – www.hotelberne.com – fechado do 15 ao 30 de setembro
17 qto – 40/65 € 55/65 €
Acolhedor hotelzinho dirigido por uma família proprietária. Possui uma boa sala social e cuidados quartos, a maioria dotados de varanda e alguns com excelentes vistas. O seu restaurante oferece uma ementa muito variada, com predomínio de pratos internacionais.

pela estrada de Gouveia Norte : 16 km e desvio a esquerda 1,5 km

Casa das Penhas Douradas

✉ 6260-200 Manteigas – ✆ 275 98 10 45 – www.casadaspenhasdouradas.pt
18 qto – 90/145 € 105/160 €
Casa de estilo montanhês que destaca-se pela sua localização, em plena natureza e suas magníficas vistas para a serra da Estrela. Os seus quartos acolhedores dispõem de grandes janelas e com muito design de interior, forrados a cortiça e bétula. Pequeno SPA e restaurante funcional, baseado num menu.

MARRAZES → Ver Leiria
Leiria

MARVÃO
Portalegre – 486 h. – Alt. 865 m – Ver mapa regional n° **1-C1**
Lisboa 240 km – Portalegre 22 km – Castelo Branco 106 km – Santarém 172 km
Mapa das estradas Michelin n° 733 e 592-N7

Pousada de Santa Maria

Rua 24 de Janeiro 7 ✉ 7330-122 – ✆ 245 99 32 01 – www.pousadas.pt
28 qto – 90/201 € – 3 suites
Insere-se dentro de uma emblemática vila com muralhas! Disponibiliza acolhedores espaços comuns e quartos com um ambiente clássico regional, divididos entre dois edifícios separados. O restaurante, panorâmico e com uma magnífica vista, oferece uma cozinha tradicional.

El Rei D. Manuel

Largo de Olivença ✉ 7330-104 – ✆ 245 90 91 50 – www.turismarvao.pt
15 qto – 40/55 € 50/65 €
Um hotel pequeno e acolhedor, situado no coração desta vila de beleza impar, onde os proprietários cuidam todos os detalhes. Disponibiliza quartos confortáveis, sete com vistas deslumbrantes, e uma sala de jantar acolhedora que aposta na cozinha regional.

MATOSINHOS → Ver Porto
Porto

MELGAÇO
Viana do Castelo – 1 560 h. – Ver mapa regional n° **6-B1**
Lisboa 451 km – Braga 110 km – Ourense 61 km – Viana do Castelo 89 km
Mapa das estradas Michelin n° 733 e 591-F5

ao Noroeste 3 km

Monte Prado

Complexo Desportivo e de Lazer ✉ 4960-320 Prado – ✆ 251 40 01 30 – www.hotelmonteprado.pt
43 qto – 75/80 € 100/130 € – 7 suites
Construído numa encosta junto ao rio, caracteriza-se por estar rodeado dumas cuidadas instalações desportivas. Conjunto moderno, confortável, amplo e de linhas rectas. O restaurante, que é diáfano e luminoso, desfruta duma entrada independente.

em Peso Oeste : 3,5 km

Quinta do Reguengo

✉ *4960-267 Melgaço – ☏ 938 04 40 51 – www.reguengodemelgaco.pt*
12 qto – 60/75 € 75 € – 2 suites
Dispõe de uma agradável organização familiar e surpreende por estar rodeado por um vinhedo, com o qual fazem o seu próprio vinho Alvarinho, oferecendo degustações num lagar anexo. Quartos amplos, clássicos e de excelente conforto para a sua categoria.

Adega do Sossego

✉ *4960-235 Melgaço – ☏ 251 40 43 08 – www.adegasossego.com – fechado 25 junho-17 julho, do 8 ao 12 de outubro e 4ª feira*
Lista 25/40 €
Restaurante de organização totalmente familiar. Possui dois pisos, com decoração rústica que combina paredes em pedra e tetos em madeira. Cozinha tradicional portuguesa com boas carnes na brasa, peixes do rio e bacalhau.

MESÃO FRIO

Vila Real – 1 927 h. – Ver mapa regional n° **6-B3**
Lisboa 402 km – Vila Real 47 km – Porto 84 km – Viseu 83 km
Mapa das estradas Michelin n° 733 e 591-I6

pela estrada N 108 Este : 2 km e desvio a esquerda 0,8 km

Casa de Canilhas

Lugar de Banduja ✉ 5040-302 Mesão Frio – ☏ 254 89 11 81 – www.canilhas.com
7 qto – 70/90 € 80/100 €
Casa familiar dotada de amplas esplanadas e magníficas vistas sobre o rio Douro. Possui uma acolhedora sala social com biblioteca e uns quartos repletos de atractivos pormenores.

PORTUGAL

MIRANDELA

Bragança – 11 852 h. – Ver mapa regional n° **6-C2**
Lisboa 475 km – Bragança 67 km – Vila Real 71 km
Mapa das estradas Michelin n° 733 e 591-H8

Flor de Sal

Parque Dr. José Gama ✉ 5370-527 – ☏ 278 20 30 63 – fechado domingo noite e 2ª feira
Menu 13/30 € – Lista 28/38 €
Sem dúvida ficará surpreendido! Possui um atractivo hall com porta-garrafas, uma sala moderna adornada com detalhes de design e um bar com esplanada junto ao rio. Boa adega e cozinha actual.

D. Maria

Rua Dr. Jorge Pires 3 ✉ 5370-430 – ☏ 278 24 84 55 – www.rdmaria.com
Menu 10 € – Lista 20/36 € – *(só almoço)*
Encontra-se numa zona tranquila e é gerido diretamente pela proprietária que deu o seu nome ao negócio. Aqui encontrará uma completa ementa tradicional, com mariscos, alguns pratos franceses e sugestões diárias. Adega completa.

O Grês

Av. Nossa Senhora do Amparo ✉ 5370-210 – ☏ 278 24 82 02 – fechado domingo noite
Menu 20 € – Lista 20/32 €
Um grande clássico, pois abriu as suas portas há mais de 30 anos. Disponibiliza duas salas de estilo clássico, uma interior e outra exterior, onde poderá degustar uma completa ementa tradicional. As sugestões da casa mudam todos os dias!

MOIMENTA DA BEIRA

Viseu – 2 888 h. – Ver mapa regional n° **3-C1**
Lisboa 338 km – Viseu 51 km – Guarda 84 km – Vila Real 62 km
Mapa das estradas Michelin n° 733 e 591-J7

pela estrada N 226 Sudeste : 2,5 km

Verdeal
✉ 3620 Moimenta da Beira – ✆ 254 58 40 61 – www.hotel-verdeal.com
34 qto – 35/40 € 50/60 €
Localizado nos arredores da cidade, dispõe de boas áreas comuns e quartos atuais e confortáveis, todos espaçosos, decorados com cores variadas, com mobiliário funcional e pavimentos em tarima. Na sua luminosa sala de jantar propõe-se uma ementa de pratos tradicionais portugueses.

MONÇÃO

Viana do Castelo – 2 469 h. – Ver mapa regional n° **6-A1**
Lisboa 451 km – Braga 71 km – Viana do Castelo 69 km – Vigo 48 km
Mapa das estradas Michelin n° 733 e 591-F4

Convento dos Capuchos
Qta. do Convento dos Capuchos, (Antiga Estrada de Melgaço) ✉ 4950-527 – ✆ 251 64 00 90 – www.conventodoscapuchos.com
24 qto – 63/87 € 78/102 €
Perfeito para relaxar, pois ocupa parcialmente um convento do século XVIII e tem uma boa área ajardinada, com um tanque cheio de peixes e um bosque de bambus. Disponibiliza quartos de estilo clássico atual e dispõe de um claustro central. O seu restaurante propõe uma cozinha tradicional atualizada.

Cabral
Rua 1º de Dezembro ✉ 4950-426 – ✆ 251 65 17 75 – fechado do 1 ao 15 de novembro e 6ª feira salvo julho-agosto
Menu 10/18 € – Lista aprox. 25 €
A palavra ideal para definir este estabelecimento é sensibilidade, tanto na sua disposição como na sua decoração. O ambiente é agradável e o serviço eficaz. Ementa tradicional especializada em peixes, sempre muito frescos.

na estrada de Sago Sudeste : 3 km

Solar de Serrade
Mazedo ✉ 4950-280 Mazedo – ✆ 251 65 40 08 – www.solardeserrade.pt
6 qto – 55/95 € – 2 suites
Ocupa uma casa brazonada de estética senhorial e encontra-se numa quinta repleta de vinhas, e são produtores de Alvarinho. Apresenta belos salões com decoração da época, uma capela e elegantes quartos, a maioria com mobiliário antigo.

MONFORTINHO (Termas de)

Castelo Branco – 536 h. – Alt. 473 m – Ver mapa regional n° **3-D3**
Lisboa 310 km – Castelo Branco 70 km – Santarém 229 km
Mapa das estradas Michelin n° 733 e 592-L9

Fonte Santa
✉ 6060-072 – ✆ 277 43 03 00 – www.ohotelsandresorts.com
38 qto – 90/140 € 100/150 € – 3 suites
Este hotel-balneário foi remodelado num estilo moderno e actual, dando assim serviço às necessidades de um público mais jovem. Possui um frondoso parque privado. No seu luminoso restaurante poderá degustar uma cozinha tradicional actualizada.

Das Termas
Padre Alfredo ✉ 6060-072 – ✆ 277 43 03 10 – www.hoteldastermas.com – fechado 28 dezembro- 10 janeiro
20 qto – 30/35 € 40/45 €
Gerido com carinho pelo casal proprietário. Possui uma modesta recepção, um salão social-bar com lareira e quartos clássicos de um conforto simples. No restaurante, de linha clássica-regional, trabalha-se numa cozinha de paladar tradicional.

PORTUGAL

MONSARAZ

Évora – 782 h. – Alt. 342 m – Ver mapa regional n° **1**-C2
Lisboa 191 km – Badajoz 96 km – Évora 59 km – Portalegre 144 km
Mapa das estradas Michelin n° 733 e 593-Q7

pela estrada de Telheiro Norte : 1,5 km e desvío a direita 1,3 km

Monte Alerta
7200-175 apartado 101 Monsaraz – 966 76 83 07 – www.montealerta.pt
10 qto – 65/75 € 70/80 €
Casa de campo familiar com instalações magníficas e exteriores bastante atraentes. Dispõe de uma ampla zona de convívio e quartos espaçosos, em traços gerais coloridos, alegres e com mobiliário simples, antigo ou de imitação.

MONTARGIL

Portalegre – 2 316 h. – Ver mapa regional n° **1**-B1
Lisboa 130 km – Portalegre 87 km – Santarém 80 km – Évora 75 km
Mapa das estradas Michelin n° 733 e 592-O5

CS Do Lago
Estrada N 2, Nordeste : 2 km 7425-144 – 242 24 12 50 – www.nauhotels.com
99 qto – 85/125 € – 6 suites
Em frente a um bonito lago natural! Enquadrado por palmeiras e um interior de estilo moderno, com umas correctas áreas publicas, um SPA de 1000 m^2 e quartos confortáveis. O restaurante, situado no último piso, oferece uma ementa tradicional.

MONTE REAL

Leiria – 2 936 h. – Alt. 50 m – Ver mapa regional n° **4**-A1
Lisboa 147 km – Leiria 16 km – Santarém 97 km
Mapa das estradas Michelin n° 733 e 592-M3

Palace H. Monte Real
Rua de Leiria 2426-909 – 244 61 89 00 – www.termasdemontereal.pt
96 qto – 60/126 € 70/140 € – 5 suites
Rest *Paços da Rainha* – ver selecção restaurantes
Este hotel instalado em um edifício imponente de aparência palaciana com uma fachada maravilhosa e um anexo moderno, oferece quartos muito confortáveis, aqueles que encontram-se na parte nova dispõem de varanda.

D. Afonso
Rua Dr. Oliveira Salazar 19 2425-044 – 244 61 12 38 – www.hoteldomafonso.com – maio-15 outubro
75 qto – 47/64 € 53/73 €
Simples e antiquado na sua decoração, detalhes importantes que no entanto se tornam irrelevantes ao ver a piscina coberta de grandes dimensões e a sua sala de fitness. Disponibiliza quartos bem equipados e uma zona completa recreativa. A sala de refeições, de grande capacidade e montagem adequada, baseia a sua oferta num menu diário.

Paços da Rainha – Hotel Palace H. Monte Real
Rua de Leiria 2426-909 – 244 61 89 00 – www.termasdemontereal.pt
Menu 20 € – Lista 25/40 €
Restaurante de ambiente requintado e acolhedor, com uma excelente decoração, aposta numa cozinha de autor inovadora com influência tradicional portuguesa e mediterrânica.

MONTEMOR-O-NOVO

Évora – 11 001 h. – Alt. 240 m – Ver mapa regional n° **1**-B2
Lisboa 112 km – Badajoz 129 km – Évora 30 km
Mapa das estradas Michelin n° 733 e 593-Q5

pela estrada de Alcácer do Sal Sudoeste : 3 km e desvio a direita 1 km

Monte do Chora Cascas
7050-013 Montemor-o-Novo – 266 89 96 90
7 qto – 135/145 € 155/165 €
Uma Casa de Campo de autêntico luxo. Desfruta de magníficos quartos, personalizados e decorados com muito bom gosto, assim como de uma elegante sala social com piano e lareira. A acolhedora sala de refeição ocupa o antigo galinheiro, tema de sua decoração.

pela estrada N 4 Oeste : 4 km e desvio a esquerda 0,5 km

L'And Vineyards
Herdade das Valadas 7050-031 Montemor-O-Novo – 266 24 24 00 – www.l-and.com – fechado janeiro
22 suites
Rest *L'And Vineyards* – ver selecção restaurantes
Este estabelecimento aposta no design, na gastronomía e no vinho! Um estadia aqui é uma experiência autêntica, pois possui quartos com vistas para o céu através de tetos corrediços (Sky View) e outros quartos tipo apartamento (Land View), todos equipados e com conforto máximo.

L'And Vineyards – Hotel L'And Vineyards
Herdade das Valadas 7050-031 Montemor-O-Novo – 266 24 24 00 – www.l-and.com – fechado janeiro, 2ª feira e 3ª feira
Menu 70 € – Lista 55/70 €
Restaurante de ambiente exclusivo e contemporâneo enquadrado numa sala com paredes envidraçadas, com uma magnífica vista sobre o campo e sobre o lago do hotel. O Chef sugere uma cozinha de autor com sabores da região, toda uma encenação com apresentações irrepreensíveis.

PORTUGAL

MORA

Évora – 2 522 h. – Ver mapa regional n° **1-B1**
Lisboa 117 km – Évora 59 km – Santarém 75 km – Portalegre 114 km
Mapa das estradas Michelin n° 733 e 593-P5

Afonso
Rua de Pavia 1 7490-207 – 266 40 31 66 – www.restauranteafonso.pt – fechado 15 dias em março, 15 dias em setembro e 4ª feira
Lista 25/41 €
Negócio familiar dotado com um bar e uma sala de refeição neo-rústica, esta última com belos arcos em azulejos. A sua carta de cozinha alentejana é complementada com uma excelente aposta de caça. O expositor de sobremesas da entrada é um verdadeiro convite!

MOREIRA DE CÓNEGOS

Braga – 4 853 h. – Ver mapa regional n° **6-A2**
Lisboa 362 km – Braga 34 km – Porto 53 km – Viana do Castelo 82 km
Mapa das estradas Michelin n° 733 e 591-H4-H5

S. Gião
Rua Comendador Joaquim de Almeida Freitas 56 4815-270 – 253 56 18 53 – www.sgiao.com – fechado domingo noite e 2ª feira
Lista 28/48 €
Goza de grande prestígio em todo Portugal! Na sua sala, de estilo clássico regional, com grandes janelas com vista para as montanhas, poderá degustar uma cozinha tradicional portuguesa bastante delicada, sempre muito bem apresentada.

NANTES → Ver Chaves
Vila Real

NAZARÉ

Leiria – 10 309 h. – Ver mapa regional n° **4-A2**
Lisboa 123 km – Coimbra 103 km – Leiria 32 km
Mapa das estradas Michelin n° 733 e 592-N2

Praia
Av. Vieira Guimarães 39 ✉ 2450-110 – ✆ 262 56 92 00 – www.hotelpraia.com
80 qto – 60/120 € 70/160 € – 8 suites – 4 apartamentos
Localizado perto da praia, o hotel possui uma área social espaçosa, quartos modernos, todos com varanda ou balcão e apartamentos duplex com cozinha.

NELAS

Viseu – 4 702 h. – Ver mapa regional n° **3-C2**
Lisboa 277 km – Coimbra 81 km – Viseu 19 km
Mapa das estradas Michelin n° 733 e 591-K6

Bem Haja
Rua da Restauração 5 ✉ 3520-069 – ✆ 232 94 49 03 – www.restaurantebemhaja.pt
Menu 25/30 € – Lista 25/34 €
Esta casa de pedra acolhedora encontra-se numa zona relativamente afastada do centro. As suas salas de ambiente neo-rústico combinam as paredes em pedra com os quadros modernos. Cozinha tradicional, regional e queijos de produção própria.

NOGUEIRA → Ver Maia

Porto

ÓBIDOS

Leiria – 3 340 h. – Alt. 75 m – Ver mapa regional n° **4-A2**
Lisboa 92 km – Leiria 66 km – Santarém 56 km
Mapa das estradas Michelin n° 733 e 592-N2

Pousada do Castelo
Paço Real ✉ 2510-999 – ✆ 210 40 76 30 – www.pousadas.pt
17 qto – 170/429 €
Instalada em um antigo castelo que se destaca pela sua localização, adossada à muralha e com exteriores dignos do cinema, a pousada dispõe de quartos correctos e suites dentro das torres. A sala de refeição dispõe de janelas com vista para o pátio de armas e os arredores.

Real d'Óbidos
Rua D. João de Ornelas ✉ 2510-074 – ✆ 262 95 50 90 – www.hotelrealdobidos.com
18 qto – 80/150 € – 1 suite
Edifício senhorial localizado ao lado das muralhas, com exteriores agradáveis, uma piscina com vista magnífica e quartos confortáveis de estilo rústico.

Casa das Senhoras Rainhas
Rua Padre Nunes Tavares 6 ✉ 2510-070 – ✆ 262 95 53 60 – www.senhorasrainhas-obidos.com
10 qto – 120/160 €
Rest *Comendador Silva* – ver selecção restaurantes
Na parte antiga da cidade. A casa oferece uma boa sala social e quartos clássicos com mobiliário colonial orientados para as muralhas, a maioria deles com varanda.

Casa d'Óbidos
Quinta de S. José, Nordeste : 1,5 km ✉ 2510-135 – ✆ 262 95 09 24 – www.casadobidos.com
6 qto – 75 € 90 € – 4 apartamentos
Quinta extensa e tranquila localizada nas proximidades da vila. O edifício principal disponibiliza quartos com mobiliário de época, reservando os seus apartamentos para o anexo.

PORTUGAL

XX **Comendador Silva** – Hotel Casa das Senhoras Rainhas
Rua Padre Nunes Tavares 6 ✉ 2510-070 – ☎ 262 95 53 60
– www.senhorasrainhas-obidos.com – fechado 2ª feira
Lista 28/56 €
No restaurante, destaque para a agradável esplanada perto da histórica muralha, oferece uma carta de cozinha moderna e criativa.

ao Noroeste

Quinta da Torre
estrada do Bairro, 2 km e desvío particular 0,5 km ✉ 2510-080 Óbidos
– ☎ 917 64 95 96 – www.quintadatorre-obidos.com
6 qto – 55/65 € 65/75 € – 1 apartamento
A quinta ocupa uma grande propriedade e possui dois edifícios, o principal com uma área social aconchegante e quartos de estilo neorrústico, o anexo abriga os apartamentos.

em Arelho Noroeste : 5 km

Rio do Prado
Rua das Poças ✉ 2510-191 Óbidos – ☎ 262 95 96 23 – www.riodoprado.pt
15 qto – 185/210 €
Único no género, original, diferente e totalmente comprometido com o meio ambiente. O vanguardista edifício principal complementa-se com modernos e luxosos quartos totalmente mimetizados com a paisagem..., de facto, os telhados estão cobertos com um manto verde.

OLHÃO

Faro – 14 914 h. – Ver mapa regional n° **2-C2**
Lisboa 299 km – Faro 9 km – Beja 142 km – Portimão 74 km
Mapa das estradas Michelin n° 733 e 593-U6

ao Noroeste 5 km

Quinta dos Poetas
Pechão - Sitio da Arretorta ✉ 8701-905 Olhão – ☎ 289 99 09 90
– www.quintadospoetas.com – fechado 4 janeiro-8 fevereiro
22 qto – 50/80 € 60/98 €
Isolada no campo e próxima de um campo de golfe, o que a torna... ideal para o descanso! Tem um Putting Green e um Pitch de vários buracos. O restaurante, com vistas para o percurso, oferece uma carta tradicional com toques actuais e um menu.

OURÉM

Santarém – 12 294 h. – Ver mapa regional n° **4-B2**
Lisboa 139 km – Santarém 70 km – Leiria 32 km – Coimbra 94 km
Mapa das estradas Michelin n° 733 e 592-N4

Pousada de Ourém
Largo João Manso, zona do castelo ✉ 2490-481 – ☎ 249 54 09 20
– www.pousadas.pt
30 qto – 90/186 €
A pousada está localizada na parte antiga da cidade e conta com dois edifícios, o antigo hospital e a casa senhorial. Os quartos dispõem de mobiliário funcional e piso de madeira. O restaurante de estilo clássico-actual é completado por um terraço de verão íntimo.

OVAR

Aveiro – 17 855 h. – Ver mapa regional n° **3-A1**
Lisboa 285 km – Aveiro 43 km – Porto 45 km – Viseu 99 km
Mapa das estradas Michelin n° 733 e 591-J4

Aqua H.
Rua Aquilino Ribeiro 1 ✉ 3880-151 – ☎ 256 57 51 05 – www.aquahotel.pt
52 qto – 45/80 € 50/95 € – 4 suites
O hotel, com personalidade própria, dispõe de uma agradável área social e quartos modernos, todos com piso de tarima, mobiliário de venguê e cabeceiras de tecido. O restaurante, anexado à cafeteria, oferece uma cozinha tradicional.

PORTUGAL

na Estrada N 327 ao Sudoeste

XX **Oxalá**

Rua Familia Colares de Pinto, 4 km ✉ 3880-130 Ovar – ✆ 256 59 13 71 – www.oxalarestaurante.pt – fechado 2ª feira

Menu 35/50 € – Lista 30/55 €

Um restaurante de referência no qual a amabilidade e o folclore são característi-cas identificativas. Cozinha portuguesa, com destaque para os peixes, mariscos, carnes... e sempre com doses extremamente generosas.

PAÇO DE ARCOS

Lisboa – 15 315 h. – Ver mapa regional n° **4-B3**

Lisboa 20 km

Mapa das estradas Michelin n° 733 e 592-P2

XX **Casa da Dízima**

Rua Costa Pinto 17 ✉ 2770-046 – ✆ 214 46 29 65 – www.casadadizima.com – fechado domingo noite

Lista 32/49 €

Deve o seu nome à história do edifício, que em tempos serviu para cobrar os impostos. Conta com varias salas, as principais de ar rústico-moderno; oferece uma cozinha moderna de cariz tradicional portuguesa e internacional.

XX **Os Arcos**

Rua Costa Pinto 47 ✉ 2770-046 – ✆ 214 43 33 74 – www.restauranteosarcos.com

Lista 28/39 €

Provido de uma trajectória longa e duas salas de refeições, ambos dominados pelo tijolo à vista e a madeira mas um deles com vistas para o mar. Especializado em peixe e marisco, também confecciona a Lampreia do rio Minho na época.

PORTUGAL

PALMELA

Setúbal – 17 455 h. – Ver mapa regional n° **1-B2**

Lisboa 42 km – Évora 96 km – Santarém 113 km – Setúbal 8 km

Mapa das estradas Michelin n° 733 e 593-Q3

Pousada de Palmela

Castelo de Palmela ✉ 2950-317 – ✆ 212 35 12 26 – www.pousadas.pt

27 qto – 110/229 € – 1 suite

Excelente pousada situada num convento do séc. XV, junto às muralhas do cas-telo de Palmela. Tem um grande nível, com agradáveis zonas nobres e elegantes quartos. O restaurante oferece uma montagem muito cuidada e uma interessante ementa tradicional.

PAMPILHOSA DA SERRA

Coimbra – 1 389 h. – Ver mapa regional n° **3-B3**

Lisboa 239 km – Coimbra 82 km – Castelo Branco 71 km – Viseu 138 km

Mapa das estradas Michelin n° 733 e 592-L6

O Villa Pampilhosa

Rua Arlindo de Almeida Esteves, Lote 8 E ✉ 3320-242 – ✆ 235 59 00 10 – www.villapampilhosahotel.com

52 qto – 50/80 € 60/90 €

Ideal para oxigenar-se ou fazer montanhismo por estar localizado em plena serra. Destaca-se pela sua vista sobre as montanhas. Em conjunto é moderno, com uma correcta zona nobre e quartos de conforto moderno, a maioria com varanda. No restaurante oferecem uma ementa de cariz internacional.

PARANHOS DA BEIRA

Guarda – 1 503 h. – Ver mapa regional n° **3-C2**

Lisboa 290 km – Guarda 70 km – Viseu 34 km – Coimbra 87 km

Mapa das estradas Michelin n° 733 e 591-K6

Casa Santa Ana da Beira

Rua Luciano Homem Ferreira 11 ✉ 6270-133 – ☎ 238 97 61 61 – www.csadabeira.com
5 qto – 50/65 €
Esta casa de lavoura, de carácter senhorial, tem a particularidade de hospedar os seus proprietários no piso superior, o que lhes permite cuidar dela todo o ano. Os quartos com mobiliário antigo ocupam o que foram antigamente os armazéns de grão. Belo ambiente ajardinado com um anexo, onde encontra-se o restaurante.

PAREDES

Porto – Ver mapa regional n° **6-A3**
Lisboa 356 km – Porto 47 km – Braga 78 km – Aveiro 117 km
Mapa das estradas Michelin n° 733 e 591-I5

Paredes

Rua Almeida Garrett ✉ 4580-038 – ☎ 255 78 04 90 – www.paredeshotel.com
76 apartamentos – 50/56 €
Uma boa opção numa localidade conhecida pela sua indústria do móvel O que aqui encontrará são pequenos apartamentos, todos com cozinha equipada e mobiliário funcional. O restaurante, de linha actual, oferece uma ementa tradicional portuguesa.

PEDRA FURADA

Braga – Ver mapa regional n° **6-A2**
Lisboa 344 km – Braga 29 km – Porto 40 km – Viana do Castelo 36 km
Mapa das estradas Michelin n° 733 e 591-H4

Pedra Furada

Estrada N 306 ✉ 4755-392 – ☎ 252 95 11 44 – www.restaurantepedrafurada.com – fechado do 22 ao 31 de agosto e 2ª feira noite
Lista 20/30 €
Está localizado em pleno Caminho de Santiago Português, por isso trabalham principalmente com peregrinos. Dispõe de um terraço acolhedor, um bom bar público e uma sala de jantar rústica com chaminé. A sua cozinha caseira é enriquecida com alguns produtos cultivados por eles mesmos!

PENHAS DA SAÚDE

Castelo Branco – Ver mapa regional n° **3-C2**
Lisboa 311 km – Castelo Branco 72 km – Covilhã 10 km – Guarda 55 km
Mapa das estradas Michelin n° 733 e 592-L7

Serra da Estrela

Alt. 1 550 ✉ 6200-073 Covilhá – ☎ 275 31 03 00 – www.turistrela.pt
80 qto – 65/150 € 75/170 €
Hotel de montanha instalado num edifício de planta horizontal, com uma zona de convívio acolhedora dividida em vários espaços e quartos funcionais com equipamentos correctos. A sala de refeições, localizada no 1º andar, aposta numa cozinha de raízes tradicionais.

PENICHE

Leiria – 14 749 h. – Ver mapa regional n° **4-A2**
Lisboa 92 km – Leiria 89 km – Santarém 79 km
Mapa das estradas Michelin n° 733 e 592-N1

Pinhalmar

estrada Marginal Sul (Cabo Carvoeiro) ✉ 2520-227 – ☎ 262 78 93 49 – www.pinhalmar.com
27 qto – 25/85 € 30/120 €
Encontra-se num local praticamente isolado, muito próximo do farol do Cabo Carvoeiro. Aqui encontrará um bar-salão social de traçado actual com algumas mesas do restaurante, e quartos funcionais, metade deles com varandas e vistas par o oceano. Suba para desfrutar da paisagem a partir da cobertura!

PORTUGAL

XX **Nau dos Corvos**

Cabo Carvoeiro (junto ao farol) ✉ 2520-605 – ✆ 262 78 31 68 – www.naudoscorvos.com
Menu 25/50 € – Lista 29/48 €
Destaca-se pela sua excelente localização em cima de um promontório rochoso. Dispõe de um hall com expositor, o seu próprio viveiro de marisco, um bar privado panorâmico e uma sala dotada de grandes janelas para contemplar a imensidão do Atlântico.

PEREIRA

Coimbra – 3 265 h. – Ver mapa regional n° **3-A2**
Lisboa 208 km – Coimbra 17 km – Aveiro 73 km – Leiria 77 km
Mapa das estradas Michelin n° 733 e 592-L4

XXX **Quinta São Luiz**

Rua do Padrão ✉ 3140-337 – ✆ 239 64 20 00 – www.quintasluiz.com – fechado 2ª feira
Lista 30/40 €
Magnífico restaurante instalado numa quinta do século XVII que serviu como convento e lagar. Encontrará uma estética minimalista e uma cozinha criativa de base internacional.

PESO → Ver Melgaço

Viana do Castelo

PESO DA RÉGUA

Vila Real – 5 292 h. – Ver mapa regional n° **6-B3**
Lisboa 379 km – Braga 93 km – Porto 102 km – Vila Real 25 km
Mapa das estradas Michelin n° 733 e 591-I6

XX **Castas e Pratos**

Rúa José Vasques Osório ✉ 5050-280 – ✆ 254 32 32 90 – www.castasepratos.com
Menu 38/80 € – Lista 35/53 €
Instalado num antigo armazém de madeira, completamente remodelado, que em tempos pertenceu à estação ferroviária. Disponibiliza uma cozinha tradicional muito bem atualizada e uma excelente carta de vinhos apresentada com um iPad.

X **Cacho d'Oiro**

Travessa Rua Branca Martinho ✉ 5050-292 – ✆ 254 32 14 55 – www.restaurantecachodoiro.pt – fechado do 15 ao 30 de junho
Menu 13/20 € – Lista 20/32 €
Este restaurante, gerenciado por um casal, apresenta um interior de estilo clássico e encontra-se próximo ao mercado. Elaboram uma cozinha regional portuguesa de qualidade, com boas carnes e o Cabrito assado no forno é a grande especialidade da casa.

PINHÃO

Vila Real – 648 h. – Alt. 120 m – Ver mapa regional n° **6-B3**
Lisboa 399 km – Vila Real 30 km – Viseu 100 km
Mapa das estradas Michelin n° 733 e 591-I7

Vintage House

Lugar da Ponte ✉ 5085-034 – ✆ 254 73 02 30 – www.nauhotels.com
41 qto – †120/320 € ††150/350 € – 2 suites
Rest *Rabelo* – ver selecção restaurantes
No conjunto, tem um bom nível, com uma decoração atualizada e aprazível vista sobre o Douro. Possui zonas nobres bem cuidadas e quartos bem redecorados num estilo clássico-atual.

XXX **Rabelo** – Hotel Vintage House

Lugar da Ponte ✉ 5085-034 – ✆ 254 73 02 30 – www.nauhotels.com
Lista 32/58 €
Agradável, acolhedor e com um terraço de verão! Comer aqui é uma boa opção se deseja degustar tanto os pratos regionais como os tradicionais lusitanos... isso sim, com elaborações e apresentações bem atualizadas.

PORTUGAL

ao Norte 5 km

Casa do Visconde de Chanceleiros

Largo da Fonte. Chanceleiros ✉ 5085-201 Pinhão – ✆ 254 73 01 90 – www.chanceleiros.com

10 qto – 130/165 € 135/170 €

Muito agradável e bem cuidado, pois a sua decoração original combina perfeitamente os estilos clássico e regional. As áreas comuns encontram-se no edifício principal e os quartos nos anexos, com vista para um campo repleto de oliveiras e vinhas. Surpreende pela sua sauna, já que está dentro de uma grande barrica de vinho!

Casa de Casal de Loivos

✉ 5085-010 Casal de Loivos – ✆ 254 73 21 49 – www.casadecasaldeloivos.com – fechado dezembro-abril

6 qto – 85/90 € 105/110 €

Antiga casa de pedra localizada no alto de uma colina com vistas maravilhosas para o rio Douro. Dispõe de um salão social com chaminé, quartos corretos e casas de banho recentemente atualizadas.

POÇO BARRETO

Faro – 219 h. – Ver mapa regional n° **2-B2**

Lisboa 253 km – Faro 52 km – Beja 122 km – Lagoa 12 km

Mapa das estradas Michelin n° 733 e 593-U4

O Alambique

Estrada de Silves ✉ 8300-042 – ✆ 282 44 92 83 – www.alambique.de – fechado dezembro-11 janeiro, 4ª feira (novembro-fevereiro) e 3ª feira

Menu 25 € – Lista 23/37 € – *(só jantar)*

Casa situada ao rés-do-chão, localizada junto a uma estrada, com duas salas de tectos altos e uma montagem correcta, separadas por dois arcos de pedra. Ementa internacional com preços razoáveis.

POMBAL

Leiria – 17 187 h. – Ver mapa regional n° **4-B1**

Lisboa 153 km – Coimbra 43 km – Leiria 28 km

Mapa das estradas Michelin n° 733 e 592-M4

Cardal H.

Largo do Cardal ✉ 3100-440 – ✆ 236 20 02 20 – www.cardalhotel.com

37 qto – 45/50 € 55/70 €

Este hotelzinho no centro histórico conta com uma sala polivalente e quartos bastante bem equipados, todos de estilo moderno e com colunas de hidromassagem nas casas de banho. Tome o pequeno-almoço no terraço de verão situado no 4º piso!

Sra. de Belém

Av. Heróis do Ultramar 185 ✉ 3100-462 – ✆ 236 20 08 00 – www.belemhotel.pt

26 qto – 40/45 € 50/80 €

Um espaço acolhedor e familiar no qual se aposta por prestar um serviço de qualidade. Os seus quartos, actualizados e alguns com varandas, estão muito bem equipados.

PONTE DE LIMA

Viana do Castelo – 2 871 h. – Alt. 22 m – Ver mapa regional n° **6-A2**

Lisboa 392 km – Braga 33 km – Porto 85 km – Vigo 70 km

Mapa das estradas Michelin n° 733 e 591-G4

InLima

Rua Agostinho José Taveira, Lote 6 ✉ 4990-072 – ✆ 258 90 00 50 – www.inlimahotel.com

30 qto – 48/68 € 58/95 €

Moderno, funcional e com um design bem característico! Dispõe de uma sala de recepção luminosa com vista para o rio, uma cafetaria polivalente e quartos atuais e confortáveis para a sua categoria, a maioria, espaçosos.

na Estrada N 203 Nordeste : 5,2 km

Carmo´s Boutique H.
Gemieira ✉ 4990-645 – ☎ 910 58 75 58 – www.carmosboutiquehotel.com
15 qto – 185/250 €
Dotada de uma arquitectura contemporânea, fica nas imediações da Vila mais antiga de Portugal. Magnifica sala de recepção, biblioteca-restaurante, exclusivo SPA de aromaterapia, quartos decorados com elegância e opções diferentes para experiências; vinícolas ou gastronómicas.

PORTALEGRE

18 942 h. – Alt. 477 m – Ver mapa regional n° **1-C1**
Lisboa 228 km – Castelo Branco 96 km – Évora 103 km – Santarém 164 km
Mapa das estradas Michelin n° 733 e 592-O7

Rossio N
Rua 31 de Janeiro 6 ✉ 7300-211 – ☎ 245 08 22 18 – www.rossiohotel.com
18 qto – 48 € 70 €
Hotel no centro histórico, pequeno e com um ambiente moderno. Disponibiliza quartos modernos, onde os tons de branco dominam o espaço. A decoração de cada quarto é um verdadeiro tributo aos concelhos de Portalegre.

Solar do Forcado N
Rua Candido dos Reis 14 ✉ 7300-129 – ☎ 245 33 08 66 – fechado agosto, sabado meio-dia e domingo.
Lista 22/30 €
Localizado numa rua de calçada portuguesa no centro histórico, com uma pequena sala em estilo rústico e duas garrafeiras devidamente climatizadas onde se alinham os vinhos. Cozinha tradicional especializada em carnes, a bom preço e entre tantas outras especialidades a referir o Cozido à portuguesa.

PORTUGAL

PORTELA → Ver Vila Nova de Famalicão

Braga

PORTIMÃO

Faro – 45 431 h. – Ver mapa regional n° **2-A2**
Lisboa 267 km – Beja 137 km – Faro 67 km – Lagos 22 km
Mapa das estradas Michelin n° 733 e 593-U4

na Praia da Rocha Sul : 2 km

Bela Vista
av. Tomás Cabreira ✉ 8500-802 Portimão – ☎ 282 46 02 80 – www.hotelbelavista.net – março-dezembro
38 qto – 150/350 €
Rest *Vista* – ver selecção restaurantes
Ocupa um precioso palacete do início do século XX e destaca-se pela sua magnífica localização no centro da praia, numa zona elevada e com fantásticas vistas para o mar. Salões íntimos, bar elegante, SPA requintado e quartos bem cuidados...11 no edifício principal e o restante nos anexos.

Vista – Hotel Bela Vista
av. Tomás Cabreira ✉ 8500-802 Portimão – ☎ 282 46 02 80 – www.hotelbelavista.net – março-dezembro
Menu 68 € – Lista 64/83 € – *(só jantar)*
Luminoso, atual e de esmerado arranjo! Propõe uma cozinha muito interessante, com um menu de degustação e pratos atuais com base portuguesa e internacional. O terraço surpreende tanto pela sua elegância como pelas suas maravilhosas vistas.

PORTO

237 591 h. – Alt. 90 m – Ver mapa regional n° **6-A3**
Lisboa 310 km – A Coruña 305 km – Madrid 591 km
Mapa das estradas Michelin n° 733 e 591-I3
Plantas da cidade nas páginas seguintes

J. Arnold / hemis.fr

Alojamentos

Porto Palácio

Av. da Boavista 1269 ✉ 4100-130 – ✆ 226 08 66 00 – www.hotelportopalacio.com Planta : B2**b**

233 qto – 🚹250/260 € 🚹🚹270/280 €, ☕ 15 € – 18 suites

Sofisticação e requinte, destaque para uma original escultura de Pedro Cabrita em frente à entrada. Apresenta uma ampla área pública, um centro de congressos e uma deslumbrante vista panorâmica no ultimo piso. Oferta gastronómica onde além de um almoço buffet, tem disponível um menu de jantar.

Pousada Palacio do Freixo

Estrada N-108 ✉ 4300-416 – ✆ 225 31 10 00 – www.pestana.com Planta : D2**a**

77 qto ☕ – 🚹🚹170/365 € – 10 suites

Ocupa um Palácio Barroco do séc. XVIII e uma antiga fábrica de Moagens, conferindo-lhe um enquadramento privilegiado com terraço nas margens do Douro. Apresenta uma área pública senhorial, quartos clássicos e um moderno restaurante, onde convidam a uma carta tradicional.

Sheraton Porto

Rua de Tenente Valadim 146 ✉ 4100-476 – ✆ 220 40 40 00 – www.sheratonporto.com Planta : B2**c**

250 qto – 🚹100/280 € 🚹🚹115/280 €, ☕ 16 € – 16 suites

Um grande hotel, em todos os sentidos, amplo e moderno. Conta com espaços surpreendentes pela sua luminosidade e um enorme hall que engloba as zonas de convívio. O seu restaurante moderno combina o serviço buffet com uma cave envidraçada reservada para o serviço a la carte de refeições combinadas.

Infante de Sagres

Praça D. Filipa de Lencastre 62 ✉ 4050-259 – ✆ 223 39 85 00 – www.hotelinfantesagres.pt Planta : G2**b**

62 qto ☕ – 🚹194 € 🚹🚹215 € – 8 suites

Foi redecorado, pelo que agora apresenta um contraste chamativo entre as zonas comuns, muito clássicas, e os seus quartos muito cuidados, todos de traçado moderno e actual. O hotel tem um anexo que funciona como restaurante decorado em forma de... uma livraria antiga!

PORTUGAL

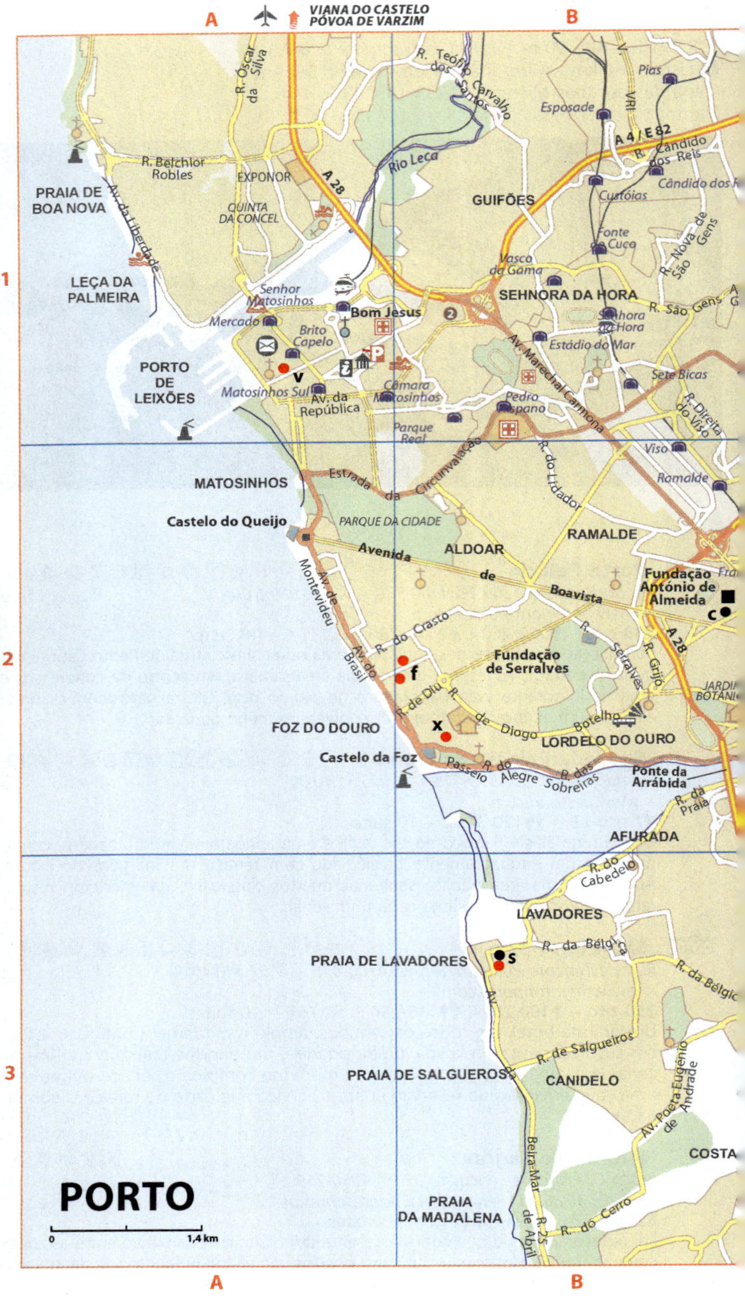
VIANA DO CASTELO
PÓVOA DE VARZIM
A
B
1
2
3
R. Óscar da Silva
R. Teofilo Carvalho dos Santos
Esposade
Pias
VRI
A 4 / E 82
R. Cândido dos Reis
Cândido dos R
Rio Leça
A 28
R. Belchior Robles
EXPONOR
QUINTA DA CONCEL
PRAIA DE BOA NOVA
Av. da Liberdade
GUIFÕES
Custóias
Fonte do Cuco
R. Nova de São Gens
Vasco da Gama
LEÇA DA PALMEIRA
Senhor Matosinhos
SEHNORA DA HORA
R. São Gens
Mercado
Bom Jesus
Senhora da Hora
Brito Capelo
Estádio do Mar
PORTO DE LEIXÕES
Av. Marechal Carmona
Sete Bicas
v
Matosinhos Sul
Av. da República
Câmara Matosinhos
Pedro Hispano
R. Direita do Viso
Parque Real
Viso
Estrada da Circunvalação
R. do Lidador
Ramalde
MATOSINHOS
Castelo do Queijo
PARQUE DA CIDADE
RAMALDE
Avenida de Boavista
ALDOAR
Fundação António de Almeida
c
Av. de Montevideu
A 28
R. do Crasto
R. Serralves
R. Grijó
Fundação de Serralves
Av. do Brasil
f
JARDIM BOTÂNICO
R. de Diu
R. de Diogo Botelho
x
FOZ DO DOURO
LORDELO DO OURO
Castelo da Foz
Passeio R. do Alegre
R. das Sobreiras
Ponte da Arrábida
R. da Praia
AFURADA
R. do Cabedelo
LAVADORES
R. da Bélgica
s
PRAIA DE LAVADORES
R. da Bélgica
R. de Salgueiros
PRAIA DE SALGUEROS
CANIDELO
Av. Poeta Eugénio de Andrade
Beira-Mar
COSTA
PORTO
PRAIA DA MADALENA
0
1,4 km
R. 25 de Abril
R. do Cerro

PORTUGAL

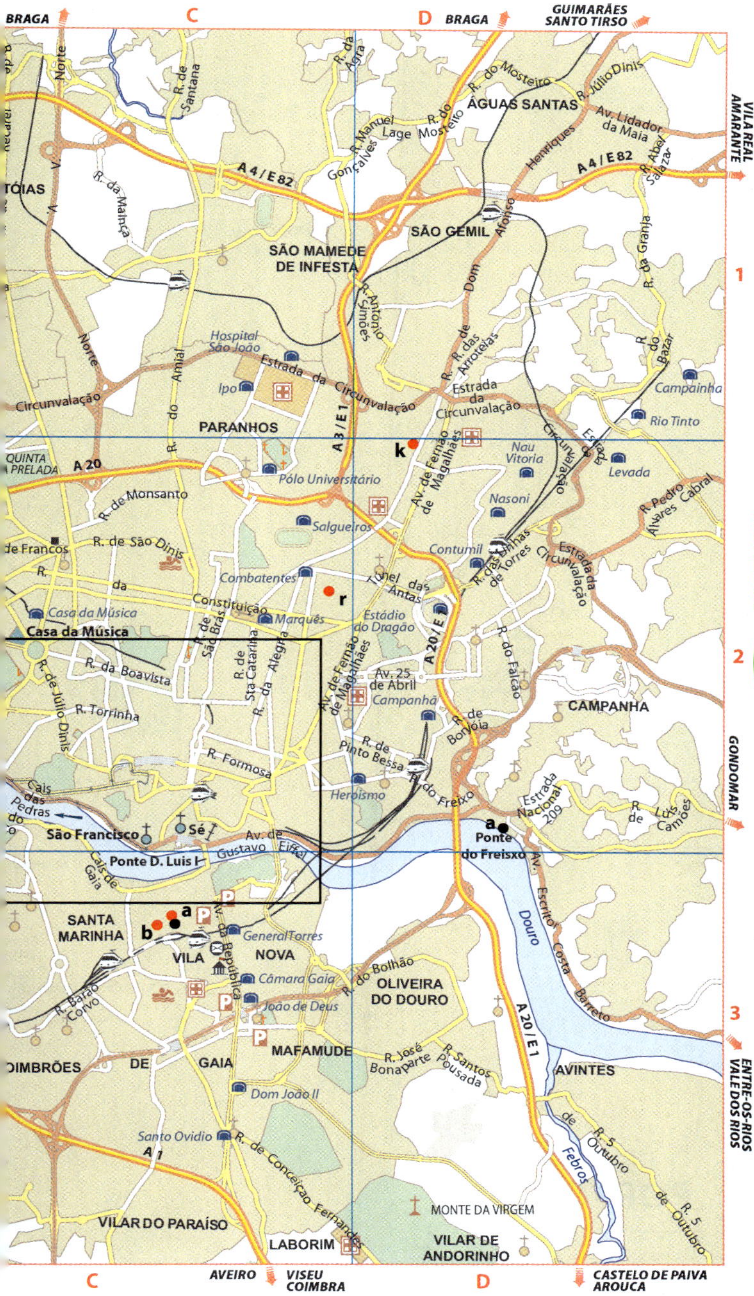
BRAGA
C
D
BRAGA
GUIMARÃES
SANTO TIRSO
VILA REAL
AMARANTE
GONDOMAR
ENTRE-OS-RIOS
VALE DOS RIOS
AVEIRO
VISEU
COIMBRA
CASTELO DE PAIVA
AROUCA
1
2
3
A 4 / E 82
A 3 / E 1
A 20
A 20 / E 1
A 1
ÁGUAS SANTAS
SÃO GEMIL
SÃO MAMEDE DE INFESTA
PARANHOS
CAMPANHA
SANTA MARINHA
VILA NOVA DE GAIA
OLIVEIRA DO DOURO
MAFAMUDE
AVINTES
VILAR DO PARAÍSO
LABORIM
VILAR DE ANDORINHO
MONTE DA VIRGEM
OIMBRÕES
TÓIAS
QUINTA PRELADA
Casa da Música
São Francisco
Sé
Ponte D. Luis I
Ponte do Freixo
Hospital São João
Ipo
Pólo Universitário
Salgueiros
Combatentes
Marquês
Casa da Música
Estádio do Dragão
Campanhã
Heroísmo
Contumil
Nasoni
Nau Vitoria
Levada
Rio Tinto
Campainha
General Torres
Câmara Gaia
João de Deus
Dom João II
Santo Ovidio
R. do Mosteiro
R. Júlio Dinis
Av. Lidador da Maia
R. Abel Salazar
R. Manuel Gonçalves Lage
R. do Mosteiro
Henriques
Afonso
Dom
R. da Granja
R. António Simões
R. de Santana
R. da Agra
R. da Malnca
Estrada da Circunvalação
Circunvalação
R. do Amial
R. de Monsanto
R. de São Dinis
R. de Francos
R. da Constituição
R. de São Brás
R. de Sta Catarina
R. da Alegria
R. da Boavista
R. de Júlio Dinis
R. Torrinha
R. Formosa
Cais das Pedras
Cais de Gaia
Av. de Gustavo Eiffel
Av. da República
Av. de Fernão de Magalhães
Túnel das Antas
Av. 25 de Abril
R. de Pinto Bessa
R. do Freixo
R. de Bonjóia
R. do Falcão
R. das Linhas de Torres
Estrada da Circunvalação
R. das Arroteias
R. de Bazar
R. Pedro Álvares Cabral
Estrada Nacional 209
R. de Luís Camões
Av. Escritor Costa Barreto
Douro
R. do Bolhão
R. José Bonaparte
R. Santos Pousada
R. Barão Corvo
R. de Conceição Fernandes
R. 5 de Outubro
Febros
a
b
k
r

PORTUGAL

PORTO
0
320 m
E
F
1
2
3
Casa da Música
PRAÇA MOUZINHO DE ALBUQUERQUE
Av. da Boavista
R. 5 De Outubro
Av. França
R. de Agramonte
Lgo Ferreira Lapa
R. de Gonçalo Sampaio
R. de Júlio Dinis
R. da Saudade
Travessa da Paz
R. da Paz
Pr. de P. Nunes
Lgo do Priorado
Cedofeita
R. da Infanta Dona Maria
Carolina Michaelis
R. de Oliveira Monteiro
R. do Barão de Forrester
R. dos Burgães
R. do Melo
Alves
R. da Boavista
R. de Aníbal Cunha
R. de Cedofeita
R. Álvares
R. da Torrinha
R. dos
R. do Bom Sucesso
Praça da Galiza
R. da Piedade
V. Panorâmica
R. da Pena
R. de Vilar
R. de Dom Pedro V
R. do Breiner
R. da Boa Nova
R. de Miguel Bombarda
R. do Rosário
R. do Mirante
Pr. de Carlo Alberto
Galeria do Palácio
Museu do Carro Eletrico
Casa Tait
Museu Soares dos Reis
Jardim do Palácio de Cristal
Museu Romântico
R. de Dom Manuel II
Santo António
Carmo
Carmelit
R. do Carmo
PALÁCIO DOS DESPORTOS
R. da Restauração
Centro Português de Fotografia
Alameda de Basílio Teles
Cais das Pedras
Museu do Vinho do Porto
R. da Bandeirinha
R. Nova da Alfândega
MIRAGAIA
Passeio das Virtudes
Misericór
ALFÂNDEGA
Ferre Borg
Palácio da Bolsa
São Francisco
Cais do Cavaco
Cais Capelo Ivens
Cais da Fontainha
Av. Mestre José Rodrigues
R. Viterbo Campos
R. da Fonte Nova
R. de São Marcos
Cais de Gaia
R. Oliveira Barros
R. do Agro
R. de Rei Ramiro
Douro
PARQUE EXPOSIÇ
PORTO FERREIRA
PORTO RAMOS PIN
f
n
s

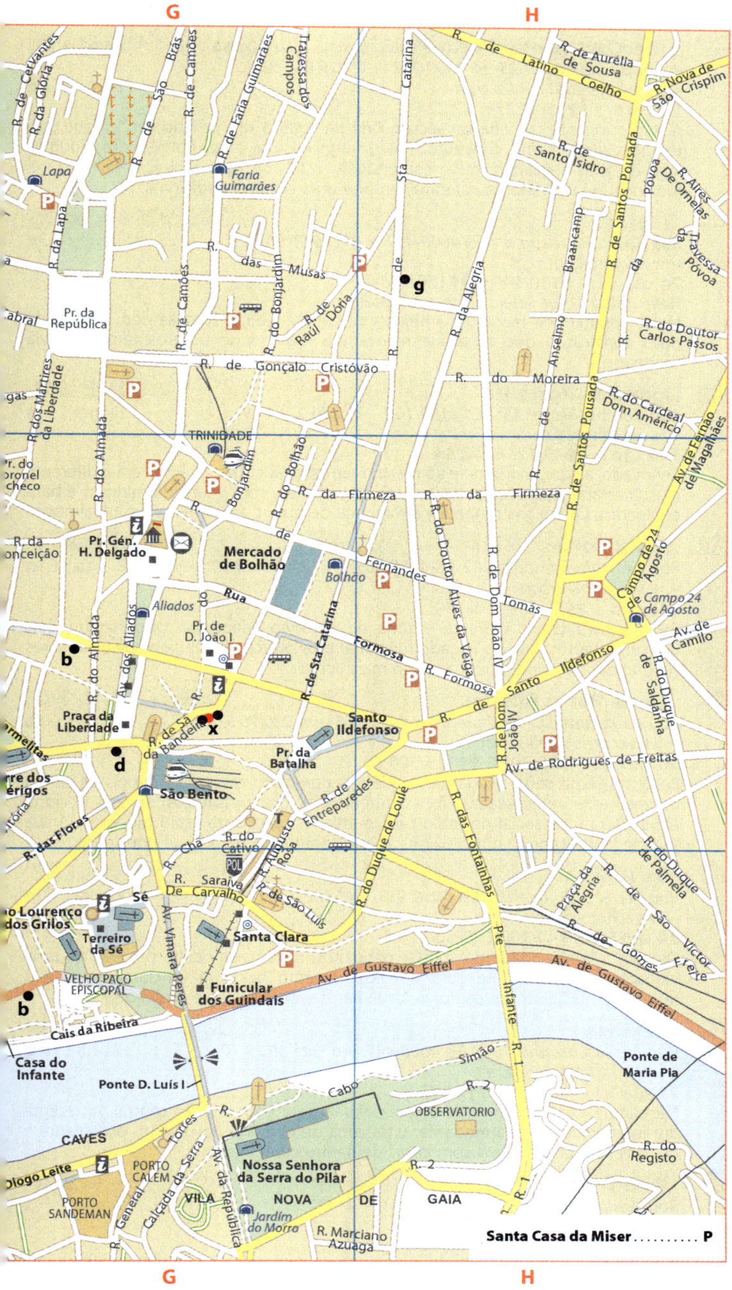
G
H
G
H
1
2
3
R. de Latino Coelho
R. de Aurélia de Sousa
R. Nova de São Crispim
Travessa dos Campos
R. de Faria Guimarães
Faria Guimarães
R. de Camões
R. de São Brás
R. de Cervantes
R. da Glória
Lapa
R. da Lapa
R. de Santo Isidro
R. de Santos Pousada
R. Aires de Ornelas
Travessa da Póvoa
R. das Musas
R. de Raúl Dória
R. do Bonjardim
R. de Sta Catarina
R. da Alegria
R. Brancamp
R. de Anselmo Braancamp
R. do Doutor Carlos Passos
Pr. da República
R. de Gonçalo Cristóvão
R. do Moreira
R. do Cardeal Dom Américo
Av. de Fernão de Magalhães
R. dos Mártires da Liberdade
R. do Almada
TRINIDADE
R. do Bolhão
R. da Firmeza
R. do Doutor Alves da Veiga
R. de Dom João IV
Pr. Gén. H. Delgado
Mercado de Bolhão
Bolhão
R. de Fernandes Tomás
Campo de 24 de Agosto
Campo 24 de Agosto
Av. de Camilo
Aliados
Rua Formosa
Pr. de D. João I
Av. dos Aliados
R. do Duque de Saldanha
R. de Santo Ildefonso
Praça da Liberdade
R. de Sá da Bandeira
Santo Ildefonso
Pr. da Batalha
Av. de Rodrigues de Freitas
São Bento
R. de Entreparedes
R. das Flores
R. do Cativo
R. Augusto Rosa
R. do Duque de Loulé
R. das Fontainhas
R. do Duque de Palmeira
Praça da Alegria
R. de São Victor
R. de Gomes Freire
R. Saraiva De Carvalho
R. de São Luís
Sé
Terreiro da Sé
Av. Vímara Peres
Santa Clara
Av. de Gustavo Eiffel
Pte Infante
VELHO PAÇO EPISCOPAL
Funicular dos Guindais
Cais da Ribeira
Casa do Infante
Ponte D. Luís I
R. Cabo Simão
Ponte de Maria Pia
OBSERVATORIO
R. do Registo
CAVES
R. Diogo Leite
PORTO CALEM
PORTO SANDEMAN
R. General Torres
Calçada da Serra
Av. da República
Nossa Senhora da Serra do Pilar
VILA NOVA DE GAIA
Jardim do Morro
R. Marciano Azuaga
Santa Casa da Miser .... P
b
d
g
x

PORTUGAL

InterContinental Porto-Palacio das Cardosas

Praça da Liberdade 25 ✉ *4000-322 – ☎ 220 03 56 00*
– www.intercontinental.com
Planta : G2**d**
105 qto – ††150/225 €, ☕ 22 €
A impresionante fachada do século XVIII dá lugar a um edifício central que, em tempos, serviu como convento. Possui uma luxuosa zona nobre, com algumas lojas de joias e quartos muito confortáveis, vários de tipo duplex. O restaurante, funcional e integrado na cafetaria, propõe uma cozinha tradicional.

Teatro

Rua Sá da Bandeira 84 ✉ *4000-427 – ☎ 220 40 96 20*
– www.hotelteatro.pt
Planta : G2**x**
74 qto ☕ – †110/190 € ††120/200 €
Rest *Palco* – ver selecção restaurantes
Muito original pois recria um ambiente boémio e teatral! Trata-se dum edifício de nova construção que se ergue no mesmo lugar onde noutros tempos havia um teatro.

Ipanema Porto H.

Rua Campo Alegre 156 ✉ *4150-169 – ☎ 226 07 50 59*
– www.hfhotels.com
Planta : E1**s**
150 qto – ††49/174 €, ☕ 4 €
Renovado, alegre, moderno e ao mesmo tempo prático. Ninguém ficará indiferente na sua estadia neste hotel, totalmente remodelado, com quartos luminosos e bem equipados. Oferta gastronómica em regime de buffet, sendo temático no almoço.

PORTUGAL

Fenix Porto

Rua Gonçalo Sampaio 282 ✉ *4150-365 – ☎ 226 07 18 00*
– www.hfhotels.com
Planta : E1**n**
148 qto – ††55/190 €, ☕ 4 €
Central, de fachada correcta e zona de convívio adequada. Disponibiliza dois tipos de quartos, uns de traçado funcional e os outros, distribuídos pelos andares superiores, com uma estética muito mais actual.

Carrís Porto Ribeira

Rua do Infante D. Henrique 1 ✉ *4050-296 – ☎ 220 96 57 86*
– www.carrishoteles.com
Planta : G3**b**
90 qto ☕ – †95/300 € ††115/300 €
Encontra-se na parte antiga da cidade e ocupa cinco casas que, depois de serem corretamente remodeladas, foram interligadas por passadiços de aço e vidro. Acolhedora área social de estilo rústico-atual e quartos de estilo moderno. A sua sala de jantar propõe uma cozinha fiel ao receituário tradicional português.

Da Bolsa

Rua Ferreira Borges 101 ✉ *4050-253 – ☎ 222 02 67 68*
– www.hoteldabolsa.com
Planta : F3**a**
34 qto ☕ – †40/100 € ††50/120 €
Oferece a familiaridade dos hotéis pequenos, neste caso oculta por trás de uma elegante fachada. Conta com um equipamento bastante funcional e quartos reduzidos mas com um conforto ideal. Bar de tarde cálido e acolhedor!

América

Rua Santa Catarina 1018 ✉ *4000-447 – ☎ 223 39 29 30*
– www.hotel-america.net
Planta : H1**g**
22 qto ☕ – †55/65 € ††65/75 €
Pequeno estabelecimento de organização familiar e localização central. Apresenta um interior de estética moderna, uma zona de convívio de carácter polivalente e quartos funcionais, todos com casas de banho completas.

Mira D'Aire

Rua Álvares Cabral 197 ✉ *4050-041 – ☎ 222 08 31 13*
– www.hotelmiradaire.com
Planta : F1**f**
11 qto ☕ – †35/75 € ††40/80 €
Casa centenar, simples e familiar, com uma bela escadaria em madeira. Os quartos são reduzidos apesar de confortáveis, uns com mobiliário antigo e outros de traçado funcional.

Restaurantes

XX DOP
Planta : F3**f**

Largo de São Domingos 18 (Palácio das Artes) ✉ 4050-545 – ✆ 222 01 43 13 – www.ruipaula.com – fechado domingo

Menu 20 € – Lista 30/56 €

Inserido num edifício histórico! Um espaço contemporâneo dividido em dois pisos, convidam a uma cozinha contemporânea de excelente qualidade. Excelente adega e serviço profissional.

XX O Paparico
Planta : D2**k**

Rua de Costa Cabral 2343 ✉ 4200-232 – ✆ 225 40 05 48 – www.opaparico.com – fechado domingo

Lista 40/56 € – *(só jantar)*

O ambiente acolhegante convida-o a sentir-se como em casa! Situado na parte alta da cidade, apresenta um ambiente rústico muito confortável. Cozinha tradicional portuguesa.

XX Lider
Planta : C2**r**

Alameda Eça de Queiroz 126 ✉ 4200-272 – ✆ 225 02 00 89 – www.restaurantelider.com – fechado domingo em agosto

Lista 30/45 €

Encontra-se numa zona residencial tranquila e é gerido de forma exemplar pelo seu proprietário, ciente de tudo. A luz natural inunda o interior que se apresenta clássico e funcional. Não se esqueça de provar um prato emblemático, as Tripas à moda do Porto.

XX Palco – Hotel Teatro
Planta : G2**x**

Rua Sá da Bandeira 84 ✉ 4000-427 – ✆ 220 40 96 20 – www.hotelteatro.pt

Menu 40/80 € – Lista 39/58 €

Restaurante de design contemporâneo dominado pelos tons de negro e de dourado. Apresenta menus diferentes de inspiração contemporânea e cujos pratos também podem ser pedidos individualmente como à carta.

X Mendi
Planta : B2**a**

Av. da Boavista 1430 loja 1 ✉ 4100-114 – ✆ 226 09 12 00 – www.mendirestauranteindiano.com – fechado 21 dias em agosto e domingo

Menu 10/35 € – Lista 26/40 €

Este estabelecimento exótico, de estilo alegre, colorido e juvenil, destaca-se pela completíssima oferta de cozinha indiana, elaborada com orgulho por profissionais autóctones. Não deixe de provar o saboroso Kulfi, o gelado índio por excelência!

X Toscano
Planta : E1**f**

Rua Dr. Carlos Cal Brandão 22 ✉ 4050-160 – ✆ 226 09 24 30 – www.restaurantetoscano.net – fechado domingo

Menu 12 € – Lista 23/41 €

Dispõe de espaços reduzidos mas bem aproveitados, com uma decoração colorida, alegre e atual. A sua carta, especializada em cozinha italiana conta também com pratos portugueses. Surpreende pela sua apresentação em discos antigos de vinil.

na Foz do Douro – Ver mapa regional n° 6-A2

XX ✿ Pedro Lemos
Planta : B2**x**

Rua do Padre Luis Cabral 974 ✉ 4150-459 Foz do Douro – ✆ 220 11 59 86 – www.pedrolemos.net – fechado do 12 ao 25 de janeiro, do 9 ao 22 de agosto, domingo e 2ª feira

Menu 80/120 € – Lista 55/70 €

Inserido numa casa em granito bem recuperada, no coração da foz do Douro, cuidado interior com uma decoração sóbria e elegante e uma simpática esplanada no terraço. Aposta na alta cozinha, tem um menu de degustação e cujos pratos podem ser pedidos individualmente como à carta.

➜ Terrina de foie-gras, Barbeito Verdelho 1996 e brioche. Garoupa de anzol, ameijoa e topinambur. Chocolate negro São Tomé, café e rum.

PORTUGAL

XX **Cafeína**

Rua do Padrão 100 ✉ *4150-557 Foz do Douro* Planta : B2**f**
– ✆ 226 10 80 59 – www.cafeina.pt
Menu 16 € – Lista 28/36 €
A particular fachada de azulejos conduz-nos a um espaço dividido em duas salas de sofisticado ambiente contemporâneo, uma representando uma biblioteca. Há sofisticação na cozinha tradicional portuguesa e internacional.

XX **Terra**

Rua do Padrão 103 ✉ *4150-559 Foz do Douro* Planta : B2**f**
– ✆ 226 17 73 39 – www.restauranteterra.com
Menu 16 € – Lista 27/40 €
Fachada surpreendente e muito particular, à entrada um sushi-bar e uma sala de decoração sóbria e confortável. Cozinha japonesa, tradicional e internacional, com pratos italianos.

em Matosinhos

XX **Esplanada Marisqueira Antiga**

Rua Roberto Ivens 628 ✉ *4450-249 Matosinhos* Planta : A1**v**
– ✆ 229 38 06 60 – www.esplanadamarisqueira.com
Lista 30/60 €
Uma casa séria, clássica e bem organizada. Possui um pequeno hall, um expositor de produtos bastante sugestivo e duas salas de refeições, o principal tem paredes em granito e uma disposição do espaço elegante. Experimente o peixe e marisco de excelente qualidade.

XX **Os Lusiadas**

Rua Tomás Ribeiro 257 ✉ *4450-297 Matosinhos* Planta : A1**v**
– ✆ 229 37 82 42 – www.oslusiadas.com.pt – fechado domingo
Lista 41/55 €
O seu ambiente moderno é inspirado n'Os Lusíadas, a obra-prima de Camões. Desfrute da sua acolhedora sala onde pode degustar peixe e mariscos de confiança, não é em vão que conta com os seus próprios viveiros. Os louvores dos seus pratos de peixe são sobejamente conhecidos!

PORTUGAL

PORTO ANTIGO → Ver Cinfães
Viseu

PÓVOA DE LANHOSO
Braga – 5 052 h. – Ver mapa regional n° **6**-A2
Lisboa 375 km – Braga 19 km – Caldelas 24 km – Guimarães 21 km
Mapa das estradas Michelin n° 733 e 591-H5

em Calvos Nordeste : 3 km

Maria da Fonte

Rua da Escola ✉ *4830-065 Calvos – ✆ 253 63 96 00 – www.mariadafonte.com*
31 qto – 38/50 € 50/78 €
Vários edifícios em pedra, típicos da região, formam este conjunto localizado num ambiente rural com bonitos exteriores e áreas sociais aconchegantes. Os quartos são funcionais, no entanto destacam-se os que têm paredes de pedra. O restaurante luminoso oferece uma cozinha tradicional.

PÓVOA DE VARZIM
Porto – 28 420 h. – Ver mapa regional n° **6**-A2
Lisboa 348 km – Braga 40 km – Porto 31 km
Mapa das estradas Michelin n° 733 e 591-H3

pela estrada N 13

Torre Mar

A Ver-o-Mar, Norte : 2,3 km ✉ *4490-091 Póvoa de Varzim – ✆ 252 29 86 70 – www.hotel-torre-mar.pt*
31 qto – 45/78 € 54/78 €
Escolha interessante se pretende hospedar-se próximo da cidade mas afastado do burburinho urbano. Conta com uma zona de convívio e quartos funcionais com um conforto adequado.

Sol Póvoa
Rua José Morneiro 100, Norte : 1,8 km ✉ 4490-100 A Ver-o-Mar – ✆ 252 29 05 10
43 qto – 45/100 € 55/100 €
Estabelecimento de organização simples mas amável, com divisões funcionais embora de adequado conforto. Possui uma agradável zona de relvado na parte posterior.

O Marinheiro
A Ver-o-Mar, Norte : 2 km ✉ 4490-091 A Ver-o-Mar – ✆ 252 68 21 51 – www.grupojgomes.com
Lista 27/45 €
Um barco encalhado em terra firme alberga este original restaurante disposto em dois andares e com um atractivo ambiente marinheiro. A sua especialidade são os produtos do mar.

PRAIA DA BARRA → Ver Aveiro
Aveiro

PRAIA DA GALÉ → Ver Albufeira
Faro

PRAIA DA LUZ → Ver Lagos
Faro

PRAIA DA ROCHA → Ver Portimão
Faro

PRAIA DE SÃO TORPES → Ver Sines
Setúbal

PRAIA DO CANAVIAL → Ver Lagos
Faro

PRAIA DO CARVOEIRO → Ver Lagoa
Faro

PRAIA DO GUINCHO → Ver Cascais
Lisboa

PRAIA DO MARTINHAL → Ver Sagres
Faro

PRAIA GRANDE → Ver Colares
Lisboa

QUARTEIRA
Faro – 21 798 h. – Ver mapa regional n° **2-B2**
Lisboa 272 km – Albufeira 25 km – Beja 141 km – Faro 23 km
Mapa das estradas Michelin n° 733 e 593-U5

em Vilamoura

Hilton Vilamoura As Cascatas
Rua da Torre D'Agua Lote 4.11.1B ✉ 8125-615 Vilamoura – ✆ 289 30 40 00 – www.hiltonvilamouraresort.com
176 qto – 124/404 €
Encontra-se numa zona residencial e próximo de um campo de golfe, pelo que a maior parte dos seus clientes são adeptos deste desporto. Destaca-se tanto pelo nível dos seus quartos como pelo seu SPA, o maior de Portugal. Uma escolha interessante para levar a família!

PORTUGAL

Tivoli Victoria

Av. dos Descobrimentos, Victoria Gardens, Noroeste : 7 km
✉ 8125-309 Vilamoura – ✆ 289 31 70 00 – www.tivolihotels.com – fechado dezembro e janeiro
280 qto – 80/180 € 100/200 € – 17 suites
Rest *Emo* – ver selecção restaurantes
Hotel de grande dimensão situado junto à paisagem verdejante de um campo de golfe. O magnífico e espaçoso hall de entrada compreende um bar. SPA de luxo com serviço de origem tailandês e quartos de estilo contemporâneo, todos com varanda privada. Excelente oferta gastronómica de cariz tradicional e internacional.

The Lake Resort

Av. do Cerro da Vila - Praia da Falésia, Oeste : 4,5 km ✉ 8126-910 Vilamoura – ✆ 289 32 07 00 – www.thelakeresort.com – fechado dezembro-janeiro
183 qto – 184/425 € 214/458 € – 9 suites
Grande construção clássica dotada de quartos amplos, luminosos e modernos. Surpreende pelos seus exteriores, com um pequeno lago, areia artificial na piscina e tem até um caminho privado para a praia. Da sua oferta culinária, destaca-se o restaurante Fusion, de tendência asiática-mediterrânea.

Emo – Hotel Tivoli Victoria

Av. dos Descobrimentos, Victoria Gardens, Noroeste : 7 km
✉ 8125-135 Vilamoura – ✆ 289 31 70 00 – www.tivolivictoria.com – fechado dezembro, janeiro e 2ª feira
Menu 59/80 € – Lista 45/71 € – *(só jantar)*
Integrado no último piso do hotel, é um espaço moderno, com vista panorâmica sobre os campos de golfe. Carta mediterrânica com pratos contemporâneos e diferentes menus de degustação.

Willie's (Wilhelm Wurger)

Rua do Brasil 2, Área do Pinhal Golf Course - Noroeste : 6 km
✉ 8125-479 Vilamoura – ✆ 289 38 08 49 – www.willies-restaurante.com – fechado dezembro-5 fevereiro e 4ª feira
Menu 60/110 € – Lista 58/72 € – *(só jantar)*
Localizado numa zona de turismo de férias muito vocacionada ao golfe! Na sua sala, acolhedora, íntima e de linha clássica, poderá degustar uma cozinha internacional com esmeradas apresentações. O chef-proprietário sempre está atento aos detalhes.
→ Vieiras fritas em carpaccio de beterraba com maçã verde e creme de wasabi. Peixe galo em espinafres com molho de champagne e mousse de batata. Fondant de chocolate com espuma de chocolate branco.

QUATRO ÁGUAS → Ver Tavira

Faro

QUELUZ

Lisboa – 26 248 h. – Alt. 125 m – Ver mapa regional n° **4-B3**
Lisboa 15 km – Sintra 15 km
Mapa das estradas Michelin n° 733 e 592-P2

Pousada de D. Maria I

Largo do Palácio ✉ 2745-191 – ✆ 214 35 61 58 – www.pousadas.pt
24 qto – 110/186 € – 2 suites
Rest *Cozinha Velha* – ver selecção restaurantes
Este magnífico palacete, de fachada clássica, faz parte de um interessante conjunto histórico. Tem um interior elegante decorado ao estilo da rainha Maria I e quartos espaçosos, todos com mobiliário de grande qualidade.

Cozinha Velha – Hotel Pousada de D. Maria I

Largo do Palácio ✉ 2745-191 – ✆ 214 35 61 58 – www.pousadas.pt
Menu 33 € – Lista 30/40 €
Situado numa das antigas cozinhas do Palácio Nacional, conserva a estrutura original, dominada por uma enorme lareira central. As suas amplas instalações sugerem uma carta tradicional portuguesa com vários pratos internacionais.

em Tercena Oeste : 4 km – Ver mapa regional n° **4**-B3

O Parreirinha
Av. Santo António 41 ✉ 2730-046 Barcarena – ☎ 214 37 93 11 – www.oparreirinha.com – fechado sábado meio-dia e domingo
Menu 19/35 € – Lista 30/40 €
Não se deixe enganar pela fachada simples, pois escondido trás ela encontrará um restaurante bem liderado e com ainda melhor atendimento. Conta com varias salas de ar regional, em destaque a sala do fundo por ter lareira. Cozinha tradicional de doses generosas.

QUINTA DA MARINHA
→ Ver Cascais
Lisboa

REDONDELO
Vila Real – 527 h. – Ver mapa regional n° **6**-B2
Lisboa 454 km – Vila Real 62 km – Braga 119 km – Bragança 110 km
Mapa das estradas Michelin n° 733 e 591-G7

Casas Novas
Rua Visconde do Rosário 1, Casas Novas ✉ 5400-727 – ☎ 276 30 00 50 – www.hotelruralcasasnovas.com
27 qto – 45/55 € 55/85 €
Imponente casa senhorial do século XVIII que ainda conserva entre as suas pedras os pormenores característicos da arquitetura barroca. Reparte os quartos entre o edifício original e um anexo mais moderno, todos eles com amplos terraços com vistas para as montanhas. O seu restaurante elabora uma cozinha tradicional.

REDONDO
Évora – 5 733 h. – Alt. 306 m – Ver mapa regional n° **1**-C2
Lisboa 179 km – Badajoz 69 km – Estremoz 27 km – Évora 34 km
Mapa das estradas Michelin n° 733 e 593-Q7

O Barro
Rua D. Arnilda e Eliezer Kamenezky 44 ✉ 7170-062 – ☎ 266 90 98 99 – www.restauranteobarro.com – fechado do 11 ao 25 de janeiro, do 11 ao 21 de maio, do 17 ao 24 de agosto, domingo noite e 2ª feira
Lista 20/40 €
Simpático, íntimo e com pormenores. Está dotado com uma pequena sala à entrada e outra mais confortável na mezzanine, de ambiente cálido rústico-regional. Cozinha tradicional portuguesa e alentejana, simples mas de doses generosas.

em Aldeia da Serra – Ver mapa regional n° **1**-C2

Água d'Alte
Aldeia da Serra 14 ✉ 7170-120 Redondo – ☎ 266 98 91 70 – www.aguadalte.com
8 qto – 100/120 € 115/130 €
Conjunto de construção actual, em forma de quinta, de localização puramente campestre. Possui uma sala de convívio rústica e quartos acolhedores, todos de traçado clássico-actual. Salão biblioteca muito agradável, com cozinha aberta e lareira.

REGUENGOS DE MONSARAZ
Évora – 7 261 h. – Ver mapa regional n° **1**-C2
Lisboa 169 km – Badajoz 94 km – Beja 85 km – Évora 39 km
Mapa das estradas Michelin n° 733 e 593-Q7

ao Sudeste 6 km

Herdade do Esporão
✉ 7200-999 Reguengos de Monsaraz – ☎ 266 50 92 80 – www.esporao.com – fechado 25 dezembro-1 janeiro
Menu 60 € – Lista 37/49 € – *(só almoço)*
Conjunto de ambiente regional situado próximo de uma cave antiga, numa exploração repleta de vinhedos. A esplanada e a sua agradável sala, ambas com vistas para um lago, convidam a desfrutar de uma cozinha tradicional com toques criativos.

PORTUGAL

SAGRES
Faro – 1 909 h. – Ver mapa regional n° **2**-A2
Lisboa 330 km – Beja 199 km – Faro 119 km – Lagos 33 km
Mapa das estradas Michelin n° 733 e 593-U3

na Praia do Martinhal Noreste : 3,5 km

Martinhal
Vila de Sagres ✉ 8650-908 Sagres – ✆ 282 24 02 00 – www.martinhal.com
37 qto – 185/425 € 222/510 €
Faz parte de um grande complexo rodeado de vilas e pequenos apartamentos, sendo que para o aluguer destes últimos é obrigatório estar um mínimo de dias. Encontrará quartos com um grande nível, todos com mobiliário de design, numerosos serviços e vários restaurantes, estando o gastronómico no edifício principal.

SALREU
Aveiro – 3 815 h. – Alt. 50 m – Ver mapa regional n° **3**-A1
Lisboa 267 km – Aveiro 20 km – Porto 57 km – Viseu 79 km
Mapa das estradas Michelin n° 733 e 591-J4

Casa Matos
Rua Padre Antonio Almeida 7-A ✉ 3865-282 – ✆ 963 11 13 67 – fechado domingo
Lista aprox. 35 €
Casa familiar com um bar à entrada, onde oferecem "petiscos" e uma confortável sala dividida em duas alturas. Cozinha tradicional com inspiração regional.

PORTUGAL

SANTA LUZIA → Ver Viana do Castelo
Viana do Castelo

SANTA LUZIA
Faro – 1 455 h. – Ver mapa regional n° **2**-C2
Lisboa 305 km – Faro 30 km – Beja 147 km – Vila Real de Santo António 27 km
Mapa das estradas Michelin n° 733 e 593-U7

Casa do Polvo Tasquinha
Av. Eng. Duarte Pacheco 8 ✉ 8800-545 – ✆ 281 32 85 27 – fechado 3ª feira salvo julho-agosto
Lista 20/35 €
Esta aldeia marinheira é conhecida em todo o pais como "A Capital do Polvo", um dado fundamental para entender o amor gastronómico que aqui, em frente à Ria Formosa, sentem pelo popular polvo. Cozinha e ambiente marinheiro.

SANTA MARIA DA FEIRA
Aveiro – 12 511 h. – Alt. 125 m – Ver mapa regional n° **3**-B1
Lisboa 291 km – Aveiro 47 km – Coimbra 91 km – Porto 31 km
Mapa das estradas Michelin n° 733 e 591-J4

Dos Lóios
Rua Dr. Antonio C. Ferreira Soares 2 ✉ 4520-214 – ✆ 256 37 95 70 – www.hoteldosloios.com
32 qto – 37/50 € 47/60 € – 4 suites
A pequena área social é compensada por uma boa sala de pequeno-almoço com vista para o castelo, quartos espaçosos, todos com mobiliário funcional e casa de banho completa.

na estrada N 1

Feira Pedra Bela
Rua Malaposta 510, Nordeste : 5 km ✉ 4520-506 Santa Maria da Feira – ✆ 256 91 03 50 – www.hotelpedrabela.com
62 qto – 39/45 € 45/65 €
Espaço familiar com serviço prestável. Apresenta uma confortável área pública e quartos funcionais, todos com piso alcatifado sintético e muitos com varanda.

SANTA MARTA DE PORTUZELO → Ver Viana do Castelo
Viana do Castelo

SANTARÉM
31 746 h. – Alt. 103 m – Ver mapa regional n° 4-A2
Lisboa 83 km – Leiria 77 km – Portalegre 163 km – Évora 123 km
Mapa das estradas Michelin n° 733 e 592-O3

Casa da Alcáçova
Largo da Alcáçova 3 ✉ *2000-110 – ✆ 243 30 40 30* — Planta : B2**c**
– www.alcacova.com
8 qto ☕ – 🚹95/125 € 🚹🚹105/175 €
Esta casa senhorial do século XVII oferece algumas ruínas romanas, uma muralha antiga, uma vista maravilhosa para o rio Tejo, uma sala de estar elegante e quartos de estilo clássico.

A selecção de hotéis, turismos rurais, bares de tapas e restaurantes muda cada ano: mude de guía MICHELIN cada ano!

SANTIAGO DO CACÉM

Setúbal – 7 603 h. – Alt. 225 m – Ver mapa regional n° **1**-B2

Lisboa 144 km – Beja 80 km – Faro 178 km – Setúbal 111 km

Mapa das estradas Michelin n° 733 e 593-R3

D. Nuno

Av. D. Nuno Álvares Pereira 90 ✉ 7450-103 – ✆ 269 82 33 25 – www.hoteldomnuno.com

73 qto – 50/68 € 66/90 € – 1 suite

Actualiza-se a pouco e pouco ... porém, dentro da sua simplicidade, continua a ser um recurso interessante nesta localidade. Quartos com mobiliário clássico-funcional.

SANTIAGO DO ESCOURAL

Évora – Ver mapa regional n° **1**-B2

Lisboa 117 km – Évora 28 km – Setúbal 85 km – Beja 86 km

Mapa das estradas Michelin n° 733 e 593-Q5

Manuel Azinheirinha

Rua Dr. Magalhães de Lima 81 ✉ 7050-556 – ✆ 266 85 75 04 – fechado 2ª feira noite e 3ª feira

Menu 18/35 € – Lista 20/36 €

Gerido de forma eficaz pelo casal proprietário, presentes na sala e cozinha. Apesar da sua modéstia, destaca-se pelo seu excelente nível gastronómico, com uma pequena carta de especialidades alentejanas e pratos tradicionais portugueses.

PORTUGAL

SANTO ESTÊVÃO → Ver Chaves

Vila Real

SANTO TIRSO

Porto – 14 107 h. – Alt. 75 m – Ver mapa regional n° **6**-A2

Lisboa 345 km – Braga 29 km – Porto 28 km

Mapa das estradas Michelin n° 733 e 591-H4

Cidnay

Rua Dr. João Gonçalves ✉ 4784-909 – ✆ 252 85 93 00 – www.hotel-cidnay.pt

65 qto – 130/450 € 150/450 € – 3 suites

Tranquilo e concebido para o seu bem-estar, conjuga perfeitamente tradição e modernidade. Tem uma esplanada muito agradável, quartos devidamente equipados e um restaurante de carácter marcadamente panorâmico onde pode optar por pratos tradicionais ou internacionais.

SÃO JOÃO DA MADEIRA

Aveiro – 21 713 h. – Alt. 205 m – Ver mapa regional n° **3**-B1

Lisboa 287 km – Aveiro 48 km – Porto 41 km – Viseu 93 km

Mapa das estradas Michelin n° 733 e 591-J4

S. João da Madeira H.

Rua Adelino Amaro da Costa 573 ✉ 3700-023 – ✆ 256 10 67 00 – www.wrsjmhotel.com

110 qto – 45/105 € 50/115 € – 7 suites

Hotel de estilo moderno situado perto do centro da localidade. Conta com diversas áreas públicas, quartos confortáveis e modernos; não muito amplos mas bem equipados. O restaurante complementa a carta tradicional com algum prato mais internacional.

SÃO PEDRO DE MOEL

Leiria – 436 h. – Ver mapa regional n° **4**-A2

Lisboa 135 km – Coimbra 79 km – Leiria 22 km

Mapa das estradas Michelin n° 733 e 592-M2

Mar e Sol
Av. da Liberdade 1 ✉ 2430-501 – ✆ 244 59 00 00 – www.hotelmaresol.com
57 qto – 40/150 € 55/150 €
Passada a sua fachada, moderna e totalmente envidraçada, encontrará uma zona de convívio bastante diáfana e quartos iluminados, todos eles confortáveis e actuais. O restaurante combina a sua carta tradicional com umas vistas magníficas para o oceano Atlântico. Esplanada-solário com bar de verão na cobertura!

SERTÃ
Castelo Branco – 6 196 h. – Ver mapa regional n° **3-B3**
Lisboa 248 km – Castelo Branco 72 km – Coimbra 86 km
Mapa das estradas Michelin n° 733 e 592-M5

Convento da Sertã (N)
Alameda da Carvalha ✉ 6100-730 – ✆ 274 60 84 93
– www.conventodasertahotel.pt
25 qto – 80/160 €
Rest *Pontevelha* – ver selecção restaurantes
Enquadrado num Convento Franciscano do século XVII. A imponente fachada, convida a entrar para um pequeno claustro, coberto, transformado em sala de estar. Disponibiliza uns quartos modernos e minimalistas, cada um personalizado com um pássaro da região.

Santo Amaro
Rua Bombeiros Voluntários ✉ 6100-756 – ✆ 274 60 41 15
– www.santosemarcal.pt – fechado 4ª feira
Lista 21/34 €
Sobressai desde o exterior com uma sala panorâmica com vista, de desenho moderno, onde está o snack-bar. Sala de jantar sóbria e de estilo clássico, oferece uma cozinha de inspiração regional.

Pontevelha – Hotel Convento da Sertã
Alameda da Carvalha ✉ 6100-730 – ✆ 274 60 01 60 – www.santosemarcal.pt
– fechado 7 dias em novembro e 2ª feira
Lista 22/35 €
Independente do hotel! Com uma sala de grande dimensão circular panorâmica, com magnifica vista, apresenta uma carta regional com grande diversidade de carnes grelhadas.

SESIMBRA
Setúbal – 23 894 h. – Ver mapa regional n° **1-A2**
Lisboa 40 km – Leiria 181 km – Santarém 119 km – Setúbal 28 km
Mapa das estradas Michelin n° 733 e 593-Q2

Ribamar
Av. dos Náufragos 29 ✉ 2970-637 – ✆ 212 23 48 53 – www.ribamar.com.pt
Menu 22/36 € – Lista 29/41 €
Dotado de uma sala principal em dois pisos com elegante decoração marítima, a cozinha deste restaurante é aberta com uma esplanada panorâmica de sonho. Peixe fresco acabado de chegar do mar, de excelente qualidade.

SESMARIAS → Ver Albufeira
Faro

SETÚBAL
90 640 h. – Ver mapa regional n° **1-B2**
Lisboa 50 km – Beja 144 km – Évora 100 km – Santarém 117 km
Mapa das estradas Michelin n° 733 e 593-Q3

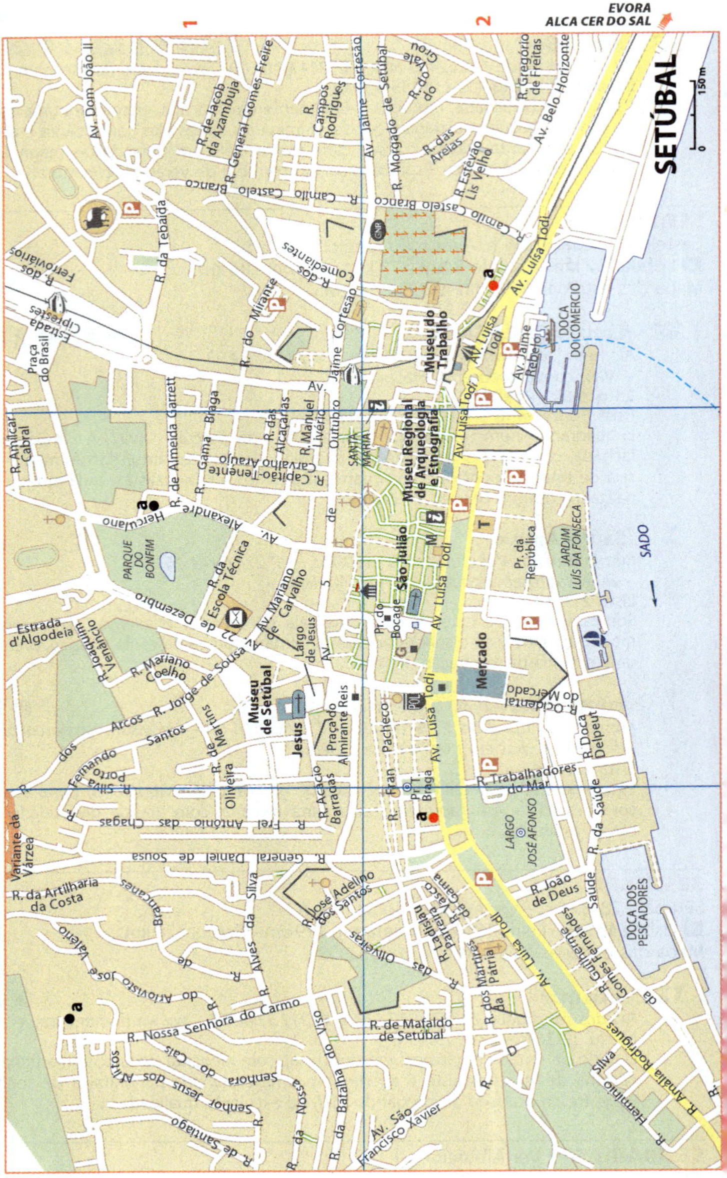
SETÚBAL
0
150 m
EVORA
ALCA CER DO SAL
A
B
C
1
2
SADO
DOCA DO COMERCIO
DOCA DOS PESCADORES
Museu de Setúbal
Jesus
Museu Regional de Arqueologia e Etnografia
Museu do Trabalho
São Julião
Mercado
SANTA MARIA
PARQUE DO BONFIM
JARDIM LUÍS DA FONSECA
LARGO JOSÉ AFONSO
Pr. da República
Av. Luísa Todi
Av. 22 de Dezembro
Av. 5 de Outubro
Av. Jaime Cortesão
Av. Alexandre Herculano
Av. Mariano de Carvalho
Av. Dom João II
Av. Belo Horizonte
Av. Jaime Rebelo
Av. São Francisco Xavier
R. Camilo Castelo Branco
R. da Tebaida
R. de Almeida Garrett
R. Gama Braga
R. Jorge de Sousa
R. General Daniel de Sousa
R. Frei António das Chagas
R. Nossa Senhora do Carmo
R. de Mafaldo de Setúbal
R. Trabalhadores do Mar
R. da Saúde
R. Doca Delpeut
R. Ocidental do Mercado
R. Amílcar Cabral
R. Mariano Coelho
R. Joaquim Venâncio
Estrada d'Algodeia
Estrada Ciprestes
Praça do Brasil
R. dos Ferroviários
R. dos Comediantes
R. do Mirante
R. da Escola Técnica
Largo de Jesus
Praçaldo Almirante Reis
R. Acácio Barradas
R. Fran Pacheco
Pr. de Bocage
Pr. T. Braga
R. João de Deus
R. Guilherme Gomes Fernandes
R. Amália Rodrigues
R. Hermínio da Silva
R. da Artilharia da Costa
Variante da Várzea
R. de Santiago
R. da Batalha do Viso
R. José Adelino dos Santos
R. dos Mártires da Pátria
R. de Jacob da Azambuja
R. General Gomes Freire
R. Campos Rodrigues
R. Morgado de Setúbal
R. das Areias
R. Estêvão Lis Velho
R. Gregório de Freitas
R. do Vale do Grou
R. Manuel Livério
R. das Alcaçarias
R. Capitão-Tenente Carvalho Araujo
R. Silva Porto
R. Fernando dos Arcos
R. Santos
R. de Martins Oliveira
a

Do Sado

Rua Irene Lisboa 1-3 ✉ 2900-028 – ✆ 265 54 28 00 Planta : A1**a**
– www.hoteldosado.com
66 qto – 75/95 € 95/125 €
Destaca-se pelas suas magníficas vistas, pois ocupa parcialmente um bonito palacete, com um anexo actual, situado na parte alta de Setúbal. Salas polivalentes, amplos quartos e uma esplanada requintada com guarda-sóis tipo "haimas". O restaurante está no terraço, razão pela qual tem um carácter panorâmico.

Premium Setúbal (N)

Avenida Alexandre Herculano 58 ✉ 2900-206 Planta : B1**a**
– ✆ 265 53 63 25 – www.hoteispremium.com
112 qto – 50/60 € 55/70 €
Localizado numa zona privilegiada em frente ao Parque do Bonfim, com um ambiente sóbrio e vanguardista. Oferece um hall de grande dimensão, salas de reuniões com paredes amovíveis e quartos espaçosos. Restaurante simples, convida a uma carta que alia pratos tradicionais e internacionais.

Champanheria (N)

Av. Luisa Todi 414 ✉ 2900-455 – ✆ 936 45 04 75 Planta : A2**a**
– www.champanheria.com.pt – fechado janeiro, domingo noite e 2ª feira
Menu 18/24 € – Lista 33/45 €
O espaço simples apresenta uma cozinha tradicional com um cariz moderno, simples mas saborosa, com petiscos bem confeccionados e... cultivo de ostras próprias!

Poço das Fontainhas (N)

Rua das Fontainhas 98 ✉ 29010-082 – ✆ 265 53 48 07 Planta : C2**a**
– www.pocodasfontainhas.com
Menu 13/15 € – Lista 20/40 €
Se quer peixe fresco do mar não encontrará um espaço melhor, com venda avulso e cozinhado sobretudo na grelha. Excelente aquário de marisco e uma vistosa montra de produtos.

PORTUGAL

SINES

Setúbal – 13 200 h. – Ver mapa regional n° **1-A3**
Lisboa 163 km – Beja 123 km – Évora 173 km – Setúbal 130 km
Mapa das estradas Michelin n° 733 e 593-S3

Dom Vasco

Rua do Parque 13 ✉ 7520-202 – ✆ 269 63 09 60 – www.domvasco.com
27 qto – 100/165 € 100/195 €
Um recurso perfeito para conhecer a cidade. Oferece quartos personalizados que evocam vários pontos geográficos e personagens vinculadas ao navegador Vasco da Gama. O restaurante, de carácter polivalente, serve uma cozinha tradicional simples.

Cais da Estação (N)

Av. General Humberto Delgado 16 ✉ 7520-104 – ✆ 269 63 62 71
– www.caisdaestacao.com – fechado 2ª feira
Menu 25 € – Lista 25/35 €
Ocupa uma antiga estação de comboio, um espaço com telhado de duas águas. Oferece um balção com uma excelente vitrina de peixe com um ambiente clássico e duas salas. Carta tradicional baseada na excelente qualidade dos seus produtos.

na Praia de São Torpes Sudeste : 8,5 km

Trinca Espinhas

Praia de São Torpes ✉ 7520-089 Sines – ✆ 269 63 63 79 – fechado novembro e 5ª feira
Lista 20/35 € – *(só almoço salvo fins de semana de dezembro-maio)*
Ocupa uma casa de madeira sobre a praia com uma decoração de ar marinheiro, uma vidraça aberta ao mar e uma maravilhosa esplanada. Carnes e peixes na brasa!

SINTRA

Lisboa – 29 591 h. – Alt. 200 m – Ver mapa regional n° **4-B3**
Lisboa 33 km – Cascais 17 km – Leiria 157 km – Setúbal 72 km
Mapa das estradas Michelin n° 733 e 592-P1

Sintra Boutique H.

Rua Visconde de Monserrate 48 ✉ *2710-591 – ✆ 219 24 41 77 – www.sbhboutiquehotel.com* Planta : A1**x**
18 qto – 100/120 € 110/130 €
À primeira vista parece funcional..., no entanto, este é um hotel moderno que surpreende pelo serviço e pelos quartos, todos com equipamento completo e bons lençóis. Aqui o pequeno-almoço, também excelente, faz-se à carta. O restaurante oferece cozinha tradicional e internacional com um toque moderno.

Sintra Bliss House

Rua Dr. Alfredo da Costa 15 ✉ *2710-524 – ✆ 219 24 45 41 – www.sintra-b-hotels.com* Planta : A1**h**
17 qto – 75/90 € 75/100 €
Localizado junto à Câmara, numa casa antiga que foi recuperada com pormenores de design e requinte. Sobressai uma esplanada com encanto, na parte de trás, dotada de uma pequena zona ajardinada e reservada para os pequenos-almoços, copos e cafés.

Casa Miradouro

Rua Sotto Mayor 55 ✉ *2710-628 – ✆ 914 29 22 03 – www.casa-miradouro.com* Planta : A1**k**
8 qto – 60/115 € 80/115 €, 10 €
Esta casa senhorial apresenta zona de convívio acolhedora e quartos marcados pelo conforto, a maior parte deles com chuveiro. O seu pequeno jardim tem umas excelentes vistas e uma esplanada onde pode tomar o pequeno almoço.

PORTUGAL

na Estefânia

Nova Sintra

Largo Afonso de Albuquerque 25 ✉ *2710-519 Sintra – ✆ 219 23 02 20 – www.novasintra.com* Planta : B1**a**
10 qto – 60/80 € 75/110 €
Um recurso válido e simpático, situado numa casa antiga de ambiente marcadamente familiar. É composto por uma zona de convívio acolhedora e instalações modestas, com quartos funcionais. O restaurante, de dimensões reduzidas, tem o apoio de uma grande e atractiva esplanada.

na estrada de Colares pela N 375 A2

Tivoli Palácio de Seteais

Rua Barbosa do Bocage 8, Oeste : 1,5 km ✉ *2710-517 Sintra – ✆ 219 23 32 00 – www.tivolihotels.com*
30 qto – 160/640 € 160/670 €
Magnífico palácio do século XVIII rodeado de jardins. Depois da sua elegante recepção encontrará várias salas de ar régio e excelentes quartos com mobiliário de época. O restaurante complementa-se com uma esplanada e um recinto semi-privado, este último numa preciosa sala oval.

na estrada da Lagoa Azul-Malveira por Av. do Conde Sucena B2 : 7 km

Penha Longa H.

✉ *2714-511 Sintra – ✆ 219 24 90 11 – www.penhalonga.com*
177 qto – 190/330 € 200/340 € – 17 suites
Rest *Lab by Sergi Arola* • Rest *Midori* – ver selecção restaurantes
Neste peculiar complexo, rodeado por um ambiente exclusivo, encontrará um palacete, monumentos do século XV e quartos muito confortáveis, todos elegantes e com varanda. Com vistas tanto para o campo de golfe como para o Parque Natural. Os seus restaurantes sugerem uma variada oferta culinária de carácter internacional.

XXX **Lab by Sergi Arola** (N) – Hotel Penha Longa H.

✉ *2714-511 Sintra – ✆ 219 24 90 11 – www.penhalonga.com – fechado janeiro, fevereiro, domingo e 2ª feira*

Menu 90/105 € – Lista 65/85 € – *(só jantar)*

Único, importa a estas terras, a alta gastronomia do afamado Chef espanhol. Cozinha aberta, impressionante adega envidraçada e gigante parede envidraçada que permite admirar o campo de golfe.

XX **Midori** – Hotel Penha Longa H.

✉ *2714-511 Sintra – ✆ 219 24 90 11 – www.penhalonga.com – fechado domingo e 2ª feira*

Menu 30/105 € – Lista 44/51 € – *(só jantar)*

Uma referência da gastronomia nipónica em Portugal, com uma estética actual e de design. Propõe uma carta japonesa que, trabalhando exclusivamente com o peixe dos Açores, é mais completa nos jantares que nos almoços.

TABUAÇO

Viseu – 1 782 h. – Ver mapa regional n° **3-C1**

Lisboa 416 km – Viseu 96 km – Vila Real 64 km – Guarda 179 km

Mapa das estradas Michelin n° 733 e 591-I7

pela estrada N 323 Sul : 6 km e desvio a esquerda 1 km

Quinta das Heredias

Granjinha ✉ 5120-203 Tabuaço – ☎ 254 78 70 04 – www.quintadasheredias.com

10 qto – 36/45 € 59/65 €

Singular e isolado em pleno campo, numa quinta antiga rodeada por vinhas, olivais e laranjeiras. Tem quartos simples de estilo clássico-actual, bem como um apartamento dúplex num anexo. Os seus fogões confeccionam uma cozinha caseira baseada em produtos autóctones.

TAVIRA

Faro – 15 133 h. – Ver mapa regional n° **2-C2**

Lisboa 314 km – Faro 30 km – Huelva 72 km – Lagos 111 km

Mapa das estradas Michelin n° 733 e 593-U7

em Quatro Águas

Vila Galé Albacora

Sitio de Quatro Águas, Sul : 4 km ✉ 8800-901 Tavira – ☎ 281 38 08 00 – www.vilagale.com – fechado 16 novembro -19 fevereiro

157 qto – 50/120 € 90/160 € – 6 suites

Localizado junto à ria, numa aldeia antiga de pescadores. Distribuído por vários edifícios baixos que rodeiam a piscina. Quartos alegres e funcionais, todos com varanda. O restaurante serve um buffet e uma pequena carta tradicional.

PORTUGAL

TERCENA → Ver Queluz

Lisboa

TERRUGEM

Portalegre – 1 251 h. – Ver mapa regional n° **1-C2**

Lisboa 192 km – Évora 67 km – Portalegre 59 km – Setúbal 162 km

Mapa das estradas Michelin n° 733 e 592-P7

A Bolota

Rua Madre Teresa - Quinta das Janelas Verdes ✉ 7350-491 – ☎ 268 65 61 18 – fechado do 27 ao 30 de junho, do 1 ao 7 de agosto, 2ª feira e 3ª feira

Menu 20 € – Lista 30/40 €

Um paraíso gastronómico na zona! Salas com um ambiente clássico regional e acolhedor. Apresenta uma cozinha tradicional portuguesa com pratos alentejanos e inovações na cozinha internacional. A qualidade-preço no menu de degustação é insuperável.

TOMAR

Santarém – 18 206 h. – Alt. 75 m – Ver mapa regional n° **4-B2**

Lisboa 137 km – Santarém 68 km – Leiria 51 km – Coimbra 82 km

Mapa das estradas Michelin n° 733 e 592-N4

Dos Templários

Largo Cândido dos Reis 1 ✉ 2304-326 – ☎ 249 31 01 00 – www.hoteldostemplarios.com

167 qto – 68/120 € 79/137 € – 10 suites

O seu nome é cúmplice da história local! Rodeado por majestosos jardins junto ao rio, com diversas salas de reuniões e quartos espaçosos, quase todos com varanda. O restaurante oferece tanto cozinha tradicional como de inspiração internacional.

TONDA

Viseu – 984 h. – Alt. 330 m – Ver mapa regional n° **3-B2**

Lisboa 268 km – Viseu 30 km – Aveiro 90 km – Coimbra 65 km

Mapa das estradas Michelin n° 733 e 591-K5

3 Pipos

Rua de Santo Amaro 966 ✉ 3460-479 – ✆ 232 81 68 51 – www.3pipos.pt – fechado do 24 ao 31 de agosto
Lista 20/31 €
Esta casa familiar conta com um bar, uma loja gourmet e cinco salas de ambiente rústico-regional, todas com as paredes de granito e pormenores alusivos ao mundo do vinho. A sua ementa de cozinha caseira completa-se com pratos sugeridos.

TORREIRA

Aveiro – 2 745 h. – Ver mapa regional n° **3-A1**
Lisboa 290 km – Aveiro 42 km – Porto 54 km
Mapa das estradas Michelin n° 733 e 591-J3

na estrada N 327 Sul : 5 km

Pousada da Ria

Bico do Muranzel ✉ 3870-301 Torreira – ✆ 234 86 01 80 – www.pousadas.pt
19 qto – 90/279 € – 1 apartamento
Esta confortável Pousada que, além de instalações muito aconchegantes, tem uma encantadora esplanada sobre as águas calmas da ria de Aveiro. A beleza dos arredores encontra seu eco em uma sala de refeição íntima e calma.

TORRES NOVAS

Santarém – 16 302 h. – Ver mapa regional n° **4-B2**
Lisboa 118 km – Castelo Branco 138 km – Leiria 52 km – Portalegre 120 km
Mapa das estradas Michelin n° 733 e 592-N4

Torres Novas

Praça 5 de Outubro 5 ✉ 2350-418 – ✆ 249 81 36 60 – www.hoteltorresnovas.pt
41 qto – 41/120 € 49/180 € – 1 suite
Localizado no centro histórico, mesmo ao lado do Castelo e com uma fachada clássica. Disponibiliza quartos modernos, cada casa de banho com diferentes estilos e cores. O restaurante tem uma esplanada na praça, aposta na cozinha tradicional.

TORRES VEDRAS

Lisboa – 24 630 h. – Alt. 30 m – Ver mapa regional n° **4-A2**
Lisboa 52 km – Santarém 74 km – Sintra 62 km
Mapa das estradas Michelin n° 733 e 592-O2

em Gibraltar na estrada N 9 - Oeste : 5,5 km

Pátio da Figueira

✉ 2560-122 Ponte do Rol – ✆ 261 33 22 64 – www.patiodafigueira.com
19 qto – 30/35 € 43/45 €
Um hotelzinho interessante tanto pelos seus preços como pela sua localização no campo. Oferece um salão social polivalente, com lareira central, e quartos de linha clássica.

TRÓIA

Setúbal – Ver mapa regional n° **1-A2**
Lisboa 137 km – Évora 147 km – Santarém 166 km – Setúbal 14 km
Mapa das estradas Michelin n° 733 e 593-Q3

Tróia Design H.

Marina de Tróia ✉ 7570-789 – ✆ 265 49 80 00 – www.troiadesignhotel.com – fechado 15 novembro-27 dezembro
126 qto – 109/179 € – 79 suites
O melhor é a sua localização na Península de Tróia... um Parque Natural com extensas praias! Encontrará umas instalações modernas e de grande nível, com um completo SPA, quartos tipo apartamento e, num anexo, tanto um casino como um grande centro de conferências. Entre os seus restaurantes destaca-se o B&G, com a cozinha à vista do cliente.

PORTUGAL

UNHAIS DA SERRA

Castelo Branco – 1 398 h. – Ver mapa regional n° **3-C2**
Lisboa 288 km – Castelo Branco 66 km – Guarda 65 km – Viseu 148 km
Mapa das estradas Michelin n° 733 e 592-L7

H2otel

av. das Termas ✉ 6201-909 – ✆ 275 97 00 20 – www.h2otel.com.pt
84 qto – 80/220 € 120/270 € – 6 suites
Tranquilo, isolado e com um design fantástico. Oferece amplos espaços de convívio, quartos de traçado clássico-actual ao mais alto nível e um SPA-balneário bastante completo, muitos dos tratamentos são realizados com águas termais sulfurosas. O seu restaurante oferece os três serviços do dia.

VALE DE AREIA → Ver Ferragudo

Faro

VALE DE PARRA → Ver Albufeira

Faro

VALE DO GARRÃO → Ver Almancil

Faro

VALE FORMOSO → Ver Almancil

Faro

PORTUGAL

VALENÇA DO MINHO

Viana do Castelo – 3 430 h. – Alt. 72 m – Ver mapa regional n° **6-A1**
Lisboa 440 km – Braga 88 km – Porto 122 km – Viana do Castelo 52 km
Mapa das estradas Michelin n° 733 e 591-F4

dentro das Muralhas

Pousada de Valença - São Teotónio

Baluarte do Socorro ✉ 4930-619 Valença do Minho – ✆ 251 80 02 60 – www.pousadavalenca.pt
18 qto – 79/159 € 85/165 €
Esta pousada localizada num dos extremos da muralha dispõe de uma vista panorâmica privilegiada sobre as águas do Minho. Os quartos, totalmente equipados, oferecem um conforto clássico. O restaurante, que ocupa uma sala com grandes janelas e magníficas vistas, oferece uma cozinha fiel às receitas tradicionais de Portugal.

VIANA DO CASTELO

30 228 h. – Ver mapa regional n° **6-A2**
Lisboa 388 km – Braga 53 km – Ourense 154 km – Porto 74 km
Mapa das estradas Michelin n° 733 e 591-G3

Axis Viana

Av. Capitão Gaspar de Castro ✉ 4900-462 – ✆ 258 80 20 00 – www.axishoteis.com Planta : B1**a**
87 qto – 103/175 € 130/300 €
Ocupa um edifício design dotado de uma fachada espetacular, um grande hall, um bar lounge e uma luminosa área social. Quartos amplos, modernos e bem equipados. O restaurante, um pouco frio, combina pratos "à la carte" e serviço de pequeno-almoço. Grande SPA com 2600 m^2 de instalações!

Flôr de Sal

Av. de Cabo Verde 100 (Praia Norte), por Campo da Agonia A2 ✉ 4900-568 – ✆ 258 80 01 00 – www.hotelflordesal.com
57 qto – 115/165 € 135/195 € – 3 suites
Edifício de estilo moderno aberto ao mar. Desfruta dum espaçoso hall com boas vistas e mobiliário de desing, assim como quartos de completo equipamento e um SPA. Refeitório luminoso e de estética actual.

PORTUGAL

Casa Melo Alvim

Av. Conde da Carreira 28 ✉ 4900-343 – ✆ 258 80 82 00 – www.meloalvimhouse.com Planta : A1**v**

16 qto – 99/144 € 110/160 € – 4 suites

Casa senhorial do séc. XVI, onde se apreciam diferentes estilos artísticos fruto das suas sucessivas ampliações. Os seus quartos possuem mobiliário português e casas de banho em mármore.

Tasquinha da Linda

Rua dos Mareantes A-10 ✉ 4900-370 – ✆ 258 84 79 00 – www.tasquinhadalinda.com – fechado 15 dias en janeiro, 15 dias en outubro e domingo salvo maio-agosto Planta : A2**a**

Lista 25/50 €

Os seus proprietários são comerciantes de peixe, por isso aqui, só deram mais um passo no processo comercial. Ocupa um antigo armazém do molhe, possui grandes viveiros e, claro, é especializado em peixes e mariscos.

Os 3 Potes

Beco dos Fornos 7 ✉ 4900-523 – ✆ 258 82 99 28 – fechado do 1 ao 17 de outubro e do 15 ao 30 de novembro Planta : B1-2**s**

Lista 20/30 €

Localizado num lindo recanto histórico! A decoração rústica e regional lhe confere uma tipicidade decididamente acolhedora, com um antigo forno de pão à vista e três arcos em pedra. A sua ementa regional integra muitas carnes e guisados.

em Santa Marta de Portuzelo Norte : 5,5 km – Ver mapa regional n° 6-A2

Camelo

Rua de Santa Marta 119 - Estrada N 202 ✉ 4925-104 Viana do Castelo – ✆ 258 83 90 90 – www.camelorestaurantes.com – fechado 2ª feira

Lista 20/30 €

Tem prestígio e trabalha muito com banquetes. Por trás do bar da entrada, com um sugestivo expositor de produtos e um viveiro, encontrará vários espaços bem arranjados. A sua vasta ementa regional destaca-se pela escolha de carnes.

em Santa Luzia Norte : 6 km – Ver mapa regional n° **6**-A2

Pousada do Monte de Santa Luzia

✉ 4901-909 Viana do Castelo – ✆ 258 80 03 70 – www.pousadas.pt

51 qto – 110/286 €

Singular edifício de inícios do século XX com localização privilegiada, com maravilhosas vistas para o mar e para o estuário do Lima. O seu interior foi redecorado num estilo clássico mais fresco e luminoso. O restaurante, também de estilo clássico, com terraço de verão, oferece uma ementa tradicional.

VIDAGO

Vila Real – 1 204 h. – Alt. 350 m – Ver mapa regional n° **6**-B2

Lisboa 446 km – Vila Real 54 km – Braga 110 km – Bragança 115 km

Mapa das estradas Michelin n° 733 e 591-H7

Vidago Palace

parque de Vidago ✉ 5425-307 – ✆ 276 99 09 00 – www.vidagopalace.com

66 qto – 178/262 € – 4 suites

Um dos emblemas da hotelaria portuguesa! É magnífico e está instalado num imponente edifício que se destaca tanto pelas suas zonas nobres, com uma esplêndida escada, como pelos seus quartos. Também oferece um SPA, um campo de golfe e dois restaurantes, um deles no antigo salão de baile.

VIEIRA DO MINHO

Braga – 2 239 h. – Alt. 390 m – Ver mapa regional n° **6**-B2

Lisboa 398 km – Braga 33 km – Viana do Castelo 95 km – Vila Real 140 km

Mapa das estradas Michelin n° 733 e 591-H5

em Caniçada Noroeste : 7 km

Pousada da Caniçada-Gerês

Estrada N 304 ✉ 4850-047 Caniçada – ✆ 210 40 76 50 – www.pousadas.pt

36 qto – 90/272 €

Situa-se numa bela paragem dotada com magníficas vistas à serra do Gerês e ao rio Cávado. Interior de ar montanhês, com muita madeira e quartos bem equipados. No seu agradável restaurante elabora-se uma cozinha fiel ao receituário tradicional.

VILA DO CONDE

Porto – 28 636 h. – Ver mapa regional n° **6**-A2

Lisboa 342 km – Braga 40 km – Porto 28 km – Viana do Castelo 42 km

Mapa das estradas Michelin n° 733 e 591-H3

em Azurara pela estrada N 13 - Sudeste : 1 km

Santana

Monte Santana - Azurara ✉ 4480-188 Vila do Conde – ✆ 252 64 04 60 – www.santanahotel.net

64 qto – 65/115 € 75/135 € – 10 suites

Numa localização privilegiada! O seu interior dispõe de uma grande zona nobre e recreativa, com um bom SPA e quartos de estilo clássico bem arranjados. O restaurante, envidraçado e com uma ementa tradicional, dispõe de magníficas vistas para o mosteiro de Santa Clara e para o rio Ave.

em Areia pela estrada N 13 - Sudeste : 4 km

Romando

Rua da fonte nº221 ✉ 4480-088 Vila do Conde – ✆ 252 64 10 75 – www.romando.pt

Lista 51/59 €

Fica situado num bairro nos arredores da Areia e apresenta-se com uma grande sala de estilo moderno. Cozinha tradicional portuguesa, com boa selecção de arrozes e alguns mariscos.

VILA NOVA DE CERVEIRA

Viana do Castelo – 1 432 h. – Ver mapa regional n° **6**-A1

Lisboa 425 km – Viana do Castelo 37 km – Vigo 46 km

Mapa das estradas Michelin n° 733 e 591-G3

em Gondarém pela estrada N 13 - Sudoeste : 4 km – Ver mapa regional n° **6**-A1

Boega
Quinta do Outeiral ✉ 4920-061 Gondarém – ✆ 251 70 05 00 – www.boegahotel.com
29 qto – 45/100 € 55/110 € – 2 suites
Esta casa senhorial, com agradáveis exteriores, distribui os seus quartos em três edifícios, albergando no núcleo principal, os quartos mais clássicos e luxuosos, quase todos com vistas para o Minho. O restaurante, também de estilo clássico, centra a sua oferta num buffet correto.

na estrada de Valença do Minho Nordeste : 6 km

Minho
Vila Mea ✉ 4920-140 Vila Mea – ✆ 251 70 02 45 – www.hotelminho.com
60 qto – 55/90 € 72/110 €
Rest *Braseirão do Minho* – ver selecção restaurantes
Conjunto de estética actual que surpreende exteriormente pelo seu jogo de linhas puras. Oferece um moderno interior, com quartos funcionais e apartamentos tipo duplex.

Braseirão do Minho – Hotel Minho
Vila Mea ✉ 4920-140 Vila Mea – ✆ 251 70 02 45 – www.hotelminho.com
Menu 9/13 € – Lista 20/43 €
Separado do hotel e com um funcionamento completamente independente... embora com um bom serviço! Apresenta um estilo tradicional, com amplos exteriores e várias salas, incluindo uma para banquetes. Cozinha de cariz tradicional.

PORTUGAL

VILA NOVA DE FAMALICÃO

Braga – 8 478 h. – Alt. 88 m – Ver mapa regional n° **6-A2**
Lisboa 350 km – Braga 18 km – Porto 33 km
Mapa das estradas Michelin n° 733 e 591-H4

em Portela Nordeste : 8,5 km

Ferrugem
estrada N 309 - Rua das Pedrinhas 32 ✉ 4770-379 Portela VNF – ✆ 252 91 17 00 – www.ferrugem.pt – fechado 2ª quinzena de agosto, domingo noite e 2ª feira
Menu 33/60 € – Lista aprox. 30 €
Interessante e atrativo, pois esconde-se num antigo estábulo! Na sua sala, de excelente arranjo, com altíssimos tetos e ambiente rústico moderno, poderá descobrir uma cozinha atual e criativa. Pequena ementa e dois menus de degustação.

na estrada N 206 Nordeste : 1,5 km

Moutados de Baixo
Av. do Brasil 1701 ✉ 4764-983 Vila Nova de Famalicão – ✆ 252 32 22 76 – www.moutados.com.pt
Menu 15/30 € – Lista 25/36 €
Oferece duas salas de aspeto clássico-atual, a principal com cozinha quase integrada e ambas decoradas com quadros muito coloridos. A sua ementa tradicional portuguesa é enriquecida com uma sugestão especial para cada dia da semana.

VILA NOVA DE GAIA

Porto – 30 147 h. – Ver mapa regional n° **6-A3**
Lisboa 312 km – Porto 5 km – Braga 62 km – Viseu 125 km
Mapa das estradas Michelin n° 733 e 591-I4

ver planta do Porto

The Yeatman
Rua do Choupelo ✉ *4400-088* – ✆ *220 13 31 00* Planta : C3**a**
– *www.theyeatman.com*
71 qto – 155/270 € 170/285 €, 22 € – 11 suites
Rest *The Yeatman* – ver selecção restaurantes
Impressionante conjunto escalonado numa zona de caves, em frente à zona histórica da cidade. Possui uns quartos de traçado clássico-actual, todos dotados de varanda e muitas delas personalizadas com temas alusivos da cultura vitivinícola.

The Yeatman – Hotel The Yeatman
Rua do Choupelo ✉ *4400-088* – ✆ *220 13 31 00* Planta : C3**a**
– *www.theyeatman.com*
Menu 90 € – Lista 65/98 € – *(só jantar)*
Único! Proporciona um ambiente clássico moderno. Destaque para à luminosidade do espaço e a espantosa vista sobre o Porto. Convidam à uma cozinha de autor baseada em diferentes menus, uma selecção de pratos à carta e uma das caves de referência de tudo Portugal.
→ Lavagante assado com especiarias, puré de laranja e molho de soja. Robalo ao vapor com algas, raviolis de bacalhau e molho de champanhe. Morangos, crumble de morangos com hortelã, sabayon de maracujá e gelado de coco.

PORTUGAL

Barão Fladgate
Rua do Choupelo 250 ✉ *4400-088* – ✆ *223 74 28 00* Planta : C3**b**
– *www.baraofladgate.pt – fechado domingo noite*
Lista 26/55 €
Inserido na Cave Taylor's! Oferece um interior de ambiente clássico, um terraço com uma privilegiada vista para o Rio Douro e uma cozinha tradicional com cariz moderno.

VILA POUCA DA BEIRA

Coimbra – 355 h. – Ver mapa regional n° **3**-B2
Lisboa 271 km – Coimbra 67 km – Castelo Branco 118 km – Viseu 55 km
Mapa das estradas Michelin n° 733 e 592-L6

Pousada Convento do Desagravo
Calçada do Convento ✉ *3400-758* – ✆ *238 67 00 80*
– *www.pousadas.pt*
22 qto – 90/222 € – 7 suites
Localizada num antigo convento restaurado, com várias zonas nobres, um pequeno claustro envidraçado e igreja própria. Todos os quartos e casas-de-banho são de traçado actual. No restaurante, de traçado clássico, trabalha-se numa cozinha de paladar tradicional.

VILA REAL

17 588 h. – Alt. 425 m – Ver mapa regional n° **6**-B2
Lisboa 400 km – Braga 103 km – Guarda 156 km – Ourense 159 km
Mapa das estradas Michelin n° 733 e 591-I6

Miracorgo
Av. 1° de Maio 76 ✉ *5000-651* – ✆ *259 32 50 01* Planta : B2**a**
– *www.hotelmiracorgo.com*
144 qto – 51/69 € 73/90 € – 22 suites
Desfruta dum amplo hall-recepção, um discreto bar anexo e correctas zonas sociais, todas elas com o chão de alcatifa. Quartos espaçosos e remodelados. Atractivo restaurante panorâmico onde também se servem pequenos almoços.

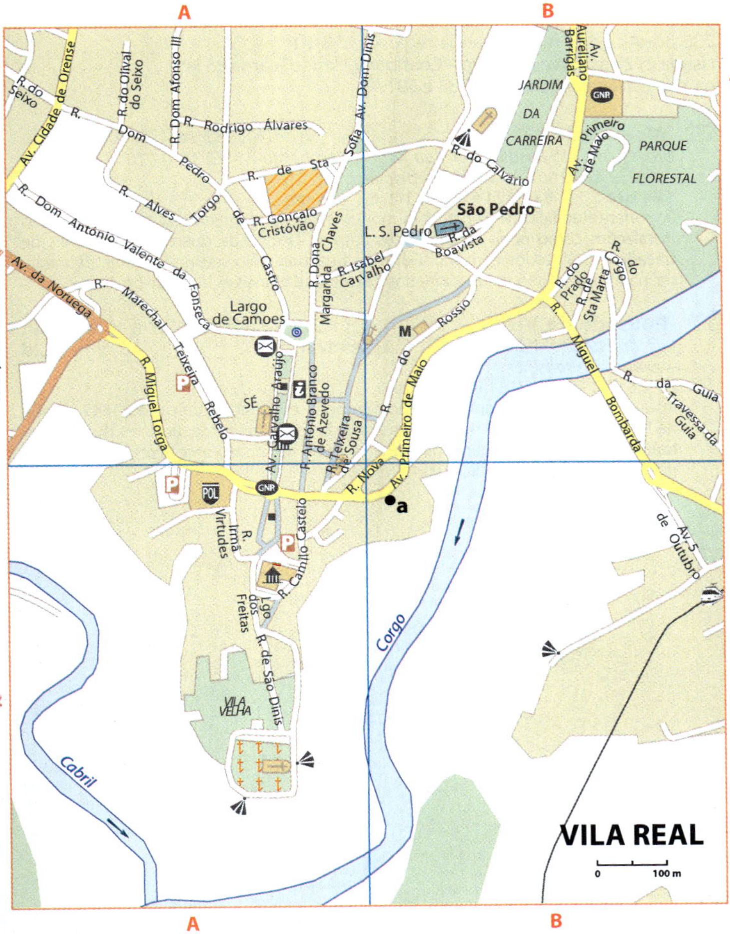

PORTUGAL

VILA VIÇOSA

Évora – 5 023 h. – Ver mapa regional n° **1**-C2

Lisboa 185 km – Badajoz 53 km – Évora 56 km – Portalegre 76 km

Mapa das estradas Michelin n° 733 e 593-P7

Pousada Convento de Vila Viçosa

Terreiro do Paço ✉ 7160-251 – ✆ 268 98 07 42 – www.pousadas.pt

39 qto – 90/229 € – 3 suites

Situado no antigo convento real de As Chagas de Cristo, que data de princípios do século XVI. O seu interior prevalece a herança histórica com muito confortável, fazendo girar as zonas comuns, no geral de traçado clássico-elegante, em volta do claustro. Sala para pequenos-almoços com o tecto abobadado e sala de refeições luminosa.

VILAMOURA

➔ Ver Quarteira

Faro

VISEU

40 236 h. – Alt. 483 m – Ver mapa regional n° **3-B1**

▶ Lisboa 292 km – Aveiro 96 km – Coimbra 92 km – Guarda 85 km

Mapa das estradas Michelin n° 733 e 591-K6

Montebelo

Urb. Quinta do Bosque, por Rua Miguel Bombarda A2 ✉ 3510-020 – ✆ 232 42 00 00 – www.montebeloviseu.pt

164 qto ☕ – 👤74/124 € 👥90/146 € – 8 suites

Imponente edifício de construção moderna que o surpreenderá tanto pelas suas instalações como pelos seus espaços amplos. Dispõe de quartos confortáveis de traçado actual, todos com mobiliário de qualidade. No seu restaurante, de carácter panorâmico, são confeccionados pratos tradicionais e internacionais.

Pousada de Viseu

Rua do Hospital ✉ 3500-161 – ✆ 232 45 63 20 – www.pousadas.pt Planta : A2**d**

81 qto ☕ – 👥85/151 € – 3 suites

Instalado no antigo hospital de São Teotónio, este lindo edifício de 1842 dispõe de um agradável pátio coberto e quartos de estilo moderno, aqueles que encontram-se no último andar possuem varanda. O restaurante combina estética moderna com menu tradicional.

Palácio dos Melos
Rua Chão Mestre 4 ✉ 3500-103 – ☎ 232 43 92 90 Planta : A2**b**
– www.hotelpalaciodosmelos.pt
27 qto – 55/73 € 61/81 €
Antiga mansão da nobreza situada na zona monumental. Oferece espaços sociais bem restaurados e quartos confortáveis, todos com hidromassagem nas casas de banho. Peça os da parte renovada pois são mais atuais!

Casa da Sé
Rua Augusta Cruz 12 ✉ 3500-088 – ☎ 232 46 80 32 Planta : B1**c**
– www.casadase.net
12 qto – 65/75 € 71/85 €
Procura um hotel com charme? Pernoite nesta casa nobiliária do séc. XVIII, um edifício que soube manter toda a sua essência tanto na sua cuidada recuperação, assim como num mobiliário de outrora que... pode ser adquirido!

Muralha da Sé
Adro da Sé 24 ✉ 3500-195 – ☎ 232 43 77 77 Planta : A1**a**
– www.muralhadase.pt – fechado do 15 ao 30 de outubro, domingo noite e 2ª feira
Lista 20/35 €
Único no género e no coração do centro histórico. Conta com um pequeno hall, uma agradável sala, com as paredes de granito e lareira, assim como duas salinhas mais pequenas que se utilizam como salas privadas. Apresentam uma cozinha regional com caracter e bem apresentada.

na estrada N 16 por Rua Pedro Alvares Cabral B2 : 6,5 km

Quinta da Magarenha
Via Caçador - junto a saída 20 da Auto-Estrada A 25 ✉ 3505-577 Viseu – ☎ 232 47 91 06 – www.magarenha.com – fechado 2ª quinzena de janeiro, 1ª quinzena de julho, domingo noite e 2ª feira
Menu 18/35 € – Lista 20/35 €
A sua oferta culinária baseia-se na cozinha tradicional portuguesa de rações abundantes. As suas instalações, de traçado clássico, dividem-se por várias salas de refeição, duas com serviço a la carte e as restantes para banquetes.

Madeira

Arquipélago da MADEIRA

267 938 h. – Ver mapa regional n° **5**-A2
Mapa das estradas Michelin n° 733
Arquipélago de origem volcânico, está situado a 800 km da Costa Africana e a mais de 900 km ao sudoeste de Lisboa.

O clima suave todo o ano (entre 16ºC e 20ºC) e sua vegetação exuberante fazem das ilhas um lugar privilegiado para o descanso e o ócio.
O arquipélago da Madeira, com uma superficie de 782 km2 é composto de duas ilhas (Madeira e Porto Santo) e dois grupos de ilhéus inabitados, as ilhas Desertas e as ilhas Selvagens.

Transportes

ver : Funchal e Vila Baleira

para Madeira ver : Lisboa. Em Madeira ver : Funchal, Vila Baleira (Porto Santo)

MADEIRA

A ilha é constituída por uma cadeia de montanhas com uma altitude superior a 1.200 m., onde culminam alguns picos (Pico Ruivo : 1.862 m.). O litoral é muito escarpado. As praias são raras e geralmente pedregosas.
A capital da ilha é Funchal.
A cultura do vinho da ilha foi introduzida na Madeira a partir do séc. XV. As três principais castas são o Sercial, o Boal e o Malvasía, o mais afamado. Também se produz o Verdelho.
Os bordados (em tela, linho, organdi) são uns dos principais recursos da ilha.

PORTUGAL

CÂMARA DE LOBOS – 17 986 h. – Ver mapa regional n° 5-A2

Funchal 8 km
Mapa das estradas Michelin n° 733-B3

Vila do Peixe

Dr. João Abel de Freitas 30-A ✉ 9300-048 – ✆ 291 09 99 09 – www.viladopeixe.com
Lista 20/40 €
Em frente ao mercado municipal e com grandes janelas com vista para o porto. Cozinha marítima especializada em peixes. Aquí o cliente escolhe a peça como no mercado, sendo esta pesada e preparada de imediato. As guarnições são cobradas à parte!

CANIÇAL – 3 924 h. – Ver mapa regional n° 5-A2

Funchal 30 km
Mapa das estradas Michelin n° 733-B2

Quinta do Lorde

Sitio da Piedade, Este : 3.5 km pela estrada de Prainha e desvio a direita por Rua Marina da Quinta Grande ✉ 9200-044 – ✆ 291 96 98 30 – www.quintadolorde.pt
143 qto – 76/186 € 76/350 € – 34 suites
Magnifico hotel, semelhante a uma pequena aldeia madeirense típica. Espalha os quartos, apartamentos, áreas públicas, lojas e restaurantes entre diferentes edifícios bem interligados. Apresenta uma ampla oferta gastronómica, a maior piscina de hotel da ilha e até uma marina própria!

EIRA DO SERRADO – Ver mapa regional n° 5-A2

Funchal 14 km
Mapa das estradas Michelin n° 733-B2

Estalagem Eira do Serrado

Alt. 1 095 ✉ 9000-421 – ✆ 291 71 00 60 – www.eiradoserrado.com
26 qto – 45/55 € 55/65 €
Cenário natural presidido pelas imponentes montanhas de Curral das Freiras. Os quartos, um pouco sóbrios, destacam-se pelos seus terraços e vistas maravilhosas. No restaurante, concorrido durante o dia e tranquilo à noite, encontrará uma ementa tradicional rica em carnes e pratos grelhados.

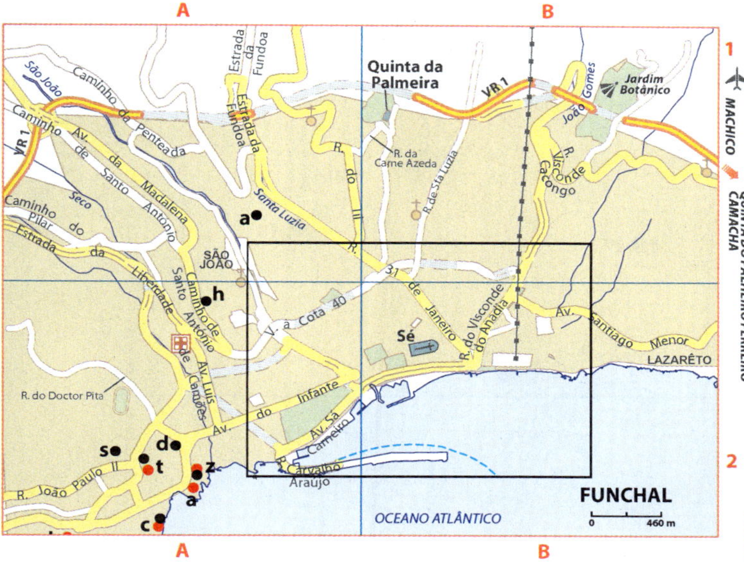

PORTUGAL

FUNCHAL – 111 892 h. – Ver mapa regional n° **5**-A2
Porto Moniz 98 km – Santana 55 km
Mapa das estradas Michelin n° 733-B3

Belmond Reid's Palace

Estrada Monumental 139 ✉ *9000-098* – ✆ *291 71 71 71* — Planta : A2**z**
– *www.belmond.com*
163 qto – 340/440 € – 35 suites
Rest *William* • Rest *Villa Cipriani* – ver selecção restaurantes
Lendário hotel, quase atemporal, onde a elegância de inspiração inglesa está aliada ao estilo vitoriano. Com um âmbito natural exuberante, orgulha-se do encantador é precioso jardim subtropical sobre a falésia onde está situado. Luxo, alta cozinha e uma deslumbrante vista para o oceano Atlântico.

Quinta das Vistas

Caminho de Santo António 52 ✉ *9000-187* — Planta : A2**h**
– ✆ *291 75 00 07* – *www.charminghotelsmadeira.com*
63 qto – 115/290 € 125/300 € – 8 suites
Deslumbrante vista conferida pela magnífica localização na parte alta do Funchal. Conta com excelentes áreas públicas de espírito inglês, quartos bem equipados e um SPA exclusivo. Se está a pensar jantar, faça-o na esplanada, pois é panorâmica!

The Cliff Bay

Estrada Monumental 147 ✉ *9004-532* – ✆ *291 70 77 00* — Planta : A2**c**
– *www.portobay.com*
199 qto – 170/238 € 195/288 € – 6 suites
Rest *Il Gallo d'Oro* ✿ – ver selecção restaurantes
Desfrute de uma estadia inesquecível neste atraente hotel, com jardins, uma zona privada para banhos no mar e umas vistas fantásticas para o oceano desde a maior parte dos seus elegantes quartos. A vasta oferta culinária contempla opções ligeiras, informais e de carácter gastronómico.

FUNCHAL
0
160 m
C
D
E
1
2
SÃO JOÃO
Quinta das Cruzes
PICO DAS FRIAS
Convento de Santa Clara
Museu Frederico de Freitas
SAN PEDRO
Museu Municipal
Câmara Municipal
Colégio
Pr. do Município
Museu de Arte Sacra
Sé
Jardim Municipal
São Lourenço
STA LUZIA
Travessa Saudade
R. do Pombal
V. à Cota 40
Mercado dos Lavradores
VILA VELHA
ROCHINHA
SOCORRO
Largo do Corpo Santo
Sta Maria Maior
PRAIA DA BARREIRINHA
São Tiago
Museu de Electricidade
Av. das Comunidades Madeirenses ou Av. do Mar
Ponta da angra
Oceano Atlântico
PONTINHA
Porto da Madeira
R. Carvalho Araújo
Porto da Madeira
Jardins do Casino
Quinta da Vigia
Parque de Santa Catarina
Sta Catarina
Praça do Infante
Praça Sá Carneiro
Av. do Infante
R. 5 de Outubro
Santa Luzia
R. dos Ferreiros
R. da Carreira
R. João de Deus
R. do Carmo
R. da Conceição
R. Conde Carvalhal
Av. Nova Alegria
Av. Santiago Menor
R. de D. Carlos I
Caminho da Achada
Estrada de São João
R. de São João
Calçada da Cabouqueira
Av. Calouste Gulbenkien
R. Doutor Brito Câmara
R. Major Reis Gomes
R. do Jasmineiro
R. dos Ilhéus
R. Tenente Coronel Sarmento
Beco dos Arrifes
R. da Saúde
R. do Til
R. Silvestre Quintino de Freitas
R. Nova do Matadouro
João Gomes
R. Lomba da Boa Vista
R. do Lanço
Travessa Doutor Castilho
R. do Acciaolli
R. Jaime Moniz
Coronel Cunha
Conde
R. da Rochinha
a
c
d
k
s
M
T
P

Royal Savoy

Rua Carvalho Araújo ✉ 9000-022 – ✆ 291 21 35 00 – www.savoyresort.com Planta : C2**s**

178 apartamentos ☕ – 👥475/550 € – 174 qto

Hotel único, debruçado sobre o oceano, com piscinas e terraço encostados ao mar. Oferece uma variada área pública com piano-bar, sofisticados quartos e amplos apartamentos. O restaurante oferece um completo buffet com serviço à carta de cariz internacional.

The Vine

Rua dos Aranhas 27-A, C.C. Dolce Vita ✉ 9000-044 – ✆ 291 00 90 00 – www.hotelthevine.com Planta : C1-2**k**

79 qto ☕ – 👤130/160 € 👥130/190 €

Rest *Uva* – ver selecção restaurantes

Localizado num centro comercial, contrasta com os outros hotéis da ilha pela sua modernidade, vencedor em 2013 do premio Leading Design da Europa. Quartos temáticos, SPA com tratamentos de vinothérapie, piscina panorâmica infinita...

Quinta da Casa Branca

Rua da Casa Branca 7 ✉ 9000-088 – ✆ 291 70 07 70 – www.quintacasabranca.pt Planta : A2**t**

41 qto ☕ – 👥150/320 € – 8 suites

Rest *Casa da Quinta* – ver selecção restaurantes

Hotel de estética moderna localizado numa antiga quinta do século XIX. Possui um ambiente ajardinado com grande diversidade de árvores e plantas, uma zona nobre correta e quartos confortáveis, a maioria deles com acesso direto para o jardim.

Quinta Jardins do Lago

Rua Dr. João Lemos Gomes 29 ✉ 9000-208 – ✆ 291 75 01 00 – www.jardins-lago.pt Planta : A1**a**

40 qto ☕ – 👥95/146 € – 4 suites

Quinta com charme do séc. XVIII situada sobre uma das colinas que rodeiam o Funchal, destaca-se a deslumbrante vista. Todos os quartos têm varanda ou terraço para desfrutar do belo jardim botânico. Oferta gastronómica clássica e internacional.

Quinta da Bela Vista

Caminho do Avista Navios 4, por Rua Doctor Pita A2 : 3 km ✉ 9000-129 – ✆ 291 70 64 00 – www.belavistamadeira.com

89 qto ☕ – 👤130/219 € 👥149/292 € – 3 suites

Quinta de meados do séc. XIX formada pela conjugação de diversos edifícios, todos situados numa sossegada e belíssima quinta ajardinada. Oferece quartos de sofisticado classicismo, áreas públicas de ambiente inglês e uma oferta gastronómica variada, com um acolhedor restaurante principal na "Casa Mãe".

Quinta Bela São Tiago

Rua Bela São Tiago 70 ✉ 9060-400 – ✆ 291 20 45 00 – www.solpuro.pt Planta : E1**a**

56 qto ☕ – 👤95/135 € 👥100/200 € – 8 suites

Ocupa uma casa senhorial do séc. XIX, bem restaurada e ampliada com dois edifícios enquadrados por uns belíssimos jardins. Embora tem uma excelente sala de jantar, jante no terraço para desfrutar da vista, tanto sobre o imenso oceano como sobre à cidade.

Quintinha de São João

Rua da Levada de São João 4 ✉ 9000-191 – ✆ 291 74 09 20 – www.quintinhasaojoao.com Planta : C1**d**

36 qto ☕ – 👤95/136 € 👥125/182 € – 6 suites

Localizada em uma das quintas históricas da cidade. Combina arquitectura clássica com um interior acolhedor, um SPA moderno e quartos espaçosos. O restaurante, localizado num edifício separado, oferece uma seção de cozinha goesa.

PORTUGAL

Porto Santa Maria

Av. do Mar e das Comunidades Madeirenses 50 ✉ 9060-190 Planta : E2**s**
– ✆ 291 20 67 00 – www.portobay.pt
146 qto – 100/165 € 121/250 € – 12 suites
Em plena "Área Velha" com vista sobre o porto, onde poderá assistir ao espectáculo de luxo da chegada dos grandes barcos de cruzeiro à cidade. Excelentes espaços de estilo clássico moderno, fantástica área de piscina e gastronomia de cariz internacional.

Pestana Promenade

Rua Simplicio dos Passos Gouveia 31, pela Rua João Paulo II A2 *- Oeste : 1,5 km ✉ 9000-001 – ✆ 291 14 14 00 – www.pestana.com*
107 qto – 125/255 € 139/269 € – 5 suites
Destaca-se pelas suas vistas, pois está localizado sobre a falésia; a maior parte dos seus quartos, actuais e alegres (quase todos com varanda), sobressaem tanto às suas piscinas como ao oceano. Lobby amplo, bom SPA e suites personalizadas. O restaurante combina o seu buffet internacional com outros temáticos.

Savoy Gardens

Azinhaga da Casa Branca ✉ 9004-543 – ✆ 291 21 36 00 Planta : A2**s**
– www.savoyresort.com
119 qto – 110/235 € 125/250 €
Um hotel confortável, com excelente relação qualidade/preço. Situado no animado bairro do Lido. Divide os quartos entre uns com vista sobre o mar e outros virados sobre às verdes montanhas. Agradável área de piscina e um buffet temático para cada dia.

PORTUGAL

Estalagem Quinta Perestrello

Rua Dr. Pita 3 ✉ 9000-089 – ✆ 291 70 67 00 Planta : A2**d**
– www.charminghotelsmadeira.com
36 qto – 129/172 € 139/182 €
Pequena casa senhorial do séc. XIX conta com um jardim. Oferece quartos de estilo clássico tradicional, destaque para os do anexo moderno por ter varandas ou terraços.

XXXX

Il Gallo d'Oro – Hotel The Cliff Bay

Estrada Monumental 147 ✉ 9004-532 – ✆ 291 70 77 00 Planta : A2**c**
– www.portobay.com
Menu 49/130 € – Lista 77/95 € – *(só jantar)*
Com uma atractiva adega envidraçada no hall-bar de referência, uma sala em dois alturas de elegante ambiente clássico-moderno e uma esplanada com encanto. Convidam a uma cozinha de cariz moderno, com uma apresentação cuidadíssima e sabores apurados.
→ Duo de foie-gras com Coca-Cola e lima. Carabineiro português com funcho, caviar e molho de crustáceos. Ramo de pinho magico.

XXXX

William (N) – Hotel Belmond Reid's Palace

Estrada Monumental 139 ✉ 9000-098 – ✆ 291 71 71 71 Planta : A2**z**
– www.belmond.com – fechado sábado e 3ª feira de outubro-maio, domingo e 2ª feira de junho-setembro
Menu 59/78 € – Lista 58/79 € – *(só jantar)*
Um restaurante que não ficará desapontado, com um ambiente clássico e elegante, oferece uma magnífica vista sobre à cidade e sobre à zona portuária. Cozinha tradicional e internacional.

XXX

Villa Cipriani – Hotel Belmond Reid's Palace

Estrada Monumental 139 ✉ 9000-098 – ✆ 291 71 71 71 Planta : A2**a**
– www.reidspalace.com
Menu 51/83 € – Lista 43/76 € – *(só jantar)*
Integrado no hotel Reid's Palace e situado numa villa independente. Elegância, cozinha italiana e magnífica vista sobre as falésias, destacando-se desde o terraço.

XX **Casa da Quinta** - Hotel Quinta da Casa Branca
Rua da Casa Branca 7 ✉ 9000-088 – ✆ 291 70 07 70 – www.quintacasabranca.pt Planta : A2**t**
Menu 42 € – Lista 40/59 € – *(só jantar)*
Ocupa a parte mais antiga da quinta, que data do século XIX. Conta com várias salas de estilo clássico elegante, algumas privadas, e um terraço realmente maravilhoso situado no jardim. O seu chef propõe uma cozinha elaborada e atual.

XX **Uva** – Hotel The Vine
Rua dos Aranhas 27-A, centro comercial Dolce Vita ✉ 9000-044 – ✆ 291 00 90 00 – www.hotelthevine.com Planta : C1-2**k**
Menu 30/50 € – Lista 30/48 €
Faz parte do terraço do hotel, junto à piscina, apresenta uma sala de decoração contemporânea. Excelente vista, oferece uma cozinha de fusão com especial atenção à noite.

XX **Goya**
Rua Simplico dos Passos Gouveia, Edificio "Lido View", bloco 2 ✉ 9000-001 – ✆ 291 62 89 69 – www.grupo-forte.com Planta : A2**b**
Lista 32/56 €
Toda uma homenagem ao insigne pintor espanhol, tanto pelo nome como pelos chamativos afrescos do seu interior. Excelente cozinha de inspiração francesa com pormenores modernos.

XX **Armazém Do Sal**
Rua da Alfândega 135 ✉ 9000-059 – ✆ 291 24 12 85 – www.armazemdosal.com – fechado sábado meio-dia e domingo Planta : D1**a**
Menu 30 € – Lista 27/48 €
Uma casa de ambiente rústico, autêntico e acolhedor. Predomina o granito e a madeira com pormenores de moderno desing. Interpretação moderna da cozinha tradicional!

X **Casa Velha**
Rua Imperatriz D. Amélia 69 ✉ 9000-018 – ✆ 291 20 56 00 – www.casavelharestaurant.com Planta : C2**a**
Lista 25/45 €
Acolhedor, com personalidade, especial atenção nos jantares por apresentar uma esplanada de exuberante vegetação. Cozinha tradicional com sugestões do chef.

X **Dona Amélia**
Rua Imperatriz D. Amélia 83 ✉ 9000-018 – ✆ 291 22 57 84 – www.donaameliarestaurant.com Planta : C2**c**
Lista 21/34 €
Agradável restaurante, dividido em diferentes andares, sendo mais simpático o superior. Serviço profissional e excelente oferta de pratos tradicionais e internacionais.

ao Nordeste da cidade 5,5 km

Choupana Hills
Travessa do Largo da Choupana B1 ✉ 9060-348 Funchal – ✆ 291 20 60 20 – www.choupanahills.pt
64 qto – 350/600 € 400/650 € – 4 suites
Precioso hotel situado no topo de uma das colinas más altas que rodeiam o Funchal, enquadrado por vegetação e com uma inigualável vista para o litoral. Oferece quartos ao estilo bungalows, todos tranquilos e exóticos.

pela estrada de Camacha por VR1 B1 : 8 km

Casa Velha do Palheiro
Rua da Estalagem 23 - São Gonçalo ✉ 9060-415 Funchal – ✆ 291 79 03 50 – www.palheiroestate.com
34 qto – 135/198 € 150/220 € – 3 suites
Relaxe e desfrute da natureza nesta casa senhorial de ambiente inglês, conta com jardim botânico próprio, um requintado SPA e até um campo de golf. O restaurante aposta por uma reinterpretação da cozinha tradicional.

PORTUGAL

PONTA DO SOL – 4 577 h. – Ver mapa regional n° 5-A2

Funchal 22 km

Mapa das estradas Michelin n° 733-A2

Estalagem da Ponta do Sol

Quinta da Rochinha ✉ 9360-529 – ☎ 291 97 02 00 – www.pontadosol.com

54 qto – 60/90 € 80/120 €

A estalagem surpreende pelo seu design, pois trata-se de um edifício antigo, com anexos modernos, localizado no topo de um rochedo. Decoração funcional e moderna, vista magnífica. O seu restaurante desfruta de uma montagem actual e uma bela panorâmica sobre o oceano.

Hotel da Vila

Rua Dr. João Augusto Teixeira ✉ 9360-215 – ☎ 291 97 33 56 – www.pontadosol.com

16 qto – 56/77 € 62/86 € – 1 suite

Localizado na própria aldeia costeira em frente à praia, com uma decoração polvilhada por diversos apontamentos do estilismo "Chic&Rural" dando junção ao minimalismo e à modernidade com pormenores típicos. Cozinha internacional e confortáveis quartos, destaque para o nº 41 por amplo e com vista.

PORTO MONIZ – 1 668 h. – Ver mapa regional n° 5-A2

Funchal 51 km

Mapa das estradas Michelin n° 733-A2

Salgueiro

Lugar do Tenente 34 ✉ 9270-095 – ☎ 291 85 00 80 – www.pensaosalgueiro.com

18 qto – 33/38 € 40/50 € – 1 apartamento

Um belo local, localizado perto das famosas piscinas naturais da cidade! Disfrute de quartos acolhedores de estilo clássico, destacando-se os que têm vista direta para o mar. Também possui um apartamento situado nas águas furtadas e um restaurante panorâmico com ementa tradicional.

SANTA CRUZ – 4 028 h. – Ver mapa regional n° 5-A2

Funchal 14 km

Mapa das estradas Michelin n° 733-B2

na via rápida Noreste : 1,3 km

Quinta Albatroz

Quinta Dr. Américo Durão, Sítio da Terça ✉ 9100-187 Santa Cruz – ☎ 291 52 02 90 – www.albatrozhotel.com

15 qto – 117/158 € 129/173 € – 2 suites

Junto ao aeroporto, agradável e com diversas piscinas, uma panorâmica sobre o oceano. Amplos quartos, onde o rústico moderno impera; muito bem insonorizados, com varanda e excelente vista. O restaurante oferece uma carta tradicional.

PORTO SANTO

A ilha prestasse aos maiores contrastes. É constituída por uma vasta planície onde se erguem alguns picos, sendo o mais elevado o Pico do Facho (517 m.).

Uma imensa praia de areia dourada com mais de 7 km., situada ao longo da Costa Sul, um clima ameno e mais seco do que na Madeira, atraem os turistas para esta ilha pacata.

Os habitantes de Porto Santo vivem da pesca e de algumas culturas. A vinha produz um excelente vinho branco, muito doce.

VILA BALEIRA – 5 483 h. – Ver mapa regional n° 5-B2

Mapa das estradas Michelin n° 733-D1

ao Sudoeste 2 km

Porto Santo

Campo de Baixo ✉ 9400-015 – ☎ 291 98 01 40 – www.hotelportosanto.com

94 qto – 86/98 € 119/138 € – 5 suites

Foi o 1er hotel da ilha, em conjunto é clássico. Destaque para a praia infindável rodeada pelos jardins do hotel. Confortáveis quartos, requintado SPA, villas mais modernas e excelente restaurante com carta internacional.

Portugal

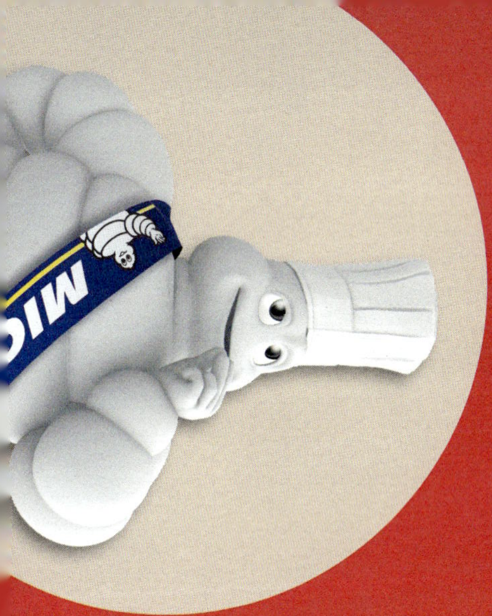

Distinções 2016

→ Distinciones 2016

→ *Awards 2016*

E também... Y también... *And also...*

Estabelecimentos com estrelas

→ Establecimientos con estrellas

→ *Starred restaurants*

PORTUGAL

Algarve

Albufeira / Praia da Galé	Vila Joya ✿✿
Almancil	São Gabriel ✿
Almancil / Vale Formoso	Henrique Leis ✿
Armação de Pêra	Ocean ✿✿
Carvoeiro	Bon Bon ✿ **N**
Quarteira / Vilamoura	Willie's ✿

Douro

Amarante	Largo do Paço ✿
Porto / Foz do Douro	Pedro Lemos ✿
Vila Nova de Gaia	The Yeatman ✿

Estremadura

Cascais / Praia do Guincho	Fortaleza do Guincho ✿
Lisboa	Belcanto ✿✿
Lisboa	Eleven ✿
Lisboa	Feitoria ✿

Madeira

Madeira / Funchal	Il Gallo d'Oro ✿

N → Novo estabelecimento com distinção
→ Nuevo establecimiento con distinción
→ Newly awarded distinction

Bib Gourmand

→ Refeições cuidadas a preços moderados

→ Buenas comidas a precios moderados

→ *Good food at moderate prices*

Algarve

Albufeira / Vale de Parra	A Casa do Avô	
Albufeira / Sesmarias	O Marinheiro	**N**
Lagos	Aquário	
Lagos	Dom Sebastião	**N**
Poço Barreto	O Alambique	

Alto Alentejo

Évora	BL Lounge	
Évora	Dom Joaquim	
Portalegre	Solar do Forcado	**N**
Redondo	O Barro	
Terrugem	A Bolota	**N**

Baixo Alentejo

Alcochete	Don Peixe	**N**
Sines	Cais da Estação	**N**
Sines	Trinca Espinhas	

Beira Alta

Gouveia	O Júlio	
Tonda	3 Pipos	
Viseu	Muralha da Sé	

Beira Litoral

Águeda	O Típico	
Aveiro / Costa Nova do Prado	Dóri	
Cantanhede	Marquês de Marialva	
Salreu	Casa Matos	

Douro

Carvalhos	Mário Luso
Maia / Nogueira	Machado

Estremadura

Leiria / Marrazes	Casinha Velha
Lisboa	D'Avis
Lisboa	Solar dos Nunes
Queluz / Tercena	O Parreirinha

Minho

Braga	Centurium
Guimarães	Histórico by Papaboa
Pedra Furada	Pedra Furada
Viana do Castelo / Santa Marta de Portuzelo	Camelo
Vila Nova de Famalicão / Portela	Ferrugem

Ribatejo

Golegã	O Barrigas	
Malhou	O Malho	N

Tras-os-Montes

Alijó	Cêpa Torta

N → Novo estabelecimento com distinção
→ Nuevo establecimiento con distinción
→ Newly awarded distinction

Restaurantes agradáveis

→ Restaurantes agradables

→ *Particularly pleasant restaurants*

Algarve

Albufeira / Praia da Galé	Vila Joya XXXX
Almancil	Pequeno Mundo XXX
Almancil	Vincent XXX
Almancil / Vale Formoso	Henrique Leis XXX
Armação de Pêra	B y G XXX
Armação de Pêra	Ocean XXXX
Portimão / Praia da Rocha	Vista XXX

Douro

Amarante	Largo do Paço XXX
Maia / Nogueira	Machado X
Porto	O Paparico XX
Vila Nova de Gaia	The Yeatman XXXX

Estremadura

Cascais / Praia do Guincho	Fortaleza do Guincho XXXX
Leiria / Marrazes	Casinha Velha X

Alojamentos agradáveis

→ Alojamientos agradables

→ *Particularly pleasant accommodations*

PORTUGAL

Algarve

Armação de Pêra	Vila Vita Parc
Armação de Pêra	Vilalara Thalassa Resort
Portimão / Praia da Rocha	Bela Vista

Alto Alentejo

Borba	Casa do Terreiro do Poço
Évora	Convento do Espinheiro
Montemor-o-Novo	Monte do Chora Cascas
Vila Viçosa	Pousada Convento de Vila Viçosa

Baixo Alentejo

Albernoa	Malhadinha Nova

Beira Alta

Fataunços	Casa de Fataunços
Manteigas	Casa das Obras
Viseu	Casa da Sé

Douro

Amarante	Casa da Calçada
Porto	Pousada Palacio do Freixo
Vila Nova de Gaia	The Yeatman

Estremadura

Alcobaça	Challet Fonte Nova
Cascais	Casa da Pérgola
Cascais	Casa Vela
Cascais / Praia do Guincho	Fortaleza do Guincho
Estoril	Palácio Estoril
Lisboa	As Janelas Verdes
Lisboa	Lapa Palace
Lisboa	Pestana Palace
Lisboa	Solar do Castelo
Óbidos / Arelho	Rio do Prado
Sintra	Penha Longa H.
Sintra	Tivoli Palácio de Seteais

Madeira

Madeira / Funchal	Casa Velha do Palheiro
Madeira / Funchal	Choupana Hills
Madeira / Funchal	Quinta das Vistas

Minho

Monção	Solar de Serrade
Viana do Castelo	Casa Melo Alvim

Ribatejo

Santarém	Casa da Alcáçova

Tras-os-Montes

Pinhão	Casa do Visconde de Chanceleiros
Vidago	Vidago Palace

Turismo Rural

PORTUGAL

Algarve

Almancil	Quinta dos Rochas
Armação de Pêra	Casa Bela Moura
Lagos	Quinta Bonita

Alto Alentejo

Alvarrões	Quinta do Barrieiro
Borba	Casa do Terreiro do Poço
Monsaraz	Monte Alerta
Montemor-o-Novo	Monte do Chora Cascas
Redondo / Aldeia da Serra	Água d'Alte

Baixo Alentejo

Albernoa	Malhadinha Nova
Cercal	Herdade da Matinha

Beira Alta

Fataunços	Casa de Fataunços
Figueiró da Serra	Quinta do Adamastor
Manteigas	Casa das Obras
Paranhos da Beira	Casa Santa Ana da Beira
Tabuaço	Quinta das Heredias
Viseu	Casa da Sé

Douro

Lousada	Casa de Juste

Estremadura

Alcobaça	Challet Fonte Nova
Cascais	Casa da Pérgola
Cascais	Casa Vela
Óbidos	Casa d'Óbidos
Óbidos	Quinta da Torre
Sintra	Casa Miradouro

Minho

Amares	Quinta do Burgo
Monção	Solar de Serrade

Ribatejo

Santarém	Casa da Alcáçova

Tras-os-Montes

Chaves / Nantes	Quinta da Mata
Chaves / Santo Estêvão	Quinta de Santa Isabel
Macedo de Cavaleiros / Chacim	Solar de Chacim
Mesão Frio	Casa de Canilhas
Pinhão	Casa de Casal de Loivos
Pinhão	Casa do Visconde de Chanceleiros

Alojamentos com spa

→ Alojamientos con spa

→ *Accommodations with spa*

PORTUGAL

Algarve

Almancil	Conrad Algarve
Almancil / Vale do Garrão	Ria Park H.
Armação de Pêra	Vila Vita Parc
Faro / Estói	Pousada de Faro - Estoi Palace H.
Portimão / Praia da Rocha	Bela Vista
Quarteira / Vilamoura	Hilton Vilamoura As Cascatas
Quarteira / Vilamoura	The Lake Resort
Quarteira / Vilamoura	Tivoli Victoria
Tavira / Quatro Águas	Vila Galé Albacora

Alto Alentejo

Évora	Convento do Espinheiro
Évora	M'AR De AR Aqueduto
Montargil	CS Do Lago
Montemor-o-Novo	L'And Vineyards

Baixo Alentejo

Albernoa	Malhadinha Nova
Tróia	Tróia Design H.

Beira Alta

Lamego	Lamego
Viseu	Montebelo

Beira Baixa

Covilhã	Tryp Dona María
Covilhã	Turismo da Covilhã
Unhais da Serra	H2otel

Beira Litoral

Coimbra	Quinta das Lágrimas
Coimbra	Vila Galé Coimbra
Figueira da Foz	Sweet Atlantic
Pampilhosa da Serra	O Villa Pampilhosa

Douro

Granja	Solverde
Porto	Porto Palácio
Porto	Sheraton Porto
Vila do Conde / Azurara	Santana
Vila Nova de Gaia	The Yeatman

Estremadura

Batalha	Villa Batalha
Cascais	The Oitavos
Cascais	Onyria Marinha
Cascais	Senhora da Guia
Cascais	Vivamarinha
Estoril	Palácio Estoril
Lisboa	Altis Belém
Lisboa	Four Seasons H. Ritz Lisbon
Lisboa	Myriad by Sana H.
Lisboa	Sheraton Lisboa
Lisboa	The Vintage House Lisboa
Monte Real	D. Afonso
São Pedro de Moel	Mar e Sol
Sintra	Penha Longa H.

Madeira

Porto Santo / Vila Baleira	Porto Santo
Madeira / Funchal	Belmond Reid's Palace
Madeira / Funchal	Casa Velha do Palheiro
Madeira / Funchal	Choupana Hills
Madeira / Funchal	The Cliff Bay
Madeira / Funchal	Pestana Promenade
Madeira / Funchal	Quinta das Vistas
Madeira / Funchal	Quintinha de São João
Madeira / Funchal	The Vine

Minho

Braga	Meliá Braga
Viana do Castelo	Axis Viana
Viana do Castelo	Flôr de Sal

Ribatejo

Fátima / Cova da Iria	Dom Gonçalo
Golegã	Lusitano

Tras-os-Montes

Vidago	Vidago Palace

O mundo move-se e a **Michelin** melhora a nossa mobilidade

Por todos os meios e em qualquer deslocação

Desde o início das suas atividades - há mais de um século! - Michelin teve um único objetivo: ajudar as pessoas a deslocar-se cada vez melhor. Isso é um desafio tecnológico para criar pneus cada vez mais eficientes; mas também um compromisso constante com os viageiros para ajudá-los a deslocarem-se nas melhores condições. É por isso que a Michelin desenvolve, paralelamente, toda uma gama de produtos e serviços: mapas, atlas, guias de viagem, acessórios para automóveis, além de aplicativos móveis, itinerários e suporte on-line: a Michelin se empenha para que viajar se torne um verdadeiro prazer!

Um pneu
→ o que é?

Redondo, preto, sólido e flexível ao mesmo tempo, o pneu é para a roda o que o sapato é ao pé. De que ele é feito? De borracha e também de várias matérias têxteis e metálicas e... de ar! A mistura inteligente de todos esses elementos é responsável pelas qualidades dos pneus: aderência e absorção de choques. Em outras palavras, conforto e segurança do viageiro.

1 BANDA DE RODAGEM
Uma camada espessa de borracha que assegura o contato com o solo e que deve evacuar a água e durar muito tempo.

2 TOPO DA COROA
Uma cinta reforçada dupla ou tripla, flexível na vertical e extremamente rígida na transversal. É, em suma, o responsável pela estabilidade do pneu.

3 FLANCOS
Cobrem e protegem a carcaça de lona, cuja função consiste em unir a banda de rodagem do pneu a jante.

4 TALÕES DE ENGATE A JANTE
Graças às hastes internas, eles ligam solidamente o pneu a jante, para integrá-los de maneira correta.

5 BORRACHA INTERNA DE VEDAÇÃO
Impede a fuga de ar e oferece ao pneu a vedação necessária para manter a pressão correta.

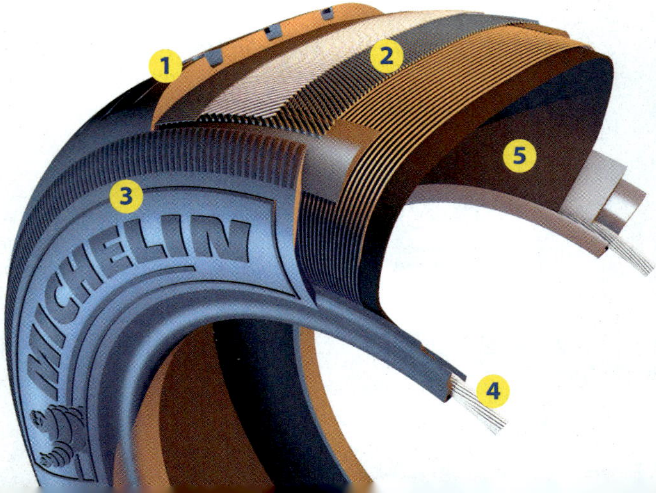

Michelin

→ *inovação em movimento*

Inventado e patenteado pela Michelin em 1946, o pneu radial revolucionou o mundo do pneu. Mas a Michelin não parou por aí: ao longo dos anos surgiram outras soluções originais e inovadoras, confirmando a posição de liderança da Michelin em pesquisa e inovação para atender as exigências das novas tecnologias dos veículos.

→ *a pressão correta!*

Uma das prioridades da Michelin é oferecer mobilidade com mais segurança. Ou seja, inovar para avançar melhor. Este é o desafio dos pesquisadores que trabalham para desenvolver pneus que "diminuam a distância de travagem" e ofereçam a melhor aderência possível. Além disso, como apoio aos automobilistas, a Michelin organiza campanhas de sensibilização sobre segurança rodoviária em todo o mundo. Estas campanhas servem para lembrar ao automobilista que calibrar corretamente o pneu é um fator primordial de segurança.

A Estratégia Michelin: → *pneus com múltiplos desempenhos*

Falar de Michelin é falar de segurança, de economia de combustível e de rendimento quilométrico. Os pneus Michelin reúnem todas essas qualidades.

De que forma? Graças aos engenheiros que trabalham a serviço da inovação e da tecnologia de ponta. O desafio: dotar os pneus - de qualquer tipo de veículo (carro, caminhão, trator, máquina de terraplanagem, avião, moto, bicicleta e metrô!) – com a melhor combinação possível de qualidades que ofereçam a **maior eficiência geral**.

Diminuir o desgaste, reduzir o consumo de combustível (e, portanto, de emissão de CO^2), aumentar a segurança, melhorando a dirigibilidade e reforçando a travagem: reunir enfim, todas essas qualidades em um só pneu, isto é a Michelin Total Performance.

MICHELIN Total Performance

Diariamente, a **Michelin** inova em favor da mobilidade sustentável

De maneira duradoura e respeitando o planeta

A mobilidade sustentável

→ *é uma mobilidade limpa ... é para todos*

Mobilidade sustentável é possibilitar às pessoas a deslocarem-se de maneira mais limpa, mais segura, mais econômica e acessível a todos, independentemente do lugar onde vivem. Diariamente, os 113 mil funcionários da Michelin no mundo inteiro inovam:

- fabricando pneus e criando serviços que atendam às novas necessidades da sociedade,
- conscientizando os jovens quanto à segurança rodoviária,
- inventando novas soluções de transporte que consumam menos energia e emitam menos CO^2.

→ *Michelin Challenge Bibendum*

Mobilidade sustentável é possibilitar um transporte duradouro de bens e de pessoas, garantindo assim o desenvolvimento econômico, social e da sociedade de uma maneira que seja responsável. Diante da escassez de matérias-primas e do aquecimento global, a Michelin está comprometida em respeitar o meio ambiente e a saúde pública. A Michelin organiza periodicamente o Michelin Challenge Bibendum, único evento mundial voltado para a **mobilidade rodoviária sustentável.**

MICHELIN CHALLENGE BIBENDUM

Léxico

→ Léxico gastronómico

→ Léxico gastronómico

→ Gastronomical lexicon

→ Lexique gastronomique

→ Lessico gastronomico

→ Gastronomisches Lexikon

Léxico gastronómico
Léxico gastronómico
Gastronomical lexicon

LEGUMBRES	LEGUMES	VEGETABLES
Aceitunas	Azeitonas	Olives
Aguacate	Abacate	Avocado
Alcachofas	Alcachofras	Artichokes
Berenjena	Beringela	Aubergine
Calabacín	Abobrinha	Courgette
Calabaza	Cabaça	Pumpkin
Cardo	Cardo	Cardoon
Coliflor	Couve-flor	Cauliflower
Endibias	Escarola	Chicory
Escarola	Escarola	Endive
Espárragos	Espargos	Asparagus
Espinacas	Espinafres	Spinach
Garbanzos	Grão de bico	Chickpeas
Guisantes	Ervilhas	Peas
Habas	Favas	Broad beans
Judías	Feijão	Beans
Judías verdes	Feijão verde	French beans
Judiones	Feijão grande	Butter beans
Lechuga	Alface	Lettuce
Lentejas	Lentilhas	Lentils
Patatas	Batatas	Potatoes
Pepino	Pepino	Cucumber
Pimientos	Pimentos	Peppers
Puerros	Alhos franceses	Leeks
Repollo/col	Repolho/Couve	Cabbage
Tomates	Tomates	Tomatoes
Zanahoria	Cenoura	Carrot

Lexique gastronomique
Lessico gastronomico
Gastronomisches Lexikon

LÉGUMES	LEGUMI	GEMÜSE
Olives	Olive	Oliven
Avocat	Avocado	Avocado
Artichauts	Carciofi	Artischocken
Aubergines	Melanzane	Auberginen
Courgettes	Zucchine	Zucchini
Courge	Zucca	Kürbis
Cardon	Cardo	Kardonen
Chou-fleur	Cavolfiore	Blumenkohl
Endives	Indivia	Chicoree
Scarole	Scarola	Endivien
Asperges	Asparagi	Spargel
Épinards	Spinaci	Spinat
Pois chiches	Ceci	Kichererbsen
Petits pois	Piselli	Erbsen
Fèves	Fave	Dicke Bohnen
Haricots	Fagioli	Bohnen
Haricots verts	Fagiolini	Grüne Bohnen
Fèves	Fagioli	Saubohnen
Laitue	Lattuga	Kopfsalat
Lentilles	Lenticchie	Linsen
Pommes de terre	Patate	Kartoffeln
Concombre	Cetriolo	Gurken
Poivrons	Peperoni	Paprika
Poireaux	Porri	Lauch
Chou	Cavoli	Kohl
Tomates	Pomodori	Tomaten
Carotte	Carote	Karotten

ARROZ, PASTA Y CHAMPIÑONES	ARROZ, MASSA E COGUMELOS	RICE, PASTA AND MUSHROOMS
Arroz blanco	Arroz branco	White rice
Arroz de marisco	Arroz de marisco	Seafood rice
Arroz de pollo	Arroz com frango	Chicken rice
Arroz de verduras	Arroz com legumes	Vegetable rice
Arroz negro	Arroz preto	Black rice
Boleto	Seta	Cep mushrooms
Canelones	Canelões	Cannelloni
Champiñones	Cogumelos	Small mushrooms
Colmenillas	Espécie de cogumelo	Morel mushrooms
Espaguetis	Espaguetes	Spaghetti
Lasaña	Lasanha	Lasagne
Níscalos	Míscaros	Mushrooms
Seta de cardo	Seta de cardo	Oyster mushrooms
Trufa	Trufa	Truffle

MARISCOS	MARISCO	SEAFOOD
Almejas	Amêijoas	Clams
Angulas	Eirós	Eels
Berberechos	Amêijoas	Cockles
Bogavante	Lavagante	Lobster
Calamares	Lulas	Squid
Camarón	Camarão	Shrimp
Cangrejo	Caranguejo	Crab
Carabineros	Camarão vermelho	Jumbo prawn
Centollo	Santola	Spider crab
Chipirones	Lulinhas	Squid
Cigalas	Lagostim	Langoustine
Gambas	Gambas	Prawns
Langosta	Lagosta	Lobster
Langostinos	Lagostims	Prawns
Mejillones	Mexilhões	Mussels
Navajas	Navalhas	Razor clams
Nécoras	Caranguejos	Small crabs
Ostras	Ostras	Oysters
Percebes	Perceves	Barnacles
Pulpo	Polvo	Octopus
Sepia	Sépia	Cuttlefish
Vieiras	Vieiras	Scallops
Zamburiñas	Leques	Queen scallops

→ RIZ, PÂTES ET CHAMPIGNONS	→ RISO, PASTA E FUNGHI	→ REIS, NUDELN UND PILZE
Riz blanc	Riso bianco	Weißer Reis
Riz aux fruits de mer	Risotto ai frutti di mare	Reis mit Meeresfrüchten
Riz au poulet	Risotto al pollo	Reis mit Huhn
Riz aux légumes	Risotto alle verdure	Gemüsereis
Riz noir	Risotto al nero di seppia	Schwarzer Reis
Bolet	Porcini	Pilze
Cannelloni	Cannelloni	Cannelloni
Champignons de Paris	Champignon	Champignons
Morilles	Ovoli	Morcheln
Spaghetti	Spaghetti	Spaghetti
Lasagne	Lasagne	Lasagne
Mousserons	Prugnolo	Reizker
Pleurote du Panicot	Cardoncello	Distelpilz
Truffe	Tartufo	Trüffel

→ FRUITS DE MER	→ FRUTTI DI MARE	→ MEERESFRÜCHTE
Clovisses	Arselle	Muscheln
Anguille	Anguilla	Aal
Coques	Vongole	Herzmuscheln
Homard	Astice	Hummer
Encornets	Calamari	Tintenfisch
Petite crevette	Gamberetti	Garnelen
Crabe	Granchi	Krabben
Grande crevette rouge	Gambero rosso	Cambas
Araignée de mer	Gransevola	Teufelskrabbe
Calmar	Calamari	Tintenfische
Langoustines	Scampi	Kaisergranat
Gambas	Gamberi	Garnelen
Langouste	Aragosta	Languste
Crevette	Gamberone	Langustinen
Moules	Cozze	Miesmuscheln
Couteaux	Cannolicchio	Scheidenmuscheln
Étrilles	Granchi	Kleine Meereskrebse
Huîtres	Ostriche	Austern
Anatifes	Lepadi	Entenmuscheln
Poulpe	Polpo	Kraken
Seiche	Seppia	Tintenfisch
Coquilles Saint-Jacques	Capesante	Jakobsmuscheln
Pétoncles	Capesante	Kammmuscheln

PESCADOS	PEIXES	FISH
Arenques	Arenques	Herring
Atún / bonito	Atum / Bonito	Tuna
Bacalao	Bacalhau	Cod
Besugo	Besugo	Sea bream
Boquerones/anchoas	Boqueirão/Anchova	Anchovies
Caballa	Sarda	Mackerel
Dorada	Dourada	Dorado
Gallos	Peixe-galo	John Dory
Lenguado	Linguado	Sole
Lubina	Robalo	Sea bass
Merluza	Pescada	Hake
Mero	Mero	Halibut
Rape	Tamboril	Monkfish
Rodaballo	Rodovalho	Turbot
Salmón	Salmão	Salmon
Salmonetes	Salmonetes	Red Mullet
Sardinas	Sardinhas	Sardines
Trucha	Truta	Trout

CARNES	CARNE	MEAT
Buey	Boi	Ox
Cabrito	Cabrito	Kid
Callos	Tripas	Tripe
Cerdo	Porco	Pork
Chuletas	Costeletas	Chops
Cochinillo	Leitão	Suckling pig
Cordero	Cordeiro	Lamb
Costillas	Costelas	Ribs
Entrecó	Bife	Entrecote
Hígado	Fígado	Liver
Jamón	Presunto	Ham
Lechazo	Cordeiro novo	Milk-fed lamb
Lengua	Língua	Tongue
Lomo	Lombo	Loin
Manitas	Pés	Pig's trotters
Mollejas	Moelas	Sweetbreads
Morros	Focinhos	Snout
Oreja	Orelha	Pig's ear
Paletilla	Pá	Shoulder
Rabo	Rabo	Tail
Riñones	Rins	Kidneys
Solomillo	Lombo	Sirloin
Ternera	Vitela	Veal
Vaca	Vaca	Beef

→ POISSON	→ PESCI	→ FISCH
Harengs	Aringhe	Heringe
Thon	Tonno	Thunfisch
Morue/Cabillaud	Merluzzo	Kabeljau
Pagre	Pagro	Seebrasse
Anchois	Alici/acciughe	Anchovy
Maquereau	Sgombri	Makrele
Dorade	Orata	Dorade
Cardine	Rombo giallo	Butt
Sole	Sogliola	Seezunge
Bar	Branzino	Wolfsbarsch
Merlu	Nasello	Seehecht
Mérou	Palombo	Heilbutt
Lotte	Rana Pescatrice	Seeteufel
Turbot	Rombo	Steinbutt
Saumon	Salmone	Lachs
Rougets	Triglie	Rotbarbe
Sardines	Sardine	Sardine
Truite	Trota	Forelle

→ VIANDE	→ CARNI	→ FLEISCH
Bœuf	Manzo	Ochse
Cabri	Agnellino da latte	Lamm
Tripes	Trippa	Kutteln
Porc	Maiale	Schwein
Côtelettes d'agneau	Costolette	Kotelett
Cochon de lait	Maialino da latte arrosto	Spanferkelbraten
Agneau	Agnello	Lamm
Côtelettes	Costolette	Kotelett
Entrecôte	Bistecca	Entrecote
Foie	Fegato	Leber
Jambon	Prosciutto	Schinken
Agneau de lait	Agnello	Lamm
Langue	Lingua	Zunge
Filet	Lombo	Filet
Pieds de porc	Piedino	Schweinefuß
Ris de veau	Animelle	Bries
Museaux	Musetto	Maul
Oreille de porc	Orecchio di maiale	Schweineohr
Épaule	Spalla	Schulter
Queue	Coda	Schwanz
Rognons	Rognoni	Nieren
Filet	Filetto	Lendenstück
Veau	Vitello	Kalb
Bœuf	Bue	Rind

→ AVES Y CAZA	→ AVES E CAÇA	→ FOWL AND GAME
Avestruz	Avestruz	Ostrich
Becada	Galinhola	Woodcock
Capón	Capão	Capon
Ciervo	Cervo	Venison
Codorniz	Codorniz	Quail
Conejo	Coelho	Rabbit
Faisán	Faisão	Pheasant
Jabalí	Javali	Wild boar
Liebre	Lebre	Hare
Oca	Ganso	Goose
Paloma	Pomba	Pigeon
Pato	Pato	Duck
Pavo	Peru	Turkey
Perdiz	Perdiz	Partridge
Pichón	Pombinho	Squab pigeon
Pintada	Galinha da Guiné	Guinea fowl
Pollo	Frango	Chicken
Pularda	Frango	Chicken
Venado	Veado	Deer

→ CONDIMENTOS	→ CONDIMENTOS	→ CONDIMENTS
Aceite de oliva	Azeite da azeitona	Olive oil
Ajo	Alho	Garlic
Albahaca	Alfavaca	Basil
Azafrán	Açafrão	Saffron
Canela	Canela	Cinnamon
Cebolla	Cebola	Onion
Cominos	Cominhos	Cumin
Eneldo	Endro	Dill
Estragón	Estragão	Tarragon
Guindilla	Guindia	Chilli pepper
Hierbabuena-menta	Hortelã-pimenta	Mint
Laurel	Loureiro	Laurel
Mantequilla	Manteiga	Butter
Mostaza	Mostarda	Mustard
Orégano	Orégão	Oregano
Perejil	Salsa	Parsley
Pimentón	Pimentão	Paprika
Pimienta	Pimenta	Pepper
Romero	Alecrim	Rosemary
Sal	Sal	Salt
Tomillo	Tomilho	Thyme
Vinagre	Vinagre	Vinegar